破产审判手册

山东省高青县人民法院
山东省高青县破产管理人协会 编

中国政法大学出版社

2022·北京

图书在版编目（ＣＩＰ）数据

破产审判手册/山东省高青县人民法院，山东省高青县破产管理人协会编. —北京：中国政法大学出版社，2022.9

ISBN 978-7-5764-0695-5

Ⅰ.①破…　Ⅱ.①山…　②山…　Ⅲ.①破产—审判—中国—手册　Ⅳ.①D922.291.92-62

中国版本图书馆CIP数据核字(2022)第193870号

书　名	破产审判手册 POCHAN SHENPAN SHOUCE
出版者	中国政法大学出版社
地　址	北京市海淀区西土城路 25 号
邮　箱	fadapress@163.com
网　址	http://www.cuplpress.com (网络实名：中国政法大学出版社)
电　话	010-58908466(第七编辑部) 010-58908334(邮购部)
承　印	北京中科印刷有限公司
开　本	787mm×1092mm　1/16
印　张	53
字　数	1225 千字
版　次	2022 年 9 月第 1 版
印　次	2022 年 9 月第 1 次印刷
定　价	265.00 元

《破产审判手册》
编委会

前　言

　　2012 年以来，受经济大环境及企业自身因素制约，山东省高青县经济转型升级步伐加快，一些企业特别是纺织、陶瓷企业效益下降，偿债能力减弱。同时，受银行贷款互联互保影响，高青县多家企业出现连锁反应，面临"倒下一个，死掉一片"的不利局面，部分企业因停止经营陷入僵尸状态，造成土地、厂房、设备、劳动力等社会资源的大量闲置，并占用了银行大量信用贷款，严重影响了高青县经济的健康发展。

　　面对危机和挑战，山东省高青县人民法院在上级法院的指导下，在高青县委、县政府的大力支持下，积极运用司法破产程序处置僵尸企业，在实现淘汰落后产能、盘活要素资源和助推新旧动能转换过程中，首创了"出售式重整""破产联系人制度""破产财产整体托管""普通债权差额累进受偿""管理人量化考核""竞争方式指定管理人和中介机构"等经验做法，先后办理了全国"出售式重整"第一案钜创公司破产重整案，山东省首例"执行转破产案"等。通过不断探索，逐步建立了以"府院联动协调、职工权益保障、处置模式选择、破产程序规范、资债处理创新"为内容的"五项工作机制"，以及以"阳光破产"为目标的"六大公开平台"，基本形成了破产审判的"高青模式"，被山东省委政法委确定为山东省政法机关服务保障新旧动能转换重大工程典型经验，取得了良好的法律效果与社会效果。

　　本书汇编了山东省高青县人民法院办理的部分破产典型案件，在破产审判方面的部分制度性建设，以及实践探索总结出的实操性经验；同时整理了与破产实务相关的法律法规、司法解释、最高人民法院答复批复、其他省市与破产相关的地方性规定、破产法律文书格式等。希望本书的出版，能够为破产实务同仁提供便利和帮助。

山东省高青县人民法院

二〇二二年四月

目 录

第一部分 破产审判的高青实践与探索

第三章　破产程序法律文书样式　　　　　685

第一部分

破产审判的高青实践与探索

第一章
破产审判的思考与探索

山东省高青县人民法院企业破产审判白皮书

（2012—2021 年）

2022 年 4 月发布

2012 年以来，受经济大环境及企业自身因素制约，高青县经济转型升级步伐加快，一些企业特别是纺织、陶瓷企业效益下降，偿债能力减弱。同时，受银行贷款互联互保影响，高青县多家企业出现连锁反应，面临"倒下一个，死掉一片"的不利局面，部分企业因停止经营陷入僵尸状态，造成土地、厂房、设备、劳动力等社会资源的大量闲置，并占用了银行大量信用贷款，严重影响了高青县经济的健康发展。面对危机和挑战，高青县人民法院在上级法院的指导下，在高青县委、县政府的大力支持下，积极运用司法破产程序处置僵尸企业，在实现淘汰落后产能、盘活要素资源和助推新旧动能转换过程中，逐步形成了破产审判的"高青模式"，取得了良好的法律效果与社会效果。

一、破产审判的基本情况

（一）案件审理情况

1. 收、结案件情况

2012—2021 年高青县人民法院先后受理破产案件 48 件，已全部审结。

2. 破产企业行业分布情况

48 家破产企业涉及 16 家纺织企业、3 家化工企业、2 家陶瓷企业、14 家工业品制造企业、4 家农副产品加工企业、3 家房地产企业和 6 家其他企业。其中，存在关联关系的破产企业 15 家。

3. 破产程序启动情况

48 件破产案件中只有 26 件系债务人申请破产；有 4 件是通过执行程序转破产程序。剩余 18 件破产案件全部为债权人申请破产，其中，银行债权人申请的 9 件，税务部门申请的 3 件，剩余 6 件是一般债权人主动申请破产。

（二）案件主要特点

1. 破产案件审理成为常态

除 2012 年、2013 年各受理 1 件破产案件外，2014 年至 2021 年，年均受理破产案件 4 件以上。

2. 采用清算程序结案数量多

已受理的 48 件案件中，适用重整程序结案的 1 件，适用清算程序结案的 34 件，重整程序转清算程序结案的 13 件，重整程序空转现象严重。

3. 案件审理周期由长变短

由于破产案件债权债务关系复杂，破产财产处置困难等情况客观存在，涉及债权异议之诉、取回权等破产衍生诉讼经常发生，导致案件审理周期普遍较长。2018 年之前结案的 18 件案件中，只有 8 件在 1 年内结案，其他均在 1 年以上。从 2019 年开始，案件结案周期逐渐缩短，大都在 1 年内结案，最短的淄博丰源商业管理有限公司只有 52 天。

4. 破产财产设定担保比例高

48 家破产企业的不动产、设备等主要资产评估值约 18.83 亿元，而金融担保债权约 15.55 亿元，因银行债权本金大多不能足额清偿，其他债权人的权利受偿率较低。其中，有 31 家企业的普通债权人受偿率为 0。另外，因绝大部分企业拖欠 2 年以上的社会保险费，加上企业破产后需要支付的经济补偿金，职工债权高达 3.24 亿元，在扣除优先顺位的抵押权债权后，有 16 家破产企业职工债权不能保障，造成职工维权信访成为常态，维稳风险较大。

二、企业破产原因分析

（一）外因：宏观经济环境影响

2012 年开始，我国经济正处于增长速度换挡期、结构调整阵痛期、前期刺激政策消化期三期叠加阶段，结构性问题和深层次矛盾交织，面临的经济形势错综复杂。受宏观环境影响，高青县经济因未及时实现新旧动能转换，在劳动力、土地等生产要素成本及环保成本不断上升，创新投入不足，产品核心竞争力不强，附加值不高等多重压力下，企业经营危机首先在纺织、陶瓷等传统行业爆发，大量企业盈利能力丧失而纷纷停产停业。在市场机制优胜劣汰的作用下，这些企业通过破产实现市场出清成为必然。

（二）诱因：企业互联互保引发

长期以来，高青县的民营企业在融资方式、渠道方面比较单一。互联互保作为常见的金融增信方式，曾在解决企业融资难中发挥了重要作用，但也给企业担保链扩张埋下了不可控的因素。随着经济进入下行周期，一旦担保链条上的一家企业出现风险，整个担保圈的相关企业就会形成连锁反应。因为银行为维护自身利益，总是先找优势企业代偿，无法避免优势企业首先遭殃的结局，加剧了担保链风险，其直接后果是优质企业单方无偿为劣质企业买单。高青县 16 家纺织企业的先后破产，其直接是因兰骏公司陷入困境后而引发的。

（三）内因：企业经营能力严重不足

48 家破产企业普遍存在内部管理混乱，运转失灵现象，均未按照公司法制度规范运行，缺乏有效的决策、监督机制，财务制度运行也不规范。兰骏公司、流云公司等纺织企业通过借贷、集资等方式盲目扩张，耗尽企业的现金流，形成大量的无效资产，严重阻碍了主营业务的深耕、投入、发展。因企业经营能力不足以应对经济新常态，无法适应市场变化和竞争。48 家破产企业在破产前，均存在"一高两少"现象，即企业负债率高、流动资金少、产品研发投入少，反映出高青县大部分企业经营者和管理者根本不具备企业经营管理能力、市场战略规划和风险防控能力；破产企业破产前拖欠职工工资、保险和税款问题突出，则反映出企业经营者和管理者不具备社会责任意识。归结为一点：企业家思维严重缺失。

三、破产审判的工作成效

（一）释放有效生产要素，盘活存量闲置资产

截至 2021 年底，48 家终结破产程序后注销退出市场的企业共清理资产 61.20 亿元、债务 94.50 亿元，被闲置的 3584.72 亩土地和 638.32 万平方米厂房被盘活利用，6230 名失业职工作为有效生产要素得以释放，绝大部分职工被新企业吸纳，少部分职工则从事服务业，为第三产业的发展注入了新的活力。

（二）处置金融不良资产，化解地方金融风险

截至 2021 年底，破产企业的 48 亿元金融不良资产得以有效处置，其中，享有抵押债权的金融债权 15.55 亿元优先受偿，其他金融债权通过转贷或核销等方式得以合法处置。按照"一链一策""一企一策"的原则，通过对兰骏公司、流云公司、宏远公司、青苑公司等核心风险企业破产实现市场出清方式，有效隔离对扳倒井集团等多家优势企业的影响，化解了县域金融风险和经济困境。

（三）助推新旧动能转换，实现"腾笼换鸟"目标

随着破产清算企业的破产注销，高青县的传统落后产业如纺织、陶瓷等旧动能产业实现市场出清，落后产能过剩问题迎刃而解，一批新动能产业利用破产释放的生产要素获得健康发展。高青县纺织产业曾是高青县的支柱产业，在全国纺织行业占有一定的份额。为此，对具有一定规模和市场潜力的大型纺织企业钜创公司通过"出售式重整"方式，引入纺织巨头如意集团，打造中国规模最大的纺纱、印染、纺织、服装为一体的亿米牛仔产业园项目，实现纺织产业的改造升级和企业的再生。如意集团投资 9.8 亿元，对原有厂房及设备等进行升级改造（一期），并新建厂房、科研办公楼（二期），新购置高档织布机及相关设备，2020 年高档牛仔面料规模已达 6000 万米。曼顿公司、兰骏公司两家企业破产后，以华润物联网公司为主体，引入新兴产业和外部优质资源，利用破产企业的土地、房产等资源要素，共同投资建设山东黄三角物联网产业园。园区以大数据中心为基础，集中发展云服务平台、危化品监管服务平台、VR 虚拟现实技术、物联网应用技术及智能终端集成制造和县域智慧社会建设。该园区被山东省人民政府授予"山东省双创示范基地"，被山东省发改委授予"山东省服务业重点园区"，实现了传统纺织产业到物联网新兴产业的华丽转身。

（四）维护职工劳动权益，确保社会稳定大局

破产企业职工权益问题，直接关系到破产企业处置的顺利与否和社会稳定。破产企业在破产前，普遍存在拖欠职工工资和社会保险费问题，而企业的资产绝大部分被抵押、保全或被其他债权人申请强制执行，职工权益无法保障，职工上访讨薪现象突出，严重影响社会稳定。截至 2021 年底，破产财产中的 3.24 亿元作为第一清偿顺序优先用于 6230 名职工的拖欠工资、社会保险费及经济补偿金等职工债权的清偿。通过示范效应，高青县困境企业职工通过上访维权的非理性思维正逐步被司法程序维权的理性思维取代。

四、破产审判的高青模式

高青县人民法院在破产审判工作中，逐步建立了以"府院联动协调、职工权益保障、处置模式选择、破产程序规范、资债处理创新"为内容的"五项工作机制"，以及以"阳光破产"为目标的"六大公开平台"，形成了破产审判的"高青模式"，被山东省委政法委确定为山东省机关服务保障新旧动能转换重大工程典型经验。

（一）推行"五项工作机制"，积极有序处置破产企业

1. 健全府院联动协调机制，形成僵尸企业处置整体合力

2017 年 1 月，法院向县委、县政府提出《关于构建"僵尸企业"风险预警机制司法建议》，建议推行僵尸企业处置工作联系人制度。2017 年 3 月 20 日，高青县委、县政府成立由县委副书记任组长的僵尸企业处置领导小组，领导小组下设工作联系人办公室，由公安、土地、房产、工商、税务、社保、审计、经信、信访、招商、环保、安检等部门一名业务骨干担任联系人，明确僵尸企业处置相关责任到部门、到人，为法院推进僵尸企业处置创造了良好的外部环境。通过与高青县地税局合作，共同启动"税务+法院"模式，积极构建破产企业税收管理新常态，在清理欠缴和转让环节税款的同时，及时为破产企业办理相关资产转让等相关税收手续。以钜创公司破产重整案为例，为引进纺织业巨头如意集团参与重组重整，县领导带领经信局、招商局等联系人先后 20 多次到如意集团总部进行洽谈，在金融信贷、税收、职工安置、资产收购等方面最终达成重组重整协议，促成了钜创公司重整的成功。

2. 健全职工权益保障机制，最大限度保障民生权益

在僵尸企业处置过程中，以优先解决职工权益和职工安置问题为前提，建立健全职工权益保障机制：一是要求企业申请破产时必须提交完备可行的职工安置预案，将职工安置工作前移；二是协调政府投资人或平台公司先行垫付职工生活费等职工债权，在破产程序外化解职工集资问题；三是协调社保部门对破产企业职工减免社会保险费滞纳金，使破产企业职工能及时办理失业或退休手续。职工权益保障机制的建立，在保障民生权益等方面发挥了重要作用，保证了僵尸企业的顺利处置和社会的和谐稳定。截至 2018 年 12 月，政府推动成立平台公司或基金合伙企业先后垫资 1.6 亿元用于解决职工债权问题。其中，兰骏公司、流云集团三公司青苑公司及其关联五公司破产过程中，在公司破产财产均不足以支付职工经济补偿金的情况下，经政府协调，投资人分别垫付 1187 万元、4926 万元、5439 万元用于职工债权支付，确保了近 2000 名职工的妥善安置。

3. 健全处置模式选择机制，最大程度实现资源有效配置

在僵尸企业处置过程中，始终坚持"企业主体、政府推动、市场引导、依法处置"的原则，实行一企一策，灵活选择不同的破产处置模式：对产品有市场，但经营

不善的企业，积极引导上市公司、行业龙头企业，实施企业兼并重组；对生产经营良好但受担保牵累的企业，引导其主动向法院申请破产重整或和解，提高债务清偿率，切断担保链风险；对无法重新恢复生产的僵尸企业，依法破产清算，推进资源要素重新流动。其中，曼顿公司通过清算，投资人获得公司土地、厂房、设备等资产后，投资建设山东黄三角物联网产业园，实现了"腾笼换鸟"的效果。钜创公司破产重整案作为国内"出售式重整"第一案，共激活工业土地 644 亩、房产建筑物 15.7 万平方米、安置职工 1012 人，化解金融贷款 3.77 亿元，实现"凤凰涅槃"的效果。

4. 健全破产程序规范机制，确保破产企业处置有序运行

高青县人民法院立足工作实际，不断健全破产程序规范机制，确保僵尸企业处置有序运行。高青县人民法院从 2015 年 8 月开始，推行破产管理人工作业绩量化考核制度和管理人互助基金制度。在坚持依法规范、尽职免责、量化考核、报酬激励四项基本原则的前提下，对管理人的工作分为 8 个工作环节 84 项具体工作，实行千分制考核，根据不同工作付出的工作量分别赋分，以管理人最终考核得分情况作为结算管理人报酬的基本依据。管理人在领取报酬时，以自愿方式将一定比例报酬留存，用于无产可破的案件或解决破产案件启动时无资金的困境。两项制度的实施，实现了法院对管理人工作"管""助"结合，对调动管理人参与破产工作的主动性、积极性发挥了重要作用，保证了破产工作顺利进行。为细化破产流程，高青县人民法院先后制定破产案件专项审计指导意见、债权人会议指导意见、处理破产企业职工集资问题指导意见、处理破产债权异议问题指导意见、执行转破产程序工作衔接指导意见等具体规定，确保关键环节有章可循，提高僵尸企业破产处置的质效。

5. 创新资产和债务处理机制，实现各方利益最大化目标

以"避免贬值、确保保值、力求增值"为目标，以是否有利于"企业资产保值增值"和"维持企业生产功能"为标准，针对不同企业采取不同的资产管理方式：对于企业法人治理结构健全的，采取债务人自行管理资产的方式；对于法人治理结构处于瘫痪状态的，推行"资产整体托管"方式或"租赁"方式，由管理人将公司资产整体托管给投资人或租赁人经营管理，化解了职工上访风险，实现了生产不停、队伍不散、市场不丢的效果。在债务清理方面，实行分类处置，对金融债权采用"金融债权立体承接"方式予以清理，对其他普通债权采取"普通债权差额累进受偿"方式予以清理，在化解金融机构不良贷款风险的同时，最大限度地维护了金融债权人和普通债权人的利益，取得了绝大多数债权人的理解和支持。以钜创公司、曼顿公司破产案为例，两公司均采用了"金融债权立体承接"方式和"普通债权差额累进受偿"方式，实现了破产债权低清偿率但平稳破产的奇迹。

（二）立足"六大公开平台"，保证稳妥处置破产企业

坚持以公开促规范、以规范促公正，创设以"阳光破产"为目标的"六大公开平台"，助推破产企业处置依法、规范、有序进行。

1. "破产工作人员信息"公开平台

自每一起破产案件受理之日起，及时将法律文书、合议庭成员联系方式、管理人指定及管理人团队联系方式、举报电话等信息在企业显著位置张贴公布，公开接受职

工、债务人、投资人、债权人的监督。

2. "释法答疑办公室"沟通平台

要求管理人于破产工作之初在破产企业办公地设立"释法答疑办公室",提供法律咨询和破产工作答疑,避免因沟通不畅可能造成的群体性事件发生。

3. "债权人会议资料"汇编发放平台

在债权人会议上,将与企业破产有关的法律文书、报告、方案、计划等所有会议文件汇编成册,印发给每名参会人员,使债权人、职工及其他利害关系人全面了解破产工作信息。

4. "破产工作简报"编辑通报平台

为使高青县委、县政府相关领导和高青县人民法院领导及时了解破产工作进展情况,便于发挥破产工作联系人在破产工作中的协调作用,每月编辑一期或两期破产工作简报,对破产工作推进情况和下一步工作预案进行通报。

5. "债权人委员会"参与平台

在第一次债权人会议表决产生债权人委员会,在破产企业设立"债权人委员会"办公室,委员轮流值班、监督管理人工作,甚至参与债权追收等诉讼。管理人在重大事项决策、债权债务处理、投资人引进谈判等重大事项前,均向债权人委员会通报,并听取债权人委员会的意见,在涉及债权人的重大利益时均在债权人委员会表决、授权后实施。

6. "听证会"博弈平台

对涉及债权人、职工切身利益的审计、评估、财产变现、争议债权确认等重要事项,通过召开听证会的方式,为利益相关方提供博弈平台。通过听证,确保利益相关方的参与权、知情权、决策权,使利益相关方知悉自己的意见是否合法合理,是否会得到管理人和法院的采纳,化解债权人对管理人和法院解决措施和方案的误解,达到平衡各方利益的目的。

五、破产审判存在的问题

（一）破产资产处置难，影响破产效率

破产财产处置是企业破产审判的关键,破产财产处置难问题比较普遍,在一定程度上影响了变现价格,也制约了破产案件的快速结案。破产财产处置难的原因:一是对应行业不景气,产能过剩严重,难以吸引投资人;二是过户环节税费负担重,交易成本高,制约了投资人的竞买欲望;三是资产体量大,潜在购买人稀缺;四是资产涉及利益纠纷多,压制了投资人的竞买意愿。特别是房地产破产企业的资产处置因涉及大量的购房户、租赁户、承租户、占房户,涉及一房多卖、以房抵债、建设工程优先权、抵押权等冲突,涉及审批、规划、竣工验收、消防验收、交付、网签、办证等环节,严重影响房地产企业破产资产的变现。以塑工置业破产案为例,该案系高青县人民法院办理的第一起房地产企业破产案,自2015年5月起受理,直到2018年底资产方处置完毕,历时3年7个月。

（二）对外追收债权难，影响破产效果

从企业审计看,企业资产中的固定资产和无形资产比重偏少,而应收账款或预付账款等流动资产比重偏高，甚至占企业资产总额的 90% 以上。管理人依据职责负有对外追收应收账款或预付账款等债权的任务，但在实际追收债权过程中发现，要么只有账目记载没有债权凭证，要么经对账已经相互抵账但未核销，要么超过诉讼时效丧失胜诉权，要么债务人已经经营困难或破产丧失偿债能力，致使管理人在耗费了大量的人力、物力、精力后，追收却达不到任何效果。甚至部分企业存在财务混乱、账簿不完整等问题，致使追收债权无任何线索可查。以钜创公司为例，经审计、评估的流动资产 2600 万元，其中，对于没有证据支持或者明显超过诉讼时效的应收账款 986 万元，管理人采取电话催要及上门催要相结合的方式，但对方均不认可账目记载，致使追收无果；对于有证据支持的 25 笔共 1614 万元应收债权，管理人均通过诉讼追收，只有 1 笔 174 万元胜诉，但在执行过程中债务人也宣告破产，其他 24 笔要么因债务人下落不明，要么因双方已经抵账未销账而撤诉结案。

（三）信访群访事务多，影响破产进程

企业破产涉及数量庞大的职工和债权人，客观上造成这些利益主体的损失。部分职工、债权人甚至法律人士对于破产法的相关规定不能完全理解接受，或反映诉求，或宣泄情绪，信访闹访不断，甚至长期缠访、多头举报信访，或利用媒体施压等，需要法官、管理人及其他政府有关人员做大量工作去耐心宣传解释、答复，牵扯了大量的时间与精力，影响案件审理进程。仅 2018 年，因破产企业职工集资问题、房改房办证问题、保险问题、经济补偿金问题，破产法官先后到信访局协助政府工作人员接访43 次。特别是两会期间或重大节日期间，接访成为破产法官的主要工作。

（四）破产专业化相关制度不完善，影响破产审判水平

推行法官员额制改革以来，高青县人民法院法官数量大幅减少，案多人少的矛盾更加突出。破产法官的培养、破产案件的考核、破产专业队伍的相对稳定问题由于缺乏相关制度的保障，严重制约了法官审理破产案件的积极性，影响了破产审判工作的大力开展。尽管高青县人民法院自 2018 年 7 月起成立商事审判团队，专职审理破产案件以及其他商事案件，使破产专业化审判有所改进，但因团队中只有两名法官，且在承办破产案件时还要审理 500—600 件的金融案件及其他商事案件，审判任务繁重，无暇对破产案件中诸多问题潜心研究，影响了破产审判工作的进一步开展。

六、破产审判完善的工作思路

（一）积极推动府院联动机制制度化建设

1. 继续完善破产工作联系人制度

当前，政府机构改革刚刚完成，政府职能有所调整、整合。建议政府继续推行破产联系人制度，对破产联系组成人员重新调整，尽快到岗到位，确保破产工作继续有序开展。

2. 推动府院联动机制常态化建设

建议政府以新旧动能转换为契机，成立新旧动能转换推动机构，由法院及相关政府部门参加，在新旧动能转换中实现破产企业的工商信息、资产登记、账户开户、保险查询、税务登记、招商融资、信访、违法犯罪等数据共享，在破产资产的变现环节、

过户环节，在建工程的验收环节、投资环节、税收环节等方面提供各种快捷优质服务。

（二）积极推动破产审判专业化建设

1. 成立破产审判专业化团队

为确保破产案件顺利审理，法院正在探索按照法律素质过硬、沟通协调能力强、廉洁自律的标准，慎重选择破产法官组成破产专业审判团队，专司破产案件审判工作。

2. 改革破产审判绩效考评机制

对法官审理破产案件的难度、付出、风险有科学的考量，充分调动破产审判法官的工作热情。适当减轻破产案件审判法官的其余工作负担，使其有时间与精力投入破产案件审理过程，通过学习研究提高审判水平，指导监督管理人办好企业破产案件，确保破产审判流程规范高效。

（三）积极推动管理人指定和报酬方式改革

1. 完善管理人指定制度

目前，高青县人民法院指定的方式有三种：一是随机或轮流方式指定，二是竞争方式指定，三是债务人与债权人推荐方式指定。由于高青县人民法院技术部门对管理人的水平和能力并不十分了解，随机或轮流方式指定的管理人有时不能胜任管理人工作；而竞争方式指定的时间成本较高，且在选任过程中容易滋生不当竞争问题；推荐方式指定具有方便快捷的优点，但也不可避免地存在倒逼管理人的缺陷。下一步，高青县人民法院将尝试"竞争+随机"相结合的方式，先由技术部门通过竞争方式选择三家以上管理人机构进入预选名单，再通过随机方式选择其中一家作为管理人；继续完善推荐方式的相关制度建设，扬长避短，力争达到效率与公平的完美结合。

2. 完善管理人收费制度

根据《最高人民法院关于审理企业破产案件确定管理人报酬的规定》，在计算管理人报酬时，担保财产的价值并不计算在债务人最终清偿的破产财产价值总额中，而是由管理人与担保人协商收费；协商不成的，报酬比例按照正常收费的10%计算。因破产企业的资产绝大部分均设定担保，管理人的绝大部分精力和时间用在担保资产处置和担保债权的审查、分配等工作中，致使管理人因此取得的报酬与付出的工作量严重倒置，影响了管理人的工作积极性。下一步，法院将尝试担保财产一并纳入计算基数计算管理人报酬并通过债权人会议表决的方式予以确定。

推行"五项工作机制" 稳妥处置僵尸企业

于卫东 [①] 李桐光 [②]

伴随着淘汰落后产能、过剩产能任务的不断加重，如何积极稳妥处置僵尸企业成为各级党委、政府和法院的当务之急。近几年来，高青县人民法院以破产审判为突破口，积极推行以"府院联动协调、职工权益保障、处置模式选择、破产程序规范、资债处理创新"为内容的"五项工作机制"，稳妥处置僵尸企业，在实现淘汰落后产能、盘活要素资源和转型升级过程中，注入了被法学界称为"高青模式"的内容。

一、府院联动协调机制

（一）必要性

在处置僵尸企业的过程中必然涉及债权人、债务人、出资人、企业职工等众多当事人利益，极易引发群体性、突发性事件，影响社会稳定。[③]破产案件虽然由法院审理，但法院并非无所不能，在处置僵尸企业中土地、房产、税收、工商信息和注销、国有资产、金融信贷、招商引资、信访维稳等问题，离不开党委、政府的协调配合。因此，僵尸企业破产并非单纯的司法案件而属于重大的社会问题，需要党委、政府、法院共同协作才能解决。

（二）机制内容

党委是僵尸企业处置的领导者，政府是僵尸企业处置的协调者和组织者，法院是僵尸企业破产程序的主导者。高青县人民法院据此创设破产工作联系人制度，形成了党委、政府、法院分工配合的协作机制。其基本内容为：由政府指定公安、土地、房产、人行、工商、税务、社保、审计、经信、信访、招商等部门一名业务骨干担任联系人，明确僵尸企业处置相关事宜由其专门负责，防止部门内部人员相互推诿；同时，由县委指定一名县级领导作为联系人分管领导，负责协调政府、法院关系，并定期组织召开"府院联席会议"，共同解决僵尸企业处置中遇到的难题。

（三）工作效果

破产工作联系人制度因实行责任到部门、到人，为法院推进僵尸企业破产创造了良好的外部环境，提高了处置僵尸企业的质效。以钜创公司破产重整案为例，为引进纺织业巨头如意集团参与重组重整，县委常委作为分管领导带领经信局、招商局等联系人先后27次到如意集团总部进行洽谈，在金融信贷、税收、职工安置、资产收购等方面最终达成重组重整协议，促成了钜创公司重整的成功。在此基础上，如意集团着

---

① 于卫东，时任山东省高青县人民法院党组副书记、副院长。

② 李桐光，时任山东省高青县人民法院民二庭庭长。

③ 《最高人民法院关于正确审理企业破产案件为维护市场经济秩序提供司法保障若干问题的意见》。

手重组高青县其他纺织企业，计划再投资20亿元，打造中国规模最大的纺纱、印染、纺织、服装为一体的亿米牛仔产业园项目，实现了僵尸企业生产功能的延续和产业的重生。

二、职工权益保障机制

（一）必要性

无论是社会发展，还是经济发展，都需要一个稳定的外部环境。解决僵尸企业脱困问题，也必须以稳定为前提，以稳定为目标，优先解决职工权益和职工安置问题。从法律的角度看，职工权益有复杂的社会属性，不仅是职工债权的分配问题，还兼具人身权性质和公法性质。对职工权益的保护体现国家保护弱者、维护公平的立法目的；职工权益不仅基于商品交换关系而产生，它还具有一定的社会分配和社会保障性质。从道德角度看，企业职工作为企业日常经营必须的人力资本，是企业最为重要的生产要素之一，职工为企业的发展贡献着自己的汗水和力量，很多职工甚至穷其毕生精力为企业服务；职工与企业之间这种联系的紧密性，要求在处置僵尸企业的过程中必须着重考虑职工权益的保障问题。从现实角度看，企业正常经营时，职工往往处于弱势地位，与企业信息不对称，承担风险的能力也较差；企业在破产之后，企业的每个职工不作为独立的债权人存在，而作为一个群体出现，职工债权人作为共同利益团体的整体性慢慢显现。特别是企业大部分资产被抵押后导致资产不足以分配职工债权时，职工即使明白破产分配的顺序也不愿意接受和认同，其通过上访讨薪成为必然。因此，企业职工作为僵尸企业利益攸关方，直接关系到僵尸企业处置的顺利与否和社会稳定。

（二）机制内容

首先，在处置僵尸企业退出的过程中明确把妥善安置职工作为重要前提。要求企业向法院申请破产时必须提交完备可行的职工安置预案，在重整案件中还要求投资人将接收职工作为参与重组条件，从而将职工安置工作前移，便于党委、政府站在全局高度，提前谋划，规避因处理不当而引发的不稳定因素。其次，在制订债权分配方案中，明确职工债权优先权范围。除《企业破产法》[①]第113条第1款第1项中规定"破产人所欠职工的工资和医疗、伤残补助、抚恤费用，所欠的应当划入职工个人账户的基本养老保险、基本医疗保险费用，以及法律、行政法规规定应当支付给职工的补偿金"属于第一顺序清偿外，将生育保险、工伤保险、失业保险在内的其他社会保险费用、职工住房公积金以及职工安置费、奖金、提成、报销费用等其他福利待遇也纳入职工债权优先权范围。再次，协调政府先行垫付职工生活费等职工债权。在企业进入破产程序前，可由政府直接向将僵尸企业职工发放生活费并垫支社会保险费，稳定职工情绪；在企业进入破产程序后，由政府取得职工债权代位权，列入第一顺序优先受偿。在僵尸企业进入破产程序后，在没有投资人支付资金的情况下，可由管理人与政府签订借款协议，优先支付职工债权，管理人将该借款作为破产费用或共益债务优先

---

① 为表述方便，本书中涉及的我国法律法规、部门规章直接使用简称，例如《中华人民共和国企业破产法》简称为《企业破产法》，后文不再一一说明。

支付。在投资人资金不到位的情况下，可由投资人与政府签订借款协议，由政府借资给投资人优先解决职工债权问题，再由投资人另行偿还政府出借资金。最后，在化解职工集资问题的过程中，由政府释放政策资源给投资主体，由投资主体化解职工集资问题。

（三）工作效果

职工权益保障机制在僵尸企业处置中保障人权、保护弱者、维护经济秩序和保护社会公共利益方面发挥了重要作用，保证了僵尸企业的顺利处置和社会的和谐稳定。以恒丰公司破产重整案为例，在投资人参与重整协议中明确约定，职工债权 300 万元在重整计划通过后 3 日内打入管理人账户用于分配，由投资人承接职工集资 550 万元并与职工签订新的劳动合同，确保职工下岗的同时又上新岗，投资人则享受政府承诺的招商引资优惠政策。该协议签订后，重整计划得以顺利通过、批准并执行，职工债权优先受偿，职工集资得以平稳化解，确保了恒丰公司的稳妥处置。再以钜创公司破产重整案为例，在进入重整程序后，由管理人向政府借资，优先发放职工生活费，并在重整计划制订时，将该借款列入破产费用和共益债务优先偿还；在投资人如意集团参与重整协议中，明确约定如意集团承接钜创公司 1012 名职工；在重整计划执行过程中，在投资人重整资金不到位的情况下，由管理人协调投资人向政府借资 2600 万元，优先解决职工债权问题，确保重整计划的顺利执行。

三、处置模式选择机制

（一）必要性

民营僵尸企业的破产，不同于以往国企破产，不能搞"一刀切"。近年来，由于受政府机构和金融机构负责人特定任期制、传统维稳观念以及对法律程序理解不到位等因素的影响，破产重整程序存在一定程度的滥用，不仅浪费了司法资源，也浪费了大量的经济和社会资源。特别是中央经济工作会议提出"尽可能多兼并重组，少破产清算"后，形成了僵尸企业破产应优先选择重整模式的论调。这是对法律程序的误解、对中央经济工作会议表述的误读，不利于僵尸企业的顺利处置。兼并重组不是一个严谨的法律概念，而是一个市场行为，一般包括收购兼并、股权转让、资产剥离、资产置换等。而"重整"是一个严谨的法律概念，属于与破产清算、破产和解并列的破产模式之一。在兼并重组过程中既可以适用重整，也可以适用清算，重整与清算都是资源配置的司法方式，清算也需要战略投资人接盘，清算过程也存在资产整体出售问题，出售式重整过程中也存在清算，重整和清算都可以实现兼并重组目的。因此，应根据僵尸企业的实际，实行一企一策，灵活选择不同的破产处置模式。

（二）机制内容

坚持以"企业主体、政府推动、市场引导、依法处置"为原则。对于那些核心业务仍然有发展空间的僵尸企业，着力于"激活"，立足于挽救企业的营运价值，采取重整模式实现资源有效配置；其间，仍可采用先"输血"再"造血"方式，由政府协调金融机构给予资金帮助或债务减免，甚至由政府通过国有化直接参与重整。对于生存能力丧失殆尽、扭亏无望的僵尸企业，着力于"盘活"，立足于淘汰落后产能，采取清算模式实现资源有效配置。判断企业核心业务是否具有竞争力，应以其产品是否具有市场前景和利润空间为标准，而不能过多考虑其负债情况。

（三）工作效果

截至 2016 年 3 月，高青县已经处置 6 家僵尸企业，有 3 起重整、3 起清算，均实现了企业资产存续、员工权益维护、债权人合理受偿和地方产业升级的良好效果。共盘活 1310 亩土地资源、41.64 万平方米厂房建筑物，安置职工 2281 名、化解银行抵押贷款 6.05 亿元、无抵押贷款 1.53 亿元。以五湖公司破产重整转清算案为例，因其属于高耗能、高污染行业，产品缺乏市场竞争力，被迫宣告破产清算。买受人通过竞买获得五湖公司土地、厂房、设备等资产后，先后注册成立两家公司，一家公司利用公司原有厂房、设备对陶瓷产品升级换代，生产科技含量高的功能性陶瓷；另一家公司利用破产企业的空闲用地投资建厂生产空调配件，实现了"凤凰涅槃"和"腾笼换鸟"的双重效果。再以钜创公司破产重整案为例，该案以美国通用公司破产重整一案为蓝本，探索适用"出售式重整"模式，通过政府协调金融机构和投资人，由如意集团作为战略投资人参与重整、重组钜创公司，如意集团以评估价 2.5 亿元全盘承接钜创公司主营业务相关的金融担保资产及对应债务、职工，并以 6000 万元收购钜创公司的未担保财产，管理人再以该价款清偿无担保债权人，对出售有效营运资产后的钜创公司则进行破产清算，予以注销。通过采用"出售式重整"模式，钜创公司在投资人如意集团接收后，企业资产全部得到盘活，职工利益和就业得到保障，金融债权得到较大维护，普通债权人得到相应比例受偿，实现了各方利益的最大化。该案例作为国内"出售式重整"第一案，被法学界充分肯定。

四、破产程序规范机制

（一）必要性

"法律的生命不在于逻辑，而在于经验。"面对纷繁复杂的市场经济和社会发展，法律永远无法穷尽并解决现实中不断出现的新问题和新矛盾，而僵尸企业的司法处置表现得尤为突出。《企业破产法》在实行过程中，部分规定较为原则，相关的配套程序尚不完善，仍有许多值得研究、创新、探索和尝试的空间。因此，立足于本地实际，结合司法实践，规范破产程序，助推僵尸企业破产处置成为必然。

（二）机制内容

首先，打造破产案件"六大公开平台"，确保破产工作在阳光下运行。一是创设"破产工作人员信息"公开平台；二是推行"债权人会议资料"汇编发放平台；三是坚持"破产工作简报"编辑通报平台；四是设立"释法答疑办公室"沟通平台；五是构筑"债权人委员会"参与平台；六是创设"听证会"博弈平台。"六大公开平台"，既能够确保债权人、债务人、投资人、职工的知情权和利益，又能保证管理人、法院、党委政府信息传递的实效，为企业破产工作决策提供了前提。其次，制定破产管理人工作业绩考核标准，确保管理人勤勉尽责。坚持依法规范、尽职免责、量化考核、报酬激励四原则，对管理人的业绩实行千分制考核，将管理人的工作业绩分为 8 个工作环节 84 项具体工作，根据不同工作付出的工作量分别赋分，以管理人最终考核得分情况作为管理人结算管理人报酬的基本依据。辅之以管理人报酬互助基金指导意见，确保管理人最低收入保障。最后，细化破产流程具体细则，确保破产关键环节有章可循。以规范债权人会议指导意见、破产案件专项审计指导意见、处理破产企业职工集资问题指导意见、处理破产债权异议问题指导意见，执行转破产程序工作衔接指导意见等形式规范破产工作，统一破产流程和实体处理的标准。

（三）工作效果

破产程序的规范弥补了企业破产法的不足，使破产实践做到了有规可依、有章可循，提高了僵尸企业破产处置的质效。截至 2016 年 3 月，高青县人民法院先后受理 9 起破产案件，指定 9 次管理人和 17 次审计评估机构，出具 9 份审计报告和 8 份评估报告，组织召开 20 次债权人会议，起草并通过 3 个重整计划草案、4 个财产变价方案、3 个债权分配方案，审核债权 16.46 亿元，分配债权 1.09 亿元。因程序规范、公开透明，取得了债权人、债务人、职工及利害关系人的理解和支持，未发生一起针对管理人、法院、党委政府工作失误而引发的群体性上访事件。

五、资债处理创新机制

（一）必要性

管理混乱、资产闲置、资不抵债是当前僵尸企业的一种常态。进入破产程序后，在资产管理方式上，企业破产法规定了交由债务人或管理人管理的方式，但因原企业法人治理结构和经营管理无法改善，债务人自行管理的方式一般不具有可操作性，而管理人并不具备特定行业的经营管理经验，难以有效管理公司的经营性事务并实现对公司财产的维护和保值。在债务清理方式上，企业破产法规定了同一顺序债权比例清偿的分配原则，但因金融抵押资产远远小于金融债权以及普通债权受偿率普遍偏低，金融债权人和普通债权人参与重组重整的积极性普遍不高。上述两个问题的存在不利于僵尸企业重组重整的实施，不利于金融风险的化解和社会稳定。因此，僵尸企业要重组重整就必须在资产管理方式和债务清理方式上打破常规，大胆创新。

（二）机制内容

首先，在资产管理方式上以"避免贬值、确保保值、力求增值"为目标，以是否有利于"企业资产保值增值"和"维持企业生产功能"两个标准，针对不同企业采取不同的资产管理方式。以高青县人民法院审理的曼顿公司重整案为例，因企业法人治理结构健全，采取了债务人自行管理资产的方式；以钜创公司、恒丰公司重整案为例，因法人治理结构处于瘫痪状态且投资人属于同行业的现状，创新"资产整体托管"方式，由管理人将公司资产整体托管给投资人经营管理。其次，在债务清理方式上分类处置，对金融债权采用"金融债权立体承接"方式，对其他普通债权采取"普通债权差额累进受偿"方式予以清理。"金融债权立体承接"方式以债务置换、债务承担和抵押资产转让为主要内容，由投资人承接债权银行有固定资产抵押的相应债务，同时获得该银行在破产企业的全部抵押物，并且过户成为投资人的资产，投资人同时获得金融信贷支持。"普通债权差额累进受偿"方式是在借鉴诉讼费收费办法、管理人报酬收取办法中分段收费方式的前提下，以维护小额债权人利益和确保普通债权利益相对公平为主要内容，采取普通债权中×万元以内×部分按 100% 比例受偿，超出×万元部分按 Y% 的比例清偿方式。

（三）工作效果

资产管理方式的创新，为重整工作的顺利推进奠定基础。以钜创公司、恒丰公司重整案为例，两公司均采取了"资产整体托管"方式，因投资人具有同类业务经营管理经验，在管理人的委托和监督下，负责重整期间生产销售业务的具体经营管理、资产的维护，原企业的全体职工继续上岗，由投资人为其发放工资并缴纳社会保险，化解了职工上访风险，减轻了管理人的压力，达到了生产不停、队伍不散、市场不丢的效果，为重整工作的顺利推进奠定了基础。债务清理方式的创新，不仅化解了金融机构不良贷款风险，还使投资人重整资金得到保证，同时维护了金融债权人和普通债权人的利益，取得了绝大多数债权人的理解和支持，为重整成功奠定了基础。以钜创公司、曼顿公司重整案为例，两公司在制订重整计划草案时，均采用了"金融债权立体承接"方式和"普通债权差额累进受偿"方式，保证了重整计划草案的通过，实现了普通债权"低清偿率"和"高通过率"的奇迹。

以淄博法院破产案件典型案例为视角探析
僵尸企业处置中的五个实务问题

赵玉忠① 李桐光②

关于僵尸企业的概念问题，学界观点基本统一于经济学家彼得·科伊提出的经济学概念，界定为那些无望恢复生气，但由于获得放贷者或政府的支持而免于倒闭的负债企业。从我们组织和参加的各类调研活动来看，各地、各部门对其标准还在探讨过程中，估计随着清理工作的逐步推进，国家决策层会有一个相对权威的界定标准。

我们认为，对那些进入破产程序的僵尸企业进行系统梳理，科学分类，制定因案施策、因类施策的司法应对措施，确保在国家依法处置僵尸企业的过程中，我们的破产法不再"缺位"，人民法院的破产审判大有作为。现结合淄博两级法院审理的僵尸企业破产案件，谈五个司法实务问题，借以推动僵尸企业的处置。

第一个问题：僵尸企业处置的方向方面，是选择重整还是清算？

面对已经或者即将进入破产程序的僵尸企业，企业破产法列举的资不抵债、不能清偿到期债务等法律事实，从法律上讲属于破产原因，是启动破产程序的法定事由和法律依据。但从企业致僵原因看，千差万别。就像医院门诊接待病人，发烧是临床表现，扁桃体发炎还是急性肠胃炎才是病灶，上述法律事实只能算是临床表现或者说是生命体征，发现病灶才能决定用什么药与怎样手术。僵尸企业有两个层面的问题需要面对：一是总体负债情况，二是企业核心竞争力问题。企业负债无论大小，都属于适用破产程序能够解决的法律问题，而企业核心竞争力则更多地属于一种商业和市场判断。判断企业是否具有核心竞争力，最主要是看其产品的市场前景和利润空间，在不考虑企业负债总成本的前提下，考察单位产品的投入（设备折旧、劳动力报酬）与产出（销售价格）。只有企业产品具有价格和市场竞争力，才能认定企业具有核心竞争力，才有适用重整程序进行司法挽救的价值。

观点1：重整、清算都属于盘活、配置市场资源的法定方式，应因企施策，具体问题具体分析

重整针对上述存在核心竞争力的企业，着力点是"激活"，立足于挽救企业的营运价值，促进资源有效配置；清算则针对生存能力丧失殆尽的僵尸企业，着力点是"盘活"，适用于淘汰落后产能，盘活存量资产。以淄博市中级人民法院所辖高青县人民法院为例，截至 2016 年 3 月，该院已经审结的 6 起破产案件中，有 3 起重整、3 起清算，共盘活 1310 亩土地资源、41.64 万平方米厂房建筑物，安置职工 2281 名，化解银行抵押贷款 6.05 亿元、无抵押贷款 1.53 亿元。其中，通过清算程序盘活 480 亩土

---

① 赵玉忠，时任山东省淄博市中级人民法院民二庭庭长。
② 李桐光，时任山东省高青县人民法院民二庭庭长。

地资源、15.73 万平方米厂房建筑物，安置职工 845 名，化解银行抵押贷款 1.77 亿元、无抵押贷款 6680 万元。

观点 2：坚决防范重整程序的庸俗化理解和不当滥用现象，准确把握中央经济工作会议要求

近年来，由于受政府机构和金融机构负责人特定任期制、传统维稳观念以及对法律程序理解不到位等因素的影响，破产重整程序存在一定程度的滥用，不仅浪费了司法资源，也浪费了大量的经济和社会资源。中央经济工作会议提出"尽可能多兼并重组，少破产清算"，如果对这一要求不及时作出依法、理性的权威解读，极有可能发生重整程序被不当滥用扩大化。

我们认为，兼并重组过程中既可以适用重整，也可以适用清算，认为兼并重组就必须适用重整程序是一种对法律程序的误解、对中央经济工作会议表述的误读。应当明确，清算也是一种配置资源的方式，清算也需要战略投资人接盘，清算过程也存在整体性出售问题，出售式重整过程也存在清算，清算也可以实现兼并重组目的。

以五湖公司破产重整转清算案为例。该案经历了两个阶段。第一阶段，在破产初期，法院、管理人和地方政府均认为只有破产重整才是配置资源，试图走重整程序。但因其属于高耗能、高污染行业，产品缺乏市场竞争力，重整历时 1 年半之久而以失败告终，不但耗费了大量社会资源，而且致使企业资产不断贬值，被迫宣告破产清算。第二阶段，买受人通过竞买获得五湖公司土地、厂房、设备等资产后，先后注册成立两家公司，一家公司利用公司原有厂房、设备对陶瓷产品升级换代，生产科技含量高的功能性陶瓷；另一家公司利用破产企业的空闲用地投资建厂生产空调配件，实现了"凤凰涅槃"和"腾笼换鸟"的双重效果。

再以钜创公司破产重整案为例。该公司受经济大环境及企业自身因素制约，流动资金严重匮乏，债务总额近 5.8 亿元，资产总额不到 3 亿元，生产经营陷入困境。但该公司在牛仔服装的生产技术、工艺水平、硬件设备等方面存在一定优势，产品在国内和国际市场具有一定的竞争力。法院会同政府有关部门积极寻求适格投资人，经了解，国内纺织巨头如意集团拟在牛仔服装领域扩大产业规模，遂以邀请方式吸引其作为重整投资人参与钜创公司重整。投资人如意集团在参与重整过程中承接金融不良债务和部分其他债务后，以溢价收购盘活钜创公司土地、房产、设备，并计划再投资 20 亿元在高青县建设如意产业园，进行棉纺、牛仔布、服装的一体化生产，力争将高青县打造成国内最大的牛仔布生产基地，在盘活钜创公司闲置资源的同时，实现了"凤凰涅槃"的目的。

第二个问题：僵尸企业重整的模式方面，是选择"存续型"还是"出售式"？

据了解，破产法学界有两种重整模式：企业存续型重整与出售式重整。企业存续型重整是我国现行企业破产法规定的重整模式，司法实践中被普遍采用。这种模式的标志性特点是保持原有法人资格存续，在原企业外壳之内进行重整。出售式重整是理论界探讨的模式。这种模式的标志性特点是不保留原债务人企业的存续，在事业转让之后将债务人企业清算注销。

观点 1：出售式重整在处置僵尸企业方面大有作为

我们认为，现在的僵尸企业普遍存在以下情形：一是由于长期不能清偿债务甚至严重资不抵债，企业商业信誉、银行信誉丧失殆尽，原企业法人外壳没有继续保留的价值；二是企业原股东及管理层要么"跑路"，要么基于各种动机，怠于履行职责甚至拒不履行职责，原企业法人治理结构和经营管理无法改善；三是企业存在诸多隐性债务，若保留原企业法人资格，重整后的企业面临债务增加的风险。对于具备上述特点的僵尸企业，适用出售式重整模式，在挽救围困企业、保护企业运营价值方面具有普遍性意义，值得借鉴。

以钜创公司破产重整案为例。该公司在考虑启动重整程序时，企业的商业信誉、银行信誉丧失殆尽，战略投资人对下一步可能存在的诸多隐性债务风险顾虑重重，要求抛弃原企业外壳。立足克服障碍、促成重整，法院着手探索适用出售式重整模式：战略投资人在高青县设立公司参与重整钜创公司，如意集团以评估价全盘承接钜创公司主营业务相关的担保资产以对应债务、职工，并以溢价收购钜创公司的未担保财产，管理人再以出售的价款清偿债权人，对出售有效营运资产后的债务人企业则进行破产清算，予以注销。从重整效果看，一方面钜创公司在投资人如意集团接收后，企业资产得到盘活，职工利益和就业得到保障，银行债权得到较大维护，实现了各方利益的最大化；另一方面通过对债务人企业营业资产的出售，隔断了收购者与破产企业原有债务的联系，保障其不受到在重整程序中未处置债权的继续追讨，避免了重整的失败。

观点 2：存续型重整应从严把握

重点把握三点：一是原企业法人外壳具备某种市场或领域的稀缺性或者独占性，某些特殊的行政许可与企业外壳不可分离，如上市公司的"壳资源"；二是新介入的战略投资人与原企业的技术团队、管理团队能够形成一个各方利益均衡、共谋企业发展的"兼容"格局；三是战略投资人"激活"原企业产生的商业价值，远远高于采纳存续型重整模式所付出的代价。

以中航钛业公司破产重整案为例。中航钛业公司是航空航天高性能钛合金材料工程化和产业化的高新技术企业，先后取得"三级保密资格单位资格证书""武器装备科研生产许可证"，部分产品成功用于军品制造，市场前景广阔。2015 年以来，受经济下行及金融环境影响，资金链断裂，不能清偿到期债务，且资不抵债，符合破产条件。基于对企业核心竞争力的考量，初步考虑选择重整程序。战略投资人系上市公司，其看重的是债务人企业的军品生产资质和所处特定行业，而这一生产资质只能依附于原企业的法人外壳。只有选择存续型重整模式，军品生产资质才能得以保留，才能为上市公司做大做强提供机遇。

第三个问题：僵尸企业进入破产程序后，资产管理方式如何优化？

管理混乱、资产闲置是当前僵尸企业的一种常态，进入破产程序后，在资产管理模式上，普遍存在"两难处境"：一方面，原企业法人治理结构和经营管理无法改善，债务人自行管理方式不具有可操作性；另一方面，管理人并不具备特定行业的经营管理经验，难以有效管理公司的经营性事务并实现对公司财产的维护和保值。因此，一定要强化"破"中有"产"的理念，即使是破产清算程序，管理人也要立足债务人财产的客观状态，以"避免贬值、确保保值、力求增值"为目标，避免闲置浪费，力争保值增值，科学制订并负责任地落实资产管理方案。

观点1：坚持两个有利于标准

一是是否有利于"企业资产保值增值"，二是是否有利于"维持企业生产功能"。只有坚持这两个标准才能最大限度实现资产变现最大化，维护职工和广大债权人的利益。

观点2：只要坚持两个有利于标准，任何管理模式都可以尝试

以山东省淄博医药采购供应站破产清算案为例。山东省淄博医药采购供应站破产清算，对破产财产的管理模式：由管理人对破产财产进行全面接管，在破产清算过程中，管理人对破产财产主要是沿街商业房对外出租，收取租赁费用。效果：债务人破产财产处置需要一个过程，在此期间，管理人对债务人的房产出租，防止有效资产闲置浪费，使债务人破产财产保值增值，有利于保护债权人利益。

以淄博兰雁集团公司破产重整转清算案为例。淄博兰雁集团公司重整转破产清算以后，资产管理模式为由战略重组方先期以租赁的方式租赁淄博兰雁集团公司的有效资产进行生产经营。效果：（1）使企业有效资产继续发挥生产效益，防止有效资产闲置浪费，使债务人破产财产保值增值，有利于保护债权人利益；（2）在战略重组方租赁经营期间，原债务人企业职工继续上班，保证了职工队伍的稳定。

以钜创公司、恒丰公司破产重整案为例。高青县人民法院在审理钜创公司、恒丰公司两案过程中，鉴于均存在战略投资人参与重整，且战略投资人属于同行业的现状，由管理人将公司整体资产托管给战略投资人经营管理。从实际效果看，投资人具备同类业务经营管理经验，在管理人的委托和监督下，负责重整期间生产销售业务的具体经营管理、资产的维护；原企业的全体职工继续上岗，由投资人为其发放工资并缴纳社会保险，化解了职工上访风险，减轻了管理人的压力。因此，在战略投资人属于同行业的情形下，采用"资产整体托管"模式能够达到生产不停、队伍不散、市场不丢的效果，为重整工作的顺利推进奠定基础。

第四个问题：僵尸企业进入破产程序后，资产变现方式如何优化？

观点1：僵尸企业财产是"整体变现"还是"分体处置"，应灵活使用

对具有某些潜在优势僵尸企业的资产进行变现，尽可能确保破产财产的完整性，采取整体变现的方式。它的特点是，由于生产经营及配套设施相对完整，买受人权利集中，适宜投资人进行投资收购并重建劳动组合，恢复生产经营，对投资人参与竞买有较大的吸引力。整体变现的方式比较灵活，既可以采用协议方式，也可采用拍卖方式。以钜创公司、恒丰公司破产重整案为例。在钜创公司破产重整案中，战略投资公司以协议方式溢价收购全部破产资产并承接了全部职工。在恒丰公司重整案中，战略投资公司以评估价的87.7%的价格协议收购全部破产资产并承接全部职工。两家公司的资产变现均实现了财产价值变现"最大化"目标，也实现了市场要素的最佳结合，保持了破产企业的整体生产功能的延续。两家公司财产均采取的是协议方式。

对于生产功能恢复困难的淘汰行业僵尸企业，可采取分体拍卖的方式。它的特点

是，企业的机器、设备一般属于市场淘汰范围，难以变现；土地、房产再利用价值较高，在剥离机器、设备后对于投资人有一定的吸引力。以邦德公司破产清算案为例。邦德公司破产清算程序中，其陶瓷设备评估值占总资产的三分之一，但只能作为废品处置，唯一具有变现优势的是地理位置较为优越的土地。为此，在变现中采用了不动产与动产分别打包拍卖的方式，土地、房产最终以80%比例变现，买受人竞得后拟拆除地上建筑物，再投资5000万元开发商业地产，既实现了财产变现"价值最大化"目标，又淘汰了落后产能并盘活了土地资源。

观点2：僵尸企业权利瑕疵破产财产变现应坚持公示和公开原则

权利瑕疵破产财产的变现难题，主要表现为破产企业地上建筑物所有权与土地使用权分离，导致无法变现；划拨土地上存在第三方权利，对破产工作形成障碍，等等。这属于长期困扰法院破产案件顺利推进的障碍。

以淄博热电公司破产清算案为例。该企业破产资产中的部分房产等企业固定资产存在占用周边村庄集体所有土地的情况，甚至存在作为企业破产财产的部分基础设施（供电设施、供水设施）与周边居民生活区共同使用的情况，破产资产变现难度大，需管理人和法院协调处理的问题多。我们的做法是，管理人首先对瑕疵财产进行深入调查，详细了解瑕疵资产的客观状况，并制作《瑕疵资产状况调查报告》。报告完成后，管理人将该报告向债权人委员会和法院破产审判合议庭汇报，由债权人委员会决定是否按照破产资产一体化处理方案的要求公开拍卖瑕疵资产。如果债权人委员会决议将瑕疵资产与破产资产整体拍卖，拍卖机构在发布的拍卖公告上将向不特定的竞买人全方位公布瑕疵资产存在的问题。竞买人报名竞拍瑕疵资产的，在拍卖之前管理人负责与竞买人签订《破产资产瑕疵状况告知书》并告知竞买的后果。竞买人购买破产资产后，管理人负责资产过户手续及续租协议的办理事宜。如管理人办理后续问题中遇到障碍，法院负责通过与政府房屋管理、土地管理、社区居委会建立的协调联动机制，解决好瑕疵资产拍卖后的过户及管理问题。简单地讲，就是在破产资产处置环节探索实行了"瑕疵破产财产公示—参与拍卖竞买人签署保证协议—管理人主导资产处置—法院托底保障过户"的瑕疵破产财产处置模式。

以沂源县丝绸公司破产清算案为例。该企业房屋作为企业破产资产，而土地使用权属山东省丝绸集团公司所有，如对破产资产进行拍卖处置，则会造成竞买人购买房屋后无法办理房屋占用土地的产权过户手续。我们的做法是，法院负责与山东省国有资产投资控股有限公司、山东省丝绸集团有限公司协调，争取山东省丝绸集团有限公司同意并委托管理人将土地使用权变现。管理人在取得山东省丝绸集团有限公司的授权委托之后，向债权人会议进行专项汇报，取得债权人会议一体化处置破产资产的决议。管理人获得第三人授权及债权人会议决议之后，申请法院委托山东产权交易中心对破产资产进行公开拍卖处置。拍卖机构按照管理人要求及山东省国有资产投资控股有限公司关于国有资产处置的政策规定，在山东产权交易中心交易平台，对本案涉及的国有资产及破产资产进行处置。资产变现后，将土地使用权变现所得及时向第三人过付。简单地讲，我们称之为"破产资产与第三人资产合并处置按比例分配"的破产资产处置模式。这种资产处置模式，既符合国家关于国有资产处置变现的相关规定，又实现了破产资产尽快变现，还确保了资产竞买人取得瑕疵资产后可办理完整的产权手续，最大限度地维护了债权人利益，取得了良好的社会效果。

第五个问题：僵尸企业进入破产程序后，投资人招募机制如何优化？

近年来淄博法院在投资人招募问题上存在几个误区：一是招募投资人适用于重整，破产清算程序不需要；二是招募的投资人是应当对企业进行整体性承接，不可以分成几部分；三是投资人对所投标的移转占有与支付对价应当同时进行，不可以分成几步。

观点1：清算也需要战略投资人

在破产清算过程中，引进投资人来注入资金并优化企业，最大限度地偿还债务并保留现有成熟技术工人与管理团队，对于避免破产清算带来的大量职工失业问题，维护社会稳定，促进区域经济发展，增加地方及国家财政税收收入具有重要的社会意义。以淄博兰雁集团公司破产重整转清算案为例。淄博兰雁集团公司属于先重整未成再转清算的案件，但集团公司复杂的历史背景、沉重的债务和庞大的企业包袱，决定了尽管是破产清算，但企业彻底解困的关键，仍然是引进有实力的战略投资人。在与前后十几位投资者谈判未成后，淄博兰雁集团公司管理人根据投资人的经营领域和关注重点，初步确定天虹集团和上筛公司，选择淄博兰雁集团公司的不同资产作为谈判标的，最终达成先租赁经营、后整体收购的投资运营协议。

一般来说，破产清算案件的接盘者只要具备足够的实力和能力，能够提供充足资金购买破产资产用于偿还债务即可。法院和管理人在此过程中一般可委托拍卖机构招募投资人，必要时可通过政府招商平台发布招募信息。以邦德公司破产清算案为例。邦德公司资产处置中，管理人全部委托拍卖机构招募投资人，法院、管理人仅对招募公告、拍卖、过户等环节进行全程监督，保证资产处置的合法性和公开性。

观点2：重整方式招募投资人应从严把握

招募破产重整的投资人，除具备资金实力外，还必须满足以下条件：投资人行业应与重整企业具有密切产业关联并可提供完善的管理制度和生产技术，能够提高重整企业的竞争力，挽回原客户对重整企业的信心。招募程序上一般分为三个阶段：一是投资人与政府之间应签订投资意向书，由政府为其提供招商引资的政策保障；二是投资人与管理人签订参与重整协议，由投资人根据管理人的要求承诺提供投资资金等重整条件；三是重整计划通过、批准和执行。

以恒丰公司破产重整案为例。恒丰公司在第一次债权人会议召开前，资产、负债情况已经初步明晰。据此，高青县人民法院在指导管理人开展招募投资人工作过程中，要求投资人必须属于服装行业，并可提供完善的管理制度和生产技术，还要全盘接收恒丰公司资产和职工。管理人通过招商部门联系到江辰公司，并由政府分管县长出面签订了投资意向书，由政府为其提供招商引资的政策条件。之后，江辰公司的子公司卓丰公司与管理人签订参与重整协议，以评估价格87.7%的比例接盘恒丰公司全部资产及全部职工。管理人以上述协议为基础制订了重整计划草案提交债权人会议表决通过并经法院裁定批准后，卓丰公司接收了恒丰公司全部职工并将重整资金打入管理人账户，重整计划得以顺利执行。

探索破产重整新机制　应对经济发展新常态

——以钜创公司破产重整案为视角

李桐光 ①

山东省淄博市位于山东省中部，是国家重要的化工、建陶、冶金、纺织工业基地。近年来，随着经济发展进入新常态，淄博老工业城市产业转型升级明显提速，淄博两级法院破产案件申请和受理数量持续快速增长，人民法院的企业破产审判工作与经济发展新常态的融合与互动日趋深化。2010 年至 2013 年 6 月全市法院收案 8 件，2013 年 6 月至 2018 年 9 月收案 23 件，是前三年收案总和的 2.9 倍。

钜创公司破产重整案是淄博市中级人民法院受理交由高青县人民法院审理的淄博市首起外商独资企业破产案件。该案从立案到出售式重整计划草案在第二次债权人会议上通过，历时十个月，保持了破产企业财产的运营价值和职工就业，实现了各方利益最大化，收到了良好的法律效果和社会效果。本文将钜创公司破产重整案在模式、机制、理念上的一些思考与探索总结如下。

一、模式选择：探索适用出售式重整，最大限度挽救企业运营价值

（一）问题一：清算还是重整

清算的理由：从公司资产债务情况看，钜创公司资产评估价值为 2.9 亿元，债务总额为 5.75 亿元，其中有财产抵押的银行债权额为 3.8 亿元；从公司经营管理现状看，公司原股东、法定代表人和实际控制人已经出境且拒不履行管理职责，企业处于全面瘫痪状态。

清算的风险：钜创公司担保财产（2.9 亿元）不足以清偿其担保债权（3.8 亿元），无担保财产也不足以支付破产费用、共益债务和职工债权，普通债权的清偿比例将为 0，企业作为完整运营体的社会价值丧失殆尽，1000 余名职工将面临失业，严重危及地方经济环境、金融安全和社会稳定。

基于上述分析，我们的选择是放弃清算，选择重整。

（二）问题二：如何重整

企业存续型重整是我国现行企业破产法规定的重整模式，司法实践中被普遍采用。这种模式的标志性特点是保持原有法人资格存续，在原企业外壳之内进行重整。

这一模式在钜创公司重整中遭遇三大障碍：一是企业严重资不抵债，股权价值为零，战略投资人不同意以购买股权方式参与重整；二是企业原股东及管理人员拒不履行职责，企业法人治理结构和经营管理无法改善；三是企业还存在诸多隐性债务，若保留原企业法人资格，重整后的企业面临债务增加的风险。现行法的存续型重整模式在钜创公司破产重整案中面临现实障碍，迫使我们寻找、探索新的重整模式。

我们在 2012 年《法律适用》上找到了王欣新教授撰写的《重整制度理论与实务

---

① 李桐光，时任山东省高青县人民法院民二庭庭长。

新论》一文，该文提出了出售式重整的新模式。这种模式的标志性特点，是不保留原债务人企业的存续，在事业转让之后将债务人企业清算注销。

同时，我们研究了美国历史上的第四大破产案件——通用公司破产重整一案。其重整计划规定设立一家新通用公司，老通用公司将其优质资产出售给新通用公司，所得价款用于还债，老通用公司则进行破产清算。这一重整模式完成后，新通用公司在成立后发展良好，不到一年半的时间就发行股票，成为上市公司。

基于上述思考，法院着手探索对钜创公司适用出售式重整模式：如意集团作为战略投资人参与重整钜创公司，其以评估价全盘承接钜创公司主营业务相关的担保资产以对应债务、职工，并以溢价收购钜创公司的未担保财产，管理人再以出售的价款清偿债权人，对出售有效营运资产后的债务人企业则进行破产清算，予以注销。

根据正在执行的重整计划测算，银行担保债权大部分得以实现，职工债权和税务债权100%得到清偿，普通债权在第一阶段清偿中，债权额不足5万元（含5万元债权）部分，按100%的比例清偿，超过5万元的，5万元以内部分全额清偿，超出5万元部分按6%的比例得以清偿；未清偿部分视追偿情况列入第二阶段清偿计划。

（三）评价：挽救企业运营价值是出售式重整的意义所在

从重整效果看，一方面，钜创公司在投资人如意集团接收后，企业资产得到盘活，职工利益和就业得到保障，银行债权得到较大维护，实现了各方利益的最大化。另一方面，通过对债务人企业营业资产的出售，隔断了收购者与破产企业原有债务的联系，保障其不受到在重整程序中未处置债权的继续追讨，避免了重整的失败。

二、推进机制：创设"公司资产整体托管""金融不良债权立体承接""普通债权差额累进受偿"三项机制，促进破产工作平稳、快速推进

（一）创设"公司资产整体托管"机制，引进投资人经营债务人资产

1. 问题：如何让战略投资人依法合规地管理债务人企业

钜创公司破产重整案在债务人企业管理模式上，面临"两难处境"与"一个机遇"。"两难处境"是指，一方面，公司原股东及管理人员拒不履行职责，企业法人治理结构和经营管理无法改善，债务人自行管理方式不具有可操作性；另一方面，管理人并不具备纺织行业的经营管理经验，难以有效管理公司的经营性事务并实现对公司财产的维护和保值。"一个机遇"是指战略投资人如意集团存在接管公司的主观意愿。如何让战略投资人依法合规地管理债务人企业，成为急需解决的问题。

2. 探索：设计"公司资产整体托管"方案

方案框架：第一步，由管理人接管公司管理权；第二步，管理人与战略投资人达成《托管协议》，将公司资产整体托管给战略投资人。这样一来，一方面，投资人具备同类业务经营管理经验，在管理人的委托和监督下，负责钜创公司在重整期间生产销售业务的具体经营管理、资产的维护；另一方面，钜创公司的全体职工继续上岗，由投资人为其发放工资并缴纳社会保险，化解了职工上访风险，减轻了管理人的压力。

3. 评价：实现了三大预期效果，即生产不停、队伍不散、市场不丢

从个案角度看，钜创公司整体托管给投资人经营，在整个重整期间，钜创公司获得

了三大预期效果：生产不停、队伍不散、市场不丢，为重整工作的顺利推进奠定了坚实基础。从宏观层面看，本案的上述"两难处境"在当前的破产重整案件中具有普遍性，钜创公司破产重整案的"公司资产整体托管"机制为企业破产重整提供了一种可借鉴的思路。

（二）创设"金融不良债权立体承接"机制，着力化解地方金融风险

1. 问题：债务人、战略投资人、担保物权人三方如何理顺债务承担、抵押物权属和抵押权设定

钜创公司破产重整案中，五家银行在钜创公司的担保金融债权近3.8亿元，而抵押资产评估值为2.6亿元。一方面银行不良贷款额剧增，形成潜在的地方金融风险；另一方面重整程序中资金严重短缺，制约出售式重整计划的实施。

2. 探索：设计"金融不良债权立体承接"方案

方案内容：（1）银行向战略投资人贷款；（2）战略投资人代债务人偿还银行贷款；（3）抵押物上的抵押权因债务清偿而消灭；（4）抵押物转让给战略投资人；（5）战略投资人将原抵押物抵押给银行，银行再次向战略投资人发放贷款。这一方案的第二步是战略投资人向债务人支付对价，第四步是战略投资人取得抵押物的所有权。整个方案包含债务置换、债务承担和抵押资产转让三个层面，以债务人、战略投资人、担保物权人三方合作意向为基础，以一系列规范的银行、会计、产权手续为表现，以理顺债务承担、抵押物权属和抵押权设定为目标。战略投资人如意集团承接主要债权。银行有固定资产抵押的相应债务，同时通过产权变更获得该银行在钜创公司的全部抵押物的所有权。该方案作为出售式重整模式的核心内容，已获得五家银行的同意，并在债权人会议担保债权组表决中获得全票通过，目前已进入实施阶段。

3. 评价：实现了多方共赢的格局

该方案实现了多方共赢的格局，即投资人获得了金融信贷支持，金融机构化解了不良贷款风险，职工和债权人的利益得到保障，债务人企业的经营事业得以延续。实践证明，没有战略投资人如意集团对主要债权银行的协议承债，如意集团则不能获得银行重组信贷支持；没有银行的重组信贷支持，如意集团则不能溢价收购未抵押资产，也不能实现职工债权的保障和普通债权的比例受偿。可以这样说，没有金融不良债权多维立体承接这一创新方式，则没有重整计划的拟定，更没有钜创公司出售式重整的成功。

（三）创设"普通债权差额累进受偿"机制，确保重整计划草案通过率

1. 问题：如何在清偿率较低的情况下获得债权人的支持

钜创公司破产重整案债权人数众多，担保债权优先受偿后的未抵押财产价值不高，如何在清偿率较低的情况下获得债权人的支持，成为重整计划设计的重中之重。经测算，不足5万元（含5万元债权）普通债权人数为59名，总债权额113万余元，且这些小额债权人多为当地小商小贩，处理不当，将影响重整计划草案的通过。单独设立小额债权组进行表决，意在通过对小额债权人进行适当的利益倾斜，提高重整计划草案通过率。但在司法实践中，设立小额债权组因违反了公平对待同一性质债权人的原则，引发其他债权人的不满，反而影响了重整计划的通过。

2. 探索：创设"普通债权差额累进受偿"新方式

在借鉴诉讼费收费办法、管理人报酬收取办法中分段收费方式的前提下，创设普

通债权差额累进受偿新方式：普通债权中 5 万元以内（含 5 万元）部分按 100% 的比例受偿，超出 5 万元部分按 6% 的比例清偿。

3. 评价：重整计划"低清偿率、高通过率"的重要保证

首先，坚持了普通债权同一标准受偿的原则，经法院、管理人与大额普通债权人提前沟通、说明，取得了债权人的理解和支持。其次，该方式客观上保证了小额债权人的利益，使得偿债方案获得了全部小额债权人的表决同意，保证了表决中债权人"人数过半"的法定条件。重整计划在普通债权组表决中，得到了到会表决的 104 名普通债权人的同意，占债权总额的 89.14%，偿债方案上演了"低清偿率""高通过率"的奇迹。这得益于该方案所蕴含的"均衡、公平、共赢、和谐"理念。

三、府院联动：探索建立"破产联系人制度"，充分发挥政府对企业破产工作的重要推动作用

（一）问题：现行的清算组和中介机构两种管理人模式各有利弊

现行的清算组管理人模式，缺乏必要的专业知识，缺乏依法工作的意识，缺乏与其他相关工作协调的法律思维，缺乏对以后工作合法推进的预见能力，难以完成管理人的专业工作。而中介机构管理人模式，对当前社会形势下破产程序中的政策性涉众性事项，也往往缺乏足够的推动力。具体到钜创公司破产重整案，这两种模式的弊端都足以影响重整程序的依法、有序、高效、稳妥推进，迫切需要在管理人组成和运作模式上有所探索、有所创新。

（二）探索：建立"破产联系人制度"

法院在分析清算组和中介机构两种管理人模式的特点后，提出建立"破产联系人制度"。根据法院的司法建议，由政府发文，在破产工作中全面推行"破产联系人制度"：由专业的中介机构担任破产管理人，由政府相关部门的成员作为联系人参与破产工作；由企业所在地的基层政府主要领导作为项目负责人，负责联系管理人、有关部门联系人和法院，向管理人提供必要的人、财、物等方面的支持和服务，重点负责处理维稳、投资人的引进、金融政策的落实等工作；由一名县级领导作为项目分管领导进行协调和推进，定期召开"府院联席会议"，共同解决重整工作中的难题。

（三）评价：以行政权的积极作为保障司法权依法行使

从钜创公司破产重整案的实践看，该制度不但能调动中介机构的积极性，充分发挥中介机构的职业优势，而且能充分发挥政府职能部门的协助作用，在战略投资人引进、维稳、金融、政策支持等方面发挥了不可替代的作用，为钜创公司重整的有序推进创造了良好的外部环境。这一模式实际上已经涉及司法权与行政权在破产程序中的协调联动机制即"府院联动协调机制"问题。在现阶段的破产案件审理过程中，迫切需要建立以行政权的积极作为保障司法权依法行使的有序运行机制。本案的"破产联系人制度"作为一种探索，值得挖掘、提炼和借鉴。

四、理念引领：坚持"法院主导""司法公开""维护职工权益"，确保破产工作稳妥、有序推进

（一）坚持法院主导的司法理念，确保破产重整依法有序推进

一是在法院主导的标准上。把法律原则、法律规定作为首要标准和第一尺度，在

破产重整的程序性事项，特别是立案受理、管理人指定、债权人主席指定、债权审核确认、重整计划批准、破产宣告、破产财产分配等环节，严格依据法律标准和尺度作出决定或裁定。

二是在法院主导的原则上。始终坚持统筹兼顾的原则，把个案的妥善解决与社会的整体利益相协调，力争实现法律效果和社会效果的统一；坚持到位而不越位的原则，保证管理人依法履行管理职责，慎重指定、依法监督、严格管理、精心指导，破除管理人依赖法院的心理，充分发挥管理人的积极作用，避免法院从程序的监督推动者变为破产实务的具体操作者。

三是在法院主导的范围上。始终强化对管理人工作的指导监督，在债权申报和确认、资产清查和评估、战略投资人引进、企业的委托经营、职工的安置、重整计划的制订、债权人会议的组织和召开、破产财产的分配等关键节点，督促管理人依法、高效工作，保证破产重整工作有条不紊并迅速推进。

（二）坚持阳光化审理的司法理念，确保破产重整依法公正推进

在第一次债权人会议上，法院将所有会议文件汇编成册，印发给每名参会人员，并郑重承诺，破产案件会在阳光下审理，以公开促公正，以公正促规范。在法院主导下，设立"释法答疑办公室""债权人委员会"和"听证会"三大公开平台，确保企业破产工作依法规范、公开透明、稳妥有序推进，确保债权人、投资人对破产进程全面了解，为破产工作有条不紊并迅速推进营造良好氛围。

1. 设立"释法答疑办公室"沟通平台

措施一：管理人在破产企业办公地设立"释法答疑办公室"，每天安排至少两名管理人律师负责接待出资人、债务人的管理人员和职工、债权人及利害关系人，现场提供法律咨询和破产工作答疑。

措施二：将法院分管院长和合议庭法官、管理人律师、工作联系人的办公电话、个人手机电话和债务人破产的相关法律文书以及法律规定摘录进行汇编后，放置于释法答疑办公室，便于来访人员查阅，并张贴于办公室、车间、厂区门口，便于相关人员联系并知悉破产情况；要求上述工作人员的电话保持 24 小时开机，随时释法答疑。

效果：实践证明，该沟通平台的建立，使出资人、债务人的管理人员和职工、债权人及利害关系人能够及时明确自己的权利和义务，解除破产中的疑虑、困惑和抵触情绪，消除信访不信法的错误导向，避免了职工和债权人因沟通不畅造成的群体性事件发生。据统计，自 2013 年 12 月 31 日钜创公司破产重整案立案以来，咨询电话由每天有数十个缩减到现在一个月只有 1 个到 2 个电话咨询。

2. 构筑"债权人委员会"参与平台

措施一：以"能代表、善沟通"为标准，组建债权人委员会。在第一债权人会议召开前，由管理人与法院沟通后在债权人中慎重选择一名到两名担保债权人、六名到七名普通债权人和一名到两名职工代表作为债权人委员会成员候选人，保证候选人能够代表不同债权类型、不同地域，并具有较强的沟通能力。经法院审核后，将上述候选人提交第一次债权人会议表决确定委员人选。

措施二：以"债权额、住所地"为标准，划分债权人小组。债权人委员会成立

后，为保证其能够行使《企业破产法》规定的权利并真正代表全体债权人行使权利，将所有债权人按照债权类别和地域分成 9 个小组，分组安排一名委员负责联系一个债权人小组，并将委员分工情况和小组中各债权人的联系方式和电话打印成册予以印发。

措施三：以"知情权、参与权"的充分保障为标准，完善债权人委员会参与路径。要求管理人在破产企业设立"债权人委员会"办公室，建议委员轮流值班、监督管理人工作，甚至参与债权追收等诉讼。管理人在重大事项决策、债权债务处理、投资人引进谈判等重大事项前，均向债权人委员会通报，并听取债权人委员会的意见，在涉及债权人的重大利益时均在债权人委员会表决、授权后实施。为保证监督到位，都要求管理人在会前将会议议程、参会人员名单、联系方式、会议报告文件等装订成册，提前发放给每位委员，便于委员研究并征求其所代表的债权人意见。

效果：最大限度地获得债权人支持。从钜创公司破产重整案的案件实践看，充分发挥债权人委员会参与平台的作用，畅通了法院、管理人和债权人之间的沟通渠道，使破产工作最大限度地得到了债权人和职工的理解和支持。

3. 创设"听证会"博弈平台

问题所在：因破产案件常表现出法律关系多维化、利益指向广泛化、矛盾纠纷复杂化、企业管理复合化的特点，决定了破产工作是一个统筹兼顾、多方协调的系统工程。

对策：为利益相关方提供博弈平台。法院在借鉴民事审判、执行中对争议问题进行专项听证做法的基础上，对涉及债权人、职工切身利益的审计、评估工作、委托经营事项、追收债权工作、敏感债权争议事项等所有重要事项，召集债务人、投资人、债权人委员会或分组召集债权人，通过召开听证会的方式，为利益相关方提供博弈平台。听证会一般由管理人召集，法院派员参加，或由债权人委员会主席主持，或由管理人主持，并做好笔录。

效果：平衡利益，平抑情绪。通过听证，确保利益相关方的参与权、知情权、决策权，使利益相关方知悉自己的意见是否合法合理，能否得到管理人和法院的采纳，化解了债权人对管理人和法院解决措施和方案的误解，达到了平衡各方利益的目的。

（三）坚持职工合法权益充分保障的司法理念，确保破产重整依法平稳推进

一是法院在审查企业破产申请之初，把职工的妥善安置和职工债权的保护作为申请破产的前提条件。企业申请破产时必须提交完善可行的破产工作预案，其中有关职工安置的预案必须详细具体。职工安置工作的前移，一方面可以为破产提供可行性研究，有利于法院站在全局的高度，对是否受理破产案件作出正确的决策；另一方面可以使法院对决定破产的企业职工安置工作提前规划，既可以节约成本，提高效率，又可以防止企业破产案件因职工安置问题引发不稳定因素。

二是在审理过程中，管理人将企业资产全部委托给战略投资人经营的条件之一，就是要求投资人保证公司原有职工全部上岗，使职工的工资和社会保险得到保障。

三是在制订重整计划时，要求职工债权以 100% 比例受偿作为重整计划是否合理的首要标准。法院在审理钜创公司破产重整一案中，由于重视职工合法权益，企业职工从开始上访，到后来理解和支持重整计划，保证了钜创公司重整的顺利进行。

僵尸企业再生之路探析

——出售式重整实务应用

李桐光 [①]

我国古代有许多"借尸还魂"的传说，比如"铁拐李借尸还魂"的故事可谓家喻户晓。虽然在现实生活中这种传说并不存在，但在市场经济中，当企业这种拟制法人成为僵尸时，则可通过"借尸还魂"方式实现僵尸企业再生之目的。笔者认为，企业"借尸再生"的最佳路径应为出售式重整。

一、出售式重整司法案例

（一）钜创公司破产重整案

钜创公司受经济大环境及企业自身因素制约，流动资金严重匮乏，债务总额近5.8亿元，资产总额不到3亿元，生产经营陷入困境，成为典型的僵尸企业。该公司在牛仔服装的生产技术、工艺水平、硬件设备等方面存在一定优势，产品在国内和国际市场具有一定的竞争力。法院会同政府有关部门积极寻求适格投资人，经了解，国内纺织巨头如意集团拟在牛仔服装领域扩大产业规模，遂以邀请方式吸引其作为重整投资人参与钜创公司重整。因钜创公司的商业信誉、银行信誉丧失殆尽，战略投资人对下一步可能存在的诸多隐性债务风险顾虑重重，要求抛弃原企业外壳。法院着手探索适用出售式重整模式：战略投资人在高青县设立高青如意公司参与重整钜创公司，高青如意公司以评估价2.5亿元全盘承接钜创公司主营业务相关的担保资产以及对应债务、职工，并以溢价6000万元收购钜创公司的未担保财产，管理人再以出售的价款3.1亿元清偿债权人，对出售有效营运资产后的债务人企业则进行破产清算，予以注销。从重整效果看，高青如意公司之"魂"附钜创公司之"尸"后，企业资产得到盘活，职工利益和就业得到保障，银行债权得到较大维护，实现了各方利益的最大化。高青如意公司现计划再投资20亿元在高青县建设如意产业园，进行棉纺、牛仔布、服装的一体化生产，力争将高青县打造成国内最大的牛仔布生产基地，在盘活钜创公司闲置资源的同时，实现了"凤凰涅槃"的目的。

（二）恒丰公司重整案

恒丰公司是一家生产牛仔、休闲服装产品的小型企业，其在牛仔服装生产方面有一定的优势。因资产不足以清偿全部债务而陷入困境，管理陷入瘫痪，企业已丧失恢复经营的可能性。经联系，临县的江辰公司有意参与重整，整体购买其资产，并恢复牛仔服装生产。法院遂推动恒丰公司出售式重整，引进江辰公司之"魂"附恒丰公司

---

① 李桐光，时任山东省高青县人民法院民二庭庭长。

之"尸",激活恒丰公司经营事业。江辰公司在高青县设立卓丰公司,以卓丰公司作为战略投资人参与重整、重组恒丰公司,以恒丰公司现有有效资产评估价值(1147.53万元)的87.7%比例(1006.42万元)收购恒丰公司有效资产并承接恒丰公司全体职工。从重整效果看,恒丰公司在投资人接收后,企业资产得到盘活,职工利益和就业得到保障,普通债权得到较大维护,实现了各方利益最大化。

二、出售式重整法理分析

《企业破产法》设置重整制度,其立法本意是挽救企业的经济与社会价值,避免其因破产清算造成的各种不良社会影响,同时使债权人得到较之清算更多的清偿。重整的实质,是要挽救债务人所经营的事业,而不是形式主义地维持债务人企业本身的存续。因此,挽救企业不能仅仅局限于使债务人企业继续存续这一种方式,更不是一定要保留其外壳。[①]从我国重整的立法和实务看,重整一般指企业的存续性重整,其标志是保持原有企业资格存续,在原有企业外壳内进行重整。当企业陷入僵尸状态,也可采用出售式重整模式,引进战略投资人承接僵尸企业具有活力的营业事业之全部或主要的"尸"或"器官",使之在新的企业中得以继续经营存续,实现"借尸还魂"之目的。其标志性特点是不保留原债务人企业外壳的存续,在企业转让之后将债务人企业清算注销。企业重整是以在原企业之外继续经营的方式进行。

三、出售式重整适用条件

(一)企业的"僵尸"具有重整价值

企业虽陷入破产困境,但其资产比较优良,尤其是固定资产、基础设置、厂房等各方面都非常完善,有一批技术熟练的成熟职工,生产要素较为完备。通过重整能够实现各方利益最大化:债权人可以较清算得到更高比例清偿;公司原有业务得以维系,能够稳定市场交易秩序,提升该公司的财产性价值及无形价值。公司员工不会下岗,就业得到保障,有利于维护社会的稳定。以钜创公司、恒丰公司为例,两家公司在牛仔服装的生产技术、工艺水平、硬件设备等方面存在一定优势,技术工人比较成熟,产品在国内和国际市场均具有一定的竞争力,其生产功能具有重整激活的潜在价值。

(二)企业的法人治理结构瘫痪

如果企业的控股股东利用控股地位控制或操纵公司,大量侵占公司资源,股东会或董事会不能正常履职,且监事会又不能发挥监督作用,企业自身重整已丧失可能,应认定企业的法人治理结构瘫痪,企业"灵魂"已经死亡。以钜创公司为例,公司出现困境后,企业原股东及管理人员离开后拒不履行职责,企业法人治理结构和经营管理陷入瘫痪,存续性重整已无可能。

(三)企业的壳资源无利用价值

壳资源的价值是企业拥有的特殊资格(隐性资源和非货币资产)所能带来的效用或价值。壳资源应具有以下特点:(1)经营业绩不佳,资不抵债,资产质量不高,容

---

① 王欣新:"重整制度理论与实务新论",载《法律适用》2012年第11期。

易被资本控制；（2）透明的市场或者交易空间，可以使壳资源买卖得以顺利实施；（3）拥有不容易取得的特许经营执照或类似的行政批文，具有行政垄断性或者行业垄断性；（4）拥有不对等的税收优惠或其他政策优惠；（5）拥有不可再生的稀缺资源，包括人力资源、商誉等。当企业的壳资源不具备上述特点时，应认定企业的壳资源已经无利用价值，没有保留的必要。以钜创公司、恒丰公司为例，两家公司的产品虽然有一定市场，但产品属于劳动密集型的纺织行业，不属于垄断性行业，也无税收优惠或其他政策优惠，更不存在不可再生的稀缺资源，公司也缺乏优质品牌效应，壳资源价值不大。

（四）战略投资人有意"借尸"附体

战略投资人通常和破产企业属于同一行业或相近产业，或处于同一产业链的不同环节。其投资的目的除了获取财务回报，更看重其战略目的。战略投资人通过"借尸"附体，能够提高自身的行业地位，同时可以获得技术、产品、上下游业务或其他方面的互补，以提高投资人自身的规模和增长能力。钜创公司的投资人如意集团属于国内纺织巨头，但在牛仔纺织服装行业属于短板，有意进军牛仔市场，扩大自身规模和产品多样化，利用钜创公司的现有生产功能和经营事业增强自身实力是市场化的必然选择。

四、出售式重整操作程序

出售式重整在实务操作中一般包括四个程序：一是根据债权人或债务人的申请对僵尸企业启动破产重整程序；二是在重整期间，积极引进投资人参与重整，管理人与投资人达成参与重整协议，由投资人根据管理人的要求承诺提供投资资金等重整条件；三是管理人根据与投资人达成重整协议制订重整计划草案，提交债权人会议表决，重整计划草案的核心内容必须包括僵尸企业资产的整体或优质资产出售计划和出售后的债权分配计划两部分，重整计划通过后由法院监督管理人执行落实；四是重整计划执行完毕后，对僵尸企业的外壳进行破产清算，再予以注销。通过上述四个程序，僵尸企业的"僵尸"注入了投资人的"灵魂"，实现僵尸企业再生之目的。

在实务操作中，出售式重整的关键在于招募适格投资人参与重整。适格投资人除属于关联产业并具备资金实力外，还必须满足以下条件：投资人可提供完善的管理制度和生产技术，能够提高重整企业的核心竞争力，挽回原客户对重整后企业的信心。投资人参与重整前，可通过政府招商引资的方式招募投资人，投资人可与地方政府签订投资意向书，由政府为其提供招商引资的政策保障。在重整计划执行完毕前，管理人可与投资人签订破产资产整体托管协议，由投资人先行整体托管企业，接收重整企业全体职工，负责重整期间企业的生产、销售和经营管理及资产的维护，为职工发放工资并缴纳社会保险，力争使重整企业生产不停、队伍不散、市场不丢，减少破产造成的市场和社会震荡，为重整计划的顺利通过和执行奠定基础。以钜创公司重整为例，为招募适格投资人，在重整立案前后，县委、县政府分管招商的领导和管理人先后27次到如意集团总部进行招商谈判，最终吸引如意集团投资参与钜创公司重整，实现了政府、投资人、破产企业、职工、债权人等多方利益的共赢。

五、出售式重整中的问题和建议

（一）破产重整规定缺位，需要完善立法

现行《企业破产法》仅对存续性重整程序作了明确的规定，对于出售式重整的规定缺位，导致法院在重整中只能借鉴存续性重整的相关规定，可操作性不强。特别是重整计划执行完毕后，如何对破产企业启动清算程序仍处于探索阶段。建议尽快修订《企业破产法》，对破产重整原则予以提升，加入出售式重整的操作规定，弥补重整制度的缺失，完善重整立法。

（二）相关行政措施脱节，需要政策协调

《企业破产法》与相关行政法规、政策存在千丝万缕的联系。在出售式重整的实践过程中发现，破产中涉及土地、房产、税收、工商等行政机关需要参与的问题，如出售式重整计划中资产过户产生的巨额税收问题如何免除尚无明确规定，破产重整本为盘活资产，但因过户中产生的巨额税款加大了投资人的负担，使投资人对参与重整心存疑虑，制约了出售式重整的推广与实施。建议政府部门专门出台针对重整的相关优惠政策和规定，减轻投资人的重整成本，助推僵尸企业重整重组。

高青县人民法院破产助推新旧动能转换调研报告

于卫东 ①　李桐光 ②

2018年1月3日，《山东新旧动能转换综合试验区建设总体方案》获国务院批复，成为山东省实现由大到强战略性转变的重大机遇；2018年2月22日，山东省委、省政府召开山东省全面展开新旧动能转换重大工程动员大会；2018年6月6日，山东省高级人民法院发布《关于依法服务保障新旧动能转换重大工程的意见》，要求加大僵尸企业司法处置力度，完善危困企业破产重整机制，淘汰落后产能，促进建立现代企业制度。在此背景下，如何发挥破产审判职能助推新旧动能转换成为基层法院必须面对的重点工作。本报告立足高青县人民法院破产处置僵尸企业的情况和实践做法，分析研判当前新旧动能转换新形势下所面临的问题，据此提出相关对策建议，以期助力于新旧动能转换工作。

一、破产案件审理情况

（一）收、结案件情况

2013年至2018年5月，高青县人民法院先后受理破产案件21件。已结案14件，剩余7件均已宣告破产，资产正在变现中。

（二）破产企业行业分布情况

21家破产企业涉及12家纺织企业，3家化工企业、2家陶瓷企业、3家工业品制造企业和1家房地产企业。其中，存在关联关系的破产企业共5家。

二、破产助推新旧动能转换的成效

（一）释放有效生产要素，为新旧动能转换创造条件

截至2018年5月，13家企业终结破产程序后注销退出市场，其他破产企业全部宣告破产，破产财产处置接近尾声。共清理企业资产42亿元、债务53亿元，其中，2427亩土地、76.75万平方米厂房、4373名职工作为有效生产要素得以释放，27亿元金融不良资产处置后，金融信贷市场得以盘活，为新动能产业、企业的升级和发展提供了资源支持和市场空间。

（二）部分旧动能产业平稳退出，实现产业调整升级

随着破产清算企业的破产注销，高青县的传统落后产业如纺织、陶瓷等旧动能产业实现市场出清，落后产能过剩问题迎刃而解，一批新动能产业利用破产释放的生产要素获得健康发展。其中，曼顿公司、兰骏公司两企业破产后，以华润物联网公司为

---

① 于卫东，时任山东省高青县人民法院党组副书记、副院长。

② 李桐光，时任山东省高青县人民法院民二庭庭长。

主体，引入新兴产业和外部优质资源，利用破产企业的土地、房产等资源要素，共同投资建设山东黄三角物联网产业园。园区以大数据中心为基础，集中发展云服务平台、危化品监管服务平台、VR虚拟现实技术、物联网应用技术及智能终端集成制造和县域智慧社会建设。截至2017年底，园区已累计投资4.9亿元，盘活改造原厂房面积16 800平方米，新建23 000平方米，建成850座席一期客服呼叫中心、3000平方米一期数据中心、危化品全生命周期监管服务平台、云服务众创众包平台等项目。2017年12月，该园区被省政府授予"山东省双创示范基地"，被山东省发改委授予"山东省服务业重点园区"，实现了传统纺织产业到物联网新兴产业的华丽转身。金长江公司破产退出后，引入淄博华纳农业发展有限公司，投资3.8亿元利用破产企业的不动产资源，建设"高青农业嘉年华"农产品会展中心项目。会展中心分南北两大板块，分为五大功能区，集农耕文化展示、种苗培育推广、农耕采摘体验、休闲养生、科普教育、农产品营销于一体，集中展示淄博市各区县和黄河三角洲地区农业发展成果，成为淄博市农业博览会永久举办地，实现了传统第二产业到现代服务第三产业的调整升级。

（三）旧动能企业得以改造升级，实现企业浴火重生

高青县纺织产业曾是高青县的支柱产业，在全国纺织行业占一定的份额。为此，对具有一定规模和市场潜力的大型纺织企业钜创公司通过出售式重整方式，引入纺织巨头如意集团，打造中国规模最大的纺纱、印染、纺织、服装为一体的亿米牛仔产业园项目，实现纺织产业的改造升级和企业的再生。如意集团投资9.8亿元，对原有厂房及设备等进行升级改造（一期），并新建厂房、科研办公楼（二期），新购置高档织布机及相关设备，使高档牛仔面料规模达1亿米。目前，一期项目投资5.8亿元已经完成，高档牛仔面料规模已经达6000万米；二期项目投资预计于2020年以前完成。

三、高青县人民法院破产助推新旧动能转换的主要做法

（一）以破产工作联系人制度为载体，形成新旧动能转换整体合力

自2014年起，在法院建议下，县政府推行破产工作联系人制度，其基本内容为：由政府指定公安、土地、房产、人行、工商、税务、社保、审计、经信、信访、招商等部门一名业务骨干担任联系人，明确破产企业处置相关事宜专人负责；由县委指定一名县级领导作为分管领导，负责协调府院关系，并定期组织召开"府院联席会议"，共同解决企业破产中的资产处置、债务处理、职工安置、税收优惠、企业注销、金融机构参与以及刑民交叉、打击逃废债等难题。破产工作联系人制度因实行责任到部门、到人，为法院推进破产企业处置创造了良好的外部环境。其中，与高青县地税局沟通协调，共同启动"税务+法院"模式，积极构建破产企业税收管理新常态，在补缴税款6000万元和缴纳转让环节税款后，及时为破产企业办理相关资产转让等相关税收手续；与招商部门沟通协调，积极招商引资盘活破产企业的土地房产等资源，有8家破产企业的不动产，由政府推动成立平台公司或基金合伙企业出资2.3亿元收储；与社保部门沟通协调，先后免除社保费滞纳金3000余万元，共同解决职工社保费拖欠难题；与金融办沟通协调，共同化解破产中的担保链风险，涉及信贷总额达27亿元；与公安部门沟通协调，严厉打击破产中发现的逃废债等经济犯罪；与信访部门沟通协调，

共同处理破产中出现的职工信访问题等。

（二）最大限度地保障职工权益，化解旧动能退出的社会风险

在破产处置僵尸企业过程中，以优先解决职工权益和职工安置问题为前提，妥善化解职工上访风险，为新旧动能转换创造稳定的社会环境。在职工债权优先权范围确认方面，除法律规定的职工的工资和医疗、伤残补助、抚恤费用，所欠的应当划入职工个人账户的基本养老保险、基本医疗保险费用，以及法律、行政法规规定应当支付给职工的补偿金属于第一顺序清偿外，对于生育保险、工伤保险、失业保险在内的其他社会保险费用、职工住房公积金以及职工安置费、奖金、提成、报销费用等其他福利待遇也纳入职工债权优先权受偿范围。积极协调政府先行垫付职工生活费等职工债权。在企业进入破产程序前，由政府平台公司直接向破产企业职工发放生活费并垫支社会保险费，稳定职工情绪；在企业进入破产程序后，由政府取得职工债权代位权，列入第一顺序优先受偿。据统计，截至 2018 年 5 月，政府推动成立平台公司或基金合伙企业先后垫资 1.6 亿元用于解决职工债权问题，在保障民生权益等方面发挥了重要作用。

（三）打造"六大公开平台"，确保破产工作阳光下运行

旧动能产业退出过程是一个痛苦的过程，长期积累的各种矛盾集中暴露，除职工问题外，股东、担保债权人、税款债权人、投资人等利益冲突激烈，要保护好各方利益，必须公开透明才能确保破产各个环节的公正公平，取得债权人、债务人、职工及利害关系人的理解和支持。近年来，高青县人民法院通过打造"破产工作人员信息"公开平台，"释法答疑办公室"沟通平台，"债权人会议资料"汇编发放平台，"破产工作简报"编辑通报平台，"债权人委员会"参与平台，"听证会"博弈平台等六大平台，确保以公开促规范、以规范促公正，助推僵尸企业处置依法、规范、有序进行，助推新旧动能转换质效。

（四）加强管理人监管力度，充分发挥管理人在新旧动能转换中的作用

管理人是破产实务的具体执行者，管理人的业务水平直接决定破产案件的成败，关系到新旧动能转换的质效。为此，高青县人民法院从 2015 年 8 月开始，推行破产管理人工作业绩量化考核制度和管理人互助基金制度。在坚持依法规范、尽职免责、量化考核、报酬激励四原则前提下，对管理人的工作分为 8 个工作环节 84 项具体工作，实行千分制考核，根据不同工作付出的工作量分别赋分，以管理人最终考核得分情况作为结算管理人报酬的基本依据。管理人在领取报酬时，以自愿方式将一定比例报酬留存，用于无产可破的案件或解决破产案件启动时无资金的困境。两项制度的实施，实现了法院对管理人工作"管""助"结合，对调动管理人参与破产工作的主动性、积极性发挥了重要作用，保证了破产工作顺利进行。

四、破产助推新旧动能转换中存在的问题

（一）债务人企业主动申请破产少，新旧动能转换的市场动力不足

据统计，21 件破产案件中只有 6 件系债务人申请破产，且全部属于破产重整案件；4件是在执行程序中通过向当事人充分释明后，引导债权人同意或申请进入破产程序；11件债权人申请破产的案件中，银行债权人申请的3件，税务部门申请的3件，剩余6件是债权人主动申请破产。

（二）重整申请立案多成功少，重整空转影响新旧动能转换效率

据统计，受理的21件破产案件中，通过重整立案的13件，除1件适用出售式重整结案外，其他均未重整成功被迫宣告破产。其中，有2件均通过重整计划但重整计划未执行而宣告破产，另外10件均未提交重整计划而宣告破产。重整成功率低的主要原因在于破产企业大多属于纺织、陶瓷等旧动能产业，属于市场淘汰范围，自身难以吸引有效投资，改造升级困难。

（三）破产财产抵押多导致职工债权难以保障，影响新旧动能转换的社会效果

21家破产企业的不动产、设备等有效资产评估值约9.8亿元，而金融抵押债权约9.3亿元，因银行债权本金大多不能足额清偿，其他债权人的权利根本无法保障。据统计，因绝大部分企业拖欠2年以上的社会保险费，加上企业破产后需要支付的经济补偿金，职工债权高达1.84亿元，有7家破产企业职工债权不能得到保障，破产企业职工上访成为常态。

（四）破产审判专业化队伍尚不成熟，制约了司法保障新旧动能转换的功能发挥

据了解，山东基层法院设立破产专业庭或团队专职审理破产案件的还不多，大部分交由审理商事审判案件的庭或团队兼办。山东省部分法院成立破产案件审判团队或专门合议庭在山东还是新闻宣传的内容，与广东、浙江、江苏等地区的基层法院普遍设立破产专业庭或团队有较大差距。特别是2018年以来，山东省高级人民法院推行"分调裁"改革后，要求基层法院淡化专业审判，推行基层法官"全科大夫式"审判，更使破产审判专业化雪上加霜。破产法官的培养、破产案件的考核、破产专业队伍的相对稳定问题由于缺乏相关制度的保障，严重制约了法官审理破产案件的积极性，影响了破产审判工作的大力开展。另外，执行转破产案件由中级人民法院集中管辖，基层法院对执行转破产案件普遍没有管辖权，而中级人民法院破产审判力量不足，无力受理更多的执行转破产案件，制约了破产工作的进一步开展。

五、破产助推新旧动能转换的建议

（一）转变观念，提高破产助推新旧动能转换的认识

加快新旧动能转换，是贯彻习近平"两只鸟论"思想的必然要求，是推进供给侧结构性改革的重要战略举措。新旧动能转化中，需要"破""立"并举。破是前提，通过破除落后的旧动能，为新动能发展创造条件，留出空间。旧动能企业大多已经变为僵尸企业，破产处置僵尸企业是彻底解决旧动能退出风险的有效方式。法院应该充分认识到破产处置僵尸企业对于新旧动能转换的重要性、紧迫性、必要性，加大破产审判力度，为新旧动能转换提供有力的司法保障。

（二）分类处置，明确破产助推新旧动能转换的目的

法院要对破产企业分类评估、分别处置，不应机械地套用"尽可能多兼并重组，

少破产清算"的要求，要以是否有利于新旧动能转换为标准，坚持"优则保，废则弃"。对符合国家产业政策但生产经营暂时陷入困境，产品有市场潜力，具有产业升级和技术改造可能的企业，尽量通过重整、重组方式，促进生产要素优化组合，力争实现浴火重生；对于技术水平低、发展前景差、环境资源消耗大、产能过剩的企业和不符合国家产业政策的企业，及时进行破产清算，促使其有序退出市场，切实减少无效供给、化解过剩产能、释放生产要素。

（三）府院联动，发挥政府在新旧动能转换中的作用

虽然现行的《企业破产法》基本明确了在破产程序中各相关主体的职责与路径，但由于破产案件需要解决资产处置、人员分流、债务调整、破产财产分配等多方面具体的问题，需要和多个单位和部门进行协调和沟通处理，法院及其指定的管理人并没有相应的资源与能力来处理好此类事务，政府各相关职能部门如何与法院共同协调，协助破产管理人处理好在破产案件中遇到的多种复杂问题，是做好破产工作的重要条件。在如何发挥政府在破产中的作用方面，浙江、江苏有很多好的经验可以借鉴，建议高级人民法院与省人民政府从顶层设计府院联动机制，为新旧动能转换创造良好的制度环境。

（四）改革创新，实现破产审判专业化目标

上级法院应要求各基层法院成立破产审判庭或团队，而法院应选定一批政治素质高、精通法律业务、审判经验丰富、协调能力强的优秀法官充实到破产审判一线，让破产法官从繁琐的一般诉讼案件中解放出来。为实现执行程序与破产程序的有效衔接，建议将执行转破产的管辖交由中级人民法院直接指定，无需报高级人民法院批准。上级法院还要制定统一的破产案件绩效考评办法，对破产案件办案质量、破产程序推进等情况进行单独考评。

重整中股东权益如何调整的思考

李桐光[①]　苏洪财[②]

一、股东权益调整必要性分析

（1）当公司出现重整原因，公司的股东和债权人等利害关系人处于共同危险境地。而股东，尤其是大股东有着不可推卸的管理失误等责任，因此，股东有义务配合重整，削减权益。故公司重整计划不能仅包括减债方案，还应包括股东权益调整方案。

（2）股东作为出资人，也属于债权人（劣后债权），重整中其他债权人同意消减债务，放弃债权，股东也不能例外。

二、严重资不抵债公司出资人股权价值分析

（1）一般情况：基于债务人严重亏损、所有者权益为负数，即认为股权价值为零，继而将原出资人权益调整为零。

（2）重整情况：股权价值并不完全等于净资产。之所以需要重整是因为其具有无形资产或资源，不进入资产负债表中，如公司的壳资源、特殊的经营资质、商誉、销售网络渠道，以及盈利能力等。重整中，投资人之所以愿意投资、债权人之所以愿意削减债务放弃部分利益，原因就是公司仍有继续经营并盈利的资源和潜在能力。这也是重整中设置出资人组的重要原因。

三、重整中股东股权被股东的债权人申请法院冻结的处置分析

（1）股东股权的权利人：股权的权利主体是股东，不是破产企业，股东的股权不是破产财产。

（2）申请保全股东股权的权利人不是破产企业的债权人：重整计划及裁定书对股东的债权人没有约束力，破产法院无权依据《企业破产法》第19条的规定，要求保全法院解除对股权的冻结。

（3）股权全部解除冻结无法让渡给投资人的解决思路。

①在重整计划提交表决前，先对冻结股权进行拍卖。协调股权保全法院将该执行案件移交破产法院，由破产法院对冻结股权进行拍卖，投资人可参与竞拍。

②取得当地工商部门配合强行过户：2011年，最高人民法院对上市公司重整涉及的股权冻结问题作出意见，即公司因严重资不抵债而进入破产重整程序，如不能实施重整，股东持有的公司的股权将失去经济价值和变现可能，继续保全相关股权没有实际意义。为保证公司重整程序的顺利进行，维护破产案件各方的合法权益，应立即解

---

① 李桐光，时任山东省高青县人民法院民二庭庭长。
② 苏洪财，山东省高青县人民法院民事审判庭庭长。

除保全措施。

③在重整计划表决通过后，由管理人和破产法院协调保全法院及申请人解除保全措施；如果不能解除，由管理人提起保全异议之诉。理由是，破产企业相当于申请人的次债务人，因不存在股东的任何权益，要求申请人解除保全。

四、严重资不抵债公司出资人股权质押效力问题

（1）股权价值为零并不能消灭股权本身。只要股权存在，股权质押权就依然存在，仍具有法律效力。

（2）在重整程序中，采取股权转让的方式对出资人权益进行调整的，应优先保证质权人的利益。如果为零转让，质权人拒不解除质押登记，投资人可提起质押权已消灭的确认之诉。

法院视角对企业破产审计的探究

李桐光 ①　　侯爱琴 ②

本文所称企业破产审计，仅限于审计机构接受管理人委托，由注册会计师运用审计程序和方法，对破产裁定申请受理日债务人的资产、负债、所有者权益进行清算审计，发表合法、公允的审计意见，即出具破产清算审计报告。本文结合破产审判的特点和要求，以法院视角对企业破产审计中的有关问题进行探究，为企业破产审理工作优化提供有益的思考。

一、企业破产审计的必要性

从法律层面看，企业破产审计不是破产审判的必然程序。企业破产需要进行破产审计的规定仅见于 2002 年 9 月 1 日起施行的《最高人民法院关于审理企业破产案件若干问题的规定》。其中，第 6 条第 5 项规定，债务人申请破产，应当向人民法院提交下列材料：企业亏损情况的书面说明，并附审计报告；第 41 条第 5 项规定，第一次债权人会议由人民法院召集并主持。人民法院除完成本规定第 17 条确定的工作外，还应当做好以下准备工作：通知审计、评估人员参加会议。第 53 条规定，清算组对破产财产应当及时登记、清理、审计、评估、变价。从上述规定看，企业申请破产前以及破产过程中都需要对破产企业进行审计。2007 年 6 月 1 日起施行的《企业破产法》对审计问题未作明确规定。无论是在债务人企业申请破产阶段还是在破产过程中，均未对审计提出特别要求。

从管理人业务要求看，破产审计是弥补其业务不足的必然要求。法院裁定受理企业破产后，应同时指定管理人执行清算事务。管理人一般由编入管理人名册的律师事务所、会计师事务所、破产清算事务所等社会中介机构担任。从司法实践看，因企业破产更多涉及法律纠纷，管理人大多由律师事务所或破产清算事务所担任，仅有少部分破产案件指定会计师事务所单独或与律师事务所共同担任管理人。对于律师事务所而言，其成员精通法律知识，但财务审计方面的知识欠缺，很难对企业的财务报告、资产负债表、财务账册进行专业审查，很难实现清理破产企业的资产、债权债务之目的。因此，律师事务所或破产清算事务所担任管理人后，聘请专业的审计机构及会计师对企业进行专项的破产审计成为必然。

从破产实践看，企业审计是保证企业顺利完成破产清算工作的关键环节。审计目的主要是对企业的资产、负债及所有者权益截至裁定受理日账面数的真实完整性进行核实确认，管理人将向债权人会议报告破产企业截至法院裁定受理日的资产、负债和所有者权益的审计核实情况。通过特定的审计方法，对破产企业的财务、经管活动的

---

①　李桐光，时任山东省高青县人民法院民二庭庭长。

②　侯爱琴，山东博华有限责任会计师事务所主任。

真实性、合法性、有效性和相关责任进行监督、审查与评价，明确企业破产的主要原因，为破产清算和清偿债务提供直接的依据，用以维护债权人、债务人和第三人的合法权益，保证破产清算工作顺利推进。

二、选任破产审计机构的程序

根据 2007 年 8 月 23 日印发的《最高人民法院对外委托鉴定、评估、拍卖等工作管理规定》的规定，由最高人民法院司法辅助工作部门负责统一办理对外委托审计工作。选择审计机构实行协商选择与随机选择相结合的方式，在司法辅助工作部门专门人员的主持下进行。因破产审判案件不同于一般诉讼案件，涉及债务人、管理人、债权人、职工等诸多主体参与，司法辅助工作部门更倾向于采用随机选择方式确定审计机构。一般由管理人提出申请，再由司法辅助工作部门通过计算机或抽签方式自《审计机构名册》中随机选择并指定审计机构。司法实践中发现，这种随机选择审计机构的方式，虽保证审计机构选择方式的公正性，但由于审计机构业务水平参差不齐，难以保证选任的审计机构胜任破产审计工作。

笔者所任职的法院自 2015 年以来，探索尝试采取公开竞争的方式选定审计机构，取得了较好的效果。相比随机方式，公开竞争方式选任审计机构，有助于降低司法成本，提高破产审判质效。具体程序如下：管理人接受指定后，书面向破产审判庭提出指定审计机构申请，并特别注明采用竞争方式选任审计机构，由破产审判庭委托司法辅助工作部门选定。司法辅助工作部门选定审计机构时，邀请编入法院名册中的审计机构参与公开竞争，邀请参与竞争的社会中介机构一般在 3 家以上。司法辅助工作部门负责组成评审委员会，结合案件的特点，综合考量社会中介机构的专业水准、经验、机构规模、初步报价、团队组成、人员分工、机制建设、勤勉程度、审判庭对其在其他案件中的考核情况等因素，采取无记名投票方式，从参与竞争的社会中介机构中择优选定。该种选任方式虽然能够确保审计机构的业务胜任破产审计工作，但由于缺乏法律依据，且评审委员会的组成人员未征求债务人、债权人的同意，选任方式仍受到部分债权人的质疑。

笔者认为，破产审计机构的选任无论采用随机方式还是竞争方式均忽略了审计服务对象及审计的目的。破产审计的目标对象是破产企业，破产审计系为管理人破产清算工作服务的，破产审计关系到破产企业、职工、债权人的切身利益。因此，审计机构为谁服务、对谁负责，就应该由谁选任。可借鉴评审委员会形式，在法院监督下，由管理人组织债务人、职工代表、担保债权人代表、税款债权人、金融机构债权人代表等组成评审委员会，由评审委员会通过协商方式选任审计机构。

三、破产审计侧重的问题

审计机构通过对破产企业的会计资料和管理资料及实物资产等进行审阅、核对、盘点、观察、查询、函证、验算、分析，对破产企业的财务、经管活动的真实性、合法性、有效性和相关责任进行监督、审查与评价，为维护债权人、债务人和第三人的合法权益，为人民法院顺利审结企业破产案件奠定基础。在此过程中，注册会计师既要坚持现行的会计准则，又要以企业破产法及其相关的司法解释为依据，对破产裁定日企业财务报表的真实性进行审计和核实，还要对破产原因和破产责任进行分析研究和披露。

由于企业已进入破产程序，对其不再持续经营的相关会计业务，除需报批核销的有关资产明细科目，如待处理流动资产净损失和待处理固定资产净损失外，对其他不再持续经营的有关明细科目，如待摊费用、预提费用、应付工资、应付福利费等科目，要弄清事由，进行分析研究后按规定转作损益，对不宜转作损益的，应列出明细清单留待清算期中再作处置。因此，注册会计师应根据管理人的调查核实情况并结合账簿记录等会计资料对会计科目进行必要调整：一是对现金、银行存款、存货、固定资产、无形资产、在建工程、长期股权投资等各类流动资产和非流动资产要与管理人的调查核实情况相结合，对账面列示的余额进行必要调整甚至核销处理；二是对应收账款、预付账款及其他应收款等债权类流动资产要根据债权凭证、账龄长短进行分类审计，对于超过3年账龄、无凭证依据、回收困难的债权类流动资产要重点审计形成的原因，为管理人决定是否核销或者是否追究有关人员责任提供审计意见；三是对长短期借款、应付账款、预收账款、欠交税费、应付工资等劳动薪酬、应付社会保险费等债务账面余额，以管理人提供的债权申报情况及调查情况并结合账簿记录等会计资料予以审计调整。

在破产审计中，法院和管理人更关注的是注册会计师对破产原因和破产责任的审计。近几年来，笔者所任职的法院为规范破产案件专项审计工作，专门起草了《破产案件专项审计的指导意见》，对此进行了明确要求：一是对法院受理破产申请前1年内，破产企业有无以明显不合理的价格进行交易、对没有财产担保的债务提供财产担保、对未到期的债务提前清偿的或放弃债权的，是否存在无偿转让财产的行为进行审计；二是对法院受理破产申请前6个月内，破产企业因不能清偿到期债务，并且资产不足以清偿全部债务或者明显缺乏清偿能力的，仍对个别债权人进行清偿的行为（个别清偿使债务人受益的除外）进行审计；三是对破产企业为躲避债务而隐匿、转移财产，以及虚构债务或者承认不真实的债务的行为进行审计；四是对法院受理破产申请后，破产企业的出资人尚未完全履行出资义务或抽逃出资的行为进行审计；五是对破产企业的董事、监事和高级管理人员利用职权从企业获取的非正常收入和侵占企业财产的行为进行审计；六是对企业股东或实际控制人个人财产与公司财产混同情况进行审计；七是对企业是否存在股东资产与企业资产混同进行审计；八是对企业的关联关系情况进行审计等。

四、审计报告的撰写与出具

不同的审计机构提供的审计报告格式并不完全相同。笔者所任职的法院近几年来在审理破产案件中要求审计机构出具的破产审计报告必须结合破产工作的要求，其框架可分为以下六个部分。

第一部分为"引言"。说明接受人民法院或者管理人的委托，对××公司破产受理日资产负债表和××期间利润表进行了审计。并对破产管理人和债务人的责任和注册会计师的责任等进行专项说明。

第二部分为"被审计单位基本情况及破产受理情况"。披露债务人注册登记情况，实收资本到位情况，经营情况和历史沿革，法院破产受理情况。

第三部分为"审计情况"。包括财务状况审计情况和经营状况审计情况两部分。其中，财务状况审计情况要对在破产企业审计前的资产总额、负债总额、净资产总额以及审计后的资产总额、负债总额、净资产总额进行汇总说明，并对各科目审计情况分别列示；经营状况审计情况要对在破产企业审计前的经营科目情况及审计后的经营科目情况进行汇总，并且各科目审计情况分别列示。

第四部分为"情况说明"。对企业财产、债务调整情况以及破产原因及破产责任、破产企业资产瑕疵情况进行分类说明。

第五部分为"保留意见"。主要对受审计资料是否完整、未能审查清楚的问题、未决事项等进行说明，提请管理人和法院注意。

第六部分为"附件"。一般包括三类明细表：资产负债表、利润表和科目明细表。

一般情况下，笔者所任职的法院要求审计机构在接受委托后，应在第一次债权人会议召开前出具审计初稿，供法院和管理人组织召开第一次债权人会议参考使用。第一次债权人会议召开后，由管理人组织出资人、债务人、债权人、债权人委员会成员、战略投资人、管理人、职工代表及其他利害关系人召开听证会，由注册会计师就审计初稿形成情况向上述人员进行专项说明，并听取参会人员的质询。法院合议庭法官或法院司法辅助工作部门承办人员参加听证，对听证过程进行全程监督。注册会计师听取质询意见后，能够当场解答的立即解答，不能当场解答的限定时间书面回复。听证会形成听证笔录，由全体与会人员签字后交管理人备案。听证会结束后，注册会计师也应根据听证意见对审计报告初稿进行必要的修正，并在听证会结束后10日内向委托单位出具正式报告。审计报告应保证法院、管理人、战略投资人、债务人、债权人会议主席、债权人委员会委员、税务部门、银行等主要债权人人手一份，其他人员需要的可以由管理人为其提供复印件。

从破产实践看，审计机构通过上述程序出具的审计报告基本能满足法院和管理人的审计要求，对债务人、债权人等利害关系人关切的问题进行了全面回应，为破产审理工作平稳有效进行提供了各方认可的审计依据。

高青县化解企业担保链风险工作汇报材料

李桐光 ①

化解企业"担保链"风险问题是一项系统工程，仅仅依靠银行、企业自身力量和市场机制无法解决。近年来，高青县坚持"政府介入、司法参与、统筹协调、分类处置"的原则，在化解担保链风险方面取得了一定成效。现将经验做法汇报如下。

一、构建综合协调工作机制

县委、县政府高度重视金融风险防范工作，积极构建综合协调解决机制。2013 年底即成立了由县委书记、县长担任组长的县企业改革协调领导小组，全面强化金融风险防范工作。同时成立了金融证券工作委员会，县政府主要领导任主任，县委副书记、政法委书记及分管副县长任副主任。委员会下设四个办公室，其中金融生态建设办公室主要负责化解担保链风险，成员由经信、金融办、人民银行、法院、检察院、公安等部门的人员组成。金融生态建设办公室的主要职能如下。

（1）调研职能。对担保链整体运行状况排查摸底，对风险较大的行业和企业重点摸排，掌握风险扩散的整体脉络和传导路径。在厘清担保关系基础上，研究切割担保圈主要保证链条，将保证关系及时转化为实物担保关系的有效路径。对问题企业和受牵连企业指派职能部门及相应中介机构进驻，进行严格评估和区分，尽量促使债务人履行还债义务，减轻担保人负担。

（2）协调职能。协调金融办、审计局对金融机构风险管控监管，杜绝违规操作；协调公安、法院等司法部门制裁逃废债企业，完善和规范企业破产行为，提高失信成本，遏制担保风险的恶意传递。

（3）预警职能。对全县 22 家重点企业生产经营情况、在各家银行的贷款到期情况、还贷情况、续贷情况进行调度分析，及时对出现风险苗头的企业提出警示。对随意抽、减、拖、压企业贷款致使企业被迫关、停、倒闭的金融机构，建议县政府综合运用行政的、经济的、司法的手段与措施，对失信银行给予行政制裁和严肃处理。

二、健全企业融资担保体系

积极稳妥地推动融资性担保业务发展，加快发展壮大融资性担保机构，推进和完善再担保机制，分散担保机构经营风险，增强其担保能力，逐步以专业担保机构融资担保替代企业之间的互保联保关系。

（一）组建非盈利性的政策性担保公司

2016 年，高青县以财政性资金为主要资本金设立注册资本 1 亿元的转贷应急平台公司 1 家，为企业提供转贷应急资金支持；由政府主导设立注册资本 5000 万元的黑牛

---

① 李桐光，时任山东省高青县人民法院民二庭庭长。

融资担保公司 1 家，同时设立注册资本 1 亿元的融资性担保公司 1 家，为企业担保置换和融资增信提供服务。

（二）加大现有商业融资性担保公司支持力度

积极运用行政和财政手段鼓励、引导现有商业融资性担保公司开展担保业务，推动商业银行与商业融资性担保公司合作。对产生的担保风险，由政府通过释放资源和政策方式予以化解，以解决担保公司代偿比例过高、业务持续萎缩的问题。

（三）引进资产管理公司注资产业发展基金

通过与山东信达等资产管理公司建立合作关系，由政府拿出 50%—60% 资金，资产管理公司拿出 40%—50% 的资金，并吸引银行参与，壮大产业发展基金池。通过该基金对不良资产采用单项处置、打包处置、债权转让、资产重组、诉讼拍卖等方式，快速处置银行业金融机构不良贷款，在降低银行业金融机构不良贷款率的同时，助推优势企业担保链问题的化解。

三、推行银企合作联动制度

我们一方面加强对企业的督促督导，要求企业强化责任意识，树立契约精神，加强与银行的沟通协调，努力做到不欠息不违约，维护好与银行的良好合作关系；另一方面与各银行加强沟通交流，引导银行和企业达成的共识。

（一）组建以主办行为主的银企俱乐部

自 2014 年 9 月起，高青县筛选出 22 家骨干企业，要求主办行与成员行要协调行动，同步同向，共同支持企业合理的资金需求，不能擅自抽压贷款，通过这种机制达到抓早抓小、防患于未然的目的。2016 年 6 月 29 日，山东省政府办公厅印发《关于金融支持实体经济发展的意见》后，要求主办银行与成员行组建债权人委员会。在发生风险企业担保链问题时，债权人委员会通过友好协商形成决议，共同面对和化解风险企业担保链问题给双方带来的风险与损失，避免未经协商，甚至担保企业在毫无准备的情况下受到债权银行起诉、司法保全等情况的发生。

（二）优先处置贷款企业资产

对于经营困难、资金紧张的担保企业，债权银行应该予以充分理解，尽可能先处置贷款企业资产及其主要股东与法人代表等的抵押资产，不足部分再由担保企业分别代偿。在贷款企业破产期间，协调法院暂缓受理债权银行起诉担保企业承担连带担保责任的案件。

（三）协调银行减轻担保企业信贷压力

对于愿意将担保债务转为直接借款的，债权银行相应增加担保企业的授信额度，其原有融资额度、还贷能力评级不受影响；同时，直接借款抵押物不足的，银行业金融机构应给予一定比例的信用贷款，并允许以企业品牌、发明专利、企业订单等无形资产质押形式提供担保；担保企业代偿期间，债权银行应尽量给予基准下浮、利息减免、延长付息时间等优惠，减轻担保企业负担。鼓励银行和担保企业通过协议代偿银行贷款的同时承接贷款企业资产抵押权的立体承接方式化解担保链。

四、分类化解企业担保链风险

斩断企业互保链是一个复杂的过程，不能"一刀切"，需要对重大担保链、关键节点企业实行"一链一策""一企一策"，通过减少担保链上企业数量、降低担保金额、简化担保关系，有效隔离核心风险企业，化解企业互保风险。

（一）对能耗高、污染大、技术设备落后的企业实行"破产清算+淘汰落后产能"模式

高青县内五湖公司、邦德公司系陶瓷生产企业，能耗高、污染大、技术设备落后，银行贷款数额较小，且担保企业代偿能力相对较强，并拥有土地、厂房等可处置资产。在最大限度地保护债权人权益的前提下，通过对2家企业破产清算，保障了银行大部分债权，没有对县内经济发展和金融稳定造成冲击，同时淘汰了落后产能，降低了污染耗能，优化了地方产业结构。

（二）对产品有一定市场竞争力、职工队伍健全的企业实行"战略重组+结构优化"模式

鼓励有实力的优质企业开展兼并重组，并通过税收、利率等进行政策扶持和项目倾斜。县内钜创公司生产设备先进，员工队伍较稳定，其产品在市场上有一定竞争力；同时，牵涉互保企业仅3家，担保链较短，土地、厂房抵押贷款占比较高。政府积极引进上市企业如意集团进行重组，通过采用出售式重整模式，最大限度地盘活了企业的有效资产，保存了该企业的运营价值，保障了银行、职工和债权人的权益。同时，协调各债权银行为重组企业提供2亿元信贷支持，在化解担保风险的同时，优化了高青县纺织行业结构。

（三）对经营状况良好，仅因资金链断裂陷入困境的企业实行"以时间换空间+担保企业兼并"模式

高青县扳倒井集团为优势企业，为侨牌公司担保1亿元，在侨牌公司不能清偿贷款陷入困境的情况下，通过政府引导，由扳倒井集团代偿侨牌公司全部贷款后，对侨牌公司兼并重组，再运用办理无形资产质押担保贷款、转贷优惠、延期还款、分期付款、利息减免等形式，减轻企业资金压力，不但使侨牌公司起死回生，而且化解了扳倒井集团的担保链风险。

（四）对核心业务和市场前景看好但资金链和担保链断裂的企业实行"担保替换+整体托管"模式

高青县布莱凯特公司属于核心业务和市场前景看好的黑牛生态企业，因资金链和担保链问题陷入困境后，通过与银行协商，动用产业发展基金打包购买银行在该企业的银行债权，并取得相应的抵押权，化解了企业的资金链和担保链风险。同时，引进投资人整体托管该企业，维持企业正常运营。下一步，县政府通过助推投资人公司整体承接布莱凯特公司资产并上市募集资金方式，保证基金顺利推出。而对于不能通过上市募集资金的投资企业，政府以变更部分土地用途为商住用地提高抵押额度方式作为政策支持，保证基金顺利退出。

五、存在的难题和建议

（一）银行推行的互保联保制度问题

互保联保的直接后果是优质企业单方无偿地为劣质企业买单，因为银行为维护自身利益，总是先找优势企业代偿，无法避免优势企业首先遭殃的结局，加剧了担保链风险。

建议：上级政府和中央银行出台限制企业互保联保的政策，不鼓励、不引导企业互联互保，让企业承担真正的有限责任而不是无限责任，避免新生风险。

（二）企业资产处置中的税收负担问题

在推进供给侧结构性改革、淘汰落后产能、加速处置僵尸企业过程中，既有大量企业并购重组、产业整合的机会，也会推动不良资产的处置。对此，国家出台了不少税收优惠政策，但在资产过户、豁免债务中仍需承担契税、增值税、企业所得税等，不利于企业资产的盘活和担保链风险的化解。

建议：国家考虑企业陷入困境后的纳税能力，对于并购重组、产业整合、不良资产处置等环节实行免税、低税或者即征即退等优惠政策，助推企业、银行化解担保链的积极性。

解决企业破产何以实现公平受偿与社会稳定双赢

——高青县以重整的办法解决企业破产问题调查

李桐光·①

在持续下行的宏观经济和不断紧缩的融资环境下，许多企业经营困难、负债严重。农业大县高青县也同样面临着多家企业因资金断链而破产的严峻挑战。为深入解决问题，高青县立足当前，着眼长远，采用企业重整的办法，最大限度地挽救企业，保全其经济和社会价值，达到企业资产存续、员工权益维护、债权人合理受偿和地方产业升级的良好局面。此外，高青县还加强银企互动，提前防控风险，为维护当地金融生态和社会稳定作出有益实践。

"越是复杂的经济问题，越要坚持依法办理"

五湖公司和曼顿公司是高青县较早因资不抵债而倒闭的企业。受互担互保贷款影响，还引发周边企业资金断链连锁反应，债权人权益受损，企业员工失业，严重影响了全县的经济秩序和社会稳定。

时任高青县人民法院副院长于卫东说，按当时情况，最直接的办法就是以司法手段对企业破产清算。至于偿还债务，保障员工权益，则有心无力。

"宣布一家企业'破产'固然容易，但要解决遗留的问题却并不简单。"时任高青县委书记徐培栋说，"企业破产不仅涉及债权债务人和职工权益，还关系到地方产业结构调整和发展方向。必须从大局出发，遵循市场规则，运用法律手段，加强政策引导和社会救助，化解各类矛盾，协调各方关系，实现各方利益最大化"。

为此，他们研究了国内通行的处理方法和法律法规，提出按照《企业破产法》要求，采取企业重整的办法解决问题。

"重整不同于破产清算，不是让企业'一死了之'，而是制定一套债权人公平受偿的机制，让破产企业的生产功能和社会功能再生，从而最大程度保全破产企业的经济与社会价值。"于卫东说，这样既能解决破产清算时间长、成本高，债权人实际分配甚少的弊端，又能避免破产企业及其经营事业被清算，企业财产权利大幅贬值的损失，还能化解企业职工失业，供应商、销售商、连环担保企业连锁破产的危机，稳定地方经济秩序。

按照这一思路，高青县依法对两家企业展开处理：通过资产评估变卖，补偿债权人合法权益；借助社会服务和市场，帮助员工解决就业；企业资产合法清理，破产退市或再生。

这一做法不仅得到企业、员工和债权人的一致认可，也让高青县获得启发。徐培

---

① 李桐光，时任山东省高青县人民法院民二庭庭长。

栋说，越是复杂的经济问题，越要坚持依法办理，遵循市场规律。当前，造成企业破产的因素很多，处理起来更要综合考量。只有破产企业、债权人、职工、地方政府相互支持，共同担当，才能将损失减至最低。

企业破产重整不在于保留形式，而在于存续事业

时任高青县副县长崔玉栋说，"企业就像个人，有自己的生命周期，也有解决病症的具体办法。可无论怎样，都要本着最大限度地挽救企业生命，保全企业资产和维护各方利益这个目的。做到这点，必须结合实际，在法律规范和体现人本关怀中寻求最佳出路"。2013 年，纺织龙头企业钜创公司的破产重整，让高青县对这个问题理解得更加深刻。

钜创公司是一家生产并销售高档花式弹力牛仔布的外商独资企业，原有职工 1012 名。2013 年，因严重资不抵债而停产，公司负责人携款外逃，工厂员工多次集体上访，县政府大门一度被堵。

经过清查发现，钜创公司财产（2.9 亿元）不足以清偿其担保债权（3.8 亿元），更不足以支付破产费用和职工债权。若对其有形、无形资产分解变卖，企业的社会价值将丧失殆尽，职工面临失业，对地方经济、金融安全和社会稳定危害甚大。出于对职工利益和产业影响的考虑，高青县提出"保障职工利益，保障银行债权和金融生态环境，保障担保链中优势企业"的三保原则，在经过综合权衡后，认为最适宜采取重整的办法，保存企业优质资源，保障职工就业，维持棉纺织业在高青县的主体地位。

存续型重整是我国目前常用的一种重整模式，它通过债务减免、延期清偿、改善管理等方式来存续原企业的法人资格，帮助企业再生。但这一模式在解决钜创公司的问题上却遇到三重障碍：一是严重资不抵债，战略投资人不愿购买企业股权，参与重整；二是企业负责人逃逸，无法参与改善法人治理结构；三是诸多隐性债务尚未偿还，若保留原法人资格，未来债务风险更多。

经过多方探讨，高青县找到"出售式重整"这一解决思路。这种方式不以维持企业形式上的存续为目的，而是通过保护企业的经济与社会价值，挽救其经营事业，使债权人得到更多清偿。此外，高青县还从美国通用公司破产重整案中获得启发，认为这正符合"出售式重整"的基本精神：为挽救公司事业，将原通用公司的优质资产出售给新成立的通用公司，所得价款偿还债务，原公司破产清算。经过资产转让，新通用公司甩开包袱，不到 2 年就让公司扭亏为盈，成功上市。

有了思路，高青县一边召开职工大会，安抚情绪；一边与债权银行沟通，赢得理解支持；一边寻求优势企业，推动战略重组。2013 年 10 月，与如意集团达成初步意向，又经过 20 多轮协商谈判，于 2014 年 4 月正式签署协议，组建高青如意公司，全面承接钜创公司的职工和债务，并溢价收购公司的未担保财产，清偿债务，对原公司破产清算。

为保证重整工作平稳运行，高青县还创新了三项机制：一是"公司资产整体托管"机制，发挥如意集团管理优势，全面托管钜创公司的经营管理，保证生产不停、队伍不散、市场不丢；二是"不良债权立体承接"机制，高青如意公司以债务置换、

承担和抵押转让等形式，获得主要债权银行对钜创公司的全部抵押物和债务，解决金融纠纷；三是"普通债权差额累进受偿"机制，根据债权额度，确定偿还比例，从而赢得了占大多数的小额债权人的理解和支持，为企业重组减轻阻力。

目前，重整计划已经进入执行阶段，不但保全了各债权银行贷款，避免了金融风险扩散，而且还有效盘活了公司资产，企业员工与新公司签订劳动合同，主体车间恢复生产，现在规划建设国内一流的服装产业园，预期实现销售收入60亿元，从而带动高青县纺织服装产业全面升级。

变被动防御为主动出击，将金融风险控制在萌芽之中

"坦率讲，当前情势下，要想为企业提供一个稳定、宽松的金融环境，难度很大。这也是很多地方火烧连营般企业资金断链的主要原因。"崔玉栋说，"这提示我们：与其出现问题被动处理，不如主动出击，将危机化解在萌芽当中。"

2014年9月，高青县探索实施重点企业主办行制度，选出23家符合产业政策、市场前景好、生产经营稳健的骨干企业，分别与其贷款银行组建银企俱乐部。其中，主贷款行负责协调融资，其他银行参与配合，形成企业、银行彼此监督制衡、抱团取暖的发展态势。据了解，这些企业基本涵盖了高青县的支柱产业，存量贷款占全县企业贷款总量的80%以上，稳住它们就等于稳住高青县企业的资金安全。

为此，高青县党政主要领导亲自挂帅，建立县党政领导班子成员联系对接银行制度，协调银企俱乐部建设。2014年，高青县成功化解风险贷款8亿元，新增贷款14.2亿元，与齐商银行、工商银行等5家市级银行签订战略协议，授信金额达60亿元。

此外，高青县还计划注资1亿元，组建融资性担保公司，从而获得8—10倍的信用担保额度，以减轻银行信贷风险。并鼓励企业自主组建"担保池"，池内企业缴纳15%—20%的保证金，承担有限担保责任，并制订担保风控方案和反担保措施，将企业风险控制在担保池内。

加强部门联动，强化金融监管也是高青县防范金融风险的重要举措。2014年以来，高青县不仅成立了金融监管局，对失信银行和企业给予行政制裁；还整合公检法部门，对维护金融秩序开展专项行动，对欠贷欠息大户予以联合制裁；经信部门也牵头成立了工业经济运行监测系统，借助用电、用气指标，适时监测重点行业、重点企业、重点项目，保障资金链安全。

数据显示，2014年，全县本外币各项存款余额123.68亿元，较年初增加17.10亿元，增幅16.04%；各项贷款余额116.33亿元，较年初增加12.90亿元，增幅12.47%。其中，人民币各项存款余额123.52亿元，较年初增加17.06亿元，增幅16.02%，增幅列全市第一；各项贷款余额115.24亿元，较年初增加13.91亿元，增幅13.73%，增幅列全市第二。全县不良贷款余额8.86亿元，较年初增加6851万元，不良贷款率7.61%，较年初下降0.29个百分点。

2015年1—5月，高青县银行各项贷款余额122.55亿元，较年初增加6.26亿元，增幅5.34%，同比少增2.67亿元。

高青经验为解决企业破产重整问题探出新路

面对复杂的经济和融资环境，高青县凭借高度的社会责任感和扎实的专业技能，探索出一条破产重整企业、化解社会问题、保护经济生态的新路，并得到多位法学专家的认可，认为其经验具有启发意义。

启示1：解决复杂经济问题，必须加强政府和法院联动，做到专业指导与综合协调的有机统一

崔玉栋说，企业破产重整是一个系统工程，司法行为与行政行为相互交叉。必须对政府职能和法院职责作出清晰界定。

据于卫东回忆，在处理企业破产重整问题时，高青县人民法院始终坚持在淄博市中级人民法院的指导和监督下审理破产案件，并探索建立起破产工作联系人制度：选择专业的中介机构担任破产管理人，由政府相关部门分别确定一名联系人协调具体工作，提供必要支持，从而将法院的专业水准和政府的综合协调两个优势发挥出来，保证了债权人会议的顺利召开和其他重整工作的有序推进。

启示2：要把保护破产企业职工合法权益，营造稳定社会环境作为工作的重中之重

高青县自审查企业破产申请伊始，就把妥善安置职工和保护企业债权作为重要前提，提出企业申请破产必须提交完备可行的工作预案，从而将职工安置工作前移，便于政府站在全局高度，提前谋划，规避了因处理不当而引发的不稳定因素。

启示3：坚持阳光审理的司法理念，确保破产重整依法公正推行

审理此类案件，高青县始终要求依法在阳光下进行，保证职工、债权人、债务人的知情权和参与权。为此，还采取了"三项举措"：一是设立"释法答疑办公室"，公开联系电话，方便债权人和职工反映诉求；二是成立"债权人委员会"，保证不同类型的债权人都能有效发表意见，获得最大受偿；三是各行为主体在"听证会"上共同研究对策，减少意见分歧，平衡各方利益。

启示4：在合法合规的前提下积极创新办法，解决金融相关问题

崔玉栋说，高青县出现的企业资金链风险，暴露出政府和金融机构在金融监管体制机制方面仍有漏洞，必须加快改进。比如，由于担保贷款占比较高，一家企业出险往往会波及多家，这就需要银行拓宽抵押质押范围，有关部门要加快开展企业用地和房产确权颁证工作，增加企业有效抵押物。再如，对于银行贷款核销问题，各金融机构要在权限范围内，加大对呆坏账的处置力度。此外，还要探索破产重整法治化的金融风险处置机制，通过引入破产及破产重整程序，综合法律、市场、行政等多种手段帮助企业摆脱困境，获得重生。

高青：化危为机　在化解金融风险中推进企业战略重组

李桐光 ①

2014 年 8 月 22 日上午，两辆满载着成品服装的重型厢货缓缓驶出钜创公司大门，由青岛港销往韩国市场。这标志着这家曾陷债务危机的企业，经过 2 个月的重整又重新焕发出生机。与此同时，曾与钜创公司面临同样境遇的恒丰公司、曼顿公司等公司也通过重组重整走出了困境。

引进强势企业，推动企业战略重组

高青县作为"山东省优质纺织服装生产基地"，初步形成了从纺纱、织布、染整到服装加工较为完整的产业链。近两年，受国际金融危机影响，个别企业陷入发展困境，有的因互保联保陷入债务危机，生产难以为继，进而引发工人群体性上访事件。

当危机袭来，是胆怯退让，还是迎难而上，化危为机

高青县的决策者们没有把困难企业当包袱，向市场一推了之，而是把危机当契机，把危机当作一次深化改革、转方式调结构的战略机遇。高青县紧紧围绕解决纺织产业升级的瓶颈制约和企业发展的薄弱环节，以整合纺织服装产业链为目标，积极引进战略投资人，大力推进战略重组，努力形成大型企业主导作用突出，中小企业支撑有力的纺织产业体系，带动全县经济转型升级。截至目前，如意集团、江辰公司、华威公司作为战略投资人与高青县政府已达成合作协议，分别参与钜创公司、恒丰公司、曼顿公司的重整重组，提升纺织产业层次，增强企业竞争力，打造升级版的"纺织服装生产基地"，使纺织行业从整体上"化危为机"。

力促银企合作，化解金融风险

2013 年 12 月，高青县一家银行出现单笔业务 1.8 亿元的资产风险事故，被银行诩为"铜墙铁壁"般坚实的互保联保模式完全崩溃。不良贷款率的上升引发了银行与企业的集体焦虑。面对金融风险给企业造成的巨大压力，2014 年 1 月，高青县委、县政府果断提出"狠抓战略引进，力促银企合作，化解金融风险"的应对思路，通过引进战略投资人方式，采取代为偿还银行贷款、盘活招商、企业资产重组等措施，帮助银行化解不良资产和信贷风险。通过政府牵线搭桥，如意集团、江辰公司承诺承担多家银行的不良贷款。县政府还通过行政资源掌握的企业情况，及时向金融机构通报，完善融资担保体系，提高银行信贷投放的针对性，有效降低了企业的融资成本，防止了不良交换贷款的再发生，各金融机构吃上了"定心丸"。

---

① 李桐光，时任山东省高青县人民法院民二庭庭长。

启动司法重整，激活企业资产

在整体挽救困难企业的过程中，法院一直承担着一个重要的角色。通过司法重整，困难企业"起死回生"。重整制度是世界公认的防范破产、挽救企业最为有效的法律制度。高青县人民法院在受理钜创公司破产重整案后，创新司法重整方式，将钜创公司的优质资产整体委托给战略投资人如意集团经营，如意集团同意承接银行贷款后受让钜创公司的全部优质资产，保证了企业实质上存续和职工的再就业，公司破产重整迈出实质性步伐。

在推进企业破产重组过程中，淄博市中级人民法院积极指导，精心参与，从"严"与"稳"上周密考虑。该院与高青县政府相关部门建立了破产立项、立案联动机制，要求高青县人民法院民二庭提前介入破产立项、立案审查，做好破产案件的前期准备工作。在审查立案时，该院不仅严格依照企业破产法的法定条件进行审查，还格外重视审查破产企业职工安置预案是否稳妥完备可行，资金来源是否可靠有保障，缺口如何解决等问题。在淄博市中级人民法院的指导与要求下，高青县委、县政府采纳了淄博市中级人民法院关于企业重整中实行破产工作联系人工作制度的司法建议：由专业机构担任破产管理人，由政府部门确定一名联系人参与破产工作。2014 年 4 月，该县发文决定由企业所在地的基层政府主要领导作为项目联系人，负责组织、联系企业、管理人、有关机关和法院，向管理人提供必要的人、财、物、法律等方面的支持，并指定一名县级领导作为项目分管领导进行协调和推进。钜创公司破产重整实践证明，该制度既保证了高青县人民法院能够依法主导破产重整进程和居中裁判，又能充分发挥党委政府的职能作用，不但化解了职工和债权人上访问题和战略投资人如意集团的引进问题，也保证了债权人会议的顺利召开及其他重整工作的有序推进。

探究破产程序中股东股权冻结问题及其解决

李桐光 [①]　　苏洪财 [②]

近年来，随着破产审判工作的全面展开，大量的破产案件相继进入终结阶段，部分破产企业的股东股权因该股东的其他债务关系被法院保全冻结，致使破产企业或者不能办理注销登记，或者不能执行重整方案中的股权变更，严重影响了破产案件的审判质效。

一、破产企业股东股权冻结对破产程序的影响

（一）有限公司的股东股权冻结影响破产企业注销登记

根据现行法律规定 [③]，工商部门不负责股份有限公司股权的登记，仅具有协助法院办理有限责任公司股权冻结的义务。因此，当有限公司的股权被法院冻结，工商部门在办理注销登记时会要求必须首先解除破产企业股东股权的冻结。一般情况下，冻结股权法院与破产法院为同一法院时，对于解除破产企业股东股权的冻结没有障碍，但当冻结股权法院与破产法院并非同一法院时，解除破产企业股东股权的冻结则出现难题。笔者办理的盛佳包装有限公司破产清算一案，控股股东的股权被异地法院冻结，致使管理人不能办理注销登记。管理人、法院经多次协调未果，异地法院拒绝的理由是保全申请人不同意提交解除保全申请。

（二）破产企业股东股权冻结影响重整计划的执行

从我国目前公司破产重整实践看，调整股东股权几乎均是重整计划的重要内容，而调整该股权，特别是资不抵债型重整将股东的股权调减为零，让渡给战略投资人以获得未来经营资金的情况下，会严重影响冻结股权的股东之债权人的利益。股东的债权人一般不会同意股权以极低的价格让渡给投资人而同意法院对股东股权解除保全，或者会请求冻结法院对股权公开拍卖、变卖，这势必会与重整计划的股权调整方案直接冲突，影响重整计划的制订、通过或者执行，最终将导致重整不能。北京某法院审理的五谷道场重整案中就涉及这个问题，最后也是在最高人民法院、北京市高级人民法院等协调下才得以解决。

---

① 李桐光，时任山东省高青县人民法院民二庭庭长。

② 苏洪财，山东省高青县人民法院民事审判庭庭长。

③ 《关于建立和完善执行联动机制若干问题的意见》第17条规定，工商行政管理部门应当协助人民法院查询有关企业的设立、变更、注销登记等情况；依照有关规定，协助人民法院办理被执行人持有的有限责任公司股权的冻结、转让登记手续。

二、解决股权冻结问题的法理分析

(一)要明确股权的性质

股东基于出资享有的股权,由自益权和共益权构成。所谓的自益权即股东专为自己的利益而行使的权利,主要包括投资收益权、剩余财产分配权、新股认购权等。共益权是指股东为自己利益的同时兼为公司的利益而行使的权利,主要包括提案权、表决权等。因此,股权具有公司属性和个人属性双重特点,对公司而言,在股东将股份,也就是股金交到公司后,该部分股金即转为公司财产;对股东而言,因为其享有股东权利,就具有了选择管理者、监督公司的运营、参与公司重大决策、分取公司红利、转让自己股份等股东权利。而缩股即减资是股东享有的公司法上的权利,故出资人权益通过缩股调整时,无需征得出资人之外的人的同意。同理,增资扩股使原股权稀释,因未减损股东权益,也不需要征得出资人之外的人同意。因此在破产过程中对公司股权的变动无需征得保全申请人的同意。从此意义上来说,对股权的冻结不能对抗破产中对股权的调整。

(二)要明确对股权冻结的范围

股权冻结是指人民法院通过限制股权所有者提取或转移自己股权的一种强制措施。[①]《民事诉讼法》第 249 条规定,被执行人未按执行通知履行法律文书确定的义务,人民法院有权向有关单位查询被执行人的存款、债券、股票、基金份额等财产情况。人民法院有权根据不同情形扣押、冻结、划拨、变价被执行人的财产。《最高人民法院关于人民法院执行工作若干问题的规定(试行)》第 38 条第 2 款规定,冻结投资权益或股权的,应当通知有关企业不得办理被冻结投资权益或股权的转移手续,不得向被执行人支付股息或红利。被冻结的投资权益或股权,被执行人不得自行转让。因此,股权的冻结主要是限制股东自益权中收取股息或红利的权利以及处分股权权利(股权转让或股权质押),防止股权收益的不当流失,达到财产保全的目的。对非财产权利如选择管理者、参与公司重大决策等权利的共益权是不具有禁止效力的。

(三)要明确破产中对股权的认定

《企业破产法》第 2 条规定的破产事由是,"企业法人不能清偿到期债务,并且资产不足以清偿全部债务或明显缺乏清偿能力的,依照本法规定清理债务。企业法人有前款规定的情形,或者有明显丧失清偿能力的可能的,可以依照本法规定进行重整"。因此,企业进入破产程序的,其资产已经为负值,相应的股权本身也已失去价值,也因此失去了转让价值。只有在该企业进入重整程序,经重整得以破茧重生后,其股权才相应地恢复价值。如果该企业进入破产清算程序,则股权完全失去了实际价值。《企业破产法》第 19 条规定:"人民法院受理破产申请后,有关债务人财产的保全措施应当解除,执行程序应当中止。"资产稳定增值是破产案件处理的首要原则,这既可以避免不必要的纷争,又有利于债权人利益。因此除非有确切的证据证明能明显有利于增加破产企业的财产收益,否则均不得任意处置破产企业资产。《企业破产法》第 77 条

---

① 张勇健、杜军:"破产重整程序中股权调减与股权负担协调问题刍议",载《法律适用》2012 年第 11 期。

规定："在重整期间，债务人的出资人不得请求投资收益分配。在重整期间，债务人的董事、监事、高级管理人员不得向第三人转让其持有的债务人的股权。但是，经人民法院同意的除外。"结合资产稳定增值原则，对该条的理解应当按照"举重以明轻"的法律逻辑进行解读，即在破产重整期间债务人的任何股东均不得请求投资收益分配、不得向第三人转让其持有的债务人的股权。至此，破产过程中，股权的财产属性只有在重整成功以后才能重新焕发活力，在此情形下积极配合重整对申请保全人来说也是有利无害的。如果进入破产清算则其财产属性已完全不能实现，冻结的目的业已不能实现。无论哪种情形，从法律上的适当性来看，冻结措施都应当予以解除。

综上，股东的个人股权在企业进入破产程序后，其自益权已明显受到限制，个人的财产属性已经可以忽略不计，彰显的是公司属性即公益权。同时，《企业破产法》是特别法，在法律适用上具有优先性。因此，对因股东个人的债务而导致对公司股权的保全，应当视为对公司的债务，对股权的保全在进入破产程序后应当予以解除。

三、破产实务中解除破产企业股权保全问题的做法

限于当前我国的社会环境和司法环境，作出冻结措施的法院不会主动作出解除冻结的措施，让申请保全的当事人自己作出解除冻结措施的申请也不可能，实务中主要有四种做法。

（一）由破产法院报告上级法院协调解除股权冻结

由作出保全裁定法院与破产法院的共同上级法院进行协调，出具解决方案，是当前各地破产法院普遍采取的做法。但由于协调时间长，会影响破产审判效率；且保全法院还面临申请人的压力，协调效果也差强人意。

（二）由破产法院出具解除股东保全措施裁定书直接解除

因股权所具有的个人属性在破产重整中已经不具有法律上的利益，因此对股权处分应当依据其公司属性进行。部分法院在当地政府及工商部门的配合下，根据《企业破产法》第19条之规定，直接作出解除冻结保全裁定，解除对股权的冻结。但《企业破产法》第19条规定中关于保全措施的解除和执行程序中止针对的是"有关债务人财产"，而债务人的股东股权应属于股东自己的财产，因此在使用该条做解除依据的时候应当对这里的"有关债务人"依据本文中对股权性质及认定的分析从法理上做扩大解释，即债务人包含了与公司股权有关的所有债务人。为此，希望最高人民法院尽快出台司法解释以明确该条的适用范围。

（三）由管理人与保全权利人协商解决

管理人在出资人协商股权价值时，邀请保全权利人参与，或者在协商一致后向保全权利释明后果，征得其同意，由其申请解除冻结措施。该方式是建立在保全权利人比较理性的情况下的，必要时还需要投资人或者管理人让渡部分权益为代价。当然，该让渡的权利不能损害破产企业债权人的整体利益，须提交债权人会议表决。因此，该种方式因涉及投资人、债权人和保全申请人等利益博弈，实务操作中成功的案例不多。

（四）由管理人或重整投资人提起案外人执行异议之诉

鉴于破产清算注销企业及资不抵债型重整企业股权权益实际为零的客观实际，股权保全的目的已经不能实现，继续保全只能导致破产企业不能注销或不能重整，严重损害破产企业及全体债权人利益。据此，由管理人或重整投资人提起案外人执行异议之诉，通过诉讼方式实现解除保全的目的。笔者所在法院曾处理过通过该方式解决保全股权转让纠纷，效果较好。但该方式诉讼时间较长，不利于破产程序的快速推进。

四、解决破产企业股东股权冻结问题的建议

在企业资不抵债时，股权价值实际已为零，股权对股东的债权人之价值应服从于破产程序的顺利进行。所以，此时股东的债权人就股权进行的执行行为应当受到一定限制。在限制之法律依据上，虽然《企业破产法》第19条没有直接规定债务人之股东所持股权的执行程序应当中止，但从破产程序中应尽量保持与债务人有关的财产稳定的意义上讲，在公司资不抵债而破产时，股东之股权与债务人财产具有一定的相似性。据此，建议最高人民法院尽快作出司法解释，适当扩大《企业破产法》第19条的适用范围，将解除债务人财产的保全延伸至股东之股权，以保证破产的有限公司尽快注销退出市场，也为可重整的企业扫清障碍，实现浴火重生之目标。

房地产企业破产疑难问题处置及建议

——以长江房地产破产清算为视角

苏洪财①　　孙萍萍②

笔者承办案件中的长江房地产于 2004 年 11 月 25 日在高青县工商行政管理局注册成立，注册资本 2000 万元，主要经营范围为：房地产开发、销售；物业管理；建筑材料销售。自 2016 年起，长江房地产因资金链断裂，无法继续经营。2018 年 9 月，长江房地产申请进入破产清算程序。现以长江房地产为视角，结合房地产企业破产处置疑难问题及重整式清算模式的探索适用，提出如下处置建议。

一、基本案情

长江房地产系房地产开发公司，其核心资产为其开发的银岭花园小区项目，该项目占地约 25 亩，建筑面积 24 632.40 平方米，共计建设 300 套住房。上述房地产项目虽然规模不大，但存在尾项工程未施工完毕，未办理整体竣工验收备案手续，水、电、燃气、取暖等配套设施不完善，大量房产存在以房抵债及一房多抵，各种优先权顺位认定，不能办理贷款，不能办理产权证书等问题，尤其是部分正常购房的业主及以房抵债的债权人得知长江房地产资金链断裂后，在未达到交付条件的情况下，已经纷纷强行入住，小区的住户又以无法办证，不通水、电、暖等问题多次集体上访，部分债权人查封长江房地产名下房产后，要求执行拍卖，又与已经入住的住户发生争议，社会矛盾十分尖锐。

因房地产项目涉及诸多民生问题，为了更好地发挥破产工作联系人制度的优势，2018 年 8 月，经长江房地产申请，高青县人民政府成立清算工作组，对公司进行清算。清算工作组中由有破产管理人资质的律师事务所指定律师担任清算工作组组长，与公安、住建、规划、消防、不动产、工商、税务、财政、人行等各部门联系人一并组成清算工作组，开展清算工作。2018 年 9 月，长江房地产进入破产清算程序后，法院指定清算工作组为管理人，依法开展清算工作。

二、破产清算过程中所遇问题及解决途径

(一)尾项工程施工及办理竣工验收问题

管理人接管长江房地产时，其开发的银岭花园小区项目主体工程已经封顶，仅有消防、绿化等尾项工程因开发商资金链断裂未能继续完善施工，导致未办理整体竣工验收手续，必须继续完善尾项工程施工，才可能达到办证的条件。管理人考虑通过适

---

①　苏洪财，山东省高青县人民法院民事审判庭庭长。

②　孙萍萍，山东大地人律师事务所合伙人，执业律师。

用重整式清算的模式，通过优质资产打包+垫资尾项工程施工+办理竣工验收手续+办证的模式，成功解决了银岭花园小区的尾项工程施工及办证问题。具体做法如下。

1. 招募投资人附加条件

管理人通过淘宝网拍卖平台发布资产拍卖公告，除对资产进行瑕疵公告外，同时对资产竞买人设定条件，要求竞买人除竞买无争议房屋外，需要具有建筑施工、房屋销售及办证的综合资质，并垫资对银岭花园小区天然气开口、暖气开口、消防工程、通风工程、楼梯扶手护栏、绿化工程、路灯工程等尾项工程进行施工，并办理竣工验收手续，同时，为符合办证条件的银岭花园小区住户办理房屋权属证书。

2. 招募工程监理及质量检测鉴定机构

在资产竞买人选定后，管理人在全国企业破产重整案件信息网平台工程监理招募公告、质量检测鉴定机构招募公告，通过公开招募选定监理机构及质量检测鉴定机构，配合进行尾项工程施工，监督工程质量，控制施工成本。

3. 工程验收及初始登记工作

尾项工程施工完毕后，由资产竞买人负责办理相关竣工验收备案手续及银岭花园小区房产的初始登记手续，管理人予以协助。

（二）不动产权属登记证书办理问题

在房地产企业破产过程中，进行尾项工程施工的主要目的，也包括解决办理不动产权属证书的问题。在上述整体竣工验收手续办理完毕后，管理人配合资产竞买人（尾项工程施工人）按照政策要求，首先办理了宗地的不动产权属证书，但因长江房地产未办理房屋初始登记及现行政策原因，无法按照楼栋办理整栋楼房的初始登记。经法院、管理人与自然资源局对接协调，该问题已经解决，购房户的不动产权属证书正在有序办理过程中。具体做法如下。

（1）由管理人向高青县自然资源局出具具结书后先行分户办理房屋初始登记证书。

（2）满足办证条件后，由不动产登记中心收回初始登记证书，为购房户办理正式房屋不动产权属登记证书。

（三）为购房户购买破产房产办理按揭贷款问题

涉案中的无争议房产销售、未缴清房款的购房户、已签认购书的购房户等均需要继续办理按揭贷款才能缴清房款。房屋贷款问题是否能解决，直接关系到房地产企业破产资产能否顺利处置，进而关系到破产程序的顺利推进。但涉案企业在进入破产程序之前，已经进入失信被执行人名单，无法作为开发公司为购房户提供担保进而办理房屋贷款手续。为此，管理人进行了如下探索和尝试，但仍未解决该问题。

探索思路1：为解决房屋贷款问题，经初步论证，管理人初步考虑通过新竞买人替代原长江房地产在银行的担保措施，让银行继续放款。但经法院及管理人多次与齐商银行、工商银行、建设银行、高青汇金村镇银行等多家银行对接，因购房户仍需以长江房地产名义出具购房合同，再用第三方贷款，需要办理转移登记手续，相关税费非常高，竞买人及长江房地产均无力承担，此项措施无法实现。

探索思路2：首先为未出售的破产房产办理产权证书，再行考虑以该房屋作为抵押办理抵押贷款或者装修消费贷款。但此类贷款期限短，利率高，购房户并不认可，办理也不积极，此项措施推进目前并不顺利。

（四）关于房地产企业涉税问题

为解决长江房地产遗留问题，尤其是办理不动产权属证书问题，不得不提到税务问题，不符合税务政策办不了，税务成本过高也办不了。在银岭花园小区的办证过程中，高青县税务局积极担当作为，灵活运用税收政策，解决长江房地产部分纳税问题。具体做法如下。

1. 解除非正常户及恢复正常户问题

房地产企业破产有别于工业企业破产，房地产企业的核心资产往往是土地或房产，在破产过程中，需要继续对其进行处置变现，需要继续以房地产企业的名义出具商品房销售合同，并开具相应发票，但往往大多数房地产企业在进入破产程序之前，已经被列为非正常户，需要先行解除非正常户，恢复正常户，才能继续进行纳税申报，并办理商品房销售。

在长江房地产破产过程中，除处于非正常户状态外，长江房地产还存在欠缴税款、滞纳金及罚金的情况。依据淄博市中级人民法院与国家税务总局淄博市税务局《关于企业破产程序涉税问题处理的实施意见》（淄中法〔2020〕28号）及高青县人民法院与高青县税务局、高青县破产管理人协会《关于企业破产程序中有关税务问题处置的会议纪要》（高法发〔2020〕10号）之规定，为解决破产企业面临的困境，法院、管理人积极与税务部门对接，最终以下列方式完成了非正常解除并恢复正常户的问题。

（1）对于裁定受理破产前企业欠缴的税款及滞纳金，税务部门依法向管理人申报税收债权；

（2）对于系统内产生的罚金，由竞买人进行支付；

（3）截至恢复正常户之日，企业并无新发生的业务，因此，由企业留守人员按月在税务系统进行补充申报，申报数额为0元。恢复正常户后，依照实际业务的发生，按季度或按年度进行税务申报。

2. 破产企业开具发票后相关税费缴纳问题

现行的税收优惠政策的立法相较于破产程序来说相对滞后，而破产审判实践中，破产税收债务减免制度的确影响了破产程序的顺利推进。长江房地产恢复正常户后，在进行资产处置过程中，依照竞买协议的约定，新产生的税费由竞买人承担，但处置无争议房产过程中涉及多项税种，除增值税、印花税以及城市维护建设税、教育费附加、地方教育附加等附加税种外，还涉及企业所得税及土地使用税等税种。

（1）企业所得税。

鉴于长江房地产已经进入破产程序，不再正常经营，无法再取得成本票，房屋销售收入全部计入收入，需要缴纳25%的企业所得税，虽然管理人与竞买人约定对于竞买房产的销售税费由竞买人承担，但竞买人亦无力承担，并面临悔拍的风险。另外，对于长江房地产此前已经销售的房产，再行签订商品房买卖合同时，亦需要解决企业所得税的缴纳问题。法院、管理人积极与税务部门对接，采取如下方式解决。

以进入破产程序后的审计报告审定的资产负债率作为期初数，先行弥补亏损。因破产企业负债金额较大，且长江房地产能处置的全部资产金额无法覆盖企业负债，不存在利润问题。企业所得税因无利润产生，可无需缴纳。

（2）土地使用税。

长江房地产恢复正常户后，土地使用税每个月产生，需按季度进行申报。鉴于土地使用税数额较大，竞买人税款无力承担，为实现资产的顺利处置，法院、管理人积极与税务部门对接，依据《山东省地方税务局关于明确城镇土地使用税困难减免税有关事项的公告》（山东省地方税务局公告 2018 年第 6 号）之规定，由管理人申请对于土地使用税进行困难减免，由管理人向税务部门提交《纳税人减免税申请核准表》、提交不动产权属资料或其他证明纳税人使用土地的文件原件并将复印件盖章留存、提交《困难企业税收减免申请》、法院受理企业破产的裁定书以及指定管理人决定书等材料。税务部门收到申请，对该申请进行审议通过后，进行土地使用税的困难性减免。现土地使用税问题，地方税务局已经经会议研究通过，拟进行减免。

（3）增值税。

鉴于长江房地产存在大量仅签订认购书未出具商品房买卖合同的房产，现在若要出具正式的商品房买卖合同，在营改增之后，长江房地产需要缴纳增值税。因长江房地产已进入破产程序且债权人众多，长江房地产无力承担如此高额的增值税。对于增值税的缴纳问题，虽经法院、管理人多次与税务部门对接，但目前还未找到相应的减免政策依据，上述问题亟待解决。

（4）部分业主在破产前已缴纳契税及办证费问题。

自 2016 年起，长江房地产因资金链断裂而停止经营，其名下未出售的土地、房产因涉诉均被多家人民法院轮候查封，因尾项工程未施工完毕、未办理竣工验收手续等原因，导致银岭花园小区近 300 户业主无法办理不动产权属登记证书。上述房产中，有未出售的房产，有业主缴纳全款的房产，亦有缴纳首付未缴清房款的房产及签订认购书的房产，其中大部分业主已经向长江房地产缴纳办证费及相关税费，而长江房地产办事人员并未将上述款项交至税务部门，经初步估算，每户应交 2 万元至 3 万元。但在办理不动产权属证书的过程中，上述税费需要缴纳至税务机关，才能继续走办证流程。管理人经调查，已经缴纳办证费的住户，对于再行收取上述税费反应强烈，不同意继续缴纳。

经法院、管理人与税务部门、自然资源局进行多次沟通，但两部门均表明缴纳契税系办理不动产权属登记证书（房产证）的必经环节，无法进行减免。管理人通知业主需要办证的，只能再行缴纳，对于已经缴纳的税费，该部分业主可以向管理人申报债权。只有极少数业主再次缴纳，大部分业主仍不同意再次缴纳，上述问题亦亟待解决。

三、解决房地产破产案件面临问题的建议

房地产企业破产，往往涉及尾项工程建设、竣工验收、办证、纳税等方方面面的问题，这些问题单单依靠法院及管理人难以接近，需要政府、法院、管理人形成合力，才能真正地解决社会问题。在办理房地产企业破产案件中，应当充分发挥府院联动机制，解决房地产企业的历史遗留问题。

（一）对住建、自然资源等部门的建议

2021年，在市法院的大力协调推动下，虽然已经与市住建、市自然资源等部门就破产资产处置及涉及不动产登记事项等问题，出台了相关意见，但鉴于房地产企业破产与普通工业企业破产也存在较大的区别，对于房地产企业破产中复工复建、竣工验收、物业维修基金缴纳及办证等问题仍处于个案协调、一企一议阶段，建议住建、自然资源等部门应就解决破产房地产企业的复工复建、竣工验收及办证等问题形成制度性文件。

（二）对税务部门的建议

2020年，在市法院的大力协调推动下，已经与税务部门就破产企业涉税事项等问题，出台了相关意见，但鉴于房地产企业破产与普通工业企业破产也存在较大的区别，对于房地产企业破产中涉及税务相关问题仍处于个案协调、一企一议阶段，建议税务部门应就破产房地产企业恢复正常户后，新产生的企业所得税、土地使用税、增值税等相关税费的缴纳问题形成制度性文件，彻底化解房地产企业破产处置产生的税收问题。

（三）对人行、银监局等部门的建议

2020年，在市法院的大力协调推动下，已经与人行、银监局等就破产企业的相关问题，出台了相关意见，但鉴于房地产企业破产与普通工业企业破产也存在较大的区别，特别是房地产企业破产中房屋按揭贷款问题仍无解决方案，建议就进入破产程序的房地产企业的房屋按揭贷款问题形成制度性文件，解决破产房地产企业核心资产的销售问题。

结　语

截至目前，银岭花园小区项目的初始登记已经办理完毕，购房户的不动产权属证书正在有序办理过程中，在本案中通过"重整式清算"程序的适用，有效解决了破产资产处置、尾项工程建设、办理权属证书这三个在房地产企业破产案件中的关键问题，盘活了破产资产，保障了各方利益的最大化，实现了社会效果和经济效果的统一。

第二章

规范化建设

高青县人民法院关于破产审判中
规范债权人会议的意见

（高法发〔2019〕28号）

第一条 【目的】为保障债权人利益，充分发挥债权人会议在破产案件审理中的作用，强化债权人会议对管理人的监督，促进破产案件公正、公平和高效审理，根据《中华人民共和国企业破产法》及其司法解释、最高人民法院的有关会议纪要和批复等相关规定，在本院试行《关于规范债权人会议的指导意见》基础上，制定本意见。

第二条 【会议成员】凡依法申报债权的债权人，均可参加债权人会议，成为债权人会议的成员。但债权人会议成员有以下情形之一的，不得再出席债权人会议：

（一）已经由担保财产优先受偿并获得足额清偿的；

（二）已经由债务人的保证人或者其他连带债务人获得足额清偿的。

第三条 【有表决权债权人】债权已被管理人审查确定的债权人，或者债权虽未被管理人审查确定但法院临时确定其债权的债权人，一般对所有表决事项均享有表决权。但有财产担保而未放弃优先受偿权利的债权人，在通过和解协议和通过破产分配方案的决议时不享有表决权。

第四条 【无表决权债权人】符合下列情形之一的债权人，有权出席债权人会议和发表意见，但并无表决权：

（一）债权尚未被管理人审查确定，且人民法院未能为其行使表决权而临时确定债权额的；

（二）债权附有停止条件，其条件尚有待成就的；

（三）债权附有解除条件，其解除条件已成就的；

（四）尚未代替债务人清偿债务的保证人或者其他连带债务人。

第五条 【债权人身份证明】参加会议的债权人系法人或其他组织的，应提交营业执照、法定代表人或负责人身份证明书。参加会议的债权人系自然人的，应提交个人身份证明。

第六条 【代理人证明】债权人委托代理人出席会议的，应提交特别授权委托书、委托代理人的身份证件或律师执业证，委托代理人是律师的还应提交律师事务所的指派函。

第七条 【会议主席的指定】债权人会议主席为债权人会议的召集人，由法院在征询管理人意见后从有表决权的债权人中指定。

第八条 【职工参加会议】职工不是债权人会议的成员，但职工可以推选 10 名以下代表或委托工会人员参加债权人会议，并对以下事项发表意见：

（一）核查债权时职工债权清单的确认；

（二）债务人继续营业时的职工待遇；

（三）重整计划中的职工债权清偿方案；

（四）破产财产分配方案中的职工债权清偿方案；

（五）债务人财产管理方案、变价方案中涉及职工利益的问题。

第九条 【会议职权】债权人会议依法行使《中华人民共和国企业破产法》第六十一条规定的职权。

第十条 【会议召集和主持】第一次债权人会议，由人民法院召集并主持，在债权申报期限届满后 15 日内召开。以后的债权人会议一般由会议主席召集并主持，管理人应当提前 15 日通知已知的债权人。

第十一条 【再次召开会议】符合下列情形之一的，应当再次召开债权人会议：

（一）更换管理人；

（二）通过重整计划；

（三）通过和解协议；

（四）管理人、债权人委员会或占债权总额 1/4 以上的债权人提议时；

（五）人民法院认为必要时。

第十二条 【会议通知】第一次债权人会议由人民法院通知并公告，法院也可制作通知书后委托管理人通知。以后的债权人会议，均由管理人通知。

第十三条 【会议地点】债权人数较少的会议一般安排在法院审判场所召开，债权人数较多的会议可安排在破产企业经营场所或管理人租用的场所召开。

第十四条 【会场安排】管理人提前一天安排会场。会场前台设置主席台、管理人及债务人坐席、债权人会议主席坐席，会场第一排为破产联系人坐席和债权人委员会坐席，债权人坐席应按照有表决权的债权人、无表决权的债权人、职工代表分为不同区域并分别进行编号，管理人工作人员在会场两侧就座。

第十五条 【参会人员入场】管理人在会场入口处设置签到处，要求参会人员签字并负责对参会人员身份进行核实，发放会议资料和坐席号。由法警对参会人员进行必要的安检后，参会人员方可进入会场。

第十六条 【会议议程】会议主持人宣布会议开始后，由工作人员宣读会议纪律。会议主持人应简单介绍破产案件审理情况及债权人会议参会情况，并根据会议设定的议程主持会议。

第十七条 【会议表决】债权人会议的决议，一般由出席会议的有表决权的债权人过半数通过，并且其所代表的债权额占无财产担保债权总额的 1/2 以上。但是，通过重整计划草案、和解协议草案需由出席会议的有表决权的债权人过半数通过，并且其所代表的债权额占无财产担保债权总额的 2/3 以上。

第十八条 【会议表决方式】债权人会议的决议除现场表决外，可以由管理人事先将相关决议事项告知债权人，采取书面、信函、网络投票等非现场方式进行表决。采取非现场方式进行表决的，管理人应当在债权人会议召开后的三日内，以信函、电子邮件、公告等方式将表决结果告知参与表决的债权人。

根据《中华人民共和国企业破产法》第八十二条规定，对重整计划草案进行分组表决时，权益因重整计划草案受到调整或者影响的债权人或者股东，有权参加表决；权益未受到调整或者影响的债权人或者股东，参照《中华人民共和国企业破产法》第八十三条的规定，不参加重整计划草案的表决。

第十九条　【决议的效力】债权人会议的决议，对于全体债权人均有约束力，包括未出席会议的债权人和持反对意见的债权人。

第二十条　【决议异议的处理】债权人会议的决议具有以下情形之一，损害债权人利益，债权人申请撤销的，人民法院应予支持：

（一）债权人会议的召开违反法定程序；

（二）债权人会议的表决违反法定程序；

（三）债权人会议的决议内容违法；

（四）债权人会议的决议超出债权人会议的职权范围。

人民法院可以裁定撤销全部或者部分事项决议，责令债权人会议依法重新作出决议。

债权人申请撤销债权人会议决议的，应当提出书面申请。债权人会议采取通信、网络投票等非现场方式进行表决的，债权人申请撤销的期限自债权人收到通知之日起算。

第二十一条　【会议记录】债权人会议应当对所议事项的决议制作会议记录，并由债权人会议主席、管理人、债权人委员会成员、持有异议的债权人及合议庭成员签字。

第二十二条　【未通过决议事项的处理】对于债务人财产的管理方案或者破产财产的变价方案，债权人会议表决未通过的，由人民法院裁定。

对于破产财产分配方案，债权人会议表决未通过的，应当再次表决；再次表决仍未通过的，由人民法院裁定。

对于重整计划草案，债权人会议表决未通过的，应当再次表决；再次表决仍未通过的，债务人或管理人可以申请人民法院批准重整计划草案。

第二十三条　【债权人委员会的设立】债权人数超过 30 人的，可以设立债权人委员会。债权人委员会成员人数为单数，一般不超过 9 人；债权人委员会委员中至少有一名职工代表和一名担保债权人代表。

第二十四条　【委员会的产生】管理人在征求债权人意见的前提下，以能够代表不同债权类型、不同地域，并具有较强的沟通能力为标准，向法院和债权人会议提交委员建议名单，并交第一次债权人会议表决。表决通过后，由人民法院书面决定认可。

第二十五条　【委员的代表性】管理人根据债权人委员会委员的人数将债权人划分为若干小组，保证每名委员至少代表一个债权人小组。

第二十六条　【委员会的职权】债权人委员会系债权人会议的常设机构，可以在管理人办公地点单独设立办公室，随时行使《中华人民共和国企业破产法》第六十八条规定的职权和债权人会议授予或委托行使的职权，并根据《中华人民共和国企业破产法》第六十九条的规定听取管理人的工作报告。

第二十七条 【委员会的议事规则】债权人委员会决定所议事项应获得全体成员过半数通过，并作成议事记录。债权人委员会成员对所议事项的决议有不同意见的，应当在记录中载明。

债权人委员会行使职权应当接受债权人会议的监督，以适当的方式向债权人会议及时汇报工作，并接受人民法院的指导。

第二十八条 本意见未尽事宜，根据有关规定执行。

第二十九条 本意见自本院审判委员会讨论通过并印发之日施行。

第三十条 本意见解释权由本院审判委员会行使。

2019 年 7 月 31 日

高青县人民法院破产案件管理人报酬
互助基金管理使用办法

（高法发〔2019〕33号）

第一条 【目的】为保护、平衡和协调破产案件管理人的经济利益，有效调动管理人的积极性，推动管理人队伍的职业化进程与管理人行业的良性、有序发展，从而保证破产工作顺利进行，在本院试行《破产案件管理人报酬互助基金的意见》基础上，制定本办法。

第二条 【基金管理】管理人报酬互助基金纳入高青县管理人协会账户，财务收支由法院进行监督管理，按照公开透明、专款专用原则，接受有关部门的监督以及审计机关的审计。

第三条 【基金来源】管理人报酬互助基金从管理人所获报酬中留取一定比例作为主要来源，但管理人协议向担保债权人收取的报酬除外。具体可根据破产案件管理人报酬收入按比例分段留取互助基金：

（1）30万元（含30万元）以下部分不留取；

（2）30万元以上—50万元（含50万元）部分，按20%比例留取；

（3）50万元—100万元（含100万元）部分按25%比例留取；

（4）100万元以上部分按30%比例留取。

第四条 【补充来源】债权人未在法定时间受领的可分配破产财产作为互助基金的补充来源。

第五条 【使用主体】被指定为破产管理人的中介机构或清算组成员，原则上应属于高青县管理人协会会员，且向高青法院提交同意留取互助基金的书面承诺。

第六条 【使用情形】债务人无财产可破或破产财产不足以支付破产费用，管理人可以申请无偿使用基金，用于支付破产费用和共益债务，并确保管理人报酬不低于5万元。

第七条 【借用情形】破产财产不能及时变现且无其他资金可供支配，影响破产工作顺利推动时，管理人可以申请借用基金，用于垫付破产费用和共益债务，但在破产财产变现后需及时偿还。

第八条 【审批主体】本院设立管理人报酬互助基金审批小组，小组成员包括：法院院长、分管院长、破产审判负责人、办公室财务负责人。

第九条 【审批程序1】符合本办法第六条、第七条规定情形的，管理人可在接管破产企业后填写《基金使用申请表》，向管理人协会书面申请支付报酬互助基金。《基金使用申请表》中应明确写明用途、使用金额、使用理由，必要时提交有关证据材料。

管理人协会收到《基金使用申请表》后，经审查认为符合条件的，报法院审批小组审批。审批程序完成后，管理人持《基金使用申请表》向管理人协会办理报酬互助基金发放手续，并由申请人出具收据，转入管理人专用账户。

第十条 【其他支出】具备下列情形之一的，也可使用基金：

（1）破产终结后发现职工债权遗漏必须予以处理的；

（2）本院同意并有管理人协会组织的破产培训、学习、参加研讨会、论坛等，需要支付的车旅费、培训费、会议费、书籍资料费等；

（3）本院认为应当支付的其他与破产有关的费用。

第十一条 【审批程序2】符合本办法第十条规定情形的，由管理人协会填写《基金使用申请表》，书面申请支付报酬互助基金，报法院审批小组审批。审批程序完成后，管理人协会将有关发票或收据及《基金审批表》，办理财务报销手续。

第十二条 【特别支出】本基金积累到一定金额，在满足破产事务的前提下，经高青县人民法院院长办公会研究，可以将部分基金上交国家财政部门。

第十三条 【解释主体】本办法由高青县人民法院院长办公会负责解释。

第十四条 【实施时间】本办法自高青县人民法院院长办公会研究通过并印发之日起施行。本院试行的《破产案件管理人报酬互助基金的意见》同时作废，但本办法施行之前已经受理的破产案件基金收取比例仍执行《破产案件管理人报酬互助基金的意见》的相关规定。

附：《管理人报酬互助基金使用申请表》

2019 年 9 月 23 日

高青县人民法院管理人报酬互助基金使用申请表

申请人		经办人	
申请时间		申请金额	
用途			
申请理由			

续表

管理人 协会意见		破产审判 负责人意见	
分管院 长意见		法院财务 负责人意见	
院长 意见			
备注			

【填表说明】：本表由申请人如实填写，若存在隐瞒、伪造等提供虚假信息情形的，不予发放管理人报酬互助基金，并应当承担相应的法律责任。

高青县人民法院关于破产案件专项审计的指导意见

(高法发〔2019〕24号)

第一条 【目的和依据】为了规范破产案件专项审计和评估工作，提高审计和评估质量，为破产案件的审理提供依据，根据《中华人民共和国企业破产法》及其司法解释、《中华人民共和国公司法》及其司法解释、《中华人民共和国审计法》和《中华人民共和国审计法实施条例》等规定，结合本院审判实际，制定本意见。

第二条 【选定方式】审计机构应在上级法院备案的名册中选定，特殊情况除外。一般破产案件由管理人组织债务人、主要债权人、职工或有关主管部门通过协议方式选定审计机构；重大、疑难破产案件，由管理人申请法院司法技术部门通过竞争方式选定审计机构。

第三条 【选定时间】管理人接收企业的资产和会计文书档案后五个工作日内选任审计机构。

第四条 【审计机构的确定】选定审计机构后，由管理人向审计机构出具破产审计委托书。同时，管理人应与审计机构签订委托协议，委托协议中应载明审计的要求、具体事项、权利义务和违约责任等内容。

第五条 【审计范围】审计机构依据有关司法审计规则对破产企业资产、负债和所有者权益等，自企业成立之日至裁定破产受理之日的账目进行全面审计。

第六条 【审计资料的接收】管理人应在委托审计机构五个工作日内，将会计凭证等资料转交给审计机构，并监督审计机构开展审计工作。

第七条 【审计要求】审计机构在管理人协助下清查核实破产企业的各种资产、债权债务，并对企业会计档案进行查证、核实。在此基础上开展有关的专项审计业务，根据审计准则和管理人的要求出具审计报告。

第八条 【资产审计】审计机构必须对企业以下资产状况进行核实并在审计报告中披露，同时保留核实的审计底稿。

（一）通过发出询证函，确认企业银行开户情况及存款余额情况；

（二）通过发出询证函，确认企业应收款情况，有无管理人可以行使取回权、留置权、质权的；

（三）企业存货情况，账外物资、单到货未到、货到单未到情况；

（四）固定资产的账实情况，盘盈资产、盘亏资产、固定资产折旧计提、账外固定资产情况；

（五）无形资产、在建工程等情况；

（六）企业的房屋、土地、设备等资产的归属及是否存在担保、查封及相应债务数额情况；

（七）企业是否存在转移资产，是否与其他企业存在债权债务、资产混同情况；

（八）通过发出询证函，了解企业应付款情况，有无权利人可以行使取回权、留置权、质权的；

（九）应当审计核实的其他事项。

第九条　【行为撤销审计】审计机构必须对企业破产申请法院裁定受理之日、行政监管机构作出撤销决定之日、法院裁定受理强制清算申请之日前一年内，涉及企业财产的下列行为进行核实并在审计报告中披露，同时保留核实的审计底稿。

（一）无偿转让财产的；

（二）以明显不合理的价格进行交易的；

（三）对没有财产担保的债务提供财产担保的；

（四）对未到期的债务提前清偿的；

（五）放弃债权的；

（六）有无行使抵销权的。

第十条　【个别清偿审计】审计机构必须对企业在破产申请前半年内仍对个别债权人进行清偿的行为进行核实并在审计报告中披露，同时保留核实的审计底稿。

第十一条　【行为无效审计】审计机构必须对企业财产是否存在下列情形进行核实并在审计报告中披露，同时保留核实的审计底稿：

（一）为逃避债务而隐匿、转移财产的；

（二）虚构债务或者承认不真实的债务的。

第十二条　【出资情况审计】审计机构必须对企业出资情况进行核实并在审计报告中披露，同时保留核实的审计底稿。重点核实出资人有无虚假出资、出资是否全部到位或抽逃出资情况，以实物出资的，出资与实物当时的市场价是否接近。

第十三条　【高管收入审计】审计机构必须对企业高管人员有无利用职权获得非正常收入、私分或侵占企业财产情况进行核实并在审计报告中披露，同时保留核实的审计底稿。

在列支的应付职工工资中，有无高管人员的工资超出企业职工平均工资的情况，并表明企业职工的工资平均数额。

第十四条　【负债审计】审计机构必须对企业以下负债状况进行核实并在审计报告中披露，同时保留核实的审计底稿：

（一）应付货款发生的事实情况，重点核实有关证据、数额及是否存在财产担保情况。

（二）银行贷款、企业借贷等借款情况，重点核实有关证据、截止审计日的本息数额、借款期限、利率、有无财产担保情况。

（三）企业集资情况，重点核实是否有真实的集资履行证据及利息支付情况，是否职工集资、是否是 2006 年 8 月 27 日之前的集资、是否是职工入厂集资、是否企业通过扣发工资方式集资、是否是企业通过优势地位强制性集资等情况，并应特别注明有无股权转集资情况；明确集资数额及集资人员名单，区分职工集资及社会集资情况。

（四）核实或有债务中尚未执行的诉讼情况。

第十五条　【对外投资审计】审计机构必须对企业向其他企业投资或者为他人提供担保、为公司股东或者实际控制人提供担保情况进行核实，并在审计报告中披露，同时保留核实的审计底稿。

第十六条 【损害债务人利益审计】审计机构必须对企业有无控股股东、实际控制人、董事、监事、高级管理人员利用关联关系损害公司利益的进行核实，并在审计报告中披露，同时保留核实的审计底稿。

第十七条 【破产原因分析】审计机构应对企业出现的破产的原因进行财务分析。

第十八条 【审计初稿听证】审计机构须在接受委托后六十日内出具审计初稿，并参加管理人或合议庭主持的听证会，接受职工代表、出资人、债务人、债权人、债权人委员会、战略投资人、管理人、法院的质询。审计机构在听取质询意见后，对审计报告初稿进行必要的修正，并在听证会结束后十日内向法院和管理人出具正式报告。

第十九条 【审计费用的确定】审计费用按照审计收费的有关规定收取，也可由管理人和审计机构协商确定，并接受法院监督。

第二十条 【审计费用的支付】审计费用采用先审计后付费的方式，由管理人在破产财产变现后、分配前报法院审批后予以支付。

第二十一条 【审计机构的法律责任】审计机构应根据专项审计协议的约定和有关规定认真、专业、诚实地完成审计工作。对因重大失误或故意致使报告失实并造成损失的，管理人有权减少或拒付审计费用，并可根据损失的大小要求审计机构予以赔偿。情节严重的，由管理人提请法院建议上级法院取消其备案资格，并依法追究有关法律责任。

第二十二条 【破产评估的参照】评估机构对破产企业的资产评估，按照《中华人民共和国资产评估法》及其实施细则并参照本规定的程序和要求进行破产专项评估。

第二十三条 本意见未尽事宜，根据有关规定执行。

第二十四条 本意见自本院审判委员会讨论通过并印发之日起施行。

第二十五条 本意见解释权由本院审判委员会行使。

2019 年 3 月 10 日

高青县人民法院关于破产案件中
处理职工集资问题的指导意见

（高法发〔2019〕28 号）

第一条 【目的和依据】职工集资款是指企业因生产经营或者扩大生产需要向单位职工借款而形成的负债。职工集资款一般涉及面广，具有一定程度的企业强制性和职工身份附属性。根据《中华人民共和国企业破产法》、《中华人民共和国劳动法》、《中华人民共和国劳动合同法》、《中华人民共和国合同法》及相关司法解释的规定，结合我院审理破产案件的实际，对于职工集资债权的认定，制定本指导意见。

第二条 【旧法规定】发生在《中华人民共和国企业破产法》实施前，即 2007 年 6 月 1 日以前的职工集资款参照工资处理，在企业破产时作为职工债权处理。

第三条 【旧法优先保护】对于 2007 年 6 月 1 日之前所欠职工的工资和医疗、伤残补助、抚恤费用，所欠的应当划入职工个人账户的基本养老保险、基本医疗保险费用，以及法律、行政法规规定应当支付给职工的补偿金，优先于担保债权人受偿。

第四条 【新法规定】发生在《中华人民共和国企业破产法》实施后，即 2007 年 6 月 1 日之后的职工集资款原则上作为民间借贷处理。如果借贷时存在财产担保情形的，作为担保债权处理；如果借贷时不存在财产担保情形的，作为普通债权处理。

第五条 【职工入股处理】职工集资款具有明显的投资入股性质，作为股权处理，不作为破产企业债权处理。

第六条 【扣除工资集资处理】企业未经职工同意从职工工资中强制扣除一定数额作为集资的，不管是发生在《中华人民共和国企业破产法》实施前还是实施后，该行为视为企业拖欠的职工工资，均按照职工债权处理。

第七条 【强制摊派集资处理】企业通过召开股东会或董事会决议，通过书面通知或公告形式以解除劳动合同相要挟强行向全体职工摊派缴纳集资的，对于集资的本金部分，参照职工债权处理；对于利息部分，按照普通债权处理。

第八条 【融资后集资处理】职工通过向社会人员融资后又出借给企业进行牟利所形成的债权，按照普通债权处理。

第九条 【特定集资处理】破产企业高管人员集资借给企业用于职工发放工资或缴纳社会保险，属于专款专用性质，应认定为垫付的职工债权，按照职工债权处理。

第十条 【顶名集资处理】社会人员"挂靠"在职工名下、名为职工集资款实为民间借贷的债权，无论在《中华人民共和国企业破产法》实施前还是实施后，均按照普通债权处理。

第十一条 【非职工集资处理】企业向本企业职工之外人员的借款，不属于职工集资范畴，均按照普通债权处理。

第十二条 【集资涉嫌犯罪处理】管理人发现破产企业或企业实际控制人、股东、董事、高管等在职工集资中涉嫌构成非法吸收公众存款罪、集资诈骗罪、挪用资金罪等经济犯罪线索的，应及时向法院提出报告，由法院决定是否移送有关国家机关处理。

第十三条 本意见自本院审判委员会讨论通过并印发后施行。

第十四条 本意见解释权由本院审判委员会行使。

2019 年 3 月 10 日

高青县人民法院关于审理破产案件中
处理债权异议问题的指导意见

（高法发〔2019〕28 号）

第一条 【目的和依据】为及时确定破产债权，确保破产案件审理有序、高效进行，根据《中华人民共和国企业破产法》第五十八条第三款关于"债务人、债权人对债权表记载的债权有异议的，可以向受理破产申请的人民法院提起诉讼"的规定以及《最高人民法院关于适用〈中华人民共和国企业破产法〉若干问题的规定（三）》之规定，结合我院破产案件审判工作实际，制定本指导意见。

第二条 【提出异议的主体和事项】债务人、出资人、债权人对债权表记载的债权真实性、合法性、性质、数额、担保财产、是否超过诉讼时效期间、是否超过强制执行期间等情况，是否享有优先受偿权等与破产财产分配有关的债权事项，均可以提出异议。

第三条 【提出异议的期限】债权人、债务人对债权表记载的债权有异议的，应在第一次债权人会议后三日内书面向管理人提出，并说明理由和法律依据。

第四条 【答复期限】管理人收到异议后，应在三日内复核并将复核意见通知异议人。

第五条 【异议成立的处理】管理人认为异议成立的，对债权表进行调整并报告法院，待再次召开债权人会议时提交债权人会议核查。同时，管理人应将上述情况报告人民法院。

第六条 【异议不成立的处理】管理人不予解释或调整的或者管理人认为异议不成立的，异议人应当在债权人会议核查结束后十五日内向人民法院提起债权确认的诉讼。当事人之间在破产申请受理前订立有仲裁条款或仲裁协议的，应当向选定的仲裁机构申请确认债权债务关系。同时，管理人应将上述情况报告人民法院。

第七条 【未行使异议权的后果】异议人在规定期限内没有向管理人书面提出异议，或者收到管理人答复意见通知后没有在规定时间提起诉讼的，视为同意管理人的审查结论和债权人会议的核查结论。

第八条 【临时债权的确定】债权人提起债权确认之诉后，该债权人的债权属于债权尚未确定的债权。按照《中华人民共和国企业破产法》第五十九条第二款的规定，债权人可书面申请法院临时确定其债权额，并按临时确定债权额行使表决权。债权人未提起书面申请的或者法院未临时确定债权额的，该债权人不享有表决权。

第九条 【异议债权的分配处理】破产财产分配时，对于诉讼或仲裁未决的债权，管理人应当将其分配额提存。在该债权通过诉讼或仲裁确认后，将提存的分配额分配给该债权人，如通过诉讼或仲裁未确认该债权时，将提存的分配额分配给其他债权人。

第十条 【意见的落实途径】管理人应第一次债权人会议召开时，将本意见作为报告事项提交债权人会议表决；表决通过后，本意见对债务人、出资人和全体债权人均具有约束力。

第十一条 本意见未尽事宜，根据有关规定执行。

第十二条 本意见自本院审判委员会讨论通过并印发之日起施行。

第十三条 本意见解释权由本院审判委员会行使。

高青县人民法院关于对破产管理人工作业绩
实行量化考核的实施办法

（高法发〔2019〕28号）

总　则

第一条　【依据和目的】为进一步规范破产管理人工作，保证管理人依法、公正、忠实执行职务，勤勉尽责，强化人民法院对管理人的监督，促进破产案件的公正、公平和高效审理，根据《中华人民共和国企业破产法》及其司法解释、《中华人民共和国公司法》及其司法解释、最高人民法院《关于审理企业破产案件指定管理人的规定》、《关于审理企业破产案件确定管理人报酬的规定》等相关规定，结合我院破产工作实际，制定本办法。

第二条　【考核原则和方式】管理人的业绩考核坚持依法规范、尽职免责、兼顾效率的原则，实行量化积分考核方式。量化考核实行千分制，以管理人最终考核得分情况作为管理人结算管理人报酬的基本依据。

第三条　【基本要求】管理人及时、圆满完成工作项目的计满分，延期完成工作项目的扣减50%，工作项目未完成的计0分，工作项目完成有瑕疵的酌情扣分。

第一章　管理人指定阶段的考核（50分）

第四条　【组建管理人团队计10分】接受人民法院指定担任破产案件管理人的中介机构，应在3日内指派一个管理人团队履行管理人职责，并将管理人组长、团队成员的人员组成及其分工报人民法院备案。

第五条　【出具承诺函计10分】管理人收到决定书后3个工作日内向人民法院提交盖有本机构印章的书面承诺函，并由管理人团队全体成员签字。承诺函应载明本机构和团队成员保证勤勉尽责、忠实执行职务，严格履行保密义务，依法办理相关事务，若因履行职责瑕疵，自愿承担相应法律风险和责任的内容。

第六条　【提交工作预案计10分】管理人收到决定书后5个工作日内应当根据初步掌握的破产案件的具体情况，向人民法院提交管理人工作预案。预案内容包括但不限于：破产案件所要求管理人履行的具体职责，为履行该职责而指派的管理人团队成员、负责人及其具体分工，接管债务人企业的方案，各项工作计划完成的时间、思路、步骤和程序，有关人员及其他中介机构的聘用计划、管理人报酬，管理人执行职务费用预算等。工作预案应全面完整、切实可行。

第七条　【刻制管理人印章计10分】管理人接受人民法院指定后，应在3个工作日内凭人民法院受理破产申请裁定书、指定管理人决定书、法院致公安机关刻制管理人印章的函件等材料，按照国家有关规定向公安机关申请刻制管理人印章。管理人印章刻制后，交合议庭封样备案后启用。管理人印章由合议庭保管，印章使用实行审批登记制度。

第八条 【管理人账户开户计 10 分】管理人印章刻制后，管理人应在 3 个工作日内持人民法院受理破产申请的裁定书、指定管理人的决定书和管理人开立账户的决定及身份证明等文件材料，到银行申请开立管理人账户。管理人账户开立只能限于管理人依法履行职责时使用。

第二章 接管破产企业阶段工作的考核（120 分）

第九条 【制订接管方案计 10 分】管理人应当在接受指定后 5 个工作日内制订接管方案并报告给人民法院，人民法院在收到接管方案后 3 个工作日内通知管理人组织召开接管会议，启动接管程序。

第十条 【接管事项计 40 分】管理人应在接管会议后 15 日内接管债务人的财产、印章和账簿、文书等资料，包括但不限于：

（一）债务人的包括动产和不动产在内的实物财产及其权利凭证；

（二）债务人的现金、有价证券、银行账户印鉴、银行票据；

（三）债务人的知识产权、对外投资、特许权等无形资产的权利凭证；

（四）债务人的公章、财务专用章、合同专用章、海关报关章、法定代表人人名章及其他印章；

（五）债务人的法人营业执照、税务登记、外汇登记证、海关登记证明、经营资质文件等与债务人经营业务相关的批准、许可或授权文件；

（六）债务人的总账、明细账、台账、日记账、会计凭证、重要空白凭证、会计报表等财务账簿及债务人审计、评估等资料；

（七）债务人的章程、管理制度、股东名册、股东会决议、董事会决议、监事会决议以及债务人内部会议记录等档案文件；

（八）债务人的各类合同协议及相关债权、债务等文件资料；

（九）债务人诉讼、仲裁案件及其案件材料；

（十）债务人的人事档案文件；

（十一）债务人的电脑数据和授权密码；

（十二）债务人的其他财产、印章和账簿、文书等资料。不属于债务人所有但由债务人占有或者管理的相关人的财产、印章和账簿、文书等资料，管理人应当一并接管。

（十三）债务人有分支机构的，分支机构的财产、印章和账簿、文书等资料，管理人应当一并接管。

第十一条 【接管前通知义务计 10 分】管理人在接管债务人的财产、印章和账簿、文书等资料前 3 日，将拟接管的内容和范围书面告知债务人的有关人员，要求其做好交接准备，并告知其违反交接义务应该承担的法律责任。

第十二条 【接管手续的办理计 10 分】管理人与债务人的有关人员办理管理权交接时，由管理人和债务人的有关人员在交接书和交接清单上共同签字确认。应接管的债务人的财产、印章和账簿、文书等资料在实际交接时未能交接的，应当在交接书或者交接清单上予以注明。

第十三条　【通知执行法院计10分】管理人接管债务人财产时，发现债务人财产在人民法院受理破产申请前被依法采取保全措施及人民法院受理破产申请后仍未解除的，或者发现债务人财产在人民法院受理破产申请前被依法采取执行措施但在人民法院受理破产申请后仍未解除的，管理人应向采取保全措施或者执行措施的机构申请解除，以便有效地接管该项财产。

第十四条　【破产财产的调查30分】无论管理人是否已经接管债务人财产，均应在接管之日起20日内对债务人财产状况进行调查，调查的范围，包括但不限于：

（　）债务人的出资情况：出资人名册、出资协议、公司章程、验资报告及实际出资情况、非货币财产出资的评估报告、非货币财产出资的批准文件、财产权属证明文件、权属变更登记文件、历次资本变动情况及相应的验资报告；

（二）债务人的货币财产状况：库存现金、银行存款及其他货币资金；

（三）债务人的债权状况：债权的形成原因、形成时间、具体债权内容、债务人的债务人实际状况、债权催收情况、债权是否涉及诉讼或仲裁、是否已过诉讼时效、已诉讼或仲裁的债权的履行期限等；

（四）债务人的存货状况：存货的存放地点、数量、状态、性质及相关凭证；

（五）债务人的设备状况：设备权属、债务人有关海关免税的设备情况；

（六）债务人的不动产状况：土地使用权、房屋所有权、在建工程的立项文件、相关许可、工程进度、施工状况及相关技术资料；

（七）债务人的对外投资状况：各种投资证券、全资企业、参股企业等资产情况；

（八）债务人分支机构的资产状况：无法人资格的分公司、无法人资格的工厂、办事处等分支机构的资产情况；

（九）债务人的无形资产状况：专利权、商标权、著作权、许可或特许经营权情况；

（十）债务人的营业事务状况；

（十一）债务人依法可以追回的财产状况；

（十二）债务人与相对人均未履行完毕的合同情况。

第十五条　【接管工作报告计10分】管理人接管企业应在接管之日起一个月内完成接管工作并向法院提交接管工作和财产调查报告。

第三章　审计评估阶段工作的考核（50分）

第十六条　【提交申请计10分】管理人应在接受指定后5日内选定有资质的审计评估机构对债务人进行破产专项审计和评估。

第十七条　【委托要求计10分】审计评估机构选定后，管理人应在5个工作日内与审计评估机构签订委托评估协议，协议内容应载明破产审计评估的专项要求。

第十八条　【召开听证会计30分】审计评估机构出具报告初稿后，管理人应在7个工作日内，组织债务人、出资人、债权人委员会、特定债权人、职工代表、与审计评估人员召开听证会。管理人在听证会结束后 5 个工作日内汇总听证意见向审计评估机构提出书面修改意见。

第四章　债权申报阶段工作的考核（200 分）

第十九条　【值班人员的安排计 10 分】人民法院在公告和通知已知债权人申报债权期间，管理人应安排不少于 2 名工作人员在人民法院确认的申报地点值班，接收债权人的债权申报材料。管理人对所有申报债权的真实性、合法性和时效性等内容进行实质审查。

第二十条　【申报前的准备计 10 分】管理人应在债权申报地点放置书面《债权申报须知》、《债权申报表》、《债权人地址及联系方式确认书》、《债权申报文件清单》等文件供债权申报人查阅或填写。

第二十一条　【申报资料的接收计 20 分】债权人申报债权时，管理人应要求债权人书面说明债权金额、有无财产担保和债权发生的事实经过，并提交有关证据材料和主体资格证明文件。

第二十二条　【出具回执计 10 分】管理人接收债权人申报债权和证据材料，应当给申报人出具回执。

第二十三条　【编制申报表计 20 分】管理人接收债权申报材料后，应当根据申报人提交的债权申报材料登记造册并编制债权申报表，债权申报表的项目包括：

（一）债权人基本情况：企业名称或个人姓名、企业法定代表人或负责人的姓名职务与住所、债权人开户银行、联系方式；有代理人的还应记明代理人的姓名、住址、联系方式及代理权限等事项；

（二）债权基本情况：债权发生原因、存在的证据、债权到期日、申报时间、申报债权数额（原始债权、孳息债权等）、有无财产担保、是否附有条件和期限、是否为连带债权、有无连带债务人、是否为求偿权或将来求偿权；

（三）其他管理人认为有必要的事项。

第二十四条　【债权审查确认计 40 分】管理人审查债权工作可以分成初审、复核、确认三个阶段：

（一）在债权初审阶段，管理人应仔细审查每一笔债权的发生及相关证据，对每一笔债权逐一制作《债权审查确认表》，记载债权人及申报债权基本信息、管理人的审查意见特别是申报与审查的差异及理由等内容。

（二）在债权复核阶段，管理人应对每一笔债权逐一制作《债权确认单》，载明申报债权金额、管理人审查金额、是否担保债权和依据等内容，书面通知给债权人。如债权人对《债权确认单》无异议，则要求其签盖确认；如债权人有异议，管理人应当予以沟通解释；债权人仍有异议的，管理人应告知其有权在第一债权人会议上提出书面异议，或者向人民法院提起诉讼。

（三）在债权确认阶段，管理人应当制作《债权表》，提交第一次债权人会议核查。

第二十五条　【编制债权表计 20 分】管理人编制的《债权表》，由管理人保存，供利害关系人查阅和债权人会议核查。

第二十六条　【债权核查确认计 20 分】《债权表》应提交债权人会议核查，债权人会议对《债权表》记载的债权无异议的，管理人应在债权人会议通过后 5 个工作日内提请人民法院裁定确认。

第二十七条　【债权异议处理计 10 分】债务人或债权人对《债权表》记载的债权提出异议的，管理人可以在会后进行复核。复核后如仍有异议的，管理人应书面告知其在债权人会议召开后 15 日内向受理破产申请的人民法院起诉。如债务人或债权人放弃异议的或在 15 日内未向人民法院起诉的，管理人可以提请人民法院裁定确认。

第二十八条　【遗漏债权的审查确认计 10 分】债权人在人民法院公告的债权申报期限内没有申报债权的，可以在破产财产最后分配前向管理人补充申报债权。管理人接收补充申报债权材料后，应当登记造册，并经审查后编制补充《债权表》，并提交给以后的债权人会议核查。债权人补充申报债权的，管理人有权要求其承担因审查和确认补充申报债权的费用。

第二十九条　【债权调整的处理计 10 分】管理人在第一次债权人会议以后发现《债权表》中记载的债权有差错而需要调整的，管理人应当对该债权进行调整，并编制相应的调整《债权表》，并提交给以后的债权人会议核查。

第三十条　【劳动债权的审查确认计 15 分】劳动债权由管理人调查后列出清单并予以公示，职工不必申报。管理人确定劳动债权时，应征求劳动部门联系人的意见。职工对清单记载有异议的，可以要求管理人更正。管理人对异议进行审查后，作出予以更正或不予更正的决定。管理人不予更正的，应告知职工可以向人民法院提起诉讼。

第三十一条　【税款债权的审查确认计 5 分】管理人对于税务机关申报的税款应结合企业财务记录计算欠缴的税款进行审查确认，但对滞纳金部分不应确认为税款债权。

第五章　第一次债权人会议的考核（150 分）

第三十二条　【提交建议名单计 10 分】管理人应当在会议前 5 日向人民法院推荐债权人会议主席人选、债权人委员会建议名单及报告，并说明人选的情况和推荐的理由。

第三十三条　【提交财产状况报告计 10 分】管理人根据债务人财产状况调查情况和破产专项审计、评估报告，制作债务人《财产状况报告》，并在第一次债权人会议召开前 7 日提交给人民法院。债务人《财产状况报告》应当能反映债务人各项财产的权属状况、实际现状和账面价值等基本情况。

第三十四条　【提交是否继续营业的报告计 10 分】管理人应在第一次债权人会议召开前 7 日向人民法院提交《债务人是否继续营业的报告》进行审查。第一次债权人会议召开之后，管理人建议债务人营业事务继续或者停止的，应将该建议及其理由报告给债权人委员会表决，决定债务人是否营业继续或者停止。

第三十五条　【提交财产管理方案计 10 分】管理人应在第一次债权人会议召开前 7 日向人民法院提交财产管理方案进行审查。财产管理方案的主要内容包括但不限于：债务人财产的管理、维护和处分措施及费用预算，债务人继续营业的营业计划和费用预算，债务人财产清收的计划安排和费用预算等。

第三十六条 【提交管理人报酬方案计 10 分】管理人在第一次债权人会议召开前 7 日向人民法院提交《工作量预测报告》和《管理人报酬草案》进行审查。《管理人报酬草案》应列明报酬总额、标准、计算依据及领取方式。

第三十七条 【提交债权核查报告计 10 分】管理人在第一次债权人会议召开前 7 日向人民法院提交《债权核查报告》审查。《债权核查报告》应附《债权申报表》和《债权表》，并对不同债权进行分类。

第三十八条 【提交管理人执行职务的工作报告计 10 分】管理人在第一次债权人会议召开前 7 日向人民法院提交《管理人执行职务的工作报告》进行审查。

第三十九条 【会议文件汇编计 20 分】管理人在第一次债权人会议召开前 3 日将人民法院审查无误的《管理人执行职务的工作报告》《债权核查报告》《管理人报酬方案》《财产管理方案》《债务人是否继续营业的报告》《财产状况报告》《债权人委员会成员的报告》以及人民法院要求的其他会议文件汇编成册。会议文件汇编应做到参加会议人员人手一册。

第四十条 【债权人的再次通知义务计 10 分】第一次债权人会议的召开由人民法院组织召开。但在会议前一天，管理人应通过电话、短信、QQ、电子邮箱、微信等方式再次通知债权人会议召开的时间和地点，并保留通知的记录。

第四十一条 【会场的安排计 10 分】管理人应当在第一次会议前 1 日在会场安排参会人员座次并编号。会场门口应张贴管理人团队名录及联系方式。

第四十二条 【参会债权人的资格审查计 10 分】管理人应安排专人在会场门口对参会债权人的身份进行核实登记。原则上一家债权人只允许一名参会人员进入会场。参会债权人进场后，管理人安排专人发放会议文件并引领入座。

第四十三条 【债权人会议表决统计计 10 分】管理人应安排专人对债权人会议表决事项进行统计，并及时将统计结果报告大会主持人。会议结束后 3 日内，应将会议表决情况汇编成册提交人民法院备查。

第四十四条 【债权人异议的处理计 10 分】债权人会议结束后，债权人提出异议的，管理人应及时将异议汇总并在 5 日内予以答复。同时，管理人应将答复意见报告人民法院。

第四十五条 【申请法院裁定计 10 分】债权人会议闭幕后 10 日内对于债权人会议通过或未通过的需要法院裁定的报告，管理人应向法院提交书面报告，提请法院依法做出裁定予以确认或批准。

第六章　破产企业衍生诉讼案件处理的考核（110 分）

第四十六条 【提交处理计划计 10 分】审计、评估报告出具后 10 日内，管理人根据报告中关于债务人的债权债务情况制订处理计划，并报告人民法院。对于本意见第四十七条至第五十六条规定中不存在的项目，考核中将分值均分至存在的项目。

第四十七条 【破产撤销权的行使计 10 分】对于存在《中华人民共和国企业破

产法》第三十一条情形的，管理人应根据《中华人民共和国企业破产法》第三十四条的规定履行追回义务。

第四十八条　【撤销个别清偿行为计 10 分】对于存在《中华人民共和国企业破产法》第三十二条情形的，管理人应根据《中华人民共和国企业破产法》第三十四条的规定履行追回义务。

第四十九条　【确认债务人行为无效计 10 分】对于存在《中华人民共和国企业破产法》第三十三条情形的，管理人应根据《中华人民共和国企业破产法》第三十四条的规定履行追回义务。

第五十条　【追收股东出资计 10 分】对于存在《中华人民共和国企业破产法》第三十五条情形的，以及股东抽逃出资行为的，管理人应根据《中华人民共和国企业破产法》第三十四条的规定履行追收义务。

第五十一条　【追收非正常收入计 10 分】对于存在《中华人民共和国企业破产法》第三十六条情形的，管理人应履行追收义务。

第五十二条　【损害债务人利益赔偿计 10 分】对于存在《中华人民共和国企业破产法》第一百二十五条、第一百二十八条情形的，管理人应履行索赔义务。

第五十三条　【对外追收债权计 10 分】对于存在《中华人民共和国企业破产法》第十七条情形的，管理人应履行对外追收债权义务。

第五十四条　【未履行完毕合同的处理计 10 分】对于存在《中华人民共和国企业破产法》第十八条情形的，管理人应作出继续履行合同或解除合同的决定。因合同解除而产生的债务人的债权，管理人应当向对方当事人主张权利；因合同解除而产生的债务人的债务，管理人应告知对方当事人申报债权。

第五十五条　【提交债权清收报告计 10 分】管理人应在债权清收完毕后 10 日内向法院提交债权清收报告审查，并向债权人会议或债权人委员会报告。

第五十六条　【其他纠纷的处理计 10 分】对于破产受理前的诉讼案件以及债权人以债务人为被告提起的债权确认纠纷、破产抵销权纠纷、别除权纠纷、取回权纠纷等诉讼，管理人应及时应诉，依法维护债务人的合法权利。

第七章　债务人财产处理工作的考核（230 分）

考核方案一　破产清算中破产财产和变价工作的考核

第五十七条　【提交变价方案计 10 分】管理人应在破产宣告之日起 10 日内向人民法院提交破产财产变价方案草案。

第五十八条　【征求意见计 10 分】管理人向法院提交破产财产变价方案草案后 10 日内通过召开听证会等方式，听取债权人委员会或债权人的意见和建议。

第五十九条　【召开债权人会议表决计 60 分】管理人在向法院提交破产财产变价方案草案后 20 日内协助债权人会议主席组织召开第二次债权人会议，将破产财产变价方案草案提交债权人会议表决。债权人会议的组织召开参照本意见第五章的相关规定进行考核。

第六十条　【变现财产计 10 分】破产财产变价方案在债权人会议通过后 10 日内，

管理人向法院提交破产财产委托拍卖申请书及相关资料，通过拍卖方式变价出售破产财产。

第六十一条 【提交分配方案计 10 分】破产财产变价后 10 日内管理人向人民法院提交破产财产分配方案草案。

第六十二条 【征求意见计 10 分】管理人向法院提交破产财产分配方案草案后 10 日内通过召开听证会等方式，听取债权人委员会或债权人的意见和建议。

第六十三条 【债权人会议表决计 60 分】管理人在向法院提交破产财产分配方案草案后 20 日内协助债权人会议主席组织召开第三次债权人会议，将破产财产分配方案草案提交债权人会议表决。债权人会议的组织召开参照本意见第五章的相关规定进行考核。

第六十四条 【提请裁定认可计 10 分】债权人会议通过破产财产分配方案后或者两次表决未通过的，管理人应当在 5 个工作日内提请人民法院裁定认可。

第六十五条 【公告分配情况计 10 分】人民法院裁定认可破产财产分配方案后，管理人应在 5 个工作日内公告分配的财产额和债权额。实施多次分配的，每次都应当公告分配的财产额和债权额。

第六十六条 【实施分配计 30 分】人民法院裁定认可破产财产分配方案后，管理人应在 30 日内统计债权人银行账户和身份信息，并在统计完毕后 30 日内分配完毕。

第六十七条 【提交报告和申请计 10 分】管理人在破产财产最后分配完结后，应当在 15 日内向人民法院提交破产财产分配报告，并提请人民法院裁定终结破产程序。

考核方案二 重整程序中财产处理工作的考核

第六十八条 【提交重整计划计 30 分】管理人应当在人民法院裁定重整之日起六个月内向人民法院提交重整计划草案。有正当理由的，可以请求人民法院延期三个月。

第六十九条 【征求意见计 30 分】管理人提交重整计划草案后，应在 10 日内通过召开听证会等方式，听取债权人、债务人和出资人等各方面的意见和建议。

第七十条 【债权人会议表决计 90 分】管理人提交重整计划草案后 30 日内应协助法院或债权人会议主席召开第二次债权人会议。债权人会议的组织召开参照本意见第五章的相关规定进行考核。

第七十一条 【提请裁定批准计 10 分】重整计划草案在债权人会议通过的，或者需要法院裁定批准重整计划的，管理人应当在债权人会议结束后十日内提出申请，请求人民法院裁定批准。

第七十二条 【监督执行并提交报告计 60 分】管理人应当监督执行计划的执行并在重整计划执行完毕后，在 30 日内向法院提交执行情况报告或监督报告。

第七十三条 【提请宣告破产】重整计划草案未通过或通过后重整计划不能按时执行，或者法院不予裁定批准的，管理人应在 30 日内向法院提交书面申请或建议法院宣告债务人破产，法院参照本章第一节的规定对宣告破产后的财产处理进行考核，上述重整工作项目不再另行计分考核。

考核方案三　和解程序中财产处理工作的考核

第七十四条　【提交和解协议计 30 分】管理人应当在人民法院裁定和解之日起六个月内向人民法院提交和解协议草案。

第七十五条　【征求意见计 30 分】管理人提交和解协议草案后，应在 10 日内通过召开听证会等方式，听取债权人、债务人和出资人等各方面的意见和建议。

第七十六条　【债权人会议表决计 90 分】管理人提交和解协议草案后 30 日内应协助法院或债权人会议主席召开第二次债权人会议。债权人会议的组织召开参照本意见第五章的相关规定进行考核。

第七十七条　【提请裁定认可并提交执行报告计 30 分】和解协议草案在债权人会议通过的，管理人应当在债权人会议结束后 10 日内提出申请，请求人民法院裁定认可，并在 30 日内向法院提交执行情况报告。

第七十八条　【监督执行并提交执行报告计 50 分】管理人应当监督和解协议的执行并在和解协议执行完毕后 30 日内向法院提交监督报告。

第七十九条　【提请宣告破产】和解协议草案未通过或通过后和解协议不能按时执行，或者法院不予裁定认可的，管理人应在 30 日内向法院提交书面申请或建议法院宣告债务人破产。法院参照本章第一节的规定对宣告破产后的财产处理进行考核，上述和解工作项目不再另行计分考核。

第八章　破产程序终结阶段工作的考核（90 分）

第八十条　【办理注销登记计 10 分】法院裁定终结破产程序之日起 10 日内，管理人向破产企业原登记机关办理注销登记。

第八十一条　【提存债权分配资金计 20 分】管理人终止执行职务时，如果有破产财产分配额需要提存的，管理人应当将提存情况报告人民法院，并将提存的分配额交付给人民法院。

第八十二条　【保管档案计 20 分】管理人终止执行职务后，应对管理人接管的债务人或者破产人的账簿、文书等档案资料作出妥善安置，并保管 10 年以上。

第八十三条　【账户和印章的处理计 20 分】管理人终止执行职务后 30 日内，管理人应当依据相关规定及时办理管理人银行账户的销户手续，及到公安机关办理管理人印章销毁手续，并将相关证明提交人民法院。

第八十四条　【提交报告计 20 分】管理人在终止职务后 30 日内向法院提交破产工作总体情况报告。

附　则

第八十五条　本意见未尽事宜，由高青县人民法院审判委员会负责解释。

第八十六条　本意见经高青县人民法院审判委员会讨论通过并于印发之日起施行。

二〇一九年三月十日

高青县人民法院执行案件移送破产审查操作指引（节选）

（高法发〔2019〕28 号）

启动条件：

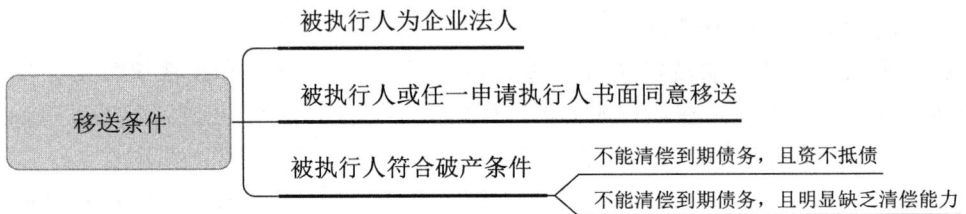

执行案件移送破产审查，应同时符合下列条件：

1. 被执行人为企业法人；

2. 被执行人或者有关被执行人的任何一个执行案件的申请执行人书面同意将执行案件移送破产审查；

3. 被执行人不能清偿到期债务，并且资产不足以清偿全部债务或者明显缺乏清偿能力。

部门分工：

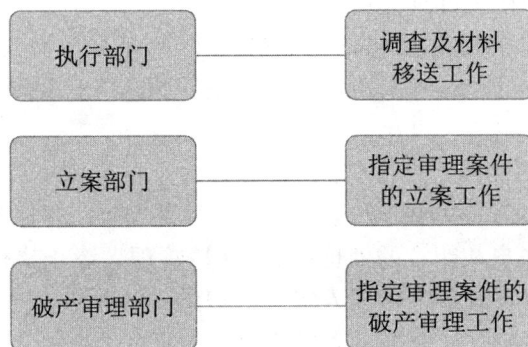

1. 本院执行部门负责执行移送破产审查案件的移送工作；

2. 上级法院指定审理后，本院立案部门负责破产案件的立案登记工作；

3. 上级法院指定审理后，本院破产审理部门负责破产案件的审理工作。

管辖法院：

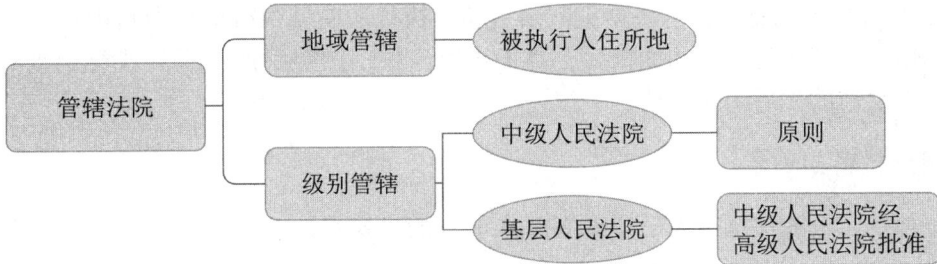

1. 地域管辖：被执行人住所地人民法院。

2. 级别管辖：原则上由中级人民法院管辖，中级人民法院经高级人民法院批准，也可将案件交由具备审理条件的基层人民法院审理。

3. 移送协调方式：

（1）本院与本市其他基层法院之间因执行案件移送破产审查需要协调的，由双方先行协调解决，协调解决不了的，报请上级法院协调解决。

（2）本院与外地法院之间因执行案件移送破产审查需要协调的，本院应报请共同上级法院协调解决。

征询程序：

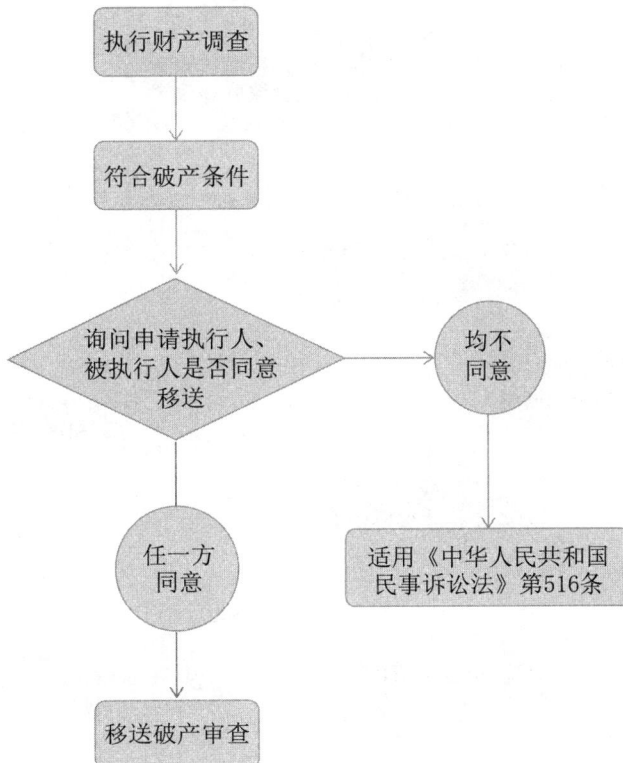

1. 询问申请执行人、被执行人是否同意将案件移送破产审查；

2. 一方或双方同意的，责令其提交执行案件移送破产审查申请书；

3. 双方均不同意的，将该意见记录入卷。执行法院就执行变价所得财产，在扣除执行费用及清偿优先受偿的债权后，对于普通债权，按照财产保全和执行中查封、扣押、冻结财产的先后顺序清偿。

调查材料：

申请执行人或被执行人同意移送破产审查的，执行法官应在 7 日内完成以下调查材料：

1. 被执行人涉及执行案件明细表，列明案号、申请执行人、案由、执行标的、已执行金额、未执行金额；

2. 被执行人的财产状况，包括查封情况、抵押权情况、评估、拍卖情况等；

3. 被执行人申请移送破产审查的，可责令被执行人提交同意破产清算申请的股东会决议、资产清册、债权清册、债务清册、职工债权清册。

决定程序：

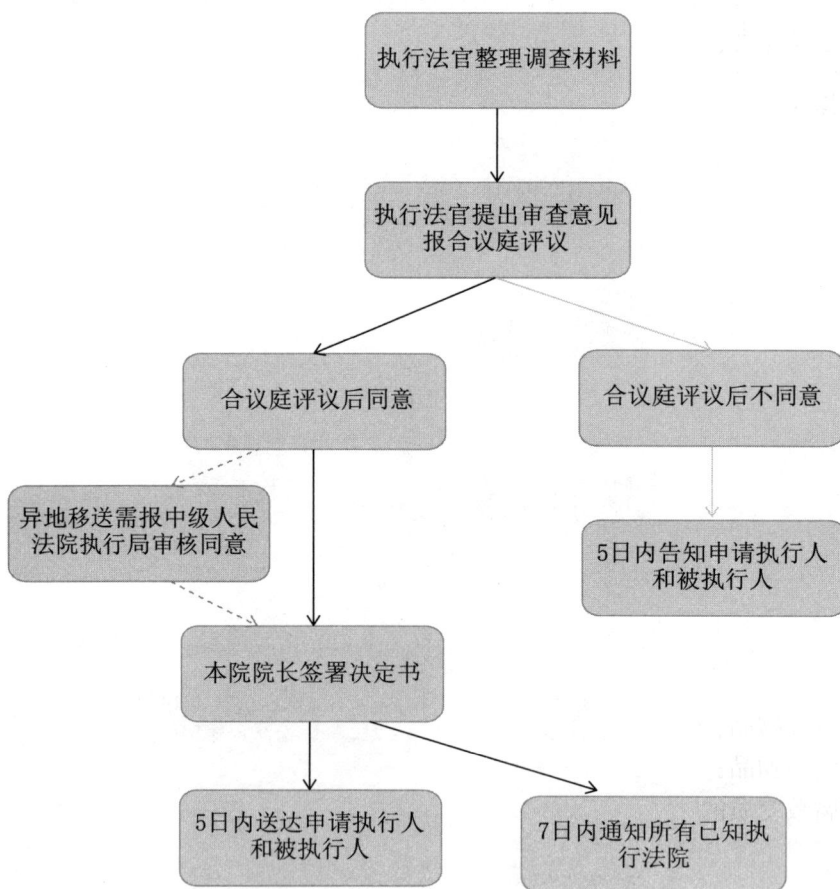

1. 执行案件承办法官完成调查材料后，认为执行案件符合移送破产审查条件的，提出移送破产审查意见书，报合议庭评议；

2. 合议庭评议同意移送破产审查的，报本院院长签署移送决定书。

注：如基层人民法院异地移送，需报请所在地中级人民法院执行部门审核同意。

3. 移送决定作出后，执行法官于5日内将决定书送达申请执行人和被执行人。申请执行人或者被执行人对决定有异议的，可以在受移送法院破产审查期间提出，由受移送法院一并处理。

4. 经合议庭评议后不同意移送破产审查的，执行法官应于5日内将不予移送的决定告知申请执行人或被执行人。申请执行人或被执行人对不予移送决定有异议的，可依法向有管辖权的人民法院提出破产申请。

5. 移送决定作出后，执行法院应当中止对被执行人的执行程序，并于作出决定之日起7日内书面通知已知执行法院中止对该被执行人的执行程序。

决定书送达：

1. 移送决定作出后，执行法官应在5日内将《移送破产审查决定书》送达申请执行人和被执行人；

2. 被执行人下落不明、无法直接送达的，应依据《中华人民共和国民事诉讼法》及最高人民法院《关于进一步加强民事送达工作的若干意见》等相关司法解释中有关规定予以送达。

可先行变价处置的财产：

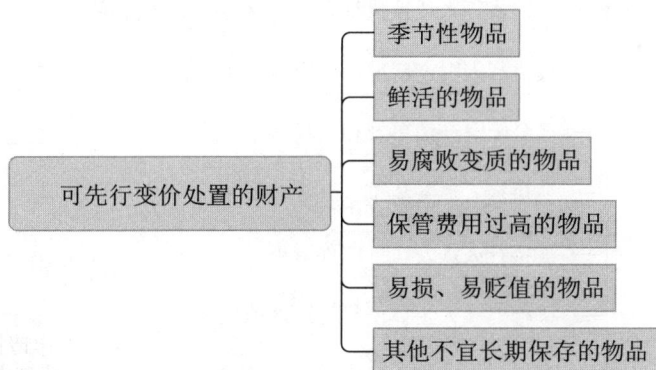

对于被执行人的下列财产，执行法院应在移送决定作出后及时变价处置，但处置的价款不作分配：

1. 季节性物品；

2. 鲜活的物品；

3. 易腐败变质的物品；

4. 保管费用过高的物品；

5. 易损、易贬值的物品；

6. 其他不宜长期保存的物品。

异议处理：

```
        ┌─────────────────────┐
        │  申请执行人或被      │
        │  执行人提出异议      │
        └─────────────────────┘
       ┌──────────┴──────────┐
   ┌───────┐            ┌───────┐
   │ 移送  │            │ 移送  │
   │ 审查前│            │ 审查后│
   └───────┘            └───────┘
       │                     │
 ┌──────────┐  一并移送  ┌──────────────┐
 │向执行法院│ ────────→ │向受移送法院  │
 │  提出    │            │  提出        │
 └──────────┘            └──────────────┘
```

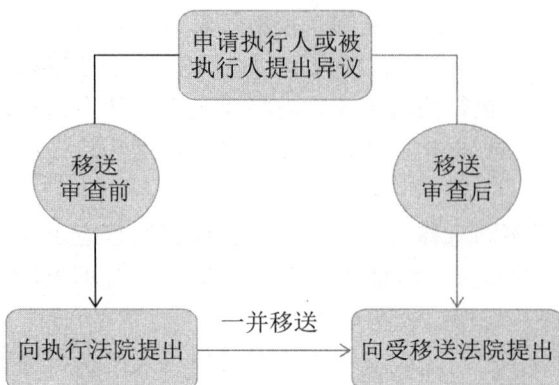

1. 移送破产审查决定作出后、案件材料移送前，申请执行人或被执行人一方有异议的，可以书面向本院执行部门提出，执行法官应将异议材料和案件材料一并交受移送法院处理；

2. 案件材料移送后，申请执行人或被执行人一方有异议的，执行法官应告知其直接向受移送法院提出。

移送程序：

```
              ┌─《移送破产审查决定书》
              │
              ├─申请执行人或被执行人同意移送的书面材料
              │
              ├─被执行人财产状况，已查封、扣押、冻结财产清单及相关材料
              │
              ├─已分配财产清单及相关材料
              │
  ┌────────┐  ├─被执行人债务清单
  │移送材料│──┤
  └────────┘  ├─被执行人涉及执行案件清单
              │
              ├─执行当事人主体资料、送达地址等
              │
              ├─执行依据、终本裁定等法律文书
              │
              ├─被执行人同意移送破产审查的，附同意公司破产的股东会决议、
              │  资产清册、债权清册、债务清册、职工清册等
              │
              └─需要移送的其他材料
```

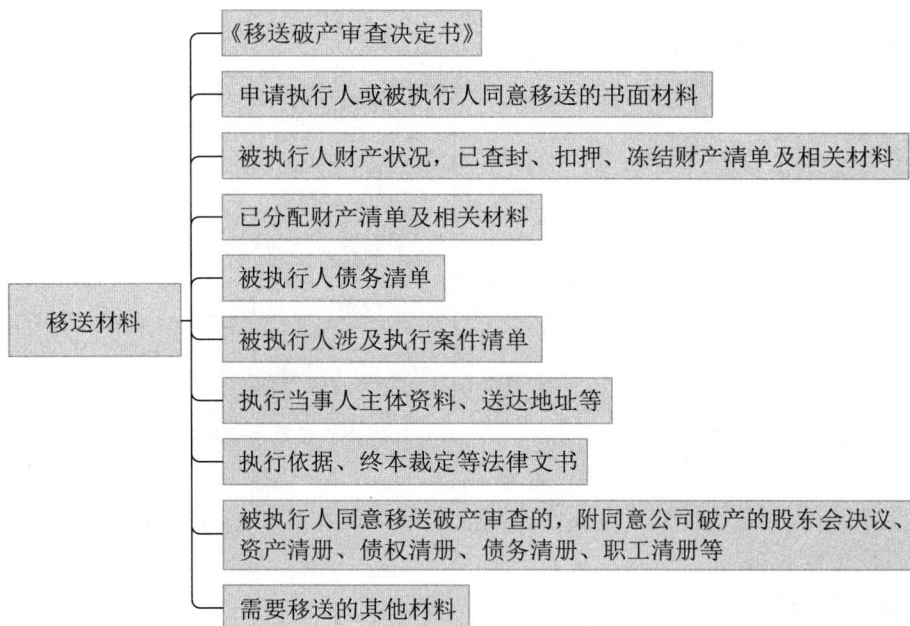

1. 执行法官应在《移送破产审查决定书》送达当事人之日起 10 日内向受移送法院移送材料。如材料不完备或内容错误，影响受移送法院认定破产原因是否具备的，受移送法院可要求执行法院 10 日内补齐补正。

2. 移送材料如上图。

申请撤回：

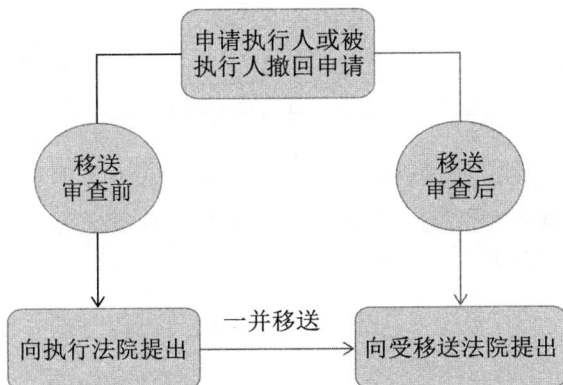

1. 移送破产审查决定作出后、受移送法院裁定受理前，申请执行人或被执行人可以请求撤回申请。

2. 在案件材料移送前请求撤回的，可以向本院执行部门提出，执行法官应将撤回申请和案件材料一并移送破产审查法院处理；在案件移送后请求撤回的，执行法官应告知其直接向破产审查法院提出。

不予受理或驳回申请：

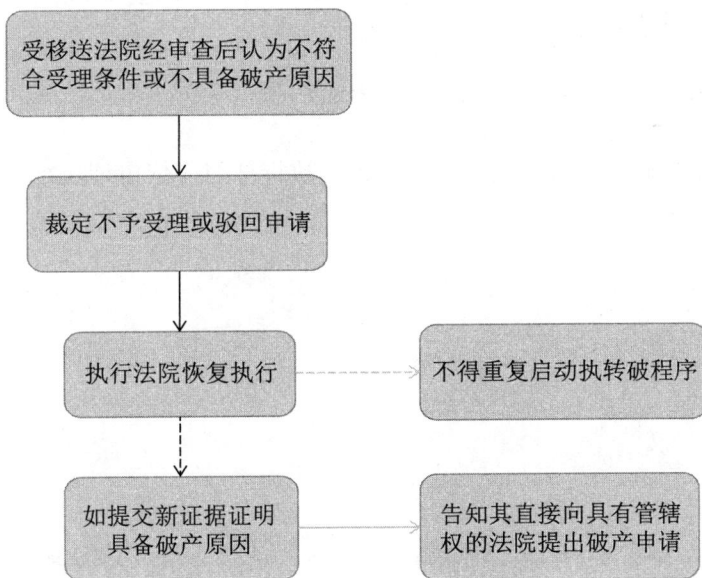

1. 受移送法院经审查作出不予受理或驳回申请的裁定后，本院执行部门应当恢复对被执行人的执行，并不得重复启动执行案件移送破产审查程序。

2. 申请执行人或被执行人以有新证据足以证明被执行人已经具备了破产原因为由，再次要求将执行案件移送破产审查的，本院不应予以支持，但应告知申请执行人或被执行人可以直接向具有管辖权的法院提出破产申请。

财产移交：

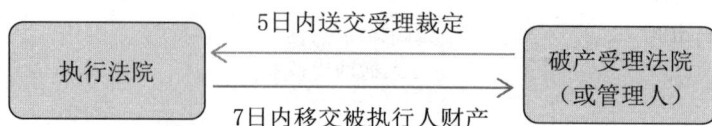

1. 本院收到受移送法院受理破产案件裁定书后，应于 7 日内将已经扣划到账的银行存款、尚未分配的财产变价款、实际扣押的动产、有价证券等被执行人财产移交受理破产案件的法院或管理人。

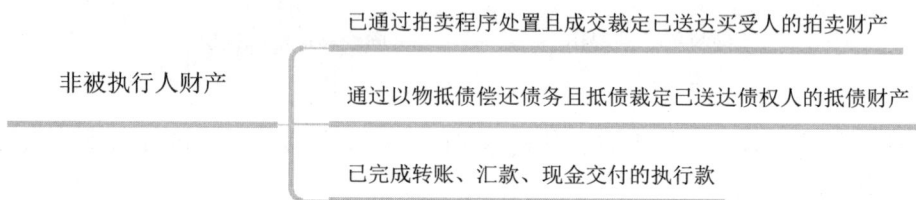

2. 符合下列情形之一的，不属于被执行人的财产，本院执行部门不再移交：
①已通过拍卖程序处置且成交裁定书已送达买受人的拍卖财产；
②通过以物抵债偿还债务且抵债裁定书已送达债权人的抵债财产；
③已完成转账、汇款、现金交付的执行款。

保全措施连续性：

1. 移送决定作出后、管理人接管债务人财产前，本院执行部门应当确保对债务人财产保全措施的连续性。
2. 保全期限在破产审查期间届满的，本院执行部门应依申请执行人的申请，负责办理续行保全手续。

立案移交：

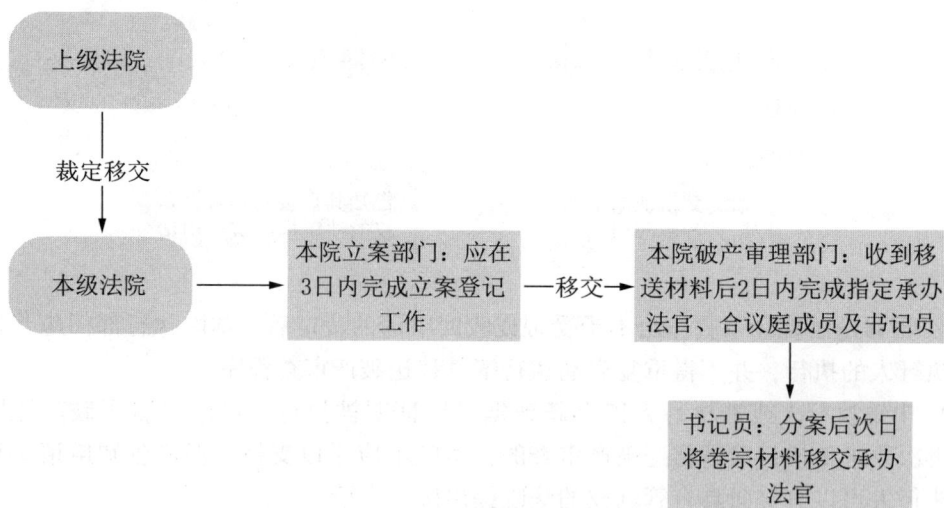

1. 上级法院裁定移交本院审理的执行移送破产审查案件，本院立案部门应在 3 日内完成立案登记工作，并将案件材料移交本院破产审理部门。

2. 本院破产审理部门应于收到立案部门移送的材料后 2 日内完成指定承办法官、合议庭成员及书记员。书记员应自分案后次日内将卷宗材料移交承办法官。

指定管理人：

移交本院审理的执行移送破产审查案件，上级法院未指定管理人的，本院破产审理部门可与本院司法技术部门，采取抽签、摇号、竞标等方式选定破产案件管理人。

公告及送达：

```
                                   ┌─────────────────────────────────┐
                                   │ 制作破产案件受理公告，并发布       │
                                   └─────────────────────────────────┘
                                   ┌─────────────────────────────────┐
                                   │ 制作告知合议庭成员组成通知书、告知债 │
                                   │ 务人义务通知书，并送达              │
                                   └─────────────────────────────────┘
     ┌──────────┐                  ┌─────────────────────────────────┐
     │ 承办法官   │──────────────────│ 制作刻制公章函、指定管理人决定书，并 │
     │（7日内完成）│                  │ 送达                            │
     └──────────┘                  └─────────────────────────────────┘
                                   ┌─────────────────────────────────┐
                                   │ 制作申报债权通知书                │
                                   └─────────────────────────────────┘
                                   ┌─────────────────────────────────┐
                                   │ 其他事项                         │
                                   └─────────────────────────────────┘
```

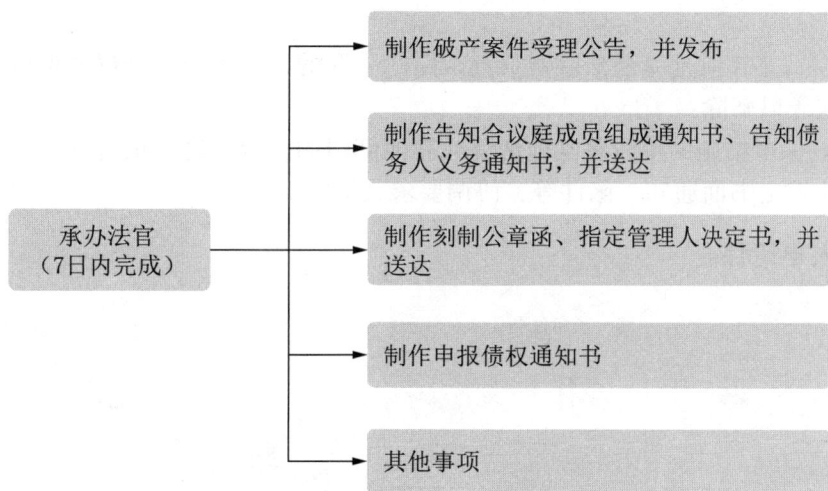

破产审理部门承办法官收到卷宗材料后，应在 7 日内完成下列事项：

1. 制作破产案件受理公告，并在《人民法院报》和全国企业破产重整案件信息网上发布；

2. 制作告知合议庭成员组成通知书、告知债务人义务通知书，送达申请人、被申请人；

3. 制作刻制公章函、指定管理人决定书，送达管理人；

4. 制作申报债权通知书；

5. 合议庭认为需要办理的其他事项。

债权申报期限：

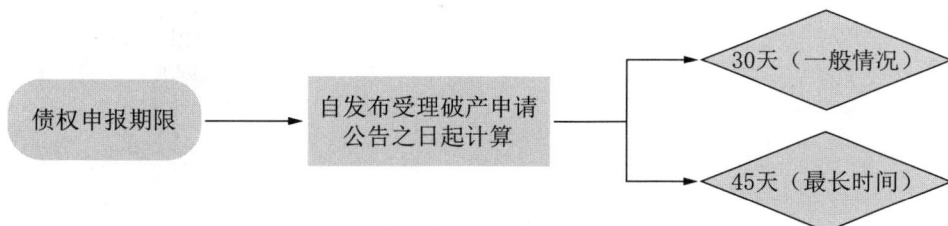

```
                                                    ┌─────────────────┐
                                                  ◇ 30天（一般情况）    ◇
  ┌──────────┐      ┌──────────────────┐         └─────────────────┘
  │ 债权申报期限 │─────→│ 自发布受理破产申请  │─────┤
  └──────────┘      │ 公告之日起计算      │         ┌─────────────────┐
                    └──────────────────┘         ◇ 45天（最长时间）    ◇
                                                    └─────────────────┘
```

执行移送破产审查案件的债权申报期限一般应确定为 30 日，最长不超过 45 日，自发布受理破产申请公告之日起计算。

保全措施的解除：

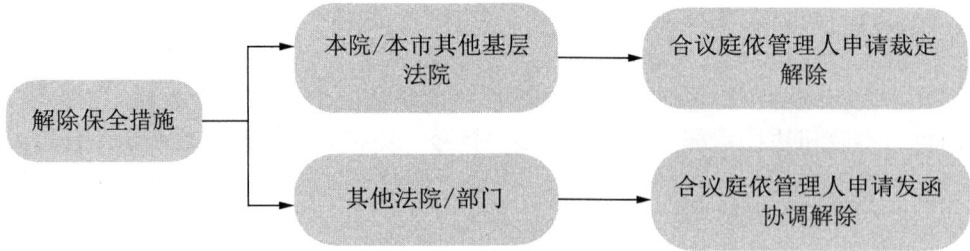

```
                    ┌──────────────────┐      ┌──────────────────┐
              ┌────▶│ 本院/本市其他基层 │────▶│ 合议庭依管理人申请裁定 │
┌──────────┐  │     │ 法院             │      │ 解除             │
│ 解除保全措施│──┤     └──────────────────┘      └──────────────────┘
└──────────┘  │     ┌──────────────────┐      ┌──────────────────┐
              └────▶│ 其他法院/部门     │────▶│ 合议庭依管理人申请发函 │
                    └──────────────────┘      │ 协调解除         │
                                              └──────────────────┘
```

1. 本院或本市其他基层法院对债务人财产采取的保全措施，合议庭可以依管理人的申请裁定予以解除；

2. 采取保全措施的单位是其他法院或其他部门的，合议庭可依管理人的申请及时向相关单位发出书面通知、函件等，协调要求其解除保全措施。

管理人申请保全：

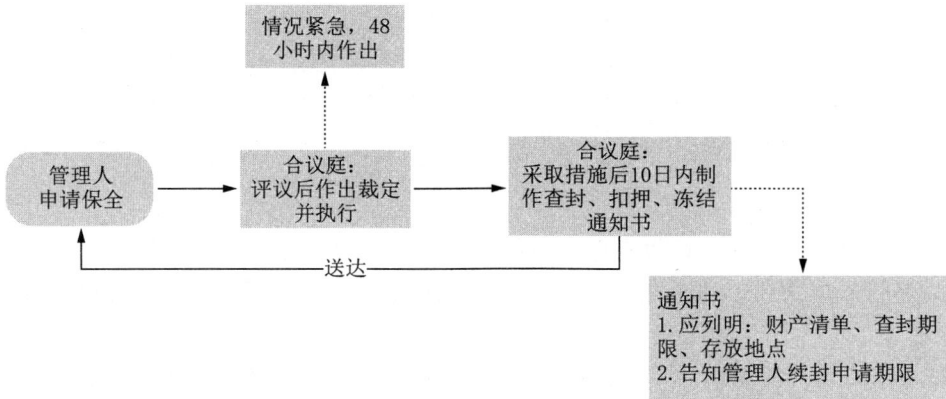

```
                            ┌──────────────┐
                            │ 情况紧急，48  │
                            │ 小时内作出    │
                            └──────────────┘
                                   ▲
                                   ┊
┌──────────┐    ┌──────────────┐    ┌──────────────────┐
│ 管理人    │───▶│ 合议庭：      │───▶│ 合议庭：          │
│ 申请保全  │    │ 评议后作出裁定 │    │ 采取措施后10日内制 │
│          │    │ 并执行        │    │ 作查封、扣押、冻结  │
└──────────┘    └──────────────┘    │ 通知书            │
     ▲                              └──────────────────┘
     │            送达                      │
     └────────────────────────────────────┘
                                              ┌──────────────────────┐
                                              │ 通知书                │
                                              │ 1.应列明：财产清单、查封期 │
                                              │ 限、存放地点          │
                                              │ 2.告知管理人续封申请期限 │
                                              └──────────────────────┘
```

1. 管理人申请对债务人财产或债权进行保全，合议庭应及时评议决定，情况紧急的，应当在 48 小时内作出裁定并立即执行。

2. 采取保全措施后，合议庭应于 10 日内制作查封、扣押、冻结财产通知书并送达管理人。通知书应列明查封、扣押、冻结的财产清单、查封期限及扣押物品地点，同时应告知管理人保全期限届满后需续行保全的，应于期限届满前 20 日向法院书面提出申请。

财产查询与评估：

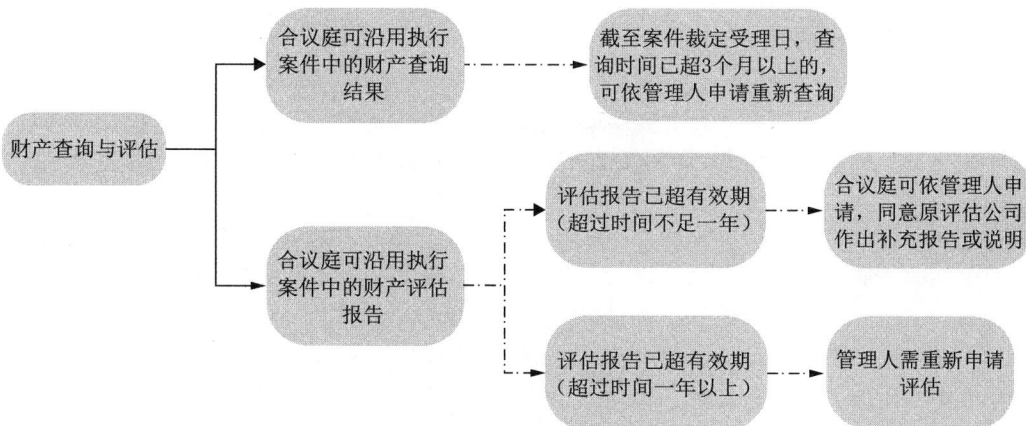

```
财产查询与评估 ──┬── 合议庭可沿用执行 ┄┄→ 截至案件裁定受理日，查
                 │   案件中的财产查询        询时间已超3个月以上的，
                 │   结果                   可依管理人申请重新查询
                 │
                 └── 合议庭可沿用执行 ┄┄┬┄→ 评估报告已超有效期 ──→ 合议庭可依管理人申
                     案件中的财产评估      │   （超过时间不足一年）      请，同意原评估公司
                     报告                 │                          作出补充报告或说明
                                         │
                                         └┄→ 评估报告已超有效期 ──→ 管理人需重新申请
                                             （超过时间一年以上）      评估
```

1. 合议庭可以沿用执行案件中的财产查询结果。但查询时间截至案件裁定受理之日已超过 3 个月以上的，可根据管理人的申请重新查询。

2. 管理人持受理裁定书及指定管理人决定书到本院执行部门申请查阅相关卷宗材料、办理财产移交等事宜的，本院执行部门应当予以协助，并在收到申请之日起 3 日内予以办理。

3. 合议庭可沿用执行案件中的财产评估报告。评估报告已超过有效期，但超过时间不足一年的，合议庭可依管理人申请，同意由原评估公司出具补充报告或作出说明。评估报告超过有效期一年以上的，管理人需重新申请评估。

执行中的财产拍卖、变卖衔接：

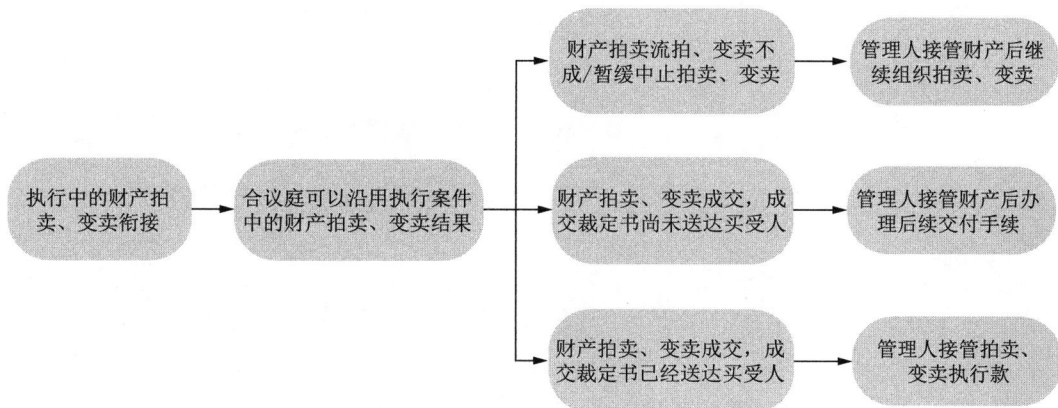

```
执行中的财产拍 ──→ 合议庭可以沿用执行案件 ──┬── 财产拍卖流拍、变卖不 ──→ 管理人接管财产后继
卖、变卖衔接        中的财产拍卖、变卖结果     │   成/暂缓中止拍卖、变卖      续组织拍卖、变卖
                                           │
                                           ├── 财产拍卖、变卖成交，成 ──→ 管理人接管财产后办
                                           │   交裁定书尚未送达买受人      理后续交付手续
                                           │
                                           └── 财产拍卖、变卖成交，成 ──→ 管理人接管拍卖、
                                               交裁定书已经送达买受人      变卖执行款
```

合议庭可沿用执行案件中的财产拍卖、变卖结果，按以下情形处理：

1. 财产拍卖流拍、变卖不成的，或者暂缓、中止拍卖、变卖的，由管理人接管拍卖、变卖的财产后继续组织拍卖、变卖；

2. 财产拍卖、变卖成交后，成交裁定书尚未送达买受人的，由管理人接管拍卖、变卖的财产后办理后续交付手续；

3. 财产拍卖、变卖成交后，成交裁定书已送达买受人的，由管理人接管拍卖、变卖的执行款。

执行中的评估费等费用处理：

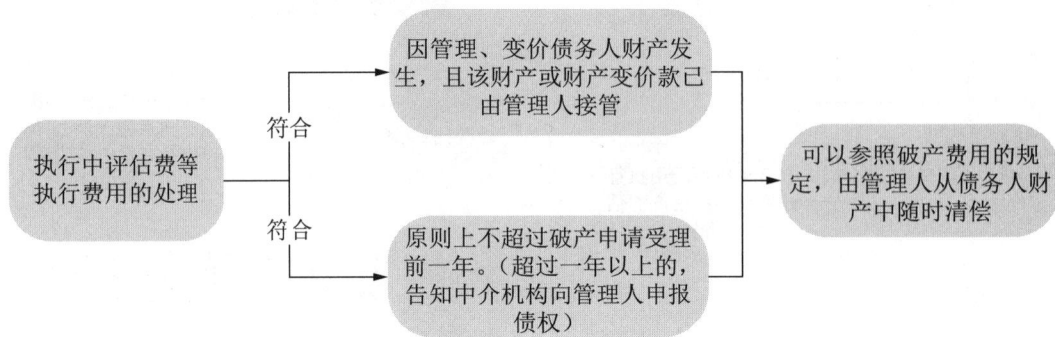

执行案件中产生的评估费、公告费、保管费等执行费用符合以下条件的，可以参照破产费用的规定，由管理人从债务人财产中随时清偿：

1. 因管理、变价债务人财产发生，且该财产或财产的变价款已由管理人接管；

2. 原则上不超过破产申请受理前一年。超过一年以上的，告知评估等中介机构向管理人申报债权。

第一次债权人会议：

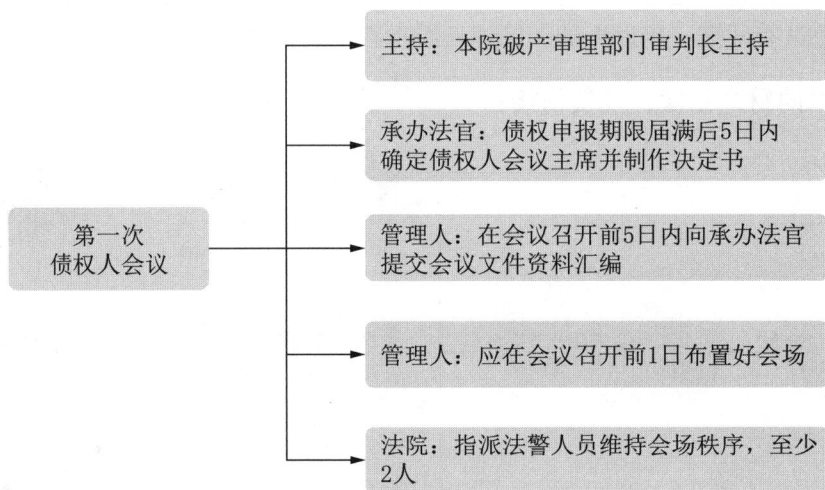

1. 第一次债权人会议由本院破产审理部门审判长主持；

2. 承办法官应在债权申报期限届满后 5 日内确定债权人会议主席并制作决定书；

3. 管理人应在会议召开前 5 日向承办法官提交第一次债权人会议文件资料汇编；

4. 管理人应在会议召开前 1 日布置好会场；

5. 债权人会议应至少指派 2 名法警人员维持会场秩序，债权人人数在 50 人以上的，应指派 4 名以上法警到场。

宣告破产：

```
管理人提请宣告    →    合议庭：收到申请    →    承办法官：在裁定    →（送交）→  本院执行部
破产                    之日起5日内审查          作出之日起5日内              门：裁定终结
                        并作出裁定                                          对被执行人的
                                                                          执行程序
```

（送交）

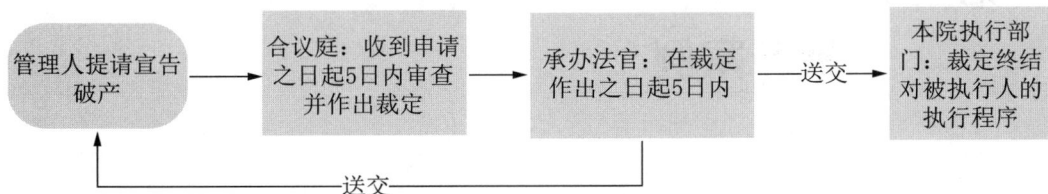

1. 管理人依法提请宣告债务人破产的，合议庭应当自收到申请之日起 5 日内审查，并作出裁定。

2. 经审查债务人符合宣告破产条件的，承办法官应当在裁定作出之日起 5 日内将相关法律文书送交管理人，并送交本院执行部门，本院执行部门应当裁定终结对该被执行人的执行程序。

破产程序终结：

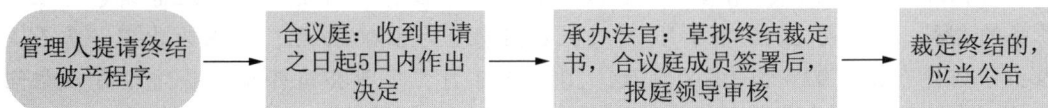

```
管理人提请终结    →    合议庭：收到申请    →    承办法官：草拟终结裁定    →    裁定终结的，
破产程序                之日起5日内作出          书，合议庭成员签署后，          应当公告
                        决定                    报庭领导审核
```

1. 管理人依法提请终结破产程序的，合议庭应当自收到申请之日起 5 日内作出决定；

2. 决定终结破产程序的，由承办法官草拟终结裁定书，经合议庭成员签署后，报庭领导审核；

3. 裁定终结的，应当予以公告。

第三章 破产案例

奥美公司破产和解转破产清算案

【基本案情】

本案系高青县人民法院唯一的一个以破产和解立案的破产案件。奥美公司是以汽轮发动机组设计、生产、销售，锅炉及辅机、发电设备、自动化控制设备销售为主要业务的公司，成立于2010年3月19日，注册资金为3000万元，股东为曹甲、曹乙二人，分别持有公司97%和3%的股权。2011年3月，奥美公司开始投资汽轮发动机组设计、生产项目建设。建设期间，因奥美公司融资不到位，致使所建项目未曾投产就被迫停工。奥美公司一直没能实现生产运营，一直处于拖欠职工工资及保险、拖欠到期债务不能清偿的状态。奥美公司于2015年8月25日向山东省高青县人民法院提出对其进行破产和解的申请。高青县人民法院受理后，依法指定管理人进入破产程序，最终于2017年3月29日以破产清算终结破产程序。

一、对适用破产和解程序的考量

（1）法律层面的考量。破产和解的制度具有强烈的契约属性和司法自治的性质。2006年公布的《企业破产法》对破产和解制度进行了一系列的调整，首先，将国有企业之外的企业类型纳入法律的调整范围，取消了原来按照所有制区别适用不同和解程序的二元立法模式，实现了破产和解立法一体化，当然这也是整个破产制度扩展的一部分；其次，破产和解制度形成了与清算、重整并立的三驾马车的体系，并从条文上独立成章，实现了破产和解地位独立化；也有效地阻却了上级主管部门对和解的启动以及和解后续运行的过度干预，法院成为破产程序的主导者，实现了破产和解制度去行政化和市场化，使破产和解具有了切实可行的实施可能。

（2）事实层面的考量。根据评估报告，债务人甚至尚有较大数额的净资产。截至2015年11月23日，奥美公司资产总计为4527.07万元，负债总额为1809.88万元，净资产总额为2717.19万元。因此，公司资产财务状况并非不可挽救。

在本案中，经充分调查研究，欲通过和解程序重新启动奥美公司的生产经营，最终达到债权人、债务人双赢及社会多赢的效果。①项目优势。奥美公司的经营项目符合国家产业政策，汽轮机是国家大力支持的余热利用产品，属于高科技、精密度、节能降耗的高端装备制造项目，本项目属于国家扶持的项目，发展潜力巨大。②技术优势。奥美公司针对产品的生产经营已经做好了技术和人才的充分储备，相关技术正在申请专利认定中，在同行业内公司具有很强的技术竞争优势。③装备优势。奥美公司的前期建设已经满足启动生产的基础条件，新建厂房8000余平方米，数控车床等先进生产设备共计31台。500千瓦以下的以拖动功能为主的汽动风机和汽动水泵生产能力可达到年产500台。

考虑公司产品定位是500千瓦以下的汽动风机和汽动水泵，同时产品应用广泛，市场缺口较大。按年产汽动风机和汽动水泵200台估算，第一年公司年产值可望实现3000万元，可实现利润1000万元左右。破产管理人基于债务人重生的考虑，与多位债权人进行了充分协商，在破产程序启动之前就已经取得了大多数债权人的和解意向书。法院综合考量认为具备和解的可能性，给予破产和解立案。

本案之所以能够以破产和解启动，一个重要的前提是债权人对和解的高度认可。根据第一次债权人会议初步统计，奥美公司破产案中申报的39户债权人均为普通债权，即使某商业银行800万贷款也是如此，不存在别除权等优先权利。这为债务人协商和有效地开展和解奠定了良好的基础。债权人认可和解方式，奥美公司制定的和解协议草案能最大限度地维护债权人利益，符合奥美公司发展现状的要求并且切实可行。

二、对破产和解程序的反思

作为高青县人民法院审理的第一起破产和解案件，该案进行了诸多有益的尝试和探索，积累了经验。从1986年《企业破产法（试行）》引入和解制度以来，和解制度即面临着巨大的争议。有专家指出，从我国近几年审结的破产案件看，采用破产和解结案的几乎为零。

另外，破产和解制度仍然具有天然的和内在的缺陷，有学者在2006年《企业破产法》通过伊始即一针见血地指出：预计，除小型的企业破产案会偶尔引用该程序外，中国的和解程序将是实践中援用最少的程序。

破产和解制度的内在缺陷有以下几点。

首先，由于其自治性质，破产和解依靠债权人自我约束，缺乏强制力，特别是不能约束担保权人权利行使、缺乏监督机制、拯救企业措施单一，破产和解协议几乎难以得到执行。各国均规定，对债务人的特定财产享有担保权的权利人，自法院裁定和解之日起可以行使权利。①但是，实践中多数债务人都存在着贷款和担保问题，如果和解一开始便允许担保权人行使权利，债务人的主要财产，如土地、房屋、设备等将被执行，债务人拯救无从谈起。国外破产制度也面临着类似的问题。例如，在1992年前，适用加拿大1985年《加拿大破产法》的企业寥寥无几，而《加拿大公司债权人安排法》却为债务人所青睐。出现差别的主要原因是前者规定程序启动后，债务人仅可以对抗普通债权人，不能对抗担保权人；而后者却规定了债务人可以对抗包括担保权人在内的所有债权人。

其次，破产和解难以建立有效的监督机制。和解在很大程度上体现了债权人和债

---

① 如中国2006年《企业破产法》第96条第2款；《日本和议法》第43条，参见［日］石川明：《日本破产法》，何勤华、周桂秋译，中国法制出版社2000年版，第6页。

务人的自由意志，贯彻了商事自由。但债务人控制企业的所有资产以及债务人继续经营企业的现状，使得债权人与债务人双方存在巨大的信息不对称，由此带来的道德风险和逆向选择仍困扰着和解协议的执行。诸如欺诈性转移资产等债务人侵害债权人利益的情况时有发生。法院并不实际参与破产和解程序，债权人会议也无法经常召开，而且现行法也没有规定债务人应定期向法院报告企业经营的进展状况。另外，债权人会议不可能经常召开，更不可能全部进驻债务人企业内部，使得和解监督机制呈现消极性和滞后性。

再次，破产和解缺乏重建企业的丰富措施。相较于重整而言，除缺乏法院主持下的强制性和权威性之外，和解在手段措施方面乏善可陈，更多地依靠债权人退让，给予债务人喘息的机会从而使债权人受偿。这种单一的解决措施在企业面对错综复杂的困境时捉襟见肘。

最后，和解协议达成乃至执行成本高昂，即使达成脆弱平衡，也很容易滑向破产清算。这使得破产和解制度成为一纸具文。破产和解协议是债务人与债权人会议之间就债务的延期清偿或减免而达成的以避免适用破产清算程序的书面协议。根据《企业破产法》第97条，债权人会议通过和解协议的决议，由出席会议的有表决权的债权人过半数同意，并且其所代表的债权额占无财产担保债权总额的三分之二以上。债权人会议通过和解协议的，由人民法院裁定认可，终止和解程序，并予以公告。达成和解协议交易费用巨大，成本高昂。可能会出现"集体行动的逻辑"（the logic of collective action），即除非该集团人数较少或者存在让个体按照集体利益去行动的强制手段，否则理性而又自利的个人不会为了集体利益去努力，"理性冷漠"和"搭便车"对每一个成员的刺激使得集体利益无从实现，最终将伤及每一个参与者。人民法院、管理人、债务人需要付出巨大的协调成本。

但和解协议达成之后，这一平衡又是极度脆弱的。和解协议是经过当事人的慎重议决，并经过严格的法律程序作出的，任何一方不依照执行，均构成违反和解协议。同时，和解协议是债权人作出重大让步妥协而产生的，债务人必须无条件、忠实地执行和解协议，否则就意味着对债权人利益的重大侵害。根据《企业破产法》第104条第1款的规定，债务人不能执行或者不执行和解协议的，人民法院经和解债权人请求，应当裁定终止和解协议的执行，并宣告债务人破产。何谓不能执行？何谓不执行？是否任何与和解协议的不一致都能被视为违约，都将导致协议被撕毁？一旦债务人未执行和解协议，就毫无通融地被宣告破产，会轻易导致破产和解的失败，债务人、债权人先前为和解所付出的一切努力将付之东流，这也与我们鼓励破产和解的初衷大相径庭。

在第一次债权人会议上，在就和解协议投票时仍产生了新的分歧。某一较大数额的债权人决意放弃和解，寻求破产清算。导致和解协议未能达到法律要求的表决权数额，功亏一篑。当然，从事后来看，即使通过和解协议，债务人自身的融资能力较弱，再加上债权人之间相互争夺、债权人和债务人之间的不信任也会最终使和解寸步难行。

三、对债权人委员会的反思

(一) 债权人委员会的组成

破产实践中，多数都会组建债权人委员会。高青县人民法院审理的破产案件也是如此。奥美公司破产和解案中，涉及普通债权人近 40 户。但涉及破产中的具体事项，仍需要组建债权人委员会。联合国国际贸易法委员会《破产法立法指南》指出，在破产法允许债权人在程序中发挥积极作用的情况下，需要考虑的一个重要问题是如何克服债权人的冷漠和鼓励参与破产程序。但《破产法立法指南》并不认为只有全部参与才是最好的途径，相反它倾向于通过债权人利益代表即"破产法应规定所有破产程序需要一个委员会还是需要其他形式"，第 129 条还建议，如果参与破产程序的债权人有着不同的利益和种类，指定单独一个委员会或者一个代表不利于债权人的参与，破产法可规定指定不同的债权人委员会或代表。企业破产法仅规定了普通债权人由债权人会议选出，再加上一名职工债权人。但对于债权人委员会成员如何选任，如何产生，企业破产法并未明确规定。实践中，往往由管理人拟定初步名单，提交债权人委员会审议。选择的依据是什么？如何提出异议？实践中经常会有债权人质疑，并希望成为债权人委员会成员，但总不能得其门而入。

(二) 债权人委员会的职权

《破产法立法指南》立足于各国破产立法和司法实践，意在协助并帮助各国（尤其是发展中国家）建立一套高效的破产法律框架，推动市场进程。《破产法立法指南》在第 110 条至第 112 条规定的"债权人委员会的权利和职能"中建议，这些权利和职权可以包括：（1）向破产管理人或占有中债务人提供咨询和协助；（2）参与制订重整计划；（3）接受切关债权人利益的通知，并就此事项进行商议；（4）就正常经营过程外出售资产和制订重整计划等问题向破产管理人表达债权人的愿望；（5）监督破产管理人；（6）聘请与其职能相关的行政协助和专家协助。

通过对各国债权人委员会职权的研究我们可以发现，总体上债权人委员会的职权归结为以下两个方面。

一是监督职能，主要是对破产程序和破产管理人的监督。首先是向管理人提出有关破产财团的报告和咨询，向其提供建议以及调查债务人的状况。例如，《美国破产法》第 7 章以及第 11 章，《日本破产法》第 145 条、第 146 条以及《德国支付不能法》第 69 条均对此作出了类似的规定。债权人委员会甚至可以直接任命破产管理人或者监督人，或者向法院申请更换管理人。例如，《美国破产法》第 11 章重组第 1103 (4) 条和《德国支付不能法》第 59 (1) 条分别作出了规定。

二是参与破产程序。首先是参与破产计划的制订。《美国破产法》第 11 章重组第 1103 (3) 条，《德国支付不能法》第 156 条、第 218 (3) 条以及第 231 (1) 条作出了规定。其次是聘请其他的专业人士或者技术人员来代表和履行债权人委员会的职权。《美国破产法》第 1103 (1) 条以及第 328 条作出了规定。最后是申请召集债权人会议。

从《日本破产法》的规定的演变，似乎有弱化债权人委员会对破产程序监督的趋势。2004 年《日本破产法》修订之前曾规定了许多管理人处理破产财产的重大行为必须经过债权人委员会同意。但现行《日本破产法》第 146 条仅仅规定，债权人委员会听取关于破产财产管理与处分的报告即可。

我国《企业破产法》第 69 条第 1 款也作了类似的规定。管理人对于处分债务人重大财产的行为只需向债权人委员会报告而非取得其同意。王欣新教授认为，立法之所以作出这样的考虑，主要是担心众多财产处分行为均需债权人委员会同意，恐降低破产管理工作效率以及因贻误时机以致债权人利益受损害。

从实践来看，债权人基于维护自身债权的角度出发，有的对破产进程极度关注但债权人之间彼此分散，获得的信息各不相同，各自关注点也不一样，债权人委员会很难达成真正的共识。即使将某些事项提交债权人委员会，往往也容易被法院或管理人操控，为管理人的行为背书，成为其合法性或逃避责任的依据。

总体上我们认为，债权人委员会是债权人集会代表，并非破产财团机关。设立债权人委员会的合理性主要在于私力救济的运用以及债权人委员会本身的常设性和高效性。债权人委员会可以提出商业方面的建议和方案，如以物抵债、债转股等，并可以展开商业谈判。单个债权人通过债权人委员会或债权人会议表达意见和建议。因此从我国破产法实践来看，放弃严格监督模式，回归债权人委员会商业与信息沟通的地位是正确的选择。

具体而言，我们认为，加强债权人委员会建设可以从以下两个方面入手：（1）持有一定数额或一定比例债权的债权人可以以债权人委员会的名义向管理人提交建议，对该建议管理人必须予以书面回复。（2）建立定期报告和临时报告制度。根据破产进程，可以要求管理人每季度或每 6 个月向债权人委员会汇报破产工作进展。形式上可以采取简报和书面寄送的方式进行。对于《企业破产法》所规定的重大事项建立临时报告制度，①这些事项无需债权人委员会的审批，但债权人委员会可以提出建议和质询。

四、典型意义

《企业破产法》尽管将和解列为破产的三大程序之一，但由于制度设计上内在的缺陷，和解在破产实践中的运用面临诸多困境。即使能够适用和解，其所要求的条件和企业的情况也非常特殊，适用条件苛刻使其难以有效推广和复制。和解程序的推动，离不开各方的信任与合作。在债务人破产背景下，债权人与债务人之间的信任程度较低；债权人之间既有利益一致也有利益冲突，协调的难度较大。在 2006 年公布的《企业破产法》所倡导的专业化与市场化的背景之下，管理人在其中应当发挥更多的作用。

在破产程序中，大多数都组建了债权人委员会。这可以增强债权人的参与度。但由于企业破产法债权人委员会的定位不清晰，制度规定过于简单，对债权人委员会的

---

① 《企业破产法》第 69 条第 1 款规定："管理人实施下列行为，应当及时报告债权人委员会：（一）涉及土地、房屋等不动产权益的转让；（二）探矿权、采矿权、知识产权等财产权的转让；（三）全部库存或者营业的转让；（四）借款；（五）设定财产担保；（六）债权和有价证券的转让；（七）履行债务人和对方当事人均未履行完毕的合同；（八）放弃权利；（九）担保物的取回；（十）对债权人利益有重大影响的其他财产处分行为。"

组成、产生、议事规则与程序、职权行使方式都缺乏有效的规定。虽然在破产程序中建立了这一机构，但运行中出现了诸多问题，如债权人委员会的知情权难以保障，进而监督无从谈起；债权人委员会容易被人民法院或管理人操控，成为投票和表决机构，为法院或管理人的行为合法性背书；债权人委员会成员公共意识不足，对自身债权和利益过度关注，使得债权人委员会极度分散，难以形成内在合理性。凡此种种都有赖于制度完善和有效指引的建立。

宏远公司重整转清算案

【基本案情】

本案是中国破产资产网成立后第一起通过中国破产资产网平台发布招募信息并成功招募到投资人的典型案例。宏远公司位于山东省高青县，注册资本为1亿元，是一家地方炼油化工企业。自2012年3月起，受经济环境和自身产能落后影响，企业已经无法维持正常生产经营，陷入僵尸状态。经债权人申请，山东省高青县人民法院于2016年4月1日依法裁定受理宏远公司重整一案，并指定管理人。2017年4月28日，法院裁定终止宏远公司重整程序并宣告破产。2017年11月27日，债权人会议通过的《破产财产分配方案》执行完毕后，法院裁定终结破产程序。

一、问题焦点及解决路径

由于宏远公司炼油产能落后，实际上已经丧失重整的可能性。但对于其他炼油企业而言，通过兼并重组方式淘汰其他落后炼油产能的企业，可获得相应的原油配额指标，这是宏远公司吸引企业参与该公司投资的关键点。为此，管理人以实现宏远公司资产利益最大化为目标，通过中国破产资产网发布重整投资人招募公告，吸引多家意向投资人参与投资竞标。最终，山东省最大的炼油企业山东东明石化集团有限公司通过公开竞价方式成为重组投资方，以高于评估价100万元的价格整体收购宏远公司土地、厂房及化工设备等经营资产。之后，山东东明石化集团有限公司立即将其收购的落后炼油设备全部拆除，实现了通过参与重整方式淘汰落后产能而取得相应原油配额指标的投资目标。

二、典型意义

本案是中国破产资产网成立后第一起通过中国破产资产网平台发布招募信息并成功招募到投资人的典型案例，开创了"互联网+投资人招募"的新模式。从互联网平台发布招募信息，能够克服传统投资人招募主要依靠当地政府的招商引资、破产企业上下游客户以及管理人利用自身的资源积累情况等进行招募，局限性比较大的问题，不仅招募的范围更广，招募的成功率也大大增加。

本案是淄博市通过司法程序淘汰落后炼油产能企业的第一案。在破产过程中，及时抓住国家通过淘汰落后产能可优先给予原油配额指标的产业政策，实现了破产财产价值最大化和淘汰落后产能的目标。为先行出售经营资产，管理人制订了《重整计划草案之经营资产处置方案》，满足了投资人通过参与重整破产企业再淘汰落后产能的投资目的，同时，在最大限度维护债权人利益的基础上实现了对落后炼油企业的市场出清。

钜创公司破产重整案

【基本案情】

本案为国内"出售式重整"第一成功案例。钜创公司是一家生产并销售高档花式弹力牛仔布、服装,从事棉花、棉纱、坯布的进出口和批发业务的企业,在牛仔服装的生产技术、工艺水平、硬件设备等方面存在一定优势。2013年以来,受经济大环境及企业自身因素制约,钜创公司出现债务危机,职工因拖欠工资和社会保险不断上访。2013年12月5日,中国建设银行高青支行依法申请对钜创公司破产重整;2013年12月30日,淄博市中级人民法院裁定受理钜创公司破产重整案,并将该案交由高青县人民法院审理。

一、特色审理

钜创公司债务规模大、债权人和企业职工众多、出资人拒不配合等因素,难以通过传统重整方式招募投资人。但该公司具有完整的生产产能、较高的技术能力,具备招商引资和重整的基础。据此,本案借鉴美国通用公司重整案,探索适用"出售式重整"模式,盘活企业运营价值。

在法院建议下,通过政府参与招商,以邀请方式吸引国内纺织巨头如意集团作为重整投资人参与钜创公司重整。战略投资人如意集团以评估价全盘承接钜创公司主营业务相关的担保资产以对应债务、职工,并以溢价收购钜创公司的未担保财产。通过重整,破产企业的资源、营运价值和银行债权大部分得以维护,企业资产由评估价的2.9亿增加为3.1亿,职工利益和就业得到100%保障,普通债权人由零清偿实现了6%以上的比例清偿。该重整计划经债权人会议高票表决通过后,高青县人民法院于2014年11月5日裁定批准。2015年6月15日,重整计划基本执行完毕。

二、典型意义

该案为国内"出售式重整"第一成功案例,为推进企业兼并重组和资源优化配置积累了宝贵的经验。投资人在承接钜创公司资源的基础上再投资20亿元,打造国内规模最大的从纺纱、印染、纺织、服装为一体的亿米牛仔产业园项目。通过重整,钜创公司的资产和营业得以激活,实现了市场要素的最佳结合,职工权益和就业得以实现,普通债权人权益得以最大保护,也为化解金融风险和维护金融秩序提供了有效司法保障。

该案在重整期间采用"资产整体托管"模式,实现了企业"破产不停产"目标。战略投资人与钜创公司同属纺织行业,在进入破产程序后,经债权人会议决议,管理人将公司整体资产托管给战略投资人经营管理,投资人在管理人的委托和监督下,负责重整期间生产销售业务的具体经营管理、资产的维护;原企业的全体职工继续上岗,由战略投资人为其发放工资并缴纳社会保险；实现了破产重整期间生产经营稳定、正常，达到了生产不停、队伍不散、市场不丢的良好效果。

本案首次采用"普通债权差额累进受偿"分配方案，保证重整计划草案顺利通过。钜创公司不足5万元的普通小额债权人数为59名，占债权人数的44%，而债权额为113万余元，占普通债权总额不到1%。该案在重整计划表决时，没有单独成立小额债权人组，也没有适用平均受偿方案，而是采用5万元以内（含5万元）部分按100%比例受偿，超出5万元部分按6%比例受偿的方案，由普通债权人组整体进行表决。该方式体现了公平原则而不是平均原则，客观上保证了小额债权人的利益，保证了表决中债权人"人数过半"的法定条件，偿债方案上演了"低清偿率""高通过率"的奇迹。

兰骏公司破产清算案

【基本案情】

兰骏公司是由高青织布厂改制而来，于1997年设立的一家经营服装、布料、地毯的企业。由于受金融危机影响，整个纺织、服装行业市场不景气，兰骏公司一直主要依靠举债经营，资金严重缺乏，连年亏损，经营状况持续恶化，债权人纷纷起诉，公司土地、房产、设备等有效资产被法院采取了司法保全措施，自2013年11月起被迫停产。

2016年9月30日，兰骏公司以公司不能清偿到期债务且资不抵债，已经具备法定破产情形为由，向高青县人民法院提出破产清算的申请。2016年10月12日，高青县人民法院裁定受理兰骏公司破产清算一案，并同时指定山东大地人律师事务所为管理人。

一、关键问题及解决路径

（一）债务人公司存货账实不符，账面值与实盘数差异巨大，存货盘亏资产去向不明问题

经审计，发现兰骏公司账目中约1.3亿元存货，账面值与盘点数存在差异，上述存货已无实物，资产去向不明。若上述资产确实存在，现在下落不明，则公司的资产管理人员可能涉嫌非法侵占公司资产，且数额约1.3亿元之巨；若上述资产不存在，则属于虚构资产，公司可能涉嫌非法虚开增值税发票，且数额约1.3亿元。

解决方案：针对审计过程中发现的上述行为，管理人向公司法定代表人及原公司财务人员进行调查核实，对无法查清的向公安局进行报案处理。

法理分析：在《企业破产法》施行过程中，最高人民法院颁布了两部关于《企业破产法》的司法解释以及一些具体的司法解释性质文件，但是对于破产程序中刑民交叉的问题，尤其对债务人在进入破产程序后被发现债务人或债务人的高级管理人员可能涉嫌刑事犯罪的处理问题并没有明确规定。

在该类破产案件的办理过程中，管理人不能简单地只关注破产程序的推进，更要重视查明和落实债务人的高级管理人员是否存在侵吞公司资产、侵犯公司利益的行为。在企业破产过程中发现犯罪线索的，应当及时提供给有关机关，依法追究其刑事责任。在兰骏公司破产案件中，管理人在发现可能存在债务人的高级管理人员侵吞公司资产的线索后，由管理人作为报案人向公安机关报案，并移交了审计报告、资产盘点明细表、财务账簿等资料，请公安机关依法查明相关事实，以维护债务人、债权人的合法权益。

（二）职工集资问题

兰骏公司原系高青织布厂改制而来，自1997年成立至停止经营，为了生产经营需

要，曾分四次向广大职工进行集资，涉及职工 350 余人，集资数额本息逾 4000 万元。兰骏公司停产后，因为拖欠职工工资、无法偿还职工集资及民间借贷问题，造成职工及债权人多次上访，影响了社会稳定。

解决方案：虽然兰骏公司向人民法院申请的破产方式为破产清算，但由于兰骏公司名下的土地、房产，其地理位置仍具有一定的商业价值，因此，针对兰骏公司遗留的职工集资问题，在人民法院的建议下，兰骏公司采取在进入破产程序之前先行以债权转让的方式予以化解，即招募有实力的意向购买人，按照协商价格先行购买职工的集资债权，实现债权债务的整体转移；投资人再另行通过参加兰骏公司资产公开变现的方式，经过公开程序取得兰骏公司的资产。

法理分析：根据《最高人民法院关于审理企业破产案件若干问题的规定》第 58 条："债务人所欠企业职工集资款，参照企业破产法第三十七条第二款第（一）项规定的顺序清偿。但对违反法律规定的高额利息部分不予保护。职工向企业的投资，不属于破产债权。"《企业破产法（试行）》第 37 条规定："清算组提出破产财产分配方案，经债权人会议讨论通过，报请人民法院裁定后执行。破产财产优先拨付破产费用后，按照下列顺序清偿：（一）破产企业所欠职工工资和劳动保险费用……"但 2007 年 6 月 1 日施行的新《企业破产法》并未对职工集资问题的清偿顺序作出明确的规定。据此，按照上述规定，对于 2007 年 6 月 1 日前的职工集资款可以按照职工债权顺序进行清偿，之后的职工集资款按照借贷关系处理，认定为普通债权。

虽然新旧《企业破产法》相关规定存在不同，在实践中，仍需按照现行《企业破产法》执行，不能突破现行法律规定。同时，在实际操作中，更要重视与《公司法》《合同法》等其他相关法律、法规的衔接，综合运用法律，解决实际问题。

二、典型意义

《企业破产法》公布后，对于原改制企业存在的历史遗留问题，并没有相关的法律规定。且在破产实践中，由于没有明确的法律规定，一些历史遗留问题难以解决，从而导致符合破产条件的企业无法进入破产程序，对职工和债权人造成更大的损害。因此，通过在进入破产程序前，根据企业的资产情况，先行招募意向购买人，通过和职工集资人进行协商先行转让债权的方式，成功地化解职工集资问题，为企业顺利进入破产程序提供了有利的条件。同时，再通过意向购买人参与破产企业资产公开变现并依法取得破产财产的方式，意向购买人依法取得破产企业的资产，实现多方共赢。通过该案的承办，也取得了良好的社会效果和经济效果。

流云公司破产重整转清算案

【基本案情】

这是高青县人民法院受理的首件由税务机关申请进入破产程序的案件。流云公司于 1998 年 12 月 29 日由淄博棉花综合加工厂改制更名后成立，公司主要从事纺织品、纱布、纺织服装生产、加工、经营，注册资本为 3860 万元。

流云公司自 2015 年起开始拖欠银行贷款、职工保险、税收等，经营陷入困境，现已停产。流云公司作为被告被多家债权人起诉至法院并进入执行阶段，公司土地和固定资产均被法院查封，财产无法变现。2017 年 6 月 27 日高青县地方税务局以流云公司拖欠税款经采取多种税收保全措施和强制执行措施均不能实现征缴目的，且流云公司以停止经营、不能清偿债务为由，向高青县人民法院提出对流云公司进行破产重整的申请。2017 年 7 月 31 日，高青县人民法院裁定受理流云公司的破产重整案，并于同日指定清算组担任管理人；2018 年 1 月 9 日，高青县人民法院裁定中止流云公司重整程序，宣告公司破产并进行公告；2019 年 1 月 4 日，法院裁定终结流云公司破产程序，管理人现已将流云公司进行工商注销。流云公司破产财产通过拍卖共变现 53 975 483.89 元，已经全部分配完毕。担保债权清偿率为 35.89%，职工债权清偿率为 100%。

一、问题焦点

由于流云公司停产，严重拖欠职工社会保险，到龄职工无法正常退休领取养老保险待遇，住院医疗职工无法报销医疗费，生育职工无法享受生育保险待遇，解除、终止劳动合同职工无法获得经济补偿金，导致多起职工上访事件的发生。而流云公司现有资产经拍卖变现，优先清偿抵押债权、破产费用后，可供清偿职工债权的破产财产仅有 11 671 899.98 元，清偿率仅为 28.97%。

二、解决路径

本案系"府院联动切实保障职工权益"的典范，基于流云公司纺织企业职工人数较多、社会矛盾比较尖锐的现实状况，进入破产程序之初即将职工权益保障作为工作的重中之重来抓，在流云公司现有资产远不能全额清偿职工债权的前提下，由法院积极协调政府引入淄博盛鑫企业重组发展合伙企业（有限合伙）垫付 2698 万元，确保职工债权清偿率达到 100%，最大限度地维护了职工的合法权益，有效化解了社会矛盾，取得良好的社会效果。

三、典型意义

本案系山东省第一起由税务部门申请企业破产的案件，通过破产程序保护了国家税收的征缴，为今后类似情形提供了有益借鉴。

曼顿公司重整式清算案

【基本案情】

本案系高青县人民法院受理重整式清算案。曼顿公司系以生产销售棉涤纶纱线、面料、服装，销售皮棉，出口本企业自产的产品及相关技术，进口本企业生产、科研所需的原辅材料、机械设备、仪器仪表、零配件及相关技术的纺织类型企业，于2002年7月23日注册成立，注册资本为3500万元。随着经济的发展，纺织行业渐成夕阳产业，曼顿公司疲态尽显，多方涉诉，负债累累，已不能清偿到期债务，且资不抵债，该公司于2014年5月14日向山东省高青县人民法院提出对其进行破产重整的申请。高青县人民法院受理后，依法指定山东正大至诚律师事务所担任管理人，破产程序迅速展开，至2016年5月31日，曼顿公司有关重整计划及调整方案的内容全部执行完毕，2016年7月5日终结破产程序。

一、审理情况

（一）以两次债权人会议为节点对债务人进行全面清理

自2014年5月27日山东省高青县人民法院指定管理人以来，至9月16日召开第一次债权人会议，其间管理人主要进行了债权申报、确认，财产清理及评估审计等工作，并在此基础上形成了相应的法律文件。

2014年12月29日，山东省高青县人民法院主持召开了曼顿公司第二次债权人会议。按照企业破产法的要求，管理人协助债务人制订了重整计划。重整计划的制订是整个破产重整工作的核心。本案中利益相关方围绕着重整收益进行了充分的协商和沟通，管理人也做到了充分的信息披露，并建立了相应的协商和博弈机制，使各方在法院搭建的平台中表达诉求。会议通过了《曼顿公司重整计划草案》。根据重整计划，引入了华威公司作为战略投资人，制订了分期和阶段性的债务偿还计划。2016年1月16日高青县人民法院裁定批准了该重整计划。根据重整计划规定，重整计划由曼顿公司在管理人的监督下执行。

（二）重整计划执行僵局

重整计划自2015年1月16日经法院裁定批准，执行期限为6个月，执行最后期限至2015年7月16日。重整计划执行后，因投资人华威公司自身生产经营原因，未能在重整计划规定的期限内将重整资金落实到位。

管理人迅速征求职工债权人、税收债权人及部分债权人意见后，召开债权人委员会，债权人委员会通过了华威公司延期3个月清偿完毕的议案。2015年10月16日，即清偿期限到期之前，华威公司筹集重整资金500万元，管理人按重整计划对曼顿公司普通债权额不足10万元（含10万元）的债权按100%比例全部清偿；普通债权额超过10万元的债权，10万元以内部分按100%比例全部清偿，超出10万元部分按

12.77%比例进行清偿。

因华威公司不能按照重整计划的要求继续支付重整资金，致使曼顿公司剩余15笔或有债权无法清偿，另有税收债权一笔、有财产担保债权一笔仍未受偿。华威公司向管理人提出终止其重整投资人身份的书面申请，至此，曼顿公司重整计划陷入僵局。

（三）重整计划执行方案调整

鉴于投资人华威公司确无能力继续支付重整资金，为确保曼顿公司职工及其他未获清偿的债权人利益不受损害，高青县人民政府、高青县人民法院、破产管理人前后组织大小会议十余次，就重整计划执行调整方案的合法性、可行性及具体操作方案进行专题研究讨论，并最终确定由华润公司作为新的战略投资人参与重整。

2016年3月1日，管理人本着重整计划清偿比例不变、职工和未清偿债权人利益不受损害的原则，经曼顿公司管理层、华威公司和华润公司的申请，制定了《关于对〈曼顿公司重整计划〉执行方案进行调整的报告》，并通过了债权人会议审议表决。

该报告确定了曼顿公司由存续性重整调整为出售式重整的新模式，即华威公司退出曼顿公司破产重整，由华润公司购买曼顿公司资产、承继华威公司权利义务，并偿还重整计划中华威公司尚未清偿的其他债权，以及职工债权、税收债权、有财产担保债权。

之后曼顿公司全部资产过户至华润公司，重整计划中所有债权全部按比例清偿完毕，曼顿公司职工债权、税收债权，以及有财产担保债权也全部清偿完毕。至此，重整计划执行调整方案全部执行完毕。鉴于曼顿公司全部资产已经出售、全部债务亦按比例清偿完毕，继续经营已无可能和必要，管理人向高青县人民法院申请裁定曼顿公司破产清算，因曼顿公司已无资产，所以管理人根据《企业破产法》第120条的规定，申请人民法院终结破产程序。破产程序终结后，管理人依法向工商局办理了曼顿公司注销登记，并向税务局办理了税务注销登记。管理人接管的曼顿公司相关资料、文书等档案资料交至高青县人民政府专门设置的档案室保管，并保管10年以上。

二、探索与创新

管理人自2014年5月27日接受指定，至2016年5月31日曼顿公司重整计划及调整方案内容全部执行完毕，历时两年的时间。该案审理过程中，管理人在《企业破产法》的框架内成功地包容了诸多商业实践，在法律法规规定不足的情况下，在程序与实体方面进行了探索和创新。

（一）重整计划的调整与变更

我国《企业破产法》第93条第1款规定，债务人不能执行或者不执行重整计划的，人民法院经管理人或者利害关系人请求，应当裁定终止重整计划的执行，并宣告债务人破产。按照条文规定，只要存在重整计划的安排不能落实的情形，都将构成债务人不能执行或者不执行重整计划，应当终止重整计划的执行。但如果我们机械地按照上述条文文义审查终止执行重整计划的申请，在实践中可能引起诸多争议问题。

重整计划制订过程与内容凝聚着破产程序中各方的努力，包含了谈判、协调、信息等巨大的交易成本。在已经出现重整计划的安排不能落实的时候，在具体的案件中，有可能通过相应的调整和补救措施来推进重整计划的执行。例如，清偿款未能及时清偿，但此后实际进行了清偿，并且支付了迟延给付期间的利息损失。

我们认为，对于能够进行调整或采取补救措施的，如果仍然终止重整计划的执行，则与重整制度旨在拯救困境企业的立法目的相悖。因此，如果客观上能够调整或采取补救措施的，应当在尊重利害关系人自身选择的情况下，尽量采取相关调整或补救措施。

我国《企业破产法》对重整计划的终止规定得却相对简单，轻易地终止重整计划并宣告债务人破产会导致破产程序不够慎重。更重要的是，该条文仅规定了终止执行，并未明确变更的情形及适用的程序。重整计划执行的变更，是指在重整计划的执行过程中，由于特殊事由的出现而对重整计划予以变更、修改的行为。很多国家，如日本、美国、澳大利亚都规定了在重整计划的执行过程中可以予以变更。如《日本公司更生法》即规定，在更生计划认可裁定后，因不得已事由，需要变更计划事项时，以在更生程序中止前为限，法院因管理人、公司、申报更生债权人或更生担保人、股东等的申请，可以变更更生计划。[①]但是，我国《企业破产法》则无此规定。

从合同的不完备性上看，重整计划体现了各利益相关方对将来企业发展的预期。无论重整计划如何设计，考虑如何完备，都不可能预见将来的所有情形。另外，重整周期较长，从企业进入破产程序到重整计划的提出为6个月（必要时可延长3个月）。重整计划通过后还有漫长的重整计划执行期间。这也是长期协议与短期合同的一个显著不同。而且重整计划是一个多方协议，这更增加了协议执行过程中的不确定性。协议执行中的变更不可避免。

在实践中，重整计划的调整可能包括以下方面：（1）重整方式的变更，例如，在重整计划中，原股东承诺通过追加投资的方式支付清偿款并且用于债务人的生产经营，而在重整计划执行过程中，原股东又引入新的重整投资人。（2）重整投资人的变更，例如，原重整投资人不再具备履行重整计划的能力，而有新的投资方愿意作为重整投资人参与重整。（3）清偿期限和清偿金额的调整，例如，债务人企业的经营情况恶化，需要对清偿期限予以延缓或者对当期清偿金额予以调减。（4）清偿方式的变更，例如，原安排将债务人企业的某项财产清偿对某债权人的负债，但由于财产灭失，需要用其他财产进行清偿。（5）出资人权益调整安排的变更，例如，原股东承诺按照持股比例增加投资，但是后有部分股东未履行增加投资的义务，需要由其他股东承担其应投资的份额并取得其名下的相应股权。

从情势变更理论上分析，在重整计划执行的过程中，重整计划通常是不允许变更的，但是如果不允许任何情况下的变化，会使得重整计划的执行变得僵化，缺乏灵活性。在实际的执行过程中，可能会出现一些没有预料到的新情况、新变化，这种变化可能会导致重整计划无法执行或很难执行，因此，应该允许重整计划的适时变更。

从重整计划不能执行的原因上看，应当区分是因为债务人的原因还是因为非债务

---

① 参见《日本公司更生法》第271条第1款。

人的原因导致的。

重整计划事实上是多方协议。债务人在执行过程中居于核心地位，但其他各方仍可能对重整计划的实现有重大影响。在重整计划中，除债务人一方（可能表现为债务人、债务人的股东或关联企业以及重整投资人）负有义务之外，还可能存在其他义务主体，实践中可能表现为：第一，在相关主体支付清偿款后应当获得相应的对价（如成为被让渡的股权所有人），相对方也就同样作为义务主体（如出资人权益调整时的原出资人）；第二，在一些重整计划中，管理人、法院也负有一定的责任，例如在管理人受领清偿款时，管理人负有分配清偿款的义务，在出资人权益调整时，管理人和法院应当将出资人权益按照重整计划的安排调整至新的出资人名下，并且将债务人企业的财产和营业事务移交给重整计划明确的新的控制人；第三，债权人也可能负有一定的义务，这些义务主要体现为附随义务，例如及时领取清偿款；第四，投资人的原因导致的。虽然并非重整计划的制订方，但投资人对重整计划的制订与实施都有决定性的影响。投资人的因素也会导致重整计划无法执行。

在判断是否应当终止重整计划执行时，应当明确重整计划未得到落实是否可归因于债务人一方。如果非因债务人一方，应当首先采取必要措施协调相关义务主体切实履行义务，而不宜简单地裁定终止重整计划的执行。

曼顿公司重整过程中即面临着这个问题。我国《企业破产法》对此没有作出规定，如何把握重整计划变更的条件与程序是管理人在执业过程中面临的一大挑战。本案中，我们秉持了以下原则。

第一，重整计划执行的变更程序应与重整计划草案通过的程序相同。特别是涉及债权人利益的实质性调整问题时更应当坚持这一原则。我国台湾地区"公司法"也规定，法院认可或变更修正后认可之重整计划，因情势变更或有正当理由致不能或无需执行，而尚有重整之需要，法院可应申请裁定关系人会议重新审查，程序与原来相同。本案中，重整协议的调整方案经债权人会议讨论表决，并经法院的批准后方可执行。

第二，不受重整计划变更影响的关系人无需参加表决。

对于重整计划不能落实的部分，其实际影响在具体的案件中可能是不同的，概括来讲，大致可分为两种情形：一是影响到重整计划根本目的的实现。例如，债权人未获得清偿，重整投资人未获得重整计划所安排的对债务人的接管控制。二是不影响到重整计划根本目的的实现。例如，在承诺以某部分实物财产来清偿某债权人的债权时，该部分实物财产灭失，导致对该债权人的清偿安排无法实现，但债务人已经同意参照同顺位债权的现金清偿比例予以现金清偿等。不受变更影响的关系人不需要参加表决是效率原则的体现，有利于整个重整计划的快速推进，也符合各利害关系人的意志。如若要求每一个关系人，不管有无利害关系都必须参加表决，那么债权人会议的组织、表决的通过等都会耗费更多的时间和精力，对重整计划的执行反而会产生不利影响。

（二）重整程序中公司营运价值的保存

一般而言，公司重整追求的是公司的营运价值。企业的营运价值至少包括三个方面：（1）有形资产的价值，如机器、厂房、存货等；（2）无形资产的价值，如专有技术、经验、商业计划等；（3）团队成员之间的协作关系。①而清算过程则通过清算，用清算价值对债权人提供清偿，营业价值将无法保全。

而在曼顿公司重整案中，由于原重整投资人无力继续执行重整计划，使计划执行陷入僵局。管理人迅速而有效地开展一系列工作使重整工作得以顺利进行：

（1）原重整计划规定，曼顿公司重整后主体资格不变，引入战略投资人华威公司，由战略投资人以资产评估价格为依据，以现金方式收购曼顿公司全部资产并相应持有该公司的全部股权。管理人以转让曼顿公司全部资产的对价支付破产费用和共益债务并按照《企业破产法》的规定清偿各顺序债权人。新投资人（华润公司）无意曼顿公司的继续经营，也无意继续保留曼顿公司的主体地位。在各类债权人获得清偿后将注销曼顿公司，退出市场。

在高青县人民政府和高青县人民法院的协调下，引入华润公司作为重整投资人，取代并承继了原投资人的地位。从性质上看类似于合同主体的变更。根据2016年3月31日通过并经法院裁定批准的重整计划执行方案调整的报告及华威公司、华润公司、管理人三方协议：原投资人华威公司不再担任曼顿公司重整人，由华润公司购买曼顿公司资产，偿付曼顿公司债务，不再承接曼顿公司股权。由于不涉及协议内容的调整，这极大地降低了协议变更的难度。

（2）有效地沟通原投资人（华威公司）与新投资人（华润公司），安排双方之间就初始投资的补偿及后续的权利义务问题。

（3）将曼顿公司的经营性资产与职工就业捆绑解决。

作为重整计划的一部分，将曼顿公司部分经营性资产转移给如意集团，同时如意集团接收原曼顿公司职工，整体并入如意集团。职工解除劳动合同的同时，管理人根据职工自愿原则，与职工签订就业意向书，凡愿意到如意公司继续工作的，如意公司承诺以不低于职工原工作岗位和工资待遇的条件予以接收。

曼顿公司原有资产、市场、人员继续发挥效应，实现了资源重新优化配置。曼顿公司虽然由存续性重整转化为出售式重整，但资产出售后，新的投资人通过对曼顿公司厂房、设备进行升级改造，人员得以重新录用，资源配置更加合理，重整目的实际已经全部实现。

曼顿公司以纺织为基础的资产与华润公司的经营方向并不一致，在重整过程中，管理人将部分资产出售给如意集团。如意集团将设备、生产线及曼顿公司的中层和大部分员工整体接收，使得曼顿公司原有的生产经营、销售网络、客户资源等得以全方位保留，原人力资源的价值得以继续发挥作用。虽然曼顿公司在重整模式上转变为了出售式重整，公司也最终被注销，但公司营运价值得以充分保留，有效地防止了价值的散逸。

（三）坚持能动司法的理念

时任最高人民法院院长王胜俊指出："我们所讲的能动司法，简而言之，就是发挥司法的主观能动性，积极主动地为大局服务，为经济社会发展服务。""服务性、主动

---

① Douglas G. Baird & Robert K. Rasmussen, The End of Bankruptcy, 55 Stan. L. Rev. 751, 777（2003）.

性、高效性，是能动司法的三个显著特征。"而破产案件的审理恰恰是发挥司法能动性的重要领域。

首先，从立法上看，2006 年新的《企业破产法》的通过标志着我国在建立市场化的企业退出机制方面迈出了重大一步。与原有的《企业破产法（试行）》及政策性破产的司法实践相比都有了重大创新。而重整制度作为法律移植之一更是我国初次引入，立法只为重整建立了基本框架，而其中许多具体制度和操作都有赖于实践不断探索。曼顿公司重整案也出现了诸多新问题，梳理这些问题并不断地总结经验才能够不断完善规则。

其次，从破产案件的性质上分析，破产不同于普通的诉讼案件，从企业的角度分析，破产是建立市场机制、竞争机制发挥作用的基本方式，也是服务经济社会发展的重要领域；就债权人特别是大量无担保债权人和职工债权人而言，维护社会稳定也具有重要的实践意义；从破产案件的解决上分析，法院对此类案件的审理不同于普通的对抗式的审理方式，具有"被动""消极"或"中立""谦抑"或者称为司法克制，恰恰相反，破产案件审理中法院应当运用政策考量、利益衡平、柔性司法等方式，展现服务型司法的特征；纳入能动司法的范畴内的是，推进行政调解、加强人民调解，为化解某些重大案件的执行难问题，以及为支持法院公正有效履行司法职能而获得足够的人力支持和财力支持，法院在制度框架内努力争取各地党政的统一领导、支持和协调。①

最后，从破产案件的审理上看，破产案件特别是重整案件，案件审理周期长，不仅涉及法律事项，同时也涉及商业实践，需要根据情势发展分析研判，法院应当发挥主观能动性，适用特定案件与具体情形，积极履行职责，呈现积极参与社会治理的主动型司法的特征。只有那些以某种具体和妥切的方式将刚性与灵活性完美结合在一起的法律制度，才是真正伟大的法律制度。②

把追求社会目标的实现作为司法的基本导向这是能动司法最根本，也是最富有实质性的内容。能动司法的功能，一方面，旨在从宏观上调校司法在中国政治结构中的定位，把司法活动自觉地融入社会全局的运行，通过司法所特有的功能和作用的发挥，推动社会的发展与进步；另一方面，在实际运作层面上，引导和启示法院及司法人员超越单一的法律思维以及对案件简单化认知的视野局限，关注社会总体目标的要求，关注社会发展与变化的趋势，关注我国社会现实矛盾和纠纷的复杂性，关注民生、民情和民意的总体状态，特别是注重司法行为的社会影响和社会效果，把个别化的司法行为与司法活动放置到社会目标的实现以及社会发展的大背景下予以认识和考虑，亦即在司法过程中确立并践行所谓的"大局观"。从根本上说，能动司法所体现的乃是这样一种明确的意识、这样一种思维方式以及这样一种理性自觉。相形之下，体现司法能动性的具体技术性的方式和方法倒显得并不重要，因为在这样的意识和理念的支配下，能够促成并保证法院或法官对具体方式和方法作出正确选择。相反，如果没有

---

① 苏力："关于能动司法与大调解"，载《中国法学》2010 年第 1 期。

② ［美］E. 博登海默：《法理学　法律哲学与法律方法》，邓正来译，中国政法大学出版社 2004 年版，第 424 页。

这样一种根本性的理念和导向，司法过程中即便运用了某些或某种通常被认为体现了能动司法的技术、方式或方法，也不一定能够真正体现出能动司法的实际精神。①

三、典型意义

另外从整体观察，经历重整计划后，债权人获得的清偿比例远高于其在清算状态下所能获得的清算价值，落实了企业破产法确立的"债权人最大利益原则"，实现了重整的经济效益与社会效益。

通过法院的破产程序，曼顿公司的一系列债权债务关系得到清理，实现了市场出清。职工债权与职工就业得到充分保障。市场要素得以充分利用和释放，为经济要素的重新配置奠定了基础。

管理人自2014年5月27日接受指定，至2016年5月31日曼顿公司重整计划及调整方案内容全部执行完毕，历时两年的时间。该案审理过程中，管理人在企业破产法的框架内成功地包容了诸多商业实践，在法律法规规定不足的情况下，在程序与实体方面进行了探索和创新。

该案一波三折，成功的背后凝结了高青县人民政府、高青县人民法院、管理人各方智慧，曼顿公司"重整式清算"的新模式，为淄博市乃至全国破产重整案件趟出了一条切实可行的新路子，该案全新的重整模式，也必将引起理论界和实务界的广泛关注。

除此之外，管理人还开创性地开展工作，特别是在重整计划的制订谈判以及重整计划的调整与执行中，在法律缺乏有效规定的情况下，遵循了企业破产法的基本理念与精神，多方借鉴经验，使案件能够克服诸多困难，最终获得圆满解决。值此曼顿公司重整案即将宣告结束之际，管理人回顾整个案件完成的主要工作，总结获得的经验，以期能够广泛交流，推动淄博市破产案件的审理。

---

① 顾培东："能动司法若干问题研究"，载《中国法学》2010年第4期。

塑工置业破产重整转破产清算案

【基本案情】

本案是高青县人民法院审理的首例房地产开发企业破产案件。塑工置业为一家从事房地产开发的企业，成立于 1993 年 4 月 6 日，系由原淄博塑料一厂改制设立，注册资本 2960 万元。公司因经营不善和资金短缺等原因，已停止经营，且无力清偿巨额债务，公司严重资不抵债。2015 年 4 月 8 日，高青县人民法院根据债务人塑工置业的申请，裁定受理塑工置业破产重整申请，同时指定山东大地人律师事务所担任管理人。因在 6 个月的重整期限内，管理人未能征集到战略投资人，2015 年 10 月 16 日，高青县人民法院裁定终止重整程序，宣告塑工置业破产。2019 年 4 月 10 日，高青县人民法院裁定破产程序终结，管理人将该企业注销。

一、问题焦点及解决路径

（一）对消费者购买商品房优先权的确认问题

案涉高青县芦湖温泉公馆项目，系开发的商品住宅和商业地产综合项目，截至破产受理日，共签订房屋买卖合同并网签 6 户，涉及商品房五套、洗浴中心一处，金额共计 3412 万元。

（二）解决方案

对属于消费者生活居住用房的购房款认定为具有优先权；对不属于消费者生活居住用房的购房款依法认定为普通债权，不具有优先权。

（三）法理评析

对于房地产开发企业破产涉及的各类对特定财产享有优先权债权的清偿顺位，破产实务中可援引的法律依据主要是《最高人民法院关于建设工程价款优先受偿权问题的批复》："一、人民法院在审理房地产纠纷案件和办理执行案件中，应当依照《中华人民共和国合同法》第二百八十六条的规定，认定建筑工程的承包人的优先受偿权优于抵押权和其他债权。二、消费者交付购买商品房的全部或者大部分款项后，承包人就该商品房享有的工程价款优先受偿权不得对抗买受人。"

《最高人民法院关于人民法院办理执行异议和复议案件若干问题的规定》第 29 条对消费者购买商品房阻却执行行为设置了前提条件："（一）在人民法院查封之前已签订合法有效的书面买卖合同；（二）所购商品房系用于居住且买受人名下无其他用于居住的房屋；（三）已支付的价款超过合同约定总价款的百分之五十。"

生存权高于其他权利，这是消费者购买商品房优先权处理的基本原则。在破产实务中，各地法院根据案件的具体情况，对消费者购买商品房优先权的确认，掌握的尺度不尽相同，一般更多从社会稳定的角度出发，予以从宽认定。

二、典型意义

（1）本案践行了最高人民法院有关司法解释和答复中确立的生存权高于经营权的司法原则。在房地产开发企业破产案件中，对消费者购买商品房支付的购房款给予第一顺位的优先保护；建设工程优先权、国有出让土地使用权抵押权、在建工程抵押权等对特定财产享有优先权的债权，依据相关法律和最高人民法院有关司法解释的规定确定优先顺位和权利范围。

（2）本案始终把破产企业职工债权的保护放在重要的位置予以考虑。首先，管理人提前制订了预分配方案，为保证职工债权的有效清偿，确定了破产财产变现的控制价格，破产财产经历了七次拍卖，最后三次的保留价均确定为4200万元，不再继续降价，以致破产财产拍卖历时两年半的时间；其次，仔细剖析每一项对特定财产享有优先权的债权，依法严格限定权利标的物的范围，尽最大努力为职工债权余留充足的份额；最后，对于破产案件受理前债务人与债权人签订的在建房屋抵债协议，依法确认无效，确保该部分房产变现金额用于职工债权的分配。

（3）彰显了人民政府在房地产开发企业破产案件中的重要作用。政府有关部门的支持和相应的政策倾斜对烂尾房地产项目的重新启动、对战略投资人的引进起到至关重要的作用，房地产开发企业的破产，绝大多数是烂尾房地产项目的盘活，没有当地政府的大力支持和相关部门的配合，单靠人民法院和管理人很难胜任此项工作。

威斯顿公司破产重整转清算案

【基本案情】

威斯顿公司是 2010 年成立的一家经营石化用不锈钢焊管加工项目和不锈钢制品、不锈钢管销售的企业，注册资本 3200 万元。企业成立之初，有很好的发展规划和设计，也展示了较好的盈利前景。甚至列入《2016 年市重大项目名单》：威斯顿公司特大口径超长双相、哈氏合金管项目（年产特大口径超长双相、哈氏合金管 2000 吨）。

由于不锈钢制品生产属于过剩产能，且威斯顿公司在成立和建设过程中通过高息向职工及社会公众借用大量民间资金，公司经营出现严重困难，债权人纷纷起诉，公司土地、设备等有效资产被法院采取了司法保全措施，被迫于 2014 年 8 月停止经营。山东省淄博市中级人民法院于 2016 年 5 月 14 日裁定受理威斯顿公司的破产重整申请并裁定移交高青县人民法院审理，高青县人民法院于 2016 年 10 月 19 日裁定终止威斯顿公司破产重整程序并宣告威斯顿公司破产。

一、审理过程中遇到的问题

2016 年 5 月 14 日高青县人民法院指定山东正大至诚律师事务所担任管理人，破产工作全面展开。随着案件的开展，本案中的一些特殊问题也逐步暴露，值得深入探讨。

（一）职工集资问题

职工集资款与单个职工向企业提供借款的行为不同，一般涉及面很广，具有一定程度的企业单方强制性和工人身份附属性。本案中，职工集资 35 户，确认集资款 725 万元，平均每户 20 余万元，对职工及其家庭影响极大。在案件受理过程中，职工对此问题就非常关心，并不断到政府与法院上访要求解决该问题。

在对此类债权的处理上，法院和管理人承受较大的压力，并做了大量的法律解释和安抚工作，将集资列入普通债权。根据分配方案，普通债权应清偿总额为 275 797 885.89 元，分配额为 11 412 322.58 元。清偿方案为 1 万元以下部分按 100% 比例清偿，1 万元以上部分按 3.82% 的比例清偿。普通债权人损失较大。

（二）建设工程优先权问题

建设工程优先受偿权（priority of construction project）是指承包人对于建设工程的价款就该工程折价或者拍卖的价款享有优先受偿的权利，优先于一般的债权。

涉案债权人主张的建设工程优先受偿权数额巨大，对于整个案件影响极大，考虑到债务人可变现金额有限，如果确认优先权必然对其他近百名普通债权人的利益形成挤压。对优先权问题的处理成为破产案件审理中的关键。

二、问题的解决及法律分析

（一）职工集资问题的处置

2006 年公布的《企业破产法》对破产企业向社会进行的集资款的性质问题，定性应当是清楚而明确的。但符合特定条件的集资款仍然可以纳入职工工资之类作为在第一顺序中支付，我们对此予以简要分析。

1. 职工集资款处理的相关规范

职工集资款处理的相关规范有 1986 年 12 月 2 日公布的《企业破产法（试行）》，1991 年 4 月 9 日《民事诉讼法》第 19 章，1991 年 11 月 7 日《最高人民法院关于贯彻执行〈中华人民共和国企业破产法（试行）〉若干问题的意见》，1992 年 7 月 14 日《最高人民法院关于适用〈中华人民共和国民事诉讼法〉若干问题的意见》，2002 年 7 月 18 日《最高人民法院关于审理企业破产案件若干问题的规定》以及其他司法解释的相关规定。

《企业破产法（试行）》第 37 条第 2 款第 1 项规定"破产企业所欠职工工资和劳动保险费用"作为第一顺序清偿。1991 年《民事诉讼法》第 204 条第 1 款第 1 项规定"破产企业所欠职工工资和劳动保险费用"作为第一顺序清偿。这两部法律中只规定了破产企业所欠职工工资和劳动保险费用作为第一顺序清偿，对职工集资款问题都没有作出规定。

《最高人民法院关于审理企业破产案件若干问题的规定》第 58 条第 1 款规定，债务人所欠企业职工集资款，参照《企业破产法（试行）》第 37 条第 2 款第 1 项规定的顺序清偿，但对违反法律规定的高额利息部分不予保护。由于集资增加了社会不稳定因素，在企业破产时这种不稳定因素尤其突出。企业向职工集资形成企业对职工的负债，在企业破产时，职工当然对企业享有破产债权。司法解释考虑到对职工这种弱势群体的保护，为减少社会不稳定因素，对《企业破产法（试行）》第 37 条第 2 款第 1 项规定进行了扩大解释，即将企业欠职工的集资款解释为与企业欠职工工资具有相同地位的破产债权，职工享有按照第一顺序清偿的优先受偿权。当然，这里的职工集资仅指借款本金，不违反法律规定的利息部分可以确认为破产债权，但仅属于普通债权，不能获得优先受偿。另外，职工集资不包括企业许诺给职工的高额利息，更不包括社会集资，社会集资按照普通债权处理。

这是职工集资款问题的处理方案第一次出现在我国破产相关的法律法规之中。最高人民法院的规定明确了企业破产职工集资款的处理，规范了全国法院处理破产案件时对职工集资款操作不一的问题。

2006 年公布的《企业破产法》并未涉及职工的集资款问题。2007 年 4 月 23 日《最高人民法院关于〈中华人民共和国企业破产法〉施行时尚未审结的企业破产案件适用法律若干问题的规定》，对职工集资款问题也没有明确规定，只是在第 14 条规定"企业破产法施行后，破产人的职工依据企业破产法第一百三十二条的规定主张权利的，人民法院应予支持"。

2015 年 9 月 1 日施行的《最高人民法院关于审理民间借贷案件适用法律若干问题

的规定》第12条规定，法人或者其他组织在本单位内部通过借款形式向职工筹集资金，用于本单位生产、经营，且不存在《合同法》第52条、本规定第14条规定的情形，当事人主张民间借贷合同有效的，人民法院应予支持。

通过上述法律规定演变过程可以看出，按照2002年《最高人民法院关于审理企业破产案件若干问题的规定》，职工集资债权参照破产企业所欠职工工资和劳动保险费用，按照第一顺序清偿。但2007年6月1日开始实施的《企业破产法》中并未对职工集资债权作出规定，同时《企业破产法（试行）》已经废止。2002年《最高人民法院关于审理企业破产案件若干问题的规定》却尚未废止。根据现行的《企业破产法》的规定，职工集资债权只能依照普通债权处理。2015年9月1日开始施行的《最高人民法院关于审理民间借贷案件适用法律若干问题的规定》也可以佐证。

2. 职工集资债权的认定

企业破产制度的功能在于，在企业陷入严重债务危机时，一方面公平清理债权债务，保护债权人和债务人的合法权益，最大限度维护劳动者的合法权益，维护社会稳定；另一方面通过优胜劣汰的市场竞争机制，使破产企业尽快释放生产要素，实现市场资源有效、合理的利用。

本案也面临着较大的职工上访压力。但法院和管理人多次与职工沟通释明法律，同时也严格按照法律的规则处理民间借贷案件。职工享受了投资收益，也应当承担投资的风险。管理人也希望职工在破产程序的框架下，在法治的规则下处理相关问题，理性对待可能的损失。最终职工停止上访，也在法律的范围内化解了社会矛盾。

抛开本案，我们认为涉及破产案件中职工集资的问题，应当考虑新、旧企业破产法的差异，对过渡时期的法律适用作出选择。

（1）对于2007年6月1日《企业破产法》施行前发生的职工集资债权，按照当时的法律规定，参照破产企业所欠职工工资和劳动保险费用，按照第一顺序清偿。但是，必须严格区分职工以自有资金出借给企业和通过向社会人员融资后出借给企业形成的债权。如果是职工向社会人员融资后又以获取利息为目的出借给企业，则应该依照普通债权处理。

而对于发生在2007年6月1日《企业破产法》施行后发生的职工集资债权，原则上按照民间借贷作为普通债权处理。

（2）对于实践中未经职工同意，强制从职工工资中扣除一定数额的集资行为，不管是发生在《企业破产法》实施前还是实施后，该行为事实上属于企业拖欠的职工工资，集资款也是职工工资的转化形式，因此应当按第一顺序清偿，但是职工要承担相应的举证责任。

（二）建设工程优先权问题的处置

1. 相关法律依据

1999年《合同法》286条的规定，发包人未按照约定支付价款的，承包人可以催告发包人在合理期限内支付价款。发包人逾期不支付的，除按照建设工程的性质不宜折价、拍卖的以外，承包人可以与发包人协议将该工程折价，也可以申请人民法院将该工程依法拍卖。建设工程的价款就该工程折价或者拍卖的价款优先受偿。

2002 年 6 月 20 日最高人民法院公布了《最高人民法院关于建设工程价款优先受偿权问题的批复》，对建设工程优先受偿权的几个关键问题进行了明确。（1）消费者交付购买商品房的全部或者大部分款项后，承包人就该商品享有的工程价款优先受偿权不得对抗买受人。（2）优先受偿权的范围。建筑工程价款包括承包人为建设工程应当支付的工作人员报酬、材料款等实际支出的费用，不包括承包人因发包人违约所造成的损失。（3）行使期限。建设工程承包人行使优先权的期限为 6 个月，自建设工程竣工之日或者建设工程合同约定的竣工之日起计算。

2002 年的批复远远无法应对现实生活中的争议，在此基础上，2004 年 9 月 29 日最高人民法院通过了《最高人民法院关于审理建设工程施工合同纠纷案件适用法律问题的解释》，对建设工程合同的效力、资质、工程瑕疵等问题进行了系统全面的法律指引。

2. 处置方案

第一，"建设工程价款"的认定。

根据 1999 年《合同法》和最高人民法院的批复，建筑工程价款包括承包人为建设工程应当支付的工作人员报酬、材料款等实际支出的费用，不包括承包人因发包人违约所造成的损失。债权人主张的 2388 万债权中多少属于"工作人员报酬、材料款等实际支出的费用"成为争议的焦点问题。实际支出的费用应当包括直接费用、管理费、利润、税金、规费，属于优先权范畴，而间接费用等只能作为普通债权，不享有优先权。

对于一个工程项目，无论施工进度如何，在债权人主张的全部价款中分离出"工作人员报酬、材料款等实际支出的费用"无疑具有较大的困难。债权人虽然提供了部分桩基款收据与桩基用水泥收据，但远远与自己主张的金额不相匹配。

在技术问题上，法院的裁决面临着困难。无论在一审还是二审当中，法院都更多地依靠并认可鉴定结论。在此情况下，经威斯顿公司申请，高青县人民法院技术部门委托会计司法鉴定所对威斯顿公司已完工的部分工程费用进行了鉴定。

第二，关于竣工期限和优先权的享有问题。

如果说前述问题属于技术问题，那么对竣工日期以及与此相关的优先权主张的除斥期间则是一个法律问题，也成为案件争议焦点。最高人民法院批复认为，建设工程承包人行使优先权的期限为 6 个月，自建设工程竣工之日或者建设工程合同约定的竣工之日起计算。

目前，主要根据 2011 年《全国民事审判工作会议纪要》第 26 条"非因承包人的原因，建设工程未能在约定期间内竣工，承包人依据合同法第二百八十六条规定享有的优先受偿权不受影响；承包人行使优先受偿权的期限为六个月，自建设工程合同约定的竣工之日起计算"的规定行使优先权。

三、重整向清算的转化

《企业破产法》规定了重整、和解和破产清算三个程序，并就彼此相互转换也作了规定。重整过程中如果出现法定事由，人民法院应当裁定终止重整程序或者裁定终止重整计划的执行，并宣告债务人破产，破产程序由重整转换为破产清算（见该法第

88 条、第 93 条）。最高人民法院也认为，"应充分尊重市场规律和当事人的意思自治，在充分考虑破产企业的行业状况、商业风险等市场因素的基础上，由债权人会议对破产重整重大事项依法表决，表决未通过时及时将重整转入破产清算，由管理人指导破产企业在破产中维持正常生产，尽快终结破产程序"。①

在威斯顿公司破产重整过程中，高青县人民政府、人民法院和管理人积极作为，自威斯顿公司停产，政府就积极协调，多方联系投资人。其中与淄博中科创公司、北京投资人、临淄、淄川等多家投资人洽谈。2016 年 3 月。中科创公司与高青县人民政府签订投资协议，出资 4000 万元重整，仅交纳 100 万元重整定金，但剩余重整资金迟迟未能到位。法院受理重整申请后，管理人通过中国破产信息网和中国资产信息网等多家网站发出了投资人招募公告，政府及管理人均与投资人积极洽谈。但重整进程并不顺利，无论是第三方投资人还是原有股东，均没有提出实质性改善企业经营的方案，也未能给债权人充分的偿还预期。

同时，在审计过程中发现该公司账面反映的资产、负债的真实性、完整性无法确认，并且公司财产与公司实际控制人张某峰个人财产严重混同，无法区分。以上现象表明，该公司已缺乏挽救的可能性，已不存在重整的可能。如果继续破产重整程序，会导致该公司的资产贬值，不利于债权人利益的最大化。该公司的上述行为，已明显不利于债权人债权的实现。因此 2016 年 10 月 19 日山东省高青县人民法院裁定终止威斯顿公司破产重整程序并宣告威斯顿公司破产。

四、典型意义

企业濒临破产，不仅仅是财务和经营风险的累积，更是企业存续过程中全方位风险的爆发。由于公司实际控制人财务混乱，个人财产与公司财产高度混同，财务账目不全且极度混乱，为破产案件的推动带来极大的困难。这也是投资者顾虑的一个重要方面。当信息不对称时，重整投资者会非常谨慎，会采取各种方法和手段规避风险，提出了诸多严格的条件或要求政府给予难以企及的承诺。这成为重整失败的重要原因。

在寻求外部投资无望，内部存在严重不信任的情况下，重整拯救难以实现。为防止损失进一步扩大，并通过清算释放土地、设备等生产要素，人民法院根据管理人的申请，慎重研判企业破产的困境，最终决定终止重整程序，并宣告债务人破产。破产清算是市场退出机制的重要组成部分，是有限责任和市场纪律的重要体现。

威斯顿公司破产案件中的另外一个问题是企业存在的职工集资问题。破产案件审理过程中，面临着上访和维稳的巨大压力。人民法院和管理人在其中进行了大量的法律释明和安抚工作，并成功地在《企业破产法》的框架下解决了该问题。职工也认识到了投资风险，最终接受了投资损失的后果。该案还涉及了非法集资刑事犯罪问题，实际控制人已被另案处理。

---

① 刘子阳：最高人民法院发布十起破产审判典型案例，载法制网，http://www.legaldaily.com.cn/index/content/2016-06/15/content_ 6673452_ 2.htm，最后访问日期：2016 年 8 月 11 日。

稳昇公司破产清算案

【基本案情】

稳昇公司是以棉纱、服装生产、销售，从事棉纱、椰丝、棕榈丝、藤条的批发和进出口为经营范围的公司，于 2009 年 3 月 4 日在淄博市工商行政管理局注册成立。因稳昇公司自身、市场等方面的原因，于 2015 年 12 月底进入全面停产状态。经稳昇公司申请，山东省淄博市中级人民法院于 2016 年 9 月 30 日依法受理稳昇公司破产清算一案后，将该案指定高青县人民法院审理，高青县人民法院依法指定山东天矩律师事务所为稳昇公司管理人开展工作。2017 年 9 月 19 日高青县人民法院依法裁定终结稳昇公司破产清算程序。

一、问题焦点及解决路径

（1）管理人在接收债务人资产后，发现稳昇公司的资产中存有不易保管的棉花，如果长期放置不予处理，特别是到了雨季，棉花容易返潮、变质，变现的价值面临大大降低的风险。企业破产法虽规定了对债务人不易保管的财产可由管理人及时变现处置，但是法律对如何及时处置却没有更具体的操作规定，使得在处置这些不宜保管资产上缺乏更具体的法律指导。

解决方案：考虑到上述情况，对棉花这样易变质的资产的处置，虽然没有具体的法律规定，但是法院和管理人依据《企业破产法》第 1 条"为规范企业破产程序，公平清理债权债务，保护债权人和债务人的合法权益，维护社会主义市场经济秩序"的原则性规定，由管理人在第一次债权人会议上向债权人作出情况报告，并经债权人表决通过了《关于处置稳昇公司易贬值财产的报告》，而此时距离淄博市雨季的来临已仅剩两个月时间，如果按照以往采取委托拍卖的方式，将使变现时间大大拉长，据管理人调查了解，稳昇公司现有的棉花如果经过雨水的浸泡，变现价值将不超过 3000 元。为快速处理棉花资产，确保公司资产的变现价值，管理人依据债权人会议通过的处置报告，向社会公开招标，并由管理人自行组织拍卖，由人民法院、债务人的法定代表人、棉花的质押权人以到场监督的方式将该批棉花拍卖变现。在保证资产不流失的同时以最快的速度，公开透明地处置了易变质资产，最大限度地维护了债务人、债权人的利益。

法理评析：企业一旦进入破产程序，说明其不能清偿到期债务且资产不足以清偿全部债务，而此时破产企业现有资产的变现价值关系到所有职工、债权人的合法权益能够得到多大限度的保护问题，这也是审理法院和管理人的重点工作。面对易贬值的财产，在企业破产法及司法解释缺乏具体性规定时，人民法院和管理人依据企业破产法的原则性规定，而法律原则正好可以克服法律规则的僵硬性缺陷，弥补法律规则的漏洞，充分保证个案正义。在依照原则性规定的同时充分保证债权人的权利，由债权人会议表决通过处置易贬值财产的方案，符合公开透明的原则。处置时变通拍卖流程，及时、快速对易贬值资产进行变现，避免了因破产程序时间长造成资产贬值的不利后果，符合企业破产法所体现的保护债权人和债务人的合法权益，维护社会主义市场经济秩序的基本要求。

（2）稳昇公司的资产中包含的不动产、设备资产、存货资产，因放置时间长、保管不善，资产存在不同程度的破坏，变现难度较大。变价方式需要经过债权人会议讨论制定，变价方式有时需要根据情况适时作出变更，如果每次都需召开债权人会议，则会加大债权人的负担，也会降低效率。

解决方案：考虑到资产的现状，管理人在第一次债权人会议上就上述情况向到会债权人作了详细说明，并针对问题，建议采取当资产评估总值80%以上时，管理人以协议变价方式进行资产处置，如有两个以上竞买人，再以公开竞价方式选择竞买人的处置方案，该方案经债权人会议表决通过。同时经过债权人委员会推选出债权人委员会成员，并对债权人委员会的职能予以明确和授权。就稳昇公司的不动产资产、设备资产、存货资产等，截至竞拍报名仅有一人报名竞买，根据变价方案，经过反复协商，并在债权人委员会的监督之下最终以评估价的80%处置了上述资产。事实证明，提前考虑到资产的处置难易程度并采取不同变价方式，增加协议变现方式，通常来讲，这样有利于提高变现价格，对破产人资产的及时、保价变现会起到非常关键的作用，最终达到维护债务人、债权人等各方当事人的合法权益的目的。同时充分尊重债权人意思自治，成立债权人委员会，并在法律的规定下对债权人委员会职能予以细化和明确，突出债权人委员会兼具公平与效率的价值功能与作用，有效突破了清算程序耗时长、成本高的困境，取得了较好的社会效果。

法理评析：根据《企业破产法》第111条、第112条的规定，管理人应当及时拟定破产财产变价方案，提交债权人会议讨论，并按照通过的变价方案，适时变价出售破产财产。出售破产财产应当通过拍卖进行，但是，债权人会议可另有决议。在稳昇公司资产的处置上，法院、管理人充分考虑到资产变现可能出现的情况，在法律框架下提前预想好处置方案，在第一次债权人会议上就向债权人提请表决通过，并为之后的变价、分配程序设定了决策和监督机构——债权人委员会，使整个破产清算程序在阳光下进行，也为资产的变价处置扫清了障碍，提高了效率，大大缩短了破产程序的时间，最终实现了公平清理债务，保护债权人、债务人合法权利的理想效果。

二、典型意义

稳昇公司破产清算案是一起因企业经营不善而走向破产的典型案例。该案在审理中，最主要也是最大的问题便是资产的处置问题。破产案件审理时间一般短则数月、长则数年，而破产财产也不尽相同，稳昇公司的资产面临着易贬值、变现难度大等问题，在处理上不能不考虑实际情况就机械性地采取通常的处置方式，法院、管理人在经过谨慎调查考虑后，在没有法律具体规定的前提下，适用法律原则性的规定，通过法定程序，对资产的妥善处理使该案得到了最好的处理效果。

借鉴本案的资产处置方式，对于不同企业的不同资产，不能脱离现状简单地采取拍卖这一种的方式，要突破局限性思维，在不违反法律规定的前提下，本着保护债权人、债务人合法权益，维护社会主义市场经济秩序的原则，针对不同资产性质采取多种处理模式。就本案而言，对棉花这类易变质资产，管理人突破了通常的司法拍卖模式，以最快速度变现资产，避免资产遭受更大程度的破坏。而针对机器设备等不易处置的资产，创新性地引入了协议变现方式，在保留低价的基础之上通过与竞拍人协商变价金额，以最优价格、最高效率处置破产资产，以达到最理想的效果。

因我国企业破产法制定和实施已 10 年有余，法律具有滞后性，在处理破产案件时，往往会遇到很多问题是法律规定没有涉及的，此时，对企业破产法的原则性规定的理解和适用就显得尤为重要。总览我国企业破产法及相关司法解释，企业破产需要遵从公平公正、公开透明、保护所涉各方合法权益，维护社会经济秩序的原则。在处理类似破产案件时，人民法院、管理人就企业的现实情况需及时发现问题并拟制好方案，在第一次债权人会议上，充分利用债权人会议的职能，提请会议讨论通过，提高效率，使问题迎刃而解。对于第一次债权人会议不能形成报告或决议的事项，可通过债权人会议成立债权人委员会，由债权人会议依法授权债权人委员会行使债权人会议职能，在保全债权人会议职能的基础上降低债权人履职的成本，同样符合我国企业破产法有关保护债权人利益的原则性规定。

此案的顺利审结，给之后的破产案件带来了巨大的启发，同时也希望借助此案的处理模式能够给我国企业破产法的继续完善提供实践性的借鉴意义。

永盛公司破产清算案

【基本案情】

永盛公司是以高精铝材加工、销售，铝及铝合金、短绒、单一饲料（棉皮、棉粕、豆粕）销售，棉籽、生铁、铁精粉、铁矿石、铝矿石、机电产品、焦炭、纺织品、五金建材、玩具、工艺品购销及以上产品的进出口为主营业务的公司，于2003年10月16日在高青县工商行政管理局注册成立，注册资本为1.22亿元。2013年开始，永盛公司因担保链问题陷入困境，自2014年11月起停产。其名下土地、房产建筑物等资产因债务问题被多家债权人申请法院查封尚未变现。2018年9月17日，德诺新材料公司以永盛公司累计拖欠4.78亿元不能清偿为由，向高青县人民法院提出对永盛公司进行破产清算的申请。2018年9月30日，高青县人民法院裁定受理永盛公司的破产清算案，并于2018年10月8日指定山东康桥律师事务所担任管理人；2018年12月19日，法院裁定宣告永盛公司破产；2019年7月3日，法院裁定终结永盛公司破产程序，管理人现已将永盛公司进行工商注销。永盛公司破产财产通过拍卖共变现70 372 500元，已经全部分配完毕。担保债权清偿率为21.63%，职工债权清偿率为100%，税款债权清偿率为96.96%。

一、问题焦点

（1）永盛公司总评估价值为41 416 300元的设备，已经过八次拍卖，七次降价，最后一次流拍价格为1566万元，继续进行拍卖程序将会使破产财产价值进一步流失，对债权人会造成更大的损失。

（2）如何使公司资产价值最大化以保护债权人的最大利益。

二、解决路径

（1）征得抵押债权人同意，按照分配方案采用以物抵债方式，以抵押财产最后流拍值为基础对担保债权进行分配并完成实际交付，保证了破产财产的价值最大化，有效化解了社会矛盾。

（2）积极引进当地企业同时也是永盛公司最大担保债权人淄博在河之洲房地产开发公司竞买土地、房产资产包，确保破产资产变现价值最大化，降低社会风险，有效促进资源的循环利用。

三、典型意义

本案中采取以物抵债和由担保债权人购买公司有效资产的处理方式，既盘活了公司资产，又最大化地保护了债权人的利益，可以为以后此类案件的处理提供思路。

青苑公司等六公司合并破产清算案

【基本案情】

青苑公司和标典公司分别成立于1997年和2003年，所属行业为造纸和纸制品业，为国有控股公司。蓝天公司、水青树公司、旭启公司、废品纸公司为上述二公司的子公司或关联公司。造纸业作为重要的基础原材料产业，关系到县域经济、文化、生产各个方面，其产品用于文化、教育、科技和国民经济的众多领域。且上述六公司的成立，有力地带动了就业，为高青县经济发展作出了积极贡献。

近年来，随着供给侧改革、环保关停、禁止危废等一系列产业政策的出台，公司经济效益下降，存在着职工人员多、机器设备老化、管理落后、银行贷款多、企业负债大、资不抵债等众多问题。2017年11月高青县人民政府成立预重整工作组，拟挽救青苑公司和标典公司，后因企业债务巨大及产业政策等原因，预重整工作未成功。

2019年11月30日、2020年1月17日、2020年3月2日，高青县人民法院分别作出（2019）鲁0322破申10号、11号，（2020）鲁0322破申4号、5号、6号、7号民事裁定书，裁定受理青苑公司、标典公司、蓝天公司、水青树公司、旭启公司、废品纸公司破产清算案，并分别指定青苑公司等六公司清算组担任管理人。

一、审理情况

管理人全面接管青苑公司等六公司后，随即开展债权申报、审核及财产状况调查工作。对青苑公司等六公司的出资情况、货币财产状况、债权状况等进行了详尽的调查。并委托山东博华有限责任会计师事务所、山东正信资产评估有限公司对青苑公司等六公司的资产状况进行审计、评估。本案办理中的特殊性、关键性问题及解决方案如下。

（一）关联企业实质合并破产问题

管理人在履职过程中发现青苑公司等六公司已严重丧失其法人意志独立性与财产独立性，各关联企业法人人格高度混同。如果分别清算，程序上将耗费巨大的资源用于区别不同公司的资产和负债，实体上将造成债权人之间清偿的不公平。2020年3月18日青苑公司等六公司管理人向高青县人民法院提出六公司实质合并破产申请，2020年4月7日高青县人民法院作出（2019）鲁0322破申10—11号之四；（2020）0322破申4—7号之四民事裁定书，裁定青苑公司等六公司适用关联企业实质合并破产方式进行审理。

（二）职工身份界定及职工债权核查问题

因青苑公司等六公司涉及1000余名职工债权问题，为准确界定企业破产时的职工身份，管理人根据调查债务人财务账簿凭证、工资表、考勤表、职工档案并到人社部门查证劳动合同签订情况，向公司负责劳资的相关人员调查核实情况，最终确定截至

2019 年 12 月 24 日，青苑公司、标典公司宣告破产时，在职职工 532 名。另蓝天公司、水青树公司、旭启公司、废品纸公司四公司名下无职工。

界定职工身份后，管理人立即启动职工债权核查工作。但公司存在着劳动用工不规范，相关劳动人事资料不齐全，拖欠职工社会养老保险金，拖欠工伤职工补偿金及医药费、计划生育保险费、已故职工家属抚恤金、住房公积金、集资、押金等问题，管理人克服种种困难，采取以下措施核查职工债权：一是公司财务和人事部门工作人员统计；二是管理人就职工档案、工资表、考勤表一一进行认真核实；三是与企业劳资人员、财务人员、企业负责人了解核实情况；四是深入企业与职工了解核实相关情况；五是与人力资源和社会保障部门进行积极沟通，听取行政主管部门的意见并获取相关资料；六是积极与审计、评估等机构协调配合查证；七是设立职工接待办公室接受职工的债权反映并进行统计。经全面统计，青苑公司等六公司欠缴社会保险费 2100 万元，拖欠职工经济补偿金、赔偿金等 4700 万元。

（三）接待职工来访，协助做好职工维稳工作

青苑公司等六公司自 2015 年 9 月开始欠缴 952 名职工社会养老保险费；拖欠 59 名职工的工伤补偿（其中仅 1 级至 4 级伤残职工 8 名）、拖欠职工 700 多万元的储金会存款以及职工的医药费、押金、60 余名女职工生育险费等问题，在公司破产初始，便出现了职工集中信访问题，其中百人以上集中信访达十多次。

管理人迅速启动应急预案，协助政府工作人员接待来访职工，对职工提出的要求进行详细记录，并通过电话答复和现场答疑等形式，就职工提出的问题进行解答。自 2019 年 12 月 7 日以来，管理人在政府和法院的监督指导下，接待职工来访千余次，耐心为职工解答不同的法律问题，宣传关于《企业破产法》及《劳动法》的相关法律规定，释法解惑，平息职工的情绪，依法做好职工的思想工作，依法保护职工的合法权益。

二、案件关键性问题的法律分析

（一）公司人格高度混同判断及合并破产程序的启动

2018 年最高人民法院《全国法院破产审判工作会议纪要》中对关联企业破产作出相关规定，并明确要立足于破产关联企业之间的具体关系模式，采取不同方式予以处理。既要通过实质合并审理方式处理法人人格高度混同的关联关系，确保全体债权人公平清偿，也要避免不当采用实质合并审理方式损害相关利益主体的合法权益。关于青苑公司等六公司之间存在的人事、财务、资产、管理等方面的关联性问题，管理人做了如下法律分析。

一是审慎适用实质合并破产原则。适用企业实质合并破产的前提是认定企业存在关联关系，但并不意味着只要企业间存在关联关系则一定要适用实质合并破产制度，同时要考虑确保全体债权人公平清偿因素，以及要避免不当采用实质合并破产而损害相关利益主体的合法权益。管理人经审慎调查，对青苑公司等六公司在人事、财务、资产、管理等各方面进行分析后，发现其人格存在高度混同，各关联企业间均已丧失独立人格。

二是关联企业实质合并条件的类型化判断。判断关联企业是否适用实质合并破产应重点审查如下问题。第一，关于企业资产混同，关联企业间是否存在无偿使用资金或者财产行为，资产是否存在关联企业间统一调拨情形，关联企业成员是否将购买的资产记载于其他企业成员名下情形；第二，关于企业财务混同，各关联企业财务是否清晰、独立，尤其是关联企业间业务往来是否有明确的财务记载；第三，关于企业人员、管理混同，关联企业间是否存在高管、职工等在企业之间的统一调配等。

三是适用关联企业实质合并的法律后果。因法人人格高度混同的关联关系而适用关联企业实质合并会导致：第一，各关联企业成员之间的债权债务归于消灭；第二，各关联企业被视为单一的破产债务人，各企业的债权人被视为合并后企业的债权人；第三，各关联企业的财产作为合并后统一的破产财产，由各关联企业的债权人在同一程序中按照法定顺序公平受偿。

（二）准确认定职工债权，并充分运用府院联动机制保障职工权益

企业破产清算往往牵涉众多利益主体，其中职工债权权益保障已经成为办理破产企业案件过程中最为关键的问题之一，但是，破产企业往往存在用工不规范、拖欠职工社保、补偿金，甚至违法向职工集资等问题，这些问题往往是历史遗留问题，单靠管理人的力量往往难以使上述问题得以妥善解决。破产程序中保障职工权益需要准确认定职工债权、充分发挥府院联动机制的有效作用。

一是准确界定职工债权的范围。我国《企业破产法》第113条第1款第1项规定，"破产财产在优先清偿破产费用和共益债务后，依照下列顺序清偿：破产人所欠职工的工资和医疗、伤残补助、抚恤费用，所欠的应当划入职工个人账户的基本养老保险、基本医疗保险费用，以及法律、行政法规规定应当支付给职工的补偿金"。此外，最高人民法院通过司法解释、会议纪要等形式，进一步强化对职工债权的保护。将其他职工集资款项、住房公积金等都列为职工债权优先清偿。

二是充分发挥府院联动机制的有效作用。青苑公司等六公司欠缴社会保险费约2100万元，拖欠职工经济补偿金、赔偿金等约4700万元，涉及职工1000余人，若职工权益处置不当极易引发突发性、群体性事件。办案过程中，管理人制定了职工安置维稳预案，协同政府信访部门答疑解惑，共同做好职工释法说理工作。然而，认定职工债权并不当然等同于职工债权能获得有效清偿，青苑公司等六公司不动产、设备等80%以上的资产已经设定抵押，破产财产不足以清偿全部职工债权。最终，在府院联动机制下，高青县人民政府垫款4828万元使职工问题得到妥善解决。

三、典型意义

该案是适用关联企业破产实质合并审理方式处理法人人格高度混同关联关系的典型案例，确保了全体债权人的公平清偿。同时，该案运用府院联动机制保障了职工权益，有效发挥政府作用，保障了职工债权的清偿，彰显了破产程序的制度价值。高耗能、高污染行业有序退出市场，一方面释放了企业各种生产要素，实现了要素资源拯救，另一方面也为优化营商环境提供了有效路径。

玉博琳五公司实质合并破产清算案

【基本案情】

玉博琳公司、和信公司、枋信公司、惠泽公司、博信公司（以下简称玉博琳五公司）所属行业为纺织业。主要经营范围为棉纱购销，坯布、服装加工、销售，经营本企业自产产品等。纺织业作为制造业、实体经济，是社会财富的源泉和国民经济的重要基础，也是改善人民生活的重要保障。然而，当前针织织造技术的大幅进步带来了行业的智能化转型，而玉博琳五公司未能投资智能设备、引入专业技术人员、设计人员，导致其市场竞争力下降，负债金额不断累高，负债金额巨大，企业陷入经营困境。2019年1月27日，齐商银行高青支行向高青县人民法院提出对玉博琳五公司进行破产清算的申请。2019年3月5日，高青县人民法院分别作出（2019）鲁0322破申4号、5号、6号、7号、8号民事裁定书，裁定受理玉博琳五公司破产清算申请。

一、审理情况

管理人全面接管玉博琳五公司后，在履职过程中，管理人发现玉博琳五公司存在高度关联关系，已严重丧失法人意志独立性和财产独立性，法人人格高度混同，分别清算将严重损害债权人的利益。2019年4月18日，管理人向高青县人民法院申请进行合并破产清算，高青县人民法院于2019年3月5日作出（2019）鲁0322破申4号、5号、6号、7号、8号民事裁定书，裁定对五家公司适用关联企业实质合并破产方式进行审理。随着破产工作全面展开，本案中的一些特殊问题也逐步显露出来。

（一）建设工程价款优先权问题

2007年至2009年，黄河建工公司先后为玉博琳公司、和信公司进行建设施工，玉博琳公司、和信公司先后付款1200万余元，末次付款时间为2012年6月。黄河建工公司于2018年7月、8月与玉博琳五公司实际控制人陈某倒签建设工程施工合同，确认工程款金额及分期付款支付方式，后于2018年10月31日，黄河建工公司与玉博琳公司、和信公司分别达成（2018）鲁0322民初2864号、2863号《民事调解书》，确认享有工程款及建设工程优先权。

2019年4月15日黄河建工公司依据上述调解书向管理人申报债权共计1513.57万元，要求管理人确认其享有建设工程优先权。而法院受理破产前，高青县社会保险事业中心提出第三人撤销之诉。管理人向淄博市中级人民法院提起再审，启动再审程序后经过审理，法院未支持黄河建工公司的建设工程优先权。后黄河建工公司申请检察院审判监督，该案得以妥善解决。

（二）集资债权的处理问题

根据管理人调查的情况，玉博琳五公司集资债权人共445户。管理人对集资债权人进行全面统计分析：已申报的债权中，本金债权金额10万元以下的占申报债权总额的 77.4%。本金债权金额 10 万元以上的占申报债权总额的 22.6%。集资债权人基本为高青县居民，工薪阶层居多，从债权人和企业关系看，约有一半的债权人为债务人企业职工；从地域分布看，约四分之三的债权人在高青县城居住，四分之一的债权人住高青县农村；但玉博琳五公司未抵押资产尚不足以支付职工债权及税款债权，集资债权的清偿率为零。因集资人数多，涉及面广，法院指导管理人提前制定了维稳应急工作预案，积极协同政府信访部门做好集资债权人释法说理工作，平复集资债权人对抗情绪，从而保障破产程序的顺利进行，维护社会稳定。

（三）实际控制人和股东出资义务问题

玉博琳五公司实际控制人均为陈某，其中玉博琳公司注册资金 8000 万元，股东孙某刚，实收资本 8000 万元；和信公司注册资金 7000 万元，股东陈某友，实收资本 7000 万元；枋信公司注册资金 3000 万元，股东周某，实收资本 3000 万元。以上三公司均存在股东验资后抽逃出资的问题，账面形成对山东新华隆信化工公司及玉博琳五公司相互之间的应收账款。此外，惠泽公司注册资金 5000 万元，博信公司注册资金 2000 万元，股东均未实际投资。

破产案件中管理人的重要职责之一为管理债务人财产，维持并尽可能地扩大债务人资产规模，提高债权人的清偿率，故本案中管理人及时向玉博琳五公司股东发出追缴通知，积极履行追缴实际控制人及股东未实际履行出资和追回股东抽逃出资本息的法定职责。

二、案件关键性问题的法律分析

（一）建设工程价款优先权清偿顺位

建设工程款优先权是仅次于消费者（购房人）的超级优先权。本案中玉博琳五公司债权人申报的债权即涉及债权人主张建设工程款优先权问题。根据《民法典》第807 条规定，"发包人未按照约定支付价款的，承包人可以催告发包人在合理期限内支付价款。发包人逾期不支付的，除根据建设工程的性质不宜折价、拍卖外，承包人可以与发包人协议将该工程折价，也可以请求人民法院将该工程依法拍卖。建设工程的价款就该工程折价或者拍卖的价款优先受偿"。《最高人民法院关于审理建设工程施工合同纠纷案件适用法律问题的解释（一）》第 36 条进一步规定"承包人根据民法典第八百零七条规定享有的建设工程价款优先受偿权优于抵押权和其他债权"。因此，建设工程价款享有优先于担保债权的清偿顺位。本案中涉案债权人主张的建设工程优先受偿权数额巨大，对于整个案件影响极大，如认定建设工程优先权，那么担保债权人、职工债权人及其他债权人将不能获得清偿，故管理人对债权人主张的建设工程优先权进行了审慎的审核，最终成功启动再审程序，法院对债权人主张的建设工程优先权未予支持。

（二）破产程序中集资债权的清偿

玉博琳五公司集资债权金额巨大、涉及债权人人数众多，管理人虽面临巨大压力，但关于破产程序中集资债权性质及清偿顺位应当依法严格进行分析认定。

2002 年《最高人民法院关于审理企业破产案件若干问题的规定》第 58 条第 1 款

规定，"债务人所欠企业职工集资款，参照企业破产法第三十七条第二款第（一）项规定的顺序清偿。但对违反法律规定的高额利息部分不予保护。职工向企业的投资，不属于破产债权"。但从司法实践来看，各省高级人民法院出台的有关破产案件办理规定对职工集资并没有采取"一刀切"的方式来认定其是否为职工债权，而是明确需结合个案中集资的实际情况，对相关集资进行严格审查、作实质性分析。具体应从以下方面进行分析，包括集资是否限于企业内部、是否用于企业的生产经营、是否基于营利目的，集资是否基于自愿等。而本案玉博琳五公司集资系面向社会不特定人，部分集资债权人虽系公司职工，但其为以盈利为目的自愿向企业集资，并非源于劳动身份强迫，因此，管理人并未认定上述集资债权系职工债权、未认定其优先清偿顺位。破产案件审理过程中，法院和管理人面临着上访和维稳的巨大压力，在其中对集资债权人进行了大量的法律释明和安抚工作。职工也认识到了投资风险，最终接受了投资损失的后果。该案还涉及破产案件中刑民交叉问题，公安部门启动非法集资刑事立案程序，集资债权人在该刑事案件中得到部分清偿，最终集资问题在刑事案件中得到处理。

（三）实际控制人和股东出资义务瑕疵

本案中，玉博琳五公司均存在股东瑕疵出资问题。关于股东出资义务，根据我国《公司法》第28条第2款之规定，股东应当按期足额缴纳公司章程中规定的各自所认缴的出资额；股东不按照前款规定缴纳出资的，除应当向公司足额缴纳外，还应当向已按期足额缴纳出资的股东承担违约责任。根据《最高人民法院关于适用〈中华人民共和国公司法〉若干问题的规定（二）》第22条第2款之规定，公司财产不足以清偿债务时，债权人主张未缴出资股东，以及公司设立时的其他股东或者发起人在未缴出资范围内对公司债务承担连带清偿责任的，人民法院应依法予以支持。

公司进入破产程序属于公司股东认缴出资加速到期情形，《企业破产法》第35条规定，人民法院受理破产申请后，债务人的出资人尚未完全履行出资义务的，管理人应当要求该出资人缴纳所认缴的出资，而不受出资期限的限制。《最高人民法院关于适用〈中华人民共和国企业破产法〉若干问题的规定（二）》第20条第1款规定，管理人代表债务人提起诉讼，主张出资人向债务人依法缴付未履行的出资或者返还抽逃的出资本息，出资人以认缴出资尚未届至公司章程规定的缴纳期限或者违反出资义务已经超过诉讼时效为由抗辩的，人民法院不予支持。因此，公司进入破产程序后，对于实际控制人和股东出资义务瑕疵，管理人应当履行追缴的法定职责。

三、典型意义

依法认定申报债权的性质及清偿顺位是玉博琳五公司破产案办理过程中的关键问题。所申报债权是否享有优先权不仅事关该债权人的利益，更为重要的是，在债务人财产不足以清偿全部债务的情形下，其影响全体债权人的清偿比例。因此，对于申报债权是否享有优先权，管理人应当依法审查、缜密分析、审慎认定，而不仅仅是迫于信访压力将不应当享有优先权的集资债权"一刀切"地认定为职工债权，从而使其得到优先受偿，损害其他债权人合法权益。此外，关于股东出资义务瑕疵问题的正确判断和处理，对充分维护债权人合法权益，预防逃废债等破产欺诈行为，依法推进破产程序的进行具有重大意义，管理人理应审慎对待，根据法律规定和个案情况充分调查，审慎判断，依法处理，确保依法正确履职。

第二部分

办理破产案件相关法律规定

第一章
法律法规、司法解释和规范性文件

第一节　破产法律

中华人民共和国企业破产法

（2006 年 8 月 27 日第十届全国人民代表大会常务委员会第二十三次会议通过）

第一章　总　则

第一条　为规范企业破产程序，公平清理债权债务，保护债权人和债务人的合法权益，维护社会主义市场经济秩序，制定本法。

第二条　企业法人不能清偿到期债务，并且资产不足以清偿全部债务或者明显缺乏清偿能力的，依照本法规定清理债务。

企业法人有前款规定情形，或者有明显丧失清偿能力可能的，可以依照本法规定进行重整。

第三条　破产案件由债务人住所地人民法院管辖。

第四条　破产案件审理程序，本法没有规定的，适用民事诉讼法的有关规定。

第五条　依照本法开始的破产程序，对债务人在中华人民共和国领域外的财产发生效力。

对外国法院作出的发生法律效力的破产案件的判决、裁定，涉及债务人在中华人民共和国领域内的财产，申请或者请求人民法院承认和执行的，人民法院依照中华人民共和国缔结或者参加的国际条约，或者按照互惠原则进行审查，认为不违反中华人民共和国法律的基本原则，不损害国家主权、安全和社会公共利益，不损害中华人民共和国领域内债权人的合法权益的，裁定承认和执行。

第六条　人民法院审理破产案件，应当依法保障企业职工的合法权益，依法追究破产企业经营管理人员的法律责任。

第二章　申请和受理

第一节　申　请

第七条　债务人有本法第二条规定的情形，可以向人民法院提出重整、和解或者破产清算申请。

债务人不能清偿到期债务，债权人可以向人民法院提出对债务人进行重整或者破产清算的申请。

企业法人已解散但未清算或者未清算完毕，资产不足以清偿债务的，依法负有清算责任的人应当向人民法院申请破产清算。

第八条 向人民法院提出破产申请，应当提交破产申请书和有关证据。

破产申请书应当载明下列事项：

（一）申请人、被申请人的基本情况；

（二）申请目的；

（三）申请的事实和理由；

（四）人民法院认为应当载明的其他事项。

债务人提出申请的，还应当向人民法院提交财产状况说明、债务清册、债权清册、有关财务会计报告、职工安置预案以及职工工资的支付和社会保险费用的缴纳情况。

第九条 人民法院受理破产申请前，申请人可以请求撤回申请。

第二节 受 理

第十条 债权人提出破产申请的，人民法院应当自收到申请之日起五日内通知债务人。债务人对申请有异议的，应当自收到人民法院的通知之日起七日内向人民法院提出。人民法院应当自异议期满之日起十日内裁定是否受理。

除前款规定的情形外，人民法院应当自收到破产申请之日起十五日内裁定是否受理。

有特殊情况需要延长前两款规定的裁定受理期限的，经上一级人民法院批准，可以延长十五日。

第十一条 人民法院受理破产申请的，应当自裁定作出之日起五日内送达申请人。

债权人提出申请的，人民法院应当自裁定作出之日起五日内送达债务人。债务人应当自裁定送达之日起十五日内，向人民法院提交财产状况说明、债务清册、债权清册、有关财务会计报告以及职工工资的支付和社会保险费用的缴纳情况。

第十二条 人民法院裁定不受理破产申请的，应当自裁定作出之日起五日内送达申请人并说明理由。申请人对裁定不服的，可以自裁定送达之日起十日内向上一级人民法院提起上诉。

人民法院受理破产申请后至破产宣告前，经审查发现债务人不符合本法第二条规定情形的，可以裁定驳回申请。申请人对裁定不服的，可以自裁定送达之日起十日内向上一级人民法院提起上诉。

第十三条 人民法院裁定受理破产申请的，应当同时指定管理人。

第十四条 人民法院应当自裁定受理破产申请之日起二十五日内通知已知债权人，并予以公告。

通知和公告应当载明下列事项：

（一）申请人、被申请人的名称或者姓名；

（二）人民法院受理破产申请的时间；

（三）申报债权的期限、地点和注意事项；

（四）管理人的名称或者姓名及其处理事务的地址；

（五）债务人的债务人或者财产持有人应当向管理人清偿债务或者交付财产的要求；

（六）第一次债权人会议召开的时间和地点；

（七）人民法院认为应当通知和公告的其他事项。

第十五条　自人民法院受理破产申请的裁定送达债务人之日起至破产程序终结之日，债务人的有关人员承担下列义务：

（一）妥善保管其占有和管理的财产、印章和账簿、文书等资料；

（二）根据人民法院、管理人的要求进行工作，并如实回答询问；

（三）列席债权人会议并如实回答债权人的询问；

（四）未经人民法院许可，不得离开住所地；

（五）不得新任其他企业的董事、监事、高级管理人员。

前款所称有关人员，是指企业的法定代表人；经人民法院决定，可以包括企业的财务管理人员和其他经营管理人员。

第十六条　人民法院受理破产申请后，债务人对个别债权人的债务清偿无效。

第十七条　人民法院受理破产申请后，债务人的债务人或者财产持有人应当向管理人清偿债务或者交付财产。

债务人的债务人或者财产持有人故意违反前款规定向债务人清偿债务或者交付财产，使债权人受到损失的，不免除其清偿债务或者交付财产的义务。

第十八条　人民法院受理破产申请后，管理人对破产申请受理前成立而债务人和对方当事人均未履行完毕的合同有权决定解除或者继续履行，并通知对方当事人。管理人自破产申请受理之日起二个月内未通知对方当事人，或者自收到对方当事人催告之日起三十日内未答复的，视为解除合同。

管理人决定继续履行合同的，对方当事人应当履行；但是，对方当事人有权要求管理人提供担保。管理人不提供担保的，视为解除合同。

第十九条　人民法院受理破产申请后，有关债务人财产的保全措施应当解除，执行程序应当中止。

第二十条　人民法院受理破产申请后，已经开始而尚未终结的有关债务人的民事诉讼或者仲裁应当中止；在管理人接管债务人的财产后，该诉讼或者仲裁继续进行。

第二十一条　人民法院受理破产申请后，有关债务人的民事诉讼，只能向受理破产申请的人民法院提起。

第三章　管理人

第二十二条　管理人由人民法院指定。

债权人会议认为管理人不能依法、公正执行职务或者有其他不能胜任职务情形的，可以申请人民法院予以更换。

指定管理人和确定管理人报酬的办法，由最高人民法院规定。

第二十三条　管理人依照本法规定执行职务，向人民法院报告工作，并接受债权人会议和债权人委员会的监督。

管理人应当列席债权人会议，向债权人会议报告职务执行情况，并回答询问。

第二十四条 管理人可以由有关部门、机构的人员组成的清算组或者依法设立的律师事务所、会计师事务所、破产清算事务所等社会中介机构担任。

人民法院根据债务人的实际情况，可以在征询有关社会中介机构的意见后，指定该机构具备相关专业知识并取得执业资格的人员担任管理人。

有下列情形之一的，不得担任管理人：

（一）因故意犯罪受过刑事处罚；

（二）曾被吊销相关专业执业证书；

（三）与本案有利害关系；

（四）人民法院认为不宜担任管理人的其他情形。

个人担任管理人的，应当参加执业责任保险。

第二十五条 管理人履行下列职责：

（一）接管债务人的财产、印章和账簿、文书等资料；

（二）调查债务人财产状况，制作财产状况报告；

（三）决定债务人的内部管理事务；

（四）决定债务人的日常开支和其他必要开支；

（五）在第一次债权人会议召开之前，决定继续或者停止债务人的营业；

（六）管理和处分债务人的财产；

（七）代表债务人参加诉讼、仲裁或者其他法律程序；

（八）提议召开债权人会议；

（九）人民法院认为管理人应当履行的其他职责。

本法对管理人的职责另有规定的，适用其规定。

第二十六条 在第一次债权人会议召开之前，管理人决定继续或者停止债务人的营业或者有本法第六十九条规定行为之一的，应当经人民法院许可。

第二十七条 管理人应当勤勉尽责，忠实执行职务。

第二十八条 管理人经人民法院许可，可以聘用必要的工作人员。

管理人的报酬由人民法院确定。债权人会议对管理人的报酬有异议的，有权向人民法院提出。

第二十九条 管理人没有正当理由不得辞去职务。管理人辞去职务应当经人民法院许可。

第四章　债务人财产

第三十条 破产申请受理时属于债务人的全部财产，以及破产申请受理后至破产程序终结前债务人取得的财产，为债务人财产。

第三十一条 人民法院受理破产申请前一年内，涉及债务人财产的下列行为，管理人有权请求人民法院予以撤销：

（一）无偿转让财产的；

（二）以明显不合理的价格进行交易的；

（三）对没有财产担保的债务提供财产担保的；

（四）对未到期的债务提前清偿的；

（五）放弃债权的。

第三十二条　人民法院受理破产申请前六个月内，债务人有本法第二条第一款规定的情形，仍对个别债权人进行清偿的，管理人有权请求人民法院予以撤销。但是，个别清偿使债务人财产受益的除外。

第三十三条　涉及债务人财产的下列行为无效：

（一）为逃避债务而隐匿、转移财产的；

（二）虚构债务或者承认不真实的债务的。

第三十四条　因本法第三十一条、第三十二条或者第三十三条规定的行为而取得的债务人的财产，管理人有权追回。

第三十五条　人民法院受理破产申请后，债务人的出资人尚未完全履行出资义务的，管理人应当要求该出资人缴纳所认缴的出资，而不受出资期限的限制。

第三十六条　债务人的董事、监事和高级管理人员利用职权从企业获取的非正常收入和侵占的企业财产，管理人应当追回。

第三十七条　人民法院受理破产申请后，管理人可以通过清偿债务或者提供为债权人接受的担保，取回质物、留置物。

前款规定的债务清偿或者替代担保，在质物或者留置物的价值低于被担保的债权额时，以该质物或者留置物当时的市场价值为限。

第三十八条　人民法院受理破产申请后，债务人占有的不属于债务人的财产，该财产的权利人可以通过管理人取回。但是，本法另有规定的除外。

第三十九条　人民法院受理破产申请时，出卖人已将买卖标的物向作为买受人的债务人发运，债务人尚未收到且未付清全部价款的，出卖人可以取回在运途中的标的物。但是，管理人可以支付全部价款，请求出卖人交付标的物。

第四十条　债权人在破产申请受理前对债务人负有债务的，可以向管理人主张抵销。但是，有下列情形之一的，不得抵销：

（一）债务人的债务人在破产申请受理后取得他人对债务人的债权的；

（二）债权人已知债务人有不能清偿到期债务或者破产申请的事实，对债务人负担债务的；但是，债权人因为法律规定或者有破产申请一年前所发生的原因而负担债务的除外；

（三）债务人的债务人已知债务人有不能清偿到期债务或者破产申请的事实，对债务人取得债权的；但是，债务人的债务人因为法律规定或者有破产申请一年前所发生的原因而取得债权的除外。

第五章　破产费用和共益债务

第四十一条　人民法院受理破产申请后发生的下列费用，为破产费用：

（一）破产案件的诉讼费用；

（二）管理、变价和分配债务人财产的费用；

（三）管理人执行职务的费用、报酬和聘用工作人员的费用。

第四十二条　人民法院受理破产申请后发生的下列债务，为共益债务：

（一）因管理人或者债务人请求对方当事人履行双方均未履行完毕的合同所产生的债务；

（二）债务人财产受无因管理所产生的债务；

（三）因债务人不当得利所产生的债务；

（四）为债务人继续营业而应支付的劳动报酬和社会保险费用以及由此产生的其他债务；

（五）管理人或者相关人员执行职务致人损害所产生的债务；

（六）债务人财产致人损害所产生的债务。

第四十三条　破产费用和共益债务由债务人财产随时清偿。

债务人财产不足以清偿所有破产费用和共益债务的，先行清偿破产费用。

债务人财产不足以清偿所有破产费用或者共益债务的，按照比例清偿。

债务人财产不足以清偿破产费用的，管理人应当提请人民法院终结破产程序。人民法院应当自收到请求之日起十五日内裁定终结破产程序，并予以公告。

第六章　债权申报

第四十四条　人民法院受理破产申请时对债务人享有债权的债权人，依照本法规定的程序行使权利。

第四十五条　人民法院受理破产申请后，应当确定债权人申报债权的期限。债权申报期限自人民法院发布受理破产申请公告之日起计算，最短不得少于三十日，最长不得超过三个月。

第四十六条　未到期的债权，在破产申请受理时视为到期。

附利息的债权自破产申请受理时起停止计息。

第四十七条　附条件、附期限的债权和诉讼、仲裁未决的债权，债权人可以申报。

第四十八条　债权人应当在人民法院确定的债权申报期限内向管理人申报债权。

债务人所欠职工的工资和医疗、伤残补助、抚恤费用，所欠的应当划入职工个人账户的基本养老保险、基本医疗保险费用，以及法律、行政法规规定应当支付给职工的补偿金，不必申报，由管理人调查后列出清单并予以公示。职工对清单记载有异议的，可以要求管理人更正；管理人不予更正的，职工可以向人民法院提起诉讼。

第四十九条　债权人申报债权时，应当书面说明债权的数额和有无财产担保，并提交有关证据。申报的债权是连带债权的，应当说明。

第五十条　连带债权人可以由其中一人代表全体连带债权人申报债权，也可以共同申报债权。

第五十一条　债务人的保证人或者其他连带债务人已经代替债务人清偿债务的，以其对债务人的求偿权申报债权。

债务人的保证人或者其他连带债务人尚未代替债务人清偿债务的，以其对债务人的将来求偿权申报债权。但是，债权人已经向管理人申报全部债权的除外。

第五十二条　连带债务人数人被裁定适用本法规定的程序的，其债权人有权就全部债权分别在各破产案件中申报债权。

第五十三条　管理人或者债务人依照本法规定解除合同的，对方当事人以因合同解除所产生的损害赔偿请求权申报债权。

第五十四条　债务人是委托合同的委托人，被裁定适用本法规定的程序，受托人不知该事实，继续处理委托事务的，受托人以由此产生的请求权申报债权。

第五十五条　债务人是票据的出票人，被裁定适用本法规定的程序，该票据的付款人继续付款或者承兑的，付款人以由此产生的请求权申报债权。

第五十六条　在人民法院确定的债权申报期限内，债权人未申报债权的，可以在破产财产最后分配前补充申报；但是，此前已进行的分配，不再对其补充分配。为审查和确认补充申报债权的费用，由补充申报人承担。

债权人未依照本法规定申报债权的，不得依照本法规定的程序行使权利。

第五十七条　管理人收到债权申报材料后，应当登记造册，对申报的债权进行审查，并编制债权表。

债权表和债权申报材料由管理人保存，供利害关系人查阅。

第五十八条　依照本法第五十七条规定编制的债权表，应当提交第一次债权人会议核查。

债务人、债权人对债权表记载的债权无异议的，由人民法院裁定确认。

债务人、债权人对债权表记载的债权有异议的，可以向受理破产申请的人民法院提起诉讼。

第七章　债权人会议

第一节　一般规定

第五十九条　依法申报债权的债权人为债权人会议的成员，有权参加债权人会议，享有表决权。

债权尚未确定的债权人，除人民法院能够为其行使表决权而临时确定债权额的外，不得行使表决权。

对债务人的特定财产享有担保权的债权人，未放弃优先受偿权利的，对于本法第六十一条第一款第七项、第十项规定的事项不享有表决权。

债权人可以委托代理人出席债权人会议，行使表决权。代理人出席债权人会议，应当向人民法院或者债权人会议主席提交债权人的授权委托书。

债权人会议应当有债务人的职工和工会的代表参加，对有关事项发表意见。

第六十条　债权人会议设主席一人，由人民法院从有表决权的债权人中指定。

债权人会议主席主持债权人会议。

第六十一条　债权人会议行使下列职权：

（一）核查债权；

（二）申请人民法院更换管理人，审查管理人的费用和报酬；

（三）监督管理人；

（四）选任和更换债权人委员会成员；

（五）决定继续或者停止债务人的营业；

（六）通过重整计划；

（七）通过和解协议；

（八）通过债务人财产的管理方案；

（九）通过破产财产的变价方案；

（十）通过破产财产的分配方案；

（十一）人民法院认为应当由债权人会议行使的其他职权。

债权人会议应当对所议事项的决议作成会议记录。

第六十二条 第一次债权人会议由人民法院召集，自债权申报期限届满之日起十五日内召开。

以后的债权人会议，在人民法院认为必要时，或者管理人、债权人委员会、占债权总额四分之一以上的债权人向债权人会议主席提议时召开。

第六十三条 召开债权人会议，管理人应当提前十五日通知已知的债权人。

第六十四条 债权人会议的决议，由出席会议的有表决权的债权人过半数通过，并且其所代表的债权额占无财产担保债权总额的二分之一以上。但是，本法另有规定的除外。

债权人认为债权人会议的决议违反法律规定，损害其利益的，可以自债权人会议作出决议之日起十五日内，请求人民法院裁定撤销该决议，责令债权人会议依法重新作出决议。

债权人会议的决议，对于全体债权人均有约束力。

第六十五条 本法第六十一条第一款第八项、第九项所列事项，经债权人会议表决未通过的，由人民法院裁定。

本法第六十一条第一款第十项所列事项，经债权人会议二次表决仍未通过的，由人民法院裁定。

对前两款规定的裁定，人民法院可以在债权人会议上宣布或者另行通知债权人。

第六十六条 债权人对人民法院依照本法第六十五条第一款作出的裁定不服的，债权额占无财产担保债权总额二分之一以上的债权人对人民法院依照本法第六十五条第二款作出的裁定不服的，可以自裁定宣布之日或者收到通知之日起十五日内向该人民法院申请复议。复议期间不停止裁定的执行。

第二节 债权人委员会

第六十七条 债权人会议可以决定设立债权人委员会。债权人委员会由债权人会议选任的债权人代表和一名债务人的职工代表或者工会代表组成。债权人委员会成员不得超过九人。

债权人委员会成员应当经人民法院书面决定认可。

第六十八条 债权人委员会行使下列职权：

（一）监督债务人财产的管理和处分；

（二）监督破产财产分配；

（三）提议召开债权人会议；

（四）债权人会议委托的其他职权。

债权人委员会执行职务时，有权要求管理人、债务人的有关人员对其职权范围内的事务作出说明或者提供有关文件。

管理人、债务人的有关人员违反本法规定拒绝接受监督的，债权人委员会有权就监督事项请求人民法院作出决定；人民法院应当在五日内作出决定。

第六十九条　管理人实施下列行为，应当及时报告债权人委员会：

（一）涉及土地、房屋等不动产权益的转让；

（二）探矿权、采矿权、知识产权等财产权的转让；

（三）全部库存或者营业的转让；

（四）借款；

（五）设定财产担保；

（六）债权和有价证券的转让；

（七）履行债务人和对方当事人均未履行完毕的合同；

（八）放弃权利；

（九）担保物的取回；

（十）对债权人利益有重大影响的其他财产处分行为。

未设立债权人委员会的，管理人实施前款规定的行为应当及时报告人民法院。

第八章　重　整

第一节　重整申请和重整期间

第七十条　债务人或者债权人可以依照本法规定，直接向人民法院申请对债务人进行重整。

债权人申请对债务人进行破产清算的，在人民法院受理破产申请后、宣告债务人破产前，债务人或者出资额占债务人注册资本十分之一以上的出资人，可以向人民法院申请重整。

第七十一条　人民法院经审查认为重整申请符合本法规定的，应当裁定债务人重整，并予以公告。

第七十二条　自人民法院裁定债务人重整之日起至重整程序终止，为重整期间。

第七十三条　在重整期间，经债务人申请，人民法院批准，债务人可以在管理人的监督下自行管理财产和营业事务。

有前款规定情形的，依照本法规定已接管债务人财产和营业事务的管理人应当向债务人移交财产和营业事务，本法规定的管理人的职权由债务人行使。

第七十四条　管理人负责管理财产和营业事务的，可以聘任债务人的经营管理人员负责营业事务。

第七十五条　在重整期间，对债务人的特定财产享有的担保权暂停行使。但是，担保物有损坏或者价值明显减少的可能，足以危害担保权人权利的，担保权人可以向人民法院请求恢复行使担保权。

在重整期间，债务人或者管理人为继续营业而借款的，可以为该借款设定担保。

第七十六条 债务人合法占有的他人财产，该财产的权利人在重整期间要求取回的，应当符合事先约定的条件。

第七十七条 在重整期间，债务人的出资人不得请求投资收益分配。

在重整期间，债务人的董事、监事、高级管理人员不得向第三人转让其持有的债务人的股权。但是，经人民法院同意的除外。

第七十八条 在重整期间，有下列情形之一的，经管理人或者利害关系人请求，人民法院应当裁定终止重整程序，并宣告债务人破产：

（一）债务人的经营状况和财产状况继续恶化，缺乏挽救的可能性；

（二）债务人有欺诈、恶意减少债务人财产或者其他显著不利于债权人的行为；

（三）由于债务人的行为致使管理人无法执行职务。

第二节 重整计划的制定和批准

第七十九条 债务人或者管理人应当自人民法院裁定债务人重整之日起六个月内，同时向人民法院和债权人会议提交重整计划草案。

前款规定的期限届满，经债务人或者管理人请求，有正当理由的，人民法院可以裁定延期三个月。

债务人或者管理人未按期提出重整计划草案的，人民法院应当裁定终止重整程序，并宣告债务人破产。

第八十条 债务人自行管理财产和营业事务的，由债务人制作重整计划草案。

管理人负责管理财产和营业事务的，由管理人制作重整计划草案。

第八十一条 重整计划草案应当包括下列内容：

（一）债务人的经营方案；

（二）债权分类；

（三）债权调整方案；

（四）债权受偿方案；

（五）重整计划的执行期限；

（六）重整计划执行的监督期限；

（七）有利于债务人重整的其他方案。

第八十二条 下列各类债权的债权人参加讨论重整计划草案的债权人会议，依照下列债权分类，分组对重整计划草案进行表决：

（一）对债务人的特定财产享有担保权的债权；

（二）债务人所欠职工的工资和医疗、伤残补助、抚恤费用，所欠的应当划入职工个人账户的基本养老保险、基本医疗保险费用，以及法律、行政法规规定应当支付给职工的补偿金；

（三）债务人所欠税款；

（四）普通债权。

人民法院在必要时可以决定在普通债权组中设小额债权组对重整计划草案进行

表决。

第八十三条　重整计划不得规定减免债务人欠缴的本法第八十二条第一款第二项规定以外的社会保险费用；该项费用的债权人不参加重整计划草案的表决。

第八十四条　人民法院应当自收到重整计划草案之日起三十日内召开债权人会议，对重整计划草案进行表决。

出席会议的同一表决组的债权人过半数同意重整计划草案，并且其所代表的债权额占该组债权总额的三分之二以上的，即为该组通过重整计划草案。

债务人或者管理人应当向债权人会议就重整计划草案作出说明，并回答询问。

第八十五条　债务人的出资人代表可以列席讨论重整计划草案的债权人会议。

重整计划草案涉及出资人权益调整事项的，应当设出资人组，对该事项进行表决。

第八十六条　各表决组均通过重整计划草案时，重整计划即为通过。

自重整计划通过之日起十日内，债务人或者管理人应当向人民法院提出批准重整计划的申请。人民法院经审查认为符合本法规定的，应当自收到申请之日起三十日内裁定批准，终止重整程序，并予以公告。

第八十七条　部分表决组未通过重整计划草案的，债务人或者管理人可以同未通过重整计划草案的表决组协商。该表决组可以在协商后再表决一次。双方协商的结果不得损害其他表决组的利益。

未通过重整计划草案的表决组拒绝再次表决或者再次表决仍未通过重整计划草案，但重整计划草案符合下列条件的，债务人或者管理人可以申请人民法院批准重整计划草案：

（一）按照重整计划草案，本法第八十二条第一款第一项所列债权就该特定财产将获得全额清偿，其因延期清偿所受的损失将得到公平补偿，并且其担保权未受到实质性损害，或者该表决组已经通过重整计划草案；

（二）按照重整计划草案，本法第八十二条第一款第二项、第三项所列债权将获得全额清偿，或者相应表决组已经通过重整计划草案；

（三）按照重整计划草案，普通债权所获得的清偿比例，不低于其在重整计划草案被提请批准时依照破产清算程序所能获得的清偿比例，或者该表决组已经通过重整计划草案；

（四）重整计划草案对出资人权益的调整公平、公正，或者出资人组已经通过重整计划草案；

（五）重整计划草案公平对待同一表决组的成员，并且所规定的债权清偿顺序不违反本法第一百一十三条的规定；

（六）债务人的经营方案具有可行性。

人民法院经审查认为重整计划草案符合前款规定的，应当自收到申请之日起三十日内裁定批准，终止重整程序，并予以公告。

第八十八条　重整计划草案未获得通过且未依照本法第八十七条的规定获得批准，或者已通过的重整计划未获得批准的，人民法院应当裁定终止重整程序，并宣告债务人破产。

第三节　重整计划的执行

第八十九条　重整计划由债务人负责执行。

人民法院裁定批准重整计划后，已接管财产和营业事务的管理人应当向债务人移交财产和营业事务。

第九十条　自人民法院裁定批准重整计划之日起，在重整计划规定的监督期内，由管理人监督重整计划的执行。

在监督期内，债务人应当向管理人报告重整计划执行情况和债务人财务状况。

第九十一条　监督期届满时，管理人应当向人民法院提交监督报告。自监督报告提交之日起，管理人的监督职责终止。

管理人向人民法院提交的监督报告，重整计划的利害关系人有权查阅。

经管理人申请，人民法院可以裁定延长重整计划执行的监督期限。

第九十二条　经人民法院裁定批准的重整计划，对债务人和全体债权人均有约束力。

债权人未依照本法规定申报债权的，在重整计划执行期间不得行使权利；在重整计划执行完毕后，可以按照重整计划规定的同类债权的清偿条件行使权利。

债权人对债务人的保证人和其他连带债务人所享有的权利，不受重整计划的影响。

第九十三条　债务人不能执行或者不执行重整计划的，人民法院经管理人或者利害关系人请求，应当裁定终止重整计划的执行，并宣告债务人破产。

人民法院裁定终止重整计划执行的，债权人在重整计划中作出的债权调整的承诺失去效力。债权人因执行重整计划所受的清偿仍然有效，债权未受清偿的部分作为破产债权。

前款规定的债权人，只有在其他同顺位债权人同自己所受的清偿达到同一比例时，才能继续接受分配。

有本条第一款规定情形的，为重整计划的执行提供的担保继续有效。

第九十四条　按照重整计划减免的债务，自重整计划执行完毕时起，债务人不再承担清偿责任。

第九章　和　解

第九十五条　债务人可以依照本法规定，直接向人民法院申请和解；也可以在人民法院受理破产申请后、宣告债务人破产前，向人民法院申请和解。

债务人申请和解，应当提出和解协议草案。

第九十六条　人民法院经审查认为和解申请符合本法规定的，应当裁定和解，予以公告，并召集债权人会议讨论和解协议草案。

对债务人的特定财产享有担保权的权利人，自人民法院裁定和解之日起可以行使权利。

第九十七条　债权人会议通过和解协议的决议，由出席会议的有表决权的债权人过半数同意，并且其所代表的债权额占无财产担保债权总额的三分之二以上。

第九十八条 债权人会议通过和解协议的，由人民法院裁定认可，终止和解程序，并予以公告。管理人应当向债务人移交财产和营业事务，并向人民法院提交执行职务的报告。

第九十九条 和解协议草案经债权人会议表决未获得通过，或者已经债权人会议通过的和解协议未获得人民法院认可的，人民法院应当裁定终止和解程序，并宣告债务人破产。

第一百条 经人民法院裁定认可的和解协议，对债务人和全体和解债权人均有约束力。

和解债权人是指人民法院受理破产申请时对债务人享有无财产担保债权的人。

和解债权人未依照本法规定申报债权的，在和解协议执行期间不得行使权利；在和解协议执行完毕后，可以按照和解协议规定的清偿条件行使权利。

第一百零一条 和解债权人对债务人的保证人和其他连带债务人所享有的权利，不受和解协议的影响。

第一百零二条 债务人应当按照和解协议规定的条件清偿债务。

第一百零三条 因债务人的欺诈或者其他违法行为而成立的和解协议，人民法院应当裁定无效，并宣告债务人破产。

有前款规定情形的，和解债权人因执行和解协议所受的清偿，在其他债权人所受清偿同等比例的范围内，不予返还。

第一百零四条 债务人不能执行或者不执行和解协议的，人民法院经和解债权人请求，应当裁定终止和解协议的执行，并宣告债务人破产。

人民法院裁定终止和解协议执行的，和解债权人在和解协议中作出的债权调整的承诺失去效力。和解债权人因执行和解协议所受的清偿仍然有效，和解债权未受清偿的部分作为破产债权。

前款规定的债权人，只有在其他债权人同自己所受的清偿达到同一比例时，才能继续接受分配。

有本条第一款规定情形的，为和解协议的执行提供的担保继续有效。

第一百零五条 人民法院受理破产申请后，债务人与全体债权人就债权债务的处理自行达成协议的，可以请求人民法院裁定认可，并终结破产程序。

第一百零六条 按照和解协议减免的债务，自和解协议执行完毕时起，债务人不再承担清偿责任。

第十章 破产清算

第一节 破产宣告

第一百零七条 人民法院依照本法规定宣告债务人破产的，应当自裁定作出之日起五日内送达债务人和管理人，自裁定作出之日起十日内通知已知债权人，并予以公告。

债务人被宣告破产后，债务人称为破产人，债务人财产称为破产财产，人民法院受理破产申请时对债务人享有的债权称为破产债权。

第一百零八条 破产宣告前，有下列情形之一的，人民法院应当裁定终结破产程序，并予以公告：

（一）第三人为债务人提供足额担保或者为债务人清偿全部到期债务的；

（二）债务人已清偿全部到期债务的。

第一百零九条 对破产人的特定财产享有担保权的权利人，对该特定财产享有优先受偿的权利。

第一百一十条 享有本法第一百零九条规定权利的债权人行使优先受偿权利未能完全受偿的，其未受偿的债权作为普通债权；放弃优先受偿权利的，其债权作为普通债权。

第二节　变价和分配

第一百一十一条 管理人应当及时拟订破产财产变价方案，提交债权人会议讨论。

管理人应当按照债权人会议通过的或者人民法院依照本法第六十五条第一款规定裁定的破产财产变价方案，适时变价出售破产财产。

第一百一十二条 变价出售破产财产应当通过拍卖进行。但是，债权人会议另有决议的除外。

破产企业可以全部或者部分变价出售。企业变价出售时，可以将其中的无形资产和其他财产单独变价出售。

按照国家规定不能拍卖或者限制转让的财产，应当按照国家规定的方式处理。

第一百一十三条 破产财产在优先清偿破产费用和共益债务后，依照下列顺序清偿：

（一）破产人所欠职工的工资和医疗、伤残补助、抚恤费用，所欠的应当划入职工个人账户的基本养老保险、基本医疗保险费用，以及法律、行政法规规定应当支付给职工的补偿金；

（二）破产人欠缴的除前项规定以外的社会保险费用和破产人所欠税款；

（三）普通破产债权。

破产财产不足以清偿同一顺序的清偿要求的，按照比例分配。

破产企业的董事、监事和高级管理人员的工资按照该企业职工的平均工资计算。

第一百一十四条 破产财产的分配应当以货币分配方式进行。但是，债权人会议另有决议的除外。

第一百一十五条 管理人应当及时拟订破产财产分配方案，提交债权人会议讨论。

破产财产分配方案应当载明下列事项：

（一）参加破产财产分配的债权人名称或者姓名、住所；

（二）参加破产财产分配的债权额；

（三）可供分配的破产财产数额；

（四）破产财产分配的顺序、比例及数额；

（五）实施破产财产分配的方法。

债权人会议通过破产财产分配方案后，由管理人将该方案提请人民法院裁定认可。

第一百一十六条 破产财产分配方案经人民法院裁定认可后，由管理人执行。

管理人按照破产财产分配方案实施多次分配的，应当公告本次分配的财产额和债权额。管理人实施最后分配的，应当在公告中指明，并载明本法第一百一十七条第二款规定的事项。

第一百一十七条　对于附生效条件或者解除条件的债权，管理人应当将其分配额提存。

管理人依照前款规定提存的分配额，在最后分配公告日，生效条件未成就或者解除条件成就的，应当分配给其他债权人；在最后分配公告日，生效条件成就或者解除条件未成就的，应当交付给债权人。

第一百一十八条　债权人未受领的破产财产分配额，管理人应当提存。债权人自最后分配公告之日起满二个月仍不领取的，视为放弃受领分配的权利，管理人或者人民法院应当将提存的分配额分配给其他债权人。

第一百一十九条　破产财产分配时，对于诉讼或者仲裁未决的债权，管理人应当将其分配额提存。自破产程序终结之日起满二年仍不能受领分配的，人民法院应当将提存的分配额分配给其他债权人。

第三节　破产程序的终结

第一百二十条　破产人无财产可供分配的，管理人应当请求人民法院裁定终结破产程序。

管理人在最后分配完结后，应当及时向人民法院提交破产财产分配报告，并提请人民法院裁定终结破产程序。

人民法院应当自收到管理人终结破产程序的请求之日起十五日内作出是否终结破产程序的裁定。裁定终结的，应当予以公告。

第一百二十一条　管理人应当自破产程序终结之日起十日内，持人民法院终结破产程序的裁定，向破产人的原登记机关办理注销登记。

第一百二十二条　管理人于办理注销登记完毕的次日终止执行职务。但是，存在诉讼或者仲裁未决情况的除外。

第一百二十三条　自破产程序依照本法第四十三条第四款或者第一百二十条的规定终结之日起二年内，有下列情形之一的，债权人可以请求人民法院按照破产财产分配方案进行追加分配：

（一）发现有依照本法第三十一条、第三十二条、第三十三条、第三十六条规定应当追回的财产的；

（二）发现破产人有应当供分配的其他财产的。

有前款规定情形，但财产数量不足以支付分配费用的，不再进行追加分配，由人民法院将其上交国库。

第一百二十四条　破产人的保证人和其他连带债务人，在破产程序终结后，对债权人依照破产清算程序未受清偿的债权，依法继续承担清偿责任。

第十一章　法律责任

第一百二十五条　企业董事、监事或者高级管理人员违反忠实义务、勤勉义务，致使所在企业破产的，依法承担民事责任。

有前款规定情形的人员，自破产程序终结之日起三年内不得担任任何企业的董事、监事、高级管理人员。

第一百二十六条　有义务列席债权人会议的债务人的有关人员，经人民法院传唤，无正当理由拒不列席债权人会议的，人民法院可以拘传，并依法处以罚款。债务人的有关人员违反本法规定，拒不陈述、回答，或者作虚假陈述、回答的，人民法院可以依法处以罚款。

第一百二十七条　债务人违反本法规定，拒不向人民法院提交或者提交不真实的财产状况说明、债务清册、债权清册、有关财务会计报告以及职工工资的支付情况和社会保险费用的缴纳情况的，人民法院可以对直接责任人员依法处以罚款。

债务人违反本法规定，拒不向管理人移交财产、印章和账簿、文书等资料的，或者伪造、销毁有关财产证据材料而使财产状况不明的，人民法院可以对直接责任人员依法处以罚款。

第一百二十八条　债务人有本法第三十一条、第三十二条、第三十三条规定的行为，损害债权人利益的，债务人的法定代表人和其他直接责任人员依法承担赔偿责任。

第一百二十九条　债务人的有关人员违反本法规定，擅自离开住所地的，人民法院可以予以训诫、拘留，可以依法并处罚款。

第一百三十条　管理人未依照本法规定勤勉尽责，忠实执行职务的，人民法院可以依法处以罚款；给债权人、债务人或者第三人造成损失的，依法承担赔偿责任。

第一百三十一条　违反本法规定，构成犯罪的，依法追究刑事责任。

第十二章　附　则

第一百三十二条　本法施行后，破产人在本法公布之日前所欠职工的工资和医疗、伤残补助、抚恤费用，所欠的应当划入职工个人账户的基本养老保险、基本医疗保险费用，以及法律、行政法规规定应当支付给职工的补偿金，依照本法第一百一十三条的规定清偿后不足以清偿的部分，以本法第一百零九条规定的特定财产优先于对该特定财产享有担保权的权利人受偿。

第一百三十三条　在本法施行前国务院规定的期限和范围内的国有企业实施破产的特殊事宜，按照国务院有关规定办理。

第一百三十四条　商业银行、证券公司、保险公司等金融机构有本法第二条规定情形的，国务院金融监督管理机构可以向人民法院提出对该金融机构进行重整或者破产清算的申请。国务院金融监督管理机构依法对出现重大经营风险的金融机构采取接管、托管等措施的，可以向人民法院申请中止以该金融机构为被告或者被执行人的民事诉讼程序或者执行程序。

金融机构实施破产的，国务院可以依据本法和其他有关法律的规定制定实施办法。

第一百三十五条　其他法律规定企业法人以外的组织的清算，属于破产清算的，参照适用本法规定的程序。

第一百三十六条　本法自2007年6月1日起施行，《中华人民共和国企业破产法（试行）》同时废止。

中华人民共和国公司法

(1993 年 12 月 29 日第八届全国人民代表大会常务委员会第五次会议通过　根据 1999 年 12 月 25 日第九届全国人民代表大会常务委员会第十三次会议《关于修改〈中华人民共和国公司法〉的决定》第一次修正　根据 2004 年 8 月 28 日第十届全国人民代表大会常务委员会第十一次会议《关于修改〈中华人民共和国公司法〉的决定》第二次修正　2005 年 10 月 27 日第十届全国人民代表大会常务委员会第十八次会议修订　根据 2013 年 12 月 28 日第十二届全国人民代表大会常务委员会第六次会议《关于修改〈中华人民共和国海洋环境保护法〉等七部法律的决定》第三次修正　根据 2018 年 10 月 26 日第十三届全国人民代表大会常务委员会第六次会议《关于修改〈中华人民共和国公司法〉的决定》第四次修正)

第一章　总　则

第一条　【立法宗旨】为了规范公司的组织和行为，保护公司、股东和债权人的合法权益，维护社会经济秩序，促进社会主义市场经济的发展，制定本法。

第二条　【调整对象】本法所称公司是指依照本法在中国境内设立的有限责任公司和股份有限公司。

第三条　【公司界定及股东责任】公司是企业法人，有独立的法人财产，享有法人财产权。公司以其全部财产对公司的债务承担责任。

有限责任公司的股东以其认缴的出资额为限对公司承担责任；股份有限公司的股东以其认购的股份为限对公司承担责任。

第四条　【股东权利】公司股东依法享有资产收益、参与重大决策和选择管理者等权利。

第五条　【公司义务及权益保护】公司从事经营活动，必须遵守法律、行政法规，遵守社会公德、商业道德，诚实守信，接受政府和社会公众的监督，承担社会责任。

公司的合法权益受法律保护，不受侵犯。

第六条　【公司登记】设立公司，应当依法向公司登记机关申请设立登记。符合本法规定的设立条件的，由公司登记机关分别登记为有限责任公司或者股份有限公司；不符合本法规定的设立条件的，不得登记为有限责任公司或者股份有限公司。

法律、行政法规规定设立公司必须报经批准的，应当在公司登记前依法办理批准手续。

公众可以向公司登记机关申请查询公司登记事项，公司登记机关应当提供查询服务。

第七条　【营业执照】依法设立的公司，由公司登记机关发给公司营业执照。公司营业执照签发日期为公司成立日期。

公司营业执照应当载明公司的名称、住所、注册资本、经营范围、法定代表人姓名等事项。

公司营业执照记载的事项发生变更的，公司应当依法办理变更登记，由公司登记机关换发营业执照。

第八条 【公司名称】依照本法设立的有限责任公司，必须在公司名称中标明有限责任公司或者有限公司字样。

依照本法设立的股份有限公司，必须在公司名称中标明股份有限公司或者股份公司字样。

第九条 【公司形式变更】有限责任公司变更为股份有限公司，应当符合本法规定的股份有限公司的条件。股份有限公司变更为有限责任公司，应当符合本法规定的有限责任公司的条件。

有限责任公司变更为股份有限公司的，或者股份有限公司变更为有限责任公司的，公司变更前的债权、债务由变更后的公司承继。

第十条 【公司住所】公司以其主要办事机构所在地为住所。

第十一条 【公司章程】设立公司必须依法制定公司章程。公司章程对公司、股东、董事、监事、高级管理人员具有约束力。

第十二条 【经营范围】公司的经营范围由公司章程规定，并依法登记。公司可以修改公司章程，改变经营范围，但是应当办理变更登记。

公司的经营范围中属于法律、行政法规规定须经批准的项目，应当依法经过批准。

第十三条 【法定代表人】公司法定代表人依照公司章程的规定，由董事长、执行董事或者经理担任，并依法登记。公司法定代表人变更，应当办理变更登记。

第十四条 【分公司与子公司】公司可以设立分公司。设立分公司，应当向公司登记机关申请登记，领取营业执照。分公司不具有法人资格，其民事责任由公司承担。

公司可以设立子公司，子公司具有法人资格，依法独立承担民事责任。

第十五条 【转投资】公司可以向其他企业投资；但是，除法律另有规定外，不得成为对所投资企业的债务承担连带责任的出资人。

第十六条 【公司担保】公司向其他企业投资或者为他人提供担保，依照公司章程的规定，由董事会或者股东会、股东大会决议；公司章程对投资或者担保的总额及单项投资或者担保的数额有限额规定的，不得超过规定的限额。

公司为公司股东或者实际控制人提供担保的，必须经股东会或者股东大会决议。

前款规定的股东或者受前款规定的实际控制人支配的股东，不得参加前款规定事项的表决。该项表决由出席会议的其他股东所持表决权的过半数通过。

第十七条 【职工权益保护与职业教育】公司必须保护职工的合法权益，依法与职工签订劳动合同，参加社会保险，加强劳动保护，实现安全生产。

公司应当采用多种形式，加强公司职工的职业教育和岗位培训，提高职工素质。

第十八条 【工会】公司职工依照《中华人民共和国工会法》组织工会，开展工会活动，维护职工合法权益。公司应当为本公司工会提供必要的活动条件。公司工会代表职工就职工的劳动报酬、工作时间、福利、保险和劳动安全卫生等事项依法与公司签订集体合同。

公司依照宪法和有关法律的规定，通过职工代表大会或者其他形式，实行民主管理。

公司研究决定改制以及经营方面的重大问题、制定重要的规章制度时，应当听取公司工会的意见，并通过职工代表大会或者其他形式听取职工的意见和建议。

第十九条 【党组织】在公司中，根据中国共产党章程的规定，设立中国共产党的组织，开展党的活动。公司应当为党组织的活动提供必要条件。

第二十条 【股东禁止行为】公司股东应当遵守法律、行政法规和公司章程，依法行使股东权利，不得滥用股东权利损害公司或者其他股东的利益；不得滥用公司法人独立地位和股东有限责任损害公司债权人的利益。

公司股东滥用股东权利给公司或者其他股东造成损失的，应当依法承担赔偿责任。

公司股东滥用公司法人独立地位和股东有限责任，逃避债务，严重损害公司债权人利益的，应当对公司债务承担连带责任。

第二十一条 【禁止关联交易】公司的控股股东、实际控制人、董事、监事、高级管理人员不得利用其关联关系损害公司利益。

违反前款规定，给公司造成损失的，应当承担赔偿责任。

第二十二条 【公司决议的无效或被撤销】公司股东会或者股东大会、董事会的决议内容违反法律、行政法规的无效。

股东会或者股东大会、董事会的会议召集程序、表决方式违反法律、行政法规或者公司章程，或者决议内容违反公司章程的，股东可以自决议作出之日起六十日内，请求人民法院撤销。

股东依照前款规定提起诉讼的，人民法院可以应公司的请求，要求股东提供相应担保。

公司根据股东会或者股东大会、董事会决议已办理变更登记的，人民法院宣告该决议无效或者撤销该决议后，公司应当向公司登记机关申请撤销变更登记。

第二章 有限责任公司的设立和组织机构

第一节 设 立

第二十三条 【有限责任公司的设立条件】设立有限责任公司，应当具备下列条件：

（一）股东符合法定人数；

（二）有符合公司章程规定的全体股东认缴的出资额；

（三）股东共同制定公司章程；

（四）有公司名称，建立符合有限责任公司要求的组织机构；

（五）有公司住所。

第二十四条 【股东人数】有限责任公司由五十个以下股东出资设立。

第二十五条 【公司章程内容】有限责任公司章程应当载明下列事项：

（一）公司名称和住所；

（二）公司经营范围；

（三）公司注册资本；

（四）股东的姓名或者名称；

（五）股东的出资方式、出资额和出资时间；

（六）公司的机构及其产生办法、职权、议事规则；

（七）公司法定代表人；

（八）股东会会议认为需要规定的其他事项。

股东应当在公司章程上签名、盖章。

第二十六条 【注册资本】有限责任公司的注册资本为在公司登记机关登记的全体股东认缴的出资额。

法律、行政法规以及国务院决定对有限责任公司注册资本实缴、注册资本最低限额另有规定的，从其规定。

第二十七条 【出资方式】股东可以用货币出资，也可以用实物、知识产权、土地使用权等可以用货币估价并可以依法转让的非货币财产作价出资；但是，法律、行政法规规定不得作为出资的财产除外。

对作为出资的非货币财产应当评估作价，核实财产，不得高估或者低估作价。法律、行政法规对评估作价有规定的，从其规定。

第二十八条 【出资义务】股东应当按期足额缴纳公司章程中规定的各自所认缴的出资额。股东以货币出资的，应当将货币出资足额存入有限责任公司在银行开设的账户；以非货币财产出资的，应当依法办理其财产权的转移手续。

股东不按照前款规定缴纳出资的，除应当向公司足额缴纳外，还应当向已按期足额缴纳出资的股东承担违约责任。

第二十九条 【设立登记】股东认足公司章程规定的出资后，由全体股东指定的代表或者共同委托的代理人向公司登记机关报送公司登记申请书、公司章程等文件，申请设立登记。

第三十条 【出资不足的补充】有限责任公司成立后，发现作为设立公司出资的非货币财产的实际价额显著低于公司章程所定价额的，应当由交付该出资的股东补足其差额；公司设立时的其他股东承担连带责任。

第三十一条 【出资证明书】有限责任公司成立后，应当向股东签发出资证明书。

出资证明书应当载明下列事项：

（一）公司名称；

（二）公司成立日期；

（三）公司注册资本；

（四）股东的姓名或者名称、缴纳的出资额和出资日期；

（五）出资证明书的编号和核发日期。

出资证明书由公司盖章。

第三十二条 【股东名册】有限责任公司应当置备股东名册，记载下列事项：

（一）股东的姓名或者名称及住所；

（二）股东的出资额；

（三）出资证明书编号。

记载于股东名册的股东，可以依股东名册主张行使股东权利。

公司应当将股东的姓名或者名称向公司登记机关登记；登记事项发生变更的，应当办理变更登记。未经登记或者变更登记的，不得对抗第三人。

第三十三条　【股东查阅、复制权】股东有权查阅、复制公司章程、股东会会议记录、董事会会议决议、监事会会议决议和财务会计报告。

股东可以要求查阅公司会计账簿。股东要求查阅公司会计账簿的，应当向公司提出书面请求，说明目的。公司有合理根据认为股东查阅会计账簿有不正当目的，可能损害公司合法利益的，可以拒绝提供查阅，并应当自股东提出书面请求之日起十五日内书面答复股东并说明理由。公司拒绝提供查阅的，股东可以请求人民法院要求公司提供查阅。

第三十四条　【分红权与优先认购权】股东按照实缴的出资比例分取红利；公司新增资本时，股东有权优先按照实缴的出资比例认缴出资。但是，全体股东约定不按照出资比例分取红利或者不按照出资比例优先认缴出资的除外。

第三十五条　【不得抽逃出资】公司成立后，股东不得抽逃出资。

第二节　组织机构

第三十六条　【股东会的组成及地位】有限责任公司股东会由全体股东组成。股东会是公司的权力机构，依照本法行使职权。

第三十七条　【股东会职权】股东会行使下列职权：

（一）决定公司的经营方针和投资计划；

（二）选举和更换非由职工代表担任的董事、监事，决定有关董事、监事的报酬事项；

（三）审议批准董事会的报告；

（四）审议批准监事会或者监事的报告；

（五）审议批准公司的年度财务预算方案、决算方案；

（六）审议批准公司的利润分配方案和弥补亏损方案；

（七）对公司增加或者减少注册资本作出决议；

（八）对发行公司债券作出决议；

（九）对公司合并、分立、解散、清算或者变更公司形式作出决议；

（十）修改公司章程；

（十一）公司章程规定的其他职权。

对前款所列事项股东以书面形式一致表示同意的，可以不召开股东会会议，直接作出决定，并由全体股东在决定文件上签名、盖章。

第三十八条　【首次股东会会议】首次股东会会议由出资最多的股东召集和主持，依照本法规定行使职权。

第三十九条　【定期会议和临时会议】股东会会议分为定期会议和临时会议。

定期会议应当依照公司章程的规定按时召开。代表十分之一以上表决权的股东，三分之一以上的董事，监事会或者不设监事会的公司的监事提议召开临时会议的，应当召开临时会议。

第四十条 【股东会会议的召集与主持】有限责任公司设立董事会的，股东会会议由董事会召集，董事长主持；董事长不能履行职务或者不履行职务的，由副董事长主持；副董事长不能履行职务或者不履行职务的，由半数以上董事共同推举一名董事主持。

有限责任公司不设董事会的，股东会会议由执行董事召集和主持。

董事会或者执行董事不能履行或者不履行召集股东会会议职责的，由监事会或者不设监事会的公司的监事召集和主持；监事会或者监事不召集和主持的，代表十分之一以上表决权的股东可以自行召集和主持。

第四十一条 【股东会会议的通知与记录】召开股东会会议，应当于会议召开十五日前通知全体股东；但是，公司章程另有规定或者全体股东另有约定的除外。

股东会应当对所议事项的决定作成会议记录，出席会议的股东应当在会议记录上签名。

第四十二条 【股东的表决权】股东会会议由股东按照出资比例行使表决权；但是，公司章程另有规定的除外。

第四十三条 【股东会的议事方式和表决程序】股东会的议事方式和表决程序，除本法有规定的外，由公司章程规定。

股东会会议作出修改公司章程、增加或者减少注册资本的决议，以及公司合并、分立、解散或者变更公司形式的决议，必须经代表三分之二以上表决权的股东通过。

第四十四条 【董事会的组成】有限责任公司设董事会，其成员为三人至十三人；但是，本法第五十条另有规定的除外。

两个以上的国有企业或者两个以上的其他国有投资主体投资设立的有限责任公司，其董事会成员中应当有公司职工代表；其他有限责任公司董事会成员中可以有公司职工代表。董事会中的职工代表由公司职工通过职工代表大会、职工大会或者其他形式民主选举产生。

董事会设董事长一人，可以设副董事长。董事长、副董事长的产生办法由公司章程规定。

第四十五条 【董事任期】董事任期由公司章程规定，但每届任期不得超过三年。董事任期届满，连选可以连任。

董事任期届满未及时改选，或者董事在任期内辞职导致董事会成员低于法定人数的，在改选出的董事就任前，原董事仍应当依照法律、行政法规和公司章程的规定，履行董事职务。

第四十六条 【董事会职权】董事会对股东会负责，行使下列职权：

（一）召集股东会会议，并向股东会报告工作；

（二）执行股东会的决议；

（三）决定公司的经营计划和投资方案；

（四）制订公司的年度财务预算方案、决算方案；

（五）制订公司的利润分配方案和弥补亏损方案；

（六）制订公司增加或者减少注册资本以及发行公司债券的方案；

（七）制订公司合并、分立、解散或者变更公司形式的方案；

（八）决定公司内部管理机构的设置；

（九）决定聘任或者解聘公司经理及其报酬事项，并根据经理的提名决定聘任或者解聘公司副经理、财务负责人及其报酬事项；

（十）制定公司的基本管理制度；

（十一）公司章程规定的其他职权。

第四十七条　【董事会会议的召集与主持】董事会会议由董事长召集和主持；董事长不能履行职务或者不履行职务的，由副董事长召集和主持；副董事长不能履行职务或者不履行职务的，由半数以上董事共同推举一名董事召集和主持。

第四十八条　【董事会的议事方式和表决程序】董事会的议事方式和表决程序，除本法有规定的外，由公司章程规定。

董事会应当对所议事项的决定作成会议记录，出席会议的董事应当在会议记录上签名。

董事会决议的表决，实行一人一票。

第四十九条　【经理的设立与职权】有限责任公司可以设经理，由董事会决定聘任或者解聘。经理对董事会负责，行使下列职权：

（一）主持公司的生产经营管理工作，组织实施董事会决议；

（二）组织实施公司年度经营计划和投资方案；

（三）拟订公司内部管理机构设置方案；

（四）拟订公司的基本管理制度；

（五）制定公司的具体规章；

（六）提请聘任或者解聘公司副经理、财务负责人；

（七）决定聘任或者解聘除应由董事会决定聘任或者解聘以外的负责管理人员；

（八）董事会授予的其他职权。

公司章程对经理职权另有规定的，从其规定。

经理列席董事会会议。

第五十条　【执行董事】股东人数较少或者规模较小的有限责任公司，可以设一名执行董事，不设董事会。执行董事可以兼任公司经理。

执行董事的职权由公司章程规定。

第五十一条　【监事会的设立与组成】有限责任公司设监事会，其成员不得少于三人。股东人数较少或者规模较小的有限责任公司，可以设一至二名监事，不设监事会。

监事会应当包括股东代表和适当比例的公司职工代表，其中职工代表的比例不得低于三分之一，具体比例由公司章程规定。监事会中的职工代表由公司职工通过职工代表大会、职工大会或者其他形式民主选举产生。

监事会设主席一人，由全体监事过半数选举产生。监事会主席召集和主持监事会会议；监事会主席不能履行职务或者不履行职务的，由半数以上监事共同推举一名监事召集和主持监事会会议。

董事、高级管理人员不得兼任监事。

第五十二条 【监事的任期】监事的任期每届为三年。监事任期届满，连选可以连任。

监事任期届满未及时改选，或者监事在任期内辞职导致监事会成员低于法定人数的，在改选出的监事就任前，原监事仍应当依照法律、行政法规和公司章程的规定，履行监事职务。

第五十三条 【监事会或监事的职权（一）】监事会、不设监事会的公司的监事行使下列职权：

（一）检查公司财务；

（二）对董事、高级管理人员执行公司职务的行为进行监督，对违反法律、行政法规、公司章程或者股东会决议的董事、高级管理人员提出罢免的建议；

（三）当董事、高级管理人员的行为损害公司的利益时，要求董事、高级管理人员予以纠正；

（四）提议召开临时股东会会议，在董事会不履行本法规定的召集和主持股东会会议职责时召集和主持股东会会议；

（五）向股东会会议提出提案；

（六）依照本法第一百五十一条的规定，对董事、高级管理人员提起诉讼；

（七）公司章程规定的其他职权。

第五十四条 【监事会或监事的职权（二）】监事可以列席董事会会议，并对董事会决议事项提出质询或者建议。

监事会、不设监事会的公司的监事发现公司经营情况异常，可以进行调查；必要时，可以聘请会计师事务所等协助其工作，费用由公司承担。

第五十五条 【监事会的会议制度】监事会每年度至少召开一次会议，监事可以提议召开临时监事会会议。

监事会的议事方式和表决程序，除本法有规定的外，由公司章程规定。

监事会决议应当经半数以上监事通过。

监事会应当对所议事项的决定作成会议记录，出席会议的监事应当在会议记录上签名。

第五十六条 【监事职责所需费用的承担】监事会、不设监事会的公司的监事行使职权所必需的费用，由公司承担。

第三节 一人有限责任公司的特别规定

第五十七条 【一人公司的概念】一人有限责任公司的设立和组织机构，适用本节规定；本节没有规定的，适用本章第一节、第二节的规定。

本法所称一人有限责任公司，是指只有一个自然人股东或者一个法人股东的有限责任公司。

第五十八条 【一人公司的注册资本】一个自然人只能投资设立一个一人有限责任公司。该一人有限责任公司不能投资设立新的一人有限责任公司。

第五十九条 【一人公司的登记注意事项】一人有限责任公司应当在公司登记中注明自然人独资或者法人独资，并在公司营业执照中载明。

第六十条　【一人公司的章程】一人有限责任公司章程由股东制定。

第六十一条　【一人公司的股东决议】一人有限责任公司不设股东会。股东作出本法第三十七条第一款所列决定时，应当采用书面形式，并由股东签名后置备于公司。

第六十二条　【一人公司的财会报告】一人有限责任公司应当在每一会计年度终了时编制财务会计报告，并经会计师事务所审计。

第六十三条　【一人公司的债务承担】一人有限责任公司的股东不能证明公司财产独立于股东自己的财产的，应当对公司债务承担连带责任。

第四节　国有独资公司的特别规定

第六十四条　【国有独资公司的概念】国有独资公司的设立和组织机构，适用本节规定；本节没有规定的，适用本章第一节、第二节的规定。

本法所称国有独资公司，是指国家单独出资、由国务院或者地方人民政府授权本级人民政府国有资产监督管理机构履行出资人职责的有限责任公司。

第六十五条　【国有独资公司的章程】国有独资公司章程由国有资产监督管理机构制定，或者由董事会制订报国有资产监督管理机构批准。

第六十六条　【国有独资公司股东权的行使】国有独资公司不设股东会，由国有资产监督管理机构行使股东会职权。国有资产监督管理机构可以授权公司董事会行使股东会的部分职权，决定公司的重大事项，但公司的合并、分立、解散、增加或者减少注册资本和发行公司债券，必须由国有资产监督管理机构决定；其中，重要的国有独资公司合并、分立、解散、申请破产的，应当由国有资产监督管理机构审核后，报本级人民政府批准。

前款所称重要的国有独资公司，按照国务院的规定确定。

第六十七条　【国有独资公司的董事会】国有独资公司设董事会，依照本法第四十六条、第六十六条的规定行使职权。董事每届任期不得超过三年。董事会成员中应当有公司职工代表。

董事会成员由国有资产监督管理机构委派；但是，董事会成员中的职工代表由公司职工代表大会选举产生。

董事会设董事长一人，可以设副董事长。董事长、副董事长由国有资产监督管理机构从董事会成员中指定。

第六十八条　【国有独资公司的经理】国有独资公司设经理，由董事会聘任或者解聘。经理依照本法第四十九条规定行使职权。

经国有资产监督管理机构同意，董事会成员可以兼任经理。

第六十九条　【国有独资公司高层人员的兼职禁止】国有独资公司的董事长、副董事长、董事、高级管理人员，未经国有资产监督管理机构同意，不得在其他有限责任公司、股份有限公司或者其他经济组织兼职。

第七十条　【国有独资公司的监事会】国有独资公司监事会成员不得少于五人，其中职工代表的比例不得低于三分之一，具体比例由公司章程规定。

监事会成员由国有资产监督管理机构委派；但是，监事会成员中的职工代表由公司职工代表大会选举产生。监事会主席由国有资产监督管理机构从监事会成员中指定。

监事会行使本法第五十三条第（一）项至第（三）项规定的职权和国务院规定的其他职权。

第三章　有限责任公司的股权转让

第七十一条　【股权转让】有限责任公司的股东之间可以相互转让其全部或者部分股权。

股东向股东以外的人转让股权，应当经其他股东过半数同意。股东应就其股权转让事项书面通知其他股东征求同意，其他股东自接到书面通知之日起满三十日未答复的，视为同意转让。其他股东半数以上不同意转让的，不同意的股东应当购买该转让的股权；不购买的，视为同意转让。

经股东同意转让的股权，在同等条件下，其他股东有优先购买权。两个以上股东主张行使优先购买权的，协商确定各自的购买比例；协商不成的，按照转让时各自的出资比例行使优先购买权。

公司章程对股权转让另有规定的，从其规定。

第七十二条　【优先购买权】人民法院依照法律规定的强制执行程序转让股东的股权时，应当通知公司及全体股东，其他股东在同等条件下有优先购买权。其他股东自人民法院通知之日起满二十日不行使优先购买权的，视为放弃优先购买权。

第七十三条　【股权转让的变更记载】依照本法第七十一条、第七十二条转让股权后，公司应当注销原股东的出资证明书，向新股东签发出资证明书，并相应修改公司章程和股东名册中有关股东及其出资额的记载。对公司章程的该项修改不需再由股东会表决。

第七十四条　【异议股东股权收购请求权】有下列情形之一的，对股东会该项决议投反对票的股东可以请求公司按照合理的价格收购其股权：

（一）公司连续五年不向股东分配利润，而公司该五年连续盈利，并且符合本法规定的分配利润条件的；

（二）公司合并、分立、转让主要财产的；

（三）公司章程规定的营业期限届满或者章程规定的其他解散事由出现，股东会会议通过决议修改章程使公司存续的。

自股东会会议决议通过之日起六十日内，股东与公司不能达成股权收购协议的，股东可以自股东会会议决议通过之日起九十日内向人民法院提起诉讼。

第七十五条　【股东资格的继承】自然人股东死亡后，其合法继承人可以继承股东资格；但是，公司章程另有规定的除外。

第四章　股份有限公司的设立和组织机构

第一节　设　立

第七十六条　【股份有限公司的设立条件】设立股份有限公司，应当具备下列条件：

（一）发起人符合法定人数；

（二）有符合公司章程规定的全体发起人认购的股本总额或者募集的实收股本总额；

（三）股份发行、筹办事项符合法律规定；

（四）发起人制订公司章程，采用募集方式设立的经创立大会通过；

（五）有公司名称，建立符合股份有限公司要求的组织机构；

（六）有公司住所。

第七十七条　【设立方式】股份有限公司的设立，可以采取发起设立或者募集设立的方式。

发起设立，是指由发起人认购公司应发行的全部股份而设立公司。

募集设立，是指由发起人认购公司应发行股份的一部分，其余股份向社会公开募集或者向特定对象募集而设立公司。

第七十八条　【发起人的限制】设立股份有限公司，应当有二人以上二百人以下为发起人，其中须有半数以上的发起人在中国境内有住所。

第七十九条　【发起人的义务】股份有限公司发起人承担公司筹办事务。

发起人应当签订发起人协议，明确各自在公司设立过程中的权利和义务。

第八十条　【注册资本】股份有限公司采取发起设立方式设立的，注册资本为在公司登记机关登记的全体发起人认购的股本总额。在发起人认购的股份缴足前，不得向他人募集股份。

股份有限公司采取募集方式设立的，注册资本为在公司登记机关登记的实收股本总额。

法律、行政法规以及国务院决定对股份有限公司注册资本实缴、注册资本最低限额另有规定的，从其规定。

第八十一条　【公司章程】股份有限公司章程应当载明下列事项：

（一）公司名称和住所；

（二）公司经营范围；

（三）公司设立方式；

（四）公司股份总数、每股金额和注册资本；

（五）发起人的姓名或者名称、认购的股份数、出资方式和出资时间；

（六）董事会的组成、职权和议事规则；

（七）公司法定代表人；

（八）监事会的组成、职权和议事规则；

（九）公司利润分配办法；

（十）公司的解散事由与清算办法；

（十一）公司的通知和公告办法；

（十二）股东大会会议认为需要规定的其他事项。

第八十二条　【出资方式】发起人的出资方式，适用本法第二十七条的规定。

第八十三条　【发起设立的程序】以发起设立方式设立股份有限公司的，发起人应当书面认足公司章程规定其认购的股份，并按照公司章程规定缴纳出资。以非货币财产出资的，应当依法办理其财产权的转移手续。

发起人不依照前款规定缴纳出资的，应当按照发起人协议承担违约责任。

发起人认足公司章程规定的出资后，应当选举董事会和监事会，由董事会向公司登记机关报送公司章程以及法律、行政法规规定的其他文件，申请设立登记。

第八十四条 【募集设立的发起人认购股份】以募集设立方式设立股份有限公司的，发起人认购的股份不得少于公司股份总数的百分之三十五；但是，法律、行政法规另有规定的，从其规定。

第八十五条 【募集股份的公告和认股书】发起人向社会公开募集股份，必须公告招股说明书，并制作认股书。认股书应当载明本法第八十六条所列事项，由认股人填写认购股数、金额、住所，并签名、盖章。认股人按照所认购股数缴纳股款。

第八十六条 【招股说明书】招股说明书应当附有发起人制订的公司章程，并载明下列事项：

（一）发起人认购的股份数；

（二）每股的票面金额和发行价格；

（三）无记名股票的发行总数；

（四）募集资金的用途；

（五）认股人的权利、义务；

（六）本次募股的起止期限及逾期未募足时认股人可以撤回所认股份的说明。

第八十七条 【股票承销】发起人向社会公开募集股份，应当由依法设立的证券公司承销，签订承销协议。

第八十八条 【代收股款】发起人向社会公开募集股份，应当同银行签订代收股款协议。

代收股款的银行应当按照协议代收和保存股款，向缴纳股款的认股人出具收款单据，并负有向有关部门出具收款证明的义务。

第八十九条 【验资及创立大会的召开】发行股份的股款缴足后，必须经依法设立的验资机构验资并出具证明。发起人应当自股款缴足之日起三十日内主持召开公司创立大会。创立大会由发起人、认股人组成。

发行的股份超过招股说明书规定的截止期限尚未募足的，或者发行股份的股款缴足后，发起人在三十日内未召开创立大会的，认股人可以按照所缴股款并加算银行同期存款利息，要求发起人返还。

第九十条 【创立大会的职权】发起人应当在创立大会召开十五日前将会议日期通知各认股人或者予以公告。创立大会应有代表股份总数过半数的发起人、认股人出席，方可举行。

创立大会行使下列职权：

（一）审议发起人关于公司筹办情况的报告；

（二）通过公司章程；

（三）选举董事会成员；

（四）选举监事会成员；

（五）对公司的设立费用进行审核；

（六）对发起人用于抵作股款的财产的作价进行审核；

（七）发生不可抗力或者经营条件发生重大变化直接影响公司设立的，可以作出不设立公司的决议。

创立大会对前款所列事项作出决议，必须经出席会议的认股人所持表决权过半数通过。

第九十一条　【不得任意抽回股本】发起人、认股人缴纳股款或者交付抵作股款的出资后，除未按期募足股份、发起人未按期召开创立大会或者创立大会决议不设立公司的情形外，不得抽回其股本。

第九十二条　【申请设立登记】董事会应于创立大会结束后三十日内，向公司登记机关报送下列文件，申请设立登记：

（一）公司登记申请书；

（二）创立大会的会议记录；

（三）公司章程；

（四）验资证明；

（五）法定代表人、董事、监事的任职文件及其身份证明；

（六）发起人的法人资格证明或者自然人身份证明；

（七）公司住所证明。

以募集方式设立股份有限公司公开发行股票的，还应当向公司登记机关报送国务院证券监督管理机构的核准文件。

第九十三条　【出资不足的补充】股份有限公司成立后，发起人未按照公司章程的规定缴足出资的，应当补缴；其他发起人承担连带责任。

股份有限公司成立后，发现作为设立公司出资的非货币财产的实际价额显著低于公司章程所定价额的，应当由交付该出资的发起人补足其差额；其他发起人承担连带责任。

第九十四条　【发起人的责任】股份有限公司的发起人应当承担下列责任：

（一）公司不能成立时，对设立行为所产生的债务和费用负连带责任；

（二）公司不能成立时，对认股人已缴纳的股款，负返还股款并加算银行同期存款利息的连带责任；

（三）在公司设立过程中，由于发起人的过失致使公司利益受到损害的，应当对公司承担赔偿责任。

第九十五条　【公司性质的变更】有限责任公司变更为股份有限公司时，折合的实收股本总额不得高于公司净资产额。有限责任公司变更为股份有限公司，为增加资本公开发行股份时，应当依法办理。

第九十六条　【重要资料的置备】股份有限公司应当将公司章程、股东名册、公司债券存根、股东大会会议记录、董事会会议记录、监事会会议记录、财务会计报告置备于本公司。

第九十七条　【股东的查阅、建议和质询权】股东有权查阅公司章程、股东名册、公司债券存根、股东大会会议记录、董事会会议决议、监事会会议决议、财务会计报告，对公司的经营提出建议或者质询。

第二节 股东大会

第九十八条 【股东大会的组成与地位】股份有限公司股东大会由全体股东组成。股东大会是公司的权力机构，依照本法行使职权。

第九十九条 【股东会的职权】本法第三十七条第一款关于有限责任公司股东会职权的规定，适用于股份有限公司股东大会。

第一百条 【年会和临时会】股东大会应当每年召开一次年会。有下列情形之一的，应当在两个月内召开临时股东大会：

（一）董事人数不足本法规定人数或者公司章程所定人数的三分之二时；

（二）公司未弥补的亏损达实收股本总额三分之一时；

（三）单独或者合计持有公司百分之十以上股份的股东请求时；

（四）董事会认为必要时；

（五）监事会提议召开时；

（六）公司章程规定的其他情形。

第一百零一条 【股东大会会议的召集与主持】股东大会会议由董事会召集，董事长主持；董事长不能履行职务或者不履行职务的，由副董事长主持；副董事长不能履行职务或者不履行职务的，由半数以上董事共同推举一名董事主持。

董事会不能履行或者不履行召集股东大会会议职责的，监事会应当及时召集和主持；监事会不召集和主持的，连续九十日以上单独或者合计持有公司百分之十以上股份的股东可以自行召集和主持。

第一百零二条 【股东大会会议】召开股东大会会议，应当将会议召开的时间、地点和审议的事项于会议召开二十日前通知各股东；临时股东大会应当于会议召开十五日前通知各股东；发行无记名股票的，应当于会议召开三十日前公告会议召开的时间、地点和审议事项。

单独或者合计持有公司百分之三以上股份的股东，可以在股东大会召开十日前提出临时提案并书面提交董事会；董事会应当在收到提案后二日内通知其他股东，并将该临时提案提交股东大会审议。临时提案的内容应当属于股东大会职权范围，并有明确议题和具体决议事项。

股东大会不得对前两款通知中未列明的事项作出决议。

无记名股票持有人出席股东大会会议的，应当于会议召开五日前至股东大会闭会时将股票交存于公司。

第一百零三条 【股东表决权】股东出席股东大会会议，所持每一股份有一表决权。但是，公司持有的本公司股份没有表决权。

股东大会作出决议，必须经出席会议的股东所持表决权过半数通过。但是，股东大会作出修改公司章程、增加或者减少注册资本的决议，以及公司合并、分立、解散或者变更公司形式的决议，必须经出席会议的股东所持表决权的三分之二以上通过。

第一百零四条 【重要事项的股东大会决议权】本法和公司章程规定公司转让、受让重大资产或者对外提供担保等事项必须经股东大会作出决议的，董事会应当及时召集股东大会会议，由股东大会就上述事项进行表决。

第一百零五条 【董事、监事选举的累积投票制】股东大会选举董事、监事，可以依照公司章程的规定或者股东大会的决议，实行累积投票制。

本法所称累积投票制，是指股东大会选举董事或者监事时，每一股份拥有与应选董事或者监事人数相同的表决权，股东拥有的表决权可以集中使用。

第一百零六条 【出席股东大会的代理】股东可以委托代理人出席股东大会会议，代理人应当向公司提交股东授权委托书，并在授权范围内行使表决权。

第一百零七条 【股东大会会议记录】股东大会应当对所议事项的决定作成会议记录，主持人、出席会议的董事应当在会议记录上签名。会议记录应当与出席股东的签名册及代理出席的委托书一并保存。

第三节 董事会、经理

第一百零八条 【董事会组成、任期及职权】股份有限公司设董事会，其成员为五人至十九人。

董事会成员中可以有公司职工代表。董事会中的职工代表由公司职工通过职工代表大会、职工大会或者其他形式民主选举产生。

本法第四十五条关于有限责任公司董事任期的规定，适用于股份有限公司董事。

本法第四十六条关于有限责任公司董事会职权的规定，适用于股份有限公司董事会。

第一百零九条 【董事长的产生及职权】董事会设董事长一人，可以设副董事长。董事长和副董事长由董事会以全体董事的过半数选举产生。

董事长召集和主持董事会会议，检查董事会决议的实施情况。副董事长协助董事长工作，董事长不能履行职务或者不履行职务的，由副董事长履行职务；副董事长不能履行职务或者不履行职务的，由半数以上董事共同推举一名董事履行职务。

第一百一十条 【董事会会议的召集】董事会每年度至少召开两次会议，每次会议应当于会议召开十日前通知全体董事和监事。

代表十分之一以上表决权的股东、三分之一以上董事或者监事会，可以提议召开董事会临时会议。董事长应当自接到提议后十日内，召集和主持董事会会议。

董事会召开临时会议，可以另定召集董事会的通知方式和通知时限。

第一百一十一条 【董事会会议的议事规则】董事会会议应有过半数的董事出席方可举行。董事会作出决议，必须经全体董事的过半数通过。

董事会决议的表决，实行一人一票。

第一百一十二条 【董事会会议的出席及责任承担】董事会会议，应由董事本人出席；董事因故不能出席，可以书面委托其他董事代为出席，委托书中应载明授权范围。

董事会应当对会议所议事项的决定作成会议记录，出席会议的董事应当在会议记录上签名。

董事应当对董事会的决议承担责任。董事会的决议违反法律、行政法规或者公司章程、股东大会决议，致使公司遭受严重损失的，参与决议的董事对公司负赔偿责任。但经证明在表决时曾表明异议并记载于会议记录的，该董事可以免除责任。

第一百一十三条 【经理的设立与职权】股份有限公司设经理，由董事会决定聘任或者解聘。

本法第四十九条关于有限责任公司经理职权的规定，适用于股份有限公司经理。

第一百一十四条 【董事兼任经理】公司董事会可以决定由董事会成员兼任经理。

第一百一十五条 【公司向高管人员借款禁止】公司不得直接或者通过子公司向董事、监事、高级管理人员提供借款。

第一百一十六条 【高管人员的报酬披露】公司应当定期向股东披露董事、监事、高级管理人员从公司获得报酬的情况。

第四节 监事会

第一百一十七条 【监事会的组成及任期】股份有限公司设监事会，其成员不得少于三人。

监事会应当包括股东代表和适当比例的公司职工代表，其中职工代表的比例不得低于三分之一，具体比例由公司章程规定。监事会中的职工代表由公司职工通过职工代表大会、职工大会或者其他形式民主选举产生。

监事会设主席一人，可以设副主席。监事会主席和副主席由全体监事过半数选举产生。监事会主席召集和主持监事会会议；监事会主席不能履行职务或者不履行职务的，由监事会副主席召集和主持监事会会议；监事会副主席不能履行职务或者不履行职务的，由半数以上监事共同推举一名监事召集和主持监事会会议。

董事、高级管理人员不得兼任监事。

本法第五十二条关于有限责任公司监事任期的规定，适用于股份有限公司监事。

第一百一十八条 【监事会的职权及费用】本法第五十三条、第五十四条关于有限责任公司监事会职权的规定，适用于股份有限公司监事会。

监事会行使职权所必需的费用，由公司承担。

第一百一十九条 【监事会的会议制度】监事会每六个月至少召开一次会议。监事可以提议召开临时监事会会议。

监事会的议事方式和表决程序，除本法有规定的外，由公司章程规定。

监事会决议应当经半数以上监事通过。

监事会应当对所议事项的决定作成会议记录，出席会议的监事应当在会议记录上签名。

第五节 上市公司组织机构的特别规定

第一百二十条 【上市公司的定义】本法所称上市公司，是指其股票在证券交易所上市交易的股份有限公司。

第一百二十一条 【特别事项的通过】上市公司在一年内购买、出售重大资产或者担保金额超过公司资产总额百分之三十的，应当由股东大会作出决议，并经出席会议的股东所持表决权的三分之二以上通过。

第一百二十二条 【独立董事】上市公司设独立董事，具体办法由国务院规定。

第一百二十三条　【董事会秘书】上市公司设董事会秘书，负责公司股东大会和董事会会议的筹备、文件保管以及公司股东资料的管理，办理信息披露事务等事宜。

第一百二十四条　【会议决议的关联关系董事不得表决】上市公司董事与董事会会议决议事项所涉及的企业有关联关系的，不得对该项决议行使表决权，也不得代理其他董事行使表决权。该董事会会议由过半数的无关联关系董事出席即可举行，董事会会议所作决议须经无关联关系董事过半数通过。出席董事会的无关联关系董事人数不足三人的，应将该事项提交上市公司股东大会审议。

第五章　股份有限公司的股份发行和转让

第一节　股份发行

第一百二十五条　【股份及其形式】股份有限公司的资本划分为股份，每一股的金额相等。

公司的股份采取股票的形式。股票是公司签发的证明股东所持股份的凭证。

第一百二十六条　【股份发行的原则】股份的发行，实行公平、公正的原则，同种类的每一股份应当具有同等权利。

同次发行的同种类股票，每股的发行条件和价格应当相同；任何单位或者个人所认购的股份，每股应当支付相同价额。

第一百二十七条　【股票发行价格】股票发行价格可以按票面金额，也可以超过票面金额，但不得低于票面金额。

第一百二十八条　【股票的形式及载明的事项】股票采用纸面形式或者国务院证券监督管理机构规定的其他形式。

股票应当载明下列主要事项：

（一）公司名称；

（二）公司成立日期；

（三）股票种类、票面金额及代表的股份数；

（四）股票的编号。

股票由法定代表人签名，公司盖章。

发起人的股票，应当标明发起人股票字样。

第一百二十九条　【股票的种类】公司发行的股票，可以为记名股票，也可以为无记名股票。

公司向发起人、法人发行的股票，应当为记名股票，并应当记载该发起人、法人的名称或者姓名，不得另立户名或者以代表人姓名记名。

第一百三十条　【股东信息的记载】公司发行记名股票的，应当置备股东名册，记载下列事项：

（一）股东的姓名或者名称及住所；

（二）各股东所持股份数；

（三）各股东所持股票的编号；

（四）各股东取得股份的日期。

发行无记名股票的，公司应当记载其股票数量、编号及发行日期。

第一百三十一条 【其他种类的股份】国务院可以对公司发行本法规定以外的其他种类的股份，另行作出规定。

第一百三十二条 【向股东交付股票】股份有限公司成立后，即向股东正式交付股票。公司成立前不得向股东交付股票。

第一百三十三条 【发行新股的决议】公司发行新股，股东大会应当对下列事项作出决议：

（一）新股种类及数额；

（二）新股发行价格；

（三）新股发行的起止日期；

（四）向原有股东发行新股的种类及数额。

第一百三十四条 【发行新股的程序】公司经国务院证券监督管理机构核准公开发行新股时，必须公告新股招股说明书和财务会计报告，并制作认股书。

本法第八十七条、第八十八条的规定适用于公司公开发行新股。

第一百三十五条 【发行新股的作价方案】公司发行新股，可以根据公司经营情况和财务状况，确定其作价方案。

第一百三十六条 【发行新股的变更登记】公司发行新股募足股款后，必须向公司登记机关办理变更登记，并公告。

第二节 股份转让

第一百三十七条 【股份转让】股东持有的股份可以依法转让。

第一百三十八条 【股份转让的场所】股东转让其股份，应当在依法设立的证券交易场所进行或者按照国务院规定的其他方式进行。

第一百三十九条 【记名股票的转让】记名股票，由股东以背书方式或者法律、行政法规规定的其他方式转让；转让后由公司将受让人的姓名或者名称及住所记载于股东名册。

股东大会召开前二十日内或者公司决定分配股利的基准日前五日内，不得进行前款规定的股东名册的变更登记。但是，法律对上市公司股东名册变更登记另有规定的，从其规定。

第一百四十条 【无记名股票的转让】无记名股票的转让，由股东将该股票交付给受让人后即发生转让的效力。

第一百四十一条 【特定持有人的股份转让】发起人持有的本公司股份，自公司成立之日起一年内不得转让。公司公开发行股份前已发行的股份，自公司股票在证券交易所上市交易之日起一年内不得转让。

公司董事、监事、高级管理人员应当向公司申报所持有的本公司的股份及其变动情况，在任职期间每年转让的股份不得超过其所持有本公司股份总数的百分之二十五；所持本公司股份自公司股票上市交易之日起一年内不得转让。上述人员离职后半年内，不得转让其所持有的本公司股份。公司章程可以对公司董事、监事、高级管理人员转让其所持有的本公司股份作出其他限制性规定。

第一百四十二条　【本公司股份的收购及质押】公司不得收购本公司股份。但是，有下列情形之一的除外：

（一）减少公司注册资本；

（二）与持有本公司股份的其他公司合并；

（三）将股份用于员工持股计划或者股权激励；

（四）股东因对股东大会作出的公司合并、分立决议持异议，要求公司收购其股份；

（五）将股份用于转换上市公司发行的可转换为股票的公司债券；

（六）上市公司为维护公司价值及股东权益所必需。

公司因前款第（一）项、第（二）项规定的情形收购本公司股份的，应当经股东大会决议；公司因前款第（三）项、第（五）项、第（六）项规定的情形收购本公司股份的，可以依照公司章程的规定或者股东大会的授权，经三分之二以上董事出席的董事会会议决议。

公司依照本条第一款规定收购本公司股份后，属于第（一）项情形的，应当自收购之日起十日内注销；属于第（二）项、第（四）项情形的，应当在六个月内转让或者注销；属于第（三）项、第（五）项、第（六）项情形的，公司合计持有的本公司股份数不得超过本公司已发行股份总额的百分之十，并应当在三年内转让或者注销。

上市公司收购本公司股份的，应当依照《中华人民共和国证券法》的规定履行信息披露义务。上市公司因本条第一款第（三）项、第（五）项、第（六）项规定的情形收购本公司股份的，应当通过公开的集中交易方式进行。

公司不得接受本公司的股票作为质押权的标的。

第一百四十三条　【记名股票丢失的救济】记名股票被盗、遗失或者灭失，股东可以依照《中华人民共和国民事诉讼法》规定的公示催告程序，请求人民法院宣告该股票失效。人民法院宣告该股票失效后，股东可以向公司申请补发股票。

第一百四十四条　【上市公司的股票交易】上市公司的股票，依照有关法律、行政法规及证券交易所交易规则上市交易。

第一百四十五条　【上市公司的信息公开】上市公司必须依照法律、行政法规的规定，公开其财务状况、经营情况及重大诉讼，在每会计年度内半年公布一次财务会计报告。

第六章　公司董事、监事、高级管理人员的资格和义务

第一百四十六条　【高管人员的资格禁止】有下列情形之一的，不得担任公司的董事、监事、高级管理人员：

（一）无民事行为能力或者限制民事行为能力；

（二）因贪污、贿赂、侵占财产、挪用财产或者破坏社会主义市场经济秩序，被判处刑罚，执行期满未逾五年，或者因犯罪被剥夺政治权利，执行期满未逾五年；

（三）担任破产清算的公司、企业的董事或者厂长、经理，对该公司、企业的破产负有个人责任的，自该公司、企业破产清算完结之日起未逾三年；

（四）担任因违法被吊销营业执照、责令关闭的公司、企业的法定代表人，并负有个人责任的，自该公司、企业被吊销营业执照之日起未逾三年；

（五）个人所负数额较大的债务到期未清偿。

公司违反前款规定选举、委派董事、监事或者聘任高级管理人员的，该选举、委派或者聘任无效。

董事、监事、高级管理人员在任职期间出现本条第一款所列情形的，公司应当解除其职务。

第一百四十七条 【董事、监事、高管人员的义务和禁止行为】董事、监事、高级管理人员应当遵守法律、行政法规和公司章程，对公司负有忠实义务和勤勉义务。

董事、监事、高级管理人员不得利用职权收受贿赂或者其他非法收入，不得侵占公司的财产。

第一百四十八条 【董事、高管人员的禁止行为】董事、高级管理人员不得有下列行为：

（一）挪用公司资金；

（二）将公司资金以其个人名义或者以其他个人名义开立账户存储；

（三）违反公司章程的规定，未经股东会、股东大会或者董事会同意，将公司资金借贷给他人或者以公司财产为他人提供担保；

（四）违反公司章程的规定或者未经股东会、股东大会同意，与本公司订立合同或者进行交易；

（五）未经股东会或者股东大会同意，利用职务便利为自己或者他人谋取属于公司的商业机会，自营或者为他人经营与所任职公司同类的业务；

（六）接受他人与公司交易的佣金归为己有；

（七）擅自披露公司秘密；

（八）违反对公司忠实义务的其他行为。

董事、高级管理人员违反前款规定所得的收入应当归公司所有。

第一百四十九条 【董事、监事、高管人员的损害赔偿责任】董事、监事、高级管理人员执行公司职务时违反法律、行政法规或者公司章程的规定，给公司造成损失的，应当承担赔偿责任。

第一百五十条 【董事、监事、高管人员对股东会、监事会的义务】股东会或者股东大会要求董事、监事、高级管理人员列席会议的，董事、监事、高级管理人员应当列席并接受股东的质询。

董事、高级管理人员应当如实向监事会或者不设监事会的有限责任公司的监事提供有关情况和资料，不得妨碍监事会或者监事行使职权。

第一百五十一条 【公司权益受损的股东救济】董事、高级管理人员有本法第一百四十九条规定的情形的，有限责任公司的股东、股份有限公司连续一百八十日以上单独或者合计持有公司百分之一以上股份的股东，可以书面请求监事会或者不设监事会的有限责任公司的监事向人民法院提起诉讼；监事有本法第一百四十九条规定的情形的，前述股东可以书面请求董事会或者不设董事会的有限责任公司的执行董事向人民法院提起诉讼。

监事会、不设监事会的有限责任公司的监事，或者董事会、执行董事收到前款规定的股东书面请求后拒绝提起诉讼，或者自收到请求之日起三十日内未提起诉讼，或者情况紧急、不立即提起诉讼将会使公司利益受到难以弥补的损害的，前款规定的股东有权为了公司的利益以自己的名义直接向人民法院提起诉讼。

他人侵犯公司合法权益，给公司造成损失的，本条第一款规定的股东可以依照前两款的规定向人民法院提起诉讼。

第一百五十二条 【股东权益受损的诉讼】董事、高级管理人员违反法律、行政法规或者公司章程的规定，损害股东利益的，股东可以向人民法院提起诉讼。

第七章 公司债券

第一百五十三条 【公司债券的概念和发行条件】本法所称公司债券，是指公司依照法定程序发行、约定在一定期限还本付息的有价证券。

公司发行公司债券应当符合《中华人民共和国证券法》规定的发行条件。

第一百五十四条 【公司债券募集办法】发行公司债券的申请经国务院授权的部门核准后，应当公告公司债券募集办法。

公司债券募集办法中应当载明下列主要事项：

（一）公司名称；

（二）债券募集资金的用途；

（三）债券总额和债券的票面金额；

（四）债券利率的确定方式；

（五）还本付息的期限和方式；

（六）债券担保情况；

（七）债券的发行价格、发行的起止日期；

（八）公司净资产额；

（九）已发行的尚未到期的公司债券总额；

（十）公司债券的承销机构。

第一百五十五条 【公司债券票面的记载事项】公司以实物券方式发行公司债券的，必须在债券上载明公司名称、债券票面金额、利率、偿还期限等事项，并由法定代表人签名，公司盖章。

第一百五十六条 【公司债券的分类】公司债券，可以为记名债券，也可以为无记名债券。

第一百五十七条 【公司债券存根簿】公司发行公司债券应当置备公司债券存根簿。

发行记名公司债券的，应当在公司债券存根簿上载明下列事项：

（一）债券持有人的姓名或者名称及住所；

（二）债券持有人取得债券的日期及债券的编号；

（三）债券总额，债券的票面金额、利率、还本付息的期限和方式；

（四）债券的发行日期。

发行无记名公司债券的，应当在公司债券存根簿上载明债券总额、利率、偿还期限和方式、发行日期及债券的编号。

第一百五十八条 【记名公司债券的登记结算】记名公司债券的登记结算机构应当建立债券登记、存管、付息、兑付等相关制度。

第一百五十九条 【公司债券转让】公司债券可以转让，转让价格由转让人与受让人约定。

公司债券在证券交易所上市交易的，按照证券交易所的交易规则转让。

第一百六十条 【公司债券的转让方式】记名公司债券，由债券持有人以背书方式或者法律、行政法规规定的其他方式转让；转让后由公司将受让人的姓名或者名称及住所记载于公司债券存根簿。

无记名公司债券的转让，由债券持有人将该债券交付给受让人后即发生转让的效力。

第一百六十一条 【可转换公司债券的发行】上市公司经股东大会决议可以发行可转换为股票的公司债券，并在公司债券募集办法中规定具体的转换办法。上市公司发行可转换为股票的公司债券，应当报国务院证券监督管理机构核准。

发行可转换为股票的公司债券，应当在债券上标明可转换公司债券字样，并在公司债券存根簿上载明可转换公司债券的数额。

第一百六十二条 【可转换公司债券的转换】发行可转换为股票的公司债券的，公司应当按照其转换办法向债券持有人换发股票，但债券持有人对转换股票或者不转换股票有选择权。

第八章 公司财务、会计

第一百六十三条 【公司财务与会计制度】公司应当依照法律、行政法规和国务院财政部门的规定建立本公司的财务、会计制度。

第一百六十四条 【财务会计报告】公司应当在每一会计年度终了时编制财务会计报告，并依法经会计师事务所审计。

财务会计报告应当依照法律、行政法规和国务院财政部门的规定制作。

第一百六十五条 【财务会计报告的公示】有限责任公司应当依照公司章程规定的期限将财务会计报告送交各股东。

股份有限公司的财务会计报告应当在召开股东大会年会的二十日前置备于本公司，供股东查阅；公开发行股票的股份有限公司必须公告其财务会计报告。

第一百六十六条 【法定公积金与任意公积金】公司分配当年税后利润时，应当提取利润的百分之十列入公司法定公积金。公司法定公积金累计额为公司注册资本的百分之五十以上的，可以不再提取。

公司的法定公积金不足以弥补以前年度亏损的，在依照前款规定提取法定公积金之前，应当先用当年利润弥补亏损。

公司从税后利润中提取法定公积金后，经股东会或者股东大会决议，还可以从税后利润中提取任意公积金。

公司弥补亏损和提取公积金后所余税后利润，有限责任公司依照本法第三十四条的规定分配；股份有限公司按照股东持有的股份比例分配，但股份有限公司章程规定不按持股比例分配的除外。

股东会、股东大会或者董事会违反前款规定，在公司弥补亏损和提取法定公积金之前向股东分配利润的，股东必须将违反规定分配的利润退还公司。

公司持有的本公司股份不得分配利润。

第一百六十七条　【股份有限公司资本公积金】股份有限公司以超过股票票面金额的发行价格发行股份所得的溢价款以及国务院财政部门规定列入资本公积金的其他收入，应当列为公司资本公积金。

第一百六十八条　【公积金的用途】公司的公积金用于弥补公司的亏损、扩大公司生产经营或者转为增加公司资本。但是，资本公积金不得用于弥补公司的亏损。

法定公积金转为资本时，所留存的该项公积金不得少于转增前公司注册资本的百分之二十五。

第一百六十九条　【聘用、解聘会计师事务所】公司聘用、解聘承办公司审计业务的会计师事务所，依照公司章程的规定，由股东会、股东大会或者董事会决定。

公司股东会、股东大会或者董事会就解聘会计师事务所进行表决时，应当允许会计师事务所陈述意见。

第一百七十条　【真实提供会计资料】公司应当向聘用的会计师事务所提供真实、完整的会计凭证、会计账簿、财务会计报告及其他会计资料，不得拒绝、隐匿、谎报。

第一百七十一条　【会计账簿】公司除法定的会计账簿外，不得另立会计账簿。

对公司资产，不得以任何个人名义开立账户存储。

第九章　公司合并、分立、增资、减资

第一百七十二条　【公司的合并】公司合并可以采取吸收合并或者新设合并。

一个公司吸收其他公司为吸收合并，被吸收的公司解散。两个以上公司合并设立一个新的公司为新设合并，合并各方解散。

第一百七十三条　【公司合并的程序】公司合并，应当由合并各方签订合并协议，并编制资产负债表及财产清单。公司应当自作出合并决议之日起十日内通知债权人，并于三十日内在报纸上公告。债权人自接到通知书之日起三十日内，未接到通知书的自公告之日起四十五日内，可以要求公司清偿债务或者提供相应的担保。

第一百七十四条　【公司合并债权债务的承继】公司合并时，合并各方的债权、债务，应当由合并后存续的公司或者新设的公司承继。

第一百七十五条　【公司的分立】公司分立，其财产作相应的分割。

公司分立，应当编制资产负债表及财产清单。公司应当自作出分立决议之日起十日内通知债权人，并于三十日内在报纸上公告。

第一百七十六条　【公司分立前的债务承担】公司分立前的债务由分立后的公司承担连带责任。但是，公司在分立前与债权人就债务清偿达成的书面协议另有约定的除外。

　　第一百七十七条　【公司减资】公司需要减少注册资本时，必须编制资产负债表及财产清单。

　　公司应当自作出减少注册资本决议之日起十日内通知债权人，并于三十日内在报纸上公告。债权人自接到通知书之日起三十日内，未接到通知书的自公告之日起四十五日内，有权要求公司清偿债务或者提供相应的担保。

　　第一百七十八条　【公司增资】有限责任公司增加注册资本时，股东认缴新增资本的出资，依照本法设立有限责任公司缴纳出资的有关规定执行。

　　股份有限公司为增加注册资本发行新股时，股东认购新股，依照本法设立股份有限公司缴纳股款的有关规定执行。

　　第一百七十九条　【公司变更的登记】公司合并或者分立，登记事项发生变更的，应当依法向公司登记机关办理变更登记；公司解散的，应当依法办理公司注销登记；设立新公司的，应当依法办理公司设立登记。

　　公司增加或者减少注册资本，应当依法向公司登记机关办理变更登记。

第十章　公司解散和清算

　　第一百八十条　【公司解散原因】公司因下列原因解散：

　　（一）公司章程规定的营业期限届满或者公司章程规定的其他解散事由出现；

　　（二）股东会或者股东大会决议解散；

　　（三）因公司合并或者分立需要解散；

　　（四）依法被吊销营业执照、责令关闭或者被撤销；

　　（五）人民法院依照本法第一百八十二条的规定予以解散。

　　第一百八十一条　【修改公司章程】公司有本法第一百八十条第（一）项情形的，可以通过修改公司章程而存续。

　　依照前款规定修改公司章程，有限责任公司须经持有三分之二以上表决权的股东通过，股份有限公司须经出席股东大会会议的股东所持表决权的三分之二以上通过。

　　第一百八十二条　【请求法院解散公司】公司经营管理发生严重困难，继续存续会使股东利益受到重大损失，通过其他途径不能解决的，持有公司全部股东表决权百分之十以上的股东，可以请求人民法院解散公司。

　　第一百八十三条　【清算组的成立与组成】公司因本法第一百八十条第（一）项、第（二）项、第（四）项、第（五）项规定而解散的，应当在解散事由出现之日起十五日内成立清算组，开始清算。有限责任公司的清算组由股东组成，股份有限公司的清算组由董事或者股东大会确定的人员组成。逾期不成立清算组进行清算的，债权人可以申请人民法院指定有关人员组成清算组进行清算。人民法院应当受理该申请，并及时组织清算组进行清算。

　　第一百八十四条　【清算组的职权】清算组在清算期间行使下列职权：

　　（一）清理公司财产，分别编制资产负债表和财产清单；

　　（二）通知、公告债权人；

（三）处理与清算有关的公司未了结的业务；

（四）清缴所欠税款以及清算过程中产生的税款；

（五）清理债权、债务；

（六）处理公司清偿债务后的剩余财产；

（七）代表公司参与民事诉讼活动。

第一百八十五条　【债权人申报债权】清算组应当自成立之日起十日内通知债权人，并于六十日内在报纸上公告。债权人应当自接到通知书之日起三十日内，未接到通知书的自公告之日起四十五日内，向清算组申报其债权。

债权人申报债权，应当说明债权的有关事项，并提供证明材料。清算组应当对债权进行登记。

在申报债权期间，清算组不得对债权人进行清偿。

第一百八十六条　【清算程序】清算组在清理公司财产、编制资产负债表和财产清单后，应当制定清算方案，并报股东会、股东大会或者人民法院确认。

公司财产在分别支付清算费用、职工的工资、社会保险费用和法定补偿金，缴纳所欠税款，清偿公司债务后的剩余财产，有限责任公司按照股东的出资比例分配，股份有限公司按照股东持有的股份比例分配。

清算期间，公司存续，但不得开展与清算无关的经营活动。公司财产在未依照前款规定清偿前，不得分配给股东。

第一百八十七条　【破产申请】清算组在清理公司财产、编制资产负债表和财产清单后，发现公司财产不足清偿债务的，应当依法向人民法院申请宣告破产。

公司经人民法院裁定宣告破产后，清算组应当将清算事务移交给人民法院。

第一百八十八条　【公司注销】公司清算结束后，清算组应当制作清算报告，报股东会、股东大会或者人民法院确认，并报送公司登记机关，申请注销公司登记，公告公司终止。

第一百八十九条　【清算组成员的义务与责任】清算组成员应当忠于职守，依法履行清算义务。

清算组成员不得利用职权收受贿赂或者其他非法收入，不得侵占公司财产。

清算组成员因故意或者重大过失给公司或者债权人造成损失的，应当承担赔偿责任。

第一百九十条　【公司破产】公司被依法宣告破产的，依照有关企业破产的法律实施破产清算。

第十一章　外国公司的分支机构

第一百九十一条　【外国公司的概念】本法所称外国公司是指依照外国法律在中国境外设立的公司。

第一百九十二条　【外国公司分支机构的设立程序】外国公司在中国境内设立分支机构，必须向中国主管机关提出申请，并提交其公司章程、所属国的公司登记证书等有关文件，经批准后，向公司登记机关依法办理登记，领取营业执照。

外国公司分支机构的审批办法由国务院另行规定。

第一百九十三条　【外国公司分支机构的设立条件】外国公司在中国境内设立分支机构，必须在中国境内指定负责该分支机构的代表人或者代理人，并向该分支机构拨付与其所从事的经营活动相适应的资金。

对外国公司分支机构的经营资金需要规定最低限额的，由国务院另行规定。

第一百九十四条　【外国公司分支机构的名称】外国公司的分支机构应当在其名称中标明该外国公司的国籍及责任形式。

外国公司的分支机构应当在本机构中置备该外国公司章程。

第一百九十五条　【外国公司分支机构的法律地位】外国公司在中国境内设立的分支机构不具有中国法人资格。

外国公司对其分支机构在中国境内进行经营活动承担民事责任。

第一百九十六条　【外国公司分支机构的活动原则】经批准设立的外国公司分支机构，在中国境内从事业务活动，必须遵守中国的法律，不得损害中国的社会公共利益，其合法权益受中国法律保护。

第一百九十七条　【外国公司分支机构的撤销与清算】外国公司撤销其在中国境内的分支机构时，必须依法清偿债务，依照本法有关公司清算程序的规定进行清算。未清偿债务之前，不得将其分支机构的财产移至中国境外。

第十二章　法律责任

第一百九十八条　【虚报注册资本的法律责任】违反本法规定，虚报注册资本、提交虚假材料或者采取其他欺诈手段隐瞒重要事实取得公司登记的，由公司登记机关责令改正，对虚报注册资本的公司，处以虚报注册资本金额百分之五以上百分之十五以下的罚款；对提交虚假材料或者采取其他欺诈手段隐瞒重要事实的公司，处以五万元以上五十万元以下的罚款；情节严重的，撤销公司登记或者吊销营业执照。

第一百九十九条　【虚假出资的法律责任】公司的发起人、股东虚假出资，未交付或者未按期交付作为出资的货币或者非货币财产的，由公司登记机关责令改正，处以虚假出资金额百分之五以上百分之十五以下的罚款。

第二百条　【抽逃出资的法律责任】公司的发起人、股东在公司成立后，抽逃其出资的，由公司登记机关责令改正，处以所抽逃出资金额百分之五以上百分之十五以下的罚款。

第二百零一条　【另立会计账簿的法律责任】公司违反本法规定，在法定的会计账簿以外另立会计账簿的，由县级以上人民政府财政部门责令改正，处以五万元以上五十万元以下的罚款。

第二百零二条　【提供虚假财会报告的法律责任】公司在依法向有关主管部门提供的财务会计报告等材料上作虚假记载或者隐瞒重要事实的，由有关主管部门对直接负责的主管人员和其他直接责任人员处以三万元以上三十万元以下的罚款。

第二百零三条　【违法提取法定公积金的法律责任】公司不依照本法规定提取法定公积金的，由县级以上人民政府财政部门责令如数补足应当提取的金额，可以对公司处以二十万元以下的罚款。

第二百零四条　【公司合并、分立、减资、清算中违法行为的法律责任】公司在合并、分立、减少注册资本或者进行清算时，不依照本法规定通知或者公告债权人的，由公司登记机关责令改正，对公司处以一万元以上十万元以下的罚款。

公司在进行清算时，隐匿财产，对资产负债表或者财产清单作虚假记载或者在未清偿债务前分配公司财产的，由公司登记机关责令改正，对公司处以隐匿财产或者未清偿债务前分配公司财产金额百分之五以上百分之十以下的罚款；对直接负责的主管人员和其他直接责任人员处以一万元以上十万元以下的罚款。

第二百零五条　【公司在清算期间违法经营活动的法律责任】公司在清算期间开展与清算无关的经营活动的，由公司登记机关予以警告，没收违法所得。

第二百零六条　【清算组违法活动的法律责任】清算组不依照本法规定向公司登记机关报送清算报告，或者报送清算报告隐瞒重要事实或者有重大遗漏的，由公司登记机关责令改正。

清算组成员利用职权徇私舞弊、谋取非法收入或者侵占公司财产的，由公司登记机关责令退还公司财产，没收违法所得，并可以处以违法所得一倍以上五倍以下的罚款。

第二百零七条　【资产评估、验资或者验证机构违法的法律责任】承担资产评估、验资或者验证的机构提供虚假材料的，由公司登记机关没收违法所得，处以违法所得一倍以上五倍以下的罚款，并可以由有关主管部门依法责令该机构停业、吊销直接责任人员的资格证书，吊销营业执照。

承担资产评估、验资或者验证的机构因过失提供有重大遗漏的报告的，由公司登记机关责令改正，情节较重的，处以所得收入一倍以上五倍以下的罚款，并可以由有关主管部门依法责令该机构停业、吊销直接责任人员的资格证书，吊销营业执照。

承担资产评估、验资或者验证的机构因其出具的评估结果、验资或者验证证明不实，给公司债权人造成损失的，除能够证明自己没有过错的外，在其评估或者证明不实的金额范围内承担赔偿责任。

第二百零八条　【公司登记机关违法的法律责任】公司登记机关对不符合本法规定条件的登记申请予以登记，或者对符合本法规定条件的登记申请不予登记的，对直接负责的主管人员和其他直接责任人员，依法给予行政处分。

第二百零九条　【公司登记机关的上级部门违法的法律责任】公司登记机关的上级部门强令公司登记机关对不符合本法规定条件的登记申请予以登记，或者对符合本法规定条件的登记申请不予登记的，或者对违法登记进行包庇的，对直接负责的主管人员和其他直接责任人员依法给予行政处分。

第二百一十条　【假冒公司名义的法律责任】未依法登记为有限责任公司或者股份有限公司，而冒用有限责任公司或者股份有限公司名义的，或者未依法登记为有限责任公司或者股份有限公司的分公司，而冒用有限责任公司或者股份有限公司的分公司名义的，由公司登记机关责令改正或者予以取缔，可以并处十万元以下的罚款。

第二百一十一条　【逾期开业、停业、不依法办理变更登记的法律责任】公司成立后无正当理由超过六个月未开业的，或者开业后自行停业连续六个月以上的，可以由公司登记机关吊销营业执照。

公司登记事项发生变更时，未依照本法规定办理有关变更登记的，由公司登记机关责令限期登记；逾期不登记的，处以一万元以上十万元以下的罚款。

第二百一十二条　【外国公司擅自设立分支机构的法律责任】外国公司违反本法规定，擅自在中国境内设立分支机构的，由公司登记机关责令改正或者关闭，可以并处五万元以上二十万元以下的罚款。

第二百一十三条　【吊销营业执照】利用公司名义从事危害国家安全、社会公共利益的严重违法行为的，吊销营业执照。

第二百一十四条　【民事赔偿优先】公司违反本法规定，应当承担民事赔偿责任和缴纳罚款、罚金的，其财产不足以支付时，先承担民事赔偿责任。

第二百一十五条　【刑事责任】违反本法规定，构成犯罪的，依法追究刑事责任。

第十三章　附　则

第二百一十六条　【本法相关用语的含义】本法下列用语的含义：

（一）高级管理人员，是指公司的经理、副经理、财务负责人，上市公司董事会秘书和公司章程规定的其他人员。

（二）控股股东，是指其出资额占有限责任公司资本总额百分之五十以上或者其持有的股份占股份有限公司股本总额百分之五十以上的股东；出资额或者持有股份的比例虽然不足百分之五十，但依其出资额或者持有的股份所享有的表决权已足以对股东会、股东大会的决议产生重大影响的股东。

（三）实际控制人，是指虽不是公司的股东，但通过投资关系、协议或者其他安排，能够实际支配公司行为的人。

（四）关联关系，是指公司控股股东、实际控制人、董事、监事、高级管理人员与其直接或者间接控制的企业之间的关系，以及可能导致公司利益转移的其他关系。但是，国家控股的企业之间不仅因为同受国家控股而具有关联关系。

第二百一十七条　【外资公司的法律适用】外商投资的有限责任公司和股份有限公司适用本法；有关外商投资的法律另有规定的，适用其规定。

第二百一十八条　【施行日期】本法自 2006 年 1 月 1 日起施行。

第二节　司法解释和规范性文件

最高人民法院关于适用《中华人民共和国企业破产法》若干问题的规定（一）

（法释〔2011〕22 号）

《最高人民法院关于适用〈中华人民共和国企业破产法〉若干问题的规定（一）》已于 2011 年 8 月 29 日由最高人民法院审判委员会第 1527 次会议通过，现予公布，自 2011 年 9 月 26 日起施行。

二〇一一年九月九日

为正确适用《中华人民共和国企业破产法》，结合审判实践，就人民法院依法受理企业破产案件适用法律问题作出如下规定。

第一条　债务人不能清偿到期债务并且具有下列情形之一的，人民法院应当认定其具备破产原因：

（一）资产不足以清偿全部债务；

（二）明显缺乏清偿能力。

相关当事人以对债务人的债务负有连带责任的人未丧失清偿能力为由，主张债务人不具备破产原因的，人民法院应不予支持。

第二条　下列情形同时存在的，人民法院应当认定债务人不能清偿到期债务：

（一）债权债务关系依法成立；

（二）债务履行期限已经届满；

（三）债务人未完全清偿债务。

第三条　债务人的资产负债表，或者审计报告、资产评估报告等显示其全部资产不足以偿付全部负债的，人民法院应当认定债务人资产不足以清偿全部债务，但有相反证据足以证明债务人资产能够偿付全部负债的除外。

第四条　债务人账面资产虽大于负债，但存在下列情形之一的，人民法院应当认定其明显缺乏清偿能力：

（一）因资金严重不足或者财产不能变现等原因，无法清偿债务；

（二）法定代表人下落不明且无其他人员负责管理财产，无法清偿债务；

（三）经人民法院强制执行，无法清偿债务；

（四）长期亏损且经营扭亏困难，无法清偿债务；

（五）导致债务人丧失清偿能力的其他情形。

第五条　企业法人已解散但未清算或者未在合理期限内清算完毕，债权人申请债务人破产清算的，除债务人在法定异议期限内举证证明其未出现破产原因外，人民法院应当受理。

第六条 债权人申请债务人破产的，应当提交债务人不能清偿到期债务的有关证据。债务人对债权人的申请未在法定期限内向人民法院提出异议，或者异议不成立的，人民法院应当依法裁定受理破产申请。

受理破产申请后，人民法院应当责令债务人依法提交其财产状况说明、债务清册、债权清册、财务会计报告等有关材料，债务人拒不提交的，人民法院可以对债务人的直接责任人员采取罚款等强制措施。

第七条 人民法院收到破产申请时，应当向申请人出具收到申请及所附证据的书面凭证。

人民法院收到破产申请后应当及时对申请人的主体资格、债务人的主体资格和破产原因，以及有关材料和证据等进行审查，并依据企业破产法第十条的规定作出是否受理的裁定。

人民法院认为申请人应当补充、补正相关材料的，应当自收到破产申请之日起五日内告知申请人。当事人补充、补正相关材料的期间不计入企业破产法第十条规定的期限。

第八条 破产案件的诉讼费用，应根据企业破产法第四十三条的规定，从债务人财产中拨付。相关当事人以申请人未预先交纳诉讼费用为由，对破产申请提出异议的，人民法院不予支持。

第九条 申请人向人民法院提出破产申请，人民法院未接收其申请，或者未按本规定第七条执行的，申请人可以向上一级人民法院提出破产申请。

上一级人民法院接到破产申请后，应当责令下级法院依法审查并及时作出是否受理的裁定；下级法院仍不作出是否受理裁定的，上一级人民法院可以径行作出裁定。

上一级人民法院裁定受理破产申请的，可以同时指令下级人民法院审理该案件。

最高人民法院关于适用《中华人民共和国企业破产法》若干问题的规定（二）

（2013 年 7 月 29 日最高人民法院审判委员会第 1586 次会议通过，根据 2020 年 12 月 23 日最高人民法院审判委员会第 1823 次会议通过的《最高人民法院关于修改〈最高人民法院关于破产企业国有划拨土地使用权应否列入破产财产等问题的批复〉等二十九件商事类司法解释的决定》修正）

根据《中华人民共和国民法典》《中华人民共和国企业破产法》等相关法律，结合审判实践，就人民法院审理企业破产案件中认定债务人财产相关的法律适用问题，制定本规定。

第一条 除债务人所有的货币、实物外，债务人依法享有的可以用货币估价并可以依法转让的债权、股权、知识产权、用益物权等财产和财产权益，人民法院均应认定为债务人财产。

第二条 下列财产不应认定为债务人财产：

（一）债务人基于仓储、保管、承揽、代销、借用、寄存、租赁等合同或者其他法律关系占有、使用的他人财产；

（二）债务人在所有权保留买卖中尚未取得所有权的财产；

（三）所有权专属于国家且不得转让的财产；

（四）其他依照法律、行政法规不属于债务人的财产。

第三条 债务人已依法设定担保物权的特定财产，人民法院应当认定为债务人财产。

对债务人的特定财产在担保物权消灭或者实现担保物权后的剩余部分，在破产程序中可用以清偿破产费用、共益债务和其他破产债权。

第四条 债务人对按份享有所有权的共有财产的相关份额，或者共同享有所有权的共有财产的相应财产权利，以及依法分割共有财产所得部分，人民法院均应认定为债务人财产。

人民法院宣告债务人破产清算，属于共有财产分割的法定事由。人民法院裁定债务人重整或者和解的，共有财产的分割应当依据民法典第三百零三条的规定进行；基于重整或者和解的需要必须分割共有财产，管理人请求分割的，人民法院应予准许。

因分割共有财产导致其他共有人损害产生的债务，其他共有人请求作为共益债务清偿的，人民法院应予支持。

第五条 破产申请受理后，有关债务人财产的执行程序未依照企业破产法第十九条的规定中止的，采取执行措施的相关单位应当依法予以纠正。依法执行回转的财产，人民法院应当认定为债务人财产。

第六条 破产申请受理后，对于可能因有关利益相关人的行为或者其他原因，影响破产程序依法进行的，受理破产申请的人民法院可以根据管理人的申请或者依职权，对债务人的全部或者部分财产采取保全措施。

第七条 对债务人财产已采取保全措施的相关单位，在知悉人民法院已裁定受理有关债务人的破产申请后，应当依照企业破产法第十九条的规定及时解除对债务人财产的保全措施。

第八条 人民法院受理破产申请后至破产宣告前裁定驳回破产申请，或者依据企业破产法第一百零八条的规定裁定终结破产程序的，应当及时通知原已采取保全措施并已依法解除保全措施的单位按照原保全顺位恢复相关保全措施。

在已依法解除保全的单位恢复保全措施或者表示不再恢复之前，受理破产申请的人民法院不得解除对债务人财产的保全措施。

第九条 管理人依据企业破产法第三十一条和第三十二条的规定提起诉讼，请求撤销涉及债务人财产的相关行为并由相对人返还债务人财产的，人民法院应予支持。

管理人因过错未依法行使撤销权导致债务人财产不当减损，债权人提起诉讼主张管理人对其损失承担相应赔偿责任的，人民法院应予支持。

第十条 债务人经过行政清理程序转入破产程序的，企业破产法第三十一条和第三十二条规定的可撤销行为的起算点，为行政监管机构作出撤销决定之日。

债务人经过强制清算程序转入破产程序的，企业破产法第三十一条和第三十二条规定的可撤销行为的起算点，为人民法院裁定受理强制清算申请之日。

第十一条 人民法院根据管理人的请求撤销涉及债务人财产的以明显不合理价格进行的交易的，买卖双方应当依法返还从对方获取的财产或者价款。

因撤销该交易，对于债务人应返还受让人已支付价款所产生的债务，受让人请求作为共益债务清偿的，人民法院应予支持。

第十二条 破产申请受理前一年内债务人提前清偿的未到期债务，在破产申请受理前已经到期，管理人请求撤销该清偿行为的，人民法院不予支持。但是，该清偿行为发生在破产申请受理前六个月内且债务人有企业破产法第二条第一款规定情形的除外。

第十三条 破产申请受理后，管理人未依据企业破产法第三十一条的规定请求撤销债务人无偿转让财产、以明显不合理价格交易、放弃债权行为的，债权人依据民法典第五百三十八条、第五百三十九条等规定提起诉讼，请求撤销债务人上述行为并将因此追回的财产归入债务人财产的，人民法院应予受理。

相对人以债权人行使撤销权的范围超出债权人的债权抗辩的，人民法院不予支持。

第十四条 债务人对以自有财产设定担保物权的债权进行的个别清偿，管理人依据企业破产法第三十二条的规定请求撤销的，人民法院不予支持。但是，债务清偿时担保财产的价值低于债权额的除外。

第十五条 债务人经诉讼、仲裁、执行程序对债权人进行的个别清偿，管理人依据企业破产法第三十二条的规定请求撤销的，人民法院不予支持。但是，债务人与债权人恶意串通损害其他债权人利益的除外。

第十六条 债务人对债权人进行的以下个别清偿，管理人依据企业破产法第三十二条的规定请求撤销的，人民法院不予支持：

（一）债务人为维系基本生产需要而支付水费、电费等的；

（二）债务人支付劳动报酬、人身损害赔偿金的；

（三）使债务人财产受益的其他个别清偿。

第十七条　管理人依据企业破产法第三十三条的规定提起诉讼，主张被隐匿、转移财产的实际占有人返还债务人财产，或者主张债务人虚构债务或者承认不真实债务的行为无效并返还债务人财产的，人民法院应予支持。

第十八条　管理人代表债务人依据企业破产法第一百二十八条的规定，以债务人的法定代表人和其他直接责任人员对所涉债务人财产的相关行为存在故意或者重大过失，造成债务人财产损失为由提起诉讼，主张上述责任人员承担相应赔偿责任的，人民法院应予支持。

第十九条　债务人对外享有债权的诉讼时效，自人民法院受理破产申请之日起中断。

债务人无正当理由未对其到期债权及时行使权利，导致其对外债权在破产申请受理前一年内超过诉讼时效期间的，人民法院受理破产申请之日起重新计算上述债权的诉讼时效期间。

第二十条　管理人代表债务人提起诉讼，主张出资人向债务人依法缴付未履行的出资或者返还抽逃的出资本息，出资人以认缴出资尚未届至公司章程规定的缴纳期限或者违反出资义务已经超过诉讼时效为由抗辩的，人民法院不予支持。

管理人依据公司法的相关规定代表债务人提起诉讼，主张公司的发起人和负有监督股东履行出资义务的董事、高级管理人员，或者协助抽逃出资的其他股东、董事、高级管理人员、实际控制人等，对股东违反出资义务或者抽逃出资承担相应责任，并将财产归入债务人财产的，人民法院应予支持。

第二十一条　破产申请受理前，债权人就债务人财产提起下列诉讼，破产申请受理时案件尚未审结的，人民法院应当中止审理：

（一）主张次债务人代替债务人直接向其偿还债务的；

（二）主张债务人的出资人、发起人和负有监督股东履行出资义务的董事、高级管理人员，或者协助抽逃出资的其他股东、董事、高级管理人员、实际控制人等直接向其承担出资不实或者抽逃出资责任的；

（三）以债务人的股东与债务人法人人格严重混同为由，主张债务人的股东直接向其偿还债务人对其所负债务的；

（四）其他就债务人财产提起的个别清偿诉讼。

债务人破产宣告后，人民法院应当依照企业破产法第四十四条的规定判决驳回债权人的诉讼请求。但是，债权人一审中变更其诉讼请求为追收的相关财产归入债务人财产的除外。

债务人破产宣告前，人民法院依据企业破产法第十二条或者第一百零八条的规定裁定驳回破产申请或者终结破产程序的，上述中止审理的案件应当依法恢复审理。

第二十二条　破产申请受理前，债权人就债务人财产向人民法院提起本规定第二十一条第一款所列诉讼，人民法院已经作出生效民事判决书或者调解书但尚未执行完毕的，破产申请受理后，相关执行行为应当依据企业破产法第十九条的规定中止，债权人应当依法向管理人申报相关债权。

第二十三条　破产申请受理后，债权人就债务人财产向人民法院提起本规定第二十一条第一款所列诉讼的，人民法院不予受理。

债权人通过债权人会议或者债权人委员会，要求管理人依法向次债务人、债务人的出资人等追收债务人财产，管理人无正当理由拒绝追收，债权人会议依据企业破产法第二十二条的规定，申请人民法院更换管理人的，人民法院应予支持。

管理人不予追收，个别债权人代表全体债权人提起相关诉讼，主张次债务人或者债务人的出资人等向债务人清偿或者返还债务人财产，或者依法申请合并破产的，人民法院应予受理。

第二十四条　债务人有企业破产法第二条第一款规定的情形时，债务人的董事、监事和高级管理人员利用职权获取的以下收入，人民法院应当认定为企业破产法第三十六条规定的非正常收入：

（一）绩效奖金；

（二）普遍拖欠职工工资情况下获取的工资性收入；

（三）其他非正常收入。

债务人的董事、监事和高级管理人员拒不向管理人返还上述债务人财产，管理人主张上述人员予以返还的，人民法院应予支持。

债务人的董事、监事和高级管理人员因返还第一款第（一）项、第（三）项非正常收入形成的债权，可以作为普通破产债权清偿。因返还第一款第（二）项非正常收入形成的债权，依据企业破产法第一百一十三条第三款的规定，按照该企业职工平均工资计算的部分作为拖欠职工工资清偿；高出该企业职工平均工资计算的部分，可以作为普通破产债权清偿。

第二十五条　管理人拟通过清偿债务或者提供担保取回质物、留置物，或者与质权人、留置权人协议以质物、留置物折价清偿债务等方式，进行对债权人利益有重大影响的财产处分行为的，应当及时报告债权人委员会。未设立债权人委员会的，管理人应当及时报告人民法院。

第二十六条　权利人依据企业破产法第三十八条的规定行使取回权，应当在破产财产变价方案或者和解协议、重整计划草案提交债权人会议表决前向管理人提出。权利人在上述期限后主张取回相关财产的，应当承担延迟行使取回权增加的相关费用。

第二十七条　权利人依据企业破产法第三十八条的规定向管理人主张取回相关财产，管理人不予认可，权利人以债务人为被告向人民法院提起诉讼请求行使取回权的，人民法院应予受理。

权利人依据人民法院或者仲裁机关的相关生效法律文书向管理人主张取回所涉争议财产，管理人以生效法律文书错误为由拒绝其行使取回权的，人民法院不予支持。

第二十八条　权利人行使取回权时未依法向管理人支付相关的加工费、保管费、托运费、委托费、代销费等费用，管理人拒绝其取回相关财产的，人民法院应予支持。

第二十九条　对债务人占有的权属不清的鲜活易腐等不易保管的财产或者不及时变现价值将严重贬损的财产，管理人及时变价并提存变价款后，有关权利人就该变价款行使取回权的，人民法院应予支持。

第三十条　债务人占有的他人财产被违法转让给第三人，依据物权法第一百零六条的规定第三人已善意取得财产所有权，原权利人无法取回该财产的，人民法院应当按照以下规定处理：

（一）转让行为发生在破产申请受理前的，原权利人因财产损失形成的债权，作为普通破产债权清偿；

（二）转让行为发生在破产申请受理后的，因管理人或者相关人员执行职务导致原权利人损害产生的债务，作为共益债务清偿。

第三十一条 债务人占有的他人财产被违法转让给第三人，第三人已向债务人支付了转让价款，但依据民法典第三百一十一条的规定未取得财产所有权，原权利人依法追回转让财产的，对因第三人已支付对价而产生的债务，人民法院应当按照以下规定处理：

（一）转让行为发生在破产申请受理前的，作为普通破产债权清偿；

（二）转让行为发生在破产申请受理后的，作为共益债务清偿。

第三十二条 债务人占有的他人财产毁损、灭失，因此获得的保险金、赔偿金、代偿物尚未交付给债务人，或者代偿物虽已交付给债务人但能与债务人财产予以区分的，权利人主张取回就此获得的保险金、赔偿金、代偿物的，人民法院应予支持。

保险金、赔偿金已经交付给债务人，或者代偿物已经交付给债务人且不能与债务人财产予以区分的，人民法院应当按照以下规定处理：

（一）财产毁损、灭失发生在破产申请受理前的，权利人因财产损失形成的债权，作为普通破产债权清偿；

（二）财产毁损、灭失发生在破产申请受理后的，因管理人或者相关人员执行职务导致权利人损害产生的债务，作为共益债务清偿。

债务人占有的他人财产毁损、灭失，没有获得相应的保险金、赔偿金、代偿物，或者保险金、赔偿物、代偿物不足以弥补其损失的部分，人民法院应当按照本条第二款的规定处理。

第三十三条 管理人或者相关人员在执行职务过程中，因故意或者重大过失不当转让他人财产或者造成他人财产毁损、灭失，导致他人损害产生的债务作为共益债务，由债务人财产随时清偿不足弥补损失，权利人向管理人或者相关人员主张承担补充赔偿责任的，人民法院应予支持。

上述债务作为共益债务由债务人财产随时清偿后，债权人以管理人或者相关人员执行职务不当导致债务人财产减少给其造成损失为由提起诉讼，主张管理人或者相关人员承担相应赔偿责任的，人民法院应予支持。

第三十四条 买卖合同双方当事人在合同中约定标的物所有权保留，在标的物所有权未依法转移给买受人前，一方当事人破产的，该买卖合同属于双方均未履行完毕的合同，管理人有权依据企业破产法第十八条的规定决定解除或者继续履行合同。

第三十五条 出卖人破产，其管理人决定继续履行所有权保留买卖合同的，买受人应当按照原买卖合同的约定支付价款或者履行其他义务。

买受人未依约支付价款或者履行完毕其他义务，或者将标的物出卖、出质或者作出其他不当处分，给出卖人造成损害，出卖人管理人依法主张取回标的物的，人民法院应予支持。但是，买受人已经支付标的物总价款百分之七十五以上或者第三人善意取得标的物所有权或者其他物权的除外。

因本条第二款规定未能取回标的物，出卖人管理人依法主张买受人继续支付价款、履行完毕其他义务，以及承担相应赔偿责任的，人民法院应予支持。

第三十六条 出卖人破产，其管理人决定解除所有权保留买卖合同，并依据企业破产法第十七条的规定要求买受人向其交付买卖标的物的，人民法院应予支持。

买受人以其不存在未依约支付价款或者履行完毕其他义务，或者将标的物出卖、出质或者作出其他不当处分情形抗辩的，人民法院不予支持。

买受人依法履行合同义务并依据本条第一款将买卖标的物交付出卖人管理人后，买受人已支付价款损失形成的债权作为共益债务清偿。但是，买受人违反合同约定，出卖人管理人主张上述债权作为普通破产债权清偿的，人民法院应予支持。

第三十七条 买受人破产，其管理人决定继续履行所有权保留买卖合同的，原买卖合同中约定的买受人支付价款或者履行其他义务的期限在破产申请受理时视为到期，买受人管理人应当及时向出卖人支付价款或者履行其他义务。

买受人管理人无正当理由未及时支付价款或者履行完毕其他义务，或者将标的物出卖、出质或者作出其他不当处分，给出卖人造成损害，出卖人依据民法典第六百四十一条等规定主张取回标的物的，人民法院应予支持。但是，买受人已支付标的物总价款百分之七十五以上或者第三人善意取得标的物所有权或者其他物权的除外。

因本条第二款规定未能取回标的物，出卖人依法主张买受人继续支付价款、履行完毕其他义务，以及承担相应赔偿责任的，人民法院应予支持。对因买受人未支付价款或者未履行完毕其他义务，以及买受人管理人将标的物出卖、出质或者作出其他不当处分导致出卖人损害产生的债务，出卖人主张作为共益债务清偿的，人民法院应予支持。

第三十八条 买受人破产，其管理人决定解除所有权保留买卖合同，出卖人依据企业破产法第三十八条的规定主张取回买卖标的物的，人民法院应予支持。

出卖人取回买卖标的物，买受人管理人主张出卖人返还已支付价款的，人民法院应予支持。取回的标的物价值明显减少给出卖人造成损失的，出卖人可从买受人已支付价款中优先予以抵扣后，将剩余部分返还给买受人；对买受人已支付价款不足以弥补出卖人标的物价值减损损失形成的债权，出卖人主张作为共益债务清偿的，人民法院应予支持。

第三十九条 出卖人依据企业破产法第三十九条的规定，通过通知承运人或者实际占有人中止运输、返还货物、变更到达地，或者将货物交给其他收货人等方式，对在运途中标的物主张了取回权但未能实现，或者在货物未达管理人前已向管理人主张取回在运途中标的物，在买卖标的物到达管理人后，出卖人向管理人主张取回的，管理人应予准许。

出卖人对在运途中标的物未及时行使取回权，在买卖标的物到达管理人后向管理人行使在运途中标的物取回权的，管理人不应准许。

第四十条 债务人重整期间，权利人要求取回债务人合法占有的权利人的财产，不符合双方事先约定条件的，人民法院不予支持。但是，因管理人或者自行管理的债务人违反约定，可能导致取回物被转让、毁损、灭失或者价值明显减少的除外。

第四十一条　债权人依据企业破产法第四十条的规定行使抵销权，应当向管理人提出抵销主张。

管理人不得主动抵销债务人与债权人的互负债务，但抵销使债务人财产受益的除外。

第四十二条　管理人收到债权人提出的主张债务抵销的通知后，经审查无异议的，抵销自管理人收到通知之日起生效。

管理人对抵销主张有异议的，应当在约定的异议期限内或者自收到主张债务抵销的通知之日起三个月内向人民法院提起诉讼。无正当理由逾期提起的，人民法院不予支持。

人民法院判决驳回管理人提起的抵销无效诉讼请求的，该抵销自管理人收到主张债务抵销的通知之日起生效。

第四十三条　债权人主张抵销，管理人以下列理由提出异议的，人民法院不予支持：

（一）破产申请受理时，债务人对债权人负有的债务尚未到期；

（二）破产申请受理时，债权人对债务人负有的债务尚未到期；

（三）双方互负债务标的物种类、品质不同。

第四十四条　破产申请受理前六个月内，债务人有企业破产法第二条第一款规定的情形，债务人与个别债权人以抵销方式对个别债权人清偿，其抵销的债权债务属于企业破产法第四十条第（二）、（三）项规定的情形之一，管理人在破产申请受理之日起三个月内向人民法院提起诉讼，主张该抵销无效的，人民法院应予支持。

第四十五条　企业破产法第四十条所列不得抵销情形的债权人，主张以其对债务人特定财产享有优先受偿权的债权，与债务人对其不享有优先受偿权的债权抵销，债务人管理人以抵销存在企业破产法第四十条规定的情形提出异议的，人民法院不予支持。但是，用以抵销的债权大于债权人享有优先受偿权财产价值的除外。

第四十六条　债务人的股东主张以下列债务与债务人对其负有的债务抵销，债务人管理人提出异议的，人民法院应予支持：

（一）债务人股东因欠缴债务人的出资或者抽逃出资对债务人所负的债务；

（二）债务人股东滥用股东权利或者关联关系损害公司利益对债务人所负的债务。

第四十七条　人民法院受理破产申请后，当事人提起的有关债务人的民事诉讼案件，应当依据企业破产法第二十一条的规定，由受理破产申请的人民法院管辖。

受理破产申请的人民法院管辖的有关债务人的第一审民事案件，可以依据民事诉讼法第三十八条的规定，由上级人民法院提审，或者报请上级人民法院批准后交下级人民法院审理。

受理破产申请的人民法院，如对有关债务人的海事纠纷、专利纠纷、证券市场因虚假陈述引发的民事赔偿纠纷等案件不能行使管辖权的，可以依据民事诉讼法第三十七条的规定，由上级人民法院指定管辖。

第四十八条　本规定施行前本院发布的有关企业破产的司法解释，与本规定相抵触的，自本规定施行之日起不再适用。

最高人民法院关于适用《中华人民共和国企业破产法》若干问题的规定（三）

（2019年2月25日最高人民法院审判委员会第1762次会议通过，根据2020年12月23日最高人民法院审判委员会第1823次会议通过的《最高人民法院关于修改〈最高人民法院关于破产企业国有划拨土地使用权应否列入破产财产等问题的批复〉等二十九件商事类司法解释的决定》修正)

为正确适用《中华人民共和国企业破产法》，结合审判实践，就人民法院审理企业破产案件中有关债权人权利行使等相关法律适用问题，制定本规定。

第一条 人民法院裁定受理破产申请的，此前债务人尚未支付的公司强制清算费用、未终结的执行程序中产生的评估费、公告费、保管费等执行费用，可以参照企业破产法关于破产费用的规定，由债务人财产随时清偿。

此前债务人尚未支付的案件受理费、执行申请费，可以作为破产债权清偿。

第二条 破产申请受理后，经债权人会议决议通过，或者第一次债权人会议召开前经人民法院许可，管理人或者自行管理的债务人可以为债务人继续营业而借款。提供借款的债权人主张参照企业破产法第四十二条第四项的规定优先于普通破产债权清偿的，人民法院应予支持，但其主张优先于此前已就债务人特定财产享有担保的债权清偿的，人民法院不予支持。

管理人或者自行管理的债务人可以为前述借款设定抵押担保，抵押物在破产申请受理前已为其他债权人设定抵押的，债权人主张按照民法典第四百一十四条规定的顺序清偿，人民法院应予支持。

第三条 破产申请受理后，债务人欠缴款项产生的滞纳金，包括债务人未履行生效法律文书应当加倍支付的迟延利息和劳动保险金的滞纳金，债权人作为破产债权申报的，人民法院不予确认。

第四条 保证人被裁定进入破产程序的，债权人有权申报其对保证人的保证债权。

主债务未到期的，保证债权在保证人破产申请受理时视为到期。一般保证的保证人主张行使先诉抗辩权的，人民法院不予支持，但债权人在一般保证人破产程序中的分配额应予提存，待一般保证人应承担的保证责任确定后再按照破产清偿比例予以分配。

保证人被确定应当承担保证责任的，保证人的管理人可以就保证人实际承担的清偿额向主债务人或其他债务人行使求偿权。

第五条 债务人、保证人均被裁定进入破产程序的，债权人有权向债务人、保证人分别申报债权。

债权人向债务人、保证人均申报全部债权的，从一方破产程序中获得清偿后，其对另一方的债权额不作调整，但债权人的受偿额不得超出其债权总额。保证人履行保证责任后不再享有求偿权。

第六条 管理人应当依照企业破产法第五十七条的规定对所申报的债权进行登记

造册，详尽记载申报人的姓名、单位、代理人、申报债权额、担保情况、证据、联系方式等事项，形成债权申报登记册。

管理人应当依照企业破产法第五十七条的规定对债权的性质、数额、担保财产、是否超过诉讼时效期间、是否超过强制执行期间等情况进行审查、编制债权表并提交债权人会议核查。

债权表、债权申报登记册及债权申报材料在破产期间由管理人保管，债权人、债务人、债务人职工及其他利害关系人有权查阅。

第七条　已经生效法律文书确定的债权，管理人应当予以确认。

管理人认为债权人据以申报债权的生效法律文书确定的债权错误，或者有证据证明债权人与债务人恶意通过诉讼、仲裁或者公证机关赋予强制执行力公证文书的形式虚构债权债务的，应当依法通过审判监督程序向作出该判决、裁定、调解书的人民法院或者上一级人民法院申请撤销生效法律文书，或者向受理破产申请的人民法院申请撤销或者不予执行仲裁裁决、不予执行公证债权文书后，重新确定债权。

第八条　债务人、债权人对债权表记载的债权有异议的，应当说明理由和法律依据。经管理人解释或调整后，异议人仍然不服的，或者管理人不予解释或调整的，异议人应当在债权人会议核查结束后十五日内向人民法院提起债权确认的诉讼。当事人之间在破产申请受理前订立有仲裁条款或仲裁协议的，应当向选定的仲裁机构申请确认债权债务关系。

第九条　债务人对债权表记载的债权有异议向人民法院提起诉讼的，应将被异议债权人列为被告。债权人对债权表记载的他人债权有异议的，应将被异议债权人列为被告；债权人对债权表记载的本人债权有异议的，应将债务人列为被告。

对同一笔债权存在多个异议人，其他异议人申请参加诉讼的，应当列为共同原告。

第十条　单个债权人有权查阅债务人财产状况报告、债权人会议决议、债权人委员会决议、管理人监督报告等参与破产程序所必需的债务人财务和经营信息资料。管理人无正当理由不予提供的，债权人可以请求人民法院作出决定；人民法院应当在五日内作出决定。

上述信息资料涉及商业秘密的，债权人应当依法承担保密义务或者签署保密协议；涉及国家秘密的应当依照相关法律规定处理。

第十一条　债权人会议的决议除现场表决外，可以由管理人事先将相关决议事项告知债权人，采取通信、网络投票等非现场方式进行表决。采取非现场方式进行表决的，管理人应当在债权人会议召开后的三日内，以信函、电子邮件、公告等方式将表决结果告知参与表决的债权人。

根据企业破产法第八十二条规定，对重整计划草案进行分组表决时，权益因重整计划草案受到调整或者影响的债权人或者股东，有权参加表决；权益未受到调整或者影响的债权人或者股东，参照企业破产法第八十三条的规定，不参加重整计划草案的表决。

第十二条　债权人会议的决议具有以下情形之一，损害债权人利益，债权人申请撤销的，人民法院应予支持：

（一）债权人会议的召开违反法定程序；

（二）债权人会议的表决违反法定程序；

（三）债权人会议的决议内容违法；

（四）债权人会议的决议超出债权人会议的职权范围。

人民法院可以裁定撤销全部或者部分事项决议，责令债权人会议依法重新作出决议。

债权人申请撤销债权人会议决议的，应当提出书面申请。债权人会议采取通信、网络投票等非现场方式进行表决的，债权人申请撤销的期限自债权人收到通知之日起算。

第十三条 债权人会议可以依照企业破产法第六十八条第一款第四项的规定，委托债权人委员会行使企业破产法第六十一条第一款第二、三、五项规定的债权人会议职权。债权人会议不得作出概括性授权，委托其行使债权人会议所有职权。

第十四条 债权人委员会决定所议事项应获得全体成员过半数通过，并作成议事记录。债权人委员会成员对所议事项的决议有不同意见的，应当在记录中载明。

债权人委员会行使职权应当接受债权人会议的监督，以适当的方式向债权人会议及时汇报工作，并接受人民法院的指导。

第十五条 管理人处分企业破产法第六十九条规定的债务人重大财产的，应当事先制作财产管理或者变价方案并提交债权人会议进行表决，债权人会议表决未通过的，管理人不得处分。

管理人实施处分前，应当根据企业破产法第六十九条的规定，提前十日书面报告债权人委员会或者人民法院。债权人委员会可以依照企业破产法第六十八条第二款的规定，要求管理人对处分行为作出相应说明或者提供有关文件依据。

债权人委员会认为管理人实施的处分行为不符合债权人会议通过的财产管理或变价方案的，有权要求管理人纠正。管理人拒绝纠正的，债权人委员会可以请求人民法院作出决定。

人民法院认为管理人实施的处分行为不符合债权人会议通过的财产管理或变价方案的，应当责令管理人停止处分行为。管理人应当予以纠正，或者提交债权人会议重新表决通过后实施。

第十六条 本规定自 2019 年 3 月 28 日起实施。

实施前本院发布的有关企业破产的司法解释，与本规定相抵触的，自本规定实施之日起不再适用。

最高人民法院关于审理企业破产案件若干问题的规定

(法释〔2002〕23号)

《最高人民法院〈关于审理企业破产案件若干问题的规定〉》已于2002年7月18日由最高人民法院审判委员会第1232次会议通过。现予公布，自2002年9月1日起施行。

最高人民法院
2002年7月30日

为正确适用《中华人民共和国企业破产法（试行）》（以下简称企业破产法）、《中华人民共和国民事诉讼法》（以下简称民事诉讼法），规范对企业破产案件的审理，结合人民法院审理企业破产案件的实际情况，特制定以下规定。

一、关于企业破产案件管辖

第一条 企业破产案件由债务人住所地人民法院管辖。债务人住所地指债务人的主要办事机构所在地。债务人无办事机构的，由其注册地人民法院管辖。

第二条 基层人民法院一般管辖县、县级市或者区的工商行政管理机关核准登记企业的破产案件；

中级人民法院一般管辖地区、地级市（含本级）以上的工商行政管理机关核准登记企业的破产案件；

纳入国家计划调整的企业破产案件，由中级人民法院管辖。

第三条 上级人民法院审理下级人民法院管辖的企业破产案件，或者将本院管辖的企业破产案件移交下级人民法院审理，以及下级人民法院需要将自己管辖的企业破产案件交由上级人民法院审理的，依照民事诉讼法第三十九条的规定办理；省、自治区、直辖市范围内因特殊情况需对个别企业破产案件的地域管辖作调整的，须经共同上级人民法院批准。

二、关于破产申请与受理

第四条 申请（被申请）破产的债务人应当具备法人资格，不具备法人资格的企业、个体工商户、合伙组织、农村承包经营户不具备破产主体资格。

第五条 国有企业向人民法院申请破产时，应当提交其上级主管部门同意其破产的文件；其他企业应当提供其开办人或者股东会议决定企业破产的文件。

第六条 债务人申请破产，应当向人民法院提交下列材料：

（一）书面破产申请；

（二）企业主体资格证明；

（三）企业法定代表人与主要负责人名单；

（四）企业职工情况和安置预案；

（五）企业亏损情况的书面说明，并附审计报告；

（六）企业至破产申请日的资产状况明细表，包括有形资产、无形资产和企业投资情况等；

（七）企业在金融机构开设帐户的详细情况，包括开户审批材料、帐号、资金等；

（八）企业债权情况表，列明企业的债务人名称、住所、债务数额、发生时间和催讨偿还情况；

（九）企业债务情况表，列明企业的债权人名称、住所、债权数额、发生时间；

（十）企业涉及的担保情况；

（十一）企业已发生的诉讼情况；

（十二）人民法院认为应当提交的其他材料。

第七条 债权人申请债务人破产，应当向人民法院提交下列材料：

（一）债权发生的事实与证据；

（二）债权性质、数额、有无担保，并附证据；

（三）债务人不能清偿到期债务的证据。

第八条 债权人申请债务人破产，人民法院可以通知债务人核对以下情况：

（一）债权的真实性；

（二）债权在债务人不能偿还的到期债务中所占的比例；

（三）债务人是否存在不能清偿到期债务的情况。

第九条 债权人申请债务人破产，债务人对债权人的债权提出异议，人民法院认为异议成立的，应当告知债权人先行提起民事诉讼。破产申请不予受理。

第十条 人民法院收到破产申请后，应当在七日内决定是否立案；破产申请人提交的材料需要更正、补充的，人民法院可以责令申请人限期更正、补充。按期更正、补充材料的，人民法院自收到更正补充材料之日起七日内决定是否立案；未按期更正、补充的，视为撤回申请。

人民法院决定受理企业破产案件的，应当制作案件受理通知书，并送达申请人和债务人。通知书作出时间为破产案件受理时间。

第十一条 在人民法院决定受理企业破产案件前，破产申请人可以请求撤回破产申请。

人民法院准许申请人撤回破产申请的，在撤回破产申请之前已经支出的费用由破产申请人承担。

第十二条 人民法院经审查发现有下列情况的，破产申请不予受理：

（一）债务人有隐匿、转移财产等行为，为了逃避债务而申请破产的；

（二）债权人借破产申请毁损债务人商业信誉，意图损害公平竞争的。

第十三条 人民法院对破产申请不予受理的，应当作出裁定。

破产申请人对不予受理破产申请的裁定不服的，可以在裁定送达之日起十日内向上一级人民法院提起上诉。

第十四条 人民法院受理企业破产案件后，发现不符合法律规定的受理条件或者有本规定第十二条所列情形的，应当裁定驳回破产申请。

人民法院受理债务人的破产申请后，发现债务人巨额财产下落不明且不能合理解释财产去向的，应当裁定驳回破产申请。

破产申请人对驳回破产申请的裁定不服的，可以在裁定送达之日起十日内向上一级人民法院提起上诉。

第十五条　人民法院决定受理企业破产案件后，应当组成合议庭，并在十日内完成下列工作：

（一）将合议庭组成人员情况书面通知破产申请人和被申请人，并在法院公告栏张贴企业破产受理公告。公告内容应当写明：破产申请受理时间、债务人名称，申报债权的期限、地点和逾期未申报债权的法律后果、第一次债权人会议召开的日期、地点；

（二）在债务人企业发布公告，要求保护好企业财产，不得擅自处理企业的帐册、文书、资料、印章，不得隐匿、私分、转让、出售企业财产；

（三）通知债务人立即停止清偿债务，非经人民法院许可不得支付任何费用；

（四）通知债务人的开户银行停止债务人的结算活动，并不得扣划债务人款项抵扣债务。但经人民法院依法许可的除外。

第十六条　人民法院受理债权人提出的企业破产案件后，应当通知债务人在十五日内向人民法院提交有关会计报表、债权债务清册、企业资产清册以及人民法院认为应当提交的资料。

第十七条　人民法院受理企业破产案件后，除应当按照企业破产法第九条的规定通知已知的债权人外，还应当于三十日内在国家、地方有影响的报纸上刊登公告，公告内容同第十五条第（一）项的规定。

第十八条　人民法院受理企业破产案件后，除可以随即进行破产宣告成立清算组的外，在企业原管理组织不能正常履行管理职责的情况下，可以成立企业监管组。企业监管组成员从企业上级主管部门或者股东会议代表、企业原管理人员、主要债权人中产生，也可以聘请会计师、律师等中介机构参加。企业监管组主要负责处理以下事务：

（一）清点、保管企业财产；

（二）核查企业债权；

（三）为企业利益而进行的必要的经营活动；

（四）支付人民法院许可的必要支出；

（五）人民法院许可的其他工作。

企业监管组向人民法院负责，接受人民法院的指导、监督。

第十九条　人民法院受理企业破产案件后，以债务人为原告的其他民事纠纷案件尚在一审程序的，受诉人民法院应当将案件移送受理破产案件的人民法院；案件已进行到二审程序的，受诉人民法院应当继续审理。

第二十条　人民法院受理企业破产案件后，对债务人财产的其他民事执行程序应当中止。

以债务人为被告的其他债务纠纷案件，根据下列不同情况分别处理：

（一）已经审结但未执行完毕的，应当中止执行，由债权人凭生效的法律文书向受理破产案件的人民法院申报债权。

（二）尚未审结且无其他被告和无独立请求权的第三人的，应当中止诉讼，由债权人向受理破产案件的人民法院申报债权。在企业被宣告破产后，终结诉讼。

（三）尚未审结并有其他被告或者无独立请求权的第三人的，应当中止诉讼，由债权人向受理破产案件的人民法院申报债权。待破产程序终结后，恢复审理。

（四）债务人系从债务人的债务纠纷案件继续审理。

三、关于债权申报

第二十一条 债权人申报债权应当提交债权证明和合法有效的身份证明；代理申报人应当提交委托人的有效身份证明、授权委托书和债权证明。

申报的债权有财产担保的，应当提交证明财产担保的证据。

第二十二条 人民法院在登记申报的债权时，应当记明债权人名称、住所、开户银行、申报债权数额、申报债权的证据、财产担保情况、申报时间、联系方式以及其他必要的情况。

已经成立清算组的，由清算组进行上述债权登记工作。

第二十三条 连带债务人之一或者数人破产的，债权人可就全部债权向该债务人或者各债务人行使权利，申报债权。债权人未申报债权的，其他连带债务人可就将来可能承担的债务申报债权。

第二十四条 债权人虽未在法定期间申报债权，但有 民事诉讼法第七十六条规定情形的，在破产财产分配前可向清算组申报债权。清算组负责审查其申报的债权，并由人民法院审查确定。债权人会议对人民法院同意该债权人参加破产财产分配有异议的，可以向人民法院申请复议。

四、关于破产和解与破产企业整顿

第二十五条 人民法院受理企业破产案件后，在破产程序终结前，债务人可以向人民法院申请和解。人民法院在破产案件审理过程中，可以根据债权人、债务人具体情况向双方提出和解建议。

人民法院作出破产宣告裁定前，债权人会议与债务人达成和解协议并经人民法院裁定认可的，由人民法院发布公告，中止破产程序。

人民法院作出破产宣告裁定后，债权人会议与债务人达成和解协议并经人民法院裁定认可，由人民法院裁定中止执行破产宣告裁定，并公告中止破产程序。

第二十六条 债务人不按和解协议规定的内容清偿全部债务的，相关债权人可以申请人民法院强制执行。

第二十七条 债务人不履行或者不能履行和解协议的，经债权人申请，人民法院应当裁定恢复破产程序。和解协议系在破产宣告前达成的，人民法院应当在裁定恢复破产程序的同时裁定宣告债务人破产。

第二十八条 企业由债权人申请破产的，如被申请破产的企业系国有企业，依照企业破产法第四章的规定，其上级主管部门可以申请对该企业进行整顿。整顿申请应当在债务人被宣告破产前提出。

企业无上级主管部门的，企业股东会议可以通过决议并以股东会议名义申请对企业进行整顿。整顿工作由股东会议指定人员负责。

第二十九条 企业整顿期间，企业的上级主管部门或者负责实施整顿方案的人员应当定期向债权人会议和人民法院报告整顿情况、和解协议执行情况。

第三十条 企业整顿期间，对于债务人财产的执行仍适用企业破产法第十一条的规定。

五、关于破产宣告

第三十一条 企业破产法第三条第一款规定的"不能清偿到期债务"是指：

（一）债务的履行期限已届满；

（二）债务人明显缺乏清偿债务的能力。

债务人停止清偿到期债务并呈连续状态，如无相反证据，可推定为"不能清偿到期债务"。

第三十二条 人民法院受理债务人破产案件后，有下列情形之一的，应当裁定宣告债务人破产：

（一）债务人不能清偿债务且与债权人不能达成和解协议的；

（二）债务人不履行或者不能履行和解协议的；

（三）债务人在整顿期间有企业破产法第二十一条规定情形的；

（四）债务人在整顿期满后有企业破产法第二十二条第二款规定情形的。

宣告债务人破产应当公开进行。由债权人提出破产申请的，破产宣告时应当通知债务人到庭。

第三十三条 债务人自破产宣告之日起停止生产经营活动。为债权人利益确有必要继续生产经营的，须经人民法院许可。

第三十四条 人民法院宣告债务人破产后，应当通知债务人的开户银行，限定其银行帐户只能由清算组使用。人民法院通知开户银行时应当附破产宣告裁定书。

第三十五条 人民法院裁定宣告债务人破产后应当发布公告，公告内容包括债务人亏损情况、资产负债状况、破产宣告时间、破产宣告理由和法律依据以及对债务人的财产、帐册、文书、资料和印章的保护等内容。

第三十六条 破产宣告后，破产企业的财产在其他民事诉讼程序中被查封、扣押、冻结的，受理破产案件的人民法院应当立即通知采取查封、扣押、冻结措施的人民法院予以解除，并向受理破产案件的人民法院办理移交手续。

第三十七条 企业被宣告破产后，人民法院应当指定必要的留守人员。破产企业的法定代表人、财会、财产保管人员必须留守。

第三十八条 破产宣告后，债权人或者债务人对破产宣告有异议的，可以在人民法院宣告企业破产之日起十日内，向上一级人民法院申诉。上一级人民法院应当组成合议庭进行审理，并在三十日内作出裁定。

六、关于债权人会议

第三十九条 债权人会议由申报债权的债权人组成。

债权人会议主席由人民法院在有表决权的债权人中指定。必要时，人民法院可以指定多名债权人会议主席，成立债权人会议主席委员会。

少数债权人拒绝参加债权人会议，不影响会议的召开。但债权人会议不得作出剥夺其对破产财产受偿的机会或者不利于其受偿的决议。

第四十条 第一次债权人会议应当在人民法院受理破产案件公告三个月期满后召开。除债务人的财产不足以支付破产费用，破产程序提前终结外，不得以一般债权的清偿率为零为理由取消债权人会议。

第四十一条 第一次债权人会议由人民法院召集并主持。人民法院除完成本规定第十七条确定的工作外，还应当做好以下准备工作：

（一）拟订第一次债权人会议议程；

（二）向债务人的法定代表人或者负责人发出通知，要求其必须到会；

（三）向债务人的上级主管部门、开办人或者股东会议代表发出通知，要求其派员列席会议；

（四）通知破产清算组成员列席会议；

（五）通知审计、评估人员参加会议；

（六）需要提前准备的其他工作。

第四十二条 债权人会议一般包括以下内容：

（一）宣布债权人会议职权和其他有关事项；

（二）宣布债权人资格审查结果；

（三）指定并宣布债权人会议主席；

（四）安排债务人法定代表人或者负责人接受债权人询问；

（五）由清算组通报债务人的生产经营、财产、债务情况并作清算工作报告和提出财产处理方案及分配方案；

（六）讨论并审查债权的证明材料、债权的财产担保情况及数额、讨论通过和解协议、审阅清算组的清算报告、讨论通过破产财产的处理方案与分配方案等。讨论内容应当记明笔录。债权人对人民法院或者清算组登记的债权提出异议的，人民法院应当及时审查并作出裁定；

（七）根据讨论情况，依照企业破产法第十六条的规定进行表决。

以上第（五）至（七）项议程内的工作在本次债权人会议上无法完成的，交由下次债权人会议继续进行。

第四十三条 债权人认为债权人会议决议违反法律规定或者侵害其合法权益的，可以在债权人会议作出决议后七日内向人民法院提出，由人民法院依法裁定。

第四十四条 清算组财产分配方案经债权人会议两次讨论未获通过的，由人民法院依法裁定。

对前款裁定，占无财产担保债权总额半数以上债权的债权人有异议的，可以在人民法院作出裁定之日起十日内向上一级人民法院申诉。上一级人民法院应当组成合议庭进行审理，并在三十日内作出裁定。

第四十五条 债权人可以委托代理人出席债权人会议，并可以授权代理人行使表决权。代理人应当向人民法院或者债权人会议主席提交授权委托书。

第四十六条 第一次债权人会议后又召开债权人会议的，债权人会议主席应当在发出会议通知前三日报告人民法院，并由会议召集人在开会前十五日将会议时间、地点、内容、目的等事项通知债权人。

七、关于清算组

第四十七条 人民法院应当自裁定宣告企业破产之日起十五日内成立清算组。

第四十八条 清算组成员可以从破产企业上级主管部门、清算中介机构以及会计、律师中产生，也可以从政府财政、工商管理、计委、经委、审计、税务、物价、劳动、社会保险、土地管理、国有资产管理、人事等部门中指定。人民银行分（支）行可以按照有关规定派人参加清算组。

第四十九条 清算组经人民法院同意可以聘请破产清算机构、律师事务所、会计事务所等中介机构承担一定的破产清算工作。中介机构就清算工作向清算组负责。

第五十条 清算组的主要职责是：

（一）接管破产企业。向破产企业原法定代表人及留守人员接收原登记造册的资产明细表、有形资产清册，接管所有财产、帐册、文书档案、印章、证照和有关资料。破产宣告前成立企业监管组的，由企业监管组和企业原法定代表人向清算组进行移交；

（二）清理破产企业财产，编制财产明细表和资产负债表，编制债权债务清册，组织破产财产的评估、拍卖、变现；

（三）回收破产企业的财产，向破产企业的债务人、财产持有人依法行使财产权利；

（四）管理、处分破产财产，决定是否履行合同和在清算范围内进行经营活动。确认别除权、抵销权、取回权；

（五）进行破产财产的委托评估、拍卖及其他变现工作；

（六）依法提出并执行破产财产处理和分配方案；

（七）提交清算报告；

（八）代表破产企业参加诉讼和仲裁活动；

（九）办理企业注销登记等破产终结事宜；

（十）完成人民法院依法指定的其他事项。

第五十一条 清算组对人民法院负责并且报告工作，接受人民法院的监督。人民法院应当及时指导清算组的工作，明确清算组的职权与责任，帮助清算组拟订工作计划，听取清算组汇报工作。

清算组有损害债权人利益的行为或者其他违法行为的，人民法院可以根据债权人的申请或者依职权予以纠正。

人民法院可以根据债权人的申请或者依职权更换不称职的清算组成员。

第五十二条 清算组应当列席债权人会议，接受债权人会议的询问。债权人有权查阅有关资料、询问有关事项；清算组的决定违背债权人利益的，债权人可以申请人民法院裁定撤销该决定。

第五十三条 清算组对破产财产应当及时登记、清理、审计、评估、变价。必要时，可以请求人民法院对破产企业财产进行保全。

第五十四条 清算组应当采取有效措施保护破产企业的财产。债务人的财产权利如不依法登记或者及时行使将丧失权利的，应当及时予以登记或者行使；对易损、易腐、跌价或者保管费用较高的财产应当及时变卖。

八、关于破产债权

第五十五条 下列债权属于破产债权：

（一）破产宣告前发生的无财产担保的债权；

（二）破产宣告前发生的虽有财产担保但是债权人放弃优先受偿的债权；

（三）破产宣告前发生的虽有财产担保但是债权数额超过担保物价值部分的债权；

（四）票据出票人被宣告破产，付款人或者承兑人不知其事实而向持票人付款或者承兑所产生的债权；

（五）清算组解除合同，对方当事人依法或者依照合同约定产生的对债务人可以用货币计算的债权；

（六）债务人的受托人在债务人破产后，为债务人的利益处理委托事务所发生的债权；

（七）债务人发行债券形成的债权；

（八）债务人的保证人代替债务人清偿债务后依法可以向债务人追偿的债权；

（九）债务人的保证人按照《中华人民共和国担保法》第三十二条的规定预先行使追偿权而申报的债权；

（十）债务人为保证人的，在破产宣告前已经被生效的法律文书确定承担的保证责任；

（十一）债务人在破产宣告前因侵权、违约给他人造成财产损失而产生的赔偿责任。

（十二）人民法院认可的其他债权。

以上第（五）项债权以实际损失为计算原则。违约金不作为破产债权，定金不再适用定金罚则。

第五十六条 因企业破产解除劳动合同，劳动者依法或者依据劳动合同对企业享有的补偿金请求权，参照 企业破产法第三十七条第二款第（一）项规定的顺序清偿。

第五十七条 债务人所欠非正式职工（含短期劳动工）的劳动报酬，参照企业破产法第三十七条第二款第（一）项规定的顺序清偿。

第五十八条 债务人所欠企业职工集资款，参照企业破产法第三十七条第二款第（一）项规定的顺序清偿。但对违反法律规定的高额利息部分不予保护。

职工向企业的投资，不属于破产债权。

第五十九条 债务人退出联营应当对该联营企业的债务承担责任的，联营企业的债权人对该债务人享有的债权属于破产债权。

第六十条 与债务人互负债权债务的债权人可以向清算组请求行使抵销权，抵销权的行使应当具备以下条件：

（一）债权人的债权已经得到确认；

（二）主张抵销的债权债务均发生在破产宣告之前。

经确认的破产债权可以转让。受让人以受让的债权抵销其所欠债务人债务的，人民法院不予支持。

第六十一条 下列债权不属于破产债权：

（一）行政、司法机关对破产企业的罚款、罚金以及其他有关费用；

（二）人民法院受理破产案件后债务人未支付应付款项的滞纳金，包括债务人未执行生效法律文书应当加倍支付的迟延利息和劳动保险金的滞纳金；

（三）破产宣告后的债务利息；

（四）债权人参加破产程序所支出的费用；

（五）破产企业的股权、股票持有人在股权、股票上的权利；

（六）破产财产分配开始后向清算组申报的债权；

（七）超过诉讼时效的债权；

（八）债务人开办单位对债务人未收取的管理费、承包费。

上述不属于破产债权的权利，人民法院或者清算组也应当对当事人的申报进行登记。

第六十二条 政府无偿拨付给债务人的资金不属于破产债权。但财政、扶贫、科技管理等行政部门通过签订合同，按有偿使用、定期归还原则发放的款项，可以作为破产债权。

第六十三条 债权人对清算组确认或者否认的债权有异议的，可以向清算组提出。债权人对清算组的处理仍有异议的，可以向人民法院提出。人民法院应当在查明事实的基础上依法作出裁决。

九、关于破产财产

第六十四条 破产财产由下列财产构成：

（一）债务人在破产宣告时所有的或者经营管理的全部财产；

（二）债务人在破产宣告后至破产程序终结前取得的财产；

（三）应当由债务人行使的其他财产权利。

第六十五条 债务人与他人共有的物、债权、知识产权等财产或者财产权，应当在破产清算中予以分割，债务人分割所得属于破产财产；不能分割的，应当就其应得部分转让，转让所得属于破产财产。

第六十六条 债务人的开办人注册资金投入不足的，应当由该开办人予以补足，补足部分属于破产财产。

第六十七条 企业破产前受让他人财产并依法取得所有权或者土地使用权的，即便未支付或者未完全支付对价，该财产仍属于破产财产。

第六十八条 债务人的财产被采取民事诉讼执行措施的，在受理破产案件后尚未执行的或者未执行完毕的剩余部分，在该企业被宣告破产后列入破产财产。因错误执行应当执行回转的财产，在执行回转后列入破产财产。

第六十九条 债务人依照法律规定取得代位求偿权的，依该代位求偿权享有的债权属于破产财产。

第七十条 债务人在被宣告破产时未到期的债权视为已到期，属于破产财产，但应当减去未到期的利息。

第七十一条 下列财产不属于破产财产：

（一）债务人基于仓储、保管、加工承揽、委托交易、代销、借用、寄存、租赁等法律关系占有、使用的他人财产；

（二）抵押物、留置物、出质物，但权利人放弃优先受偿权的或者优先偿付被担保债权剩余的部分除外；

（三）担保物灭失后产生的保险金、补偿金、赔偿金等代位物；

（四）依照法律规定存在优先权的财产，但权利人放弃优先受偿权或者优先偿付特定债权剩余的部分除外；

（五）特定物买卖中，尚未转移占有但相对人已完全支付对价的特定物；

（六）尚未办理产权证或者产权过户手续但已向买方交付的财产；

（七）债务人在所有权保留买卖中尚未取得所有权的财产；

（八）所有权专属于国家且不得转让的财产；

（九）破产企业工会所有的财产。

第七十二条 本规定第七十一条第（一）项所列的财产，财产权利人有权取回。

前款财产在破产宣告前已经毁损灭失的，财产权利人仅能以直接损失额为限申报债权；在破产宣告后因清算组的责任毁损灭失的，财产权利人有权获得等值赔偿。

债务人转让上述财产获利的，财产权利人有权要求债务人等值赔偿。

十、关于破产财产的收回、处理和变现

第七十三条 清算组应当向破产企业的债务人和财产持有人发出书面通知，要求债务人和财产持有人于限定的时间向清算组清偿债务或者交付财产。

破产企业的债务人和财产持有人有异议的，应当在收到通知后的七日内提出，由人民法院作出裁定。

破产企业的债务人和财产持有人在收到通知后既不向清算组清偿债务或者交付财产，又没有正当理由不在规定的异议期内提出异议的，由清算组向人民法院提出申请，经人民法院裁定后强制执行；

破产企业在境外的财产，由清算组予以收回。

第七十四条 债务人享有的债权，其诉讼时效自人民法院受理债务人的破产申请之日起，适用《中华人民共和国民法通则》第一百四十条关于诉讼时效中断的规定。债务人与债权人达成和解协议，中止破产程序的，诉讼时效自人民法院中止破产程序裁定之日起重新计算。

第七十五条 经人民法院同意，清算组可以聘用律师或者其他中介机构的人员追收债权。

第七十六条 债务人设立的分支机构和没有法人资格的全资机构的财产，应当一并纳入破产程序进行清理。

第七十七条 债务人在其开办的全资企业中的投资权益应当予以追收。

全资企业资不抵债的，清算组停止追收。

第七十八条 债务人对外投资形成的股权及其收益应当予以追收。对该股权可以出售或者转让，出售、转让所得列入破产财产进行分配。

股权价值为负值的，清算组停止追收。

第七十九条　债务人开办的全资企业，以及由其参股、控股的企业不能清偿到期债务，需要进行破产还债的，应当另行提出破产申请。

第八十条　清算组处理集体所有土地使用权时，应当遵守相关法律规定。未办理土地征用手续的集体所有土地使用权，应当在该集体范围内转让。

第八十一条　破产企业的职工住房，已经签订合同、交付房款，进行房改给个人的，不属于破产财产。未进行房改的，可由清算组向有关部门申请办理房改事项，向职工出售。按照国家规定不具备房改条件，或者职工在房改中不购买住房的，由清算组根据实际情况处理。

第八十二条　债务人的幼儿园、学校、医院等公益福利性设施，按国家有关规定处理，不作为破产财产分配。

第八十三条　处理破产财产前，可以确定有相应评估资质的评估机构对破产财产进行评估，债权人会议、清算组对破产财产的评估结论、评估费用有异议的，参照最高人民法院《关于民事诉讼证据的若干规定》第二十七条的规定处理。

第八十四条　债权人会议对破产财产的市场价格无异议的，经人民法院同意后，可以不进行评估。但是国有资产除外。

第八十五条　破产财产的变现应当以拍卖方式进行。由清算组负责委托有拍卖资格的拍卖机构进行拍卖。

依法不得拍卖或者拍卖所得不足以支付拍卖所需费用的，不进行拍卖。

前款不进行拍卖或者拍卖不成的破产财产，可以在破产分配时进行实物分配或者作价变卖。债权人对清算组在实物分配或者作价变卖中对破产财产的估价有异议的，可以请求人民法院进行审查。

第八十六条　破产财产中的成套设备，一般应当整体出售。

第八十七条　依法属于限制流通的破产财产，应当由国家指定的部门收购或者按照有关法律规定处理。

十一、关于破产费用

第八十八条　破产费用包括：

（一）破产财产的管理、变卖、分配所需要的费用；

（二）破产案件的受理费；

（三）债权人会议费用；

（四）催收债务所需费用；

（五）为债权人的共同利益而在破产程序中支付的其他费用。

第八十九条　人民法院受理企业破产案件可以按照《人民法院诉讼收费办法补充规定》预收案件受理费。

破产宣告前发生的经人民法院认可的必要支出，从债务人财产中拨付。债务人财产不足以支付的，如系债权人申请破产的，由债权人支付。

第九十条　清算期间职工生活费、医疗费可以从破产财产中优先拨付。

第九十一条　破产费用可随时支付，破产财产不足以支付破产费用的，人民法院根据清算组的申请裁定终结破产程序。

十二、关于破产财产的分配

第九十二条 破产财产分配方案经债权人会议通过后，由清算组负责执行。财产分配可以一次分配，也可以多次分配。

第九十三条 破产财产分配方案应当包括以下内容：

（一）可供破产分配的财产种类、总值，已经变现的财产和未变现的财产；

（二）债权清偿顺序、各顺序的种类与数额，包括破产企业所欠职工工资、劳动保险费用和破产企业所欠税款的数额和计算依据，纳入国家计划调整的企业破产，还应当说明职工安置费的数额和计算依据；

（三）破产债权总额和清偿比例；

（四）破产分配的方式、时间；

（五）对将来能够追回的财产拟进行追加分配的说明。

第九十四条 列入破产财产的债权，可以进行债权分配。债权分配以便于债权人实现债权为原则。

将人民法院已经确认的债权分配给债权人的，由清算组向债权人出具债权分配书，债权人可以凭债权分配书向债务人要求履行。债务人拒不履行的，债权人可以申请人民法院强制执行。

第九十五条 债权人未在指定期限内领取分配的财产的，对该财产可以进行提存或者变卖后提存价款，并由清算组向债权人发出催领通知书。债权人在收到催领通知书一个月后或者在清算组发出催领通知书两个月后，债权人仍未领取的，清算组应当对该部分财产进行追加分配。

十三、关于破产终结

第九十六条 破产财产分配完毕，由清算组向人民法院报告分配情况，并申请人民法院终结破产程序。

人民法院在收到清算组的报告和终结破产程序申请后，认为符合破产程序终结规定的，应当在七日内裁定终结破产程序。

第九十七条 破产程序终结后，由清算组向破产企业原登记机关办理企业注销登记。

破产程序终结后仍有可以追收的破产财产、追加分配等善后事宜需要处理的，经人民法院同意，可以保留清算组或者保留部分清算组成员。

第九十八条 破产程序终结后出现可供分配的财产的，应当追加分配。追加分配的财产，除企业破产法第四十条规定的由人民法院追回的财产外，还包括破产程序中因纠正错误支出收回的款项，因权利被承认追回的财产，债权人放弃的财产和破产程序终结后实现的财产权利等。

第九十九条 破产程序终结后，破产企业的帐册、文书等卷宗材料由清算组移交破产企业上级主管机关保存；无上级主管机关的，由破产企业的开办人或者股东保存。

十四、其他

第一百条 人民法院在审理企业破产案件中，发现破产企业的原法定代表人或者直接责任人员有企业破产法第三十五条所列行为的，应当向有关部门建议，对该法定代表人或者直接责任人员给予行政处分；涉嫌犯罪的，应当将有关材料移送相关国家机关处理。

第一百零一条 破产企业有企业破产法第三十五条所列行为，致使企业财产无法收回，造成实际损失的，清算组可以对破产企业的原法定代表人、直接责任人员提起民事诉讼，要求其承担民事赔偿责任。

第一百零二条 人民法院受理企业破产案件后，发现企业有巨额财产下落不明的，应当将有关涉嫌犯罪的情况和材料，移送相关国家机关处理。

第一百零三条 人民法院可以建议有关部门对破产企业的主要责任人员限制其再行开办企业，在法定期限内禁止其担任公司的董事、监事、经理。

第一百零四条 最高人民法院发现各级人民法院，或者上级人民法院发现下级人民法院在破产程序中作出的裁定确有错误的，应当通知其纠正；不予纠正的，可以裁定指令下级人民法院重新作出裁定。

第一百零五条 纳入国家计划调整的企业破产案件，除适用本规定外，还应当适用国家有关企业破产的相关规定。

第一百零六条 本规定自二〇〇二年九月一日起施行。在本规定发布前制定的有关审理企业破产案件的司法解释，与本规定相抵触的，不再适用。

《全国法院民商事审判工作会议纪要》节选*

十、关于破产纠纷案件的审理

会议认为，审理好破产案件对于推动高质量发展、深化供给侧结构性改革、营造稳定公平透明可预期的营商环境，具有十分重要的意义。要继续深入推进破产审判工作的市场化、法治化、专业化、信息化，充分发挥破产审判公平清理债权债务、促进优胜劣汰、优化资源配置、维护市场经济秩序等重要功能。一是要继续加大对破产保护理念的宣传和落实，及时发挥破产重整制度的积极拯救功能，通过平衡债权人、债务人、出资人、员工等利害关系人的利益，实现社会整体价值最大化；注重发挥和解程序简便快速清理债权债务关系的功能，鼓励当事人通过和解程序或者达成自行和解的方式实现各方利益共赢；积极推进清算程序中的企业整体处置方式，有效维护企业营运价值和职工就业。二是要推进不符合国家产业政策、丧失经营价值的企业主体尽快从市场退出，通过依法简化破产清算程序流程加快对"僵尸企业"的清理。三是要注重提升破产制度实施的经济效益，降低破产程序运行的时间和成本，有效维护企业营运价值，最大程度发挥各类要素和资源潜力，减少企业破产给社会经济造成的损害。四是要积极稳妥进行实践探索，加强理论研究，分步骤、有重点地推进建立自然人破产制度，进一步推动健全市场主体退出制度。

107.【继续推动破产案件的及时受理】充分发挥破产重整案件信息网的线上预约登记功能，提高破产案件的受理效率。当事人提出破产申请的，人民法院不得以非法定理由拒绝接收破产申请材料。如果可能影响社会稳定的，要加强府院协调，制定相应预案，但不应当以"影响社会稳定"之名，行消极不作为之实。破产申请材料不完备的，立案部门应当告知当事人在指定期限内补充材料，待材料齐备后以"破申"作为案件类型代字编制案号登记立案，并及时将案件移送破产审判部门进行破产审查。

注重发挥破产和解制度简便快速清理债权债务关系的功能，债务人根据《企业破产法》第95条的规定，直接提出和解申请，或者在破产申请受理后宣告破产前申请和解的，人民法院应当依法受理并及时作出是否批准的裁定。

108.【破产申请的不予受理和撤回】人民法院裁定受理破产申请前，提出破产申请的债权人的债权因清偿或者其他原因消灭的，因申请人不再具备申请资格，人民法院应当裁定不予受理。但该裁定不影响其他符合条件的主体再次提出破产申请。破产申请受理后，管理人以上述清偿符合《企业破产法》第31条、第32条为由请求撤销的，人民法院查实后应当予以支持。

人民法院裁定受理破产申请系对债务人具有破产原因的初步认可，破产申请受理后，申请人请求撤回破产申请的，人民法院不予准许。除非存在《企业破产法》第12

＊《全国法院民商事审判工作会议纪要》（法〔2019〕254号）已于2019年9月11日经最高人民法院审判委员会民事行政专业委员会第319次会议原则通过。本篇节选《全国法院民商事审判工作会议纪要》和最高人民法院民二庭负责人就《全国法院民商事审判工作会议纪要》答记者问中关于破产纠纷案件审理的相关内容。

条第 2 款规定的情形，人民法院不得裁定驳回破产申请。

109.【受理后债务人财产保全措施的处理】要切实落实破产案件受理后相关保全措施应予解除、相关执行措施应当中止、债务人财产应当及时交付管理人等规定，充分运用信息化技术手段，通过信息共享与整合，维护债务人财产的完整性。相关人民法院拒不解除保全措施或者拒不中止执行的，破产受理人民法院可以请求该法院的上级人民法院依法予以纠正。对债务人财产采取保全措施或者执行措施的人民法院未依法及时解除保全措施、移交处置权，或者中止执行程序并移交有关财产的，上级人民法院应当依法予以纠正。相关人员违反上述规定造成严重后果的，破产受理人民法院可以向人民法院纪检监察部门移送其违法审判责任线索。

人民法院审理企业破产案件时，有关债务人财产被其他具有强制执行权力的国家行政机关，包括税务机关、公安机关、海关等采取保全措施或者执行程序的，人民法院应当积极与上述机关进行协调和沟通，取得有关机关的配合，参照上述具体操作规程，解除有关保全措施，中止有关执行程序，以便保障破产程序顺利进行。

110.【受理后有关债务人诉讼的处理】人民法院受理破产申请后，已经开始而尚未终结的有关债务人的民事诉讼，在管理人接管债务人财产和诉讼事务后继续进行。债权人已经对债务人提起的给付之诉，破产申请受理后，人民法院应当继续审理，但是在判定相关当事人实体权利义务时，应当注意与企业破产法及其司法解释的规定相协调。

上述裁判作出并生效前，债权人可以同时向管理人申报债权，但其作为债权尚未确定的债权人，原则上不得行使表决权，除非人民法院临时确定其债权额。上述裁判生效后，债权人应当根据裁判认定的债权数额在破产程序中依法统一受偿，其对债务人享有的债权利息应当按照《企业破产法》第 46 条第 2 款的规定停止计算。

人民法院受理破产申请后，债权人新提起的要求债务人清偿的民事诉讼，人民法院不予受理，同时告知债权人应当向管理人申报债权。债权人申报债权后，对管理人编制的债权表记载有异议的，可以根据《企业破产法》第 58 条的规定提起债权确认之诉。

111.【债务人自行管理的条件】重整期间，债务人同时符合下列条件的，经申请，人民法院可以批准债务人在管理人的监督下自行管理财产和营业事务：

（1）债务人的内部治理机制仍正常运转；

（2）债务人自行管理有利于债务人继续经营；

（3）债务人不存在隐匿、转移财产的行为；

（4）债务人不存在其他严重损害债权人利益的行为。

债务人提出重整申请时可以一并提出自行管理的申请。经人民法院批准由债务人自行管理财产和营业事务的，企业破产法规定的管理人职权中有关财产管理和营业经营的职权应当由债务人行使。

管理人应当对债务人的自行管理行为进行监督。管理人发现债务人存在严重损害债权人利益的行为或者有其他不适宜自行管理情形的，可以申请人民法院作出终止债务人自行管理的决定。人民法院决定终止的，应当通知管理人接管债务人财产和营业事务。债务人有上述行为而管理人未申请人民法院作出终止决定的，债权人等利害关系人可以向人民法院提出申请。

112.【重整中担保物权的恢复行使】重整程序中，要依法平衡保护担保物权人的合法权益和企业重整价值。重整申请受理后，管理人或者自行管理的债务人应当及时确定设定有担保物权的债务人财产是否为重整所必需。如果认为担保物不是重整所必需，管理人或者自行管理的债务人应当及时对担保物进行拍卖或者变卖，拍卖或者变卖担保物所得价款在支付拍卖、变卖费用后优先清偿担保物权人的债权。

在担保物权暂停行使期间，担保物权人根据《企业破产法》第75条的规定向人民法院请求恢复行使担保物权的，人民法院应当自收到恢复行使担保物权申请之日起三十日内作出裁定。经审查，担保物权人的申请不符合第75条的规定，或者虽然符合该条规定但管理人或者自行管理的债务人有证据证明担保物是重整所必需，并且提供与减少价值相应担保或者补偿的，人民法院应当裁定不予批准恢复行使担保物权。担保物权人不服该裁定的，可以自收到裁定书之日起十日内，向作出裁定的人民法院申请复议。人民法院裁定批准行使担保物权的，管理人或者自行管理的债务人应当自收到裁定书之日起十五日内启动对担保物的拍卖或者变卖，拍卖或者变卖担保物所得价款在支付拍卖、变卖费用后优先清偿担保物权人的债权。

113.【重整计划监督期间的管理人报酬及诉讼管辖】要依法确保重整计划的执行和有效监督。重整计划的执行期间和监督期间原则上应当一致。二者不一致的，人民法院在确定和调整重整程序中的管理人报酬方案时，应当根据重整期间和重整计划监督期间管理人工作量的不同予以区别对待。其中，重整期间的管理人报酬应当根据管理人对重整发挥的实际作用等因素予以确定和支付；重整计划监督期间管理人报酬的支付比例和支付时间，应当根据管理人监督职责的履行情况，与债权人按照重整计划实际受偿比例和受偿时间相匹配。

重整计划执行期间，因重整程序终止后新发生的事实或者事件引发的有关债务人的民事诉讼，不适用《企业破产法》第21条有关集中管辖的规定。除重整计划有明确约定外，上述纠纷引发的诉讼，不再由管理人代表债务人进行。

114.【重整程序与破产清算程序的衔接】重整期间或者重整计划执行期间，债务人因法定事由被宣告破产的，人民法院不再另立新的案号，原重整程序的管理人原则上应当继续履行破产清算程序中的职责。原重整程序的管理人不能继续履行职责或者不适宜继续担任管理人的，人民法院应当依法重新指定管理人。

重整程序转破产清算案件中的管理人报酬，应当综合管理人为重整工作和清算工作分别发挥的实际作用等因素合理确定。重整期间因法定事由转入破产清算程序的，应当按照破产清算案件确定管理人报酬。重整计划执行期间因法定事由转入破产清算程序的，后续破产清算阶段的管理人报酬应当根据管理人实际工作量予以确定，不能简单根据债务人最终清偿的财产价值总额计算。

重整程序因人民法院裁定批准重整计划草案而终止的，重整案件可作结案处理。重整计划执行完毕后，人民法院可以根据管理人等利害关系人申请，作出重整程序终结的裁定。

115.【庭外重组协议效力在重整程序中的延伸】继续完善庭外重组与庭内重整的衔接机制，降低制度性成本，提高破产制度效率。人民法院受理重整申请前，债务人和部分债权人已经达成的有关协议与重整程序中制作的重整计划草案内容一致的，有关债权人对该协议的同意视为对该重整计划草案表决的同意。但重整计划草案对协议内容进行了修改并对有关债权人有不利影响，或者与有关债权人重大利益相关的，受到影响的债权人有权按照企业破产法的规定对重整计划草案重新进行表决。

116.【审计、评估等中介机构的确定及责任】要合理区分人民法院和管理人在委托审计、评估等财产管理工作中的职责。破产程序中确实需要聘请中介机构对债务人财产进行审计、评估的，根据《企业破产法》第28条的规定，经人民法院许可后，管理人可以自行公开聘请，但是应当对其聘请的中介机构的相关行为进行监督。上述中介机构因不当履行职责给债务人、债权人或者第三人造成损害的，应当承担赔偿责任。管理人在聘用过程中存在过错的，应当在其过错范围内承担相应的补充赔偿责任。

117.【公司解散清算与破产清算的衔接】要依法区分公司解散清算与破产清算的不同功能和不同适用条件。债务人同时符合破产清算条件和强制清算条件的，应当及时适用破产清算程序实现对债权人利益的公平保护。债权人对符合破产清算条件的债务人提起公司强制清算申请，经人民法院释明，债权人仍然坚持申请对债务人强制清算的，人民法院应当裁定不予受理。

118.【无法清算案件的审理与责任承担】人民法院在审理债务人相关人员下落不明或者财产状况不清的破产案件时，应当充分贯彻债权人利益保护原则，避免债务人通过破产程序不当损害债权人利益，同时也要避免不当突破股东有限责任原则。

人民法院在适用《最高人民法院关于债权人对人员下落不明或者财产状况不清的债务人申请破产清算案件如何处理的批复》第3款的规定，判定债务人相关人员承担责任时，应当依照企业破产法的相关规定来确定相关主体的义务内容和责任范围，不得根据公司法司法解释（二）第18条第2款的规定来判定相关主体的责任。

上述批复第3款规定的"债务人的有关人员不履行法定义务，人民法院可依据有关法律规定追究其相应法律责任"，系指债务人的法定代表人、财务管理人员和其他经营管理人员不履行《企业破产法》第15条规定的配合清算义务，人民法院可以根据《企业破产法》第126条、第127条追究其相应法律责任，或者参照《民事诉讼法》第111条的规定，依法拘留，构成犯罪的，依法追究刑事责任；债务人的法定代表人或者实际控制人不配合清算的，人民法院可以依据《出境入境管理法》第12条的规定，对其作出不准出境的决定，以确保破产程序顺利进行。

上述批复第3款规定的"其行为导致无法清算或者造成损失"，系指债务人的有关人员不配合清算的行为导致债务人财产状况不明，或者依法负有清算责任的人未依照《企业破产法》第7条第3款的规定及时履行破产申请义务，导致债务人主要财产、账册、重要文件等灭失，致使管理人无法执行清算职务，给债权人利益造成损害。"有关权利人起诉请求其承担相应民事责任"，系指管理人请求上述主体承担相应损害赔偿责任并将因此获得的赔偿归入债务人财产。管理人未主张上述赔偿，个别债权人可以代表全体债权人提起上述诉讼。

上述破产清算案件被裁定终结后，相关主体以债务人主要财产、账册、重要文件等重新出现为由，申请对破产清算程序启动审判监督的，人民法院不予受理，但符合《企业破产法》第123条规定的，债权人可以请求人民法院追加分配。

附：

最高人民法院民二庭负责人就《全国法院民商事审判工作会议纪要》答记者问

问：请您谈谈纪要中破产纠纷案件部分对哪些问题统一了裁判思路？

答：为了进一步审理好破产案件，纪要再次明确和强调了破产审判工作总体思路和下一步工作重点，并对以下重要问题统一了裁判思路。关于受理后债务人财产保全和执行程序的处理。纪要首先强调了人民法院系统内部的责任追究机制，即相关人民法院未依法及时解除保全措施、移交处置权，或者中止执行程序并移交有关财产的，上级人民法院应当依法予以纠正；相关人员违反上述规定造成严重后果的，破产受理人民法院可以向人民法院纪检监察部门移送其违法审判责任线索。其次，对于国家行政机关采取的保全措施或者执行程序，纪要强调要积极与上述机关进行协调和沟通，取得有关机关的配合。关于重整中的债务人自行管理。纪要首次明确，重整期间，债务人同时符合下列条件的，经申请，人民法院可以批准债务人在管理人的监督下自行管理财产和营业事务：内部治理机制仍正常运转；债务人自行管理有利于债务人继续经营；债务人不存在隐匿、转移财产的行为；债务人不存在其他严重损害债权人利益的行为。同时，纪要明确规定，经人民法院批准由债务人自行管理财产和营业事务的，管理人职权中有关财产管理和营业经营的职权应当由债务人行使。关于重整中担保物权的恢复行使。针对《企业破产法》第 75 条关于重整期间对债务人的特定财产享有的担保权暂停行使等规定，纪要在明确暂停行使一般原则的基础上，强调要注重维护企业重整价值的同时，依法平衡保护担保权人的合法权益。管理人或者自行管理的债务人如果认为担保物不是重整所必需的，应当及时对担保物进行拍卖或者变卖，拍卖或者变卖担保物所得价款在支付拍卖、变卖费用后优先清偿担保权人的债权。担保权人与管理人或者自行管理的债务人就担保权应否恢复行使发生争议的，应当由管理人或者自行管理的债务人举证证明担保物是否为重整所必需，人民法院据此裁定是否应当恢复行使。担保权人对人民法院不予批准恢复行使的裁定不服的，可以自收到裁定书之日起十日内，向作出裁定的人民法院申请复议。关于重整计划执行期间的有关问题。针对重整计划执行期间与监督期间的关系，纪要明确二者原则上应当保持一致。如果不一致的，人民法院在确定和调整重整程序中的管理人报酬方案时，应当根据重整期间和重整计划监督期间管理人工作量的不同予以区别，以提升管理人工作报酬确定的合理性。对于重整计划执行期间的债务人诉讼管辖问题，纪要明确因重整程序终止后新发生的事实或者事件引发的有关债务人的民事诉讼，不适用《企业破产法》第 21 条有关集中管辖的规定。关于无法清算案件的审理与责任承担。针对实践中关于债务人相关人员下落不明或者财产状况不清的破产案件中相关主体的义务内容和责任范围、无法清算造成损失的责任性质、责任主体和追责方式不明，强制清算与破产清算制度适用错位等问题，纪要基于强制清算制度与破产清算制度的不同制度目标、不同适用条件，就此类破产清算案件中的责任承担问题予以纠偏，明确在破产程序终结后不能适用公司法司法解释（二）第 18 条第 2 款的规定判定债务人的原股东承担民事责任，避免不当突破股东有限责任原则。

最高人民法院关于印发《全国法院破产审判工作会议纪要》的通知

（法〔2018〕53 号）

各省、自治区、直辖市高级人民法院，解放军军事法院，新疆维吾尔自治区高级人民法院生产建设兵团分院：

现将《全国法院破产审判工作会议纪要》印发给你们，请认真遵照执行。

最高人民法院

2018 年 3 月 4 日

全国法院破产审判工作会议纪要

为落实党的十九大报告提出的贯彻新发展理念、建设现代化经济体系的要求，紧紧围绕高质量发展这条主线，服务和保障供给侧结构性改革，充分发挥人民法院破产审判工作在完善社会主义市场经济主体拯救和退出机制中的积极作用，为决胜全面建成小康社会提供更加有力的司法保障，2017 年 12 月 25 日，最高人民法院在广东省深圳市召开了全国法院破产审判工作会议。各省、自治区、直辖市高级人民法院、设立破产审判庭的市中级人民法院的代表参加了会议。与会代表经认真讨论，对人民法院破产审判涉及的主要问题达成共识。现纪要如下：

一、破产审判的总体要求

会议认为，人民法院要坚持以习近平新时代中国特色社会主义经济思想为指导，深刻认识破产法治对决胜全面建成小康社会的重要意义，以更加有力的举措开展破产审判工作，为经济社会持续健康发展提供更加有力的司法保障。当前和今后一个时期，破产审判工作总的要求是：

一要发挥破产审判功能，助推建设现代化经济体系。人民法院要通过破产工作实现资源重新配置，用好企业破产中权益、经营管理、资产、技术等重大调整的有利契机，对不同企业分类处置，把科技、资本、劳动力和人力资源等生产要素调动好、配置好、协同好，促进实体经济和产业体系优质高效。

二要着力服务构建新的经济体制，完善市场主体救治和退出机制。要充分运用重整、和解法律手段实现市场主体的有效救治，帮助企业提质增效；运用清算手段促使丧失经营价值的企业和产能及时退出市场，实现优胜劣汰，从而完善社会主义市场主体的救治和退出机制。

三要健全破产审判工作机制，最大限度释放破产审判的价值。要进一步完善破产重整企业识别、政府与法院协调、案件信息沟通、合法有序的利益衡平四项破产审判工作机制，推动破产审判工作良性运行，彰显破产审判工作的制度价值和社会责任。

四要完善执行与破产工作的有序衔接，推动解决"执行难"。要将破产审判作为与立案、审判、执行既相互衔接、又相对独立的一个重要环节，充分发挥破产审判对化解执行积案的促进功能，消除执行转破产的障碍，从司法工作机制上探索解决"执行难"的有效途径。

二、破产审判的专业化建设

审判专业化是破产审判工作取得实质性进展的关键环节。各级法院要大力加强破产审判专业化建设，努力实现审判机构专业化、审判队伍专业化、审判程序规范化、裁判规则标准化、绩效考评科学化。

1. 推进破产审判机构专业化建设。省会城市、副省级城市所在地中级人民法院要根据最高人民法院《关于在中级人民法院设立清算与破产审判庭的工作方案》（法〔2016〕209号），抓紧设立清算与破产审判庭。其他各级法院可根据本地工作实际需求决定设立清算与破产审判庭或专门的合议庭，培养熟悉清算与破产审判的专业法官，以适应破产审判工作的需求。

2. 合理配置审判任务。要根据破产案件数量、案件难易程度、审判力量等情况，合理分配各级法院的审判任务。对于债权债务关系复杂、审理难度大的破产案件，高级人民法院可以探索实行中级人民法院集中管辖为原则、基层人民法院管辖为例外的管辖制度；对于债权债务关系简单、审理难度不大的破产案件，可以主要由基层人民法院管辖，通过快速审理程序高效审结。

3. 建立科学的绩效考评体系。要尽快完善清算与破产审判工作绩效考评体系，在充分尊重司法规律的基础上确定绩效考评标准，避免将办理清算破产案件与普通案件简单对比、等量齐观、同等考核。

三、管理人制度的完善

管理人是破产程序的主要推动者和破产事务的具体执行者。管理人的能力和素质不仅影响破产审判工作的质量，还关系到破产企业的命运与未来发展。要加快完善管理人制度，大力提升管理人职业素养和执业能力，强化对管理人的履职保障和有效监督，为改善企业经营、优化产业结构提供有力制度保障。

4. 完善管理人队伍结构。人民法院要指导编入管理人名册的中介机构采取适当方式吸收具有专业技术知识、企业经营能力的人员充实到管理人队伍中来，促进管理人队伍内在结构更加合理，充分发挥和提升管理人在企业病因诊断、资源整合等方面的重要作用。

5. 探索管理人跨区域执业。除从本地名册选择管理人外，各地法院还可以探索从外省、市管理人名册中选任管理人，确保重大破产案件能够遴选出最佳管理人。两家以上具备资质的中介机构请求联合担任同一破产案件管理人的，人民法院经审查符合自愿协商、优势互补、权责一致要求且确有必要的，可以准许。

6. 实行管理人分级管理。高级人民法院或者自行编制管理人名册的中级人民法院可以综合考虑管理人的专业水准、工作经验、执业操守、工作绩效、勤勉程度等因素，合理确定管理人等级，对管理人实行分级管理、定期考评。对债务人财产数量不多、债权债务关系简单的破产案件，可以在相应等级的管理人中采取轮候、抽签、摇号等随机方式指定管理人。

7. 建立竞争选定管理人工作机制。破产案件中可以引入竞争机制选任管理人，提升破产管理质量。上市公司破产案件、在本地有重大影响的破产案件或者债权债务关系复杂，涉及债权人、职工以及利害关系人人数较多的破产案件，在指定管理人时，一般应当通过竞争方式依法选定。

8. 合理划分法院和管理人的职能范围。人民法院应当支持和保障管理人依法履行职责，不得代替管理人作出本应由管理人自己作出的决定。管理人应当依法管理和处分债务人财产，审慎决定债务人内部管理事务，不得将自己的职责全部或者部分转让给他人。

9. 进一步落实管理人职责。在债务人自行管理的重整程序中，人民法院要督促管理人制订监督债务人的具体制度。在重整计划规定的监督期内，管理人应当代表债务人参加监督期开始前已经启动而尚未终结的诉讼、仲裁活动。重整程序、和解程序转入破产清算程序后，管理人应当按照破产清算程序继续履行管理人职责。

10. 发挥管理人报酬的激励和约束作用。人民法院可以根据破产案件的不同情况确定管理人报酬的支付方式，发挥管理人报酬在激励、约束管理人勤勉履职方面的积极作用。管理人报酬原则上应当根据破产案件审理进度和管理人履职情况分期支付。案情简单、耗时较短的破产案件，可以在破产程序终结后一次性向管理人支付报酬。

11. 管理人聘用其他人员费用负担的规制。管理人经人民法院许可聘用企业经营管理人员，或者管理人确有必要聘请其他社会中介机构或人员处理重大诉讼、仲裁、执行或审计等专业性较强工作，如所需费用需要列入破产费用的，应当经债权人会议同意。

12. 推动建立破产费用的综合保障制度。各地法院要积极争取财政部门支持，或采取从其他破产案件管理人报酬中提取一定比例等方式，推动设立破产费用保障资金，建立破产费用保障长效机制，解决因债务人财产不足以支付破产费用而影响破产程序启动的问题。

13. 支持和引导成立管理人协会。人民法院应当支持、引导、推动本辖区范围内管理人名册中的社会中介机构、个人成立管理人协会，加强对管理人的管理和约束，维护管理人的合法权益，逐步形成规范、稳定和自律的行业组织，确保管理人队伍既充满活力又规范有序发展。

四、破产重整

会议认为，重整制度集中体现了破产法的拯救功能，代表了现代破产法的发展趋势，全国各级法院要高度重视重整工作，妥善审理企业重整案件，通过市场化、法治化途径挽救困境企业，不断完善社会主义市场主体救治机制。

14. 重整企业的识别审查。破产重整的对象应当是具有挽救价值和可能的困境企业；对于僵尸企业，应通过破产清算，果断实现市场出清。人民法院在审查重整申请时，根据债务人的资产状况、技术工艺、生产销售、行业前景等因素，能够认定债务人明显不具备重整价值以及拯救可能性的，应裁定不予受理。

15. 重整案件的听证程序。对于债权债务关系复杂、债务规模较大，或者涉及上市公司重整的案件，人民法院在审查重整申请时，可以组织申请人、被申请人听证。债权人、出资人、重整投资人等利害关系人经人民法院准许，也可以参加听证。听证期间不计入重整申请审查期限。

16. 重整计划的制定及沟通协调。人民法院要加强与管理人或债务人的沟通，引导其分析债务人陷于困境的原因，有针对性地制定重整计划草案，促使企业重新获得盈利能力，提高重整成功率。人民法院要与政府建立沟通协调机制，帮助管理人或债务人解决重整计划草案制定中的困难和问题。

17. 重整计划的审查与批准。重整不限于债务减免和财务调整，重整的重点是维持企业的营运价值。人民法院在审查重整计划时，除合法性审查外，还应审查其中的经营方案是否具有可行性。重整计划中关于企业重新获得盈利能力的经营方案具有可行性、表决程序合法、内容不损害各表决组中反对者的清偿利益的，人民法院应当自收到申请之日起三十日内裁定批准重整计划。

18. 重整计划草案强制批准的条件。人民法院应当审慎适用企业破产法第八十七条第二款，不得滥用强制批准权。确需强制批准重整计划草案的，重整计划草案除应当符合企业破产法第八十七条第二款规定外，如债权人分多组的，还应当至少有一组已经通过重整计划草案，且各表决组中反对者能够获得的清偿利益不低于依照破产清算程序所能获得的利益。

19. 重整计划执行中的变更条件和程序。债务人应严格执行重整计划，但因出现国家政策调整、法律修改变化等特殊情况，导致原重整计划无法执行的，债务人或管理人可以申请变更重整计划一次。债权人会议决议同意变更重整计划的，应自决议通过之日起十日内提请人民法院批准。债权人会议决议不同意或者人民法院不批准变更申请的，人民法院经管理人或者利害关系人请求，应当裁定终止重整计划的执行，并宣告债务人破产。

20. 重整计划变更后的重新表决与裁定批准。人民法院裁定同意变更重整计划的，债务人或者管理人应当在六个月内提出新的重整计划。变更后的重整计划应提交给因重整计划变更而遭受不利影响的债权人组和出资人组进行表决。表决、申请人民法院批准以及人民法院裁定是否批准的程序与原重整计划的相同。

21. 重整后企业正常生产经营的保障。企业重整后，投资主体、股权结构、公司治理模式、经营方式等与原企业相比，往往发生了根本变化，人民法院要通过加强与政府的沟通协调，帮助重整企业修复信用记录，依法获取税收优惠，以利于重整企业恢复正常生产经营。

22. 探索推行庭外重组与庭内重整制度的衔接。在企业进入重整程序之前，可以先由债权人与债务人、出资人等利害关系人通过庭外商业谈判，拟定重组方案。重整程序启动后，可以重组方案为依据拟定重整计划草案提交人民法院依法审查批准。

五、破产清算

会议认为，破产清算作为破产制度的重要组成部分，具有淘汰落后产能、优化市场资源配置的直接作用。对于缺乏拯救价值和可能性的债务人，要及时通过破产清算程序对债权债务关系进行全面清理，重新配置社会资源，提升社会有效供给的质量和水平，增强企业破产法对市场经济发展的引领作用。

23. 破产宣告的条件。人民法院受理破产清算申请后，第一次债权人会议上无人提出重整或和解申请的，管理人应当在债权审核确认和必要的审计、资产评估后，及时向人民法院提出宣告破产的申请。人民法院受理破产和解或重整申请后，债务人出现应当宣告破产的法定原因时，人民法院应当依法宣告债务人破产。

24. 破产宣告的程序及转换限制。相关主体向人民法院提出宣告破产申请的，人民法院应当自收到申请之日起七日内作出破产宣告裁定并进行公告。债务人被宣告破产后，不得再转入重整程序或和解程序。

25. 担保权人权利的行使与限制。在破产清算和破产和解程序中，对债务人特定财产享有担保权的债权人可以随时向管理人主张就该特定财产变价处置行使优先受偿权，管理人应及时变价处置，不得以须经债权人会议决议等为由拒绝。但因单独处置担保财产会降低其他破产财产的价值而应整体处置的除外。

26. 破产财产的处置。破产财产处置应当以价值最大化为原则，兼顾处置效率。人民法院要积极探索更为有效的破产财产处置方式和渠道，最大限度提升破产财产变价率。采用拍卖方式进行处置的，拍卖所得预计不足以支付评估拍卖费用，或者拍卖不成的，经债权人会议决议，可以采取作价变卖或实物分配方式。变卖或实物分配的方案经债权人会议两次表决仍未通过的，由人民法院裁定处理。

27. 企业破产与职工权益保护。破产程序中要依法妥善处理劳动关系，推动完善职工欠薪保障机制，依法保护职工生存权。由第三方垫付的职工债权，原则上按照垫付的职工债权性质进行清偿；由欠薪保障基金垫付的，应按照企业破产法第一百一十三条第一款第二项的顺序清偿。债务人欠缴的住房公积金，按照债务人拖欠的职工工资性质清偿。

28. 破产债权的清偿原则和顺序。对于法律没有明确规定清偿顺序的债权，人民法院可以按照人身损害赔偿债权优先于财产性债权、私法债权优先于公法债权、补偿性债权优先于惩罚性债权的原则合理确定清偿顺序。因债务人侵权行为造成的人身损害赔偿，可以参照企业破产法第一百一十三条第一款第一项规定的顺序清偿，但其中涉及的惩罚性赔偿除外。破产财产依照企业破产法第一百一十三条规定的顺序清偿后仍有剩余的，可依次用于清偿破产受理前产生的民事惩罚性赔偿金、行政罚款、刑事罚金等惩罚性债权。

29. 建立破产案件审理的繁简分流机制。人民法院审理破产案件应当提升审判效率，在确保利害关系人程序和实体权利不受损害的前提下，建立破产案件审理的繁简分流机制。对于债权债务关系明确、债务人财产状况清楚的破产案件，可以通过缩短程序时间、简化流程等方式加快案件审理进程，但不得突破法律规定的最低期限。

30. 破产清算程序的终结。人民法院终结破产清算程序应当以查明债务人财产状况、明确债务人财产的分配方案、确保破产债权获得依法清偿为基础。破产申请受理后，经管理人调查，债务人财产不足以清偿破产费用且无人代为清偿或垫付的，人民法院应当依管理人申请宣告破产并裁定终结破产清算程序。

31. 保证人的清偿责任和求偿权的限制。破产程序终结前，已向债权人承担了保证责任的保证人，可以要求债务人向其转付已申报债权的债权人在破产程序中应得清偿部分。破产程序终结后，债权人就破产程序中未受清偿部分要求保证人承担保证责任的，应在破产程序终结后六个月内提出。保证人承担保证责任后，不得再向和解或重整后的债务人行使求偿权。

六、关联企业破产

会议认为，人民法院审理关联企业破产案件时，要立足于破产关联企业之间的具体关系模式，采取不同方式予以处理。既要通过实质合并审理方式处理法人人格高度混同的关联关系，确保全体债权人公平清偿，也要避免不当采用实质合并审理方式损害相关利益主体的合法权益。

32. 关联企业实质合并破产的审慎适用。人民法院在审理企业破产案件时，应当尊重企业法人人格的独立性，以对关联企业成员的破产原因进行单独判断并适用单个破产程序为基本原则。当关联企业成员之间存在法人人格高度混同、区分各关联企业成员财产的成本过高、严重损害债权人公平清偿利益时，可例外适用关联企业实质合并破产方式进行审理。

33. 实质合并申请的审查。人民法院收到实质合并申请后，应当及时通知相关利害关系人并组织听证，听证时间不计入审查时间。人民法院在审查实质合并申请过程中，可以综合考虑关联企业之间资产的混同程序及其持续时间、各企业之间的利益关系、债权人整体清偿利益、增加企业重整的可能性等因素，在收到申请之日起三十日内作出是否实质合并审理的裁定。

34. 裁定实质合并时利害关系人的权利救济。相关利害关系人对受理法院作出的实质合并审理裁定不服的，可以自裁定书送达之日起十五日内向受理法院的上一级人民法院申请复议。

35. 实质合并审理的管辖原则与冲突解决。采用实质合并方式审理关联企业破产案件的，应由关联企业中的核心控制企业住所地人民法院管辖。核心控制企业不明确的，由关联企业主要财产所在地人民法院管辖。多个法院之间对管辖权发生争议的，应当报请共同的上级人民法院指定管辖。

36. 实质合并审理的法律后果。人民法院裁定采用实质合并方式审理破产案件的，各关联企业成员之间的债权债务归于消灭，各成员的财产作为合并后统一的破产财产，由各成员的债权人在同一程序中按照法定顺序公平受偿。采用实质合并方式进行重整的，重整计划草案中应当制定统一的债权分类、债权调整和债权受偿方案。

37. 实质合并审理后的企业成员存续。适用实质合并规则进行破产清算的，破产程序终结后各关联企业成员均应予以注销。适用实质合并规则进行和解或重整的，各关联企业原则上应当合并为一个企业。根据和解协议或重整计划，确有需要保持个别企业独立的，应当依照企业分立的有关规则单独处理。

38. 关联企业破产案件的协调审理与管辖原则。多个关联企业成员均存在破产原因但不符合实质合并条件的，人民法院可根据相关主体的申请对多个破产程序进行协调审理，并可根据程序协调的需要，综合考虑破产案件审理的效率、破产申请的先后顺序、成员负债规模大小、核心控制企业住所地等因素，由共同的上级法院确定一家法院集中管辖。

39. 协调审理的法律后果。协调审理不消灭关联企业成员之间的债权债务关系，不对关联企业成员的财产进行合并，各关联企业成员的债权人仍以该企业成员财产为限依法获得清偿。但关联企业成员之间不当利用关联关系形成的债权，应当劣后于其他普通债权顺序清偿，且该劣后债权人不得就其他关联企业成员提供的特定财产优先受偿。

七、执行程序与破产程序的衔接

执行程序与破产程序的有效衔接是全面推进破产审判工作的有力抓手，也是破解"执行难"的重要举措。全国各级法院要深刻认识执行转破产工作的重要意义，大力推动符合破产条件的执行案件，包括执行不能案件进入破产程序，充分发挥破产程序的制度价值。

40. 执行法院的审查告知、释明义务和移送职责。执行部门要高度重视执行与破产的衔接工作，推动符合条件的执行案件向破产程序移转。执行法院发现作为被执行人的企业法人符合企业破产法第二条规定的，应当及时询问当事人是否同意将案件移送破产审查并释明法律后果。执行法院作出移送决定后，应当书面通知所有已知执行法院，执行法院均应中止对被执行人的执行程序。

41. 执行转破产案件的移送和接收。执行法院与受移送法院应加强移送环节的协调配合，提升工作实效。执行法院移送案件时，应当确保材料完备，内容、形式符合规定。受移送法院应当认真审核并及时反馈意见，不得无故不予接收或暂缓立案。

42. 破产案件受理后查封措施的解除或查封财产的移送。执行法院收到破产受理裁定后，应当解除对债务人财产的查封、扣押、冻结措施；或者根据破产受理法院的要求，出具函件将查封、扣押、冻结财产的处置权交破产受理法院。破产受理法院可以持执行法院的移送处置函件进行续行查封、扣押、冻结，解除查封、扣押、冻结，或者予以处置。

执行法院收到破产受理裁定拒不解除查封、扣押、冻结措施的，破产受理法院可以请求执行法院的上级法院依法予以纠正。

43. 破产审判部门与执行部门的信息共享。破产受理法院可以利用执行查控系统查控债务人财产，提高破产审判工作效率，执行部门应予以配合。

各地法院要树立线上线下法律程序同步化的观念，逐步实现符合移送条件的执行案件网上移送，提升移送工作的透明度，提高案件移送、通知、送达、沟通协调等相关工作的效率。

44. 强化执行转破产工作的考核与管理。各级法院要结合工作实际建立执行转破产工作考核机制，科学设置考核指标，推动执行转破产工作开展。对应当征询当事人意见不征询、应当提交移送审查不提交、受移送法院违反相关规定拒不接收执行转破产材料或者拒绝立案的，除应当纳入绩效考核和业绩考评体系外，还应当公开通报和严肃追究相关人员的责任。

八、破产信息化建设

会议认为，全国法院要进一步加强破产审判的信息化建设，提升破产案件审理的透明度和公信力，增进破产案件审理质效，促进企业重整再生。

45. 充分发挥破产重整案件信息平台对破产审判工作的推动作用。各级法院要按照最高人民法院相关规定，通过破产重整案件信息平台规范破产案件审理，全程公开、步步留痕。要进一步强化信息网的数据统计、数据检索等功能，分析研判企业破产案件情况，及时发现新情况，解决新问题，提升破产案件审判水平。

46. 不断加大破产重整案件的信息公开力度。要增加对债务人企业信息的公开内容，吸引潜在投资者，促进资本、技术、管理能力等要素自由流动和有效配置，帮助企业重整再生。要确保债权人等利害关系人及时、充分了解案件进程和债务人相关财务、重整计划草案、重整计划执行等情况，维护债权人等利害关系人的知情权、程序参与权。

47. 运用信息化手段提高破产案件处理的质量与效率。要适应信息化发展趋势，积极引导以网络拍卖方式处置破产财产，提升破产财产处置效益。鼓励和规范通过网络方式召开债权人会议，提高效率，降低破产费用，确保债权人等主体参与破产程序的权利。

48. 进一步发挥人民法院破产重整案件信息网的枢纽作用。要不断完善和推广使用破产重整案件信息网，在确保增量数据及时录入信息网的同时，加快填充有关存量数据，确立信息网在企业破产大数据方面的枢纽地位，发挥信息网的宣传、交流功能，扩大各方运用信息网的积极性。

九、跨境破产

49. 对跨境破产与互惠原则。人民法院在处理跨境破产案件时，要妥善解决跨境破产中的法律冲突与矛盾，合理确定跨境破产案件中的管辖权。在坚持同类债权平等保护的原则下，协调好外国债权人利益与我国债权人利益的平衡，合理保护我国境内职工债权、税收债权等优先权的清偿利益。积极参与、推动跨境破产国际条约的协商与签订，探索互惠原则适用的新方式，加强我国法院和管理人在跨境破产领域的合作，推进国际投资健康有序发展。

50. 跨境破产案件中的权利保护与利益平衡。依照企业破产法第五条的规定，开展跨境破产协作。人民法院认可外国法院作出的破产案件的判决、裁定后，债务人在中华人民共和国境内的财产在全额清偿境内的担保权人、职工债权和社会保险费用、所欠税款等优先权后，剩余财产可以按照该外国法院的规定进行分配。

最高人民法院关于《中华人民共和国企业破产法》施行时尚未审结的企业破产案件适用法律若干问题的规定

(法释〔2007〕10 号)

《最高人民法院关于〈中华人民共和国企业破产法〉施行时尚未审结的企业破产案件适用法律若干问题的规定》已于 2007 年 4 月 23 日由最高人民法院审判委员会第 1425 次会议通过,现予公布,自 2007 年 6 月 1 日起施行。

二〇〇七年四月二十五日

为正确适用《中华人民共和国企业破产法》,对人民法院审理企业破产法施行前受理的、施行时尚未审结的企业破产案件具体适用法律问题,规定如下:

第一条 债权人、债务人或者出资人向人民法院提出重整或者和解申请,符合下列条件之一的,人民法院应予受理:

(一)债权人申请破产清算的案件,债务人或者出资人于债务人被宣告破产前提出重整申请,且符合企业破产法第七十条第二款的规定;

(二)债权人申请破产清算的案件,债权人于债务人被宣告破产前提出重整申请,且符合企业破产法关于债权人直接向人民法院申请重整的规定;

(三)债务人申请破产清算的案件,债务人于被宣告破产前提出重整申请,且符合企业破产法关于债务人直接向人民法院申请重整的规定;

(四)债务人依据企业破产法第九十五条的规定申请和解。

第二条 清算组在企业破产法施行前未通知或者答复未履行完毕合同的对方当事人解除或者继续履行合同的,从企业破产法施行之日起计算,在该法第十八条第一款规定的期限内未通知或者答复的,视为解除合同。

第三条 已经成立清算组的,企业破产法施行后,人民法院可以指定该清算组为管理人。

尚未成立清算组的,人民法院应当依照企业破产法和《最高人民法院关于审理企业破产案件指定管理人的规定》及时指定管理人。

第四条 债权人主张对债权债务抵销的,应当符合企业破产法第四十条规定的情形;但企业破产法施行前,已经依据有关法律规定抵销的除外。

第五条 对于尚未清偿的破产费用,应当按企业破产法第四十一条和第四十二条的规定区分破产费用和共益债务,并依据企业破产法第四十三条的规定清偿。

第六条 人民法院尚未宣告债务人破产的,应当适用企业破产法第四十六条的规定确认债权利息;已经宣告破产的,依据企业破产法施行前的法律规定确认债权利息。

第七条 债权人已经向人民法院申报债权的,由人民法院将相关申报材料移交给管理人;尚未申报的,债权人应当直接向管理人申报。

第八条 债权人未在人民法院确定的债权申报期内向人民法院申报债权的,可以依据企业破产法第五十六条的规定补充申报。

第九条 债权人对债权表记载债权有异议,向受理破产申请的人民法院提起诉讼的，人民法院应当依据企业破产法第二十一条和第五十八条的规定予以受理。但人民法院对异议债权已经作出裁决的除外。

债权人就争议债权起诉债务人，要求其承担偿还责任的，人民法院应当告知该债权人变更其诉讼请求为确认债权。

第十条 债务人的职工就清单记载有异议，向受理破产申请的人民法院提起诉讼的，人民法院应当依据企业破产法第二十一条和第四十八条的规定予以受理。但人民法院对异议债权已经作出裁决的除外。

第十一条 有财产担保的债权人未放弃优先受偿权利的，对于企业破产法第六十一条第一款第七项、第十项规定以外的事项享有表决权。但该债权人对于企业破产法施行前已经表决的事项主张行使表决权，或者以其未行使表决权为由请求撤销债权人会议决议的，人民法院不予支持。

第十二条 债权人认为债权人会议的决议违反法律规定，损害其利益，向人民法院请求撤销该决议，裁定尚未作出的，人民法院应当依据企业破产法第六十四条的规定作出裁定。

第十三条 债权人对于财产分配方案的裁定不服，已经申诉的，由上一级人民法院依据申诉程序继续审理；企业破产法施行后提起申诉的，人民法院应当告知其依据企业破产法第六十六条的规定申请复议。

债权人对于人民法院作出的债务人财产管理方案的裁定或者破产财产变价方案的裁定不服，向受理破产申请的人民法院申请复议的，人民法院应当依据企业破产法第六十六条的规定予以受理。

债权人或者债务人对破产宣告裁定有异议，已经申诉的，由上一级人民法院依据申诉程序继续审理；企业破产法施行后提起申诉的，人民法院不予受理。

第十四条 企业破产法施行后，破产人的职工依据企业破产法第一百三十二条的规定主张权利的，人民法院应予支持。

第十五条 破产人所欠董事、监事和高级管理人员的工资，应当依据企业破产法第一百一十三条第三款的规定予以调整。

第十六条 本规定施行前本院作出的有关司法解释与本规定相抵触的，人民法院审理尚未审结的企业破产案件不再适用。

最高人民法院印发《关于执行案件移送破产审查若干问题的指导意见》的通知

（法发〔2017〕2号）

各省、自治区、直辖市高级人民法院，解放军军事法院，新疆维吾尔自治区高级人民法院生产建设兵团分院：

现将《最高人民法院关于执行案件移送破产审查若干问题的指导意见》印发给你们，请认真遵照执行。

最高人民法院

2017 年 1 月 20 日

最高人民法院关于执行案件移送破产审查若干问题的指导意见

推进执行案件移送破产审查工作，有利于健全市场主体救治和退出机制，有利于完善司法工作机制，有利于化解执行积案，是人民法院贯彻中央供给侧结构性改革部署的重要举措，是当前和今后一段时期人民法院服务经济社会发展大局的重要任务。为促进和规范执行案件移送破产审查工作，保障执行程序与破产程序的有序衔接，根据《中华人民共和国企业破产法》《中华人民共和国民事诉讼法》《最高人民法院关于适用〈中华人民共和国民事诉讼法〉的解释》等规定，现对执行案件移送破产审查的若干问题提出以下意见。

一、执行案件移送破产审查的工作原则、条件与管辖

1. 执行案件移送破产审查工作，涉及执行程序与破产程序之间的转换衔接，不同法院之间，同一法院内部执行部门、立案部门、破产审判部门之间，应坚持依法有序、协调配合、高效便捷的工作原则，防止推诿扯皮，影响司法效率，损害当事人合法权益。

2. 执行案件移送破产审查，应同时符合下列条件：

（1）被执行人为企业法人；

（2）被执行人或者有关被执行人的任何一个执行案件的申请执行人书面同意将执行案件移送破产审查；

（3）被执行人不能清偿到期债务，并且资产不足以清偿全部债务或者明显缺乏清偿能力。

3. 执行案件移送破产审查，由被执行人住所地人民法院管辖。在级别管辖上，为适应破产审判专业化建设的要求，合理分配审判任务，实行以中级人民法院管辖为原则、基层人民法院管辖为例外的管辖制度。中级人民法院经高级人民法院批准，也可以将案件交由具备审理条件的基层人民法院审理。

二、执行法院的征询、决定程序

4. 执行法院在执行程序中应加强对执行案件移送破产审查有关事宜的告知和征询工作。执行法院采取财产调查措施后，发现作为被执行人的企业法人符合破产法第二条规定的，应当及时询问申请执行人、被执行人是否同意将案件移送破产审查。申请执行人、被执行人均不同意移送且无人申请破产的，执行法院应当按照《最高人民法院关于适用〈中华人民共和国民事诉讼法〉的解释》第五百一十六条的规定处理，企业法人的其他已经取得执行依据的债权人申请参与分配的，人民法院不予支持。

5. 执行部门应严格遵守执行案件移送破产审查的内部决定程序。承办人认为执行案件符合移送破产审查条件的，应提出审查意见，经合议庭评议同意后，由执行法院院长签署移送决定。

6. 为减少异地法院之间移送的随意性，基层人民法院拟将执行案件移送异地中级人民法院进行破产审查的，在作出移送决定前，应先报请其所在地中级人民法院执行部门审核同意。

7. 执行法院作出移送决定后，应当于五日内送达申请执行人和被执行人。申请执行人或被执行人对决定有异议的，可以在受移送法院破产审查期间提出，由受移送法院一并处理。

8. 执行法院作出移送决定后，应当书面通知所有已知执行法院，执行法院均应中止对被执行人的执行程序。但是，对被执行人的季节性商品、鲜活、易腐烂变质以及其他不宜长期保存的物品，执行法院应当及时变价处置，处置的价款不作分配。受移送法院裁定受理破产案件的，执行法院应当在收到裁定书之日起七日内，将该价款移交受理破产案件的法院。

案件符合终结本次执行程序条件的，执行法院可以同时裁定终结本次执行程序。

9. 确保对被执行人财产的查封、扣押、冻结措施的连续性，执行法院决定移送后、受移送法院裁定受理破产案件之前，对被执行人的查封、扣押、冻结措施不解除。查封、扣押、冻结期限在破产审查期间届满的，申请执行人可以向执行法院申请延长期限，由执行法院负责办理。

三、移送材料及受移送法院的接收义务

10. 执行法院作出移送决定后，应当向受移送法院移送下列材料：

（1）执行案件移送破产审查决定书；

（2）申请执行人或被执行人同意移送的书面材料；

（3）执行法院采取财产调查措施查明的被执行人的财产状况，已查封、扣押、冻结财产清单及相关材料；

（4）执行法院已分配财产清单及相关材料；

（5）被执行人债务清单；

（6）其他应当移送的材料。

11. 移送的材料不完备或内容错误，影响受移送法院认定破产原因是否具备的，受移送法院可以要求执行法院补齐、补正，执行法院应于十日内补齐、补正。该期间

不计入受移送法院破产审查的期间。

受移送法院需要查阅执行程序中的其他案件材料，或者依法委托执行法院办理财产处置等事项的，执行法院应予协助配合。

12. 执行法院移送破产审查的材料，由受移送法院立案部门负责接收。受移送法院不得以材料不完备等为由拒绝接收。立案部门经审核认为移送材料完备的，应以"破申"作为案件类型代字编制案号登记立案，并及时将案件移送破产审判部门进行破产审查。破产审判部门在审查过程中发现本院对案件不具有管辖权的，应当按照《中华人民共和国民事诉讼法》第三十六条的规定处理。

四、受移送法院破产审查与受理

13. 受移送法院的破产审判部门应当自收到移送的材料之日起三十日内作出是否受理的裁定。受移送法院作出裁定后，应当在五日内送达申请执行人、被执行人，并送交执行法院。

14. 申请执行人申请或同意移送破产审查的，裁定书中以该申请执行人为申请人，被执行人为被申请人；被执行人申请或同意移送破产审查的，裁定书中以该被执行人为申请人；申请执行人、被执行人均同意移送破产审查的，双方均为申请人。

15. 受移送法院裁定受理破产案件的，在此前的执行程序中产生的评估费、公告费、保管费等执行费用，可以参照破产费用的规定，从债务人财产中随时清偿。

16. 执行法院收到受移送法院受理裁定后，应当于七日内将已经扣划到账的银行存款、实际扣押的动产、有价证券等被执行人财产移交给受理破产案件的法院或管理人。

17. 执行法院收到受移送法院受理裁定时，已通过拍卖程序处置且成交裁定已送达买受人的拍卖财产，通过以物抵债偿还债务且抵债裁定已送达债权人的抵债财产，已完成转账、汇款、现金交付的执行款，因财产所有权已经发生变动，不属于被执行人的财产，不再移交。

五、受移送法院不予受理或驳回申请的处理

18. 受移送法院做出不予受理或驳回申请裁定的，应当在裁定生效后七日内将接收的材料、被执行人的财产退回执行法院，执行法院应当恢复对被执行人的执行。

19. 受移送法院作出不予受理或驳回申请的裁定后，人民法院不得重复启动执行案件移送破产审查程序。申请执行人或被执行人以有新证据足以证明被执行人已经具备了破产原因为由，再次要求将执行案件移送破产审查的，人民法院不予支持。但是，申请执行人或被执行人可以直接向具有管辖权的法院提出破产申请。

20. 受移送法院裁定宣告被执行人破产或裁定终止和解程序、重整程序的，应当自裁定作出之日起五日内送交执行法院，执行法院应当裁定终结对被执行人的执行。

六、执行案件移送破产审查的监督

21. 受移送法院拒绝接收移送的材料，或者收到移送的材料后不按规定的期限作出是否受理裁定的，执行法院可函请受移送法院的上一级法院进行监督。上一级法院

收到函件后应当指令受移送法院在十日内接收材料或作出是否受理的裁定。

受移送法院收到上级法院的通知后，十日内仍不接收材料或不作出是否受理裁定的，上一级法院可以径行对移送破产审查的案件行使管辖权。上一级法院裁定受理破产案件的，可以指令受移送法院审理。

最高人民法院印发《关于审理上市公司破产重整案件工作座谈会纪要》的通知

（法〔2012〕261号）

各省、自治区、直辖市高级人民法院，解放军军事法院，新疆维吾尔自治区高级人民法院生产建设兵团分院：

现将最高人民法院《关于审理上市公司破产重整案件工作座谈会纪要》印发给你们，请结合审判工作实际，遵照执行。

2012年10月29日

关于审理上市公司破产重整案件工作座谈会纪要

《企业破产法》施行以来，人民法院依法审理了部分上市公司破产重整案件，最大限度地减少了因上市公司破产清算给社会造成的不良影响，实现了法律效果和社会效果的统一。上市公司破产重整案件的审理不仅涉及到《企业破产法》、《证券法》、《公司法》等法律的适用，还涉及司法程序与行政程序的衔接问题，有必要进一步明确该类案件的审理原则，细化有关程序和实体规定，更好地规范相关主体的权利义务，以充分保护债权人、广大投资者和上市公司的合法权益，优化配置社会资源，促进资本市场健康发展。为此，最高人民法院会同中国证券监督管理委员会，于2012年3月22日在海南省万宁市召开了审理上市公司破产重整案件工作座谈会。与会同志通过认真讨论，就审理上市公司破产重整案件的若干重要问题取得了共识。现纪要如下：

一、关于上市公司破产重整案件的审理原则

会议认为，上市公司破产重整案件事关资本市场的健康发展，事关广大投资者的利益保护，事关职工权益保障和社会稳定。因此，人民法院应当高度重视此类案件，并在审理中注意坚持以下原则：

（一）依法公正审理原则。上市公司破产重整案件参与主体众多，涉及利益关系复杂，人民法院审理上市公司破产重整案件，既要有利于化解上市公司的债务和经营危机，提高上市公司质量，保护债权人和投资者的合法权益，维护证券市场和社会的稳定，又要防止没有再生希望的上市公司利用破产重整程序逃废债务，滥用司法资源和社会资源；既要保护债权人利益，又要兼顾职工利益、出资人利益和社会利益，妥善处理好各方利益的冲突。上市公司重整计划草案未获批准或重整计划执行不能的，人民法院应当及时宣告债务人破产清算。

（二）挽救危困企业原则。充分发挥上市公司破产重整制度的作用，为尚有挽救希望的危困企业提供获得新生的机会，有利于上市公司、债权人、出资人、关联企业等各方主体实现共赢，有利于社会资源的有效利用。对于具有重整可能的企业，努力推动重整成功，可以促进就业，优化资源配置，促进产业结构的调整和升级换代，减

少上市公司破产清算对社会带来的不利影响。

（三）维护社会稳定原则。上市公司进入破产重整程序后，因涉及债权人、上市公司、出资人、企业职工等相关当事人的利益，各方矛盾比较集中和突出，如果处理不当，极易引发群体性、突发性事件，影响社会稳定。人民法院审理上市公司破产重整案件，要充分发挥地方政府的风险预警、部门联动、资金保障等协调机制的作用，积极配合政府做好上市公司重整中的维稳工作，并根据上市公司的特点，加强与证券监管机构的沟通协调。

二、关于上市公司破产重整案件的管辖

会议认为，上市公司破产重整案件应当由上市公司住所地的人民法院，即上市公司主要办事机构所在地法院管辖；上市公司主要办事机构所在地不明确、存在争议的，由上市公司注册登记地人民法院管辖。由于上市公司破产重整案件涉及法律关系复杂，影响面广，对专业知识和综合能力要求较高，人力物力投入较多，上市公司破产重整案件一般应由中级人民法院管辖。

三、关于上市公司破产重整的申请

会议认为，上市公司不能清偿到期债务，并且资产不足以清偿全部债务或者明显缺乏清偿能力，或者有明显丧失清偿能力可能的，上市公司或者上市公司的债权人、出资额占上市公司注册资本十分之一以上的出资人可以向人民法院申请对上市公司进行破产重整。

申请人申请上市公司破产重整的，除提交《企业破产法》第八条规定的材料外，还应当提交关于上市公司具有重整可行性的报告、上市公司住所地省级人民政府向证券监督管理部门的通报情况材料以及证券监督管理部门的意见、上市公司住所地人民政府出具的维稳预案等。上市公司自行申请破产重整的，还应当提交切实可行的职工安置方案。

四、关于对上市公司破产重整申请的审查

会议认为，债权人提出重整申请，上市公司在法律规定的时间内提出异议，或者债权人、上市公司、出资人分别向人民法院提出破产清算申请和重整申请的，人民法院应当组织召开听证会。

人民法院召开听证会的，应当于听证会召开前通知申请人、被申请人，并送达相关申请材料。公司债权人、出资人、实际控制人等利害关系人申请参加听证的，人民法院应当予以准许。人民法院应当就申请人是否具备申请资格、上市公司是否已经发生重整事由、上市公司是否具有重整可行性等内容进行听证。

鉴于上市公司破产重整案件较为敏感，不仅涉及企业职工和二级市场众多投资者的利益安排，还涉及与地方政府和证券监管机构的沟通协调。因此，目前人民法院在裁定受理上市公司破产重整申请前，应当将相关材料逐级报送最高人民法院审查。

五、关于对破产重整上市公司的信息保密和披露

会议认为，对于股票仍在正常交易的上市公司，在上市公司破产重整申请相关信息披露前，上市公司及其债权人、出资人等利害关系人应当按照法律、行政法规、证券监管机构的部门规章及证券交易所上市规则做好信息保密工作。

上市公司的债权人提出破产重整申请的，人民法院应当要求债权人提供其已就此告知上市公司的有关证据。上市公司应当按照相关规则及时履行信息披露义务。

上市公司进入破产重整程序后，由管理人履行相关法律、行政法规、部门规章和公司章程规定的原上市公司董事会、董事和高级管理人员承担的职责和义务，上市公司自行管理财产和营业事务的除外。管理人在上市公司破产重整程序中存在信息披露违法违规行为的，应当依法承担相应的责任。

六、关于上市公司破产重整计划草案的制定

会议认为，上市公司或者管理人制定的上市公司重整计划草案应当包括详细的经营方案。有关经营方案涉及并购重组等行政许可审批事项的，上市公司或管理人应当聘请经证券监管机构核准的财务顾问机构、律师事务所以及具有证券期货业务资格的会计师事务所、资产评估机构等证券服务机构按照证券监管机构的有关要求及格式编制相关材料，并作为重整计划草案及其经营方案的必备文件。

控股股东、实际控制人及其关联方在上市公司破产重整程序前因违规占用、担保等行为对上市公司造成损害的，制定重整计划草案时应当根据其过错对控股股东及实际控制人支配的股东的股权作相应调整。

七、关于上市公司破产重整中出资人组的表决

会议认为，出资人组对重整计划草案中涉及出资人权益调整事项的表决，经参与表决的出资人所持表决权三分之二以上通过的，即为该组通过重整计划草案。

考虑到出席表决会议需要耗费一定的人力物力，一些中小投资者可能放弃参加表决会议的权利。为最大限度地保护中小投资者的合法权益，上市公司或者管理人应当提供网络表决的方式，为出资人行使表决权提供便利。关于网络表决权行使的具体方式，可以参照适用中国证券监督管理委员会发布的有关规定。

八、关于上市公司重整计划草案的会商机制

会议认为，重整计划草案涉及证券监管机构行政许可事项的，受理案件的人民法院应当通过最高人民法院，启动与中国证券监督管理委员会的会商机制。即由最高人民法院将有关材料函送中国证券监督管理委员会，中国证券监督管理委员会安排并购重组专家咨询委员会对会商案件进行研究。并购重组专家咨询委员会应当按照与并购重组审核委员会相同的审核标准，对提起会商的行政许可事项进行研究并出具专家咨询意见。人民法院应当参考专家咨询意见，作出是否批准重整计划草案的裁定。

九、关于上市公司重整计划涉及行政许可部分的执行

会议认为,人民法院裁定批准重整计划后,重整计划内容涉及证券监管机构并购重组行政许可事项的,上市公司应当按照相关规定履行行政许可核准程序。重整计划草案提交出资人组表决且经人民法院裁定批准后,上市公司无须再行召开股东大会,可以直接向证券监管机构提交出资人组表决结果及人民法院裁定书,以申请并购重组许可申请。并购重组审核委员会审核工作应当充分考虑并购重组专家咨询委员会提交的专家咨询意见。并购重组申请事项获得证券监管机构行政许可后,应当在重整计划的执行期限内实施完成。

会议还认为,鉴于上市公司破产重整案件涉及的法律关系复杂,利益主体众多,社会影响较大,人民法院对于审判实践中发现的新情况、新问题,要及时上报。上级人民法院要加强对此类案件的监督指导,加强调查研究,及时总结审判经验,确保依法妥善审理好此类案件。

最高人民法院关于个人独资企业清算是否可以参照适用
企业破产法规定的破产清算程序的批复

(法释〔2012〕16 号)

《最高人民法院关于个人独资企业清算是否可以参照适用企业破产法规定的破产清算程序的批复》已于 2012 年 12 月 10 日由最高人民法院审判委员会第 1563 次会议通过，现予公布，自 2012 年 12 月 18 日起施行。

最高人民法院

2012 年 12 月 11 日

贵州省高级人民法院：

你院《关于个人独资企业清算是否可以参照适用破产清算程序的请示》（〔2012〕黔高研请字第 2 号）收悉。经研究，批复如下：

根据《中华人民共和国企业破产法》第一百三十五条的规定，在个人独资企业不能清偿到期债务，并且资产不足以清偿全部债务或者明显缺乏清偿能力的情况下，可以参照适用企业破产法规定的破产清算程序进行清算。

根据《中华人民共和国个人独资企业法》第三十一条的规定，人民法院参照适用破产清算程序裁定终结个人独资企业的清算程序后，个人独资企业的债权人仍然可以就其未获清偿的部分向投资人主张权利。

最高人民法院关于税务机关就破产企业欠缴税款产生的滞纳金提起的债权确认之诉应否受理问题的批复

（法释〔2012〕9号）

《最高人民法院关于税务机关就破产企业欠缴税款产生的滞纳金提起的债权确认之诉应否受理问题的批复》已于2012年6月4日由最高人民法院审判委员会第1548次会议通过，现予公布，自2012年7月12日起施行。

二〇一二年六月二十六日

青海省高级人民法院：

你院《关于税务机关就税款滞纳金提起债权确认之诉应否受理问题的请示》（青民他字〔2011〕1号）收悉。经研究，答复如下：

税务机关就破产企业欠缴税款产生的滞纳金提起的债权确认之诉，人民法院应依法受理。依照企业破产法、税收征收管理法的有关规定，破产企业在破产案件受理前因欠缴税款产生的滞纳金属于普通破产债权。对于破产案件受理后因欠缴税款产生的滞纳金，人民法院应当依照《最高人民法院关于审理企业破产案件若干问题的规定》第六十一条规定处理。

此复。

最高人民法院关于对因资不抵债无法继续办学被终止的民办学校如何组织清算问题的批复

（2010 年 12 月 16 日最高人民法院审判委员会第 1506 次会议通过，根据 2020 年 12 月 23 日最高人民法院审判委员会第 1823 次会议通过的《最高人民法院关于修改〈最高人民法院关于破产企业国有划拨土地使用权应否列入破产财产等问题的批复〉等二十九件商事类司法解释的决定》修正）

贵州省高级人民法院：

你院《关于遵义县中山中学被终止后人民法院如何受理"组织清算"的请示》［（2010）黔高研请字第 1 号］收悉。经研究，答复如下：

依照《中华人民共和国民办教育促进法》第十条批准设立的民办学校因资不抵债无法继续办学被终止，当事人依照《中华人民共和国民办教育促进法》第五十八条第二款规定向人民法院申请清算的，人民法院应当依法受理。人民法院组织民办学校破产清算，参照适用《中华人民共和国企业破产法》规定的程序，并依照《中华人民共和国民办教育促进法》第五十九条规定的顺序清偿。

最高人民法院关于债权人对人员下落不明或者财产状况不清的债务人申请破产清算案件如何处理的批复

（法释〔2008〕10 号）

《最高人民法院关于债权人对人员下落不明或者财产状况不清的债务人申请破产清算案件如何处理的批复》已于 2008 年 8 月 4 日由最高人民法院审判委员会第 1450 次会议通过。现予公布，自 2008 年 8 月 18 日起施行。

二〇〇八年八月七日

贵州省高级人民法院：

你院《关于企业法人被吊销营业执照后，依法负有清算责任的人未向法院申请破产，债权人是否可以申请被吊销营业执照的企业破产的请示》（〔2007〕黔高民二破请终字 1 号）收悉。经研究，批复如下：

债权人对人员下落不明或者财产状况不清的债务人申请破产清算，符合企业破产法规定的，人民法院应依法予以受理。债务人能否依据企业破产法第十一条第二款的规定向人民法院提交财产状况说明、债权债务清册等相关材料，并不影响对债权人申请的受理。

人民法院受理上述破产案件后，应当依据企业破产法的有关规定指定管理人追收债务人财产；经依法清算，债务人确无财产可供分配的，应当宣告债务人破产并终结破产程序；破产程序终结后二年内发现有依法应当追回的财产或者有应当供分配的其他财产的，债权人可以请求人民法院追加分配。

债务人的有关人员不履行法定义务，人民法院可依据有关法律规定追究其相应法律责任；其行为导致无法清算或者造成损失，有关权利人起诉请求其承担相应民事责任的，人民法院应依法予以支持。

此复。

最高人民法院关于审理企业破产案件指定管理人的规定

（法释〔2007〕8号）

《最高人民法院关于审理企业破产案件指定管理人的规定》已于2007年4月4日由最高人民法院审判委员会第1422次会议通过，现予公布，自2007年6月1日起施行。

二〇〇七年四月十二日

为公平、公正审理企业破产案件，保证破产审判工作依法顺利进行，促进管理人制度的完善和发展，根据《中华人民共和国企业破产法》的规定，制定本规定。

一、管理人名册的编制

第一条 人民法院审理企业破产案件应当指定管理人。除企业破产法和本规定另有规定外，管理人应当从管理人名册中指定。

第二条 高级人民法院应当根据本辖区律师事务所、会计师事务所、破产清算事务所等社会中介机构及专职从业人员数量和企业破产案件数量，确定由本院或者所辖中级人民法院编制管理人名册。

人民法院应当分别编制社会中介机构管理人名册和个人管理人名册。由直辖市以外的高级人民法院编制的管理人名册中，应当注明社会中介机构和个人所属中级人民法院辖区。

第三条 符合企业破产法规定条件的社会中介机构及其具备相关专业知识并取得执业资格的人员，均可申请编入管理人名册。已被编入机构管理人名册的社会中介机构中，具备相关专业知识并取得执业资格的人员，可以申请编入个人管理人名册。

第四条 社会中介机构及个人申请编入管理人名册的，应当向所在地区编制管理人名册的人民法院提出，由该人民法院予以审定。

人民法院不受理异地申请，但异地社会中介机构在本辖区内设立的分支机构提出申请的除外。

第五条 人民法院应当通过本辖区有影响的媒体就编制管理人名册的有关事项进行公告。公告应当包括以下内容：

（一）管理人申报条件；

（二）应当提交的材料；

（三）评定标准、程序；

（四）管理人的职责以及相应的法律责任；

（五）提交申报材料的截止时间；

（六）人民法院认为应当公告的其他事项。

第六条 律师事务所、会计师事务所申请编入管理人名册的，应当提供下列材料：

（一）执业证书、依法批准设立文件或者营业执照；

（二）章程；

（三）本单位专职从业人员名单及其执业资格证书复印件；

（四）业务和业绩材料；

（五）行业自律组织对所提供材料真实性以及有无被行政处罚或者纪律处分情况的证明；

（六）人民法院要求的其他材料。

第七条 破产清算事务所申请编入管理人名册的，应当提供以下材料：

（一）营业执照或者依法批准设立的文件；

（二）本单位专职从业人员的法律或者注册会计师资格证书，或者经营管理经历的证明材料；

（三）业务和业绩材料；

（四）能够独立承担民事责任的证明材料；

（五）行业自律组织对所提供材料真实性以及有无被行政处罚或者纪律处分情况的证明，或者申请人就上述情况所作的真实性声明；

（六）人民法院要求的其他材料。

第八条 个人申请编入管理人名册的，应当提供下列材料：

（一）律师或者注册会计师执业证书复印件以及执业年限证明；

（二）所在社会中介机构同意其担任管理人的函件；

（三）业务专长及相关业绩材料；

（四）执业责任保险证明；

（五）行业自律组织对所提供材料真实性以及有无被行政处罚或者纪律处分情况的证明；

（六）人民法院要求的其他材料。

第九条 社会中介机构及个人具有下列情形之一的，人民法院可以适用企业破产法第二十四条第三款第四项的规定：

（一）因执业、经营中故意或者重大过失行为，受到行政机关、监管机构或者行业自律组织行政处罚或者纪律处分之日起未逾三年；

（二）因涉嫌违法行为正被相关部门调查；

（三）因不适当履行职务或者拒绝接受人民法院指定等原因，被人民法院从管理人名册除名之日起未逾三年；

（四）缺乏担任管理人所应具备的专业能力；

（五）缺乏承担民事责任的能力；

（六）人民法院认为可能影响履行管理人职责的其他情形。

第十条 编制管理人名册的人民法院应当组成专门的评审委员会，决定编入管理人名册的社会中介机构和个人名单。评审委员会成员应不少于七人。

人民法院应当根据本辖区社会中介机构以及社会中介机构中个人的实际情况，结合其执业业绩、能力、专业水准、社会中介机构的规模、办理企业破产案件的经验等因素制定管理人评定标准，由评审委员会根据申报人的具体情况评定其综合分数。

人民法院根据评审委员会评审结果，确定管理人初审名册。

第十一条 人民法院应当将管理人初审名册通过本辖区有影响的媒体进行公示，

公示期为十日。

对于针对编入初审名册的社会中介机构和个人提出的异议，人民法院应当进行审查。异议成立、申请人确不宜担任管理人的，人民法院应将该社会中介机构或者个人从管理人初审名册中删除。

第十二条 公示期满后，人民法院应审定管理人名册，并通过全国有影响的媒体公布，同时逐级报最高人民法院备案。

第十三条 人民法院可以根据本辖区的实际情况，分批确定编入管理人名册的社会中介机构及个人。

编制管理人名册的全部资料应当建立档案备查。

第十四条 人民法院可以根据企业破产案件受理情况、管理人履行职务以及管理人资格变化等因素，对管理人名册适时进行调整。新编入管理人名册的社会中介机构和个人应当按照本规定的程序办理。

人民法院发现社会中介机构或者个人有企业破产法第二十四条第三款规定情形的，应当将其从管理人名册中除名。

二、管理人的指定

第十五条 受理企业破产案件的人民法院指定管理人，一般应从本地管理人名册中指定。

对于商业银行、证券公司、保险公司等金融机构以及在全国范围内有重大影响、法律关系复杂、债务人财产分散的企业破产案件，人民法院可以从所在地区高级人民法院编制的管理人名册列明的其他地区管理人或者异地人民法院编制的管理人名册中指定管理人。

第十六条 受理企业破产案件的人民法院，一般应指定管理人名册中的社会中介机构担任管理人。

第十七条 对于事实清楚、债权债务关系简单、债务人财产相对集中的企业破产案件，人民法院可以指定管理人名册中的个人为管理人。

第十八条 企业破产案件有下列情形之一的，人民法院可以指定清算组为管理人：

（一）破产申请受理前，根据有关规定已经成立清算组，人民法院认为符合本规定第十九条的规定；

（二）审理企业破产法第一百三十三条规定的案件；

（三）有关法律规定企业破产时成立清算组；

（四）人民法院认为可以指定清算组为管理人的其他情形。

第十九条 清算组为管理人的，人民法院可以从政府有关部门、编入管理人名册的社会中介机构、金融资产管理公司中指定清算组成员，人民银行及金融监督管理机构可以按照有关法律和行政法规的规定派人参加清算组。

第二十条 人民法院一般应当按照管理人名册所列名单采取轮候、抽签、摇号等随机方式公开指定管理人。

第二十一条 对于商业银行、证券公司、保险公司等金融机构或者在全国范围有重大影响、法律关系复杂、债务人财产分散的企业破产案件，人民法院可以采取公告的方式，邀请编入各地人民法院管理人名册中的社会中介机构参与竞争，从参与竞争的社会中介机构中指定管理人。参与竞争的社会中介机构不得少于三家。

采取竞争方式指定管理人的，人民法院应当组成专门的评审委员会。

评审委员会应当结合案件的特点，综合考量社会中介机构的专业水准、经验、机构规模、初步报价等因素，从参与竞争的社会中介机构中择优指定管理人。被指定为管理人的社会中介机构应经评审委员会成员二分之一以上通过。

采取竞争方式指定管理人的，人民法院应当确定一至两名备选社会中介机构，作为需要更换管理人时的接替人选。

第二十二条 对于经过行政清理、清算的商业银行、证券公司、保险公司等金融机构的破产案件，人民法院除可以按照本规定第十八条第一项的规定指定管理人外，也可以在金融监督管理机构推荐的已编入管理人名册的社会中介机构中指定管理人。

第二十三条 社会中介机构、清算组成员有下列情形之一，可能影响其忠实履行管理人职责的，人民法院可以认定为企业破产法第二十四条第三款第三项规定的利害关系：

（一）与债务人、债权人有未了结的债权债务关系；

（二）在人民法院受理破产申请前三年内，曾为债务人提供相对固定的中介服务；

（三）现在是或者在人民法院受理破产申请前三年内曾经是债务人、债权人的控股股东或者实际控制人；

（四）现在担任或者在人民法院受理破产申请前三年内曾经担任债务人、债权人的财务顾问、法律顾问；

（五）人民法院认为可能影响其忠实履行管理人职责的其他情形。

第二十四条 清算组成员的派出人员、社会中介机构的派出人员、个人管理人有下列情形之一，可能影响其忠实履行管理人职责的，可以认定为企业破产法第二十四条第三款第三项规定的利害关系：

（一）具有本规定第二十三条规定情形；

（二）现在担任或者在人民法院受理破产申请前三年内曾经担任债务人、债权人的董事、监事、高级管理人员；

（三）与债权人或者债务人的控股股东、董事、监事、高级管理人员存在夫妻、直系血亲、三代以内旁系血亲或者近姻亲关系；

（四）人民法院认为可能影响其公正履行管理人职责的其他情形。

第二十五条 在进入指定管理人程序后，社会中介机构或者个人发现与本案有利害关系的，应主动申请回避并向人民法院书面说明情况。人民法院认为社会中介机构或者个人与本案有利害关系的，不应指定该社会中介机构或者个人为本案管理人。

第二十六条 社会中介机构或者个人有重大债务纠纷或者因涉嫌违法行为正被相关部门调查的，人民法院不应指定该社会中介机构或者个人为本案管理人。

第二十七条 人民法院指定管理人应当制作决定书，并向被指定为管理人的社会中介机构或者个人、破产申请人、债务人、债务人的企业登记机关送达。决定书应与受理破产申请的民事裁定书一并公告。

第二十八条 管理人无正当理由，不得拒绝人民法院的指定。

管理人一经指定，不得以任何形式将管理人应当履行的职责全部或者部分转给其他社会中介机构或者个人。

第二十九条　管理人凭指定管理人决定书按照国家有关规定刻制管理人印章，并交人民法院封样备案后启用。

管理人印章只能用于所涉破产事务。管理人根据企业破产法第一百二十二条规定终止执行职务后，应当将管理人印章交公安机关销毁，并将销毁的证明送交人民法院。

第三十条　受理企业破产案件的人民法院应当将指定管理人过程中形成的材料存入企业破产案件卷宗，债权人会议或者债权人委员会有权查阅。

三、管理人的更换

第三十一条　债权人会议根据企业破产法第二十二条第二款的规定申请更换管理人的，应由债权人会议作出决议并向人民法院提出书面申请。

人民法院在收到债权人会议的申请后，应当通知管理人在两日内作出书面说明。

第三十二条　人民法院认为申请理由不成立的，应当自收到管理人书面说明之日起十日内作出驳回申请的决定。

人民法院认为申请更换管理人的理由成立的，应当自收到管理人书面说明之日起十日内作出更换管理人的决定。

第三十三条　社会中介机构管理人有下列情形之一的，人民法院可以根据债权人会议的申请或者依职权迳行决定更换管理人：

（一）执业许可证或者营业执照被吊销或者注销；

（二）出现解散、破产事由或者丧失承担执业责任风险的能力；

（三）与本案有利害关系；

（四）履行职务时，因故意或者重大过失导致债权人利益受到损害；

（五）有本规定第二十六条规定的情形。

清算组成员参照适用前款规定。

第三十四条　个人管理人有下列情形之一的，人民法院可以根据债权人会议的申请或者依职权迳行决定更换管理人：

（一）执业资格被取消、吊销；

（二）与本案有利害关系；

（三）履行职务时，因故意或者重大过失导致债权人利益受到损害；

（四）失踪、死亡或者丧失民事行为能力；

（五）因健康原因无法履行职务；

（六）执业责任保险失效；

（七）有本规定第二十六条规定的情形。

清算组成员的派出人员、社会中介机构的派出人员参照适用前款规定。

第三十五条　管理人无正当理由申请辞去职务的，人民法院不予许可。正当理由的认定，可参照适用本规定第三十三条、第三十四条规定的情形。

第三十六条　人民法院对管理人申请辞去职务未予许可，管理人仍坚持辞去职务并不再履行管理人职责的，人民法院应当决定更换管理人。

第三十七条　人民法院决定更换管理人的，原管理人应当自收到决定书之次日起，在人民法院监督下向新任管理人移交全部资料、财产、营业事务及管理人印章，并及时向新任管理人书面说明工作进展情况。原管理人不能履行上述职责的，新任管理人可以直接接管相关事务。

在破产程序终结前，原管理人应当随时接受新任管理人、债权人会议、人民法院关于其履行管理人职责情况的询问。

第三十八条　人民法院决定更换管理人的，应将决定书送达原管理人、新任管理人、破产申请人、债务人以及债务人的企业登记机关，并予公告。

第三十九条　管理人申请辞去职务未获人民法院许可，但仍坚持辞职并不再履行管理人职责，或者人民法院决定更换管理人后，原管理人拒不向新任管理人移交相关事务，人民法院可以根据企业破产法第一百三十条的规定和具体情况，决定对管理人罚款。对社会中介机构为管理人的罚款5万元至20万元人民币，对个人为管理人的罚款1万元至5万元人民币。

管理人有前款规定行为或者无正当理由拒绝人民法院指定的，编制管理人名册的人民法院可以决定停止其担任管理人一年至三年，或者将其从管理人名册中除名。

第四十条　管理人不服罚款决定的，可以向上一级人民法院申请复议，上级人民法院应在收到复议申请后五日内作出决定，并将复议结果通知下级人民法院和当事人。

最高人民法院关于审理企业破产案件
确定管理人报酬的规定

(法释〔2007〕9 号)

《最高人民法院关于审理企业破产案件确定管理人报酬的规定》已于 2007 年 4 月 4 日由最高人民法院审判委员会第 1422 次会议通过，现予公布，自 2007 年 6 月 1 日起施行。

二〇〇七年四月十二日

为公正、高效审理企业破产案件，规范人民法院确定管理人报酬工作，根据《中华人民共和国企业破产法》的规定，制定本规定。

第一条 管理人履行企业破产法第二十五条规定的职责，有权获得相应报酬。

管理人报酬由审理企业破产案件的人民法院依据本规定确定。

第二条 人民法院应根据债务人最终清偿的财产价值总额，在以下比例限制范围内分段确定管理人报酬：

（一）不超过一百万元（含本数，下同）的，在 12% 以下确定；

（二）超过一百万元至五百万元的部分，在 10% 以下确定；

（三）超过五百万元至一千万元的部分，在 8% 以下确定；

（四）超过一千万元至五千万元的部分，在 6% 以下确定；

（五）超过五千万元至一亿元的部分，在 3% 以下确定；

（六）超过一亿元至五亿元的部分，在 1% 以下确定；

（七）超过五亿元的部分，在 0.5% 以下确定。

担保权人优先受偿的担保物价值，不计入前款规定的财产价值总额。

高级人民法院认为有必要的，可以参照上述比例在 30% 的浮动范围内制定符合当地实际情况的管理人报酬比例限制范围，并通过当地有影响的媒体公告，同时报最高人民法院备案。

第三条 人民法院可以根据破产案件的实际情况，确定管理人分期或者最后一次性收取报酬。

第四条 人民法院受理企业破产申请后，应当对债务人可供清偿的财产价值和管理人的工作量作出预测，初步确定管理人报酬方案。管理人报酬方案应当包括管理人报酬比例和收取时间。

第五条 人民法院采取公开竞争方式指定管理人的，可以根据社会中介机构提出的报价确定管理人报酬方案，但报酬比例不得超出本规定第二条规定的限制范围。

上述报酬方案一般不予调整，但债权人会议异议成立的除外。

第六条 人民法院应当自确定管理人报酬方案之日起三日内，书面通知管理人。

管理人应当在第一次债权人会议上报告管理人报酬方案内容。

第七条 管理人、债权人会议对管理人报酬方案有意见的，可以进行协商。双方就调整管理人报酬方案内容协商一致的，管理人应向人民法院书面提出具体的请求和理由，并附相应的债权人会议决议。

人民法院经审查认为上述请求和理由不违反法律和行政法规强制性规定，且不损害他人合法权益的，应当按照双方协商的结果调整管理人报酬方案。

第八条 人民法院确定管理人报酬方案后，可以根据破产案件和管理人履行职责的实际情况进行调整。

人民法院应当自调整管理人报酬方案之日起三日内，书面通知管理人。管理人应当自收到上述通知之日起三日内，向债权人委员会或者债权人会议主席报告管理人报酬方案调整内容。

第九条 人民法院确定或者调整管理人报酬方案时，应当考虑以下因素：

（一）破产案件的复杂性；

（二）管理人的勤勉程度；

（三）管理人为重整、和解工作做出的实际贡献；

（四）管理人承担的风险和责任；

（五）债务人住所地居民可支配收入及物价水平；

（六）其他影响管理人报酬的情况。

第十条 最终确定的管理人报酬及收取情况，应列入破产财产分配方案。在和解、重整程序中，管理人报酬方案内容应列入和解协议草案或重整计划草案。

第十一条 管理人收取报酬，应当向人民法院提出书面申请。申请书应当包括以下内容：

（一）可供支付报酬的债务人财产情况；

（二）申请收取报酬的时间和数额；

（三）管理人履行职责的情况。

人民法院应当自收到上述申请书之日起十日内，确定支付管理人的报酬数额。

第十二条 管理人报酬从债务人财产中优先支付。

债务人财产不足以支付管理人报酬和管理人执行职务费用的，管理人应当提请人民法院终结破产程序。但债权人、管理人、债务人的出资人或者其他利害关系人愿意垫付上述报酬和费用的，破产程序可以继续进行。

上述垫付款项作为破产费用从债务人财产中向垫付人随时清偿。

第十三条 管理人对担保物的维护、变现、交付等管理工作付出合理劳动的，有权向担保权人收取适当的报酬。管理人与担保权人就上述报酬数额不能协商一致的，人民法院应当参照本规定第二条规定的方法确定，但报酬比例不得超出该条规定限制范围的10%。

第十四条 律师事务所、会计师事务所通过聘请本专业的其他社会中介机构或者人员协助履行管理人职责的，所需费用从其报酬中支付。

破产清算事务所通过聘请其他社会中介机构或者人员协助履行管理人职责的，所需费用从其报酬中支付。

第十五条 清算组中有关政府部门派出的工作人员参与工作的不收取报酬。其他机构或人员的报酬根据其履行职责的情况确定。

第十六条 管理人发生更换的，人民法院应当分别确定更换前后的管理人报酬。

其报酬比例总和不得超出本规定第二条规定的限制范围。

第十七条　债权人会议对管理人报酬有异议的，应当向人民法院书面提出具体的请求和理由。异议书应当附有相应的债权人会议决议。

第十八条　人民法院应当自收到债权人会议异议书之日起三日内通知管理人。管理人应当自收到通知之日起三日内作出书面说明。

人民法院认为有必要的，可以举行听证会，听取当事人意见。

人民法院应当自收到债权人会议异议书之日起十日内，就是否调整管理人报酬问题书面通知管理人、债权人委员会或者债权人会议主席。

最高人民法院关于破产企业国有划拨土地使用权
应否列入破产财产等问题的批复

(2002 年 10 月 11 日最高人民法院审判委员会第 1245 次会议通过，根据 2020 年 12 月 23 日最高人民法院审判委员会第 1823 次会议通过的《最高人民法院关于修改〈最高人民法院关于破产企业国有划拨土地使用权应否列入破产财产等问题的批复〉等二十九件商事类司法解释的决定》修正)

湖北省高级人民法院：

你院鄂高法〔2002〕158 号《关于破产企业国有划拨土地使用权应否列入破产财产以及有关抵押效力认定等问题的请示》收悉。经研究，答复如下：

一、根据《中华人民共和国土地管理法》第五十八条第一款第（三）项及《城镇国有土地使用权出让和转让暂行条例》第四十七条的规定，破产企业以划拨方式取得的国有土地使用权不属于破产财产，在企业破产时，有关人民政府可以予以收回，并依法处置。纳入国家兼并破产计划的国有企业，其依法取得的国有土地使用权，应依据国务院有关文件规定办理。

二、企业对其以划拨方式取得的国有土地使用权无处分权，以该土地使用权设定抵押，未经有审批权限的人民政府或土地行政管理部门批准的，不影响抵押合同效力；履行了法定的审批手续，并依法办理抵押登记的，抵押权自登记时设立。根据《中华人民共和国城市房地产管理法》第五十一条的规定，抵押权人只有在以抵押标的物折价或拍卖、变卖所得价款缴纳相当于土地使用权出让金的款项后，对剩余部分方可享有优先受偿权。但纳入国家兼并破产计划的国有企业，其用以划拨方式取得的国有土地使用权设定抵押的，应依据国务院有关文件规定办理。

三、国有企业以关键设备、成套设备、建筑物设定抵押的，如无其他法定的无效情形，不应当仅以未经政府主管部门批准为由认定抵押合同无效。

本批复自公布之日起施行，正在审理或者尚未审理的案件，适用本批复，但对提起再审的判决、裁定已经发生法律效力的案件除外。

此复。

最高人民法院关于人民法院确定财产处置
参考价若干问题的规定

（法释〔2018〕15 号）

《最高人民法院关于人民法院确定财产处置参考价若干问题的规定》已于 2018 年 6 月 4 日由最高人民法院审判委员会第 1741 次会议通过，现予公布，自 2018 年 9 月 1 日起施行。

2018 年 8 月 28 日

为公平、公正、高效确定财产处置参考价，维护当事人、利害关系人的合法权益，根据《中华人民共和国民事诉讼法》等法律规定，结合人民法院工作实际，制定本规定。

第一条 人民法院查封、扣押、冻结财产后，对需要拍卖、变卖的财产，应当在三十日内启动确定财产处置参考价程序。

第二条 人民法院确定财产处置参考价，可以采取当事人议价、定向询价、网络询价、委托评估等方式。

第三条 人民法院确定参考价前，应当查明财产的权属、权利负担、占有使用、欠缴税费、质量瑕疵等事项。

人民法院查明前款规定事项需要当事人、有关单位或者个人提供相关资料的，可以通知其提交；拒不提交的，可以强制提取；对妨碍强制提取的，参照民事诉讼法第一百一十一条、第一百一十四条的规定处理。

查明本条第一款规定事项需要审计、鉴定的，人民法院可以先行审计、鉴定。

第四条 采取当事人议价方式确定参考价的，除一方当事人拒绝议价或者下落不明外，人民法院应当以适当的方式通知或者组织当事人进行协商，当事人应当在指定期限内提交议价结果。

双方当事人提交的议价结果一致，且不损害他人合法权益的，议价结果为参考价。

第五条 当事人议价不能或者不成，且财产有计税基准价、政府定价或者政府指导价的，人民法院应当向确定参考价时财产所在地的有关机构进行定向询价。

双方当事人一致要求直接进行定向询价，且财产有计税基准价、政府定价或者政府指导价的，人民法院应当准许。

第六条 采取定向询价方式确定参考价的，人民法院应当向有关机构出具询价函，询价函应当载明询价要求、完成期限等内容。

接受定向询价的机构在指定期限内出具的询价结果为参考价。

第七条 定向询价不能或者不成，财产无需由专业人员现场勘验或者鉴定，且具备网络询价条件的，人民法院应当通过司法网络询价平台进行网络询价。

双方当事人一致要求或者同意直接进行网络询价，财产无需由专业人员现场勘验或者鉴定，且具备网络询价条件的，人民法院应当准许。

第八条 最高人民法院建立全国性司法网络询价平台名单库。

司法网络询价平台应当同时符合下列条件：

（一）具备能够依法开展互联网信息服务工作的资质；

（二）能够合法获取并整合全国各地区同种类财产一定时期的既往成交价、政府定价、政府指导价或者市场公开交易价等不少于三类价格数据，并保证数据真实、准确；

（三）能够根据数据化财产特征，运用一定的运算规则对市场既往交易价格、交易趋势予以分析；

（四）程序运行规范、系统安全高效、服务质优价廉；

（五）能够全程记载数据的分析过程，将形成的电子数据完整保存不少于十年，但法律、行政法规、司法解释另有规定的除外。

第九条 最高人民法院组成专门的评审委员会，负责司法网络询价平台的选定、评审和除名。每年引入权威第三方对已纳入和新申请纳入名单库的司法网络询价平台予以评审并公布结果。

司法网络询价平台具有下列情形之一的，应当将其从名单库中除名：

（一）无正当理由拒绝进行网络询价；

（二）无正当理由一年内累计五次未按期完成网络询价；

（三）存在恶意串通、弄虚作假、泄露保密信息等行为；

（四）经权威第三方评审认定不符合提供网络询价服务条件；

（五）存在其他违反询价规则以及法律、行政法规、司法解释规定的情形。

司法网络询价平台被除名后，五年内不得被纳入名单库。

第十条 采取网络询价方式确定参考价的，人民法院应当同时向名单库中的全部司法网络询价平台发出网络询价委托书。网络询价委托书应当载明财产名称、物理特征、规格数量、目的要求、完成期限以及其他需要明确的内容等。

第十一条 司法网络询价平台应当在收到人民法院网络询价委托书之日起三日内出具网络询价报告。网络询价报告应当载明财产的基本情况、参照样本、计算方法、询价结果及有效期等内容。

司法网络询价平台不能在期限内完成询价的，应当在期限届满前申请延长期限。全部司法网络询价平台均未能在期限内出具询价结果的，人民法院应当根据各司法网络询价平台的延期申请延期三日；部分司法网络询价平台在期限内出具网络询价结果的，人民法院对其他司法网络询价平台的延期申请不予准许。

全部司法网络询价平台均未在期限内出具或者补正网络询价报告，且未按照规定申请延长期限的，人民法院应当委托评估机构进行评估。

人民法院未在网络询价结果有效期内发布一拍拍卖公告或者直接进入变卖程序的，应当通知司法网络询价平台在三日内重新出具网络询价报告。

第十二条 人民法院应当对网络询价报告进行审查。网络询价报告均存在财产基本信息错误、超出财产范围或者遗漏财产等情形的，应当通知司法网络询价平台在三日内予以补正；部分网络询价报告不存在上述情形的，无需通知其他司法网络询价平台补正。

第十三条 全部司法网络询价平台均在期限内出具询价结果或者补正结果的，人民法院应当以全部司法网络询价平台出具结果的平均值为参考价；部分司法网络询价平台在期限内出具询价结果或者补正结果的，人民法院应当以该部分司法网络询价平台出具结果的平均值为参考价。

当事人、利害关系人依据本规定第二十二条的规定对全部网络询价报告均提出异议，且所提异议被驳回或者司法网络询价平台已作出补正的，人民法院应当以异议被驳回或者已作出补正的各司法网络询价平台出具结果的平均值为参考价；对部分网络询价报告提出异议的，人民法院应当以网络询价报告未被提出异议的各司法网络询价平台出具结果的平均值为参考价。

第十四条 法律、行政法规规定必须委托评估、双方当事人要求委托评估或者网络询价不能或不成的，人民法院应当委托评估机构进行评估。

第十五条 最高人民法院根据全国性评估行业协会推荐的评估机构名单建立人民法院司法评估机构名单库。按评估专业领域和评估机构的执业范围建立名单分库，在分库下根据行政区划设省、市两级名单子库。

评估机构无正当理由拒绝进行司法评估或者存在弄虚作假等情形的，最高人民法院可以商全国性评估行业协会将其从名单库中除名；除名后五年内不得被纳入名单库。

第十六条 采取委托评估方式确定参考价的，人民法院应当通知双方当事人在指定期限内从名单分库中协商确定三家评估机构以及顺序；双方当事人在指定期限内协商不成或者一方当事人下落不明的，采取摇号方式在名单分库或者财产所在地的名单子库中随机确定三家评估机构以及顺序。双方当事人一致要求在同一名单子库中随机确定的，人民法院应当准许。

第十七条 人民法院应当向顺序在先的评估机构出具评估委托书，评估委托书应当载明财产名称、物理特征、规格数量、目的要求、完成期限以及其他需要明确的内容等，同时应当将查明的财产情况及相关材料一并移交给评估机构。

评估机构应当出具评估报告，评估报告应当载明评估财产的基本情况、评估方法、评估标准、评估结果及有效期等内容。

第十八条 评估需要进行现场勘验的，人民法院应当通知当事人到场；当事人不到场的，不影响勘验的进行，但应当有见证人见证。现场勘验需要当事人、协助义务人配合的，人民法院依法责令其配合；不予配合的，可以依法强制进行。

第十九条 评估机构应当在三十日内出具评估报告。人民法院决定暂缓或者裁定中止执行的期间，应当从前述期限中扣除。

评估机构不能在期限内出具评估报告的，应当在期限届满五日前书面向人民法院申请延长期限。人民法院决定延长期限的，延期次数不超过两次，每次不超过十五日。

评估机构未在期限内出具评估报告、补正说明，且未按照规定申请延长期限的，人民法院应当通知该评估机构三日内将人民法院委托评估时移交的材料退回，另行委托下一顺序的评估机构重新进行评估。

人民法院未在评估结果有效期内发布一拍拍卖公告或者直接进入变卖程序的，应当通知原评估机构在十五日内重新出具评估报告。

第二十条 人民法院应当对评估报告进行审查。具有下列情形之一的，应当责令评估机构在三日内予以书面说明或者补正：

（一）财产基本信息错误；

（二）超出财产范围或者遗漏财产；

（三）选定的评估机构与评估报告上签章的评估机构不符；

（四）评估人员执业资格证明与评估报告上署名的人员不符；

（五）具有其他应当书面说明或者补正的情形。

第二十一条 人民法院收到定向询价、网络询价、委托评估、说明补正等报告后，应当在三日内发送给当事人及利害关系人。

当事人、利害关系人已提供有效送达地址的，人民法院应当将报告以直接送达、留置送达、委托送达、邮寄送达或者电子送达的方式送达；当事人、利害关系人下落不明或者无法获取其有效送达地址，人民法院无法按照前述规定送达的，应当在中国执行信息公开网上予以公示，公示满十五日即视为收到。

第二十二条 当事人、利害关系人认为网络询价报告或者评估报告具有下列情形之一的，可以在收到报告后五日内提出书面异议：

（一）财产基本信息错误；

（二）超出财产范围或者遗漏财产；

（三）评估机构或者评估人员不具备相应评估资质；

（四）评估程序严重违法。

对当事人、利害关系人依据前款规定提出的书面异议，人民法院应当参照民事诉讼法第二百二十五条的规定处理。

第二十三条 当事人、利害关系人收到评估报告后五日内对评估报告的参照标准、计算方法或者评估结果等提出书面异议的，人民法院应当在三日内交评估机构予以书面说明。评估机构在五日内未作说明或者当事人、利害关系人对作出的说明仍有异议的，人民法院应当交由相关行业协会在指定期限内组织专业技术评审，并根据专业技术评审出具的结论认定评估结果或者责令原评估机构予以补正。

当事人、利害关系人提出前款异议，同时涉及本规定第二十二条第一款第一、二项情形的，按照前款规定处理；同时涉及本规定第二十二条第一款第三、四项情形的，按照本规定第二十二条第二款先对第三、四项情形审查，异议成立的，应当通知评估机构三日内将人民法院委托评估时移交的材料退回，另行委托下一顺序的评估机构重新进行评估；异议不成立的，按照前款规定处理。

第二十四条 当事人、利害关系人未在本规定第二十二条、第二十三条规定的期限内提出异议或者对网络询价平台、评估机构、行业协会按照本规定第二十二条、第二十三条所作的补正说明、专业技术评审结论提出异议的，人民法院不予受理。

当事人、利害关系人对议价或者定向询价提出异议的，人民法院不予受理。

第二十五条 当事人、利害关系人有证据证明具有下列情形之一，且在发布一拍拍卖公告或者直接进入变卖程序之前提出异议的，人民法院应当按照执行监督程序进行审查处理：

（一）议价中存在欺诈、胁迫情形；

（二）恶意串通损害第三人利益；

（三）有关机构出具虚假定向询价结果；

（四）依照本规定第二十二条、第二十三条作出的处理结果确有错误。

第二十六条　当事人、利害关系人对评估报告未提出异议、所提异议被驳回或者评估机构已作出补正的，人民法院应当以评估结果或者补正结果为参考价；当事人、利害关系人对评估报告提出的异议成立的，人民法院应当以评估机构作出的补正结果或者重新作出的评估结果为参考价。专业技术评审对评估报告未作出否定结论的，人民法院应当以该评估结果为参考价。

第二十七条　司法网络询价平台、评估机构应当确定网络询价或者委托评估结果的有效期，有效期最长不得超过一年。

当事人议价的，可以自行协商确定议价结果的有效期，但不得超过前款规定的期限；定向询价结果的有效期，参照前款规定确定。

人民法院在议价、询价、评估结果有效期内发布一拍拍卖公告或者直接进入变卖程序，拍卖、变卖时未超过有效期六个月的，无需重新确定参考价，但法律、行政法规、司法解释另有规定的除外。

第二十八条　具有下列情形之一的，人民法院应当决定暂缓网络询价或者委托评估：

（一）案件暂缓执行或者中止执行；

（二）评估材料与事实严重不符，可能影响评估结果，需要重新调查核实；

（三）人民法院认为应当暂缓的其他情形。

第二十九条　具有下列情形之一的，人民法院应当撤回网络询价或者委托评估：

（一）申请执行人撤回执行申请；

（二）生效法律文书确定的义务已全部执行完毕；

（三）据以执行的生效法律文书被撤销或者被裁定不予执行；

（四）人民法院认为应当撤回的其他情形。

人民法院决定网络询价或者委托评估后，双方当事人议价确定参考价或者协商不再对财产进行变价处理的，人民法院可以撤回网络询价或者委托评估。

第三十条　人民法院应当在参考价确定后十日内启动财产变价程序。拍卖的，参照参考价确定起拍价；直接变卖，参照参考价确定变卖价。

第三十一条　人民法院委托司法网络询价平台进行网络询价的，网络询价费用应当按次计付给出具网络询价结果与财产处置成交价最接近的司法网络询价平台；多家司法网络询价平台出具的网络询价结果相同或者与财产处置成交价差距相同的，网络询价费用平均分配。

人民法院依照本规定第十一条第三款规定委托评估机构进行评估或者依照本规定第二十九条规定撤回网络询价的，对司法网络询价平台不计付费用。

第三十二条　人民法院委托评估机构进行评估，财产处置未成交的，按照评估机构合理的实际支出计付费用；财产处置成交价高于评估价的，以评估价为基准计付费用；财产处置成交价低于评估价的，以财产处置成交价为基准计付费用。

人民法院依照本规定第二十九条规定撤回委托评估的，按照评估机构合理的实际支出计付费用；人民法院依照本规定通知原评估机构重新出具评估报告的，按照前款规定的百分之三十计付费用。

人民法院依照本规定另行委托评估机构重新进行评估的，对原评估机构不计付费用。

第三十三条 网络询价费及委托评估费由申请执行人先行垫付，由被执行人负担。

申请执行人通过签订保险合同的方式垫付网络询价费或者委托评估费的，保险人应当向人民法院出具担保书。担保书应当载明因申请执行人未垫付网络询价费或者委托评估费由保险人支付等内容，并附相关证据材料。

第三十四条 最高人民法院建设全国法院询价评估系统。询价评估系统与定向询价机构、司法网络询价平台、全国性评估行业协会的系统对接，实现数据共享。

询价评估系统应当具有记载当事人议价、定向询价、网络询价、委托评估、摇号过程等功能，并形成固化数据，长期保存、随案备查。

第三十五条 本规定自 2018 年 9 月 1 日起施行。

最高人民法院此前公布的司法解释及规范性文件与本规定不一致的，以本规定为准。

最高人民法院印发《关于审理公司强制清算案件工作座谈会纪要》的通知

（法发〔2009〕52号）

各省、自治区、直辖市高级人民法院，解放军军事法院，新疆维吾尔自治区高级人民法院生产建设兵团分院：

现将最高人民法院《关于审理公司强制清算案件工作座谈会纪要》印发给你们，请结合审判工作实际，遵照执行。

二〇〇九年十一月四日

关于审理公司强制清算案件工作座谈会纪要

当前，因受国际金融危机和世界经济衰退影响，公司经营困难引发的公司强制清算案件大幅度增加。《中华人民共和国公司法》和《最高人民法院关于适用〈中华人民共和国公司法〉若干问题的规定（二）》（以下简称公司法司法解释二）对于公司强制清算案件审理中的有关问题已作出规定，但鉴于该类案件非讼程序的特点和目前清算程序规范的不完善，有必要进一步明确该类案件审理原则，细化有关程序和实体规定，更好地规范公司退出市场行为，维护市场运行秩序，依法妥善审理公司强制清算案件，维护和促进经济社会和谐稳定。为此，最高人民法院在广泛调研的基础上，于2009年9月15日至16日在浙江省绍兴市召开了全国部分法院审理公司强制清算案件工作座谈会。与会同志通过认真讨论，就有关审理公司强制清算案件中涉及的主要问题达成了共识。现纪要如下：

一、关于审理公司强制清算案件应当遵循的原则

1. 会议认为，公司作为现代企业的主要类型，在参与市场竞争时，不仅要严格遵循市场准入规则，也要严格遵循市场退出规则。公司强制清算作为公司退出市场机制的重要途径之一，是公司法律制度的重要组成部分。人民法院在审理此类案件时，应坚持以下原则：

第一，坚持清算程序公正原则。公司强制清算的目的在于有序结束公司存续期间的各种商事关系，合理调整众多法律主体的利益，维护正常的经济秩序。人民法院审理公司强制清算案件，应当严格依照法定程序进行，坚持在程序正义的基础上实现清算结果的公正。

第二，坚持清算效率原则。提高社会经济的整体效率，是公司强制清算制度追求的目标之一，要严格而不失快捷地使已经出现解散事由的公司退出市场，将其可能给各方利益主体造成的损失降至最低。人民法院审理强制清算案件，要严格按照法律规定及时有效地完成清算，保障债权人、股东等利害关系人的利益及时得到实现，避免因长期拖延清算给相关利害关系人造成不必要的损失，保障社会资源的有效利用。

第三，坚持利益均衡保护原则。公司强制清算中应当以维护公司各方主体利益平衡为原则，实现公司退出环节中的公平公正。人民法院在审理公司强制清算案件时，既要充分保护债权人利益，又要兼顾职工利益、股东利益和社会利益，妥善处理各方利益冲突，实现法律效果和社会效果的有机统一。

二、关于强制清算案件的管辖

2. 对于公司强制清算案件的管辖应当分别从地域管辖和级别管辖两个角度确定。地域管辖法院应为公司住所地的人民法院，即公司主要办事机构所在地法院；公司主要办事机构所在地不明确、存在争议的，由公司注册登记地人民法院管辖。级别管辖应当按照公司登记机关的级别予以确定，即基层人民法院管辖县、县级市或者区的公司登记机关核准登记公司的公司强制清算案件；中级人民法院管辖地区、地级市以上的公司登记机关核准登记公司的公司强制清算案件。存在特殊原因的，也可参照适用《中华人民共和国企业破产法》第四条、《中华人民共和国民事诉讼法》第三十七条和第三十九条的规定，确定公司强制清算案件的审理法院。

三、关于强制清算案件的案号管理

3. 人民法院立案庭收到申请人提交的对公司进行强制清算的申请后，应当及时以"（××××）××法×清（预）字第×号"立案。立案庭立案后，应当将申请人提交的申请等有关材料移交审理强制清算案件的审判庭审查，并由审判庭依法作出是否受理强制清算申请的裁定。

4. 审判庭裁定不予受理强制清算申请的，裁定生效后，公司强制清算案件应当以"（××××）××法×清（预）字第×号"结案。审判庭裁定受理强制清算申请的，立案庭应当以"（××××）××法×清（算）字第×号"立案。

5. 审判庭裁定受理强制清算申请后，在审理强制清算案件中制作的民事裁定书、决定书等，应当在"（××××）××法×清（算）字第×号"后依次编号，如"（××××）××法×清（算）字第×-1 号民事裁定书"、"（××××）××法×清（算）字第×-2 号民事裁定书"等，或者"（××××）××法×清（算）字第×-1 号决定书"、"（××××）××法×清（算）字第×-2 号决定书"等。

四、关于强制清算案件的审判组织

6. 因公司强制清算案件在案件性质上类似于企业破产案件，因此强制清算案件应当由负责审理企业破产案件的审判庭审理。有条件的人民法院，可由专门的审判庭或者指定专门的合议庭审理公司强制清算案件和企业破产案件。公司强制清算案件应当组成合议庭进行审理。

五、关于强制清算的申请

7. 公司债权人或者股东向人民法院申请强制清算应当提交清算申请书。申请书应当载明申请人、被申请人的基本情况和申请的事实和理由。同时，申请人应当向人民法院提交被申请人已经发生解散事由以及申请人对被申请人享有债权或者股权的有关证据。公司解散后已经自行成立清算组进行清算，但债权人或者股东以其故意拖延清算，或者存在其他违法清算可能严重损害债权人或者股东利益为由，申请人民法院强制清算的，申请人还应当向人民法院提交公司故意拖延清算，或者存在其他违法清算行为可能严重损害其利益的相应证据材料。

8. 申请人提交的材料需要更正、补充的，人民法院应当责令申请人于七日内予以更正、补充。申请人由于客观原因无法按时更正、补充的，应当向人民法院予以书面说明并提出延期申请，由人民法院决定是否延长期限。

六、关于对强制清算申请的审查

9. 审理强制清算案件的审判庭审查决定是否受理强制清算申请时，一般应当召开听证会。对于事实清楚、法律关系明确、证据确实充分的案件，经书面通知被申请人，其对书面审查方式无异议的，也可决定不召开听证会，而采用书面方式进行审查。

10. 人民法院决定召开听证会的，应当于听证会召开五日前通知申请人、被申请人，并送达相关申请材料。公司股东、实际控制人等利害关系人申请参加听证的，人民法院应予准许。听证会中，人民法院应当组织有关利害关系人对申请人是否具备申请资格、被申请人是否已经发生解散事由、强制清算申请是否符合法律规定等内容进行听证。因补充证据等原因需要再次召开听证会的，应在补充期限届满后十日内进行。

11. 人民法院决定不召开听证会的，应当及时通知申请人和被申请人，并向被申请人送达有关申请材料，同时告知被申请人若对申请人的申请有异议，应当自收到人民法院通知之日起七日内向人民法院书面提出。

七、关于对强制清算申请的受理

12. 人民法院应当在听证会召开之日或者自异议期满之日起十日内，依法作出是否受理强制清算申请的裁定。

13. 被申请人就申请人对其是否享有债权或者股权，或者对被申请人是否发生解散事由提出异议的，人民法院对申请人提出的强制清算申请应不予受理。申请人可就有关争议单独提起诉讼或者仲裁予以确认后，另行向人民法院提起强制清算申请。但对上述异议事项已有生效法律文书予以确认，以及发生被吊销企业法人营业执照、责令关闭或者被撤销等解散事由有明确、充分证据的除外。

14. 申请人提供被申请人自行清算中故意拖延清算，或者存在其他违法清算可能严重损害债权人或者股东利益的相应证据材料后，被申请人未能举出相反证据的，人民法院对申请人提出的强制清算申请应予受理。债权人申请强制清算，被申请人的主要财产、账册、重要文件等灭失，或者被申请人人员下落不明，导致无法清算的，人民法院不得以此为由不予受理。

15. 人民法院受理强制清算申请后，经审查发现强制清算申请不符合法律规定的，可以裁定驳回强制清算申请。

16. 人民法院裁定不予受理或者驳回受理申请，申请人不服的，可以向上一级人民法院提起上诉。

八、关于强制清算申请的撤回

17. 人民法院裁定受理公司强制清算申请前，申请人请求撤回其申请的，人民法院应予准许。

18. 公司因公司章程规定的营业期限届满或者公司章程规定的其他解散事由出现，或者股东会、股东大会决议自愿解散的，人民法院受理强制清算申请后，清算组对股东进行剩余财产分配前，申请人以公司修改章程，或者股东会、股东大会决议公司继续存续为由，请求撤回强制清算申请的，人民法院应予准许。

19. 公司因依法被吊销营业执照、责令关闭或者被撤销，或者被人民法院判决强制解散的，人民法院受理强制清算申请后，清算组对股东进行剩余财产分配前，申请人向人民法院申请撤回强制清算申请的，人民法院应不予准许。但申请人有证据证明相关行政决定被撤销，或者人民法院作出解散公司判决后当事人又达成公司存续和解协议的除外。

九、关于强制清算案件的申请费

20. 参照《诉讼费用交纳办法》第十条、第十四条、第二十条和第四十二条关于企业破产案件申请费的有关规定，公司强制清算案件的申请费以强制清算财产总额为基数，按照财产案件受理费标准减半计算，人民法院受理强制清算申请后从被申请人财产中优先拨付。因财产不足以清偿全部债务，强制清算程序依法转入破产清算程序的，不再另行计收破产案件申请费；按照上述标准计收的强制清算案件申请费超过30万元的，超过部分不再收取，已经收取的，应予退还。

21. 人民法院裁定受理强制清算申请前，申请人请求撤回申请，人民法院准许的，强制清算案件的申请费不再从被申请人财产中予以拨付；人民法院受理强制清算申请后，申请人请求撤回申请，人民法院准许的，已经从被申请人财产中优先拨付的强制清算案件申请费不予退回。

十、关于强制清算清算组的指定

22. 人民法院受理强制清算案件后，应当及时指定清算组成员。公司股东、董事、监事、高级管理人员能够而且愿意参加清算的，人民法院可优先考虑指定上述人员组成清算组；上述人员不能、不愿进行清算，或者由其负责清算不利于清算依法进行的，人民法院可以指定《人民法院中介机构管理人名册》和《人民法院个人管理人名册》中的中介机构或者个人组成清算组；人民法院也可根据实际需要，指定公司股东、董事、监事、高级管理人员，与管理人名册中的中介机构或者个人共同组成清算组。人民法院指定管理人名册中的中介机构或者个人组成清算组，或者担任清算组成员的，应当参照适用《最高人民法院关于审理企业破产案件指定管理人的规定》。

23. 强制清算清算组成员的人数应当为单数。人民法院指定清算组成员的同时，应当根据清算组成员的推选，或者依职权，指定清算组负责人。清算组负责人代行清算中公司诉讼代表人职权。清算组成员未依法履行职责的，人民法院应当依据利害关系人的申请，或者依职权及时予以更换。

十一、关于强制清算清算组成员的报酬

24. 公司股东、实际控制人或者股份有限公司的董事担任清算组成员的，不计付报酬。上述人员以外的有限责任公司的董事、监事、高级管理人员，股份有限公司的监事、高级管理人员担任清算组成员的，可以按照其上一年度的平均工资标准计付报酬。

25. 中介机构或者个人担任清算组成员的，其报酬由中介机构或者个人与公司协商确定；协商不成的，由人民法院参照《最高人民法院关于审理企业破产案件确定管理人报酬的规定》确定。

十二、关于强制清算清算组的议事机制

26. 公司强制清算中的清算组因清算事务发生争议的，应当参照公司法第一百一十二条的规定，经全体清算组成员过半数决议通过。与争议事项有直接利害关系的清算组成员可以发表意见，但不得参与投票；因利害关系人回避表决无法形成多数意见的，清算组可以请求人民法院作出决定。与争议事项有直接利害关系的清算组成员未回避表决形成决定的，债权人或者清算组其他成员可以参照公司法第二十二条的规定，自决定作出之日起六十日内，请求人民法院予以撤销。

十三、关于强制清算中的财产保全

27. 人民法院受理强制清算申请后，公司财产存在被隐匿、转移、毁损等可能影响依法清算情形的，人民法院可依清算组或者申请人的申请，对公司财产采取相应的保全措施。

十四、关于无法清算案件的审理

28. 对于被申请人主要财产、账册、重要文件等灭失，或者被申请人人员下落不明的强制清算案件，经向被申请人的股东、董事等直接责任人员释明或采取罚款等民事制裁措施后，仍然无法清算或者无法全面清算，对于尚有部分财产，且依据现有账册、重要文件等，可以进行部分清偿的，应当参照企业破产法的规定，对现有财产进行公平清偿后，以无法全面清算为由终结强制清算程序；对于没有任何财产、账册、重要文件，被申请人人员下落不明的，应当以无法清算为由终结强制清算程序。

29. 债权人申请强制清算，人民法院以无法清算或者无法全面清算为由裁定终结强制清算程序的，应当在终结裁定中载明，债权人可以另行依据公司法司法解释二第十八条的规定，要求被申请人的股东、董事、实际控制人等清算义务人对其债务承担偿还责任。股东申请强制清算，人民法院以无法清算或者无法全面清算为由作出终结强制清算程序的，应当在终结裁定中载明，股东可以向控股股东等实际控制公司的主体主张有关权利。

十五、关于强制清算案件衍生诉讼的审理

30. 人民法院受理强制清算申请前已经开始，人民法院受理强制清算申请时尚未

审结的有关被强制清算公司的民事诉讼，由原受理法院继续审理，但应依法将原法定代表人变更为清算组负责人。

31. 人民法院受理强制清算申请后，就强制清算公司的权利义务产生争议的，应当向受理强制清算申请的人民法院提起诉讼，并由清算组负责人代表清算中公司参加诉讼活动。受理强制清算申请的人民法院对此类案件，可以适用民事诉讼法第三十七条和第三十九条的规定确定审理法院。上述案件在受理法院内部各审判庭之间按照业务分工进行审理。人民法院受理强制清算申请后，就强制清算公司的权利义务产生争议，当事人双方就产生争议约定有明确有效的仲裁条款的，应当按照约定通过仲裁方式解决。

十六、关于强制清算和破产清算的衔接

32. 公司强制清算中，清算组在清理公司财产、编制资产负债表和财产清单时，发现公司财产不足清偿债务的，除依据公司法司法解释二第十七条的规定，通过与债权人协商制作有关债务清偿方案并清偿债务的外，应依据公司法第一百八十八条和企业破产法第七条第三款的规定向人民法院申请宣告破产。

33. 公司强制清算中，有关权利人依据企业破产法第二条和第七条的规定向人民法院另行提起破产申请的，人民法院应当依法进行审查。权利人的破产申请符合企业破产法规定的，人民法院应当依法裁定予以受理。人民法院裁定受理破产申请后，应当裁定终结强制清算程序。

34. 公司强制清算转入破产清算后，原强制清算中的清算组由《人民法院中介机构管理人名册》和《人民法院个人管理人名册》中的中介机构或者个人组成或者参加的，除该中介机构或者个人存在与本案有利害关系等不宜担任管理人或者管理人成员的情形外，人民法院可根据企业破产法及其司法解释的规定，指定该中介机构或者个人作为破产案件的管理人，或者吸收该中介机构作为新成立的清算组管理人的成员。上述中介机构或者个人在公司强制清算和破产清算中取得的报酬总额，不应超过按照企业破产计付的管理人或者管理人成员的报酬。

35. 上述中介机构或者个人不宜担任破产清算中的管理人或者管理人的成员的，人民法院应当根据企业破产法和有关司法解释的规定，及时指定管理人。原强制清算中的清算组应当及时将清算事务及有关材料等移交给管理人。公司强制清算中已经完成的清算事项，如无违反企业破产法或者有关司法解释的情形的，在破产清算程序中应承认其效力。

十七、关于强制清算程序的终结

36. 公司依法清算结束，清算组制作清算报告并报人民法院确认后，人民法院应当裁定终结清算程序。公司登记机关依清算组的申请注销公司登记后，公司终止。

37. 公司因公司章程规定的营业期限届满或者公司章程规定的其他解散事由出现，或者股东会、股东大会决议自愿解散的，人民法院受理债权人提出的强制清算申请后，对股东进行剩余财产分配前，公司修改章程、或者股东会、股东大会决议公司继续存续，申请人在其个人债权及他人债权均得到全额清偿后，未撤回申请的，人民法院可

以根据被申请人的请求裁定终结强制清算程序，强制清算程序终结后，公司可以继续存续。

十八、关于强制清算案件中的法律文书

38. 审理强制清算的审判庭审理该类案件时，对于受理、不受理强制清算申请、驳回申请人的申请、允许或者驳回申请人撤回申请、采取保全措施、确认清算方案、确认清算终结报告、终结强制清算程序的，应当制作民事裁定书。对于指定或者变更清算组成员、确定清算组成员报酬、延长清算期限、制裁妨碍清算行为的，应当制作决定书。对于其他所涉有关法律文书的制作，可参照企业破产清算中人民法院的法律文书样式。

十九、关于强制清算程序中对破产清算程序的准用

39. 鉴于公司强制清算与破产清算在具体程序操作上的相似性，就公司法、公司法司法解释二，以及本会议纪要未予涉及的情形，如清算中公司的有关人员未依法妥善保管其占有和管理的财产、印章和账簿、文书资料，清算组未及时接管清算中公司的财产、印章和账簿、文书，清算中公司拒不向人民法院提交或者提交不真实的财产状况说明、债务清册、债权清册、有关财务会计报告以及职工工资的支付情况和社会保险费用的缴纳情况，清算中公司拒不向清算组移交财产、印章和账簿、文书等资料，或者伪造、销毁有关财产证据材料而使财产状况不明，股东未缴足出资、抽逃出资，以及公司董事、监事、高级管理人员非法侵占公司财产等，可参照企业破产法及其司法解释的有关规定处理。

二十、关于审理公司强制清算案件中应当注意的问题

40. 鉴于此类案件属于新类型案件，且涉及的法律关系复杂、利益主体众多，人民法院在审理难度大、涉及面广、牵涉社会稳定的重大疑难清算案件时，要在严格依法的前提下，紧紧依靠党委领导和政府支持，充分发挥地方政府建立的各项机制，有效做好维护社会稳定的工作。同时，对于审判实践中发现的新情况、新问题，要及时逐级上报。上级人民法院要加强对此类案件的监督指导，注重深入调查研究，及时总结审判经验，确保依法妥善审理好此类案件。

最高人民法院印发《关于进一步加强金融审判工作的若干意见》的通知

（法发〔2017〕22 号）

各省、自治区、直辖市高级人民法院，解放军军事法院，新疆维吾尔自治区高级人民法院生产建设兵团分院：

现将《最高人民法院关于进一步加强金融审判工作的若干意见》印发给你们，请认真贯彻执行。

最高人民法院
2017 年 8 月 4 日

关于进一步加强金融审判工作的若干意见

金融是国家重要的核心竞争力，金融安全是国家安全的重要组成部分，金融制度是经济社会发展中重要的基础性制度。为充分发挥人民法院金融审判职能作用，促进经济和金融良性循环、健康发展，现提出以下指导意见。

一、统一思想，提高认识，深入学习贯彻习近平总书记在全国金融工作会议上的重要讲话精神

习近平总书记在第五次全国金融工作会议上发表的重要讲话，科学回答了我国金融改革发展稳定中的重大理论和实践问题，具有很强的思想性、指导性、实践性，为做好新形势下金融工作提供了根本遵循，为人民法院金融审判工作指明了方向。全国各级人民法院要深入学习贯彻会议精神，切实把思想和行动统一到以习近平同志为核心的党中央对金融工作的形势分析判断和决策部署上来，牢牢坚持党对金融工作的统一领导，紧紧围绕服务实体经济、防控金融风险、深化金融改革三项任务，积极稳妥开展金融审判工作，切实维护国家金融安全，促进经济和金融良性循环、健康发展。

二、以服务实体经济作为出发点和落脚点，引导和规范金融交易

1. 遵循金融规律，依法审理金融案件。以金融服务实体经济为价值本源，依法审理各类金融案件。对于能够实际降低交易成本，实现普惠金融，合法合规的金融交易模式依法予以保护。对以金融创新为名掩盖金融风险、规避金融监管、进行制度套利的金融违规行为，要以其实际构成的法律关系确定其效力和各方的权利义务。对于以金融创新名义非法吸收公众存款或者集资诈骗，构成犯罪的，依法追究刑事责任。

2. 严格依法规制高利贷，有效降低实体经济的融资成本。金融借款合同的借款人以贷款人同时主张的利息、复利、罚息、违约金和其他费用过高，显著背离实际损失为由，请求对总计超过年利率24%的部分予以调减的，应予支持，以有效降低实体经济的融资成本。规范和引导民间融资秩序，依法否定民间借贷纠纷案件中预扣本金或者利息、变相高息等规避民间借贷利率司法保护上限的合同条款效力。

3. 依法认定新类型担保的法律效力，拓宽中小微企业的融资担保方式。丰富和拓展中小微企业的融资担保方式，除符合合同法第五十二条规定的合同无效情形外，应当依法认定新类型担保合同有效；符合物权法有关担保物权的规定的，还应当依法认定其物权效力，以增强中小微企业融资能力，有效缓解中小微企业融资难、融资贵问题。

4. 规范和促进直接服务实体经济的融资方式，拓宽金融对接实体经济的渠道。依法保护融资租赁、保理等金融资本与实体经济相结合的融资模式，支持和保障金融资本服务实体经济。对名为融资租赁合同、保理合同，实为借款合同的，应当按照实际构成的借款合同关系确定各方的权利义务，防范当事人以预扣租金、保证金等方式变相抬高实体经济融资成本。

5. 优化多层次资本市场体系的法治环境，满足多样化金融需求。依法审理证券、期货民商事纠纷案件，规范资本市场投融资秩序，引导把更多金融资源配置到经济社会发展的重点领域和薄弱环节，更好满足实体经济多样化的金融需求。

6. 准确适用保险法，促进保险业发挥长期稳健风险管理和保障的功能。妥善审理保险合同纠纷案件，依法保障各方当事人利益。充分发挥保险制度的核心功能，管理和分散实体经济运行中的自然灾害、意外事故、法律责任以及信用等风险。依法规范保险合同纠纷当事人、保险中介等各类市场主体行为，防范不同主体的道德风险，构建保险诚信法治体系。

7. 依法审理互联网金融纠纷案件，规范发展互联网金融。依法认定互联网金融所涉具体法律关系，据此确定各方当事人的权利义务。准确界定网络借贷信息中介机构与网络借贷合同当事人之间的居间合同关系。网络借贷信息中介机构与出借人以居间费用形式规避民间借贷利率司法保护上限规定的，应当认定无效。依法严厉打击涉互联网金融或者以互联网金融名义进行的违法犯罪行为，规范和保障互联网金融健康发展。

8. 加强新类型金融案件的研究和应对，统一裁判尺度。高度关注涉及私募股权投资、委托理财、资产管理等新类型金融交易的案件，严格按照合同法、公司法、合伙企业法、信托法等法律规范，确定各方当事人的权利义务。发布指导性案例，通过类案指导，统一裁判尺度。

9. 依法规制国有企业的贷款通道业务，防范无金融资质的国有企业变相从事金融业务。无金融资质的国有企业变相从事金融业务，套取金融机构信贷资金又高利转贷的，应当根据《最高人民法院关于审理民间借贷案件适用法律若干问题的规定》第十四条的规定，依法否定其放贷行为的法律效力，并通过向相应的主管部门提出司法建议等方式，遏制国有企业的贷款通道业务，引导其回归实体经济。

10. 依法打击资金掮客和资金融通中的违法犯罪行为，有效规范金融秩序。对于民间借贷中涉及商业银行工作人员内外勾结进行高利转贷、利益输送，或者金融机构工作人员违法发放贷款，以及公司、企业在申请贷款过程中虚构事实、隐瞒真相骗取贷款、实施贷款诈骗构成犯罪的，依法追究刑事责任。

三、有效防范化解金融风险，切实维护金融安全

11. 依法处置"僵尸企业"推动经济去杠杆。加强破产审判工作和体制机制建设，充分发挥破产程序在依法处置"僵尸企业"中的制度功能。对于已不具备市场竞争力和营运价值的"僵尸企业"，及时进行破产清算，有序退出市场，切实减少无效供给、化解过剩产能、释放生产要素、降低企业杠杆率，为深化供给侧结构性改革提供有力的司法服务和保障。

12. 充分发挥破产重整制度的拯救功能，促进有价值的危困企业再生。健全完善破产企业识别机制，对于虽然丧失清偿能力，但仍能适应市场需要、具有营运价值的企业，要综合运用破产重整、和解制度手段进行拯救，优化资源配置，实现企业再生。破产重整程序要坚持市场化导向，更加重视重整中的营业整合和资产重组，严格依法审慎适用重整计划强制批准权。

13. 积极预防破产案件引发金融风险，维护社会稳定。依法审慎处理可能引发金融风险、影响社会稳定的破产案件，特别是涉及相互、连环担保以及民间融资、非法集资的企业破产案件，避免引发区域性风险和群体性事件。进一步完善上市公司、金融机构等特定主体的破产制度设计，预防个案引发系统性金融风险。严格审查破产程序中的恶意逃废债务行为。依法适用关联企业合并破产、行使破产撤销权和取回权等手段，查找和追回债务人财产。对于隐匿、故意销毁会计账册、会计凭证，拒不执行法院判决、裁定等犯罪行为，依法追究刑事责任。

14. 依法保护金融债权，提升金融债权实现效率。依法打击逃废金融债权的行为，明确责任主体和责任范围，切实保护金融债权。根据具体金融借款合同纠纷案件的特点，分别适用普通程序、简易程序、特别程序、督促程序等不同程序，提高审判效率。有效发挥具有强制执行效力的公证书的作用，降低金融债权实现成本。

15. 依法审理票据纠纷案件，妥善化解票据风险。认真研究应对因违法票据融资行为可能引发的金融风险，准确适用票据法审理票据纠纷案件，有效防范和遏制票据风险，促进票据市场安全稳定发展。

16. 依法审理金融不良债权案件，保障金融不良债权依法处置。加强研究新形势下金融不良债权处置过程中出现的新情况新问题，统一裁判标准，促进金融不良债权处置的市场化、法治化进程。

17. 持续保持对非法集资犯罪打击的高压态势，有效维护社会稳定。依法公正高效审理非法集资案件，严厉打击非法集资犯罪行为。针对非法集资犯罪案件参与人数多、涉案金额大、波及面广、行业和区域相对集中的特点，加强与职能机关、地方政府的信息沟通和协调配合，提升处置效果，切实保障被害人的合法权益，有效维护社会稳定。

18. 依法保障房地产市场平稳健康发展，防范房地产市场的金融风险传导。高度重视房地产市场波动对金融债权的影响，依法妥善审理相关案件，有效防范房地产市场潜在风险对金融稳定和金融安全的传导与冲击。统一借名买房等规避国家房产限购政策的合同效力的裁判标准，引导房产交易回归居住属性。

19. 依法严厉惩治证券犯罪行为，维护资本市场秩序。依法审理欺诈发行股票、

债券案件，违规披露、不披露重要信息案件，内幕交易案件，利用未公开信息交易案件和操纵证券、期货市场案件，防范和化解资本市场的系统性风险，促进资本市场的持续健康发展。

20. 加强投资者民事权益的司法保护，维护投资者的财产安全。依法审理证券市场虚假陈述、内幕交易、操纵市场的民事案件，保障证券投资者的合法权益。支持证券投资者保护机构以诉讼代表人的身份接受投资者委托提起诉讼或者提供专门法律服务，拓展投资者维权方式。探索建立证券侵权民事诉讼领域的律师调查令制度，提高投资者的举证能力。依法充分运用专家证人、专家陪审员制度，扩充证券案件审理的知识容量和审理深度，提高证券案件审判的专业性和公信力。引导金融产品提供者及服务提供者切实履行投资者适当性审查义务、信息披露义务和最大损失揭示义务，依法维护投资者的正当权益。

21. 规范整治地方交易场所的违法交易行为，防范和化解区域性金融风险。对地方交易场所未经许可或者超越经营许可范围开展的违法违规交易行为，要严格依照相关法律和行政法规的禁止性规定，否定其法律效力，明确交易场所的民事责任。切实加强涉地方交易场所案件的行政处置工作与司法审判工作的衔接，有效防范区域性金融风险。

22. 依法审理涉地方政府债务纠纷案件，防范地方政府债务风险。依法认定政府违法提供担保的法律责任，规范政府行为。依法认定地方政府利用平台公司融资、政府和社会资本合作（PPP）、投资基金、购买服务等方式变相举债作出的行政行为或者签订的行政协议的性质、效力和责任，明确裁判规则，划出责任边界，有效防范地方政府债务风险的集聚。

23. 依法审理涉外投资案件，加强外部金融风险的防范应对。加强对"一带一路"战略①下跨境投资的金融安全与金融风险问题的研究应对，准确认定规避国家外汇管制政策的跨境投资行为的法律效力。

四、依法服务和保障金融改革，建立和完善适应金融审判工作需要的新机制

24. 支持金融监管机构依法履职，监督和促进金融监管机构依法行政。紧密配合金融改革和金融监管机构调整的要求，维护金融监管机构依法履行监管职责。依法审理涉及金融监管机构履行行政许可和审批、作出行政处罚和处理、公开政府信息及不履行法定职责等方面的各类行政案件，积极推动、监督和支持金融监管机构依法行政。

25. 加强与金融监管机构的协调配合，推动完善金融法治体系。探索建立人民法院与金融监管机构之间的沟通机制，定期通报涉及金融风险防范与金融安全的重要案件情况，强化金融监管和金融审判的衔接配合，推动形成统一完善的金融法治体系。

26. 有效引入外部资源，探索完善金融案件的多元化纠纷解决机制。推广证券期货行业、保险行业的诉讼与调解对接机制的成功经验，联合相关金融监管机构、行业协会和投资者保护机构，发挥专业资源优势，防范和化解金融纠纷。进一步畅通当事人的诉求表达和权利救济渠道，通过立案前委派调解、立案后委托调解等方式，促进

①　"一带一路"战略现已改为"一带一路"倡议。

金融纠纷依法、公正、高效解决，有效维护各方当事人的合法权益。

27. 建立金融审判信息平台，不断提升金融审判的信息化水平。结合"智慧法院"建设，探索建立金融审判信息平台，研究建立以金融机构为当事人的民商事案件信息管理系统，实时反映金融机构涉诉信息。建立重大金融案件的信息专报制度，及时研究应对措施，有效防范金融风险的传导和扩大。充分挖掘运用司法大数据，加强对金融案件的审判管理和分析研判，定期形成金融审判大数据分析报告，研究解决具有普遍性、趋势性的法律问题，为区域性、行业性、系统性金融风险的防范预警和重大决策提供信息支持。

五、加强司法能力建设，不断提升金融审判的专业化水平

28. 根据金融案件特点，探索建立专业化的金融审判机构。根据金融机构分布和金融案件数量情况，在金融案件相对集中的地区选择部分法院设立金融审判庭，探索实行金融案件的集中管辖。在其他金融案件较多的中级人民法院，可以根据案件情况设立专业化的金融审判庭或者金融审判合议庭。①

29. 加强金融审判队伍的专业化建设，为金融审判提供人才保障。充实各级人民法院的金融审判队伍，完善与金融监管机构交流挂职、联合开展业务交流等金融审判专业人才的培养机制，有针对性地开展金融审判专题培训，努力造就一支既懂法律、又懂金融的高素质金融审判队伍，不断提升金融审判的专业化水平。

30. 加强金融司法研究，推动金融法治理论与金融审判实践的深度融合。加强与学术机构、高等院校的合作，围绕金融审判实务问题，深入开展金融审判的理论研究，为金融审判提供智力支持。

---

① 根据 2021 年 3 月 24 日发布的《最高人民法院关于对部分规范性文件予以修改或废止的通知》（法发〔2021〕12 号），《最高人民法院关于进一步加强金融审判工作的若干意见》（法发〔2017〕22 号）第 28 条："根据金融机构分布和金融案件数量情况，在金融案件相对集中的地区选择部分法院设立金融审判庭，探索实行金融案件的集中管辖。在其他金融案件较多的中级人民法院，可以根据案件情况设立专业化的金融审判庭或者金融审判合议庭。"修改为："根据金融机构分布和金融案件数量情况，在金融案件相对集中的地区选择部分法院探索实行金融案件的集中管辖。在其他金融案件较多的中级人民法院，可以根据案件情况设立专业化的金融审判团队或者金融审判合议庭。"

最高人民法院关于破产案件立案受理有关问题的通知

各省、自治区、直辖市高级人民法院，新疆维吾尔自治区高级人民法院生产建设兵团分院：

中央经济工作会议提出推进供给侧结构性改革，这是适应我国经济发展新常态作出的重大战略部署。为供给侧结构性改革提供有力的司法保障，是当前和今后一段时期人民法院的重要任务。破产审判工作具有依法促进市场主体再生或有序退出、优化社会资源配置、完善优胜劣汰机制的独特功能，是人民法院保障供给侧结构性改革、推动过剩产能化解的重要途径。因此，各级法院要高度重视、大力加强破产审判工作，认真研究解决影响破产审判职能发挥的体制性、机制性障碍。当前，尤其要做好破产案件的立案受理工作，这是加强破产审判工作的首要环节。为此，特就人民法院破产案件立案受理的有关问题通知如下：

一、破产案件的立案受理事关当事人破产申请权保障，决定破产程序能否顺利启动，是审理破产案件的基础性工作，各级法院要充分认识其重要意义，依照本通知要求，切实做好相关工作，不得在法定条件之外设置附加条件，限制剥夺当事人的破产申请权，阻止破产案件立案受理，影响破产程序正常启动。

二、自 2016 年 8 月 1 日起，对于债权人、债务人等法定主体提出的破产申请材料，人民法院立案部门应一律接收并出具书面凭证，然后根据《中华人民共和国企业破产法》第八条的规定进行形式审查。立案部门经审查认为申请人提交的材料符合法律规定的，应按 2016 年 8 月 1 日起实施的《强制清算与破产案件类型及代字标准》，以"破申"作为案件类型代字编制案号，当场登记立案。不符合法律规定的，应予释明，并以书面形式一次性告知应当补充、补正的材料，补充、补正期间不计入审查期限。申请人按要求补充、补正的，应当登记立案。

立案部门登记立案后，应及时将案件移送负责审理破产案件的审判业务部门。

三、审判业务部门应当在五日内将立案及合议庭组成情况通知债务人及提出申请的债权人。对于债权人提出破产申请的，应在通知中向债务人释明，如对破产申请有异议，应当自收到通知之日起七日内向人民法院提出。

四、债权人提出破产申请的，审判业务部门应当自债务人异议期满之日起十日内裁定是否受理。其他情形的，审判业务部门应当自人民法院收到破产申请之日起十五日内裁定是否受理。

有特殊情况需要延长上述审限的，经上一级人民法院批准，可以延长十五日。

五、破产案件涉及的矛盾错综复杂，协调任务繁重，审理周期长，对承办法官的绩效考评应充分考虑这种特殊性。各高级法院要根据本地实际，积极探索建立能够全面客观反映审理破产案件工作量的考评指标体系和科学合理的绩效考评机制，充分调动法官承办破产案件的积极性。

六、各级法院要在地方党委的领导下，同地方政府建立破产工作统一协调机制，积极争取机构、编制、财政、税收等方面的支持，根据审判任务变化情况合理设置机构、配置人员，建立破产援助基金，协调政府解决职工安置问题，妥善化解影响社会稳定的各类风险。

七、请各高级法院、解放军军事法院，新疆维吾尔自治区高级人民法院生产建设兵团分院对本辖区、本系统各级法院今年上半年立案的破产案件数量和破产审判庭设置情况进行统计汇总，于 2016 年 8 月 20 日之前报最高人民法院民二庭。

各级人民法院对本通知执行中发现的新情况、新问题，应逐级报最高人民法院。

特此通知。

中华人民共和国最高人民法院

2016 年 7 月 28 日

最高人民法院关于印发《企业破产案件法官工作平台使用办法（试行）》的通知

（法〔2016〕252号）

各省、自治区、直辖市高级人民法院，解放军军事法院，新疆维吾尔自治区高级人民法院生产建设兵团分院：

现将《企业破产案件法官工作平台使用办法（试行）》予以印发，请各地结合实际，认真贯彻执行。

企业破产案件法官工作平台使用办法（试行）

第一条 为进一步深化司法公开，完善破产案件的管理和监督机制，根据《最高人民法院关于企业破产案件信息公开的规定》，结合人民法院工作实际，制定本办法。

第二条 企业破产案件法官工作平台（以下简称法官工作平台）是全国企业破产重整案件信息网（以下简称破产重整案件信息网）的组成部分。审理破产案件的人民法院应当使用法官工作平台完成破产案件审判流程，并通过与破产管理人工作平台的数据对接实现法官和破产管理人的工作协作。

第三条 法官工作平台的信息录入坚持全面、准确原则。录入信息应当与案卷材料相一致，反映破产案件的全过程。

第四条 破产案件审判管理实行线上和线下相结合的原则，实现线上线下审判流程同步完成。

第五条 信息技术部门负责法官工作平台的开发建设、数据导入、性能调优、系统维护等技术支持和保障。立案部门、破产审判业务部门及其他相关部门根据破产案件的审判流程进度负责相应的信息录入和管理。

第六条 申请人在破产重整案件信息网申请网上预约立案的，应当进行网上实名注册，上传有效身份信息，并按企业破产法第八条的规定提交相关材料。

第七条 立案部门收到网上预约立案申请后，应当对申请人上传的材料是否符合法律规定进行形式审查，并在收到网上预约立案申请之日起七个工作日内将审查结论以电子邮件、移动通信等申请人预留的联系方式通知申请人。

第八条 立案部门认为申请人的网上预约立案申请符合法律规定的形式要件的，应当通知申请人在指定期限内向人民法院立案窗口提交破产申请书及其他上传的材料。

立案部门认为申请人应当补充材料的，应当自收到网上预约立案申请之日起七个工作日内通知申请人在指定期限内补充材料。申请人未按指定期限补充材料的，按自动撤回网上预约立案申请处理。

第九条 上级人民法院负责对网上预约立案情况进行监督。立案部门逾期不通知申请人的，上级人民法院应当定期予以通报。

第十条 人民法院指定破产管理人后，应当通过法官工作平台对破产管理人的工作进行监督和指导，对破产管理人的报告进行网上批复。

  第十一条 人民法院制作的破产程序法律文书应当通过法官工作平台进行网上审批。生效法律文书应当按照《最高人民法院关于人民法院在互联网公布裁判文书的规定》及本办法进行公开。

  第十二条 向社会公众公开的破产案件生效法律文书应当按照《最高人民法院关于人民法院在互联网公布裁判文书的规定》进行技术处理。

  第十三条 破产案件办理结案手续之前，承办法官应当完成破产案件审判流程信息的公开工作。

  第十四条 人民法院可以通过法官工作平台对法官工作绩效进行考核。

  第十五条 本规定自 2016 年 8 月 1 日起施行。本规定施行后受理的破产案件以及施行前尚未审结的破产案件应当适用本办法。

最高人民法院办公厅秘书一处

2016 年 7 月 27 日

最高人民法院关于印发《企业破产案件破产管理人工作平台使用办法（试行）》的通知

（法〔2016〕253号）

各省、自治区、直辖市高级人民法院，解放军军事法院，新疆维吾尔自治区高级人民法院生产建设兵团分院：

现将《企业破产案件破产管理人工作平台使用办法（试行）》予以印发，请各地结合实际，认真贯彻执行。

企业破产案件破产管理人工作平台使用办法（试行）

第一条 企业破产案件破产管理人工作平台（以下简称破产管理人工作平台）是全国企业破产重整案件信息网（以下简称破产重整案件信息网）的组成部分。破产管理人在接受人民法院指定后，通过破产管理人工作平台接受人民法院监督和指导，履行企业破产法规定的工作职责。

第二条 破产管理人通过在破产重整案件信息网实名注册所获取的用户名和密码登录破产管理人工作平台。

第三条 破产管理人通过破产管理人工作平台实现破产管理人工作与法官工作的数据对接。

实现对接后，破产管理人应当通过破产管理人工作平台对外公开破产管理人团队的组成情况、办公电话、电子邮箱等信息。

第四条 律师事务所、会计师事务所、清算事务所或者人民法院指定的其他机构在获取登录破产管理人工作平台的权限后，应当指定专人负责破产管理人工作平台的日常维护，并将工作人员信息报该机构所在破产管理人名册的编制法院备案。

第五条 破产管理人应当及时将破产案件负责人、主要工作人员以及信息录入人员信息录入破产管理人工作平台。

第六条 多家机构担任同一破产案件破产管理人的，人民法院应当指定破产管理人工作平台的负责机构，其他机构工作人员经负责机构授权后可以使用破产管理人工作平台。

第七条 破产管理人应当通过破产管理人工作平台向人民法院提交破产案件有关申请和报告等文件，接受人民法院的监督和指导。

第八条 权利人在破产重整案件信息网申报有关权利的，应当进行网上实名注册，上传有效身份信息，并提交有关材料。

破产管理人认为权利人提交的材料不齐或者需要核对原件的，可以要求其补充材料或者提供原件。

前款所称"权利人"，是指债权人、取回权人、抵销权人、担保权人以及企业破产法规定的其他权利人。

第九条 破产管理人应当及时将债权人的下列信息录入破产管理人工作平台：

（一）债权人及其代理人的身份信息；

（二）申报债权的金额、性质；

（三）申报债权有无担保、担保种类以及保证人或担保物的情况；

（四）申报债权涉及的诉讼、仲裁案件信息；

（五）破产管理人认为应当录入的其他信息。

第十条　权利人在网上申报权利的，破产管理人可以通过破产重整案件信息网以电子邮件、移动通信等权利人预留的联系方式将审查结论通知权利人。

权利人对破产管理人作出的审查结论有异议的，可以通过破产重整案件信息网提出异议并申请破产管理人复核。

第十一条　破产管理人为破产管理人工作平台的信息公开责任人，对公开信息的真实性、及时性负责。

第十二条　破产管理人可以通过破产重整案件信息网以电子邮件、移动通信等方式向已申报债权的债权人送达债权人会议召开通知及有关文件。

第十三条　破产管理人在破产重整案件信息网召开债权人会议的，网上债权人会议的召开期间应当不短于现场债权人会议的召开期间。

破产管理人召开网上债权人会议的，应当通过破产重整案件信息网上传与会议有关的文件和表决事项，同时通过破产重整案件信息网以电子邮件、移动通信等方式向已申报债权的债权人送达参加网上债权人会议的会议编码。

第十四条　破产管理人应当告知债权人参加网上债权人会议并行使表决权的程序和规则，债权人应当签署与网上债权人会议有关的确认书。

第十五条　参加网上债权人会议的债权人是自然人的，应当在会议指定页面凭身份证号码和会议编码登录会议；参加网上债权人会议的债权人是法人的，应当在会议指定页面凭组织机构代码（或统一社会信用代码）和会议编码登录会议。

第十六条　本规定自 2016 年 8 月 1 日起施行。本规定施行后受理的破产案件以及施行前尚未审结的破产案件应当适用本办法。

最高人民法院办公厅秘书一处

2016 年 7 月 27 日

最高人民法院印发《关于企业破产案件信息公开的规定（试行）》的通知

（法发〔2016〕19号）

各省、自治区、直辖市高级人民法院，解放军军事法院，新疆维吾尔自治区高级人民法院生产建设兵团分院：

现将《最高人民法院关于企业破产案件信息公开的规定（试行）》予以印发，请各地结合实际，认真贯彻执行。

最高人民法院
2016年7月26日

关于企业破产案件信息公开的规定（试行）

为提升破产案件审理的透明度和公信力，根据《中华人民共和国企业破产法》《中华人民共和国民事诉讼法》，结合人民法院工作实际，就破产案件信息公开问题，制定本规定。

第一条 最高人民法院设立全国企业破产重整案件信息网（以下简称破产重整案件信息网），破产案件（包括破产重整、破产清算、破产和解案件）审判流程信息以及公告、法律文书、债务人信息等与破产程序有关的信息统一在破产重整案件信息网公布。

人民法院以及人民法院指定的破产管理人应当使用破产重整案件信息网及时披露破产程序有关信息。

第二条 破产案件信息公开以公开为原则，以不公开为例外。凡是不涉及国家秘密、个人隐私的信息均应依法公开。涉及商业秘密的债务人信息，在不损害债权人和债务人合法权益的情况下，破产管理人可以通过与重整投资人的协议向重整投资人公开。

第三条 人民法院依法公开破产案件的以下信息：

（一）审判流程节点信息；

（二）破产程序中人民法院发布的各类公告；

（三）人民法院制作的破产程序法律文书；

（四）人民法院认为应当公开的其他信息。

第四条 破产管理人依法公开破产案件的以下信息：

（一）债务人信息；

（二）征集、招募重整投资人的公告；

（三）破产管理人工作节点信息；

（四）破产程序中破产管理人发布的其他公告；

（五）破产管理人制作的破产程序法律文书；

（六）人民法院裁定批准的重整计划、认可的破产财产分配方案、和解协议。

破产管理人认为应当公开的其他信息，经人民法院批准可以公开。

第五条 破产管理人应当通过破产重整案件信息网及时公开下列债务人信息：

（一）工商登记信息；

（二）最近一年的年度报告；

（三）最近一年的资产负债表；

（四）涉及的诉讼、仲裁案件的基本信息。

第六条 重整投资人可以通过破产重整案件信息网与破产管理人互动交流。破产管理人可以根据与重整投资人的协议向重整投资人公开下列债务人信息：

（一）资产、经营状况信息；

（二）涉及的诉讼、仲裁案件的详细信息；

（三）重整投资人需要的其他信息。

第七条 人民法院、破产管理人可以在破产重整案件信息网发布破产程序有关公告。

人民法院、破产管理人在其他媒体发布公告的，同时要在破产重整案件信息网发布公告。人民法院、破产管理人在破产重整案件信息网发布的公告具有法律效力。

第八条 经受送达人同意，人民法院可以通过破产重整案件信息网以电子邮件、移动通信等能够确认其收悉的方式送达破产程序有关法律文书，但裁定书除外。

采用前款方式送达的，以电子邮件、移动通信等到达受送达人特定系统的日期为送达日期。

第九条 申请人可以在破产重整案件信息网实名注册后申请预约立案并提交有关材料的电子文档。人民法院审查通过后，应当通知申请人到人民法院立案窗口办理立案登记。

第十条 债权人可以在破产重整案件信息网实名注册后申报债权并提交有关证据的电子文档，网上申报债权与其他方式申报债权具有同等法律效力。

债权人向破产管理人书面申报债权的，破产管理人应当将债权申报书及有关证据的电子文档上传破产重整案件信息网。

第十一条 人民法院、破产管理人可以在破产重整案件信息网召集债权人会议并表决有关事项。网上投票形成的表决结果与现场投票形成的表决结果具有同等法律效力。

债权人可以选择现场投票或者网上投票，但选择后不能再采用其他方式进行投票，采用其他方式进行投票的，此次投票无效。

第十二条 人民法院审理的公司强制清算案件应当参照适用本规定。

第十三条 本规定自 2016 年 8 月 1 日起施行。本规定施行后受理的破产案件以及施行前尚未审结的破产案件应当适用本规定。

最高人民法院关于调整强制清算与
破产案件类型划分的通知

（法〔2016〕237 号）

各省、自治区、直辖市高级人民法院，解放军军事法院，新疆维吾尔自治区高级人民法院生产建设兵团分院：

为满足强制清算、破产案件的审判工作需要，根据《最高人民法院关于人民法院案件案号的若干规定》第七条、第十四条规定，决定对强制清算、破产案件类型单独分类（详见附件《强制清算与破产案件类型划分及代字标准》）。现将调整内容及有关事项通知如下：

一、强制清算、破产案件从民事案件中分出，单独作为一大类案件，一级类型名称整合为强制清算与破产案件。

二、将强制清算、破产申请审查与受理后的强制清算、破产程序分列案件类型，即对强制清算或破产申请审查单独作为一类案件。

三、对不予受理、驳回强制清算申请或破产申请等裁定的上诉审理，作为强制清算与破产上诉案件，下设两个小类：强制清算上诉案件、破产上诉案件。

四、对强制清算或破产申请的不予受理、驳回申请裁定以及强制清算与破产上诉案件的监督，作为强制清算与破产监督案件，下设两小类：强制清算监督案件、破产监督案件。

五、强制清算、破产案件类型划分及代字新标准于 2016 年 8 月 1 日起施行。2016年 8 月 1 日前已编立的案件案号不变。

特此通知。

2016 年 7 月 6 日

附件

强制清算与破产案件类型划分及代字标准

类型新名称	类型代字
十一、强制清算与破产案件	
（一）强制清算与破产申请审查案件	
01. 强制清算申请审查案件	清申
02. 破产申请审查案件	破申
（二）强制清算与破产上诉案件	
01. 强制清算上诉案件	清终
02. 破产上诉案件	破终

类型新名称	类型代字
（三）强制清算与破产监督案件	
01. 强制清算监督案件	清监
02. 破产监督案件	破监
（四）强制清算案件	强清
（五）破产案件	
01. 破产清算案件 02. 破产重整案件 03. 破产和解案件	破

最高人民法院印发《关于在中级人民法院设立清算与破产审判庭的工作方案》的通知

（法〔2016〕209号）

各省、自治区、直辖市高级人民法院，新疆维吾尔自治区高级人民法院生产建设兵团分院：

为贯彻落实中央关于推进供给侧结构性改革，依法处置僵尸企业的工作部署，经商中央编办同意，最高人民法院制定了《关于在中级人民法院设立清算与破产审判庭的工作方案》。

现将工作方案印发给你们，请结合实际认真贯彻落实。有关情况和问题请及时报告最高人民法院。

最高人民法院

2016年6月21日

最高人民法院关于在中级人民法院设立清算与破产审判庭的工作方案

为贯彻落实中央关于推进供给侧结构性改革的决策部署和习近平总书记关于供给侧结构性改革的一系列重要指示精神，充分发挥人民法院审判职能作用，为实施市场化破产程序创造条件，加快公司强制清算与企业破产案件审理工作，现就在中级人民法院设立清算与破产审判庭工作提出以下方案。

一、总体思路

一是落实党中央关于推进供给侧结构性改革的决策部署，健全公司强制清算与企业破产案件审判组织，配齐配强专业审判力量，加快公司强制清算与企业破产案件审理。二是提高公司强制清算与企业破产案件审理的专业化水平，统一裁判标准，提高案件审判质效。三是与司法责任制、人员分类管理、职业保障制度和内设机构改革有效衔接、同步推进。四是立足各地经济社会发展情况和法院实际，因地制宜，分类指导，稳步推进。

二、设立范围

直辖市应当至少明确一个中级人民法院设立清算与破产审判庭，省会城市、副省级城市所在地中级人民法院应当设立清算与破产审判庭。其他中级人民法院是否设立清算与破产审判庭，由各省（区、市）高级人民法院会同省级机构编制部门，综合考虑经济社会发展水平、清算与破产案件数量、审判专业力量、破产管理人数量等因素，统筹安排。

根据各地经济发展水平、僵尸企业处置工作的实际需求、破产案件审判工作情况，首先在北京、上海、天津、重庆四个直辖市的一个中级人民法院以及河北、吉林、江苏、浙江、安徽、山东、河南、湖北、湖南、广东、四川等11个省的省会城市和副省级市中级人民法院设立清算与破产审判庭，于2016年7月底前完成。其余省（区）省会城市和副省级市中级人民法院于2016年12月底前完成清算与破产审判庭设立工作。设立清算与破产审判庭，不能突破中级人民法院原有内设机构总数。原有机构总数限额内调剂不了的，可以先行设立清算与破产审判庭，在下一步法院内设机构改革过程中调整到位。

三、职能范围

中级人民法院设立的清算与破产审判庭，职能范围主要包括：1. 审理公司强制清算与企业破产案件；2. 负责公司强制清算与企业破产案件审判工作的调研工作；3. 对下级法院公司强制清算与企业破产案件审判工作进行业务指导；4. 负责相关法院之间公司强制清算与企业破产案件的协调工作；5. 负责破产管理人的管理、培训等相关工作。

四、案件管辖

中级人民法院设立的清算与破产审判庭一般管辖地（市）级以上（含本级）工商行政管理机关核准登记公司（企业）的强制清算与破产案件。省、自治区、直辖市范围内中级人民法院因特殊情况需对公司强制清算与企业破产案件的地域管辖作出调整的，须经当地高级人民法院批准。

五、人员配备

按照扁平化管理和司法责任制改革要求，根据案件数量和岗位需要合理核定人员编制和法官员额，并可根据案件数量适当调整。法官原则上从本院或者下级法院具有公司强制清算与企业破产案件及相关案件审判经验的优秀法官中选任产生。一般按照1:1:1的比例为法官配备法官助理和书记员。设立清算与破产审判庭所需人员编制在现有编制内调剂解决。

六、配套措施

要进一步完善公司强制清算与企业破产案件审判管理和考核办法，探索完善公司强制清算与企业破产案件快速审理机制，推动公司强制清算与企业破产案件审判方式改革。推进审判权运行机制改革，落实司法责任制，加强审判管理和监督，确保公正廉洁司法。

各省（区、市）高级人民法院要主动就设立清算与破产审判庭工作向当地党委、政府汇报，积极争取党委、政府和有关部门的支持。改革中出现的重大问题要及时向最高人民法院报告。

最高人民法院关于依法开展破产案件审理积极稳妥推进破产企业救治和清算工作的通知

（法〔2016〕169号）

各省、自治区、直辖市高级人民法院，解放军军事法院，新疆维吾尔自治区高级人民法院生产建设兵团分院：

为认真贯彻党的十八届五中全会"更加注重运用市场机制、经济手段、法治办法化解产能过剩，加大政策引导力度，完善企业退出机制"精神，落实中央经济工作会议推进供给侧结构性改革要求，现就人民法院依法开展破产案件审理、积极稳妥推进破产企业救治和清算工作通知如下：

一、深刻认识依法开展破产案件审理、积极稳妥推进破产企业救治和清算工作的重要意义。社会主义市场主体救治和退出机制是否建立，是衡量社会主义市场经济体制完善的标志之一。依法开展破产案件审理、积极稳妥推进破产企业救治和清算工作，既是供给侧结构性改革的客观需要，又是提升市场主体竞争力的客观需要，也是建立完善社会主义市场主体救治和退出机制的客观需要。各级人民法院要深刻认识破产案件审理对优化资源配置、规范市场秩序的重要意义，推动破产案件审理工作常态化、规范化、法治化。对符合破产受理条件但仍可能适应市场需要的企业，要运用破产和解和破产重整的方式进行救治，使其能够通过救治重返市场；对救治无效或者根本不能适应市场需要的企业，要进行破产清算，促进及时退出市场。依法开展破产案件审理，是解决执行难的重要途径。对执行中符合《企业破产法》规定的破产条件的企业，要依法启动破产程序，通过破产和解化解一批、破产重整处置一批、破产清算消除一批，使企业破产制度成为解决执行难的配套制度。

二、加快建立专门清算与破产审判庭。各高级人民法院要按照最高人民法院的要求首先在省会城市、副省级城市所在地中级人民法院建立清算与破产审判庭。破产案件数量多的中级人民法院，要积极协商地方编办建立专门审判庭。其他中级人民法院要根据本地实际情况适时开展专门审判庭的建立工作。今年12月31日前，各高级人民法院要将辖区内专门审判庭建立情况报告最高人民法院。同时，人民法院要推进破产审判法官和司法辅助人员专业化建设，为破产审判岗位配备优秀人才，并通过培训等多种方式，切实提升破产审判队伍整体素质。

清算与破产审判庭承担以下职责：1. 企业破产和强制清算案件的立案、审理；2. 依法处理企业强制清算和破产案件的善后事宜；3. 调研企业破产和强制清算案件审理工作情况；4. 对下级法院企业破产和强制清算案件审理进行业务指导；5. 与有关法院协调解决企业破产案件审理中的问题；6. 与地方党委、政府及有关部门协调解决企业破产案件审理中的问题；7. 管理和培训破产管理人。

三、切实建立健全破产案件审理工作机制。一要健全破产重整企业识别机制。各地法院要围绕让人民法院成为"生病企业"医院目标，对虽符合破产受理条件但具有运营价值的企业，要以市场化为导向，积极开展破产和解和重整，有效利用各种资源，使企业恢复生机。对救治无效或者其他不能适应市场需要的企业，要加快破产清算、及时释放生产要素，实现市场出清。二要在地方党委领导下，积极与政府建立"府院企业破产工作统一协调机制"。协调机制要统筹企业破产重整和清算相关工作，妥善解决企业破产过程中出现的各种问题。三要建立全国企业破产重整案件信息平台机制。各地法院要按照最高人民法院全国企业破产重整案件信息平台建设工作要求，做好破产案件前期信息整理工作，确保信息平台上线后顺畅运行。实现重整企业信息公开、破产程序公开、化解破产受理难问题的目标。四要建立合法有序的利益衡平机制。各地法院要依法处理职工工资、国家税收、担保债权、普通债权的实现顺序和实现方式，审慎协调各方利益。

四、积极完善管理人制度。各地法院要根据《企业破产法》的规定积极完善管理人制度，在现有管理人结构的基础上吸收适应企业重整需要的管理人才参加，积极发挥企业家、经营者、管理者乃至科技人员的作用。要加强对管理人的监督、指导和管理，要着手建立管理人分级管理、升级降级、增补淘汰等制度。要强化管理人的责任，督促管理人依法履职。

五、认真做好执行程序与破产程序的衔接。各地法院要按照《企业破产法》和《最高人民法院关于适用〈中华人民共和国民事诉讼法〉的解释》有关规定，做好执行程序转入破产程序的衔接工作。执行法院要充分利用执行信息平台和相关信息资源，及时汇集针对同一企业的执行案件信息，依法推进符合破产条件的企业转入破产程序，坚决反对在案件处理上相互推诿。破产案件审理中，其他法院要依法中止对破产企业的执行，依法解除相关保全措施。对于不依法解除保全措施和违法执行的相关人员，各地法院要依法依规严厉追究责任。

依法开展破产案件审理、积极稳妥推进破产企业救治和清算工作，是人民法院围绕中心、服务大局的重要任务。各地法院要强化责任意识，迅速行动，充分发挥破产审理职能，积极探索总结破产审理经验，为经济持续健康发展提供有力司法保障。对于在工作中发现的新情况、新问题，各地法院要及时层报最高人民法院。

最高人民法院

2016 年 5 月 6 日

最高人民法院关于人民法院为企业兼并重组提供司法保障的指导意见

（法发〔2014〕7号）

各省、自治区、直辖市高级人民法院，解放军军事法院，新疆维吾尔自治区高级人民法院生产建设兵团分院：

企业兼并重组是调整优化产业结构，淘汰落后产能，化解过剩产能，提高经济发展质量和效益的重要手段，也是转变经济发展方式，提升我国综合经济实力的有效途径。当前，我国经济处于增长速度换档期、结构调整阵痛期，同时也是推进企业兼并重组的重要机遇期。党的十八大和十八届三中全会部署了全面深化改革的各项任务，国务院《关于进一步优化企业兼并重组市场环境的意见》（国发〔2014〕14号，以下简称《意见》）明确了推动企业兼并重组的主要目标、基本原则和相关措施。企业兼并重组是今后一个时期推进企业改革的重要任务。各级人民法院要充分认识司法审判工作在企业兼并重组中的重要职能作用，依法有序推进企业兼并重组工作的顺利进行。

一、坚持围绕中心服务大局，以法治方式保障企业兼并重组工作依法有序推进

1. 要自觉将司法审判工作置于党和国家全局工作中，积极回应企业兼并重组工作的司法需求。企业兼并重组工作是党中央、国务院在新时期深化经济体制改革、转变经济发展方式、调整优化产业结构的重要举措。随着中央和地方各级政府部门关于企业兼并重组任务的逐步落实，一些纠纷将不可避免地通过诉讼程序进入人民法院。各级人民法院要充分认识到企业兼并重组涉及的矛盾复杂、主体广泛和利益重大，要强化大局意识和责任意识，紧密结合党的十八大、十八届三中全会精神和《意见》要求，依法充分发挥人民法院的职能作用，切实保障企业兼并重组工作的稳步推进。

2. 要正确处理贯彻党的方针政策与严格执法的关系，实现企业兼并重组法律效果和社会效果的有机统一。党的十八大和十八届三中全会作出的重大战略部署是我国在新的历史起点上全面深化改革的科学指南和行动纲领。党的方针政策和国家法律都是人民根本意志的反映，二者在本质上是一致的。不断完善和发展中国特色社会主义制度，推进国家治理体系和治理能力现代化，对人民法院正确贯彻党的方针政策与严格执法提出了更高的要求。人民法院要从强化国家战略的高度深刻认识为转变经济发展方式、调整优化产业结构提供司法保障的重大意义，通过严格执行法律，公正高效地审理案件，实现兼并重组案件审理法律效果和社会效果的有机统一。

3. 要高度重视企业兼并重组工作，依法保障企业兼并重组政策的顺利实施。企业兼并重组不仅关涉企业自身，还广泛涉及依法平等保护非公经济、防止国有资产流失、维护金融安全、职工再就业和生活保障以及社会稳定等一系列问题。人民法院要提前研判、分类评估、适时介入，依法保障企业兼并重组工作有序进行。要加强与政府部门沟通，根据需要推动建立企业兼并重组工作协调机制，实现信息共享、程序通畅。在案件审理执行中发现的重大性、苗头性问题，要及时向有关职能部门反馈或者提出

司法建议。

4. 要依法及时受理审理兼并重组相关案件，通过司法审判化解企业兼并重组中的各类纠纷。人民法院要依法及时受理审理企业兼并重组过程中出现的合同效力认定、股权转让、投资权益确认、民间融资、金融债权保障、职工权益维护、企业清算、企业重整、经济犯罪等案件，无法定理由不得拒绝受理，不得拖延审理。

5. 要按照利益衡平原则，依法妥善处理各种利益冲突。企业兼并重组广泛涉及参与兼并重组的各方企业、出资人、债权人、企业职工等不同主体的切身利益，在此期间的利益博弈与权利冲突无法回避。人民法院要注意透过个案的法律关系，分析利益冲突实质，识别其背后的利益主体和利益诉求，依法确定利益保护的优先位序。法律法规没有明文规定的情形下，在个体利益冲突中应当优先寻找共同利益，尽可能实现各方的最大利益；在个体利益与集体利益、社会公共利益，地方利益与全局利益等不同主体利益的并存与冲突中，要在保护集体利益、社会公共利益和全局利益的同时兼顾个体利益、地方利益。坚决克服地方保护主义、行业及部门保护主义对司法审判工作的不当干扰。

二、强化商事审判理念，充分发挥市场在资源配置中的决定性作用

6. 依法认定兼并重组行为的效力，促进资本合法有序流转。要严格依照合同法第五十二条关于合同效力的规定，正确认定各类兼并重组合同的效力。结合当事人间交易方式和市场交易习惯，准确认定兼并重组中预约、意向协议、框架协议等的效力及强制执行力。要坚持促进交易进行，维护交易安全的商事审判理念，审慎认定企业估值调整协议、股份转换协议等新类型合同的效力，避免简单以法律没有规定为由认定合同无效。要尊重市场主体的意思自治，维护契约精神，恰当认定兼并重组交易行为与政府行政审批的关系。要处理好公司外部行为与公司内部意思自治之间的关系。要严格依照公司法第二十二条的规定，从会议召集程序、表决方式、决议内容等是否违反法律、行政法规或公司章程方面，对兼并重组中涉及的企业合并、分立、新股发行、重大资产变化等决议的法律效力进行审查。对交叉持股表决方式、公司简易合并等目前尚无明确法律规定的问题，应结合个案事实和行为结果，审慎确定行为效力。

7. 树立平等保护意识，鼓励、支持和引导非公经济积极参与企业兼并重组。非公经济是社会主义市场经济的重要组成部分，要依法保障非公经济平等使用生产要素，公开公平参与市场竞争。要统一适用法律规则，优化非公经济投资的司法环境，促进公平、竞争、自由的市场环境形成。要积极配合市场准入负面清单管理方式的实施，推动非公经济进入法律法规未禁入的行业和领域。保护各种所有制企业在投融资、税收、土地使用和对外贸易等方面享受同等待遇，提升非公经济参与国有企业混合所有制兼并重组的动力。要充分尊重企业的经营自主权，反对各种形式的强制交易，最大限度地激发非公经济的活力和创造力。

8. 正确适用公司资本法律规则，消除对出资行为的不当限制。要准确把握修改后的公司法中公司资本制度的立法精神，正确认识公司资本的作用与功能，支持企业正常合理的资金运用行为。要按照新修改的公司法有关放宽资本结构的精神审慎处理股东出资问题。职工持股会、企业工会等组织代为持有投资权益是目前部分企业资本结

构中的特殊形态，企业兼并重组中涉及投资权益变动的，人民法院要依法协调好名义股东与实际出资人间的利益关系。除法律法规有明确规定外，要注重方便企业设立和发展，在企业资本数额设定、投资义务履行期限等方面要充分尊重投资者的约定和选择，保障投资者顺利搭建重组平台。

9. 促进融资方式的多元化，有效解决企业兼并重组的资金瓶颈。对于符合条件的企业发行优先股、定向发行可转换债券作为兼并重组支付方式，要依法确认其效力。审慎处理发行定向权证等衍生品作为支付方式问题。积极支持上市公司兼并重组中股份定价机制改革，依法保障非上市公司兼并重组中的股份协商定价。要依法督促企业尤其是上市公司规范履行信息披露义务，增强市场主体投资信心，切实保障中小投资者合法权益。同时，要积极配合金融监管部门依法履职。

三、加强国有资产保护，依法保障企业资产的稳定与安全

10. 依法正确审理国有企业兼并重组案件，实现国有资产的保值增值。要正确认识国有企业深化改革与企业兼并重组之间的关系，切实保障有条件的国有企业改组为国有资本投资公司，不断增强国有经济的控制力和影响力。在现行法律框架范围内支持有利于企业壮大规模、增强实力的企业发展模式。要注意防范企业借管理者收购、合并报表等形式侵占、私分国有资产。严格遵循评估、拍卖法律规范，通过明晰和落实法律责任促进中介服务机构专业化、规范化发展，提升关键领域、薄弱环节的服务能力，防范和避免企业兼并重组过程中的国有资产流失。

11. 依法规制关联交易，严厉禁止不当利益输送。严格防范以关联交易的方式侵吞国有资产。要依照公司法等法律法规的规定依法妥当处理企业兼并重组中的关联交易行为。公司股东、董事、高级管理人员与公司之间从事的交易，符合法律法规规定的关联交易程序规则且不损害公司利益的，应当认定行为有效。对公司大股东、实际控制人或者公司董事等公司内部人员在兼并重组中利用特殊地位将不良资产注入公司，或者与公司进行不公平交易从而损害公司利益的行为，应当严格追究其法律责任。

12. 严厉打击企业兼并重组中的违法犯罪行为。各级人民法院要充分发挥刑事审判职能，坚持依法从严惩处的方针，严厉打击国有企业兼并重组中的贪污贿赂、挪用公款、滥用职权、非法经营等犯罪行为，依法严厉惩处非国有企业兼并重组中的职务侵占、挪用企业资金等犯罪行为，维护企业资产安全，同时，要努力挽回相关主体的经济损失。

四、维护金融安全，有效防控各类纠纷可能引发的区域性、系统性金融风险

13. 依法保障金融债权，有效防范通过不当兼并重组手段逃废债务。对涉及兼并重组的企业合并、分立案件，要明确合并分立前后不同企业的责任关系、责任承担方式及诉讼时效，避免因兼并重组导致金融债权落空。要依法快审快执涉兼并重组企业的金融借款案件，降低商业银行等金融机构的并购贷款风险，实现兼并重组中并购贷款融资方式可持续进行。要引导当事人充分运用民事诉讼法中的担保物权实现程序，减轻债权人的诉讼维权成本，促进担保物权快捷和便利地实现。

14. 加强民间金融案件审理，有效化解金融风险。要妥善审理兼并重组引发的民

间融资纠纷，依法保护合法的借贷利息，坚决遏制以兼并重组为名的民间高利贷和投机化倾向，有效降低企业融资成本。依法支持和规范金融机构在企业兼并重组领域的金融创新行为，依法审慎认定金融创新产品的法律效力。在审判执行工作中要注意发现和防范因诉讼纠纷引发的区域性、系统性风险，切实避免金融风险在金融领域和实体经济领域的相互传导。严厉打击和制裁非法吸收或变相吸收公众存款、集资诈骗等金融违法犯罪行为，为企业兼并重组创造良好的融资环境。

五、完善市场退出机制，促进企业资源的优化整合

15. 依法审理企业清算、破产案件，畅通企业退出渠道。要充分发挥企业清算程序和破产程序在淘汰落后企业或产能方面的法律功能，依法受理企业清算、破产案件，督促市场主体有序退出。人民法院判决解散企业后应当告知有关人员依法及时组织企业清算。企业解散后债权人或股东向人民法院提出强制清算申请的，人民法院应当审查并依法受理。公司清算中发现符合破产清算条件的，应当及时转入破产清算。当事人依法主张有关人员承担相应清算责任的，人民法院应予支持。

16. 有效发挥破产重整程序的特殊功能，促进企业资源的流转利用。要积极支持符合产业政策调整目标、具有重整希望和可能的企业进行破产重整。通过合法高效的破产重整程序，帮助企业压缩和合并过剩产能，优化资金、技术、人才等生产要素配置。要注重结合企业自身特点，及时指定重整案件管理人，保障企业业务流程再造和技术升级改造。在企业重整计划的制定和批准上，要着眼建立健全防范和化解过剩产能长效机制，防止借破产重整逃避债务、不当耗费社会资源，避免重整程序空转。

17. 遵循企业清算破产案件审判规律，完善审判工作机制。审理企业清算和破产案件，既是认定事实和适用法律的过程，也是多方积极协调、整体推进的系统工程。有条件的人民法院可以成立企业清算破产案件审判庭或者合议庭，专门审理兼并重组中的企业清算破产案件。要高度重视企业清算破产案件法官的培养和使用，结合实际努力探索科学合理的企业清算破产案件绩效考评机制，充分调动审判人员依法审理企业清算破产案件的积极性。

18. 认真总结破产案件审判经验，逐步完善企业破产配套制度。上市公司破产重整中涉及行政许可的，应当按照行政许可法和最高人民法院《关于审理上市公司破产重整案件工作座谈会纪要》的精神，做好司法程序与行政许可程序的衔接。要协调好企业破产法律程序与普通执行程序就债务人企业财产采取的保全执行措施间的关系，维护债务人企业财产的稳定和完整。要积极协调解决破产程序中企业税款债权问题，要在与税务机关积极沟通的基础上结合实际依法减免相应税款。要适应经济全球化趋势，加快完善企业跨境清算、重整司法制度。

六、充分保障职工合法权益，全力维护社会和谐稳定

19. 依法保护劳动者合法权益，切实保障民生。实现改革发展成果更多更公平惠及全体人民是我们各项事业的出发点和落脚点。企业职工虽然不是企业兼并重组协议的缔约方，但其是利益攸关方。人民法院在审判执行中要及时发现和注意倾听兼并重组企业职工的利益诉求，依法保障企业职工的合法权益，引导相关企业积极承担社会

责任，有效防范兼并重组行为侵害企业职工的合法权益。

20. 建立大要案通报制度，制定必要的风险处置预案。对于众多债权人向同一债务企业集中提起的系列诉讼案件、企业破产清算案件、群体性案件等可能存在影响社会和谐稳定因素的案件，人民法院要及时启动大要案工作机制，特别重大的案件要及时向地方党委和上级人民法院报告。上级人民法院要及时指导下级人民法院开展工作，对各方矛盾突出、社会关注度高的案件要作出必要的预判和预案，增强司法处置的前瞻性和针对性。

21. 加强司法新闻宣传，创造良好的社会舆论环境。要高度重视舆论引导和网络宣传工作，针对企业兼并重组审判工作中涉及到的敏感热点问题逐一排查，周密部署。要进一步推进司法公开，有力推动司法审判工作与外界舆论环境的良性互动，着力打造有利于企业兼并重组司法工作顺利开展的社会舆论环境。

当前，我国经济体制改革正向纵深发展。各级人民法院要进一步深入学习习近平总书记一系列重要讲话精神，牢牢坚持司法为民公正司法，坚持迎难而上，勇于担当，为优化企业兼并重组司法环境，保障经济社会持续健康发展，推进法治中国、美丽中国建设作出新的更大贡献。

最高人民法院

2014 年 6 月 3 日

最高人民法院关于正确适用《中华人民共和国企业破产法》若干问题的规定（一）充分发挥人民法院审理企业破产案件司法职能作用的通知

（法〔2011〕281号）

各省、自治区、直辖市高级人民法院，解放军军事法院，新疆维吾尔自治区高级人民法院生产建设兵团分院：

《最高人民法院关于适用〈中华人民共和国企业破产法〉若干问题的规定（一）》（法释〔2011〕22号）经最高人民法院审判委员会第1527次会议讨论通过，现已公布。为使各级人民法院更好地适用该司法解释，提高审理企业破产案件的质量和效率，调动审判部门和广大法官办理企业破产案件的积极性，充分发挥人民法院在促进加快转变经济发展方式，构建社会主义市场经济秩序方面的积极作用，特通知如下：

一、人民法院应认真履行职责，依法受理企业破产案件

各级人民法院要认真学习和正确理解该司法解释的精神，充分认识企业破产法在保障债权公平有序受偿，优化社会资源配置，完善优胜劣汰的竞争机制和拯救危困企业等方面的积极作用。要转变观念、克服困难，对当事人提出的符合受理条件的破产申请，应当依法予以受理。要综合运用破产重整、破产和解和破产清算程序，建立和完善市场主体依法退出机制，充分发挥企业破产法对市场经济的调整作用，推动经济社会又好又快发展。

二、人民法院应加强审理破产案件法官专业化队伍建设

随着我国市场经济体制的逐步完善，企业破产案件将呈逐年增长趋势，新类型疑难案件也会不断出现，这对人民法院审判工作提出了更高的要求。一方面，企业破产案件审理周期长、难度大、事务性工作繁重，人民法院长期以来案多人少的矛盾尤为突出。另一方面，由于破产案件审理的复杂性和特殊性，客观上需要一支不仅具备较为扎实的法学理论功底，而且还要有化解社会矛盾、处置突发事件、协调各方利益诉求等多方面工作能力的专业化法官队伍。为此，人民法院要加强法官专业化队伍建设，在人员和物资保障方面给予支持。有条件的法院可以根据受理企业破产案件的数量，成立专门的破产案件审判庭，或指定专门的合议庭负责审理破产案件。

三、人民法院应建立合理的企业破产案件专门绩效考评机制

企业破产法是社会主义市场经济法律体系的重要组成部分，其作用的发挥必须通过人民法院受理和审理企业破产案件来实现。鉴于审理企业破产案件的特殊性，建立合理的专门绩效考评机制以充分调动受理法院、承办法官的积极性是十分必要的。各高级人民法院应根据本辖区的工作实际，积极探索能够全面客观反映审理破产案件工

作量的科学考评标准，充分体现破产审判部门和法官的工作绩效。

　　各级人民法院对执行中发现的新情况、新问题应逐级报告最高人民法院。

　　特此通知。

二〇一一年九月二十一日

最高人民法院关于部分人民法院冻结、扣划被风险处置证券公司客户证券交易结算资金有关问题的通知

（〔2010〕民二他字第 21 号）

北京市、上海市、江苏省、山东省、湖北省、福建省高级人民法院：

近日，中国证券监督管理委员会致函我院称，因部分人民法院前期冻结、扣划的客户证券交易结算资金未能及时解冻或退回，导致相应客户证券交易结算资金缺口难以弥补，影响被处置证券公司行政清理工作，请求我院协调有关人民法院解冻或退回客户证券交易结算资金。经研究，现就有关问题通知如下：

一、关于涉及客户证券交易结算资金的冻结与扣划事项，应严格按照《中华人民共和国证券法》、《最高人民法院关于冻结、扣划证券交易结算资金有关问题的通知》（法〔2004〕239 号）、《最高人民法院、最高人民检察院、公安部、中国证券监督管理委员会关于查询、冻结、扣划证券和证券交易结算资金有关问题的通知》（法发〔2008〕4 号）、《最高人民法院关于依法审理和执行被风险处置证券公司相关案件的通知》（法发〔2009〕35 号）的相关规定进行。人民法院在保全、执行措施中违反上述规定冻结、扣划客户证券交易结算资金的，应坚决予以纠正。

二、在证券公司行政处置过程中，按照国家有关政策弥补客户证券交易结算资金缺口是中国证券投资者保护基金有限责任公司（以下简称保护基金公司）的重要职责，被风险处置证券公司的客户证券交易结算资金专用存款账户、结算备付金账户内资金均属于证券交易结算资金，保护基金公司对被风险处置证券公司因违法冻结、扣划的客户证券交易结算资金予以垫付弥补后，取得相应的代位权，其就此主张权利的，人民法院应予支持。被冻结、扣划的客户证券交易结算资金已经解冻并转入管理人账户的，经保护基金公司申请，相关破产案件审理法院应当监督管理人退回保护基金公司专用账户；仍处于冻结状态的，由保护基金公司向相关保全法院申请解冻，保全法院应将解冻资金返还保护基金公司专用账户；已经扣划的，由保护基金公司向相关执行法院申请执行回转，执行法院应将退回资金划入保护基金公司专用账户。此外，被冻结、扣划客户证券交易结算资金对应缺口尚未弥补的，由相关行政清理组申请保全或者执行法院解冻或退回。

请各高级法院督促辖区内相关法院遵照执行。

特此通知。

2010 年 6 月 22 日

最高人民法院关于受理借用国际金融组织和外国政府贷款偿还任务尚未落实的企业破产申请问题的通知

（法〔2009〕389 号）

各省、自治区、直辖市高级人民法院，解放军军事法院，新疆维吾尔自治区高级人民法院生产建设兵团分院：

近来，部分地方人民法院向我院请示是否受理借用国际金融组织和外国政府贷款偿还任务尚未落实的企业破产申请的问题，经研究，现就有关问题通知如下，请遵照执行。

自 2007 年 6 月 1 日起，借用国际金融组织和外国政府贷款或转贷款的有关企业申请或者被申请破产的，人民法院应依照《中华人民共和国企业破产法》的有关规定依法受理。

上述企业在 2007 年 6 月 1 日之前已签署转贷协议但偿还任务尚未落实的，应继续适用最高人民法院《关于当前人民法院审理企业破产案件应当注意的几个问题的通知》（法发〔1997〕2 号）第三条的规定和最高人民法院《关于贯彻执行法发〔1997〕2 号文件第三条应注意的问题的通知》（法函〔1998〕74 号）的有关规定。

二〇〇九年十二月三日

最高人民法院关于正确审理企业破产案件为维护市场经济秩序提供司法保障若干问题的意见

（法发〔2009〕36 号）

各省、自治区、直辖市高级人民法院，解放军军事法院，新疆维吾尔自治区高级人民法院生产建设兵团分院：

当前，由于国际金融危机的不断发展和蔓延，我国经济发展仍然面临着严峻的考验。阻碍经济良性运行的负面因素和潜在风险明显增多，许多企业因资金链断裂引发的系统风险不断显现，严重影响了我国经济发展秩序良性运转和社会稳定。在当前经济形势下，充分发挥人民法院商事审判的职能作用，正确审理企业破产案件，防范和化解企业债务风险，挽救危困企业，规范市场主体退出机制，维护市场运行秩序，对于有效应对国际金融危机冲击，保障经济平稳较快发展，具有重要意义。现就人民法院做好企业破产案件审判工作，提出以下意见：

一、依法受理企业破产案件，为建立我国社会主义市场经济良性运行机制提供司法保障

1. 人民法院要正确认识企业破产法保障债权公平有序受偿、完善优胜劣汰的竞争机制、优化社会资源配置、调整社会产业结构、拯救危困企业的作用，依法受理审理企业破产清算、重整、和解案件，综合利用企业破产法的多种程序，充分发挥其对市场经济的调整作用，建立企业法人规范退出市场的良性运行机制，努力推动经济社会又好又快发展。

2. 为保障国家产业结构调整政策的落实，对于已经出现破产原因的企业，人民法院要依法受理符合条件的破产清算申请，通过破产清算程序使其从市场中有序退出。对于虽有借破产逃废债务可能但符合破产清算申请受理条件的非诚信企业，也要将其纳入到法定的破产清算程序中，通过撤销和否定其不当处置财产行为，以及追究出资人等相关主体责任的方式，使其借破产逃废债务的目的落空，剥夺其市场主体资格。对债权人申请债务人破产清算的，人民法院审查的重点是债务人是否不能清偿到期债务，而不能以债权人无法提交债务人财产状况说明等为由，不受理债权人的申请。

3. 对于虽然已经出现破产原因或者有明显丧失清偿能力可能，但符合国家产业结构调整政策、仍具发展前景的企业，人民法院要充分发挥破产重整和破产和解程序的作用，对其进行积极有效的挽救。破产重整和和解制度，为尚有挽救希望的危困企业提供了避免破产清算死亡、获得再生的机会，有利于债务人及其债权人、出资人、职工、关联企业等各方主体实现共赢，有利于社会资源的充分利用。努力推动企业重整和和解成功，促进就业、优化资源配置、减少企业破产给社会带来的不利影响，是人民法院审理企业破产案件的重要目标之一，也是人民法院商事审判工作服务于保增长、保民生、保稳定大局的必然要求。

二、坚持在当地党委的领导下，努力配合政府做好企业破产案件中的维稳工作，为构建和谐社会提供司法保障

4. 债务人进入破产程序后，因涉及债权人、债务人、出资人、企业职工等众多当事人的利益，各方矛盾极为集中和突出，处理不当，极易引发群体性、突发性事件，影响社会稳定。人民法院审理企业破产案件，一定要坚持在当地党委的领导下，充分发挥地方政府建立的风险预警机制、联动机制、资金保障机制等协调机制的作用，努力配合政府做好企业破产案件中的维稳工作。

5. 对于职工欠薪和就业问题突出、债权人矛盾激化、债务人弃企逃债等敏感类破产案件，要及时向当地党委汇报，争取政府的支持。在政府协调下，加强与相关部门的沟通、配合，及时采取有力措施，积极疏导并化解各种矛盾纠纷，避免哄抢企业财产、职工集体上访的情况发生，将不稳定因素消除在萌芽状态。有条件的地方，可通过政府设立的维稳基金或鼓励第三方垫款等方式，优先解决破产企业职工的安置问题，政府或第三方就劳动债权的垫款，可以在破产程序中按照职工债权的受偿顺序优先获得清偿。

三、充分发挥破产重整和和解程序挽救危困企业、实现企业持续经营的作用，保障社会资源有效利用

6. 人民法院要充分发挥司法能动作用，注重做好当事人的释明和协调工作，合理适用破产重整和和解程序。对于当事人同时申请债务人清算、重整、和解的，人民法院要根据债务人的实际情况和各方当事人的意愿，在组织各方当事人充分论证的基础上，对于有重整或者和解可能的，应当依法受理重整或者和解申请。当事人申请重整，但因企业经营规模较小、虽有挽救必要但重整成本明显高于重整收益的困难企业，有关权利人不同意重整的，人民法院可引导当事人通过和解方式挽救企业。人民法院要加强破产程序中的调解工作，在法律允许的框架下，积极支持债务人、管理人和新出资人等为挽救企业所做的各项工作，为挽救困难企业创造良好的法律环境。

7. 人民法院适用强制批准裁量权挽救危困企业时，要保证反对重整计划草案的债权人或者出资人在重整中至少可以获得在破产清算中本可获得的清偿。对于重整计划草案被提请批准时依照破产清算程序所能获得的清偿比例的确定，应充分考虑其计算方法是否科学、客观、准确，是否充分保护了利害关系人的应有利益。人民法院要严格审查重整计划草案，综合考虑社会公共利益，积极审慎适用裁量权。对不符合强制批准条件的，不能借挽救企业之名违法审批。上级人民法院要肩负起监督职责，对利害关系人就重整程序中反映的问题要进行认真审查，问题属实的，要及时予以纠正。

四、在破产程序中要注重保障民生，切实维护职工合法权益

8. 依法优先保护劳动者权益，是破产法律制度的重要价值取向。人民法院在审理企业破产案件中，要切实维护职工的合法权益，严格依法保护职工利益。召开债权人会议要有债务人的职工和工会代表参加，保障职工对破产程序的参与权。职工对管理人确认的工资等债权有异议的，管理人要认真审查核对，发现错误要及时纠正；因管理人未予纠正，职工据此提起诉讼的，人民法院要严格依法审理，及时作出判决。

9. 表决重整计划草案时，要充分尊重职工的意愿，并就债务人所欠职工工资等债

权设定专门表决组进行表决；职工债权人表决组未通过重整计划草案的，人民法院强制批准必须以应当优先清偿的职工债权全额清偿为前提。企业继续保持原经营范围的，人民法院要引导债务人或管理人在制作企业重整计划草案时，尽可能保证企业原有职工的工作岗位。

10. 保障职工合法权益需要社会各方面的共同努力。人民法院要加强与国家社会保障部门、劳动部门、工商行政管理部门、组织人事等部门的沟通和协调，积极提出司法建议，推动适合中国特色的社会保障体制的建立和完善。

五、妥善指定适格管理人，充分发挥管理人在企业破产程序中的积极作用

11. 人民法院要根据企业破产法和有关司法解释的规定，采用适当方式指定管理人，对于重大疑难案件，可以通过竞争的方式择优确定管理人。要注意处理好审理破产案件的审判庭和司法技术辅助工作部门的关系，在指定管理人时，应由审理破产案件的审判庭根据案件实际情况决定采用哪类管理人以及采用哪种产生方式，在决定通过随机方式或者竞争方式产生管理人或其成员时，再由司法技术辅助工作部门根据规定产生管理人或其成员。

12. 企业重整中，因涉及重大资产重组、经营模式选择、引入新出资人等商业运作内容，重整中管理人的职责不仅是管理和处分债务人财产，更要管理债务人的经营业务，特别是制定和执行重整计划。因此，在我国目前管理人队伍尚未成熟的情况下，人民法院指定管理人时，应当注意吸收相关部门和人才，根据实际情况选择指定的形式和方式，以便产生适格管理人。

13. 管理人的工作能力和敬业精神直接决定着企业破产案件能否依法有效进行，以及破产法律制度能否充分发挥其应有的作用。人民法院要特别注意加强对管理人业务知识和各种能力的培养，建立管理人考核机制，通过业绩考核，形成激励和淘汰机制，逐步实现管理人队伍的专业化。

六、正确适用企业破产法的各项制度，充分保护债权人合法权益

14. 人民法院在审理企业破产案件中，要充分调动管理人的积极性，促使其利用法律手段，努力查找和追收债务人财产，最大限度保护债权人利益。对出资不实、抽逃出资的，要依法追回；对于不当处置公司财产的行为，要依法撤销或者认定无效，并追回有关财产；对于违反法律、行政法规等规定，给公司或债权人造成损失的，要依法追究行为人的民事责任；对于发现妨碍清算行为的犯罪线索，要及时向侦查机关通报情况。

15. 要充分发挥债权人会议和债权人委员会的职能作用，切实保障债权人对破产程序的参与权，坚决防止地方保护主义，即使在以挽救债务人为主要目的的破产重整和和解程序中，仍然要以充分保障债权人利益为前提，重整计划和和解协议的通过与否，要严格按照法定的程序确定表决权并依法表决。

16. 人民法院在审理债务人人员下落不明或财产状况不清的破产案件时，要从充分保障债权人合法利益的角度出发，在对债务人的法定代表人、财务管理人员、其他经营管理人员，以及出资人等进行释明，或者采取相应罚款、训诫、拘留等强制措施

后，债务人仍不向人民法院提交有关材料或者不提交全部材料，影响清算顺利进行的，人民法院就现有财产对已知债权进行公平清偿并裁定终结清算程序后，应当告知债权人可以另行提起诉讼要求有责任的有限责任公司股东、股份有限公司董事、控股股东，以及实际控制人等清算义务人对债务人的债务承担清偿责任。

七、正确认识破产程序与执行程序的功能定位，做好两个程序的有效衔接

17. 人民法院要充分认识破产程序和执行程序的不同功能定位，充分发挥企业破产法公平保护全体债权人的作用。破产程序是对债务人全部财产进行的概括执行，注重对所有债权的公平受偿，具有对一般债务清偿程序的排他性。因此，人民法院受理破产申请后，对债务人财产所采取的所有保全措施和执行程序都应解除和中止，相关债务在破产清算程序中一并公平清偿。

18. 人民法院要注重做好破产程序和执行程序的衔接工作，确保破产财产妥善处置。涉及到人民法院内部破产程序和执行程序的操作的，应注意不同法院、不同审判部门、不同程序的协调与配合。涉及到债务人财产被其他国家行政机关采取保全措施或执行程序的，人民法院应积极与上述机关进行协调和沟通，取得有关机关的配合，依法解除有关保全措施，中止有关执行程序。

19. 人民法院受理破产申请后，在宣告债务人破产前裁定驳回申请人的破产申请，并终结破产程序的，应当在作出终结破产程序的裁定前，告知管理人通知原对债务人财产采取保全措施或执行程序的法院恢复原有的保全措施或执行程序，有轮候保全的，以原采取保全措施的时间确定轮候顺位。对恢复受理债务人为被执行人的执行案件，应当适用申请执行时效中断的有关规定。

八、加强审理破产案件法官专业化队伍建设，充分发挥商事审判职能作用

20. 随着我国经济市场化、国际化程度越来越高，企业破产案件将呈逐步增长趋势，这对人民法院审判工作提出了更高的要求。一方面，企业破产案件审理周期长、难度大、事务性工作繁重，人民法院长期以来案多人少的矛盾更加突出。另一方面，由于破产案件审理的复杂性和特殊性，客观上需要一支不仅具备较为扎实的法学理论功底，而且还要有解决社会矛盾、处理应急事务、协调各方利益等多方面工作能力的专业化法官队伍。因此，人民法院要加强法官专业化队伍建设，在人财物方面给予支持和保障。有条件的法院可以根据企业破产案件的数量，成立专门的破产案件审判庭，或指定专门的合议庭负责审理破产案件。

21. 人民法院要积极调动法官审理企业破产案件的积极性，在考核法官工作业绩时，要充分考虑企业破产案件审理的特殊性，以及法官办理企业破产案件所付出的辛勤劳动和承担的各种压力，积极探索能够客观反映审理破产案件工作量的科学考评标准，不断提高破产案件的审理质量。

22. 审理企业破产案件的法官，要大力加强对党的路线方针政策的学习，增强大局意识和责任意识。在当前经济形势下，更要正确处理好保护金融债权与挽救危困企业之间的关系，实现债权人与债务人的共赢，共渡难关。正确处理好保护投资者利益与维护职工合法权益之间的关系，保障社会和谐稳定。正确处理好企业破产清算与企

业再生之间的关系，实现社会资源的充分利用以及法律效果和社会效果的有机统一。广大法官要大力加强廉政建设，严格执行最高人民法院"五个严禁"等审判纪律和规章制度，无论是在指定管理人还是在委托拍卖财产等敏感环节，都要坚持以制度管人，坚决杜绝人情案、关系案、金钱案，确保以公正高效的审判业绩，为我国国民经济平稳较快发展创造条件。

二〇〇九年六月十二日

最高人民法院关于依法审理和执行被风险处置
证券公司相关案件的通知

（法发〔2009〕35号）

各省、自治区、直辖市高级人民法院，解放军军事法院，新疆维吾尔自治区高级人民法院生产建设兵团分院：

为维护证券市场和社会的稳定，依法审理和执行被风险处置证券公司的相关案件，现就有关问题通知如下：

一、为统一、规范证券公司风险处置中个人债权的处理，保持证券市场运行的连续性和稳定性，中国人民银行、财政部、中国银行业监督管理委员会、中国证券监督管理委员会联合制定发布了《个人债权及客户证券交易结算资金收购意见》。国家对个人债权和客户交易结算资金的收购，是国家有关行政部门和金融监管机构采取的特殊行政手段。相关债权是否属于应当收购的个人债权或者客户交易结算资金范畴，系由中国人民银行、金融监管机构以及依据《个人债权及客户证券交易结算资金收购意见》成立的甄别确认小组予以确认的，不属人民法院审理的范畴。因此，有关当事人因上述执行机关在风险处置过程中甄别确认其债权不属于国家收购范围的个人债权或者客户证券交易结算资金，向人民法院提起诉讼，请求确认其债权应纳入国家收购范围的，人民法院不予受理。国家收购范围之外的债权，有关权利人可以在相关证券公司进入破产程序后向人民法院申报。

二、托管是相关监管部门对高风险证券公司的证券经纪业务等涉及公众客户的业务采取的行政措施，托管机构仅对被托管证券公司的经纪业务行使经营管理权，不因托管而承继被托管证券公司的债务。因此，有关权利人仅以托管为由向人民法院提起诉讼，请求判令托管机构承担被托管证券公司债务的，人民法院不予受理。

三、处置证券类资产是行政处置过程中的一个重要环节，行政清算组依照法律、行政法规及国家相关政策，对证券类资产采取市场交易方式予以处置，在合理估价的基础上转让证券类资产，受让人支付相应的对价。因此，证券公司的债权人向人民法院提起诉讼，请求判令买受人承担证券公司债务偿还责任的，人民法院对其诉讼请求不予支持。

四、破产程序作为司法权介入的特殊偿债程序，是在债务人财产不足以清偿债务的情况下，以法定的程序和方法，为所有债权人创造获得公平受偿的条件和机会，以使所有债权人共同享有利益、共同分担损失。鉴此，根据企业破产法第十九条的规定，人民法院受理证券公司的破产申请后，有关证券公司财产的保全措施应当解除，执行程序应当中止。具体如下：

1. 人民法院受理破产申请后，已对证券公司有关财产采取了保全措施，包括执行程序中的查封、冻结、扣押措施的人民法院应当解除相应措施。人民法院解除有关证券公司财产的保全措施时，应当及时通知破产案件管理人并将有关财产移交管理人接管，管理人可以向受理破产案件的人民法院申请保全。

2. 人民法院受理破产申请后，已经受理有关证券公司执行案件的人民法院，对证券公司财产尚未执行或者尚未执行完毕的程序应当中止执行。当事人在破产申请受理后向有关法院申请对证券公司财产强制执行的，有关法院对其申请不予受理，并告知其依法向破产案件管理人申报债权。破产申请受理后人民法院未中止执行的，对于已经执行了的证券公司财产，执行法院应当依法执行回转，并交由管理人作为破产财产统一分配。

3. 管理人接管证券公司财产、调查证券公司财产状况后，发现有关法院仍然对证券公司财产进行保全或者继续执行，向采取保全措施或执行措施的人民法院提出申请的，有关人民法院应当依法及时解除保全或中止执行。

4. 受理破产申请的人民法院在破产宣告前裁定驳回申请人的破产申请，并终结证券公司破产程序的，应当在作出终结破产程序的裁定前，告知管理人通知原对证券公司财产采取保全措施的人民法院恢复原有的保全措施，有轮候保全的，以原采取保全措施的时间确定轮候顺位。对恢复受理证券公司为被执行人的执行案件，适用申请执行时效中断的规定。

五、证券公司进入破产程序后，人民法院作出的刑事附带民事赔偿或者涉及追缴赃款赃物的判决应当中止执行，由相关权利人在破产程序中以申报债权等方式行使权利；刑事判决中罚金、没收财产等处罚，应当在破产程序债权人获得全额清偿后的剩余财产中执行。

六、要进一步严格贯彻最高人民法院、最高人民检察院、公安部、中国证监会《关于查询、冻结、扣划证券和证券交易结算资金有关问题的通知》（法发〔2008〕4号），依法执行有关证券和证券交易结算资金。

各高级人民法院要及时组织辖区内法院有关部门认真学习和贯彻落实本通知精神，并依法监督下级法院严格执行，对未按照上述规定审理和执行有关案件的，上级人民法院应当依法予以纠正并追究相关人员的责任。

二〇〇九年五月二十六日

最高人民法院关于执行《最高人民法院审理企业破产案件指定管理人的规定》、《最高人民法院审理企业破产案件确定管理人报酬的规定》几个问题的通知

（法明传〔2007〕129号）

各省、自治区、直辖市高级人民法院，新疆维吾尔自治区高级人民法院生产建设兵团分院：

《中华人民共和国企业破产法》已由第十届全国人民代表大会常务委员会第二十三次会议审议通过，并于2007年6月1日施行。为保证企业破产法的顺利施行，根据企业破产法的授权，最高人民法院制定了《最高人民法院审理企业破产案件指定管理人的规定》、《最高人民法院审理企业破产案件确定管理人报酬的规定》。为保证上述两个规定的正确执行，现就有关问题通知如下：

一、虽然两个规定正式施行日与企业破产法相同，即为2007年6月1日，为保证企业破产法的顺利实施，各高级人民法院从规定公布之日起即应参照上述规定开展相关工作。

二、高级人民法院要充分考虑本辖区律师事务所、会计师事务所、破产清算事务所等社会中介机构及专职从业人员数量，以及企业破产案件数量等因素。根据工作量情况确定由本院或者中级人民法院编制管理人名册，力争将此项工作在2007年6月1日前完成。

三、编制管理人名册的法院应当制定申请编入管理人名册的社会中介机构和个人的评定标准和程序，并予以公布。标准应当参照指定管理人的规定第十条第二款规定的内容确定。

四、编制管理人名册的评审委员会，应当由审理企业破产案件审判庭的人员、人民法院司法技术辅助工作部门人员、相关审判委员会委员、监察部门人员组成。司法技术辅助工作部门负责具体工作。

五、采取随机方式指定管理人的工作，由司法技术辅助工作部门完成，基层人民法院未设置司法技术辅助工作部门的，应当在司法行政部门中设专人承担此项工作。

六、采取竞争方式指定管理人的评审委员会，应参照编制管理人名册评审委员会的组成方式。

七、高级人民法院认为确定管理人报酬的规定中，关于管理人报酬的限制范围与本地经济水平差距较大的，可以在规定标准30%的浮动范围内制定符合本地区情况的标准。

八、受理企业破产案件的人民法院在初步确定管理人报酬方案时，应注意留有余地，不宜直接适用上限规定。

请各级人民法院将执行两个规定的过程中遇到的问题和情况及时逐级报告我院。

2007年4月12日

最高人民法院关于强制执行中不应将企业党组织的党费作为企业财产予以冻结或划拨的通知

（法〔2005〕209 号）

各省、自治区、直辖市高级人民法院，解放军军事法院，新疆维吾尔自治区高级人民法院生产建设兵团分院：

据悉，近一个时期，少数法院在强制执行过程中，将企业党组织的党费账户予以冻结，影响了企业党组织的正常工作。为避免此类情况发生，特通知如下：

企业党组织的党费是企业每个党员按月工资比例向党组织交纳的用于党组织活动的经费。党费由党委组织部门代党委统一管理，单立账户，专款专用，不属于企业的责任财产。因此，在企业作为被执行人时，人民法院不得冻结或划拨该企业党组织的党费，不得用党费偿还该企业的债务。执行中，如果申请执行人提供证据证明企业的资金存入党费账户，并申请人民法院对该项资金予以执行的，人民法院可以对该项资金先行冻结；被执行人提供充分证据证明该项资金属于党费的，人民法院应当解除冻结。

各级人民法院发现执行案件过程中有违反上述规定情形的，应当及时依法纠正。

2005 年 11 月 22 日

最高人民法院关于人民法院在审理企业破产案件中
适用最高人民法院《关于审理企业破产案件
若干问题的规定》的通知

（法〔2002〕273号）

各省、自治区、直辖市高级人民法院，解放军军事法院，新疆维吾尔自治区高级人民法院生产建设兵团分院：

最高人民法院《关于审理企业破产案件若干问题的规定》（以下简称《规定》）已由最高人民法院审判委员会第1232次会议通过，并于2002年9月1日起施行。为在审理企业破产案件工作中正确适用《规定》，现就有关问题通知如下：

一、各级人民法院应当认真组织审判人员学习《规定》，深刻理解其含义，准确把握司法解释的精神，充分认识《规定》在规范企业破产行为，保障债权人和债务人的合法权益。防止假破产、真逃债，建立社会信用，维护社会经济秩序，促进社会主义市场经济发展方面的重要作用。

二、当事人向人民法院提出企业破产申请后，由立案庭接收有关申请材料，确定案号，并将有关申请材料移交审理企业破产案件的审判庭，由该审判庭依照《规定》的有关规定，决定是否受理当事人的申请。

三、企业破产申请人根据《规定》第十三条第二款、第十四条第三款的规定，向上一级人民法院提起上诉的，由上级人民法院审理企业破产案件的审判庭审理。

四、企业破产案件当事人根据《规定》第三十八条、第四十四条第二款的规定，向上一级人民法院申诉的，由上一级人民法院审理企业破产案件的审判庭审理。

五、根据《规定》第一百零四条的规定，最高人民法院发现地方各级人民法院，或者上级人民法院发现下级人民法院在企业破产程序中作出的裁定确有错误的。由最高人民法院或者上级人民法院审理企业破产案件的审判庭审理。

六、各级人民法院在执行《规定》的过程中，应当注意加强调查研究，总结审判实践经验，切实保证《规定》的有效实施。

2002年12月26日

第三节 个案批复

最高人民法院关于对重庆高院《关于破产申请受理前已经划扣到执行法院账户尚未支付给申请执行人的款项是否属于债务人财产及执行法院收到破产管理人中止执行告知函后应否中止执行问题的请示》的答复函

（〔2017〕最高法民他72号）

重庆市高级人民法院：

你院（2017）渝民他12号《关于破产申请受理前已经划扣到执行法院账户尚未支付给申请执行人的款项是否属于债务人财产及执行法院收到破产管理人中止执行告知函后应否中止执行问题的请示》收悉，经研究，答复如下：

人民法院裁定受理破产申请时已经扣划到执行法院账户但尚未支付给申请人执行的款项，仍属于债务人财产，人民法院裁定受理破产申请后，执行法院应当中止对该财产的执行。执行法院收到破产管理人发送的中止执行告知函后仍继续执行的，应当根据《最高人民法院关于适用〈中华人民共和国破产法〉若干问题的规定（二）》第五条依法予以纠正，故同意你院审判委员会的倾向性意见，由于法律、司法解释和司法政策的变化，我院2004年12月22日作出的《关于如何理解〈最高人民法院关于破产司法解释〉第六十八条的请示的答复》（〔2003〕民二他字第52号）相应废止。

此复。

最高人民法院

2017年12月12日

最高人民法院关于上诉人宁波金昌实业投资有限公司与被上诉人西北证券有限责任公司破产清算组取回权纠纷一案的请示的答复

（〔2009〕民二他字第 24 号）

宁夏回族自治区高级人民法院：

你院《关于上诉人宁波金昌实业投资有限公司与被上诉人西北证券有限责任公司破产清算组取回权纠纷一案的请示》收悉。经研究，答复如下：

根据你院来函所述事实，请示问题实质为证券公司违规挪用的客户证券资产被追回后，客户在证券公司破产程序中能否对该部分资产行使取回权。对于这一问题，在 2007 年 11 月 20 日召开的全国法院证券公司破产案件审理工作座谈会已经明确了相关处理原则：如果证券公司违规挪用客户资金和证券，关系清楚、财产并未混同，管理人追回后，可由相关权利人行使代偿性取回权。综上，同意你院审判委员会的倾向性意见。

以上意见供参考。

最高人民法院

2009 年 10 月 19 日

最高人民法院关于河南省高级人民法院就郑州亚细亚五彩购物广场有限公司破产一案中董桂琴等50家商户能否行使取回权问题请示的答复

（〔2003〕民二他字第 14 号）

河南省高级人民法院：

你院〔2003〕豫法民二函字第 02 号请示收悉。经研究，答复如下：

原则同意你院不支持董桂琴等 50 家商户行使取回权的第二种意见。董桂琴等 50 家商户与亚细亚五彩购物广场有限公司（以下简称五彩购物广场）形成了委托收取销售货款的关系，现有证据不能证明五彩购物广场对所收取的货款开立专门账户加以管理，即五彩购物广场代收的货款没有特定化。由于货币作为动产的特殊属性，董桂琴等 50 家商户对没有特定化的货款不具有所有权关系，在企业破产还债程序中不能行使取回权，可以以普通债权人的身份参与破产财产的分配。望你院并郑州中院做好当事人的工作。

此复。

最高人民法院

2003 年 6 月 9 日

最高人民法院关于蓬莱京鲁通讯视像设备厂
破产还债案有关法律适用问题的复函

（〔2001〕民立他字第 49 号）

山东省高级人民法院：

你院〔2001〕鲁法经字 8-1 号《关于蓬莱京鲁通讯视像设备厂破产还债一案有关问题的请示》收悉。经研究，答复如下：

对于你院所请示问题，最高人民法院 1997 年 3 月 6 日法发〔1997〕2 号《关于当前人民法院审理企业破产案件应当注意的几个问题的通知》第十一条和 2002 年 7 月 8 日《关于审理企业破产案件若干问题的规定》第一百零四条均已作出明确规定，上级人民法院发现下级人民法院的裁定确有错误，应当通知其依法纠正；必要时可以裁定指令下级人民法院重新作出裁定。因此，对于已经审理终结的破产案件进行监督、纠正是有法可依的，但在适用时应当严格、谨慎，并应充分考虑该破产案件提起再审的可行性，依法妥善处理。

最高人民法院

2003 年 2 月 25 日

第四节 各部委规范性文件

财政部关于印发《企业破产清算有关会计处理规定》的通知

（财会〔2016〕23号）

国务院有关部委，有关中央管理企业，各省、自治区、直辖市、计划单列市财政厅（局），新疆生产建设兵团财务局，财政部驻各省、自治区、直辖市、计划单列市财政监察专员办事处：

为进一步规范企业破产清算的会计处理，根据《中华人民共和国会计法》和《中华人民共和国企业破产法》，我部制订了《企业破产清算有关会计处理规定》，现予印发，请遵照执行。

财政部

2016 年 12 月 20 日

企业破产清算有关会计处理规定

第一章 总 则

第一条 为规范企业破产清算的会计处理，向人民法院和债权人会议等提供企业破产清算期间的相关财务信息，根据《中华人民共和国会计法》、《中华人民共和国企业破产法》（以下简称破产法）及其相关规定，制定本规定。

第二条 本规定适用于经法院宣告破产处于破产清算期间的企业法人（以下简称破产企业）。

第二章 编制基础和计量属性

第三条 破产企业会计确认、计量和报告以非持续经营为前提。

第四条 企业经法院宣告破产的，应当按照法院或债权人会议要求的时点（包括破产宣告日、债权人会议确定的编报日、破产终结申请日等，以下简称破产报表日）编制清算财务报表，并由破产管理人签章。

第五条 破产企业在破产清算期间的资产应当以破产资产清算净值计量。本规定所称的资产，是指破产法规定的债务人（破产企业）财产。

破产资产清算净值，是指在破产清算的特定环境下和规定时限内，最可能的变现价值扣除相关的处置税费后的净额。最可能的变现价值应当为公开拍卖的变现价值，但是债权人会议另有决议或国家规定不能拍卖或限制转让的资产除外；债权人会议另有决议的，最可能的变现价值应当为其决议的处置方式下的变现价值；按照国家规定不能拍卖或限制转让的，应当将按照国家规定的方式处理后的所得作为变现价值。

第六条　破产企业在破产清算期间的负债应当以破产债务清偿价值计量。

破产债务清偿价值，是指在不考虑破产企业的实际清偿能力和折现等因素的情况下，破产企业按照相关法律规定或合同约定应当偿付的金额。

第三章　确认和计量

第七条　破产企业被法院宣告破产的，应当按照破产资产清算净值对破产宣告日的资产进行初始确认计量；按照破产债务清偿价值对破产宣告日的负债进行初始确认计量；相关差额直接计入清算净值。

第八条　破产企业在破产清算期间的资产，应当按照破产资产清算净值进行后续计量，负债按照破产债务清偿价值进行后续计量。破产企业应当按照破产报表日的破产资产清算净值和破产债务清偿价值，对资产和负债的账面价值分别进行调整，差额计入清算损益。

第九条　破产清算期间发生资产处置的，破产企业应当终止确认相关被处置资产，并将处置所得金额与被处置资产的账面价值的差额扣除直接相关的处置费用后，计入清算损益。

破产清算期间发生债务清偿的，破产企业应当按照偿付金额，终止确认相应部分的负债。在偿付义务完全解除时，破产企业应当终止确认该负债的剩余账面价值，同时确认清算损益。

第十条　破产清算期间发生各项费用、取得各项收益应当直接计入清算损益。

第十一条　在破产清算期间，破产企业按照税法规定需缴纳企业所得税的，应当计算所得税费用，并将其计入清算损益。所得税费用应当仅反映破产企业当期应交的所得税。

第十二条　破产企业因盘盈、追回等方式在破产清算期间取得的资产，应当按照取得时的破产资产清算净值进行初始确认计量，初始确认计量的账面价值与取得该资产的成本之间存在差额的，该差额应当计入清算损益。

第十三条　破产企业在破产清算期间新承担的债务，应当按照破产债务清偿价值进行初始确认计量，并计入清算损益。

第四章　清算财务报表的列报

第十四条　破产企业应当按照本规定编制清算财务报表，向法院、债权人会议等报表使用者反映破产企业在破产清算过程中的财务状况、清算损益、现金流量变动和债务偿付状况。

第十五条　破产企业的财务报表包括清算资产负债表、清算损益表、清算现金流量表、债务清偿表及相关附注。

法院宣告企业破产的，破产企业应当以破产宣告日为破产报表日编制清算资产负债表及相关附注。

法院或债权人会议等要求提供清算财务报表的，破产企业应当根据其要求提供清算财务报表的时点确定破产报表日，编制清算资产负债表、清算损益表、清算现金流量表、债务清偿表及相关附注。

向法院申请裁定破产终结的，破产企业应当编制清算损益表、债务清偿表及相关附注。

第十六条　清算资产负债表反映破产企业在破产报表日资产的破产资产清算净值，以及负债的破产债务清偿价值。

资产项目和负债项目的差额在清算资产负债表中作为清算净值列示。

第十七条　清算损益表反映破产企业在破产清算期间发生的各项收益、费用。清算损益表至少应当单独列示反映下列信息的项目：资产处置净收益（损失）、债务清偿净收益（损失）、破产资产和负债净值变动净收益（损失）、破产费用、共益债务支出、所得税费用等。

第十八条　清算现金流量表反映破产企业在破产清算期间货币资金余额的变动情况。清算现金流量表应当采用直接法编制，至少应当单独列示反映下列信息的项目：处置资产收到的现金净额、清偿债务支付的现金、支付破产费用的现金、支付共益债务支出的现金、支付所得税的现金等。

第十九条　债务清偿表反映破产企业在破产清算期间发生的债务清偿情况。债务清偿表应当根据破产法规定的债务清偿顺序，按照各项债务的明细单独列示。债务清偿表中列示的各项债务至少应当反映其确认金额、清偿比例、实际需清偿金额、已清偿金额、尚未清偿金额等信息。

第二十条　破产企业应当在清算财务报表附注中披露下列信息：

（一）破产资产明细信息；

（二）破产管理人依法追回的账外资产明细信息；

（三）破产管理人依法取回的质物和留置物的明细信息；

（四）未经法院确认的债务的明细信息；

（五）应付职工薪酬的明细信息；

（六）期末货币资金余额中已经提存用于向特定债权人分配或向国家缴纳税款的金额；

（七）资产处置损益的明细信息，包括资产性质、处置收入、处置费用及处置净收益；

（八）破产费用的明细信息，包括费用性质、金额等；

（九）共益债务支出的明细信息，包括具体项目、金额等。

第五章　附　则

第二十一条　在本规定施行之后经法院宣告破产的企业，应当按照本规定进行会计处理。

第二十二条　本规定自发布之日起施行。《国有企业试行破产有关会计处理问题暂行规定》（财会字〔1997〕28号）同时废止。

附：1. 会计科目使用说明及账务处理

2. 破产企业清算财务报表及其附注 ①

---

① 本书未收录所附文件。

财政部、税务总局关于继续支持企业事业单位改制重组有关契税政策的通知

（财税〔2018〕17号）

各省、自治区、直辖市、计划单列市财政厅（局）、地方税务局，西藏、宁夏、青海省（自治区）国家税务局，新疆生产建设兵团财政局：

为贯彻落实《国务院关于进一步优化企业兼并重组市场环境的意见》（国发〔2014〕14号），继续支持企业、事业单位改制重组，现就企业、事业单位改制重组涉及的契税政策通知如下：

一、企业改制

企业按照《中华人民共和国公司法》有关规定整体改制，包括非公司制企业改制为有限责任公司或股份有限公司，有限责任公司变更为股份有限公司，股份有限公司变更为有限责任公司，原企业投资主体存续并在改制（变更）后的公司中所持股权（股份）比例超过75%，且改制（变更）后公司承继原企业权利、义务的，对改制（变更）后公司承受原企业土地、房屋权属，免征契税。

二、事业单位改制

事业单位按照国家有关规定改制为企业，原投资主体存续并在改制后企业中出资（股权、股份）比例超过50%的，对改制后企业承受原事业单位土地、房屋权属，免征契税。

三、公司合并

两个或两个以上的公司，依照法律规定、合同约定，合并为一个公司，且原投资主体存续的，对合并后公司承受原合并各方土地、房屋权属，免征契税。

四、公司分立

公司依照法律规定、合同约定分立为两个或两个以上与原公司投资主体相同的公司，对分立后公司承受原公司土地、房屋权属，免征契税。

五、企业破产

企业依照有关法律法规规定实施破产，债权人（包括破产企业职工）承受破产企业抵偿债务的土地、房屋权属，免征契税；对非债权人承受破产企业土地、房屋权属，凡按照《中华人民共和国劳动法》等国家有关法律法规政策妥善安置原企业全部职工规定，与原企业全部职工签订服务年限不少于三年的劳动用工合同的，对其承受所购企业土地、房屋权属，免征契税；与原企业超过30%的职工签订服务年限不少于三年的劳动用工合同的，减半征收契税。

六、资产划转

对承受县级以上人民政府或国有资产管理部门按规定进行行政性调整、划转国有土地、房屋权属的单位，免征契税。

同一投资主体内部所属企业之间土地、房屋权属的划转，包括母公司与其全资子公司之间，同一公司所属全资子公司之间，同一自然人与其设立的个人独资企业、一人有限公司之间土地、房屋权属的划转，免征契税。

母公司以土地、房屋权属向其全资子公司增资，视同划转，免征契税。

七、债权转股权

经国务院批准实施债权转股权的企业，对债权转股权后新设立的公司承受原企业的土地、房屋权属，免征契税。

八、划拨用地出让或作价出资

以出让方式或国家作价出资（入股）方式承受原改制重组企业、事业单位划拨用地的，不属上述规定的免税范围，对承受方应按规定征收契税。

九、公司股权（股份）转让

在股权（股份）转让中，单位、个人承受公司股权（股份），公司土地、房屋权属不发生转移，不征收契税。

十、有关用语含义

本通知所称企业、公司，是指依照我国有关法律法规设立并在中国境内注册的企业、公司。

本通知所称投资主体存续，是指原企业、事业单位的出资人必须存在于改制重组后的企业，出资人的出资比例可以发生变动；投资主体相同，是指公司分立前后出资人不发生变动，出资人的出资比例可以发生变动。

本通知自 2018 年 1 月 1 日起至 2020 年 12 月 31 日执行。本通知发布前，企业、事业单位改制重组过程中涉及的契税尚未处理的，符合本通知规定的可按本通知执行。

财政部　税务总局

2018 年 3 月 2 日

工商总局关于全面推进企业简易注销登记改革的指导意见

（工商企注字〔2016〕253 号）

为进一步深化商事制度改革，完善市场主体退出机制，根据《国务院关于促进市场公平竞争维护市场正常秩序的若干意见》（国发〔2014〕20 号）、《国务院关于印发2016 年推进简政放权放管结合优化服务改革工作要点的通知》（国发〔2016〕30 号），自 2017 年 3 月 1 日起，在全国范围内全面实行企业简易注销登记改革。现就推进企业简易注销登记改革，实现市场主体退出便利化，提出如下意见：

一、持续深化商事制度改革，充分认识推进企业简易注销登记改革的重大意义

深化商事制度改革，是党中央、国务院作出的重大决策，是在新形势下全面深化改革的重大举措。2014 年 3 月 1 日以来，注册资本登记制度改革在全国范围内全面实施。通过改革，还权于市场、还权于市场主体，大幅度降低了企业设立门槛，极大地激发了市场活力和社会投资热情，市场主体数量快速增长。市场准入高效便捷的同时，退出渠道仍然不畅。根据现行法律规定，注销企业程序复杂、耗时较长，一定程度上影响了市场机制效率。

2015 年以来，一些地方开展了企业简易注销登记改革试点，让真正有退出需求、债务关系清晰的企业快捷便利退出市场，重新整合资源，享受到商事制度改革的红利。企业简易注销登记有助于提升市场退出效率，提高社会资源利用效率；有助于降低市场主体退出成本，对于进一步提高政府效能，优化营商环境，持续激发市场活力，释放改革红利具有重要意义。

各地要充分认识全面推进企业简易注销登记改革的重大意义，在坚持"便捷高效、公开透明、控制风险"的基本原则基础上，对未开业企业和无债权债务企业实行简易注销登记程序。要兼顾依法行政和改革创新，按照条件适当、程序简约的要求，创新登记方式，提高登记效率；公开办理企业简易注销登记的申请条件、登记程序、审查要求和审查期限，优化登记流程；强化企业的诚信义务和法律责任，加强社会监督，保障交易安全，维护公平竞争的市场秩序。

二、规范简易注销行为，为企业提供便捷高效的市场退出服务

（一）明确适用范围，尊重企业自主权。

贯彻加快转变政府职能和简政放权改革要求，充分尊重企业自主权和自治权，对领取营业执照后未开展经营活动（以下称未开业）、申请注销登记前未发生债权债务或已将债权债务清算完结（以下称无债权债务）的有限责任公司、非公司企业法人、个人独资企业、合伙企业，由其自主选择适用一般注销程序或简易注销程序。

企业有下列情形之一的，不适用简易注销程序：涉及国家规定实施准入特别管理措施的外商投资企业；被列入企业经营异常名录或严重违法失信企业名单的；存在股权（投资权益）被冻结、出质或动产抵押等情形；有正在被立案调查或采取行政强

制、司法协助、被予以行政处罚等情形的；企业所属的非法人分支机构未办理注销登记的；曾被终止简易注销程序的；法律、行政法规或者国务院决定规定在注销登记前需经批准的；不适用企业简易注销登记的其他情形。

人民法院裁定强制清算或裁定宣告破产的，有关企业清算组、企业管理人可持人民法院终结强制清算程序的裁定或终结破产程序的裁定，向被强制清算人或破产人的原登记机关申请办理简易注销登记。

（二）简化登记程序，提高登记效率。

企业申请简易注销登记应当先通过国家企业信用信息公示系统《简易注销公告》专栏主动向社会公告拟申请简易注销登记及全体投资人承诺等信息（强制清算终结和破产程序终结的企业除外），公告期为 45 日。登记机关应当同时通过国家企业信用信息公示系统将企业拟申请简易注销登记的相关信息推送至同级税务、人力资源和社会保障等部门，涉及外商投资企业的还要推送至同级商务主管部门。公告期内，有关利害关系人及相关政府部门可以通过国家企业信用信息公示系统《简易注销公告》专栏"异议留言"功能提出异议并简要陈述理由。公告期满后，企业方可向企业登记机关提出简易注销登记申请。

简化企业需要提交的申请材料。将全体投资人作出解散的决议（决定）、成立清算组、经其确认的清算报告等文书合并简化为全体投资人签署的包含全体投资人决定企业解散注销、组织并完成清算工作等内容的《全体投资人承诺书》（见附件）。企业在申请简易注销登记时只需要提交《申请书》《指定代表或者共同委托代理人授权委托书》《全体投资人承诺书》（强制清算终结的企业提交人民法院终结强制清算程序的裁定，破产程序终结的企业提交人民法院终结破产程序的裁定）、营业执照正、副本即可，不再提交清算报告、投资人决议、清税证明、清算组备案证明、刊登公告的报纸样张等材料（企业登记申请文书规范和企业登记提交材料规范（2015 年版）已相应修订）。

登记机关在收到申请后，应当对申请材料进行形式审查，也可利用国家企业信用信息公示系统对申请简易注销登记企业进行检索检查，对于不适用简易注销登记限制条件的申请，书面（电子或其他方式）告知申请人不符合简易注销条件；对于公告期内被提出异议的企业，登记机关应当在 3 个工作日内依法作出不予简易注销登记的决定；对于公告期内未被提出异议的企业，登记机关应当在 3 个工作日内依法作出准予简易注销登记的决定。

（三）明晰各方责任，保护合法权利。

企业应当对其公告的拟申请简易注销登记和全体投资人承诺、向登记机关提交材料的真实性、合法性负责。《全体投资人承诺书》是实施监督管理的依据。企业在简易注销登记中隐瞒真实情况、弄虚作假的，登记机关可以依法做出撤销注销登记等处理，在恢复企业主体资格的同时将该企业列入严重违法失信企业名单，并通过国家企业信用信息公示系统公示，有关利害关系人可以通过民事诉讼主张其相应权利。

对恶意利用企业简易注销程序逃避债务或侵害他人合法权利的，有关利害关系人可以通过民事诉讼，向投资人主张其相应民事责任，投资人违反法律、法规规定，构成犯罪的，依法追究刑事责任。

三、加强组织保障，确保企业简易注销登记改革各项工作的有序开展

（一）加强组织领导。

各地要切实加强组织领导，周密安排部署，明确职责分工，注重加强与法院、检察、人力资源和社会保障、商务、税务等部门信息沟通，做好工作衔接，确保改革各项举措的有序开展、落地生根。

（二）完善制度措施。

已经开展企业简易注销登记改革试点的地方，要做好改革举措实施评估和跟踪调查工作，在本指导意见框架下及时调整完善相关制度措施和工作流程。尚未开展试点的地方，要认真按照指导意见要求制定企业简易注销登记内部工作制度和工作流程，编制企业简易注销登记告知单、办事指南等材料。

（三）强化实施保障。

各地要依托现代信息技术，及时改造升级企业登记业务系统软件，增加企业简易注销登记和简易注销登记限制条件的自动提示功能，完善国家企业信用信息公示系统相应功能，做好与有关部门的信息共享工作，切实强化实行企业简易注销登记的网络运行环境、办公设备、经办人员以及经费等保障工作。

（四）开展业务培训。

各地要有组织、有计划、分步骤开展对相关人员的业务培训，帮助相关人员深入理解企业简易注销登记的意义，全面掌握有关改革具体规定、材料规范、内部工作流程，熟练操作登记软件，为改革的全面实施打好基础。

（五）注重宣传引导。

各地要充分利用广播、电视、报刊、网络等各种媒介做好企业简易注销登记改革的宣传解读，提高政策知晓度和社会参与度。引导公众全面了解自主选择企业简易注销登记带来的便利和对应的责任，及时解答和回应社会关注的热点问题，努力营造全社会理解改革、支持改革、参与改革的良好氛围。

请各地按照《企业简易注销登记改革信息化技术方案》（随后下发）做好国家企业信用信息公示系统和企业登记业务系统软件的改造升级，确保2017年3月1日起全面执行本指导意见。各地在实行企业简易注销登记改革中遇到的新情况、新问题，要注意收集汇总，及时上报总局企业注册局。

附件：全体投资人承诺书

工商总局

2016年12月26日

附件:

全体投资人承诺书

现向登记机关申请_____（企业名称）的简易注销登记，并郑重承诺：

本企业申请注销登记前未发生债权债务/已将债权债务清算完结，不存在未结清清算费用、职工工资、社会保险费用、法定补偿金和未交清的应缴纳税款及其他未了结事务，清算工作已全面完结。

本企业承诺申请注销登记时不存在以下情形：涉及国家规定实施准入特别管理措施的外商投资企业；被列入企业经营异常名录或严重违法失信企业名单的；存在股权（投资权益）被冻结、出质或动产抵押等情形；有正在被立案调查或采取行政强制、司法协助、被予以行政处罚等情形的；企业所属的非法人分支机构未办理注销登记的；曾被终止简易注销程序的；法律、行政法规或者国务院决定规定在注销登记前需经批准的；不适用企业简易注销登记的其他情形。

本企业全体投资人对以上承诺的真实性负责，如果违法失信，则由全体投资人承担相应的法律后果和责任，并自愿接受相关行政执法部门的约束和惩戒。

全体投资人签字（盖章）：

年　　月　　日

市场监管总局关于开展进一步完善企业简易注销登记改革试点工作的通知

（国市监注〔2018〕237号）

北京市、天津市、浙江省、安徽省、福建省、江西省、山东省、河南省、湖北省、湖南省、广东省、广西壮族自治区、海南省、四川省、重庆市、贵州省、陕西省市场监督管理部门：

为进一步深化商事制度改革，完善市场主体退出机制，根据《国务院办公厅关于印发全国深化"放管服"改革转变政府职能电视电话会议重点任务分工方案的通知》（国办发〔2018〕79号）要求，着力解决企业反映的简易注销登记适用范围有限、公告时间过长、登记流程容错率低等问题，市场监管总局决定在北京市、天津市宝坻区、浙江省杭州市和宁波市、安徽省芜湖市和蚌埠市、福建省泉州市、江西省赣州市和九江市、山东省济南市和日照市、河南自贸试验区、湖北自贸试验区（宜昌片区）和武汉市东湖新技术开发区、湖南省岳阳市、广东省广州市南沙区、深圳市、珠海市和东莞市、广西壮族自治区防城港市、海南省、四川省成都市和四川自贸试验区（川南临港片区）、重庆市大足区和沙坪坝区、贵州省贵阳市、陕西省咸阳市开展工作试点，进一步探索完善企业简易注销登记改革。现就有关事项通知如下：

一、坚持便捷高效、公开透明、控制风险的试点原则

试点工作要兼顾依法行政和改革创新，按照条件适当、程序简约的要求，创新登记方式，优化登记流程，提高注销登记效率，最大限度方便企业办事；公开办理企业简易注销登记的申请条件、登记程序、审查要求和审查期限，增强企业可预期性；坚持诚信推定、背信严惩，强化企业的诚信义务和法律责任，防范企业恶意利用简易注销登记程序逃避债务，损害债权人利益，切实保障交易安全。

二、进一步拓展企业简易注销登记适用范围

在原工商总局印发的《关于全面推进企业简易注销登记改革的指导意见》（工商企注字〔2016〕253号，以下简称《指导意见》）基础上，试点地区市场监管部门要进一步拓展企业简易注销登记适用范围，对领取营业执照后未开展经营活动、申请注销登记前未发生债权债务或已将债权债务清算完结的非上市股份有限公司、各类企业分支机构，适用企业简易注销登记程序。对符合上述条件的农民专业合作社及其分支机构，参照适用企业简易注销登记程序。

非上市股份有限公司申请简易注销登记的，只需提交《申请书》《指定代表或者共同委托代理人授权委托书》《全体发起人承诺书》和营业执照正、副本。各类企业分支机构申请简易注销登记的，只需提交《申请书》《指定代表或者共同委托代理人授权委托书》、企业盖章的《承诺书》和营业执照正、副本。

三、进一步压缩企业简易注销登记公告时间

试点地区要在《指导意见》基础上，将企业简易注销登记公告时间由 45 天（自然日）压缩为 20 天（自然日），公告期届满后 30 天（自然日）内，企业应当向登记机关申请注销登记。

试点地区要发挥先行先试优势，依托一体化政务服务平台，建立企业注销网上服务专区，企业自主选择适用普通注销程序或简易注销程序，通过推进部门间业务协同，实行各部门注销业务"信息共享、同步指引"，实现企业注销"一网"服务，企业能够"一网"获知各环节流程、进度和结果，提升企业办事体验，提高企业注销办事效率。

四、建立企业简易注销容错机制

企业申请简易注销登记的，经登记机关审查存在"被列入企业经营异常名录"、"存在股权（投资权益）被冻结、出质或动产抵押等情形"、"企业所属的非法人分支机构未办注销登记的"等不适用简易注销程序的，待异常状态消失后，应当允许企业再次依程序申请简易注销登记。对于因承诺书文字、形式填写不规范的企业，登记机关在企业补正后予以受理其简易注销申请。

五、进一步加强与司法部门的工作衔接

试点地区市场监管部门要进一步加强与人民法院的沟通协作，对于人民法院裁定强制清算或裁定宣告破产的，有关企业可向登记机关申请办理简易注销登记，无需经过简易注销公告程序。对于企业提供虚假材料骗取简易注销登记的，有关利害关系人可以依据《最高人民法院关于适用〈公司法〉若干问题的规定（二）》的有关规定，申请人民法院维护自身合法权益。

六、切实加强改革试点工作的组织保障

各省（区、市）市场监管部门要加强统筹，做好对试点地区的工作指导，确保企业简易注销登记改革试点规范统一。试点地区要切实加强组织领导，周密安排部署，明确职责分工，注重加强与人民法院、人力资源社会保障、商务、税务等部门的沟通协调，做好工作衔接，确保各项改革举措的有序开展；要根据《指导意见》及本通知要求，研究制定改革试点的实施方案，及时调整完善细化相关制度措施和工作流程；要依托信息技术，完善国家企业信用信息公示系统相应功能，增加对办事企业的提醒服务功能等；要加强宣传引导，做好试点政策解读，引导企业根据实际需要选择注销方式。

各试点地区应于 2019 年 1 月底前正式启动试点。在推进企业简易注销登记改革试点工作中遇到的新情况、新问题，要注意收集汇总，及时上报市场监管总局登记注册局。

市场监管总局

2018 年 12 月 3 日

国家税务总局关于深化"放管服"改革更大力度推进优化税务注销办理程序工作的通知

（税总发〔2019〕64号）

国家税务总局各省、自治区、直辖市和计划单列市税务局，国家税务总局驻各地特派员办事处，局内各单位：

为进一步优化税务执法方式，改善税收营商环境，根据《全国税务系统深化"放管服"改革五年工作方案（2018年-2022年）》（税总发〔2018〕199号），在落实《国家税务总局关于进一步优化办理企业税务注销程序的通知》（税总发〔2018〕149号，以下简称《通知》）要求的基础上，现就更大力度推进优化税务注销办理程序有关事项通知如下：

一、进一步扩大即办范围

（一）符合《通知》第一条第一项规定情形，即未办理过涉税事宜的纳税人，主动到税务机关办理清税的，税务机关可根据纳税人提供的营业执照即时出具清税文书。

（二）符合《通知》第一条第二项规定情形，即办理过涉税事宜但未领用发票、无欠税（滞纳金）及罚款的纳税人，主动到税务机关办理清税，资料齐全的，税务机关即时出具清税文书；资料不齐的，可采取"承诺制"容缺办理，在其作出承诺后，即时出具清税文书。

（三）经人民法院裁定宣告破产的纳税人，持人民法院终结破产程序裁定书向税务机关申请税务注销的，税务机关即时出具清税文书，按照有关规定核销"死欠"。

二、进一步简化税务注销前业务办理流程

（一）处于非正常状态纳税人在办理税务注销前，需先解除非正常状态，补办纳税申报手续。符合以下情形的，税务机关可打印相应税种和相关附加的《批量零申报确认表》（见附件），经纳税人确认后，进行批量处理：

1. 非正常状态期间增值税、消费税和相关附加需补办的申报均为零申报的；

2. 非正常状态期间企业所得税月（季）度预缴需补办的申报均为零申报，且不存在弥补前期亏损情况的。

（二）纳税人办理税务注销前，无需向税务机关提出终止"委托扣款协议书"申请。税务机关办结税务注销后，委托扣款协议自动终止。

三、进一步减少证件、资料报送

对已实行实名办税的纳税人，免予提供以下证件、资料：

（一）《税务登记证》正（副）本、《临时税务登记证》正（副）本和《发票领用簿》；

（二）市场监督管理部门吊销营业执照决定原件（复印件）；

（三）上级主管部门批复文件或董事会决议原件（复印件）；

（四）项目完工证明、验收证明等相关文件原件（复印件）。

更大力度推进优化税务注销办理程序，是进一步贯彻落实党中央、国务院关于深化"放管服"改革、优化营商环境要求的重要举措。各地税务机关要高度重视，抓好落实，并严格按照法律、行政法规规定的程序和本通知要求办理相关事项。

本通知自 2019 年 7 月 1 日起执行。

国家税务总局

2019 年 5 月 9 日

附件

批量零申报确认表

纳税人名称			
纳税人识别号 （统一社会信用代码）		申报日期	
申报明细			
征收项目	征收品目	税款所属期起	税款所属期止
例：增值税	商业（3%）	2009 年 3 月 1 日	2019 年 3 月 31 日

纳税人声明：

我单位在被税务机关认定为非正常状态期间未从事生产、经营活动，无相关纳税义务，自愿就上述申报明细向税务机关进行零申报，本人（单位）对填报内容的真实性、完整性、可靠性负责。

经办人：

纳税人（盖章或签字）：

年 月 日

第二章 地方性规定

第一节 山东省有关企业破产与强制清算的规定

山东省高级人民法院关于印发企业破产案件审理规范指引（试行）的通知

（鲁高法〔2019〕50号）

各市中级人民法院：

《山东省高级人民法院企业破产案件审理规范指引（试行）》已于2019年8月5日经省法院审判委员会全体会议2019年第24次（总第24次）会议讨论通过，现予以印发，请结合实际认真贯彻执行，执行中遇到的问题，请及时报告省法院民二庭。

山东省高级人民法院

2019年9月26日

山东省高级人民法院企业破产案件审理规范指引（试行）

为进一步规范企业破产案件审理，明确人民法院和管理人职责，提高破产案件审判质效，公平清理债权债务，依据《中华人民共和国企业破产法》（以下简称企业破产法）、《中华人民共和国公司法》（以下简称公司法）、《中华人民共和国民事诉讼法》（以下简称民事诉讼法）及最高人民法院相关司法解释、会议纪要等规定，结合山东省破产审判工作实际，制定本指引。

第一章　申请和受理

第一节　案件管辖

第一条　企业破产案件由债务人住所地人民法院管辖。债务人住所地指债务人的主要办事机构所在地。债务人主要办事机构所在地难以确定的，由债务人注册登记地人民法院管辖。

注册地人民法院登记立案后裁定受理前，经审查发现债务人的主要办事机构所在地不在本院辖区，且该案件由债务人主要办事机构所在地人民法院管辖更有利于财产处置、节约破产成本的，可将案件移送债务人主要办事机构所在地同级别的人民法院处理。受移送的人民法院认为案件不属于本院管辖的，应当报请共同的上级法院指定管辖，不得再自行移送。

第二条　基层人民法院一般管辖县、县级市或者区的市场主体登记注册部门核准登记企业的破产案件；中级人民法院一般管辖设区的市级（含本级）以上的市场主体登记注册部门核准登记企业的破产案件。

纳入国家计划调整的企业、金融机构、上市公司破产案件，由中级人民法院管辖。

第三条　中级人民法院确有必要将本院管辖的企业破产案件移交基层人民法院审理的，应当报请高级人民法院批准。中级人民法院有权审理下级人民法院管辖的企业破产案件。基层法院对其管辖的企业破产案件，认为需要由中级人民法院审理的，可以报请中级人民法院审理。

第四条　因管辖企业合并破产等特殊原因需调整案件管辖的，应报请共同上级人民法院指定管辖。

第五条　关联企业合并破产案件，由关联企业中的核心控制企业住所地人民法院管辖。核心控制企业不明确的，由关联企业主要财产所在地人民法院管辖。多个法院之间对管辖权发生争议的，应当报请共同的上级人民法院指定管辖。

第六条　执行案件移送破产审查，由被执行人住所地中级人民法院管辖为原则、基层人民法院管辖为例外。中级人民法院可以根据辖区两级法院企业破产审判力量，合理分配审判任务，自主决定执行移送破产审查案件是否移交基层人民法院审理，无需报高级人民法院批准。

第七条　人民法院受理破产申请后，有关债务人的民事诉讼，只能向受理破产申请的人民法院提起。

受理破产申请的人民法院管辖的有关债务人的第一审民事案件，可以依据民事诉讼法第三十八条的规定，由上级人民法院提审，或者报请上级人民法院批准后交下级人民法院审理。

受理破产申请的人民法院，如对有关债务人的海事纠纷、专利纠纷、证券市场因虚假陈述引发的民事赔偿纠纷等案件不能行使管辖权的，可以依据民事诉讼法第三十七条规定，请求上级人民法院指定管辖。

破产程序终结后，有关债务人的民事诉讼，不再适用企业破产法第二十一条集中管辖的规定。

第八条　当事人之间在破产申请受理前订立有仲裁条款或者仲裁协议的，人民法院受理破产申请后，有关债务人的仲裁条款或者仲裁协议的效力不受影响。

第二节　破产原因

第九条　企业法人不能清偿到期债务，并且具有下列情形之一的，人民法院应当认定其具备破产原因：

（一）资产不足以清偿全部债务；

（二）明显缺乏清偿能力。

企业法人有前款规定情形，或者有明显丧失清偿能力可能的，可以依法进行重整。

相关当事人以对债务人的债务负有连带责任的人未丧失清偿能力为由，主张债务人不具备破产原因的，人民法院不予支持。

第十条　下列情形同时存在的，人民法院应当认定债务人不能清偿到期债务：

（一）债权债务关系依法成立；

（二）债务履行期限已经届满；

（三）债务人未完全清偿债务。

第十一条 债务人的资产负债表，或者审计报告、资产评估报告等显示其全部资产不足以偿付全部负债的，人民法院应当认定债务人资产不足以清偿全部债务，但有相反证据足以证明债务人资产能够偿付全部负债的除外。

第十二条 债务人账面资产虽大于负债，但存在下列情形之一的，人民法院应当认定其明显缺乏清偿能力：

（一）因资金严重不足或者财产不能变现等原因，无法清偿债务；

（二）法定代表人下落不明且无其他人员负责管理财产，无法清偿债务；

（三）经人民法院强制执行，无法清偿债务；

（四）长期亏损且经营扭亏困难，无法清偿债务；

（五）导致债务人丧失清偿能力的其他情形。

第三节 破产主体

第十三条 申请（被申请）破产的债务人应当具有企业法人资格。

第十四条 合伙企业、民办学校、农民专业合作社、个人独资企业以及相关法律规定的企业法人以外的组织的清算，可以参照适用破产清算程序。

第四节 破产申请主体

第十五条 债务人具备破产原因的，可以向人民法院提出破产清算、重整或者和解申请。

第十六条 债务人不能清偿到期债务，债权人可以向人民法院提出对债务人进行重整或者破产清算申请。

第十七条 企业法人已解散但未清算或者未清算完毕，资产不足以清偿债务的，依法负有清算责任的人应当向人民法院申请破产清算。

公司自行清算或者强制清算的清算组，发现公司财产不足清偿债务的，可以与债权人协商制作债务清偿方案。债权人对债务清偿方案不予确认或者人民法院不予认可的，清算组应当依法向人民法院申请宣告破产。

第十八条 债务人欠缴税款、社会保险费用的，税务部门、社保部门可以向人民法院申请债务人破产。国务院金融监督管理机构可以依法对金融机构提出重整或者破产清算申请。

第十九条 关联企业不当利用关联关系，导致关联企业成员之间法人人格高度混同，损害债权人公平受偿利益的，关联企业成员、关联企业成员的债权人、关联企业成员的清算义务人、已经进入破产程序的关联企业成员的管理人，可以向人民法院提出对关联企业进行合并破产的申请。

第五节 审查受理

第二十条 申请人向人民法院申请债务人破产，应当选择适用重整、和解或者破产清算程序。未明确具体破产程序的，人民法院应当予以释明。

人民法院受理案件之前又有其他申请人提出不同类型的破产申请的，人民法院应当召开听证会，组织各申请人协商确定具体的破产程序。协商不成的，人民法院应当根据债务人的实际情况，依法受理相应的破产申请。

第二十一条 债务人提出申请的，应当向人民法院提交以下资料：

（一）书面破产申请书；

（二）债务人主体资格证明以及法定代表人或者主要负责人证明文件；

债务人公司章程；

债务人股东会或股东大会、董事会或者其他依法履行出资义务的人同意申请破产的决议文件；

债务人为国有独资或者控股公司，还应当提交出资机构同意申请破产的文件以及企业工会或者职工代表大会对企业申请破产的意见；

财产状况说明；

（三）债务清册、债权清册；

（四）有关财务会计报告；

（五）职工安置预案以及职工工资的支付和社会保险费用的缴纳情况；

（六）其他与破产有关的资料。

第二十二条 债权人向人民法院申请债务人破产，应当提交以下材料：

（一）书面破产申请书；

（二）债权人的主体资格证明；

（三）债务人的基本情况；

（四）债务人不能清偿到期债务的证据；

（五）其他与破产有关的资料。

第二十三条 清算责任人申请债务人破产清算时应当提交的材料：

（一）书面破产申请书；

（二）债务人主体资格证明；

（三）清算责任人的基本情况或者清算组成立的文件；

（四）债务人解散的证明材料；

（五）债务人资产不足以清偿全部债务的财务报告或者清算报告；

（六）债务清册、债权清册；

（七）职工安置预案以及职工工资的支付和社会保险费用的缴纳情况；

（八）其他与破产有关的资料。

第二十四条 破产申请书应当载明下列事项：

（一）申请人、被申请人的基本情况；

（二）申请目的；

（三）申请的事实和理由；

（四）人民法院认为应当载明的其他事项。

第二十五条 人民法院收到破产申请材料的，应当由立案部门接收并向申请人出具书面凭证。立案部门经审查，认为申请人提交的材料符合规定的，以"破申"作为案件类型代字编制案号登记立案，并向申请人送达立案通知书。

申请人提交的申请材料不完备或者不符合规定的，立案部门应予释明，并以书面形式告知当事人在指定期限内补充、补正。补充、补正期间不计入审查期限。申请人未按要求补充、补正的，不予登记立案。

第二十六条　立案部门登记立案后，应当将案件相关信息登记在全国企业破产重整案件信息网，并及时将案件材料移送破产审判部门进行审查。

第二十七条　破产审判部门收到案件材料后应当组成合议庭进行审查是否受理，审查受理后一般应当由同一合议庭进行审理。

对于债权债务关系明确、债权人人数较少以及债务人无资产或者资产较少的破产案件，基层法院也可由一名法官独任审查并审理。

第二十八条　债权人提出破产申请的，人民法院应当自立案之日起五日内通知债务人。债务人对申请有异议的，应当自收到人民法院的通知之日起七日内向人民法院提出。人民法院应当自异议期满之日起十日内裁定是否受理。

除前款规定的情形外，人民法院应当自立案之日起十五日内裁定是否受理。有特殊情况需要延长前两款规定的裁定受理期限的，经上一级人民法院批准，可以延长十五日。

第二十九条　债权人提出破产申请的，人民法院按照债权人提供的联系方式及通过公开查询的联系方式均无法通知债务人的，为确保案件受理审查程序及时推进，可在债务人住所地张贴破产申请书及立案通知书，并通过全国企业破产重整案件信息网或者山东省高级人民法院网络公开平台予以公示。自张贴及公示之日起，经过七日即视为送达。

第三十条　债务人对债权人提出的破产申请提出异议的，人民法院根据案件具体情况，可以组织债权人、债务人对破产申请是否受理进行听证。债务人的出资人、法定代表人、财务人员、职工代表和已知的主要债权人等利害关系人可以申请参加，人民法院还可以邀请债务人所在地政府有关部门参加听证并听取意见。

经书面通知，申请人无正当理由拒不参加听证的，按撤回破产申请处理。其他人员未按期参加听证的，不影响听证的进行。

第三十一条　债权人对人员下落不明或者财产状况不清的债务人申请破产清算，符合企业破产法规定的，人民法院应当依法予以受理。

债务人能否依据企业破产法第十一条第二款的规定向人民法院提交财产状况说明、债权债务清册等相关材料，不影响对债权人申请的受理。

第三十二条　企业法人已解散但未清算或者未在合理期限内清算完毕，债权人申请债务人破产清算的，除债务人在法定异议期限内举证证明其未出现破产原因外，人民法院应当受理。

第三十三条　人民法院受理破产申请前，申请人请求撤回申请的，可予准许。

第三十四条　破产审判部门审查完毕后，仍然以"破申"作为案件类型代字，裁定受理或者不予受理破产申请。案件受理信息应当在全国企业破产重整案件信息网进行登记。

裁定应当自作出之日起五日内送达申请人。债权人提出申请的，还应在五日内向债务人送达。

第三十五条 申请人对不予受理破产申请的裁定不服的，可以自裁定送达之日起十日内向上一级人民法院提起上诉。

上一级人民法院应以"破终"作为案件类型代字编制案号，并在三十日内作出二审裁定。原审裁定正确的，二审裁定维持；原审裁定错误的，二审应撤销原裁定，同时指令一审人民法院裁定受理破产申请，并注明"本裁定为终审裁定并自即日起生效"。

第三十六条 人民法院受理破产申请后至破产宣告前，经审查发现债务人不符合企业破产法第二条规定情形的，可以裁定驳回申请。申请人对裁定不服的，可以自裁定送达之日起十日内向上一级人民法院提起上诉。二审审查的程序参照适用裁定不予受理的二审审查程序。

第三十七条 人民法院拒不接收申请人提出的破产申请，或者逾期未作出是否受理破产申请裁定的，申请人可以向上一级人民法院提出破产申请。上一级人民法院接到破产申请后，应当责令下级法院依法审查并及时作出是否受理的裁定；下级法院仍不作出是否受理裁定的，上一级人民法院可以径行作出裁定。

上一级人民法院裁定受理破产申请的，可以自行审理，也可以指令下级人民法院审理该案件。破产案件受理日为上一级人民法院裁定落款日期。

第六节　受理后的处理

第三十八条 人民法院裁定受理破产申请后，应当依据该裁定，以"破"作为案件类型代字编制案号，启动案件审理程序。

上一级人民法院指令受理的，直接以"破"作为案件类型代字编制案号，启动案件审理程序。

第三十九条 人民法院裁定受理破产申请的，应当及时指定管理人。

第四十条 自人民法院受理破产申请的裁定送达债务人之日起至破产程序终结之日，应通知债务人的有关人员承担下列义务：

（一）妥善保管其占有和管理的财产、印章和账簿、文书等资料；

（二）根据人民法院、管理人的要求进行工作，并如实回答询问；

（三）列席债权人会议并如实回答债权人的询问；

（四）未经人民法院许可，不得离开住所地；

（五）不得新任其他企业的董事、监事、高级管理人员。

前款所称有关人员，是指企业的法定代表人；经人民法院决定，可以包括企业的财务管理人员和其他经营管理人员。

第四十一条 人民法院裁定受理债权人破产申请的，应当通知债务人自裁定送达之日起十五日内，向人民法院提交财产状况说明、债务清册、债权清册、有关财务会计报告以及职工工资的支付和社会保险费用的缴纳情况。通知中应一并告知债务人"如拒不提交，人民法院可以对债务人的直接责任人员采取罚款等强制措施"等法律后果。

第四十二条 人民法院应当自裁定受理破产申请之日起二十五日内通知已知债权

人，并予以公告。

通知和公告应当载明下列事项：

（一）申请人、被申请人的名称或者姓名；

（二）人民法院受理破产申请的时间；

（三）申报债权的期限、地点和注意事项；

（四）管理人的名称或者姓名及其处理事务的地址；

（五）债务人的债务人或者财产持有人应当向管理人清偿债务或者交付财产的要求；

（六）第一次债权人会议召开的时间和地点；

（七）人民法院认为应当通知和公告的其他事项。

第四十三条　人民法院裁定受理破产申请后，应当在十五日内将裁定书、指定管理人决定书送达以下单位并通知其协助履行相关义务：

（一）通知债务人的开户银行立即停止债务人的账户支出；

（二）通知债务人注册登记、不动产登记、劳动保障等部门配合管理人提供有关债务人的信息及其他事项；

（三）通知公安部门为管理人刻制管理人印章，以便管理人设立管理人账户及开展相关工作。

第四十四条　自受理裁定作出之日起，除因破产程序需要对债务人财产采取保全措施外，人民法院不得对债务人的财产采取新的保全措施。

管理人接受指定后，受理破产申请的人民法院应指导、监督管理人及时向采取保全措施的行政机关或者司法机关等相关单位发出解除保全措施的通知，并附破产申请受理裁定。采取保全措施的相关单位接到通知后，应当及时解除保全措施，同时通知管理人，并将财产移交管理人接管。

采取保全措施的法院经通知拒不依法解除保全措施的，受理破产申请的人民法院可以层报共同上级人民法院。上级人民法院认为符合解除保全措施条件的，应当通知采取保全措施的法院予以解除。

采取保全措施的其他相关单位经通知拒不依法解除保全措施的，受理破产申请的人民法院可以层报上级人民法院予以协调解决。

第四十五条　自人民法院作出受理破产申请裁定之日起，已经开始但尚未完毕的针对债务人财产的执行程序应当中止。

管理人接受指定后，人民法院应指导、监督管理人及时向有关法院发出中止执行程序的通知，并附破产申请受理裁定。

执行法院经通知拒不依法中止执行程序的，受理破产申请的人民法院可以层报共同上级人民法院。上级人民法院认为符合中止执行条件的，应当通知执行法院中止执行程序。

第四十六条　破产申请受理后，对于可能因有关利益相关人的行为或者其他原因，影响破产程序依法进行的，受理破产申请的人民法院可以根据管理人的申请或者依职权对债务人的全部或者部分财产采取保全措施。

第四十七条　人民法院受理破产申请后至破产宣告前裁定驳回破产申请，或者依据企业破产法第一百零八条的规定裁定终结破产程序的，应当及时通知原已采取保全措施并已依法解除保全措施的单位按照原保全顺位恢复相关保全措施。

在已依法解除保全的单位恢复保全措施或者表示不再恢复之前，受理破产申请的人民法院不得解除对债务人财产的保全措施。

第四十八条 人民法院受理破产申请后，已经开始而尚未终结的有关债务人的民事诉讼或者仲裁应当中止。受理破产的法院应当督促管理人及时通知相关法院中止诉讼，在管理人接管债务人的财产后，该诉讼或者仲裁继续进行。

已经受理而尚未终结的以债务人为被告的债权给付之诉，应当变更为债权确认之诉。

第四十九条 人民法院受理破产申请后，应当指导和监督管理人作为诉讼代表人参加有关债务人的民事诉讼。

管理人依据企业破产法第十六条提起的请求撤销个别清偿行为之诉，依据企业破产法第三十一条、第三十二条提起的破产撤销权之诉，以及依据企业破产法第三十三条提起的确认债务人行为无效之诉，应当由管理人作为原告。

第二章 债务人财产

第一节 债务人财产的认定

第五十条 人民法院应当指导管理人准确把握债务人财产范围：

（一）破产申请受理时属于债务人的全部财产；

（二）破产申请受理后至破产程序终结前债务人取得的财产；

（三）管理人因行使撤销权、追回权、取回权等取得的财产。

第五十一条 债务人为自己或者他人的债务依法设定担保物权的特定财产，人民法院应认定为债务人财产。

设定担保物权的特定财产在担保物权消灭或者实现担保物权后的剩余部分，在破产程序中可用以清偿破产费用、共益债务和其他破产债权。

第五十二条 债务人与他人共有的物、债权、知识产权等财产或者财产权益，应当在破产中予以分割，债务人分割所得属于债务人财产；共有财产不能分割的，应当就其应得部分转让，转让所得属于债务人财产。

人民法院宣告债务人破产清算，属于共有财产分割的法定事由。人民法院裁定债务人重整或者和解的，共有财产的分割应当依据《中华人民共和国物权法》第九十九条的规定进行；基于重整或者和解的需要必须分割共有财产，管理人请求分割的，人民法院应予准许。

因分割共有财产导致其他共有人损害产生的债务，其他共有人请求作为共益债务清偿的，人民法院应予支持。

第五十三条 债务人的对外投资及其收益属于债务人财产。

管理人在清理债务人对外投资时，不得以该投资价值为负或者为零而不予清理。

第五十四条 人民法院裁定受理破产申请时已经扣划到执行法院账户但尚未支付给申请执行人的款项，仍属于债务人财产，人民法院裁定受理破产申请后，执行法院应当中止对该财产的执行。

执行法院收到管理人中止执行的通知及破产法院破产受理裁定后，应当立即停止将已经执行的债务人财产分配给申请执行人，并及时告知申请执行人依法向管理人申报相关债权。因错误执行和分配的财产应当执行回转，在执行回转后列入债务人财产。

执行法院在中止执行后七日内应当将执行破产企业财产处置情况及分配清单、剩余未处置及未分配的银行存款、实际扣押的动产、有价证券等债务人财产移交给受理破产案件的法院或者管理人。

第五十五条　破产企业以划拨方式取得的国有土地使用权不属于破产财产。但是经政府有关部门批准，已经作为企业注册资本登记的，应属于破产财产。

以划拨方式取得的国有土地使用权及其地上建筑物设定抵押的，就该抵押物拍卖的价款，应当先缴纳国家收取的土地使用权出让金。

第二节　债务人财产的追收

第五十六条　人民法院受理破产申请后，债务人对个别债权人的债务清偿无效。已经清偿的，人民法院应当督促管理人及时向受偿债权人追回。

第五十七条　人民法院受理破产申请后，管理人应当通知债务人的债务人或者财产持有人向管理人清偿债务或者交付财产。

债务人的债务人或者财产持有人故意违反前款规定向债务人清偿债务或者交付财产，使债权人受到损失的，不免除其清偿债务或者交付财产的义务。

第五十八条　管理人依据企业破产法第三十一条和第三十二条的规定提起诉讼，请求撤销涉及债务人财产的相关行为并由相对人返还债务人财产的，人民法院应予支持。

管理人因过错未依法行使撤销权导致债务人财产不当减损，债权人提起诉讼主张管理人对其损失承担相应赔偿责任的，人民法院应予支持。

破产申请受理后，管理人未依据企业破产法第三十一条规定请求撤销债务人无偿转让财产、以明显不合理价格交易、放弃债权行为的，债权人有权依据《中华人民共和国合同法》第七十四条等规定行使撤销权，并将因此追回的财产归入债务人财产。

第五十九条　管理人依据企业破产法第三十三条的规定提起诉讼，主张被隐匿、转移财产的实际占有人返还债务人财产，或者主张债务人虚构债务或者承认不真实债务的行为无效并返还债务人财产的，人民法院应予支持。

第六十条　债务人有企业破产法第三十一条、第三十二条、第三十三条规定的行为，损害债权人利益的，管理人应当以债务人的法定代表人和其他直接责任人员对所涉债务人财产的相关行为存在故意或者重大过失，造成债务人财产损失为由，要求其承担赔偿责任。

第六十一条　人民法院受理破产申请后，债务人的出资人尚未完全履行出资义务或者抽逃出资的，管理人应当要求该出资人缴付未履行的出资或者返还抽逃的出资本息。出资人以出资期限尚未届满或者超过诉讼时效为由抗辩的，不予支持。

管理人依据公司法的相关规定代表债务人提起诉讼，主张公司的发起人和负有监督股东履行出资义务的董事、高级管理人员，或者协助抽逃出资的其他股东、董事、高级管理人员、实际控制人等，对股东违反出资义务或者抽逃出资承担相应责任，并将财产归入债务人财产的，人民法院应予支持。

第六十二条 债务人有企业破产法第二条第一款规定的情形时，债务人的董事、监事和高级管理人员利用职权获取的以下收入，人民法院应当认定为企业破产法第三十六条规定的非正常收入：

（一）绩效奖金；

（二）普遍拖欠职工工资情况下获取的工资性收入；

（三）其他非正常收入。

债务人的董事、监事和高级管理人员拒不向管理人返还上述债务人财产，管理人主张上述人员予以返还的，人民法院应予支持。

债务人的董事、监事和高级管理人员因返还本条第一款第一项、第三项非正常收入形成的债权，可以作为普通破产债权清偿。因返还本条第一款第二项非正常收入形成的债权，依据企业破产法第一百一十三条第三款的规定，按照该企业职工平均工资计算的部分作为拖欠职工工资清偿；高出该企业职工平均工资计算的部分，可以作为普通破产债权清偿。

第六十三条 债务人的董事、监事和高级管理人员利用职权侵占的企业财产，管理人应当追回。

第六十四条 人民法院受理破产申请后，管理人可以通过清偿债务或者提供债权人接受的担保，取回质物、留置物。

前款规定的债务清偿或者替代担保，在质物或者留置物的价值低于被担保的债权额时，以该质物或者留置物当时的市场价值为限。

第六十五条 债务人对外享有债权的诉讼时效，自人民法院受理破产申请之日起中断。债务人无正当理由未对其到期债权及时行使权利，导致其对外债权在破产申请受理前一年内超过诉讼时效期间的，人民法院受理破产申请之日起重新计算上述债权的诉讼时效期间。

第三节 非债务人财产的认定

第六十六条 下列财产不应认定为债务人财产：

（一）债务人基于仓储、保管、承揽、代销、借用、寄存、租赁等合同或者其他法律关系占有、使用的他人财产；

（二）债务人在所有权保留买卖中尚未取得所有权的财产；

（三）所有权专属于国家且不得转让的财产；

（四）其他依照法律、行政法规不属于债务人的财产。

第六十七条 人民法院受理破产申请后，债务人占有的不属于债务人的财产，该财产的权利人可以通过管理人取回。但是，企业破产法另有规定的除外。

第六十八条 权利人依据企业破产法第三十八条的规定行使取回权，应当在破产财产变价方案或者和解协议、重整计划草案提交债权人会议表决前向管理人提出。权利人在上述期限后主张取回相关财产的，应当承担延迟行使取回权增加的相关费用。

第六十九条 权利人行使取回权时未依法向管理人支付相关的加工费、保管费、托运费、委托费、代销费等费用，管理人拒绝其取回相关财产的，人民法院应予支持。

第七十条　对债务人占有的权属不清的鲜活易腐等不易保管的财产或者不及时变现价值将严重贬损的财产，管理人及时变价并提存变价款后，有关权利人就该变价款行使取回权的，人民法院应予支持。

第七十一条　债务人占有的他人财产被违法转让给第三人，第三人构成善意取得，原权利人无法取回该财产的，若转让行为发生在破产申请受理前，原权利人因财产损失形成的债权，作为普通破产债权清偿；若转让行为发生在破产申请受理后，因管理人或者相关人员执行职务导致原权利人损害产生的债务，作为共益债务清偿。

第三人不构成善意取得，但已向债务人支付转让价款的，原权利人可依法追回转让财产。对因第三人已支付对价而产生的债务，若转让行为发生在破产申请受理前，作为普通破产债权清偿；若转让行为发生在破产申请受理后，作为共益债务清偿。

第七十二条　债务人占有的他人财产毁损、灭失，因此获得的保险金、赔偿金、代偿物尚未交付给债务人，或者代偿物虽已交付给债务人但能与债务人财产予以区分的，权利人主张取回就此获得的保险金、赔偿金、代偿物的，应予支持。

保险金、赔偿金已经交付给债务人，或者代偿物已经交付给债务人且不能与债务人财产予以区分的，若财产毁损、灭失发生在破产申请受理前，权利人因财产损失形成的债权，作为普通破产债权清偿；若财产毁损、灭失发生在破产申请受理后，因管理人或者相关人员执行职务导致权利人损害产生的债务，作为共益债务清偿。

债务人占有的他人财产毁损、灭失，没有获得相应的保险金、赔偿金、代偿物，或者保险金、赔偿物、代偿物不足以弥补其损失的部分，应当按照本条第二款的规定处理。

第七十三条　管理人或者相关人员在执行职务过程中，因故意或者重大过失不当转让他人财产或者造成他人财产毁损、灭失，导致他人损害产生的债务作为共益债务，由债务人财产随时清偿不足弥补损失，权利人向管理人或者相关人员主张承担补充赔偿责任的，人民法院应予支持。

上述债务作为共益债务由债务人财产随时清偿后，债权人以管理人或者相关人员执行职务不当导致债务人财产减少给其造成损失为由提起诉讼，主张管理人或者相关人员承担相应赔偿责任的，人民法院应予支持。

第七十四条　买卖合同双方当事人在合同中约定标的物所有权保留，在标的物所有权未依法转移给买受人前，一方当事人破产的，该买卖合同属于双方均未履行完毕的合同，管理人有权依据企业破产法第十八条的规定决定解除或者继续履行合同。

第七十五条　出卖人破产，其管理人决定继续履行所有权保留买卖合同的，买受人应当按照原买卖合同的约定支付价款或者履行其他义务。

买受人未依约支付价款或者履行完毕其他义务，或者将标的物出卖、出质或者作出其他不当处分，给出卖人造成损害，出卖人管理人依法主张取回标的物的，人民法院应予支持。但是，买受人已经支付标的物总价款百分之七十五以上或者第三人善意取得标的物所有权或者其他物权的除外。

因本条第二款规定未能取回标的物，出卖人管理人依法主张买受人继续支付价款、履行完毕其他义务，以及承担相应赔偿责任的，人民法院应予支持。

第七十六条 出卖人破产，其管理人决定解除所有权保留买卖合同，并依据企业破产法第十七条的规定要求买受人向其交付买卖标的物的，人民法院应予支持。

买受人以其不存在未依约支付价款或者履行完毕其他义务，或者将标的物出卖、出质或者作出其他不当处分情形抗辩的，人民法院不予支持。

买受人依法履行合同义务并依据本条第一款将买卖标的物交付出卖人管理人后，买受人已支付价款损失形成的债权作为共益债务清偿。但是，买受人违反合同约定，出卖人管理人主张上述债权作为普通破产债权清偿的，人民法院应予支持。

第七十七条 买受人破产，其管理人决定继续履行所有权保留买卖合同的，原买卖合同中约定的买受人支付价款或者履行其他义务的期限在破产申请受理时视为到期，买受人管理人应当及时向出卖人支付价款或者履行其他义务。

买受人管理人无正当理由未及时支付价款或者履行完毕其他义务，或者将标的物出卖、出质或者作出其他不当处分，给出卖人造成损害，出卖人依据合同法第一百三十四条等规定主张取回标的物的，人民法院应予支持。但是，买受人已支付标的物总价款百分之七十五以上或者第三人善意取得标的物所有权或者其他物权的除外。

因本条第二款规定未能取回标的物，出卖人依法主张买受人继续支付价款、履行完毕其他义务，以及承担相应赔偿责任的，人民法院应予支持。对因买受人未支付价款或者未履行完毕其他义务，以及买受人管理人将标的物出卖、出质或者作出其他不当处分导致出卖人损害产生的债务，出卖人主张作为共益债务清偿的，人民法院应予支持。

第七十八条 买受人破产，其管理人决定解除所有权保留买卖合同，出卖人依据企业破产法第三十八条的规定主张取回买卖标的物的，人民法院应予支持。

出卖人取回买卖标的物，买受人管理人主张出卖人返还已支付价款的，人民法院应予支持。取回的标的物价值明显减少给出卖人造成损失的，出卖人可从买受人已支付价款中优先予以抵扣后，将剩余部分返还给买受人；对买受人已支付价款不足以弥补出卖人标的物价值减损损失形成的债权，出卖人主张作为共益债务清偿的，人民法院应予支持。

第七十九条 人民法院受理破产申请时，出卖人已将买卖标的物向作为买受人的债务人发运，债务人尚未收到且未付清全部价款的，出卖人可以取回在运途中的标的物。但是，管理人可以支付全部价款，请求出卖人交付标的物。

第八十条 出卖人依据企业破产法第三十九条的规定，通过通知承运人或者实际占有人中止运输、返还货物、变更到达地，或者将货物交给其他收货人等方式，对在运途中标的物主张了取回权但未能实现，或者在货物未达管理人前已向管理人主张取回在运途中标的物，在买卖标的物到达管理人后，出卖人向管理人主张取回的，管理人应予准许。

出卖人对在运途中标的物未及时行使取回权，在买卖标的物到达管理人后向管理人行使在运途中标的物取回权的，管理人不应准许。

第八十一条 债务人重整期间，权利人要求取回债务人合法占有的权利人的财产，不符合双方事先约定条件的，人民法院不予支持。但是，因管理人或者自行管理的债务人违反约定，可能导致取回物被转让、毁损、灭失或者价值明显减少的除外。

第四节　破产抵销权

第八十二条　债权人在破产申请受理前对债务人负有债务的，可以向管理人主张抵销。但是，有下列情形之一的，不得抵销：

（一）债务人的债务人在破产申请受理后取得他人对债务人的债权的；

（二）债权人已知债务人有不能清偿到期债务或者破产申请的事实，对债务人负担债务的；但是，债权人因为法律规定或者有破产申请一年前所发生的原因而负担债务的除外；

（三）债务人的债务人已知债务人有不能清偿到期债务或者破产申请的事实，对债务人取得债权的；但是，债务人的债务人因为法律规定或者有破产申请一年前所发生的原因而取得债权的除外。

第八十三条　债权人依据本指引第八十二条的规定行使抵销权，应当向管理人提出抵销主张。

管理人不得主动抵销债务人与债权人的互负债务，但抵销使债务人财产受益的除外。

第八十四条　管理人收到债权人提出的主张债务抵销的通知后，经审查无异议的，抵销自管理人收到通知之日起生效。

管理人对抵销主张有异议的，应当在约定的异议期限内或者自收到主张债务抵销的通知之日起三个月内向人民法院提起诉讼。无正当理由逾期提起的，人民法院不予支持。

人民法院判决驳回管理人提起的抵销无效诉讼请求的，该抵销自管理人收到主张债务抵销的通知之日起生效。

第八十五条　债权人主张抵销，管理人以下列理由提出异议的，人民法院不予支持：

（一）破产申请受理时，债务人对债权人负有的债务尚未到期；

（二）破产申请受理时，债权人对债务人负有的债务尚未到期；

（三）双方互负债务标的物种类、品质不同。

第八十六条　破产申请受理前六个月内，债务人有企业破产法第二条第一款规定的情形，债务人与个别债权人以抵销方式对个别债权人清偿，其抵销的债权债务属于企业破产法第四十条第（二）、（三）项规定的情形之一，管理人在破产申请受理之日起三个月内向人民法院提起诉讼，主张该抵销无效的，人民法院应予支持。

第八十七条　企业破产法第四十条所列不得抵销情形的债权人，主张以其对债务人特定财产享有优先受偿权的债权，与债务人对其不享有优先受偿权的债权抵销，债务人管理人以抵销存在企业破产法第四十条规定的情形提出异议的，人民法院不予支持。但是，用以抵销的债权大于债权人享有优先受偿权财产价值的除外。

第八十八条　债务人的股东主张以下列债务与债务人对其负有的债务抵销，债务人管理人提出异议的，人民法院应予支持：

（一）债务人股东因欠缴债务人的出资或者抽逃出资对债务人所负的债务；

（二）债务人股东滥用股东权利或者关联关系损害公司利益对债务人所负的债务。

第三章 债权申报、审核及确认

第八十九条 人民法院受理破产申请时对债务人享有债权的债权人，依照企业破产法规定的程序申报债权，行使权利。

债权人未依照企业破产法规定申报债权的，不得依照企业破产法规定的程序行使权利。

第九十条 人民法院受理破产申请后，应当确定债权人申报债权的期限。债权申报期限自人民法院发布受理破产申请公告之日起计算，最短不得少于三十日，最长不得超过三个月。债权人应当在人民法院确定的债权申报期限内向管理人申报债权。

第九十一条 在人民法院确定的债权申报期限内，债权人未申报债权的，可以在破产财产最后分配前补充申报；但是，此前已进行的分配，不再对其补充分配。为审查和确认补充申报债权的费用，由补充申报人承担，费用标准可以综合审查确认难易程度、逾期时间、逾期申报对破产工作的影响等因素加以确定。

第九十二条 债务人所欠职工的工资和医疗、伤残补助、抚恤费用，所欠的应当划入职工个人账户的基本养老保险、基本医疗保险费用，以及法律、行政法规规定应当支付给职工的补偿金，不必申报，由管理人调查后列出清单并予以公示。

职工对清单记载有异议的，可以要求管理人更正；管理人不予更正的，职工可以向人民法院提起诉讼。但债务人破产前已经辞职的职工债权争议仍属于劳动争议范畴，需经过仲裁前置程序。

破产企业的董事、监事和高级管理人员的工资按照该企业职工的平均工资计算。对于高出该企业职工平均工资的部分，应根据企业破产法第三十六条、《最高人民法院关于适用〈中华人民共和国企业破产法〉若干问题的规定（二）》第二十四条之规定，将其作为普通破产债权。

他人代债务人垫付工资和医疗费用、伤残补助、抚恤费用、基本养老保险、基本医疗保险、住房公积金等费用的，应当在人民法院规定的债权申报期内进行债权申报，管理人可按职工债权予以确认并予以公示。

第九十三条 未到期的债权，在破产申请受理时视为到期，债权人可以向管理人申报。

第九十四条 破产申请受理之日前已产生的借款利息、违约金、债务人未履行生效法律文书应当加倍支付的迟延利息、劳动保险或者税款延期缴纳产生的滞纳金等，债权人可以申报。

破产申请受理之日后新产生的上述债权不属于破产债权，债权人无需申报。

第九十五条 附条件、附期限的债权和诉讼、仲裁未决的债权，债权人可以申报。

第九十六条 保证人被裁定进入破产程序的，债权人可以申报其对保证人的保证债权。

主债务未到期的，保证债权在保证人破产申请受理时视为到期。一般保证的保证人主张行使先诉抗辩权的，人民法院不予支持，但债权人在一般保证人破产程序中的分配额应予提存，待一般保证人应承担的保证责任确定后再按照破产清偿比例予以分配。

保证人被确定应当承担保证责任的,保证人的管理人可以就保证人实际承担的清偿额向主债务人或者其他债务人行使求偿权。

第九十七条 债务人、保证人均被裁定进入破产程序的,债权人可以向债务人、保证人分别申报债权。

债权人向债务人、保证人均申报全部债权的,从一方破产程序中获得清偿后,其对另一方的债权额不作调整,但债权人的受偿额不得超出其债权总额。保证人履行保证责任后不再享有求偿权。

第九十八条 连带债权人可以由其中一人代表全体连带债权人申报债权,也可以共同申报债权。

第九十九条 债务人的保证人或者其他连带债务人已经代替债务人清偿债务的,以其对债务人的求偿权申报债权。

债务人的保证人或者其他连带债务人尚未代替债务人清偿债务的,以其对债务人的将来求偿权申报债权。但是,债权人已经向管理人申报全部债权的除外。

第一百条 债务人进入破产程序,债权人向管理人申报债权,又起诉连带债务人承担清偿责任的,应当受理并继续审理。生效判决认定连带债务人承担清偿责任的,案件执行程序与企业破产程序之间应当做好衔接,避免债权人双重受偿。

第一百零一条 管理人或者债务人依照企业破产法规定解除合同的,对方当事人以因合同解除所产生的损害赔偿请求权申报债权。

第一百零二条 债务人是委托合同的委托人,被裁定适用企业破产法规定的程序,受托人不知该事实,继续处理委托事务的,受托人以由此产生的请求权申报债权。

第一百零三条 债务人是票据的出票人,被裁定适用企业破产法规定的程序,该票据的付款人继续付款或者承兑的,付款人以由此产生的请求权申报债权。

第一百零四条 申报的债权为外币结算的,应以破产申请受理日公布的同一币种的汇率折算为人民币计算债权额,进行申报。

第一百零五条 裁定受理破产前,债权人将其债权分割后转让给多个主体,各受让人可以分别作为债权人申报债权。

裁定受理破产前,同一主体受让多个债权人的债权,受让人以其受让的债权总额作为一名债权人申报债权。

第一百零六条 裁定受理破产后,债权人将其债权分割后转让给多个主体,各受让人的受让债权按其受让债权金额分别统计,但作为一名债权人以债权总额参加表决和分配。

裁定受理破产后,同一主体受让多个债权人的债权,受让人可以其受让的不同债权分别申报债权,并分别参加表决和分配。

第一百零七条 债权人申报债权时,应当书面说明债权的数额和有无财产担保,并提交有关证据。申报的债权是连带债权的,应当说明。

第一百零八条 管理人收到债权申报材料后,应当依照企业破产法第五十七条的规定对所申报的债权进行登记造册,详尽记载申报人的姓名、单位、代理人、申报债权额、担保情况、证据、联系方式等事项,形成债权申报登记册。

管理人应结合债务人财务账册、审计报告等，对债权的性质、数额、担保财产、是否超过诉讼时效期间、是否超过强制执行期间等情况进行审查，将债权区分为应予确认、暂缓确认及不予确认三种类型并分别编制债权表。

债权表、债权申报登记册及债权申报材料在破产期间由管理人保管，债权人、债务人、债务人职工及其他利害关系人有权查阅。

第一百零九条 管理人编制的债权表应当提交第一次债权人会议核查。

债务人、债权人对债权表记载的债权无异议的，由管理人将无异议债权表提请人民法院裁定确认。

第一百一十条 已经生效法律文书确定的债权，管理人应当予以确认。

债权人、债务人或者管理人认为债权人据以申报债权的生效法律文书确定的债权错误，或者有证据证明债权人与债务人恶意通过诉讼、仲裁或者公证机关赋予强制执行力公证文书的形式虚构债权债务的，应当依法通过审判监督程序向作出该判决、裁定、调解书的人民法院或者上一级人民法院申请撤销生效法律文书，或者向受理破产申请的人民法院申请撤销或者不予执行仲裁裁决、不予执行公证债权文书后，重新确定债权。

第一百一十一条 债务人、债权人对债权表记载的债权有异议的，应当说明理由和法律依据。经管理人解释或调整后，异议人仍然不服的，或者管理人不予解释或调整的，异议人应当在债权人会议核查结束后十五日内向人民法院提起债权确认的诉讼。逾期未起诉的，该债权确定。

债权人未申报债权而直接起诉要求确认债权的，应告知其向管理人申报债权，对其起诉应不予受理；已经受理的，应当裁定驳回起诉。

第一百一十二条 债务人对债权表记载的债权有异议向人民法院提起诉讼的，应将被异议债权人列为被告。债权人对债权表记载的他人债权有异议的，应将被异议债权人列为被告；债权人对债权表记载的本人债权有异议的，应将债务人列为被告。

对同一笔债权存在多个异议人，其他异议人申请参加诉讼的，应当列为共同原告。

第一百一十三条 因他人有异议而被提起债权确认诉讼的债权人、对本人债权有异议而提起债权确认诉讼的债权人，均属债权尚未确定的债权人，除人民法院能够为其行使表决权而临时确定债权额的外，不得行使表决权。

破产财产分配时，债权确认诉讼案件尚未作出生效裁判的，应当根据该债权人申报债权额和破产案件清偿率计算其分配额并预留或提存。

第四章　债权人会议和债权人委员会

第一节　一般规定

第一百一十四条 依法申报债权的债权人为债权人会议的成员，有权参加债权人会议，享有表决权。

债权尚未确定的债权人，除人民法院能够为其行使表决权而临时确定债权额的外，不得行使表决权。

对债务人的特定财产享有担保权的债权人，未放弃优先受偿权利的，对通过和解协议、通过破产财产分配方案不享有表决权。

债权人可以委托代理人出席债权人会议，行使表决权。代理人出席债权人会议，应当向人民法院或者债权人会议主席提交债权人的授权委托书。

债权人会议应当有债务人的职工和工会的代表参加，对有关事项发表意见。

第一百一十五条　管理人应当参加债权人会议，向债权人会议报告职务执行情况，并回答询问。

债务人的法定代表人以及经人民法院决定的财务负责人和其他经营管理人员应当参加债权人会议，并如实回答债权人的询问。拒绝出席的，人民法院可依据企业破产法一百二十六条的规定，对其拘传并罚款。

管理人聘用的审计、评估等中介机构应当参加债权人会议。

必要时，可以通知债务人的出资人和政府相关部门派员参加债权人会议。

第一百一十六条　债权人会议设主席一人，由人民法院从有表决权的债权人中指定。与债务人有关联关系的自然人和法人不得担任债权人会议主席。

债权人会议主席主持债权人会议。

第一百一十七条　债权人会议行使下列职权：

（一）核查债权；

（二）申请人民法院更换管理人，审查管理人的费用和报酬；

（三）监督管理人；

（四）选任和更换债权人委员会成员；

（五）决定继续或者停止债务人的营业；

（六）通过重整计划；

（七）通过和解协议；

（八）通过债务人财产的管理方案；

（九）通过破产财产的变价方案；

（十）通过破产财产的分配方案；

（十一）人民法院认为应当由债权人会议行使的其他职权。

债权人会议应当对所议事项的决议作成会议记录。

第一百一十八条　第一次债权人会议由人民法院召集，自债权申报期限届满之日起十五日内召开。

第一次债权人会议一般包括下列议题，可以根据实际情况进行调整：

（一）管理人作执行职务报告和债务人财产状况报告；

（二）核查债权；

（三）选举债权人委员会成员，通过对债权人委员会职权的授权范围和债权人委员会议事规则；

（四）决定继续或者停止债务人的营业；

（五）通过债务人财产管理方案；

（六）管理人报告管理人报酬方案。

第一百一十九条　以后的债权人会议，在人民法院认为必要时，或者管理人、债权人委员会、占债权总额四分之一以上的债权人向债权人会议主席提议时召开。

管理人应当在召开债权人会议前十五日，将会议的时间、地点、议题等事项通知已知的债权人。

第一百二十条 债权人会议除现场表决外，可以由管理人事先将相关决议事项告知债权人，采取通信、网络投票等非现场方式进行表决。采取非现场方式进行表决的，管理人应当在债权人会议召开后的三日内，以信函、电子邮件、公告等方式将表决结果告知参与表决的债权人。

第一百二十一条 债权人会议的决议，由出席会议的有表决权的债权人过半数通过，并且其所代表的债权额占无财产担保债权总额的二分之一以上。有财产担保的债权人对决议的表决应当计入表决人数的统计，但其债权数额不计入表决金额的统计。但是，企业破产法另有规定的除外。

债权人在表决相关事项时放弃投票表决的，不视为同意。

债权人会议的决议，对于全体债权人均有约束力。

第一百二十二条 债权人会议的决议具有以下情形之一，损害债权人利益，债权人提出书面撤销申请的，人民法院应予支持：

（一）债权人会议的召开违反法定程序；

（二）债权人会议的表决违反法定程序；

（三）债权人会议的决议内容违法；

（四）债权人会议的决议超出债权人会议的职权范围。

人民法院可以裁定撤销全部或者部分事项决议，责令债权人会议依法重新作出决议。

债权人可以自债权人会议作出决议之日起十五日内提出撤销申请；债权人会议采取通信、网络投票等非现场方式进行表决的，申请撤销期限自债权人收到通知之日起算。

第一百二十三条 债务人财产的管理方案及破产财产的变价方案经债权人会议表决未通过的，由人民法院裁定。债权人对裁定不服的，可以自裁定宣布之日或者收到通知之日起十五日内向该人民法院申请复议。复议期间不停止裁定的执行。

破产财产的分配方案经债权人会议二次表决仍未通过的，由人民法院裁定。债权额占无财产担保债权总额二分之一以上的债权人对裁定不服的，可以自裁定宣布之日或者收到通知之日起十五日内向该人民法院申请复议。复议期间不停止裁定的执行。

对前两款规定的裁定，人民法院可以在债权人会议上宣布或者另行通知债权人。

第二节 债权人委员会

第一百二十四条 债权人会议可以决定设立债权人委员会。债权人委员会由债权人会议选任的债权人代表和一名债务人的职工代表或者工会代表组成。债权人委员会成员不得超过九人。

债权人委员会成员应当经人民法院书面决定认可。

第一百二十五条 债权人委员会行使下列职权：

（一）监督债务人财产的管理和处分；

（二）监督破产财产分配；

（三）提议召开债权人会议。

受债权人会议授权或委托，债权人委员会还可以行使下列职权：

（一）申请人民法院更换管理人，审查管理人的费用和报酬；

（二）监督管理人；

（三）决定继续或者停止债务人的营业；

（四）债权人会议授权或委托的其他事项。

第一百二十六条　债权人会议不得作出概括性授权，委托债权人委员会行使债权人会议所有职权。

第一百二十七条　债权人委员会执行职务时，有权要求管理人、债务人的有关人员对其职权范围内的事务作出说明或者提供有关文件。

管理人、债务人的有关人员违反企业破产法规定拒绝接受监督的，债权人委员会有权就监督事项请求人民法院作出决定；人民法院应当在五日内作出决定。

第一百二十八条　债权人委员会决定所议事项应获得全体成员过半数通过，并作成议事记录。债权人委员会成员对所议事项的决议有不同意见的，应当在记录中载明。

第一百二十九条　债权人委员会行使职权应当接受债权人会议的监督，以适当的方式向债权人会议及时汇报工作，并接受人民法院的指导。

第一百三十条　管理人实施下列处分债务人重大财产的行为，应当事先制作财产管理或者变价方案并提交债权人会议进行表决，债权人会议表决未通过的，管理人不得处分。

（一）涉及土地、房屋等不动产权益的转让；

（二）探矿权、采矿权、知识产权等财产权的转让；

（三）全部库存或者营业的转让；

（四）借款；

（五）设定财产担保；

（六）债权和有价证券的转让；

（七）履行债务人和对方当事人均未履行完毕的合同；

（八）放弃权利；

（九）担保物的取回；

（十）对债权人利益有重大影响的其他财产处分行为。

管理人实施上述处分前，应当提前十日书面报告债权人委员会，未设立债权人委员会的，应当报告人民法院。

债权人委员会可以依照企业破产法第六十八条第二款的规定，要求管理人对处分行为作出相应说明或者提供有关文件依据。

债权人委员会认为管理人实施的处分行为不符合债权人会议通过的财产管理或变价方案的，有权要求管理人纠正。管理人拒绝纠正的，债权人委员会可以请求人民法院作出决定。

人民法院认为管理人实施的处分行为不符合债权人会议通过的财产管理或变价方案的，应当责令管理人停止处分行为。管理人应当予以纠正，或者提交债权人会议重新表决通过后实施。

第五章 重整程序

第一节 重整申请和审查

第一百三十一条 债务人或者债权人可以依照企业破产法规定，直接向人民法院申请对债务人进行重整。

债权人申请对债务人进行破产清算的，在人民法院受理破产申请后、宣告债务人破产前，债务人或者出资额占债务人注册资本十分之一以上的出资人，可以向人民法院申请重整。

第一百三十二条 债务人申请重整，除应提交本指引第二十一条所列材料外，还应提交重整可行性分析报告。

债权人申请重整，除应提交本指引第二十二条所列材料外，还应提交债务人具有重整价值的证据。

债务人的出资人申请重整，除应提交本指引第二十二条所列材料外，还应提交债务人资产及负债明细、债务人有关财务会计报告、债务人职工安置预案和债务人重整可行性分析报告。

第一百三十三条 债务人具有重整价值是指债务人的继续经营价值大于清算价值。

判断债务人是否具有重整价值，应综合考虑债务人的行业地位和行业前景、经营情况、资质价值、品牌价值、社会公共价值，以及能够体现债务人重整价值的其他情形。

人民法院对重整价值进行判断时，可以根据案件情况，征询市场监管部门、企业主管部门、行业协会以及行业专家的意见。

债务人自行重组重整期间由社会中介机构出具的报告可以作为判断债务人重整价值的参考。

第一百三十四条 债务人具有重整可行性是指债务人的现有资源和条件能够保证重整计划的执行。

判断债务人是否具有重整可行性，应当综合考虑债务人的重整意愿及其配合程度、主要债权人支持重整的情况、重整方案及重整投资人情况、法律与政策障碍情况、重整与清算模式下的清偿率情况。

债务人自行重组重整期间由社会中介机构出具的报告可以作为判断债务人重整可行性的参考。

第一百三十五条 人民法院对申请人提出的重整申请，应当组织听证调查，并通知申请人，债务人的法定代表人、财务人员和职工代表，以及人民法院认为应当参加听证调查的其他人员参加。

债务人的债权人、出资人、重整投资人等利害关系人经人民法院准许，也可以参加听证调查。

第一百三十六条 人民法院裁定受理重整申请的，应当自裁定作出之日起五日内向申请人、被申请人送达，并予以公告。

第二节　重整投资人招募

第一百三十七条　重整投资人是指在重整程序中，债务人无力自行摆脱经营及债务困境时，为债务人提供资金或者其他资源，帮助债务人清偿债务、恢复经营能力的自然人、法人或者其他组织。

第一百三十八条　债务人自行管理财产和营业事务的，债务人可以通过协商引进重整投资人。

自第一次债权人会议召开之日起三十日内，或者自裁定对破产清算的债务人进行重整之日起三十日内，债务人不能就债务清偿及后续经营提出可行性方案的，管理人可以向社会公开招募重整投资人。

第一百三十九条　管理人负责管理财产和营业事务的，重整投资人由管理人向社会公开招募。

管理人公开招募重整投资人的，应当在债务人资产评估工作完成后及时启动。管理人也可以根据重整案件实际情况，提前启动公开招募。

在受理破产清算后、宣告债务人破产前裁定对债务人进行重整的，管理人应当自重整裁定作出之日起三十日内招募重整投资人。

第一百四十条　公开招募重整投资人的，由管理人在全国企业破产重整案件信息网、本地有影响的媒体发布公告期不少于十五日的招募公告。

招募公告应当载明案件基本情况、意向重整投资人应当具备的资格条件、参加招募程序的报名方式及期限、获取招募文件的方式及期限等内容。

第一百四十一条　管理人应当在招募公告发布之前完成招募文件的制作，并报人民法院备案。招募文件应当包括债务人的资产、负债等基本情况，意向重整投资人缴纳保证金的要求，意向重整投资人应当提交的参选材料及截止时间，确定重整投资人的标准和程序，对重整投资人及其重整预案的特定要求。

第一百四十二条　意向重整投资人参加公开招募的，一般需要提供以下文件：有效的主体资格证明文件；资质、财务、业绩介绍及相关证明材料；重整预案，包括重整资金来源、出资人权益调整、债权调整、债权清偿及后续经营方案等；招募文件要求提供的其他材料。

意向重整投资人要求查阅有关债务人的财产调查报告、资产评估报告、偿债能力分析报告、审计报告以及债权表等资料的，管理人应当准许。

第一百四十三条　经管理人初步审查，意向重整投资人符合招募公告规定的资格条件且参选材料不违反法律规定的，应当按照管理人的要求签订保证金协议，并缴纳重整保证金。

第一百四十四条　在招募期间，仅有一家意向重整投资人提交参选材料且其重整预案经管理人审查合格的，该意向重整投资人即为重整投资人。

多家意向重整投资人经初步审查合格并缴纳保证金的，由债权人会议选定重整投资人。

第一百四十五条　经审查存在下列情形的，管理人可以申请协商确定重整投资人：债务人与意向投资人已经在债务人自行经营管理期间初步形成可行的债务清偿方案和出资人权益调整方案的；在重整申请受理时，债务人已确定意向投资人，该意向投资人已经持续为债务人的继续营业提供资金、代偿职工债权，且债务人已经就此制订出可行的债务清偿和出资人权益调整方案的；重整价值可能急剧丧失，需要尽快确定重整投资人的；存在其他不适宜公开招募重整投资人的情形，并经债权人会议或者债权人委员会同意的。

第三节　重整计划的制定与批准

第一百四十六条　债务人或者管理人应当在自人民法院裁定债务人重整之日起六个月内提交重整计划草案。

债务人或者管理人申请延长重整计划草案提交期限的，应当在期限届满十五日前提出。

第一百四十七条　重整计划草案除应包含企业破产法第八十一条第（一）至第（七）项规定的内容外，在普通债权不能获得全额清偿的情况下，重整计划草案应当包含出资人权益调整的内容。

重整计划草案还应当全面披露债务人的破产原因、资产和负债状况、清算和重整状态下普通债权的清偿率比较以及有关债务人资产的重大不确定事项等。

第一百四十八条　管理人认为债务人制作的重整计划草案的合法性或者可行性存在问题，可能损害债权人合法权益的，应当要求债务人进行修改。

第一百四十九条　重整计划草案经人民法院同意提交债权人会议表决的，债权人会议应当在三十日内召开。

第一百五十条　重整计划草案进行分组表决时，重整计划草案对普通债权根据债权额大小作出分类调整的，人民法院应当依据债务人或者管理人的申请，设置相应表决组。

人民法院可以将享有建设工程价款、船舶和航空器等法定优先权的债权人列入对债务人特定财产享有担保权的债权表决组，也可以根据上述优先权的性质设置其他优先权表决组。

经评估的担保财产价值不足以清偿担保债权，对该财产享有担保权的债权人同意对超出评估值以外的债权按普通债权清偿的，可以将评估值作为该笔债权在担保债权组的表决额，剩余金额作为其在普通债权组的表决额。

第一百五十一条　表决出资人权益调整事项的，应当召开出资人组会议并提前十五日通知全体出资人。

债务人的股东会或者股东大会已对出资人权益调整作出决议的，可以不再另行召开出资人组会议进行表决。

有限责任公司的出资人权益调整事项经股东所持表决权的三分之二以上同意，即为通过；股份有限公司的出资人权益调整事项经出席出资人组会议的股东所持表决权的三分之二以上同意，即为通过。

第一百五十二条　债务人或者管理人申请批准重整计划的，人民法院应当在收到申请之日起三十日内完成对重整计划内容以及表决程序的审查。

人民法院应当按照下列原则审查批准重整计划：

（一）程序合法原则，即重整计划的制订和表决程序符合法律规定；

（二）公平原则，即公平对待同一表决组成员；

（三）绝对优先原则，即破产清算程序的法定清偿顺序同样适用于重整程序；

（四）最大利益原则，即持反对意见的债权人依据重整计划可获得的清偿比例不低于其在破产清算中可获得的清偿比例；

（五）可行性原则，即经营方案以及重整计划的执行方式均不存在可能导致无法执行或者破产清算的法律及事实障碍。

重整计划符合上述原则的，人民法院应当裁定批准并终止重整程序，予以公告。

第一百五十三条　未通过重整计划草案的表决组拒绝再次表决，或者再次表决仍未通过，债务人或者管理人申请强制批准重整计划草案的，人民法院应当依照企业破产法第八十七条第二款以及本指引第一百五十二条第二款规定的标准，对强制批准重整计划草案的申请进行全面、审慎审查。

人民法院认为需要听取重整计划草案的反对意见的，可以通知未通过表决组，告知其于收到通知之日起十日内提出书面意见并附相关证据材料，必要时可以组织听证。

第一百五十四条　人民法院裁定批准重整计划后，由债务人负责执行。已接管财产和营业事务的管理人应当及时向债务人移交财产和营业事务。

债务人应当全面、适当执行重整计划。执行债权受偿方案时因客观原因无法同时对全体债权人清偿的，按照法定顺序清偿。

第一百五十五条　管理人负责监督重整计划的执行，并应当制订监督方案。在监督期内，管理人应定期听取债务人财务状况及重整计划执行情况报告，及时发现并纠正债务人执行重整计划过程中的违法或者不当行为。监督期届满后，管理人应当向人民法院提交监督报告。

第一百五十六条　重整计划因客观原因未能在规定期限内执行完毕，债务人申请延长重整计划执行期限的，人民法院可以裁定准许。管理人同时申请延长监督期限至重整计划执行期限届满的，人民法院应当一并裁定准许。

第一百五十七条　重整计划对债务人、全体债权人有约束力。重整计划涉及出资人权益调整的事项，对债务人的全体出资人均有约束力。债务人资不抵债，重整计划所调整的股权已设定质押的，质押权人应当配合办理解除股权质押手续。

重整计划所调整的股权未被质押与冻结，但出资人拒不配合办理股权转让手续的，人民法院可以依据债务人的申请向有关单位发出协助执行通知书。

第一百五十八条　重整计划执行期间，人民法院可以依据债务人的申请，协调办理债务人恢复正常生产经营的相关手续，包括移除经营异常名录、恢复营业执照、删除征信不良记录、移除纳税失信名单、删除失信被执行人信息等。

第一百五十九条　重整计划执行完毕或者基本执行完毕，管理人应当申请终结重整程序，并提交监督报告。

人民法院裁定终结重整程序后，对于按照重整计划减免的债务，债务人不再承担清偿责任。重整后的企业新发生的债权债务纠纷处理，不再适用企业破产法的特别规定。

第一百六十条　债务人不执行重整计划或者因客观原因不能执行重整计划，经管理人或者利害关系人请求，人民法院应当裁定终止重整计划的执行，并宣告债务人破产。本款所称利害关系人，包括债权人、债务人、债务人出资人等。

人民法院裁定终止重整计划的执行并宣告债务人破产后，管理人应当立即接管债务人的印章、账簿、财产等，并对债务人进行破产清算。

重整计划执行过程中已受清偿的破产债权，由管理人按照企业破产法第九十三条第二款的规定予以核减；核减后的破产债权依照企业破产法第一百一十三条规定的清偿顺序和第九十三条第三款规定的清偿条件予以清偿。

第六章　和解程序

第一百六十一条　债务人可以依照企业破产法规定，直接向人民法院申请和解；也可以在人民法院受理破产申请后、宣告债务人破产前，向人民法院申请和解。

第一百六十二条　债务人申请和解，除了应当提交本指引第二十一条规定的材料外，还应当提交和解协议草案。

第一百六十三条　债务人提出和解协议草案一般包括下列内容：

（一）债务人的财产状况；

（二）清偿债务的比例、期限及财产来源；

（三）破产费用、共益债务的种类、数额及支付期限。

债务人可以在和解协议草案中为和解协议的执行设定担保。

和解协议草案中可以规定监督条款，设置和解协议执行的监督人。

第一百六十四条　人民法院经审查认为和解申请符合规定的，应当裁定和解，予以公告，并召集债权人会议讨论和解协议草案。

第一百六十五条　对债务人的特定财产享有担保权的权利人，自人民法院裁定和解之日起，可以随时向管理人主张就该特定财产变价处置行使优先受偿权，管理人应及时变价处置，不得以须经债权人会议决议等为由拒绝。但因单独处置担保财产会降低其他破产财产的价值而应整体处置的除外。

第一百六十六条　债权人会议通过和解协议的决议，由出席会议的有表决权的债权人过半数同意，并且其所代表的债权额占无财产担保债权总额的三分之二以上。

第一百六十七条　债权人会议通过和解协议的，由人民法院裁定认可，终止和解程序，并予以公告。管理人应当向债务人移交财产和营业事务，并向人民法院提交执行职务的报告。

第一百六十八条　和解协议草案经债权人会议表决未获得通过，或者已经债权人会议通过的和解协议未获得人民法院认可的，人民法院应当裁定终止和解程序，并宣告债务人破产。

第一百六十九条　在人民法院作出是否认可和解协议的裁定之前，债务人撤回和解申请的，人民法院应当裁定终止和解程序，宣告债务人破产，并公告。

第一百七十条　经人民法院裁定认可的和解协议，对债务人和全体和解债权人均有约束力。

和解债权人是指人民法院受理破产申请时对债务人享有无财产担保债权的人。

和解债权人未依照本法规定申报债权的，在和解协议执行期间不得行使权利；在和解协议执行完毕后，可以按照和解协议规定的清偿条件行使权利。

第一百七十一条　和解债权人对债务人的保证人和其他连带债务人所享有的权利，不受和解协议的影响。

第一百七十二条　债务人应当按照和解协议规定的条件清偿债务。

第一百七十三条　因债务人的欺诈或者其他违法行为而成立的和解协议，人民法院应当裁定无效，并宣告债务人破产。

有前款规定情形的，和解债权人因执行和解协议所受的清偿，在其他债权人所受清偿同等比例的范围内，不予返还。

第一百七十四条　债务人不能执行或者不执行和解协议的，人民法院经和解债权人请求，应当裁定终止和解协议的执行，并宣告债务人破产。

人民法院裁定终止和解协议执行的，和解债权人在和解协议中作出的债权调整的承诺失去效力。和解债权人因执行和解协议所受的清偿仍然有效，和解债权未受清偿的部分作为破产债权。

前款规定的债权人，只有在其他债权人同自己所受的清偿达到同一比例时，才能继续接受分配。

有本条第一款规定情形的，为和解协议的执行提供的担保继续有效。

第一百七十五条　人民法院受理破产申请后，债务人与全体债权人就债权债务的处理自行达成协议的，可以请求人民法院裁定认可，并终结破产程序。

第一百七十六条　按照和解协议减免的债务，自和解协议执行完毕时起，债务人不再承担清偿责任。

第七章　破产清算程序

第一节　破产宣告

第一百七十七条　人民法院受理破产清算申请后，第一次债权人会议上无人提出重整或者和解申请的，管理人应当在债权审核确认和必要的审计、资产评估后，及时向人民法院提出宣告破产的申请。

破产申请受理后，债务人财产不足以清偿破产费用且无人代为清偿或者垫付的，经管理人申请，人民法院应当宣告破产并裁定终结破产程序。申请宣告债务人破产的时间不受前款规定限制。

相关主体向人民法院提出宣告破产申请的，人民法院应当自收到申请之日起七日内做出破产宣告裁定，并自裁定作出之日起五日内送达债务人和管理人，自裁定作出之日起十日内通知已知债权人，并予以公告。

第一百七十八条　人民法院的破产宣告裁定作出即发生法律效力。

债务人被宣告破产后，不得再转入重整程序或和解程序。

债务人被宣告破产后，债务人称为破产人，债务人财产称为破产财产，人民法院受理破产申请时对债务人享有的债权称为破产债权。

第一百七十九条　由债务人自行管理的重整程序经破产宣告转为清算程序的，或者和解协议生效后经破产宣告转为清算程序的，债务人应当立即向管理人办理财产和事务的移交。

第一百八十条　破产宣告前，有下列情形之一的，人民法院应当裁定终结破产程序，并予以公告：

（一）第三人为债务人提供足额担保或者为债务人清偿全部到期债务的；

（二）债务人已清偿全部到期债务的。

第一百八十一条　对破产人的特定财产享有担保权的权利人，对该特定财产享有优先受偿的权利，其可以随时向管理人主张就该特定财产变价处置行使优先受偿权，管理人应及时变价处置，不得以须经债权人会议决议等为由拒绝。但因单独处置担保财产会降低其他破产财产的价值而应整体处置的除外。

前款的债权人行使优先受偿权利未能完全受偿的，其未受偿的债权作为普通债权；放弃优先受偿权利的，其债权作为普通债权。

第二节　变价和分配

第一百八十二条　管理人应当及时拟订破产财产变价方案，提交债权人会议讨论。

管理人应当按照债权人会议通过的或者人民法院依照企业破产法第六十五条第一款规定裁定的破产财产变价方案，适时变价出售破产财产。

第一百八十三条　变价出售破产财产应当通过拍卖进行。但是，债权人会议另有决议的除外。

以拍卖方式处置破产财产的，除法律、行政法规和司法解释规定必须通过其他途径处置，或者不宜采取网络拍卖方式处置的以外，应采取网络司法拍卖方式。

采用拍卖方式进行处置的，拍卖所得预计不足以支付评估拍卖费用，或者拍卖不成的，经债权人会议决议，可以采取作价变卖或实物分配方式。变卖或实物分配的方案经债权人会议两次表决仍未通过的，由人民法院裁定处理。

破产企业可以全部或者部分变价出售。企业变价出售时，可以将其中的无形资产和其他财产单独变价出售。

按照国家规定不能拍卖或者限制转让的财产，应当按照国家规定的方式处理。

第一百八十四条　管理人应当向破产企业的债务人追收债权。

债权追收成本过高的，经债权人会议决议，可以放弃债权，亦可以选择拍卖债权。拍卖不成的，可以分配债权。

债权人会议决议直接分配债权的，可以进行债权分配。由管理人向债权人出具债权分配书，债权人可以凭债权分配书向债务人的债务人要求履行。

第一百八十五条　破产财产在优先清偿破产费用和共益债务后，依照下列顺序清偿：

（一）破产人所欠职工的工资和医疗、伤残补助、抚恤费用，所欠的应当划入职工个人账户的基本养老保险、基本医疗保险费用，以及法律、行政法规规定应当支付给职工的补偿金；

（二）破产人欠缴的除前项规定以外的社会保险费用和破产人所欠税款；

（三）普通破产债权。

破产财产不足以清偿同一顺序的清偿要求的，按照比例分配。

破产企业的董事、监事和高级管理人员的工资按照该企业职工的平均工资计算。

第一百八十六条　由第三方垫付的职工债权，原则上按照垫付的职工债权性质进行清偿。

第一百八十七条　对于法律没有明确规定清偿顺序的债权，人民法院可以按照人身损害赔偿债权优先于财产性债权、私法债权优先于公法债权、补偿性债权优先于惩罚性债权的原则合理确定清偿顺序。因债务人侵权行为造成的人身损害赔偿，可以参照企业破产法第一百一十三条第一款第一项规定的顺序清偿，但其中涉及的惩罚性赔偿除外。破产财产依照企业破产法第一百一十三条规定的顺序清偿后仍有剩余的，可依次用于清偿破产受理前产生的民事惩罚性赔偿金、行政罚款、刑事罚金等惩罚性债权。

第一百八十八条　破产财产的分配应当以货币分配方式进行。但是，债权人会议另有决议的除外。

第一百八十九条　管理人应当及时拟订破产财产分配方案，提交债权人会议讨论。破产财产分配方案应当载明下列事项：

（一）参加破产财产分配的债权人名称或者姓名、住所；

（二）参加破产财产分配的债权额；

（三）可供分配的破产财产数额；

（四）破产财产分配的顺序、比例及数额；

（五）实施破产财产分配的方法。

债权人会议通过破产财产分配方案后，由管理人将该方案提请人民法院裁定认可。

第一百九十条　破产财产分配方案经人民法院裁定认可后，由管理人执行。

管理人按照破产财产分配方案实施多次分配的，应当公告本次分配的财产额和债权额。管理人实施最后分配的，应当在公告中指明，并载明企业破产法第一百一十七条第二款规定的事项。

第一百九十一条　对于附生效条件或者解除条件的债权，管理人应当将其分配额提存。

管理人依照前款规定提存的分配额，在最后分配公告日，生效条件未成就或者解除条件成就的，应当分配给其他债权人；在最后分配公告日，生效条件成就或者解除条件未成就的，应当交付给债权人。

第一百九十二条　债权人未受领的破产财产分配额，管理人应当提存。债权人自最后分配公告之日起满二个月仍不领取的，视为放弃受领分配的权利，管理人或者人民法院应当将提存的分配额分配给其他债权人。

第一百九十三条　破产财产分配时，对于诉讼或者仲裁未决的债权，管理人应当将其分配额提存。自破产程序终结之日起满二年仍不能受领分配的，人民法院应当将提存的分配额分配给其他债权人。

第三节　破产程序的终结

第一百九十四条　破产人无财产可供分配的，管理人应当请求人民法院裁定终结破产程序。

管理人在最后分配完结后，应当及时向人民法院提交破产财产分配报告，并提请人民法院裁定终结破产程序。

人民法院应当自收到管理人终结破产程序的请求之日起十五日内，以查明债务人财产状况、明确债务人财产的分配方案、确保破产债权获得依法清偿为基础，作出是否终结破产程序的裁定。裁定终结的，应当予以公告。

第一百九十五条 管理人应当自破产程序终结之日起十日内，持人民法院终结破产程序的裁定到公司登记机关办理相关注销手续。

第一百九十六条 管理人于办理注销登记完毕的次日终止执行职务。但是，存在诉讼或者仲裁未决情况的除外。

第一百九十七条 自破产程序依照企业破产法第四十三条第四款或者第一百二十条的规定终结之日起二年内，有下列情形之一的，债权人可以请求人民法院按照破产财产分配方案进行追加分配：

（一）发现有依照企业破产法第三十一条、第三十二条、第三十三条、第三十六条规定应当追回的财产的；

（二）发现破产人有应当供分配的其他财产的。

有前款规定情形，但财产数量不足以支付分配费用的，不再进行追加分配，由人民法院将其上缴国库。

第一百九十八条 破产人的保证人和其他连带债务人，在破产程序终结后，对债权人依照破产清算程序未受清偿的债权，依法继续承担清偿责任。

债权人根据前款规定要求保证人承担保证责任的，应在破产程序终结后六个月内提出。保证人承担保证责任后，不得再向和解或重整后的债务人行使求偿权。

第八章　关联企业实质合并破产程序

第一百九十九条 人民法院在审理企业破产案件时，应当尊重企业法人人格的独立性，以对关联企业成员的破产原因进行单独判断并适用单个破产程序为基本原则。当关联企业成员之间存在法人人格高度混同、区分各关联企业成员财产的成本过高、严重损害债权人公平清偿利益时，可例外适用关联企业实质合并破产方式进行审理。

第二百条 人民法院收到实质合并申请后，应当及时通知相关利害关系人并组织听证，听证时间不计入审查时间。人民法院在审查实质合并申请过程中，可以综合考虑关联企业之间资产的混同程度及其持续时间、各企业之间的利益关系、债权人整体清偿利益、增加企业重整的可能性等因素，在收到申请之日起三十日内作出是否实质合并审理的裁定。

第二百零一条 人民法院裁定采用实质合并方式审理破产案件的，各关联企业成员之间的债权债务归于消灭，各成员的财产作为合并后统一的破产财产，由各成员的债权人在同一程序中按照法定顺序公平受偿。采用实质合并方式进行重整的，重整计划草案中应当制定统一的债权分类、债权调整和债权受偿方案。

第二百零二条 适用实质合并规则进行破产清算的，破产程序终结后各关联企业成员均应予以注销。适用实质合并规则进行和解或重整的，各关联企业原则上应当合并为一个企业。根据和解协议或重整计划，确有需要保持个别企业独立的，应当依照企业分立的有关规则单独处理。

第二百零三条　多个关联企业成员均存在破产原因但不符合实质合并条件的，人民法院可根据相关主体的申请对多个破产程序进行协调审理，并可根据程序协调的需要，综合考虑破产案件审理的效率、破产申请的先后顺序、成员负债规模大小、核心控制企业住所地等因素，由共同的上级法院确定一家法院集中管辖。

第二百零四条　协调审理不消灭关联企业成员之间的债权债务关系，不对关联企业成员的财产进行合并，各关联企业成员的债权人仍以该企业成员财产为限依法获得清偿。但关联企业成员之间不当利用关联关系形成的债权，应当劣后于其他普通债权顺序清偿，且该劣后债权人不得就其他关联企业成员提供的特定财产优先受偿。

第九章　执行转破产程序

第二百零五条　执行案件移送破产审查工作，涉及执行程序与破产程序之间的转换衔接，不同法院之间，同一法院内部执行部门、立案部门、破产审判部门之间，应坚持依法有序、协调配合、高效便捷的工作原则，充分保护当事人合法权益。

第二百零六条　执行案件移送破产审查，应同时符合下列条件：

（一）被执行人为企业法人；

（二）被执行人或者有关被执行人的任何一个执行案件的申请执行人书面同意将执行案件移送破产审查；

（三）执行法院已通过执行案件网络查控系统、申请执行人举证、被执行人自行申报、查阅会计资料等方式采取执行财产调查措施；

（四）被执行人不能清偿到期债务，并且资产不足以清偿全部债务或者明显缺乏清偿能力。

第二百零七条　执行法院采取财产调查措施后，发现作为被执行人的企业法人符合企业破产法第二条规定的，应当及时询问申请执行人、被执行人是否同意将案件移送破产审查。

第二百零八条　执行法官认为执行案件符合移送破产审查条件的，应提出审查意见，经合议庭评议同意后，报院长审批并签署移送决定书。

执行法院作出移送决定后，应在五日内将移送决定书送达申请执行人和被执行人。申请执行人或被执行人对决定有异议的，可以在受移送法院破产审查期间提出，由受移送法院一并处理。

第二百零九条　执行法院作出移送决定后，应当书面通知所有已知执行法院，执行法院均应中止对被执行人的执行程序。但是，对被执行人的季节性商品、鲜活、易腐烂变质以及其他不宜长期保存的物品，执行法院应当及时变价处置，处置的价款不作分配。受移送法院裁定受理破产案件的，执行法院应当在收到裁定书之日起七日内，将该价款移交受理破产案件的法院。

案件符合终结本次执行程序条件的，执行法院可以同时裁定终结本次执行程序。

执行法院决定移送后、受移送法院裁定受理破产案件之前，对被执行人的查封、扣押、冻结措施不予解除。查封、扣押、冻结期限在破产审查期间届满的，申请执行人可以向执行法院申请延长期限，由执行法院负责办理。

第二百一十条 执行法院作出移送决定后，应当向受移送法院移送下列材料：

（一）案件移送函；

（二）执行案件移送破产审查决定书；

（三）申请执行人或者被执行人同意移送的书面材料；

（四）执行立案信息表、执行依据；

（五）被执行企业的工商登记材料；

（六）执行程序采取财产调查措施已查明的被执行人的财产状况，主要包括但不限于银行存款、房地产、车辆、股权登记查询资料，以及已经采取查封、扣押、冻结措施的财产清单及相关材料；

（七）执行程序已查明的被执行人的债权、债务清单；

（八）执行程序已对被执行财产依法处置的相关材料；

（九）在执行程序中发现的被执行人隐匿、转移财产等涉嫌逃废债行为线索的相关材料；

（十）其他应当移送的材料。

上述第（八）（九）项材料的移送以实际存在为前提，不属于移送必备材料。

第二百一十一条 执行法院移送破产审查的材料，由受移送法院立案部门负责接收。受移送法院不得以材料不完备等为由拒绝接收。

执行法院移送的材料不完备或者内容错误，影响受移送法院认定破产原因是否具备的，受移送法院可以要求执行法院补齐、补正，执行法院应在收到通知后十日内补齐、补正。该期间不计入受移送法院破产审查的期间。

受移送法院需要查阅执行程序中的其他案件材料，或者依法委托执行法院办理财产处置等事项的，执行法院应予协助配合。

第二百一十二条 受移送法院立案部门经审查认为移送材料完备的，应当以"破申"作为案件类型代字编制案号登记立案，并及时将案件移送破产审判部门审查是否受理。

立案部门在审查过程中发现本院对案件不具有管辖权的，应当按照民事诉讼法第三十六条规定处理。

第二百一十三条 受移送法院的破产审判部门应当自收到移送的材料之日起三十日内作出是否受理的裁定。受移送法院作出裁定后，应当在五日内送达申请执行人、被执行人，并送交执行法院。

申请执行人申请或者同意移送破产审查的，裁定书中以该申请执行人为申请人，被执行人为被申请人；被执行人申请或者同意移送破产审查的，裁定书中以该被执行人为申请人；申请执行人、被执行人均同意移送破产审查的，双方均为申请人。

第二百一十四条 执行法院收到受移送法院受理裁定后，应当于七日内将已经扣划到账的银行存款、实际扣押的动产、有价证券等被执行人的财产移交给受理破产案件的法院或者管理人。

第二百一十五条　执行法院收到破产受理裁定后，应当解除对债务人财产的查封、扣押、冻结措施；或者根据破产受理法院的要求，出具函件将查封、扣押、冻结财产的处置权交破产受理法院。破产受理法院可以持执行法院的移送处置函件进行继续查封、扣押、冻结，或者解除查封、扣押、冻结，依法予以处置。

执行法院收到破产受理裁定拒不解除查封、扣押、冻结措施的，破产受理法院可以请求执行法院的上级法院依法予以纠正。

第二百一十六条　破产审判部门可以利用执行查控系统查控债务人财产，提高破产审判工作效率，执行部门应予以配合。

第二百一十七条　受移送法院作出不予受理裁定的，应当在裁定生效后七日内将接收的材料、被执行人的财产退回执行法院，执行法院应当恢复对被执行人的执行。

受移送法院作出不予受理裁定后，执行法院不得重复启动执行案件移送破产审查程序。申请执行人或被执行人以有新证据足以证明被执行人已经具备了破产原因为由，再次要求将执行案件移送破产审查的，执行法院可以通知申请执行人或被执行人直接向具有管辖权的人民法院提出破产申请。

第二百一十八条　受移送法院裁定宣告被执行人破产或者裁定终止和解程序、重整程序的，应当自裁定作出之日起五日内送交执行法院，执行法院应当裁定终结对被执行人的执行。

第二百一十九条　受移送法院拒绝接收移送的材料，或者收到移送的材料后不按规定的期限作出是否受理裁定的，执行法院可以报请上级法院予以协调，或者向受移送法院的上一级法院发函请求监督。上一级法院收到函件后应当指令受移送法院在十日内接收材料或者作出是否受理的裁定。

第二百二十条　执行案件移送破产审查发生在同一法院内部执行部门和破产审判部门之间的，参照适用上述规定，并应当尽量简化移送审查程序。

附　则

第二百二十一条　本指引自公布之日起施行。

第二百二十二条　本指引与法律、司法解释规定不一致的，以法律、司法解释的规定为准。

第二节　其他省市有关企业破产的规定

广东省高级人民法院关于印发《全省部分法院破产审判业务座谈会纪要》的通知

（粤高法〔2012〕255号）

全省各中级人民法院、广州海事法院、广州铁路运输中级法院：

现将《全省部分法院破产审判业务座谈会纪要》印发给你们，请结合审判工作实际，参考适用。适用中如遇到问题，请及时层报我院民二庭。

广东省高级人民法院

二〇一二年七月二日

全省部分法院破产审判业务座谈会纪要

为更好地适用《中华人民共和国企业破产法》（以下简称《企业破产法》）及其司法解释的规定，妥善受理、审理破产案件，更加充分地发挥《企业破产法》在调整市场经济中的重要作用，广东省高级人民法院在广泛调研的基础上，于2012年4月18日在东莞市召开了全省部分法院破产审判业务座谈会。与会同志经认真讨论，就破产审判工作所涉的部分问题达成了共识。现纪要如下：

一、申请和受理问题

1. 各级法院要紧密配合中央关于加快转变经济发展方式、调整经济结构的战略思路，积极、能动为我省经济转型升级服务，统一思想、提高认识，树立依法受理破产案件的观念，充分认识并发挥《企业破产法》在优化社会资源配置、完善优胜劣汰竞争机制及拯救危困企业等方面的积极作用，对当事人提出的符合受理条件的破产申请，应当依法予以受理，而不应以不符合法律、司法解释规定的理由不予受理。

2. 人民法院在受理破产案件前，原则上应组织申请人、被申请人及主要债权人进行听证，听取各方关于应否受理破产申请的意见，充分了解债务人的资产、负债、经营、职工等相关情况，依法审查决定是否受理。

3. 各级法院在受理按照最高法院和省法院规定应逐级审批的破产案件时，应按照要求履行审批、备案手续。广东省高级人民法院《关于加强破产审判管理指导监督工作的通知》[粤高法明传（2005）114号] 要求中级法院受理前须报省法院审批的申报债权数额标准由原来的"3000万元以上"调整为"1亿元以上"，基层法院受理前须报中级法院审批的申报债权数额标准由各中级法院根据各地实际情况自行规定，其他备案、报批标准仍按上述通知执行。

4. 上一级人民法院依照最高人民法院《关于适用〈企业破产法〉若干问题的规定（一）》第九条责令下级人民法院在一定期限内作出是否受理破产案件的裁定的，下级人民法院应当将处理结果及时书面报告上一级人民法院。

二、人民法院审查破产申请期间债务人财产的保全问题

5. 人民法院审查破产申请期间，破产申请人及其他利害关系人如认为债务人可能通过转移财产、恶意清偿债务等方式损害其合法权益的，可依照《中华人民共和国民事诉讼法》第九十二条的规定，向接收破产申请的人民法院就债务人财产提出财产保全申请，人民法院经审查符合要求的应予准许，并采取必要的财产保全措施。人民法院经审查认为有必要的，可以要求财产保全的申请人提供相应担保。

6. 当事人提出财产保全申请的，应当按照《诉讼费用交纳办法》的相关规定预交保全费，破产案件受理后上述费用纳入破产费用范畴，以破产财产优先清偿。

三、关联企业破产问题

7. 各级法院应当积极探索关联企业合并破产问题，在充分尊重法人人格独立和股东有限责任的基础上，对于关联企业成员存在法人人格、财产高度混同、利用关联关系损害债权人利益等情形的，可依据管理人或债权人的申请采取关联企业合并破产方式。本条所称关联企业包括相互之间存在控制与从属关系或者其他重大影响关系的企业。

8. 关联企业合并破产案件应报经有权决定管辖的上级法院批准后受理，一般由控制企业所在地或主要财产所在地法院管辖；关联企业的个别成员已经进入破产程序的，由已受理该成员破产案件的人民法院管辖；关联企业的成员已分别在不同人民法院进入破产程序，报请共同上级法院指定管辖法院。

9. 为减少不同程序间的协调成本、保障破产程序公平有序进行，对尚不符合合并破产条件的关联企业成员破产案件，如确属必要，可报经有权决定管辖的上级法院批准，由控制企业所在地或主要财产所在地法院集中审理。

四、对债务人下落不明、无产可破、缺少账册的破产案件处理问题

10. 人民法院受理债务人下落不明、无产可破、缺少账册等破产案件后，应当及时指定管理人并督促管理人找寻债务人财产并运用法律手段予以追收，尽可能保障债权人的合法权益。

11. 因债务人的出资人怠于履行义务，导致债务人的主要财产、账册、重要文件等灭失而无法清算或者无法依法全面清算的，人民法院在所发现和追收的财产进行分配后，可以无法清算或无法依法清算为由裁定终结债务人破产程序，并告知相关权利人可依据相关法律规定另行向债务人的出资人等主张权利。

五、对管理人编制的债权表的审查问题

12. 对于《企业破产法》第五十八条第二款规定的债务人、债权人均无异议并经

债权人会议依法确认的债权表记载的债权，人民法院可根据管理人的申请径行作出裁定予以确认。

六、管理人的选定及管理人队伍培育问题

13. 各级法院应依照《企业破产法》及最高人民法院《关于审理企业破产案件指定管理人的规定》的相关规定，根据案件的具体情况采取适当方式指定合适的管理人，原则上应采用随机方式在已制定的管理人候选名册中选定管理人；对于金融机构、上市公司或者其他法律关系复杂、影响重大、可能影响社会稳定不宜采用随机方式选定管理人的破产案件，已经成立清算组的可指定清算组为管理人，未成立清算组的可采取竞争方式在已制定的管理人候选名册中选定管理人。破产审判部门决定以随机方式或者竞争方式产生管理人的，其具体操作程序应交由司法技术辅助部门或相关部门主持进行。

14. 为加快培育成熟的管理人队伍，各级法院应当积极探索有效的管理人管理机制，通过定期召开管理人座谈会等方式深入了解管理人工作中存在的问题和困难，及时研究、解决或向有关部门反映，要注重加强对已制定的管理人名册中的候选管理人的培训工作。

七、破产审判中相关法院之间的工作配合问题

15. 破产管理人持审理破产案件的法院作出的生效法律文书，请求省内其他法院配合解除有关债务人的财产保全措施、中止执行程序或实施其他配合工作时，各级法院应依照《企业破产法》的规定积极予以配合，执行中如遇到障碍，相关法院可报请共同上级法院协调解决。破产管理人持生效法律文书请求外省法院配合工作时如遇到障碍，可逐级上报省法院协调解决。

八、破产重整问题

16. 人民法院受理重整申请后，应结合听证情况对重整申请的合法性、可行性进行实质审查。审查过程中，人民法院可以征询银行等金融机构或工商、证券、国资、税务等行政管理部门的意见。

17. 对于虽然已经出现破产原因或者丧失清偿能力可能，但符合国家产业结构调整政策、具备发展前景的企业，人民法院应充分发挥破产重整制度的功能，对其进行积极挽救。

九、破产审判中的边控问题

18. 人民法院在审理破产案件过程中，可依法对债务人的法定代表人及其他相关人员采取限制出境、扣留证件、司法拘留等强制措施。如需边检部门协助执行，应将裁定书、决定书、边控申请表等资料一并逐级报送省法院协调边控部门办理边控手续。

十、破产审判队伍建设问题

19. 各中级法院要认真领会、贯彻最高人民法院《关于正确适用〈企业破产法〉

若干问题的规定（一）充分发挥人民法院审理企业破产案件司法职能作用的通知》的精神，进一步加强破产审判队伍建设，尽快设立破产审判专业合议庭，有条件的法院可根据实际情况建立专门的破产审判庭。

十一、破产衍生诉讼归口审理问题

20. 为深化破产审判机制改革，优化司法资源配置，充分发挥由破产审判业务庭审理破产衍生诉讼案件的优势，破产案件受理后提起的破产衍生诉讼案件（除劳动争议、知识产权、海事海商等类型案件外），原则上统一由破产审判业务庭（包括审理破产案件的专门破产审判庭、商事审判庭或其他审判业务庭）审理（按省法院粤高法明传〔2012〕172号文执行）。

十二、破产案件绩效考核管理问题

21. 破产案件在工作量、工作性质、案件流程上与普通民商事案件存在明显差异，这在客观上决定了对破产案件的绩效考评和审判管理都应区别于普通民商事案件。各级法院应根据辖区实际情况，积极探索能够全面客观反映审理破产案件工作量的科学考评标准，对破产案件施行科学绩效考评。

广东省高级人民法院关于审理破产案件
若干问题的指导意见

（粤高法〔2003〕200号）

为正确审理破产案件，根据《中华人民共和国民事诉讼法》、《中华人民共和国企业破产法（试行）》、最高人民法院《关于审理企业破产案件若干问题的规定》等规定，结合审判实践，提出以下指导意见：

第一条 企业法人申请或申请破产的，法院不应以债务人的股东或出资单位欠缴、抽逃注册资本为由驳回其破产申请。法院宣告其破产后，欠缴、抽逃注册资本的责任人应补足或退回被欠缴、抽逃的注册资本，补足或退回的资本应作为破产企业的破产财产。

第二条 被吊销营业执照的企业法人，符合法律规定破产条件的，法院可以受理其破产申请。

第三条 申请破产的债务人提供的财务账册不完整，导致无法对该企业的财产状况和债权债务进行清算的，法院应驳回其破产申请。

第四条 法院受理破产申请后，不存在《中华人民共和国企业破产法（试行）》第三条第二款规定的破产障碍，申请破产或被申请破产的企业不具备和解或者整顿可能的，法院可以立即裁定宣告企业破产。

第五条 人民法院受理重大、疑难的破产申请时，可以在立案审查阶段召开听证会审查破产申请事由、债务人资产和经营状况。

对于改制企业申请破产的，法院应当审查企业在改制过程中是否存在转移资产、空壳破产的情况，并依照 最高人民法院《关于审理企业破产案件若干问题的规定》第十二条的规定，决定是否受理破产申请。

第六条 与破产企业对外承担连带责任的债务人，在其代替破产企业向债权人履行债务前，行使预先追偿权申报债权的，适用《中华人民共和国民事诉讼法》第二百条关于债权申报期限的规定。

第七条 财产混同的多个关联企业同时向法院申请破产的，法院应责令其先予界定各自财产，然后再向法院申请破产。债权人同时申请财产混同的多个关联企业破产的，法院受理后应由清算组依法界定各个关联企业的财产，不应以财产混同为由并清算。

第八条 法院裁定宣告债务人进入破产还债程序后，破产申请人申请撤回破产申请的，法院应裁定驳回。

第九条 保证人破产时，债权人应保证债权既可以凭生效法律文书确定债权，也可以根据保证合同申报债权。在保证人破产期间主债权尚未到期的，保证债权也可以申报，但对该保证债权应确认为临时破产债权，并在破产财产分配时按破产债权清偿比率予以预留。

第十条 破产企业以划拨方式取得的国有土地使用权不属于破产财产。但纳入国家兼并破产计划的国有企业，其依法取得的国有土地使用权，应依照国务院国发（1994）59号文件和（1997）10号文件的规定办理，转让国有土地使用权所得首先用于破产企业职工安置，剩余部分列入破产财产。

第十一条 债务人有多个债权人，债务人与其中一个或数个债权人恶意串通，将企业财产的一部分或全部抵押给一个或数个债权人，使债务人丧失履行其他债务的能力，损害其他债权人的合法权益的，抵押行为不论是否发生在受理破产案件前六个月内，均构成恶意抵押。其他债权人依法申请撤销该恶意抵押的，法院应予支持。

恶意抵押被撤销后，原"抵押权人"应作为一般破产债权人参加破产财产的分配。

第十二条 破产企业与债权人达成和解后，法院应当裁定认可，并中止破产程序。金融机构在和解程序中放弃债权的核销手续，由金融机构自行办理，法院不应就此另行出具法律文书。

第十三条 破产企业占有他人财产，财产的权利人可以不经破产清算程序，直接通过清算组取回该财产。破产清算组不得将应由权利人取回的财产作为破产财产通过拍卖变现后清偿给权利人。

破产企业在所有权保留买卖中尚未取得所有权的财产，不属于破产财产。

第十四条 法院宣告企业破产后，应由破产清算组通知税务部门核定破产企业所欠税款，税务部门未在债权申报期限内将破产企业所欠税款告知清算组的，不影响其依照法律规定的清偿顺序参与破产财产分配。

第十五条 在变现破产财产中产生的税金，如经破产清算组与税务部门协商不能减免的，应当在法定的普通清偿顺序的第三顺序中清偿。

法院在审理破产案件中不能作出减免税款的裁定。

第十六条 未纳入国家计划的企业破产案件的职工安置费用，应按照企业与职工签订的劳动合同确定。合同没有约定的，依照相关法律、法规确定。

清算组认为职工劳动补偿金过高或过低应予调整的，可提出调整方案提交债权人会议决定。清算组提出的方案经债权人会议两次表决后仍不能通过的，清算组可申请法院裁决。

2003 年 9 月 25 日

广东省高级人民法院关于执行案件
移送破产审查的若干意见

（2016 年 11 月 17 日）

为规范执行案件移送破产审查程序，根据《中华人民共和国民事诉讼法》、《中华人民共和国企业破产法》以及相关司法解释的规定，结合本省民事执行、破产审判工作实际，制定本意见。

第一条 执行案件移送破产审查程序应当遵循依法、有序、高效、便捷的工作原则。

第二条 企业法人及法律、司法解释规定的可以参照适用破产程序的其他组织适用本意见。

第三条 执行案件移送破产的，仅对被执行人进行破产清算，不适用重整及和解程序。

当事人直接向有管辖权的法院提出破产申请的，由该院依照相关法律规定办理。

第四条 被执行人住所地法院对移送破产审查的案件有管辖权。

基层法院管辖县、县级市或者区的登记机关登记的被执行人破产案件；中级法院管辖地级市以上的登记机关登记的被执行人破产案件。

第五条 执行法院在启动案件执行程序时，对于符合适用破产程序的企业法人和其他组织作为被执行人的案件，在送达立案通知书、执行通知书同时，应当一并告知各方当事人，对符合法定条件的被执行人可申请启动破产审查程序。

第六条 执行案件同时符合如下条件的，可以移送有破产管辖权的法院进行破产审查：

（一）经穷尽执行措施，被执行人所有的财产不能或不能全部清偿所欠债务或明显缺乏全部清偿能力；

（二）被执行人或任何一方申请执行人向执行法院申请或经征询意见同意将执行案件移送破产审查；

（三）能够支付破产费用。

第七条 在案件执行中被执行人或申请执行人向执行法院申请将案件移送破产审查，执行法院经审查认为不符合条件决定不予移送的，应当书面告知该被执行人或申请执行人。当事人对不予移送决定有不同意见的，可依照相关法律规定直接向有管辖权的法院提出破产申请。

第八条 执行法院在执行中发现被执行人符合移送破产审查条件的，执行人员应当征询本案申请执行人、被执行人，是否同意将案件移送破产审查的意见，并将该意见记录在案，由相关当事人签名确认。

第九条 对于符合移送破产审查的案件，应由执行人员提出意见经合议庭评议后报主管执行院领导审签书面移送函。

第十条 执行案件移送破产审查意见作出后，应于 5 日内书面通知被执行人和申请执行人，被执行人或申请执行一方有异议的，可以在破产审查期间提出，由受移送法院审查异议是否成立。支持异议的，应当作出不予受理破产的裁定；不支持异议的，应当裁定驳回异议。

第十一条　执行法院决定移送破产审查的案件，合议庭应当作出对案件中止执行的裁定，该裁定不影响对同一执行案件中其他被执行人的执行。中止执行裁定应当及时送达给各相关当事人。

执行案件符合终结本次执行条件的，执行法院可以同时裁定终结本次执行。

第十二条　案件中止执行裁定作出后裁定受理破产前，执行法院对被执行人所有的持续保管费用过高可能影响债权受偿、季节性商品、鲜活、易腐败变质以及其他不宜长期保存的物品和宜先行处置的财产，应及时予以变价处置并提存变价款。

第十三条　案件移送破产审查后裁定受理破产前，对被执行人已查封、扣押、冻结的财产期限届满的，经申请执行人申请，由执行法院负责办理续行查控手续。

第十四条　对于决定移送破产审查的案件，执行法院应当向受移送法院移交如下材料：

（一）移送函；

（二）本案当事人或另案申请执行人申请、同意移送破产审查的书面材料；

（三）案件执行依据及相关执行文书；

（四）当事人工商登记、身份信息等资料；

（五）被执行人财产清单、已知债务情况的书面材料；

（六）被执行人财产查询、处置的相关书面材料；

（七）被执行人不能或不能全部清偿债务或明显缺乏全部清偿能力的证明材料；

（八）案件执行情况书面报告；

（九）执行法院认为应当移交的其他材料。

第十五条　执行法院向受移送法院移交的执行案件书面情况报告应当载明如下内容：

（一）案件执行经过；

（二）被执行人财产现状及所负债务详细状况；

（三）进行过执行分配的还应载明执行分配情况；

（四）其他情况说明。

第十六条　对执行法院移送的破产审查案件材料，受移送法院不得拒绝接收。

第十七条　受移送法院认为执行法院移交的相关材料有误或不齐的，可要求执行法院在 10 日内完善、补齐，执行法院应予以配合。

第十八条　受移送法院立案部门接收移送材料并登记立案后，应将案件移送破产审判部门处理。破产审判部门应当在 5 日内将合议庭组成情况通知本案申请执行人和被执行人，并对案件是否受理破产进行审查。

第十九条　对移送破产审查的案件，受移送法院可根据案件情况进行听证审查或书面审查。

第二十条　召开听证会的，法院应于听证会召开 3 日前通知同意破产的申请执行人、被执行人。该申请执行人、被执行人无正当理由不参加听证的，不影响听证程序进行。被执行人的股东、实际控制人等利害关系人申请参加听证的，一般应准许。

第二十一条 案件经审查符合破产受理条件的，受移送法院应当在作出受理裁定之日起 3 日内将受理破产裁定送交执行法院及其他对被执行人财产已施行查控措施的相关法院，并及时将该裁定送达各相关当事人。

执行法院及其他相关法院，应当根据受移送法院的通知及时作出解除对被执行人财产的查控措施的裁定。

第二十二条 执行法院及其他相关法院收到受理破产裁定后 7 日内，将债务人财产移交受移送法院，并及时告知相关债权人依法申报债权。

第二十三条 被执行财产符合下列条件的，不予认定为债务人财产移送破产：

（一）以物抵债的财产，以物抵债裁定已送达相关案件申请执行人的。

（二）执行变价的财产，拍卖、变卖成交裁定已送达买受人的。

（三）已由执行法院支付给申请执行人的现金、财产变现款等。

第二十四条 受移送法院作出不予受理或驳回申请的裁定后 7 日内，应将原接收的材料及被执行人财产退还给相关法院，恢复原执行查控状态，各执行法院应当恢复对该被执行人的执行。

第二十五条 对被执行人为其他组织的案件，移送破产审查的材料被受移送法院退回后，执行法院应按照司法解释规定顺序进行分配，不得适用参与分配制度进行财产分配。

第二十六条 经受移送法院审查认为不符合破产受理条件退回执行法院的案件，执行法院不得重新启动移送程序再次将案件移送破产审查。

第二十七条 被执行人被宣告破产的，受移送法院应自裁定作出后 5 日内送交执行法院。执行法院应依法作出对被执行人终结执行的裁定。被执行人此前被纳入失信被执行人名单的，执行法院应当将相关信息从失信被执行人名单库中删除或屏蔽，对其负责人及相关责任人员解除限制消费和限制出境等惩治措施。但被执行人或其负责人及相关责任人员隐匿、转移财产，或拒不移交财产、印章、账簿、文书资料，或伪造、销毁有关财产证据材料，逃废债务的除外。

第二十八条 受移送法院无正当理由不接收移送材料或收到移送材料后在法定期限内不作出是否受理裁定的，执行法院可向受移送法院的上一级法院破产审判部门申请监督。上一级法院破产审判部门应在收到监督申请后 10 日内作出审查意见，指令下级法院破产审判部门在 5 日内接收材料或作出是否受理的裁定。

第二十九条 在案件执行中产生的保管费、仓储费、公告费、评估费等执行费用，应参照《中华人民共和国企业破产法》第四十一条的规定，列为破产费用。

第三十条 本意见由广东省高级人民法院破产审判庭（执行裁判庭）负责解释，自发布之日起实施。

广东省高级人民法院关于印发《关于规范企业破产案件管理人选任与监督工作的若干意见》的通知

（粤高法〔2017〕283 号）

全省各中级人民法院：

为进一步规范破产管理人选任与监督工作，解决我省管理人名册编制不统一、退出途径不畅、工作效率不高、管理人能力与案件审理需要不相匹配等问题，实现管理人工作规范化、市场化、信息化的目标，现将《关于规范企业破产案件管理人选任与监督工作的若干意见》下发，供参照执行。

各中级人民法院要充分认识管理人工作是破产审判的重要组成部分，直接影响破产案件审判的质量和效率，要把加强管理人选任与监督工作作为完善破产审判工作机制的重要内容。在参照执行过程中，既要加强对管理人的引导与监督，又要确保管理人地位独立，支持管理人依法开展工作；既要坚持全省管理人名册的统一编制，又要充分考虑本辖区管理人工作的实际情况，因地制宜开展工作；既要坚持对管理人分等级管理，又要不断摸索管理人等级与案件分类的匹配性，提高工作实效；既要坚持管理人能上能下、进出途径顺畅，又要保障程序公开、公正，确保选任与监督工作依法有序开展。同时，要加强管理人工作的调研指导，发现新情况、新问题，及时报告省法院。

特此通知。

广东省高级人民法院

2017 年 12 月 12 日

关于规范企业破产案件管理人选任与监督工作的若干意见

一、总体要求

第一条 （目的）为进一步推进管理人工作规范化、法治化、市场化和信息化，保障破产审判公正、高效、有序推进，根据《中华人民共和国企业破产法》《最高人民法院关于审理企业破产案件指定管理人的规定》等相关法律和规定，结合我省企业破产案件审判实际，制定本意见。

第二条 （适用范围）本意见适用于全省人民法院受理的依法需要指定管理人的企业破产案件。

依照本意见编制的全省管理人名册公布后，原各中级人民法院编制的管理人名册不再使用。新受理的破产案件应指定全省管理人名册中的机构或个人作为管理人。全省管理人名册公布前已经指定管理人的，由原管理人继续履行管理人职责，并适用本意见开展工作。

全省人民法院审理的强制清算案件或非法人组织的破产案件，参照适用本意见。

第三条 （原则）选任和使用管理人坚持公平、公正、公开的原则和依法、高效、求实的原则。

第四条 （信息化手段）人民法院要注重运用全国企业破产重整案件信息网、省内破产管理人平台、破产管理人微信群等信息化手段开展工作，提高工作效率。

二、管理人等级

第五条 （管理人分类）根据破产审判的需要，管理人名册中的社会中介机构管理人，按照执业业绩、专业能力、机构规模、办理破产案件经验等因素，分为一级、二级、三级机构管理人。

管理人名册中的个人管理人不分等级，参照三级机构管理人的相关规定开展工作。

第六条 （破产案件分类）破产案件根据案件类型、难易程度、标的大小等情况，分为重大破产案件、普通破产案件和简易破产案件三类。

第七条 （重大破产案件）符合以下条件之一的，应作为重大破产案件：

（一）商业银行、证券公司、保险公司等金融机构及上市公司破产案件；

（二）债务人财产价值或破产债务 5 亿元以上的破产案件；

（三）普通债权人人数 200 人以上或普通债权人和劳动债权人共计 500 人以上的破产案件；

（四）债务人财产分散，在全国、全省范围内有较大社会影响的破产案件；

（五）人民法院认为属于重大破产案件的其他案件。

第八条 （普通破产案件）符合以下条件之一的，应作为普通破产案件：

（一）债务人财产价值或破产债务 500 万元以上、不足 5 亿元的破产案件；

（二）普通债权人人数 50 人以上、不足 200 人的破产案件；

（三）重大破产案件以外的重整案件；

（四）人民法院认为属于普通破产案件的其他案件。

第九条 （简易破产案件）符合以下条件之一的，应作为简易破产案件：

（一）重整案件以外的债务人财产价值或破产债务不足 500 万元且普通债权人人数不足 50 人的破产案件；

（二）重整案件以外的债务人财产价值或破产债务不足 1000 万元，且普通债权人人数不足 50 人，人民法院认为案件事实清楚、债权债务关系简单、债务人财产相对集中的破产案件。

第十条 （执业范围）一级机构管理人可以在全省范围内执业，二级、三级机构管理人、个人管理人在所属中级人民法院辖区内执业。

重大破产案件应指定一级机构管理人为管理人，普通破产案件应指定二级机构管理人为管理人，简易破产案件应指定三级机构管理人、个人管理人为管理人。

受理法院可以根据个案审理需要指定高级别管理人担任低级别破产案件的管理人，但低级别的管理人不得担任高级别破产案件的管理人。

三、管理人名册编制

第十一条　　（名册规模）省高级人民法院根据本辖区律师事务所、会计师事务所、破产清算事务所等社会中介机构及专职从业人员数量和企业破产案件数量，统筹确定本省管理人名册的规模。

省高级人民法院可以根据工作需要分批编制管理人名册。

第十二条　　（申报对象）可以申请编入机构管理人名册的社会中介机构，主要是指在我省依法设立的律师事务所、会计事务所、破产清算事务所以及提供企业重整服务的管理咨询公司等中介机构，或相关中介机构在我省设立的分支机构。

我省具备相关专业知识并取得执业资格、从事管理人 5 年以上工作经验的人员，可以申请编入个人管理人名册。

第十三条　　（准入限制）申报一级机构管理人的机构须有 5 年以上管理人工作经历；申报二级机构管理人的机构须有 2 年以上管理人工作经历。

第十四条　　（申报程序）省高级人民法院应在管理人名册编制报名日期 15 日前，在全国企业破产重整案件信息网、《南方日报》、广东法院网发布编制管理人名册公告。

申请编入管理人名册的机构和个人，应按照《最高人民法院关于审理企业破产案件指定管理人的规定》第六至八条规定，提交申报材料，并主动申报涉《企业破产法》第二十四条第三款和《最高人民法院关于审理企业破产案件指定管理人的规定》第九条规定的有关情形。

申报上一级管理人的中介机构，可以同时申报下一级管理人。申报上一级管理人，不影响被评定为下一级管理人。

第十五条　　（编制方式）对符合条件的申请人，采取专业能力测试加评审的方式择优录取。其中专业能力测试占总成绩的 60%、评审占总成绩的 40%。

全省管理人的专业能力测试和评审由省高级人民法院统一组织，同时进行，各中级人民法院设分考场。

一级机构管理人的专业能力测试和评审，由省高级人民法院直接负责；二级、三级机构管理人及个人管理人的专业能力测试和评审，省高级人民法院委托各中级人民法院负责。

第十六条　　（专业能力测试）专业能力测试主要考察与破产审判相关的现行有效法律法规、司法解释的理解和运用、破产管理人工作规范、职业道德标准等内容，由省高级人民法院委托第三方出题。

申报一级机构管理人的中介机构应当有 6 名以上具有执业资格、经营管理经验、专业技术知识的本机构从业人员参加测试，申报二级机构管理人应有 4 名以上参加，申报三级机构管理人应有 3 名以上参加。参考人员的平均成绩作为申报机构的测试成绩。

第十七条　　（评审）评审主要采取书面方式进行。进入评审的机构和个人向评审法院提供其业务和业绩资料，主要包括机构规模、人员构成、机构成员或本人专业背景以及近年担任管理人或管理人成员的执业经历、团队管理制度建设成果、相关实务或理论研究成果、成功案例、获奖情况等内容。

评审法院应当组成专门的破产案件管理人评审委员会。评审委员会成员应不少于 7 人，可以由破产案件审判业务庭人员、司法技术辅助工作部门人员、审判委员会委员、监察部门人员、审判管理人员、相关行业组织以及破产领域专家等人员组成。

第十八条　（名册审定）各中级人民法院计算出申报人的总成绩后，区分二级、三级机构管理人和个人管理人，将申报人的测试成绩、评审成绩、总成绩报省高级人民法院。

省高级人民法院按照总成绩由高到低的标准和编制公告公布的各类管理人名额，结合各中级人民法院及其辖区基层法院破产审判对二、三级管理人的需求，统筹确定、编制全省管理人名册。

管理人名册应当注明社会中介机构和个人所属中级人民法院辖区。

第十九条　（公告与监督）省高级人民法院应当在全国企业破产重整案件信息网、《南方日报》、广东法院网发布拟编制管理人名册公示，接受社会监督。对被投诉且查证属实，需要调整级别或移出名册的，应按成绩从高到低的标准递补。

管理人名册确定后，省高级人民法院应当在全国企业破产重整案件信息网、《南方日报》、广东法院网发布管理人名册公告，并报最高人民法院备案。

第二十条　（名册调整）管理人名册编制完成后，人民法院定期考核管理人的工作实绩、业务能力、专业人员变化、资格变化等因素，每 2 年对管理人名册集中进行调整，调整后的管理人名册亦应按规定公示和公告。

上一级机构管理人名额空缺，不允许越级晋升，只能由下一级机构管理人晋升；三级机构管理人和个人管理人名额空缺，应按入册程序组织专业能力测试和评审进行增员。

二级晋升一级机构管理人，经各中级人民法院推荐，由省高级人民法院负责；三级晋升二级机构管理人，由所在中级人民法院提出晋升意见报省高级人民法院批准。

四、管理人指定

第二十一条　（随机方式）普通破产案件和简易破产案件应分别从所在中级人民法院辖区的二级管理人和三级管理人中，采用摇珠加轮候的方式进行指定。摇中案件的管理人，在本中级人民法院辖区同级管理人均摇中案件后，方能参加下一轮摇珠。

重大破产案件管理人在我省一级管理人中摇珠指定，全省范围内统筹轮候。受理法院接到破产申请后，应通知仍在轮候序列的一级管理人自愿报名，在报名的申请人中进行摇珠。

第二十二条　（竞争方式）重大破产案件中商业银行、证券公司、保险公司等金融机构或者在全国、全省范围有重大影响、法律关系复杂、债务人财产分散的破产案件，受理法院认为需要采取竞争方式确定管理人的，可以采用竞争方式指定管理人。

通过竞争方式被指定为管理人的，不影响其轮候顺位。

对采用竞争方式指定管理人的破产案件，受理法院应尽快通过全国企业破产重整案件信息网、本地法院网发出公告，并通过电子邮件、移动通信等方式向全省管理人名册中的一级机构管理人发出竞争邀请，从参与竞争的社会中介机构中择优选定管理人，并按照竞争情况确定1名备选管理人。参与竞争的一级机构管理人不得少于三家，否则转为随机方式。

必要时可以在全国性媒体发布公告，邀请编入外省市人民法院管理人名册的知名社会中介机构参与竞争。

第二十三条　（竞争评审）采取竞争方式指定管理人的破产案件，受理法院应当组成专门的评审委员会。评审委员会的组成方式可参照编制管理人名册评审委员会。

采取竞争方式指定管理人时，应重点考察竞标条件，综合考虑中介机构声誉、规模、拟委派管理人团队项目负责人、常驻人员的执业经验、知识背景、业绩和培训情况，近5年承办破产案件中法院和债权人会议、债权人委员会对中介机构履行管理人职责的评价意见，以及行业经验、竞争优势、工作计划、报价方案等因素进行评分。

评审结果应当公告，评审过程应当建档备查。

第二十四条　（确认程序）人民法院收到企业破产申请后，由破产案件审判业务庭根据实际情况，对案件拟定类型、管理人产生方式提出建议，经院领导同意后，由该院司法技术辅助工作部门负责组织实施。

第二十五条　（协商选择管理人）在人民法院通过随机方式或启动竞争方式指定管理人前，债务人和主要债权人协商一致选择我省或外省市在册管理人担任破产案件管理人，不违反相关规定的，受理法院可以指定被选择的中介机构或个人担任案件管理人。

第二十六条　（清算组作为管理人）对《最高人民法院关于审理企业破产案件指定管理人的规定》第十八条规定的可以直接指定清算组为管理人的情形应从严把握。清算组中介服务机构或人员应属于我省破产管理人名册对应级别中的社会中介机构或个人。破产案件中的经营管理和监督事务应由清算组中的中介服务机构或人员负责，其他政府部门工作人员主要负责与其职权相关的行政性监督协调工作。

第二十七条　（推荐方式指定管理人）根据《最高人民法院关于审理企业破产案件指定管理人的规定》第二十二条采用接受推荐方式指定管理人的破产案件，一般应要求金融监督管理机构推荐两名以上管理人名册相应级别的候选人，再由竞争评审委员会评定。

第二十八条　（指定临时管理人）对当事人申请重整的案件，人民法院在收到破产申请后、裁定受理前，可以参照指定管理人的规定指定临时管理人。临时管理人参照管理人管理规定开展工作，并在规定期限内向人民法院提出是否受理破产申请的意见。

临时管理人在人民法院裁定受理破产申请后一般应继续担任管理人。

第二十九条　（管理人更换）人民法院可以根据债权人会议的申请或者依职权迳行决定更换管理人或清算组成员。

债权人会议申请更换管理人，有合理理由和相应证据材料的，应予许可；不予许可的，人民法院应向债权人会议说明理由。

第三十条　（人民法院迳行变更）除《最高人民法院关于审理企业破产案件指定

管理人的规定》第三十三条、第三十四条规定的情形外，管理人具有下列情形之一的，人民法院可以依职权决定更换管理人：

（一）拒绝接受人民法院、债权人会议、债权人委员会的监督，经批评教育仍不改正的；

（二）违反规定私自收费的；

（三）利用管理人的身份或地位为自己和他人谋取私利的；

（四）因不按规定报告工作等原因，同一案件被人民法院警示达两次的；

（五）备案的负责人离职或符合条件的工作人员不能满足办案需求，限期不能补足的；

（六）未经人民法院批准延期，接管破产企业逾两年仍未能结案的；

（七）缺乏担任管理人所应具备的专业能力或者有其他不能胜任职务的情形。

清算组成员、管理人的负责人参照适用前款规定。

第三十一条 （重新指定）需要重新指定管理人的，原来通过竞争方式选定管理人的破产案件从依照法定程序产生的备选管理人中选定，其他案件按照随机方式重新指定管理人。

第三十二条 （工作交接）原管理人自收到更换管理人决定书之日起，应当停止履行管理人职责，及时向新任管理人移交接管的全部资料、财产、营业事务及管理人印章，向新任管理人书面说明工作进展情况，并保证在破产程序终结前随时接受新任管理人、债权人会议、债权人委员会及破产案件审理法院关于其已履行管理人职责情况的询问。

第三十三条 （利害关系报告制度）被指定担任管理人的中介机构或个人应及时自查是否存在《最高人民法院关于审理企业破产案件指定管理人的规定》第二十三、二十四条所规定的利害关系，并主动向案件审理法院报告有关情况。

人民法院对未主动报告、存在过错的管理人，可以作出惩戒决定。

第三十四条 （信息备案）人民法院指定或更换管理人，应当同时将管理人的姓名或名称、管理人拟委派的负责人和工作人员及其联系方式等相关信息在法官工作平台进行登记。

五、管理人的监督

第三十五条 （履职原则）管理人应当根据相关破产法律规定依法全面高效履行管理人职责，勤勉尽责，忠实履行职务，审慎处理破产事务，切实防范法律风险，不得利用管理人身份或地位为自己和他人谋取私利。

管理人应当亲自履行职责，不得以任何形式将自己应当履行的职责全部或者部分转给其他社会中介机构或者个人。

第三十六条 （聘请人员）管理人认为有必要聘请管理人团队以外的中介机构、工作人员参与履行管理职责的，应书面说明聘请的人员情况、拟委派的工作内容、报酬的支付方式和来源等情况，经债权人会议决议同意并经人民法院许可，方可实施。

第三十七条 （职责到人）机构管理人办理破产案件的负责人和主要人员，应为其通过管理人入册考试的机构成员。

机构管理人办理破产案件实行负责人签名负责制，提交给人民法院和债权人会议的法律文书应由负责人签名后加盖管理人公章。

通过随机方式指定的管理人，应在指定之日 3 日内将案件的负责人和主要人员及其联系方式通过管理人平台报破产案件审理法院备案。通过竞争方式指定的管理人在《竞标书》中申报的负责人和主要人员不能随意变更。

第三十八条　（报告义务）管理人应向人民法院全面报告工作，包括重大事项报告、个案进展阶段性报告和管理人工作年度报告。

重大事项报告主要是指依照《企业破产法》第六十九条规定向破产案件审理法院报告重大事项决策。

个案进展阶段性报告主要是向审理法院报告一段时间的管理人工作开展和完成情况，工作完成的质量和效果，未能按期推进的原因及下一步工作计划等。

工作年度报告主要是指管理人在每一个管理年度结束后，向管理法院报告年度办案情况、办理效果、管理人规模和经验、专业队伍建设、破产法理论和实务研究成果等内容。

第三十九条　（文件送审）管理人应及时全面向人民法院送审相关法律文件。需要送审的文件包括但不限于：审计报告、评估报告、变价方案、财产管理方案、职工安置方案、财产分配方案、债权确认表等，接受人民法院的监督和指导。

管理人向人民法院提交破产案件有关书面申请、报告和文件，应当同时通过管理人工作平台上传电子版。

第四十条　（业务制度）管理人应该结合实际制定管理人业务相关制度，包括但不限于：管理人团队组成及分工负责制度、业务培训制度、资格审查制度、报告制度、业务操作流程制度、工作档案管理制度、风险承担制度、保密制度、财务制度、证照及印章管理制度等。

第四十一条　（文档规范）管理人在办理破产案件的过程中应按照文书格式规范，及时、准确、真实的制作必要的工作文件，内容完整、记录清晰、结论明确，分类整理，编制目录，并按照有关管理规定进行保管。

人民法院可以对管理人工作档案进行抽查，抽查结果作为判断管理人是否勤勉尽责的重要依据。

第四十二条　（责任审计）债权人会议决议对管理人进行审计的，可以报人民法院决定是否准许。审计费用的承担由债权人会议决定。责任审计的结果将作为管理人考核的重要依据。

管理人应当向责任审计机构提供审计所需的资料。管理人无正当理由拒绝提供的，人民法院可以采取强制措施收集审计所需的资料。

经责任审计发现管理人违反忠实义务的情形，应依法追究其民事、行政、刑事责任，但一般不改变企业破产案件的审理结果。

第四十三条　（惩戒措施）人民法院对管理人办案过程中出现的违法违规行为可视情节轻重对管理人采取警示、变更或除名等措施。惩戒情况应归档留存。

第四十四条　（管理人除名）有下列情形之一的，人民法院可以决定将管理人除名：

（一）出现破产、解散、执业资格丧失等不能履行管理人职责情形的；

（二）因执业、经营中故意或者重大过失行为，受到行政机关、监管机构或者行业自律组织行政处罚或者纪律处分，可能影响履行管理人职责的；

（三）无正当事由拒绝接受人民法院指定、拒绝被人民法院更换，或拒不履行前后管理人工作交接的；

（四）履行职务时，因故意或者重大过失导致债权人利益受到重大损害的；

（五）拒绝接受人民法院、债权人会议、债权人委员会的监督，经批评教育仍不改正或者应当向人民法院报告的重大事项隐瞒不报的；

（六）利用管理人的身份或地位为自己和他人谋取私利的；

（七）无正当理由拒绝提供责任审计所需资料的；

（八）人民法院认为不适宜担任管理人的其他情形。

第四十五条 （管理人考核）省高级人民法院、各中级人民法院应当设立破产案件管理人考核委员会，对管理人履行职责、执业能力情况等进行个案考核和年度考核。

考核委员会的人员组成参照评审委员会。

个案考核由审理破产案件的人民法院负责。一级机构管理人的年度考核由省高级人民法院负责；其他管理人的年度考核委托各中级人民法院进行，考核结果报省高级人民法院。

第四十六条 （个案考核）个案考核是指人民法院对管理人在办理具体破产案件中各项工作开展和完成情况、完成的质量和效果进行的量化考核，包括管理人内部管理、日常性工作、依法办案、接受监督、维护各方当事人合法利益、债权人会议的满意度、工作效率等内容。

个案考核分为优、良、好、中、差五个等次。个案考核结果交相应的年度考核法院考核委员会汇总，作为对管理人进行年度考核的主要依据。

第四十七条 （年度考核）年度考核是对管理人每一年度内办理破产案件情况以及团队专业能力的综合考核，包括管理人年度办案情况、办案效果、管理人规模和经验、专业人员队伍建设、破产法理论和实务研究成果等内容，对管理人的执业操守、执业能力、工作绩效、团队稳定性、研究能力、创新能力等进行综合评价。

年度考核满分为100分。其中，个案考核成绩占比为70%，综合评价占比为30%。

第四十八条 （考核异议）个案考核及年度考核的结果应通过破产管理人平台予以公示。管理人对考核结果有异议的，可向考核法院申请复核一次。

第四十九条 （考核运用）省高级人民法院管理人考核委员会根据每2年的考核情况，结合各中级人民法院意见，综合决定全省管理人名册的调整比例，并按照总成绩由高到低的标准，对管理人进行升降和淘汰。

同级管理人在调整周期内因摇珠、轮候等原因尚未实际开展破产案件管理人工作的，不作为调整对象。

第五十条 （档案管理）对管理人名册的编制和调整，管理人的指定和考核等管理工作，人民法院应当严格依照法定程序进行，全部资料建立档案备查。

六、其他

第五十一条　（解释）本意见由省高级人民法院负责解释。

各中级人民法院制定的相关规定，报省高级人民法院备案后实施。

第五十二条　（施行）本意见自下发之日起施行。法律、司法解释有新的规定的，适用法律、司法解释的规定。

深圳市中级人民法院破产案件立案规程

(2015 年 2 月 5 日深圳市中级人民法院审判委员会
民事行政执行专业委员会第 1 次会议通过)

第一章　总　则

第一条　为规范破产案件立案审查，明确本院相关庭室的职责，充分发挥破产法调节市场经济秩序的职能和作用，促进破产审判工作的健康发展，根据《中华人民共和国企业破产法》及相关司法解释，结合破产审判工作实际，制定本规程。

第二条　破产案件应当坚持依法受理原则，严格遵循法定程序，对于符合《中华人民共和国企业破产法》及相关司法解释规定的破产申请，应当予以受理。

第三条　破产案件立案实行形式审查与实质审查相结合的审查原则，形式审查由立案一庭负责，实质审查由公司清算和破产审判庭负责。

第四条　破产案件立案审查应当坚持公正与效率原则，注重案件受理法律效果与社会效果的统一。

第五条　住所地在深圳的企业法人及法律规定的其他组织的破产申请，统一由本院审查受理。

第二章　破产申请的提起

第六条　申请人提出破产申请的，应当明确选择具体的破产程序，并按本章规定提交申请材料。

第七条　债权人申请债务人破产清算的，应当提交下列材料：

（一）破产清算申请书。载明申请人及被申请人的基本信息、申请目的、申请的事实和理由；

（二）申请人的主体资格证明、营业执照副本、组织机构代码证及其它身份证明；

（三）债务人的主体资格证明和最新工商登记材料；

（四）债务人不能清偿申请人到期债务的证据；

（五）本院认为应当提交的其他材料。

第八条　债务人申请破产清算的，应当提交下列材料：

（一）破产清算申请书。应载明申请人的基本信息、申请目的、申请的事实和理由；

（二）债务人的主体资格证明。即企业法人营业执照副本、组织机构代码证及工商注册登记材料；

（三）债务人的股东会、董事会、主管部门或投资人同意其破产的文件；

（四）债务人的职工名单、工资清册、社保清单及职工安置预案；

（五）债务人的资产负债表、资产评估报告或审计报告；

（六）债务人至破产申请日的资产状况明细表。包括有形资产、无形资产及对外投资情况等；

（七）债务人的债权、债务及担保情况表。应列明债务人的债权人及债务人名称、住所、债权或债务数额、发生时间、催收及担保情况等；

（八）债务人所涉诉讼、仲裁、执行情况及相关法律文书；

（九）本院认为应当提交的其他材料。

第九条 企业法人已解散但未清算或者未清算完毕，资产不足以清偿债务的，依法负有清算责任的人向人民法院申请破产清算的，应提交下列材料：

（一）破产清算申请书。应载明申请人和被申请人的基本信息、申请目的、申请的事实和理由；

（二）清算责任人的基本情况或者清算组成立的文件；

（三）债务人的主体资格证明。即企业法人营业执照副本、组织机构代码证及工商注册登记材料；

（四）债务人资产不足以清偿债务的证据，其中：

1. 债务人未经清算的，应提交本规程第八条第（五）、（六）、（七）项规定的材料；

2. 债务人经过清算的，应提交清算报告；

（五）债务人的职工名单、工资清册、社保清单及职工安置预案。

第十条 债权人申请对债务人重整的，应当提交下列材料：

（一）重整申请书。应载明申请人和被申请人的基本信息、申请目的、申请的事实和理由。

（二）申请人的主体资格证明、营业执照副本、组织机构代码证及其它身份证明；

（三）债务人的主体资格证明和最新工商登记材料；

（四）债务人不能清偿申请人到期债务的证据；

（五）债务人具有重整价值的证据材料；

（六）本院认为应当提交的其他材料。

第十一条 债务人申请重整的，应当提交下列材料：

（一）重整申请书。应载明申请人的基本信息、申请目的、申请的事实和理由；

（二）债务人的主体资格证明。即企业法人营业执照副本、组织机构代码证及工商注册登记材料；

（三）债务人的股东会、董事会、主管部门或投资人同意其重整的文件；

（四）债务人的职工名单、工资清册、社保清单及职工安置预案；

（五）债务人的资产负债表、资产评估报告或审计报告；

（六）债务人至破产申请日的资产状况明细表。包括有形资产、无形资产及对外投资情况等；

（七）债务人的债权、债务及担保情况表。应列明债务人的债权人及债务人名称、住所、债权或债务数额、发生时间、催收及担保情况等；

（八）债务人所涉诉讼、仲裁、执行情况及相关法律文书；

（九）债务人具有重整价值的证据材料；

（十）债务人重整的可行性分析报告或重整方案；

（十一）本院认为应当提交的其他材料。

第十二条　本院受理债权人提出的破产清算申请后，宣告债务人破产前，出资额占债务人注册资本十分之一以上的出资人申请对债务人重整的，应当提交下列材料：

（一）重整申请书。应载明申请人的基本信息、申请目的、申请的事实和理由；

（二）出资人的出资证明和主体资格证明文件；

（三）债务人具有重整价值的证据材料；

（四）债务人重整的可行性分析报告或重整方案；

（五）本院认为应当提交的其他材料。

第十三条　债务人申请和解的，应当提交下列材料：

（一）和解申请书。应载明申请人的基本信息、申请目的、申请的事实和理由；

（二）债务人的主体资格证明。即企业法人营业执照副本、组织机构代码证及工商注册登记材料；

（三）债务人的股东会、董事会、主管部门或投资人同意其和解的文件；

（四）债务人的职工名单、工资清册、社保清单及职工安置预案；

（五）债务人的资产负债表、资产评估报告或审计报告；

（六）债务人至破产申请日的资产状况明细表。包括有形资产、无形资产及对外投资情况等；

（七）债务人的债权、债务及担保情况表。应列明债务人的债权人及债务人名称、住所、债权或债务数额、发生时间、催收及担保情况等；

（八）债务人所涉诉讼、仲裁、执行情况及相关法律文书；

（九）和解协议草案。应包括：1. 债务人的财产状况说明；2. 债务人的负债情况说明。对于有争议的债权，应当单独列明；3. 债务清偿的方式和期限。包括债权人清偿比例以及清偿债务期限；4. 确保执行和解协议的措施。

（十）本院认为应当提交的其他材料。

第十四条　职工债权人提出破产申请的，应当提供职工代表大会或工会同意的文件。

第十五条　申请人提交的材料符合本章规定的，立案一庭应予登记并向申请人出具收到申请及相关证据的书面凭证。

第三章　破产申请的审查

第十六条　公司清算和破产审判庭应当对债务人是否具备《中华人民共和国企业破产法》第二条规定的破产原因进行实质审查。

第十七条　对破产申请的审查，应当通过听证调查或书面审查的方式进行。

下列破产申请，应当进行听证调查：

（一）债权人对债务人提出的破产清算、重整申请，但债务人下落不明的除外；

（二）债务人提出的重整申请；

（三）本院受理债权人提出的破产清算申请后，宣告债务人破产前，出资额占债务人注册资本十分之一以上的出资人提出的对债务人重整申请；

（四）在全国、全省及本辖区范围内有重大影响企业提出的破产申请；

（五）其他需要听证调查的破产申请。

第十八条　听证会一般由合议庭委托承办法官主持，下列人员参加：

（一）破产申请人；

（二）债务人的法定代表人、财务人员和职工代表；

（三）本院认为应当参加听证会的其他人员。

重大案件听证会应由合议庭全体成员参加。

组织听证调查的时间不计入破产申请的立案审查期间。

第十九条　听证会应当按照以下程序进行：

（一）申请人陈述申请的事实和理由，并出示相关证据；

（二）债务人有关人员针对破产申请发表意见；

（三）合议庭对债权是否成立、债务人是否具备破产原因、债务人的资产负债情况以及案件的其他相关情况进行调查；

（四）申请人、债务人发表最后意见。

听证笔录应由参加听证的合议庭成员、书记员及其他与会人员签名确认。

第二十条　下列情形同时存在的，应认定债务人"不能清偿到期债务"：

（一）债权债务关系依法成立且无争议，或已经生效法律文书确认；

（二）未经生效法律文书确认的债务履行期限已经届满且未超过诉讼时效；已经生效法律文书确认的债务未超过申请执行期限；

（三）债务人未能清偿到期债务或明确表示不能清偿到期债务。

第二十一条　债务人"资产不足以清偿全部债务"是指，债务人的资产负债表、审计报告、资产评估报告、财务账册或其他证据证明债务人全部资产不足以偿付全部债务，但有相反证据足以证明债务人资产能够偿付全部债务的除外。

第二十二条　债务人无法证明其资产负债情况或提供的证据显示其资产大于负债，因下列情形之一无法清偿债务的，应认定债务人"明显缺乏清偿能力"：

（一）资金严重不足或者财产无法变现；

（二）法定代表人下落不明且无其他人员负责管理财产；

（三）债务人长期亏损，经营状况严重恶化，已丧失盈利能力或已经停止营业；

（四）经人民法院强制执行，因无财产可供执行而中止、终结执行程序；

（五）债务人被吊销营业执照或因其他原因已解散，但未清算或未在合理期限内清算完毕；

（六）其他可以证明债务人明显缺乏清偿能力的情形。

第二十三条　存在下列情形之一的，应认定债务人具有"明显丧失清偿能力可能"：

（一）资金流动困难或长期过度负债导致债务人陷入财务困境；

（二）存在大量诉讼和执行案件，导致债务人陷入经营困境；

（三）债务人因经营困难暂停营业或有停业可能；

（四）债务人的资产虽超过负债，但资产无法变现或者法律禁止交易，无法用于清偿到期债务；

（五）债务人存在大量待处理资产损失，致使实际资产的变现价值可能小于负债；

（六）清偿已届清偿期的债务，将导致债务人难以继续经营；

（七）本院认可的其他情形。

第二十四条 债权人申请债务人破产，债务人可以对申请人债权的真实性、债务人是否具备破产原因等提出异议，并提交相关证据材料。异议成立的，破产申请不予受理。

第二十五条 本院受理破产申请前，申请人可以请求撤回申请。申请人撤回破产申请的，本院将申请材料及相关证据退回申请人。

本院受理破产申请前，债权人和债务人可以自行协商和解或提前准备重整方案，协商和解和准备重整方案的期间不计入本院破产案件立案审查期间。

第二十六条 国有独资企业或国有资本控股企业申请破产的，必须经对债务人履行出资人职责的国有资产监督管理机构或国有企业上级主管部门的同意，且企业员工已经妥善安置或已制定切实可行的员工安置方案。未经国有资产监督管理机构或国有企业上级主管部门同意的，破产申请不予受理。

债权人申请国有独资企业或国有资本控股企业破产的，人民法院应当向对债务人履行出资人职责的国有资产监督管理机构或国有企业上级主管部门告知申请情况，说明股东、清算义务人的破产法律责任。

第二十七条 商业银行、证券公司、保险公司等金融机构或者其债权人申请该金融机构破产的，应经国务院金融监督管理机构批准。未经批准的，破产申请不予受理。

占商业银行、证券公司、保险公司等金融机构注册资本十分之一以上的出资人申请该金融机构重整的，须提交国务院金融监督管理机构同意重整的批准文件。未经同意或批准的，重整申请不予受理。

第二十八条 受理商业银行、证券公司、保险公司等金融机构以及上市公司破产申请，需逐级呈报最高人民法院审核批准。

第二十九条 存在下列情形之一的破产申请，在拟立案受理前，应报广东省高级人民法院批准：

（一）债权人申请债务人破产的，其申报债权金额在人民币1亿元以上的；

（二）被申请破产的债务人需要安置的员工数量在100人以上的；

（三）债权人或债务人对于债务人是否达到破产界限争议极大或债务人破产可能造成重大社会不稳定因素的。

第三十条 债权人提出破产清算申请，债务人下落不明的，人民法院应向债务人公告送达破产申请书及相关证据，并告知听证会召开时间及债务人的异议权利等。

以公告方式送达的，可以适用网络公告方式，统一在本院官方网站公告栏进行公告。

自公告发出之日或公告在本院官方网站公告栏刊登之日起，经过六十日，即视为送达。

第三十一条 债权人申请对人员下落不明或者财务状况不清的债务人破产清算，经审查债务人符合《中华人民共和国企业破产法》第二条规定的，应当予以受理。债务人能否依据《中华人民共和国企业破产法》第十一条第二款的规定提交财产状况说明、债权债务清册等相关材料，不影响对债权人申请的受理。

第三十二条 申请民办学校破产清算，同时符合下列条件的，应当受理：

（一）审批机关对民办学校已作出终止办学的决定或发布终止办学公告；

（二）在读学生已经安置完毕；

（三）民办学校已经清退受教育者学费、杂费和其他费用或有关部门已经作出相关退费预案；

（四）教职员工已经安置或有切实可行的职工安置方案；

（五）地方政府有维护社会稳定的方案。

第三十三条 对重整申请进行实质审查时，可以要求债权人、债务人、出资人提交相关文件并接受询问，也可征询银行等金融机构或工商行政管理机关、证券监督管理机构、国有资产管理机关、税务机关等部门的意见。

第三十四条 经审查，存在下列情形之一的，重整申请不予受理：

（一）申请人不具有重整申请权；

（二）重整申请未经有关机关同意或批准；

（三）债务人缺乏《中华人民共和国企业破产法》第二条规定的重整原因；

（四）债务人不具有重整价值；

（五）本院认为应不予受理的其他情形。

第四章 破产案件立案流程管理

第三十五条 立案一庭接收申请人破产申请材料后，应予登记，并将相关信息录入诉讼信息管理系统，于次日内将申请材料移送审判管理办公室。

第三十六条 审判管理办公室应于收到立案一庭移送的破产申请材料后一日内，预排审查破产申请的承办法官、合议庭成员及法官助理（书记员）。

预排审查破产申请的承办法官、合议庭成员及法官助理（书记员），原则上采用电脑系统随机分案；重大、疑难、复杂的破产案件，预排审查破产申请的承办法官、合议庭成员及法官助理（书记员）前，应当征求公司清算和破产审判庭意见。

第三十七条 审判管理办公室预排审查破产申请的承办法官、合议庭成员及法官助理（书记员）后，应于一日内将预排信息发送至承办法官及法官助理的诉讼信息管理系统，并通知法官助理领取破产申请材料。

第三十八条 公司清算和破产审判庭跟案法官助理应自审判管理办公室将破产申请材料发送至本人诉讼信息管理系统之日起二日内到审判管理办公室签收材料并报本庭内勤登记。

第三十九条 公司清算和破产审判庭跟案法官助理应在收到破产申请材料后一日内，将相关材料移送承办法官。对于需要听证调查的案件，经承办法官同意后，安排听证时间和听证地点，并录入诉讼信息管理系统。

第四十条 需听证调查的，法官助理应制作听证通知书，经合议庭成员签署后，于听证调查三日前将听证通知书及相关材料送达给参加听证会的单位和个人。

原定听证日期和地点需要变更的，法官助理应在征得承办法官同意后，重新排定听证时间和听证地点，并提前一天通知相关参加听证人员，重新送达听证通知书。

第四十一条 对于无需听证调查的破产申请，承办法官应在收到破产申请材料后七日内审查完毕，并提交合议庭评议，决定是否受理。

对于需要听证调查的破产申请，承办法官应于听证结束后五日内提交合议庭评议，决定是否受理。

第四十二条 合议庭经评议认为破产申请符合受理条件的，由承办法官拟定受理裁定书，经合议庭成员签署后，报公司清算和破产审判庭庭长审批，并通知立案一庭排定破产案件案号。

合议庭经评议认为破产申请不符合受理条件的，由承办法官拟定不予受理裁定书，交合议庭成员签署。

第四十三条 公司清算和破产审判庭作出受理或不予受理破产申请的裁定书后，应于三日内将裁定书送达申请人，并将破产案件信息录入诉讼信息管理系统。

第五章　附　则

第四十四条 本规程与法律、司法解释冲突的，以法律、司法解释为准。

第四十五条 本规程自发布之日施行。原《破产案件立案审查规程（试行）》同时废止。

深圳市中级人民法院破产案件审理规程

(2015 年 2 月 5 日深圳市中级人民法院审判委员会
民事行政执行专业委员会第 1 次会议通过)

第一章 总 则

第一条 为了进一步促进破产案件审判的规范化，加强相关业务部门的分工和协作，落实破产审判法官及法官助理的工作职责，完善破产案件审判工作的运行机制，提高审判绩效和管理水平，根据《中华人民共和国企业破产法》、《中华人民共和国公司法》、《中华人民共和国民事诉讼法》及相关司法解释，结合我院破产案件审判工作的实际，制定本规程。

第二条 破产审判必须坚持以事实为依据，以法律为准绳，严格执法，司法为民，维护社会公平正义。

第三条 破产审判必须严格遵守法定程序，规范审判行为，确保程序公正，维护债权人、债务人等相关权益人的合法权益。

第四条 破产审判应当注重提高审判效率，坚持公平与效率的统一。合议庭应确保及时审结各类破产案件：一般破产案件应自立案之日起两年内审结；在全国范围内有重大影响、案情疑难复杂的破产案件应自立案之日起三年内审结；特别重大疑难案件应在五年内审结；无不能预见、无法克服的客观原因，不得超期结案。

第五条 庭长、审判长、承办法官、法官助理均应严格依照本规程履行各自的工作职责，协同推进破产案件审理进程，切实做到权责明晰、权责统一，监督有序。

第二章 破产管理人的指定、监管、报酬和援助资金的确定

第六条 破产合议庭决定受理破产申请的，法官助理应当及时填写《选定破产案件管理人移送表》，统一交内勤移送审判管理办公室，由审判管理办公室按本院《破产案件管理人分级管理办法》的规定选定破产案件管理人。

实质合并破产案件、深度关联公司破产案件、需要整体推进的相关企业破产案件，合议庭可确定同一管理人，并报庭长批准。已经本院依法受理并指定管理人的案件，存在前述情形的，合议庭可确定由原管理人统一担任新收案件管理人，并报庭长批准。

第七条 承办法官应严格依照本院《破产案件管理人工作规范》和《破产案件管理人考核办法》的规定指导和监督管理人的日常工作，管理人工作出现质量问题的，承办法官应及时纠正，问题严重的应及时报告合议庭处理。

第八条 合议庭应严格依照本院《管理人报酬确定和支取管理办法（试行）》的规定确定管理人的个案报酬，需要上调或者下浮管理人个案报酬的，应按该办法相关规定办理。

第九条 合议庭应当严格按照本院《破产案件管理人援助资金管理和使用办法》

的规定督促管理人缴纳援助资金。在批准管理人报酬支付申请后，法官助理应当填写《交纳管理人援助资金通知书》，督促管理人在收到报酬之日起三日内缴纳，管理人分期收取报酬的，分期缴纳援助资金，并于最后一次收取报酬时予以结算，多退少补。

管理人申请援助资金，应经合议庭评议同意，并报评审小组决定。

第三章　债务人的财产、债权申报和债权人会议

第十条　破产申请受理后，法官助理应自破产案件发送至本人诉讼信息管理系统之日起两个工作日内到审判管理办公室签收案件，签收后应立即将案件签收表交庭内勤备案，并于次日将案卷移交承办法官审阅。

第十一条　承办法官收到案件材料后应及时确定债权人申报债权的期限。债权申报期限自本院发布受理破产申请公告之日起计算，最短不得少于三十日，最长不得超过三个月。债权申报期限应刊登在受理破产申请的公告中。

债权申报期限届满，无人申报债权，或者经审查无有效债权，经合议庭评议认为应当终结破产程序的，应裁定驳回破产申请。

第十二条　破产案件受理后，法官助理应在承办法官的指导下及时办理下列事项：

（一）制作《受理破产案件公告》、《指定管理人决定书》，并送达管理人登报公告；

（二）制作《告知合议庭组成人员通知书》、《告知债务人义务通知书》，送达申请人、被申请人；

（三）制作《刻制公章函》，送达管理人，由管理人申请公安机关刻制印章；

（四）制作《中止诉讼及执行通知书》，并送达给本院相关庭室和其他相关单位；

（五）制作《申报债权通知书》，由管理人送达已知债权人；

（六）合议庭认为需要办理的其他事项。

第十三条　经管理人申请，合议庭认为需要查询债务人名下房产、股权、银行存款、车辆和股票等证券资产的，应当交由法官助理填写"五查"申请表，经审判长批准后，送交执行局进行"五查"。

执行局收到"五查"申请后，应当给予查询，并及时反馈查询结果。

第十四条　经管理人申请，合议庭可裁定解除本院其他部门对债务人财产采取的保全措施或查封、扣押、冻结等强制措施。

如采取保全措施的单位是其他法院或其他部门，应及时向相关单位发出书面通知、函件，要求其解除。

受理破产案件后，破产宣告前裁定驳回破产申请的，或依据企业破产法第一百零八条的规定终结破产程序的，应及时通知原采取保全措施的单位按照原保全顺位恢复相关保全措施。

第十五条　管理人申请财产保全或证据保全的，合议庭应及时评议决定，情况紧急的，应当在四十八小时内作出决定。

第十六条　采取保全措施后，法官助理应及时将民事裁定书、查封通知书等文书复印件送达管理人，告知查封情况及期限，并注明查封期限届满后需要续封的，应于

期限届满前十日向法院书面提出申请。

第十七条 管理人确认取回权、抵销权、法定优先权成立的，应当报合议庭审查。合议庭同意管理人意见的，应当制作《批复》，报庭长批准；合议庭不同意的，应通知管理人进行复核。

管理人对上述权利不予确认的，应当报合议庭备案。合议庭有不同意见的，应通知管理人复议。

第十八条 管理人实施《企业破产法》第二十六条规定行为的，应当申请本院许可。合议庭同意管理人申请的，应当制作《批复》，报庭长批准。

第十九条 第一次债权人会议召开前，承办法官应当指导管理人完成以下准备工作：

（一）拟订第一次债权人会议议程；

（二）通知债务人的法定代表人或者负责人到会；

（三）通知债务人的上级主管部门、开办人或者股东会议代表列席会议；

（四）通知审计、评估人员参加会议；

（五）通知职工代表、工会代表参加会议；

（六）提交是否设立债权人委员会的意见；

（七）完成债权表的编制、审核工作，确有必要的提请法院确认临时表决额；

（八）合议庭认为应当完成的其他工作。

未确定债权额达到全部申报债权数额三分之一以上的，相关表决事项应延期表决。

第二十条 合议庭应从有表决权的债权人中指定一名债权人的代表担任债权人会议主席。法官助理应根据合议庭的意见制作《指定债权人会议主席决定书》。《指定债权人会议主席决定书》一般应在第一次债权人会议上宣布。

第二十一条 管理人编制的债权表应提交债权人会议核查。债务人、债权人对债权表记载的债权无异议的，由管理人提交合议庭及时评议。经合议庭评议认为无误后，裁定予以确认；债务人、债权人对债权表记载的债权有异议的，承办法官应要求管理人告知异议人可以向本院提起诉讼。

第二十二条 债务人财产的管理、变价方案经债权人会议表决未获通过的，合议庭可通知管理人调整管理、变价方案进行再次表决，或根据管理人的申请径行裁定批准。

第二十三条 债权人根据《企业破产法》第六十四条的规定请求本院责令债权人会议依法重新作出决议的，承办法官应及时提交合议庭评议，必要时可召开听证会进行调查。合议庭认为异议成立的，应裁定撤销债权人会议决议，责令其重新作出决议；异议不成立的，裁定驳回申请。

第二十四条 债权人依据《企业破产法》第六十六条规定向本院申请复议的，承办法官应及时提请合议庭复议，并将复议结果告知异议人，复议期间不停止裁定的执行。

第二十五条 债权人会议决定设立债权人委员会的，管理人应将债权人会议选任的成员名单提交本院认可。经合议庭审查符合法律规定的，应决定予以认可。

第二十六条 债权人委员会要求管理人、债务人的有关人员对其职责范围内的事务作出说明或者提供有关文件遭到拒绝，请求本院就监督事项作出决定的，合议庭应自收到申请之日起五日内进行评议并作出决定。

第二十七条　经审查，债务人财产不足以清偿破产费用，管理人提请本院终结破产程序，经合议庭评议同意的，承办法官应自收到申请之日起十五日内作出终结破产程序的裁定和公告。

第四章　重　整

第二十八条　债权人申请对债务人进行破产清算，在受理破产申请后，宣告债务人破产前，债权人、债务人或者出资额占债务人注册资本十分之一以上的出资人可以申请对债务人重整。

第二十九条　债权人、债务人或者出资额占债务人注册资本十分之一以上的出资人依据前条规定申请对债务人重整的，应当向审理破产清算案件的合议庭提出。承办法官经形式审查认为申请人提交的材料符合本规程规定的，可以组织听证调查。

第三十条　合议庭应对重整申请进行实质审查，实质审查内容包括：

（一）债务人是否具有重整原因，即债务人是否具有企业破产法第二条规定的情形；

（二）债务人是否具有重整可能，如债务人是否具有重整意愿或服从重整程序、债务人是否具有继续经营的条件、债务人是否能够通过重整偿还债务、关于债务人重整的可行性分析是否符合实际、重组方是否具有重组能力等；

（三）债务人是否具有重整价值，即从债务人重整的社会价值、经济效益、重整成本等方面综合分析债务人是否具有重整再生的价值。

第三十一条　合议庭对重整申请进行实质审查时，可以要求债权人、债务人、出资人提交相关文件并接受询问，可以征询银行等金融机构或工商行政管理部门、证券管理部门、国有资产管理部门、税务部门等有关部门的意见。

第三十二条　经审查，重整申请有下列情形之一的，应当裁定不予受理：

（一）申请人不具有重整申请权；

（二）重整申请未经有关机关同意或批准；

（三）债务人不具有《中华人民共和国企业破产法》第二条规定的重整原因；

（四）债务人不具有重整价值；

（五）本院认为应不予受理的其他情形。

第三十三条　经审查，合议庭认为申请人的重整申请符合法律规定的，应裁定债务人重整。

第三十四条　重整裁定书签发后，法官助理应于五日内送达申请人。

第三十五条　自裁定债务人重整之日起十五日内，法官助理应当在全国或者债务人住所地省级有影响的报纸上办理公告手续。

第三十六条　重整期间，为保证重整程序的顺利进行，合议庭可依利害关系人申请裁定对债务人的股权进行保全。

第三十七条　重整期间，债务人的出资人请求分配投资收益的，合议庭不予准许。

重整期间，合议庭认为债务人的董事、监事、高级管理人员向第三人转让其持有的债务人股权有利于重整程序进行，且不损害其他利害关系人合法权益的，可书面决定准许其转让申请。

第三十八条 重整期间，债务人申请自行管理财产和营业事务，合议庭经审查认为符合条件的，应当予以准许，并制作批准债务人自行管理的决定书。

第三十九条 重整期间，对债务人的特定财产享有的担保权暂停行使，但担保物有损坏或者价值明显减少可能，足以危害担保权人权利的，合议庭可根据担保权人的申请书面决定准许担保权人恢复行使担保权。

第四十条 管理人请求确认取回权、担保权、优先权、抵销权成立，合议庭同意的，应书面批复，并报庭长批准。

第四十一条 债权人未在债权申报期限内申报债权，其债权在重整计划草案提交债权人会议表决时仍未被确认的，该债权人不享有重整计划草案的表决权。

第四十二条 债权人未在债权申报期限内申报债权，但其在重整计划草案提交债权人会议表决前申报债权并经本院裁定确认的，本院裁定批准重整计划后，该债权人被确认的债权可依照重整计划确定的债权受偿方案获得清偿。

债权人未在债权申报期限内申报债权，在本院裁定批准重整计划后重整计划执行完毕前补充申报债权的，管理人可以接受申报并进行审查，但债权人在重整计划执行期间不得行使权利；在重整计划执行完毕后，可以按照重整计划规定的同类债权的清偿条件行使权利。

债权人未在债权申报期限内申报债权，在重整计划执行完毕后补充申报债权的，管理人不接受申报，告知债权人向债务人主张权利。

第四十三条 合议庭认为债务人或管理人请求延长重整计划草案提交期限有正当理由的，应裁定同意，延长期限不超过三个月。

因重大诉讼、仲裁未决影响重整计划草案制作的，重大诉讼、仲裁审理期间不计入重整计划草案提交期限。

第四十四条 承办法官应在收到重整计划草案之后通知管理人于三十日内召开债权人会议，对重整计划草案进行表决。

第四十五条 重整计划草案涉及出资人权益调整事项的，应当设出资人组，对该事项进行表决。有限责任公司出资人权益调整事项经代表三分之二以上表决权的股东通过；股份有限公司出资人权益调整事项经出席会议的股东所持表决权的三分之二以上通过。

债务人的出资人代表可以列席讨论重整计划草案的债权人会议。

第四十六条 审查重整计划时，合议庭应当把握以下原则：

（一）程序合法原则，即重整计划的制订和表决应符合法律规定的程序要求；

（二）公平原则，即处于同一清偿顺序的债权人必须获得同一比例的清偿；

（三）绝对优先原则，即企业破产法对破产清算程序所规定的优先顺序，在重整程序中必须同样适用；

（四）最大利益原则，即每一个债权人，在重整程序中应获得在破产清算程序中本可获得的清偿，包括持反对意见的债权人。

经审查认为重整计划符合法律规定的，合议庭应于收到批准重整计划申请之日起三十日内裁定批准，并予以公告。

第四十七条 对于未通过重整计划草案的表决组拒绝再次表决或者再次表决仍未通过重整计划草案，但重整计划草案经审查符合企业破产法第八十七条第二款规定的，合议庭应于收到批准重整计划草案申请之日起三十日内作出书面裁定，报庭长批准后予以公告。

第四十八条 重整期间，具有下列情形之一的，经管理人、利害关系人请求，合议庭应当裁定终止重整程序，宣告债务人破产：

（一）债务人的经营状况和财产状况继续恶化，缺乏挽救的可能性；

（二）债务人有欺诈、恶意减少债务人财产或者其他显著不利于债权人的行为；

（三）由于债务人的行为导致管理人无法执行职务。

第四十九条 重整期间，具有下列情形之一的，合议庭可依职权裁定终止重整程序，并宣告债务人破产：

（一）债务人或者管理人未按期提出重整计划草案；

（二）重整计划草案未获得全部表决组通过，且未依照企业破产法第八十七条的规定获得本院批准；

（三）重整计划草案经各表决组通过后未获得本院批准。

第五十条 合议庭同意延长重整计划执行期限和监督期限申请的，应当自收到申请书之日起十五日内裁定批准。

第五十一条 重整计划执行过程中，管理人或债务人认为确有必要变更重整计划相关内容的，应向合议庭提交重整计划变更草案。

第五十二条 合议庭经审查认为变更重整计划确有必要的，应于三十日内召开债权人会议，对重整计划变更草案进行表决。

重整计划变更草案经债权人会议表决通过后，管理人或者债务人应当申请本院批准重整计划变更草案，合议庭经审查认为重整计划变更草案符合法律规定的，应当裁定批准并送达债务人执行。

第五十三条 债务人不执行或者不能执行重整计划的，合议庭应于收到管理人申请之日起十五日内裁定终止重整计划的执行，并宣告债务人破产。

第五十四条 重整计划执行完毕，合议庭应于收到管理人报告之日起三日内裁定终结重整程序，报庭长批准。

第五章 和 解

第五十五条 法院受理破产申请后，宣告债务人破产清算前，债务人提出和解申请的，应同时提交和解协议草案。

第五十六条 债务人在破产申请受理后申请和解的，应当向审理破产清算案件的合议庭提出。承办法官应对和解协议草案进行形式审查，和解协议草案应当包括以下内容：

（一）和解的清偿比率；

（二）主要债权人的和解意向；

（三）和解协议的执行期限和还款步骤；

（四）和解协议的执行保障；

（五）人民法院要求的其他内容。

第五十七条　经审查和解协议符合前述形式要件后，承办法官应当及时召开听证会，对和解协议草案进行实质审查，听取债务人、主要债权人、其他利害关系人对和解的意见，审查要点包括：

（一）同类债权人有无受到公平对待；

（二）债权人放弃权益是否基于自愿；

（三）和解协议的执行是否具备可行性；

（四）和解协议的内容有无违反法律、法规禁止性规定。

债务人已提交翔实的和解协议、主要债权人意向书、相关执行保障等证据的，合议庭也可以采取书面方式进行实质审查。

第五十八条　经听证调查或书面审查，合议庭认为和解申请符合法律规定的，应裁定和解，并予以公告。

第五十九条　裁定和解后，担保权人要求行使权利，经管理人报合议庭审查同意的，由管理人按照破产财产的处置原则和方式处理。

第六十条　裁定和解后，和解协议履行完毕前，未经合议庭同意，管理人不得协助债务人股东办理股权转让手续。

第六十一条　裁定和解后，承办法官应当在十五日内召集债权人会议讨论和解协议草案，但债权人的债权尚未经法院裁定确认的除外。

第六十二条　债权人会议通过和解协议后，合议庭应对下列内容进行审查：

（一）债权人会议表决程序合法；

（二）和解协议不违反法定的债权清偿顺序；

（三）同类债权得到公平对待；

（四）反对和解协议的债权人权益没有受到侵害；

（五）和解协议内容不存在欺诈或违反法律、法规禁止性规定；

（六）和解协议的执行期限合理、执行保障到位；

（七）人民法院认为应当审查的其他内容。

审查认为和解协议符合法律和前款规定的，合议庭应裁定认可和解协议、终止和解程序，并予以公告。

第六十三条　和解协议草案未获债权人会议表决通过，或债权人会议通过的和解协议未获本院认可的，合议庭应裁定终止和解程序并宣告债务人破产。

第六十四条　债务人不执行或者不能执行和解协议，经和解债权人请求，合议庭应裁定终止和解协议的执行并宣告债务人破产。

第六十五条　因债务人欺诈或者其他违法行为而成立的和解协议，合议庭应裁定认定和解协议无效并宣告债务人破产。

第六十六条　本院受理破产申请后宣告破产前，债务人与全体债权人就债权债务的处理自行达成协议的，可以请求本院予以认可。合议庭评议认可协议的，应裁定认可和解协议并终结破产程序，报庭长批准。

债务人在宣告破产后与全体债权人就债权债务的处理自行达成协议的，可申请本院认可。合议庭评议认可的，应裁定撤销破产宣告、认可和解协议并终结破产程序，报庭长批准。

第六章　破产清算

第六十七条　合议庭裁定宣告债务人破产的，法官助理应自破产宣告裁定作出之日起五日内送达债务人和管理人，同时要求管理人自裁定作出之日起十日内通知已知债权人。

第六十八条　管理人处置破产财产应报本院备案。待处置的破产财产在《破产财产变价方案》中未作规定，或者需变更《破产财产变价方案》规定的处置方式的，应进行评议并书面回复管理人。

第六十九条　处置破产财产应当先行评估，但债权人会议另有决议的除外。管理人提出评估申请后，法官助理应制作《破产案件选定评估（拍卖）机构移送表》，报签后交本院审判管理办公室统一摇号确定。管理人根据摇号结果完成委托评估手续。

第七十条　债权人会议、管理人对破产财产的评估结论、评估费用有异议的，合议庭应参照最高人民法院《关于民事诉讼证据的若干规定》第二十七条的规定处理。

第七十一条　位于深圳市内的不动产，统一由管理人委托深圳市土地房产交易中心进行拍卖。深圳市土地房产交易中心不接受拍卖委托的，合议庭可决定从本院拍卖机构名册中另行摇号选定适格的拍卖机构。

动产和非深圳市内的不动产，由法官助理填写《破产案件选定评估（拍卖）机构移送表》，报签后交本院审判管理办公室统一摇号确定。管理人根据摇号结果完成委托拍卖手续。

第七十二条　承办法官应当监督管理人及时拟定破产财产分配方案提交债权人会议讨论。债权人会议通过破产财产分配方案的，合议庭应及时裁定认可。

债权人会议二次表决未获通过的破产财产分配方案，管理人申请本院批准，合议庭审查同意的，应及时裁定认可。

第七十三条　管理人依法提请本院终结破产程序的，合议庭应自收到请求之日起十五日作出决定。决定终结破产程序的，应作出裁定报庭长批准。

法官助理应制作终结破产程序的公告，交管理人刊登。

第七十四条　终结破产程序裁定发出后，法官助理应督促管理人办理企业注销手续，并将相关注销文件归入破产案件档案。

第七十五条　法官助理应于破产程序终结裁定送达完毕后十五日内完成案卷归档，并报送结案。重大、疑难、复杂等破产案件需要延长的，报庭长批准，但最长不得超过三十日。

第七十六条　债权人根据《企业破产法》第一百二十三条第（一）项、第（二）项的规定请求人民法院按照破产财产分配方案追加分配，合议庭评议同意的，应作出裁定。

有前款规定情形，但财产数量不足以支付分配费用的，不再进行追加分配，由法官助理填写《划转往来款审批单》，报庭长批准，上交国库。

第七章　简易程序

第七十七条　本院审理下列破产案件，适用简易程序：

（一）债务人不属于国有企业，且财产价值总额不超过100万元的；

（二）债务人的主要财产、账册、重要文件等灭失，或者债务人人员下落不明，未发现存在巨额财产下落不明情形的；

（三）债权债务关系简单，不存在重大维稳隐患的；

符合上述条件之一的，合议庭应在立案审查时决定适用简易程序，并制作决定书，报庭长批准。

第七十八条　适用简易程序审理的破产案件，法官助理应在案件受理公告中载明该案适用简易程序。

第七十九条　适用简易程序审理的破产案件，债权申报期限为三十日，自本院发布受理破产公告之日起计算。

管理人应于案件受理之日起十日内通知已知债权人申报债权。

第八十条　适用简易程序审理的破产案件，本院可以采用传真、电子邮件等简便方式送达相关文书，但民事裁定书除外。

债务人下落不明的，相关文书可送达给其股东，并在其工商登记或其他依法备案的住所地张贴。

第八十一条　适用简易程序审理的破产案件，债权人会议一般以书面方式召开，确需集中召开债权人会议的，一般不超过两次。条件允许的，可采取网络表决等形式便利债权人行使权利。

适用简易程序审理的破产案件一律不设立债权人委员会。

适用简易程序审理的破产案件使用统一格式的财产管理、变价和分配方案，但债权人会议另有决议的除外。

第八十二条　适用简易程序审理的破产案件如无审计必要，可由管理人完成债权审查、财产调查后形成清算报告，报合议庭评议后，裁定宣告债务人破产。

第八十三条　适用简易程序审理的破产案件，一律通过本院鹰眼查控系统查询债务人名下的房产、存款、股权、车辆和股票等财产，经过"五查"，确未发现债务人有财产可供分配或仅有少量财产无法支付清算费用的，管理人应在三日内报请合议庭评议终结破产程序。

第八十四条　因账册、重要文件灭失，无法清算或无法全面清算的，承办法官应督促管理人提出终结破产程序申请，并在裁定书中列明无法清算或无法全面清算的原因，引导债权人追究债务人有关人员的责任。

第八十五条　适用简易程序审理的破产案件应于立案之日起六个月内审结，有特殊情况需要延长审理期限的，应报庭长批准，但延期最长不得超过六个月。

第八十六条　在适用简易程序审理破产案件过程中，发现案情复杂不宜适用简易程序的，合议庭应及时裁定转为普通清算程序，报庭长批准。

经批准转为普通清算程序的，法官助理应将裁定书送达债务人、管理人和相关权利人。

第八章 衍生诉讼案件

第八十七条 本院受理破产案件后，与债务人有关的民事诉讼案件由公司清算和破产审判庭另行组成合议庭审理。但知识产权案件仍由相关业务部门集中审理。劳动争议和职工清单纠纷案件，根据《关于涉及破产企业员工劳动争议类案件立案审理有关问题的通知》的规定，由本院受理后指定破产企业主要办公地点所在地的基层人民法院审理。

破产程序终结后，有关破产企业的民事诉讼，不再适用《企业破产法》第二十一条集中管辖的规定。

第八十八条 破产衍生诉讼案件的审理适用一般民事诉讼的法律、法规、司法解释和本院的相关规定，但《企业破产法》有特别规定的除外。

第八十九条 破产衍生诉讼案件的各类信息由法官指导、督促法官助理按规定及时录入诉讼信息系统。

第九章 附 则

第九十条 本规程自发布之日施行，原《深圳市中级人民法院破产案件审判流程管理规程》同时废止。

第九十一条 本规程由本院审判委员会负责解释。

深圳市中级人民法院关于印发《破产案件债权审核认定指引》的通知

（深中法发〔2017〕5号）

各基层人民法院、本院各部门：

《破产案件债权审核认定指引》已经 2017 年 8 月 17 日本院审判委员会民事执行专业委员会 2017 年第 3 次会议讨论通过。现印发给你们，请相关部门认真学习并遵照执行。执行情况和遇到的问题请及时反馈本院公司清算和破产审判庭。

特此通知。

深圳市中级人民法院

2017 年 9 月 4 日

广东省深圳市中级人民法院破产案件债权审核认定指引

第一章 总 则

第一条 为规范和统一破产案件债权审核认定流程和标准，维护债权人、债务人和其他利害关系人的合法权益，根据《中华人民共和国企业破产法》等法律、法规和司法解释的规定，结合本院破产案件审判实践，制定本指引。

第二条 本指引所称的破产案件债权审核认定，是指对破产案件中债权人申报债权的真实性、合法性以及性质、数额等进行审核和认定的过程和结论。

第三条 破产案件债权审核认定包括债权通知和公告、债权申报的受理、债权表的编制、债权的审核认定等内容。

第四条 破产案件债权审核认定应当遵循标准统一、实体与程序并重、保障实质公平的原则。

第五条 审核认定债权应当在债权人申报的范围之内，不得超出债权人申报的数额和范围。

审核认定债权适用法律法规，应当查明效力和适用范围，遵守上位法优于下位法、特别法优于一般法的原理，优先适用 企业破产法和相关司法解释。

部门规章、地方政府规章、行业监督管理机构或者具备行业监督管理职能的机构制定的规则及其他规范性文件，不违反上位法规定的，可以参照适用。

第二章 债权审核认定流程

第一节 债权通知和公告

第六条 自本院裁定受理破产申请之日起二十五日内，管理人应当协助本院通知已知债权人申报债权，公布包括债权申报内容的破产案件受理公告或者单独的债权申报公告。

第七条 管理人协助本院通知已知债权人申报债权，应当按照 民事诉讼法的规定采取直接送达、邮寄送达或者债权人确认的其他方式送达债权申报通知。

管理人协助本院通知已知债权人时应当提供债权申报登记表、授权委托书、法定代表人（负责人）身份证明书、证据清单的范本，以及其他便于债权人申报债权的说明性文件。

第八条 本指引所称已知债权人是指根据债务人提供的资料，以及通过本案卷宗或者其他途径获得的信息，初步判断对债务人享有债权并且能够查明联系方式的债权人。

管理人根据债务人提供的资料初步判断债务人欠缴税款的，应当通知相应税收征管机关申报债权。

第九条 债务人应当为管理人调查已知债权人的范围提供协助，及时向管理人提供业务资料、财务资料、诉讼仲裁和执行案件资料、债权人催收资料，以及其他涉及负债情况的资料。

第十条 债权申报公告应当根据案件的影响范围，按照以下原则确定刊载的媒体：

（一）小额破产案件在"全国企业破产重整案件信息网"发布；

（二）普通破产案件在深圳市发行的报纸和《人民法院报》上发布；

（三）债务人在境外拥有财产或者境外的债权人数量较多、比例较高的，可以同步在境外发行的报纸上发布；

（四）债务人具有特别行业属性的，可以同步在行业内有影响的报纸上发布；

（五）债务人属于公众公司的，应当在监管部门要求的信息披露载体上发布。

上述（二）至（四）项公告应当同时录入最高人民法院"全国企业破产重整案件信息网"相应栏目。

第二节 债权申报的受理

第十一条 管理人应当在本院确定的债权申报期限内指派专门工作人员在通知和公告的债权申报地点受理债权申报。

债权申报期限由本院依法确定。管理人可以根据破产案件实际情况向本院提出关于债权申报期限的建议。

债权申报地点可以是管理人处理事务的地址、债务人住所地，或者是管理人报本院备案后专门设立的债权申报地点。

第十二条 管理人在受理债权人申报时应当进行形式审查。

形式审查包括审查债权人的身份证明文件、申报的债务人是否为破产案件的债务人、申报的权利种类和性质。

第十三条 管理人经形式审查合格的，应当受理债权申报并进行登记，出具债权申报回执。

管理人经形式审查不合格的，应当指令申报人限期补充材料。申报人逾期不补充或者补充后仍不合格的，管理人可以根据申报人的要求出具不予受理的回执。

第十四条 管理人应当向债权人释明其在破产程序中的权利和义务。管理人可以要求债权人填写债权申报表和送达地址、送达方式确认书。

第十五条 管理人受理债权申报后应当编制债权申报统计表。债权申报统计表应当包括以下内容：

（一）债权人的姓名或者名称。债权人委托代理人申报债权的，应当包括代理人的姓名和代理权限；

（二）债权人或者代理人的地址和电话等联系方式；

（三）债权申报的时间；

（四）申报的债权性质和债权数额；

（五）债权有无担保和担保形式；

（六）债权是否经过生效法律文书确认，是否经过人民法院强制执行或者采取了保全措施；

（七）管理人认为应当统计的其他内容。

第十六条 债务人应当自破产案件受理之日起十五日内向管理人提供职工名册、工资发放记录、社会保险费用和住房公积金缴纳记录，说明是否欠付职工工资和医疗、伤残补助、抚恤费用，所欠的基本养老保险、基本医疗保险费用，以及法律、行政法规、地方性法规规定应当支付给职工的补偿金。债务人在破产案件受理前已经自行安置职工的，应当向管理人说明职工安置情况。

管理人根据职工债权调查的需要，可以要求债务人提供劳动合同、考勤记录、解除或者终止劳动合同的通知、劳动仲裁裁决书等涉及职工权益的生效法律文书、死亡证明书、工伤认定书、伤残登记鉴定报告等资料。债务人下落不明、债务人不提供或者无法提供上述资料的，管理人可以通过债务人住所地的劳动监察机构和社会保险机构进行调查。

第十七条 职工主动申报债权的，管理人予以登记。

劳动监察机构、社会保险机构、欠薪保障基金管理机构、工会、债务人经营场所的房屋出租方以及其他为债务人垫付了工资和医疗、伤残补助、抚恤费用、基本养老保险、基本医疗保险费用、住房公积金、补偿金等职工债权的主体向管理人申报债权的，管理人应当受理。

第三节 债权的审核认定

第十八条 债权审核认定流程包括管理人审查、债务人核查、反馈、异议和复核、债权表编制。

第十九条 管理人应当结合债权人的申报材料和债务人提供的材料对债权是否成立、债权性质、债权数额、担保情况等进行实质审查。

管理人可以根据审查需要通知债权人补充材料或者说明情况。

第二十条 管理人可以将债权申报统计表和债权人的申报材料送交债务人核查，债务人应当在管理人规定的期限内反馈意见。管理人可以根据审查需要，通知债务人的相关人员到场配合并说明情况。

债务人反馈意见应当包括债权是否成立、债权性质、债权数额、担保情况和管理人要求说明的其他情况。

债务人下落不明或者不发表意见的，管理人可以依据债权人的申报材料径行审查。

第二十一条　管理人应当将审查结论通知债权人。

审查结论认定债权不成立、债权性质和担保与申报不一致、债权数额与申报差异较大的，应当在通知中说明债权不成立或者产生相关差异的原因。

第二十二条　管理人通知债权人审查结论，应当给予债权人不少于七日的异议期。债权人提出异议的，管理人可以将异议送交债务人核查。

第二十三条　管理人应当书面通知债权人复核结论，并告知债权人有权自收到审查结论之日起十五日内向本院提起诉讼。逾期不起诉的，管理人可以按无异议处理。

第二十四条　管理人应当根据债权审查结论编制债权表。债权表应当列明债权人的姓名或者名称、申报的债权性质和债权数额、审查认定的债权性质和债权数额。

第二十五条　暂缓认定的债权和不予认定的债权应另行列表并提交债权人会议。

暂缓认定的债权包括管理人尚未作出审查结论或者复核结论的债权、管理人作出审查结论或者复核结论后债权人提起诉讼的债权、附条件但条件尚未成就的债权、诉讼和仲裁未决的债权、债务人的保证人或者其他连带债务人对债务人将来求偿权申报的债权等。

管理人可以告知债权人暂缓认定的原因。暂缓认定的原因消除后，管理人应当及时完成审查并将审查结论通知债权人。

第二十六条　管理人应当在第一次债权人会议召开之前完成债权审查和债权表的编制，因特殊情况未完成债权审查和债权表编制的，应当向债权人会议作出书面说明。

管理人应当保存债权表和债权申报材料，供利害关系人查阅。

第二十七条　管理人应当编制并公示职工债权清单。职工债权清单应当包括职工债权人的姓名或者名称、职工债权的类别、职工债权的数额。职工对职工债权清单记载有异议并要求更正的，管理人应当进行复核并将复核结论书面通知职工。管理人复核后不予更正的，应当告知职工可以在接到书面通知之日起十五日内依法提起诉讼。逾期不起诉的，管理人可以按无异议处理。

管理人应当在第一次债权人会议召开之前完成职工债权清单的编制并在债权申报地点、债务人住所地或者相关场地、网络平台进行公示，因特殊情况未完成职工债权清单编制并公示的，应当向债权人会议作出书面说明。

第四节　债权人会议核查

第二十八条　管理人应当将债权表提交第一次债权人会议核查。第一次债权人会议未能核查的债权，管理人应当提交之后的债权人会议核查。

第二十九条　管理人将债权表提交债权人会议核查时，应当同时送交债务人核查。

第三十条　债权人和债务人对债权表记载的内容有异议的，管理人应告知其自债权人会议核查债权之日或收到债权表之日起十五日内向本院提起诉讼。逾期不起诉的，管理人应当申请本院裁定确认。

职工对职工债权清单记载的内容有异议的，应当自清单公示之日起十五日内向有管辖权的法院提起诉讼。

第三十一条　债权人可以在破产案件受理后转让债权。债权人在破产案件受理后转让债权的，应当通知管理人。

第三十二条　债权人在债权人会议核查债权表之前通知管理人债权转让的，管理人应将受让方列入债权表并提交债权人会议核查；债权人在债权人会议核查债权表之后通知的，管理人可以在向债权人会议通报债权转让事项后申请本院重新裁定确认。

第三十三条　债权人在破产案件受理后转让债权的，受让方自债权转让通知管理人之日起以自己的名义行使权利。但债权人为了增加表决权数量将同一笔债权向多个受让方转让的除外。

第三章　债权审核认定的一般标准

第一节　普通债权审核认定的标准

第三十四条　债权人申报的债权已经人民法院生效判决书、裁定书、调解书，仲裁机构、劳动仲裁机关生效裁决书，或者公证机关公证债权文书确定的，管理人按照生效法律文书确定的数额或者生效法律文书确定的计算方法予以认定。

第三十五条　生效法律文书确有错误，符合申请再审条件或者符合第三人撤销之诉要件的，管理人可以在取得相应证据后申请再审或者提起第三人撤销之诉。

管理人申请再审或者提起第三人撤销之诉的，应当报告本院，相应债权暂缓认定。

第三十六条　诉讼、仲裁未决的债权暂缓认定。管理人可以根据案件实际情况决定是否上诉。

第三十七条　未经诉讼或者仲裁的债权，管理人应当按照法律法规和司法解释的规定予以审核认定。

第三十八条　债务人下落不明、不反馈意见、不提交证据材料，或者财务记录不明的债权，管理人可以根据债权人申报材料和管理人依法取得的其他材料予以审核认定。

第三十九条　管理人应当依照民事诉讼证据的相关规定对债权人的申报材料、债务人的反馈材料和财务账册以及管理人取得的其他证据材料进行审核，必要时可以申请本院调查取证，也可以申请专项鉴定。

第四十条　债权人申报合同之债的，管理人应当查明合同成立、生效、履行、变更、中止和发生争议的情况。

第四十一条　债权人申报侵权之债的，管理人应当查明债务人行为的违法性、债权人受损害事实和损害后果、因果关系和债务人过错的情况。

第四十二条　债权人申报不当得利之债的，管理人应当查明债权人受损与债务人获益之间的因果关系、债务人获益有无法律或者合同依据的情况。

第四十三条　债权人申报无因管理之债的，管理人应当查明债权人管理债务人的事务、债权人确无法定或者约定义务的情况。

第四十四条　未到期的债权在破产案件受理时视为到期。

附条件的债权，管理人应当审查所附条件是否成就；条件尚未成就的，暂缓认定。

第四十五条　债务人是社会团体、公益组织、政府投融资平台公司、公众公司的，管理人应审查债务人对外提供担保是否符合法律、法规、章程的规定。管理人认定担保合同无效后，债权人主张债务人承担赔偿责任的，应当向本院提起诉讼。

第四十六条 连带债权人可以由其中一人代表全体连带债权人申报债权，也可以共同申报债权。连带债权人由其中一人代表全体连带债权人申报债权或者共同申报债权的，应当认定为一笔债权。

第四十七条 债权人未向管理人申报全部债权时，债务人的保证人或者其他连带债务人尚未代替债务人清偿债务，但以其对债务人的将来求偿权申报债权的，管理人应当受理并暂缓认定。

第四十八条 债权人在数个连带债务人的破产案件中分别申报全部债权的，应当如实作出书面说明。

第四十九条 债权人以管理人或者债务人依照 企业破产法规定解除合同产生的损害赔偿请求权申报债权的，债权数额按照解除合同产生的实际损失认定。

第五十条 债权人申报的债权是受让而来的，应当提交已经通知债务人的证据。符合规定的金融资产管理公司受让或转让国有银行债权，金融资产管理公司或国有银行在全国或者省级有影响的报纸上公布的有催收内容的债权转让公告或者通知的，视为已经通知债务人。债权转让未履行通知义务的，债权转让对债务人不发生效力。

债权发生多次转让的，债权转让和通知债务人的证据应当连续。

第五十一条 债权人应当书面向管理人如实说明债权受偿的情况，包括债务人、担保人和其他债务人已经履行清偿义务的情况。债务人、担保人和其他债务人已经履行的清偿义务，管理人在审核认定时应予相应核减。

债权人申报的债权已经获得部分清偿但清偿本息约定不明的，视为按照下列顺序受偿：

（一）实现债权的费用；

（二）债权的利息；

（三）债权的本金。

第五十二条 债权人申报的债权涉及犯罪嫌疑，已经进入侦查、起诉或者审判程序，且刑事案件与债权基于同一法律关系、其结果对债权认定有影响的，在人民法院作出生效的刑事判决或者裁定前，管理人应暂缓认定。

第五十三条 外币债权审核认定后，按照本院受理破产申请之日中国外汇交易中心或者中国人民银行授权机构公布的人民币与该种外币汇率中间价折算为人民币；没有中间价的，按照现汇买入价折算；没有现汇买入价的，按照现钞买入价折算。

第五十四条 债权人申报的下列债权不予认定：

（一）行政、司法机关对债务人的罚款、罚金及其他有关费用；

（二）债务人未履行生效法律文书应当加倍支付的迟延利息和劳动保险金的滞纳金；

（三）债务人逾期不履行行政决定的金钱给付义务，行政机构加处的超过金钱给付义务数额一倍的滞纳金；

（四）破产案件受理日以后的债务利息；

（五）债权人参加破产程序所支出的费用；

（六）债务人的股权、股票持有人在股权、股票上的权利；

（七）超过诉讼时效的债权，超过法律规定的期限未申请强制执行的债权；

（八）债务人开办单位对债务人未收取的管理费、承包费；

（九）管理人或债务人在破产程序内解除合同，合同相对方申报的超出实际损失的赔偿请求或者要求返还定金的加倍部分；

（十）政府无偿拨付给债务人的资金，但财政扶贫、科技管理等行政部门通过签订合同，按有偿使用、定期归还原则发放的款项除外；

（十一）超过债权人申报范围的债权；

（十二）其他依据相关法律法规不予认定的债权。

第二节 债权利息审核认定的标准

第五十五条 本指引所称的债权利息，包括依照法律法规、生效法律文书、合同以及根据交易习惯应当计算的利息、逾期利息、罚息、复利、逾期还款或付款的违约金或滞纳金、资金占用费等。

借贷合同的债权人向债务人收取的咨询费、顾问费、管理费、手续费、综合费等费用按利息处理。

第五十六条 管理人应当按照生效法律文书确定的方法计算迟延履行期间的利息，但债务人未履行生效法律文书应当加倍支付的迟延利息除外。生效法律文书未确定给付迟延履行期间利息的，迟延履行期间不计算利息。

第五十七条 合同约定的利率超过年利率24%的，超过部分的利息不予认定。

合同约定逾期利息、罚息、复利、违约金、滞纳金，或资金占用费、管理费、手续费、咨询费、综合费等费用的，从其约定，但总额折算不得超过年利率24%。

债务人已支付超过年利率36%部分的利息，超过部分应在申报的债权数额中核减。

本院受理破产申请前一年内，债务人支付的利息超过年利率24%但不足36%的部分，应核减债权数额。

第五十八条 债权申报依据的合同未约定利息或者生效法律文书未确定给付利息的，不予认定债权利息，但履行期限届满后或者法律规定催告后的利息除外。

债权申报依据的合同约定利息不明，但根据交易习惯应当计算利息或者资金占用费的，可以按照中国人民银行公布的同期银行一年期贷款利率计算利息。

中国人民银行不公布基准利率的，参照银行同业机构或者主要国有商业银行公布的同期利率计算。

第五十九条 国有独资企业或者国有控股企业破产，债权人申报的债权系金融机构转让的，自金融机构转让时起停止计息。

前款规定以外的其他企业破产，债权人受让经生效法律文书确认的金融不良债权，或受让的金融不良债权经生效法律文书确定，受让日在2009年3月30日前的，2009年3月30日前的利息依照相关法律规定计算，2009年3月30日后不再计付利息；受让日在2009年3月30日后的，受让日之前的利息按照相关法律规定计算，受让日之后不再计付利息。

第六十条 债务人是担保人的，承担担保责任中的利息自破产申请受理时起停止计算。

第六十一条 债权人申报的债权是外币的，以原币种审核认定债权的利息。外币利率规定或者约定不明的，参照中国外汇交易中心、中国人民银行授权机构、银行同业机构或者主要国有商业银行公布的同币种同期利率计算。

第三节 其他债权审核认定的标准

第六十二条 其他债权是指建设工程价款优先受偿权、船舶优先权、航空器优先权、有财产担保债权、职工债权、税款债权和抵销权。

除本节另有规定外，其他债权按照普通债权的审核认定标准执行。

第六十三条 债权人申报建设工程价款优先受偿权、船舶优先权和航空器优先权的，应当在法律规定的期限内申报或者提交在法律规定的期限内主张的证据。债权人未在法律规定的期限内申报或者不能提交在法律规定的期限内主张证据的，作为普通债权审核认定。

第六十四条 建设工程价款优先受偿权的审核认定，按照《中华人民共和国合同法》第二百八十六条和《最高人民法院关于建设工程价款优先受偿权问题的批复》执行。消费者已支付商品房的全部或者大部分购买款项的，承包人就该商品房享有的工程价款优先受偿权不得对抗买受人。

建设工程价款优先受偿权的审核认定，应当参考相应建设工程的结算书。相应建设工程未结算的，可以暂缓认定，待结算完成后认定；无法结算的，管理人根据债权人和债务人提供的证据材料审核认定，必要时可以申请本院选定有资质的机构进行工程造价专项审计和鉴定。

第六十五条 有财产担保债权是指债务人以不动产、动产、权利提供担保所对应的债权。

有财产担保债权的担保权包括抵押权、质权和留置权。以转让物或者权利的所有权作为债权担保的，管理人应当在取回转让物或者权利后认定债权人的普通债权。

第六十六条 破产案件的债务人仅是抵押人、出质人、留置物的所有权人，不是主债务人，担保权人要求在破产程序内实现担保物权的，参照法律和本指引关于有财产担保债权的规定审核认定。

第六十七条 依法应当办理登记的担保物权，未办理登记的，作为普通债权审核认定。

以动产设定抵押的，未登记或者登记不符合法律法规规定的，不得对抗已经对动产取得相应权利的善意第三人。

第六十八条 抵押登记时土地上已有建筑物的，债权人仅办理了土地使用权抵押登记或者建筑物抵押登记，抵押权的范围包括地上建筑物和土地使用权，但土地和房产已分别办理了抵押登记的除外。

土地使用权抵押后，该土地上新增的建筑物不属于抵押财产。

第六十九条 同一财产向两个以上债权人抵押的，依照《中华人民共和国物权法》第一百九十九条之规定确定优先受偿权。

第七十条 债权人对担保财产的优先受偿权，及于担保财产的保险赔偿金、损害赔偿金、征收款、拆迁补偿金，以及担保财产变价所得的价款。

上述资金在破产案件受理前取得的，债权人主张优先受偿需符合独立存放且未被挪用的条件。

第七十一条　管理人审核认定职工债权，应当调查债务人财务账册、审计报告、劳动合同、工资发放记录、社会保险和住房公积金缴纳记录、考勤记录、人事档案等证据材料。

管理人可以向社会保险管理机构、住房公积金管理机构、劳动监察机构调取证据，必要时可以申请本院向上述机构调取证据。

第七十二条　劳动监察机构、社会保险机构、欠薪保障基金管理机构、工会、债务人经营场所的房屋出租方以及其他主体为债务人垫付工资和医疗、伤残补助、抚恤费用、基本养老保险、基本医疗保险费用、住房公积金、补偿金等费用的，视为职工债权。

第七十三条　管理人审核认定税款债权，应当核查债务人财务账册和税收征管机关的申报材料。

第七十四条　债务人欠缴税款以及欠缴税款对应的各类附加属于税款债权。

债务人在破产案件受理前因欠缴税款产生的滞纳金属于普通债权。

债务人因欠缴税款产生的罚款，以及破产案件受理后因欠缴税款产生的滞纳金，不认定为破产债权。

第七十五条　管理人不应主动通知债权人进行抵销，但抵销使债务人财产受益或者享有抵销权的债权人亦已被人民法院受理破产的除外。

互负债权债务的双方当事人均已破产的，以破产案件受理前的双方债权债务进行抵销，不得以一方的全部债权额与另一方的破产债权分配额进行抵销。

第四章　债权审核认定的特别规定

第一节　重整程序的债权审核认定

第七十六条　债务人自行管理财产和营业事务的重整案件一律由管理人负责受理债权申报、审核认定债权、编制债权表。

第七十七条　债权人未在债权申报期限内申报债权，但其在重整计划草案提交债权人会议表决前补充申报债权的，管理人应当受理并进行审查。债权在重整计划草案表决前未经本院裁定确认的，债权人不享有重整计划草案的表决权，但在本院裁定批准重整计划后，该债权人被确认的债权可依照重整计划确定的债权受偿方案获得清偿。

债权人未在债权申报期限内申报债权，在本院裁定批准重整计划后重整计划执行完毕前补充申报债权的，管理人可以受理申报并进行审查，但债权人在重整计划执行期间不得行使权利；在重整计划执行完毕后，可以按照重整计划规定的同类债权的清偿条件行使权利。

债权人未在债权申报期限内申报债权，在重整计划执行完毕后补充申报债权的，管理人不再受理申报，告知债权人向债务人主张权利。

第七十八条　管理人可以根据重整案件的实际情况制定符合法律和司法解释规定

的供个案适用的债权审核认定标准，经债权人会议通过并报本院备案后施行。

第二节 和解程序的债权审核认定

第七十九条 和解案件应当由管理人负责受理债权申报、审核认定债权、编制债权表。

第八十条 债权人未在债权申报期限内申报债权，但其在和解协议草案提交债权人会议表决前补充申报债权的，管理人应当受理并进行审查。债权在和解协议草案表决前未经本院裁定确认的，债权人不享有和解协议草案的表决权，在本院裁定认可和解协议后，该债权人被确认的债权可依照和解协议确定的债权受偿方案获得清偿。

债权人未在债权申报期限内申报债权，在本院裁定认可和解协议后和解协议执行完毕前补充申报债权的，管理人可以受理申报并进行审查，但债权人在和解协议执行期间不得行使权利；在和解协议执行完毕后，可以按照和解协议规定的同类债权的清偿条件行使权利。

债权人未在债权申报期限内申报债权，在和解协议执行完毕后补充申报债权的，管理人不再受理申报，告知债权人向债务人主张权利。

第八十一条 管理人可以根据和解案件的实际情况制定符合法律和司法解释规定的供个案适用的债权审核认定标准，经债权人会议通过并报本院备案后施行。

第三节 破产清算程序的债权审核认定

第八十二条 债权人未在债权申报期限内申报债权的，可以在本院裁定认可最后分配方案之前补充申报。

第八十三条 债权人未在债权申报期限内申报，对于其申报债权之前已经进行的分配，不再对其补充分配。

前款规定的已经进行的分配，是指债权人补充申报时本院已经裁定认可破产财产分配方案。

第八十四条 为审核认定补充申报债权产生的核查债权额外支出的费用，包括重新召开债权人会议费用和差旅费用等，由补充申报人承担。

第八十五条 本院受理破产申请前，债务人已经自行清算的，管理人可以参考债务人清算组自行清算期间的工作成果审核认定债权和编制债权表。

第八十六条 本院受理破产申请前，债务人已经人民法院指定清算组进行强制清算的，破产程序可以不再指定新的债权申报期间。强制清算期间的债权申报视为破产债权申报。

第五章 附 则

第八十七条 本指引自公布之日起施行。
第八十八条 本指引由本院审判委员会负责解释。

深圳市中级人民法院关于印发《审理企业重整案件的工作指引（试行）》的通知

（深中法发〔2019〕3 号）

各基层人民法院、本院各部门：

《深圳市中级人民法院审理企业重整案件的工作指引（试行）》已经 2019 年 3 月 14 日本院审判委员会民事执行专业委员会 2019 年第 3 次会议讨论通过。现印发给你们。《深圳市中级人民法院企业破产重整案件审理规程（试行）》（2009 年 6 月 18 日起公布施行）已经失效。请相关部门认真学习《深圳市中级人民法院审理企业重整案件的工作指引（试行）》并遵照执行。执行情况和遇到的问题请及时反馈本院破产法庭。

特此通知。

深圳市中级人民法院

2019 年 3 月 25 日

审理企业重整案件的工作指引（试行）

第一章　总　则

第一条　为正确适用破产重整相关法律规定，规范审理破产重整案件，提升审判质效，根据《中华人民共和国企业破产法》《中华人民共和国公司法》等法律及相关司法解释的规定，结合本院审判实际情况，制定本指引。

第二条　本院鼓励、支持、引导对具有挽救价值与重整可能的债务人进行重整。

第三条　审理企业破产重整案件，应当保护债权人和债务人的合法权益，兼顾出资人、重整投资人及其他利害关系人的正当利益，注重维护社会整体利益。

第四条　审理企业破产重整案件，应当坚持高效原则，依法及时公正处理各项事务。

第五条　本院管辖债务人住所地在深圳市的企业破产重整案件，但基层法院管辖的执行转破产案件除外。

第二章　重整申请和审查

第一节　申　请

第六条　债务人具备重整原因的，债权人可以向本院申请对债务人进行重整，债务人也可以自行提出重整申请。

债务人具有下列情形之一的，应当认定其具有重整原因：

（一）不能清偿到期债务，并且资不抵债；

（二）不能清偿到期债务，并且明显缺乏清偿能力；

（三）有明显丧失清偿能力可能。

第七条 国务院金融监督管理机构可以依照《中华人民共和国企业破产法》第一百三十四条的规定，对商业银行、证券公司、保险公司等金融机构申请重整。

第八条 债权人申请对债务人进行破产清算的，在破产申请受理后，宣告债务人破产前，债权人、债务人或者出资额占债务人注册资本十分之一以上的出资人，可以申请对债务人进行重整。

第九条 债务人自行提出重整申请的，应当按照法律法规或者公司章程规定，事先经过股东会（或股东大会）、董事会、主管部门或投资人的同意。

第十条 债权人申请重整的，应当提交下列材料：

（一）重整申请书。记明申请人和被申请人的基本信息、申请事项、申请的事实和理由；

（二）申请人的主体资格证明；

（三）债务人的主体资格证明和最新工商登记材料；

（四）债务人不能清偿到期债务的证据；

（五）债务人具有重整价值的证据。

第十一条 债务人申请重整的，应当提交下列材料：

（一）本指引第九条、第十条第（一）、（二）、（四）、（五）项列明的材料；

（二）资产及负债明细；

（三）有关财务会计报告；

（四）债权、债务及担保情况表；

（五）诉讼、仲裁及执行情况清单；

（六）职工安置预案；

（七）重整可行性分析报告。

第十二条 债务人的出资人申请重整的，应当提交下列材料：

（一）本指引第十条列明的材料；

（二）债务人资产及负债明细；

（三）债务人有关财务会计报告；

（四）债务人职工安置预案；

（五）债务人重整可行性分析报告。

第十三条 上市公司债权人、上市公司及其出资人申请对该上市公司重整的，除分别依照本指引第十条至第十二条规定提交材料外，还应当提交上市公司住所地省级人民政府向证券监督管理部门的通报材料、证券监督管理部门的意见以及上市公司住所地人民政府出具的维稳预案。

第十四条 商业银行、证券公司、保险公司等金融机构债权人、金融机构及其出资人申请对该金融机构重整的，除分别依照本指引第十条至第十二条规定提交材料外，还应当提交国务院金融监督管理机构同意或批准的意见。

第十五条 申请人可以在重整申请受理前撤回重整申请。

重整申请在破产清算受理后、宣告破产前提出又撤回的，破产清算程序继续进行。

第二节　审　查

第十六条　立案部门负责重整申请的形式审查。

申请人提交的材料符合本指引规定的，立案部门依照《深圳市中级人民法院破产案件立案规程》的规定以"破申"字号登记立案。

第十七条　深圳破产法庭对立案部门移送的重整申请，应当组成合议庭，进行听证调查。组织听证调查的时间不计入重整申请的审查期间。

第十八条　申请人在破产清算受理后、宣告债务人破产前申请重整的，应当向审理破产清算案件的合议庭提出，由该合议庭进行听证调查。

第十九条　合议庭应当在听证调查三日前通知下列人员参加：

（一）申请人；

（二）债务人的法定代表人、财务人员和职工代表；

（三）合议庭认为应当参加听证调查的其他人员。

债务人的债权人、出资人、重整投资人等利害关系人经合议庭准许，可以参加听证调查。

第二十条　听证调查按照下列顺序进行：

（一）申请人陈述申请的事实和理由，并出示相关证据；

（二）债务人有关人员针对重整申请发表意见；

（三）合议庭对债务人是否具备重整原因、重整价值、重整可行性和是否存在重整障碍等相关情况进行询问；

（四）申请人、被申请人发表最后意见。

第二十一条　合议庭应当根据听证调查的情况，及时对申请人的主体资格、重整原因、重整价值、重整可行性等逐一进行评议，并就是否受理作出裁定。

第二十二条　债务人具有重整价值是指，债务人的继续经营价值大于清算价值。

判断债务人的重整价值，应当综合考虑下列因素：

（一）债务人的行业地位和行业前景，包括债务人的市场认可度、产能先进性等；

（二）债务人的经营情况，包括债务人经营模式的成熟程度、经营团队的稳定性和经营管理的运行情况等；

（三）债务人的资质价值，包括债务人的资本价值、特许经营权或者生产资质等；

（四）债务人的品牌价值，包括债务人的营销网络、客户关系、品牌效应及其商誉等；

（五）债务人的社会公共价值，包括债务人对国计民生及公共利益的重大影响等；

（六）能够体现债务人重整价值的其他情形。

社会中介机构、预重整管理人出具的报告可以作为判断债务人重整价值的参考。

第二十三条　债务人具有重整可行性是指，债务人的现有资源和条件能够保证重整计划的执行。

判断债务人的重整可行性，应当综合考虑下列因素：

（一）债务人的重整意愿及其配合程度；

（二）主要债权人支持重整的情况；

（三）重整方案及重整投资人情况；

（四）法律与政策障碍情况；

（五）重整与清算模式下的清偿率情况。

社会中介机构、预重整管理人出具的报告可以作为判断债务人重整可行性的参考。

第二十四条 审查重整申请时，合议庭可以根据案件情况，征询市场监管部门、企业主管部门、行业协会以及行业专家的意见。

第二十五条 国有独资企业或国有资本控股企业申请重整的，应当经履行出资人职责的国有资产监督管理机构或国有企业上级主管部门同意，且企业职工已妥善安置或已制定切实可行的员工安置方案。

债权人申请对国有独资企业或国有资本控股企业进行重整的，合议庭应当将申请情况告知履行出资人职责的国有资产监督管理机构或国有企业上级主管部门，并说明相应法律责任。

第二十六条 受理对商业银行、证券公司、保险公司等金融机构以及上市公司重整申请的，应逐级呈报最高人民法院审核批准。

第三章　预重整

第二十七条 受理重整申请前，对于具有重整原因的债务人，为识别其重整价值及重整可行性，提高重整成功率，经债务人同意，合议庭可以决定对债务人进行预重整。

合议庭决定对债务人进行预重整的，债务人应当在预重整期间制作重整方案，并征集利害关系人意见。

第二十八条 债务人符合下列情形之一的，可以进行预重整：

（一）需要安置的职工超过五百人的；

（二）债权人两百人以上的；

（三）涉及超过一百家上下游产业链企业的；

（四）直接受理重整申请可能对债务人生产经营产生负面影响或者产生重大社会不稳定因素的。

受理破产清算申请后、宣告债务人破产前申请重整的，不适用预重整。

第二十九条 预重整期间为三个月，自合议庭作出预重整决定之日起计算。有正当理由的，经管理人申请，可以延长一个月。

第三十条 合议庭决定进行预重整的，应当同时指定管理人。管理人一般通过摇珠方式在一级管理人中选定，也可以在债务人及其出资人、主要债权人共同推荐或者有关监管部门、机构推荐的已编入管理人名册的机构中指定。

受理重整申请后，应当指定预重整管理人为债务人管理人。

第三十一条 在预重整期间，管理人履行下列职责：

（一）调查债务人的基本情况、资产及负债情况；

（二）推动债务人与其出资人、债权人、意向投资人等利害关系人进行协商，引导各方就重整方案达成共识；

（三）债务人继续经营的，监督债务人的经营。

第三十二条　在预重整期间，债务人承担下列义务：

（一）配合管理人调查，根据询问如实回答并提交材料；

（二）勤勉经营管理，妥善维护资产价值；

（三）及时向管理人报告经营中的重大事项；

（四）不得对外清偿债务，但维系基本生产必要的开支除外；

（五）未经允许，不得对外提供担保；

（六）积极与出资人、债权人、意向投资人协商，制作重整方案；

（七）完成与预重整相关的其他工作。

第三十三条　在预重整期间，对于可能因有关利害关系人的行为或者其他原因，影响破产程序依法进行的，合议庭可以根据管理人的申请或者依职权，对债务人的全部或者部分财产采取保全措施。

在预重整期间，合议庭应当及时通知执行部门中止对债务人财产的执行。已经采取保全措施的执行部门应当中止对债务人财产的执行。

第三十四条　在预重整期间，债务人可以在信息充分披露的前提下，就制作的重整方案征求出资人、债权人、意向投资人等利害关系人的意见。

符合下列情形之一的，债权人、出资人与债务人达成的协议，以及债权人、出资人作出的同意意见，在重整申请受理后继续有效：

（一）债权人、出资人承诺或者同意的内容与重整计划草案的基本内容一致；

（二）重整计划草案对债权人、出资人承诺或者同意内容的修改未实质影响到债权人、出资人利益，且相关债权人、出资人同意不再对重整计划草案进行表决。

债务人制作的重整方案应当包括《中华人民共和国企业破产法》第八十一条规定的主要内容。重整申请受理后，债务人可以在重整方案的基础上制作重整计划草案，并提请合议庭召开债权人会议进行表决。

第三十五条　债务人应当按照下列标准进行信息披露：

（一）全面披露。披露内容应当包括表决所必要的全部信息，如导致破产申请的事件、经营状况、相关财务状况、履约能力、可分配财产状况、负债明细、重大不确定诉讼、模拟破产清算状态下的清偿能力、重整计划草案重大风险等；

（二）准确披露。信息披露应当措辞明确，以突出方式引起注意，不得避重就轻、缩小字体或者故意诱导作出同意的意思表示；

（三）合法披露。披露程序应当符合法律规定的要求。

第三十六条　在预重整期间，债务人因持续经营需要，经合议庭批准，可以对外借款。受理重整申请后，该借款可参照《中华人民共和国企业破产法》第四十二条第（四）项的规定清偿。

第三十七条　在预重整期间，管理人支出的差旅费、调查费等执行职务费用由债务人财产随时支付。债务人未及时支付的，受理重整申请后，列入破产费用。

管理人在预重整期间付出合理劳动的，可以在完成预重整工作报告后向债务人收取适当报酬。报酬数额由管理人和债务人协商确定，原则上不超过50万元。协商不成的，由合议庭根据实际工作情况确定。但受理重整申请的，预重整期间付出的劳动可作为管理人报酬上浮的参考因素，管理人不另行收取预重整报酬。

第三十八条 债务人不履行本指引第三十二条规定的义务且不予纠正的，经管理人申请，合议庭可以决定终结预重整，并及时对是否受理重整作出裁定。

第三十九条 预重整工作完成或者预重整期间届满，管理人应当提交预重整工作报告。

预重整工作报告一般包括下列内容：

（一）债务人的基本情况；

（二）债务人出现经营或财务困境的原因；

（三）债务人的资产、负债状况；

（四）债务人的生产经营状况；

（五）债务人重整价值的分析意见；

（六）债务人重整可行性的分析意见；

（七）是否形成重整方案以及重整方案的协商情况；

（八）进行重整的潜在风险及相关建议。

第四十条 合议庭应当自收到预重整工作报告之日起十日内裁定是否受理重整申请。裁定不予受理重整申请但查明债务人具备破产原因的，可以告知申请人依法提出破产清算申请。

第四十一条 受理重整申请前，债务人通过庭外商业谈判拟定重组方案的，应当按照本指引规定进行信息披露并征集债权人、出资人意见。

重整程序启动后，债务人可以在重组方案的基础上制作并提交重整计划草案。合议庭应当自收到重整计划草案之日起十五日内召开债权人会议进行表决。但是，债务人在债权申报期届满前提交重整计划草案的，合议庭应当在债权申报期届满后的十五日内召开债权人会议进行表决。

第四章　裁定重整和重整期间

第一节　裁定重整

第四十二条 受理重整申请的，应当在裁定作出之日起五日内向申请人、被申请人送达，并在十五日内参照本院《破产案件债权审核认定指引》第十条的规定发布受理公告。

第四十三条 受理重整申请的，应当同时指定债务人管理人。预重整期间已经指定管理人的，指定预重整管理人为债务人管理人。

在受理破产清算后、宣告债务人破产前裁定对债务人进行重整的，破产清算期间的管理人即为重整期间的管理人。

第四十四条 关联企业均被本院裁定受理重整申请的，应当以尊重企业法人人格的独立性为原则进行协调审理。

关联企业成员之间不当利用关联关系形成的债权劣后于其他普通债权顺序清偿，且该劣后债权人不得就其他关联企业成员提供的特定财产优先受偿。

第四十五条　关联企业成员之间法人人格高度混同，严重损害债权人公平受偿利益的，或者关联企业实质合并重整有利于增加重整价值，使全体债权人受益的，关联企业成员、关联企业成员的出资人、债权人、已经进入破产程序的关联企业成员的管理人，可以申请对具有重整原因的多个关联企业成员进行合并重整，还可以申请将关联企业成员并入重整程序。

关联企业个别成员已经进入重整程序，没有申请人对其他成员企业提出合并重整申请的，不适用合并重整。

重整计划已经被批准或者已经宣告破产的关联企业成员，不参与其他关联企业的合并重整。

第四十六条　关联企业成员持续、普遍存在下列情形的，可以认定法人人格高度混同：

（一）主要经营性财产难以区分；

（二）财务凭证难以区分或者账户混同使用；

（三）生产经营场所未明确区分；

（四）主营业务相同，交易行为、交易方式、交易价格等受控制企业支配；

（五）相互担保或交叉持股；

（六）董事、监事或高级管理人员交叉兼职；

（七）受同一实际控制人控制，关联企业成员对人事任免、经营管理等重大决策事项不履行必要程序；

（八）其他导致关联企业成员丧失财产独立性且无法体现独立意志的情形。

第四十七条　申请人提出实质合并重整申请的，合议庭应当自收到申请之日起五日内通知已知利害关系人，并将申请事项予以公告，公告期不少于十日。

关联企业成员及其出资人、债权人、管理人等利害关系人对申请有异议的，应当在公告期届满前以书面方式提出。利害关系人提出异议的，合议庭应当组织听证调查。

第四十八条　申请人应当对实质合并重整的要件事实承担举证责任。

债务人、管理人、出资人申请实质合并重整的，应当提供能够证明关联企业不当利用关联关系，导致关联企业成员之间法人人格高度混同，损害债权人公平受偿利益的初步证据。

债权人申请合并重整的，应当提供能够证明存在合理理由信赖其交易对象并非单个关联企业成员、单独破产损害其公平受偿利益的证据。

第四十九条　异议人对其提出的主张，应当提供相应的证据予以证明。

申请人有证据证明异议人持有与证明人格混同相关的账簿、账户变动资料、股东会或董事会会议记录等材料，但异议人无正当理由拒不提供的，由异议人承担不利后果。

第五十条　关联企业的核心控制企业住所地，或者控制关联企业主要资产的成员企业住所地位于本市的，本市法院可以受理申请人的合并重整申请。本市法院与其他法院对该类案件的管辖权发生争议的，报请共同的上级法院指定。

第五十一条　合议庭应当对实质合并重整的下列要件事实进行审查，谨慎适用实质合并重整：

（一）实质合并主体属关联企业成员；

（二）关联企业成员均具备破产原因或者部分企业成员虽不具备破产原因，但与其他具备破产原因的企业成员人格高度混同；

（三）关联企业成员之间法人人格高度混同；

（四）法人人格高度混同对债权人公平受偿造成严重损害。

第五十二条 本院决定实质合并重整的，应当及时作出合并重整裁定，并报庭长审批。

关联企业成员及其出资人、债权人、管理人等利害关系人可以自裁定书送达之日起十五日内向广东省高级人民法院申请复议。

第五十三条 采用实质合并方式审理重整案件的，各关联企业成员之间的债权债务归于消灭，各成员的财产作为统一的破产财产，各成员的债权人按照法定顺序一并受偿。

重整计划草案应当制定统一的债权调整和债权受偿方案。

第五十四条 裁定适用实质合并重整的，合并前关联企业成员破产案件中已经完成的债权申报、资产评估等继续有效。

合并前发生的破产费用、共益债务，作为实质合并重整案件的破产费用和共益债务。

合并前已经经过的重整计划草案提交期限，经管理人或者债务人申请，可以重新起算。

第二节 重整期间

第五十五条 在重整期间，对于可能因债务人、债务人出资人、债权人的行为或者其他原因使重整计划难以执行的，根据管理人、债务人或者债务人出资人的申请，合议庭可以对出资人持有的债务人股权进行保全。

第五十六条 在重整期间，债务人可以申请自行管理财产和营业事务。管理人应当对债务人自行管理的申请进行审查并提出意见。

债务人有下列情形之一的，对其自行管理申请不予批准：

（一）法人治理结构存在问题的；

（二）有《中华人民共和国企业破产法》第三十一条至第三十三条规定的行为，情节严重的；

（三）存在其他不适合自行管理情形的。

第五十七条 合议庭批准债务人自行管理的，应当出具《批准自行管理决定书》。

债务人在预重整后申请自行管理的，合议庭可以在裁定受理重整申请的同时，决定是否批准债务人自行管理。

第五十八条 债务人未申请自行管理，或者申请自行管理未获批准的，由管理人负责重整期间的财产管理和营业事务。

第五十九条 债务人自行管理的，管理人应当及时制定债务人与管理人职责分工方案，并向债务人移交已经接管的财产和营业事务。

第六十条 债务人自行管理的，应当履行下列职责：

（一）负责营业事务；

（二）管理债务人的财产、账簿和文书等资料；

（三）建立债务人日常管理的制度架构，制定相关规范文件；

（四）决定债务人内部管理事务；

（五）决定债务人的留用人员；

（六）按财务管理制度决定日常开支和其它必要开支；

（七）向债权人会议报告财产状况；

（八）接受管理人监督，向管理人提交预决算表，定期对账；

（九）制定重整计划草案及其说明文件；

（十）相关法律或职责分工方案规定的债务人其他职责。

债务人签订新的合同、继续履行合同以及实施涉及财产、经营和人员的其他重大处分行为的，应当提请管理人审核。

第六十一条 债务人自行管理的，管理人应当履行下列职责：

（一）调查债务人资产、负债状况；

（二）受理、审查债权申报，审查取回权、抵销权主张；

（三）根据《中华人民共和国企业破产法》第三十一条至第三十三条规定追回财产；

（四）组织召开债权人会议及关系人会议；

（五）代表债务人参加诉讼、仲裁或者其他法律程序；

（六）督促债务人按期制作重整计划草案；

（七）相关法律或职责分工方案规定的管理人其他职责。

第六十二条 审查债务人实施的涉及财产、经营和人员重大处分行为的，应当遵循以下原则：

（一）维持债务人生产经营所必要，且不损害全体债权人合法权益；

（二）维护债务人重整价值所必要；

（三）有利于实现全体债权人的合法权益。

第六十三条 债务人自行管理期间出现下列情形之一的，管理人应当申请终止债务人的自行管理：

（一）债务人存在本指引第五十六条第二款规定的情形；

（二）债务人违反忠实义务，存在欺诈、恶意减少财产或者其他不利于债权人的行为；

（三）债务人违反勤勉注意义务，造成程序迟延或产生其他严重不利后果；

（四）债权人会议认为债务人自行管理损害债权人合法权益，并作出撤销债务人自行管理决议；

（五）其他不应当继续由债务人自行管理的情形。

合议庭决定终止债务人自行管理的，应当要求管理人及时实施接管，由管理人负责管理债务人财产和营业事务。

第六十四条 因重整需要裁减职工二十人以上或者裁减职工占职工总数百分之十以上的，债务人或者管理人应当依照《中华人民共和国劳动合同法》第四十一条的规定办理。

第六十五条　在重整期间，债务人的董事、监事、高级管理人员请求向第三人转让其持有的债务人的股权的，不予准许，但转让股权有利于重整，且不损害其他利害关系人合法权益的除外。

第六十六条　在重整期间，自行管理的债务人可以聘请法律顾问、财务顾问等社会中介机构提供重整所必需的中介服务。经债务人申请，也可以在重整期间继续履行已经签订的顾问协议。顾问费在重整计划草案中予以通报后可以列入共益债务，在重整计划执行阶段一次性支付。

重整计划未获批准或者未能执行完毕的，顾问协议约定的顾问费金额应当在管理人报酬的百分之二十幅度内予以把握，职工债权无法全额受偿的，约定的金额不得超过管理人报酬的百分之十。

第六十七条　管理财产和营业事务的管理人可以在必要时聘任债务人经营管理人员。

管理人聘任债务人经营管理人员负责营业事务的，应当定岗定责，聘用费用参照深圳市同行业同职位人员的工资标准合理确定。

第六十八条　担保权人以担保物有损坏或者价值明显减少可能、足以危害其权利为由，申请恢复行使担保权的，应当提交书面申请并附相应证据。担保物为维持重整价值所必需的，管理人可以组织利害关系人与担保权人协商暂缓实现担保权并采取措施维护担保物的价值。

取回权人主张取回的标的物为维持重整价值所必需的，管理人可以组织利害关系人与取回权人协商保留取回物并予以合理补偿。协商时间一般不超过三十日，协商期间不计入管理人审查期限。

第六十九条　在重整期间，为债务人继续营业或维持重整价值而向债务人提供必要借款的，可以按照共益债务处理。

第七十条　重整期间转让破产债权的，自债权转让通知管理人之日起，债权受让人行使原债权人在重整程序中的权利，但原债权人已经发表的表决意见继续有效。债权人为增加表决权数量将同一笔债权向多个受让人转让的，按一个债权主体行使表决权。

第五章　重整投资人

第七十一条　重整投资人是指在重整程序中，债务人无力自行摆脱经营及债务困境时，为债务人提供资金或者其他资源，帮助债务人清偿债务、恢复经营能力的自然人、法人或者其他组织。

重整投资人可以是单一的自然人、法人或者其他组织，也可以是两个以上自然人、法人或者其他组织组成的联合体。

重整投资人可以由债务人或管理人通过协商和公开招募的方式引进，也可以由债权人推荐。

第七十二条　债务人自行管理财产和营业事务的，债务人可以通过协商引进重整投资人。

自第一次债权人会议召开之日起一个月内，或者自裁定对破产清算的债务人进行重整之日起一个月内，债务人不能就债务清偿及后续经营提出可行性方案的，管理人可以向社会公开招募重整投资人。

第七十三条　管理人负责管理财产和营业事务的，重整投资人由管理人向社会公开招募。

经审查存在下列情形的，管理人可以申请协商确定重整投资人：

（一）债务人与意向投资人已在预重整或者债务人自行经营管理期间初步形成可行的债务清偿方案和出资人权益调整方案的；

（二）在重整申请受理时，债务人已确定意向投资人，该意向投资人已经持续为债务人的继续营业提供资金、代偿职工债权，且债务人已经就此制订出可行的债务清偿和出资人权益调整方案的；

（三）重整价值可能急剧丧失，需要尽快确定重整投资人的；

（四）存在其他不适宜公开招募重整投资人的情形，并经债权人会议或者债权人委员会同意的。

第七十四条　管理人公开招募重整投资人的，应当在债务人资产评估工作完成后及时启动。管理人也可以根据重整案件实际情况，提前启动公开招募。

在受理破产清算后、宣告债务人破产前裁定对债务人进行重整的，管理人应当自重整裁定作出之日起三十日内招募重整投资人。

第七十五条　公开招募重整投资人的，管理人应当及时制作招募方案并提交合议庭备案。招募方案应当包括招募启动时间、公告期限、招募文件主要内容等。

第七十六条　公开招募重整投资人的，由管理人在全国企业破产重整案件信息网、本市有影响的媒体发布公告期不少于十五日的招募公告。

招募公告应当载明下列事项：

（一）案件基本情况；

（二）意向重整投资人应当具备的资格条件；

（三）参加招募程序的报名方式及期限；

（四）获取招募文件的方式及期限。

第七十七条　管理人应当在招募公告发布之前完成招募文件的制作。

招募文件应当包括下列内容：

（一）债务人的资产、负债等基本情况；

（二）意向重整投资人缴纳保证金的要求；

（三）意向重整投资人应当提交的参选材料及截止时间；

（四）确定重整投资人的标准和程序；

（五）对重整投资人及其重整预案的特定要求。

第七十八条　意向重整投资人参加公开招募的，一般需要提供下列材料：

（一）有效的主体资格证明文件；

（二）资质、财务、业绩介绍及相关证明材料；

（三）重整预案，包括重整资金来源、出资人权益调整、债权调整、债权清偿及后续经营方案等；

（四）招募文件要求意向重整投资人提供的其他材料。

第七十九条 意向重整投资人要求查阅有关债务人的财产调查报告、资产评估报告、偿债能力分析报告、审计报告以及债权表等资料的，管理人应当准许。

意向重整投资人要求详细了解债务人相关情况的，管理人应当在意向重整投资人与其签署保密协议后予以配合。

第八十条 经管理人初步审查，意向重整投资人符合招募公告规定的资格条件且参选材料不违反法律规定的，应当按照管理人的要求签订保证金协议，并缴纳重整保证金。

第八十一条 多家意向重整投资人经初步审查合格并缴纳保证金的，由债权人会议选定重整投资人。选定规则为：

（一）经出席会议的有表决权的债权人过半数同意，并且其所代表的债权额占无财产担保债权总额二分之一以上的，该意向重整投资人即为重整投资人；

（二）经表决所有意向重整投资人均不符合第（一）项规定的标准，但其中一家意向重整投资人获得同意的表决人数、债权额比例均超过其他意向重整投资人的，该意向重整投资人即为重整投资人；

（三）经表决所有意向重整投资人均不符合第（一）、（二）项规定的标准，但仅有两家意向重整投资人参与表决的，获得较多债权人支持的即为重整投资人；超过两家意向重整投资人参与表决的，由债权人会议对最多债权人和最多债权额同意的两家意向重整投资人按照本条规则再次表决。

经合议庭同意，债权人会议可以另行通过符合案件特点的选定规则。

第八十二条 在招募期间，仅有一家意向重整投资人提交参选材料且其重整预案经管理人审查合格的，该意向重整投资人即为重整投资人。

上述意向重整投资人提交的重整预案不符合遴选要求，又拒不调整，或者未在指定期限内再次提交重整预案，或者再次提交的重整预案仍不符合要求的，经管理人申请，可以裁定终止重整程序，并宣告债务人破产；但管理人在重整计划草案提交期限届满四十五日前申请再次公开招募重整投资人的，可以准许。

第六章　重整计划

第一节　重整计划的制定和批准

第八十三条 债务人或者管理人在制作重整计划草案过程中，应当征求债权人意见。重整计划草案涉及出资人权益调整的，还应当征求出资人意见。

第八十四条 债务人或者管理人应当在法定期限内提交重整计划草案。因重大诉讼、仲裁未决影响重整计划草案制作的，诉讼、仲裁审理期间不计入法定提交期限。

债务人或者管理人申请延长重整计划草案提交期限的，应当在期限届满十五日前提出。

预重整期间已经完成表决意见征集的，债务人可以在合议庭受理重整申请的同时，一并提交重整计划草案。

第八十五条　重整计划草案除包含《中华人民共和国企业破产法》第八十一条第（一）至（七）项规定的内容外，还应当全面披露债务人的破产原因、资产和负债状况、清算和重整状态下普通债权的清偿率比较以及有关债务人资产的重大不确定事项等。

第八十六条　普通债权不能获得全额清偿的，重整计划草案应当包含出资人权益调整的内容。

第八十七条　上市公司重整计划草案的经营方案涉及并购重组等行政许可审批事项的，债务人或者管理人应当聘请经证券监管机构核准的财务顾问机构、律师事务所以及具有证券期货业务资格的证券服务机构按照证券监管机构的有关要求及格式编制相关材料，作为重整计划草案的必备文件。

第八十八条　管理人应当对债务人制作的重整计划草案提出分析意见。重整计划草案的合法性或可行性存在问题，可能损害债权人合法权益的，管理人应当要求债务人进行修改。

第八十九条　重整计划草案经合议庭同意提交债权人会议表决的，债权人会议应当在三十日内召开。

第九十条　重整计划草案对普通债权根据债权额大小作出分类调整的，合议庭应当依据债务人或者管理人的申请，设置相应表决组。

合议庭可以将享有建设工程价款、船舶和航空器等法定优先权的债权人列入对债务人特定财产享有担保权的债权表决组，也可以根据上述优先权的性质设置其他优先权表决组。

第九十一条　经评估的担保财产价值不足以清偿担保债权，对该财产享有担保权的债权人同意对超出评估值以外的债权按普通债权清偿的，可以将评估值作为该笔债权在担保债权组的表决额，剩余金额作为其在普通债权组的表决额。

第九十二条　表决重整计划草案，可以采取现场或者网络等方式进行。现场会议由债权人会议主席主持，合议庭给予指导。表决程序按照下列顺序进行：

（一）债务人或管理人对重整计划草案进行说明；

（二）管理人或债务人对重整计划草案发表意见；

（三）债务人或管理人回答债权人对重整计划草案的询问；

（四）各表决组投票表决。

第九十三条　表决出资人权益调整事项的，应当召开出资人组会议并提前十五日通知全体出资人。

上市公司等股东人数较多的公众公司出资人组表决重整计划草案的，可以采取网络或者现场方式进行。网络表决权的行使方式，参照适用中国证券监督管理委员会发布的有关规定。

债务人的股东会（或股东大会）已对出资人权益调整作出决议的，可以不再另行召开出资人组会议进行表决。

第九十四条　有限责任公司的出资人权益调整事项经股东所持表决权的三分之二以上同意，即为通过。

股份有限公司的出资人权益调整事项经出席出资人组会议的股东所持表决权的三分之二以上同意，即为通过。

第九十五条 债权人有正当理由不能按期表决的，管理人可以准许其延期表决，但延长期限一般不超过三十日。

第九十六条 未通过重整计划草案的表决组中过半数债权人明确反对再次表决或者在指定时间无正当理由不进行协商，并且其所代表的债权额超过该组债权总额三分之一的，不得再次进行表决。

超过三分之一表决权的出资人明确反对对出资人权益调整事项再次表决或者在指定时间无正当理由不进行协商的，不得再次进行表决。

债务人或者管理人申请再次表决的，应当在第一次表决后的三个月内提出。协商后的重整计划草案损害已通过表决组的利益的，合议庭应当驳回再次表决申请。

第九十七条 债务人或者管理人申请批准重整计划的，合议庭应当在收到申请之日起三十日内完成对重整计划内容以及表决程序的审查。债务人申请批准根据预重整阶段重整方案制作的重整计划草案的，合议庭还应当对信息披露以及意见征集程序进行审查。

第九十八条 上市公司重整计划涉及证券监督管理机构行政许可事项的，应当层报最高人民法院启动与中国证券监督管理委员会的会商机制。中国证券监督管理委员会并购重组专家咨询委员会对会商的行政许可事项出具的专家咨询意见，应当作为批准重整计划的参考。

第九十九条 合议庭应当按照下列原则审查批准重整计划：

（一）程序合法原则，即重整计划的制订和表决程序符合法律规定；预重整期间通过的重整计划，意见征集以充分信息披露为前提；

（二）公平原则，即公平对待同一表决组成员；

（三）绝对优先原则，即破产清算程序的法定清偿顺序同样适用于重整程序；

（四）最大利益原则，即持反对意见的债权人依据重整计划可获得的清偿比例不低于其在破产清算中可获得的清偿比例；

（五）可行性原则，即经营方案以及重整计划的执行方式均不存在可能导致无法执行或者破产清算的法律及事实障碍。

重整计划符合上述原则的，合议庭应当裁定批准并终止重整程序，予以公告。

第一百条 未通过重整计划草案的表决组拒绝再次表决，或者再次表决仍未通过，债务人或者管理人申请强制批准重整计划草案的，应当同时具备下列前提条件：

（一）至少有一组表决通过重整计划草案；

（二）重整计划草案对出资人权益进行了调整。

第一百零一条 管理人或债务人申请强制批准重整计划草案，合议庭认为需要听取重整计划草案的反对意见的，可以通知未通过表决组，告知其于收到通知之日起十日内提出书面意见并附相关证据材料。

第一百零二条 合议庭可以就是否强制批准重整计划草案进行听证调查。债务人、管理人、未通过表决组代表应当参加听证。经合议庭准许，书面提出反对意见的债权人及出资人代表也可以参加听证。组织听证的期间不计入审查期限。

听证调查应当对反对意见及其理由进行审查，并围绕重整计划草案的合法性及可行性进行。

第一百零三条 审查出资人权益调整事项时，股权质押权人以出资人权益调整损害其担保权为由提出异议的，不影响重整计划草案的批准。

第一百零四条 合议庭应当结合申请人的申请材料、反对者的异议以及听证情况，依照《中华人民共和国企业破产法》第八十七条第二款以及本指引第九十九条规定的标准，对强制批准重整计划草案的申请进行全面、审慎审查。

第一百零五条 在重整期间，出现下列情形之一的，合议庭可以裁定终止重整程序，并宣告债务人破产：

（一）经营、财产状况持续恶化等原因，导致债务人丧失重整价值、缺乏挽救的可能性；

（二）债务人有欺诈、恶意减少债务人财产或者其他显著不利于债权人的行为；

（三）不能在法定期限内提出重整计划草案；

（四）重整计划未获批准或者重整计划草案未获强制批准。

裁定终止重整程序并宣告债务人破产后，管理人应当及时接管债务人自行管理的财产和营业事务，并尽快开展破产清算工作。

第二节 重整计划的执行和监督

第一百零六条 重整计划经本院批准后，债务人为重整计划执行人。已接管财产和营业事务的管理人应当及时向债务人移交财产和营业事务。

债务人应当全面、适当执行重整计划。执行债权受偿方案时因客观原因无法同时对全体债权人清偿的，按照法定顺序清偿。

第一百零七条 管理人应当监督重整计划的执行，并制订监督方案。

管理人的监督职责主要包括：

（一）定期听取债务人财务状况及重整计划执行情况报告；

（二）及时发现并纠正债务人执行重整计划过程中的违法或不当行为；

（三）审查债务人提出的延长重整计划执行期限申请。

重整计划执行完毕后，管理人应当向合议庭提交监督报告。

第一百零八条 重整计划因客观原因未能在规定期限内执行完毕，债务人申请延长重整计划执行期限的，合议庭可以裁定准许。管理人同时申请延长监督期限至重整计划执行期限届满的，合议庭应当一并裁定准许。

第一百零九条 重整计划对债务人、全体债权人有约束力。重整计划涉及出资人权益调整的事项，对债务人的全体出资人均有约束力。

债务人资不抵债，重整计划所调整的股权已设定质押的，质押权人应当配合办理解除股权质押手续。

第一百一十条 重整计划所调整的股权未被质押与冻结，但出资人拒不配合办理股权转让手续的，合议庭可以根据债务人的申请向有关单位发出协助执行通知书。

第一百一十一条 重整计划执行期间，合议庭可依据债务人的申请，协调办理债务人恢复正常生产经营的相关手续，包括移除经营异常名录、恢复营业执照、删除征信不良记录、移除纳税失信名单、删除失信被执行人信息等。

第一百一十二条 因客观原因导致重整计划无法执行的，债务人或者管理人可以申请对重整计划予以变更。

变更申请不得迟于重整计划执行期限届满前十日提出，且限于一次。

第一百一十三条 债务人或者管理人申请对重整计划予以变更的，应当经债权人会议表决同意。债权人会议的表决规则适用《中华人民共和国企业破产法》第六十四条第一款的规定。

债权人会议同意变更重整计划的，债务人或者管理人应当自决议作出之日起十日内向合议庭提交《批准变更重整计划申请书》，并附债权人会议决议以及变更后的重整计划草案。

第一百一十四条 合议庭裁定准许变更重整计划的，变更后的重整计划草案应当提交受变更影响的债权组和出资人组进行表决。表决、申请批准、裁定批准变更后重整计划的程序与原重整计划的相同。审查原则适用本指引第九十九条、第一百条的规定。

第一百一十五条 债务人或者管理人仅申请对重整计划所涉的重整投资人予以变更，重整计划其他内容不做调整的，合议庭可以不设定新的表决期间，直接裁定批准变更后的重整计划。

第一百一十六条 债务人不执行重整计划或者因客观原因不能执行重整计划，又未申请变更重整计划，或者申请变更重整计划未获批准的，经利害关系人请求，合议庭应当裁定终止重整计划的执行并宣告债务人破产。

上款所称利害关系人，包括债权人、债务人、债务人出资人、管理人等。

第一百一十七条 终止重整计划的执行并宣告债务人破产后，管理人应当立即接管债务人的印章、账簿、财产等，并对债务人进行破产清算。

重整计划执行过程中已受清偿的破产债权，由管理人按照《中华人民共和国企业破产法》第九十三条第二款的规定予以核减；核减后破产债权依照《中华人民共和国企业破产法》第一百一十三条规定的清偿顺序和第九十三条第三款规定的清偿条件予以清偿。

第一百一十八条 重整计划执行完毕或者基本执行完毕，管理人应当申请终结重整程序，并提交监督报告。合议庭应当在收到申请之日起三日内作出裁定。

第一百一十九条 合议庭裁定终结重整程序后，对于按照重整计划减免的债务，债务人不再承担清偿责任。重整后的企业新发生的债权债务，按照正常的民事纠纷处理，不再适用《中华人民共和国企业破产法》的特别规定。

第七章　附　则

第一百二十条 本指引自发布之日起施行。

第一百二十一条 本指引由本院审判委员会负责解释。

深圳市中级人民法院公司强制清算案件审理规程

（2015 年 3 月 19 日深圳市中级人民法院审判委员会
民事行政执行专业委员会第 3 次会议通过）

为保障公司强制清算案件审理的顺利进行，保证清算组公正高效地履行职责，保护债权人、债务人及其股东的合法权益，根据《中华人民共和国民事诉讼法》、《中华人民共和国公司法》、最高人民法院《关于适用〈中华人民共和国公司法〉若干问题的规定（二）》、《关于审理公司强制清算案件工作座谈会纪要》，结合深圳审判实际，制定本规程。

第一章　申请和受理

第一条　公司解散后未依法自行清算，人民法院受理债权人或股东对公司提起的强制清算申请的，应当依法指定清算组对公司进行清算。

第二条　公司强制清算案件由公司住所地的基层人民法院管辖，但本规程第三条规定的情况除外。

公司住所地是指公司主要办事机构所在地，公司主要办事机构所在地不明确的，由公司注册地或登记地的基层人民法院管辖。

第三条　被申请人为股份有限公司、国家工商行政管理总局和省级工商行政管理机关核准登记的有限责任公司的强制清算案件，以及在本地区有重大影响的强制清算案件，由本院管辖。

第四条　公司强制清算申请受理后，有关强制清算公司的民事诉讼，由受理强制清算申请的人民法院管辖。但本院受理公司强制清算申请后，有关强制清算公司的民事诉讼可以参照最高人民法院《关于适用〈中华人民共和国民事诉讼法〉的解释》第四十二条第一款的规定交由公司注册地或登记地的基层人民法院管辖。

第五条　公司解散后逾期不成立清算组进行清算，债权人或股东申请人民法院对公司进行清算的，应当提交下列证据材料：

（一）清算申请书。列明申请人、被申请人的基本情况以及申请的事实和理由；

（二）申请人的主体资格证明文件。申请人为自然人的，应提交身份证或户籍证明；申请人为法人或其他组织的，应提交营业执照和组织机构代码证；

（三）被申请人的主体资格证明文件。包括营业执照和组织机构代码证；

（四）申请人对被申请人享有债权或股东资格的证据；

（五）被申请人自愿解散或被强制解散的证据。被申请人自愿解散的，应提交被申请人的公司章程或决定解散公司的股东会（股东大会）决议；被申请人被强制解散的，应提交公司登记主管机关吊销公司营业执照、责令关闭、撤销公司的决定书或人民法院解散公司的民事判决书；

（六）人民法院认为应当提交的其他材料。

被申请人解散后已成立清算组进行清算的，申请人还应提交被申请人自行成立清算组的证明文件，以及清算组故意拖延清算或存在违法清算行为可能严重损害债权人或股东利益的证据。

第六条 立案部门收到申请人的强制清算申请后，应当在收到强制清算申请之日起三日内分别按照各自审判流程管理的规定，移送审判管理办公室分案或直接将申请材料移送至相关审判庭，由相关审判庭进行实质审查。相关审判庭应当在收到强制清算申请材料之日起五日内通知被申请人。

第七条 审查强制清算申请可以采用召开听证会的方式进行。对于事实清楚、法律关系简单、证据确实充分的强制清算申请，也可以采用书面审查的方式进行。

听证会由承办法官主持，下列人员可以参加听证：

（一）申请人；

（二）被申请人的股东、法定代表人、财务人员及员工代表；

（三）被申请人自行成立的清算组成员；

（四）人民法院认为需要参加听证会的其他人员。

第八条 听证会应当按照下列程序进行：

（一）申请人宣读申请书，陈述申请强制清算的事实和理由，并出示相关证据；

（二）被申请人针对强制清算申请发表意见并出示相关证据；

（三）核实相关事实和证据，包括申请人是否对被申请人享有债权或股权、被申请人是否解散、是否自行成立清算组、自行清算有无拖延或损害债权人及股东利益以及被申请人的资产负债情况等；

（四）人民法院认为应当调查的其他事项。

第九条 合议庭应结合听证情况和申请人、被申请人提交的证据材料对申请人的强制清算申请依法进行全面审查。

经审查，具有下列情形之一的，人民法院应裁定不予受理：

（一）以债权人身份申请强制清算的，其主张的债权未经生效法律文书确认且被申请人提出异议的；

（二）以股东身份申请强制清算的，其主张的股权未经生效法律文书确认且被申请人提出异议的；

（三）被申请人对发生解散事由提出异议，且无生效法律文书确认公司解散，亦无充分证据证明出现公司法第一百八十条规定的被依法吊销企业法人营业执照、责令关闭或者被撤销等解散事由的；

（四）人民法院认为应当不予受理的其他情形。

第十条 申请人提交的材料需要更正、补充的，人民法院应当责令申请人于七日内予以更正、补充。申请人无正当理由未按期更正、补充的，裁定不予受理。

第十一条 人民法院裁定受理强制清算申请前，可根据公司财产状况要求申请人或利害关系人垫付不高于5万元的清算费用。

人民法院裁定受理强制清算申请后，垫付的清算费用由清算财产随时清偿，清算财产不足以清偿的部分由垫付人承担。

第十二条 申请人提出的强制清算申请符合法律规定，被申请人又同时具有破产原因的，人民法院应当受理强制清算申请。但被申请人无财产支付清算费用或仅有少量财产不足以支付清算费用，申请人或利害关系人又不愿垫付清算费用的，应告知当事人申请破产清算，强制清算申请不予受理。

第十三条　审理强制清算案件的审判庭应于收到强制清算申请之日起三十日内审查完毕，并作出是否受理的裁定。听证期间和申请人补充、更正相关材料的期间不计入前款规定的三十日期限。

第十四条　人民法院裁定受理强制清算申请的，应当自裁定作出之日起十个工作日内送达申请人和被申请人，同时通知被申请人自裁定送达之日起十日内提交财产状况说明、债务清册、债权清册、有关财务会计报告以及关于职工工资的支付和社会保险费用缴纳情况的说明。

裁定不予受理强制清算申请的，人民法院应当自裁定作出之日起十个工作日内送达申请人和被申请人。申请人对裁定不服的，可以自裁定送达之日起十日内向上一级人民法院提起上诉。

第十五条　人民法院裁定受理强制清算申请后，应当参照本院《破产案件管理人分级管理办法》的有关规定在管理人名册中指定清算组成员。公司股东、董事、监事或者高级管理人员愿意参加清算且有利于清算工作的，可以指定其为清算组成员。

第十六条　清算组应当自收到人民法院指定清算组决定书之日起十日内将强制清算事宜书面通知全体已知债权人，同时，根据公司规模和营业地域范围，于十五日内在全国或者公司注册登记地省级主要报刊上进行公告。清算组通知已知债权人后又发现新的债权人的，自发现之日起十日内通知新发现的债权人。

通知和公告应当载明下列事项：

（一）申请人、被申请人的姓名或者名称；

（二）人民法院裁定受理强制清算申请的时间；

（三）申报债权的期限、地点和注意事项；

（四）清算组组成及联系人、联系方式、处理事务的地址；

（五）被申请人的债务人或者财产持有人应当向清算组清偿债务或者交付财产的义务；

（六）人民法院认为应当通知和公告的其他事项。

第十七条　自人民法院受理强制清算申请的裁定送达公司之日起至强制清算程序终结之日，公司的有关人员承担下列义务：

（一）妥善保管并移交其占有和管理的财产、印章和账簿、文书等资料；

（二）根据人民法院、清算组的要求进行工作，并如实回答人民法院、清算组和债权人的询问；

（三）人民法院认为应当办理的其他事项。

前款所称有关人员，主要指公司的法定代表人和公司股东、董事、监事、高级管理人员；经人民法院决定，可以包括公司的财务管理人员、其他经营管理人员、公司自行成立的清算组成员等。

第十八条　人民法院裁定受理强制清算申请后，清算组应督促公司的债务人或者财产持有人向清算组清偿债务或者交付财产。

第十九条　清算期间，公司存续，但不得开展与清算无关的经营活动。清算组决定开展确与清算有关的经营活动的，应当经人民法院许可。

第二章　清算组

第二十条　人民法院决定更换清算组成员的，应参照最高人民法院《关于审理企业破产案件指定管理人的规定》的有关条款执行。

第二十一条　清算组成员无正当理由，不得拒绝人民法院的指定。清算组成员无正当理由，不得辞去职务。清算组成员辞去职务，应当经人民法院许可。

第二十二条　清算组成员应亲自办理清算事务，不得以任何形式将自己应当履行的职责全部或者部分转给其他社会中介机构或者个人。清算组成员或其工作人员离职后应当及时移交案卷，不得以原中介机构名义继续办理案件。

第二十三条　清算组应当向人民法院报告工作，并接受人民法院、公司债权人和股东的监督。

第二十四条　人民法院指定本院管理人名册中的社会中介机构作为清算组成员的，其报酬由中介机构与公司协商确定；协商不成的，由人民法院参照本院《管理人报酬确定和支取办法（试行）》的有关规定确定。

第二十五条　清算组在清算期间履行下列职责：

（一）接管公司的财产、印章和账簿、文书等资料；

（二）调查、清理公司财产，分别编制资产负债表和财产清单；

（三）通知、公告债权人；

（四）决定公司的内部管理事务；

（五）决定公司的日常开支和其他必要开支；

（六）处理与清算有关的公司未了结的业务；

（七）清缴所欠税款以及清算过程中产生的税款；

（八）清理债权、债务；

（九）管理和处分公司财产，并处理公司清偿债务后的剩余财产；

（十）代表公司参加诉讼、仲裁或者其他法律活动；

（十一）法律规定或人民法院认为清算组应当履行的其他职责。

第二十六条　人民法院指定中介机构担任清算组的，清算组应根据个案情况组建工作团队，合理配置工作人员，并将名单报人民法院备案。清算组工作人员变更的，应当报告人民法院。

第二十七条　清算组应当在收到人民法院指定清算组决定书之日起七个工作日内制定工作计划和全面的工作制度，包括清算工作规程、清算组议事规则、财务收支管理制度、证照和印章管理制度、档案管理制度、保密制度等，报人民法院备案。

第二十八条　清算组应当持受理强制清算申请的裁定书、指定清算组决定书、刻制印章函等法律文书到公安机关刻制清算组印章，清算组印章交人民法院封样备案后启用，清算组印章应有专人保管并设置使用登记记录，清算组印章不得在所涉清算事务之外的任何场合使用。

第二十九条　清算组应当持人民法院受理强制清算申请的裁定书、指定清算组决定书等法律文书和清算组公章、强制清算案件承办法官的印鉴向人民法院许可的银行申请开立清算组账户。

公司的资金，清算组应当划入清算组账户集中统一管理。

第三十条　清算组应当严格执行财务收支管理制度，接管后的所有开支必须经内部审批程序批准后从清算组账户列支，除与清算工作相关的小额日常支出外，其它支出应当报人民法院审核批准。

第三十一条　清算组应在收到人民法院指定清算组决定书之日起十日内完成对公司的接管工作，接管时应当制作移交清单、接管笔录，告知公司有关人员的法律责任，接管工作完成后由清算组和公司的有关人员签名确认，并在公司营业场所公告有关事项。

第三十二条　清算组应当接管的公司财产、印章和账簿、文书等资料包括：

（一）公司占有或管理的现金、银行存款、有价证券、债权债务清册、存货、流动资产、固定资产、在建工程、对外投资、无形资产等财产及相关凭证；

（二）公章、财务专用章、合同专用章、发票专用章、海关报关章、职能部门章、各分支机构章、电子印章、法定代表人名章等印章；

（三）总账、明细账、台账、日记账等账簿及全部会计凭证、重要空白凭证；

（四）批准设立文件、营业执照、税务登记证书及各类资质证书、章程、合同、协议及各类决议、会议记录、人事档案、电子文档、管理系统授权密码等资料；

（五）有关公司的诉讼、仲裁、执行案件的卷宗材料；

（六）公司的其它重要资料。

第三十三条　公司的有关人员因客观原因无法交出应交接的财产、印章、账册、文书等资料的，清算组应当要求公司的有关人员作出书面说明或者提供有关证据与线索。公司的有关人员拒不移交财产、印章和账簿、文书等资料的，清算组可以申请人民法院采取强制措施。

第三十四条　在接管过程中，清算组应当对以下事项进行调查：

（一）公司的资产状况；

（二）公司的债权债务情况；

（三）公司的职工安置情况，包括职工工资、经济补偿金支付情况及社会保险费用的缴纳情况；

（四）公司股东的出资情况；

（五）公司的董事、监事和高级管理人员是否存在利用职权获取非正常收入或者侵占公司财产的行为；

（六）公司未履行完毕的合同情况；

（七）有关公司的未结诉讼、仲裁以及未执行完毕的案件情况；

（八）人民法院认为清算组应当调查的其它事项。

第三十五条　清算组进行清算时发现公司的有关人员伪造、销毁有关证据材料，隐匿、转移财产，对资产负债表或者财产清单作虚伪记载或者在未清偿债务前处分、分配公司财产，严重损害债权人或股东利益涉嫌犯罪的，应当及时向公安机关报案。

清算组发现公司的有关人员隐匿或者故意销毁依法应当保存的会计凭证、会计账簿、财务会计报告，涉嫌犯罪的，应当及时向公安机关报案。

第三十六条　人民法院裁定受理强制清算申请后，清算组应当书面通知公司的全体职工终止劳动合同。清算组认为确有必要聘用公司有关人员作为留守人员的，经人民法院许可，可以与公司的有关人员签订聘用合同。聘用合同应当对双方的权利义务、劳动报酬标准、以及养老、医疗、工伤、失业、生育等五项社会保险和住房公积金等事项作出明确约定。留守人员的劳动报酬根据实际情况确定，从清算费用中支付。

第三章　清算财产

第三十七条　强制清算案件受理时属于公司的全部财产，以及强制清算案件受理后至强制清算程序终结前公司取得的财产，为清算财产。

第三十八条　人民法院受理强制清算申请后，公司股东尚未完全履行出资义务的，清算组应当要求该股东缴纳所认缴的出资，不受出资期限的限制。

第三十九条　公司的董事、监事和高级管理人员及公司其他人员利用职权从公司获取的非正常收入和侵占的公司财产，清算组应当追回。

第四十条　人民法院受理强制清算申请后，经人民法院批准，清算组可以通过清偿债务或者提供为债权人接受的担保，取回质物、留置物。

第四十一条　人民法院受理强制清算申请后，公司占有的不属于公司所有的财产，该财产的权利人可以通过清算组申请取回。

第四章　清算费用和共益债务

第四十二条　人民法院受理强制清算申请后发生的下列费用，为清算费用：

（一）强制清算案件的申请费及衍生诉讼案件应由公司负担的诉讼费用；

（二）管理、变价和分配公司财产的费用；

（三）清算组执行职务的费用、报酬和聘用工作人员的费用。

第四十三条　人民法院受理强制清算申请后发生的下列债务，为共益债务：

（一）因清算组开展与清算有关的经营活动所产生的债务；

（二）公司财产受无因管理所产生的债务；

（三）因公司不当得利所产生的债务；

（四）清算组执行职务致人损害所产生的债务；

（五）公司财产致人损害所产生的债务。

第四十四条　清算费用和共益债务经人民法院批准可从清算财产中随时清偿。

第五章　债权申报和审核

第四十五条　债权人应当自接到清算组发出的债权申报通知书之日起三十日内，未接到通知书的自公告之日起四十五日内，向清算组申报债权。

债权人申报债权，应当说明债权的性质、数额、形成原因等有关事项，并提供证明材料。清算组应当对债权进行登记。

在申报债权期间，未经人民法院批准，清算组不得对债权人进行清偿。

第四十六条　公司所欠职工的工资和医疗、伤残补助、抚恤费用，所欠的应当划入职工个人账户的基本养老保险、基本医疗保险费用，以及法律、行政法规规定应当支付给职工的补偿金，不必申报，由清算组调查后列出清单并予以公示。职工对清单记载有异议的，可以要求清算组更正；清算组不予更正的，职工可以直接按本规程第四条的规定向人民法院提起诉讼。

第四十七条 未到期的债权，应视为已到期，在强制清算程序中依法予以清偿。

附利息的债权利息计至实际分配之日止。

第四十八条 附条件、附期限的债权和诉讼、仲裁未决的债权，债权人可以申报。

第四十九条 连带债权人可以由其中一人代表全体连带债权人申报债权，也可以共同申报债权。

第五十条 公司的保证人或者其他连带债务人已经代替公司清偿债务的，以其对公司的求偿权申报债权。

第五十一条 清算组收到债权申报材料后，应当登记造册，对申报的债权进行审查核定。

清算组应将债权审核结果及时通知相关债权人，债权人对清算组核定的债权有异议的，可以要求清算组重新核定。清算组不予重新核定，或者债权人对清算组重新核定的债权仍有异议的，债权人可以公司为被告向本规程第四条规定的人民法院提起诉讼。

对于双方均无异议的债权，清算组应当编制债权表报人民法院备案。债权表和债权申报材料由清算组保存，供利害关系人查阅。

第五十二条 依法申报债权的债权人在强制清算程序中享有本规程规定的表决权，享有表决权的债权人可以组成债权人会议对财产变价、分配等重大事项进行表决，表决程序参照适用企业破产法的规定。经债权人会议表决未能通过的，由清算组报人民法院批准。

第五十三条 清算组收到申请取回公司占有的不属于公司财产的，应于十五日内审核完毕。清算组确认取回申请成立的，应当附相应的证据材料报人民法院审核批准。

清算组认为取回申请不成立的，应及时将审核结果告知取回申请人。取回申请人有异议的，可以要求清算组重新审核。清算组不予重新审核，或者取回申请人对清算组重新审核的结果仍有异议的，取回申请人可以公司为被告向本规程第四条规定的人民法院提起诉讼。

第五十四条 清算组收到申请行使抵销权、担保权和优先权的，应当及时进行审核，将审核结果通知申请人，并将该事项载入清算方案。

第六章　清算程序

第五十五条 清算组接管公司后，应及时申请人民法院摇珠确定审计机构进行审计。公司账册缺失无法审计的，清算组应对财产状况进行调查并进行说明。

清算组经调查、审计或者评估，并编制债权表后，应当制定清算方案；发现公司财产不足以清偿债务的，应区分如下情形分别处理：

（一）公司财产状况清晰，账册、重要文件齐全的，清算组应与债权人协商制作债务清偿方案，并提交全体债权人表决，全体债权人同意的，申请人民法院裁定确认债务清偿方案；经协商无法形成债务清偿方案或者债务清偿方案未通过的，债权人、公司或者清算组可以向人民法院申请破产清算；

（二）公司主要财产、账册、重要文件等灭失，或者公司人员下落不明，无法清算或无法全面清算的，清算组应参照企业破产法的规定制作清算方案，报人民法院裁定。

第五十六条 本院裁定受理破产申请后，审理强制清算案件的人民法院应当裁定终结强制清算程序，清算组应当将清算事务移交本院指定的破产案件管理人。

第五十七条 清算方案应当载明下列内容：

（一）公司接管情况；

（二）公司资产和负债情况；

（三）公司职工工资、社保和安置情况；

（四）债权申报、审核情况；

（五）财产变价方案；

（六）财产分配方案；

（七）其他需要载明的内容。

第五十八条 清算组在执行清算方案过程中，因客观情况变化，确有必要变更清算方案的，应就变更部分制定新的处理方案，报人民法院批准后执行。

第五十九条 处置公司财产应当通过拍卖进行。清算组通过拍卖方式处置公司财产时应由人民法院通过随机方式选定评估、拍卖中介机构。但深圳市内的不动产，应按照法律、司法解释和市政府有关文件规定进行拍卖。

清算组应当参照评估价确定拍卖保留价，报人民法院备案。第一次拍卖时，保留价不得低于评估价的百分之八十；如果出现流拍，再行拍卖时可以降低保留价，但每次降低保留价不得超过前次保留价的百分之二十。第三次拍卖流拍的，清算组可以经债权人会议或者股东会同意后，以第三次拍卖的保留价变卖或者协议转让。

第六十条 经债权人会议通过，清算组可以采用变卖或协议转让等其他方式对财产进行变价。公司没有对外负债的，可以由股东（大）会决议确定变价方式。

第六十一条 有限责任公司的股东会由股东按照出资比例行使表决权，股东会决议经代表过半数表决权的股东通过，公司章程另有规定的除外。股份有限公司的股东所持每一股份有一表决权，股东大会决议经出席会议的股东所持表决权过半数通过。

股东（大）会未能表决通过的，由清算组报人民法院批准。

第六十二条 清算财产一般应当以货币形式一次性分配。经债权人会议通过，可以进行实物分配。公司没有对外负债的，经股东（大）会决议，可以进行实物分配。

采用实物分配方式的，清算组应当对清算财产进行评估。

第六十三条 对于附生效条件或者解除条件的债权，清算组应当将其分配额提存。

上述提存的分配额，在最后分配日生效条件未成就或者解除条件成就的，应当分配给公司股东；在最后分配日生效条件成就或者解除条件未成就的，应当交付给债权人。

第六十四条 债权人未受领的公司财产分配额，清算组应当提存并予以公告。债权人自人民法院裁定终结强制清算程序之日起满两年仍不领取的，视为放弃受领分配的权利，清算组或者人民法院应当将提存的分配额分配给公司股东。

第六十五条　公司财产分配时，对于诉讼或者仲裁未决的债权，清算组应当将其分配额提存。债权经生效法律文书确认不成立的，人民法院应将提存的分配额分配给公司股东；债权经生效法律文书确认成立的，人民法院应按法律文书确定的期限和金额将提存的分配额分配给债权人；分配后仍有剩余的，应将剩余财产分配给股东。

第六十六条　清算结束后，清算组应当制作清算报告，报人民法院裁定确认并终结强制清算程序。

清算报告应当包括下列内容：

（一）公司解散原因、清算组成立的时间和组成人员；

（二）通知和公告债权人的情况；

（三）公司财产状况和财产清单；

（四）债权申报和审核情况；

（五）财产追收情况；

（六）财产变价和分配情况；

（七）清算组代表公司参加诉讼、仲裁的情况；

（八）清算费用和共益债务的支出情况；

（九）人民法院认为应当载明的其他事项。

清算组应当在收到人民法院终结强制清算程序裁定之日起十五日内，申请工商登记机关注销公司工商登记，并予以公告。

第六十七条　清算组于办理注销登记完毕的次日起终止执行职务。但是，存在诉讼或者仲裁未决情况的，清算组仍应当继续依法履行职责。

第六十八条　清算组依法终止执行职务后，应当注销清算组账户，将清算组印章交公安机关销毁并将销毁印章的证明交人民法院备案。

第六十九条　清算组依法终止执行职务后，应当将接管的公司资料移交公司股东保存，同时将清算组执行职务过程中形成的卷宗材料装订成册，按档案管理办法保存备查。

第七章　附　则

第七十条　人民法院受理强制清算案件的申请费参照《诉讼费用交纳办法》有关规定收取。

第七十一条　人民法院对清算组成员的管理和考核，参照本院《破产案件管理人分级管理办法》、《破产案件管理人工作规范》和《破产案件管理人考核办法》的规定执行。

第七十二条　本规程自公布之日起施行，本院《公司强制清算案件审理规程（试行）》和《关于审理强制清算案件若干问题的指导意见》同时废止。

深圳市中级人民法院破产案件机构管理人名册编制办法

(2012 年 9 月 27 日本院审判委员会民专会 2012 年第 15 次会议通过)

为公平、公正审理企业破产案件，保证破产审判工作依法顺利进行，根据《中华人民共和国企业破产法》、最高人民法院《关于审理企业破产案件指定管理人的规定》的有关规定和广东省高级人民法院《关于建立破产管理人名册的通知》，结合本院审理企业破产案件的实践，制定本办法。

第一条 本院依据广东省高级人民法院授权，编制深圳市中级人民法院破产案件机构管理人名册。编制管理人名册坚持公开、公正、公平的原则，按照本办法规定的程序办理。

符合破产案件管理人条件的、在深圳设立的社会中介机构及异地社会中介机构在深圳市依法设立的分支机构可以向本院提出入册申请。

第二条 本院根据管理人的履职能力及破产审判的需要，逐步推行管理人分级分类管理。管理人等级评定办法另行规定。

第三条 申报企业破产案件管理人的条件：

(一) 律师事务所

1. 在深圳依法设立，经有权机构核准执业三年以上，并有固定经营场所；

2. 该机构拥有 5 名以上的合伙人，且具有律师执业证书的从业人员不少于 20 名，有足够人力资源完成破产管理工作。

(二) 会计师事务所

1. 在深圳依法设立，经有权机构核准执业三年以上，并有固定经营场所；

2. 该机构执业的注册会计师不少于 10 名，有足够人力资源完成破产管理工作；

3. 有限责任公司类型的会计师事务所注册资本不低于人民币 50 万元。

(三) 破产清算事务所

1. 经深圳市市场监督管理局核准成立三年以上，并有固定经营场所；

2. 具有律师执业证书、注册会计师证书的从业人员不少于 5 名，有足够人力资源完成破产管理工作。

3. 有限责任公司类型的破产清算事务所注册资金不低于人民币 50 万元。

第四条 有下列情形之一的社会中介机构，不能编入管理人名册：

(一) 因故意犯罪受过刑事处罚；

(二) 因执业、经营中故意或者重大过失行为，受到行政机关、监管机构或者行业自律组织行政处罚或者纪律处分之日起未逾三年；

(三) 因涉嫌违法行为正被相关部门调查；

(四) 缺乏担任管理人所应具备的专业能力；

(五) 缺乏承担民事责任的能力；

(六) 根据本院《破产案件管理人管理规范》的规定，年度考核不称职或者被本

院从管理人名册除名的;

(七) 本院认为可能影响履行管理人职责的其他情形。

第五条 管理人入册评审工作由本院评审委员会负责。评审委员会由本院审判委员会委员、公司清算和破产审判庭庭长、副庭长、司法辅助部门负责人组成。评审委员会必须有 2/3 以上的委员参加方可召开。评审委员会的决定经全体评审委员会委员半数以上通过为有效。

评审委员会讨论决定入册管理人时采用评分制,以得分由高到低排序;评审委员会讨论对管理人处罚、除名等事项时采用票决制。

第六条 本院司法辅助部门负责编制管理人名册的具体工作,公司清算和破产审判庭协助。

第七条 申报、评审程序:

(一) 公告:采用适当方式将编制管理人名册的有关事项进行公告。

(二) 通报:向深圳市律师协会和深圳市注册会计师协会通报编制管理人名册的有关事项。

(三) 申报:申请编入管理人名册的社会中介机构应于申报期限 (公告为准) 届满前向司法辅助部门提交申报表 (可在本院外网下载) 及相关材料一式 12 份。

社会中介机构中的从业人员及其从业材料不得在不同社会中介机构中重复申报。

(四) 验证:司法辅助部门负责登记并对有关材料进行形式审查。材料不齐全的,由司法辅助部门通知申报人 3 日以内补正。逾期申报或者未按期补正材料的,本院将不纳入管理人评审范围,申报人必须如实申报。凡有弄虚作假情形的,一律不纳入申报管理人范围评审。

(五) 专业能力测试:本院将委托深圳市专门考试机构出题,组织申报人进行专业能力测试。申报入册社会中介机构应当有五名以上从业人员参加测试,测试合格的从业人员具有公司清算和破产管理业务从业资格,测试不合格的社会中介机构不列入评审范围,具体测试办法另行规定。

(六) 统计:司法辅助部门、公司清算和破产审判庭按照评分标准统计申报人综合分数,根据综合分数由高到低排序。

(七) 票决:评审委员会根据申报人综合分数的高低及机构名额进行差额票决,确定初审名册。

(八) 公示:确定的初审名册在深圳市主要媒体上进行公示,公示期 10 日。公示期以内,任何单位和个人均可对编入初审名册的社会中介机构实名提出书面异议。

(九) 通报:将初审名册通报深圳市律师协会和深圳市注册会计师协会并征求其意见。

(十) 复核:公示期满后,评审委员会应当对有关异议进行审查,异议成立、申报人确不宜担任管理人的,应将所涉社会中介机构从管理人初审名册中删除。

(十一) 公布结果:审定后的名册将报广东省高级人民法院、最高人民法院备案,同时在人民法院报、深圳市主要媒体上正式公布。

第八条 评定标准

对机构管理人的评定实行评分制,满分为 100 分。具体评分标准如下:

（一）律师事务所

1. 规模 25 分

拥有 20 名具有律师执业证书的从业人员的，20 分；超过 20 名的，每增加 1 名加 0.5 分，最多不超过 25 分。

2. 专业能力测试 50 分

3. 专业经验 25 分

（1）现在该机构执业的律师近 5 年以内担任管理人成员办理破产案件的，每件计 2 分；

（2）现在该机构执业的律师近 5 年以内担任法院指定的清算组成员的，每件案件计 2 分；

（3）根据本院《破产案件管理人管理规范》的规定，年度考核等级被本院评为优秀的，每获得一次优秀等级加 5 分；

本项分数合计不得超过 25 分。

（二）会计师事务所

1. 规模 25 分

拥有 10 名注册会计师的，20 分；超过 10 名的，每增加 1 名加 0.5 分，最多不超过 25 分。

2. 专业能力测试 50 分

3. 专业经验 25 分

（1）现在该机构执业的注册会计师近 5 年以内担任管理人成员办理破产案件的，每件计 2 分；

（2）现在该机构执业的注册会计师近 5 年以内担任法院指定的清算组成员的，每件案件计 2 分；

（3）根据本院《破产案件管理人管理规范》的规定，年度考核等级被本院评为优秀的，每获得一次优秀等级加 5 分；

本项分数合计不得超过 25 分。

（三）破产清算事务所

1. 规模 25 分

拥有 5 名具有律师执业证书、注册会计师证书的从业人员的，20 分；超过 5 名的，每增加 1 名加 0.5 分，最多不超过 25 分。

2. 专业能力测试 50 分

3. 专业经验 25 分

（1）现在该机构执业的律师或者注册会计师近 5 年以内担任管理人成员办理破产案件的，每件计 2 分；

（2）现在该机构执业的律师或者注册会计师近 5 年以内担任法院指定的清算组成员的，每件案件计 2 分；

（3）根据本院《破产案件管理人管理规范》的规定，年度考核等级被本院评为优秀的，每获得一次优秀等级加 5 分；

本项分数合计不得超过 25 分。

第九条 本办法所称的"以上"、"以内"、"届满"、"不少于"、"不低于"，均包括本数。

第十条 本院及各区法院受理的强制清算案件指定社会中介机构为清算组成员的，应当从本院机构管理人名册中指定。

第十一条 本办法自公布之日起施行。本院《破产案件管理人指定办法》同时废止。

第十二条 本办法由本院审判委员会负责解释。

深圳市中级人民法院破产案件管理人分级管理办法

(2013 年 5 月 16 日本院审判委员会民专会 2013 年第 7 次会议通过)

为完善管理人运行机制，促进管理人队伍的健康发展，保障破产审判工作的顺利进行，根据《中华人民共和国企业破产法》、最高人民法院《关于审理企业破产案件指定管理人的规定》等司法解释的有关规定，结合审判实践，制定本办法。

第一条 本院对管理人名册中的社会中介机构实行分级管理。

管理人名册中的社会中介机构依照本办法担任相应类别的企业破产案件管理人。

第二条 管理人名册中的社会中介机构分为一、二、三级管理人，各级管理人依照本办法晋级、降级或者淘汰。

第三条 本院将破产案件分为重大复杂破产案件、普通破产案件和小额破产案件三类。

一级管理人可以担任前款规定的三类破产案件的管理人，二级管理人可以担任除重大复杂案件之外的其他两类破产案件的管理人，三级管理人只能担任小额破产案件的管理人。

第四条 本院受理企业破产案件后，依照本办法规定的案件类别分别在一、二、三级管理人名册中指定管理人，原则上均采取摇号等随机指定方式。

重大复杂破产案件在一级管理人名册中摇号；普通破产案件在二级管理人名册中摇号；小额破产案件原则上在三级管理人名册中摇号，但本院可以根据实际需要对小额破产案件进行分流。

第五条 重大复杂破产案件是指：

（一）商业银行、证券公司、保险公司等金融机构破产案件；

（二）上市公司破产案件；

（三）本辖区、本省或者全国范围内有较大社会影响的破产案件；

（四）债务人财产价值总额 1 亿元（含本数）以上的破产案件；

（五）本院认为属于重大复杂的其他破产案件。

第六条 普通破产案件是指债务人财产价值总额在 100 万元（含本数）以上、1 亿元以下的破产案件。

第七条 小额破产案件是指债务人财产价值总额在 100 万元以下的破产案件。

第八条 管理人等级的评定，由本院评审委员会根据管理人的执业能力、职业操守、工作绩效、勤勉程度等进行评定。

第九条 本院对管理人实行晋级和降级制度，三级管理人经考核不合格的予以淘汰。

管理人的晋级、降级、淘汰由本院评审委员会决定。

第十条 管理人名册缺额达 6 名时，本院依照《管理人名册编制办法》的规定补充管理人，申报入册的社会中介机构经评审合格后可以先编入三级管理人名册，符合晋级条件后可以逐级晋升。

第十一条　本院对管理人履行职责情况进行综合考核，综合考核结果将作为本院决定管理人晋级、降级或者淘汰的主要依据。

第十二条　综合考核结果排名前两名的三级管理人可以晋升为二级管理人，排名第一的二级管理人可以晋升为一级管理人。

第十三条　管理人的降级实行末位淘汰制。

本院对同级管理人按照综合考核得分高低进行排序，排名居本系列末位的一级管理人应当降为二级管理人，排名居本系列后两位的二级管理人应当降为三级管理人，排名居本系列后两位的三级管理人应当淘汰。

第十四条　有下列情形之一的，本院可以决定将管理人除名：

（一）因故意犯罪受到刑事处罚；

（二）被吊销相关专业执业证书；

（三）因执业、经营中故意或者重大过失行为，受到行政机关、监管机构或者行业自律组织行政处罚或者纪律处分；

（四）执业许可证或者营业执照被吊销或者注销；

（五）出现解散、破产事由或者丧失承担执业责任风险的能力；

（六）履行职务时，因故意或者重大过失导致债权人利益受到损害；

（七）拒绝接受本院、债权人会议、债权人委员会的监督，经批评教育仍不改正或者应当及时向本院报告的重大事项隐瞒不报的；

（八）违反法律、司法解释规定或者未经本院批准私自收费；

（九）利用管理人的身份或地位为自己和他人牟取私利。

第十五条　管理人办理小额破产案件，符合《管理人援助资金管理和使用办法》规定条件的，可以申请资金援助。

第十六条　本院、各区院受理的强制清算案件指定本院机构管理人名册中的社会中介机构为清算组成员的，适用本办法。

第十七条　本办法自公布之日起施行。

深圳市中级人民法院破产案件管理人工作规范

(2015 年 2 月 5 日深圳市中级人民法院审判委员会
民事行政执行专业委员会第 1 次会议通过)

第一章　总　则

第一条　为规范管理人工作，保证管理人依法公正高效履行职责，确保破产审判工作顺利进行，根据《中华人民共和国企业破产法》及相关司法解释的规定，结合本院破产审判实践，制定本规范。

第二条　管理人应当勤勉尽责，恪尽职守，履行谨慎合理、积极高效管理的义务。

第三条　管理人应当忠实履行职责，不得利用管理人的身份或地位为自己和他人谋取私利。

第四条　管理人应当亲自履行职责，不得以任何形式将自己应当履行的职责全部或者部分转给其他社会中介机构或者个人。

第五条　管理人应当及时向本院报告工作，自觉接受本院、债权人会议和债权人委员会的监督。

第二章　接管调查职责

第六条　管理人应当根据破产案件的实际情况组建管理人工作团队，合理配置工作人员，并将团队名单报本院备案。

第七条　管理人应当自收到指定管理人决定书之日起三个工作日内，到本院查阅有关材料，通知债务人的有关人员，确定接管时间。

第八条　管理人应当在收到指定管理人决定书之日起十个工作日内制定工作计划和全面的管理人工作制度，包括管理工作规程、会议议事规则、财务收支管理制度、证照和印章管理制度、档案管理制度、保密制度等，报本院备案。

第九条　管理人应当根据案情需要制订突发事件应急预案，并及时报告突发事件情况，对可能影响社会稳定的突发性、群体性事件的处理方案应当报本院批准。

第十条　管理人应当在收到指定管理人决定书之日起十个工作日内，持受理破产申请裁定书、指定管理人决定书、刻制印章函等法律文书到公安机关刻制管理人印章，管理人印章交本院封样备案后启用，管理人印章应有专人保管并设置使用登记记录，管理人印章不得在所涉破产事务之外的任何场合使用。

第十一条　管理人应当持本院受理破产申请裁定书、指定管理人决定书、管理人公章及破产案件承办法官印鉴向银行申请开立管理人账户。

管理人可以将债务人的存款划入管理人账户集中统一管理，不能自行划转的可以申请本院扣划。

第十二条　管理人应当严格执行财务收支管理制度，所有开支必须按内部审批程序批准后从管理人账户列支，大额支出应当经本院审核批准。

第十三条 管理人接管时应当制作移交清单、接管笔录，告知债务人有关人员法律责任，接管工作完成后由管理人和债务人的有关人员签名确认，并在债务人营业场所公告有关事项。

第十四条 管理人应当接管的债务人财产、印章和账簿、文书等资料包括：

（一）债务人占有或管理的现金、银行存款、有价证券、债权债务清册、存货、流动资产、固定资产、在建工程、对外投资、无形资产等财产及相关凭证；

（二）公章、财务专用章、合同专用章、发票专用章、海关报关章、职能部门章、各分支机构章、电子印章、法定代表人名章等印章；

（三）总账、明细账、台账、日记账等账簿及全部会计凭证、重要空白凭证；

（四）批准设立文件、营业执照、税务登记证书及各类资质证书、章程、合同、协议及各类决议、会议记录、人事档案、电子文档、管理系统授权密码等资料；

（五）有关债务人的诉讼、仲裁、执行案件的材料；

（六）债务人的其它重要资料。

第十五条 管理人接管过程中，应当根据案情需要及时申请本院通知有关机关解除对债务人财产的保全措施、中止有关债务人的诉讼、仲裁或者执行程序，申请本院对可能被转移的财产采取保全措施。管理人完成接管后，应当向审理案件的人民法院、仲裁机构申请恢复诉讼和仲裁。

第十六条 债务人的有关人员因客观原因无法交出应交接的财产、印章、账册、文书等资料的，管理人应当要求其作出书面说明或者提供有关证据、线索。债务人的有关人员拒不移交财产、印章和账簿、文书等资料的，管理人可以申请本院采取强制措施。

管理人对所接管的财产、印章、账册、文书等资料应当妥善保管，防止毁损或遗失。

第十七条 管理人清算过程中发现债务人的有关人员隐匿财产，对资产负债表或者财产清单作虚伪记载或者在未清偿债务前分配债务人财产，严重损害债权人或者其他人利益的，应当及时向公安机关报案。

管理人发现债务人的有关人员隐匿或者故意销毁依法应当保存的会计凭证、会计账簿、财务会计报告，情节严重的，应当及时向公安机关报案。

管理人发现债务人的有关人员伪造、销毁有关证据材料，通过隐匿财产、承担虚假的债务或者以其他方法转移、处分财产，实施虚假破产，严重损害债权人或者其他人利益的，应当及时向公安机关报案。

第十八条 在接管过程中，管理人应当对下列事项进行调查：

（一）债务人的营业状况；

（二）债务人的资产状况；

（三）债务人的债权债务情况；

（四）债务人职工安置情况，职工工资、经济补偿金支付情况及社会保险费用的缴纳情况；

（五）债务人出资人的出资情况；

（六）债务人是否存在企业破产法第三十一条、第三十二条或者第三十三条规定的行为；

（七）债务人的董事、监事和高级管理人员是否存在利用职权获取非正常收入或者侵占债务人财产的行为；

（八）债务人未履行完毕的合同情况；

（九）有关债务人的未审结诉讼、仲裁以及未执行完毕的案件情况；

（十）有关债务人的其它情况。

第十九条 管理人可以要求债务人的有关人员协助调查，管理人调查询问有关人员应有两名调查人员在场并制作调查笔录，调查人员和被询问人员应当在笔录上签字确认。债务人的有关人员拒不协助调查的，管理人可以报告本院依法处理。

第二十条 管理人完成接管后，经本院许可，可以聘用债务人的有关人员作为留守人员。管理人决定聘用留守人员时，应当与其重新签订聘用合同，同时解除原劳动合同。

聘用合同应当对双方的权利义务、劳动报酬标准、以及养老、医疗、工伤、失业、生育等五项社会保险和住房公积金等事项作出明确约定。留守人员的劳动报酬根据债务人的实际情况确定，从破产费用中支付。

第二十一条 管理人完成接管后应当制作阶段性工作报告，向本院报告接管工作情况。

第三章　权利审核职责

第二十二条 管理人接收债权申报材料后，应当登记造册，对申报的债权进行审查，并将债权审查结论书面通知申报人。

管理人在第一次债权人会议召开之前应当完成债权审核和债权表的编制，因特殊情况未完成债权审核和债权表编制的，应当向债权人会议书面说明。管理人应当保存债权表和债权申报材料，供利害关系人查阅。

第二十三条 债权人申报债权材料不全的，管理人应当允许债权人在指定的期限内补正、补充。

第二十四条 债权人未在债权申报期限内申报，在破产财产最后分配前向管理人补充申报债权的，此前已进行的分配，不再对其补充分配，管理人可以要求债权人承担审查和确认补充申报债权的必要合理费用，但不得单独就此收取管理人报酬。

前款规定的已进行的分配，是指债权人补充申报时本院已裁定认可破产财产分配方案。

第二十五条 管理人应当根据债务人财务资料、人事资料、考勤记录等证据材料确认职工的劳动债权，必要时可以向债务人的有关人员核实情况；职工对劳动债权清单记载有异议并要求更正的，管理人应当进行复核并将复核结果书面通知职工。管理人复核后不予更正的，应当告知职工可以依法提起诉讼。

第二十六条 管理人受理取回权申请，应当自收到申请书之日起三十日内完成审查。管理人确认取回权成立的，应当报本院批准后向申请人送达书面审查结论；管理人不予确认的，应当报本院备案并向申请人送达书面审查结论，同时告知申请人可以依法提起诉讼。

管理人不得单独对取回权申请收取报酬，但本院另有规定的除外。

管理人受理抵销权、担保权、优先权申请的，参照取回权审查程序办理。

第四章　财产管理职责

第二十七条　管理人办理重大复杂破产案件应当制定财务收支管理制度，接管完成后向本院提交债务人的日常开支和其他必要开支的预算报告，根据破产程序的进度定期报告财务收支情况，提请本院终结破产程序时应当同时提交财务决算报告。

第二十八条　管理人决定债务人的日常开支和其他必要开支时应当严格坚持合法、合理、必要的原则，厉行节约，勤俭办事，降低清算成本。

管理人不得将破产费用用于破产管理工作以外的事项。

第二十九条　在第一次债权人会议召开之前，管理人不得实施对债权人利益有重大影响的财产处分行为，管理人决定继续或者停止债务人的营业或者实施企业破产法第六十九条规定行为之一的，应当经本院许可。

在第一次债权人会议召开之后，管理人决定继续或者停止债务人的营业的，应当经债权人会议表决通过。实施企业破产法第六十九条规定行为之一的，应当事前报本院审查。

第三十条　管理人对破产申请前成立且债务人和对方当事人均未履行完毕的合同，应当在法定期限内决定予以解除或者继续履行，并通知对方当事人。

第三十一条　管理人对债务人财产应当及时登记、清理、审计、评估、变价，在第一次债权人会议之前，管理人处置易损、易腐、易贬值、保管费用较高的财产，应当报本院批准。

第三十二条　管理人对债务人财产进行审计、评估、拍卖应当申请本院以摇号方式确定中介机构，深圳市内的不动产应当委托深圳市土地房产交易中心拍卖。

第三十三条　债务人设立的不具有法人资格的分支机构，管理人应当将其财产列为债务人财产进行管理和处置。

第三十四条　管理人应当向债务人的债务人和财产持有人发出书面通知，要求债务人的债务人和财产持有人于限定的时间内向管理人清偿债务或者交付财产。

债务人的债务人和财产持有人拒绝清偿债务或者交付财产的，管理人应当以债务人名义依法向本院提起诉讼。

第三十五条　管理人对债务人的知识产权、专有技术、商业秘密、企业商号等无形资产应当及时确定权属，适时变价出售。对于债务人的对外投资，管理人应当依法行使出资人的权利，及时变价处置。

第三十六条　管理人经调查发现债务人存在企业破产法第三十一条、第三十二条或者第三十三条规定行为的，应当向相对人发出书面通知，要求其清偿债务或返还财产。

相对人在限定时间内未清偿债务或者交付财产的，管理人应当依法向本院提起诉讼。

经上述程序债权人损失仍不能得以弥补的，管理人应当依法对债务人的有关人员提起赔偿之诉。

第三十七条 本院受理破产申请后，债务人的出资人尚未完全履行出资义务的，管理人应当要求该出资人缴纳所认缴的出资，不受出资期限的限制。

债务人的出资人在限定时间内未履行出资义务的，管理人应当依法向本院提起诉讼。

第三十八条 管理人经调查发现债务人的董事、监事和高级管理人员利用职权获取非正常收入或者侵占债务人财产的，应当书面通知其返还财产。

上述人员在限定时间内未返还财产的，管理人应当依法向本院提起诉讼。构成犯罪的，管理人应当向有关机关报案，追究其刑事责任。

第三十九条 本院受理破产申请后，经本院许可，管理人可以通过清偿债务或者提供为债权人接受的担保，取回质物、留置物。

前款规定的债务清偿或者替代担保，在质物或者留置物的价值低于被担保的债权额时，以该质物或者留置物当时的市场价值为限。

第四十条 管理人决定提起诉讼，诉讼过程中决定撤诉、和解，或者承认、放弃诉讼请求的，应当事前报本院审查，必要时应征得债权人会议或者债权人委员会同意。

第五章 会议召集职责

第四十一条 债权人会议表决有关事项以现场表决为主，也可以采用通讯、网络等方式表决。

采用通讯、网络等方式表决有关事项的，管理人应当告知债权人表决程序和规则。

第四十二条 管理人应当在债权人会议召开前三日申请本院指定债权人会议主席，并将债权人会议的筹备情况及相关文件报送本院。

需要设立债权人委员会的，管理人应当在第一次债权人会议召开前三日将成员候选名单报本院初审，债权人会议决定设立后将债权人委员会成员名单提请本院决定认可。

第四十三条 管理人提交第一次债权人会议的文件应当包括下列内容：

（一）会议议程；

（二）管理人阶段性工作报告；

（三）债权审核报告及债权表；

（四）职工安置情况，工资、经济补偿金及社会保险费用的支付情况；

（五）债务人财产的管理方案；

（六）破产财产的变价方案；

（七）管理人报酬方案；

（八）本院认为应当说明的其它内容。

第四十四条 管理人应当向债权人会议报告职务执行情况，并回答债权人的询问。

第四十五条 债权人会议结束后三日内，管理人应当将债权人会议的到会情况、表决情况及决议书面报告本院。

第四十六条 债权人会议核查债权表后，债权人、债务人对债权表记载的债权有异议的，可以在债权人会议上提出异议，也可以在债权人会议结束后十五日内提出异议。管理人应当对有异议的债权进行复核，经复核仍有异议的，管理人应当书面告知异议人在收到复核通知之日起十五日内依法向本院提起诉讼，并将受理情况反馈给管理人。逾期不起诉的，视为无异议。

管理人申请本院裁定确认债权表记载的债权时，应当说明债权审查过程和债权人会议核查债权的情况。

第四十七条 债权人会议表决未通过债务人财产管理方案、破产财产变价方案的，或者经债权人会议二次表决仍未通过破产财产分配方案的，管理人应当及时申请本院裁定。

第六章　重整程序职责

第四十八条 债务人或者债权人依法直接申请重整，本院裁定债务人重整的，管理人应当依照本规范的规定履行接管、调查、管理、权利审核等职责。

管理人管理债务人财产和营业事务的，经本院许可，可以聘请债务人的经营管理人员负责营业事务。

本院批准债务人自行管理财产和营业事务的，管理人的职权由债务人行使，管理人应当制订监督债务人管理财产和营业事务的制度，经本院批准后执行。

第四十九条 本院受理破产申请后，宣告破产前，裁定债务人重整并批准债务人自行管理财产和营业事务的，管理人的职权由债务人行使，管理人应当向债务人移交财产和营业事务，但应当制订监督债务人管理财产和营业事务的制度，经本院批准后执行。

第五十条 在重整期间，债务人的股东申请转让股权的，管理人应当向本院提出书面意见，未经本院许可不得协助其办理股权转让手续。

第五十一条 在重整期间，管理人对担保权人行使担保权的申请不应准许，但应当妥善保管担保物，防止其毁损灭失。债务人自行管理财产的，管理人应当监督债务人限制担保权人行使担保权并妥善保管担保物。

第五十二条 在重整期间，管理人为继续营业而借款的，可以为该借款设立担保，但应事先报本院审批。债务人借款的，管理人应当提出审核意见，报本院审批。

第五十三条 在重整期间，管理人对出资人分配投资收益的申请不应准许，债务人自行管理财产和营业事务的，管理人应当监督债务人不得分配投资收益。

第五十四条 债务人合法占有的他人财产，该财产的权利人要求取回的，管理人应当审查是否符合事先约定的条件。管理人同意取回权人申请的，应当附相关证据材料，报本院审查。不同意取回的，报本院备案。

第五十五条 在重整期间，债务人需要裁减人员二十人以上或者裁减不足二十人但占企业职工总数百分之十以上的，管理人应当及时报告本院，并要求债务人提前三十日向工会或者全体职工说明情况，听取工会或者职工的意见后，向劳动行政部门报告裁减人员方案。

裁减人员时，应当优先留用下列人员：

（一）与本单位订立较长期限的固定期限劳动合同的；

（二）与本单位订立无固定期限劳动合同的；

（三）家庭无其他就业人员，有需要扶养的老人或者未成年人的。

第五十六条　在重整期间，债务人的经营状况和财产状况继续恶化，缺乏挽救的可能性，或者债务人有欺诈、恶意减少债务人财产或者其他显著不利于债权人的行为，或者由于债务人的行为致使管理人无法执行职务的，管理人应当申请本院裁定终止重整程序，并宣告债务人破产。

第五十七条　重整程序中，普通债权不能获得全额清偿的，管理人应当自行或者委托中介机构测算普通债权依照破产清算程序所能获得的清偿比例，并将测算内容列入重整计划草案。

第五十八条　债务人负责制作重整计划草案的，管理人应当对重整计划草案的合法性和可行性提出分析意见，在重整计划草案提交债权人会议表决之前书面报告本院。

第五十九条　管理人负责制作重整计划草案的，应当按期向本院和债权人会议提交重整计划草案。在债权人会议对重整计划草案进行表决时，管理人应当就重整计划草案向债权人会议作出说明，并回答询问。

管理人或者债务人应当自本院裁定债务人重整之日起六个月内，同时向本院和债权人会议提交重整计划草案。有正当理由，经管理人或者债务人请求，本院可以裁定延期三个月。因重大诉讼、仲裁未决影响重整计划草案的制作的，重大诉讼、仲裁期间不计入重整计划草案提交期限。

第六十条　管理人可以根据实际需要设置小额债权组等表决组对重整计划草案进行表决。部分表决组未通过重整计划草案的，债务人或者管理人同未通过重整计划草案的表决组协商后，该表决组拒绝再次表决或者再次表决仍未通过重整计划草案，但重整计划草案符合法定条件的，管理人可以申请本院批准重整计划草案。

第六十一条　债务人未按期提出重整计划草案，或者重整计划草案未获得通过且未依照企业破产法第八十七条的规定获得批准，管理人应当申请裁定终止重整程序，并宣告债务人破产。

第六十二条　债权人未在债权申报期限内申报债权，在重整计划草案提交债权人会议表决前补充申报但未被确认的，该债权人不享有重整计划草案表决权。

第六十三条　债权人未在债权申报期限内申报债权，但其在重整计划草案提交债权人会议表决前补充申报债权并经本院裁定确认的，本院裁定批准重整计划后，该债权人被确认的债权可依照重整计划确定的债权受偿方案获得清偿。

债权人未在债权申报期限内申报债权，在本院裁定批准重整计划后重整计划执行完毕前补充申报债权的，管理人可以接受申报并进行审查，但债权人在重整计划执行期间不得行使权利；在重整计划执行完毕后，可以按照重整计划规定的同类债权的清偿条件行使权利。

债权人未在债权申报期限内申报债权，在重整计划执行完毕后补充申报债权的，管理人不再接受申报，告知债权人向债务人主张权利。

第六十四条　本院裁定批准重整计划后，负责管理财产和营业事务的管理人应当向债务人移交财产和营业事务，并书面说明管理人接管期间债务人财产和营业事务的变化情况。

第六十五条　本院裁定批准重整计划后，管理人应当按照重整计划的规定监督重整计划的执行。存在未决诉讼、仲裁情况的，重整计划执行期间仍由管理人代表债务人参加诉讼、仲裁。

管理人应当制定监督计划，明确监督方式、监督事项和监督职责，督促债务人在重整计划执行期限内执行完毕。

第六十六条　管理人应当向本院提交监督报告，详细说明重整计划的执行情况和债务人财务状况。

第六十七条　债务人申请延长重整计划执行期限，管理人有正当理由认为确有必要延长执行期限和监督期的，管理人应当在重整计划执行期限和监督期届满前一个月，申请本院裁定延长重整计划执行期限和监督期。

第六十八条　重整计划执行过程中，管理人认为确有必要变更重整计划的，应当报本院审查，对债权人利益产生重大影响的，应当提交债权人会议表决。

第六十九条　重整计划执行完毕后，管理人应当申请本院裁定确认重整计划执行完毕并终结破产程序。

第七十条　债务人不能执行或者不执行重整计划的，管理人应当申请本院裁定终止重整计划的执行，并宣告债务人破产。

第七十一条　本院裁定终止重整程序，并宣告债务人破产，管理人负责管理财产和营业事务的，管理人应当按照破产清算程序执行职务。债务人负责管理财产和营业事务的，管理人应当立即接管债务人财产和营业事务，按照破产清算程序执行职务。

第七章　和解程序职责

第七十二条　债务人依法直接申请和解，本院裁定和解的，管理人应当依照本规范的规定履行接管、调查、管理、权利审核等职责。

第七十三条　债务人在本院受理破产申请后，宣告债务人破产前，向本院申请和解，本院裁定和解的，管理人可以协助债务人制作和解协议草案并提出可行性分析意见。

第七十四条　裁定和解后，管理人准许担保权人行使担保权的，应当经本院许可。

第七十五条　裁定和解后，未经本院许可，管理人不得协助债务人股东办理股权转让手续。

第七十六条　本院裁定认可和解协议，终止和解程序的，管理人可以要求债务人按照和解协议的约定将用于清偿债务的资金划入管理人帐户统一支付。

第七十七条　本院裁定认可和解协议，终止和解程序的，管理人应当向债务人移交财产和营业事务，并书面说明管理人接管期间债务人财产和营业事务的变化情况，同时向本院提交执行职务的报告。

第七十八条　和解协议执行完毕后，管理人应当申请本院裁定终结破产程序。

第七十九条 本院裁定终止和解程序、终止和解协议的执行或者裁定和解协议无效，并宣告债务人破产的，管理人应当立即接管债务人财产和营业事务，按照破产清算程序执行职务。

第八十条 本院裁定认可债务人与全体债权人自行达成的和解协议并终结破产程序的，管理人应当向债务人移交财产和营业事务，并书面说明管理人接管期间债务人财产和营业事务的变化情况，同时向本院提交执行职务的报告。

第八章　清算程序职责

第八十一条 本院宣告债务人破产后，管理人应当书面通知债务人的全体职工终止劳动合同。

第八十二条 管理人应当根据债权人会议通过的或者本院裁定认可的破产财产变价方案适时变价出售破产财产。

第八十三条 破产财产的变价原则上采用拍卖方式，拍卖程序参照最高人民法院《关于人民法院民事执行中拍卖、变卖财产的规定》的规定执行。经债权人会议或者债权人委员会通过，可以变卖或者协议转让。

第八十四条 破产企业可以全部或者部分变价出售。企业变价出售时，管理人可以将其中的无形资产和其他财产单独变价出售。

破产财产中的成套设备一般应当整体出售。无法整体出售的，管理人根据实际情况分别变价，但应当在破产财产变价方案中说明情况和理由。

第八十五条 管理人应当参照评估价确定拍卖保留价，报本院备案。第一次拍卖时，保留价不得低于评估价的百分之八十；如果出现流拍，再行拍卖时，可以根据财产变价方案的授权降低保留价，但每次降低保留价不得超过前次保留价的百分之二十。第三次拍卖流拍的，管理人根据债权人会议或者债权人委员会的决议，以第三次拍卖的保留价变卖或者协议转让。

第八十六条 管理人出售、转让债务人持有的有限责任公司股权的，应当依法通知该公司及全体股东；管理人出售、转让债务人投资的股份有限公司股权的，应当依法通知该公司。

股权价值为零或者负值且无法变价，管理人停止追收的，应当报债权人会议表决。子公司符合法定条件的，管理人可以依法对子公司提出破产申请或者强制清算申请。

第八十七条 债务人实际控制的关联公司符合适用实体合并规则进行破产清算的，管理人应当拟订合并破产方案，经本院批准后实施。

第八十八条 债务人的职工住房，已经签订房改合同、交付房款的，或者有证据证明已经房改给个人的，管理人应当按非破产财产处理。

第八十九条 对于难以变价的廉价资产或者变现费用超过变现价值的资产，经债权人会议或者债权人委员会通过，管理人可以公益赠与、报废等方式处置，但处置方式不得损害社会公共利益。

第九十条 对于债务人与他人共同共有的财产，管理人应当代表债务人与共有人协商，先分割财产再变价出售。对于债务人与他人按份共有的财产，管理人可以直接将债务人享有的财产份额变价出售。

如果债务人与他人共有的财产属于一个整体或者配套使用，出售破产财产时应当保障共有人的优先购买权。

第九十一条　管理人应当根据破产财产变价情况拟订破产财产分配方案，破产财产分配方案经本院审查后提交债权人会议表决。

破产财产分配方案应当载明下列事项：

（一）参加破产财产分配的债权人名单；

（二）参加破产财产分配的债权额；

（三）破产财产总额、破产费用和共益债务数额及可供分配的破产财产数额；

（四）破产财产分配的顺序、比例及数额；

（五）实施破产财产分配的方法。

债权人会议通过破产财产分配方案后，管理人应当将该方案提请本院裁定认可。

第九十二条　管理人必须严格按照法定清偿顺序分配破产财产，但债权人自愿放弃清偿的除外。

破产财产不足以清偿同一顺序的清偿要求的，按照比例分配。

第九十三条　破产财产分配一般应当以货币分配方式进行。但是，经债权人会议表决通过，可以采用实物分配、债权分配、权利分配等方式进行分配。

第九十四条　破产财产分配可以一次分配，也可以多次分配。管理人按照破产财产分配方案实施多次分配的，应当依法公告本次分配的财产额、债权额。管理人实施最后分配的，应当在公告中指明，并载明企业破产法第一百一十七条第二款规定的事项。

第九十五条　对特定破产财产享有担保权的权利人，对该特定破产财产享有优先受偿的权利，但管理人可以扣除担保权人应当承担的保管、评估、拍卖、诉讼、仲裁等维护和实现担保权的费用。实现担保权的费用以实际支出为限，管理人应当提供费用支出的证据，报本院审批。

第九十六条　对于附生效条件或者解除条件的债权，管理人应当将其分配额提存。

管理人依照前款规定提存的分配额，在最后分配公告日，生效条件未成就或者解除条件成就的，应当分配给其他债权人；在最后分配公告日，生效条件成就或者解除条件未成就的，应当交付给债权人。

第九十七条　债权人未受领的破产财产分配额，管理人应当提存。债权人自最后分配公告之日起满二个月仍不领取的，视为放弃受领分配的权利，管理人或者人民法院应当将提存的分配额分配给其他债权人。

第九十八条　破产财产分配时，对于诉讼或者仲裁未决的债权，管理人应当将其分配额提存。自破产程序终结之日起满二年仍不能受领分配的，本院将提存的分配额分配给其他债权人。但是，破产程序终结时诉讼、仲裁仍未决的除外。

第九章　终结程序职责

第九十九条　债务人财产不足以清偿破产费用且无利害关系人垫付费用或者垫付

的费用仍不足以支付破产费用的，管理人应当提请本院裁定宣告债务人破产并终结破产程序。

债务人财产足以清偿破产费用，管理人应当提请宣告债务人破产；经清算债务人确无财产可供分配的，管理人应当提请本院裁定终结破产程序。

管理人在破产财产最后分配完结后，应当向本院提交清算工作报告，并提请本院裁定终结破产程序。

第一百条 管理人应当自破产程序终结之日起十日内，持本院指定管理人决定书、宣告破产裁定书、终结破产程序裁定书及公司注销登记申请书、指定代表或者共同委托代理人的证明、指定代表或者共同委托代理人的身份证件、企业法人营业执照正副本、分公司注销登记证明等材料，向工商登记机关申请办理注销工商登记。但是，存在诉讼或者仲裁未决等情况的除外。

第一百零一条 管理人于办理注销登记完毕的次日终止执行职务。但是，存在诉讼或者仲裁未决情况的，管理人仍应当继续依法履行职责。

第一百零二条 管理人依法终止执行职务后，应当注销管理人账户，将管理人印章交公安机关销毁并将销毁印章的证明交本院备案。

第一百零三条 管理人依法终止执行职务后，应当将接管的破产人有关资料移交破产人的上级主管机关或者股东保存。上级主管机关或者股东下落不明的，可以移交档案保管机构保管。

管理人应当将执行职务过程中形成的卷宗材料装订成册，按照档案保管规定保存备查或者移交档案保管机构保管。

第十章 附 则

第一百零四条 本院对破产案件简易程序有特别规定的，从其规定。

第一百零五条 本规范由本院审判委员会负责解释。

第一百零六条 本规范自公布之日起施行，本院《破产案件管理人管理规范（试行）》同时废止。

深圳市中级人民法院破产案件
管理人考核办法（试行）

（2013 年 7 月 25 日深圳市中级人民法院审判委员会
民事行政执行专业委员会 2013 年第 14 次会议通过）

第一章　总　则

第一条　（考核的目的）为实现对管理人的科学管理，加强考评和监督，促进管理人制度的完善和发展，保证破产审判工作的顺利进行，根据《中华人民共和国企业破产法》、最高人民法院《关于审理企业破产案件指定管理人的规定》以及本院《破产案件管理人分级管理办法》的有关规定，结合审判实践，制定本办法。

第二条　（考核的对象）对本院受理的破产清算、重整、和解案件中依法指定的管理人，依据本办法进行考核。

第三条　（考核的种类）管理人的考核，采取个案考核和年度考核相结合的方式进行。

第四条　（考核的概念）个案考核是对管理人办理具体破产案件的量化考核。

年度考核是对管理人每一年度内办理破产案件的综合考核。

第五条　（考核的主体）本院设立的评审委员会负责考核工作。评审委员会下设考核办公室，考核办公室人员由本院公司清算和破产审判庭庭长、副庭长、审判长和内勤组成。考核办公室提出初步考核意见后，报评审委员会审核确定。

第六条　（考核的原则）个案考核注重工作质量和效率，考核结果应当能够反映管理人办理该案件的效果。

年度考核注重考评管理人在履行职责过程中执业操守、执业能力、工作表现、工作绩效的综合表现，考核结果应当能够反映管理人的整体素质和水平。

第二章　个案考核

第七条　（个案考核办法）个案考核由客观标准和主观标准两部分组成，分值为100 分。个案考核由承办该案的合议庭负责。

第八条　（客观标准的评分）本院对管理人在办理破产案件中各项工作开展和完成与否进行考核，客观标准包括管理人内部管理、日常性工作等内容，满分为 75 分，具体见附表 1。

第九条　（主观标准的评分）本院对管理人办理破产案件中各项工作完成的质量和效果进行考核。主观标准包括依法办案、接受监督、维护稳定等内容，涉及加分项和减分项，加分项总分为 25 分，减分项总分为 15 分。具体见附表 2。

第十条　（个案考核结果）个案考核结果分为不合格、合格、良好、优秀四个等级。

（1）60 分（不含）以下的为不合格；

（2）60 分（含）至 75 分（不含）的为合格；

（3）75 分（含）至 90 分（不含）的为良好；

（4）90 分（含）以上的为优秀。

个案考核结果应经考核办公室复核。

第三章　年度考核

第十一条　（年度考核方式）年度考核采取年度个案考核分数和综合评价分数相加的方式，满分为 100 分。

第十二条　（年度个案考核分数的计算）年度个案考核分数是管理人在相应考核年度内所有个案考核分数的平均分。年度个案考核分数占年度考核总分的 80%。

第十三条　（年度未结案件的考核）年度未结案件的考核，参照本办法第二章的有关规定实施。

未结案件加权计算的考核分数，作为该未结案件个案考核的分数。

第十四条　（综合评价分数的计算）本院考核办公室对各管理人年度整体案件办理情况、办理效果、管理人机构规模和经验、专业人员队伍建设、破产法理论和实务研究成果等项目进行打分，确定管理人的年度综合评价分数；

综合评价分数占年度考核分数的 20%。

第十五条　（年度考核结果）年度考核结果分为优秀、称职、基本称职和不称职四个等级：

1. 年度考核成绩在同级管理人中排名前 20% 且没有个案考核不合格的，该年度考核结果为优秀；

2. 考核年度内有一宗个案考核不合格的，该年度考核结果为基本称职；

3. 考核年度内有两宗以上个案考核不合格的，该年度考核结果为不称职；

4. 除优秀、基本称职、不称职以外的，考核结果为称职。

第四章　考核结果的使用

第十六条　（考核结果的公示及使用）个案考核及年度考核的结果应及时向管理人公示。管理人对考核结果有异议的，可向评审委员会申请复核。考核的结果，作为管理人分级管理的重要依据。

第十七条　（考核时限）个案考核需在案件终结后三十日内考核完毕；年度考核原则上在年底进行，最迟应在次年第一季度完成。

第五章　附　则

第十八条　（强制清算案件的准用）本院、各区院受理的强制清算案件指定本院机构管理人名册中的社会中介机构为清算组成员的，适用本办法。

对《中华人民共和国企业破产法》实施前受理，尚未审结的破产案件中清算组的考核，适用本办法。

第十九条 （施行时间）本办法自公布之日起施行，本院《破产案件管理人规范》的规定与本办法不一致的，适用本办法。

附表1：客观标准考核内容（清算案件）

		事项	具体内容	分数	评分标准	备注
1	管理人内部管理	人员管理	管理人应保证团队的组成人员取得相关执业资格，并报法院备案。	1	未取得执业资格或未备案的，不得分。	
2			管理人名称变更，应及时告知法院，并提交名称变更材料，报法院备案。	1	主动告知法院但未办理备案手续的，得0.5分；名称变更未及时告知法院的，不得分。	
3			管理人应保证团队组成人员没有违反相关法律法规的情形。	1	没有该种情形的，得1分，存在违反相关法律法规情形的，不得分。	
4			管理人团队的组成成员应保持稳定，避免因人员频繁流动影响工作效率或出现工作失误。	1	在团队中负责主要工作的人员发生变化未及时告知法院，或虽告知法院，但影响工作效率、出现工作失误的，不得分。	
5		制度管理	经法院指定为管理人后，应制定完备的规章制度报法院备案，规范管理人的各项工作。	0.5	未报法院备案的，不得分。	
6			管理人的规章制度包括：工作规程、议事规则、财务制度、证照及印章管理制度、档案制度、保密制度等。	0.5	制度完善的，得0.5分；不完善或没有规章制度的，不得分。	
7		公章管理	案件受理后应及时刻制管理人印章，并交法院封样备案。	1	虽刻制印章但未交法院封样备案的，得0.5分；未及时刻制印章并封样备案，造成不利影响的，不得分。	

		事项	具体内容	分数	评分标准	备注
8			管理人印章及接管的企业印章均应设有专人保管，并设置印章使用登记记录，严禁非法使用。	1	没有印章使用登记记录的，不得分。	
9			管理人依法终止职务后，应当到公安机关办理管理人印章销毁手续，并报法院备案。	1	非因案件需要而未销毁印章并报法院备案的，不得分。	
10			案件受理后应及时在指定银行开立管理人账户。	1	未及时开立账户，造成不利影响的，不得分。	
11			管理人账户须有专人管理。	1	没有专人管理的，不得分。	
12			管理人账户资金进出必须登记，严格执行财务收支管理制度。	1	资金进出没有登记的，不得分。	
13		财务管理	管理人账户须设置资金支出审批程序，大额支出应经法院审核批准。	1	未经法院审核批准的，不得分。	
14			尽量节约破产费用，每项支出必须合理。	1	破产费用的支出无明显依据的，不得分。	
15	日常性工作		管理人在债权审核过程中确因案件实际需要，须由债权人承担补充申报债权费用的，应经法院审核批准。	1	未经本院审核批准而收取相关费用的，不得分。	
16		档案管理	及时建立清算档案，严格管理，做到一事一汇总，有据可查。	1	虽建立档案但记载不详尽的，得0.5分；虽建立档案但无记载或未建立档案的，不得分。	
17			建立内部工作人员借阅、债权人查阅登记制度。	1	未建立登记制度或虽有登记制度但没有记录的，不得分。	
18		接管	做好债务人文件、财务和资产接收工作，接管工作高效、完善，接管后及时向法院提交接管报告。	2	接管后，没有提交接管报告的，得1分；没有及时接管，造成不良后果的，不得分。	
19			在指定期限及指定报刊及时刊登公告。	1	没有在指定报刊刊登公告或未及时刊登公告造成不利影响的，不得分。	
20			能及时提请法院对债务人财产采取查封或解封措施。	2	未及时提请法院采取相应措施的，得1分，导致不良后果的，不得分。	

		事项	具体内容	分数	评分标准	备注
21			能及时代表债务人继续已经开始的诉讼程序。	2	未及时参与已经开始的诉讼程序，造成不良后果的，不得分。	
22		债权审核	能及时制定债权审核原则并统一审核标准。	2	虽制定审核原则，但部分原则明显有误的，得1分；未制定审核原则的，不得分。	
23			对劳动债权及申报的债权能及时审查并予以公示和登记造册。	2	未及时审查并公示和登记造册的，不得分。	
24			能及时审核取回权、抵销权、担保权和优先权，并报法院审查备案。	2	审核后，未报法院审查备案的，得1分；未及时审核，导致案件相关权利人利益受损的，不得分。	
25		财务审计	编制公司债权、债务和财产清册，能按时完成对债务人财务账册的审计并出具审计结论，没有账册可供审计的能制作财产状况说明。	2	未按时完成审计或调查，在法院提示后才出具审计结论或财产状况说明的，得1分；经法院提示后仍不能完成审计结论或财产状况说明，对案件审理造成不良影响的，不得分。	
26			主动查询、了解企业纳税欠税情况。	2	未主动查询、了解的，不得分。	
27			发现债务人有关人员在案件受理前有隐匿或故意销毁财务资料等情形的，应及时报告法院。	2	未及时报告法院的，不得分。	
28			能主动关注公司注册资金、对外投资、资金流向等相关情况，发现债务人存在通过制作虚假财务账册达到转移、隐匿财产或虚假破产情形的，应及时报告法院。	2	未主动关注或未及时报告法院的，不得分。	
29		债权人会议	能协助法院筹备债权人会议并及时提交债权人会议资料。	2	未及时提交债权人会议资料，导致债权人会议延期或债权人会议召开前不能提交会议资料的，不得分。	

		事项	具体内容	分数	评分标准	备注
30			提交的债权人会议材料应翔实、完善。	2	会议材料存在明显瑕疵,会前未能修改完善的,得1分。	
31		财产管理与尽职调查	能视案件具体情况提请法院指定债权人会议主席及设立债权人委员会。	2	未及时提请法院指定的,不得分。	
32			召开债权人会议没有出现程序不当或失误,确保债权人会议顺利召开。	2	出现程序不当或失误,但未造成不良后果的,得1分;造成不良后果的,不得分。	
33			能及时审核债务人有关文件,对债务人和对方当事人均未履行完毕的合同,能准确判断是否需要继续履行或解除。	2	未及时履行或解除合同,造成不利影响的,不得分。	
34			准确判断债务人是否需要继续生产经营。	2	未及时报请法院决定是否继续生产经营,造成不利影响的,不得分。	
35			对债务人财产要统筹管理,能及时盘点、登记、清理甄别财产权属。	2	未及时清理,造成不利影响的,不得分。	
36		财产追收	及时向债务人的债务人和财产持有人发出书面通知。	2	未及时发出书面通知,造成不良后果的,不得分。	
37			掌握相关财产线索后,能通过充分协调、调查、诉讼等方式追回财产;需要停止追收财产或放弃权利的,应经过充分论证并制定详细方案报法院备查。	2	案件显示有财产线索,未经过充分论证、调查、协调即放弃追收的不得分。	
38			能积极发挥主观能动性,发现债务人存在企业破产法第三十一条、第三十二条或第三十三条规定行为并及时主张权利。	2	债务人存在该种行为,管理人未及时主张权利造成不良后果的,不得分。	
39			对涉及债务人的诉讼,积极收集证据,能准确判断案件性质、分清法律关系,准确适用法律,围绕案件焦点组织质证,严格按照法定程序参与诉讼活动,维护债务人合法权益。	2	在诉讼活动中出现失误,未造成不良后果的,得1分;出现重大失误,造成不良后果的,不得分。	

续表

		事项	具体内容	分数	评分标准	备注
40			债务人开办的合资子公司或者实际控制的公司符合合并破产清算条件的，应拟定合并破产清算方案提请法院审查。	2	未拟定相关方案报请法院审查的，不得分。	
41			对债务人财产应当及时评估与拍卖，使债务人财产价值最大化。	2	未及时评估与拍卖，造成不良后果的，不得分。	
42			需要改变财产拍卖处置方式的，应说明原因并制定详细方案报法院审查。	2	未说明原因擅自改变处置方式的，不得分。	
43		财产处置与分配	降低财产保留价应当报法院审查。	2	未报法院审查的，不得分。	
44			管理人必须严格按照法定清偿顺序分配破产财产，分配方案应详尽、合理与明确。	2	分配方案有明显瑕疵，造成不良影响的，得1分。	
45			改变货币分配采取其他分配方式的，应充分论证并制定合理方案报经法院许可。	2	未报请法院或未经充分论证的，不得分。	
46			按照法律规定需要提存的财产，管理人须及时提存。	2	未及时提存，造成不良影响的，不得分。	
47		申请终结破产程序工作	及时提请法院终结破产程序并根据案件实际情况办理工商登记、管理人账户的注销手续。	1	未及时提请法院终结破产程序并办理注销手续的，不得分。	
48			及时移交管理人档案。	1	未及时移交管理人档案的，不得分。	

附表 1-1：客观标准考核内容（重整案件）

		事项	具体内容	分数	评分标准	备注
1	管理人内部管理	人员管理	管理人应保证团队的组成人员取得相关执业资格，并报法院备案。	1	未取得执业资格或未备案的，不得分。	
2			管理人名称变更，应及时告知法院，并提交名称变更材料，报法院备案。	1	主动告知法院但未办理备案手续的，得0.5分；名称变更未及时告知法院的，不得分。	

		事项	具体内容	分数	评分标准	备注
3			管理人应保证团队组成人员没有违反相关法律法规的情形。	1	没有该种情形的，得1分，存在违反相关法律法规情形的，不得分。	
4			管理人团队的组成成员应保持稳定，避免因人员频繁流动影响工作效率或出现工作失误。	1	在团队中负责主要工作的人员发生变化未及时告知法院，或虽告知法院，但影响工作效率、出现工作失误的，不得分。	
5		制度管理	经法院指定为管理人后，应制定完备的规章制度报法院备案，规范管理人的各项工作。	0.5	未报法院备案的，不得分。	
6			管理人的规章制度包括：工作规程、议事规则、财务制度、证照及印章管理制度、档案制度、保密制度等。	0.5	制度完善的，得0.5分；不完善或没有规章制度的，不得分。	
7		公章管理	案件受理后应及时刻制管理人印章，并交法院封样备案。	1	虽刻制印章但未交法院封样备案的，得0.5分；未及时刻制印章并封样备案，造成不利影响的，不得分。	
8			管理人印章及接管的企业印章均应设有专人保管，并设置印章使用登记记录，严禁非法使用。	1	没有印章使用登记记录的，不得分。	
9			管理人依法终止职务后，应当到公安机关办理管理人印章销毁手续，并报法院备案。	1	非因案件需要而未销毁印章并报法院备案的，不得分。	
10	日常性工作	财务管理	案件受理后应及时在指定银行开立管理人账户。	1	未及时开立账户，造成不利影响的，不得分。	
11			管理人账户须有专人管理。	1	没有专人管理的，不得分。	
12			管理人账户资金进出必须登记，严格执行财务收支管理制度。	1	资金进出没有登记的，不得分。	
13			管理人账户须设置资金支出审批程序，大额支出应经法院审核批准。	1	未经法院审核批准的，不得分。	

续表

		事项	具体内容	分数	评分标准	备注
14			尽量节约破产费用，每项支出必须合理。	1	破产费用的支出无明显依据的，不得分。	
15			管理人在债权审核过程中确因案件实际需要，须由债权人承担补充申报债权费用的，应经法院审核批准。	1	未经本院审核批准而收取相关费用的，不得分。	
16		档案管理	及时建立清算档案，严格管理，做到一事一汇总，有据可查。	1	虽建立档案但记载不详尽的，得0.5分；虽建立档案但无记载或未建立档案的，不得分。	
17			建立内部工作人员借阅、债权人查阅登记制度。	1	未建立登记制度或虽有登记制度但没有记录的，不得分。	
18		接管	做好债务人文件、财务和资产接收工作，接管工作高效、完善，接管后及时向法院提交接管报告。	2	接管后，没有提交接管报告的，得1分；没有及时接管，造成不良后果的，不得分。	
19			在指定期限及指定报刊及时刊登公告。	2	没有在指定报刊刊登公告或未及时刊登公告造成不利影响的，不得分。	
20			能及时提请法院对债务人财产采取查封或解封措施。	2	未及时提请法院采取相应措施的，得1分，导致不良后果的，不得分。	
21			能及时代表债务人继续已经开始的诉讼程序。	2	未及时参与已经开始的诉讼程序，造成不良后果的，不得分。	
22		债权审核	能及时制定债权审核原则并统一审核标准。	2	虽制定审核原则，但部分原则明显有误的，得1分；未制定审核原则的，不得分。	
23			对劳动债权及申报的债权能及时审查并予以公示和登记造册。	2	未及时审查并公示和登记造册的，不得分。	
24			能及时审核取回权、抵销权、担保权和优先权，并报法院审查备案。	2	审核后，未报法院审查备案的，得1分；未及时审核，导致案件相关权利人利益受损的，不得分。	

		事项	具体内容	分数	评分标准	备注
25		财务审计	编制公司债权、债务和财产清册，能按时完成对债务人财务账册的审计并出具审计结论，没有账册可供审计的能制作财产状况说明。	2	未按时完成审计或调查，在法院提示后才出具审计结论或财产状况说明的，得1分；经法院提示后仍不能完成审计结论或财产状况说明，对案件审理造成不良影响的，不得分。	
26			主动查询、了解企业纳税欠税情况。	2	未主动查询、了解的，不得分。	
27			发现债务人有关人员在案件受理前有隐匿或故意销毁财务资料等情形的，应及时报告法院。	2	未及时报告法院的，不得分。	
28			能主动关注公司注册资金、对外投资、资金流向等相关情况，发现债务人存在通过制作虚假财务账册达到转移、隐匿财产或虚假破产情形的，应及时报告法院。	2	未主动关注或未及时报告法院的，不得分。	
29		债权人会议	能协助法院筹备债权人会议并及时提交债权人会议资料。	2	未及时提交债权人会议资料，导致债权人会议延期或债权人会议召开前不能提交会议资料的，不得分。	
30			提交的债权人会议材料应翔实、完善。	2	会议材料存在明显瑕疵，会前未能修改完善的，得1分。	
31			能视案件具体情况提请法院指定债权人会议主席及设立债权人委员会。	2	未及时提请法院指定的，不得分。	
32			召开债权人会议没有出现程序不当或失误，确保债权人会议顺利召开。	2	出现程序不当或失误，但未造成不良后果的，得1分；造成不良后果的，不得分。	
33		财产管理与尽职调查	能及时审核债务人有关文件，对债务人和对方当事人均未履行完毕的合同，能准确判断是否需要继续履行或解除。	2	未及时履行或解除合同，造成不利影响的，不得分。	

续表

		事项	具体内容	分数	评分标准	备注
34			对债务人财产要统筹管理,能及时盘点、登记、清理甄别财产权属。	2	未及时清理,造成不利影响的,不得分。	
35			及时向债务人的债务人和财产持有人发出书面通知。	2	未及时发出书面通知,造成不良后果的,不得分。	
36		财产追收	掌握相关财产线索后,能通过充分协调、调查、诉讼等方式追回财产;需要停止追收财产或放弃权利的,应经过充分论证并制定详细方案报法院备案。	2	案件显示有财产线索,未经过充分论证、调查、协调即放弃追收的,不得分。	
37			能积极发挥主观能动性,发现债务人存在企业破产法第三十一条、第三十二条或者第三十三条规定行为的,及时主张权利。	2	债务人存在该种行为,管理人未及时主张权利造成不良后果的,不得分。	
38			对涉及债务人的诉讼,积极收集证据,能准确判断案件性质、分清法律关系,准确适用法律,围绕案件焦点组织质证,严格按照法定程序参与诉讼活动,维护债务人合法权益。	2	在诉讼活动中出现失误,未造成不良后果的,得1分;出现重大失误,造成不良后果的,不得分。	
39		财产处置与分配	对债务人财产应当及时评估与拍卖,使债务人财产价值最大化。	1	未及时评估与拍卖,造成不良后果的,不得分。	
40			需要改变财产拍卖处置方式的,应说明原因并制定详细方案报法院审查。	1	未说明原因擅自改变处置方式的,不得分。	
41			降低财产保留价应当报法院审查。	1	未报法院审查的,不得分。	
42		重整阶段	债务人自行管理财产和营业事务的,管理人应当制定监督制度监督债务人。	2	制定的监督制度不完善的,得1分;未制订监督制度的,不得分。	
43			重整期间,债务人的经营和财产状况持续恶化,缺乏挽救的可能性,或者债务人有欺诈、恶意减少债务人财产或者其他显著不利于债权人的行为,或者由于债务人的行为致使管理人无法执行职务的,管理人应	2	未及时发现相关情形并报告法院,造成不利影响的,不得分。	

		事项	具体内容	分数	评分标准	备注
			当及时书面报告法院,请求法院裁定终止重整程序,并宣告债务人破产。			
44			管理人必须严格按照法律规定的要求制作或者监督债务人制作重整计划草案,重整计划草案合法、合理并具可行性。	2	重整计划草案未按期提交或存在明显瑕疵的,不得分。	
45			债务人未按期提出重整计划草案,或者重整计划草案未获得通过且未依照企业破产法第八十七条的规定获得批准,管理人应当及时书面报告法院。	2	未及时报告法院,造成不利影响的,不得分。	
46			按照重整计划的规定监督重整计划的执行,及时向法院提交监督报告,详细说明重整计划的执行情况。	2	未及时提交监督报告的,不得分。	
47			债务人不能执行或者不执行重整计划的,应当及时书面报告法院,请求法院裁定终止重整计划的执行,并宣告债务人破产。	2	未及时报告法院,造成不利影响的,不得分。	
48		申请终结破产程序工作	及时提请法院终结破产程序并根据案件实际情况办理管理人账户的注销手续。	1	未及时提请法院终结破产程序并办理注销手续的,不得分。	
49			及时移交管理人档案。	1	未及时移交管理人档案的,不得分。	

附表 2:主观标准考核内容

		事 项	具体内容	分数	备注
1	加分项	严格依法办案	严格依法开展破产清算工作,能够完全按照法律规定的程序完成案件涉及的各项工作,未出现程序错误的。	2	
2			严格依法开展破产清算工作,能够完全按照法律规定的程序完成案件涉及的各项工作,未出现超期的。	2	
3		自觉接受监督	自觉接受人民法院和债权人会议、债权人委员会的监督,对于案件重大工作事项及时报告、请示的。	3	
4			向法院和债权人会议、债权人委员会提交的报告内容准确翔实、证据材料扎实、事实调查清楚、法律适用正确、建议合理可行的。	2	

		事　项	具体内容	分数	备注
5		维护稳定	积极维护利害关系人权益，发现和追查到隐匿或未被掌握的财产或财产线索的。	2	
6			依照法定程序，正确行使诉讼权利，妥善处理重大、敏感的破产衍生诉讼案件的。	3	
7			正确应对群体性事件，化解社会矛盾的。	3	
8		办理成绩显著	成功化解案件中的疑难复杂问题的。	2	
9			案件办理过程中提出并实施具有创新性或示范性的重大事项处理方案的。	3	
10			案件办理过程中得到中级以上人民法院、市级以上人民政府或省级以上业务主管部门的嘉奖或表扬的。	3	
1	减分项	违反法律程序	没有合法的理由且未经人民法院批准，办理案件过程中违反法律规定的程序，影响案件进程的。	2.5	
2		财产管理不善	怠于履行职责，造成财产或财产凭证、账簿证照、文书档案、证据材料等毁损灭失，损害利害关系人权益的。	2.5	
3		牟取个人私利	违反法律、执业纪律或职业道德，在办理案件过程中牟取私利，违反法律、司法解释规定的标准私自收费，未经人民法院或债权人会议批准超标准收费，滥用破产费用，存在不合理支出的。	2.5	
4		拒不接受监督	拒不接受人民法院、债权人会议和债权人委员会的监督，未经批准擅自办理应当请示的事项，案件重大事项不及时报告，损害利害关系人权益的。	2.5	
5		处置事件不当	不能及时妥善处理案件中的疑难复杂问题导致利害关系人权益受损，或因应对不当引发、加重重大群体性事件和不稳定因素，造成严重不良影响的。	2.5	
6		被调查和控告	经调查核实，确实存在利害关系人投诉、检举、控告的违法违纪行为，影响案件进程、损害利害关系人权益或者造成严重不良影响的。	2.5	

深圳市中级人民法院管理人报酬确定和
支取管理办法（试行）

（2014年3月6日深圳市中级人民法院审判委员会民事行政执行专业委员会第五次会议通过，2014年3月18日深圳市中级人民法院公告公布，自公告之日起施行）

第一条 为规范管理人报酬的确定与收取，根据《中华人民共和国企业破产法》、最高人民法院《关于审理企业破产案件确定管理人报酬的规定》和广东省高级人民法院《关于同意上浮管理人报酬比例限制范围的批复》的规定，结合本院破产审判工作实际，制定本办法。

第二条 本办法所称管理人报酬，是指管理人履行企业破产法第二十五条规定的职责，依法应当取得的报酬。

除本办法依法规定的报酬外，管理人不得利用职务之便私自收取任何费用。

第三条 管理人收取报酬的数额应与其所付出的劳动、承担的风险责任以及案件推进的社会效果和法律效果相适应，本院根据管理人的工作实绩和工作效率等依法确定管理人报酬的数额。

第四条 管理人的报酬按照最高人民法院《关于审理企业破产案件确定管理人报酬的规定》第二条规定的计算比例，根据债务人最终清偿的财产价值总额确定。但必要时，本院可依照广东省高级人民法院《关于同意上浮管理人报酬比例限制范围的批复》和本办法第十一条的规定，在上述比例30%的浮动范围内上浮相关案件的管理人报酬。

债务人最终清偿的财产价值总额，是指处置债务人财产最终获得的可用于偿付破产费用、共益债务及破产债权的财产总值，不包括拍卖、变卖、过户破产财产行为所支出的税、费。

第五条 管理人接受本院指定后，应当根据案件情况初步拟定管理人报酬方案，报本院审查。管理人报酬方案应包括管理人报酬比例和收取时间。

第六条 本院采取公开竞争方式指定管理人的，可以根据社会中介机构提出的报价确定管理人报酬方案，但报酬比例不得超出本办法第四条规定的限制范围。

上述报酬方案一般不予调整，但债权人会议异议成立的除外。

第七条 本院自确定管理人报酬方案之日起三日内，书面通知管理人。

管理人应当在第一次债权人会议上报告管理人报酬方案内容。

第八条 管理人、债权人会议对管理人报酬方案有意见的，可以进行协商。债权人会议可以授权债权人委员会或者债权人会议主席与管理人协商。双方就调整管理人报酬方案内容协商一致的，管理人应向本院书面提出具体的请求和理由，并附相应的债权人会议决议。

本院经审查认为上述请求和理由不违反法律和行政法规强制性规定，且不损害他人合法权益的，按照双方协商的结果调整管理人报酬方案。

第九条 管理人报酬方案确定后，本院可根据破产案件的具体情形和管理人履行职责的实际情况进行调整。

本院自调整管理人报酬方案之日起三日内，书面通知管理人。管理人应当自收到上述通知之日起三日内，向债权人委员会或者债权人会议主席报告管理人报酬方案调整内容。

第十条 本院确定或者调整管理人报酬方案时，考虑以下因素：

（一）破产案件的复杂程度；

（二）管理人的勤勉程度；

（三）管理人为重整、和解工作做出的实际贡献；

（四）管理人履行社会责任所做的实际工作；

（五）管理人承担的风险和责任；

（六）债务人住所地居民可支配收入及本地物价水平；

（七）管理人投入的专业人数及相应的人力和时间成本；

（八）其他影响管理人报酬的情况。

第十一条 符合下列条件之一的，可以按照最高人民法院和本院的规定上浮管理人报酬比例：

（一）案情特别疑难、复杂，管理人投入了大量人力、物力；

（二）案件具有重大影响，处理结果获得上级法院或党委、政府高度认可；

（三）债权人会议或债权人委员会高度认可管理人工作，同意提高管理人报酬；

（四）管理人为案件员工安置、维护稳定、财产清收做出重大贡献；

（五）本院认为案件处理效果特别突出应当上浮报酬的其他情形。

第十二条 上浮管理人报酬比例，应由管理人提出书面申请和专项报告，经合议庭评议同意后，报评审小组评定。

第十三条 评审小组由公司清算和破产庭庭长、副庭长、廉政监察员及审判长组成。评审小组按照少数服从多数的原则作出决定。

第十四条 评审小组同意上浮个案管理人报酬的，应当报主管院领导审核批准。

第十五条 具有下列情形之一的，应当调低管理人报酬：

（一）管理人违背勤勉尽责义务，产生严重后果的；

（二）案件处理不当导致影响稳定事件发生的；

（三）债权人会议或债权人委员会认为管理人工作严重失职，经查证属实的；

（四）管理人存在其他违背法定职责或失职行为，造成严重后果的。

第十六条 调低管理人报酬，应经合议庭评议后报庭长审批。

第十七条 最终确定的管理人报酬及收取情况，应列入破产财产分配方案。在和解、重整程序中，管理人报酬方案内容应列入和解协议草案或重整计划草案。

第十八条 管理人的报酬应当根据破产案件审理进度和管理人履行职责的实际情况分期支付。

案情简单、时间较短的案件，管理人可于本院裁定认可最后一次破产财产分配方案时一次性收取报酬。

第十九条 管理人在第一次债权人会议召开之后可以向本院申请预支报酬，预支金额不得超过根据案情预测当期可供清偿的财产价值总额确定的管理人报酬的20%。

第二十条 管理人收取报酬，应当向本院提出书面申请。申请书应当包括以下内容：

（一）可供支付报酬的债务人财产情况；

（二）申请收取报酬的时间和数额；

（三）管理人履行职责的情况。

本院自收到管理人的申请书之日起十日内，确定支付管理人的报酬数额。

第二十一条 债权人会议对管理人报酬的收取情况有异议的，应当向本院书面提出异议。异议书应写明具体的请求和理由，并附相应的债权人会议决议。

第二十二条 本院自收到债权人会议异议书之日起三日内通知管理人。管理人应当自收到通知之日起三日内作出书面说明。

如有必要，本院可以举行听证会，听取当事人意见。

本院自收到债权人会议异议书之日起十日内，就异议审查的结果书面通知管理人、债权人委员会或者债权人会议主席。

第二十三条 管理人对担保物的维护、变现、交付等管理工作付出合理劳动的，可以向担保权人收取报酬。管理人与担保权人就上述报酬数额协商一致的，应当向本院报告；不能协商一致的，由本院组织双方协商确定；仍不能达成一致意见的，由本院依照最高人民法院《关于审理企业破产案件确定管理人报酬的规定》第十三条的规定确定。

第二十四条 管理人对取回权人的财产付出合理劳动，经协商一致的，可以向取回权人收取报酬。报酬的数额参照最高人民法院《关于审理企业破产案件确定管理人报酬的规定》第十三条的规定确定。

取回权人未按照最高人民法院《关于适用〈中华人民共和国企业破产法〉若干问题的规定（二）》第二十六条规定的期限行使取回权，或者未按照该规定第二十八条向管理人支付加工费等费用，导致管理人拒绝其取回财产的，管理人可以比照本办法第二十三条的规定，就延迟取回期间付出的合理劳动和增加的相关支出向取回权人收取报酬和费用。

第二十五条 经本院许可，律师事务所、会计师事务所通过聘请本专业的其他社会中介机构或者人员协助履行其管理人职责的，所需费用从其报酬中支付。

破产清算事务所通过聘请其他社会中介机构或者人员协助履行管理人职责的，所需费用从其报酬中支付。

管理人确有必要聘请本专业的其他社会中介机构或者人员处理重大诉讼、仲裁、执行及审计等专业性较强的工作，所需费用需要从破产费用中支付的，应当事先经债权人会议或债权人委员会通过，并报告本院。

第二十六条 经本院许可，律师事务所、会计师事务所通过聘请非本专业的其他社会中介机构或者人员协助履行管理人职责的，所需费用从破产费用中支付。

第二十七条 清算组中有关政府部门派出的工作人员参与工作的，不收取报酬。其他机构或人员的报酬根据其履行职责的情况在管理人报酬总额中确定。

第二十八条 管理人为两个以上社会中介机构的，各方可以自行协商确定报酬分配原则和比例，并报告本院。

第二十九条 管理人发生更换的，本院根据其履行职责的情况分别确定更换前后的管理人报酬。其报酬比例总和不得超出本办法第四条规定的限制范围。管理人就报酬分配自行协商一致的，应当报告本院。

第三十条 管理人支取报酬，应当按照以下比例提取管理人援助资金：

（一）不超过100万元（含本数，下同）的，按4%确定；

（二）超过100万元至300万元的部分，按4.5%确定；

（三）超过300万元至500万元的部分，按5%确定；

（四）超过500万元至1000万元的部分，按5.5%确定；

（五）超过1000万元的部分，按6%确定。

第三十一条 本办法由深圳市中级人民法院审判委员会负责解释。

第三十二条 本办法自公告之日起施行。

深圳市中级人民法院破产案件管理人
援助资金管理和使用办法

（2013 年 7 月 18 日深圳市中级人民法院审判委员会民事行政执行专业委员会
2013 年第 13 次会议通过。2015 年 3 月 12 日深圳市中级人民法院审判委员会民事
行政执行专业委员会第 2 次会议修订）

第一条 为保证破产清算工作顺利进行，保障破产案件管理人依法履行职责，本
院设立破产案件管理人援助资金。

第二条 破产案件管理人援助资金由下列资金组成：

（一）政府财政拨款；

（二）本院按比例从管理人所得报酬中提取的资金。

破产案件管理人援助资金专项用于补贴管理人依法履行职责所必须的破产费用。

第三条 本院按下列标准从管理人所得报酬中提取援助资金：

（一）不超过一百万元（含本数，下同）的，按 4% 确定；

（二）超过一百万元至三百万元的部分，按 4.5% 确定；

（三）超过三百万元至五百万元的部分，按 5% 确定；

（四）超过五百万元至一千万元的部分，按 5.5% 确定；

（五）超过一千万元的部分，按 6% 确定。

管理人所得报酬不足 10 万元的，不提取援助资金。管理人应得报酬超过 10 万元，
但依照前款规定提取援助资金后少于 10 万元的，低于 10 万元的部分不收取。

合议庭按照本条规定确定应提取的援助资金额度，书面通知管理人交纳。

第四条 管理人援助资金的管理和使用应严格执行国家有关财务制度，遵循公开
透明、专款专用、严格监管的原则，设立专门帐户进行管理，依法接受财政部门的监
督和审计机关的审计。

第五条 本院管理人援助资金审批小组根据破产案件繁简程度和管理人履行职责
情况，决定是否给予援助，并确定援助额度。

每件破产清算案件援助额度一般不超过 15 万元；财产线索特别分散、案情特别复
杂的案件，援助额度可适当提高，但最高不得超过 20 万元。其中，用于支付管理人报
酬的援助资金金额不得超过 10 万元。

第六条 管理人援助资金审批小组由本院下列人员组成：

（一）公司清算和破产审判庭庭长、副庭长、审判长；

（二）纪检监察部门指定人员。

管理人援助资金审批小组会议由公司清算和破产审判庭庭长或者庭长委托的副庭
长召集和主持，按照少数服从多数的原则作出决定。

审批小组成员过半数到会，且有纪检监察部门指定成员到会，审批小组会议方可
召开。

第七条 破产清算案件符合下列条件之一的，管理人可以向本院申请援助资金：

（一）债务人无财产支付破产费用；

（二）债务人财产不足 15 万元，不足以支付破产费用，且无利害关系人垫付资金；

（三）债务人财产不足 15 万元，虽有利害关系人垫付资金，但利害关系人垫付的资金和债务人财产合计不足 15 万元，不足以支付破产费用；

（四）管理人报酬不足 10 万元的案件。

第八条　管理人援助资金可用于支付下列费用：

（一）管理、变价和分配债务人财产的费用；

（二）管理人执行职务的费用；

（三）管理人的报酬；

（四）档案保管费用；

（五）本院认为应当支付的其他费用。

第九条　管理人认为符合援助条件的，可在接管破产企业后申请预付部分援助资金。预付申请获得批准的，管理人应于裁定终结破产程序之日起 15 日内向本院提出正式申请。

预付的援助资金用于支付本办法第八条第（一）、（二）项费用。

破产财产因客观情况出现变化，案件已不符合援助条件的，管理人应当自收到本院通知之日起 5 日内退还预付的援助资金。

第十条　管理人申请预付援助资金的，应当如实填写申请表，并附相关材料。合议庭收到援助资金申请材料之日起 5 日内提出初步审核意见，报庭长审批。

第十一条　管理人正式申请援助资金的，应当在裁定终结破产程序之日起 15 日内提交以下材料：

（一）管理人援助资金申请书。应载明破产案件基本情况、管理人工作情况、债务人财产状况、申请援助的破产费用组成情况。债务人财产状况和申请援助的破产费用组成情况应附相关证据。

（二）管理人援助资金申请表。

（三）管理人的主体资格证明文件。包括受理破产申请裁定书、指定管理人决定书、管理人负责人身份证明材料等。

（四）本院认为应当提交的其他材料。

第十二条　合议庭认为申请人提交的材料需要更正、补充的，应当责令申请人于 7 日内更正、补充。申请人因客观原因无法按时更正、补充的，可提出延期申请并说明理由。是否准许延期，由合议庭决定。申请人未按期更正、补充的，视为撤回申请。

第十三条　合议庭应当自收到援助资金正式申请之日起 15 日内提出初步审核意见并报管理人援助资金审批小组审批。援助资金超过 10 万元的，经管理人援助资金审批小组评议后报主管副院长审批。

第十四条　管理人援助资金审批小组不批准管理人援助申请的，合议庭应当通知申请人。

第十五条　审批程序完成后，跟案法官助理应持《管理人援助资金审批表》或《管理人预付援助资金审批表》向本院财务部门办理管理人援助资金发放手续，并要求申请人出具收据。收款账户必须是管理人的专用账户。

第十六条 管理人援助资金发放后，跟案法官助理应将相关材料整理归档，并将《管理人援助资金申请表》、《管理人援助资金审批表》复印件交公司清算和破产审判庭内勤备查。

第十七条 申请人提供虚假材料，骗取管理人援助资金的，依照民事诉讼法、企业破产法的规定，根据情节轻重予以训诫、罚款、取消管理人资格；构成犯罪的，依法追究刑事责任。

第十八条 本办法由深圳市中级人民法院审判委员会负责解释。

第十九条 本办法自印发之日起施行。

附：1.《管理人预付援助资金申请表》

2.《管理人预付援助资金审批表》

3.《管理人援助资金申请表》

4.《管理人援助资金审批表》

附件1

深圳市中级人民法院管理人预付援助资金申请表

填表日期：　　年　　月　　日

申请人		负责人	
案号		债务人	
中介机构名称		联系人	
地址		电话	
承办人		是否宣告破产	
债务人财产总额		利害关系人垫付金额	
申请金额			
案情简介	申请人盖章：　　年　　月　　日		
资金用途			

填表说明：

1. 本表由申请人如实填写，若存在隐瞒、伪造等提供虚假信息情形的，不予发放管理人援助资金，并应当承担相应的法律责任；

2. 本表可扩展，但不得更改表格的结构和内容。

附件2

深圳市中级人民法院管理人预付援助资金审批表

填表日期：　　年　　月　　日

申请人		负责人	
案号		债务人	
中介机构 名称		联系人	
地址		电话	
承办人		是否 宣告破产	
债务人财产总额		利害关系人垫付金额	
申请预付 金额		拟预付 金额	
案情 简介	申请人盖章：　　年　　月　　日		
合议庭 意见			
庭领导 审批意见			

附件 3

深圳市中级人民法院管理人援助资金申请表

填表日期： 年 月 日

申请人		负责人	
案号		债务人	
中介机构名称		联系人	
地址		电话	
承办人		结案时间	
破产财产总额		利害关系人垫付金额	
已发生破产费用总额		申请报酬金额	
申请援助资金总额			
案情简介	申请人盖章： 年 月 日		
资金用途及金额			

填表说明：

1. 本表应当列明破产费用明细及相关单据等；

2. 本表由申请人如实填写，若存在隐瞒、伪造等提供虚假信息情形的，不予发放管理人援助资金，并应当承担相应的法律责任；

3. 本表可扩展，但不得更改表格的结构和内容。

附件 4

深圳市中级人民法院管理人援助资金审批表

填表日期： 年 月 日

申请人		负责人	
案号		债务人	
中介机构名称		联系人	
地址		电话	
承办人		结案时间	

债务人财产总额		利害关系人 垫付金额	
破产费 用总额		已预付援助 金额	
申请援助资金总额	破产费用		
	管理人报酬		
批准金额		实际发放金额	
案情 简介			
合议庭 意见	审判长签字：		
庭长 意见			
院领导 意见			

北京市高级人民法院企业破产案件审理规程

（2012 年 12 月 10 日北京市高级人民法院审判委员会第 25 次会议通过，2013 年 7 月 22 日下发并施行）

第一章　申请和受理

第一节　破产申请的受理审查事项

一、管辖问题审查

1.（地域管辖）破产案件由债务人住所地人民法院管辖。债务人住所地指债务人的主要办事机构所在地。债务人主要办事机构所在地难以确定的，由债务人注册登记地人民法院管辖。

2.（级别管辖）基层人民法院管辖县、区级工商行政管理机关核准登记企业的破产案件。

中级人民法院管辖市级以上工商行政管理机关核准登记企业的破产案件。

纳入国家计划调整的企业破产案件，由中级人民法院管辖。

金融机构、上市公司破产案件，由中级人民法院管辖。

3.（管辖权异议）债权人提出破产申请，债务人对法院管辖权有异议的，应当依据企业破产法第十条第一款的规定，自收到人民法院的通知之日起七日内向人民法院提出。

4.（管辖调整）中级人民法院对其管辖的企业规模较小、债权债务关系简单的破产案件，可交由该企业住所地的基层人民法院审理，但应当报请高级人民法院批准。

下级人民法院对其管辖的破产案件，认为需要由上级人民法院审理的，可以报请上级人民法院审理。

二、债务人破产能力审查

5.（破产能力的一般规定）被申请破产的企业应具有企业法人资格。

实缴出资情况即出资是否到位不影响企业法人的破产能力。

6.（企业法人以外的组织的破产能力问题）其他法律规定企业法人以外的组织的清算，属于破产清算的，参照适用企业破产法规定的程序。目前，合伙企业、民办学校、农民专业合作社、个人独资企业可参照适用破产清算程序。

7.（独立法人单独破产原则及例外）债务人投资的全资公司、控股的公司等具有独立法人资格的关联企业不能清偿到期债务，需要进行破产还债的，原则上应当分别提出破产申请。

关联企业不当利用关联关系，导致关联企业成员之间法人人格高度混同，损害债权人公平受偿利益的，关联企业成员、关联企业成员的债权人、关联企业成员的清算义务人、已经进入破产程序的关联企业成员的管理人，可以向人民法院提出对关联企业进行合并破产的申请。

三、债权人申请人资格审查

8.（债权人申请破产的积极条件）债权符合下列情形的，债权人可以向人民法院申请债务人破产：

（1）债权为具有金钱或财产给付内容的到期债权；

（2）债权合法、有效，且未超过诉讼时效或者申请执行时效。

9.（职工的申请权）债务人出现企业破产法第二条规定的情形，经职工代表大会或者全体职工三分之二以上多数同意，债务人职工可以以企业破产法第一百一十三条第一款第（一）项规定的债权申请债务人破产清算。

10.（税务机关、社会保险费管理部门的申请权）债务人出现企业破产法第二条规定的情形，欠缴税款、企业应缴部分社会保险费用（不包括滞纳金、罚款）的，税务机关、社会保险费用管理部门可以向人民法院申请债务人破产清算。

四、破产申请书和有关证据材料审查

11.（不同破产程序的申请主体）债务人可以申请本企业破产清算、和解或者重整。

债权人可以申请债务人破产清算或者重整。

对企业依法负有清算责任的人可以申请清算中法人破产清算。

12.（申请人应当明确所申请的具体破产程序）申请人向人民法院申请债务人破产，未明确具体破产程序的，人民法院应当告知申请人根据企业破产法第七条之规定，择一提出重整、和解或者破产清算的申请。

人民法院受理案件之前又有其他申请人提出不同类型的破产申请的，人民法院应当召开听证会，组织各申请人协商确定具体的破产程序。协商不成的，人民法院应当根据债务人的实际情况，依法受理相应的破产申请。

召开听证会的时间不计入受理期限。

13.（破产申请书）向人民法院提出破产申请，应当提交破产申请书。

破产申请书应当载明下列事项：

（1）申请人、被申请人的基本情况，包括：名称或姓名、住所地、法定代表人姓名及职务。申请人为债务人时，只需列出申请人的基本情况；

（2）申请目的，即申请重整、和解还是破产清算；

（3）申请的事实和理由，主要指债务人有企业破产法第二条规定的情形；

（4）人民法院认为应当载明的其他事项，主要指特殊主体破产申请中的特别事项，如金融机构申请破产的，申请书中还应载明主管机关的批准文件、个人债务的兑付情况、证券类资产的处置情况等。

14.（债务人申请破产时应当提交的材料）债务人申请破产，除应当提交破产申请书以外，还应当向人民法院提交下列材料：

（1）债务人主体资格证明，即工商行政管理机关颁发的企业法人营业执照，及债

务人最近一个年度的工商年检材料；

（2）债务人股东会或股东大会、董事会（外商投资企业）、职工股东大会或者其他依法履行出资义务的人同意申请破产的文件；

债务人为国有独资企业、国有独资公司的，还应当提交对债务人履行出资人职责的机构同意申请破产的文件；

（3）债务人法定代表人或者主要负责人名单、联系方式，及债务人董事、监事、高级管理人员和其他管理部门负责人名单、联系方式；

（4）财产状况说明，包括有形资产、无形资产、对外投资情况、资金账户情况等；

（5）债务清册，列明债权人名称、住所、联系方式、债权数额、有无担保、债权形成时间和被催讨情况；

（6）债权清册，列明债务人的债务人名称、住所、联系方式、债务数额、有无担保、债务形成时间和催讨偿还情况；

（7）有关财务会计报告；

（8）债务人涉及的诉讼、仲裁、执行情况；

（9）企业职工情况和安置预案，列明债务人解除职工劳动关系后依法对职工的补偿方案；债务人为国家出资企业的，职工安置预案应列明拟安置职工基本情况、安置障碍及主要解决方案等。职工安置预案报对债务人履行出资人职责的机构备案；

（10）职工、高管人员工资的支付和社会保险费用、住房公积金的缴纳情况；

（11）债务人为国家出资企业的，应提交企业工会或职工代表大会对企业申请破产的意见；

（12）债务人申请重整的，应提交重整的必要性和可行性评估材料；

（13）债务人申请和解的，应提交和解协议草案。

15.（债权人申请破产时应当提交的材料）债权人申请债务人破产，除应当提交破产申请书以外，还应当向人民法院提交下列材料：

（1）债权人及债务人的主体资格证明；

（2）债权发生的事实及债权性质、数额、有无担保，并附证据；

（3）债务人不能清偿到期债务的证据；

（4）申请债务人重整的，应提交重整的必要性和可行性评估报告。

16.（清算责任人申请债务人破产清算时应当提交的材料）清算责任人申请债务人破产清算，除应当提交破产申请书以外，还应当向人民法院提交下列材料：

（1）债务人主体资格证明；

（2）清算责任人的基本情况或者清算组成立的文件；

（3）债务人解散的证明材料；

（4）债务人未清算的，债务人资产不足以清偿全部债务的财务报告；

（5）债务人经过清算的，债务人资产不足以清偿全部债务的清算报告；

（6）债务清册，列明债权人名称、住所、联系方式、债权数额、有无担保、债权形成时间和被催讨情况；

（7）债权清册，列明债务人的债务人名称、住所、联系方式、债务数额、有无担保、债务形成时间和催讨偿还情况；

（8）债务人涉及的诉讼、仲裁、执行情况；

（9）企业职工情况和安置预案，列明债务人解除职工劳动关系后依法对职工的补偿方案；债务人为国家出资企业的，职工安置预案应列明拟安置职工基本情况、安置障碍及主要解决方案等。职工安置预案报对债务人履行出资人职责的机构备案；

（10）职工、高管人员工资的支付和社会保险费用、住房公积金的缴纳情况。

17.（更正、补充材料）申请人向人民法院提出破产申请，应当按企业破产法及本规程的规定提交破产申请书和申请材料。申请人提交的材料不符合规定的，人民法院应当自收到破产申请之日起五日内告知申请人需要更正、补充的材料，并指定提交期限。

申请人更正、补充有关申请材料的时间，不计入企业破产法第十条规定的人民法院对破产申请的受理审查期限。

申请人未在人民法院指定的期限内更正、补充材料的，人民法院不予受理其申请。

五、破产原因审查

18.（破产原因）债务人具有下列情形之一的，为发生破产原因：

（1）不能清偿到期债务，并且资产不足以清偿全部债务；

（2）不能清偿到期债务，并且明显缺乏清偿能力。

对债务人具备破产原因的判断，不以对其债务负有连带责任的主体也丧失清偿能力为条件。

19.（"不能清偿到期债务"的认定）"不能清偿到期债务"是指同时满足下列条件：

（1）债权债务关系依法成立；

（2）债务履行期限已经届满；

（3）债务人未完全清偿债务。

20.（"资产不足以清偿全部债务"的认定）债务人的资产负债表，或者审计报告、资产评估报告等显示其全部资产不足以偿付全部负债的，人民法院应当认定债务人"资产不足以清偿全部债务"。但有相反证据足以证明债务人资产能够偿付全部负债的除外。

21.（"明显缺乏清偿能力"的认定）债务人账面资产虽大于负债，但存在下列情形之一的，人民法院应当认定其"明显缺乏清偿能力"：

（1）因资金严重不足或者财产不能变现等原因，无法清偿债务；

（2）法定代表人下落不明且无其他人员负责管理财产，无法清偿债务；

（3）经人民法院强制执行，仍不能清偿生效法律文书确定的债务；

（4）长期亏损且经营扭亏困难，无法清偿债务；

（5）导致债务人丧失清偿能力的其他情形。

人民法院裁定"终结本次执行程序"的，亦属于强制执行后不能履行的情形。

22.（债务人提出破产申请时关于破产原因的举证责任）债务人自行申请破产的，应当提交其不能清偿到期债务，并且资产不足以清偿全部债务或者明显缺乏清偿能力的相关证据。

23. （债权人提出破产申请时关于破产原因的举证责任）债权人申请债务人破产的，应当提交债务人不能清偿到期债务的相关证据。

24. （清算责任人提出破产申请时关于破产原因的举证责任）债务人已解散但未清算或者未清算完毕，依法负有清算责任的人申请债务人破产的，应当提交债务人"资不抵债"的相关证据。

六、受理审查中的几种特殊情况

25. （借用外国政府和国际金融机构贷款或转贷款）自2007年6月1日起，借用国际金融组织和外国政府贷款或转贷款的有关企业申请或者被申请破产的，人民法院应依照企业破产法的有关规定依法受理。

上述企业在2007年6月1日之前已签署转贷协议但偿还任务尚未落实的，暂不受理其破产申请，也暂不受理债权人申请其破产的案件。

26. （撤回申请）人民法院受理破产申请前，申请人可以请求撤回申请。人民法院应于收到请求之日起七日内做出是否准许撤回申请的裁定，并送达申请人和被申请人。

人民法院准许申请人撤回破产申请的，破产申请撤回前已经发生的费用由申请人负担。

27. （债务人下落不明或财产状况不清不构成受理障碍）债权人对人员下落不明或者财产状况不清的债务人申请破产清算，符合企业破产法规定的，人民法院应依法予以受理。债务人能否依据企业破产法第十一条第二款的规定向人民法院提交财产状况说明、债权债务清册等相关材料，并不影响对债权人申请的受理。

28. （惟一债权人不影响受理）人民法院审查破产申请时，根据债权人和债务人提供的材料，仅能确定一个适格债权人的，不得因债权人仅为一人而裁定不予受理。

第二节　破产申请的审查受理程序

29. （分工及案号）破产案件的立案工作由人民法院立案庭与负责审理破产案件的审判庭共同完成。审判庭负责破产申请的审查工作，立案庭负责案件立案的程序工作。

立案庭收到破产申请人提交的破产申请书和相关材料后，经形式审查，符合本规程第13条、14条、15条、16条规定的，应立案号，案号为"（××××）×破（预）字第×号"。之后，立案庭应将申请人提交的申请等有关材料移交审理破产案件的审判庭审查，并由审判庭依法作出是否受理破产申请的裁定。

破产申请受理前人民法院制作的各类法律文书，以及审判业务庭作出的不予受理或受理民事裁定书，均按前款规定确定文号。

审判业务庭裁定受理破产申请后，立案庭应以"（××××）×破字第×号"确定案号。

30. （破产程序中的文书应编排序号）人民法院在审理一个破产案件中作出的各类文书应编排序号。如：民事裁定书应当分别以"（××××）×破字第×-1号"民事裁定书、"（××××）×破字第×-2号"民事裁定书、"（××××）×破字第×-3号"民事裁定书……依次编号；决定书应当分别以"（××××）×破字第×-1号"决定书、"（××××）×破字第×-2号"决定书、"（××××）×破字第×-3号"决定书……依次编号，等等。

31.（破产案件的审判组织形式）人民法院审查受理破产申请以及审理破产案件，应当组成合议庭。

32.（受理审查期间）债权人、对企业依法负有清算责任的人提出破产申请的，人民法院应当自立案号（"破预字"）之日起五日内通知债务人。债务人对申请有异议的，应当自收到人民法院通知之日起七日内向人民法院提出。人民法院应当自异议期满之日起十日内裁定是否受理。

除前款规定的情形外，人民法院应当自立案号（"破预字"）之日起十五日内裁定是否受理。

有特殊情况需要延长前两款规定的裁定受理期限的，经上一级人民法院批准，可以延长十五日。

33.（债权人、清算责任人申请时破产申请书的送达）债权人、对债务人依法负有清算责任的人提出破产申请的，人民法院应当在通知债务人的同时，向债务人送达破产申请书及申请材料的副本。

上述送达不适用公告送达方式，即使债务人人员下落不明。

34.（破产申请审查期间的保全措施）在人民法院受理破产申请前的受理审查期间，发现债务人财产、印章和账簿、文书等可能被隐匿、转移、处分或者销毁的，破产申请人可以向人民法院申请对债务人财产、印章和账簿、文书等采取保全措施。

破产申请人申请对债务人财产采取保全措施的，人民法院可以责令申请人提供相应担保。

35.（债务人的异议权）债务人对债权人、依法对其负有清算责任的人提出的破产申请有异议的，可以自收到人民法院的通知之日起七日内，就发出通知的人民法院对本案是否具有管辖权、申请人与被申请人的主体资格、申请人债权的真实性及合法性、以及债务人是否发生破产原因等向人民法院提出书面异议，并应当提交相关的证据材料。

人民法院认为有必要的，可以组织破产申请人、债务人对破产申请应否受理进行听证。与破产申请存在利害关系的人员可以申请参加。

人民法院组织听证的时间不计入破产申请的受理审查期间。

36.（对债务人异议的处理）债务人对法院管辖权提出异议，人民法院经审查异议成立的，裁定不予受理破产申请。

债务人对申请人的主体资格或自身的破产能力提出异议，人民法院经审查异议成立的，裁定不予受理破产申请。

债权人提出破产申请，债务人对申请人债权的真实性及数额提出异议，但债权人申请所依据的债权已得到生效裁判文书、仲裁裁决书等可强制执行的法律文书的确认且在申请执行时效内的，人民法院应认定债务人的该项异议不成立；如果申请人的债权未得到生效的可强制执行的法律文书的确认，且债务人的异议具有合理理由，人民法院应裁定不予受理破产申请，并告知债权人向有管辖权的人民法院提起民事诉讼。

债权人提出破产申请，债务人对申请人债权的真实性及数额无异议，但对不能清偿到期债务的事实提出异议的，债务人应实际清偿债务，或者与申请人达成债务清偿协议。否则，人民法院应认定债务人的该项异议不成立。

债权人提出破产申请，债务人对不能清偿到期债务的事实无异议，但对其发生破产原因提出异议的，应当证明其并非"资不抵债"且并非"明显缺乏清偿能力"。否则，人民法院应认定债务人的该项异议不成立。

依法负有清算责任的人提出破产申请，债务人提出异议的，应当证明其未解散或者并非"资不抵债"。否则，人民法院应认定债务人的异议不成立。

37. （法院违反受理规定的救济程序）申请人向人民法院提出破产申请，人民法院未在本规程第 32 条规定的期限内作出是否受理的裁定的，申请人可以向上一级人民法院提出破产申请。

上一级人民法院接到破产申请后，应当责令下级人民法院依法审查并及时作出是否受理的裁定；下级人民法院仍不作出是否受理裁定的，上一级人民法院可以径行作出裁定。

上一级人民法院裁定受理破产申请的，可以同时指令下级人民法院审理该案件。

38. （裁定受理）人民法院受理破产申请的，受理裁定自作出之日起生效。

受理裁定应当自作出之日起五日内送达申请人和被申请人。

债权人提出申请的，债务人应当自裁定送达之日起十五日内，向人民法院提交财产状况说明、债务清册、债权清册、有关财务会计报告以及职工、高管人员工资的支付和社会保险费用、住房公积金的缴纳情况。

39. （受理的同时应指定管理人）人民法院裁定受理破产申请的，应当同时指定管理人。法院确定管理人的时间不计入审查受理期间。

40. （裁定不予受理）人民法院裁定不受理破产申请的，应当自裁定作出之日起五日内送达申请人和被申请人。申请人对裁定不服的，可以自裁定送达之日起十日内向上一级人民法院提起上诉。

上一级人民法院应当自上诉受理之日起三十日内作出裁定。申请人上诉理由成立的，裁定撤销原裁定，指令下级人民法院受理破产申请。

41. （裁定驳回破产清算申请）人民法院受理破产清算申请后至破产宣告前，经审查发现债务人不符合企业破产法第二条规定情形的，可以裁定驳回申请。申请人对裁定不服的，可以自裁定送达之日起十日内向上一级人民法院提起上诉。

上一级人民法院应当自上诉受理之日起三十日内作出裁定。申请人上诉理由成立的，裁定撤销原裁定，指令下级人民法院继续审理。

第三节　受理破产申请后的工作

一、对债权人的相关工作

42. （通知已知债权人并予以公告）人民法院受理破产申请后，应当自受理裁定或者上级人民法院指令受理裁定作出之日起二十五日内，自行或委托管理人向已知债权人发出书面受理通知，法院并应在人民法院报上予以公告。涉及境外已知债权人的，可通过邮寄、传真、电子邮件等能够确认收悉的适当方式通知。

通知和公告应当载明下列事项：

（1）申请人、被申请人的名称或者姓名；

（2）人民法院受理破产申请的时间；

（3）申报债权的期限、地点和注意事项；

（4）管理人名称或者姓名及其处理事务的地址；

（5）债务人的债务人或者财产持有人应当向管理人清偿债务或者交付财产的要求；

（6）第一次债权人会议召开的时间和地点；

（7）人民法院认为应当通知和公告的其他事项。

已知债权人的范围可以根据债务人提交的债务清册，或者清算责任人提交的财务报告或清算报告确定。

按照债务清册、财务报告或清算报告的记载，无法与债权人取得联系的，该债权人视为未知债权人。

43.（申报债权的期限）人民法院确定的债权申报期限自人民法院发布受理破产申请公告之日起计算，最短不得少于三十日，最长不得超过三个月。

二、对债务人的相关工作

44.（通知债务人停止清偿债务）人民法院受理破产申请后，应立即通知债务人停止向债权人清偿债务。债务人的日常开支和其他必要开支由管理人审查批准。

人民法院受理破产申请后，债务人对个别债权人的债务清偿无效。

45.（告知债务人或有关人员应承担的义务）人民法院受理破产案件后，应告知债务人的法定代表人、（必要时）债务人的财务管理人员和其他经营管理人员在破产程序终结前承担以下义务：

（1）在管理人接管之前，妥善保管其占有和管理的财产、印章和账簿、文书等资料；

（2）根据人民法院、管理人的要求进行工作，并如实回答询问；

（3）列席债权人会议并如实回答债权人的询问；

（4）未经人民法院许可，不得离开住所地；

（5）不得新任其他企业的董事、监事、高级管理人员。

人民法院受理破产申请后，债务人的有关人员未经人民法院许可或者管理人同意，擅自以债务人名义对外从事经营活动的行为无效，造成债务人或者相对人损失的，管理人或者相对人请求债务人的有关人员承担民事责任的，人民法院应当依法支持。

三、对有关部门的相关工作

46.（通知银行停止结算）人民法院裁定受理破产清算申请后，应当立即通知债务人的开户银行停止债务人的账户支出，债务人的日常开支和其他必要开支由管理人审查批准并通知银行。

债务人的开户银行收到人民法院的通知后，不得扣划债务人的既存款和汇入款抵还贷款及利息。扣划的无效，应当退还扣划的款项。

47.（通知工商管理部门）人民法院应将受理破产申请的裁定送达债务人注册登记的工商行政管理部门，并告知需要其配合工作的有关事项。

48.（通知公安部门刻制管理人用章）人民法院受理破产案件后，应书面通知公安部门为管理人刻制管理人公章［印文为"×××（债务人名称）管理人"］和财务专用章，以便管理人设立管理人账户及开展相关工作。

四、管理人的相关工作

49.（接管债务人财产）人民法院指定管理人后，管理人应当及时接管债务人的财产、印章和账簿、文书等资料。

管理人接管债务人的财产，一般应当自管理人被指定之日起二个月内完成。确因客观原因无法在二个月内完成接管的，经人民法院许可，接管期限可相应延长。

50.（决定债务人是否停止营业）人民法院受理破产申请时债务人处于营业中的，管理人应在第一次债权人会议召开前，及时决定继续或者停止债务人的营业，并应经人民法院许可。

51.（处分债务人财产）在第一次债权人会议召开前，管理人对易损、易腐、跌价、保管费用较高以及其他必须及时处置的财产予以处置，须经法院许可。

52.（管理人对未履行完毕合同的处理）人民法院受理破产申请后，管理人对破产申请受理之前成立而债务人和对方当事人均未履行完毕的合同，应当根据最有利于债务人财产利益的原则，及时决定解除或者继续履行，并书面通知对方当事人。

管理人自破产申请受理之日起二个月内未通知对方当事人，或者自收到对方当事人催告之日起三十日内未答复的，视为解除合同。

53.（管理人为继续履行合同提供担保）管理人决定继续履行合同的，对方当事人应当履行；但对方当事人有权要求管理人为继续履行合同提供担保。管理人不提供担保的，视为解除合同。

五、解除财产保全措施、中止执行程序

54.（解除财产保全措施）自受理破产申请裁定作出之日起，除因破产程序需要对债务人财产采取保全措施外，人民法院及行政机关不得对债务人的财产采取新的保全措施。

债务人财产在破产申请受理前已被采取保全措施的，管理人应当向采取保全措施的人民法院或行政机关发出解除保全措施的通知，并附破产申请受理裁定。采取保全措施的人民法院或行政机关接到通知后，应当及时解除保全措施，同时通知管理人，并将财产移交管理人接管。

55.（中止执行程序）自人民法院作出受理破产申请裁定之日起，有关人民法院或者行政机关不得执行债务人的财产。

破产申请受理之前已经开始但尚未完毕的针对债务人财产的执行程序应当中止，

管理人应当向相关人民法院或行政机关发出中止执行程序的通知，并附破产申请受理裁定。执行法院或行政机关接到通知后，应当及时中止执行。

人民法院裁定宣告债务人破产，或者裁定批准重整计划或和解协议后，因破产受理而中止的对债务人财产的执行程序终结。

56.（保全措施与执行程序的恢复）人民法院在受理破产申请后至破产宣告前裁定驳回破产申请，或者在破产宣告前依据企业破产法第一百零八条的规定裁定终结破产程序的，管理人应当及时通知原有关保全或者执行债务人财产的人民法院或者行政机关按照原保全顺位恢复相关保全或者恢复执行，并移交已接管的保全财产或执行财产。

六、有关债务人民事诉讼的审理问题

57.（未结民事诉讼或仲裁的中止与恢复）人民法院受理破产申请后，已经开始而尚未终结的有关债务人的民事诉讼或者仲裁应当中止，等待管理人接管债务人财产。管理人应当向审理民事诉讼的人民法院或者进行仲裁的仲裁机关发送中止审理程序通知，并附破产申请受理裁定。

管理人接管债务人的财产后，应当通知相关人民法院或者仲裁机关恢复已中止的诉讼或者仲裁。

58.（尚未终结的给付之诉的处理问题）人民法院受理破产申请后，已经开始而尚未终结的请求债务人为给付的民事诉讼或者仲裁，受理法院或者仲裁庭应当将债务人已进入破产程序的事实告知该案的债权人，并直接作出是否确认当事人之间债权债务的裁判，而不应作出以给付为内容的裁判。

59.（新发生的有关债务人民事案件的集中管辖）人民法院受理破产申请后，以债务人为原告、被告或者第三人的新提起的第一审民事诉讼，由受理破产申请的人民法院管辖，不受民事诉讼法、海事特别诉讼法及有关司法解释关于地域管辖、级别管辖和专属管辖规定的限制。但确认仲裁条款效力、申请撤销仲裁裁决的案件除外。

上述由受理破产申请的人民法院管辖的第一审民事案件，在受理法院内部根据案件类型和法院内部分工由相关审判庭进行审理。

人民法院受理破产申请后，与债务人相关的民事权利义务争议，如果当事人双方就解决争议约定有明确有效的仲裁条款，则应当按照约定通过仲裁方式解决。

60.（有关债务人诉讼的当事人问题）人民法院受理破产申请后，有关债务人的民事诉讼（包括破产申请受理时已经开始而尚未终结的民事诉讼，以及破产申请受理后新提起的民事诉讼），由债务人作为诉讼主体，管理人负责人作为诉讼代表人代表债务人参加诉讼；管理人为个人的，由该人员作为债务人的诉讼代表人。

管理人依企业破产法第三十一条、第三十二条提起的破产撤销权诉讼，以及依企业破产法第三十三条提起的确认债务人行为无效之诉，应由管理人作为原告，不适用前款关于诉讼主体的规定。

第二章　管理人

第一节　一般规定

61.（管理人职责）人民法院监督管理人履行下列职责：

（1）接管债务人的财产、印章和账簿、文书等材料；

（2）调查债务人财产状况，制作财产状况报告；

（3）决定债务人的内部管理事务；

（4）决定债务人的日常开支和其他必要开支；

（5）在第一次债权人会议召开之前，决定继续或者停止债务人的营业；

（6）管理和处分债务人的财产；

（7）代表债务人参加诉讼、仲裁或者其他法律程序；

（8）提议召开债权人会议；

（9）人民法院认为管理人应当履行的其他职责。

62.（不得转委托）管理人一经指定，不得以任何形式将管理人应当履行的职责全部或者部分转给其他社会中介机构或者个人。

63.（须经法院许可的行为）在第一次债权人会议召开之前，管理人决定继续或者停止债务人的营业，或者有企业破产法第六十九条规定行为之一的，应当经人民法院许可。

64.（聘用工作人员）管理人经人民法院许可，聘用必要的审计、评估、拍卖等社会中介机构的，可以通过市高级人民法院委托司法鉴定和拍卖工作办公室，从相关名册中随机确定聘用的中介机构，并由管理人出具委托手续；亦可以由管理人制定其他选任方案报债权人会议决定。债权人会议授权管理人自行确定或者授权债权人委员会决定的，依债权人会议授权处理。

65.（管理人报告义务）人民法院根据破产案件的情况，可以要求管理人就其工作进展情况定期向人民法院出具报告。

第二节　管理人的指定

66.（指定管理人的时间）人民法院裁定受理破产申请的，应当同时指定管理人。

67.（指定管理人的法律文书）受理破产案件的人民法院指定管理人应当制作决定书，并向被指定为管理人的社会中介机构或者个人以及破产申请人、债务人、债务人的注册登记机关送达。

指定管理人决定书应与受理破产申请的民事裁定书一并公告。

68.（管理人负责人的指定）人民法院指定社会中介机构或者清算组担任管理人的，应当同时指定管理人负责人。

社会中介机构或者清算组需要变更管理人负责人的，应当向人民法院提出申请。

69.（指定中介机构或者个人）一般应指定管理人名册中的社会中介机构担任管理人。

对于事实清楚、债权债务关系简单、债务人财产相对集中的企业破产案件，人民法院可以指定管理人名册中的个人担任管理人。

70.（指定清算组）有下列情形之一的，人民法院可以指定清算组为管理人：

（1）破产申请受理前，根据有关规定已经成立清算组（包括金融机构的行政清理组、公司强制清算程序中法院指定成立的清算组），且人民法院认为符合最高人民法院《关于审理企业破产案件指定管理人的规定》第十九条规定；

（2）审理企业破产法第一百三十三条规定的政策性破产案件；

（3）人民法院认为可以指定清算组为管理人的其他情形。

71.（清算组成员构成）清算组为管理人的，人民法院可以从政府有关部门、编入管理人名册的社会中介机构、金融资产管理公司中指定清算组成员，人民银行及金融监督管理机构可以按照有关法律和行政法规的规定派人参加清算组。

72.（强制清算转破产的管理人指定）公司强制清算转入破产清算的，如原强制清算中的清算组由管理人名册中的中介机构或者个人组成或者参加，该中介机构或者个人亦不存在与本案有利害关系等不宜担任管理人或者管理人成员的情形的，人民法院可以指定该中介机构或者个人作为破产案件的管理人，或者吸收该中介机构作为新成立的清算组管理人的成员。

上述中介机构或者个人不宜担任破产清算中的管理人或者管理人的成员的，人民法院应当根据企业破产法和有关司法解释的规定，及时指定管理人。

73.（摇号方式指定）人民法院一般应当采取随机摇号方式从本市管理人名册中公开指定管理人。具体步骤是：受理破产案件的人民法院向市高级人民法院委托司法鉴定和拍卖工作办公室提出随机确定管理人的申请，并明确所需管理人的类别（机构管理人，或个人管理人）；市高级人民法院委托司法鉴定和拍卖工作办公室召集选定管理人会议，进行摇号，并将选定结果书面通知受理破产案件的人民法院；受理法院依该通知制作指定管理人决定书。

74.（竞争方式指定）商业银行、证券公司、保险公司等金融机构或者在全国范围有重大影响、法律关系复杂、债务人财产分散的企业破产案件，人民法院可以采取公告的方式，邀请编入各地人民法院管理人名册中的社会中介机构参与竞争，从参与竞争的社会中介机构中指定管理人。参与竞争的社会中介机构不得少于三家。

75.（竞争方式中的评审）采取竞争方式指定管理人的，人民法院应当组成专门的评审委员会。评审委员会由审理破产案件审判庭的人员、人民法院司法技术辅助工作部门人员、相关审判委员会委员、人民法院监察部门人员组成。

评审委员会应当结合案件的特点，综合考量社会中介机构的专业水准、经验、机构规模、初步报价等因素，从参与竞争的社会中介机构中择优指定管理人。被指定为管理人的社会中介机构应经评审委员会成员二分之一以上通过。

采取竞争方式指定管理人的，人民法院应当确定一至两名备选社会中介机构，作为需要更换管理人时的接替人选。

76.（接受推荐方式指定）对于经过行政清理、行政清算的商业银行、证券公司、保险公司等金融机构的破产案件，人民法院除了可以指定清算组担任管理人外，也可以在金融监督管理机构推荐的已编入管理人名册的社会中介机构中指定管理人。

77．（利害关系回避）在进入指定管理人程序后，社会中介机构或者个人发现本人与本案有利害关系，符合最高人民法院《关于审理企业破产案件指定管理人的规定》第二十三条、第二十四条规定的情形的，应主动申请回避并向人民法院书面说明情况。人民法院查证属实的，不应指定该社会中介机构或者个人为本案管理人。

78．（不宜指定的其他情形）社会中介机构或者个人有重大债务纠纷，或者因涉嫌违法行为正被相关部门调查的，人民法院不应指定该社会中介机构或者个人为本案管理人。

79．（拒绝指定）管理人无正当理由，不得拒绝人民法院的指定。

80．（管理人印章）管理人持人民法院受理破产申请裁定书、指定管理人决定书和刻制印章通知书，到公安机关刻制管理人印章，印文为"×××（债务人名称）管理人"。管理人印章交人民法院封样备案后启用。

管理人印章只能用于所涉破产事务。管理人根据企业破产法第一百二十二条规定终止执行职务后，应当将管理人印章交公安机关销毁，并将销毁证明送交法院。公安机关不予办理的，交人民法院销毁，人民法院应制作销毁笔录。

81．（指定材料入卷）受理破产案件的人民法院应当将指定管理人过程中形成的材料存入破产案件卷宗，债权人会议或者债权人委员会有权查阅。

第三节　管理人的更换

82．（债权人会议申请更换）债权人会议认为管理人不能依法、公正执行职务或者有其他不能胜任职务情形，形成债权人会议决议并书面申请更换管理人的，人民法院应通知管理人在二日内作出书面说明，并且在收到管理人书面说明之日起十日内作出是否更换管理人的决定。

83．（更换机构管理人）社会中介机构管理人有下列情形之一的，人民法院可以根据债权人会议的申请或者依职权径行决定更换管理人：

（1）执业许可证或者营业执照被吊销或者注销；

（2）出现解散、破产事由或者丧失承担执业责任风险的能力；

（3）依据最高人民法院《关于审理企业破产案件指定管理人的规定》第二十三条能够认定与本案有利害关系；

（4）履行职务时，因故意或者重大过失导致债权人利益受到损害；

（5）有重大债务纠纷，或者因涉嫌违法行为正被相关部门调查；

（6）拒绝接受人民法院、债权人会议、债权人委员会的监督，经批评教育仍不改正；

（7）违反法律、司法解释和本规程规定私自收费；

（8）缺乏担任管理人所应具备的专业能力。

清算组成员参照适用前款规定。

84．（更换个人管理人）个人管理人有下列情形之一的，人民法院可以根据债权人会议的申请或者依职权径行决定更换管理人：

（1）执业资格被取消、吊销；

（2）依据最高人民法院《关于审理企业破产案件指定管理人的规定》第二十四条

能够认定与本案有利害关系；

（3）履行职务时，因故意或者重大过失导致债权人利益受到损害；

（4）失踪、死亡或者丧失民事行为能力；

（5）因健康原因无法履行职务；

（6）执业责任保险失效；

（7）有重大债务纠纷，或者因涉嫌违法行为正被相关部门调查；

（8）拒绝接受人民法院、债权人会议、债权人委员会的监督，经批评教育仍不改正；

（9）违反法律、司法解释和本规程规定私自收费；

（10）缺乏担任管理人所应具备的专业能力。

清算组成员的派出人员、社会中介机构的派出人员参照适用前款规定。

85.（管理人辞职）管理人无正当理由申请辞去职务的，人民法院不予许可。正当理由的认定，可参照适用最高人民法院《关于审理企业破产案件指定管理人的规定》及本规程关于更换管理人事由的规定。

人民法院对管理人申请辞去职务未予许可，管理人仍坚持辞去职务并不再履行管理人职责的，人民法院应当决定更换管理人。

86.（更换管理人决定书）人民法院决定更换管理人的，应将决定书送达原管理人、新任管理人、破产申请人、债务人以及债务人的注册登记机关，并予公告。

87.（新旧管理人交接）人民法院决定更换管理人的，原管理人应当自收到决定书之次日起，在人民法院监督下向新任管理人移交全部资料、财产、营业事务及管理人印章，并及时向新任管理人书面说明工作进展情况。

原管理人不履行上述职责的，新任管理人可以直接接管相关事务。

在破产程序终结前，原管理人应当随时接受新任管理人、债权人会议、人民法院关于其履行管理人职责情况的询问。

88.（罚款）管理人申请辞去职务未获人民法院许可，但仍坚持辞职并不再履行管理人职责，或者人民法院决定更换管理人后，原管理人拒不向新任管理人移交相关事务，人民法院可以根据企业破产法第一百三十条的规定和具体情况，决定对原管理人罚款。对社会中介机构为管理人的罚款5万元至20万元人民币，对个人为管理人的罚款1万元至5万元人民币。

罚款必须经院长批准，并制作决定书。

89.（对罚款的复议及其处理）管理人不服罚款决定的，可以向上一级人民法院申请复议，上级人民法院应在收到复议申请后五日内作出决定，并将复议结果通知下级人民法院和当事人。

90.（除名）管理人有本规程第88条规定的行为或者无正当理由拒绝人民法院指定的，市高级人民法院可以决定停止其担任管理人一年至三年，或者将其从管理人名册中除名。

第四节　管理人报酬

91.（报酬的计算方法）人民法院应根据债务人最终清偿的财产价值总额，在以下比例限制范围内分段确定管理人报酬：

（1）不超过一百万元（含本数，下同）的，在12%以下确定；

（2）超过一百万元至五百万元的部分，在10%以下确定；

（3）超过五百万元至一千万元的部分，在8%以下确定；

（4）超过一千万元至五千万元的部分，在6%以下确定；

（5）超过五千万元至一亿元的部分，在3%以下确定；

（6）超过一亿元至五亿元的部分，在1%以下确定；

（7）超过五亿元的部分，在0.5%以下确定。

担保权人优先受偿的担保物价值，不计入前款规定的财产价值总额。

92.（报酬方案）人民法院受理破产申请后，应当对债务人可供清偿的财产价值和管理人的工作量作出预测，初步确定管理人报酬方案。报酬方案包括管理人报酬比例和收取时间。

人民法院可以根据破产案件的实际情况，确定管理人分期或者最后一次性收取报酬。

93.（竞争方式的报酬）人民法院采取公开竞争方式指定管理人的，可以根据社会中介机构提出的报价确定管理人报酬方案，但报酬比例不得超出本规程第91条规定的限制范围。

上述报酬方案一般不予调整，但债权人会议异议成立的除外。

94.（报酬方案告知）人民法院应当自确定管理人报酬方案之日起三日内，书面通知管理人。

管理人应当在第一次债权人会议上报告管理人报酬方案内容。

95.（管理人与债权人会议协商）管理人和债权人会议对管理人报酬方案有意见的，可以进行协商。双方就调整管理人报酬方案内容协商一致的，管理人应向人民法院书面提出具体的请求和理由，并附相应的债权人会议决议。

人民法院经审查认为上述请求和理由不违反法律和行政法规强制性规定，且不损害他人合法权益的，应当按照双方协商的结果调整管理人报酬方案。

96.（报酬方案调整）人民法院确定管理人报酬方案后，可以根据破产案件和管理人履行职责的实际情况进行调整。

人民法院应当自调整管理人报酬方案之日起三日内，书面通知管理人。管理人应当自收到上述通知之日起三日内，向债权人委员会或者债权人会议主席报告管理人报酬方案调整内容。

97.（影响报酬的因素）人民法院确定或者调整管理人报酬方案时，应当考虑以下因素：

（1）破产案件的复杂性；

（2）管理人的勤勉程度；

（3）管理人为重整、和解工作做出的实际贡献；

（4）管理人承担的风险和责任；

（5）债务人住所地居民可支配收入及物价水平；

（6）其他影响管理人报酬的情况。

前期的公司清算工作和行政处置工作减轻管理人工作负担的，人民法院应当根据管理人的实际工作确定和调整管理人报酬。

98.（报酬的收取）管理人收取报酬，应当向人民法院提出书面申请。人民法院应当自收到上述申请书之日起十日内，确定支付管理人的报酬数额。

99.（禁止重复报酬）律师事务所、会计师事务所通过聘请本专业的其他社会中介机构或者人员协助履行管理人职责的，所需费用从其报酬中支付。

经人民法院许可，律师事务所、会计师事务所通过聘请非本专业的其他社会中介机构或者人员协助履行管理人职责的，所需费用作为破产费用从债务人财产中支付。

破产清算事务所通过聘请其他社会中介机构或者人员协助履行管理人职责的，所需费用从其报酬中支付。

100.（清算组的报酬）清算组中有关政府部门派出的工作人员不收取报酬。其他机构或人员的报酬根据其履行职责的情况确定。

101.（管理人变更情形的报酬）管理人发生更换的，人民法院应当根据其履职情况分别确定更换前后的管理人报酬。其报酬比例总和不得超出本规程第91条规定的限制范围。

102.（担保物管理的报酬）管理人对担保物的维护、变现、交付等管理工作付出合理劳动的，有权向担保权人收取适当的报酬。管理人与担保权人就上述报酬数额不能协商一致的，人民法院应当参照本规程第91条规定的方法确定，但报酬比例不得超出该条规定限制范围的10%。

103.（债权人会议异议权）债权人会议对管理人报酬有异议的，应当向人民法院书面提出具体的请求和理由。异议书应当附相应的债权人会议决议。

104.（债权人会议异议的处理）人民法院应当自收到债权人会议异议书之日起三日内通知管理人。管理人应当自收到通知之日起三日内作出书面说明。人民法院认为有必要的，可以举行听证会，听取当事人意见。

人民法院应当自收到债权人会议异议书之日起十日内，就是否调整管理人报酬问题书面通知管理人、债权人委员会或者债权人会议主席。

第三章　债务人财产

第一节　债务人财产总述

105.（债务人财产的范围）破产申请受理时属于债务人的全部财产，以及破产申请受理后至破产程序终结前债务人取得的财产，为债务人财产。

在破产重整程序和破产和解程序中，破产程序的终结指裁定批准重整计划或和解协议时，但是破产重整程序或破产和解程序转入破产清算程序的除外。

债务人财产的范围不以债务人是否实际占有为认定条件。

106.（已设定担保的财产）债务人为自己或他人的债务以自己的财产设定担保的，该财产为债务人财产。

该财产优先清偿担保权人，剩余部分的价款向其他债权人清偿。不足以清偿担保权人的，担保权人以不足部分申报债权。

设定担保物权的财产毁损、灭失的，因担保物毁损、灭失而产生的保险金、补偿金和赔偿金等代偿物，仍然属于担保财产。

107.（共有财产）债务人与他人共有的物、债权、知识产权等财产或财产权益，应当在破产中予以分割，债务人分割所得属于债务人财产；共有财产不能分割的，应当就其应得部分转让，转让所得属于债务人财产。转让时共有人有优先购买权。

108.（债务人的对外投资）债务人的对外投资及其收益属于债务人财产。管理人在清理债务人对外投资时，不得以该投资价值为负或为零而不予清理。

109.（与执行相关的财产）自人民法院作出受理破产申请裁定之日，有关债务人财产的执行程序中止；执行机关对债务人财产尚未执行完毕的剩余部分为债务人财产，由管理人从执行法院或者其他执行机关接管。因错误执行应当执行回转的财产，在执行回转后列入债务人财产。

执行法院对债务人的动产作出拍卖成交裁定或者以物抵债裁定，且该动产已交付给买受人或者债权人的，视为执行完毕。

执行法院对债务人的不动产、有登记的特定动产或者其他财产权作出拍卖成交裁定或者以物抵债裁定，且该裁定已经送达买受人或者债权人的，视为执行完毕。

执行机关扣划债务人的账户资金，该资金已脱离债务人的实际控制，视为该次执行已完毕。

110.（债务人的债务人清偿债务）人民法院受理破产申请后，债务人的债务人或者财产持有人应当向管理人清偿债务或者交付财产。

故意违反前款规定向债务人清偿债务或者交付财产，使债权人受到损失的，不免除其清偿债务或者交付财产的义务。

111.（支付令）管理人向债务人的债务人追收债权时，可以以债务人的名义向受理破产案件的基层人民法院，或者向受理破产案件的中级人民法院下属的基层人民法院申请支付令。

112.（追收未缴出资）管理人应当及时向债务人的出资人追缴未缴出资。未缴出资包括应缴未缴的出资，以及破产申请受理时缴纳期限尚未届满的出资。管理人应当向出资人发出追缴出资的通知，并指定缴纳期限。指定的缴纳期限届满后出资人仍未缴纳出资的，管理人有权以债务人的名义、以出资人为被告向人民法院提起诉讼请求缴纳。出资人以出资期限尚未届满或者超过诉讼时效等理由抗辩的，人民法院不予支持。

债务人的出资人有抽逃出资行为的，管理人应要求该出资人返还抽逃的出资，比照前款规定处理。

113.（董、监、高非正常收入和侵占财产的追回）债务人的董事、监事和高级管理人员利用职权从企业获取的非正常收入和侵占的企业财产，管理人应当追回。

债务人出现破产原因，在拖欠其他职工工资的情况下，董事、监事和高级管理人员获取的高于职工平均工资的收入，属于前款所称的"非正常收入"。

114.（管理人取回质物、留置物）人民法院受理破产申请后，管理人可以通过清偿债务或者提供为债权人接受的担保，取回质物、留置物。

前款规定的债务清偿或者替代担保，在质物或者留置物的价值低于被担保的债权额时，以该质物或者留置物当时的市场价值为限。

第二节　破产撤销权和无效行为

115.（破产撤销权诉讼）管理人发现债务人存在企业破产法第三十一条或第三十二条规定的行为之一的，有权以自己的名义，以受益人为被告，向受理破产案件的人民法院提起破产撤销权诉讼。

116.（破产撤销权的行使）行使破产撤销权是管理人的职责，无须债权人会议表决或者授权。

管理人发现债务人存在企业破产法第三十一条或三十二条规定的行为，但认为可以不提起破产撤销诉讼的，应当向债权人会议通报并说明理由，由债权人会议决议是否不提起诉讼。

117.（得撤销的个别清偿的范围）企业破产法第三十二条规定的得撤销的个别清偿是指对无财产担保债权的个别清偿，不包括债务人对有财产担保债权的个别清偿，但对于超出担保财产市价部分的担保债权的个别清偿仍属于撤销范围。

118.（必要的个别清偿）债务人有企业破产法第三十二条规定的个别清偿情形，而该个别清偿系基于维系债务人正常生产经营需要而必须进行的支出的，不应予以撤销。该类支出主要指水、电、气、煤等费用。

119.（银行自行抵扣到期债权的撤销）人民法院受理破产申请前六个月内，债权银行明知债务人已出现破产原因，仍然自行扣划债务人的银行存款清偿债务人对其负有的到期债务的，属于企业破产法第三十二条规定的应撤销的行为。

120.（不可撤销赠与合同的例外）人民法院受理破产申请前一年内，债务人在已经发生破产原因的情况下签订的救灾、扶贫等社会公益、道德义务性质的赠与合同或者经过公证的赠与合同，管理人可以依据企业破产法第三十一条的规定行使破产撤销权，但债务人已经实际完成赠与的除外。

121.（债务人无效行为）管理人发现债务人为逃避债务隐匿、转移财产的，应当依法追回相关财产。基于无效行为的财产占有人不予返还的，管理人有权以自己的名义、以该财产占有人为被告提起诉讼，请求返还。追回的财产归入债务人财产。

债务人虚构债务或者承认不真实债务的，管理人有权以自己的名义、以行为相对人为被告提起诉讼，请求确认该行为无效。追回的财产归入债务人财产。

第三节　取回权

122.（一般取回权）人民法院受理破产申请后，债务人占有的不属于债务人的财产之权利人向管理人主张取回该财产，管理人经审查予以认可的，可将该财产返还取回权人，并及时报告债权人委员会。未成立债权人委员会的，应当报告债权人会议；管理人不予认可的，权利人可以以债务人为被告向人民法院提起诉讼，请求行使取回权。

123.（破产申请受理前取回物被转让时取回权的行使）在破产申请受理前取回物被转让的，如果受让人支付了相应合理的对价，且该对价与债务人的其他财产不发生混同的，取回权人可就该对价行使取回权；如果该对价与债务人的其他财产发生混同的，取回权人以该物价申报债权。

在破产申请受理前取回物被转让的，如果受让人并未支付对价或支付的对价明显低于物价的，在符合破产撤销权规定情形下，按照破产撤销权的相关规定处理，因撤销而追回的物，由权利人按照一般取回权的规定取回；在不符合破产撤销权规定情形时，按照前款规定处理。

124.（取回物毁损、灭失时取回权的行使）取回物因自然原因或者第三人原因毁损、灭失的，权利人向管理人主张对相应保险金、赔偿金或代偿物行使取回权的，人民法院应予支持。

125.（所有权保留买卖合同下的取回权）以债务人为买受人的买卖合同中约定未付清全部价款前所有权属于出卖人的，如债务人未付清全款即进入破产程序，则债务人支付价款的期限于受理破产案件之日加速到期，管理人决定继续履行该合同的，应付清全部价款，取得买卖标的物的所有权；管理人决定不继续履行合同或不支付剩余款项的，则出卖人在返还债务人已付价款的前提下，有权行使对买卖标的物的取回权。

126.（运输途中标的物的取回）破产申请受理时，出卖人已将买卖标的物向作为买受人的债务人发运，债务人尚未收到且未付清全部价款、标的物所有权仍为出卖人所有的，出卖人可以通过通知承运人中止运输、返还货物、变更到达地或者将货物交给其他收货人等方式行使对该在运途中标的物的取回权。但是，管理人可以支付全部价款，请求出卖人交付标的物。

127.（取回权与对待给付义务的同时履行）权利人行使取回权时应当对待给付的，管理人有权主张权利人先交付法定或者约定的取回物之加工费、保管费、托运费、委托费、代销费、维护费等费用后再行取回相应财产。管理人可以权利人未履行上述对待给付义务为由拒绝取回权的行使。

128.（特别约定下取回权的行使）权利人与债务人对债务人合法占有的权利人的财产的取回有特别约定的，在破产清算和和解申请受理后，权利人可不受原约定条件的限制，行使取回权。

债务人重整期间，权利人主张取回债务人合法占有的权利人的财产，应当符合双方事先约定的条件。

第四节　破产抵销

129.（破产抵销的基本含义）债权人在破产申请受理前对债务人负有债务的，可以向管理人主张抵销。

130.（抵销权的行使主体）破产抵销权只能由债权人行使。管理人不得主动提出。

131.（破产抵销权的行使时间）债权人行使破产抵销权，应当在破产财产分配方案提交债权人会议表决之前、或者和解协议或重整计划草案提交债权人会议表决之前行使。

132.（破产抵销权的行使）债权人行使破产抵销权，应当向管理人提出抵销申请。管理人经审查予以认可的，可抵销该债权债务，并及时报告债权人委员会。未成立债权人委员会的，应当报告债权人会议；管理人不予认可的，债权人可以以债务人为被告，向人民法院提起破产抵销权诉讼。

133.（抵销债权的条件）债权人用以抵销的债权应当同时满足以下条件：

（1）已依据企业破产法的规定进行申报；

（2）经债权人会议核查无异议；

（3）债权债务关系无争议；

（4）未超过诉讼时效或者申请执行时效；

（5）不属于企业破产法第四十条第（一）、（三）项规定的债权。

134.（不同种类标的物债权的抵销）与债务人互负债务的标的物种类、品质不同但均可折合为货币的，债权人主张行使破产抵销权，应当允许。

135.（约定排除抵销权）债权人与债务人在合同中约定放弃一般民法上的抵销权的，在破产程序中仍可主张行使破产抵销权。

136.（破产抵销权的禁止）债权人的以下债权不得与对债务人的债务进行破产抵销：

（1）债务人的债务人在破产申请受理后，取得他人对债务人的债权；

（2）债权人已知债务人有不能清偿到期债务或者破产申请的事实，对债务人负担债务的；但是，债权人因为法律规定或者有破产申请一年前所发生的原因而负担债务的除外；

（3）债务人的债务人已知债务人有不能清偿到期债务或者破产申请的事实，对债务人取得债权的；但是，债务人的债务人因为法律规定或者有破产申请一年前所发生的原因而取得债权的除外；

（4）债务人股东的债权不得与其因欠缴公司的出资或抽逃出资形成的债务抵销；

（5）债权人因侵权行为对债务人负有的债务不得与其享有的债权抵销；

（6）滥用股东权利损害公司或者其他股东利益的债务人股东对公司享有的债权不得抵销；

（7）清偿顺序在普通债权之后的劣后债权不得与对债务人的债务抵销，如行政、刑事罚款、罚金和没收违法所得等债权。

第四章 破产费用和共益债务

137.（破产费用）人民法院受理破产申请后发生的，为全体债权人的共同利益、保障破产程序顺利进行所必需的程序上的费用，为破产费用。包括：

（1）破产案件的申请费；

（2）管理、变价和分配债务人财产的费用；

（3）管理人执行职务的费用、报酬和聘用工作人员的费用。

138.（破产案件申请费）破产案件申请费依据破产财产总额计算，按照《诉讼费用交纳办法》规定的财产案件受理费标准减半交纳，但是，最高不超过30万元。

破产案件申请费不预交，从破产财产中拨付。

139.（管理、变价和分配债务人财产的费用）管理、变价和分配债务人财产的费用包括：

（1）破产企业留守人员工资；

（2）破产程序期间债务人财产、设施的保管、维护、仓储、运输、保险等费用；

（3）催收破产企业债权所需费用及诉讼中发生的费用；

（4）审计、评估、拍卖、变卖债务人财产的费用。

140.（债权人会议费用）召开债权人会议所必需的会场租赁、材料、通讯等费用应列入破产费用。

债权人参加破产程序的费用不列入破产费用。

141.（债权人委员会的费用）债权人委员会及其成员履行职责所必需的费用，经债权人会议同意或者授权，可以列入破产费用。

142.（破产前的清算费用）在债务人破产案件受理前，尚未支付的公司强制清算费用，符合本规程关于破产费用范围的规定的，可以列入破产费用。

债务人为金融机构的，经国务院金融监督管理机构核准而尚未支付的行政处置费用，可以列入破产费用。

143.（共益债务）共益债务是指人民法院受理破产申请后，为全体债权人的共同利益而由债务人财产负担的债务。包括：

（1）因管理人或者债务人请求对方当事人履行双方均未履行完毕的合同所产生的债务；

（2）债务人财产受无因管理所产生的债务；

（3）因债务人不当得利所产生的债务；

（4）为债务人继续营业而应支付的劳动报酬和社会保险费用以及由此产生的其他债务；

（5）管理人或者相关人员执行职务致人损害所产生的债务；

（6）债务人财产致人损害所产生的债务。

144.（破产费用和共益债务的清偿）破产费用和共益债务由债务人财产随时清偿。

债务人财产不足以清偿所有破产费用和共益债务的，先行清偿破产费用。

债务人财产不足以清偿欠付的破产费用或者共益债务的，按照比例清偿。

145.（清偿的执行主体）破产费用的支付和共益债务的清偿，由管理人执行。

管理人应将清偿的项目、时间、数额等列清单记明，并定期向人民法院通报。

146.（审查申请费用的垫付）债权人为破产申请人的，案件受理前人民法院审查申请所发生的通知债务人等必要的费用，由债权人垫付。

147.（债务人财产不足以清偿破产费用）债务人财产不足以清偿破产费用的，管理人应当提请人民法院宣告债务人破产并终结破产程序。即使债权申报期未届满，亦可申请。

债权人、管理人、债务人的出资人或者其他利害关系人愿意垫付破产费用的，破产程序可以继续进行。垫付款项作为破产费用，从债务人财产中向垫付人随时清偿。

148.（税费的交纳）人民法院受理破产申请后，因变价和分配债务人财产而发生债务人土地使用权、房屋所有权、有价证券等转移的，债务人依税法规定交纳应由其承担的税费。

149.（控制破产成本）破产程序中应尽量降低破产成本。各种破产费用的支出要按照保证工作需要的最低标准支付。

第五章　债权申报

第一节　债权申报

150.（债权申报期限和补充申报）人民法院受理破产申请时对债务人享有债权的债权人，应当在人民法院受理破产申请通知书和公告中确定的债权申报期限内向管理人申报债权。

在人民法院确定的债权申报期限内，债权人未申报债权的，可以在最后一次破产分配方案提交债权人会议表决之前、或者和解协议或重整计划草案提交债权人会议表决之前补充申报。但此前已进行的分配不再对其补充分配。为审查和确认补充申报债权的费用，由补充申报人承担。

债权人未依照企业破产法规定申报债权的，不得依照企业破产法规定的程序行使权利。

151.（破产受理后禁止对债务人提起给付之诉）人民法院受理破产申请后，债务人的债权人只能申报债权，不得就该债权对债务人提起新的给付之诉。

人民法院对此类起诉应不予受理；已经受理的，应裁定驳回债权人的起诉，并告知债权人向债务人的管理人申报债权。

152.（未申报债权即提起确认之诉的处理）人民法院受理破产申请后，债权人未申报债权而直接提起诉讼请求确认债权的，人民法院应当告知其向管理人申报债权，对其起诉应不予受理；已经受理的，应当驳回起诉。

153.（向管理人申报债权）债权人应向管理人申报债权。向受理破产案件的人民法院提交债权申报文件的，不具有债权申报的效力。

154.（职工债权无需申报、职工债权登记及异议处理）企业破产法第一百一十三条第一款第（一）项规定的职工债权，不必申报。管理人应当在第一次债权人会议召开前十五日内完成调查并列出详情清单，在债务人公告栏或者其他显著地方进行公示，或者向职工送达。债务人职工人数众多、确无法在上述期限内完成的，管理人可报人民法院延长期限，并应将延长期限的情形公示。

职工对清单记载有异议的（包括对是否具有职工身份、债权数额、债权性质等有异议），应当在管理人作出职工债权清单公示后十五日内申请管理人更正，并提出要求更正的具体请求和理由。管理人不予更正的，应当作出不予更正决定，并说明理由。异议职工不服该决定的，无需申请劳动争议仲裁，可在收到该决定之日起十五日内以债务人为被告直接向受理破产申请的法院提起诉讼，请求确认债权。逾期不提起诉讼的，视为同意。

债务人所欠职工的住房公积金、住房补贴，属于企业破产法第一百一十三条第一款第（一）项规定的职工债权。

155.（税收、社会保险等债权的申报）税收、社会保险费、住房公积金债权，由有关征管机关向管理人申报。

156.（债权申报的内容）债权人应以书面形式申报债权。

债权申报文件应包含以下主要内容：债权人基本情况、债权的形成过程、债权的数额（本金数额、截至破产受理之日的孳息数额、利息计算方法和利息清单）、有无财产担保、是否属于连带债权、债权的到期日、申报时间，并应附相关证据。

申报债权时，债权人应填写联系电话、邮寄地址及联系人或收件人。破产程序中，按照以上地址发出的通知，如该债权人未实际收到的，视为收到。

157.（未到期债权、附利息债权和含违约金的债权申报）未到期的债权，在破产申请受理时视为到期。可以申报，但应扣除未到期期间的利息。

计息的债权，其利息计算至破产申请受理之日。

破产申请受理前已产生违约金的，该违约金计算至破产申请受理之日。

158.（附条件债权和诉讼、仲裁未决债权的申报）附条件的债权和诉讼、仲裁未决的债权，可以申报。

159.（外汇债权的申报）申报的债权为外币结算的，应以破产申请受理日公布的同一币种的汇率折算为人民币计算债权额，进行申报。

160.（解除合同赔偿的申报）管理人或者债务人因债务人进入破产程序而解除合同的，对方当事人以因合同解除所产生的损害赔偿请求权申报债权。

损害赔偿额的计算以实际损失为原则，不能以合同约定的违约金申报债权。

债务人收取定金的，合同相对方可以双倍定金申报债权。

161.（连带债权人的债权申报）连带债权人可以由其中一人代表全体连带债权人申报债权，也可以共同申报债权。共同申报的，申报总额不得超过该债权额。

162.（债务人之保证人、连带债务人的申报）债务人的保证人或者其他连带债务人已经代替债务人清偿债务的，以其对债务人的求偿权申报债权；

尚未代替债务人清偿债务的，以其对债务人的将来求偿权申报债权。但债权人已向管理人申报全部债权的除外。

163.（连带债务人破产时债权人的申报）连带债务人中的一人或数人进入破产程序的，债权人既可以向破产的连带债务人申报债权，也可以向未破产的连带债务人要求清偿。

连带债务人数人被裁定进入破产程序的，债权人有权就全部债权分别在各破产案件中申报债权。

164.（保证人破产时的债权申报）人民法院受理保证人破产案件时，保证债权未到期的，在保证人破产申请受理时视为到期，且承担一般保证责任的保证人不享有先诉抗辩权。

债权人可以向保证人申报保证债权。债权人未在保证人破产程序中申报债权的，保证人的保证义务自其破产清算程序终结时终止；在保证人破产程序为和解或重整程序时，按照和解债权、重整债权受偿规定受偿。

保证人被确定应承担保证责任的，保证人的管理人可以就保证人应承担的保证责任份额向主债务人行使求偿权。

165.（主债务人、保证人同时破产时的债权申报）主债务人、保证人同时破产的，债权人可以向主债务人、保证人申报全额保证债权。

在保证人提供一般保证情形，如债权人先获得主债务人清偿的，应相应削减其对保证人的债权额；如债权人先行从保证人获得清偿的，应先提存，待确定债权人从主债务人获得清偿数额后，按保证人实际应承担保证责任数额受偿。保证人履行保证责任后不再享有求偿权。

在保证人提供连带责任保证情形下，如债权人先获得主债务人清偿的，应相应削减其对保证人的债权额；如债权人先从保证人获得清偿的，保证人的管理人可以根据企业破产法第五十一条第一款规定向主债务人行使求偿权，要求主债务人将债权人应得清偿部分转付给保证人。

166.（受托人的申报）债务人是委托合同的委托人，被裁定受理破产后，债务人未将其进入破产程序的事实告知受托人，导致受托人不知该事实，继续处理委托事务的，受托人以由此产生的请求权申报债权。

167.（票据付款人的申报）债务人是票据的出票人，被裁定受理破产后，该票据的付款人继续付款或者承兑的，付款人以由此产生的请求权申报债权。

第二节　债权登记和审查

168.（债权申报的登记）管理人应当对所有债权申报进行登记造册，详尽记载申报人的姓名、单位、代理人、申报债权额、债权性质、担保情况、证据、联系方式等事项，形成债权申报登记册。

同一债权人申报多笔债权的，应当分别登记。

169.（债权申报的审查）管理人应当在第一次债权人会议之前对债权进行实质审查，确定债权的性质、数额、担保财产、是否超过诉讼时效、是否超过申请执行时效等情况。

170.（编制债权表）管理人应当根据审查情况，分别编制应予确认债权的债权表和不应予确认债权的债权表，提交第一次债权人会议核查。

应予确认债权的债权表，应当按照债权的清偿顺序分类登记。

债权表、债权申报登记册和债权申报材料在破产程序终结前由管理人保管，供债权人、债务人、债务人职工及其他利害关系人查阅。

171.（对有名债权的审查）管理人应当将生效法律文书确定的债权记载于应予确认债权的债权表。但超过申请执行时效的债权除外。

在债权审查中，管理人发现债权人据以申报债权的生效法律文书所确定的债权有错误，或者有证据证实债权人与债务人恶意通过诉讼、仲裁或者公证机关赋予强制执行力公证文书等形式虚构债权债务的，管理人应当依照相关法律规定申请再审，或者提起第三人撤销之诉，或者申请撤销仲裁裁决或不予执行。但在再审、撤销或者不予执行程序作出结论前，该债权人在破产程序中的权利不受影响。

第三节　债权核查与异议债权确认诉讼

172.（债权核查的时间）管理人编制的债权表应当提交第一次债权人会议核查。

因特殊原因无法在第一次债权人会议核查，且第一次债权人会议无必须表决事项的，可以在以后的债权人会议上核查，但是不得迟于待表决事项进行表决之时。

173.（无异议债权）债务人、债权人均对债权表记载的债权无异议的，由人民法院裁定确认。

债务人是否有异议的意思表示，由债务人的原法定代表人作出。债务人的原法定代表人未参加债权人会议，亦未委托代理人参加债权人会议的，视为债务人无异议。

债权人未参加债权人会议，亦未委托代理人参加债权人会议的，视为该债权人对债权表记载的本人的债权以及其他债权人的债权无异议。

174.（有异议债权的处理）债务人、债权人对债权表记载的债权有异议的，应当说明理由和法律依据。经管理人解释或者调整后，仍有异议的，按照以下原则处理：

（1）债务人、对他人债权有异议的债权人，可以在核查债权之债权人会议结束后十五日内，向受理破产案件的人民法院提起债权确认诉讼。逾期未起诉的，该债权确定；

（2）对本人债权有异议的债权人，可以向受理破产案件的人民法院提起债权确认诉讼。人民法院可以依照企业破产法第五十九条第二款之规定，为其行使表决权而临时确定债权额。破产财产分配时，该债权确认诉讼案件尚未作出生效裁判的，应当根据该债权人申报债权额和破产案件清偿率计算其分配额并提存。

对于债权人会议核查的债权，如该债权有担保人的，管理人应将审查情况书面告知担保人。担保人有异议的，可以要求管理人更正。管理人不予更正的，担保人可以在收到不予更正决定之日起十五日内，向受理破产案件的人民法院提起债权确认诉讼。逾期未起诉的，该债权确定。

175.（异议债权确认诉讼的诉讼费）异议债权确认诉讼的案件受理费按照《诉讼费用交纳办法》规定的财产案件受理费标准收取。对债权数额无异议，但对债权的清偿顺序或者是否具有优先权有争议而提起的诉讼，应按照争议涉及的金额计算案件受理费。

第六章　债权人会议

第一节　债权人会议的召开

176.（会议成员）依法申报债权的债权人为债权人会议的成员，有权参加债权人会议，享有表决权。

债权人可以委托代理人出席债权人会议，行使表决权以及行使债权人所享有的其他民事权利。代理人应当向人民法院或者债权人会议主席提交债权人的授权委托书。

177.（职工和工会的代表）债权人会议应当有债务人的职工和工会的代表参加，由债务人职工大会和工会推选产生，代表人数不得超过三人。

参加债权人会议的职工和工会的代表，可以就与职工利益相关的事项发表意见，不参与表决。

178.（列席人员）依照企业破产法第二十三条第二款的规定，管理人应当列席债权人会议，向债权人会议报告职务执行情况，并回答询问。

依照企业破产法第十五条第一款第（三）项、第二款的规定，债务人的法定代表人以及经人民法院决定的财务负责人和其他经营管理人员应当列席债权人会议，并如实回答债权人的询问。拒绝列席的，人民法院可依据企业破产法一百二十六条的规定，对其拘传并罚款。

管理人聘用的审计、评估等中介机构可以列席债权人会议。

必要时，可以通知债务人的出资人和政府相关部门派员列席债权人会议。

179.（债权人会议主席）债权人会议设主席一人，由人民法院在第一次债权人会议上，从有表决权的债权人中指定。

债权人会议主席为单位的，应指派固定的代表人员负责履行职责。代表人员未经人民法院同意不得更换。

债权人会议主席和债权人委员会成员应当根据法律规定和人民法院的指令履行职责。不正确履行职责、妨碍破产程序的，人民法院可以予以告诫、罚款，或者依照法定程序予以更换。

经人民法院准许，债权人会议主席可辞去职务。

180.（债权人会议的召集与主持）第一次债权人会议由人民法院召集并主持，自债权申报期限届满之日起十五日内召开。

以后的债权人会议，在人民法院认为必要时召开，或者在管理人、债权人委员会、占债权总额四分之一以上的债权人向债权人会议主席提议时召开。债权人会议由债权人会议主席召集并主持，管理人协助筹备会议。人民法院应当参加会议。

181.（会议通知）召开债权人会议，管理人应当提前十五日，将会议的时间、地点、议题等事项通知已知债权人。

182.（第一次债权人会议准备工作）人民法院召集第一次债权人会议前，应做好以下准备工作：

（1）确定会议议题，拟定会议议程；

（2）提前十五天向债权申报人发出会议通知；

（3）通知债务人的法定代表人和法院认为必要的债务人的其他管理人员，要求其必须到会；

（4）通知管理人列席会议；

（5）通知其他相关人员列席会议；

（6）拟定债权人会议主席候选名单；

（7）准备会场；

（8）准备会议文件（督促管理人准备文件）。

会议文件一般包括：

（1）程序类：参会须知、会议议程、债权人签到表、列会人员签到表、表决票、表决票统计表等；

（2）报告类：管理人执行职务报告、债务人财产状况报告、债权审查报告及债权表、管理人报酬方案等；

（3）议案类：债务人财产管理方案、债权人会议主席候选名单、破产财产变价方案等。

183. （第一次债权人会议议程）第一次债权人会议一般包括如下议题议程，可以根据实际情况进行调整：

（1）人民法院宣布会议纪律要求、合议庭组成人员和书记员、申报债权人的到会情况；

（2）人民法院宣布债权人会议职权；

（3）人民法院介绍破产申请受理及指定管理人的情况；

（4）管理人作执行职务报告和债务人财产状况报告；

（5）核查债权；

（6）人民法院宣布债权人会议主席的职责；指定债权人会议主席；

（7）人民法院宣布债权人委员会的职责；债权人会议以表决的方式决定是否设置债权人委员会；选举债权人委员会成员，通过对债权人委员会职权的授权范围和债权人委员会议事规则；

（8）以表决的方式决定继续或者停止债务人的营业；

（9）通过债务人财产管理方案等；

（10）管理人向债权人会议报告管理人报酬方案；

（11）管理人、债务人的法定代表人等接受债权人的询问。

184. （会议记录）债权人会议应当对所议事项的决议作成会议记录。

第二节　债权人会议决议

185. （表决资格）债权人依据债权人会议核查后确定的债权额或者人民法院临时确定的债权额，对需要表决的事项行使表决权。

186. （临时债权额的确定）债权尚未确定的债权人，可以申请人民法院为其行使表决权而临时确定其债权额。

人民法院应当根据申请人提交的证据材料进行形式审查，确定申请人的临时债权额。

187. （有财产担保债权人的表决限制）对债务人的特定财产享有担保权的债权人，未放弃优先受偿权利的，在被担保债权的份额范围内，对企业破产法第六十一条第一款第七项、第十项规定的事项（即通过和解协议、通过破产财产分配方案）不享有表决权。

188. （表决方式）债权人会议采取现场由债权人填写表决票的方式，或者其他便于记录和统计表决债权额和表决结果的方式进行表决。

除现场表决外，还可以由管理人将相关决议事项告知债权人，采取通信、网络投票等非现场方式进行表决。

债权人在表决相关事项时放弃投票表决的，不视为同意。

管理人应当根据表决结果协助人民法院或者债权人会议主席形成债权人会议的书面决议。采取非现场方式表决的，管理人应当在债权人会议决议通过后的三日内，以信函、电子邮件等方式告知参与表决的债权人。

189. （表决通过）债权人会议的决议，除企业破产法另有规定外，由出席会议的有表决权的债权人过半数通过，并且其所代表的债权额占对该决议有表决权的债权总额的二分之一以上。

190.（同一债权人的多笔债权）同一债权人对债务人享有一笔以上的债权时，其表决时代表的债权额为其债权总和，但按一家债权人计数。

191.（决议的效力）债权人会议决议对在相关决议事项上有表决权的全体债权人均有约束力，包括出席债权人会议但投反对或者弃权票的债权人、未出席债权人会议的债权人和以后补充申报的债权人。

192.（申请撤销决议）债权人认为债权人会议的决议违反法律规定、损害其利益，依据企业破产法第六十四条第二款的规定申请人民法院裁定撤销债权人会议决议的，应在债权人会议决议作出之日起十五日内向人民法院提出书面申请。债权人会议采取非现场方式表决的，债权人申请撤销债权人会议决议，应自收到管理人决议通知之日起十五日内向人民法院提出书面申请。

193.（决议撤销事由）债权人会议的决议具有以下情形之一的，人民法院应裁定撤销：

（1）债权人会议的召开违反法定程序，导致影响债权人行使权利的；

（2）债权人会议的决议表决违反法定程序，导致影响债权人行使权利的；

（3）债权人会议的决议内容违法，或者剥夺少数债权人合法权益和平等受偿机会；

（4）债权人会议的决议内容损害国家和社会公共利益，或者违背公序良俗。

人民法院裁定撤销债权人会议决议的，应当责令债权人会议就相关事项依法重新作出决议。

194.（需法院裁定的未通过事项1）企业破产法第六十一条第一款第八项、第九项所列事项（即债务人财产的管理方案、破产财产的变价方案），经债权人会议表决未通过的，由人民法院裁定。该裁定人民法院可以在债权人会议上宣布，也可另行通知债权人。

债权人不服裁定的，可以自裁定宣布之日起或者收到通知之日起十五日内向作出裁定的人民法院申请复议。复议期间不停止裁定的执行。

195.（需法院裁定的未通过事项2）企业破产法第六十一条第一款第十项所列事项（即破产财产的分配方案），经债权人会议二次表决仍未通过的，由人民法院裁定。该裁定人民法院可以在债权人会议上宣布，也可另行通知债权人。

债权额占无财产担保债权总额二分之一以上的债权人不服裁定的，可以自裁定宣布之日起或者收到通知之日起十五日内向作出裁定的人民法院申请复议。复议期间不停止裁定的执行。

第三节　债权人委员会

196.（债权人委员会成员）债权人会议可以根据实际情况决定是否设立债权人委员会。决定设立的，债权人委员会的成员人数应当为单数，并不得超过九人。

债务人职工大会或者工会推选一名代表参加债权人委员会；其他成员由债权人会议从债权人中推选。

债权人委员会成员应当经人民法院书面决定认可。人民法院认为有关代表不适宜担任债权人委员会成员的，可以不予认可，建议债权人会议或职工大会和工会予以调整人选。

197.（债权人委员会的职权）债权人委员会行使下列职权：

（1）监督债务人财产的管理和处分；

（2）监督破产财产分配；

（3）提议召开债权人会议；

（4）受债权人会议委托，审查管理人费用和报酬、监督管理人等。

债权人委员会不得要求债权人会议对其作出概括性授权，行使债权人会议所有职权。

198.（债权人委员会议事规则）债权人委员会表决实行一人一票，所议事项应获得全体成员过半数通过，并制作议事记录。债权人委员会成员对所议事项的决议有不同意见的，应当在记录中载明。

债权人委员会行使职权应当接受债权人会议的监督，对债权人会议负责，以适当的方式向债权人会议及时汇报工作。

199.（管理人财产处分行为的报告制度）管理人实施企业破产法第六十九条规定的财产处分行为，应当提前十日书面报告债权人委员会。未设债权人委员会的，报告人民法院。

债权人委员会可以依照企业破产法第六十八条第二款、第三款的规定，要求管理人对处分行为作出相应说明或者提供有关文件依据。债权人委员会认为管理人实施财产处分行为不当的，可以请求人民法院作出是否准许管理人实施该处分行为的决定。人民法院应当在五日内作出决定。

未设立债权人委员会，人民法院认为管理人实施财产处分行为不当的，可以责令管理人停止财产处分行为。

200.（保密义务）债权人委员会执行职务时，有权要求管理人、债务人的有关人员对其职权范围内的事务作出说明或者提供有关文件。对其中涉及的商业秘密或其他保护相关利益人合法权益而应当保密的内容，债权人委员会成员应承担保密义务。

第七章　重　整

第一节　重整申请和重整期间

201.（重整申请主体）债务人或者债权人可以依据企业破产法的相关规定，直接向人民法院申请对债务人进行重整；

债权人申请对债务人进行破产清算，在人民法院受理该申请后、宣告债务人破产前，债务人以及单独或者合计出资额占债务人注册资本十分之一以上的出资人，可以向人民法院申请重整。

202.（提交重整可行性报告）债务人申请重整的，除提交本规程第13、14条规定的材料外，还应当提交债务人通过重整程序企业能够持续经营，获得经济收益和摆脱困境的重整可行性报告。

重整可行性报告一般应包括以下内容：

（1）债务人在重整申请之前一年内的资金周转状况；

（2）重整如获得批准后的资金筹措方案；

（3）重整如获得批准后的资金运行周转方案；

（4）重整如获得批准后的生产经营方案；

（5）重整如获得批准后债务人收取经营利润的可能性说明。

203.（裁定受理）人民法院经审查认为重整申请符合企业破产法规定的，应当裁定债务人重整，并予以公告。

自人民法院裁定债务人重整之日起至重整程序终止，为重整期间。

204.（财产管理和营业事务）重整期间，既可以由管理人负责管理财产和营业事务，也可以经人民法院批准，由债务人在管理人监督下自行负责。

205.（债务人自行管理的条件）重整期间，债务人符合下列条件的，经债务人申请，人民法院可以批准债务人在管理人的监督下自行管理财产和营业事务：

（1）未发现债务人有企业破产法第三十一条、第三十三条规定的行为；

（2）债务人的内部治理结构足以使企业正常运转；

（3）出资人对债务人自行管理财产和营业事务有实际可行的支持措施。

债务人自行管理的，依照企业破产法及本规程规定已接管债务人财产和营业事务的管理人应当向债务人移交财产和营业事务，企业破产法及本规程规定的管理人的职权由债务人行使。

206.（管理人聘任债务人有关人员的费用）重整期间，管理人负责管理财产和营业事务的，可以聘任债务人的经营管理人员负责营业事务。

聘用的债务人经营管理人员的工资根据经营情况确定，作为破产费用从债务人财产中支付。

207.（对出资人和董、监、高的限制）重整期间，债务人的出资人不得请求投资收益分配。

重整期间，债务人的董事、监事、高级管理人员不得向第三人转让其持有的债务人的股权，但是，经人民法院同意的除外。

208.（对别除权人和取回权人的限制）在重整期间，对债务人的特定财产享有的担保权暂停行使。但担保物有损坏或者价值明显减少的可能，足以危害担保权人权利的，担保权人可以向管理人申请恢复行使担保权。

债务人合法占有的他人财产，该财产的权利人在重整期间要求取回的，应当符合事先约定的条件。

取回物被转让或者毁损、灭失，权利人行使代偿取回权的，不受前款限制。

209.（重整程序转为破产清算）在重整期间，有下列情形之一的，经管理人或者利害关系人请求，人民法院应当裁定终止重整程序，并宣告债务人破产：

（1）债务人的经营状况和财产状况继续恶化，缺乏挽救的可能性；

（2）债务人有欺诈、恶意减少债务人财产或者其他显著不利于债权人的行为；

（3）由于债务人的行为致使管理人无法执行职务。

第二节　重整计划的制定和批准

210.（重整计划草案的提出主体）债务人自行管理财产和营业事务的，由债务人制作重整计划草案；管理人负责管理财产和营业事务的，由管理人制作重整计划草案；债权人、债务人出资人、新出资人等利害关系人均可就重整计划草案向债务人或管理人提出建议。

211.（重整计划草案的提交时间）债务人或者管理人应当自人民法院裁定债务人重整之日起六个月内，向人民法院和债权人会议提交重整计划草案。

前款规定的期限届满，经债务人或者管理人请求，有正当理由的，人民法院可以裁定延期三个月。

提交期限届满未提出重整计划草案，或者重整计划草案明显不符合企业破产法及本规程相关规定的，人民法院应当裁定终止重整程序，并宣告债务人破产。

212.（重整计划草案的必要记载事项）重整计划草案应当包括以下内容：

（1）债务人的经营方案，包括债务人的经营管理方案、融资方案、裁员减薪方案、营利模式、资产与业务重组方案等重整的具体措施；

（2）债权分类；

（3）债权调整方案；

（4）债权受偿方案；

（5）清偿率的说明，包括该草案被提请批准时普通债权依破产清算程序所能获得的清偿比率的计算依据，以及依重整计划草案普通债权所能获得清偿比率计算依据的详细说明；

（6）重整计划的执行期限；

（7）重整计划执行的监督期限；

重整涉及债务人的出资人权益调整的，重整计划草案还应当包括出资人权益调整方案。

如有第三方为重整计划的执行提供担保，重整计划草案应载明相应的担保条款。

213.（交付表决前的说明义务）重整计划草案提交债权人会议表决前，草案制作人应通过会议、电话、信件、传真、电子邮件或其他有效方式向债权人等利害关系人就草案作出详尽说明。

214.（召开债权人会议）人民法院应当自收到重整计划草案之日起三十日内召开债权人会议，对重整计划草案进行表决。

重整计划草案不涉及出资人权益调整事项的，管理人应当通知债务人的出资人，由其决定是否派代表列席债权人会议。

重整计划草案涉及出资人权益调整事项的，管理人应当在债权人会议召开前十五日通知出资人参加会议进行表决；通知对出资人权益进行查封或者享有股权质押权的出资人之债权人等利害关系人列席会议。

根据案件实际需要，人民法院也可以决定出资人组的表决不与债权人组的表决同时进行。

215.（分组方法）债权人依照企业破产法第八十二条第一款的规定，按债权性质的不同进行分组表决。持有不同性质债权的债权人不得分至同一组。

必要时，人民法院可以决定对普通债权人按债权额大小、清偿比例的不同等标准增加分组。同一清偿额度的债权人不应另行拆分。

重整计划草案涉及出资人权益调整事项的，应当设出资人组，对该事项进行表决。

216.（社保债权人不参加表决）重整计划不得规定减免债务人欠缴的企业破产法第八十二条第一款第二项规定以外的社会保险费用；该项费用的债权人不参加重整计划草案的表决。

217.（表决通过）出席债权人会议的同一表决组的债权人过半数同意重整计划草案，并且其所代表的债权额占该组债权总额的三分之二以上的，即为该组通过重整计划草案。

出资人组对重整计划草案中涉及出资人权益调整事项进行表决，同意重整计划草案的出资人的出资额占债务人注册资本三分之二以上的，即为该组通过重整计划草案。

各表决组均通过重整计划草案时，重整计划即为通过。

218.（未通过后的再次表决）部分表决组未通过重整计划草案的，债务人或管理人可以同该表决组协商。该表决组可以在协商后再表决一次。双方协商的结果不得损害其他表决组的利益。

再次表决应当在第一次表决后的三个月内完成。

未通过重整计划草案的表决组就是否再次表决进行程序表决时，过半数的成员或者代表表决权额三分之二以上的表决权人反对再次表决；或者在指定的时间不参加再次表决会议；或者以书面形式明确表示不接受债务人或者管理人再次表决的建议的，视为该表决组拒绝再次表决重整计划草案。

219.（申请批准、申请强制批准）自重整计划通过之日起十日内，债务人或者管理人应当向人民法院提出批准重整计划的申请。

未通过重整计划草案的表决组拒绝再次表决，或者再次表决仍未通过重整计划草案，但重整计划草案符合企业破产第八十七条第二款规定条件的，债务人或者管理人可以申请人民法院强制批准该重整计划草案。

220.（批准和强制批准）人民法院经审查认为重整计划草案符合下列条件的，应当自收到债务人或管理人提请批准或者强制批准重整计划草案的申请之日起三十日内裁定批准，终止重整程序，并公告：

（1）重整计划草案的表决程序符合企业破产法和本规程的规定；

（2）重整计划草案的内容符合企业破产法第八十七条第二款规定的条件；

（3）重整计划草案涉及行政许可事项的，债务人或管理人已取得相关行政机关许可相关事项的书面意见。

经人民法院审查发现重整计划草案内容违反法律、行政法规强制性规定或损害国家、集体、第三人利益、公共利益的，不应予以批准。

221.（因重整计划未通过或未批准而转入破产清算）重整计划草案未通过且未获得强制批准，或者虽已通过但未获批准的，人民法院应当裁定终止重整程序，并宣告债务人破产。

第三节 重整计划的执行

222. （重整计划的执行与监督）重整计划由债务人执行，由管理人在重整计划规定的监督期内监督执行。

在监督期内，债务人应当向管理人报告重整计划执行情况和财务状况。

监督期届满时，管理人应当向人民法院提交监督报告。自监督报告提交之日起，管理人的监督职责终止。

经管理人申请，人民法院可以裁定延长监督期。

223. （出资人权益调整事项的执行）重整计划涉及出资人权益调整事项的，出资人权益登记机关应当根据人民法院批准重整计划的裁定办理该权益的变动登记。

224. （未申报债权的处理）经人民法院裁定批准的重整计划，对全体债权人均有约束力。

债权人未依照企业破产法及本规程规定申报债权的，在重整计划执行期间不得行使权利；重整计划执行完毕后，可以按照重整计划规定的同类债权的清偿条件行使权利（但有证据证明债权人已收到债权申报的书面通知或通过除公告以外的其他方式明知债权申报事实而故意不申报的情形除外）。

225. （债务人保证人的权利义务）债权人对债务人的保证人和其他连带债务人所享有的权利，不受重整计划的影响，也不受该债权人表决情况的影响。后者仍应依原合同约定的金额和期限履行担保责任或者清偿义务。

226. （行政审批问题）重整计划未获正式的行政许可，致使重整目的不能实现的，人民法院可以依管理人、债务人和其他利害关系人的申请，裁定终止重整计划的执行，并宣告债务人破产。

227. （终止重整计划执行）重整计划不具有强制执行力。债务人不能执行或者不执行重整计划的，人民法院经管理人或者利害关系人请求，应当裁定终止重整计划的执行，并宣告债务人破产。

自人民法院作出上述裁定之日起，债权人在重整计划中作出的债权调整的承诺失去效力。债权人因执行重整计划所受的清偿仍然有效，债权未受清偿的部分作为破产清算程序中的破产债权，在其他同顺位债权人同自己所受的清偿达到同一比例时，才能继续接受分配。

228. （终止执行后执行担保继续有效）重整计划终止执行的，为重整计划的执行提供的担保继续有效。

229. （重整计划执行完毕的效力）重整计划执行完毕的，按照重整计划减免的债务，债务人不再承担清偿责任。

第八章 和 解

230. （申请人）只有债务人享有和解申请权。

231. （申请的提出）债务人已经发生破产原因的，可以直接向人民法院申请和解；也可以在人民法院受理破产申请后、宣告债务人破产前，向人民法院申请和解。

232.（和解协议草案的内容）债务人提出和解申请时，应当同时提交和解协议草案，供债权人会议讨论审查并表决。

和解协议草案一般包括下列内容：

（1）债务人的财产状况；

（2）清偿债务的比例、期限及财产来源；

（3）破产费用、共益债务的种类、数额及支付期限。

债务人可以在和解协议草案中为和解协议的执行设定担保。

和解协议草案中可以规定监督条款，设置和解协议执行的监督人。

233.（法院审查受理）人民法院经审查认为债务人已经发生破产原因，其申请符合企业破产法规定的，应当裁定受理和解申请，予以公告，并召集债权人会议讨论和解协议草案。

234.（别除权的行使）对债务人的特定财产享有担保权的债权人，自人民法院裁定受理和解申请之日起，可以行使权利。

235.（债权人会议表决）债权人会议通过和解协议的决议，须由出席会议的有表决权的债权人过半数同意，且其所代表的债权额占无财产担保债权总额的三分之二以上。

债权人会议表决结果符合前款规定的条件之一，债务人申请二次表决的，人民法院应当准许。

二次表决应在首次表决后的三十日内进行。

236.（申请法院裁定认可）债权人会议通过和解协议满十五日，无债权人依据企业破产法第六十四条第二款之规定请求撤销债权人会议决议的，管理人应当向人民法院提出认可和解协议的申请。

237.（法院裁定认可）人民法院经审查认为和解协议符合下列条件的，应当自收到管理人申请之日起三十日内裁定认可和解协议：

（1）和解协议的表决程序符合企业破产法的规定；

（2）不违反公平清偿原则，和解条件对于同一性质的债权平等，或者受到不平等对待的不利益者自愿接受；

（3）债务人申请和解的目的正当，无破产欺诈行为。

经人民法院审查发现和解协议内容违反法律、行政法规强制性规定，或损害国家、集体、第三人利益、公共利益的，不应予以认可。

238.（终止和解程序情形1：表决通过并法院认可）人民法院裁定认可债权人会议通过的和解协议的，应当同时裁定终止和解程序，并公告。管理人应当向债务人移交财产和营业事务，并向人民法院提交执行职务的报告。

239.（终止和解程序情形2：表决未通过或法院未认可）和解协议草案经债权人会议表决未获得通过，或者债权人会议通过的和解协议未获得人民法院认可的，人民法院应当裁定终止和解程序，宣告债务人破产，并公告。

240.（终止和解程序情形3：法院认可前撤回申请）在人民法院作出是否认可和解协议的裁定之前，债务人撤回和解申请的，人民法院应当裁定终止和解程序，宣告债务人破产，并公告。

241. （未申报债权的处理）经人民法院裁定认可的和解协议，对和解债权人，即人民法院受理破产申请时对债务人享有无财产担保债权的人，均有约束力，而无论其是否申报债权、是否参加债权人会议、表决时是否同意。

和解债权人未依照企业破产法规定申报债权的，在和解协议执行期间不得行使权利；和解协议执行完毕后，可以按照和解协议规定的清偿条件行使权利。

242. （债务人保证人的权利义务）和解协议中，和解债权人对债务人所作的债务减免或延期偿还的让步，效力不及于债务人的保证人或者连带债务人，其仍应依原合同约定的金额和期限履行担保责任或者清偿义务。

243. （和解协议的无效）因债务人的欺诈或者其他违法行为而成立的和解协议，人民法院应裁定和解协议无效，并宣告债务人破产。

和解债权人因执行和解协议所受的清偿，在其他债权人所受清偿同等比例的范围内，不予返还；超过部分，应当返还，作为破产财产按照破产清算程序分配。

244. （终止和解协议的执行）和解协议不具有强制执行力。债务人不能执行或者不执行和解协议的，人民法院经和解债权人申请，应当裁定终止和解协议的执行，并宣告债务人破产。

和解协议终止执行的，和解债权人在和解协议中所作的债权调整的承诺失去效力。

和解债权人因执行和解协议所受的清偿仍然有效，和解债权未受清偿的部分作为破产清算程序中的破产债权，在其他债权人同自己所受的清偿达到同一比例时，才能继续接受分配。

245. （终止执行后执行担保继续有效）和解协议终止执行的，为和解协议的执行提供的担保继续有效。

246. （和解协议执行完毕的效力）债务人完全履行和解协议后，按照和解协议减免的债务，自和解协议执行完毕时起，债务人不再承担清偿责任。

247. （自行和解）人民法院受理破产申请后，债务人与全体债权人就债权债务的处理自行达成协议的，可以请求人民法院裁定认可，并终结破产程序。

第九章　破产清算

第一节　破产宣告

248. （宣告破产的时间）第一次债权人会议召开之后，无人提出重整或和解申请，债务人符合企业破产法规定的宣告破产条件的，管理人应当申请人民法院裁定宣告债务人破产。管理人不申请的，人民法院依职权宣告破产。

破产申请受理后，债务人财产不足以清偿破产费用，且无人代为清偿或予以垫付的，经管理人申请，人民法院应当宣告债务人破产，并裁定终结破产程序。宣告债务人破产的时间不受前款规定限制。

249. （宣破裁定的送达和公告）宣告债务人破产的裁定，应自作出之日起五日内送达债务人和管理人，自作出之日起十日内通知已知债权人，并公告。

250. （资产交接）由债务人自行管理的重整程序经破产宣告转为清算程序的，或者和解协议生效后经破产宣告转为破产清算的，债务人应当立即向管理人办理财产和事务的移交。

251.（宣告破产前裁定终结破产程序的情形）宣告破产前，有下列情形之一的，人民法院应当裁定终结破产程序，并公告：

（1）第三人为债务人的全部债务提供足额担保，包括到期债务，以及因破产受理而视为到期的未到期债务，且为债权人所接受；

（2）债务人已清偿全部债务，包括到期债务，以及因破产受理而视为到期的未到期债务。

252.（别除权的行使）在人民法院对债务人裁定宣告破产后，对债务人特定财产享有担保权的债权人可以就该特定财产行使优先受偿权。

担保债权人在占有担保物的情况下，应遵循物权法、担保法等有关规定行使其优先受偿权。在管理人占有担保物的情况下，管理人应当在通知担保债权人之后，依法定程序处置担保物；担保债权人亦可向管理人要求就该特定财产行使优先受偿权。管理人根据案件情况在十五日内决定是否同意其立即行使权利，并与之协商确定权利实现期限和实现方式。担保债权人对管理人的决定有异议，或者不能协商一致的，可以向受理破产案件的人民法院提起诉讼。

对债务人特定财产享有担保权的债权人行使优先受偿权未能完全受偿的，其未受偿的债权作为普通债权；放弃优先受偿权利的，其债权作为普通债权。

253.（建设工程价款优先受偿权）破产人为建设工程发包人时，就该工程折价或者拍卖的价款，承包人的建设工程价款债权优先于抵押权受偿。

建设工程承包人行使优先权的期限为六个月，自建设工程竣工之日或者建设工程合同约定的竣工之日起计算。

254.（国家对划拨土地使用权出让金的优先受偿权）以划拨方式取得的国有土地使用权及其地上建筑物设定抵押的，就该抵押物拍卖的价款，应优先缴纳国家收取的土地使用权出让金。

第二节　变价和分配

255.（破产财产变价方案）管理人应当及时拟订破产财产变价方案，提交债权人会议讨论，并按照通过的方案适时变价出售破产财产。

破产财产变价方案一般应包括以下内容：

（1）拟变价的破产财产范围、形态、类别；

（2）拟变价的财产评估情况；

（3）各类财产的变价方式；

（4）财产变价的时间与进度安排；

（5）财产变价的预计费用；

（6）委托评估、拍卖机构的情况。

256.（破产财产的评估）处理破产财产前，管理人可以确定有相应评估资质的评估机构对破产财产进行评估。债权人会议对破产财产的变现底价无异议的，可以不进行评估。

破产企业为国有性质的，其资产的评估应按照国有资产评估的规定办理。但国有资产管理部门和债权人会议均同意不评估的除外。

257.（拍卖变现及其例外情形）破产财产的变现应当以拍卖方式为原则，但拍卖所得预计不足以支付评估、拍卖费用，或者债权人会议另有决议的除外。

依前款不进行拍卖或者拍卖不成的破产财产，可以作价变卖，或者进行实物分配。变卖或者实物分配方案应当提交债权人会议表决。

258.（有优先购买权的拍卖）拍卖的破产财产上存在优先购买权的，拍卖过程中，有最高应价时，优先购买权人可以表示以该最高价买受，如无更高应价，则拍归优先购买权人；如有更高应价，而优先购买权人不作表示的，则拍归该应价最高的竞买人。

顺序相同的多个优先购买权人同时表示买受的，以抽签方式决定买受人。

259.（变价方式不得违反强制性规定）法律、行政法规明确规定了财产转让方式的，应当从其规定，债权人会议不得以决议排除其适用。

依法属于限制流通的破产财产，应当由国家指定的部门收购或者按照有关法律规定处理。

260.（成套设备的变价）破产财产中的成套设备，一般应当整体出售。

261.（对外投资的收回）破产企业的对外投资应当通过拍卖或者协议转让股权的方式予以收回。

管理人拍卖或者协议转让债务人持有的有限责任公司股权的，应当依法通知公司及全体股东；管理人拍卖或者协议转让债务人投资的股份有限公司股权的，应当依法通知公司。

262.（公益福利性设施的处置）国有企业、集体企业债务人的幼儿园、学校、医院等公益福利性设施，继续开办的，按有关规定移交政府有关部门管理，不作为破产财产分配；不继续开办的，作为破产财产变价分配。

263.（债权追收以及直接分配债权）管理人应当向破产企业的债务人追收债权。

债权追收成本过高的，经债权人会议决议，可以放弃债权，亦可以选择拍卖债权。拍卖不成的，可以分配债权。

债权人会议决议直接分配债权的，可以进行债权分配。由管理人向债权人出具债权分配书，债权人可以凭债权分配书向债务人的债务人要求履行。

264.（债务人债权的诉讼时效）债务人享有的债权，其诉讼时效自人民法院受理破产申请之日起，适用《中华人民共和国民法通则》第一百四十条关于诉讼时效中断的规定。

管理人不能及时提起诉讼的，应当及时向债务人的债务人提出履行要求；已经取得胜诉裁判的，管理人应当及时向相关人民法院申请强制执行。

265.（分配方式）破产财产的分配应当以货币分配方式进行。但债权人会议另有决议的除外。

266.（破产财产分配方案）管理人应当及时拟订破产财产分配方案，提交债权人会议讨论。债权人会议通过后，由管理人将该方案提请人民法院裁定认可。

破产财产分配方案应当载明下列事项：

（1）参加分配的债权人的名称或者姓名、住所；

（2）参加分配的债权额；

（3）可供分配的破产财产数额；

（4）破产财产分配的顺序、比例及数额；

（5）实施破产财产分配的方法。

267.（法定清偿顺序）依照企业破产法第一百一十三条之规定，破产财产在优先清偿破产费用和共益债务后，按下列顺序清偿：

（1）破产人所欠职工的工资和医疗、伤残补助、抚恤费用，所欠的应当划入职工个人账户的基本养老保险、基本医疗保险费用，以及法律、行政法规规定应当支付给职工的补偿金；

（2）破产人欠缴的除前项规定以外的社会保险费用和破产人所欠税款；

（3）普通破产债权。

破产财产不足以清偿同一顺序的清偿要求的，按照比例分配。

268.（法律、法规规定的补偿金）企业破产法第一百一十三条第一款第一项中的"法律、行政法规规定应当支付给职工的补偿金"包括：企业因破产解除、终止劳动合同，依据《劳动合同法》第四十六条、第四十七条、《劳动合同法实施条例》第二十七条应向职工支付的解除劳动合同补偿金；依据《劳动合同实施条例》第二十三条应向工伤职工一次性支付的工伤医疗补助金和伤残就业补助金。

解除劳动合同补偿金，按劳动者在破产企业工作的年限，每满一年支付一个月工资的标准向劳动者支付。六个月以上不满一年的，按一年计算；不满六个月的，向劳动者支付半个月工资的经济补偿。支付解除劳动合同补偿金的年限最高不超过十二年。

劳动者月工资高于北京市公布的本市上年度职工月平均工资三倍的，向其支付经济补偿的标准按职工月平均工资三倍的数额支付；劳动者月工资低于本市最低工资标准的，按照本市最低工资标准计算。

本条所称月工资是指劳动者在劳动合同解除或者终止前十二个月的平均工资。劳动者工作不满 12 个月的，按照实际工作的月数计算平均工资。月工资按照劳动者应得工资计算，包括计时工资或者计件工资以及奖金、津贴和补贴等货币性收入。

269.（第二顺位中"社保费"的理解）企业破产法第一百一十三条第一款第二项中的"除前款规定以外的社会保险费用"是指基本养老保险和基本医疗保险中的社会统筹部分，以及除基本养老保险和基本医疗保险以外的其他依法设置的失业保险、工伤保险和生育保险等社会保险。

社会保险债权计算截止日为劳动合同解除之日。

270.（高管人员的工资债权计算）破产企业的董事、监事和高级管理人员的工资按照破产企业职工的平均工资计算，即按照破产企业职工同期的平均工资确定对董事、监事和高级管理人员的工资支付标准，并且按照破产企业拖欠职工工资的平均期间确定按上述标准支付上述人员工资的期间，但上述人员被拖欠工资的期间长于职工被拖欠工资平均期间的除外。

271.（住房公积金债权的清偿顺序）债务人根据《住房公积金管理条例》的规定应为职工缴存而未缴存的住房公积金部分，视为债务人拖欠职工工资。按企业破产法

第一百一十三条第一款第一项规定的第一顺序清偿。

272.（人身侵权债权的优先受偿）因债务人侵权行为造成的人身损害赔偿，参照企业破产法第一百一十三条第一款第（一）项规定的顺序清偿。

273.（股东的投资权益作为劣后债权）破产企业的股权、股票持有人在股权、股票上的权利，在普通债权完全受偿后清偿。

274.（多次分配）管理人按照破产财产分配方案实施多次分配的，应当公告本次分配的财产额和债权额。

管理人实施最后分配的，应当在公告中指明，并依企业破产法第一百一十七条第二款载明对附条件债权的处理。

275.（附条件债权的分配）对于附生效条件或者解除条件的债权，管理人应当将其分配额提存。

在最后分配公告日，生效条件未成就或者解除条件成就的，应当将提存的分配额分配给其他债权人；在最后分配公告日，生效条件成就或者解除条件未成就的，应当将提存的分配额交付给债权人。

276.（破产分配的受领）债权人未受领的破产财产分配额，管理人应当提存。债权人自最后分配公告日起满二个月仍不领取的，视为放弃受领分配的权利，管理人或者人民法院应当将提存的分配额分配给其他债权人。

277.（诉讼未决债权的分配）破产财产分配时，对于诉讼或者仲裁未决的债权，管理人应当将其分配额提存。自破产程序终结之日起满二年仍不能受领的，人民法院应当将提存的分配额分配给其他债权人。

第三节 破产程序的终结

278.（因分配完毕而终结）管理人在破产财产最后分配完结后，应当及时向人民法院提交破产财产分配报告，并申请人民法院终结破产程序。

279.（因无财产分配而终结）破产人无财产可供分配的，管理人应当申请人民法院裁定终结破产程序。

280.（裁定终结）人民法院应当自收到管理人终结破产程序的申请之日起十五日内，作出是否终结破产程序的裁定。

裁定终结的，应当予以公告。

281.（办理注销手续）管理人应当自破产程序终结之日起十日内，持人民法院终结破产程序的裁定，向破产人的原登记机关办理注销登记。

管理人到破产人的原登记机关办理注销登记前，应当先办理税务注销。对于有特殊资质的破产人，管理人还应当到相应的特殊资质管理部门办理注销手续。

282.（管理人终止执行职务）管理人办理完破产人注销登记手续后，应向人民法院报告。并于注销完毕的次日终止执行职务。

管理人终止执行职务后，应当将管理人印章交回公安机关或者法院销毁。

存在诉讼或者仲裁未决情况的，管理人自诉讼或者仲裁程序所涉事项全部办理完毕之次日终止执行职务。

283.（终结二年内的追加分配）自破产清算程序终结之日起二年内，有下列情形之一的，债权人可以请求人民法院依照破产财产分配方案进行追加分配：

（1）发现有企业破产法第三十一条、第三十二条、第三十三条、第三十六条规定应当追回的财产的；

（2）因纠正破产程序中错误支出的款项或错误认可的债务而追回的款项；

（3）破产程序终结后发现破产人有应当供分配的其他财产的。

有前款规定情形，但财产数量不足以支付分配费用的，不再进行追加分配，由人民法院将其上交国库。

284．（追加分配的程序）追加分配应由债权人向人民法院提出申请，人民法院做出追加分配的裁定。

必要时，人民法院可依职权直接做出追加分配的裁定。

追加分配涉及的资产变现和具体分配工作，应当由管理人办理。管理人已经停止执行本案职务的，由人民法院通知管理人恢复职务。因客观原因原管理人无法继续履行职务的，人民法院可以重新指定管理人，或者由人民法院进行追加分配工作。

债务人财产不足以清偿破产费用而终结破产程序后二年内又追回财产的，原破产程序已完成债权确认程序的，由管理人依照企业破产法的规定进行分配；原破产程序未完成债权确认程序的，则管理人或者债权人可以申请人民法院恢复破产程序。恢复破产程序的，应当重新立案号。

285．（提前终结破产程序）同时符合下列条件的，管理人可以申请人民法院提前终结破产清算程序：

（1）对债务人占有的财产已经处分完毕，并已向债权人分配完毕；

（2）尚有小额财产未追回，但债务人为此已经提起诉讼或者申请仲裁；

（3）人民法院已经裁定认可的破产财产分配方案对该尚未追回财产的分配有明确规定。

人民法院应当严格把握前款提前终结破产清算程序的条件。

人民法院裁定提前终结破产程序时，债务人清收财产的诉讼或仲裁尚未终结的，最终追回的财产不属于本规程第283条规定的财产，应按照破产财产分配方案的规定，向债权人补充分配，不受破产清算程序终结后二年期限的限制。

286．（档案保管）破产程序终结后，破产企业的帐册、文书等材料由管理人移交档案部门保存，保管费用比照破产费用由管理人在破产财产分配时预留。

第十章　证券公司破产案件审理程序特别规定

第一节　申　　请

287．（国务院证券监督管理机构申请证券公司破产）证券公司被依法撤销、关闭时，有企业破产法第二条规定情形的，行政清理工作完成后，国务院证券监督管理机构或者其委托的行政清理组依照企业破产法的有关规定，可以向人民法院申请被撤销、关闭的证券公司破产清算。

288．（证券公司或者其债权人申请证券公司破产）证券公司或者其债权人依照企业破产法的有关规定，可以向人民法院申请证券公司破产清算或者重整，但应当依照《中华人民共和国证券法》第一百二十九条之规定报经国务院证券监督管理机构批准。

289. （破产申请提交的证据）国务院证券监督管理机构或者其委托的行政清理组向人民法院提出证券公司破产申请的，应当向人民法院提交以下证据：

（1）破产申请书；

（2）证券公司资产、负债清查情况的专项审计报告；

（3）国务院证券监督管理机构批准证券公司进入司法破产清算程序的相关审批文件；

（4）国务院证券监督管理机构同意证券类资产处置方案的相关审批文件；

（5）证券类资产已根据本款第四项中审批文件之要求处置完毕的书面证据；

（6）国务院证券监督管理机构及行政清理组按照国家规定甄别确认和收购（或者处置）已登记的个人债权等相关债权的债权登记通知、债权确认及具体处置结果的书面证据；

（7）行政清理组处置证券公司的关联公司的情况或者处置方案等的书面证据；

（8）职工安置方案或者具体安置结果的书面证据；

（9）中介机构或者其他有关机构向人民法院出具的在行政清理期间，证券公司或者行政清理组没有不当处置资产情况的法律意见书等书面证据；

（10）行政清理组向人民法院出具的有关刑事侦查机关查收的资产、账簿已处于可随时向管理人移交状态或者不存在此类情况的书面承诺或者说明；

（11）地方政府有关部门向人民法院出具的证券公司进入破产清算程序期间突发事件应急处置工作预案；

（12）依据企业破产法及相关行政法规、规定，应当提交的其他证据。

证券公司或者其债权人向人民法院提出证券公司破产申请的，应当向人民法院提交破产申请书、国务院证券监督管理机构批准证券公司进入司法破产清算程序的相关审批文件，并应当尽可能地向人民法院提交本条第一款所列证据。

第二节 受理审查

290. （受理审查）人民法院应当自收到申请之日起，及时对证券公司破产申请进行审查。

291. （受理条件）人民法院受理国务院证券监督管理机构或者其委托的行政清理组申请证券公司破产的案件，应当符合下列条件：

（1）国务院证券监督管理机构已批准证券公司进入司法破产清算程序；

（2）国务院证券监督管理机构已同意证券类资产处置方案，且证券类资产已处置完毕；

（3）国务院证券监督管理机构及行政清理组对已登记的个人债权等相关债权的甄别确认及收购（或者处置）工作已基本完成；

（4）行政清理组对证券公司关联公司的处置工作已基本完成或者相关处置方案切实可行；

（5）职工安置工作已基本结束，或者职工安置方案切实可行，并能够在短期内落实；

（6）证券公司或者行政清理组在行政清理期间没有不当处置资产的情况；

（7）有关刑事侦查机关查收的资产、账簿已处于可随时向破产管理人移交的状态，或者不存在此类情况；

（8）地方政府有关部门已制定出证券公司破产清算期间突发事件应急处置工作预案，或者维护社会稳定的方案。

292.（中级人民法院审核）中级人民法院经审查认为证券公司破产申请符合本规程第291条所列条件的，应当及时向市高级人民法院报送书面立案受理请示报告，并将证券公司破产申请及所附全部证据一并予以报送。

293.（高级人民法院审核）市高级人民法院收到中级人民法院书面立案受理请示报告及相关证据后，应及时进行审核。经审核认为符合本规程第291条所列条件的，应当及时向最高人民法院报送书面立案受理请示报告，并将证券公司破产申请及所附全部证据一并予以报送。

294.（补充审查）经最高人民法院或者市高级人民法院审核，认为尚需进行补充审查或者补充相关证据的，负责审查的中级人民法院应当自收到相关通知之日起尽快进行补充审查。补充审查完成后，应当及时向最高人民法院或者市高级人民法院报送书面补充审查报告，并将补充的相关证据一并予以报送。

295.（审查批复）最高人民法院批准受理证券公司破产申请的，市高级人民法院应当自收到最高人民法院复函之日起，及时向负责审查的中级人民法院转发最高人民法院复函。

第三节　受理及破产宣告

296.（立案受理）负责受理审查的中级人民法院收到市高级人民法院转发的最高人民法院批准受理证券公司破产申请的复函后，应当依照企业破产法之规定，立案受理证券公司破产案件。

297.（破产申请的不可逆转）国务院证券监督管理机构依照《证券公司风险处置条例》第二章、第三章之规定，对证券公司进行处置的，证券公司破产申请受理的理由应当以证券公司被行政撤销、关闭时的情况进行确认。即使因金融市场变动，导致证券公司在经行政清理后申请破产时出现资产大于负债的情形，人民法院仍应受理证券公司破产申请。

298.（受理申请的同时宣告破产）人民法院经审查符合企业破产法、相关司法解释、相关法规政策之规定的，可以在受理证券公司破产申请的同时，宣告该证券公司破产。

第四节　管理人

299.（指定管理人）人民法院可以采取下列方式指定管理人：

（1）依据最高人民法院《关于审理企业破产案件指定管理人的规定》第十八条之规定，直接指定行政清理组为管理人；

（2）重新指定清算组为管理人。

人民法院认为可以指定清算组为管理人的，可以从政府有关部门、编入管理人名册的社会中介机构、证券类资产管理公司中指定清算组成员，中国人民银行及国家金融监督管理机构可以按照有关法律和行政法规之规定派人参加清算组。

人民法院重新指定的清算组成员中，一般应当包括行政清理组的成员；

（3）在国务院证券监督管理机构推荐的已编入管理人名册的社会中介机构中指定管理人；

（4）采取公告方式，邀请编入各地人民法院管理人名册中的社会中介机构参与竞争，从参与竞争的社会中介机构中指定管理人。参与竞争的社会中介机构不得少于三家。

300.（管理人的免回避）人民法院采取本规程第299条第（1）项、第（2）项规定的方式指定管理人的，当事人依据最高人民法院《关于审理企业破产案件指定管理人的规定》第二十三条、第二十四条之规定，以行政清理组或其成员存在企业破产法第二十四条第三款第（三）项规定的利害关系为由，主张其回避的，人民法院应不予支持。

301.（行政清理组与管理人的衔接）在人民法院受理证券公司破产申请后、指定管理人之前，行政清理组仍应在人民法院的监督、指导下，负责保管证券公司的财产，为全体债权人利益进行必要的经营活动，支付人民法院许可的必要支出，以及人民法院许可的其他工作，保证证券公司行政处置程序与司法破产清算程序的顺利衔接。

人民法院指定管理人后，行政清理组仍须保留一段时间，负责行政清理后续事宜，配合管理人做好后续工作。

行政清理组被撤销后，个别确需处理的后续问题，人民法院可商请国务院证券监督管理机构协调解决。

第五节　债权申报及确认

302.（债权申报材料审查）在进入破产清算程序之前，行政清理组已进行债权申报、登记、审核工作的，进入破产清算程序后，行政清理组应当将纳入破产清算的债权申报材料直接交付管理人。管理人应当对申报材料进行审查。

行政清理时已进行登记，但不符合国家收购规定的申报债权，管理人可以直接予以登记。

债权申报材料符合法律规定的，管理人应当书面通知相关债权人，其向行政清理组申报的债权已作为破产清算程序的债权申报。

债权申报材料不符合法律规定的，管理人应当书面通知申报人补充申报材料。

303.（债权申报主体）对于已纳入国家收购范围的个人债权等相关债权，其对应的权利由国家相关政策规定的中国人民银行、中国证券投资者保护基金公司和提供收购资金的地方政府等收购主体取得，在证券公司破产清算程序中，应当由收购主体向管理人申报债权。

对于不应纳入国家收购范围的权利申请，经国务院证券监督管理机构作出结论并告知相关权利人后，该权利人可以在证券公司破产清算程序中向管理人申报债权。

304.（对被收购人的债权申报不予确认）个人债权人已经选择行政收购的，不得再选择参与破产清算。被收购人在证券公司破产清算程序中再行申报债权的，管理人应不予确认。

305.（对个人债权行政甄别、确认、收购等结果提出异议的，不予立案受理）当事人对国务院证券监督管理机构或者行政清理组等相关组织在行政清理程序中作出的关于个人债权等相关债权的甄别、确认、收购等结果存在异议，以上述相关组织为被告，向人民法院提起诉讼的，人民法院应不予受理，并应告知其向国务院证券监督管理机构提出相关异议。

306.（逾期债权收购的行政确认）进入破产清算程序后，对于确属应当收购的债权，当事人有合理的理由未能在规定期间内向本规程第303条规定中的相关组织要求收购，而在破产清算程序中向管理人申报债权，并要求优先受偿的，管理人应当告知其向保留的行政清理组申报债权，并由国务院证券监督管理机构确认其债权是否应当纳入国家收购范围。

应当纳入国家收购范围的债权，由国务院证券监督管理机构在预留的收购资金中予以收购。

国务院证券监督管理机构认为债权不属于国家收购范围的，权利人在破产清算程序中申报的权利性质，由管理人予以确认。对不属于法定优先权的债权，管理人应当按照普通债权确认。

307.（对行政清理中债权申报的核查）管理人对行政清理程序中已申报的债权应当进行核查。

管理人经核查认为债权不应予以确认的，需在债权表中注明，并提交第一次债权人会议核查。

当事人对该债权确认结论有异议的，管理人可与其进行再次核对。经管理人与当事人双方再次核对后，当事人对该债权确认结论仍有异议的，管理人应当书面告知其可以向受理证券公司破产申请的人民法院提起诉讼，同时告知不及时提起诉讼可能承担的法律后果。

第六节　证券公司财产保护

308.（涉案资产保护）在行政清理期间，有关刑事侦查机关冻结证券公司涉案资产的，人民法院在受理证券公司破产申请后，应当通知该刑事侦查机关立即依法将证券公司相关涉案资产移送给受理破产案件的人民法院。

309.（客户资产保护）在行政清理期间，有关司法机关或者其他国家机关冻结证券公司客户交易结算资金的，人民法院在受理证券公司破产申请后，应当通知立即解除保全措施。

以证券公司的客户为被执行人、证券公司为协助执行人的相关执行案件，对于客户资产未被证券公司挪用，与证券公司及其他客户资产有明显区分，能够独立识别和处理的，证券公司作为协助执行人应当履行协助执行义务；对于客户资产已被证券公司挪用，或者与证券公司的自有资产混同，不能独立识别和处理的，管理人应当将财产混同情况向负责执行的人民法院进行书面说明。

证券公司进入破产清算后，被申请执行的证券公司客户已申报债权的，管理人应当以该客户获得分配的财产协助相关人民法院执行；客户未申报债权的，申请执行人可作为该客户的债权人，根据已生效的裁判文书向管理人申报债权，进行代位求偿。

310.（债权清收）最高人民法院对于以进入行政清理程序的证券公司及其附属机构、关联企业为被告、第三人、协助执行人的民商事案件实施的暂缓受理、暂缓审理、暂缓执行的政策，不约束行政清理组或者管理人对证券公司债权的清收。

管理人应当通过诉讼、强制执行等手段尽可能实现证券公司的债权。债权清收的诉讼时效自最高人民法院对于以进入行政清理程序的证券公司及其附属机构、关联企业为被告、第三人、协助执行人的民商事案件实施暂缓受理、暂缓审理、暂缓执行政策之日起重新计算。

管理人不能及时提起诉讼的，应当及时向债务人提出履行要求；已经取得胜诉判决的，管理人应当及时向相关人民法院申请强制执行。

311.（债权债务关系存续）证券公司被国务院证券监督管理机构责令停业整顿、托管、接管、行政重组、撤销的，其债权债务关系不因相关行政处置决定而发生变化。

证券公司的债务自证券公司被撤销之日起，停止计算利息。

312.（对行政清理中资产处置的认可）在行政清理程序中，行政清理组不得转让证券类资产以外的资产，但经国务院证券监督管理机构批准，易贬损并可能遭受损失的资产或者确为保护客户和债权人利益的其他情形除外。

在破产清算程序中，人民法院对于行政清理组等相关组织在行政清理期间，依照法律和其他相关规定，并经国务院证券监督管理机构批准，对证券类资产及其他财产的处置行为和处置结果，应当予以认可。

313.（破产撤销权）最高人民法院对于以进入行政清理程序的证券公司及其附属机构、关联企业为被告、第三人、协助执行人的民商事案件实施暂缓受理、暂缓审理、暂缓执行政策之日前一年内，涉及该证券公司财产的下列行为的，进入破产清算程序后，管理人有权依据企业破产法第三十一条之规定，请求人民法院予以撤销：

（1）无偿转让财产的；

（2）以明显不合理的价格进行交易的；

（3）对没有财产担保的债务提供财产担保的；

（4）对未到期的债务提前清偿的；

（5）放弃债权的。

314.（债权个别清偿的撤销）最高人民法院对于以进入行政清理程序的证券公司及其附属机构、关联企业为被告、第三人、协助执行人的民商事案件实施暂缓受理、暂缓审理、暂缓执行政策之日前六个月内，该证券公司有企业破产法第二条第一款规定的情形，仍对个别债权人进行清偿的，进入破产清算程序后，管理人有权依据企业破产法第三十二条之规定，请求人民法院予以撤销。但是，个别清偿使该证券公司财产受益的除外。

第七节 重 整

315.（国务院证券监督管理机构申请证券公司重整）证券公司有企业破产法第二条规定情形的，国务院证券监督管理机构可以直接向人民法院申请对该证券公司进行重整。

316.（提交重整计划草案）人民法院裁定证券公司重整的，证券公司或者管理人应当同时向债权人会议、国务院证券监督管理机构和人民法院提交重整计划草案。

317.（申请批准重整计划）自债权人会议各表决组通过重整计划草案之日起十日内，证券公司或者管理人应当向人民法院提出批准重整计划的申请。重整计划涉及《中华人民共和国证券法》第一百二十九条之规定的，证券公司或者管理人应当同时向国务院证券监督管理机构提出批准相关事项的申请。

债权人会议部分表决组未通过重整计划草案，但重整计划草案符合企业破产法第八十七条第二款之规定的，证券公司或者管理人可以申请人民法院强制批准重整计划草案。重整计划草案涉及《中华人民共和国证券法》第一百二十九条之规定的，证券公司或者管理人应当同时向国务院证券监督管理机构提出批准相关事项的申请。

318.（重整计划的监督执行）经批准的重整计划由证券公司执行，管理人负责监督。监督期届满，管理人应当向人民法院和国务院证券监督管理机构提交监督报告。

319.（终止重整程序）证券公司重整计划的相关事项未获国务院证券监督管理机构批准，或者重整计划未获人民法院批准的，人民法院应当裁定终止重整程序，并宣告证券公司破产。

320.（恢复行政清算程序）重整程序终止，人民法院宣告证券公司破产的，国务院证券监督管理机构应当对证券公司做出撤销决定，人民法院依照企业破产法之规定，组织证券公司破产清算。

人民法院认为应当对证券公司进行行政清理的，国务院证券监督管理机构比照《证券公司风险处置条例》第三章之规定，成立行政清理组，负责清理账户，协助甄别确认、收购符合国家规定的债权，协助证券投资者保护基金管理机构弥补客户的交易结算资金，转让证券类资产等。

第八节　破产清算

321.（证券资产的变现）对于证券公司证券资产的变现，是采取变现分配货币还是直接分配证券等方式进行清偿，应当在破产清算程序中由债权人会议决议决定。

债权人会议决议分配现金的，债权人会议还应当就变现、操作方式等事项作出决议；债权人会议决定分配证券的，应当由管理人提出证券价格确定方法，交由债权人会议一并作出决议，并应当经国务院证券监督管理机构批准后，进行证券分配的非交易过户。

322.（股权处置）证券公司财产中包括相关法律、法规或者其他国家政策对出资人资格有特殊要求的企业股权的，应当采取拍卖方式将该股权进行变现。但参与竞买人和竞买后的权利人均应当具备可以作为上述企业股东的法定资格。

323.（关联公司资产处置）经人民法院确认证券公司与其设立或者实际控制的关联公司之间存在融资自营平台性质的关联关系，或者依据《证券公司风险处置条例》第二十五条之规定，经国务院证券监督管理机构审查批准，证券公司的关联公司被纳入行政清理范围的，应当将证券公司存于该关联公司名下的用于融资经营炒作的相关财产和款项取回，并作为证券公司破产财产参加变价和分配。

324.（劳动债权认定）对于应纳入第一顺序的劳动债权，在经甄别确认及债权人会议审查确认后，人民法院应尽快予以偿付。

对属于职工工资构成的奖金，人民法院应当依法予以支付。

对确实存在合理的与业绩挂钩的职工奖金，人民法院可以作为普通债权予以认定。

对证券公司被处置负有责任，并受过相关刑事处罚或者取消从业资格、市场禁入以上行政处罚的证券公司管理人员主张与业绩挂钩奖金的，人民法院应不予支持。

325.（收购债权的清偿顺位）再贷款主体、中国证券投资者保护基金公司及地方政府等相关收购主体在破产清算中因收购债权而产生的代位权利，应当按照已收购债权的性质认定清偿顺位。

326.（侵权之债的清偿顺位）未纳入国家收购范围的证券公司名义下的个人债权，以及因证券公司存在行政违法、违规、甚至触犯刑律的行为形成的侵权之债，在破产清算中，人民法院应当认定为第三顺序债权进行清偿。

327.（罚金或者没收财产的清偿顺位）证券公司因存在行政违法、违规、甚至触犯刑律的行为而被科以行政处罚或刑事处罚的罚金或者没收的财产，人民法院应当认定为劣后于普通债权，在债权人得到全部清偿后支付。

328.（剩余资产分配）证券公司的债务金额清偿后，仍有剩余资产的，应当按照股东持股比例进行分配。

329.（高管人员工资标准认定）对于证券公司的高管人员，特别是对证券公司被处置负有责任，并受过刑事处罚或取消从业资格、市场禁入以上行政处罚的证券公司管理人员的工资，应当重新进行核定。其标准应当比照管理人的聘用人员的工资标准确定。

经确认属于证券公司高管人员工资的债权，可以依照企业破产法第一百一十三条之规定，作为第一顺序债权优先受偿。

经确认属于证券公司高管人员合理的与业绩挂钩的奖金的，可以作为普通债权进行受偿。

对证券公司被处置负有责任，并受过刑事处罚或取消从业资格、市场禁入以上行政处罚的证券公司管理人员主张与业绩挂钩奖金的，人民法院应不予支持。

330.（税收事项）行政清理期间，被处置证券公司免缴行政性收费和增值税、营业税等行政法规规定的税收。

人民法院宣告证券公司破产后，涉及证券公司税收事项的，应当依照企业破产法、税收征收管理法以及税收征收管理法实施细则第十五条第一款、第五十条之规定执行。

331.（破产费用）行政清理费用经国务院证券监督管理机构审核后尚未支付的，进入破产清算后可以列入破产费用。

前款所称行政清理费用，是指行政清理组管理、转让证券公司财产所需的费用，行政清理组履行职务和聘用专业机构的费用等。

破产清算期间，行政清理组配合破产清算的费用开支，从破产费用中列支。

332.（证券类资产买受人的免追索）债权人不得因破产证券公司的证券类资产在行政清理程序中已转移给买受人，而将买受人作为证券公司债务的连带或者赔偿义务人进行追索。但买受人以明显不合理低价购买证券类资产的除外。

333. （托管机构的免追索）有关权利人仅以托管为由向人民法院提起诉讼，请求判令托管机构承担被托管证券公司债务的，人民法院不予受理。

334. （违法违规涉嫌犯罪行为处理）管理人在破产清算中，要继续协助配合有关刑事侦查机关、行政稽查部门等做好责任追究工作。发现违法违规线索的，要及时移交国务院证券监督管理机构进行查处。涉嫌犯罪的，要移送有关刑事侦查机关统一查处。

第十一章 附 则

335. （条文适用）重整、和解、证券公司破产程序中涉及的受理审查、管理人指定、破产费用、债权申报与确认、债权人会议召开、债务人财产清收、破产撤销、破产抵销等问题，本规程第七章、第八章、第十章未规定的，适用企业破产法和本规程其他相关章节的规定。

336. （施行时间）本规程自 2013 年 7 月 22 日起施行，2004 年《北京市高级人民法院审理企业破产案件操作规程》同时废止。

北京市高级人民法院关于印发《北京市高级人民法院关于加快破产案件审理的意见》的通知

（京高法发〔2018〕156号）

市第一中级人民法院、各区人民法院：

《北京市高级人民法院关于加快破产案件审理的意见》已经市高级人民法院审判委员会通过，现予印发，请遵照执行。实施中遇到的问题，请及时报告市高级人民法院民二庭。

北京市高级人民法院

2018年4月4日

北京市高级人民法院关于加快破产案件审理的意见

为切实缩短破产案件审理周期，规范破产案件的快速审理，提高破产案件审判质效，保护债权人、债务人等破产参与人的合法权益，充分发挥破产制度在优化资源配置、实现市场出清等方面的功能，根据《中华人民共和国企业破产法》（以下简称企业破产法）、《中华人民共和国民事诉讼法》及相关司法解释，结合本市破产审判实际，经本院审判委员会讨论通过，出台本意见。

一、基本原则

1.（繁简分流）人民法院审理破产案件，可以对案件进行繁简分流。对于债权债务关系明确、债务人财产状况清楚的简单破产案件，可以适用快速审理。执行部门查无财产的执行移送破产审查案件应当优先适用快速审理。

2.（效率原则）适用快速审理的破产案件，应当着重提升审判效率，尽量缩短程序时间、并联破产事项、简化破产流程，及时高效完成各项破产程序。

3.（权利保障）适用快速审理的破产案件，不得克减或损害破产参与人必须享有的程序权利和实体权利。

二、适用条件

4.（积极条件）债权债务关系明确、债务人财产状况清楚并且具备下列情形之一的破产案件，可以适用本意见第四部分的规定快速审理：

（1）债务人资产和债权人人数均较少的；

（2）破产财产可能不足以支付全部破产费用的；

（3）债务人无财产或财产较少，且账簿、重要文件等灭失或人员下落不明的；

（4）债务人财产易于变价或无需变价的；

（5）债务人经过强制清算，资产和负债均已确认完毕的；

（6）其他适宜适用快速审理的情形。

5.（消极条件）具有下列情形之一的破产案件，原则上不适用快速审理：

（1）破产重整案件；

（2）涉及人数众多、存在职工安置困难等复杂情形的破产案件；

（3）债务人资产情况复杂或难以变现的；

（4）债权债务关系复杂，可能需要进行审计等；

（5）存在未结诉讼、仲裁纠纷，或受理后可能发生衍生诉讼，有可能影响案件快速审结的；

（6）其他不宜适用快速审理的情形。

6.（范围）快速审理适用于破产案件受理之后。

三、启动程序

7.（征求意见）人民法院在破产申请的受理审查阶段，可以就适用快速审理事宜征求破产参与人的意见。

8.（程序启动）人民法院裁定受理破产申请后，合议庭认为可适用快速审理的，在履行内部审批程序后，应将相关事项及时告知破产参与人。

9.（程序转换）对已经按一般程序审理的破产案件，可在征求破产参与人的意见后，针对部分事项参照本意见快速审理。

破产参与人就适用快速审理提出异议，且有充分理由的，或者在审理过程中发生不宜继续适用快速审理的事由的，仍应按一般程序审理。

10.（审级和审判组织）受理破产申请的各级人民法院，均可对符合条件的破产案件适用快速审理。

基层人民法院适用快速审理的破产案件，可以由法官一人独任审理。中级人民法院适用快速审理的破产案件，应当由法官组成合议庭审理。

四、快速审理

11.（管理人指定方式）对于决定适用快速审理的破产案件，人民法院原则上应当采用随机方式，在裁定受理破产申请的同时指定管理人。

公司强制清算转入破产程序后，原清算组由我市管理人名册中的中介机构或者个人组成或者参加的，除该中介机构或者个人存在与本案有利害关系等不宜担任管理人或者管理人成员的情形外，人民法院可根据企业破产法及其司法解释的规定，指定该中介机构或者个人作为破产案件的管理人，或者吸收该中介机构作为破产案件的清算组成员。

12.（管理人介入）破产受理法院应当自裁定受理破产申请后立即指导、监督管理人开展对债务人的调查、接管以及对债权的审查等工作。管理人还应当在全国企业破产重整案件信息网的管理人工作平台及时录入案件信息，定期披露工作进展。

13.（财产统查）破产受理法院可以在裁定受理破产申请后，通过执行部门向北京市高级人民法院执行部门报送债务人财产统一查询需求，以缩短管理人财产调查周期。执行移送破产审查案件，可以利用执行法院财产调查结果的，可以不必再次调查。

14.（账户开立的简化）经初步调查未发现债务人任何财产的案件，管理人可不开立银行账户。

15. （受理通知期限）破产受理法院应当自裁定受理破产申请之日起七日内通知已知债权人，并在全国企业破产重整案件信息网的法官工作平台发布公告。公告除应当载明企业破产法第十四条规定必须载明的内容外，还应当载明案件适用快速审理的内容。

16. （债权申报期限）债权人申报债权的期限为三十日，自受理破产申请公告发布之日起计算。

17. （第一次债权人会议召开时间）第一次债权人会议由法院召集，自债权申报期限届满之日起五日内召开。

18. （债权人会议的简化）适用快速审理的破产案件，原则上不设立债权人委员会。债权人会议召开一般不超过两次，并可以采用书面、数据电文、网络会议等形式进行。

19. （债权确认）人民法院一般应当在第一次债权人会议召开后五日内裁定确认无异议的债权。

20. （召集期限）召开债权人会议，管理人应当提前五日通知已知债权人。债权人因客观原因无法参加的，可以向管理人申请延期并说明理由。

21. （宣告破产期限）对于债务人符合破产宣告条件的案件，管理人一般应当在第一次债权人会议召开之日起十五日内提请人民法院宣告债务人破产。人民法院根据管理人提交的申请，审查认为债务人符合宣告破产条件的，应当自收到申请之日起五日内裁定宣告债务人破产，并在裁定作出之日起三日内送达债务人和管理人，自裁定作出之日起五日内通知已知债权人，并予以公告。

22. （和解次数的限制）适用快速审理的破产案件，一般只能进行一次和解，否则不应继续适用快速审理。

23. （公告的简化）适用快速审理的破产案件的公告，应当在全国企业破产重整案件信息网上发布。

24. （执行行为效力的延续）执行程序中已经完成的评估、鉴定、审计、拍卖等行为，其效力可以延续至破产程序中的，相关程序无需再次进行。

25. （分配与处置）财产分配原则上应当以货币分配形式进行。破产审理法院及管理人应当释明并引导债权人会议作出以网络拍卖方式处置破产财产，或者以非货币方式进行分配的决议，提升破产财产处置效益。

26. （一次性分配）破产财产以一次性分配为原则。破产程序终结后，债权人可以依照企业破产法第一百二十三条的规定向破产受理法院申请追加分配。

27. （终结破产程序）破产人已无财产可供分配的，管理人应当请求人民法院裁定终结破产程序。人民法院应当自收到管理人终结破产程序的请求之日起五日内作出是否终结破产程序的裁定。

28. （申请注销登记）管理人应当自破产程序终结之日起五日内，持法院终结破产程序的裁定，向破产人的原登记机关办理注销登记。

29. （费用不足时垫付费用的准许）债务人财产不足以支付破产费用的，管理人应当提请人民法院宣告债务人破产并终结破产程序。但债权人、管理人、债务人的出资人或者其他利害关系人愿意垫付的，破产程序可以继续进行。

30.（审理期限）适用快速审理的破产案件，一般应在裁定受理之日起六个月内审结。无任何财产、无账簿文书、企业人员下落不明的破产案件，一般应在裁定受理之日起三个月内审结。案件有特殊情况无法在规定期限内审结的，可以申请延长审理期限一次。

五、附则

31.（强清案件参照适用）债权债务关系明确、企业财产状况清楚的强制清算案件，可以参照适用本意见审理。

32.（施行时间）本意见自 2018 年 4 月 4 日起施行。

北京市高级人民法院关于破产程序中
财产网络拍卖的实施办法（试行）

为规范破产程序中管理人对债务人财产的处置行为，提高处置效率，实现债务人财产价值最大化，维护当事人的合法权益，根据《中华人民共和国企业破产法》、最高人民法院《全国法院破产审判工作会议纪要》等相关规定，结合本市破产审判工作实际，制定本办法。

第一条 管理人依法通过互联网拍卖平台，以网络电子竞价方式公开处置债务人财产的，适用本办法。

债务人财产指破产申请受理时属于债务人的全部财产，以及破产申请受理后至破产程序终结前债务人取得的财产。

第二条 债务人财产处置，应以网络拍卖优先为原则。债权人会议决议通过其他方式处置，法律、行政法规和司法解释规定必须通过其他途径处置，以及债务人财产不适宜通过网络拍卖处置的除外。

第三条 管理人作为出卖人，应以自己的名义依法通过网络拍卖平台处置债务人财产，接受债权人会议和人民法院的监督。

第四条 网络拍卖平台应从最高人民法院确定的司法拍卖网络服务提供者名单库中选择。

第五条 是否通过网络拍卖方式处置债务人财产以及网络拍卖方案，由管理人在财产变价方案中提出并提交债权人会议讨论、表决。管理人根据企业破产法第二十六条，在第一次债权人会议召开之前处置财产的，应当向人民法院提交网络拍卖方案，经人民法院许可。

网络拍卖方案一般应当包括以下内容：

（一）拟通过网络拍卖处置的债务人财产的范围；

（二）拟选择的网络拍卖平台；

（三）拟拍卖时间、起拍价或其确定方式、保证金的数额或比例、保证金和拍卖款项的支付方式及支付期限；

（四）竞价时间、出价递增幅度、拍卖次数、每次拍卖的降价幅度及公告期；

（五）其他需要由债权人会议决议的事项。

管理人应就所拍卖债务人财产可能产生的费用和可能的税费负担情况向债权人会议予以说明。

第六条 对债务人特定财产享有担保权的债权人向管理人申请就该特定财产变价处置并行使优先受偿权的，管理人在制定网络拍卖方案时，应当以实现债务人财产价值最大化为原则，并充分听取担保权人的意见。

第七条 实施债务人财产网络拍卖的，管理人应当履行下列职责：

（一）查明拍卖财产的权属、权利负担、质量瑕疵、欠缴税费、占有使用等现状并予以说明；

（二）制作、发布拍卖公告等信息，在选择的网络拍卖平台上独立发拍；

（三）按照公司法等法律、法规、司法解释的规定提前通知已知优先购买权人，并在网络拍卖公告发布三日前通知其网络拍卖事项；

（四）办理财产交付和协助办理财产权属转移手续；

（五）其他依法应当由管理人履行的职责。

第八条　为提高债务人财产处置效率，经人民法院许可，管理人可以聘用第三方社会服务机构从事制作拍卖财产的文字说明、照片或者视频等资料，展示拍卖财产，接受咨询，引领看样等工作。

聘用第三方社会服务机构的必要费用列入破产费用，由债权人会议审查。

第九条　管理人实施网络拍卖应当先期公告。首次拍卖的公告期不少于十五日，流拍后再次拍卖的公告期不少于七日。公告应同时在选择的网络拍卖平台和全国企业破产重整案件信息网上发布，并可以根据案件需要在其他媒体发布。

拍卖公告应当包括拍卖财产、起拍价、保证金、竞买人条件、拍卖财产已知瑕疵、相关权利义务、法律责任、拍卖时间、网络平台、破产案件审理法院、管理人名称及联系方式等信息。

第十条　管理人应当在拍卖公告发布当日通过选择的网络拍卖平台公示下列信息：

（一）拍卖公告；

（二）拍卖财产现状的文字说明、照片或视频等；

（三）拍卖时间、起拍价及竞价规则；

（四）拍卖保证金、拍卖款项支付方式和账户；

（五）优先购买权主体以及权利性质；

（六）通知或无法通知已知优先购买权人的情况；

（七）财产交付方式、财产所有权转移手续以及税费负担；

（八）其他应当公示和说明的事项。

第十一条　拟采用网络拍卖债务人财产的，一般情况下管理人应当提出处置参考价供债权人会议参考确定起拍价。参考价可以采取以下方式确定：

（一）定向询价。债务人财产有计税基准价、政府定价或者政府指导价的，管理人可以向确定参考价时财产所在地的有关机构进行定向询价；

（二）网络询价。债务人财产无需由专业人员现场勘验或者鉴定，且具备网络询价条件的，管理人可以通过司法网络询价平台进行网络询价；

（三）委托评估。法律、行政法规规定必须委托评估、债权人会议要求委托评估的，管理人应当委托评估机构进行评估。网络询价不能或不成的，管理人可以委托评估机构进行评估；

（四）管理人估价。无法通过以上三种方式确定参考价，或者委托评估费用过高的，管理人可以根据市场交易价格、财务数据等进行估算。

关于债务人财产处置参考价的确定，本办法未规定的，可参照适用《最高人民法院关于人民法院确定财产处置参考价若干问题的规定》。

第十二条　债权人会议无法就起拍价作出决议的，由人民法院裁定，但一般不应低于处置参考价的百分之七十。

第十三条 债权人会议可以授权管理人自行确定起拍价。

第十四条 竞买人应当交纳的保证金数额原则上在起拍价的百分之五至百分之二十范围内确定。债权人会议决议保证金数额不在上述范围内的，依其决议确定。

第十五条 债务人财产网络拍卖的拍卖次数、降价幅度不受限制。为提高财产处置效率，债权人会议关于财产变价方案的决议内容可以明确债务人财产通过多次网络拍卖直至变现为止，或明确变卖前的流拍次数。

第十六条 已确定网络拍卖或在竞价程序中，管理人如有正当理由可决定暂缓、中止、停止网络拍卖，但应及时向债权人委员会报告，未设立债权人委员会的，应及时报告人民法院。如需变更为非网络拍卖方式或者变更网络拍卖平台的，须经债权人会议决议。

第十七条 拍卖成交后买受人悔拍的，交纳的保证金不予退还，计入债务人财产。保证金数额不足以弥补拍卖费用损失以及重新拍卖价款低于原拍卖价款的差价的，管理人可向悔拍人追索。

悔拍后重新拍卖的，原买受人不得参加竞买。

第十八条 拍卖成交后，由网络拍卖平台自动生成确认书并公示，确认书中载明实际买受人的身份、竞买代码等信息。买受人可以向管理人申请不公开身份信息。

第十九条 买受人应根据拍卖公告将拍卖价款支付至管理人账户或审理破产案件的人民法院账户。须由出卖人负担的相关税费，管理人应当在拍卖款中预留并代为申报、缴纳。

第二十条 管理人应当协助买受人办理拍卖财产交付、证照变更及权属转移手续，必要时可以申请人民法院协助。

第二十一条 网络拍卖竞价期间无人出价的，本次拍卖流拍。按照债权人会议决议需要在流拍后再次拍卖的，管理人应自流拍之日起七个工作日内再次启动网络拍卖程序，确有特殊情况的除外。

第二十二条 债权人会议决定设立债权人委员会的，可以债权人会议决议的形式，委托债权人委员会行使本办法规定的债权人会议的职权。

第二十三条 管理人未勤勉尽责、忠实执行职务，在处置债务人财产过程中给债权人、债务人或者第三人造成损失的，依法承担赔偿责任。

第二十四条 管理人通过网络拍卖方式处置债务人财产，本办法没有规定的，可参照适用《最高人民法院关于人民法院网络司法拍卖若干问题的规定》。

第二十五条 强制清算案件中，清算组处置被清算企业财产的，参照适用本办法。

第二十六条 本办法自 2019 年 4 月 23 日起施行。

北京市高级人民法院关于印发《北京市高级人民法院关于审理公司强制清算案件操作规范》（试行）的通知

（京高法发〔2009〕473号）

市第一、第二中级人民法院，北京铁路运输中级法院；各区、县人民法院，各铁路运输法院：

《北京市高级人民法院关于审理公司强制清算案件操作规范》已于2009年9月1日经第14次（总第241次）北京市高级人民法院审判委员会讨论通过，现印发给你们，请结合审判工作实际，认真贯彻落实。在审理公司强制清算案件时，要严格依照程序进行，坚持在程序正当的基础上实现清算结果的公正。

特此通知。

北京市高级人民法院

二○○九年十一月九日

关于审理公司强制清算案件操作规范（试行）

为规范我市法院公司强制清算案件的审理，保证清算组公正高效地履行职责，保护债权人、股东和职工的合法权益，根据《中华人民共和国公司法》及其司法解释、《中华人民共和国民事诉讼法》、最高人民法院《关于审理公司强制清算案件工作座谈会纪要》的有关规定，结合审判实际经验，制定本规范。

总　　则

第一条　公司解散后未依法自行清算，债权人或股东向人民法院申请指定清算组对公司进行强制清算的，依照法律、法规、司法解释以及本规范的规定对公司进行清算。

第二条　强制清算案件由公司住所地人民法院管辖。公司住所地是指公司主要办事机构所在地。公司主要办事机构所在地不明确的，由公司注册地人民法院管辖。

基层人民法院管辖区、县公司登记机关核准登记的强制清算案件；中级人民法院管辖市及市级以上的公司登记机关核准登记的强制清算案件。

基层人民法院对辖区内有重大影响，但不属于基层人民法院管辖的强制清算案件，可报请上一级人民法院决定是否指定管辖。

第三条　人民法院审理强制清算案件，应当依法维护公司职工的合法权益，公平保护债权人、股东的合法权益。

第四条　在审理强制清算案件中，对于公司的股东、实际控制人、董事、监事、高级管理人员违反《中华人民共和国公司法》的规定，给公司造成损失的，应依法追究其民事责任；对于涉嫌违法犯罪的，应移送相应机关查处。

强制清算的申请与受理

第五条 具有下列情形之一的，债权人或股东可以向人民法院申请对公司进行强制清算：

（一）公司解散后 15 日内不成立清算组进行清算的；

（二）自行清算出现僵局，无法作出有效决定的；

（三）虽然成立清算组但故意拖延清算的；

（四）违法清算可能严重损害公司债权人、股东及职工利益的。

第六条 债权人或股东以第五条第（一）项为由向人民法院申请对公司进行清算时，应当提交下列材料：

（一）清算申请书，列明申请人、被申请人的基本情况和申请的事实和理由；

（二）申请人的主体资格证明文件；

（三）被申请人的主体资格证明文件；

（四）申请人对被申请人享有的债权或股权证据；

（五）被申请人发生解散事由的证明材料：被申请人自行解散的，应提交被申请人的公司章程或决定解散公司的股东会（股东大会）决议；被申请人被依法强制解散的，应提交公司登记主管机关吊销公司营业执照、责令关闭、撤销公司的文件；人民法院判决解散公司的法律文书。

第七条 债权人或股东以第五条第（二）、（三）、（四）项为由向人民法院申请对公司进行清算时，除提交本规范第六条所列材料外，还应提交公司自行成立清算组的证明文件，以及清算已出现僵局、清算组故意拖延清算或存在违法清算行为的证据。

第八条 人民法院立案庭收到申请人提交的强制清算申请后，应当依本规范第五条、第六条、第七条之规定，对申请人提交材料的情况进行书面审查。

第九条 申请人提交的材料需要更正、补正的，立案庭应当书面通知申请人于七日内予以更正、补正。申请人未按期更正、补正的，视为撤回申请；申请人由于客观原因无法按时更正、补正的，应当向立案庭提交书面说明，是否延长期限由人民法院决定。

第十条 人民法院立案庭收到申请人提交的强制清算的申请并书面审查相关证据材料后，应以"（××××）××民清（预）字第×号"立案。

立案庭将申请人提交的申请书及有关证据材料移交审理强制清算案件的审判庭进行审查，并由审判庭依法作出是否受理强制清算申请的裁定，该案以"（××××）××民清（预）字第×号"结案。

第十一条 人民法院审判庭对强制清算申请审查时，应当书面通知被申请人。被申请人对强制清算申请有异议的，应当自收到通知之日起七日内向人民法院书面提出。

第十二条 人民法院对于事实清楚、法律关系简单、证据确实充分，被申请人无异议的强制清算申请，经书面审查后，决定受理的，制作裁定书送达申请人和被申请人。

人民法院可以要求被申请人提交公司有关会计报表、资产负债表、财务帐册等资料说明被申请人财产状况。

第十三条　人民法院对于案件事实复杂、被申请人书面提出异议的强制清算申请，可以召开听证会进行审查。

人民法院决定召开听证会的，应当于听证会召开前五日通知申请人、被申请人以及公司股东、实际控制人等利害关系人，并送达相关申请材料。

人民法院应当自异议期满之日起或者在听证会召开十日内决定是否受理。

第十四条　人民法院审判庭裁定受理强制清算申请的，立案庭应当以"（××××）××民清（算）字第×号"立案。

第十五条　人民法院经审查发现下列情形的，对强制清算申请不予受理：

（一）被申请人对申请人是否享有债权或股权，或者对被申请人是否发生解散事由提出异议，且经审查异议成立的；

（二）申请人不能举证证明被申请人自行清算中已出现僵局、故意拖延清算，或者存在其他违法清算可能严重损害债权人或股东利益的；

（三）有证据证明被申请人已出现破产原因的。

第十六条　人民法院对强制清算申请不予受理的，应当作出裁定。

申请人对不予受理的裁定不服的，可以在裁定送达之日起十日内向上一级人民法院提起上诉。

第十七条　人民法院受理强制清算申请后，应当组成合议庭进行审理。

第十八条　人民法院受理强制清算申请后，被申请人对申请人是否享有债权或股权提出异议，人民法院经审查认为异议成立的，应当告知申请人另行提起民事诉讼，本案由申请人撤回申请或裁定驳回申请。

第十九条　人民法院受理强制清算申请后，发现不符合法律规定的受理条件或者有本规范第十五条所列情形的，应当裁定驳回强制清算申请。

第二十条　强制清算案件的申请费以强制清算财产总额为依据，按照财产案件受理费标准减半交纳，人民法院受理强制清算申请后从被申请人财产中优先拨付。

按照上述标准计收的强制清算案件申请费超过三十万元的，超过部分不再收取。

第二十一条　自人民法院受理强制清算申请之日起至强制清算案件终结之日，被申请人的有关管理人员应承担下列义务：

（一）妥善保管并移交其占有和管理的财产、印章和账簿、文书等资料；

（二）根据人民法院的询问，如实陈述与案件相关的事实；

（三）提交已知债权人名册清单及相关证据；

（四）配合清算组工作，完成清算组交办事项；

（五）承担人民法院认为应当办理的其他事项。

前款所称有关管理人员，主要指被申请人的法定代表人和被申请人股东、董事、监事、高级管理人员；根据清算工作的需要，也可以包括被申请人的财务管理人员、其他经营管理人员、被申请人自行成立的清算组成员等。

第二十二条　人民法院受理强制清算案件后，至清算组查清被申请人资产及负债情况前，有关被申请人财产的执行程序应当中止；执行法院不予中止的，受理强制清算申请的人民法院可以逐级报告执行法院的共同上级法院协调中止执行。

清算组查清被申请人资产及负债情况，明确被申请人财产大于负债的，执行法院可以恢复执行，或者待强制清算中全额清偿债务后裁定终结执行程序；清算组查清被申请人资产及负债情况，发现被申请人财产不足清偿债务的，应当及时向人民法院申请破产清算。

强制清算程序对被申请人特定财产享有担保物权的债权人的清偿执行可以继续进行。

第二十三条 人民法院受理强制清算案件后，已经开始而尚未终结的有关被申请人的民事诉讼由原受理法院继续审理，但应变更法定代表人为清算组负责人。

人民法院受理强制清算案件后，有关被申请人的民事诉讼，应当向受理强制清算案件的人民法院提起。

第二十四条 强制清算期间，被申请人法人资格存续，但不得开展与强制清算无关的经营活动。清算组决定开展确与强制清算有关的经营活动的，应报人民法院批准。

清算组

第二十五条 人民法院受理强制清算案件后，应当及时指定清算组。人民法院指定成立清算组的，应当制作决定书，并送达申请人和被申请人。

第二十六条 清算组成员可以从下列人员或者机构中产生：

（一）被申请人的股东、董事、监事、高级管理人员；

（二）被选入北京市高级人民法院《破产管理人名册》的律师事务所、会计师事务所、破产清算事务所等社会中介机构；

（三）被选入北京市高级人民法院《破产管理人名册》的具备相关专业知识并取得执业资格的人员。

人民法院根据案件具体情况，以有利于强制清算的顺利进行为原则，在上述人员中指定清算组成员。

除由第（二）、（三）项中的中介机构或个人独立组成清算组以外，其他清算组成员的人数应当以3人以上的单数构成。

第二十七条 人民法院指定的清算组成员有下列情形之一的，人民法院可以根据债权人、股东的申请，或者依职权更换清算组成员：

（一）有违反法律或者行政法规的行为；

（二）丧失执业能力或者民事行为能力；

（三）有严重损害被申请人或者债权人利益的行为。

上述变更事项应及时通知债权人。

第二十八条 清算组成员无正当理由，不得拒绝人民法院的指定，不得辞去职务。清算组成员辞职，应当经人民法院许可。

第二十九条 清算组应当恪尽职守，勤勉尽责，及时有效地履行清算职责。清算组成员不得利用其身份或地位为自己和他人谋取私利。

第三十条 由本规范第二十六条第（一）项规定的人员担任清算组成员的，可以聘请具有相关专业资质的代理人从事相关清算事务。

第三十一条　清算组应及时向人民法院报告工作，并自觉接受人民法院、债权人和股东的监督。

第三十二条　公司股东、实际控制人、股份有限公司的董事或股东大会确定的清算义务人担任清算组成员的，不计付报酬。

上述人员以外的有限责任公司的非股东董事、监事、高级管理人员，股份有限公司监事、高级管理人员担任清算组成员的，可以按照其上一年度的平均工资标准计收报酬。

清算组由中介机构或者个人组成的，其报酬由中介机构或者个人与被申请人协商确定；协商不成的，由人民法院参照《最高人民法院关于审理企业破产案件确定管理人报酬的规定》确定。

清算组由被申请人股东、董事、监事、高级管理人员，以及中介机构或者个人共同组成的，被申请人股东、董事、监事、高级管理人员的报酬按本条第（一）、（二）款规定的标准支付。中介机构或者个人的报酬，由清算组与被申请人协商确定，协商不成的，由人民法院参照《最高人民法院关于审理企业破产案件确定管理人报酬的规定》确定整个清算组的报酬后，按照中介机构或者个人在清算中付出劳动量的比例，合理确定其报酬。

第三十三条　清算组在清算期间履行下列职责：

（一）接管被申请人的财产、印章、账簿、文书档案、证照等资料；

（二）调查、清理被申请人财产，分别编制资产负债表和财产清单，组织被申请人财产的评估、拍卖、变现；

（三）通知已知债权人、公告未申报债权的债权人；

（四）决定被申请人的内部管理事务；

（五）决定被申请人的日常开支和其他必要开支；

（六）处理与强制清算有关的被申请人未了结的业务；

（七）清缴所欠税款以及清算过程中产生的税款；

（八）清理债权、债务；

（九）管理和处分被申请人财产，并处理被申请人清偿债务后的剩余财产；

（十）向人民法院提交清算报告；

（十一）以被申请人名义参加诉讼、仲裁或者其他法律程序；

（十二）办理被申请人注销登记等终结事宜；

（十三）人民法院认为清算组应当履行的其他职责。

第三十四条　人民法院指定成立清算组后，清算组应根据个案情况组建工作团队，合理配置工作人员，并将名单报人民法院备案。

第三十五条　清算组的负责人由清算组成员共同推选产生；清算组成员不能达成一致意见的，由人民法院指定产生。清算组负责人代行被申请人法定代表人职权。

第三十六条　强制清算事务应当由全体清算组成员共同决定。

清算组成员为三人以上的，按下列表决程序决定：

（一）对清算事务作出决议的，由清算组成员按照人数投票，并以简单多数决方式作出决定；

（二）对处分财产、放弃权利、确定清算分配方案作出决议的，应经清算组成员人数 2/3 以上通过；

（三）清算组成员与决议事项有直接利害关系的，可以发表意见，但不得参与投票；因利害关系人回避表决无法形成多数意见的，清算组可以请求人民法院决定。

与决议事项有直接利害关系的清算组成员未回避表决形成决议的，债权人或清算组其他成员可以参照《中华人民共和国公司法》第二十二条的规定，自决议作出之日起六十日内，请求人民法院予以撤销。

第三十七条　清算组应当在收到人民法院指定成立清算组决定书之日起七个工作日内制定工作方案，包括：

（一）清算工作规程；

（二）会议议事规则；

（三）财务收支管理制度；

（四）证照和印章管理制度；

（五）处理突发事件应急预案；

（六）档案管理制度及保密制度等。

上述清算工作方案报人民法院批准后执行。

第三十八条　清算组应当在收到人民法院指定成立清算组决定书之日起十个工作日内到公安机关刻制清算组印章，清算组印章交人民法院封样备案后启用。清算组印章应由专人保管并设置使用登记记录。清算组印章不得用于清算事务之外的任何场合使用。

第三十九条　清算组应当持人民法院指定成立清算组决定书和清算组公章向人民法院许可的银行申请开立清算组账户。

清算组应将公司的资金划入清算组账户统一管理。

第四十条　清算组应当严格执行财务收支管理制度，接管后的全部费用支出必须经内部审批程序批准后从清算组账户列支。

第四十一条　清算组应在收到人民法院指定成立清算组决定书之日起十五日内完成对被申请人的接管工作。接管时应当制作移交清单、接管笔录，告知法律责任。接管工作完成后由清算组和被申请人的有关人员签名确认，并在被申请人营业场所公告有关事项。

第四十二条　清算组接管的被申请人财产、印章和账簿、文书等资料包括：

（一）被申请人占有或管理的现金、银行存款、有价证券、债权债务清册、存货、流动资产、固定资产、在建工程、对外投资、无形资产等财产及相关凭证；

（二）公章、财务专用章、合同专用章、发票专用章、海关报关章、职能部门章、各分支机构章、电子印章、法定代表人名章等印章；

（三）总账、明细账、台账、日记账等账簿及全部会计凭证、重要空白凭证；

（四）批准设立文件、营业执照、税务登记证书及各类资质证书、章程、合同、协议及各类决议、会议记录、人事档案、电子文档、管理系统授权密码等资料；

（五）有关被申请人的诉讼、仲裁、执行案件的卷宗材料；

（六）被申请人的其它重要资料。

第四十三条　被申请人的有关人员因客观原因无法交出应交接的财产、印章、账册、文书等资料的，清算组应当要求被申请人的有关人员作出书面说明或者提供有关证据与线索。

被申请人的有关人员拒不移交财产、印章和账簿、文书等资料的，清算组可以申请人民法院强制执行。

第四十四条　在接管过程中，清算组应当对以下事项进行调查核实：

（一）被申请人的资产状况；

（二）被申请人的债权债务情况；

（三）被申请人的职工安置情况，职工工资、经济补偿金支付情况及社会保险费用的缴纳情况；

（四）被申请人股东的出资情况；

（五）被申请人的董事、监事和高级管理人员是否存在利用职权获取非正常收入或者侵占被申请人财产的行为；

（六）被申请人未履行完毕的合同情况；

（七）有关被申请人的未结诉讼、仲裁以及未执行完毕的案件情况；

（八）人民法院认为清算组应当调查的其它事项。

第四十五条　清算组可以要求被申请人的有关人员协助调查，被申请人的有关人员拒不协助调查的，清算组应当及时报告人民法院依法处理。

第四十六条　清算组进行清算时发现被申请人的有关人员有下列行为的，应及时请求人民法院对直接责任人采取民事强制措施；涉嫌犯罪的，应当向公安机关报案：

（一）伪造、销毁有关证据材料；隐匿或者销毁依法应当保存的会计凭证、会计账簿、财务会计报告；

（二）隐匿、转移清算财产；

（三）对资产负债表或者财产清单作虚假记载或者在未清偿债务前处分或分配被申请人财产，严重损害债权人或股东利益。

第四十七条　清算组应当制定解除劳资关系的方案并以书面通知被申请人的全体职工终止劳动合同；有关职工的经济补偿，按《中华人民共和国劳动法》、《中华人民共和国劳动合同法》的相关规定执行。经人民法院许可，清算组可以聘用被申请人的有关人员作为留守人员，留守人员的劳动报酬根据现行有关法律法规司法解释以及被申请人的实际情况确定，从清算费用中支付。

第四十八条　清算组在清算期间，有义务妥善保管被申请人财产、账册、印章、文书等资料，防止毁损与遗失。

清算财产

第四十九条　强制清算案件受理时属于被申请人的全部财产，以及强制清算案件受理后至程序终结前被申请人取得的财产，为清算财产。

第五十条　清算组应督促被申请人的债务人或者财产持有人向清算组清偿债务或者交付财产。

第五十一条 人民法院受理强制清算申请后，被申请人股东尚未完全履行出资义务的，清算组应当要求该股东缴纳所认缴的出资，不受被申请人章程中有关分期缴纳出资期限规定的限制。

第五十二条 被申请人的董事、监事和高级管理人员及被申请人其他人员利用职权从被申请人处获取的非正常收入和侵占的公司财产，清算组应当以被申请人名义取回，并归入被申请人清算财产。

第五十三条 人民法院受理强制清算申请后，被申请人财产存在被隐匿、转移、毁损等可能影响依法清算的情形的，人民法院可依清算组或申请人的申请，或者依职权，对被申请人财产采取相应的保全措施。

债权申报和审核

第五十四条 清算组应当自收到人民法院指定成立清算组决定书之日起十日内将强制清算事宜书面通知全体已知债权人，同时，根据被申请人规模和营业地域范围，于三十日内在全国或者被申请人注册登记地省级主要报刊上进行公告。

第五十五条 通知和公告应当载明下列事项：

（一）申请人、被申请人的名称或者姓名；

（二）人民法院裁定受理强制清算申请的时间；

（三）申报债权的期限、地点和注意事项；

（四）清算组成员的名称或者姓名及其联系方式、处理事务的地址；

（五）被申请人的债务人或者财产持有人应当向清算组清偿债务或者交付财产的要求；

（六）人民法院认为应当通知和公告的其他事项。

第五十六条 债权人应当自接到清算组发出的债权申报通知书之日起三十日内，未接到通知书的自公告之日起四十五日内，向清算组申报其债权。

债权人申报债权，应当说明债权的性质、数额、形成原因等有关事项，并提供证明材料。清算组应当对债权进行登记。

在申报债权期间，未经人民法院批准，清算组不得对债权人进行清偿。

第五十七条 被申请人所欠职工的工资和医疗、伤残补助、抚恤费用，所欠缴的应当划入职工个人账户的基本养老保险、基本医疗保险费用，以及法律、行政法规规定应当支付给职工的补偿金，不必申报，由清算组调查后列出清单并予以公示。

职工对清单记载有异议的，可以要求清算组更正；清算组不予更正的，职工可以向有管辖权的人民法院提起诉讼。

第五十八条 未到期的债权，在人民法院决定受理强制清算申请时视为到期。

附利息的债权在人民法院决定受理强制清算申请时停止计息。

第五十九条 附条件、附期限的债权和诉讼、仲裁未决的债权，债权人可以向清算组申报。

第六十条 清算组收到债权申报材料后，应当登记造册，对申报的债权进行审查核定，并编制债权表报人民法院审查。债权表和债权申报材料由清算组保存，供利害关系人查阅。

清算组应将债权审核结果及时通知相关债权人和被申请人。债权人、被申请人对清算组核定的债权有异议的，可以要求清算组重新核定。清算组不予重新核定，或者债权人、被申请人对清算组重新核定的债权仍有异议的，债权人、被申请人可以向有管辖权的人民法院提起诉讼。

第六十一条　连带债权人可以由其中一人代表全体连带债权人申报债权，也可以共同申报债权。

第六十二条　被申请人的保证人或者其他连带债务人已经代替被申请人清偿债务的，以其对被申请人的求偿权申报债权。

第六十三条　债权人在规定的期限内未申报债权，但在清算财产分配完毕前补充申报的，清算组应予登记。为审查和确认补充申报债权的费用，由补充申报人承担。

第六十四条　债权人补充申报的债权，可以在被申请人尚未分配的财产中依法清偿。被申请人尚未分配的财产不能全额清偿，债权人可以向人民法院主张以股东在剩余财产分配中已经取得的财产予以清偿，但债权人无正当理由或经依法送达未在规定期限内申报债权的除外。

清算财产的处置

第六十五条　清算组在清理被申请人财产、编制资产负债表和财产清单后，应当制定清算方案，报人民法院确认。未经确认的清算方案，清算组不得执行。

第六十六条　被申请人财产应当通过拍卖进行处置。通过其他方式处置公司财产的，清算组应报人民法院批准。

按照国家规定不能拍卖或者限制转让的财产，应当按照国家规定的方式处理。

第六十七条　清算组处置被申请人财产应事前报经人民法院批准，并可自行选定或在《北京市高级人民法院委托司法鉴定和拍卖机构名册》中选定评估、拍卖中介机构。

第六十八条　清算财产按下列顺序分别支付：

（一）清算费用；

（二）职工的工资、社会保险费用和法定补偿金；

（三）缴纳所欠税款；

（四）清偿被申请人债务；

（五）剩余财产分配。

剩余财产中包括利润的，对利润部分，有限责任公司股东按照实际缴纳的出资比例分配，全体股东另有约定的除外；股份有限公司股东按照公司利润分配办法分配。

剩余财产中不包括利润或者分配利润后仍有剩余的财产，有限责任公司股东按照实际缴纳的出资比例分配；股份有限公司股东按照股权比例分配。

第六十九条　清算财产一般应当以货币形式一次性分配。但全体债权人达成实物分配协议的，报经人民法院批准后可以进行实物分配。清偿完被申请人债务后的剩余财产，全体股东协商同意实物分配的，报经人民法院批准后可以进行实物分配。

第七十条　对于附生效条件或者附解除条件的债权，清算组应当将其分配额提存。

上述提存的分配额，在人民法院裁定终结强制清算程序时，生效条件未成就或者解除条件成就的，应当分配给被申请人股东；在人民法院裁定终结强制清算程序时，生效条件成就或者解除条件未成就的，应当交付给相应的债权人。

第七十一条　债权人未受领的被申请人财产分配额，清算组应当提存。债权人因自身原因自人民法院裁定终结强制清算程序之日起满两年仍不领取的，视为放弃受领分配的权利，清算组或者人民法院应当将提存的分配额分配给被申请人股东。

第七十二条　被申请人财产分配时，对于诉讼或者仲裁未决的债权，清算组应当将其分配额提存，直至诉讼或仲裁终结。自人民法院诉讼终结之日起满两年仍不能受领分配的，人民法院应当将提存的分配额分配给被申请人股东。

清算终结

第七十三条　人民法院受理的强制清算案件，清算组应当自成立之日起六个月内清算完毕。

因特殊情况无法在六个月内完成清算的，清算组可向人民法院申请延长。

第七十四条　人民法院审理清算案件时，对于没有任何财产、帐册、重要文件或按登记地址不能通知被申请人或清算义务人，导致无法清算的，应当裁定终结清算程序。

债权人申请强制清算，人民法院依据前款规定裁定终结清算程序的，应当在终结裁定中载明，其可以另行依据最高人民法院《关于适用〈中华人民共和国公司法〉若干问题的规定》（二）第十八条的规定，要求被申请人的清算义务人对其债务承担偿还责任。

股东申请强制清算，人民法院依据前款规定裁定终结清算程序的，应当在终结裁定中载明，股东可以向控股股东等实际控制公司的主体主张相关权利。

第七十五条　财产分配结束后，清算组应当制作清算报告并报人民法院确认后，人民法院裁定终结清算程序。

清算组应当在收到人民法院终结清算程序裁定后，持该裁定到税务登记机关办理被申请人税务注销登记，到工商登记机关办理被申请人企业法人注销登记，并公告被申请人终止。

第七十六条　清算组于办理注销登记完毕的次日起终止执行职务。但是，存在诉讼或者仲裁未决情况的，清算组仍应当继续依法履行职责。

第七十七条　清算组依法终止执行职务后，应当注销清算组账户，将清算组印章交公安机关销毁并将销毁印章的证明交人民法院备案。

第七十八条　清算组依法终止执行职务后，应当将接管的被申请人资料移交股东保存，将清算组执行职务过程中形成的卷宗材料装订成册，保存备查。

第七十九条　清算组在清理被申请人财产、编制资产负债表和财产清单时，发现被申请人财产不足清偿债务的，可以与债权人协商有关债务清偿方案。

债务清偿方案经全体债权人确认且不损害其他利害关系人利益的，人民法院可依清算组的申请裁定予以认可。清算组依据该债务清偿方案清偿债务后，应当向人民法院申请裁定终结清算程序。

债权人对债务清偿方案不予确认或者人民法院对债务清偿方案不予认可的，人民法院裁定终结清算程序，并通知清算组和债权人依法向人民法院申请被申请人破产。

第八十条　人民法院受理清算组破产申请后，清算组应当将清算事务移交给人民法院指定的破产管理人。

强制清算程序中已经完成的清算事项，如无违反《中华人民共和国企业破产法》及相关司法解释规定的情形，对于破产清算程序应为有效。

附　则

第八十一条　人民法院受理强制清算申请后，在审理强制清算案件中如需出具多份民事裁定书、决定书等，应以"（××××）××民清（算）字第××-1、-2、……号"形式分别依次编号。

第八十二条　本规范自下发之日起施行。

本规范没有规定的，参照《中华人民共和国企业破产法》及最高人民法院相关司法解释的有关程序处理。

上海市高级人民法院关于印发《关于审理企业法人破产案件若干问题的解答》的通知

（沪高法民二〔2006〕14号）

市第一、第二中级法院民三庭、民四庭，各区、县法院民二庭：

针对目前本市法院在审理企业法人破产案件中存在的若干问题，高院民二庭在调研的基础上形成了倾向性观点。现将《关于审理企业法人破产案件若干问题的解答》印发给你庭，供你庭在民商事审判工作中参考。在审判中如遇到新情况和新问题，请及时报告高院民二庭。

附件：《关于审理企业法人破产案件若干问题的解答》

二〇〇六年六月二十三日

关于审理企业法人破产案件若干问题的解答

为依法、稳妥审理企业法人破产案件，统一本市法院审理破产案件的实践做法，高院民二庭在调研的基础上，就破产案件审理中遇到的若干问题解答如下：

一、债权人向法院申请外商投资企业破产，是否需提交外商投资企业主管部门同意该企业破产的批准文件？

外商投资企业具有《中华人民共和国民事诉讼法》第一百九十九条规定的情形，债权人可以依法向人民法院申请宣告该企业破产还债。外商投资企业是否符合破产条件，不属于外商投资企业主管部门依法审批的事项，该批准文件也不属于法院受理破产案件的必备文件，故债权人在申请宣告外商投资企业破产时，无须提交外商投资企业主管部门的批准文件。

二、外商投资企业作为债务人向法院申请破产，是否需提交外商投资企业主管部门同意该企业破产的批准文件？

依据现行法律规定，外商投资企业解散应当经外商投资企业主管部门审批，但企业破产不属于外商投资企业主管部门依法审批的事项，故外商投资企业作为债务人向法院申请破产，也无须提交外商投资企业主管部门同意其申请破产的批准文件。外商投资企业申请破产符合法律规定的受理条件，本市法院应当依法予以受理。法院受理后，可以将案件受理情况函告外商投资企业的主管部门。

三、债务人的财产不足以支付全部破产费用，法院能否以此为由拒绝受理该破产案件？

企业破产还债程序不仅涉及私权利益的问题，还涉及到社会公共利益的问题。按照法律规定，在破产事由出现时，债务人申请破产不仅是债务人的权利，也是债务人的一项义务。因此，企业破产程序具有强制性。人民法院在立案审查阶段，虽发现债务人的财产可能不足以支付全部破产费用，但债务人申请破产符合法律规定的受理条件，且不存在其他受理障碍的，相关法院不能仅以债务人的财产不足以支付全部破产费用为由而不予受理。受理后，如债务人财产不足以支付相关破产费用的，法院可依法裁定终结破产还债程序。

四、破产程序中对破产企业应收境外债权如何追收？

根据目前企业破产清算实践，对破产企业应收债权中的境外债权，法院可以指导清算组区分不同情形拟定追收方案，并交债权人会议讨论决定。

如果该笔境外债权数额较大，且通过司法程序收回债权的可预见性较强，司法程序主张债权成本又低于可收回的债权数额，则可由清算组通过司法程序对外追收债权。

如果该笔境外债权数额不大，或者债权数额虽大但收回有较大难度的，可以通过公开竞价方式转让该笔债权。债权出让所获金额纳入破产财产范围。

五、企业停产时职工劳动合同未到期，企业亦未与职工解除劳动合同，但法院受理企业破产申请时，劳动合同已到期，应否向职工支付解除劳动合同的补偿金？

依据劳动法的相关规定，因劳动合同到期，企业与职工解除劳动合同关系的，可以不向职工支付解除劳动合同的补偿金。但是，企业因濒临破产而导致职工在劳动合同到期前已被遣散，故劳动合同终止的实质原因是由于企业濒临破产或破产而导致，从维护职工的合法权益考虑，应当向职工支付解除劳动合同的补偿金。

六、破产程序中，职工持生效的劳动仲裁裁决或法院判决要求清算组提前履行支付义务的，应如何处理？

职工通过仲裁裁决或法院判决确认的劳动债权应与其他职工的劳动债权平等对待，不享有优先于其他职工获得清偿的权利。因此，在清算组未就全体职工劳动债权予以清偿的情况下，少数职工持生效裁决要求清算组提前清偿劳动债权的请求不予支持。

七、债权人以未收到债权申报通知为由逾期申报债权，并要求参与破产分配的，应如何处理？

根据《中华人民共和国民事诉讼法》第二百条、《中华人民共和国企业破产法（试行）》（以下简称企业破产法）第九条的规定，债权人应当在收到债权申报通知后的三十日内，未收到通知的债权人应当自人民法院受理破产案件公告之日起三个月内，向受理法院申报债权。债权人逾期未申报债权的，视为放弃债权。因此，债权人逾期申报债权除符合《最高人民法院关于审理企业破产案件若干问题的规定》第二十四条规定所列情形外，不得以未收到债权申报通知或未看到公告为由要求申报债权并参与破产分配。

八、法院裁定终结企业破产程序后，是否应当向债权人送达裁定书或发布公告？

人民法院裁定终结企业破产程序后，为保护当事人相关权利，应向债权人送达破产程序终结裁定书，并按规定发布公告。

九、相关法律、司法解释规定债权人在破产程序终结后一定期限内，可向其他债务人主张债权的，如何确定破产程序终结之日？

根据《最高人民法院关于适用〈中华人民共和国担保法〉若干问题的解释》第四十四条规定，债权人在债务人破产程序中申报债权后未受清偿的部分，可以要求保证人承担保证责任，但应在破产程序终结后六个月内提出。其他法律、司法解释也有类似的规定。由于实践中对破产程序终结时间的界定存在分歧，有可能导致债权人的相关权利受到侵害。为切实保护债权人向其他债务人主张权利或申请执行的权利，参照民事诉讼法关于类似权利期间起算的规定，债权人的权利期间应当自破产程序终结裁定书送达之日起算。

十、企业破产程序终结后，涉及职工福利性住房的善后事宜应如何处理？

破产企业为全民所有企业的，根据《国有企业试行破产有关财务问题的暂行规定》以及《最高人民法院关于审理企业破产案件若干问题的规定》等规定，破产清算时破产企业职工的福利性公有住房不计入破产财产。企业破产程序终结后，如果原职工要求将其居住的公有房屋使用权买断为所有权，可要求尚未撤销的破产清算组或原企业上级主管单位办理公有房屋出售手续，在办理房屋过户手续时，房地产交易部门对原企业主管单位出售房屋主体资格提出异议的，受理破产案件的法院可以法院名义出具证明，表明原企业上级主管单位有合法资格处理破产企业职工福利性公有住房的出售事宜。

上海市高级人民法院关于印发《上海市高级人民法院关于简化程序加快推进破产案件审理的办案指引》的通知

（沪高法〔2018〕167号）

第一、第二中级人民法院，第三中级人民法院（知识产权法院、铁路运输中级法院），海事法院，各区人民法院及铁路运输法院，本院各部门：

现将《上海市高级人民法院关于简化程序加快推进破产案件审理的办案指引》予以印发，请结合审判实际，认真贯彻执行。执行中遇到的问题，请及时向高院民二庭反映。

附件：《上海市高级人民法院关于简化程序加快推进破产案件审理的办案指引》

上海市高级人民法院

2018年5月18日

上海市高级人民法院关于简化程序加快推进破产案件审理的办案指引

为更好适应经济高质量发展的新形势，依法高效处置"僵尸企业"，健全破产审判工作机制，实现繁案精办、简案快办，努力提高破产案件审判质效，根据《中华人民共和国企业破产法》《中华人民共和国民事诉讼法》《全国法院破产审判工作会议纪要》等规定，结合本市破产审判工作实际，制定本指引。

一、基本原则

1. （繁简分流）本市各区人民法院、上海铁路运输法院审理企业破产案件应当对案件进行繁简分流。对于事实清楚、债权债务关系明确、债务人财产状况清晰的申请破产案件、执行转破产案件、强制清算转破产清算案件，可以简化审理程序。

2. （效率原则）在坚持依法审理、不损害利害关系人合法权益的前提下，破产案件受理法院可以通过缩短办理时间、并联破产事项、简化审理流程等方式加快办案进程，但不得突破法律规定的最短期限。

二、适用范围

3. （优先适用情形）破产案件符合下列情形之一的，应当简化审理程序：

（1）执行部门已查实无财产可供执行，依法终结本次执行程序后移送破产；

（2）债务人被吊销营业执照但未经清算，债权债务关系简单，无资产或者资产较少；

（3）债务人的主要财产、账册、重要文件等灭失，或者债务人主要管理人员下落不明。

4. （可以适用情形）破产案件事实清楚、债权债务关系明确、财产状况清晰且同时具备下列情形之一的，可以简化审理程序：

（1）债务人资产和债权人数量较少的；

（2）申请人、被申请人及主要债权人协商一致同意简化审理程序的；

（3）其他适宜简化审理程序的案件。

5.（不适用情形）具有下列情形之一的，一般不适用简化审理程序：

（1）涉及企业职工分流安置或者拖欠薪酬、社保费用的；

（2）债权债务关系、债务人财产状况复杂，或者资产处置、变价存在较大困难的；

（3）申请重整或者有重整可能的；

（4）有风险处置隐患和维稳因素的；

（5）其他不适宜简化审理程序的案件。

三、审判组织、程序启动与转换

6.（立案审查）简化审理程序的破产案件，立案、审查、受理的期限应严格执行《企业破产法》及其司法解释的规定，一般不得延长期限。

债权人提出破产申请，无法通知债务人的，应于三日内在"全国企业破产重整案件信息网"公告，公告期限为七日。

7.（征询意见）人民法院在破产申请审查阶段，可以就简化审理程序征求申请人、被申请人的意见，审查决定是否简化审理程序。

8.（审判组织）对符合简化审理条件的破产案件，可以由审判员、人民陪审员组成合议庭审理。

9.（审理期限）简化审理程序的破产案件一般应于裁定受理之日起六个月内审结。

10.（告知事项）人民法院裁定受理破产申请后，应当自裁定受理之日起三日内通知申请人、债务人，并告知简化审理事项。人民法院裁定受理破产申请时，可将简化审理事项一并公告。

11.（程序转换）符合下列情形之一的，人民法院应当裁定转为普通程序审理，并自裁定之日起五日内通知破产参与人：

（1）申请人、债务人或其他主要破产参与人对简化审理程序提出异议有充分理由的；

（2）相关衍生诉讼对破产程序有重大影响的；

（3）存在对破产程序有重大影响的其他情形。

四、管理人指定与接管

12.（指定管理人）对于简化审理程序的破产案件，立案庭应当在"破"字号案件立案当天移交破产审判业务庭。合议庭应当在裁定受理破产申请之日起三日内完成随机指定管理人的上报申请工作。高院立案庭在收到申请后及时安排进行随机摇号。

13.（同批次指定）属于本指引第3条所列的案件，由同一法院在五日内集中受理的，报高院审核，可以申请将集中受理的案件随机指定同一管理人办理。但同一批次案件最多不超过五件。

14.（强清转破产指定）简化审理程序的强制清算转破产清算案件，可以直接指定清算组成员中的中介机构担任管理人。

15. （管理人接管）管理人应当在接受指定之日起七日内接管债务人财产、印章和账簿、文书等资料，接管之日起五日内向人民法院报告接管情况和工作计划。

管理人接受同一批次案件的，应当在接受指定之日起十日内完成接管工作，接管之日起七日内向人民法院报告接管情况和工作计划。

16. （财产调查）管理人应当在接受指定之日起六十日内完成债务人财产调查工作。

17. （简化开户刻章）经初步调查未发现债务人任何财产的案件，管理人可不开立银行账户，并可根据工作需要决定是否刻制印章。管理人不刻制印章的，可以由担任管理人的中介机构代章。

五、债权申报与送达方式

18. （通知债权申报）人民法院适用简化审理程序应当在裁定受理破产申请之日起十五日内通知已知债权人，并予以公告，通知和公告应载明债权申报期限、第一次债权人会议的召开时间等必要事项。债权人申报债权的期限为三十日，自发布公告之日起计算。

19. （简化公告次数与方式）受理破产申请、指定管理人、申报债权、召开第一次债权人会议、宣告破产和终结破产程序应当公告，应当公告的事项可以采取合并公告等方式减少公告次数。公告应当在"全国企业破产重整案件信息网"发布，并刊登于破产案件受理法院的公告栏。

20. （简化送达方式）简化审理程序的破产案件可以采用电子邮件、传真、短信、微信等便捷方式送达相关文书，但民事裁定书、决定书除外。

六、债权人会议

21. （召开债权人会议）第一次债权人会议由人民法院召集，自债权申报期限届满之日起五日内召开。无特殊情况的，债权人会议只召开一次。

22. （债权人会议通知）管理人应当提前十五日通知已知债权人参加债权人会议，并告知表决事项。经征询债权人同意，可以缩短提前通知的时间，但最迟不得少于五日。

23. （表决方式）第一次债权人会议表决未通过，企业破产法规定可以二次表决的，二次表决可以通过电子邮件、传真、短信、网络等方式进行，但应当在第一次债权人会议上就上述表决方式的议案进行表决。

24. （不设债委会）简化审理程序的破产案件一般不设立债权人委员会。

25. （法院裁定）债权人会议表决的事项应由人民法院裁定的，可以当场裁定，并于五日内发送民事裁定书。

对无异议的债权，人民法院一般应当在第一次债权人会议召开后五日内裁定确认。

七、财产调查与处置

26. （执行行为效力延续）管理人可将执行部门穷尽财产调查措施的相关材料作

为债务人财产状况依据，一般不再进行重复调查。执行程序中已经实施的评估、鉴定及拍卖委托等，其效力可以延续至破产程序中，一般不再重复委托。

27.（执破查控衔接）破产审判业务庭在审理案件过程中，需要通过执行查控系统查控破产企业财产的，可以通过本院执行部门办理；需要上级法院协调处理的，可以向高院民二庭提交书面申请，经高院民二庭审核后转交高院执行局办理。

"总对总"、"点对点"执行查控系统对破产案件开放权限后，按照相关规定办理。

28.（财产分配效益）为提高破产财产处置效益、降低破产费用，经债权人会议决议，管理人可以通过网络拍卖方式处置破产财产。

采用拍卖方式处置破产财产，变价款预计不足以支付评估、拍卖费用的，可以对破产财产作价变卖或者以非货币方式分配，但上述处置方案必须经债权人会议决议通过。

八、破产宣告与终结

29.（简化审计）债务人申请破产时已提供了审计报告，经债权人会议同意，宣告破产前可不再委托审计。

简化审理程序的破产案件如无审计必要，可由管理人完成债权审查、财产调查后形成清算报告，报人民法院审查后裁定宣告债务人破产。

30.（宣告破产的期限）经审查认为符合宣告破产条件的，一般应在第一次债权人会议召开后的十五日至三十日内裁定宣告破产，并自裁定作出之日起三日内送达债务人和管理人，五日内通知已知债权人，并予以公告。

31.（宣告破产并终结程序）经管理人尽职调查，债务人确无任何财产清偿破产费用，或者仅有少量财产不足以清偿破产费用的，人民法院可以在裁定宣告破产的同时终结破产程序。

债权人、管理人及其他利害关系人愿意垫付破产费用，或者获准预支破产费用保障资金的，破产程序应当继续进行。

32.（终结期限）人民法院应当在收到管理人终结破产程序的申请之日起五日内作出是否终结破产程序的裁定，并于三日内公告。

33.（注销期限）管理人应当在破产程序终结之日起五日内，持人民法院终结破产程序的裁定，向破产企业的原登记机关申请办理注销登记。

34.（无法清算责任）债务人企业人员下落不明，主要财产、账册、重要文件灭失，拒不提交有关材料或者提交不真实材料，导致无法清算或无法全面清算，并造成债权人损失的，人民法院应依照《最高人民法院关于债权人对人员下落不明或者财产状况不清的债务人申请破产清算案件如何处理的批复》之规定，告知债权人可以向债务人企业有关人员依法主张相应的民事责任。

九、其他

35.（案件受理费减半）简化审理程序的破产案件受理费，可在《诉讼费用交纳办法》第十四条第六项的规定标准基础上减半收取。

36.（施行时间）本指引自 2018 年 6 月 1 日起实施。

上海市高级人民法院关于本市破产案件受理审批的通知

（沪高法〔2006〕57号）

市第一中级人民法院、市第二中级人民法院，各区、县人民法院：

本院曾于 1999 年 8 月、2001 年 6 月分别下发了《企业破产案件规范审理的意见》和《关于本市破产案件管辖和受理问题的意见》，现为了适应本市破产案件审判工作的变化，对破产案件受理审批工作通知如下：

一、自 2006 年 3 月 1 日至 2006 年 8 月 31 日，在高院上述两个规定的基础上，对由区县法院受理的破产案件，全部实行两级审批制，即区县法院对拟受理的破产案件，先报中院负责破产案件审理的审判庭审核，中院同意受理的，再报高院复核批准。

二、自 2006 年 9 月 1 日起，对由区县法院受理的重要破产案件，按上述第一条规定实行两级审批制，其他案件由中院直接审批后报高院备案即可。重要破产案件的范围，将由高院民二庭另行确定。

三、对于应由中院受理的破产案件仍按原规定执行。

特此通知。

二〇〇六年二月二十一日

上海市高级人民法院《关于在企业破产案件审理中严格执行〈上海法院涉国有资产司法委托拍卖操作规则（试行）〉的通知》

（沪高法〔2013〕127号）

（2013年4月10日上海市高级人民法院审判委员会第10次会议审议通过）

市第一、第二中级法院民四庭、各区县法院民二庭：

高院审判委员会第十次会议审议通过了《上海法院涉国有资产司法委托拍卖操作规则（试行）》（沪高法（审）〔2013〕3号；以下简称《操作规则》），并自印发之日起实施。根据《操作规则》适用范围之规定，本市法院在审理企业破产案件中变价处置国有及国有控股企业的资产及其权益，需要委托拍卖的，应当适用该规则。

请各法院商事审判庭及时传达学习，认真贯彻执行《操作规则》，并指导、监督管理人做好相关工作。执行《操作规则》中遇到的问题和情况，请及时上报高院民二庭。

特此通知。

二〇一三年四月二十三日

上海法院涉国有资产司法委托拍卖操作规则（试行）

第一条 （目的和依据）为进一步做好人民法院涉国有资产的司法委托拍卖工作，切实维护当事人的合法权益，根据相关法律法规和最高人民法院关于司法委托拍卖的有关规定，结合上海法院司法委托拍卖工作实际，制定本操作规则。

第二条 （适用范围）本市各级人民法院、铁路运输中级法院及上海铁路运输法院在案件审理、执行中，需对涉国有资产作委托拍卖的，适用本规则。

海事法院根据案件审理、执行实际，可以适用本规则。

第三条 （涉国有资产的认定）标的为国有及国有控股企业的资产及其权益的，即为涉国有资产，所作的司法委托拍卖，进入上海联合产权交易所（下称联交所）交易平台，由拍卖机构主持拍卖。联交所也可以根据实际需要，与受托拍卖机构协商确定具体拍卖活动方式、地点。

拍卖标的是否属涉国有资产，由评估机构在司法委托评估中按照市国资委拟定的国资范围标准进行核查明确，必要时报请市国资委职能部门予以确认。

第四条 （工作原则）涉国有资产拍卖工作遵循公开、公平、公正、高效的原则，分别接受市国有资产监督管理部门、市商务委、市工商局的监督。

联交所和拍卖机构共同做好联交所电子竞价系统与各拍卖机构现场拍卖、网络竞价系统的技术协调工作，保证市国有资产管理部门和市商务委、市工商局等政府管理部门的监管需求，保障电子竞价、现场拍卖、网络竞价之间的同步稳定运行。

联交所和拍卖机构加强自律管理，维护市场秩序，尽可能实现涉诉资产交易价格最大化。

第五条　（机构确定）涉国有资产拍卖（评估）的机构，由高级法院在参加司法委托拍卖（评估）机构中通过随机配对确定。

拍卖机构接受涉国有资产的司法委托后 3 个工作日内，与联交所联系、协商办理具体拍卖事宜。

第六条　（联交所职责）联交所主要负责以下事项：

（一）发布涉诉国有资产拍卖信息；

（二）对拍卖标的进行招商宣传；

（三）与拍卖机构确认竞买人登记情况；

（四）提供拍卖场地、布置拍卖会场、维持拍卖秩序；

（五）提供现场与网络同步拍卖的相关设备及技术服务，维护通讯线路稳定；

（六）对拍卖过程全程录音录像；

（七）出具涉诉国有资产处置情况证明；

（八）其他应当由联交所办理的事项。

第七条　（拍卖机构职责）拍卖机构主要负责以下事项：

（一）查看拍卖标的物，熟悉拍卖标的物情况；

（二）拟定拍卖公告、竞买须知、竞买协议书、拍卖成交确认书等相关拍卖文书，报送法院审核确认；

（三）对拍卖标的物进行展示、宣传和招商，接受意向竞买人咨询；

（四）接受竞买人登记，代为收取拍卖保证金；

（五）依法主持拍卖活动；

（六）对拍卖过程全程录音录像；

（七）拍卖成交后出具成交确认书，结算成交价款；

（八）组织交易双方完成标的的交付或交接；

（九）按照人民法院的要求出具拍卖报告；

（十）其他应当由拍卖机构办理的事项。

第八条　（资料保存）拍卖过程的录音录像资料，分别由联交所和拍卖机构保存，一般保存期限为 5 年以上。

第九条　（拍卖公告内容）拍卖公告包括但不限于以下内容：

（一）拍卖的时间、地点；

（二）拍卖标的物情况及参考价、保证金数额；

（三）拍卖标的物展示的时间、地点；

（四）人民法院指定的交纳保证金的银行帐户户名、开户行和帐号；

（五）参与竞买应当办理的手续；

（六）委托法院司法拍卖监督电话及工商监管投诉电话；

（七）拍卖机构名称及办理竞拍登记手续的地点和联系方式；

（八）联交所名称、地点和联系方式；

（九）告知意向受让方司法拍卖存在随时撤回或者暂缓的风险；

（十）需要公告的其他事项。

第十条 （公告刊登）经法院审核同意后，拍卖公告在"人民法院诉讼资产网"刊登，并由联交所和拍卖机构根据相关交易规则和拍卖规则，分别在媒体刊登公告，在联交所及拍卖协会信息平台发布信息。

非经委托法院特别许可，节假日期间不得发布拍卖公告，不得实施具体拍卖。

第十一条 （客观介绍拍卖标的）拍卖机构和联交所在招商过程中向意向竞买人展示、介绍拍卖标的物情况时应当客观、实际；接待意向竞买人到实地查看拍卖标的，尽可能分别进行，避免意向竞买人互相串标损害当事人利益。

第十二条 （签订拍卖成交确认书）拍卖成交的，由拍卖机构即时与买受人签订拍卖成交确认书，并于2个工作日内将拍卖成交确认书提交联交所备案。

拍卖未成交的，拍卖机构及时办理保证金退还手续，并于2个工作日内将相关情况书面告知联交所备案。

第十三条 （成交款汇入指定帐号）拍卖成交款在拍卖公告确定的期限或人民法院指定的期限内汇入人民法院指定的价款结算账户，拍卖机构不得自行变更交款期限和帐户。

第十四条 （收取拍卖佣金）拍卖机构按照最高人民法院的相关规定向买受人收取拍卖佣金。

拍卖成交结算后3个工作日内，受托拍卖机构将25%的拍卖佣金作为联交所的交易服务费支付至联交所的指定账户。

除拍卖佣金外，拍卖机构和联交所不再收取其他费用。

第十五条 （退还拍卖成交款）若遇拍卖成交后标的物不能办理交付等特殊情况，法院要求退还买受人已经支付的拍卖成交款及拍卖佣金的，联交所和拍卖机构按照法院要求及时退还。

第十六条 （分别建档）联交所和拍卖机构应当分别建立涉诉国有资产司法拍卖项目卷宗，一案一卷保存，一般保存期限为5年以上。

第十七条 （遵守纪律和准则）严格遵守司法委托拍卖工作纪律和行业准则，不得泄露司法拍卖相关信息。

联交所工作人员及其近亲属不得以竞买人身份参与法院委托的司法拍卖，不得委托他人代为竞买。

拍卖机构及其工作人员不得以竞买人的身份参与自己组织的司法拍卖活动，不得委托他人代为竞买。

第十八条 （未尽事项另行规定）本操作规则未尽事项，由联交所与拍卖机构根据实施过程中的实际情况，另行协商确定，并报市高级人民法院备案。

第十九条 （实施时间、解释）本操作规则自印发之日起实施。

本操作规则由市高级人民法院负责解释。

上海市高级人民法院企业破产案件管理人名册评审办法

（沪高法（审）〔2014〕6号）

为公平、公正地编制本市破产管理人名册，确保破产案件的审判质量，维护司法公正，根据《中华人民共和国企业破产法》、最高人民法院《关于审理企业破产案件指定管理人的规定》等有关规定，结合管理人名册编制管理实践，制订本办法。

第一条 上海市企业破产案件管理人名册由上海市高级人民法院企业破产管理人评审委员会（以下简称评审委员会）负责编制。

评审委员会应根据公开、公平、公正的原则，制订管理人评审规则、编制管理人名册、评定一级管理人资质、决定管理人增补调整、除名等评审工作。

第二条 评审委员会由高院分管破产审判工作的院领导、民事审判第二庭、立案庭、审判监督庭、执行局、审判管理办公室、监察室等部门负责人组成。成员人数不少于7人。

第三条 评审委员会成员与申报人有利害关系的，应当在评审活动中回避。

第四条 评审委员会在高院民事审判第二庭下设评审事务办公室，负责下列工作：

（一）草拟有关评审文件；

（二）负责公告等联系事务；

（三）整理汇总申报人材料；

（四）依公布的评审项目和分值汇总分数；

（五）将汇总的初审情况报告评审委员会；

（六）评审委员会授权的其它工作。

第五条 申报人根据法院公告要求提交申报材料。申报材料须经所属行业协会认证。

第六条 评审采用两轮评审制。第一轮评审按公布项目和分值打分；第二轮评审采用面试方式进行，由评委现场打分。

申报人数超过录选名额的，按分数从高到低排序，以一定的差额比例确定进入第二轮评审的名单。该差额比例由评审委员会根据每次名册调整情况合理确定。

申报人数低于录选名额的，全部进入第二轮评审。

第七条 第二轮评审由评审委员会会同人大代表、政协委员、特邀监督员、行业协会负责人等有关人员组成，进行现场面试打分。

第八条 一级管理人的评定程序参照本办法规定，根据机构规模、专业能力、职业操守、工作绩效等综合因素，在管理人名册中择优评定。

第九条 管理人初审名册应在本市主要媒体及上海法院网进行公示，公示期为十日。公示期内，对编入初审名册的社会中介机构有异议的，需以书面方式提出。

第十条 公示期满后，评审委员会对有关异议进行审查，异议成立的，应将所涉社会中介机构从初审名册中删除。

删除后的缺额，由备选名单中分数最高的社会中介机构递补。

第十一条 评定后的管理人名册应在《人民法院报》、本市主要媒体及上海法院网正式公布，同时报最高人民法院备案。

第十二条 本办法自下发之日起实施。

上海市高级人民法院指定企业破产案件管理人办法

（沪高法（审）〔2014〕7号）

为统一和规范全市企业破产案件的管理人指定工作，根据最高人民法院《关于审理企业破产案件指定管理人的规定》（以下简称《指定规定》），结合本市法院指定管理人实践，制订本办法。

一、一般原则

第一条 本市法院企业破产案件的管理人指定工作由上海市高级人民法院管理。管理人指定工作应当遵循依法、公开、公平、公正的原则。

第二条 管理人指定方式包括随机指定、指定清算组、邀请竞争和接受推荐。法院审理企业破产案件，一般应采用随机方式指定管理人。

第三条 下列重大破产案件的管理人应在一级管理人中产生：

（一）商业银行、证券公司、保险公司、金融租赁公司等金融机构破产案件；

（二）上市公司破产案件；

（三）其它由中级法院受理的破产案件；

（四）基层法院受理的破产重整和关联企业合并破产案件中，认为需在一级管理人中指定并报经高院同意的案件。

第四条 除本办法第三条规定以外的破产案件，采用随机方式指定管理人的，应在编入上海市企业破产管理人名册的全部管理人中产生。

二、随机方式

第五条 随机方式指定管理人工作由高院立案庭统一负责电脑配对。

第六条 破产案件受理法院采取随机方式指定管理人的，应当向高院立案庭上报申请，由高院立案庭按照本办法第三、四条的规定随机指定。

第七条 随机指定管理人由高院立案庭采用将每件申报案件与候选管理人进行电脑随机抽签配对的方式确定管理人。

随机指定管理人公开、定期进行，一般每周一次，可根据案件需要增加或延后。名册内中介机构应当每次派员到场。

第八条 电脑抽签结果确定后，高院审判管理信息系统实时生成显示，破产案件受理法院应及时登录查看。

第九条 经电脑抽签确定的管理人发现自己与案件有利害关系的，应主动向破产案件受理法院申请回避并书面说明情况。

破产案件受理法院负责对回避事由依法进行审查，回避事由成立的，破产案件受理法院应当重新向高院上报申请，由高院立案庭另行随机指定管理人。

第十条 候选管理人无正当理由拒绝参加电脑抽签的，视作上海市高级人民法院《企业破产案件管理人管理办法》第九条规定的拒绝法院指定情形。

三、指定清算组方式

第十一条 企业破产案件有下列情形之一的，采用指定清算组方式指定管理人：

（一）破产申请受理前，已根据法律、司法解释有关规定成立清算组，且清算组成员的组成符合最高人民法院《指定规定》第十九条规定的；

（二）经过行政清理、清算的商业银行、证券公司、保险公司、金融租赁公司等金融机构的破产案件，已成立符合最高人民法院《指定规定》第十九条规定的清算组；

（三）《中华人民共和国企业破产法》第一百三十三条规定的国有企业破产案件；

（四）《中华人民共和国商业银行法》、《中华人民共和国保险法》等法律明文规定企业破产时应成立清算组的；

（五）人民法院认为可以指定清算组为管理人的其它情形。

第十二条 破产案件受理法院拟采用指定清算组方式指定管理人的，指定前应当将指定理由和清算组成员名单书面报高院审核。高院未予核准的，应当采取随机方式指定管理人。

属于本办法第十一条第（四）、（五）项规定情形由清算组担任管理人的，清算组成员中的社会中介机构应按本办法从上海市企业破产管理人名册中以随机方式产生。

四、邀请竞争方式

第十三条 由中级法院受理的破产案件，可以采用邀请竞争方式指定管理人。

第十四条 破产案件受理法院拟采取邀请竞争方式的，应书面报经高院核准。

采取邀请竞争方式指定管理人的，受理破产案件法院应当根据最高人民法院《指定规定》第二十一条规定，组成专门评审委员会，邀请上海市企业破产管理人名册内3家以上的一级管理人参与竞争，经公开听证择优指定。

第十五条 被邀请参与竞争的管理人发现自己存在法定回避事由的，应主动向破产案件受理法院申请回避并书面说明情况。法院经依法审查，回避事由存在的，应当排除其竞争，并补充邀请其它一级管理人参与竞争。

五、接受推荐方式

第十六条 经过行政清理、清算的商业银行、证券公司、保险公司等金融机构的破产案件，金融监督管理机构推荐本市企业破产管理人名册内一级资质的中介机构为候选管理人的，破产案件受理法院可以指定其为管理人。

金融监督管理机构推荐异地人民法院管理人名册内的机构为候选管理人的，破产案件受理法院应要求其说明相关情况。

金融监督管理机构推荐管理人的，应当出具推荐函。

第十七条 被推荐的候选管理人发现自己有法定回避事由的，应主动向破产案件受理法院申请回避并书面说明情况。

破产案件受理法院经依法审查，被推荐的候选管理人回避事由存在的，不能指定其为管理人。

第十八条 破产案件受理法院拟接受金融监督管理机构推荐的候选管理人的，指定前应书面报经高院核准。

六、其它

第十九条 管理人确定后，破产案件受理法院应当制作指定管理人决定书，并予以送达和公告。

第二十条 破产案件需要更换管理人，且有备选管理人的，应当由备选管理人担任新任管理人。无备选管理人，或者备选管理人不适宜担任新任管理人的，应当采用原指定方式的产生程序指定新任管理人。

第二十一条 法院审理申请公司清算案件指定清算组的，清算组中介机构的产生，参照本办法规定。

第二十二条 本办法自上海市企业破产案件第二批管理人名册产生之日起实施。

上海市高级人民法院企业破产案件管理人管理办法

（沪高法（审）〔2014〕8号）

为加强对破产管理人的管理，进一步规范破产管理人工作，根据《中华人民共和国企业破产法》、最高人民法院《关于审理企业破产案件指定管理人的规定》等规定，结合管理人工作实践，制订本办法。

第一条 本市实施破产管理人名册制度。管理人名册编制工作应依法稳妥有序推进，分批实施。本市管理人名册由社会中介机构构成。

管理人名册根据破产案件审理工作的需要进行调整。

第二条 管理人名册编制工作由上海市高级人民法院企业破产管理人评审委员会负责，按照上海市高级人民法院《企业破产案件管理人名册评审办法》进行。

第三条 管理人名册应建立分级管理制度，在管理人名册中评定一级管理人。

第四条 管理人的指定程序按上海市高级人民法院《指定企业破产案件管理人办法》进行。

第五条 对管理人实行考核制度，每两年进行一次。

考核由上海市高级人民法院民事审判第二庭牵头，会同高院立案庭和各法院负责破产案件审理的审判庭进行。

第六条 管理人应按照要求提交考核履职报告。管理人拒不提交的，纳入考核记录。

第七条 考核以公开、公平、公正为原则，依照《中华人民共和国企业破产法》及其司法解释，以及《上海法院企业破产案件管理人工作职责指引》等规定的管理人职责，对下列事项进行考核：

（一）按规定参加管理人指定程序，接受法院指定；

（二）依法合规接管债务人财产、印章和账簿、文书等资料；

（三）尽职尽责调查、清理债务人债权债务，积极追收财产；

（四）依法管理债务人内部事务；

（五）依法适时筹备债权人会议，接受债权人会议监督并积极妥善做好债权人沟通工作；

（六）接受法院监督指导，高质高效推进破产程序；

（七）妥善协调处理职工安置、区域维稳等社会矛盾；

（八）依法合理使用破产费用；

（九）工作团队由本机构人员组成并符合履职要求；

（十）其它应依法勤勉尽责、忠实执行职务的事项。

第八条 管理人考核结果予以公布，并纳入管理人履职档案，作为管理人名册调整和资质晋级、降级的依据。

第九条 根据《中华人民共和国企业破产法》第二十四条第三款和最高人民法院《关于审理企业破产案件指定管理人的规定》第十四条第二款、第二十八条第二款的规定，管理人存在下列情形之一的，依法停止其担任管理人一年至三年，或者予以除名：

（一）参与评审时未如实申报的；

（二）存在请客送礼等不正当行为的；

（三）无正当理由拒绝法院指定的；

（四）擅自将其应当履行的职责全部或者部分转给他人的；

（五）未经法院许可辞去职务，或者法院决定将其更换后拒不移交相关事务的；

（六）执业许可证、营业执照被吊销或注销的；

（七）出现解散、破产事由或者丧失承担执业责任风险能力的；

（八）违法违规收费的；

（九）利用管理人身份或地位为自己或他人牟取私利的；

（十）履行职务时，因故意或重大过失导致债权人利益受到损害的；

（十一）因故意或重大过失，受到行政机关、人民法院或者行业自律组织的处罚处分的；

（十二）构成犯罪被追究刑事责任的；

（十三）经年度考核不合格的。

第十条　管理人存在本办法第九条规定情形的，查证属实后，应报经上海市高级人民法院企业破产管理人评审委员会审核决定。

管理人被除名的，自除名决定之日起三年内，不得申报编入管理人名册。

第十一条　管理人名册因破产案件审理工作需要进行增补调整的，按上海市高级人民法院《企业破产案件管理人名册评审办法》进行。

第十二条　本办法自下发之日起实施。

重庆市高级人民法院关于审理破产案件法律适用问题的解答

（渝高法〔2017〕207号）
（重庆市高级人民法院审判委员会2017年第17次会议审议通过）

为进一步规范破产案件的审理，切实保护各方当事人的合法权益，依据《中华人民共和国企业破产法》（以下简称企业破产法）、《最高人民法院关于适用〈中华人民共和国企业破产法〉若干问题的规定（一）》（以下简称企业破产法司法解释一）、《最高人民法院关于适用〈中华人民共和国企业破产法〉若干问题的规定（二）》（以下简称企业破产法司法解释二）等相关规定，就司法实践中出现的相关法律适用问题作出以下解答：

1. 在债务人提出破产申请的案件中，如何把握受理条件，避免债务人通过破产程序逃避债务？

答：应正确认识欺诈逃债行为与破产程序之间的关系。欺诈逃债行为，主要发生在破产案件受理前。破产案件受理后，债务人财产由管理人接管，债务人一般并无欺诈逃债条件，因此破产程序本身并不会产生欺诈逃债的后果，规范的破产程序恰恰是制止、纠正债务人欺诈逃债行为的有力保障。

债务人提出破产申请的案件，对于债务人资不抵债的认定，应根据企业破产法司法解释一第三条的规定，除有相反证据足以证明债务人资产能够偿付全部负债的以外，应以债务人的资产负债表或者审计报告、资产评估报告等为依据进行认定。不能仅以债务人有欺诈逃债的可能为由对符合受理条件的案件不予受理。破产申请受理后，应通过破产程序撤销和否定债务人不当处置财产行为，追究出资人等相关主体责任的方式，使其逃债的目的落空。

2. 债权人提出破产申请的案件中，如果债务人人员下落不明，是否应当采取公告方式向债务人送达破产申请相关材料？

答：人民法院在收到债权人提出的破产申请后，应当按照企业破产法第十条的规定通知债务人，以充分保障债务人的异议权。如果债务人人员下落不明导致无法直接通知债务人的，应当通过公告的方式，依法向其送达破产申请相关材料。公告可以采取在重庆法院公众服务网发布，或在债务人住所地张贴等方式进行。

3. 破产案件受理后，原保全法院经告知后仍不解除保全措施的，受理破产案件的法院应当如何处理？

答：根据企业破产法第十九条的规定，人民法院受理破产申请后，有关债务人财产的保全措施，包括审理程序和执行程序中针对债务人财产采取的查封、扣押、冻结等措施均应当及时解除。原保全法院经告知后仍不解除保全措施的，受理破产案件的法院可以报请原保全法院的上级法院监督，其上级法院应当指令原保全法院依法解除保全措施。

4. 债权人怠于向管理人申报债权，债权人的债权人可否代位申报？

答：债权人怠于申报债权，该债权人的债权人代位申报债权符合《中华人民共和国合同法》第七十三条规定的，可以准许。申报的债权经管理人审查确认后，债务人或债权人有异议的，可以依据企业破产法第五十八条第三款的规定向人民法院提起诉讼。

5. 何种情形下可以将公司股东或实际控制人对公司享有的债权确定为劣后债权，安排在普通债权之后受偿？

答：具有以下情形之一的，可以将公司股东或实际控制人对公司债权确定为劣后债权，安排在普通债权之后受偿：

（一）公司股东因未履行或未全面履行出资义务、抽逃出资而对公司负有债务，其债权在未履行或未全面履行出资义务、抽逃出资范围内的部分；

（二）公司注册资本明显不足以负担公司正常运作，公司运作依靠向股东或实际控制人负债筹集，股东或实际控制人因此而对公司形成的债权；

（三）公司控股股东或实际控制人为了自身利益，与公司之间因不公平交易而产生的债权。

公司股东或实际控制人在前述情形下形成的劣后债权，不得行使别除权、抵销权。

6. 公司股东或实际控制人劣后债权的认定程序如何安排？

答：管理人在拟定债权表时，应当对公司股东或实际控制人债权是否属于劣后债权作出认定，并提交债权人会议核查。债务人、债权人无异议的，人民法院应裁定确认。债务人、债权人有异议的，可以向人民法院提起破产债权确认诉讼。

7. 管理人可否对债权人是否享有建设工程价款优先受偿权进行审查？

答：根据企业破产法第五十七条的规定，对申报的债权进行审查是管理人的职责之一，因此对于债权人申报债权时主张的建设工程价款优先受偿权是否成立，管理人应当进行审查，审查结果应在债权表中载明并提交第一次债权人会议核查。债务人、债权人有异议的，可以向受理破产案件的人民法院提起破产债权确认诉讼。

8. 债权人会议可否对破产财产的拍卖次数和流拍后以物抵债等问题进行决议？

答：根据企业破产法第一百一十二条规定，债权人会议有权决议破产财产的变价出售方式。为提高破产审判效率，管理人可以将拍卖次数和流拍后以物抵债等问题纳入变价方案，债权人会议讨论通过后，按变价方案执行。

破产财产为国有资产的，其处置方式应当符合国有资产管理的相关法律、法规的要求。

9. 为了提高破产案件审判效率，可否设定对债权表记载债权的异议期限和起诉期限？

答：管理人编制的债权表应当提交第一次债权人会议核查。债务人、债权人对债权表记载的债权有异议的，可以在管理人指定的期限内（根据案件实际情况确定不少于十五日的期限）提出异议。债务人、债权人未在管理人指定的期限内提出异议的，视为无异议，人民法院可根据管理人的申请对债权表记载的债权裁定确认。债务人、债权人逾期提出异议的，管理人可不予审查。

债务人、债权人在管理人指定期限内提出异议的，管理人应当予以审查，经管理人解释或调整后仍有异议的，应在管理人告知其异议审查结果之日起十五日内向受理破产案件的人民法院提起破产债权确认诉讼。逾期未起诉的，视为无异议，人民法院可根据管理人的申请对债权表记载的债权裁定确认。债务人、债权人逾期起诉的，人民法院不予受理。

10. 经债权人会议核查无异议的债权，人民法院在裁定确认之前发现确有错误的，应当如何处理？

答：经债权人会议核查，债务人、债权人均无异议的债权，人民法院发现确有错误的，可以要求管理人重新审查并向债权人会议披露。经管理人重新审查并披露后，债务人、债权人仍无异议的，人民法院应当予以确认。

11. 债务人人员下落不明或财产状况不清的破产清算案件受理后，应该如何处理？

答：人民法院受理债务人人员下落不明或财产状况不清的破产清算案件后，应当依据企业破产法的有关规定指定管理人。管理人应当采取以下必要措施，最大限度查找、追收债务人财产：第一，通过向银行、工商、税务、国土房管、车辆管理部门查询等必要途径查明债务人的财产状况，因人民法院强制执行等原因已向相关部门查询债务人近期财产状况的，管理人可以直接援用相关查询结果；第二，查明出资人的出资情况，对未履行、未全面履行出资义务或抽逃出资的出资人采取必要追缴出资措施；第三，根据企业破产法第三十一条、第三十二条和第三十三条规定，撤销和否定债务人的不当行为，对相关财产依法采取必要追回措施；第四，对董事、监事和高级管理人员利用职权获取的非正常收入或者侵占的债务人财产依法采取必要的追回措施；第五，对债务人有关人员不履行企业破产法第十五条规定义务的，应向人民法院提出采取强制措施或处罚的建议；第六，发现债务人有关人员有《中华人民共和国刑法》第一百六十二条规定行为或其他违法行为，涉嫌犯罪的，应当及时向公安机关报案；第七，对债务人财产采取其他必要的清查和追收措施；第八，管理人认为难以追收或追收成本过高的，应提请债权人会议决定是否予以追收。

在穷尽上述必要措施，依法追收债务人财产后，债务人确无财产可供分配或者债务人财产不足以清偿破产费用的，管理人应当提请人民法院终结破产程序。

因债务人有关人员的行为导致无法清算或者造成损失的，人民法院在终结破产程序的同时，应当告知各债权人可以另行起诉要求相关人员承担民事责任。

江苏省高级人民法院民事审判第二庭
关于印发《破产案件审理指南（修订版）》的通知

（苏高法电〔2017〕794号）

各市中级人民法院民二庭，南京中院清算与破产庭、金融与借贷庭，苏州中院执行裁决庭，无锡中院金融庭，常州中院民五庭，镇江中院民四庭，南通中院金融庭（清算与破产庭），泰州中院金融庭、民四庭，淮安中院执行裁决庭，盐城中院民五庭，宿迁中院民三庭；各基层人民法院民二庭、破产审判庭：

为进一步做好破产审判工作，统一执法尺度，更好地服务保障供给侧结构性改革和僵尸企业清理，省法院民二庭经过深入调研，广泛征求意见，形成《破产案件审理指南（修订版）》，现予印发，供全省法院参考。在破产审判中遇到新情况、新问题的，请及时报送省法院民二庭。

特此通知。

江苏省高级人民法院民事审判第二庭

2017年11月17日

破产案件审理指南（修订版）

一、基本理念

从事企业破产审判，应当坚持以下基本理念：

1. 积极依法受理。企业破产制度是社会主义市场经济体制重要组成部分，事关企业能否顺利有序退出市场，事关债权利益能否得到周到保护，兼具债权集体清偿、纠纷集中化解、企业破产保护、推动要素释放等多项价值。人民法院应当以积极的、负责任的态度认真对待企业破产工作，切实肩负起服务保障市场主体破产退出的法定职责，不得在破产申请受理上设置法外条件，不得限制或阻止破产案件立案受理。

2. 债权人自治。企业破产制度因应权利保障而生，必然要求企业破产审判应当首先尊重债权人意思自治。债权人自治的范围，既包括程序性事项，比如更换管理人，也包括实体性事项，比如审核破产债权。作为例外，需要介入债权人自治的，必须具备合法性、正当性基础，比如，强制批准重整计划草案的，必须符合法定条件及程序，不得剥夺、限制、损害债权人合法、正当权益。

3. 债权平等。债权平等原则是企业破产法的立法基石以及核心准则，强调债权平等，既是出于效率的计算，更是出于公平的考量。坚持债权平等，要求相同性质债权应当按相同比例行使表决权、按相同比例获得清偿，应当注意的是，平等具有相对性，即所谓相同情况相同对待、不同情况不同对待，企业破产法基于法益的不同将债权加以区分对待，集中体现出立法的特殊价值取向。

4. 集体清偿。企业破产涉及职工债权、普通债权、担保债权、税收债权、出资权益等不同利益，通过自行协商难以富有效率地达成最为妥当的结果，企业破产程序则为以最小成本达成最优结果提供了公正、透明的博弈平台，要求所有债权人必须在法治的平台和框架内实现债权集体、最终的清偿，既严禁偏颇性清偿，又运用取回权等手段追回财产，更强调要严厉打击破产欺诈、逃废债行为，实现破产财产价值最大化。

5. 依法审理。企业破产程序具有不可逆性，程序瑕疵与错误往往难以补救，实践反复证明，无论是破产审判，还是中介管理，都必须规范运行，必须经得起当事人检验、经得起历史考验。要依法处理实体争议，妥善平衡各方权益，更要格外重视程序公正，严格遵循法定程序，确保程序公开、透明，实现看得见的公平正义。

二、案件受理

（一）案件管辖

1. 地域管辖。企业破产案件由债务人住所地人民法院管辖。关于债务人住所地，民事诉讼法司法解释第三条规定，债务企业住所地是指主要办事机构所在地，主要办事机构所在地不能确定的，注册地或者登记地为住所地。企业法人具备两个以上办事机构的，如何认定主要办事机构，司法解释未作规定，实践中可以将企业法人的决策机构认定为主要办事机构，据此不能确定主要办事机构的，注册地或者登记地为住所地。

2. 级别管辖。基层人民法院一般管辖县、县级市或者区的工商行政管理机关核准登记企业的破产案件；中级人民法院一般管辖地区、地级市（含本级）以上的工商行政管理机关核准登记企业的破产案件。上市公司破产重整案件法律关系复杂，影响面广，专业知识和综合能力要求高，人力物力投入多，一般应由中级人民法院管辖。

3. 管辖权转移、指定管辖。中级人民法院确有必要将本院管辖的企业破产案件移交基层人民法院审理的，应当报请高级人民法院批准，是否批准应当综合基层人民法院意愿、中级人民法院破产审判任务、移交管辖是否有利案件审理等因素审慎判断。中级人民法院有权审理下级人民法院管辖的企业破产案件；基层人民法院对其管辖的企业破产案件，认为需要由中级人民法院审理的，可以报请中级人民法院审理。

《最高人民法院关于执行案件移送破产审查若干问题的指导意见》第三条规定，执行移送破产审查案件，实行以中级人民法院管辖为原则、基层人民法院管辖为例外的管辖制度；中级人民法院经高级人民法院批准，也可以将案件交由具备审理条件的基层人民法院审理。实践中，为减少审批环节，提高审查效率，省法院已概括授权中级人民法院可以根据辖区两级法院企业破产审判力量，合理分配审判任务，自主决定执行移送破产审查案件是否移交基层人民法院审理，无需报省法院批准，但依据企业破产案件级别管辖一般规则应当由中级人民法院管辖的案件除外。

因关联企业合并破产等特殊原因需调整案件管辖的，应报请共同上级人民法院指定管辖。

（二）破产能力

1. 民办学校。民办教育促进法第五十八条第二款规定，民办学校因资不抵债无法继续办学而被终止的，由人民法院组织清算。《最高人民法院关于对因资不抵债无法继续办学被终止的民办学校如何组织清算问题的批复》（法释〔2010〕20 号）规定，人民法院组织民办学校破产清算的，应当参照适用企业破产法规定的程序，并依照民办教育促进法第五十九条规定的顺序进行清偿。据此，民办学校具备破产能力。应当注意的是，民办学校清算并非均由人民法院组织实施，只有因资不抵债无法继续办学而终止的，才能由人民法院组织清算。

2. 民营医院。企业破产法第一百三十五条规定，其他法律规定企业法人以外的组织的清算，属于破产清算的，参照适用该法规定的程序。据此，因其他法律无相关规定，非企业法人性质的民营医院不能参照适用企业破产法规定的程序。需要注意的是，实践中也存在企业法人性质的民营医院，依法可以适用企业破产法。

3. 外商投资企业。中外合资企业、中外合作企业和外商独资企业均是依据国内法律设立的企业，其中，中外合资企业与外商独资企业均属于企业法人，中外合作企业中的大部分属于企业法人，个别不具备法人资格。属于企业法人的中外合资企业、中外合作企业和外商独资企业，具备破产能力。

4. 合伙企业。合伙企业法第九十二条规定，合伙企业不能清偿到期债务的，债权人可以依法向人民法院提出破产清算申请，也可以要求普通合伙人清偿。据此，合伙企业可以参照适用企业破产法规定的程序。需要注意的是，合伙企业依法宣告破产的，普通合伙人对合伙企业债务仍应承担无限连带责任。

5. 个人独资企业。《最高人民法院关于个人独资企业清算是否可以参照适用企业破产法规定的破产清算程序的批复》（法释〔2012〕16 号）规定，个人独资企业不能清偿到期债务，并且资产不足以清偿全部债务或者明显缺乏清偿能力的情况下，可以参照适用企业破产法规定的破产清算程序进行清算。据此，个人独资企业具备破产能力。值得注意的是，个人独资企业破产程序裁定终结后，个人独资企业的债权人仍可就其未获清偿部分向投资人主张权利。

6. 股东未履行或未全面履行出资义务的公司。公司具备法人资格，即具备破产能力，不能因股东未履行或未全面履行出资义务而否认其破产能力。

（三）破产原因

1. 破产原因的认定。债务人不能清偿到期债务并且具有下列情形之一的，人民法院应当认定其具备破产原因：一是资产不足以清偿全部债务；二是明显缺乏清偿能力。值得注意的是，相关当事人以对债务人的债务负有连带责任的人未丧失清偿能力为由，主张债务人不具备破产原因的，不应支持。

2. 不能清偿到期债务的认定。下列情形同时存在的，应当认定债务人不能清偿到期债务：一是债权债务关系依法成立；二是债务履行期限已经届满；三是债务人未完全清偿债务。应当注意的是，债权是否经过生效法律文书确认，并非认定到期债务不能清偿的必要条件，经审查能够认定存在真实债权债务关系的，应予确认。

3. 资产不足以清偿全部债务的认定。债务人的资产负债表，或者审计报告、资产评估报告等显示其全部资产不足以偿付全部负债的，应当认定债务人资产不足以清偿全部债务，但有相反证据足以证明债务人资产能够偿付全部负债的除外。

4. 明显缺乏清偿能力的认定。债务人账面资产虽大于负债，但存在下列情形之一的，人民法院应当认定其明显缺乏清偿能力：一是因资金严重不足或者财产不能变现等原因，无法清偿债务；二是法定代表人下落不明且无其他人员负责管理财产，无法清偿债务；三是经人民法院强制执行，无法清偿债务；四是长期亏损且经营扭亏困难，无法清偿债务；五是导致债务人丧失清偿能力的其他情形。

（四）申请主体

破产申请人包括债权人、债务人、负有清算责任的人和国务院金融监督管理机构。债权人通常为与债务人存在债权债务关系的平等民事主体，亦有特殊情形。

1. 国家机关。债务人欠缴税款、社会保险费用或者法定住房公积金的，税务部门、劳动保障部门或者住房公积金管理部门可以向人民法院申请债务人破产。

2. 职工债权人。职工债权性质上也是债权，企业破产法并未禁止职工债权人申请债务企业破产，为维护职工权益，规范市场退出，应当依法保障职工债权人申请企业破产的权利。

3. 债权未到期的债权人。债务履行期是债务人的期限权益，无法定或者约定事由不得限制或剥夺，债权未到期的债权人申请债务人破产的，不予受理。

（五）破产申请审查受理

1. 申请人提交证据的责任。债权人申请债务人破产的，应当提交债务人不能清偿到期债务的有关证据。债务人提出申请的，还应当提交财产状况说明、债务清册、债权清册、有关财务会计报告、职工安置预案以及职工工资的支付和社会保险费用的缴纳情况。

2. 破产案件的案号。破产申请审查案件，编立"破申"案号。对不予受理、驳回破产申请裁定的上诉审理，作为强制清算与破产上诉案件，编立"破终"案号。对破产申请的不予受理、驳回申请裁定以及破产上诉案件的监督，作为破产监督案件，编立"破监"案号。破产审理案件，编立"破"案号。

3. 破产申请的立案审查。立案部门收到破产申请材料的，应当一律接收并向申请人出具书面凭证，根据企业破产法第八条的规定进行形式审查。立案部门经审查认为申请人提交的材料符合法律规定的，当场登记立案，不符合法律规定的，应予释明，并以书面形式一次性告知应当补充、补正的材料。补充、补正期间不计入审查期限。申请人按要求补充、补正的，应当登记立案。立案部门登记立案后，应及时将案件移送负责审理破产案件的审判业务部门进行受理审查。

4. 债务人异议的审查处理。债务人对债权人提出的破产申请提出异议，人民法院认为有必要的，可以组织债权人、债务人对破产申请是否应当受理进行听证，债务人的出资人等利害关系人可以申请参加，人民法院还可邀请属地政府、有关部门等参加听证并听取意见。债务人对债权人的申请未在法定期限内向人民法院提出异议，或者异议不成立的，人民法院应当依法裁定受理破产申请。债权人申请债务人破产的，债务人仅享有提出异议的权利，无权对破产申请受理裁定提出上诉。

5. 债务人无法送达的处理。企业破产法第十条规定，债权人提出破产申请的，人民法院应当自收到申请之日起五日内通知债务人。通知债务人目的在于保障其异议权利，查明债务人是否具备破产原因，通知无法送达的，可以佐证债务人缺乏清偿能力，而予以公告将迟延案件受理审理进程，损及债权人权益。据此，通知无法送达债务人的，可在债务人住所地张贴通知材料，但不应再采取公告方式送达通知。

6. 破产申请的受理审查期限。债权人提出破产申请的，破产审判业务部门应当自债务人异议期满之日起十日内裁定是否受理。其他情形的，破产审判业务部门应当自人民法院收到破产申请之日起十五日内裁定是否受理。有特殊情况需要延长审查期限的，经上一级人民法院批准，可以延长十五日。债权人与债务人和解期间，不计入破产申请受理审查期限。

7. 借破产逃废债务的处理。借助破产逃废债务的，应当不予受理，已经受理的，应当驳回申请。对于债务人提出的破产申请，特别债务人无财产可供分配的，应重点审查是否存在借破产逃废债务情形。

8. 债务人人员下落不明或者财产状况不清的处理。根据《最高人民法院关于债权人对人员下落不明或者财产状况不清的债务人申请破产清算案件如何处理的批复》（法释〔2008〕10号）的规定，债权人对人员下落不明或者财产状况不清的债务人申请破产清算，符合企业破产法规定的，人民法院应依法予以受理；债务人能否依据企业破产法第十一条第二款的规定向人民法院提交财产状况说明、债权债务清册等相关材料，并不影响对债权人申请的受理；人民法院受理上述破产案件后，应当依据企业破产法的有关规定指定管理人追收债务人财产，经依法清算，债务人确无财产可供分配的，应当宣告债务人破产并终结破产程序，破产程序终结后二年内发现有依法应当追回的财产或者有应当供分配的其他财产的，债权人可以请求人民法院追加分配。

9. 破产申请费及与债务人有关民事诉讼的诉讼费用。破产申请费依据破产财产总额计算，按照财产案件受理费标准减半交纳，但是最高不超过30万元。破产申请费清算后交纳，从债务人财产中拨付。相关当事人以申请人未预先交纳破产申请费为由，对破产申请提出异议的，人民法院不予支持。债务人提出缓交与债务人有关的民事纠纷诉讼费用，符合条件的，可予准许。

10. 不接收申请、不予受理、驳回申请的救济。申请人向人民法院提出破产申请，人民法院未接收其申请，申请人可以向上一级人民法院提出破产申请。上一级人民法院接到破产申请后，应当责令下级法院依法审查并及时作出是否受理的裁定；下级法院仍不作出是否受理裁定的，上一级人民法院可以径行作出裁定。上一级人民法院裁定受理破产申请的，可以同时指令下级人民法院审理该案件。

申请人对人民法院不予受理破产申请裁定不服的，可以自裁定送达之日起十日内向上一级人民法院提起上诉。人民法院受理破产申请后至破产宣告前，经审查发现债务人不符合企业破产法第二条规定情形的，可以裁定驳回申请，申请人对裁定不服的，可以自裁定送达之日起十日内向上一级人民法院提起上诉。

11. 上市公司破产重整特殊规定。上市公司破产重整事关资本市场健康发展，事关广大投资者权益保护，申请人申请上市公司破产重整的，应当按照《最高人民法院关于审理上市公司破产重整案件工作座谈会纪要》的规定完整提供有关材料；人民法院裁定受理上市公司破产重整申请前，应将相关材料逐级报送最高人民法院审查。终止上市的公司不适用前述规定。

重整计划草案涉及证券监管机构行政许可事项的，应当通过最高人民法院启动与中国证券监督管理委员会的会商机制。

12. 撤回破产申请的处理。人民法院受理破产申请前，申请人请求撤回破产申请的，可予准许。人民法院受理破产申请前，原书面同意执行移送破产审查的申请执行人或被执行人请求撤回书面同意的，可予准许。人民法院受理破产申请后，申请人请求撤回破产申请的，不予准许。人民法院受理破产申请后，债务人与全体债权人就债权债务的处理自行达成协议的，可以依据企业破产法第一百零五条的规定，请求人民法院裁定认可，终结破产程序。

13. 债权人提出破产申请后转让债权的处理。破产申请受理后，提出破产申请的债权人转让债权的，不影响人民法院已作出的受理破产申请裁定效力，破产程序应当继续进行。

（六）与受理破产申请有关的事项

1. 债务人财产、印章和账簿、文书的接管。依照企业破产法第二十五条第一款第一项的规定，管理人负有接管债务人财产、印章和账簿、文书等资料的职责。相关单位或个人不予配合的，管理人可以依据受理破产申请的裁定，申请人民法院采取相应执行措施，强制接管。当事人、利害关系人认为接管行为违反法律规定的，可以依据民事诉讼法第二百二十五条关于执行行为异议的相关规定进行救济。案外人对接管标的有异议的，可以依据民事诉讼法第二百二十七条关于执行标的异议的相关规定进行救济。

2. 未履行完毕合同的处理。破产申请受理前债务人订立的合同，应区分情况处理：一是债务人已履行完毕而相对方尚未履行完毕的合同，管理人无权依照企业破产法的规定解除，债务人享有的债权属于债务人财产。二是相对方已履行完毕而债务人尚未履行完毕的合同，因继续履行构成对个别债权人的违法清偿，管理人有权解除合同，但继续履行不构成个别违法清偿的除外。三是债务人和相对方均未履行完毕的合同，管理人有权依据企业破产法第十八条第一款的规定选择解除或继续履行。管理人决定继续履行合同的，相对方有权要求管理人提供担保，管理人不提供担保的，视为解除合同。破产申请受理后，因管理人或债务人请求相对方履行双方均未履行完毕合同产生的债务，属于共益债务。

前款二、三项情形，管理人选择解除合同，造成相对方损失，相对方主张债务人损害赔偿的，应予支持。

3. 保全措施的解除。人民法院受理破产申请后，应当督促管理人尽快通知相关法院及有关单位解除对债务人财产的保全措施。省内法院采取保全措施的，应当自收到通知后七日内解除保全措施，逾期不解除保全措施的，受理破产申请的人民法院可以层报共同上级法院解除保全措施，上级法院自收到报请后三日内立案监督，符合条件的，自立案后十五日内径行裁定解除保全措施。

4. 执行程序的中止与终结。人民法院受理破产申请后，有关债务人财产的执行程序应当中止，受理破产申请的人民法院应当督促管理人及时通知已知执行法院中止执行。有关债务人财产的执行程序未依法中止的，执行法院应当及时纠正，执行回转的财产应当纳入债务人财产。破产申请受理后，不得再对债务人的财产开始新的执行程序。人民法院裁定宣告债务人破产，或者裁定终止和解程序、重整程序的，执行法院应当裁定终结对债务人的执行。

5. 准确区分执行财产与债务人财产。执行财产拍卖变卖成交裁定送达买受人的，针对拍卖变卖财产的执行程序完毕，相应财产属于买受人财产。拍卖变卖所得价款或其他执行款尚未交付申请执行人的，应认定针对相应款项的执行程序尚未完毕，相应款项移交管理人，纳入债务人财产统一处置。

6. 有关债务人民事诉讼的恢复审理。人民法院受理破产申请后，已经开始而尚未终结的有关债务人的民事诉讼应当中止审理，自指定管理人之日起二十五日后，可以恢复审理。管理人因正当事由未完成诉讼准备工作，不能参加诉讼，申请延期审理的，可予准许。

7. 有关债务人民事诉讼的管辖。人民法院受理破产申请后、破产程序终结前，当事人提起的有关债务人的第一审民事诉讼，由受理破产申请的人民法院管辖，但债务人作为无独立请求权第三人参加诉讼的除外。受理破产申请的人民法院经报请上级人民法院批准，可以在开庭前将有关债务人的第一审民事诉讼移交下级人民法院审理。

人民法院受理破产申请后，有关债务人的海事纠纷、专利纠纷、证券市场因虚假陈述引发的民事赔偿纠纷等案件，由受理破产申请的人民法院管辖。受理破产申请的人民法院因专业性不足等原因不能行使管辖权的，可以依据民事诉讼法第三十七条的规定，由上级人民法院指定管辖。

8. 仲裁条款效力。企业破产法第二十一条规定，人民法院受理破产申请后，有关债务人的民事诉讼，只能向受理破产申请的人民法院提起。该规定针对的是有关债务人的民事诉讼，并不涉及仲裁，人民法院受理破产申请后，有关债务人的仲裁条款效力不受影响。

9. 有关债务人民事诉讼的诉讼主体。受理审理有关债务人的民事诉讼过程中，应当依据请求权基础法律关系，指导当事人正确列示诉讼主体。以债务人作为当事人的纠纷类型包括破产债权确认、取回权、抵销权、对外追收债权、追收未缴出资、追收抽逃出资、追收非正常收入、损害债务人利益赔偿、别除权等纠纷。以管理人作为当事人的纠纷类型包括破产撤销权、请求撤销个别清偿行为、请求确认债务人行为无效、管理人责任等纠纷。

10. 管理人作为当事人的列示方式。以管理人作为原告为例，表述为，"原告：×××，（债务人名称）管理人。"其中，管理人为社会中介机构中具备相关专业知识并取得执业资格的人员的，原告应列该个人；管理人为社会中介机构的，原告应列该社会中介机构；管理人为清算组的，原告应列（债务人名称）清算组。管理人身份标明为该企业管理人。社会中介机构或者清算组作为当事人的，还应当将中介机构管理人负责人或者清算组组长列为诉讼代表人，表述为，"诉讼代表人：×××，该企业管理人负责人（该企业清算组组长）"。

11. 管理人作为诉讼代表人的列示方式。债务企业为当事人，管理人为社会中介机构或者清算组的，由人民法院指定的管理人负责人或清算组组长作为诉讼代表人代表债务人参加诉讼，表述为，"诉讼代表人：×××，该企业管理人负责人（该企业清算组组长）"；管理人为社会中介机构中具备相关专业知识并取得执业资格的人员的，由该人员作为诉讼代表人代表债务人参加诉讼，表述为，"诉讼代表人：×××，该企业管理人"。

12. 有关债务人民事诉讼的诉讼类型。企业破产法第十六条规定，人民法院受理破产申请后，债务人对个别债权人的债务清偿无效。据此，人民法院受理破产申请后，已经受理而尚未终结的以债务人为被告的债权给付之诉，应当变更为债权确认之诉。人民法院受理破产申请后，以债务人为被告可以提起债权确认之诉，但不得提起债权给付之诉。

13. 债务人破产，债权人既申报债权，又起诉连带债务人承担清偿责任的处理。债务人进入破产程序，债权人向管理人申报债权，又起诉要求连带债务人承担清偿责任的，应当受理并继续审理。生效判决认定连带债务人承担清偿责任的，案件执行程序与企业破产程序之间应当做好衔接，避免债权人双重受偿；债权人也应当主动如实报告债权清偿情况，债权人双重受偿的，应承担相应法律责任。

三、管理人

管理人是破产程序中负责破产财产管理处分，业务经营以及破产方案拟定和执行的专门机构或个人。管理人制度的运行状况关系到破产程序能否公正高效运作。管理人必须独立于各利害关系人，保持中立性，受人民法院、债权人委员会等监督。

1. 管理人的类型。社会中介机构、社会中介机构中的个人以及清算组是企业破产法规定的三种管理人类型，选择管理人类型，应当以有利于个案管理为原则。指定清算组为管理人的，应当具备《最高人民法院关于审理企业破产案件指定管理人的规定》第十八条规定的情形。

2. 管理人的选任和监督管理。全省法院管理人选任及管理方式改革以放开事前准入、加强事中监管、强化事后追责为方向，提升选任及管理工作透明度和公信力，更好满足个案管理需要。改革方案另行制定。

3. 管理人负责人的确定。人民法院指定社会中介机构或者清算组担任管理人的，应当同时指定管理人负责人。社会中介机构或者清算组需要变更管理人负责人的，应当向人民法院提出申请。

4. 指定、变更管理人等的文书形式。根据《最高人民法院关于审理企业破产案件指定管理人的规定》第二十七条和第三十二条的规定，人民法院应以决定书形式指定、变更管理人。根据《最高人民法院关于审理企业破产案件确定管理人报酬的规定》第七条和第八条的规定，人民法院确定或者调整管理人报酬的，应当书面通知管理人。

5. 债务人印章的使用。管理人在破产管理中使用债务人印章的，应当做好登记备案，注意与债务企业进入破产程序前印章使用的区分。

6. 管理人的报酬。管理人履行企业破产法规定的职责，有权获得相应报酬，人民法院应当根据《最高人民法院关于审理企业破产案件确定管理人报酬的规定》，合理确定管理人报酬，有效调动管理人积极性。管理人报酬以债务人最终清偿的财产价值总额为计算基数，担保权人优先受偿的担保物价值，不计入用于清偿的财产价值总额。管理人对担保物的维护、变现、交付等管理工作付出合理劳动的，有权向担保权人收取适当的报酬，管理人与担保权人就报酬数额不能协商一致的，人民法院应当根据

《最高人民法院关于审理企业破产案件确定管理人报酬的规定》第二条规定的方法确定，但报酬比例不得超出该规定限制范围的十分之一。

7. 审计、评估等中介机构的确定。经人民法院许可，管理人聘请审计、评估、造价等中介机构或人员的，由管理人在纳入全省法院委托鉴定机构电子信息平台的相应鉴定机构或人员中依法公开选聘，但不得与案件有利害关系。管理人对其聘请机构或人员的履职行为负责。

四、债务人财产

1. 破产撤销权的行使主体、与债权人撤销权的关系。依据企业破产法第三十一条和第三十二条的规定，管理人是行使破产撤销权的主体。管理人未依法行使破产撤销权的，债权人有权要求管理人行使破产撤销权。管理人无正当理由拒不行使破产撤销权，债权人请求人民法院更换管理人的，应予准许。管理人因过错未依法行使撤销权导致债务人财产不当减损，债权人起诉主张管理人对其损失承担赔偿责任的，应予支持。

管理人未依据企业破产法第三十一条的规定行使破产撤销权，债权人依据合同法第七十四条等规定提起诉讼，请求撤销相关行为并将因此追回的财产归入债务人财产的，人民法院应予受理。涉及债务人财产的行为不属于破产撤销权适用范围，但属于债权人撤销权适用范围，债权人行使债权人撤销权并主张将因此追回的财产归入债务人财产的，人民法院应当受理。受益人以债权人债权数额明显低于其基于可撤销行为取得的债务人财产数额抗辩的，不予支持。

2. 破产撤销权的行使期间。人民法院受理破产申请后，破产程序终结前，管理人可以行使破产撤销权。破产程序终结之日起二年内，发现有依照企业破产法第三十一条、第三十二条规定应当追回的财产的，可以由管理人行使破产撤销权，追回财产追加分配。

3. 破产撤销权纠纷的诉讼主体。管理人向人民法院提起破产撤销权之诉的，应以相对人及其他利害关系人为被告，但不应列债务人为被告。

4. 无偿转让财产的认定。企业破产法第三十一条第一项规定，人民法院受理破产申请前一年内，无偿转让财产的，管理人有权请求人民法院予以撤销。审理中应当注意，债务人在人民法院受理破产申请前一年内无偿加入他人债务的，将导致债务人责任财产减少，属于广义的无偿转让财产，管理人请求人民法院予以撤销的，应予支持。

5. 对没有财产担保的债务提供财产担保的认定。债务人在破产申请受理前一年内，为没有财产担保的债务提供财产担保，将让债务人的特定债权人取得原先没有的优先受偿地位、获得更多清偿，构成偏颇性清偿，有违债权平等、集体清偿原则，依照企业破产法第三十一条第三项的规定，担保行为应予撤销。审理中应当注意：一是可撤销的担保是为债务人自有债务提供的担保，而非为他人债务提供的担保。二是可撤销的担保是为已有债务提供的担保，而非为新设债务提供的担保。债务与担保同时设定的，担保具有对价利益，不构成偏颇性清偿，但规避破产撤销制度、将已有债务转换为新债务并追加财产担保的除外。三是用于追加担保的财产应为债务人财产，第三人为债务人已有债务提供财产担保的，并不损及其他债权人利益。四是已有债务虽已设定财产担保，但担保财产价值低于债权额的，追加财产担保也将改变特定债权人清偿顺位，造成偏颇性清偿，相应担保应予撤销。五是财产担保的设立分为担保合意达成及担保物权取得两个阶段，在破产申请受理前一年内为没有财产担保的债务提供财产担保，应理解为担保物权取得发生于破产申请受理前一年内。

6. 可撤销行为的法律责任。企业破产法第一百二十八条规定，债务人有该法第三十一条、第三十二条、第三十三条规定的行为，损害债权人利益的，债务人的法定代表人和其他直接责任人员依法承担赔偿责任。据此，因可撤销行为取得的财产通过行使撤销权无法收回，造成债务人财产损失，管理人起诉主张债务人法定代表人和其他直接责任人员承担相应赔偿责任的，人民法院应予受理，因此获得的赔偿，归入债务人财产。管理人怠于行使上述职责的，债权人有权向人民法院提起诉讼。

7. 债务企业出资人未缴出资和抽逃出资行为的处理。企业破产法第三十五条规定，受理破产申请后，债务人的出资人尚未完全履行出资义务的，管理人应当要求该出资人缴纳所认缴的出资，而不受出资期限的限制。据此，管理人起诉主张债务人的出资人缴付应缴未缴的出资以及出资期限尚未届至的认缴出资的，应予支持。出资人以出资期限尚未届至或者超过诉讼时效为由抗辩的，不予支持。管理人起诉主张债务人的出资人返还抽逃的出资的，应予支持。

8. 债务人占有的他人财产被违法转让的处理。债务人占有的他人财产被违法转让给第三人，依据物权法第一百零六条的规定第三人已善意取得财产所有权，原权利人无法取回该财产的，应当按照以下规则处理：一是转让行为发生在破产申请受理前的，原权利人因财产损失形成的债权，作为普通破产债权清偿；二是转让行为发生在破产申请受理后的，因管理人或者相关人员执行职务导致原权利人损害产生的债务，作为共益债务清偿。

债务人占有的他人财产被违法转让给第三人，第三人已向债务人支付转让价款，但依据物权法第一百零六条的规定未取得财产所有权，原权利人依法追回转让财产的，对因第三人已支付对价而产生的债务，应当按照以下规则处理：一是转让行为发生在破产申请受理前的，作为普通破产债权清偿；二是转让行为发生在破产申请受理后的，作为共益债务清偿。

9. 债务人占有的他人财产毁损、灭失的处理。债务人占有的他人财产毁损、灭失，因此获得的保险金、赔偿金、代偿物尚未交付给债务人，或者代偿物虽已交付给债务人但能与债务人财产予以区分的，权利人主张取回就此获得的保险金、赔偿金、代偿物的，应予支持。保险金、赔偿金已经交付给债务人，或者代偿物已经交付给债务人且不能与债务人财产予以区分的，应当按照以下规定处理：一是财产毁损、灭失发生在破产申请受理前的，权利人因财产损失形成的债权，作为普通破产债权清偿；二是财产毁损、灭失发生在破产申请受理后的，因管理人或者相关人员执行职务导致权利人损害产生的债务，作为共益债务清偿。

10. 破产抵销权的例外情形。除企业破产法第四十条规定的三种情形外，债务人股东负有的以下债务不得与债务人对其负有的债务进行抵销：一是债务人股东因欠缴债务人的出资所负债务；二是债务人股东因抽逃出资对债务人所负债务；三是债务人股东滥用股东权利或者关联关系损害公司利益对债务人所负的债务。

五、破产费用和共益债务

根据企业破产法第四十一条、第四十二条的规定，破产费用是破产程序的成本性开支，共益债务是破产申请受理后，为全体债权人利益而由债务人财产负担的债务。

1. 破产案件诉讼费用的认定。企业破产法第四十一条第一项规定的破产案件诉讼费用包括：破产申请费，鉴定费、勘验费、财产保全费、证据保全费等破产案件诉讼费用以及有关债务人的诉讼、仲裁中应由债务人承担的诉讼费用、仲裁费用。

2. 管理、变价和分配债务人财产费用的认定。企业破产法第四十一条规定的管理、变价和分配债务人财产费用包括：召开债权人会议所必需支付的场地租赁、材料、通讯等费用，债权人委员会及其成员履行职责必需支付的费用，对破产财产进行审计、评估、拍卖的费用，档案管理费用以及其他管理、变价和分配债务人财产所必需支付的费用。

3. 管理人执行职务费用的认定。管理人执行职务的费用包括：刻制管理人印章费用、差旅费、调查费、通讯费等。外地中介机构担任管理人的，管理人赴本地履行职责的交通费、住宿费不应列入管理人执行职务费用。依法由人民法院负责送达、公告形成的送达费、公告费，不属于管理人执行职务的费用，不作为破产费用列支。

4. 聘请工作人员、中介机构费用的处理。《最高人民法院关于审理企业破产案件确定管理人报酬的规定》第十四条规定，律师事务所、会计师事务所通过聘请本专业的其他社会中介机构或者人员协助履行管理人职责的，所需费用从其报酬中支付；破产清算事务所通过聘请其他社会中介机构或者人员协助履行管理人职责的，所需费用从其报酬中支付。据此，经人民法院许可聘请人员的费用，应区分情况分别列支，管理人聘请本专业人员协助履行职责的，所需费用从管理人报酬中支付；聘请非本专业人员的，所需费用从破产财产中另行支付。

5. 债务人财产不足以支付破产费用的处理。债务人财产不足以支付破产费用的，管理人应当提请人民法院宣告债务人破产并终结破产程序。为查明企业资产负债情况，债权人、管理人、债务人的出资人等可以垫付破产费用，垫付款项作为破产费用随时清偿。

6. 共益债务。人民法院受理破产申请后发生的下列债务，为共益债务：一是因管理人或者债务人请求对方当事人履行双方均未履行完毕的合同所产生的债务；二是债务人财产受无因管理所产生的债务；三是因债务人不当得利所产生的债务；四是为债务人继续营业而应支付的劳动报酬和社会保险费用以及由此产生的其他债务；五是管理人或者相关人员执行职务致人损害所产生的债务；六是债务人财产致人损害所产生的债务。

六、债权申报

人民法院受理破产申请后，应当确定债权人申报债权的期限。债权申报期限自人民法院发布受理破产申请公告之日起计算，最短不得少于三十日，最长不得超过三个月。债权人未依照企业破产法规定申报债权的，不得依照企业破产法规定的程序行使权利。

1. 受理破产申请的通知与公告。企业破产法第十四条规定，人民法院应当自裁定受理破产申请之日起二十五日内通知已知债权人，并予以公告。可见，公告适用于未知债权人，对于已知债权人，人民法院应履行通知义务，不能笼统以公告方式替代通知方式。已知债权人的范围可以根据债务清册、财务报告、清算报告、生效裁判文书等确定。人民法院、破产管理人在其他媒体发布公告的，同时要在全国企业破产重整案件信息网发布公告，在该网站发布的公告具有法律效力。

2. 社会保险费、国家税收债权的申报。社会保险费、国家税收债权，由有关征管机关申报。管理人应当根据债务人财务资料及申报人提交的材料进行审查，并记载于债权表。

3. 债务人保证人或其他连带债务人的申报。债务人的保证人或者其他连带债务人已经代替债务人清偿债务的，以其对债务人的求偿权申报债权。债务人的保证人或者其他连带债务人尚未代替债务人清偿债务的，以其对债务人的将来求偿权申报债权，但是，债权人已经向管理人申报全部债权的除外。

4. 申报债权的审查及异议程序。管理人应当根据企业破产法第五十七条的规定，将申报的债权编入债权表，管理人不得以债权不真实、超过诉讼时效等为由拒绝编入债权表。管理人应当对债权的真实性、合法性形成书面审查意见附于债权表，供债权人会议核查与利害关系人查阅。

管理人经审查对申报债权不予确认的，应当书面告知债权人。债权人可以在管理人确定的合理期限内向管理人提出异议，由管理人予以复核，异议成立的，予以采纳，异议不成立的，债权人可以自收到书面复核通知书之日起十五日内提起债权确认诉讼，债权人也可不经复核程序，自收到管理人不予确认债权通知书之日起十五日内提起债权确认诉讼。

债权表经债权人会议核查，债权人对他人债权有异议的，可以在管理人确定的合理期限内向管理人提出异议，由管理人予以复核，异议成立的，应予采纳，异议不成立的，债权人可以自收到书面复核通知书之日起十五日内提起债权确认诉讼，债权人也可不经复核程序，自收到债权表之日起十五日内，以债务人及该他人为被告提起债权确认诉讼。

前述不予确认债权通知书、复核通知书及债权表应当记载异议人提起债权确认之诉的权利及十五日起诉期间。债权人就自身债权超过十五日起诉期间未提起诉讼的，起诉前已进行的分配，不再对其补充分配，起诉后进行分配的，应当根据争议债权金额作相应提存。债权人就他人债权超过十五日起诉期间提起异议诉讼，生效判决认定异议成立的，已分配的部分仍应当依法回转。

5. 劳动债权的申报、审查及异议程序。对于企业破产法第四十八条第二款规定的款项，管理人应当在第一次债权人会议召开十五日前完成调查，列出详情清单，在债务人公告栏或者其他显著位置公示。职工对清单记载的金额及相关事项有异议的，可以在第一次债权人会议召开前向管理人提出异议，异议成立的，予以更正；异议不成立的，管理人应当予以通知并说明理由，异议职工不服的，可以自收到通知之日起十五日内提起债权确认诉讼。需要注意的是，先行向管理人提出异议，是职工提起债权确认诉讼的前提条件，职工直接提起债权确认诉讼的，人民法院应当告知职工先行向管理人提出异议。

6. 生效法律文书的确认。经生效判决书、裁定书、调解书，仲裁机构、劳动仲裁机关生效裁决书，公证机关依法赋予强制执行效力的公证债权文书确定的权利，管理人应当予以确认，但生效法律文书确认的权利与企业破产法的规定不符的，管理人可以依法对生效法律文书确认的权利予以调整。生效法律文书确有错误，管理人依法启动救济程序的，相应权利可以暂缓认定。

7. 债权表的确认方式。根据企业破产法第五十八条的规定，债权人、债务人对债权表记载的债权均无异议的，人民法院以裁定方式予以确认。人民法院裁定确认无异议债权的，应集中确认，无需就单笔债权分别确认。

8. 补充申报的处理。企业破产法第五十六条规定，在人民法院确定的债权申报期限内，债权人未申报债权的，可以在破产财产最后分配前补充申报；但是，此前已进行的分配，不再对其补充分配。为审查和确认补充申报债权的费用，由补充申报人承担。实践中应当注意，审查和确认补充申报债权的费用应当由补充申报人承担，费用标准可以综合审查确认难易程度、逾期期日、逾期申报对于破产工作的影响等因素加以确定。

七、破产债权及清偿顺序

1. 不属于破产债权的具体情形。下列债权不属于破产债权：一是行政、司法机关对债务人的罚款、罚金以及其他有关费用。二是债务人未执行生效法律文书应当加倍支付的迟延利息和劳动保险金的滞纳金。三是裁定受理破产申请后形成的债务利息。四是债权人参加破产程序支出的费用。五是超过诉讼时效的债权。六是法律、行政法规及司法解释规定的其他不属于破产债权的债权。

2. 商品房买受人的权益。房地产开发企业破产中，关于商品房买受人的权益，应重点把握以下问题：

商品房的权属变动。物权法第九条规定，不动产物权的设立、变更、转让和消灭，经依法登记，发生效力；未经登记，不发生效力，但法律另有规定的除外。据此，商品房权属尚未办理变更登记，买受人以实际支付全部购房款或已实际占有为由，主张实际取得商品房权属的，不予支持。《最高人民法院关于审理企业破产案件若干问题的规定》第七十一条第五、六项的规定，与其后颁布的物权法确立的不动产物权变动规则不相符，应适用物权法的有关规定。《最高人民法院关于人民法院办理执行异议和复议案件若干问题的规定》第二十八条、第二十九条系不动产买受人物权期待权的规定，并非不动产权属规定。

商品房买受人债权的性质。《最高人民法院关于建设工程价款优先受偿权问题的批复》（法释〔2002〕16号）规定，消费者交付购买商品房的全部或者大部分款项后，承包人就该商品房享有的工程价款优先受偿权不得对抗买受人。据此，消费性买受人债权具有优先性，优先于建设工程价款优先权。审判实践中，应当从严把握优先清偿的债权范围，准确区分消费者与非消费者，依法审慎划定消费者标准，合理确定优先权效力范围，实现消费性买受人与其他债权人利益的妥善平衡。值得注意的是，《最高人民法院关于人民法院办理执行异议和复议案件若干问题的规定》第二十九条规定，金钱债权执行中，买受人对登记在被执行的房地产开发企业名下的商品房提出异议，符合下列情形且其权利能够排除执行的，应予支持：一是在查封之前已签订合法有效的书面买卖合同；二是所购商品房系用于居住且买受人名下无其他用于居住的房屋；三是已支付的价款超过合同约定总价款的百分之五十。该规定赋予特定情形下商品房买受人物权期待权，可以排除司法执行，在确定消费性买受人标准中可资参照。

3. 建设工程价款优先权。对于债权人提出的建设工程价款优先权主张，应当依照合同法第二百八十六条和《最高人民法院关于建设工程价款优先受偿权问题的批复》（法释〔2002〕16号）的规定进行审查。

4. 企业破产法公布之日前形成的职工债权的清偿顺序。形成于企业破产法公布之日前的职工债权按照企业破产法第一百一十三条的规定清偿后不足以清偿的部分，可以按照企业破产法第一百三十二条的规定，以设定担保的特定财产优先受偿。债务人于企业破产法公布之日前后均欠付职工债权的，以设定担保的特定财产之外的财产进行清偿过程中，应先行清偿企业破产法公布之日后形成的职工债权，再清偿企业破产法公布之日前形成的职工债权。

5. 职工集资款的清偿顺序。《最高人民法院关于审理企业破产案件若干问题的规定》第五十八条规定，债务人所欠企业职工集资款，参照职工债权顺序清偿，但对违反法律规定的高额利息部分不予保护；职工向企业的投资，不属于破产债权。审判实践中，应当从严把握优先清偿的职工集资款范围，重点审查借款行为是否向不特定多数职工作出、职工借款是否源于劳动身份强迫、借款资金是否来源于职工工资性收入。

6. 代为清偿职工债权的处理。代为清偿职工债权形成的对债务人债权，按照职工债权清偿顺序予以清偿。

7. 税收债权。依照《最高人民法院关于税务机关就破产企业欠缴税款产生的滞纳金提起的债权确认之诉应否受理问题的批复》（法释〔2012〕9号）的规定，破产企业在破产案件受理前因欠缴税款产生的滞纳金，属于普通破产债权；破产案件受理后因欠缴税款产生的滞纳金，不属于破产债权。

八、债权人会议和债权人委员会

债权人会议是实现债权人破产程序参与权的临时性机构，权利范围和权利行使方式均由法律直接规定，主要包括决议职能和监督职能。债权人委员会是企业破产过程中的临时性组织。

1. 临时债权额的赋予。企业破产法第五十九条第二款规定，债权尚未确定的债权人，除人民法院能够为其行使表决权而临时确定债权额的外，不得行使表决权。实践中，对于债权尚未确定的债权人，管理人可以申请人民法院为其行使表决权而临时确定债权额。

2. 债权人会议的议事机制。债权人会议除现场表决外，可以由管理人事先将相关决议事项告知债权人，采取通信、网络投票等非现场方式进行表决，但是应当在第一次债权人会议上就非现场表决方式形成决议。债权人放弃投票表决的，视为对相关表决事项的反对。管理人应当根据表决的赞成和反对票协助债权人会议主席和债权人委员会形成债权人会议决议。

3. 债权人会议决议的撤销。企业破产法第六十四条第二款规定，债权人认为债权人会议的决议违反法律规定，损害其利益的，可以自债权人会议作出决议之日起十五日内，请求人民法院裁定撤销该决议，责令债权人会议依法重新作出决议。实践中，对于债权人依该规定提出的撤销决议申请，经审查，申请理由成立的，裁定撤销该决议，并责令债权人会议重新作出决议；理由不成立的，裁定驳回申请人的申请。前述裁定自作出之日起生效，不得上诉。

4. 有财产担保债权人的表决。企业破产法第六十四条规定，债权人会议的决议，由出席会议的有表决权的债权人过半数通过，并且其所代表的债权额占无财产担保债权总额的二分之一以上，但是，该法另有规定的除外。可见，除企业破产法另有规定外，在计算决议是否通过时，出席会议的有财产担保债权人的人数列入表决统计，但所持有财产担保债权额不列入表决统计。

5. 债权人委员会的职权范围及议事规则。是否设立债权人委员会，以及债权人委员会的产生方式、职权范围及议事规则，由债权人会议决定，但不得损害债权人利益。债权人委员会由债权人会议选任的债权人代表和一名债务人的职工代表或者工会代表组成，成员应当经人民法院书面决定认可，人数不得超过九人。债权人委员会成员对所议事项的决议有不同意见的，应当在记录中载明。

6. 管理人实施财产处分行为的报告。管理人实施企业破产法第六十九条规定的财产处分行为，应当及时书面报告债权人委员会，债权人委员会可以依照企业破产法第六十八条第二款、第三款的规定，要求管理人对处分行为作出相应说明或者提供有关文件，债权人委员会认为管理人实施财产处分行为不当的，可以请求人民法院责令管理人停止财产处分行为。未设立债权人委员会的，管理人实施前款规定的行为应当及时报告人民法院，人民法院认为管理人实施财产处分行为不当的，可以责令管理人停止财产处分行为。

九、重整和解

重整制度，指对可能或已经发生破产原因但又确有再生希望的企业，在法院主持下，由利害关系方协商通过或依法强制通过重整计划，进行债务清理、经营重组等活动，以挽救企业、避免破产的法律制度。重整被公认为预防企业破产最为积极、有效的法律制度。破产和解，是指在人民法院受理破产案件后，破产程序终结前，债务人与债权人之间就债务清偿达成和解协议，终止破产程序的法律制度。和解是一种积极的偿债方式，通过减免债务数额、延长清偿期限等方式，缓解债务企业偿债压力，为债务人再建提供机会和条件。相较之下，破产清算是一种消极偿债方式。

1. 重整制度适用范围。重整制度具有保留企业营业价值、挽救危困企业的重要作用，但相对而言程序复杂，费用高昂，耗时较长，实践中主要适用于大型企业破产，中小型企业的挽救一般采取程序相对简单的和解制度加以解决。对于长期持续不能清偿到期债务、挽救无望的企业，应及时破产清算。

2. 重整程序的启动条件。依照企业破产法第七十条的规定，破产重整申请由债权人、债务人提出，债务人以及出资比例占债务人注册资本十分之一以上的出资人可以提出清算转入重整程序申请。审判中需要注意，一是数个出资人共同提出清算转入重整程序申请的，出资比例可以合并计算。二是基于债权人自治要求，经债权人会议决议通过，债权人可以申请清算转入重整程序。

3. 重整希望及重整价值的查明。人民法院可以通过以下途径，查明债务人是否具备重整希望及重整价值：一是可以召集申请人、债务人、出资人、政府及有关部门、专业中介机构举行听证会；二是可以商请会计师事务所、律师事务所、资产评估事务所等中介机构提出专业意见；三是可以向债务人所在地政府及行业主管等部门征询意见。

4. 债务人自行管理财产和营业事务。在重整期间，债务人符合下列条件的，经债务人申请，人民法院可以裁定批准债务人在管理人的监督下自行管理财产和营业事务：一是债务人具备自行管理能力，企业治理结构能够支持企业正常运转；二是实行债务人自行管理不致损害债权人利益。

5. 重整计划的强制批准。各表决组均通过重整计划草案的，可以由合议庭决定是否批准重整计划草案；拟强制批准重整计划草案的，应当经审判委员会讨论决定。是否强制批准重整计划草案，应当综合考虑各方当事人利益及社会公共利益，既避免损害债权人等利害关系人合法权益，也避免因部分利害关系人的反对导致合法正当的重整程序无法推进，应重点审查的事项包括：一是至少有一个表决组已表决通过重整计划草案；二是未通过重整计划的债权人表决组所获清偿符合企业破产法第八十七条第二款第一、二、三项的规定。三是重整计划草案对出资人权益的调整公平、公正，或者出资人组已经通过重整计划草案。四是重整计划草案公平对待同一表决组的成员，并且所规定的债权清偿顺序不违反法律规定。五是经营方案具备可行性。

6. 和解程序的启动条件。依照企业破产法第九十五条的规定，破产和解申请由债务人提出，债务人也可以申请清算转入和解程序。审判实践中，基于债权人自治要求，经债权人会议决议通过，债权人可以申请清算转入和解程序。

7. 和解协议草案的内容。和解协议草案一般包括下列内容：一是债务人的财产状况；二是清偿债务的比例、期限及财产来源；三是破产费用、共益债务的种类、数额及支付期限。和解协议草案中可以规定监督条款，由债权人对债务人执行和解协议情况进行监督。

8. 重整、和解程序的法律适用。重整、和解程序与破产清算程序虽在资产处置、清偿方式等方面存在差异，但均系破产程序，企业破产法各章节的规定也均适用于重整、和解程序，当事人提出的重整、和解程序并非破产程序、不适用破产程序相关规则的主张，不应支持。

十、破产清算

破产清算程序将企业全部财产用于债权公平清偿，不能清偿的部分，债务人责任免除。

1. 别除权的行使。别除权，是指有财产担保债权人就债务人特定财产在破产程序中享有的优先受偿权利。别除权的行使应当通过管理人进行。

2. 破产财产变价处置方式。根据企业破产法第一百一十二条的规定，变价处置破产财产原则上应通过拍卖方式进行。实践中，虽然拍卖的方式有助于实现公平公正，但也存在成本高、耗时长问题，基于债权人自治，除法律、行政法规另有规定外，债权人会议可以决议采取拍卖以外的其他方式处置破产财产。破产企业属国有性质的，资产评估应按照国有资产评估相关规定办理。

3. 破产企业的债权处理方式。管理人应当向破产企业的债务人追收债权。债权追收成本过高的，经债权人会议决议，可以放弃追收，也可以拍卖债权，还可以直接分配债权。

4. 破产财产分配报告记载事项。企业破产法第一百二十条规定，管理人在最后分配完结后，应当及时向人民法院提交破产财产分配报告，并提请人民法院裁定终结破产程序。破产财产分配报告应当载明下列事项：一是破产财产总额和可供分配的破产财产总额；二是破产费用和共益债务数额；三是企业破产法第一百一十三条第一款第一项至第三项所列债权的受偿数额和受偿率。破产财产分配报告应附破产费用明细表、共益债务明细表、各类债权分配明细表、分配登记表。

5. 破产程序的终结。破产人无财产可供分配，经管理人请求，人民法院裁定终结破产程序的，破产程序终结。债务人宣告破产，在最后分配完结后，经管理人申请并提交破产财产分配报告，人民法院裁定终结破产程序的，破产程序终结。人民法院裁定批准重整计划，终止重整程序的，破产重整程序终结。人民法院裁定认可和解协议，终止和解程序的，破产和解程序终结。

6. 内控审限。破产清算及重整案件、破产和解案件、无产可破案件内控审限分别为十二个月、六个月、四个月。

十一、法律责任

1. 债务企业有关负责人的责任。企业董事、监事或者高级管理人员违反忠实、勤勉义务，致使所在企业破产的，依法应承担民事责任。人民法院应当向工商行政等企业注册登记管理机关通报前述情况，供相关单位依照企业破产法第一百二十五条第二款的规定，在资格认定上予以惩戒。

2. 拒不列席会议及履行相关义务的责任。有义务列席债权人会议的债务人的有关人员，经人民法院传唤，无正当理由拒不列席债权人会议的，人民法院可以拘传，并依法处以罚款。债务人的有关人员违反企业破产法规定，拒不陈述、回答，或者作虚假陈述、回答的，人民法院可以依法处以罚款。

3. 拒不提交相关资料与物品的责任。债务人违反企业破产法的规定，拒不向人民法院提交或者提交不真实的财产状况说明、债务清册、债权清册、有关财务会计报告以及职工工资的支付情况和社会保险费用的缴纳情况的，人民法院可以对直接责任付情况和社会保险费用的缴纳情况的，人民法院可以对直接责任人员依法处以罚款。

债务人违反企业破产法的规定，拒不向管理人移交财产、印章和账簿、文书等资料的，或者伪造、销毁有关财产证据材料而使财产状况不明的，人民法院可以对直接责任人员依法处以罚款。

4. 债务人有关人员擅自离开住所地的责任。自人民法院受理破产申请的裁定送达债务人之日起至破产程序终结之日，债务人的有关人员未经人民法院许可，不得离开住所地。有关人员，是指企业的法定代表人；经人民法院决定，可以包括企业的财务管理人员和其他经营管理人员。债务人的有关人员违反企业破产法规定，擅自离开住所地的，人民法院可以予以训诫、拘留，可以依法并处罚款。

5. 管理人违反忠实、勤勉义务的责任。管理人未依照企业破产法规定勤勉尽责，忠实执行职务的，人民法院可以依法处以罚款；给债权人、债务人或者第三人造成损失的，依法承担赔偿责任。

江苏省高级人民法院关于规范执行案件
移送破产的若干规定

（2018 年 6 月 12 日江苏省高级人民法院审判委员会第 6 次全体委员会讨论通过）

为了规范执行案件移送破产审查程序，根据《中华人民共和国民事诉讼法》、《中华人民共和国企业破产法》及相关司法解释的规定，结合我省司法实践，对本院 2016 年 7 月 4 日作出的《关于规范执行案件移送破产的若干规定》进行修订。

第一条 （基本原则）执行案件移送破产审查，应当遵循依法有序、协作配合、公平与效率兼顾原则。

第二条 （三个为主原则）执行案件移送破产审查、审理应当遵循基层法院管辖、本院移送、适用简化审理程序为主原则。

第三条 （权利的告知与释明）执行部门向申请执行人发送受理案件通知、向作为被执行人的企业法人（以下简称被执行人）发送执行通知时，应该同时告知民事诉讼法司法解释关于在执行程序中执行案件移送破产审查的规定。

在执行过程中和终结本次执行程序之前，执行部门发现被执行人符合本规定第四条规定条件的，应当在执行分配或终结本次执行程序之前及时向申请人、被执行人征询执行案件移送破产审查的意见并释明法律后果。执行法官征询释明时，可邀请本院破产审判部门人员参加。

执行部门发现终结本次执行程序的案件符合本规定第四条规定条件的，可在恢复执行后，依照第二款向申请执行人、被执行人征询执行转破产意见。

第四条 （执行案件移送破产审查的条件）执行部门向本院破产审判部门或受理破产案件的法院移送执行案件进行破产审查应当符合以下条件：

（一）被执行人是企业法人；

（二）被执行人不能清偿到期债务，并且资产不足以清偿全部债务或者明显缺乏清偿能力；

（三）被执行人或者有关被执行人的任一执行案件的申请执行人同意移送破产程序。

第五条 （执行案件移送破产审查的管辖）执行案件移送破产审查，实行以被执行人住所地基层法院管辖为主、中级法院管辖为例外的原则，属中级法院管辖的案件必要时也可以直接交由基层法院审理。

基层法院执行移送破产案件管辖属于其本院受理的，由该基层法院执行部门直接向本院立案庭移送立案；

基层法院执行移送破产案件管辖属于所在中级法院其他基层法院管辖的，由该基层法院直接向其移送破产审查，发生争议的，由中级法院协调处理；

基层法院、中级法院执行移送破产案件管辖属于省内其他法院管辖的，由该基层法院、中级法院直接向其移送破产审查，发生争议的，由省法院协调处理。

第六条 （不同意的处理）被执行人符合本规定第四条条件的，但申请执行人或被执行人均不同意移送破产程序的，执行法院应按《最高人民法院关于适用〈中华人民共和国民事诉讼法〉的解释》第五百一十六条的规定清偿债权，企业法人作为被执行人的其他已经取得执行依据的债权人申请参与分配的，执行法院不予支持。

第七条 （移送决定书）执行案件符合本规定第四条规定的，执行部门合议庭评议同意移送破产审查的，经执行部门负责人审批、院长签发，执行部门应当作出移送破产审查的决定书。决定书应载明案号、案件来源、申请执行人与被执行人信息、移送部门、移送人、移送时间，被执行人具备破产资格和破产原因的事实和理由。案号使用同意移送的申请执行人所属执行案件的案号；多个申请执行人或被执行人同意移送的，由执行法官选择其中的一个执行案号，可选择处置被执行人主要财产的执行案号。

执行法院作出移送决定后，应当于 5 日内将决定书送达申请执行人和被执行人，并告知被执行人如对决定有异议的，可以在受移送法院破产审查期间提出，由受移送法院一并处理。

第八条 （中止执行）决定移送破产审查的案件，执行法院应当同时作出对移送破产程序的被执行人中止执行的裁定，中止对该被执行人的执行。被执行人在其他法院有执行案件的，执行法院应当书面通知其他法院中止执行，其他法院被告知后应当及时中止执行；其他法院不予中止执行的，由执行法院报共同的上级法院协调，上级法院可对辖区内的执行案件直接作出中止执行的裁定。

受移送法院作出不予受理破产申请，申请人对该裁定提起上诉的，自不予受理裁定作出之日至上级人民法院作出裁定之日之前，执行法院应当中止执行。

对移送破产审查的被执行人中止执行的，不影响对同一执行案件中其他被执行人的执行。

第九条 （不宜保管物品的处置）中止执行裁定作出后被执行人进入破产程序前，必要时执行法院可以对被执行人所有的季节性、鲜活、易变质等不宜保管或保管费用过高的财产，以及其他宜先行处置的财产变价处置，待被执行人进入破产程序后将所得价款移交受理破产案件指定的管理人。

第十条 （保全延续）执行法院决定执行案件移送破产程序的，在受移送法院裁定受理破产案件之前，对被执行人的查封、扣押、冻结等保全措施不予解除。保全期限届满，申请执行人可以向执行法院申请延长保全期限，由执行法院负责办理延期手续。

执行法院与破产受理法院系同一法院的，破产案件受理后，该执行法院对被执行人采取的查封、扣押、冻结措施可以不解除，其效力自然延续至破产程序中。

第十一条 （移送材料）执行法院决定执行案件移送破产立案的，应当移送以下材料：

（一）决定书；

（二）申请执行人或被执行人同意执行案件移送破产审查的书面意见或笔录；

（三）执行案件移送破产审查报告；

（四）申请执行人提供财产线索、被执行人申报财产、执行法院穷尽财产调查措施的相关材料；

（五）执行法院已分配财产清单及相关材料；

（六）执行立案信息表、强制执行被执行人财产的民事执行裁定及其他执行文书；

（七）被执行人涉执债务清单，查封、扣押、冻结财产清单；

（八）对被执行人中止执行的民事执行裁定书；

前款第（三）项执行案件移送破产审查报告应载明如下事项：

（一）被执行人基本信息；

（二）被执行人所涉案件执行概况；

（三）已查明的资产状况；

（四）已处置的资产情况；

（五）已采取的强制措施情况；

（六）已掌握的账簿、财务、印章等情况；

（七）已分配财产清单情况；

（八）案件执行过程中存在的风险；

（九）有必要在报告中列明的其他情况。

无财产可供执行或债权债务明确、财产状况清晰的案件，执行法院在作出破产审查报告后，无须移送上述全部材料，仅移送决定书、申请执行人或被执行人同意执行案件移送破产审查的书面意见或笔录即可。

第十二条 （立案登记审查）执行法院在作出移送决定当日内将本规定第十一条规定所列材料移送破产法院立案庭，该立案庭以决定书、申请执行人或被执行人同意执行案件移送破产审查的书面意见或笔录作为立案条件，不得以材料不完备等为由拒绝接收。立案庭应当自收到移送材料之日起当日内录入全国破产重整案件信息网，以"破申"作为案件类型代字编制案号登记立案，并在 1 个工作日内移送给破产审判部门进行审查，审判部门在收到移送材料之日起 5 日内作出是否受理的裁定。

移送材料不完备或内容错误，破产法院可以要求执行法院补齐、补正，执行法院应于 7 日内补齐、补正。该期间不计入破产法院审查的期间。

第十三条 （立案通知及异议处理）破产审判部门应当在立案登记后 5 日内将立案及合议庭组成情况通知申请执行人、被执行人，申请执行人同意移送破产程序的，应当同时告知被执行人如对移送破产有异议，可以在收到通知后 7 日内提出异议，破产审判部门依照企业破产法第 10 条规定处理。

第十四条 （执行案件移送破产审查的监督）受移送法院拒绝接收移送的材料，或者收到移送的材料后不按规定的期限作出是否受理裁定的，执行法院可函请受移送法院的上一级法院进行监督。上一级法院收到函件后应当指令受移送法院在 5 日内接收材料或作出是否受理的裁定。

受移送法院收到上级法院的通知后，5 日内仍不接收材料或不作出是否受理裁定的，上一级法院可以迳行对移送破产审查的案件行使管辖权。上一级法院裁定受理破产案件的，可以指令受移送法院审理。

第十五条 （裁定受理前撤回申请）破产审查期间，原同意移送破产审查的申请执行人或被执行人自愿撤回申请的，可予以准许，并在准许决定之日起 3 日内退回执行法院移送的材料。

第十六条 （裁定受理后材料补充）受移送法院破产审判部门裁定受理破产案件后 3 日内，将受理裁定移送执行法院；破产审判部门认为移送的材料需要补充的，向执行法院发送补充材料清单，执行法院收到清单后 7 日内将清单材料移送给受移送法院。

第十七条 （受理后的衔接）执行法院应于收到受理破产案件的裁定书后 7 日内完成以下工作：

（一）将本院有关被执行人的所有执行案件的债权受偿情况或财产分配情况汇总成表，移送受理破产案件的法院；

（二）根据受理破产案件法院的要求，及时解除相关保全措施或出具函件，将查封、扣押、冻结财产的处置权交破产受理法院；

（三）将查控的尚未执行或者尚未执行完毕的被执行人的财产，移交受理破产案件的管理人；

（四）告知有关申请执行人依法在破产程序中申报债权。

执行法院收到破产受理裁定后，拒不解除查封、扣押、冻结措施或出具移交处置权函件的，破产法院可以层报共同上级法院解除保全措施，上级法院自收到报请后 3 日内立案监督，符合条件，自立案后 15 日内进行裁定解除保全措施。

第十八条 （不属于被执行人财产的界定）符合下列情形之一的，不属于被执行人的财产，执行法院或执行部门不再移交：

（一）已通过拍卖程序处置且成交裁定书已送达买受人的拍卖财产；

（二）通过以物抵债偿还债务且以物抵债裁定已送达接受抵债的申请执行人的抵债财产；

（三）已完成转账、汇款、现金交付的执行款。

第十九条 （不予受理或驳回申请的衔接）受移送法院裁定不予受理破产案件的，应当在裁定作出之日起 5 日内送达申请执行人和被执行人，并通知执行法院。申请执行人、被执行人对裁定不服的，可以自裁定送达之日起 10 日内向上一级人民法院提起上诉。未在法定期限内上诉或上级人民法院维持原裁定的，受移送法院应及时将接受的材料退回执行法院，执行法院应及时恢复对该被执行人的执行。

受理移送法院裁定驳回申请的，适用前款规定。

破产法院作出不予受理、驳回申请或者准许撤回申请的裁定后，执行法院不得重复启动执行案件移送破产审查程序。但是，申请执行人或被执行人可依照企业破产法的规定直接向有管辖权的法院提出破产申请。

第二十条 （裁定书当事人的确定）裁定受理或裁定不予受理破产的裁定书，申请人为同意移送破产的申请执行人或被执行人，被申请人为不予同意移送破产的申请执行人或被执行人；申请执行人、被执行人均同意移送破产的，列双方为申请人。

第二十一条 （特殊财产先行处置）执行部门在移送执行转破产案件之前，对难以处置的财产，如司法网拍流拍的财产、集体土地上违法建造的厂房、小产权房等先行处置，并将拍卖所得款项交付给受理破产案件的法院或管理人。

第二十二条 （裁定终结执行）破产程序出现下列情形之一的，破产法院应于 7 日内将情况反馈给执行法院。执行法院应当裁定终结对该被执行人的执行：

（一）裁定宣告破产的；

（二）裁定批准重整计划并终止重整程序的；

（三）裁定认可和解协议并终止和解程序的。

第二十三条　（破产专项基金）基层法院、中级法院、省法院应当积极争取设立破产专项基金，用于管理人报酬补偿、业务培训、特困民生救助等事项；破产专项基金来源于政府财政拨款、管理人报酬提取资金及其他途径。

第二十四条　（公益管理人）基层法院、中级法院针对无财产可供执行的移送破产案件建立公益管理人制度，从入库管理人中轮候确定公益管理人，对不愿意充当公益管理人的进行业务上限制。

在府院联动过程中，各级法院应当积极推动政府设立破产公益管理人，公益管理人可以从财政、司法、国有资产管理公司、律师事务所、会计师事务所等单位中推选具有法律、会计、管理专业知识的人员担任。

第二十五条　（执行机构协助配合破产案件审理）破产案件审理过程中，破产审判部门利用最高法院"总对总"网络查控系统、网络司法拍卖平台及时查控、变现破产财产，执行机构应积极配合破产审判部门各项执行措施的推进；破产审判部门可以直接使用省法院"点对点"网络查控系统。

第二十六条　（设立执行移送破产协调机构）全省各级法院分别设立执行案件移送破产审查协调小组，成员由执行局、执行裁判庭、民商事审判庭或破产庭、立案庭负责人组成，由院长担任组长。

第二十七条　（破产团队组成）执行程序移送破产程序的，破产审判团队可以由破产审理部门和执行局法官共同组成。

第二十八条　（执转破考核激励）各级法院应当建立执行移送、审理破产案件的激励机制，对移送执行转破产案件的识别、准备材料、移送及审查、审理分成两个阶段折算案件量，可以根据案件难易程度等因素确定具体折算案件量的方法。

第二十九条　（附则）本规定自下发之日起施行，2016 年 7 月 4 日通过的《关于规范执行案件移送破产的若干规定》不再适用。

法律、司法解释对执行案件移送破产审查有新规定的，以法律、司法解释为准。

江苏省高级人民法院印发《关于"执转破"案件简化审理的指导意见》的通知

(苏高法电〔2018〕392号)

各市中级人民法院，徐州铁路运输法院，各基层人民法院：

经调查研究及广泛征求意见，省法院制定了《江苏省高级人民法院关于"执转破"案件简化审理的指导意见》。现印发给你们，供参照执行。

江苏省高级人民法院

2018年6月1日

江苏省高级人民法院关于"执转破"案件简化审理的指导意见

为推进"执转破"工作的有效开展，切实提高"执转破"案件的审判效率，根据《中华人民共和国企业破产法》《最高人民法院关于适用〈中华人民共和国民事诉讼法〉的解释》《最高人民法院关于执行案件移送破产审查若干问题的指导意见》《全国法院破产审判工作会议纪要》等规定，结合全省法院工作实际，现对"执转破"案件简化审理程序工作提出如下意见。

一、"执转破"案件简化审理程序的基本原则

1. 繁简分流原则。事实清楚、债权债务关系明确、财产状况明晰的"执转破"案件，主要由基层法院办理，应当适用简化审理程序。

2. 快速高效原则。要切实避免程序空转以及为走程序而走程序的问题。要在不违反破产法硬性要求的前提下，最大限度地简化破产流程，并联破产事项，立案、听证、破产告知、管理人指定、债权人会议、财产查控、程序终结、公告与送达等环节中能够压缩的时间性要求应予压缩，能够简化的程序应予简化，能够合并的事项应予合并，实现快速立案，快速审理。

3. 程序经济原则。要尽可能减少不必要的费用支出，最大限度地控制破产成本。要充分运用执行机构已经完成的财产查控结果、评估结论及处置结果，避免不必要的重复劳动。要充分利用"总对总""点对点"查控系统，提高财产查控质量与效率。要充分借助执行程序中财产变价机制及平台，降低变现成本。要充分利用《全国企业破产重整案件信息网》(以下简称破产信息网)发布案件流程节点、公告及法律文书，减少破产费用支出。

二、"执转破"案件简化审理程序的案件范围

1. 被执行人公司股权结构简单、资产规模不大、无风险隐患，且具备下列情形之一的"执转破"案件，应当简化审理程序：

(1) 被执行人无财产或财产较少，可能不足以支付全部破产费用的；

（2）被执行人账簿、重要文件等灭失或被执行人下落不明，无财产可供执行，且未发现巨额财产下落不明的；

（3）被执行人无营业场所或者无人员安置问题的；

（4）被执行人停工停产或者已经歇业，且不存在职工安置的；

（5）被执行人经营地域集中或系中小微企业的；

（6）被执行人未经清理已被吊销或撤销营业执照，其财产不足以清偿全部债务的；

（7）被执行人全部财产或主要财产已经处置变现的；

（8）被执行人财产易于变价或无需变价的；

（9）申请人、被申请人及其他主要破产参与人协商一致同意简化审理程序的；

（10）被执行人是个人独资企业的；

（11）其他适合简化审理程序的案件。

2. 具有下列情形之一的"执转破"案件，原则上不适用简化程序进行审理：

（1）涉及国有企业或者关联企业合并破产的；

（2）涉及破产和解或者破产重整的；

（3）涉及职工安置等复杂情形的；

（4）债务人资产难以变现且无法实物分配的；

（5）债权债务关系复杂，可能需要审计的；

（6）存在未决诉讼或仲裁案件，或者可能存在多个衍生诉讼的；

（7）涉及刑民交叉的案件；

（8）其他不宜适用简化程序审理的案件。

3. "执转破"案件是否适用简化程序审理，由受理法院依职权决定。但应在"执转破"案件受理公告中告知简化审理程序的相关事项，并对破产参与人予以指引。

已按简化程序审理的破产案件，如发现不宜继续适用简化审理程序的，应按破产法及其司法解释规定的一般程序进行审理。

4. 适用简化程序审理的"执转破"案件，应由执行法官以及破产案件审理部门、执行裁判部门的法官组成审判团队，负责对"执转破"案件进行审查及审理。

三、"执转破"案件简化审理程序的破产申请审查与受理

1. "执转破"案件审判团队应提前介入本院执行机构移送破产审查案件的梳理与审查，参与研究需要移送的材料准备及财产变价等前置性工作。符合移送条件并决定移送的，执行机构可不制作移送决定及移送函，直接移送本院立案部门立案。但应将本院研究及决定移送破产审查的过程性材料一并移送。

申请执行人同意移送破产的，执行机构应在移送立案当日通知被执行人，告知其如有异议，可按破产法第十条第一款规定向本院"执转破"案件审理部门提出。被执行人同意移送破产审查的，可不必再向其发出异议权利通知。

2. 立案部门对本院执行机构移送的材料进行形式审查，材料完备的，应在 1 个工作日内将相关信息录入破产信息网，以"破申"案号登记立案后移送"执转破"案件审判团队进行审查。

3. "执转破"案件审判团队应在接收案件后10日内作出是否受理裁定。被执行人提出异议的，由"执转破"案件审判团队进行审查。裁定受理的，应同时决定是否适用简化审理程序，并送达债权人、债务人及执行机构。

受理裁定作出后，审判团队应在3日内将案件材料移送立案。立案部门应在1个工作日内将相关信息录入破产信息网，以"破"案号登记立案后移送"执转破"案件审判团队审理。

四、"执转破"案件简化审理程序中的破产管理人及债权申报

1. "执转破"案件审判团队裁定受理"执转破"案件的，应提前通知司法技术部门通过随机方式在管理人名册中指定管理人，可以通知同意执行案件移送破产审查的债权人或债务人到场，并进行同步录音录像。被通知的债权人或债务人未按时到场的，不影响随机摇号工作。

司法技术部门原则上应在接到通知后3个工作日内完成管理人指定工作。名册中已有个人管理人的，原则上应指定个人为管理人。政府相关部门已经成立清算组的，可直接指定该清算组为管理人。管理人确定后，应告知其本案是否适用简化程序并给予相应指引。

2. 管理人应在接受指定之日起5日内接管债务人财产、印章、账簿、文书等资料，并在破产信息网管理人工作平台完成信息录入工作。同时应明确具体步骤和完成时间，定期披露工作进展。无产可破案件，可不开立管理人银行账户。

3. "执转破"案件审判团队应在裁定受理破产申请之日起，3个工作日内通知已知债权人，并在破产信息网法官工作平台发布公告，除载明企业破产法第十四条规定必须载明的内容外，还应载明适用简化程序审理的内容以及第一次债权人会议的时间及方式。

4. 债权人申报债权的期限为30日，自发布受理破产申请公告之日起计算。管理人应在债权申报期限届满之日起5个工作日内提交债务人财产状况报告。

五、"执转破"案件简化审理程序中的财产查控及变价

1. 管理人应在接受指定后30日内完成债权审查及财产调查工作。必要时，可申请调查令。

2. 管理人需要查控债务人名下房产、存款、股权、车辆和股票等财产的，应指引其提出申请，由审判团队中的执行法官通过"总对总""点对点"系统进行查控。执行机构在移送前六个月内已进行查控的，可不必再次调查。

3. 执行程序中作出的评估、鉴定或审计报告，在所涉案件移送破产审查后仍在有效期之内的，不再重新委托评估、鉴定或审计。

上述报告虽然在移送破产审查后超过有效期，但如该财产或其财产性权利的市场价值未发生明显变化，或未对债权人、债务人或其他破产参与人权利造成明显影响的，除债权人或利害关系人自愿承担相关费用之外，可不再重新委托评估、鉴定或审计。

所涉财产在执行程序中流拍后移送破产审查再行拍卖的，不受评估、鉴定及审计报告有效期的影响。

4. 执行机构原则上应将被执行人财产变现后再将案件移送破产审查。如破产程序中涉及财产变现的，应优先适用网络司法拍卖，并由审判团队中的执行法官负责实施。

5. 破产财产可以实物分配，或者存有可以迳行分配的股权或者债权的，除债权人或利害关系人自愿承担相关费用之外，可不做变价处理，依法直接予以分配。

6. 破产财产拍卖时需要确定底价的，有市场价的按市场价确定；没有市场价，但可通过询价确定的，除债权人或利害关系人自愿承担相关费用之外，应通过询价确定。

7. "执转破"案件需要采取保全措施的，经管理人申请，由审判团队中的执行法官予以实施。

六、"执转破"案件简化审理程序中的债权人会议

1. 债权人会议原则上采取书面形式召开。确需现场召开债权人会议的，应减少次数，最多不超过两次。第一次债权人会议由法院负责召集。

2. 债权人会议及破产事项表决可采用书面、数据电文等形式，也可在破产信息网平台进行。

3. 第一次债权人会议自债权申报期限届满之日起5日内召开。确需召开第二次债权人会议的，管理人应当提前15日通知已知债权人。

4. 债权债务明确，债务人财产确定，符合宣告破产条件的，管理人原则上应提请人民法院在第一次债权人会议上宣告债务人破产，并将资产处置方案和分配方案提交债权人会议表决。

5. 第一次债权人会议上宣告债务人破产的，可同时作出裁定并宣告，并在5日内向债务人、管理人送达，并通知已知债权人，同时予以公告。

6. 管理人未提请人民法院在第一次债权人会议上宣告破产的，应在会议结束之日起15日内决定是否提请宣告债务人破产。符合条件的，受理法院应在收到申请之日起5日内作出宣告破产裁定，并在裁定作出之日起5日内送达给债务人、管理人，并通知已知债权人，同时予以公告。

7. 无财产可供分配或破产财产不足以支付破产费用，或者债务人没有财务账册或者财务账册不齐、无法审计，或者债务人人员下落不明或财产状况不清，管理人未追收到财产或者未发现有财产可供分配的，且债权人或其他利害关系人不愿意足额承担破产费用或其垫付的费用不足以支付破产费用的，可以不召开债权人会议，提前终结破产程序。

管理人在查明上述情况后5日内，应当向人民法院提请终结破产程序，人民法院应在收到申请后5日内作出裁定。

七、"执转破"案件简化审理程序中的程序性事项

1. 可以采用电话、短信、微信、电子邮件、传真等简便方式传唤相关人员以及送达除民事裁定书以外的法律文书。

2. 管理人因债务人账册、重要文件灭失，无法清算或无法全面清算的，人民法院应在终结破产程序的裁定书中列明上述事由。

3. 管理人因债务人歇业或营业执照被吊销，人员下落不明或者财产状况不清，且

未追收到破产财产，无财产可供分配的，人民法院应在终结破产程序的裁定书中列明破产程序终结后 2 年内发现有依法应当追回的财产或者有应当供分配的其他财产的，债权人可以请求追加分配。

4. 破产财产分配方案经法院裁定确认，且主要财产已分配完毕，但因客观原因尚未完成个别事项的，管理人可在该裁定作出同时提请法院裁定终结破产程序。

5. 适用简化程序审理的"执转破"案件应当在"破"字号案件立案之日起 3 个月内审结。因特殊情况需要延长的，按相关规定履行报批手续。

6. 管理人应当自破产程序终结之日起 5 日内，持终结破产程序裁定等法律文书，向登记机关办理注销登记。

7. 除受理破产申请、宣告破产、终结破产程序必须公告外，其余事项可不予公告。通过破产信息网以及法院官网发布的公告，与纸质媒介上发布的公告效力相同。

8. 适用简化审理程序的破产案件，可以按照《诉讼费用交纳办法》第十六条规定在依法计算受理费的基础上再减半收取。

无任何财产可供分配或者财产不足以支付破产费用的"执转破"案件，经管理人提出申请，可以免交案件受理费。

江苏省律师协会关于印发《江苏省律师协会律师担任破产管理人业务操作指引》的通知

（苏律协发〔2015〕2号）

各市律师协会、省直属分会：

2015年1月18日，省律师协会第八届常务理事第六次会议审议通过《江苏省律师协会律师担任破产管理人业务操作指引》，现印发给你们，请遵照执行。

各地在执行中如有意见或建议，请及时向省律协秘书处反馈。

二〇一五年一月二十七日

江苏省律师协会律师担任破产管理人业务操作指引

第一章 总 则

第一节 宗旨和适用范围

第一条 【宗旨】

为指导律师承办在破产案件中担任管理人业务，规范律师执业行为，保障律师依法履行职责，提高律师的服务质量和水平，防范执业风险，充分发挥律师作用，依据《中华人民共和国企业破产法》及其他相关法律、行政法规和司法解释的规定，制订本指引。

第二条 【适用范围】

编入人民法院机构管理人名册的律师事务所，以及编入人民法院个人管理人名册的律师，接受人民法院指定担任管理人并依法履行管理人职责时，适用本指引。

人民法院指定清算组为管理人，作为清算组成员的律师事务所或律师个人，依法履行管理人职责时，适用本指引。

接受管理人聘用的律师事务所或律师个人，协助履行管理人职责时，适用本指引。被人民法院指定为管理人的律师事务所或者律师个人指派的管理人团队成员，无论其是否为律师，在其履行管理人职责时，适用本指引。

第二节 管理人业务制度

第三条 【管理人业务制度】

编入人民法院机构管理人名册的律师事务所，应当结合本律师事务所的实际情况，制定本律师事务所担任管理人业务的相关制度。

管理人业务的相关制度包括但不限于：管理人团队组成及分工负责制度、管理人业务培训制度、管理人消极资格审查和报告制度、管理人业务操作流程制度、管理人工作档案管理制度、管理人报酬分配与风险承担制度等。

编入人民法院个人管理人名册中的律师个人，应当执行本律师事务所担任管理人业务的相关制度。

第四条 【管理人执业责任保险】

编入人民法院机构管理人名册的律师事务所，管理人团队中的律师应参加律师执业责任保险。编入人民法院个人管理人名册中的律师个人，应参加律师执业责任保险。

第三节 管理人的指定、回避、辞职和更换

第五条 【管理人的指定】

编入人民法院机构管理人名册的律师事务所和个人管理人名册的律师个人，应当接受人民法院关于管理人的指定。但是有本指引第三节回避或不宜担任管理人的情形除外。

第六条 【管理人的回避】

律师事务所和律师个人存在下列情形之一，可能影响其忠实履行管理人职责的，应当向人民法院主动说明情况申请回避：

（一）与本破产案件有利害关系；

（二）人民法院认为不宜担任管理人的其他情形。

第七条 【管理人的主动退出】

编入人民法院机构管理人名册的律师事务所，在人民法院采取竞争方式指定管理人时，发现自己有本指引第六条规定的情形之一的，应主动不参与竞争。

编入人民法院机构管理人名册的律师事务所，在人民法院采取推荐方式指定管理人时，发现自己有本指引第六条规定的情形之一的，应主动提出不接受推荐。

第八条 【利害关系的认定】

律师事务所有下列情形之一的，视为与本破产案件有利害关系：

（一）与债务人、债权人有未了结的债权债务关系；

（二）在人民法院受理破产申请前三年内，曾为债务人提供相对固定的中介服务；

（三）现在是或者在人民法院受理破产申请前三年内曾经是债务人、债权人的控股股东或者实际控制人；

（四）现在担任或者在人民法院受理破产申请前三年内曾经担任债务人、债权人的法律顾问；

（五）人民法院认为可能影响其忠实履行管理人职责的其他情形。

律师个人有下列情形之一的，视为与本破产案件有利害关系：

（一）具有本条第一款规定的情形；

（二）现在担任或者在人民法院受理破产申请前三年内曾经担任债务人、债权人的董事、监事、高级管理人员；

（三）与债权人或者债务人的控股股东、董事、监事、高级管理人员存在夫妻、直系血亲、三代以内旁系血亲或者近姻亲关系；

（四）人民法院认为可能影响其公正履行管理人职责的其他情形。

第九条 【管理人的辞职】

律师事务所或律师个人接受人民法院指定为管理人后，发现自己与破产案件有利

害关系，或者有不宜担任管理人的其他情形的，应当向人民法院提出辞职申请并说明情况。

除上款情形外，无正当理由，律师事务所、律师个人接受人民法院指定为管理人后不得辞职。

第十条 【管理人的更换】

律师事务所或律师个人接受人民法院指定为管理人后，债权人会议向人民法院申请更换管理人的，作为管理人的律师事务所、律师个人应当在收到通知后二日内向人民法院作出是否同意债权人会议申请的书面说明。

第十一条 【管理人变更前后的职责】

被人民法院指定为管理人的律师事务所或律师个人，依法向人民法院提出回避、辞职的申请并经人民法院批准，或者因债权人会议申请更换管理人被人民法院批准的，应当自批准之日起停止履行管理人职责，及时向新任管理人移交自己已接管的全部资料、财产、营业事务及管理人印章，向新任管理人书面说明工作进展情况，并在破产程序终结前随时接受新任管理人、债权人会议、债权人委员会、人民法院关于其已履行的管理人职责情况的询问。被人民法院指定为管理人的律师事务所或律师个人，在人民法院未决定更换管理人或未许可辞职之前，应当继续依法履行管理人职责。

第四节 管理人团队及工作机制

第十二条 【管理人团队的建立】

律师事务所或律师个人，在人民法院送达指定管理人决定书后三日内，可以组建一个管理人团队履行管理人职责。管理人团队成员的人员组成及其分工，由人民法院指定的管理人负责人根据破产案件实际需要及管理人职责履行情况确定和调整，并及时报人民法院备案。组建管理人团队时，管理人负责人应审查管理人团队成员的消极资格。组建管理人团队后，管理人负责人发现管理人团队成员有不宜从事相关业务情形的，应及时调整管理人团队并将调整结果书面报告人民法院。

管理人团队成员可以是本律师事务所以外的人员。

第十三条 【管理人负责人】

管理人团队可以实行负责人负责制。由人民法院指定的管理人负责人对外代表管理人，对内领导团队成员，负责管理人工作的开展。

被人民法院指定为管理人的律师事务所认为需要变更管理人负责人的，应当向人民法院提出书面申请，请求人民法院予以变更。

第十四条 【竞争方式的管理人团队】

因参与人民法院采取竞争方式而被指定为管理人的律师事务所，其建立的管理人团队应当符合其竞争方案的约定。

第十五条 【管理人工作计划】

律师事务所或律师个人接受人民法院指定担任管理人后，在接管债务人企业十日内，为有效履行管理人职责，应当根据初步掌握的破产案件的具体情况，制订管理人工作计划，并书面报告人民法院。

管理人工作计划的内容包括但不限于：破产案件所要求管理人履行的具体职责，

管理人团队负责人、成员及其具体分工，接管债务人的方案，各项工作计划完成的时间、思路、步骤和程序，有关人员及其他社会中介机构的聘用计划，管理人报酬，管理人执行职务费用预算等。工作计划应全面完整、切实可行。如该债务人系国有企业或本市辖区内有影响的大型企业，该计划的制定应当提前与该企业的上级主管部门或相关政府部门商榷。

管理人可以根据工作的进展情况对工作计划做必要调整，并将调整结果及时书面报告人民法院。

第五节　管理人工作原则

第十六条　【勤勉与忠实原则】

被人民法院指定为管理人的律师事务所或律师个人，应当勤勉尽责、忠实执行职务，注重工作效率，节约破产费用，并始终贯彻审慎原则，依法办理相关事务，切实防范法律风险。

第十七条　【自己管理原则】

律师事务所或律师个人被指定为管理人后，不得以任何方式将管理人应当履行的职责全部或者部分转让给其他社会中介机构或者个人。

管理人认为有必要聘用管理人团队以外的社会中介机构、工作人员协助管理人履行管理人职责的，应当制作《提请人民法院许可聘用工作人员的报告》，提请人民法院许可。报告内容包括但不限于拟聘用的工作人员基本情况、聘用理由、聘用岗位职责、聘用费用标准等。自人民法院受理破产申请的裁定送达债务人之日起至破产程序终结之日止，管理人有权要求债务人的有关人员进行工作，并如实回答询问。管理人要求债务人的有关人员进行连续性工作的，可以依据上款的规定将债务人的有关人员作为必要的工作人员进行聘用。

第十八条　【保密的原则】

律师事务所或律师个人担任管理人，应当严格履行保密义务。对于在执业中知悉的有关债务人、债权人和其他利害关系人的商业秘密、个人隐私以及其他不能对外披露的事项，管理人应当予以保密。

第十九条　【报告和接受监督】

律师事务所或律师个人担任管理人，执行管理人职务，应当依法向人民法院报告工作，并依法接受债权人会议和债权人委员会的监督。应当列席债权人会议，向债权人会议报告职务执行情况，并回答询问。

管理人向人民法院报告工作，包括定期工作报告和重大事项报告。定期工作报告是指管理人应当每月向人民法院书面报告破产工作进展情况。重大事项报告是指管理人实施《企业破产法》第六十九条中规定的行为以及其他重大事项时，应当及时向人民法院专项报告。其他重大事项包括但不限于：企业是否继续经营、未履行完毕合同的解除与履行、破产财产变价方案通过前的财产处置、担保物的有偿取回、职工安置中的不稳定因素、清算过程中发现的犯罪线索等。

第二十条　【文件送审制度】

管理人应及时全面的向人民法院送审相关法律文件。需送审的文件包括但不限于：

审计报告、评估报告、变价方案、财产管理方案、管理人报酬方案、职工安置方案、财产分配方案、债权确认表等。

<h3 style="text-align:center">第六节　管理人报酬</h3>

第二十一条　【管理人报酬方案】

管理人接受指定后，应当及时对债务人可供清偿的无担保财产的价值和管理人的工作量进行预测，并制作《管理人报酬方案》和《提请人民法院确定管理人报酬方案的报告》，请求人民法院予以确定。

管理人报酬方案应当列明管理人投入的工作团队人数、工作时间预测、工作重点和难点等。重整或者和解案件，还应列明管理人对重整、和解工作的贡献。

管理人是由采取竞争方式指定的，管理人报酬方案应依据竞争担任管理人时的报价确定。

第二十二条　【债权人会议审查管理人报酬方案】

管理人在人民法院送达《确定管理人报酬方案的通知书》后，无异议的，应当及时制作《提请债权人会议审查管理人报酬方案的报告》，并在第一次债权人会议上报告，请债权人会议审查。

第二十三条　【管理人报酬方案的调整】

管理人在人民法院送达确定管理人报酬方案的通知书后，认为获取的管理人报酬数额过低的，可向债权人会议提交调整管理人报酬方案的报告，与债权人会议协商调整管理人报酬。协商一致的，管理人应根据债权人会议决议制作提请人民法院调整管理人报酬方案的报告，请求人民法院核准调整的内容。

第二十四条　【法院调整管理人报酬方案】

管理人在人民法院确定管理人报酬方案后，在执行职务中发现管理人报酬方案不符合破产案件和管理人职责履行的实际情况的，可制作提请人民法院调整管理人报酬的报告，请求人民法院核准确认。

人民法院核准确认的，管理人应自人民法院关于调整管理人报酬方案的通知书送达后三日内书面报告债权人委员会。未成立债权人委员会的，应报告债权人会议主席。

第二十五条　【采取竞争方式的管理人报酬方案的调整】

管理人是由采取公开竞争方式指定的，对于人民法院根据其竞争报价确定的报酬方案，原则上不得请求人民法院调整，但债权人会议作出决议同意或人民法院主动调整的除外。

第二十六条　【清算组中的管理人报酬方案】

人民法院指定清算组为管理人的，作为清算组成员的律师事务所、律师个人的管理人报酬可以由法院根据清算组在对社会中介机构人员个体工作量考核的基础上，单独确定。

第二十七条　【管理人对担保物管理的报酬】

管理人对担保财产维护、变现、交付等管理工作付出合理劳动的，可就报酬的确认与收取和担保权人协商，该报酬不包含在管理人报酬范围内。

协商不成的，管理人可以制作提请人民法院确认管理人对担保物管理的报酬报告，提请人民法院确定。

第二十八条 【管理人报酬的收取】

管理人收取管理人报酬的,应在收取前,制作提请人民法院准予管理人收取报酬的报告,请求人民法院予以核准。

报告应包括:

(一)可供支付报酬的债务人财产情况;

(二)申请收取报酬的时间和数额;

(三)管理人履行职责的情况。

管理人收取管理人报酬的,应根据破产案件的实际情况,分期收取或最后一次性收取。分期收取的,管理人在向人民法院提交准予管理人收取报酬的报告中应写明收取报酬时管理人完成的工作;最后一次性收取的,管理人在向人民法院提交准予管理人收取报酬的报告中应写明管理人职务执行完成的情况。

管理人为律师个人的,其管理人报酬由其所在的律师事务所统一收取。

第二十九条 【管理人报酬的风险】

管理人应当充分考虑到执行职务存在所收取的报酬低于成本或存在无报酬的风险。

第七节 管理人工作档案制度

第三十条 【文档规范】

管理人在办理破产案件的过程中应及时、准确、真实地制作必要的工作文档。统一文书格式,并存档备案。

工作文档,是指管理人在办理企业破产案件过程中形成的工作记录和获取的资料,是判断管理人是否勤勉尽责的重要依据。

工作文档,应内容完整、记录清晰、结论明确,并应分类整理,编制目录。

第三十一条 【文档内容】

管理人制作的工作文档的内容应当包括但不限于下列内容:

(一)人民法院受理破产申请时债权人或债务人提供的破产申请书、债务人财产状况说明、债务清册、债权清册、有关财务会计报告以及职工工资的支付和社会保险费用的缴纳情况;

(二)人民法院出具的受理破产案件的民事裁定书、指定管理人决定书以及人民法院向管理人出具的相关法律文书;

(三)管理人团队内部工作计划、相关规章制度、管理人团队成员的人员组成及其分工、管理人对外出具文件等资料;

(四)有关管理人对债务人财产、营运事务、印章和账簿、文书进行接管的资料;

(五)债权通知、申报、审查及异议资料,包括债权通知凭证、债权申报表、证据材料、资金往来凭证、审查依据等;

(六)管理人依法调查债务人劳动债权相关的劳动合同、工资支付、社会保险缴纳等资料以及涉及劳动债权公示、异议、更正等资料;

(七)债务人设立、变更等历史沿革资料,涉及债务人生产经营、组织架构、债务人重大合同、协议及其他重要法律文件和会议记录;

（八）管理人的工作计划及其操作程序的记录。管理人与债务人相关人员相互沟通及会议情况的记录；对债务人提供的资料的查验、调查访问记录；往来函件、现场勘查记录、查阅文件清单等相关的资料及详细说明；

（九）代表债务人参加诉讼、仲裁或者其他法律程序的诉讼文书及相关资料；

（十）历次债权人会议通知，议程、会议资料、会议记录，会议表决等相关资料；

（十一）其他管理人履行职责过程涉及的其他文件资料。

上述文档应当注明来源。凡涉及管理人向有关当事人调查所作的记录，须由当事人及二名以上管理人团队成员签字。

第三十二条　【工作文档的所有权及保管】

工作文档的所有权属于指定为管理人的律师事务所或指定为管理人的律师个人所在的律师事务所。

律师事务所应当妥善保管工作文档等相关资料，保管期限为至少十年。

第八节　管理人的责任

第三十三条　【管理人的赔偿责任】

管理人没有勤勉尽责，忠实执行职务，给债权人、债务人或者第三人造成损失的，应依法承担赔偿责任。

管理人团队成员没有勤勉尽责，忠实执行职务，给债权人、债务人或者第三人造成损失的，该成员行为视为管理人行为。

第三十四条　【管理人的追偿权】

管理人聘请的其他社会中介机构、人员故意或重大过失给债权人、债务人或者第三人造成损失的，管理人有权向有关责任人员追偿。

第二章　人民法院裁定受理破产申请后管理人业务操作流程

第一节　一般规定

第三十五条　【一般规定】

人民法院受理破产申请后，是指自人民法院裁定受理破产申请时起，至人民法院裁定驳回申请、裁定宣告破产、裁定重整、裁定和解或者裁定破产程序终结时止。

第二节　建立管理人公章、印鉴及账户

第三十六条　【管理人公章、印鉴】

管理人在人民法院指定管理人决定书送达之日起一周内，凭人民法院受理破产申请的裁定书、人民法院指定管理人的决定书等材料，按照国家有关规定刻制管理人公章和财务印鉴章。管理人公章刻制后，管理人应及时将公章印样和保管人名册向人民法院报告、备案。管理人印鉴章只能限于管理人履行职责时使用。管理人印鉴章的使用，应当实行审批登记制度。

第三十七条　【管理人账户】

管理人印鉴章刻制后，管理人应持人民法院受理破产申请的裁定书、人民法院指定管理人的决定书和管理人开立账户的决定书及身份证明等文件材料，到银行申请开立单独的管理人账户。

管理人账户开立后，管理人可以将债务人的银行存款划入管理人账户。

管理人依法履行职责时发生的所有资金收支，均应当通过管理人账户进行。

管理人应当制定管理人账户管理规定，并按规定使用账户。

第三节　接管债务人

第三十八条　【接管债务人前的准备】

在人民法院指定为管理人后，管理人应做好债务人财产、印章和账簿、文书等资料接管的准备工作。

管理人应当将拟接管的内容和范围告知债务人的有关人员，要求其做好交接准备，并告知其违反交接义务应该承担的法律责任。管理人认为有必要的，可以同时将接管事项通知债务人内部相关人员和已知的债权人等有关人员。

第三十九条　【接管的内容】

管理人接管的债务人的财产、印章和账簿、文书等资料，包括但不限于：

（一）债务人的包括动产和不动产在内的实物财产及其权利凭证；

（二）债务人的现金、有价证券、银行账户印鉴、银行票据、商业票据；

（三）债务人的知识产权、对外投资、特许权等无形资产的权利凭证；

（四）债务人的公章、财务专用章、合同专用章、海关报关章、法定代表人人名章及其他印章；

（五）债务人的企业法人营业执照、税务登记、外汇登记证、海关登记证明、经营资质文件等与债务人经营业务相关的批准、许可或授权文件；

（六）债务人的总账、明细账、台账、日记账、会计凭证、重要空白凭证、会计报表等财务账簿及债务人审计、评估等资料；

（七）债务人的章程、管理制度、股东名册、股东会决议、董事会决议、监事会决议以及债务人内部会议记录等档案文件；

（八）债务人的各类合同协议及相关债权、债务等文件资料；

（九）债务人纳税资料及凭证；

（十）债务人诉讼、仲裁案件及其案件材料；

（十一）债务人的人事档案文件；

（十二）债务人的电脑数据和授权密码；

（十三）债务人的其他财产、印章和账簿、文书等资料。

管理人应一并接管不属于债务人所有但由债务人占有或者管理的相关的财产、印章和账簿、文书等资料。

债务人有分支机构的，管理人应一并接管其分支机构的财产、印章和账簿、文书等资料。

第四十条　【接管方案】

为了有计划地接管，管理人可以就债务人的财产、印章和账簿、文书等资料的接管制定接管方案，并根据接管方案规定进行接管。

在接管方案中，管理人可以根据实际情况，决定对债务人的财产、印章和账簿、文书等资料进行一次性全面接管，还是进行分期、分批接管。

第四十一条　【管理人与债务人的交接】

管理人在人民法院指定为管理人决定书送达后的十五日内，应与债务人原企业经营管理人员办理企业交接手续。

管理人接管债务人财产、印章和账簿、文书等资料，应制作资产交接清单，与债务人有关人员办理交接手续，与债务人有关人员在交接清单上共同签字确认。应接管的债务人财产、印章和账簿、文书等资料在实际交接时未能交接的，管理人应当在交接清单上予以注明。管理人接管债务人企业后，应妥善做好债务人企业现有财产、账簿等的安全保障工作。

第四十二条　【有其他法律程序的债务人财产的接管】

管理人接管债务人财产时，发现债务人财产在人民法院受理破产申请前被依法采取保全措施及人民法院受理破产申请后仍未解除的，或发现债务人财产在法院受理破产申请前被依法采取执行措施但在法院受理破产申请后仍未中止的，管理人应该通知有关人民法院解除保全措施或者中止执行措施，以便管理人有效地接管该项财产。

管理人认为有必要裁定受理破产申请案件的人民法院通知有关人民法院予以解除保全措施或者中止执行措施的，管理人应当向裁定受理破产申请的人民法院提出书面申请。

第四十三条　【人民法院强制接管】

债务人的有关人员不协助管理人接管的，管理人应当书面报告人民法院，请求人民法院强制债务人的有关人员配合。

第四十四条　【接管的标准】

管理人对债务人财产、印章和账簿、文书等资料的接管，以实际占有或者实际控制为标准。管理人实际占有或者实际控制的，视为管理人已接管；管理人没有实际占有或者实际控制的，视为管理人没有接管；管理人实际部分占有或者实际部分控制的，视为管理人部分接管。

第四节　调查债务人财产状况

第四十五条　【债务人财产状况调查内容】

管理人接受人民法院指定后，无论是否已经接管债务人，均可对债务人财产状况进行调查，调查的范围，包括但不限于：

（一）债务人的出资情况：出资人名册、出资协议、公司章程、验资报告及实际出资情况、非货币财产出资的评估报告、非货币财产出资的批准文件、财产权属证明文件、权属变更登记文件、历次资本变动情况及相应的验资报告；

（二）债务人的货币财产状况：库存现金、银行存款及其他货币资金；

（三）债务人的债权状况：债权的形成原因、形成时间、具体债权内容、债务人的实际状况、债权催收情况、债权是否涉及诉讼或仲裁、是否已过诉讼时效、已诉讼或仲裁的债权的履行期限等；

（四）债务人的存货状况：存货的存放地点、数量、状态、性质及相关凭证；

（五）债务人的设备状况：设备权属、债务人有关海关免税的设备情况；

（六）债务人的不动产状况：土地使用权、房屋所有权、在建工程的立项文件、相关许可、工程进度、施工状况及相关技术资料；

（七）债务人的对外投资状况：各种投资证券、全资企业、参股企业等资产情况；

（八）债务人分支机构的资产状况：无法人资格的分公司、无法人资格的工厂、办事处等分支机构的资产情况；

（九）债务人的无形资产状况：专利权、商标权、著作权、许可或特许经营权情况；

（十）债务人的营业事务状况；

（十一）债务人依法可以追回的财产状况；

（十二）债务人与相对人均未履行完毕的合同情况。

第四十六条　【专项审计和评估】

管理人认为有必要在财产专项审计和评估报告的基础上进行调查和制作债务人财产状况报告的，应当制作《提请人民法院许可聘请有资质的专业机构对债务人财产进行专项审计和评估的报告》，请求人民法院许可。

管理人应通过摇号、招标、协商等方式择优选择聘用有资质的专业机构。

第四十七条　【申请人民法院强制协助调查】

管理人认为有必要的，可以要求债务人的有关人员协助对债务人财产状况进行调查。债务人的有关人员拒绝协助调查的，管理人应当书面报告人民法院，请求人民法院强制债务人的有关人员协助调查。

第四十八条　【债务人财产状况报告】

管理人对债务人财产状况调查后，应当根据调查内容制作《债务人财产状况报告》，并及时提交给人民法院、债权人会议及债权人委员会。《债务人财产状况报告》应当能反映债务人各项财产的权属状况、实际现状和账面价值等基本情况。

管理人非因自身原因无法全面调查债务人财产状况的，应当就无法调查的情况在《债务人财产状况报告》中作出说明。

第五节　决定债务人的内部管理事务

第四十九条　【接管前的债务人的内部事务管理】

管理人接管债务人财产、印章和账簿、文书等资料前，债务人的内部管理事务仍由债务人决定，但管理人应对其监督并要求债务人及时报告其内部管理事务情况。管理人发现债务人不当管理其内部事务行为的，有权予以制止和纠正。

第五十条　【接管后的债务人的内部事务管理】

管理人接管债务人财产、印章和账簿、文书等资料后，债务人的内部管理事务由管理人决定。管理人部分接管的，与已接管部分相关的内部管理事务由管理人决定；与未接管部分相关的内部管理事务仍由债务人决定，但管理人应对其监督并要求债务人及时报告其内部管理事务情况。管理人发现债务人不当管理其内部事务行为的，有权予以制止和纠正。

第五十一条　【债务人内部管理事务规则】

为了有效地规范债务人的内部管理事务，管理人在接管债务人财产、印章和账簿、文书等资料一周内，应制定债务人内部管理事务规则，建立债务人内部管理的组织架构，明确分工、职责，并书面报告人民法院。

第五十二条　【编制职工遣散与安置方案】

管理人应根据债务人的实际情况，编制职工遣散与安置方案。

必要时管理人可以邀请政府相关部门一并参与职工遣散与安置方案的制定。

第六节　决定债务人的日常开支和其他必要开支

第五十三条　【接管前的债务人的日常开支和其他必要开支】

管理人接管债务人财产、印章和账簿、文书等资料前，债务人的日常开支和其他必要开支仍由债务人决定，但管理人有权要求债务人及时报告其日常开支和其他必要开支情况。管理人发现债务人有不当开支行为的，有权予以制止和纠正。

第五十四条　【接管后的债务人的日常开支和其他必要开支】

管理人接管债务人财产、印章和账簿、文书等资料后，债务人的日常开支和其他必要开支由管理人决定，管理人应当对开支的原因、金额及其必要性进行审查。

管理人部分接管的，与已接管部分相关的日常开支和其他必要开支由管理人决定；与未接管部分相关的日常开支和其他必要开支仍由债务人决定，但管理人有权要求债务人及时报告其日常开支和其他必要开支情况。管理人发现债务人有不当开支行为的，有权予以制止和纠正。

第七节　决定继续或者停止债务人的营业

第五十五条　【在第一次债权人会议召开之前】

在第一次债权人会议召开之前，由管理人决定继续或者停止债务人的营业。管理人应当将债务人营业的实际状况以及继续或者停止营业的决定及其理由制作书面报告，请求人民法院许可。

第五十六条　【在第一次债权人会议召开之后】

在第一次债权人会议召开之后，管理人认为需要继续或者停止债务人的营业的，应当将债务人营业的实际状况以及继续或者停止营业的决定及其理由制作书面报告，请债权人会议表决决定。

第五十七条　【决定继续或者停止债务人的营业的标准】

管理人判断债务人是否继续或者停止营业的标准可以是：如果继续营业有利于提高债务人财产价值及债权人清偿比例的，应当继续债务人营业；如果停止营业有利于提高债务人财产价值及债权人清偿比例的，应当停止债务人营业。

第八节　管理和处分债务人的财产

第五十八条　【原则】

管理人对债务人财产依法负有谨慎管理和处分的职责。

第五十九条　【接管债务人前管理人对债务人财产的管理和处分】

在管理人接管债务人财产前，债务人有关人员就债务人财产管理和处分向管理人请示的，管理人应当依法并谨慎地作出决定。管理人发现债务人有关人员在人民法院受理破产申请后对债务人财产有不当管理和处分并造成债务人财产损失的，管理人有权依法予以制止和纠正。

第六十条　【接管债务人后管理人对债务人财产的管理和处分】

管理人接管债务人财产后，应当根据各类资产的不同性质，采取合理的管理和处分措施，包括但不限于：

（一）债务人的财产权属关系存在争议或者尚未确定的，管理人应当依法确权或者明确；

（二）债务人的财产闲置并具备对外出租条件的，经人民法院许可或者债权人会议同意，管理人可以对外出租，但出租期限以有利于资产将来出售价值最大化为原则；

（三）债务人的财产易于流失的，管理人应当指定专人负责和保管；

（四）债务人的财产易损、易腐、价值明显减少、不适合保管或者保管费用较高的，管理人应当依法及时变卖；

（五）债务人的现金、银行存款及有价证券等，管理人应当指定专人保管与核算，并严格执行财务管理制度；

（六）债务人对外投资拥有的资产，管理人应当及时书面通知被投资企业，并依法行使出资人查阅信息、分取红利、参与决策、选举表决等权利。

（七）债务人的财产权利如不依法登记或者及时行使将丧失的，管理人应当及时予以登记或者行使；

（八）债务人的财产需要办理保险的，管理人应当给予办理必要的保险手续。

第六十一条　【财产管理方案】

管理人接管债务人财产后，应及时拟定债务人的财产管理方案，并提交给债权人会议表决。财产管理方案的主要内容包括但不限于：

（一）债务人财产的管理、维护和费用预算；

（二）债务人继续营业的营业计划和费用预算；

（三）债务人财产清收的计划安排和费用预算。

债权人会议表决通过的财产管理方案，管理人应当执行；债权人会议表决没有通过的财产管理方案，管理人可以请求人民法院裁定认可，并在人民法院裁定认可后执行。

法律规定管理人必须经债权人会议同意方可执行的事项，在债权人会议表决通过的财产管理方案中有具体规定的，管理人执行该具体规定事项时，不需要重新取得债权人会议同意。法律规定管理人必须经人民法院许可方可执行的事项，在人民法院裁定认可的财产管理方案中有具体规定的，管理人执行该具体规定事项时，不需要重新取得人民法院许可。

第六十二条　【管理人对债务人财产处分行为的实施】

在第一次债权人会议召开之前，管理人对债务人财产实施破产法第六十九条规定的行为的，在行为前，应制作《拟实施处分债务人财产行为的报告》，请求人民法院许可。

在第一次债权人会议召开之后，管理人对债务人财产实施破产法第六十九条规定行为的，应及时制作《实施处分债务人财产行为的报告》给债权人委员会；未设立债权人委员会的，应当及时报告人民法院。

第六十三条　【管理人对债务人合同的管理】

对于债务人与对方当事人在破产申请受理前成立而均未履行完毕的合同，管理人应当自人民法院受理破产申请之日起二个月内作出解除或者继续履行的决定，并通知对方当事人，或自收到对方当事人催告之日起三十日内作出解除或者继续履行的答复决定。

在第一次债权人会议召开之前，对于债务人与对方当事人在破产申请受理前成立而均未履行完毕的合同，管理人认为有必要继续履行合同的，应制作《拟继续履行合同的报告》，请求人民法院许可。

在第一次债权人会议召开之后，对于债务人与对方当事人在破产申请受理前成立而均未履行完毕的合同，管理人认为有必要继续履行合同的，可以作出继续履行合同的决定，并通知对方当事人，同时应制作《继续履行合同的报告》给债权人委员会；未设立债权人委员会的，报告给人民法院。

对于管理人已决定并已通知对方当事人继续履行的合同，如果对方当事人要求管理人提供继续履行合同的担保，管理人可以用债务人财产提供担保。

因合同解除而产生的对债务人的损害赔偿请求权，管理人可告知对方当事人可以申报债权；因合同解除而产生的对方当事人对债务人的债务，管理人应当要求对方当事人清偿。管理人决定解除或者继续履行均未履行完毕合同的标准是有利于提高债务人财产价值及债权人清偿比例。

第六十四条　【接收债务清偿或者财产交付的管理】

管理人在人民法院受理破产申请后，应书面通知债务人的债务人或者财产持有人向管理人清偿债务或者交付财产。书面通知的内容可以包括但不限于：人民法院受理破产申请的时间，人民法院要求向管理人清偿债务、交付财产的通知及公告，债务人的债务人应当清偿的债务金额，债务人的财产持有人应当交付的财产品名、规格、数量及状况，限定清偿债务、交付财产的时间和方式，不清偿债务、不交付财产的法律责任等。

债务人的债务人或者财产持有人违反前款规定向债务人清偿债务或者交付财产，使债权人受到损失的，管理人应要求其重新清偿债务、重新交付财产或者赔偿损失。

债务人的债务人拒绝清偿债务、债务人的财产持有人拒绝交付财产的，管理人有权代表债务人向人民法院起诉。

管理人尚未接管债务人财产，并且不具备接收债务清偿或者财产交付条件的，可以要求债务人接收。

第六十五条　【追回可撤销行为涉及的财产】

管理人发现存在破产法第三十一条规定的可撤销行为的，应及时书面通知因该行为获得收益的相对人返还财产及不当利益、解除该担保权益或者返还担保财产、清偿债务。相对人拒绝的，管理人应向人民法院提起诉讼，请求对该行为予以撤销。

管理人发现债务人存在破产法第三十二条规定的危机期间的个别清偿行为的，应书面通知因该个别清偿行为而取得财产的债权人返还财产。债权人拒绝的，管理人应向人民法院提起诉讼，请求对该行为予以撤销并返还财产。

第六十六条　【追回无效行为涉及的财产】

管理人发现存在破产法第三十三条规定的无效行为的，应书面要求因该行为而取得财产的相对人返还财产。相对人拒绝的，管理人应向人民法院提起诉讼，请求确认该行为无效并返还财产。

第六十七条　【可撤销行为与无效行为的赔偿责任】

管理人发现债务人有破产法第三十一条、第三十二条、第三十三条规定的行为，损害债权人利益的，管理人可以向人民法院提起诉讼，要求债务人的法定代表人和其他直接责任人承担赔偿责任。

第六十八条　【追缴出资人欠缴的出资】

管理人发现人民法院受理破产申请后，债务人的出资人尚未完全履行出资义务的，应书面要求该出资人缴纳应缴纳而尚未缴纳的出资。债务人的出资人拒绝的，管理人应向人民法院提起诉讼，请求其履行出资义务。

管理人发现债务人的出资人出资后又抽逃出资的，应书面要求该出资人将抽逃的出资返还。债务人的出资人拒绝的，管理人应向人民法院提起诉讼，请求其返还出资。

第六十九条　【追回债务人董事、监事和高级管理人员侵占的财产】

管理人发现债务人的董事、监事和高级管理人员利用职权从企业获取非正常收入和侵占企业财产的，应书面要求其返还该收入或财产。该行为人拒绝的，管理人应向人民法院提起诉讼，请求其返还。

第七十条　【取回质物、留置物】

管理人认为有必要通过清偿债务或者提供为债权人接受的担保的方式取回质物、留置物的，应书面通知担保权人。

在第一次债权人会议召开之前，管理人取回质物、留置物的，应制作《拟取回担保物的报告》，请求人民法院许可。

在第一次债权人会议召开之后，管理人取回质物、留置物的，应制作《取回担保物的报告》给债权人委员会；未设立债权人委员会的，应报告给人民法院。

第七十一条　【将债务人占有的不属于债务人的财产返还债权人】

管理人对债务人占有的不属于债务人的财产且该财产的权利人主张取回的，应仔细审查权利人的取回权成立的事实与理由。管理人认为取回权成立的，应书面通知权利人同意取回财产，并可将该财产返还给权利人；管理人认为取回权不成立的，应书面通知权利人不同意取回财产。

管理人认为取回权成立，但该财产是债务人合法占有的，管理人应要求权利人清偿因其取回财产而可能产生的债务。

管理人认为取回权成立，但该财产在人民法院受理破产申请前灭失或者毁损的，管理人应告知权利人可以就该项财产损失申报债权。

管理人认为取回权成立，但该财产在人民法院受理破产申请前灭失或者毁损，且第三人对该财产的灭失或者毁损负有损害赔偿责任的，或者保险人对该财产的灭失或者毁损负有保险赔偿责任的，管理人应告知该权利人可以提起诉讼，由人民法院决定该权利人是否有权对第三人或者保险人的赔偿款拥有取回权。

管理人认为取回权成立，但该财产在人民法院受理破产申请后因管理人或者相关人员执行职务造成财产灭失或者毁损的，管理人应审查是否构成共益债务，并书面报告债权人会议。

第七十二条 【决定在运途中的标的物的交付】

对人民法院受理破产申请时，出卖人已将买卖标的物向作为买受人的债务人发运，债务人尚未收到且没有付清全部价款，出卖人主张取回该标的物的，管理人应按照是否有利于提高债务人财产价值及债权人清偿比例的标准决定同意或者拒绝其取回。

管理人同意出卖人的取回请求的，应书面通知该出卖人。

管理人拒绝出卖人的取回请求的，应以债务人财产支付全部价款，并书面通知该出卖人交付标的物。

第七十三条 【债权、债务的抵销】

债权人在破产申请受理前对债务人负有债务，提出债权、债务抵销请求，管理人经审查，认为该抵销请求符合以下要求的，可以书面通知申请抵销人同意抵销：

（一）不属于破产法第四十条规定的三种情形；

（二）已经依法申报并经债权人会议核查无异议的债权；

（三）债权人与债务人之间互负债权债务关系无争议，或者已经获得法律上确定的执行名义；

（四）未超过诉讼时效期间和强制执行期间的债权；

（五）抵销请求在破产财产最后分配前提出；

（六）不属于法定不得抵销债权债务。包括债务人的股东享有的债权，不得与其欠缴债务人的出资抵销；债务人的股东享有的债权，不得与其因抽逃出资形成的对债务人的债务抵销；债权人因侵权行为对债务人负有的债务不得与其享有的债权抵销；债务人的股东人格与债务人混同时互负债务不得抵销；劣后债权不得与债务人的债务抵销等。

管理人不同意抵销的，应书面通知申请抵销人，并告知其有权向人民法院提起抵销权诉讼。

第九节 代表债务人参加诉讼、仲裁或者其他法律程序

第七十四条 【中止法律程序】

人民法院受理破产申请后，管理人发现人民法院或者仲裁机构已经开始而尚未终结的有关债务人的民事诉讼或者仲裁案件未中止的，应制作告知相关人民法院或仲裁机构中止法律程序的告知函，要求相关人民法院或者仲裁庭依法中止。

如果相关人民法院或仲裁机构接到告知函后仍不中止法律程序的，管理人可以请

求破产案件受理人民法院协调解决。

第七十五条 【恢复法律程序】

管理人在接管债务人财产后，应及时制作告知相关人民法院或仲裁机构可以恢复法律程序的告知函，要求相关人民法院或者仲裁机构对已中止的人民法院受理破产申请后，人民法院或者仲裁机构已经开始而尚未终结的有关债务人的民事诉讼或者仲裁案件恢复审理。

第七十六条 【破产衍生诉讼的管辖】

人民法院受理破产申请后，有关债务人的民事诉讼，管理人只能向受理破产申请的人民法院提起。但债务人与相对人之间有仲裁条款约定的，从其约定。

第七十七条 【委托代理】

管理人代表债务人参加诉讼、仲裁或者其他法律程序的，可以委托代理人。

第十节　接收及审查申报债权

第七十八条 【接收申报的债权】

管理人应当在人民法院公告的确定债权人申报债权的期限和地点，接收债权人的债权申报材料。

管理人可以制作《债权申报须知》、《债权申报表》、《债权人地址及联系方式确认书》、《债权申报文件清单》等文件在接收地点，引导债权人申报债权。

管理人接收债权人债权申报和证据材料，应当给申报人出具回执。

第七十九条 【债权申报材料要求】

管理人在接收债权人的债权申报材料时，应当要求：

（一）债权人自己申报的，须提供企业营业执照或者个人合法有效的身份证明；债权人委托他人进行申报的，受托人应同时提交委托人签名盖章的《授权委托书》（须注明授权具体内容）和受托人的身份证明。

（二）申报人应当书面说明债权金额、有无财产担保和债权发生的事实经过，并提交有关证据材料。

第八十条 【登记造册】

管理人接收债权申报材料后，应当根据申报人提交的债权申报材料登记造册。申报的债权无论是否属于破产债权，均应登记入册。

登记造册的项目应包括：

（一）债权人基本情况：企业名称或个人姓名、企业法定代表人或负责人的姓名职务与住所、债权人开户银行、联系方式；有委托代理人的还应记明委托代理人的姓名、住址、联系方式及委托代理权限等事项；

（二）债权基本情况：债权发生原因、存在的证据、债权到期日、申报时间、申报债权数额（原始债权、孳息债权等）、有无财产担保、是否附有条件和期限、是否为连带债权、有无连带债务人、是否为求偿权或将来求偿权；

（三）管理人认为其他必要的事项。

第八十一条 【对申报债权的审查】

管理人对申报债权的真实性、合法性和时效性等内容进行实质审查。

管理人在审查以下债权的申报材料时，应注意：

（一）债权附有利息、罚息、违约金、滞纳金的，则破产申请受理后的利息、罚息、违约金、滞纳金停止计算。

（二）行政、司法机关对债务人的罚款、罚金以及其他有关费用，不作为破产债权。

（三）没有到期的债权在破产申请受理时视为到期，可以申报。

（四）在破产申请受理时未成就的附条件或者附期限的债权，可以申报。

（五）在破产申请受理时诉讼、仲裁未决的债权，可以申报。

（六）对债务人享有连带债权的任何一个连带债权人，可以经其他连带债权人授权共同向管理人申报连带债权，也可以未经其他连带债权人授权而向管理人申报连带债权。部分连带债权人分别申报连带债权并且没有达成共同协议的，该连带债权可以由该部分连带债权申报人共同享有。

（七）债务人的保证人或者其他连带债务人已经代替债务人清偿全部或者部分债务的，可以就其代替债务人已清偿部分的求偿权向管理人申报债权。债务人的保证人或者其他连带债务人尚未代替债务人清偿债务的，可以就其对债务人尚未清偿部分的将来求偿权申报债权。但是，债权人已经向管理人申报全部债权的除外。

（八）债务人是连带债务人时，债权人可以申报债权。债务人和其他连带债务人都被人民法院裁定受理破产申请的，债权人可以分别地向债务人和其他连带债务人的管理人申报其全部债权。

（九）管理人在人民法院受理破产申请后依法解除合同的，合同相对人可以就合同解除所造成合同相对人的实际损失金额申报债权。此项可以申报债权的损失金额范围不包括合同约定的违约金。

（十）债务人是委托合同的委托人，受托人在人民法院受理破产申请后，不知债务人破产事实而继续处理委托事务的，受托人可以就其继续处理事务所产生的请求权申报债权；受托人在人民法院受理破产申请后，知道债务人破产事实而继续处理委托事务的，受托人不可以就其继续处理事务所产生的请求权申报债权，法律另有规定的除外。

（十一）在委托合同约定受托人在人民法院受理破产申请后仍须继续处理委托事务的情形下，即使受托人知道债务人破产事实，受托人在管理人或者债务人解除合同前依据委托合同约定继续处理委托事务的，受托人可以就其继续处理事务所产生的请求权申报债权。

（十二）在停止处理委托事务将损害债务人利益的情形下，无论受托人是否知道债务人破产事实，受托人在管理人或者债务人要求其停止处理委托事务之前为债务人利益而继续处理事务所产生的请求权，管理人可以将其作为共益债务清偿。

（十三）债务人是票据的出票人，该票据的付款人继续付款或者承兑所产生的请求权，付款人可以申报债权。

（十四）对于债权人申报的对债务人的特定财产享有担保权的债权，审查的内容包括但不限于：担保权的法律效力；同一担保财产有多项担保权存在的受偿顺序；提供担保是否有可以依法撤销的情形；担保财产的价值；担保权的受偿范围。担保财产的价值小于担保债权金额的，以担保财产的价值为限，债权金额超过担保财产价值的债权部分作为普通债权。

（十五）债权人向管理人提交的债权证据是具有强制执行效力的法律文书的，则法律文书中确认的债权金额和有无财产担保的内容，管理人可以直接确认。法律文书中确认的债权不是以金额计算的，管理人可以按市场价值换算为金额。

（十六）债权人向管理人申报的债权属于诉讼或者仲裁案件中未决债权的，管理人可以提请人民法院临时确定其债权金额和是否有财产担保，或依法先予确定其债权金额和是否有财产担保。

第八十二条　【调查与公示职工债权】

债务人所欠职工的工资和医疗、伤残补助、抚恤费用，所欠的应当划入职工个人帐户的基本养老保险、基本医疗保险费用，以及法律、行政法规规定应当支付给职工的补偿金，职工不必申报，由管理人调查后制作职工债权清单并予以公示。

职工债权清单应当以表格形式逐一列明每位职工债权人的姓名、年龄、工作岗位、工作年限、企业欠费金额、性质及时期等具体情况。

职工债权清单的公示期由管理人根据案情需要、职工人数具体确定。

职工对清单记载有异议的，可以要求管理人更正。管理人在对异议进行审查后，应当及时作出准予更正、部分更正或不予更正的决定并书面通知异议职工。管理人对变更后的职工债权应当予以重新公示。管理人不予更正的，应告知职工可以向人民法院提起诉讼。

第八十三条　【对申报债权审查的程序】

管理人审查债权工作可以分成初审、复核、确认三个阶段：

（一）在债权初审阶段，管理人应仔细审查每一笔债权的发生及相关证据，对每一笔债权逐一制作《债权审查确认表》，记载债权人及申报债权基本信息、管理人的审查意见，特别是申报与审查的差异及理由等内容。

（二）在债权复核阶段，管理人应对每一笔债权逐一制作《债权确认单》，载明申报债权金额、管理人审查金额、意见和依据等内容，书面通知债权人。如债权人对《债权确认单》无异议，则要求其签盖确认；如债权人有异议，管理人应当予以沟通解释；债权人仍有异议的，管理人应告知其有权提出书面异议，可以向受理破产申请的人民法院提起诉讼。

（三）在债权确认阶段，管理人应当编制债权表，提交第一次债权人会议核查。

第八十四条　【编制债权表】

管理人根据债权申报和债权审查的结果，编制债权表。

对经审查后成立和不成立的债权，管理人都应编入债权表，但应当予以分别记载。管理人编制的债权表可以按已审查确定的有财产担保的债权、无财产担保的债权、附条件和附期限的债权、尚在诉讼和仲裁中的未决债权等分类记载，并在各类债权下分别记载各项债权的债权人名称、债权金额、债权原因及相关说明等。有财产担保的债权应当同时列明担保财产的名称。

第八十五条　【债权表的核查、异议和确认】

管理人编制债权表后，应及时制作提请债权人会议核查债权的报告，将债权申报登记册和债权表一并提交第一次债权人会议核查。

管理人应当将公示期满后的职工债权清单附在债权表后。

第一次债权人会议核查表决通过的债权表，管理人应及时提请人民法院裁定确认。但应事先送交债务人的原法定代表人或其他高级管理人员核对，听取债务人的意见。

债权人、债务人对债权表记载的债权均无异议的，管理人应提请人民法院裁定确认无异议债权。

债务人或债权人对债权表记载的债权有异议的，管理人应书面告知其可以向受理破产申请的人民法院提起诉讼。债务人或债权人对债权表记载的债权有异议，但在合理期间内没有向人民法院起诉的，管理人应当将异议情况、复核情况和未起诉情况报告人民法院并提请人民法院裁定确认。

第八十六条　【调整债权表】

管理人在第一次债权人会议以后发现债权表中记载的债权有差错并需要调整的，管理人应当对该债权进行调整，并编制相应的调整债权表。

管理人编制的补充债权表和调整债权表的核查、异议和确认，参照本指引第八十六条规定处理。

第八十七条　【补充申报债权】

债权人在人民法院公告的债权申报期限内没有申报债权，在破产财产最后分配前向管理人补充申报债权的，管理人应当接收该债权人的补充申报债权材料，并登记造册，并经审查后编制补充债权表。

该补充债权表的核查、异议和确认，参照本指引第八十六条规定处理。

债权人补充申报债权的，管理人应要求其承担因审查和确认补充申报债权的费用。

第八十八条　【债权申报材料和债权表的保存、查阅】

债权申报材料和债权表（含补充债权表和调整债权表）由管理人保存，供利害关系人查阅。

第十一节　召开债权人会议

第八十九条　【推荐债权人会议主席】

管理人可以根据债权数额、债权性质等因素向人民法院推荐债权人会议主席的人选，并就债权人会议主席人选的情况和推荐的理由等作出书面说明。

第九十条　【债权人会议通知】

债权人会议无论是否由管理人提议召开，均由管理人通知。

管理人应当将债权人会议召开的时间、地点、议题、会议资料等，提前十五天通知全体债权人。

会议通知可以采取函件、传真、电子信件、现场送达等安全有效的方式。管理人应当保留相关的会议通知记录。

第九十一条　【文件制定审核】

对审计报告、财务报告、评估报告、清算报告、财产管理和变价方案、财产分配方案等重要法律文件，管理人应与制定报告的单位在债权人会议召开前向人民法院书面报告审核。

第九十二条 【会前意见交流】

在债权人会议召开前，管理人应对需经会议讨论的事项与金额较大的债权人事前沟通，听取意见并将意见书面报告人民法院。

第九十三条 【提议召开债权人会议】

在出现以下情形时，管理人应当同时制作提请召开债权人会议的报告和提请债权人会议审议事项的报告给债权人会议主席，提议召开债权人会议，并审议该事项：

（一）需要债权人会议核查补充债权表和调整债权表；

（二）需要债权人会议与管理人协商管理人报酬方案；

（三）需要债权人会议通过债务人财产的管理方案；

（四）需要债权人会议决定继续或者停止债务人的营业；

（五）需要债权人会议通过重整计划；

（六）需要债权人会议通过和解协议；

（七）需要债权人会议通过破产财产的变价方案；

（八）需要债权人会议通过破产财产的分配方案；

（九）其他事项，包括但不限于涉及债务人的诉讼，涉及债务人资产核销，涉及审计报告、评估报告的修改、补充，涉及债务人资产变现，涉及宣告债务人破产，涉及管理人向人民法院报告的重大事项，以及法院认为有必要由债权人会议决定的事项等。

债权人会议主席拒绝召开会议或者不履行主持债权人会议职责的，管理人可向人民法院书面提议要求召开债权人会议和重新指定债权人会议主席。

债权人会议要求管理人对其职权范围内的事务作出说明或者提交有关文件的，管理人应当执行。

第九十四条 【方案执结报告】

对债权人会议表决通过的方案，管理人在执行完毕后，应当同时书面向人民法院和债权人会议报告执行情况。

第九十五条 【提请法院裁定方案】

对经债权人会议表决未通过的债务人财产的管理方案和破产财产的变价方案，管理人应及时制作书面报告提请人民法院裁定认可。

第九十六条 【债权人委员会】

债权人会议决定成立债权人委员会的，管理人实施破产法第六十九条规定的行为时，或是债权人会议委托债权人委员会审议表决的事项时，应及时书面报告债权人委员会。

管理人应每三个月定期召开债权人委员会会议，向其汇报工作进展，听取工作意见。债权人委员会要求管理人对其职权范围内的事务作出说明或者提交有关文件的，管理人应当执行。

第十二节 提请裁定宣告破产或终结破产程序

第九十七条 【提请裁定宣告破产或终结破产程序】

出现下列情形之一的，管理人应提请人民法院裁定宣告破产或终结破产程序：

（一）管理人经调查债务人财产并依据相关财务会计报告，初步确认债务人不能清偿到期债务，并且资产不足以清偿全部债务或者明显缺乏清偿能力的，以及可以申请重整或者和解的申请人已表示不愿意申请重整或者和解，或者在合理期间内没有提出重整或者和解申请的，管理人可以提请人民法院裁定宣告破产。

（二）人民法院受理破产申请后、宣告破产前，管理人认为债务人无财产可以分配或财产不足以清偿破产费用的，管理人应当提请人民法院终结破产程序。

（三）人民法院受理破产申请后、宣告破产前，第三人为债务人提供足额担保或者为债务人清偿全部到期债务的，或者债务人已清偿全部到期债务的，或者债务人与全体债权人就债权债务的处理自行达成协议的，管理人可以提请人民法院裁定终结破产程序。

第三章　人民法院裁定债务人重整后管理人业务操作流程

第一节　一般规定

第九十八条　【一般规定】

人民法院裁定债务人重整后，是指自人民法院裁定债务人重整后之日起，至人民法院裁定终止重整程序及重整计划执行完毕，管理人提交监督报告时止。

第九十九条　【管理人职责的范围】

人民法院直接裁定债务人重整的，管理人应依照本指引第二章人民法院受理破产申请后和本章的规定，履行管理人职责。

人民法院受理破产申请后、宣告债务人破产前裁定债务人重整的，管理人本应履行的人民法院受理破产申请后的管理人职责，在人民法院裁定债务人重整时没有履行完毕的，管理人应继续履行。

第二节　管理人管理债务人财产和营业事务

第一百条　【告知及负责管理债务人财产和营业事务】

人民法院裁定债务人重整后，管理人应及时书面告知债务人有权向人民法院申请自行管理财产和营业事务。

债务人没有提出申请或人民法院没有批准由债务人自行管理财产和营业事务的，管理人应负责管理债务人财产和营业事务。

第一百零一条　【聘用债务人的经营管理人员】

管理人认为有必要聘用债务人的经营管理人员负责营业事务的，应当制作提请人民法院许可聘用工作人员报告，请求人民法院许可。

第一百零二条　【借款设定担保】

管理人为继续债务人营业的，可以借款，并可用债务人财产为该借款设定担保。

第一百零三条　【特定财产担保权的维护】

债权人行使对债务人的特定财产担保权的，管理人应拒绝其行使。

管理人应负责维护担保物，如发现存在担保物有损坏或者价值明显减少的可能，足以危害担保权人权利的情形的，应及时书面报告人民法院。

第一百零四条 【取回债务人合法占有的他人财产】

债务人合法占有的他人财产，该财产的权利人要求取回的，管理人应当根据其是否符合事先约定的条件，及时向取回申请的财产权利人作出决定同意或不同意取回财产的通知书。

第一百零五条 【分配投资收益和转让债务人股份】

管理人发现债务人的出资人分配或变相分配投资收益的，应及时制止，并可以将该已分配收益追回，出资人拒不返还的，管理人应诉请人民法院追回。

债务人的董事、监事、高级管理人员向第三人转让其持有的债务人的股份的，应事先向管理人提出申请，管理人审查后认为该股权转让已经纳入重整计划草案中有关出资人权益调整的安排，并且该股权转让不影响重整程序的进行的，提请人民法院审查同意。债务人的董事、监事、高级管理人员向第三人转让其持有的债务人的股份，未事先向管理人申请的，管理人应及时制止，并书面提请人民法院予以撤销。

第三节 管理人监督债务人管理财产和营业事务

第一百零六条 【管理人移交财产和营业事务】

人民法院批准由债务人自行管理财产和营业事务的，已接管债务人财产和营业事务的管理人应当向债务人移交财产和营业事务；没有接管债务人财产和营业事务的管理人不再接管债务人的财产和营业事务。

第一百零七条 【管理人履行职责范围】

债务人自行管理财产和营业事务的，与管理财产和营业事务相关的管理人职责，由债务人履行。但以下职责，仍由管理人履行：

（一）调查债务人财产状况；

（二）追回可撤销行为涉及的财产、追回无效行为涉及的财产、追缴出资人欠缴的出资和追回债务人董事、监事和高级管理人员侵占的财产；

（三）接收及审查申报债权。

第一百零八条 【监督权】

债务人自行管理财产和营业事务的，管理人可以通过临时报告、阶段性报告、接受债权人投诉等方式对债务人的行为进行监督。

临时报告，是指债务人在决定可能严重影响债权人利益的事项（包括但不限于当债务人在第一次债权人会议召开前决定继续或者停止公司营业的或者有《企业破产法》第六十九条规定的行为之一）时，管理人应要求债务人在依法向人民法院或债权人会议、债权人委员会报告的同时，也向其提交报告。

阶段性报告，是指管理人应要求债务人定期将除临时报告事项外的职权行为，向管理人提交报告。

管理人在行使监督职权时发现债务人有损害债权人利益的行为，应当及时向债权人委员会报告。未设立债权人委员会的，应当向人民法院报告。

第四节　重整程序的终止

第一百零九条　【重整程序终止】

重整期间，管理人发现重整债务人发生破产法第七十八条规定的三种情形之一的，应及时制作提请人民法院终止重整程序的报告，请求人民法院裁定终止重整程序，并宣告债务人破产。该报告应当列明导致重整程序无法继续进行的具体情形，如重整债务人经营状况和财产状况继续发生恶化的，应当列明恶化的具体程度，并附相关的证据材料。

第五节　重整计划的制定、通过与批准

第一百一十条　【制定重整计划草案及申请延期】

重整期间，由管理人负责管理财产和营业事务的，管理人应当在法院裁定重整之日起六个月内制定重整计划草案，同时提交人民法院和债权人会议。

前款规定的期限届满，管理人认为有正当理由的，应及时制作申请延期提交重整计划草案的报告，请求人民法院裁定延期。该报告应向人民法院说明申请延期提交重整计划草案的正当理由及延长的期限。

第一百一十一条　【制作重整计划草案的事前交流】

管理人制作重整计划草案时，应当充分听取债权人、债务人和出资人各方面的意见和建议，必要时可以召集各方进行交流和讨论。

第一百一十二条　【制作重整计划草案的说明】

管理人制作重整计划草案时，应同时制作重整计划草案说明书，就一些重要问题，例如包括但不限于债务人的经营方案、债权分类、债权调整方案、债权受偿方案、重整计划的执行期限、重整计划执行的监督期限、有利于债务人重整的其他方案等作出说明。

管理人应当向债权人会议就其制作的重整计划草案作出说明，并回答询问。

第一百一十三条　【裁定批准重整计划】

管理人应当自重整计划通过之日起十日内，制作《提请人民法院裁定批准重整计划的报告》，请求人民法院裁定批准该重整计划。该报告应当附重整计划草案和表决结果。表决结果应当经债权人会议主席或债权人代表签字确认。

第一百一十四条　【重整计划草案的协商和再次表决】

部分表决组未通过重整计划草案的，管理人应同未通过重整计划草案的表决组协商，可以对重整计划草案中的相关内容进行调整，但此项调整不得损害其他表决组的利益。

协商后，管理人应及时要求未通过重整计划草案的表决组再表决一次。

第一百一十五条　【强制批准重整计划草案】

未通过重整计划草案的表决组拒绝再次表决或者再次表决仍未通过重整计划草案的，管理人应审查重整计划草案是否符合破产法第八十七条第二款规定的强制批准条件。符合人民法院强制批准条件的，管理人应及时制作《提请人民法院裁定批准重整计划草案的报告》，请求人民法院裁定批准该重整计划草案。该报告应说明该重整计划草案符合人民法院强制批准条件的理由，并附各表决组表决结果。

第一百一十六条 【报告重整计划草案未通过】

重整计划草案未获得通过的，管理人应及时书面报告人民法院。

第六节 重整计划的执行

第一百一十七条 【移交财产和营业事务】

重整期间，由管理人负责管理财产和营业事务的，在人民法院裁定批准重整计划后，管理人应及时向债务人移交财产和营业事务。

第一百一十八条 【监督重整计划的执行】

自人民法院裁定批准重整计划之日起，在重整计划规定的监督期内，管理人应监督重整计划的执行。管理人可要求债务人定期或不定期向其提交重整计划执行情况和债务人财产状况的书面报告。

在重整计划执行监督期限届满前，管理人认为需要延长监督期限的，应制作申请延长重整计划执行监督期限的报告，请求人民法院裁定延长。

第一百一十九条 【监督报告】

在重整计划执行监督期限届满时，管理人应当向人民法院提交重整计划执行情况的监督报告。该报告应列明债务人执行重整计划的情况，以及重整计划执行的效果。

监督期限届满前，管理人认为需要延长监督期限的，应制作《申请延长重整计划执行监督期限的报告》，申请人民法院裁定延长重整计划执行监督期限。

第一百二十条 【裁定终止重整计划的执行】

债务人不能执行或者不执行重整计划的，管理人应及时制作《提请人民法院裁定终止重整计划执行的报告》，请求人民法院裁定终止重整计划的执行，并宣告债务人破产。

第四章 人民法院裁定债务人和解后管理人业务操作流程

第一节 一般规定

第一百二十一条 【一般规定】

人民法院裁定债务人和解后，是指自人民法院裁定和解时起，至人民法院裁定终止和解程序时止。

第一百二十二条 【管理人职责的范围】

人民法院直接裁定债务人和解的，管理人应依照本指引第二章人民法院受理破产申请后和本章的规定，履行管理人职责。

人民法院受理破产申请后、宣告债务人破产前裁定债务人和解的，管理人本应履行的人民法院受理破产申请后的管理人职责，在人民法院裁定债务人和解时没有履行完毕的，管理人应继续履行。

第二节 和解协议的通过

第一百二十三条 【通知召开债权人会议】

人民法院裁定和解后，管理人应根据人民法院公告通知召开债权人会议讨论和解协议草案。

第一百二十四条 【和解协议草案未通过的报告】

和解协议草案经债权人会议表决未获得通过的，管理人应及时书面报告人民法院。

第一百二十五条 【执行职务工作报告】

债权人会议通过和解协议，人民法院裁定认可，终止和解程序的，已接管债务人财产和营业事务的管理人应及时向债务人移交财产和营业事务，并同时向人民法院提交执行职务的工作报告。

该工作报告应当列明管理人接受指定后，在工作准备、财产接管、债权债务清理、债权申报登记等方面的职务执行情况。重点报告和解协议通过情况及财产、营业事务移交情况。

第五章 人民法院宣告债务人破产后管理人业务操作流程

第一节 一般规定

第一百二十六条 【一般规定】

人民法院宣告债务人破产后，是指自人民法院破产宣告裁定书送达管理人时起，至人民法院裁定终结破产程序时止。

第一百二十七条 【管理人履行职责的范围】

管理人履行破产申请后管理人应当履行的职责，在人民法院裁定宣告破产时没有履行完毕的，在人民法院裁定债务人宣告破产后应继续履行。

第二节 破产财产变价方案

第一百二十八条 【破产财产变价方案】

人民法院裁定宣告破产后，管理人应当及时地拟订《破产财产变价方案》。

《破产财产变价方案》应重点反映各类破产财产的价值、可变价状况，以及相应的变价原则和变价措施。破产人为国有企业的，变价措施应当符合国家国有资产管理的相关规定。《破产财产变价方案》应全面反映破产人财产的变价情况，设定担保权的破产人特定财产的变价处置情况应同时在变价方案中附带列明。

第一百二十九条 【破产财产变价方案的审议】

管理人拟订《破产财产变价方案》的同时，应制作《提请债权人会议审议破产财产变价方案的报告》，提请债权人会议审议表决。

对经债权人会议表决未通过的《破产财产变价方案》，管理人应及时制作书面报告提请人民法院裁定。

第一百三十条 【变价出售破产财产】

管理人应当按照债权人会议通过的或者人民法院依法裁定的破产财产变价方案，适时变价出售破产财产。

对货币和有价证券类之外的财产的变价出售，管理人应根据债权人会议决议的方式进行；债权人会议没有决议的，管理人应优先采取拍卖方式进行，或以有利于最大变现可能的方式进行。

对于不适宜拍卖的破产财产，管理人拟定破产财产变价方案时可以提出招标转让、协议转让、委托出售或者在破产分配时直接进行实物分配等变价方式。

第三节　破产财产分配方案

第一百三十一条　【破产财产分配方案】

管理人应当根据破产财产变价的实际情况，及时地拟定《破产财产分配方案》。

管理人拟定的《破产财产分配方案》除应包含破产法第一百一十五条规定的五项内容外，还应包含最终确定的管理人报酬及收取情况。

《破产财产分配方案》应列明不同破产财产的变价情况，以及不同清偿顺位债权人的分配额。对无法变价和不宜变价的非货币财产，管理人在《破产财产分配方案》中应予以说明，并提请债权人会议决议同意进行实物分配。

《破产财产分配方案》应全面反映破产人财产的分配情况，设定担保权的破产人特定财产的清偿处置情况应同时在分配方案中附带列明。

第一百三十二条　【破产财产分配方案的审议】

管理人拟订《破产财产分配方案》的同时，应制作《提请债权人会议审议破产财产分配方案的报告》，提请债权人会议审议表决。

第一百三十三条　【人民法院裁定认可】

债权人会议通过《破产财产分配方案》的，管理人应当制作《提请人民法院裁定认可破产财产分配方案的报告》，请求人民法院裁定认可。

对经债权人会议表决未通过的《破产财产分配方案》，管理人应及时就该方案再次提请召开债权人会议表决。经债权人会议二次表决仍未通过的，管理人应及时制作书面报告提请人民法院裁定认可。

第一百三十四条　【执行破产财产分配方案】

管理人应执行债权人会议通过且人民法院裁定认可的破产财产分配方案。

管理人按照破产财产分配方案实施多次分配的，应公告每次分配的财产额和债权额。公告中应列明实施分配的方法。实施分配款项集中发放的，应当列明分配地点、时间、款项领取手续等；实施分配款项转账发放的，应当列明转账时间、款项受领条件等。公告还应列明不同清偿顺序债权的分配总额。

分配额暂予以提存的，公告中应当载明提存情况。管理人实施最后分配的，应在公告中载明所提存分配额的最后分配情况。

附生效条件或者解除条件的债权，管理人应当将其分配额提存。在最后分配公告日，债权生效条件未成就或者解除条件成就的，管理人应当将提存的分配额分配给其他债权人；在最后分配公告日，债权生效条件成就或者解除条件未成就的，管理人应当将提存的分配额交付给债权人。

第一百三十五条　【提存分配额的分配】

管理人对已提存的自最后分配公告之日起满二个月债权人仍不领取的破产财产分配额，应书面报告人民法院，并制作《破产财产补充分配方案》，将提存的分配额分配给其他债权人。

第四节 破产程序的终结

第一百三十六条 【无其他财产可供分配】

管理人发现破产人以特定财产清偿担保债权，破产财产清偿破产费用和共益债务之后，无其他财产可供分配时，应及时制作《提请人民法院裁定终结破产程序的报告》，请求人民法院裁定。

该报告应列明破产费用和共益债务清偿情况及破产人财产状况，证明破产人确无可供分配的财产。

第一百三十七条 【破产财产分配执行情况的报告】

管理人在破产财产最后分配完结后，应及时制作《破产财产分配执行情况的报告》和《提请人民法院裁定终结破产程序的报告》，请求人民法院裁定。

《破产财产分配执行情况的报告》应当根据破产财产清偿对象的不同，分别列明分配总额及支付情况。设定担保权的特定财产分配情况应当单独列明。破产法第一百一十三条规定的三类债权应当分别列明。债权分配总额为零的，应当予以注明。分配额提存的情况，亦应当列明。

第一百三十八条 【注销登记】

因债务人财产不足以清偿破产费用和共益债务，或者因破产人无财产可供分配，或者因破产财产分配完结，人民法院裁定终结破产程序的，管理人应当在人民法院裁定终结破产程序的十日内，持人民法院终结破产程序的裁定，向债务人或者破产人的原登记机关办理注销登记。管理人不能及时办理注销登记的，应当向人民法院书面报告，说明原因。

第一百三十九条 【终止执行职务报告】

管理人在办理注销登记完毕后，应制作《管理人终止执行职务的报告》给人民法院，自人民法院送达管理人终止执行职务决定书后，管理人终止执行职务。但存在诉讼或者仲裁未决情况的，管理人应在将提存情况书面告知人民法院，并将提存的分配额交付给人民法院后，再制作终止执行职务的报告给人民法院，自人民法院送达《管理人终止执行职务决定书》后，管理人终止执行职务。

《管理人终止执行职务的报告》应主要列明破产程序终结情况以及破产程序终结后管理人执行职务的情况，并说明无存在诉讼或者仲裁未决的情况。

第一百四十条 【终止执行职务后的账户、公章销毁】

自人民法院送达《管理人终止执行职务决定书》后，管理人应当依据相关规定及时办理管理人印鉴章的销毁手续和管理人银行帐户的销户手续。

第六章 附 则

第一百四十一条 【效力】

本指引为律师担任管理人业务的指导性意见，旨在向律师提供办理管理人业务方面的借鉴和经验，而非强制性或规范性规定。本指引与相关法律、行政法规及司法解释有抵触的，以相关法律、行政法规及司法解释的规定为准。

第一百四十二条 【解释】

本指引由江苏省律师协会民事专业业务委员会和公司法专业委员会共同负责解释。

第一百四十三条 【实施】

本指引经审议通过，自发布之日起实施。

江苏省高级人民法院审判委员会关于妥善审理破产案件、维护经济社会稳定若干问题的讨论纪要

（2009年1月7日江苏省高级人民法院审判委员会第1次会议讨论通过）

江苏省高级人民法院审判委员会第1次会议对当前审理企业破产案件适用《中华人民共和国企业破产法》（以下简称破产法）以及相关司法解释中的若干问题进行了讨论，现将讨论意见纪要如下：

一、充分认识妥善审理企业破产案件的重要意义

企业破产案件涉及债权人、债务人及其投资者、企业职工等多方当事人利益，参与主体众多，利益关系复杂，是经济和社会矛盾的突出体现和集中载体。当前，因宏观经济形势变化引发的企业破产案件出现了涉及金融债权数额和企业职工人数大幅度增加、民营企业破产的比例明显增多等新情况，企业破产案件与经济发展、金融安全和社会稳定的关联程度进一步提高。依法审理好企业破产案件，是维护劳动者权益、保障民生、均衡保护各方债权人利益、实现公平清偿、彻底了结大量债权债务关系、拯救出现经营困难但有再生希望的企业、恢复正常的市场交易秩序、重新有效配置资源的重要途径。全省各级人民法院要充分认识依法妥善审理企业破产案件的紧迫性和极端重要性，切实增强政治意识和责任意识，把依法妥善审理好企业破产案件作为当前人民法院服务于保增长、保民生、保稳定大局的重要举措，为促进经济发展、保障金融安全、维护社会稳定提供更加有力的司法保障。

二、当前审理企业破产案件应当把握的原则

（一）**依法维护市场主体退出秩序原则。**依照法定程序清算债务人财产、实现债权公平清偿是破产法的基本立法目的，也是保障债权人利益、维护社会稳定的内在要求。一是要依法受理符合条件的破产申请。充分发挥破产案件审理工作引导、规范市场主体依法有序退出市场的职能作用，防止因受理不及时导致矛盾激化，影响社会稳定。二是要防止少数企业进行破产欺诈，借破产逃废债务。在案件审理过程中，要严格审查破产前债务人资产处置行为的合法性，制止少数债务人采取向关联企业通过不正当关联交易转移有效资产、提前清偿、单独清偿、以企业主要资产设定担保等手段恶意处置资产、将经营损失转嫁给债权人等违法行为。三是要严格执行破产法和相关司法解释的规定，加强对破产案件审理过程的有效监督和指导，确保案件审理工作规范、有序运行。

（二）**优先推动企业重整与和解原则。**拯救出现经营困难但有再生希望的企业，稳定社会经济秩序，是破产法的重要立法目的。努力推动企业重整与和解成功，避免企业破产带来的社会震荡，是人民法院审理破产案件的重要目标，更是当前江苏省促进增长、保障民生、维护稳定大局的必然要求。全省各级人民法院要深刻认识推动重整与和解程序的重要意义，积极受理符合法定条件的重整与和解申请，对相关当事人

分别提出破产清算、重整、和解申请的，优先推进重整程序。在重整与和解程序进行中紧紧依靠党委政府，动员各方力量，耐心做好企业职工和债权人工作，指导债务人和管理人提出切实可行的重整方案，督促管理人严格监督重整计划的执行，通过重整程序，帮助那些资金周转遇到暂时困难但管理规范、有经营前景的企业渡过暂时性难关，恢复活力；通过和解程序，促进债权人和债务人达成谅解，和缓解决各方矛盾；通过重整与和解程序，实现保护债权、保证就业、保全产能、保持增长、促进利害关系各方共生共赢的社会整体利益。

（三）优先保护职工债权原则。依法优先保护劳动者权益，是破产法律制度的重要价值取向，也是当前形势下人民法院保障民生、维护稳定的重要手段。在案件审理中，对于债权人就建筑工程款依法行使优先权的，要予以保护，维护建筑企业职工的切身利益；要依照破产法规定，优先清偿职工债权；在重整程序中，重整计划不得规定减免债务人欠缴的法定职工债权，对裁员幅度过大的重整计划人民法院不予批准。

（四）充分尊重债权人意思自治与维护社会公共利益相结合原则。债权人是破产程序的主要参与者和主要利害关系人，债权人的决策职能和监督职能，是破产程序的运作基础。充分尊重债权人对破产程序的参与权，不仅是对法律规定的有效落实，更是化解债权人对立情绪、促进债权人与债务人合作的有效途径。要督促管理人向债权人充分公开信息，引导债权人对管理人正确行使监督权。债务人是否继续营业、重整计划草案与和解协议草案的通过、债务人财产的管理方案、破产财产的变价与分配方案的通过，都要严格依照破产法规定交由债权人会议表决。同时，为实现社会公共利益和债权人整体利益，应当在必要情况下依法对债权人意思自治进行司法干预，特别是在企业重整案件中，要以保障充分就业、保全企业产能等社会公共利益为重要目标，综合平衡各种类型债权人、企业职工等各方主体利益，根据破产法规定对公平、合法、合理、可执行的重整方案进行强制批准。

（五）实现破产财产最大化原则。破产财产是债权人实现利益的基本保障，是影响债权清偿率的决定性因素。破产清偿率的高低，是债权人和企业职工评价人民法院审判工作成效的重要标准，降低破产成本，提高清偿率，能有效缓解债权人和企业职工的不满情绪，强化债权人和企业职工对司法公正与效率的信心，减少破产进程中的阻力。一是要督促管理人及时接管企业，清理财产，追索应收款，追回未到位投资，追究关联企业、企业高管人员等对企业破产依法应当承担的民事责任，正确行使撤销权，以价值最大化为目标变现破产财产。二是督促管理人正确管理和处分债务人的财产，根据债务人的实际情况，以实现债务人财产的保值增值为目的，在第一次债权人会议之前决定债务人是否继续营业以及继续营业的方式。三是要降低破产程序的经济成本和时间成本。严格执行《最高人民法院关于审理企业破产案件确定管理人报酬的规定》，依法确定管理人的合理报酬，管理费用和报酬应当交债权人会议审查；破产审理方案各个环节应当紧密衔接，不得久拖不决；要充分发挥债权人委员会功能，提高债权人决策效率；正确处理好破产程序和相关民事诉讼程序的关系，灵活运用破产法规定的临时表决权、多次分配等制度，迅速推进破产程序。

（六）着力维护社会稳定原则。企业破产，事关经济发展、民生保障、社会稳定，与党委政府的中心工作紧密相联。破产案件的审理，不仅是法律问题，更是涉及大量社会管理问题的系统工程，牵涉面广，政策性强。人民法院必须在党委领导和政府支持下，依法履行司法职责，发挥好维护稳定的职能作用。对于企业职工众多、职工债权压力较大的破产企业，要强化共同维护稳定意识，及时向党委汇报和与政府协调，充分发挥各方力量在案件受理之前先行化解可能因职工债权引发的社会矛盾，防止出现大规模群体事件，避免对社会稳定造成不利影响。对于存在重整或和解可能的破产企业，要及时与政府部门沟通，加强协作，创造推动重整或和解的有利政策环境。对重要案件、案件中的重要情况、影响社会稳定的各种风险隐患、案件审理进展、需要协调解决的问题，要及时向党委汇报，取得支持。

三、审理企业重整案件应当把握的基本问题

（一）重整程序的适用范围

重整程序主要适用于因暂时性经营困难濒临破产但有可能通过重整恢复正常经营活动的企业。对于长期持续不能清偿到期债务、挽救无望的企业，应及时进入清算程序。

（二）重整原因

债务人虽然尚未出现不能清偿到期债务，并且资产不足以清偿全部债务或者明显缺乏清偿能力的情形，但有明显丧失清偿能力可能的，有关当事人也可以依法申请债务人重整。

（三）重整程序的启动

重整程序的启动应当依照破产法规定由债权人、债务人或者持股比例占债务人注册资本额十分之一以上的股东提起。出资额占债务人注册资本十分之一以上的出资人提出申请的，可以包括多人股份的合并计算。无担保与有担保债权人均可申请债务人重整。申请重整的债权人的债权数额，一般应当把握在债务人注册资本的十分之一以上。债务人提出申请的，需要向法院提交股东会（股东大会）决议或者出资人意见。债务人为国有企业的，需要依照《企业国有资产监督管理条例》等规定向法院提交相关批准文件。

（四）重整申请的审查程序

对重整申请的审查应当按照破产法第十条、第十一条规定的期限和程序进行。法院裁定不予受理的，申请人可以根据破产法第十二条的规定提起上诉。

（五）重整申请的审查途径

人民法院应当根据破产法第八条规定审查判断债务人是否具备破产法第二条规定的重整原因，并可通过以下途径，审查债务人是否具备继续经营的价值，作为是否开始重整程序的参考：

1. 向债务人所在地政府、税务机关、行业主管机关送重整申请书副本并征询意见。

2. 在必要的情况下，可以指定会计师、律师事务所、资产评估机构等中介机构作

为检查人，对债务人是否具备破产法第二条规定的重整原因、是否具备继续经营价值提出专业意见。

3. 在必要的情况下，可以召集申请人、债务人、相关政府机关、人民法院指定的中介机构举行听证会。

（六）重整程序与相关民事诉讼、执行程序

债权人和债务人直接向法院申请重整的，根据破产法第十九条、第二十条、第二十一条规定，自人民法院裁定重整之日起，有关债务人的民事诉讼只能向受理重整申请的人民法院提起；有关债务人财产的保全措施应当解除，执行程序应当中止；已经开始而尚未终结的有关债务人的民事诉讼或者仲裁应当中止，直至管理人接管债务人财产或者经人民法院批准债务人自行管理财产和营业事务时为止。

（七）重整期间债务人财产和营业事务的管理

重整期间，经债务人申请和人民法院批准，债务人可以自行管理财产和营业事务，管理人应当监督债务人的董事、监事以及其他高级管理人员履行企业章程规定的义务，必要时管理人可以就债务人的董事、监事以及其他高级管理人员行使职权的范围、程序进行限制。债务人的董事、监事以及其他高级管理人员辞去职务的，应当按照破产法第十五条规定承担相应义务。

必要时管理人可以直接管理财产和营业事务，聘任债务人的经营管理人员负责营业事务。

（八）重整计划草案的提交

人民法院应当督促债务人在提出重整申请的同时提交重整计划草案，或者督促管理人或者债务人在第一次债权人会议上提出重整计划草案，以提高重整计划草案的可接受度，提高重整效率，降低重整成本。

（九）重整计划草案编制的原则

重整计划草案应当符合公平合理原则、可执行原则、条件平等原则、限期完成原则。为促成重整计划草案获得表决组通过，平衡各方利益。一般情形下，重整计划草案的磋商与拟定应当遵循以下规则：股权应当较债权先行让步，普通股权应当较优先股权先行让步，无担保债权较有担保债权先行让步，同一性质权利应当一律平等。

（十）重整计划草案的内容

重整计划应当具备破产法第八十一条规定的基本内容，并应当根据债务人的不同情况就重整措施和原有债权债务关系的处理提出针对性方案。

重整措施应当主要包括：（1）重整所需资金来源和筹集方案；（2）重整计划执行期间继续经营的方案。

债权债务关系的处理一般包括：（1）债权分类；（2）债权调整方案；（3）债权受偿方案；（4）债权受偿期限；（5）债权与股权的变动方案；（6）重整计划履行的担保方案；（7）重整计划执行的监督方案与期限。

人民法院应当根据债务人的实际情况，建议重整计划草案写入以下内容：（1）重整计划执行期间管理人监督费用与报酬的标准、支付方案；（2）列入共益债务的事项；（3）债务人股东会、董事会各项职权的限制；（4）重整期间企业内部治理结构的调整；（5）关联交易的限制；（6）债务人管理人员的薪金；（7）管理人对债务人营业行为监督的具体途径与程序；（8）重整计划无法执行时的清算计划；（9）有利于重整的其他方案。

重整计划草案应当体现企业承担社会责任的原则。重整计划草案中包含裁员方案的，裁员方案在符合劳动合同法规定的同时，必须是企业重整成功必不可少的条件。裁员幅度过大的，人民法院不予批准。

人民法院应当建议重整计划提交者提交重整计划说明书，着重说明企业的经营发展情况、申请重整的背景与具体原因、重整可行性的商业论证与数据支持等内容。

（十一）重整计划表决前的释明

在对重整计划草案表决前，人民法院应当向各方当事人充分说明重整计划执行的风险。

（十二）出资人表决组的表决规则

重整计划草案涉及出资人权益调整事项需要设出资人组的，出资人组的表决按照破产法第八十四条第二款的规定执行。

（十三）对重整计划的审查批准

人民法院应当根据破产法第八十六条、第八十七条规定审查批准重整计划。

人民法院对重整计划的批准审查应当围绕社会公共利益原则综合平衡各方当事人利益。表决组表决结果出现反对意见的，在至少有一个权益受影响的表决组已经接受重整计划草案、每一个反对重整计划草案的债权人或者股东在重整程序中至少可以获得在清算程序中本可获得的清偿等情况下，人民法院应当以社会公共利益和重整计划可行性为标准行使自由裁量权，避免因部分利害关系人的反对导致重整程序不能进行。

人民法院作出是否批准重整计划的裁定，应当经审判委员会讨论决定。

（十四）重整计划的监督执行

重整计划由债务人负责执行，由管理人负责监督。管理人应当向人民法院定期提交阶段性监督报告。对债务人在重整期间发生的可能影响重整计划执行的事项，管理人应当及时向人民法院报告。监督期届满时，管理人应当向人民法院提交监督报告。债务人不能执行或者不执行重整计划的，人民法院经管理人或者利害关系人请求，裁定终止重整计划的执行，并宣告债务人破产。利害关系人包括债权数额达到债务人注册资本十分之一以上的债权人、持股比例占债务人注册资本额十分之一以上的股东。

四、审理企业破产案件应当注意的其他问题

（一）破产案件的受理

1. 当事人依法申请债务人破产清算、重整、和解的，由审理破产案件的审判庭按照破产法第二条的规定进行审查。决定受理的，统一立"破"字案号。

2. 债权人对人员下落不明或者财产状况不清的债务人申请破产清算，符合破产法规定的，应当按照《最高人民法院关于债权人对人员下落不明或者财产状况不清的债务人申请破产清算案件如何处理的批复》的规定予以受理；对于企业财产明显不足以支付职工债权、且职工债权数额较大、职工人数较多的，在职工债权处理方案确定之前可以暂缓受理，并建议政府有关部门妥善处理职工问题。

3. 债权人申请其关联企业破产的，要严格审查债权的真实性、合法性，防止企业借破产逃债。债务人转移主要有效资产至关联企业后申请破产，债权人申请追加符合破产条件的关联企业一并破产的，应予准许。

4. 企业申请或被申请破产的，人民法院应向各有关当事人释明破产法关于企业重整程序的规定，积极促成企业重整程序启动。

（二）债权申报、相关诉讼与执行

1. 管理人在接受债权申报时，应根据破产法第四十八条规定，将申报的债权编入债权表。管理人不得以其认为债权实质上不成立、超过诉讼时效等为由拒绝编入债权表。管理人应当对编入债权表的债权的真实性、合法性形成书面审查意见附债权表后，供债权人会议核查与债务人查阅。

债权表经债权人会议核查后，债权人或者债务人有异议的，人民法院应裁定该异议是否成立。裁定异议不成立的，该债权暂列入债权表，异议人可以以该债权人为被告提起债权确认诉讼。裁定异议成立的，该债权暂不列入债权表，该债权人可以以异议人为被告提起债权确认诉讼。

2. 人民法院受理破产申请后，有关债务人的民事诉讼，只能向受理破产申请的人民法院提起。中级人民法院受理破产申请后又受理较多有关债务人民事诉讼的，对劳动争议、小额债权异议确认诉讼、小额对外债权追索诉讼等案件，可以根据《中华人民共和国民事诉讼法》的规定指定有级别管辖权的基层人民法院审理。管理人在追收债权过程中申请支付令的，受理破产案件的中级人民法院可以指定辖区内有管辖权的基层人民法院按督促程序审理。

3. 有关债务人的民事诉讼案件、行政诉讼案件，应当按照人民法院内部业务分工由各审判庭分别审理。需要强制执行的，由破产企业管理人向执行局申请强制执行，审理破产案件的审判庭负责破产程序性裁定等破产法规定的审判工作。

4. 破产案件受理前正在进行的与破产企业相关的诉讼案件，在受理破产案件的人民法院指定管理人后，由受理相关诉讼案件的人民法院继续审理。受理相关诉讼案件的人民法院应当严格审限管理，提高审判效率。审理破产案件的审判庭要建立台账，与受理相关诉讼案件的人民法院保持经常联系，把握案件进程，遇相关人民法院久拖不决影响破产案件审理的，向上级人民法院报告情况请求协调，必要时可请求上级人民法院指令集中管辖。

（三）破产财产

1. 管理人依据破产法第三十二条规定向获得个别清偿的债权人提起撤销权诉讼的，人民法院应当根据受理破产申请前债务人的财务状况、经营状况、支付能力、资金流量等因素综合判断企业是否在破产案件受理前六个月内已经出现破产法第二条第一款规定的情形。

2. 对企业控股股东、实际控制人、董事、监事、高级管理人员违反忠实义务、勤勉义务致使企业破产的行为，以及怠于履行清算义务或者其他损害企业利益的行为，管理人应当根据公司法和相关司法解释的规定，提起相关诉讼追究股东和企业高管人员的民事责任，发现存在经济犯罪嫌疑或者线索的，管理人应当及时向人民法院报告。

3. 管理人应当根据破产财产的实际状况，以实现破产财产价值最大化为目标制定变价方案。债权人会议作出不经过委托评估拍卖方式进行破产财产变价决议的，管理人应当执行债权人会议决议。

（四）清偿顺序

1. 人民法院受理破产案件后发生的诉讼费用、管理、变价、分配债务人财产的费用、管理人执行职务的费用、报酬和聘用工作人员的费用，属于破产费用，由债务人财产随时清偿。为管理、变价被设定担保物权的财产的相关费用，从被设定担保物权的财产变价所得中随时清偿。

2. 应当向社保机构统筹支付的社会保险费用，根据破产法第一百一十三条第一款第（一）、（二）项规定，列入第二清偿顺序。

3. 破产法第一百三十二条的规定不能适用于 2006 年 8 月 27 日之后发生的职工债权。2006 年 8 月 27 日前后破产企业均有职工债权发生，破产企业仍有未设定担保物权财产的，该财产先清偿发生在后的职工债权，再清偿发生在前的职工债权，清偿不足部分，发生时间在前的职工债权可以从设定担保物权的财产中优先受偿。该财产被设定多个担保物权的，在各担保物权人之间按照债权比例分担对职工债权的清偿损失。

4. 债权人提出行使建筑工程款优先权的，要依照《中华人民共和国合同法》和《最高人民法院关于建设工程价款优先受偿权问题的批复》规定的行使期间和条件进行审查。

5. 企业进入破产程序前政府为维护社会稳定垫支企业职工工资的，列入职工债权。

6. 对企业要求与其存在劳动法律关系的员工统一集资形成的债权，可视为职工债权清偿。企业以高息为条件与特定员工之间自愿发生的借款，列入普通债权。

7. 行政、司法机关对债务人的罚款、罚金不列入破产债权。

（五）管理人的指定与监督

1. 破产案件受理后，审判庭根据案件特点，确定符合案件需要的管理人的类型和指定管理人的方式，司法技术辅助工作部门根据审判庭的要求，按照《最高人民法院关于审理企业破产案件指定管理人的规定》及时确定管理人。

2. 对职工债权压力较大、职工情绪激烈的案件和债权人数量众多、矛盾可能激化的案件，要与政府部门协调沟通，从政府有关部门中指定清算组成员，以清算组作为管理人。同时，指定编入管理人名册的社会中介机构参加清算组。

3. 管理人接管企业、接收财务资料和法律文件遇到债务人或他人阻挠的，可以申请人民法院强制执行受理破产案件的裁定，由执行局根据《中华人民共和国民事诉讼法》规定采取民事强制和制裁措施。

4. 管理人管理、变价、分配债务人财产的费用、执行职务的费用、聘用工作人员的费用，应当向人民法院和债权人会议报告预算和支出情况，人民法院和债权人会议监督管理人上述费用的使用。管理人实施破产法第六十九条规定行为的，或者转让债务人价值较大财产的，应当及时报告人民法院。

五、强化破产案件审理工作机制

（一）建立破产案件指导协调小组。省法院破产案件指导协调小组由院领导和民一庭、民二庭、民三庭、刑二庭、行政庭、立案一庭、立案二庭、执行局、鉴定处有关负责同志组成，负责破产案件的调查研究、对下指导、与政府部门的协调以及法院内部协调工作。指导协调小组办公室设在民二庭。各中级人民法院和受理破产案件较多的基层人民法院也应设立相应机构并报上级人民法院。要严格审判纪律，上级人民法院对下级人民法院审理的破产案件提出的监督指导意见，下级人民法院应当严格执行。

（二）建立破产案件信息专报制度。各中级人民法院对辖区内的破产案件形成基本情况报告和一案一表，汇总后上报省法院破产案件指导协调小组。随时逐级向省法院破产案件指导协调小组报告案件的审理进展、遇到的困难和问题。指导协调小组办公室负责编辑《破产案件信息专报》，随时向全省通报情况和信息，下发指导意见。

（三）充实和加强破产案件审判力量。各中级人民法院和受理破产案件较多的基层人民法院要抽调审判业务骨干，为破产案件审判配足配强审判人员，确保案件审理时效。高度重视破产案件审理过程中各审判业务部门和相关综合部门的协作配合，确保法院内部工作机制运转顺畅。

（四）建立破产案件社会稳定风险评估机制。各中级法院和基层法院要加强对案件的风险排查，着重梳理破产案件中存在的矛盾和隐患，探索建立维稳风险评估机制，对可能遇到的各种风险因素、风险程度以及防范和化解风险的应对措施等问题进行分析、制定预案，预防和减少涉稳重大问题的发生。

（五）加强案件审理过程中的对外协调工作。破产案件的审理牵涉大量对外协调工作，必须予以高度重视。一是要协调好与社会保险机构之间的关系。企业应当缴纳的统筹部分的基本养老保险、基本医疗保险等第二顺序债权不能全部清偿、当地社会保障部门不予办理社会保险账户转移登记等相关手续的，要向社保机构说明情况，与当地政府做好沟通工作。二是要协调好与税务机关之间的关系。企业进入破产程序后债权人会议决定继续经营或者进入重整、和解程序，税务机关提出破产企业需缴纳全部欠税方可提供发票等要求的，应通知其及时申报税务债权，协调有关税务机关做好正常纳税服务和征收工作。三是要协调好与国土部门之间的关系。国土管理部门决定收回破产企业划拨土地使用权的，应当协调其及时支付法定补偿费用，纳入债务人财产。四是要协调好与供水供电等公用事业部门之间的关系。企业进入破产程序后发生的水电费用，属于破产费用。相关部门以清偿全部欠款作为恢复供水供电条件的，向其解释破产法规定，责令恢复供应，破产案件受理前债务人结欠的电费、水费，应当通知相关部门申报债权。各地协调过程中出现困难和障碍的，要及时报上级法院。

（六）加强对破产案件审理过程的廉政监督。各级法院纪检监察部门要针对破产管理人的指定程序、破产案件中的审计和评估程序以及破产财产的变现等重点环节，对破产案件审理过程进行有效监督。对发现的违法违纪问题要依法严肃查处，并及时上报省法院纪检监察部门。

（七）加强破产案件审理中新情况和新问题的调研。各地法院在案件审理过程中，要注意针对破产案件的受理、债权人权利保护、职工利益保护、管理人行为的规范、企业重整与和解、破产法与物权法及执行程序的冲突与协调等问题及时开展有针对性的专项调研，并将情况和问题及时报省法院指导协调小组，省法院及时提出指导意见。

浙江省高级人民法院关于印发《关于企业破产案件简易审若干问题的纪要》的通知

（2013年6月28日浙江省高级人民法院审判委员会第2463次会议通过）

本省各级人民法院：

为提高企业破产案件的审判效率，推进市场化导向企业破产审判工作，我院制定了《关于企业破产案件简易审若干问题的纪要》，现印发给你们。请结合工作实际，认真贯彻执行。实践中如遇有问题，请及时报告我院民二庭。

浙江省高级人民法院

2013年7月5日

浙江省高级人民法院关于企业破产案件简易审若干问题的纪要

为提高企业破产案件的审判效率，推进市场化导向企业破产审判工作，在总结审判经验基础上，就企业破产案件简易审的相关问题纪要如下：

一、审理企业破产案件，要强化效率意识，在企业破产法的制度框架内，简化程序，缩短法定时限内时间，创新财产申报、核查、评估、拍卖方式，减轻企业破产案件债权人和其他利害关系人的经济负担，降低司法成本。

企业破产案件重整、和解和清算程序都可以实行简易审。

重大、疑难、复杂的企业破产案件，根据需要和可能，对具体的程序事项，也可以实行简易审。

实行《企业破产案件简易审工作方案》制度，债权申报期限、第一次债权人会议召开时间、债权人会议的形式和表决方式、相关程序事项的合并、送达方式和公告送达的适用范围、衍生诉讼及相关诉讼的工作安排等内容，均应体现简易审的要求，并记载于《企业破产案件简易审工作方案》。

积极推进企业破产案件简易审和银行不良资产核销工作的对接。

二、要结合企业破产案件的特点，在审判管理制度中探索建立企业破产案件审判质效的科学考评标准，完善企业破产案件流程的动态监控机制。

省高院民二庭商审判管理处等部门对全省各级法院企业破产案件简易审工作进行监督检查，及时总结经验。

三、法院在企业破产申请受理审查和审理的各个阶段，向债权人、债务人等利害关系人和管理人释明实行企业破产案件简易审的意义和具体案件相关事项实行简易审的程序安排。

债权人会议（含债权人委员会，下同）确认或认可的缩短期限、简化或合并手续及处分权利的事项，不违反法律禁止性规定的，法院应予认可。

法院指导、监督管理人在企业破产案件中勤勉履职，积极协助简易审工作，认真听取和采纳管理人在具体案件中对实行简易审相关问题的合理建议。

管理人支持、协助法院对企业破产案件实行简易审的工作业绩，应作为确定管理人报酬的重要依据，并录入《管理人履职资料库》中。

四、人民法庭可以审理企业破产案件，也可以与商事审判庭共同组成合议庭审理企业破产案件。

企业破产申请受理前，相关债务纠纷案件已进入执行程序并需要转化为破产程序的，执行部门要做好执行程序转破产程序的相关准备和协助工作，具体工作规程由本院另行制定。

五、设立企业破产案件内控审限，并录入审判流程管理系统。

中级法院受理的企业破产案件和基层法院受理的、采用竞争方式产生管理人的企业破产案件，以裁定受理后一年内审结为内控审限。

基层法院受理的其他企业破产案件，以裁定受理后六个月内审结为内控审限，其中采用简易清算组管理人形式的企业破产案件，以裁定受理后四个月内审结为内控审限。

未在内控审限内结案的企业破产案件，应在内控审限届满后五日内向本院备案。

六、下列情形，应及时向本院备案：

（1）企业破产重整案件，债务人或管理人未在法院裁定重整之日起六个月内提交重整计划草案的；或在第一次债权人会议上，代表的债权额占已登记债权总额二分之一以上的出席会议的债权人对适用企业破产重整程序持有异议，法院经审查决定继续企业破产重整程序的；

（2）企业破产和解案件，债务人未在法院裁定和解之日起三个月内提交和解协议草案的；

（3）企业破产清算案件，存在影响破产财产变价和分配的重大障碍情形的；

（4）法院根据企业破产法第八十七条规定强制批准重整计划草案的。

相关法院向本院报请备案时，应附书面报告。

本院根据报备情况，依法督促相关法院加快审理进程，指导、督查和协调案件审理中的具体问题。

七、对债权人或债务人提出的企业破产申请，立案庭应及时将申请材料移交商事审判庭审查，依法及时受理企业破产案件。

下列情形，法院经过合理评估后，可以参照本院《关于试行诉前登记制度的通知》的要求，进行企业破产申请的预登记：

（1）根据本院相关意见适用集中管辖措施化解和处置企业债务危机的；

（2）债务人是否构成破产原因存在不确定性，需要进行进一步论证的；

（3）商业银行启动信贷风险会商帮扶机制的；

（4）已经提出破产重整申请，但已知重要债权人等利害关系人对债务人进行重整存在较大意见分歧的；

（5）经法院释明，申请人同意法院进行企业破产申请预登记的；

（6）其他需要进行企业破产申请预登记的情形。

八、企业破产申请的预登记，由立案庭接收材料后交商事审判庭在五个工作日内完成，编立"（××××）×破（预登）字第×号"案号。

企业破产申请预登记期间，由占已知债权（含担保债权）总额二分之一以上主要债权人召集，可以比照企业破产法的相关规定建立债权人联络、协商机制并开展相关工作。

企业破产申请的预登记和预登记期间的相关工作，应单独装订案卷，录入审判流程管理系统。

九、预登记期间，法院应向债权人、债务人和相关利害关系人特别提示预登记期间的债务清偿行为不得违反企业破产法第三十一条、第三十二条和第三十三条等规定，必要时引导债权人、债务人和其他利害关系人制定债务人进入企业破产程序的预案。

债权人在预登记期间对债务清偿方案所做的不可翻悔的承诺，在债务人进入企业破产和解或重整程序后，相关承诺对承诺方仍然具有拘束力。

法院受理企业和解或重整申请后，可以以预登记期间（含集中管辖期间）形成的债务清偿方案或资产重组方案为基础，由债务人或管理人制定和解协议草案或重整计划草案，通过债权人会议予以确认。

十、适用集中管辖的企业破产申请预登记，可以在批准的集中管辖期限届满前三个月内进行。预登记可以由负责企业风险处置的政府工作机构提出，如部分债权人或债务人对申请无异议的，法院可以在预登记届满后裁定受理企业破产申请。

不适用集中管辖的企业破产申请预登记期限不得超过四个月。

预登记期间，影响妨碍受理企业破产申请的因素消除，债务人构成破产原因的，应及时裁定受理企业破产案件。

十一、法院受理企业破产重整申请，应向申请人释明企业破产清算的风险，对重整可行性通过听证会等形式进行必要的审查，涉及当地重大企业风险处置事件的企业破产重整申请，由审判委员会讨论决定，避免因不适当适用重整制度导致破产程序的拖延。

主要债权人、债务人等利害关系人对重整存在较大意见分歧，债务人持续经营前景存在明显不确定性的，法院依法不予受理企业破产重整申请。债务人构成破产原因的，告知申请人可以提起破产清算申请，或根据申请人的申请，依法裁定受理破产清算申请。

企业破产重整申请受理后，在召集第一次债权人会议时，应由申请人就企业重整的可能性进行说明，并由管理人或债务人制作企业破产清算预案。

第一次债权人会议上，占已登记普通债权人数和普通债权总额二分之一以上的债权人对适用企业破产重整程序持有异议的，经法院与异议人沟通后，认为异议债权人的理由成立，应及时裁定终止重整程序并宣告债务人破产。

终止重整程序并宣告债务人破产裁定，至迟应在裁定受理重整后十个月内作出，并报本院备案。

十二、积极引导适用破产和解程序处置小微企业债务风险。

小微企业构成破产原因，且在多个法院有债务纠纷案件正在审理和执行的，可以由共同上级法院协调，指定其中一个法院适用破产和解程序处置小微企业债务纠纷。

十三、法院在审查立案期间或受理后第一次债权人会议召开前提出《企业破产案件简易审工作方案》。该方案经征询债权人会议（或主要债权人）及其他利害关系人和管理人意见，即付实施。

《企业破产案件简易审工作方案》中的期限安排事项，涉及企业破产法规定的债权人、债务人和其他利害关系人的程序权益的，应经特定程序事项相关的债权人或其他利害关系人的认可。债权人会议可以在职权范围内依法安排相关程序事项。

十四、债务人或管理人未在法院裁定重整之日起六个月内提交重整计划草案，提出延期提交重整计划草案请求并有充分理由的，法院经征询债权人会议或主要债权人意见，可以裁定延期三个月提交重整计划草案。延期届满后，不再受理延期申请，依照企业破产法第七十九条等规定裁定终止重整程序并宣告债务人破产。

严格限定法院强制批准重整计划草案，确需要强制批准的，应提交审判委员会讨论决定。

十五、企业资金链担保链债务风险的化解和处置，可以根据实际需要，依法综合运用企业破产法规定的重整、和解和清算程序以及民事诉讼法规定的审判和强制执行程序。

前款情形，通过相关债权人会议表决等形式，法院可以适用关联企业合并重整。也可以在共同上级法院指导、协调下，对关联企业、互保企业分别适用企业破产程序和民事诉讼审理、执行程序。

十六、法院批准的重整计划草案、和解协议，可以包含债务人企业财产变价、分配的内容。也可以对企业进行合并、分立等相关问题作出安排。

涉及重整计划草案、和解协议的执行的相关内容包含不确定因素的，可以制定附条件的重整计划草案、和解协议。法院结合不确定因素发生或出现的可能性等因素，决定是否批准重整计划草案或认可和解协议。

十七、受理企业破产案件后，管理人应即依照企业破产法第十九条和司法解释的规定，通知相关法院和其他机关解除对债务人财产的保全措施，中止对债务人的执行程序。相关法院收到通知后应即办理解除保全措施、中止执行程序的手续。

相关法院若有异议，应在收到通知后五日内主动与受理企业破产案件的法院沟通协商。协商未果的，应报请共同上级法院协调处理。上级法院应在收到报请协调的请示后十日内启动协调。经协调，认为受理企业破产案件法院通知所提要求符合企业破产法规定的，应即指令相关法院办理解除保全措施、中止执行程序等手续。

十八、根据企业破产法第一百二十条第一款、最高人民法院《关于债权人对人员下落不明或者财产状况不清的债务人申请破产清算案件如何处理的批复》的规定受理的企业破产案件，依法宣告破产人破产时应同时作出终结破产程序的裁定，并办理结案手续。

企业破产案件的结案日，按照以下情形确定：

（1）驳回企业破产申请的民事裁定书签发之日，为企业破产案件（包括和解、重整和清算）结案日；

（2）批准重整计划草案的民事裁定书签发之日，为企业破产重整案件的结案日；

（3）认可和解协议的民事裁定书签发之日，为企业破产和解案件的结案日；

（4）认可破产财产分配方案的民事裁定书签发之日，为企业破产清算案件的结案日。

　　和解协议和重整计划由债务人执行，执行过程中需要商事审判庭作出民事裁定的，分别编立"（××××）×破（和执）字第×号"案号和"（××××）×破（重执）字第×号"案号。

　　法院依照企业破产法第九十三条、第一百零四条规定终止重整计划、和解协议的执行并宣告债务人破产的，适用破产清算程序，另行编立案号。

　　十九、企业破产清算案件中的破产财产分配方案，由管理人在法院和债权人会议的监督下执行。

　　破产财产分配方案执行期间，由法院司法技术管理部门会同审判部门监督、协调相关事项，需要作出民事裁定的事项，前述部门共同组成合议庭进行审查，编立"（××××）×破（清分）字第×号"案号。

浙江省高级人民法院关于执行程序与破产程序衔接若干问题的纪要

（2016年5月9日浙江省高级人民法院审判委员会第2633次会议通过）

为贯彻落实企业破产法、民事诉讼法及其司法解释的规定，推进执行程序与破产程序的衔接（以下简称执破衔接）工作，在总结司法经验基础上，就相关问题纪要如下：

第一条　（原则要求）

各级法院要提高对执破衔接工作重要性的认识，按照合法合规、协作配合、高效便捷、强化监督的原则，积极、有序推进执破衔接工作。

第二条　（执行通知书中的释明）

执行法院依照民事诉讼法第二百四十条规定对作为被执行人的企业法人（以下简称被执行人）发出执行通知时，可以同时告知最高人民法院《关于适用〈中华人民共和国民事诉讼法〉的解释》（以下简称民诉法解释）有关执破衔接的规定。

第三条　（执破衔接工作的启动）

在执行程序中，符合以下情形之一的，执行法院可以启动执破衔接工作：

（一）经执行法院穷尽财产调查措施并采取强制执行措施，被执行人仍然无法清偿债务的；

（二）执行法院根据民诉法解释第五百一十九条第一款和最高人民法院《关于执行案件立案、结案若干问题的意见》（以下简称执行结案意见）第十六条规定，经合议庭审查并经院长批准后，裁定终结对被执行人本次执行程序的。

执行法院启动执破衔接工作，应由执行员填写《执行案件转破产程序审查意见登记表》，报该院执行实施部门负责人批准后实施。

各级法院可以制定执破衔接的操作细则，但不得以该操作细则作为不接受其他法院（包括下级法院）依法移送执行案件相关材料的理由。

同一执行案件有多个企业法人的，可以根据本《纪要》分别启动执破衔接工作。

第四条　（启动执破衔接工作后的释明和意见征询）

执破衔接工作启动后，执行员应根据执行案件的具体情况，向申请执行人或被执行人释明企业破产法、民事诉讼法及其民诉法解释中执破衔接的相关规定和本《纪要》的相关内容，并特别征询申请执行人或被执行人是否同意被执行人进入破产程序的意见。释明和征询意见的过程应记入笔录，由申请执行人或被执行人签字。

经释明和征询，至少有一位申请执行人同意被执行人进入破产程序的，即属于符合民诉法解释第五百一十三条规定的"申请执行人同意"的情形。申请执行人对法院受理破产案件不持异议的，视为同意。

执行员在必要时可邀请该院商事审判庭的法官参加释明和意见征询工作。

第五条　（裁定中止执行）

经释明和征询意见，申请执行人或被执行人表示同意法院受理破产案件，并表示不另行提出企业破产申请的，执行法院即可作出中止对被执行人执行的裁定。

在作出中止对被执行人执行的裁定后，执行法院可以应申请执行人的请求，根据民诉法解释第五百一十九条的规定，作出终结本次执行程序的裁定。

前款规定的中止对被执行人执行的民事裁定书，应阐明中止执行的理由。对被执行人执行行为的中止，不影响对同一执行案件其他被执行人的执行。

中止执行裁定作出后法院裁定受理破产案件前，执行法院对被执行人所涉季节性商品、鲜活、易腐烂变质以及其他不宜长期保存的物品和宜先行处置的财产，必要时可予以变价并保存价款，待被执行人进入破产程序后移交破产案件管理人。

第六条 （执行法院内立案庭登记并向商事审判庭转递相关材料）

执行法院对被执行人有受理破产申请管辖权的，执行员将相关材料交该院立案庭，立案庭在三日内对相关材料登记后转递该院商事审判庭审查。

前款所指相关材料包括：

（一）由执行员拟稿，执行实施部门负责人签署并加盖执行实施部门印章的《执行案件转破产程序审查意见登记表》；

（二）经执行法院采取强制执行措施后，被执行人无法清偿债务的相关材料；

（三）向申请执行人或被执行人释明和征询意见，以及申请执行人或被执行人同意法院受理破产案件相关内容的谈话笔录；

（四）中止对被执行人执行的民事裁定书、执行立案信息表、执行依据；

（五）被执行人涉执债务清单，查封、扣押、冻结财产清单，已掌握的会计账簿等材料；

（六）执行实施部门已穷尽财产调查措施的相关材料，主要包括但不限于：银行存款、房地产、车辆、股权登记查询资料，工商登记基本材料以及向网络执行查控系统和“点对点”查控系统调取的信息及反馈结果；

（七）执行程序中对被执行人财产依法处置的相关材料；

（八）执行实施部门在执行程序中发现的被执行人及其相关人员隐匿、转移财产等涉嫌逃废债行为线索的相关材料；

（九）执行实施部门认为应当移交的其他材料。

第（一）至第（四）项材料属于商事审判庭审查立案的必备材料；第（五）至第（九）项材料不完整的，商事审判庭可以要求执行实施部门补齐，但不影响商事审判庭的审查进程。

第七条 （执行法院内商事审判庭审查立案之一）

商事审判庭收到该院立案庭登记并转递的相关材料后，应即组成合议庭进行审查，并区别以下情况进行处理：

（一）申请执行人同意被执行人进入破产程序的，商事审判庭在收到相关材料之日起五日内通知被执行人（即债务人，下同）。债务人有异议的，应当自收到通知之日起七日内向法院提出。商事审判庭应当自异议期满之日起十日内裁定是否受理破产案件；债务人未在收到通知之日起七日内提出异议的，商事审判庭应在收到相关材料之日起十五日内裁定受理破产案件。

（二）债务人同意进入破产程序的，商事审判庭在收到相关材料之日起十五日内裁定受理破产案件。

第八条　（执行法院内商事审判庭审查立案之二）

商事审判庭对相关材料进行形式审查，本《纪要》第六条第二款第（一）至第（四）项列举的材料具备的，商事审判庭应当裁定受理破产案件。

商事审判庭裁定受理或不受理破产案件后，应根据企业破产法第十一条规定将裁定送达破产案件申请人（即执行程序中同意债务人进入破产程序的申请执行人或被执行人）。并根据民诉法解释第五百一十四条规定，至迟在收到执行案件相关材料之日起三十日内将裁定告知立案庭和执行实施部门。

裁定不予受理破产案件的，商事审判庭应根据企业破产法第十二条第一款规定，自裁定作出之日起五日内送达申请执行人或被执行人，裁定应具体说明不予受理的理由。申请执行人或被执行人对裁定不服的，可以自裁定送达之日起十日内向上一级法院提起上诉，由上一级法院商事审判庭进行审理。

不予受理破产案件裁定生效后，商事审判庭应即向该院执行实施部门退回相关材料。执行实施部门收到退回的相关材料后，应即裁定恢复对被执行人的执行。

商事审判庭裁定受理破产案件至破产宣告前，经过审理，认为债务人不符合企业破产法第二条第一款和最高人民法院《关于适用〈中华人民共和国企业破产法〉若干问题的规定（一）》（以下简称破产法解释一）第二条第一款规定的相关情形的，应当根据企业破产法第十二条第二款规定作出驳回破产申请的裁定。执行程序中同意债务人进入破产程序的申请执行人或被执行人对裁定不服的，可以自裁定送达之日起十日内向上一级法院提起上诉，由上一级法院商事审判庭进行审理。

立案庭根据该院执行实施部门、商事审判庭的要求，办理执破衔接过程中相关案号的编立等事项。

第九条　（执行法院向破产管辖法院移送相关材料）

执行法院对被执行人没有受理破产申请管辖权的，应向本省有受理破产申请管辖权的法院（以下简称破产管辖法院）发出《执行案件转破产程序移送函》，并附本《纪要》第六条第二款第（二）至第（九）项规定的相关材料（含执行法院联系人和联系方式）。

第十条　（破产管辖法院对相关材料的审查）

破产管辖法院立案庭接收并登记执行法院移送的相关材料，在收到相关材料后三日内以法院名义向执行法院回函确认并将材料转递破产管辖法院商事审判庭审查。

《执行案件转破产程序移送函》和本《纪要》第六条第二款第（二）至第（四）项材料属于破产管辖法院审查立案的必备材料；第（五）至第（九）项材料不完整的，破产管辖法院可以要求执行法院补齐，但不影响破产管辖法院的审查进程。

破产管辖法院商事审判庭收到立案庭登记并转递的执行法院移送的相关材料后，应即组成合议庭进行审查，并按照本《纪要》第七条、第八条的要求，依法作出受理或不受理破产案件的裁定，并将裁定书送达执行程序中同意受理破产案件的申请执行人或被执行人，至迟在收到执行案件相关材料之日起三十日内将裁定事项告知执行法院。

不予受理破产案件裁定生效后，破产管辖法院应即通过该院立案庭向执行法院退回执破衔接的相关材料。执行法院收到退回材料后，应即裁定恢复对被执行人的执行。

破产管辖法院裁定受理破产案件至破产宣告前，经过实质审理，认为债务人不符合企业破产法第二条第一款和破产法解释一规定的相关情形的，应当根据企业破产法第十二条第二款规定作出驳回破产申请的裁定。执行程序中同意债务人进入破产程序的申请执行人或被执行人对裁定不服的，可以自裁定送达之日起十日内向上一级法院提起上诉，由上一级法院商事审判庭进行审理。

执行法院和破产管辖法院立案庭根据执行法院执行实施部门和破产管辖法院商事审判庭的要求，办理执破衔接过程中相关案号的编立等事项。

第十一条 （指定破产案件管理人）

商事审判庭在审查过程中，如拟裁定受理破产案件的，应由专人负责指定破产案件管理人工作。可以在被执行人所在县（县级市、区）或地理上接壤的县（县级市、区）有住所、列入本院编制的管理人名册并有履职经历的社会中介机构中通过抽签方式指定临时管理人。

申请执行人自愿组建（包括会同其他债权人组建）简易清算组，并承诺简易清算组的费用和报酬不在被执行人财产中列支的，商事审判庭可以同意简易清算组在被申请人进入破产程序后履行正式管理人职责。

临时管理人、简易清算组指定的具体要求适用本院《破产案件管理人指定工作规程》。

商事审判庭完成临时管理人、简易清算组指定的相关工作后，应根据企业破产法第十三条规定，在受理破产案件裁定书中指定临时管理人或简易清算组履行管理人职责。

除依照有关规定应当通过竞争方式指定管理人的情形外，被执行人进入破产程序后，经债权人会议（或债权人委员会）表决同意，受理破产案件的法院可指定临时管理人或简易清算组为正式管理人。

债务人存在无产可破等情形的，受理破产案件的法院可以同意使用各地建立的管理人援助资金。

第十二条 （及时裁定宣告债务人破产）

法院裁定受理破产案件后，经审查，如不存在对债务人适用破产重整或和解程序可能的，应及时根据企业破产法第一百零七条规定宣告债务人破产。

债务人符合最高人民法院《关于债权人对人员下落不明或者财产状况不清的债务人申请破产清算案件如何处理的批复》规定情形的，也可以在受理破产案件后即宣告债务人破产并终结破产程序。破产管辖法院宣告债务人破产的情况应及时函告执行法院。

债务人被宣告破产的，执行法院应根据民诉法解释第五百一十五条规定裁定终结对被执行人（即破产程序中的债务人）的执行。

第十三条 （转破产程序后执行案件的结案）

被执行人是执行案件的唯一被执行人，并符合民诉法解释第五百一十九条规定的裁定终结本次执行的情形的，执行法院启动执破衔接相关工作后，即可根据执行结案意见第十四条第（二）项规定办理执行案件的结案手续。

债务人是执行案件的唯一被执行人并被法院裁定宣告破产的，执行法院根据执行结案意见第十七条第（八）项规定，办理执行案件的结案手续。

债务人是执行案件的唯一被执行人并被法院裁定进入破产重整或和解程序的，法院裁定批准重整计划或裁定认可和解协议后，执行法院可以根据执行结案意见第十四条第（二）项规定，以符合"终结本次执行程序"的事由办理执行案件的结案手续。

第十四条　（破产程序启动后保全措施的解除和委托继续保全）

破产案件受理后，执行法院必须严格执行企业破产法第十九条的规定，解除对债务人的保全措施。破产管辖法院也可以根据最高人民法院《关于适用〈中华人民共和国企业破产法〉若干问题的规定（二）》（以下简称破产法解释二）第六条规定，委托执行法院继续原有的财产保全措施。执行法院应当予以协助。

第十五条　（参与分配的限制适用）

民诉法解释施行后，对企业法人为被执行人的执行案件，不再适用参与分配，但已取得执行依据的债权人一致同意适用参与分配的除外。

第十六条　（执破衔接工作的停止）

执破衔接工作的实施不影响债权人和债务人依法申请债务人破产的权利。遇有有管辖权的法院根据债权人或债务人的申请裁定受理针对被执行人的破产申请（含重整、和解和清算申请）的，执行法院应立即停止执破衔接工作并严格依照企业破产法第十九条的规定，无条件解除保全措施并中止执行程序。

第十七条　（执破衔接工作的监督之一）

执行法院和破产管辖法院之间没有上下级监督关系，破产管辖法院收到执行案件相关材料后三十日内既未作出受理破产申请裁定，也未向执行法院退回执行案件相关材料的，执行法院可函请破产管辖法院的上一级法院进行监督。上一级法院在收到执行法院函告后，由商事审判庭进行审查，如认为被执行人符合企业破产法第二条第一款规定情形的，应在三十日内书面通知破产管辖法院作出受理破产案件的裁定；如认为被执行人不符合企业破产法第二条第一款规定情形的，应责成破产管辖法院函告执行法院并将相关案件材料退回执行法院。

破产管辖法院收到上级法院的书面通知后十五日内，仍不裁定受理破产案件，上级法院应参照破产法解释一第九条第二款、第三款规定，径行裁定受理企业破产案件并指定管理人，同时指令破产管辖法院审理该案件。

破产管辖法院在审理企业破产案件中，需要查阅执行法院在执行程序中的相关材料，或者依法委托执行法院办理司法协助事项的，执行法院应予办理。

第十八条　（执破衔接工作的监督之二）

破产管辖法院受理破产（含破产重整、和解和清算）申请后，应将受理破产案件裁定书上传《浙江法院公开网》并立即通知执行法院。执行法院收到破产管辖法院的通知（附受理破产申请裁定书）并通过《浙江法院公开网》确认破产管辖法院受理案件后，应当根据企业破产法第十九条的规定，无条件解除对债务人财产的保全措施并中止执行程序。破产申请受理后，生效民事判决书或者调解书尚未执行完毕的，执行法院亦应根据破产法解释二第二十二条规定中止对破产案件债务人的执行。

第十九条 （附则）

执破衔接工作涉及省外法院的，根据民事诉讼法、企业破产法及其司法解释办理。

法律、司法解释对执破衔接有新的规定的，适用法律、司法解释的规定。

浙江省高级人民法院印发《关于规范企业破产案件管理人工作若干问题的意见》的通知

(浙高法〔2013〕38号)

(2012年9月14日浙江省高级人民法院审判委员会第2389次会议原则通过)

本省各级人民法院、宁波海事法院、杭州铁路运输法院：

为适应我省市场化导向企业破产审判工作的需要，我院制定了《关于规范企业破产案件管理人工作若干问题的意见》，现印发给你们。实施中遇到的问题，请及时报告我院。

浙江省高级人民法院

2013年2月20日

浙江省高级人民法院关于规范企业破产案件管理人工作若干问题的意见

为公平、公正和高效审理企业破产案件，依法保护债权人、债务人和其他利害关系人的合法权益，确保企业破产案件管理人勤勉尽责，忠实履职，进一步推进我省市场化导向企业破产审判工作，根据《中华人民共和国企业破产法》、最高人民法院《关于审理企业破产案件指定管理人的规定》和《关于审理企业破产案件确定管理人报酬的规定》，结合我省企业破产案件审判实际，就规范企业破产案件管理人工作提出以下意见：

第一条 （管理人名册的编制）省高级人民法院依法组成评审委员会，分别编制社会中介机构管理人名册和个人管理人名册。

申请编入个人管理人名册的个人，必须符合《企业破产法》和最高人民法院《关于审理企业破产案件指定管理人的规定》（以下简称《破产管理人规定》）的相关要求，担任所在社会中介机构管理人团队的负责人并承担过有影响的企业破产案件的管理人工作。

管理人名册应注明管理人所属的中级人民法院辖区。

适时开展从律师事务所、会计师事务所之外的破产清算事务所等其他社会中介机构中编制管理人名册的工作。

第二条 （管理人动态管理机制的原则要求）省高级人民法院司法鉴定处商民二庭等部门指导、监督和负责管理人动态管理的相关工作；民二庭指导、监督和协调下级法院审理企业破产案件中涉及管理人工作的相关问题；监察室负责实施管理人制度中涉及人民法院廉政建设的相关工作。

各中级人民法院司法鉴定处商商事审判庭等部门指导、监督和负责辖区内管理人的动态管理工作，依法办理指定管理人等相关工作。

省高级人民法院相关部门与省律师协会、省注册会计师协会等社会中介机构行业协会建立管理人动态管理工作的会商机制。

管理人动态管理的规范性文件、编制管理人名册、指定管理人（包括管理人回避、辞职和更换）等事项，应在人民法院和相关行业协会门户网站或其他媒体上公布。

第三条　（分级建立管理人履职资料库）省高级人民法院协调、指导各中级人民法院建立辖区管理人履职资料库，统一管理、使用上述资料库，并在此基础上，选择工作业绩突出的社会中介机构管理人建立省级管理人履职资料库。

列入省级管理人履职资料库的管理人，可以跨中级人民法院辖区参与重大疑难企业破产案件管理人的竞争。

社会中介机构管理人团队的建设情况报告、对管理人履职实效的嘉奖和其他社会评价证明材料、个案中债权人会议对管理人工作的评价意见、人民法院对管理人监督重整计划执行等履职情况的评价意见、管理人定期提交的《履职报告》和参加管理人业务培训的证明材料是管理人履职资料库的重要内容。

省高级人民法院以管理人履职资料库为重要依据，结合管理人的履职情况，逐步建立管理人名册和省级履职资料库的动态调整机制。

第四条　（个案中对管理人履职情况的评价）企业破产程序终结前，管理人应向债权人会议（或债权人委员会，下同）述职，由债权人会议对管理人履职情况提出评价意见。

企业破产重整案件重整计划监督期届满时，管理人应向法院提交监督报告，全面、客观反映其监督重整计划执行的履职情况。人民法院综合重整计划执行情况、管理人监督报告并听取债权人代表、债务人及新出资人等利害关系人的意见，对管理人的履职情况作出评价。

受理企业破产案件的审判业务庭应将债权人会议和人民法院对管理人履职情况的评价意见向管理人反馈，并将评价意见留存管理人履职资料库。

第五条　（管理人提交《履职报告》）管理人应在每年三月底之前向所在辖区的中级人民法院提交上一年度的《履职报告》，《履职报告》应包括以下内容：

（1）管理人机构合并、分立情况；

（2）管理人工作团队建设情况；

（3）参加企业破产法制宣传的情况；

（4）担任管理人的情况，包括：案件名称和概况、收取管理人报酬、交纳管理人报酬援助资金、执行管理人自行回避制度、管理人工作的显著业绩及受到嘉奖和相关社会评价的情况；

（5）管理人履职过程中遇到的法律、政策适用的疑难问题及解决问题的建议；

（6）法院工作人员在指定管理人、审理企业破产案件中遵守廉政纪律的情况；

（7）其他需要报告的情况。

审理企业破产案件的人民法院和上级法院相关部门根据工作需要，可以要求管理人提交特定事项的情况报告。

第六条　（管理人培训）省高级人民法院会商省律师协会、省注册会计师协会等行业协会建立管理人定期业务培训制度。

第七条　（管理人类型及社会中介机构管理人作为清算组成员的指定）管理人原则上应由列入管理人名册的社会中介机构和个人担任。

依法且确有必要指定清算组为管理人的，清算组中的社会中介机构必须是中级人民法院辖区管理人名册的现行在册机构。

债务人企业进入破产程序之前，应根据《企业破产法》、《破产管理人规定》和本意见的要求，由中级人民法院开展以随机方式或竞争方式产生社会中介机构清算组成员的相关工作。

第八条　（管理人指定方式的原则要求）基层人民法院管辖（包括上级人民法院指定管辖）的企业破产案件，可以采用轮候、抽签、摇号等随机方式产生管理人。

符合《破产管理人规定》第二十一条规定的企业破产案件、中级人民法院管辖的企业破产案件和基层人民法院管辖的在当地有重大影响的企业破产案件，采用竞争方式产生管理人。

基层人民法院管辖的其他破产案件，根据需要也可以采用竞争方式产生管理人。

受理企业破产申请的审判业务庭根据实际情况，对管理人形式（包括社会中介机构管理人、个人管理人和清算组管理人等）、管理人产生方式（包括随机方式、竞争方式）提出建议，经该院领导同意后，由中级人民法院司法鉴定处具体实施。

中级人民法院司法鉴定处、审判业务庭和监察室共同制定通过随机方式、竞争方式确定管理人的工作规程，报省高级人民法院备案并向社会公布。

第九条　（随机方式产生管理人）适用随机方式产生管理人的，应从中级人民法院的辖区管理人名册中产生管理人。

事实清楚、债权债务关系简单、债务人财产相对集中的企业破产案件，以及已知的债务人财产可能不足以支付管理人报酬和管理人执行职务费用的企业破产案件，中级人民法院可以根据基层人民法院的建议，在后者辖区或临近县（县级市和区）域的在册社会中介机构和个人中通过随机方式产生管理人。

第十条　（竞争方式产生管理人）适用竞争方式产生管理人的，由中级人民法院相关领导召集司法鉴定处、审判业务庭、监察室人员组成不少于 7 人的评审委员会（基层人民法院受理的企业破产案件，评审委员会应包括 1 至 2 名基层人民法院的院领导），在中级人民法院辖区及省级管理人名册中通过竞争方式产生管理人。参与竞争的社会中介机构不得少于 5 家。

中级人民法院制定以竞争方式产生管理人的具体工作方案，实施前需报省高级人民法院备案。

第十一条　（临时管理人的指定）因情况紧急，办理指定管理人手续可能影响企业破产案件依法及时受理的，且债务人企业已经组成符合《破产管理人规定》第十八条、第十九条规定的清算组的，受理企业破产案件的人民法院可以指定该清算组为临时管理人，承担人民法院指定范围内的管理人职责。

第一次债权人会议召开前，重要债权人向人民法院建议由临时管理人正式履行管理人职责的，人民法院应结合清算组的临时履职情况，决定启动管理人的指定工作，或将是否由清算组正式履行管理人职责的议案提请第一次债权人会议表决。第一次债权人会议表决同意清算组正式履行管理人职责的，经人民法院确认后，不再启动管理人指定程序，但应将确定管理人的情况报上级法院司法鉴定处备案。

临时管理人中的社会中介机构在破产程序前介入债务人企业风险处置和庭外和解谈判，出现违反法律和职业准则、损害债权人合法权益行为的，人民法院应及时停止其履职活动。

第十二条 （接受推荐方式产生管理人）除《破产管理人规定》第二十二条规定的情形外，人民法院不得采用接受推荐方式产生中介机构管理人。

第十三条 （联合管理人的指定）受理企业破产申请案件的人民法院，可以根据案件情况并听取主要债权人的意见，决定通过随机方式或竞争方式产生联合管理人。

联合管理人可以由律师事务所之间、会计师事务所之间或律师事务所、会计师事务所和个人管理人相互之间组成，联合管理人之间因履职行为对外承担连带责任。

社会中介机构管理人和个人管理人也可以以联合管理人的形式参加随机方式产生管理人的挑选和竞争方式产生管理人的竞争，但个人管理人不得与所在社会中介机构组成联合管理人。

新编入管理人名册的社会中介机构第一次申请参加随机方式产生管理人的挑选或竞争方式产生管理人的竞争，受理企业破产申请的人民法院可以要求其与已列入管理人名册并有管理人执业经验的社会中介机构联合接受挑选或参与竞争。

联合管理人被指定后，经协商产生联合管理人组长。

第十四条 （简易清算组）对于基层人民法院受理的事实清楚、债权债务关系简单、债务人财产相对集中的企业破产案件，以及债务人财产可能不足以支付管理人报酬和管理人执行职务费用的企业破产案件，债权人在提出破产申请时承诺自行承担清算组费用，审判业务庭报请分管院长同意后，可以债权人推荐的名单为基础确定清算组成员并指定清算组为管理人。

第十五条 （管理人的更换）根据《破产管理人规定》更换管理人的，已有依照法定程序产生的备选管理人的，由备选管理人担任管理人，无备选管理人的，债权人会议应就新管理人的产生方式形成决议。

审判业务庭认为前款中的债权人会议决议违法或者难以执行，需要由人民法院依职权启动管理人更换程序的，应提出产生新管理人的形式、指定方案以及符合案件特点的具体意见，经该院领导同意后，由中级人民法院启动管理人更换程序。

第十六条 （管理人的回避和重新指定管理人）指定的管理人（包括中介机构、个人管理人和清算组）与本案有《破产管理人规定》第二十三条、第二十四条规定情形的利害关系的，必须依法主动回避。受理企业破产案件的人民法院结合债权人会议的意见启动重新指定管理人程序。

第十七条 （对管理人履职的指导、监督）管理人根据《企业破产法》的规定勤勉尽责，忠实履职。人民法院依法支持、指导、监督管理人履行职责，协调管理人履职中的相关问题。

管理人应结合行业协会制定的管理人工作指引规范，制定履职的规范要求和具体企业破产案件中的相关制度。

第十八条 （管理人报酬的确定）受理企业破产案件的人民法院领导召集审判业务庭、司法鉴定处（对外委托部门）和监察室相关负责人，根据最高人民法院《关于审理企业破产案件确定管理人报酬的规定》等规定，依法初步确定、调整和确定管理人报酬方案和审查支付管理人报酬。

依法初步确定、调整和确定管理人报酬方案，应充分尊重债权人会议的知情、监督和表决权利，并听取管理人的意见。

经债权人会议或债权人会议授权的债权人委员会与管理人自愿协商合理确定的管理人报酬方案，人民法院应予认可。

第十九条　（企业破产重整案件中管理人报酬确定的特殊情形）经人民法院征询主要债权人同意或债权人会议决议，人民法院可以同意由债权人会议主持债务人企业重整的相关事宜，或委托金融资产管理公司和其他相关经营机构负责债务人企业重整的相关事宜。

前款情形下，管理人报酬应据实合理确定和支付。管理人是否管理债务人财产和营业事务、是否对引进战略投资者和制定重整计划草案具有实质性贡献以及是否依法履行监督重整计划执行的职责，是确定管理人报酬标准的重要因素。

第二十条　（金融资产管理公司、社会中介机构参加清算组工作的报酬）金融资产管理公司和依法指定的、编入管理人名册的社会中介机构作为清算组成员参加管理人工作，其工作报酬由受理企业破产案件的人民法院根据本《意见》第十八条的要求确定。

第二十一条　（已知的债务人财产可能不足以支付管理人报酬和管理人执行职务费用的企业破产推进）企业破产案件受理以后，发现债务人财产不足以支付管理人报酬和管理人执行职务费用的，如债权人、管理人和其他利害关系人愿意承担或垫付管理人报酬和管理人执行职务费用的，人民法院可予准许，依法推进企业破产进程。

前款情形的企业破产案件，可以从财政部门依法成立的管理人报酬保障资金和当地律师协会、注册会计师协会经依法批准设立的管理人报酬援助资金中提取部分款项，用于支付管理人报酬。

各中级人民法院按照最高人民法院的要求和省高级人民法院的部署，协调当地财政部门成立管理人报酬保障资金，会商当地律师协会、注册会计师协会建立管理人报酬援助资金。

使用管理人报酬保障资金和管理人报酬援助资金支付管理人报酬，应在听取债权人会议意见后，由受理企业破产案件人民法院的院领导召集审判业务庭、司法鉴定处和监察室负责人研究确定具体方案。

第二十二条　（管理人报酬支付的特定方式）企业破产程序终结前，债务人财产不足以支付管理人报酬和管理人执行职务费用的，经债权人会议确认，可以将债权人对债务人未知财产的追索权以及对公司股东、董事、实际控制人等相关责任人的民事请求权全部或部分转让给管理人，以折抵应予支付的管理人报酬和管理人执行职务费用。

按照前述请求权转让方式折抵管理人报酬和管理人执行职务费用的，债权人应审查管理人的勤勉尽责情况，并向管理人释明请求权不能实现的风险。

第二十三条　（《意见》适用的时间）本意见自发布之日起施行，法律、司法解释有新的规定的，适用法律、司法解释的规定。

浙江省高级人民法院关于印发《关于企业破产财产变价、分配若干问题的纪要》的通知

（浙高法〔2013〕154 号）

（2013 年 6 月 28 日浙江省高级人民法院审判委员会第 2463 次会议通过）

本省各级人民法院：

为进一步推进我省市场化导向企业破产审判工作，我院制定了《关于企业破产财产变价、分配若干问题的纪要》，现印发给你们。请结合工作实际，认真贯彻执行。实践中如遇有问题，请及时报告我院民二庭、司法鉴定处。

浙江省高级人民法院

2013 年 7 月 5 日

浙江省高级人民法院关于企业破产财产变价、分配若干问题的纪要

根据《企业破产法》、《民事诉讼法》和相关司法解释的规定，并结合我省市场化导向企业破产审判工作实际，就破产财产变价、分配的相关问题纪要如下：

一、破产财产的变价、分配，应遵循公正、效率和廉洁的工作目标，依法实现债权人利益最大化。

破产财产变价、分配的程序规范，适用企业破产法和相关司法解释，企业破产法没有规定的，适用民事诉讼法及相关司法解释。

特定破产财产的变价、分配，应符合国有资产管理等法律、行政法规的规定。

破产财产变价、分配的程序管理和实施，应遵循企业破产案件简易审和本院《关于企业破产案件简易审若干问题的纪要》的相关要求。

二、管理人根据企业破产法第二十三条、第二十五条第一款第（六）项、第二十七条、第一百一十一条、第一百一十五条和第一百一十六条等规定，在法院和债权人会议（含债权人委员会，下同）的监督下，勤勉尽责，依法管理和处分债务人财产、拟订破产财产变价方案和破产财产分配方案，执行经法院裁定认可的破产财产分配方案。

法院就涉及破产财产变价、分配的相关事项听取管理人报告，指导、协调管理人执行破产财产分配方案等履职事项中遇到的问题，依法作出各项裁定。

裁定认可破产财产分配方案前的程序事项，由商事审判庭负责并依法作出相关事项的民事裁定；裁定认可破产财产分配方案后破产人有财产可分配的，由司法技术管理部门为主商商事审判庭指导、监督、协调管理人执行破产财产分配方案的相关工作，需要依法作出民事裁定的事项（包括依照企业破产法规定在企业破产程序终结后追加分配事项），由司法技术管理部门和商事审判庭法官共同组成合议庭进行审查。

前款情形作出的民事裁定，在企业破产程序终结前编立"（××××）×破（清分）字第×号"案号。企业破产程序终结后追加分配程序，编立"（××××）×破（清分追）字第×号"案号。

三、法院司法技术管理部门对破产财产分配方案执行期限进行管理。破产财产分配方案或管理人执行破产财产分配方案的工作安排应有执行期限的相关内容。自法院裁定认可破产财产分配方案至裁定终结破产程序的期间为破产财产分配方案执行期限，一般不超过一年。

根据主要债权人的提议，并经债权人会议讨论通过的破产财产分配方案或管理人拟定的执行破产财产分配方案的工作安排中，执行期限超过一年的，法院在作出裁定认可破产财产分配方案或听取管理人报告时，应要求债权人会议、管理人作出解释。债权人会议、管理人的解释符合债权人利益最大化或确实存在合理依据的，依法裁定认可破产财产分配方案或确认管理人拟定的执行破产财产分配方案的工作安排。

前款情形，应报本院备案，并督促管理人在执行期限内加快工作进程。

四、法院可以指导管理人加快破产财产变价方案和分配方案拟订的进程。必要时，管理人可以合并拟定变价方案和分配方案，并以一次分配为第一选择。

破产财产分配方案应对企业破产程序终结后的追加分配事项尽可能予以明确，以利于加快追加分配的进程。

经债权人会议确认的企业破产程序终结后追加分配事项的安排，依法对债权人和其他利害关系人具有拘束力。

五、对季节性商品、鲜活、易腐烂变质及易损易耗物等不宜保管的破产财产必须进行变价处置的，管理人经报请法院同意，在法院和已知主要债权人的监督下，可以进行紧急处置。管理人应在事后向债权人会议报告。

六、必要时，管理人可提请在法院和债权人会议监督下，将部分破产财产进行变卖处理，用以清偿破产费用和共益债务。

前款情形，变卖附着担保物权和其他优先清偿权利的破产财产的，应经相关权利人同意。

七、占债权比例三分之一以上债权人建议以非拍卖方式变价破产财产的，管理人可以将非拍卖方式和拍卖方式变价破产财产的方案（附两种方案的理由）提交债权人会议讨论，由债权人会议讨论并作出决议。

债权人会议对变价出售破产财产的方式存在较大争议，管理人可以向法院报告。法院结合管理人的意见向债权人会议作适当释明，由债权人会议依法作出决议。

八、非拍卖方式变价出售破产财产方案，应符合国有资产管理等法律、行政法规的规定，并具有可操作性。

非拍卖方式出售破产财产方案，包括但不限于通过内部竞价转让、协议转让或者直接变现等方式。

九、拍卖或者非拍卖方式出售破产财产，需要对全部财产或者部分财产确定价格的，经债权人会议决议不需要进行评估的，管理人制作的财产状况报告或提交债权人会议的相关文件应包含对破产财产的估价内容（并附估价的理由）。债权人会议依法表决通过包含管理人制作的财产状况报告或管理人参考市场行情确定的破产财产价格内容的破产财产变价方案。

债权人会议认为需要对全部或部分财产价格进行评估的，可以由管理人根据债权人会议的决议，由管理人委托案件所在地中级法院建立的"委托评估拍卖入选机构"

中的评估机构进行评估，必要时也可委托本省其他中级法院建立的"委托评估拍卖入选机构"中的评估机构进行评估。

十、国有划拨土地的变价应按照企业破产法第一百三十三条、最高人民法院《关于破产企业国有划拨土地使用权应否列入破产财产等问题的批复》的规定执行。

国有划拨土地上附着的建筑物属破产财产的，法院应协调当地政府、破产企业的上级主管机关在收回国有划拨土地的同时，以建筑物的评估价格或市场价收回建筑物。

建筑物的变价方案应经债权人会议表决通过。债权人会议表决未通过的，由法院依法裁定。

十一、经债权人会议决议以拍卖方式变价出售破产财产的，且破产财产适宜由法院主持进行网络拍卖的，可由管理人申请法院根据本院《关于全面推进网络司法拍卖工作的通知》和相关工作规程，通过网络拍卖方式变价破产财产。

破产财产不适宜网络拍卖变价的，经债权人会议决议，由管理人委托案件所在地中级法院建立的"委托评估拍卖入选机构"中的拍卖机构进行拍卖，必要时也可委托本省其他中级法院建立的"委托评估拍卖入选机构"中的拍卖机构进行拍卖。

管理人与评估、拍卖机构签订委托评估、拍卖合同时，应要求评估、拍卖机构根据破产企业财务及企业资产的具体情况，确定评估、拍卖的时间，并可以将未按时完成评估、拍卖约定为合同解除的条件。

十二、管理人在接管债务人的财产及相关财务资料后，根据案件情况，确定需要对破产财产进行评估的，应立即委托评估机构进行评估。

评估基准日以后，破产企业发生财产变动的，由管理人制作财产状况报告进行补充说明。

法院在民事执行程序中的评估报告，在破产财产变价时仍在有效期内的，管理人可将该评估报告作为确定破产财产变价的依据，无需再行评估。债权人会议对评估报告有异议并有合理依据的除外。

十三、债权人会议可以决议，由管理人申请法院委托评估、拍卖破产财产。

前款情形，法院根据管理人的申请办理委托事项，适用最高人民法院《关于人民法院委托评估、拍卖工作的若干规定》和《浙江省人民法院实施〈最高人民法院委托评估、拍卖工作的若干规定〉细则（试行）》等委托评估、拍卖的规范性意见。

法院可根据管理人的请求同时选定评估、拍卖机构。

管理人根据债权人会议的意见，认为需要指定专业性较强的评估、拍卖机构的，应提交有关委托的专项报告，报请法院批准。

十四、拍卖情形下，破产财产变价分配方案应尽可能包含流拍情形处理的内容，提交债权人会议表决通过。

十五、在债权人人数较少、债权债务关系明确且数额清楚、破产财产权属清晰的破产清算案件中，管理人可以拟定包含将实物分配或折价抵给特定的债权人的变价方案内容，提交债权人会议表决通过。

浙江省高级人民法院民二庭关于印发
《关于审理公司强制清算案件若干问题的纪要》的通知

（浙高法民二〔2013〕16号）

本省各级人民法院商事审判业务庭（含金融审判业务庭）：

现将《关于审理公司强制清算案件若干问题的纪要》印发给你们，供审判实践参考。实践中如遇有问题，请及时报告我庭。

浙江省高级人民法院
2013年12月31日

关于审理公司强制清算案件若干问题的纪要

为规范我省法院公司强制清算案件的审理，妥善保护债权人、股东和职工的合法权益，根据《中华人民共和国公司法》（以下简称公司法）、《中华人民共和国企业破产法》（以下简称企业破产法）及相关司法解释、司法政策，结合审判实践，就我省法院公司强制清算案件审理的相关问题纪要如下：

第一条 （受理审查）公司强制清算案件申请由债权人、股东根据《公司法》第一百八十四条、《最高人民法院关于适用〈中华人民共和国公司法〉若干问题的规定（二）》（以下简称公司法解释二）第七条和《最高人民法院关于审理公司强制清算案件工作座谈会纪要》（以下简称清算纪要）第三条等规定提交强制清算申请，由立案庭立案、编立"（××××）×法清（预）字第×号"案号后，商事审判庭及时接收立案庭移交的材料，依法作出是否受理强制清算申请的裁定。

商事审判庭应依法保障债权人、股东申请公司强制清算的权利，不得以法律、司法解释和清算纪要之外的理由不予受理强制清算申请，并应依法保障申请人不服不予强制清算申请裁定的上诉权，不得以被申请人的主要财产、账册、重要文件等灭失，或者被申请人下落不明导致无法清算等原因，裁定不予受理强制清算申请。

第二条 （针对已经注销公司的强制清算申请审查）有限责任公司注销前，履行清算义务是公司股东负有的法律责任，公司股东未经依法清算而申请注销公司登记，违反了公司法的规定。人民法院不宜受理针对此类形式上已经办理注销登记的公司的强制清算申请。公司股东等清算义务人的行为存在公司法解释二第十九条等规定的情形的，债权人可以依法提起民事诉讼。

第三条 （强制清算案件申请费的收取）强制清算案件的申请费收取适用清算纪要第20条、第21条的规定。在审查强制清算申请时，人民法院不应预收申请费。

第四条 （对债务数额有异议的权利救济）根据公司法解释二第十二条和清算纪要第31条规定，此类争议应由受理强制清算案件的人民法院审理。审理中，应依法促成债权人和清算组协商确认债权数额。

第五条 （受理审查阶段与破产程序的衔接）商事审判庭在审查强制清算申请阶

段，发现被申请人具备企业破产法及其司法解释规定的破产原因的，应向申请人、被申请人释明，经债权人、债务人申请，依法受理企业破产（包括破产重整、破产和解和破产清算）申请。

第六条 （清算组成员的指定）商事审判庭在审查强制清算申请阶段，认为强制清算申请符合相关规定的，可以与申请人及相关利害关系人协商，在裁定受理强制清算申请的同时，指定有关人员组成清算组。确因客观原因，在裁定受理强制清算申请同时不能指定正式的清算组成员的，可以指定能够并且愿意参与清算的公司股东、董事、监事、高级管理人员和债权人组成临时清算组，并在受理强制清算申请一个月内指定正式的清算组成员。

前述临时清算组及其成员，经报请人民法院备案，可以专项或概括授权委托律师事务所、会计师事务所等社会中介机构的专业人员和其他适格人员或机构承担相关工作。

依照公司法解释二和清算纪要规定指定列入人民法院破产管理人名册的社会中介机构和个人为清算组成员的，应符合《最高人民法院关于审理企业破产案件指定管理人的规定》、《浙江省高级人民法院关于规范企业破产案件管理人工作若干问题的纪要》和司法解释、本院的其他规范性意见的要求。

第七条 （强制清算程序中涉及财产保全、执行措施和衍生诉讼管辖的相关事项）受理强制清算案件后，不产生解除对被申请人财产保全和中止对被申请人财产执行的效力。为了依法顺利推进强制清算程序，受理强制清算案件的人民法院可以与采取财产保全措施和执行措施的人民法院和相关机构协商解决相关问题。

被申请人财产存在被隐匿、转移、毁损等可能影响依法强制清算情形的，人民法院可依清算组或者申请人的申请，对被申请人财产采取相应的保全措施。

受理强制清算申请后，就被申请人的权利义务产生争议的，应根据清算纪要第31条的规定，向受理强制清算申请的人民法院提起诉讼。

第八条 （受理强制清算申请后，强制清算程序与破产程序的衔接之一）清算组成员指定后，人民法院应指导清算组重视对被申请人是否具备破产原因的审查。根据清算纪要第32条、第33条、第34条和第35条的规定做好强制清算程序和破产程序（含破产重整、和解和清算程序）的衔接。

清算组在清理公司财产、编制资产负债表和财产清单前发现被申请人已经具备企业破产法规定的破产原因的，应及时向人民法院报告。经人民法院审查属实的，清算组应当依法对被申请人提起企业破产申请，被申请人的债权人和被申请人也可依法提出针对被申请人的企业破产申请。受理强制清算案件的人民法院商事审判庭应当依法裁定受理企业破产申请并裁定终结强制清算程序。

清理公司财产、编制资产负债表和财产清单后发现债务人具备破产原因的，清算组应当依法对被申请人提起企业破产申请，被申请人的债权人和被申请人也可依法提出针对被申请人的企业破产申请。受理强制清算案件的人民法院商事审判庭应当依法裁定受理企业破产申请并裁定终结强制清算程序。

人民法院指定的清算组在清理被申请人财产、编制资产负债表和财产清单时，发现被申请人财产不足清偿债务的，应适用公司法解释二第十七条的相关规定，引导债权人和清算组协商制作有关债务清偿方案。债权人对债务清偿方案不予确认或者人民法院不予认可的，清算组应当对被申请人提出破产申请，债权人、被申请人也可以依法提起破产申请。

前款所称破产原因，根据《最高人民法院关于适用〈中华人民共和国企业破产法〉若干问题的规定（一）》（以下简称企业破产法解释一）的相关规定确定，包括适用破产重整和破产和解程序的原因，不仅限于公司法第一百八十八条规定的"公司资产不足清偿债务"的情形。

第九条 （强制清算程序与破产程序的衔接之二）人民法院在本纪要第六条明确的情形裁定受理企业破产申请的，可以按照《浙江省高级人民法院关于规范企业破产案件管理人工作若干问题的纪要》第十一条的要求，迳行指定清算组为企业破产案件的临时管理人。

清算组成员及时发现和报告被申请人具备破产原因，是判断清算组成员依法履职和领取适当报酬的重要依据。清算组成员未及时发现和报告被申请人具备破产原因的，应依法承担相应法律责任，并不得承担后续企业破产案件中管理人的相关工作。

第十条 （强制清算程序与破产程序的衔接之三）审理强制清算案件中发现被申请人与其他企业法人存在关联公司人格混同情形，单独审理强制清算案件可能严重损害债权人利益，利害关系人已经将被申请人列为共同诉讼当事人的，应当裁定终结强制清算程序。

被申请人的关联企业进入破产程序，经审查，强制清算案件不宜单独审理的，应当裁定终结强制清算程序。

第十一条 （强制清算程序与破产程序的衔接之四）审理强制清算案件，要强化简易审理理念，尽可能在公司法解释二第十六条第一款规定的六个月内审结。因特殊原因无法在六个月内完成清算的，清算组应当根据公司法解释二第十六条第二款规定向人民法院申请延长，延长期限一般不超过三个月。受理强制清算案件的人民法院准予延长的，应向上级人民法院备案。上级法院对所辖人民法院超过六个月的强制清算案件要重点加强指导。

不能在人民法院同意延长的期限内完成强制清算的，债权人可以对被申请人提起破产申请，除被申请人根据企业破产法第六条规定在法定异议期限内举证证明其未出现破产原因外，应当裁定受理债权人的破产申请。

第十二条 （强制清算程序准用企业破产程序的规定）审理强制清算案件，可以根据清算纪要第9条的规定，参照适用企业破产法关于破产清算程序的规定。其中，财产的变价、分配可以参考《浙江省高级人民法院关于企业破产财产变价、分配若干问题的纪要》的相关操作要求。但是，专属于破产程序的规范不宜参照适用。

第十三条 （审理强制清算案件约束股东高管等利害关系人的非诚信行为）审理强制清算案件，要强化诚信诉讼理念，依法约束被申请人股东、高级管理人员和其他利害关系人的非诚信行为，推进社会诚信体系的建设，案件审理过程中，要强化对债权人、清算义务人和清算组成员相关法律责任的释明工作。根据公司法及公司法解释二第十八条、第十九条、第二十条、第二十一条、第二十二条、第二十三条和清算纪要第39条等规定，依法审理追究被申请人股东、高级管理人员、实际控制人、清算组及其成员不诚信行为民事责任的相关案件。

安徽省高级人民法院关于审理企业破产案件
若干问题的指导意见

为适应审理企业破产案件的需要，依据《中华人民共和国企业破产法（试行）》、《中华人民共和国民事诉讼法》、最高人民法院《关于审理企业破产案件若干问题的规定》等司法解释及全国法院审理企业破产案件工作座谈会精神，结合我省法院审理企业破产案件的实际，提出以下指导意见。

一、人民法院对于经过注册登记并领取企业法人营业执照，但出资人未出资或者出资未达到法定最低限额，以后亦未在实际经营中形成独立财产的企业，应当认定其不具有破产主体资格，不予受理债务人或债权人的破产申请。但企业在以后的生产经营中已形成独立的财产并具备企业法人实质要件的企业，应当认定其具有破产主体资格，可以受理债务人或债权人的破产申请。

二、人民法院受理企业破产案件后，根据破产企业的具体情况，暂未进行破产宣告的，如企业原管理组织不能正常履行管理职责，应成立企业监管组；如受理破产后随即进行破产宣告的，可不成立企业监管组，但应及时成立清算组，负责处理破产企业的相关事务。

三、人民法院受理企业破产案件后，应在法定期限内进行破产受理公告。其中国有大中型企业，或者投资主体一方或数方为外资的企业，或者债权人在境外、省外的企业，应当在《人民法院报》或全国有影响的报纸上刊登公告；其他企业的破产受理公告，应当在省级有影响的报纸上刊登。

四、人民法院受理企业破产案件后，在清算组成立前，应当自行负责债权人申报债权的登记工作；在清算组成立后，此项工作移交清算组负责，但人民法院应监督指导清算组依法进行申报债权的登记工作。

五、人民法院受理国有企业破产案件后，对于已经查实企业不能清偿到期债务的，可同时进行破产宣告；对于企业具有破产障碍的，或者具备和解、整顿可能的，不应同时进行破产宣告，应当在解决上述问题后再决定是否进行破产宣告。

非国有企业符合前款宣告破产情形的，人民法院可直接裁定进入破产还债程序。

六、人民法院宣告企业破产后，应当在规定的期限内组织召开第一次债权人会议。对于破产财产不足以支付破产费用的破产企业，可以不召开债权人会议，提前裁定终结破产程序；对于参加债权人会议的人数不足应到人数半数的，仍应召开债权人会议，由出席会议的有表决权的债权人以半数以上通过有关决议，但该债权人会议所通过的有关决议不得违反法律和司法解释的强制性规定。

七、人民法院宣告企业破产后，应当及时成立清算组。其中国有企业的清算组成员应当从破产企业的上级主管部门、政府有关部门、人民银行以及清算中介机构的有关人员中产生；非国有企业的清算组成员应当主要从会计师、律师等清算中介机构中产生。

八、人民法院在处理企业破产财产中，对于实物财产的变现，应当由清算组依法委托进行评估和拍卖。第一次拍卖的保留价应当按照评估价确定。第一次拍卖最高价未达到保留价时，应当继续拍卖，每次拍卖的保留价可在前次拍卖的保留价的基础上降低百分之十，经过三次拍卖仍不能成交时，可经债权人会议讨论通过，裁定将实物按最后一次拍卖的保留价直接分配给债权人。

九、人民法院在破产财产分配中，对于职工工资、医疗费、解除劳动合同补偿金等计算标准及具体数额，应由清算组报当地人民政府劳动或社会保障部门确定后，再按破产债权的顺序进行分配。

十、人民法院在裁定终结破产程序后，可以根据破产企业的具体情况，保留清算组或者清算组部分成员，负责处理善后事务。

十一、上级人民法院应当加强对下级人民法院审理企业破产案件的监督指导。

对不服下级人民法院裁定，申请人或被申请人依法可以上诉或申诉的，上级人民法院应当以裁定方式作出处理。

对发现下级人民法院在审理企业破产案件中违反法律或行政法规规定的，上级人民法院应当以通知的方式要求其纠正，下级人民法院应当在接到通知后十五日内向上级人民法院报告有关情况。

对下级人民法院违反规定且拒不接受上级人民法院纠正意见的，上级人民法院可以直接裁定撤销相关行为。

湖南省高级人民法院关于实行破产案件收、结案审查备案制度的通知

（湘高法〔2005〕53号）

全省各级人民法院：

为加强对破产案件审理工作的指导和监督，保证破产案件审理工作顺利进行，结合我省各级法院审理破产案件的实际，决定在全省实行破产案件收、结案审查备案制度，现将有关事项通知如下：

一、人民法院应严格按照《中华人民共和国企业破产法（试行）》、《中华人民共和国民事诉讼法》、《最高人民法院关于贯彻执行〈中华人民共和国企业破产法（试行）〉若干问题的意见》、《最高人民法院关于适用〈中华人民共和国民事诉讼法〉若干问题的意见》及《最高人民法院关于审理企业破产案件若干问题的规定》等法律和司法解释的规定，审查当事人提出的破产申请。经审查认为其破产申请符合法定受理条件的，应在立案前书面报上一级法院民二庭审查。

二、债务人提出破产申请的，除应向人民法院提交相关法律和司法解释所规定的材料外，还应提交下列材料：

（一）企业的工商登记材料；

（二）企业有对外投资的，应提交相关材料并附详细情况说明；

（三）企业高管人员名单；

（四）若企业曾实施过兼并、分立等行为的，应提交相关材料；

（五）纳入国家计划的，应提交相关审批文件。

债权人提出破产申请的，除应向人民法院提交相关法律和司法解释所规定的材料外，也应提交前述第1项材料。

三、下级法院向上级法院提交的书面报告中，应重点阐明以下内容：

（一）拟破产企业的基本情况（企业性质、职工情况、资产及负债状况等）；

（二）企业是否具备破产主体资格；

（三）破产企业的上级主管部门或者企业开办人、股东会议同意或决定企业破产的情况；

（四）是否纳入国家计划；

（五）企业破产原因；

（六）企业职工安置预案的审查情况（包括预案的合规性、可行性及安置费用来源情况等）；

（七）与关联企业是否存在财产、人员及业务混同的情况；

（八）主要债权银行或金融资产管理公司的意见；

（九）企业破产后可能产生的社会影响。

基本事实不清或所附材料不齐全的，上级法院应将报告退回，由下级法院补正后再进行审查。

四、上级法院收到下级法院的书面报告后，应在十五日内以通知书的方式决定是否同意受理破产案件，通知中还应针对案件的具体情况提出指导意见。

需要与有关部门沟通才能作出决定的，上述期限可适当延长。

五、中级法院同意基层法院受理破产案件的，在书面通知基层法院的同时，应在五日内将案件的简要情况书面报省高级法院民二庭备案。

六、中、基层法院审结破产案件后，应于结案后十五日内将下列情况直接书面报省高级法院民二庭备案：

（一）案件审理的简要过程和社会效果；

（二）破产债权人人数、债权总额；

（三）召开债权人会议的次数和参加人数；

（四）破产财产分配方案及其通过情况；

（五）职工安置情况；

（六）破产财产的处置、分配情况和清偿率。

七、纳入国家计划的破产案件，无需报上级法院审查，但受案法院仍应认真审查当事人的破产申请，符合法定受理条件的方能受理，并应在五日内书面报省高级法院民二庭备案。

八、借用外国政府贷款或转贷款偿还任务尚未落实的企业申请破产的，法院暂不予受理。债权人针对上述企业所提出的破产申请，法院也不予受理。

九、法院在受理商业银行、城市信用社、农村信用社、证券经营公司、信托投资公司、融资租赁公司等金融机构以及上市公司破产申请之前，必须逐级上报最高人民法院，经批准后方能受理。

请各法院接到通知后，立即组织有关人员学习并贯彻执行。对于制度实施中所遇到的问题，可及时向省高级人民法院反馈。

四川省高级人民法院关于印发《关于审理破产案件若干问题的解答》的通知

（川高法〔2019〕90号）

全省各中级人民法院、成都铁路运输中级法院：

《四川省高级人民法院关于审理破产案件若干问题的解答》（以下简称《解答》），已经我院2019年第13次审判委员会讨论通过。现将该《解答》印发给你们，请结合破产审判工作实际认真执行，执行中的情况和问题，请及时层报我院。相关法律、司法解释有新规定，上级法院有新要求的，按新的规定、要求执行。

特此通知。

四川省高级人民法院

2019年3月20日

四川省高级人民法院关于审理破产案件若干问题的解答

为进一步推动我省法院破产案件审判工作，规范办案程序，统一裁判标准，更好地服务保障我省供给侧结构性改革和经济高质量发展，依照《中华人民共和国企业破产法》（以下简称《企业破产法》）、《最高人民法院关于适用〈中华人民共和国企业破产法〉若干问题的规定（一）》（以下简称《企业破产法司法解释一》）、《最高人民法院关于适用〈中华人民共和国企业破产法〉若干问题的规定（二）》（以下简称《企业破产法司法解释二》）、《全国法院破产审判工作会议纪要》及其他相关规定，结合我省法院破产审判工作实际，就破产审判实务中的相关问题，作出如下解答：

一、破产申请与受理

1. 除企业法人外，哪些主体可以参照适用《企业破产法》规定程序进行破产清算？

答：根据《企业破产法》的相关规定，破产程序适用的对象是企业法人。对于企业法人以外的组织，《企业破产法》第一百三十五条规定："其他法律规定企业法人以外的组织的清算，属于破产清算的，参照适用本法规定的程序"。对于企业法人以外的组织能否适用破产清算，应当由相关法律予以明确。根据《中华人民共和国合伙企业法》第九十二条、《中华人民共和国农民专业合作社法》第四十八条、《最高人民法院关于对因资不抵债无法继续办学被终止的民办学校如何组织清算问题的批复》（法释〔2010〕20号）、《最高人民法院关于个人独资企业清算是否可以参照适用企业破产法规定的破产清算程序的批复》（法释〔2012〕16号）的规定，现行相关法律、司法解释明确可以参照适用《企业破产法》规定的破产清算程序进行清算的企业法人以外的组织，有合伙企业、民办学校、农民专业合作社、个人独资企业。除此之外的其他非企业法人或非法人组织申请破产清算的，原则上不应受理。需要明确的是，合伙企业的普通合伙人、个人独资企业的投资人，对于债权人在破产清算程序中未获清偿部分，仍应依法承担清偿责任。

2. 申请债务人破产的债权人是否必须是其债权经生效法律文书确认的债权人？

答：不是。根据《企业破产法》第七条第二款的规定，债务人不能清偿到期债务是债权人提出破产申请的条件。债权人申请债务人破产，应证明其债权人身份，且债务履行期限已经届满未获清偿。人民法院或仲裁机构的生效法律文书并非证明债权人身份的唯一证据形式，人民法院应根据当事人提交的证据材料对债权的真实性依法进行审查，如能够依据当事人签订的合同、支付凭证、对账单、还款协议等主要证据确定债权，且债务人未依据《企业破产法》第十条第一款的规定提出异议，或者其异议经审查不成立的，人民法院不能仅以债权未经生效法律文书确认、债权人身份尚不确定为由，不予受理。

3. 债务人不能提交《企业破产法》第八条第三款规定的全部资料，人民法院能否以此为由拒绝受理其破产申请？人民法院裁定受理债权人的破产申请后，债务人拒不提供《企业破产法》第十一条第二款规定的有关材料，人民法院能否驳回破产申请？

答：不能。人民法院审查是否受理破产申请，主要审查申请人的主体资格、债务人的主体资格和债务人是否具备破产原因。当事人提出破产申请应提交有关材料，是为人民法院审查应否受理破产申请以及顺利审理破产案件提供有利条件。债务人申请破产时，虽不能提供《企业破产法》第八条第三款规定的全部证据材料，但如能根据债务人已提供的证据材料，结合其外观行为（如因未清偿依法成立的到期债务而存在大量诉讼、执行案件）判定债务人具备破产原因的，人民法院也应当受理破产申请。

人民法院受理债权人对债务人的破产申请后，债务人拒不提供《企业破产法》第十一条第二款规定的案件有关材料的，不影响人民法院对破产案件的审理，不应以此为由驳回债权人的破产申请。根据《企业破产法司法解释一》第六条第二款的规定，人民法院裁定受理破产申请后，债务人拒不提交有关材料的，人民法院可以对债务人的直接责任人员依法采取罚款等强制措施。

4. 债权人提出破产申请，债务人人员下落不明无法通知的，是否应采取公告方式通知？

答：《企业破产法》第十条规定："债权人提出破产申请的，人民法院应当自收到申请之日起五日内通知债务人。债务人对申请有异议的，应当自收到人民法院的通知之日起七日内向人民法院提出。人民法院应当自异议期满之日起十日内裁定是否受理"。该规定是为了充分保障债务人的知情权和异议权。在债务人人员下落不明无法直接通知的情况下，可采取在"全国企业破产重整案件信息网""四川法院司法公开网"，或在债务人住所地张贴公告等方式公告通知债务人。公告期限以七日为宜，即明确"自发出公告之日起，经过七日即视为通知"；债务人对申请有异议的，最迟应在公告期满之日起七日内向人民法院提出。

5. 有关主债务人的破产程序尚未终结，债权人能否申请连带保证人破产？

答：可以。《企业破产法》第一百二十四条规定："破产人的保证人和其他连带债务人，在破产程序终结后，对债权人依照破产清算程序未受清偿的债权，依法继续承担清偿责任"。该条规定的是债权人的债权并不因主债务人的破产程序终结而消灭，在破产程序终结后，破产债务人的保证人和其他连带债务人，仍应对债权人依照破产程序未得到清偿的债权继续承担清偿责任，不应理解为在有关主债务人的破产程序终结前，债权人不能向破产债务人的保证人和其他连带债务人主张权利或申请其破产。因主债务人的破产程序尚未终结，保证人和其他连带债务人应承担的债务清偿比例、清偿金额暂不能确定，并非保证人和其他连带债务人启动破产程序或是债权人申请保证人和其他连带债务人破产的障碍和限制条件。根据《企业破产法》第五十二条的规定，"连带债务人数人被裁定适用本法规定的程序的，其债权人有权就全部债权分别在各破产案件中申报债权"。

6. 因债务人的负责人等有关人员下落不明或其他原因，管理人无法接管债务人的账簿或接管的账簿不完整、不真实，破产案件应如何推进？

答：管理人无法顺利接管债务人的账簿或接管的账簿不完整、不真实，不影响破产案件的审理。账簿只是管理人清查资产、梳理债权债务的线索之一。管理人无法接管债务人的账簿或接管的账簿不完整、不真实，通过现有线索查找、追回的资产不足以支付破产费用的，可以以破产债务人无财产可供分配为由，提请人民法院宣告债务人破产并裁定终结破产程序。同时，人民法院可以在终结裁定中列明前述事实，以便债权人按《最高人民法院关于适用〈中华人民共和国公司法〉若干问题的规定（二）》第十八条第二款、第三款规定，追索有限责任公司的股东、股份有限公司的董事和控股股东对公司债务的连带清偿责任，以及实际控制人的相应责任。如果破产程序终结后两年内发现有依法应当追回的财产或者应当分配的其他财产的，债权人可以请求人民法院追加分配。

7. 在破产程序中，审查发现债务人存在隐匿、转移财产等行为的，如何处理？

答：债务人申请破产的，人民法院经审查发现债务人隐匿、转移财产逃避债务的，应裁定不予受理；受理后发现债务人隐匿、转移财产逃避债务的，或是发现债务人巨额财产下落不明且不能合理解释财产去向的，则不必然驳回其破产申请，应由管理人及时行使权利追回债务人财产，并依法追究债务人股东、实际控制人或相关人员侵犯公司财产权益的赔偿责任，追回的财产属于债务人财产；如相关人员涉嫌刑事犯罪的，应将犯罪线索移送公安机关。债权人申请破产的，如受理后发现债务人有隐匿、转移财产等行为，应由管理人及时行使权利追回债务人财产。

8. 债务人主要办事机构所在地与登记注册地不一致的，注册地人民法院登记立案后，认为案件不属于本院管辖的，是裁定不予受理，还是直接移送有管辖权的人民法院处理？

答：企业破产案件由债务人住所地人民法院管辖。《最高人民法院关于适用〈中华人民共和国民事诉讼法〉的解释》第三条规定，"法人或者其他组织的住所地是指法人或者其他组织的主要办事机构所在地。法人或者其他组织的主要办事机构所在地不能确定的，法人或者其他组织的注册地或者登记地为住所地"。注册地人民法院以"破申"案号登记立案后，经听证、询问等调查程序，必要时通过实地走访审查核实，发现该企业的主要办事机构所在地不在本院辖区，且该案件由企业主要办事机构所在地人民法院管辖更有利于财产处置、节约破产成本的，可将案件移送企业主要办事机构所在地同级别的人民法院处理。受移送的人民法院认为案件不属于本院管辖的，应当报请共同的上级法院指定管辖，不得再自行移送。

9. 破产案件受理后，有关债务人的海事纠纷、专利纠纷、证券市场因虚假陈述引发的民事赔偿纠纷等诉讼案件，依据相关特殊管辖规定确定的管辖法院与破产衍生诉讼的专属管辖规定不一致时，如何处理？

答：《企业破产法司法解释二》第四十七条第三款规定："受理破产申请的人民法院，如对有关债务人的海事纠纷、专利纠纷、证券市场因虚假陈述引发的民事赔偿纠纷等案件不能行使管辖权的，可以依据民事诉讼法第三十七条的规定，由上级人民法院指定管辖"，此处所指受理破产申请的人民法院不能行使对有关债务人的海事纠纷、专利纠纷、证券市场因虚假陈述引发的民事赔偿纠纷等衍生诉讼案件的管辖权，主要是基于这些案件通常影响较大，专业技术性较高等特殊原因，法律已特别规定由特定人民法院管辖，即通过法律的特别规定赋予特定人民法院享有管辖该类案件的特定资格。该类案件应根据相关特殊管辖的规定，由相应的特定人民法院管辖；同时，结合案件实际情况，受理相关破产案件的人民法院也可以依据《中华人民共和国民事诉讼法》第三十七条的规定，请求上级人民法院指定将该衍生诉讼案件交由其管辖。

10. 破产案件受理后，当事人在先约定的仲裁条款是否仍具有约束力，是否能够排除破产案件受理法院对有关债务人诉讼的专属管辖？

答：有关债务人的仲裁条款效力不受影响。《企业破产法》第二十一条规定："人民法院受理破产案件申请后，有关债务人的民事诉讼，只能向受理破产申请的人民法院提起"。受理破产案件的人民法院对有关债务人的民事诉讼享有专属管辖权，受案的前提是案件应属人民法院主管的民事诉讼范围，当事人之间达成的合法有效的仲裁条款可以排除人民法院的管辖权。如果相关当事人直接向受理破产案件的人民法院提起诉讼，或是管理人代表债务人向受理破产案件的人民法院提起诉讼，对方当事人在首次开庭前未对人民法院受理该案提出异议的，视为放弃仲裁协议，人民法院应当依法继续审理。

11. 破产案件的受理费应如何计算、收取？

答：破产案件受理费为破产费用，在案件受理后根据破产财产情况确定后，从债务人财产中拨付，申请人不负有预交破产案件受理费用的义务。相关当事人以申请人未预先交纳受理费用为由，对破产申请提出异议的，不予支持。破产案件受理费依据债务人最终清偿的财产价值总额计算，按照财产案件受理费标准减半交纳，最高不超过 30 万元。符合减缓交纳条件的，人民法院可以准许。

12. 当事人对一审法院作出的不予受理破产申请的裁定不服提起上诉，二审法院经审查裁定指令一审法院受理的，一审法院是否仍需作出受理裁定？

答：当事人对一审法院作出的不予受理破产申请的裁定不服提起上诉，二审法院经审查裁定撤销一审法院裁定并指令一审法院受理的，在裁定书主文下端应注明"本裁定为终审裁定并自即日起生效"，同时及时将该民事裁定书及案卷材料移交下级人民法院。二审法院裁定指令一审法院受理之日，为该破产申请的受理时间。一审法院收到二审法院指令受理的裁定后，应立"破"字号案件作出受理裁定，在该裁定书中载明二审法院裁定指令受理的日期，并明确以该日期作为破产申请的受理时间。

二、管理人

1. 有关债务人的民事诉讼，哪些应由管理人以自己的名义提起？

答：以管理人名义提起的诉讼主要包括《企业破产法》第三十一条、第三十二条、第三十三条、第三十四条规定的请求撤销债务人不当处置财产行为、请求撤销个别清偿行为、请求确认债务人无效行为的诉讼，以及根据《破产法司法解释二》第四十四条规定的请求确认债务人抵销行为无效的诉讼。

2. 由管理人代表债务人参加的诉讼，裁判文书中对当事人基本情况应如何列示？

答：以债务人作为当事人、管理人代表债务人参加的诉讼，类型包括破产债权确认、取回权、抵销权、对外追收债权、追收未缴出资、追收抽逃出资、追收非正常收入、损害债务人利益赔偿、别除权等纠纷。在债务人进入破产程序前后，对其基本情况的列述方式有所不同。以债务人作为原告时为例：

进入破产程序前，应表述为：

原告：××公司，住所地×××。

法定代表人：××，××（注明其职务）。

进入破产程序后，应表述为：

原告：××公司，住所地×××。

诉讼代表人：××，（债务人名称）管理人负责人［或（债务人名称）清算组组长］。

3. 管理人作为当事人的民事诉讼，在裁判文书中对当事人基本情况应如何列示？

答：以管理人作为当事人的诉讼，依诉讼地位列为原告、被告、第三人。

以管理人作为原告为例，管理人为社会中介机构的，表述为：

原告：（债务人名称）管理人，（中介机构管理人名称）。

负责人：××，（债务人名称）管理人负责人。

管理人为清算组的，表述为：

原告：（债务人名称）清算组。

负责人：××，（债务人名称）清算组组长。

4. 管理人另聘其他机构或人员的费用如何处理？

答：根据《最高人民法院关于审理企业破产案件确定管理人报酬的规定》第十四条和《全国法院破产审判工作会议纪要》第11条及相关规定，破产清算事务所聘请会计、法律专业的机构或人员，律师事务所聘请法律专业的机构或人员，会计师事务所聘请会计专业的机构或人员，协助履行管理人职责的，聘请的机构或人员由管理人选任，行为后果由管理人承担，行为报酬从管理人报酬中支付。

管理人确需聘请企业经营管理人员，或是聘请其他社会中介机构或人员处理重大诉讼、仲裁、执行或审计等专业性较强的工作，所需费用需要在管理人报酬之外另行列入破产费用的，在第一次债权人会议之前，应当经人民法院许可；在第一次债权人会议之后，应当经债权人会议同意。

5. 债务人财产已全部或大部分设定抵押的，管理人报酬如何确定？

答：根据《最高人民法院关于审理企业破产案件确定管理人报酬的规定》的相关

规定，担保物价值不纳入计算管理人报酬的财产价值总额，但管理人对担保物的管理、维护、变现、交付等工作付出合理劳动的，允许管理人单独向担保权人收取适当报酬。在债务人财产已全部或大部分设定抵押的情况下，破产程序主要是为担保权人进行，管理人为此收取的合理必要劳动报酬，应属于"保管担保财产和实现担保物权的费用"范畴，根据《中华人民共和国物权法》第一百七十三条和《最高人民法院关于适用〈中华人民共和国担保法〉若干问题的解释》第七十四条的规定，可从担保物变现的价款中优先清偿。关于报酬金额问题，管理人可与担保权人就报酬问题积极协商，尽量达成一致意见；管理人与担保权人不能达成一致意见时，则由人民法院综合考虑担保物的性质、管理人对担保物管理所付出的时间和精力等，及时确定管理人就担保物管理应得的报酬，无需管理人与担保权人另行通过诉讼解决。

6. 《企业破产法》第二十条规定："人民法院受理破产申请后，已经开始而尚未终结的有关债务人的民事诉讼或者仲裁应当中止；在管理人接管债务人的财产后，该诉讼或者仲裁继续进行"，"管理人接管债务人的财产"这一事实状态应当如何确定？

答：《企业破产法》第二十条规定的立法意图是通过设置相应诉讼中止制度，便于管理人接管诉讼资料，并为代表债务人参加诉讼做相应准备。一般情形下，管理人接受指定后，即开始接管财产，且接管需要一定的时间，如将"管理人接管债务人的财产"理解为"管理人开始接管债务人的财产"，可能无法为管理人代表债务人参加诉讼提供准备时间。但是，管理人在破产程序中对破产财产的接管又可能因行使撤销权、取回权或其他客观原因而处于持续状态，因此，"管理人接管债务人的财产"也不应理解为"管理人接管完毕债务人所有财产"。为保证管理人有合理时间准备诉讼，同时也为避免因诉讼拖延破产进程，将指定管理人后的第30日确定为恢复审理的日期较为适宜。实践中，如管理人确因正当事由未完成诉讼准备工作，不能参加诉讼的，可以向法院申请延期审理。

7. 人民法院能否依职权决定更换管理人？

答：可以。管理人能否胜任职务，并依法、公正、忠实、勤勉地履行职责，是保证破产程序顺利进行的决定性因素。《最高人民法院关于审理企业破产案件指定管理人的规定》第三十三条对人民法院可以根据债权人会议的申请或者依职权径行决定更换管理人的情形和具体事由作出了明确规定。人民法院和债权人会议应加强对管理人履职的监督，在破产程序终结前，管理人出现法定解任事由的，应及时更换不适任的管理人，并根据《企业破产法》第一百三十条及相关司法解释的规定，对违法、违规的管理人处以罚款、停职、除名等处罚；利益受损的债权人、债务人及相关利益主体，可依法追究管理人不忠实勤勉履职的赔偿责任。

8. 当前可否指定清算组为管理人？

答：应慎用直接指定清算组的管理人选任方式。《最高人民法院关于审理企业破产案件指定管理人的规定》第十八条对可以指定清算组为管理人的案件范围进行了明确规定，主要考虑的是新旧企业破产法适用的衔接、商业银行法等特别法的规定以及政策性破产等特殊案件的需要，有其特定的案件适用范围。《企业破产法》现已实施多年，政策性破产案件已逐步清理完毕，对指定清算组为管理人的案件应从严把握。对于某些政策性问题多、协调任务重、维稳压力大的特定案件，根据破产案件的实际需求，应通过切实发挥"府院联动机制"作用，统筹协调解决好相关问题和矛盾，或者通过吸收政府相关职能部门、金融监管机构等的专业人员协助履行管理人职责，整合各方资源，优化管理人结构，不宜单独、直接指定清算组为管理人。

9. 通过竞争方式指定管理人时应注意哪些问题？

答：因案件重大、复杂需要通过竞争方式指定管理人的，应注意以下事项：其一，应在全国企业破产重整案件信息网上进行公告，同时公开案件基本情况、竞选管理人应具备的基本条件、应提交的材料及报名截止时间等；其二，中介机构分支机构参与竞选管理人的，应以该分支机构的人员和业绩参与竞选；其三，为培育管理人市场，使管理人市场能够良性发展，应避免恶意竞争、低价竞争，评选标准不宜仅把管理人报酬方案作为指定管理人的决定性因素；其四，人民法院应向符合基本条件的中介机构公开评分标准；其五，人民法院可以决定采取遴选加摇号的方式确定最终的评选结果。

10. 对管理人参加的民事诉讼、仲裁调解，有哪些需要注意的事项？

答：管理人参加民事诉讼、仲裁调解的，应特别注意管理人的权限范围。管理人对事实的自认以及承认、变更、放弃诉讼请求，应有相应的事实依据和法律依据，不能超越职权，不得损害全体债权人利益。对于诉讼案件，必要时人民法院可予以释明，对不适合调解的案件，原则上不进行调解，比如破产债权确认之诉，人民法院要慎重使用以调解书确认债权的方式。如管理人在诉讼过程中对原未认可的破产债权予以认可时，人民法院可在释明后由原告撤诉，通过管理人修改债权表后重新提交债权人会议核查。

11. 管理人对外委托中介机构进行鉴定、审计、评估、拍卖等工作，是否必须从省法院建立的相关专业机构备选库中选定？

答：破产案件审理中需要委托专业中介机构进行鉴定、审计、评估、拍卖等相关工作的，对外委托主体应为破产企业的管理人，人民法院对此依法进行监督，但不能代替管理人以人民法院的名义直接对外出具委托手续。在中介机构选定方式上，原则上按照《四川省高级人民法院委托鉴定管理办法》和《四川省高级人民法院委托评估拍卖和变卖管理办法》的规定选定中介机构，再由管理人对外出具委托手续。管理人经人民法院许可，也可以采用公开比选方式选定中介机构，但由此产生的费用和成本不得高于按照司法委托方式产生的费用和成本。

12. 在破产申请受理前为企业预重整等提供专项顾问服务的社会中介机构，在企业进入破产程序后，是否属于《企业破产法》第二十四条规定的与案件有"利害关系"的情形而不得担任管理人？

答：根据"角色利益不得冲突"的一般原则，所谓"利害关系"是指存在足以影响公正履行管理人职责的情形。如果管理人与破产案件所涉及的当事人或破产财产存在的关系没有达到这一程度，可不受利害关系规定的制约。在企业进入破产程序前，为企业预重整等提供专项顾问服务的中介机构，其从事的活动具有中立性与独立性，并非代表债务人或债权人某一方主体的利益，与《最高人民法院关于审理企业破产案件指定管理人的规定》第二十三条第四项规定的"现在担任或者人民法院受理破产申请前三年内曾经担任债务人、债权人的财务顾问、法律顾问"这类代表一方主体利益的情形并不完全相同，可不作为该中介机构选任为管理人的消极条件。

三、债务人财产

1. 人民法院受理破产申请后，有关债务人财产的行政、刑事保全措施是否应当解除？

答：依法应当解除。《企业破产法》第十九条规定：人民法院受理破产申请后，有关债务人财产的保全措施应当解除，执行程序应当中止。所谓保全措施，既包括民事诉讼保全措施，也包括在行政处罚程序中的保全措施，如海关、工商管理部门等采取的财产扣押、查封等措施，还应包括刑事诉讼中公安部门、司法部门采取的相关保全措施。管理人接受指定后，应当及时将破产案件受理情况告知采取保全措施的行政机关或司法机关。采取保全措施的行政机关或司法机关知悉后，应当及时解除保全措施，同时通知管理人接管财产。有关人民法院经通知拒不依法解除保全措施的，受理破产申请的人民法院可以层报共同上级人民法院解除保全措施，上级人民法院对符合解除保全措施条件的，可以径行裁定解除对债务人财产的保全措施。

2. 如果破产企业的债务人和财产持有人在收到管理人发出的通知后，既不清偿债务或者交付财产，又没有正当理由不在规定的异议期间内提出异议的，管理人能否依照《最高人民法院关于审理企业破产案件若干问题的规定》第七十三条的规定向人民法院申请强制执行？

答：不能。《最高人民法院关于审理企业破产案件若干问题的规定》第七十三条规定："清算组应当向破产企业的债务人和财产持有人发出书面通知，要求债务人和财产持有人于限定的时间向清算组清偿债务或者交付财产。破产企业的债务人和财产持有人有异议的，应当在收到通知后的七日内提出，由人民法院作出裁定。破产企业的债务人和财产持有人在收到通知后既不向清算组清偿债务或者交付财产，又没有正当理由不在规定的异议期内提出异议的，由清算组向人民法院提出申请，经人民法院裁定后强制执行"。《最高人民法院关于审理企业破产案件若干问题的规定》目前还属于有效状态，最高人民法院的精神也认为该规定在不与现行《企业破产法》及其司法解释相冲突的情况下，仍可适用。但就《最高人民法院关于审理企业破产案件若干问题的规定》第七十三条而言，该规定涉及破产企业的债务人和财产持有人与管理人之间就实体权利的争议，未经裁决直接申请强制执行，与现行《企业破产法》作为一部市场化法律的精神不符，不宜再适用。为充分保障当事人的实体权利和诉讼权利，对于上述情况，如果相关财产明确登记在破产企业名下，管理人可根据《企业破产法司法解释二》第六条的规定向受理破产案件的人民法院申请采取保全措施；如果相关财产不在破产企业名下，破产企业仍主张享有一定权属，或要求对方履行一定的债务，应依法提起衍生诉讼，取得人民法院生效法律文书后再强制执行。

3. 债务人股东能否以其对债务人所负的出资义务与债务人对其负有的债务主张抵销？

答：不能抵销。股东对公司的出资形成的是公司用于其独立经营并独立对外承担责任的财产，根据公司资本充实的基本原则，股东应当足额缴纳所认缴的出资，如允许股东将其本应按比例清偿的破产债权与欠缴的出资抵销，实际上是允许股东不足额出资，不仅违反资本充实原则，也会损害全体债权人利益，故债务人股东因欠缴债务人的出资或者抽逃出资对债务人所负债务与债务人对其所负债务主张抵销的，不予支持。同时，根据《企业破产法司法解释二》第四十六条的规定，债务人股东滥用股东权利或者关联关系损害公司利益对债务人所负的债务，也属禁止抵销的范畴。

4. 债务人的全部财产均设定担保，无剩余财产或是剩余财产不足以支付破产费用的情况下，能否终结破产清算程序转入执行程序？

答：不能。破产程序本质上也是一种执行程序，是相对个别执行程序而言的一种为实现全体债权人公平清偿的概括执行程序。担保权人的权利指向的是担保物变现价款的优先受偿权，而非对担保物本身享有所有权或使用权，已依法设定担保物权的特定财产仍属于债务人财产，在破产程序中，对担保物的执行，除应遵循《中华人民共和国物权法》《中华人民共和国担保法》的有关规定外，还应遵守《企业破产法》的相关规定。在债务人财产已全部或大部分设置担保的情况下，破产程序主要是为担保权人利益进行，根据《中华人民共和国物权法》第一百七十三条的规定，"保管担保财产和实现担保物权的费用"属于担保物权的担保范围，可从担保物变现价款中优先受偿，故担保权人应当根据担保物是否受益及受益情况来承担该部分破产费用或共益债务。《企业破产法司法解释二》规定破产费用和共益债务应在担保物权实现之后剩余部分进行清偿，此处的破产费用和共益债务应是指与担保物权实现无关的破产费用和共益债务。对担保权人应承担的破产费用和共益债务之外的费用，当前仍只能通过破产费用基金或是协调债权人、债务人的出资人及其他利害关系人垫付破产费用等方式依法完成破产程序，终结破产程序转入执行程序的做法缺乏法律依据，也妨碍了破产程序所承载的公平清偿和市场退出机制功能的发挥。

5. 在可撤销期间内，债务人为他人所负债务而提供财产担保，管理人能否依据《企业破产法》第三十一条的规定请求予以撤销？

答：可以适用"无偿转让财产"的规定主张撤销。《企业破产法》第三十一条第三项规定的"对没有财产担保的债务提供财产担保"的可撤销情形，指的是债务人为自有债务提供担保。为他人所负债务提供无对价、无受益的担保，应适用该条第一项关于无偿行为的规定。理由是：虽然物的担保不等同于物的转让，但担保物权人一旦行使担保权，则必然涉及物的转让和处分，两者在相关规则上存在一致性。在担保物权实现后，破产债务人虽从法律上取得了对主债务人的追偿权，但通常而言，追偿程序的行使，往往是由债务人不清偿债务或缺乏清偿能力所致，此时破产债务人的追偿权只是一个没有担保且可能难以实现的债权，这与财产的无偿转让行为并无实质性区别。

6. 在可撤销期间内，债务人对已有财产担保的债务补充增加担保，管理人能否依据《企业破产法》第三十一条的规定请求予以撤销？

答：可以适用《企业破产法》第三十一条第三项关于"对没有财产担保的债务提供财产担保"的规定对增加的担保主张撤销。《企业破产法》规定对没有财产担保的债务提供财产担保的行为应予撤销，是基于对原无财产担保的债务补充提供财产担保，将使该债权人享有原本没有的优先受偿权，具有改善某一债权人原有清偿地位的不公平性质。在可撤销期间内，债务人对已有财产担保的债务又增加担保，同样使特定债权人对增加的特定财产享有优先受偿权，从而得到增加个别清偿的优惠，对该增加的财产担保应属于可撤销行为之列。

7. 债权人能否在破产程序中行使《中华人民共和国合同法》规定的债权人的撤销权？

答：能。破产撤销权的行使主体是管理人，债权人不具备行使破产撤销权的法律资格，但并不影响债权人依据《中华人民共和国合同法》第七十四条的规定提起债权人撤销权之诉。根据《企业破产法司法解释二》第十三条的规定，债权人在破产程序中行使《中华人民共和国合同法》上的撤销权，与破产程序之外的撤销权诉讼相比，具有一定的特殊性，必须以管理人未依法提起破产撤销权之诉为前提，同时必须遵守"入库规则"，即在起诉中说明"因此追回的财产归入债务人财产"。因债权人在破产程序中行使《中华人民共和国合同法》规定的撤销权，具有代表诉讼的性质，实际代表的是全体债权人的利益，为此，债权人在破产程序中行使撤销权的范围原则不受相关债权数额的限制，由此产生的诉讼费、鉴定费等必须支出的费用应当作为共益债务随时支付。

8. 房地产企业进入破产程序后，在房屋具备交付条件的情况下，已支付完毕全部购房价款的消费者，能否请求房地产企业履行房屋过户义务？该行为是否构成《企业破产法》第十六条规定的无效个别清偿行为？

答：可以请求房地产企业履行房屋过户义务，不构成个别清偿行为。根据《企业破产法》《企业破产法司法解释二》的规定精神，并非所有破产程序中的个别清偿行为均属于《企业破产法》第十六条规定的无效行为。认定个别清偿行为无效的关键要件之一是该清偿行为损害了其他破产债权人的合法权益。根据《中华人民共和国合同法》《最高人民法院关于建设工程价款优先受偿权问题的批复》《最高人民法院关于人民法院办理执行异议复议案件若干问题的规定》的相关规定，交付了购买商品房全部或者大部分款项的消费者对于其所购房屋的权利，具有特定性和优先性，在受偿顺序上本身就优先于建设工程价款优先受偿权和抵押权，其权利的实现并不会构成对其他破产债权人合法权益的损害，故管理人按照债务人与消费者购房户签订的商品房买卖合同的约定，履行交付房屋并办理所有权变更登记义务的行为，并非《企业破产法》第十六条规定的个别清偿行为。

四、债权申报与审查

1. 法院裁定确认无异议债权时，对经债权人会议核查无异议的债权是否还需进行实质审查？

答：不需要。根据《企业破产法》的相关规定，债权审查的主体是管理人，债权核查的主体是债权人会议，债权确认的主体是人民法院。人民法院对于经管理人审查、债权人会议核查无异议的债权，进行实质审查既不现实也无必要。为保证债权审查结果的真实、合法，人民法院应督促管理人细化债权审查程序，可要求管理人根据案件具体情况制定债权审查规则。对于尚未取得执行依据的债权，在审查过程中，除了审查申报材料和书面证据，还应向债权人、债务人调查核实形成笔录。管理人完成债权审查后，要对债权人申报的每一笔债权提出审查意见，并根据审查结果编制债权表。在第一次债权人会议前，管理人应提前告知债权人债权审查的结果，对债权人、债务人提出的异议及时进行复核等，以此提高债权审查、核查程序的质量。人民法院也可以通过抽样审查等方式对管理人的债权审查情况予以监督。

2. 管理人认为生效法律文书确认的债权有误，是应由管理人依审判监督程序启动救济，还是在管理人不予确认后，由债权人另行提起破产债权确认之诉进行确认？

答：在债权审查中，管理人发现债权人据以申报债权的生效判决书、调解书、仲裁裁决书所确定的债权确有错误，或者有证据证实赋予强制执行力的公证债权文书确认的债权债务是虚构的，如尚在相关法律规定的救济期限内，管理人可以在取得相应证据后申请再审，或者提起第三人撤销之诉，或者申请撤销仲裁裁决，或者申请不予执行相关公证债权文书。如已超过相关法律规定的救济期限，管理人不能直接否定生效法律文书的效力。对于已经发生法律效力的判决、裁定、调解书确有错误的，还可依照《中华人民共和国民事诉讼法》第一百九十八条关于人民法院决定再审的规定，启动再审。在再审、撤销或者不予执行程序作出结论前，对无异议债权部分，先予认定；对有异议债权部分，暂缓认定。

3. 债权人未申报债权，而直接提起债权确认之诉的，应如何处理？

答：债权申报是债权人参加破产程序的必要条件，破产债权人只有在申报债权以后，才取得受破产法保护的地位，才有权对破产财产提出权利请求。人民法院受理破产申请后，债权人未申报债权而直接起诉要求确认债权的，应告知其向管理人申报债权，对其起诉应不予受理；已经受理的，应当裁定驳回起诉。

4. 主债务人破产后，主债务停止计息的效力是否及于担保人？

答：破产案件受理后，主债务所产生的利息仍然可以向保证人主张。破产法停止计息的规定并非为减轻主债务人的责任，而是出于维护全体债权人公平受偿的价值考虑，保护的对象是全体债权人，而非保证人；保证人承担破产程序受理之后的利息，属于保证人应当预见及承担的正常的商业风险，且主债务停止计息并未损害保证人原有权益或不当加重其责任。对于连带责任保证人，债权人享有直接主张全部债权的权利，不能因为债权人参加了破产申报程序，而减轻保证人的责任。

5. 主债务人破产，债权人要求保证人承担保证责任的，是否须在破产程序终结后六个月内提出？

答：《最高人民法院关于适用〈中华人民共和国担保法〉若干问题的解释》第四十四条规定："保证期间，人民法院受理债务人破产案件的，债权人既可以向人民法院申报债权，也可以向保证人主张权利。债权人申报债权后在破产程序中未受清偿的部分，保证人仍应当承担保证责任。债权人要求保证人承担保证责任的，应当在破产程序终结后六个月内提出"。主债务人的破产程序开始时，保证期间尚未届满的，债权人既可以向人民法院申报债权，也可以向保证人主张权利，也可以在申报债权的同时向保证人主张权利；该条第二款规定的"破产程序终结后六个月"，应是债权人向保证人主张权利的最晚期限。

如果在主债务人的破产程序开始时，保证期间已经届满，债权人未在保证期间内要求保证人承担保证责任的，其保证权利已消灭，该权利并不因主债务人破产而恢复，该种情形不适用前述担保法司法解释第四十四条第二款的规定。此外，《最高人民法院对〈关于担保期间债权人向保证人主张权利的方式及程序问题的请示〉的答复》进一步解释，在债权人既申报了债权同时又起诉保证人的案件中，若需等待破产程序终结的，裁定中止诉讼；若径行判决的，应在判决中明确扣除债权人在破产程序中受偿的部分。

6. 债务人负责人下落不明无法对债权表进行确认的，可否视为债务人无异议？

答：债权人对人员下落不明或者财产状况不清的债务人申请破产清算，符合《企业破产法》规定的，人民法院应依法予以受理。债务人负责人的状况并不影响破产程序的进行，也不影响破产债权的确认。债务人是否有异议的意思表示，由债务人的原法定代表人或经其特别授权的相关人员作出。债务人的原法定代表人下落不明或未参加债权人会议，亦未委托代理人参加债权人会议的，视为债务人对债权表记载的债权无异议。

7. 债权人能否对他人的债权提起破产债权确认之诉？

答：可以。债权人的最终受偿金额与其他债权人的债权数额、债权性质的认定具有直接关联关系，故债权人对他人的债权的性质或数额等具有诉的利益，应允许债权人对他人的债权提起破产债权确认之诉。

8. 债权人、债务人对异议债权提起诉讼，有无期限限制？

答：《企业破产法》及其现行司法解释未对当事人提起破产债权确认之诉的期限进行规定，基于破产程序的效率要求，应对当事人提起破产债权确认之诉的期限予以合理限制。根据民事诉讼相关期限的制度规定，参照当事人不服一审民事判决提起上诉的期限，当事人提起破产债权确认之诉的期限以在债权核查结束后十五日内为宜。在债权人会议核查债权表后，管理人可根据案件具体情况，在向债权人、债务人送达的复核意见中注明"如对本复核意见有异议，请在收到本复核意见之日起十五日内，向受理破产申请的法院提起诉讼"。如相关当事人未在规定的期限内向法院提起诉讼，管理人可将其视为无异议债权提请法院予以裁定确认。

9. 破产债权确认之诉中，当事人的诉讼地位应如何列示？

答：债权人对债权表记载的本人债权不成立、金额过低或债权性质有异议而提起债权确认之诉，应以债务人为被告，管理人作为债务人的诉讼代表人参加诉讼。债权人对债权表记载的他人的债权金额过高或债权性质有异议而提起债权确认之诉，应将被异议债权人列为被告、债务人列为第三人，管理人作为债务人的诉讼代表人参加诉讼。在债务人对债权表记载的债权有异议的情形下，应将被异议债权人列为被告。如债务人以自己的名义提起诉讼存在障碍，可根据案件具体情况，允许债务人的法定代表人、股东、出资人、董事、监事等代为行使债务人权利，以自己的名义代表债务人提起破产债权确认诉讼，胜诉利益归于债务人，此时，应将被异议债权人列为被告，管理人列为第三人，案件受理费应在债务人财产之外由起诉主体自行筹措向人民法院预先缴纳。

10. 行政、司法机关对债务人的罚款、罚金，以及税款滞纳金能否认定为破产债权？

答：行政、司法机关对债务人的罚款、罚金带有处罚性质，是对于违法行为的惩罚，属于劣后债权。税款滞纳金具有经济补偿性质，是企业因占用税款而应对国家作出的经济补偿，属于国家税款被占用期间的法定孳息，相当于利息。根据《最高人民法院关于税务机关就破产企业欠缴税款产生的滞纳金提起的债权确认之诉应否受理问题的批复》（法释〔2012〕9号）的规定，破产企业在破产案件受理前因欠缴税款产生的滞纳金属于普通债权。对于破产案件受理后因欠缴税款产生的滞纳金，人民法院应当依照《最高人民法院关于审理企业破产案件若干问题的规定》第六十一条规定处理，即"下列债权不属于破产债权：……（二）人民法院受理破产后债务人未支付应付款项的滞纳金，包括债务人未执行生效法律文书应当加倍支付的迟延利息和劳动保险的滞纳金"。破产案件受理后债务人欠缴的税款滞纳金，应遵守一般债权人破产受理停止计息的规则，不属于破产债权。

11. 职工对管理人调查公示的劳动债权金额有异议，能否不经劳动争议仲裁前置程序直接向法院起诉？

答：可以。职工工资债权争议形式上属于劳动争议范畴，虽然仲裁前置是劳动争议处理的一般性程序，但在破产程序中，根据《企业破产法》第四十八条第二款关于"债务人所欠职工的工资和医疗、伤残补助、抚恤费用，所欠的应当划入职工个人账户的基本养老保险、基本医疗保险费用，以及法律、行政法规规定应当支付给职工的补偿金，不必申报，由管理人调查后列出清单并予以公示。职工对清单记载有异议的，可以要求管理人更正；管理人不予更正的，职工可以向人民法院提起诉讼"的规定以及《最高人民法院民事案件案由规定》的相关规定，该类纠纷因用人单位进入破产程序后，可不经劳动仲裁前置程序直接向人民法院起诉，案由为"职工破产债权确认纠纷"。

12. 经生效裁判文书所确认的董事、监事和高级管理人员的劳动报酬，在破产程序中是否按照《企业破产法》第一百一十三条第一款规定的第一顺位清偿？

答：不必然直接按照生效裁判文书确定的劳动报酬数额认定为职工债权，并按照《企业破产法》第一百一十三条第一款规定的第一顺位清偿。在企业经营管理不善、长期亏损并进入破产程序的情形下，破产企业的董事、监事和高级管理人员对于企业的破产应负有责任，对其较高的工资收入的清偿应进行一定限制，以体现与其他普通劳动者在清偿顺序上的公平性。为此，《企业破产法》第一百一十三条第三款明确规定破产企业的董事、监事和高级管理人员的工资按照该企业职工的平均工资计算。对于高出该企业职工平均工资的部分，虽经生效裁判文书确认为合法劳动报酬，但应根据《企业破产法》第三十六条、《企业破产法司法解释二》第二十四条之规定，将其作为普通破产债权获得清偿。

13. 在破产案件中，债务人或相关人员因涉嫌非法集资类刑事犯罪，相关刑事案件的被害人能否在破产程序中主张权利？

答：破产程序中涉及非法集资类犯罪问题时，首先应把刑事案件的涉案财产与破产财产进行区分。对于应返还给刑事案件被害人的特定财产，不属于破产财产，应通过在刑事程序中退赔等方式返还给受害人；对于已无法区分或者无区分必要的财产，则应当纳入破产财产在破产程序中一并处理。鉴于非法集资与民间借贷，均是以借款合同为基础而形成的法律关系，只是前者因人数、情节、影响达到了需要刑事法律调整的范围而受到刑法的否定性评价，为公平保护刑事被害人的权利，应允许刑事被害人在破产程序中以申报债权的方式行使权利。在债权数额认定上，相较于因与债务人正常交易而产生债权的债权人，刑事案件被害人作为非法金融活动的参与者，其往往本身也具有一定的过错，其享有的权利依法不能优于合法的普通民事债权人，对其债权通常按民间借贷规则进行调整。

五、债权人会议

1. 破产程序中，债权人将一笔债权转让给多个主体，或者多个债权人将债权转让给同一主体，受让债权的主体如何行使表决权？

答： 债权让与是以债权为标的，通过法律行为在不同主体之间进行移转。破产程序中不禁止债权转让，但为了避免个别债权人利用债权分割达到多受偿或者控制表决结果的目的，破产程序中的债权转让应当予以规范，不能因债权转让而改变原债权的表决权利，包括金额和表决票数。具体区分下列情形：（1）若一个债权人将其债权进行分割后转让给多个主体，各受让人的表决金额可按其受让债权金额分别统计，但表决票数应合计按一票统计，各受让人的表决票数为其受让债权金额占分割转让前债权金额的比例。同时，为避免债权人利用债权分割转让而获益，债权分割转让后的债权受偿总额不得高于转让前原债权的受偿金额。（2）若转让时多个主体对同一债权概括受让，新债权人彼此之间不区分份额，为共有关系，仍系同一主体，享有一个表决权。（3）若同一主体在破产程序中受让多个债权人的债权，则受让人以其受让的债权总额行使表决权，且仅享有一个表决权。在分组表决时，如受让人受让的债权类型存在于多个表决组，则在各表决组分别享有一个表决权。

2. 同一债权人对债务人享有多笔债权时，如何确定其代表的债权额及债权人人数？

答： 同一债权人对债务人享有多笔债权时，应当区分债权性质，以确定债权人在行使表决权时所代表的人数和债权额。如多笔债权系同一性质，应合并计算债权额，享有一个表决权；如多笔债权存在不同性质时，应根据各类性质的债权金额分别行使表决权，有几个类型的债权即享有几个表决权。

3. 在召开债权人会议前，人民法院如何为债权尚未确定的债权人临时确认债权额，以便于其行使表决权？

答： 在召开债权人会议前，为保障适格债权人的参会权、表决权，针对已经提交债权申报材料，但债权尚未确定的债权人，可以自己申请或通过管理人申请人民法院为其行使表决权而临时确定其债权额。管理人应根据债权申报资料及前期审查的基本情况向人民法院提出确定临时债权额的意见，同时说明相关事实和理由。必要时，人民法院可要求管理人作出合理解释，也可以通知异议双方到庭陈述并举证，经过听证程序后，临时确认债权的数额，并作出决定，以临时确认的数额为这些债权参与行使表决权的数额。

4. 人民法院临时确认的债权额与最终确认的债权额之间出现差异时，如何处理？

答：《企业破产法》第五十九条规定的临时债权额确认制度，旨在充分保障债权人权益，避免债权人因债权尚未确定而无法行使参会权、表决权。因此，在债权确认裁决作出前，债权人依据临时确认的数额行使表决权，已经完成的破产程序不受影响。

当临时确认的债权额与最终确认的债权额之间出现差异时，应当区分清算程序与重整程序；在清算程序中，制定清算分配方案时，有争议债权人暂时不能得到实际的分配，但应将存在争议且处于裁决过程中的债权份额按较高份额进行保留，待债权确认后依照分配方案再行分配；在重整程序中，最为重要的是表决通过重整计划，因重整计划表决是分组表决，而非采用简单多数决原则，某些债权人的债权份额调整不会影响重整计划的通过，也不会影响人民法院强裁。

5. 职工代表或工会代表参加债权人会议能否行使表决权？

答：不行使表决权。《企业破产法》第五十九条明确规定了债权人会议应当有债务人职工和工会代表参加，对有关事项发表意见。实务中，一般由管理人推荐 2-3 名职工代表或工会代表参加会议。另，对重整计划草案进行表决时，职工在职工债权组内行使表决权。

6. 债权人会议有表决事项时，对有财产担保的债权人行使的表决权如何统计？

答：在有财产担保的债权人有表决权的情况下，其表决权统计在不同情形下有所区别。

对于一般决议事项的表决，根据《企业破产法》第六十四条第一款的规定，债权人会议的决议，由出席会议的有表决权的债权人过半数通过，并且其所代表的债权额占无财产担保债权总额的二分之一以上，有财产担保的债权人对决议的表决应当计入表决人数的统计，但其债权数额不计入表决金额的统计。

对于重整计划草案的表决，根据《企业破产法》第八十二条、第八十四条的规定，对债务人的特定财产享有担保权的债权将单独分组表决，在该情形下，有财产担保的债权人表决的人数和债权数额均应当纳入该组表决统计。

对于和解协议草案的表决，根据《企业破产法》第五十九条第三款规定，对债务人的特定财产享有担保权的债权人，未放弃优先受偿权利的，对通过和解协议不享有表决权。

7. 债权人会议可否对破产财产的拍卖次数和拍卖不成作价变卖或实物分配等方案进行决议？

答：破产财产处置应当以价值最大化为原则，兼顾处置效率。根据《企业破产法》第一百一十二条的规定，债权人会议有权对破产财产的变价出售方式作出决议，基于最大限度提升破产财产变价率考虑，管理人可以将拍卖次数及流拍几次后作价变卖或实物分配等问题纳入破产财产变价方案，经债权人会议决议通过后执行。

8. 债权人会议能否将其职能对债权人委员会作出概括性授权？

答：不能概括性授权，授权事项应具体明确。设置债权人委员会制度的立法目的主要是弥补债权人会议在行使日常监督职能方面的缺陷。《企业破产法》第六十八条第四款概括性地规定债权人委员会可行使由债权人会议委托的其他职权，但该授权必须符合法律规定。首先，该委托的职权必须是《企业破产法》规定的属于债权人会议可以行使的职权，不属于债权人会议行使的职权不能委托债权人委员会行使；其次，对涉及债权人重大利益的表决事项，如表决财产管理方案、变价方案、分配方案以及表决重整计划草案、和解协议草案等关键性职权不宜授予债权人委员会行使。实务中，管理人应起草《债权人委员会议事规则》提交债权人会议审议，议事规则应明确记载债权人会议委托债权人委员会的其他职权。

六、破产重整、和解与清算

1. 在重整申请审查阶段对企业是否具有重整价值应如何进行判断及查明？

答：重整程序社会代价大、成本高，在重整申请审查阶段即应对企业是否具有重整价值进行审查判断。人民法院在审查重整申请时，可根据债务人的资产及债务状况、股权结构状况、内部治理、技术工艺、生产销售、行业前景及在行业中的地位等因素，综合内外部情况对其是否具有重整价值进行判断。涉及重整价值的商业判断和市场判断问题，人民法院可以召集申请人、债务人、出资人、政府及有关部门、专业中介机构举行听证会，或是商请相关专业机构、专业人员提出专业意见，也可以向债务人所在地的政府及行业主管、发改、国资、税务等部门征询意见。

2. 对关联企业实质合并破产的审查应着重注意哪些问题？

答：人民法院在对实质合并申请进行审查时，应注意关联企业分别破产是基本原则，实质合并破产是例外情形。实践中，应当注意区分控制程度较高的关联企业与法人人格高度混同情形的区别，控制程度较高的关联企业运营中的一些共性特征如资金的统一调拨使用、财务印章的统一管理等，不能简单将其作为判断是否构成法人人格高度混同的标准；法人人格高度混同的认定标准需是达到关联企业的资产及负债无法区分或区分成本过于高昂，且将严重损害债权人公平清偿利益的程度。在立案审查阶段，若难以准确判断是否构成法人人格高度混同，可先分别受理破产申请或先受理控制企业的破产申请，由管理人通过对债务人企业的资产及债务等状况进行清查，乃至借助审计等手段进行核实作出构成混同的准确判断后，再提请人民法院裁定对关联企业进行实质合并破产或将其他关联企业纳入实质合并破产。人民法院作出裁定之前，应当组织召开听证会听取各方意见。

3. 在重整期间，哪些情形下可由债务人自行管理财产和营业事务？

答：重整期间，债务人符合下列条件的，经债务人申请，人民法院可以批准债务人在管理人的监督下自行管理财产和营业事务：（1）未发现债务人有《企业破产法》第三十一条、第三十三条规定的行为；（2）债务人的内部治理结构足以使企业正常运转；（3）债务人自行管理财产和营业事务有实际可行的方案和措施；（4）债务人自行管理不致损害债权人利益；（5）债务人在重整期间需持续经营，采用债务人管理模式更有利于债务人财产保值增值。

4. 重整计划草案涉及出资人权益调整事项且该出资权益附有股权质押权，应当如何调整出资人及股权负担相关权利人的权益？

答：重整计划草案涉及出资人权益调整事项的，应当设出资人组对该事项进行表决。当债务人企业资不抵债时，所有者权益为负，出资人的权益价值为零，对出资人权益的调整由出资人行使表决权，股权价值调整为零，不影响出资人本应向股权负担相关权利人承担的债务偿还责任以及其导致质权人设立股权质押的目的落空所遭受损失的损害赔偿责任；当债务人企业资产大于负债，但又缺乏及时清偿能力的，出资人权益仍具有账面价值，出资人权益调整方案应同时兼顾股权质押权人的权益，股权质押权人对方案有异议的，受理破产重整的人民法院可以组织召开听证会听取各方利害关系人的意见，尽量通过协商解决，若协商不成，重整计划草案中的出资人权益调整方案应确保出资人权益调整后股权质押权人的利益，不低于调整前其就股权质押权可以获得的利益。

5. 债务人进入破产程序后，人民法院又裁定其关联企业与债务人合并破产的，在债权审查时的止息日以及可撤销行为时限是以债务人的破产申请受理日为准，还是以人民法院裁定合并破产的时间为准？

答：人民法院裁定采用实质合并方式审理破产案件的，各关联企业成员之间的债权债务归于消灭，各成员的财产作为合并后统一的破产财产，由各成员的债权人在同一程序中按照法定顺序公平受偿。在处理债权审查时的止息日以及在处理可撤销行为、追回财产时，应当按照债务人与关联企业各自进入破产程序的时间分别确定，并在债权人会议中予以释明。重整计划草案的提交期限应从人民法院裁定合并重整之日起计算。

6. 人民法院在正常批准重整计划时，应重点审查哪些事项？

答：人民法院在正常批准重整计划时也应作实质审查，并重点审查以下事项：（1）表决分组是否合法、合理，应将法律和经济利益相近者分为一组，特别要关注小额债权、优先债权（包括工程价款优先权、担保债权、消费者购房户债权等）以及侵权债权人、供应商债权人、民间借贷及以房抵债等特殊债权人的分组情况；（2）重整的目的是否正当，债务清偿方案和经营方案是否合理，防止重整制度被滥用；（3）是否公平对待同一表决组内成员；（4）是否符合最低保障原则，即重整中的清偿比例应明显不低于提请人民法院批准时的模拟清算条件下的清偿比例；（5）重整计划是否具有可行性。此外，还应着重对投反对票的债权人利益是否得到公平、合法保护进行审查。

7. 人民法院在强制批准重整计划草案时，应重点审查哪些事项？

答：人民法院应审慎适用强裁权。在强制批准重整计划草案时，除了严格按照《企业破产法》第八十七条规定的条件进行审查外，尤其要注意已表决通过重整计划草案的表决组至少有一组是利益受到影响的表决组，且应当由管理人与未通过重整计划草案的表决组进行充分协商。实践中，应当注意强制批准上市公司及金融机构的重整计划草案的，需层报最高人民法院批准。

8. 关联企业非实质合并破产的管辖法院应如何确定？

答：具备破产原因的多个关联企业的破产管辖法院不在同一人民法院的，可根据相关主体的申请对不同人民法院受理的多个破产程序进行协调审理，也可报请共同的上级人民法院确定由一家人民法院集中管辖。上级人民法院确定集中管辖的人民法院时，应综合考虑破产案件审理的成本、效率、破产申请的先后顺序、成员资产负债规模大小、主要营业事务所在地、核心控制企业住所地等因素。在实务操作中，若申请人对多个关联企业均向其中一个有管辖权的人民法院申请破产的，受案人民法院认为确有必要由其集中管辖的，可层报与其他有管辖权法院共同的上级人民法院确定由其进行集中管辖；若申请人对多个关联企业分别向各自有管辖权的人民法院申请破产的，各受案人民法院均可根据案件实际情况，报请共同的上级人民法院确定由一家人民法院集中管辖。

9. 债务人的担保人对债权人在破产程序中未获清偿的债权予以清偿后，能否再向重整成功后的企业行使追偿权？

答：不能。破产重整程序系为公平清偿债务、挽救具有重整价值的债务人企业的法律制度。按重整计划减免的债务，自重整计划执行完毕时起，债务人不再承担清偿责任。《企业破产法》第九十二条明确规定，债权人对重整债务人的保证人和其他连带债务人所享有的权利，不受重整计划的影响，其在重整程序中未得到清偿的部分可以向保证人或连带债务人主张。但保证人或连带债务人履行完剩余的清偿义务后，不能向破产重整的债务人追偿。这是因为保证人或连带债务人所清偿的债务与债权人在重整程序中申报的债务实质上源于同一债务，任何实质上源于同一债务的普通债权，在破产程序中只能得到与其他普通债权相同的受偿比例，而不能得到二次清偿，并因此得到高于其他普通债权人的清偿比例。

10. 在重整期间，担保物权人对特定财产已变现的价款能否主张提前分配？

答：能。担保财产属于债务人财产，担保权仍应在破产程序框架内解决，担保权人在债务人进入破产程序后，应当通过管理人行使其优先权。《企业破产法》关于重整期间"担保权暂停行使"的规定，是为实现债务人财产价值最大化，避免因担保物的随意变价处置而影响企业的挽救与生产经营考虑。对于重整程序中非重整核心资产以及无助于提升企业整体价值的财产，不必暂停担保物权的行使；如担保物权标的已处置变现，应允许担保权人从担保物变现的价款中及时获得清偿。

11. 破产重整、和解、清算程序之间可否进行转换？

答：相对于破产清算程序而言，重整及和解程序属破产拯救程序，清算程序与破产拯救程序之间可以转换，但需符合一定条件。清算程序转重整或和解程序的条件，一是应当在宣告破产前；二是需有法律规定的适格主体提出申请，转重整程序需由债权人、债务人或者出资额占债务人注册资本十分之一以上的出资人向人民法院申请，转和解程序只能由债务人提出申请。重整或和解失败则应当直接宣告破产。

对于重整与和解程序之间的转换，相关法律及司法解释虽无明确规定，但也无限制性的规定。基于债权人利益最大化和实现企业挽救目标考虑，在重整或和解程序进行中应可相互转换。和解程序转重整程序，需在债权人会议对和解协议草案进行表决前提出申请；重整程序转和解程序，需在债务人或管理人提交重整计划草案前提出申请。申请转换程序的主体应当符合《企业破产法》的规定。人民法院收到申请后，应组织召开听证会，听取各利害关系人的意见，并根据案件实际情况进行审查判断。三个程序之间的转换原则上只能一次。

12. 重整程序是人民法院裁定批准重整计划时终结，还是重整计划执行完毕时终结？重整计划执行期间与债务人有关的诉讼应如何确定管辖法院？

答：重整程序的终结应当以人民法院批准重整计划为标准。首先，人民法院批准重整计划的裁定事项有两项，一是批准重整计划，二是终止重整程序，因此裁定中已表明重整程序终止。其次，重整程序终止并不影响管理人履行监督职责并提交监督报告，如重整计划执行不能转入破产清算，可作为一个新的破产案件。重整计划执行期间，与债务人有关的诉讼应当按照普通民事案件的管辖原则确定管辖法院。

13. 在破产清算程序中处置财产所产生的应由债务人承担的税款，属于破产费用还是税收债权？

答： 破产程序中处置破产财产新产生的增值税、附加税、印花税、契税等税费，属于在破产程序中为实现全体债权人的共同利益而必须支付的费用或者承担的必要债务，可以归为破产费用中"变价和分配债务人财产的费用"，由债务人的财产随时清偿。如处置的破产财产系担保物，则处置破产财产所产生的税费从担保物处置价款中优先清偿。

14. 其他利害关系人阻挠管理人向买受人交付已拍卖成交的破产财产，财产买受人是否有必要提起一个排除妨害诉讼？

答： 无必要。破产程序是一种概括执行程序，破产程序中的财产处置虽然是由管理人作为对外委托的主体，但法院仍然是整个破产程序的督导者，破产程序中的财产处置与执行程序中的财产处置具有相通之处，参照《最高人民法院关于人民法院民事执行中拍卖、变卖财产的规定》第三十条关于"人民法院裁定拍卖成交或者以流拍的财产抵债后，除有依法不能移交的情形外，应当于裁定送达后十五日内，将拍卖的财产移交买受人或者承受人。被执行人或者第三人占有拍卖财产应当移交而拒不移交的，强制执行"的规定，对于阻挠管理人向买受人交付已拍卖成交的破产财产的行为，破产案件审理法院可以动用司法强制力排除妨碍，确保财产交付，无需再由买受人另行提起一个排除妨害诉讼。

15. 网络司法拍卖中，保证金不能弥补差价的，悔拍人应否补交？

答： 2004年《最高人民法院关于人民法院民事执行中拍卖、变卖财产的规定》（以下简称《拍卖变卖规定》）第二十五条规定："拍卖成交或者以流拍的财产抵债后，买受人逾期未支付价款或者承受人逾期未补交差价而使拍卖、抵债的目的难以实现的，人民法院可以裁定重新拍卖。重新拍卖时，原买受人不得参加竞买。重新拍卖的价款低于原拍卖价款造成的差价、费用损失及原拍卖中的佣金，由原买受人承担。人民法院可以直接从其预交的保证金中扣除。扣除后保证金有剩余的，应当退还原买受人；保证金数额不足的，可以责令原买受人补交；拒不补交的，强制执行"。2016年《最高人民法院关于人民法院网络司法拍卖若干问题的规定》（以下简称《网拍规定》）第二十四条规定："拍卖成交后买受人悔拍的，交纳的保证金不予退还，依次用于支付拍卖产生的费用损失、弥补重新拍卖价款低于原拍卖价款的差价、冲抵本案被执行人的债务以及与拍卖财产相关的被执行人的债务"。在网络司法拍卖中，买受人亦负有支付全部价款的义务，买受人违约应承担相应的违约损失赔偿责任，这与普通拍卖并无差别。《网拍规定》未提到补交问题，并不意味着否定了《拍卖变卖规定》第二十五条关于补交差价的规定。根据《网拍规定》第三十七条，该规定对网络司法拍卖行为没有规定的，适用其他有关司法拍卖的规定。因此，根据《拍卖变卖规定》第二十五条的规定，在网络司法拍卖中，保证金不能弥补差价的，悔拍的买受人应当继续补交，拒不补交的，强制执行。

16. 破产宣告后，债权人或债务人对破产宣告有异议的，可否依照《最高人民法院关于审理企业破产案件若干问题的规定》第三十八条的规定向上级人民法院申诉？

答： 《最高人民法院关于审理企业破产案件若干问题的规定》第三十八条规定：

"破产宣告后，债权人或者债务人对破产宣告有异议的，可以在人民法院宣告企业破产之日起十日内，向上一级人民法院申诉。上一级人民法院应当组成合议庭进行审理，并在三十日内作出裁定"。对于该规定，《企业破产法》施行后已进行变更，与《企业破产法》同时施行的《最高人民法院关于企业破产法施行时尚未审结的企业破产案件适用法律若干问题的规定》第十三条第三款规定："债权人或者债务人对破产宣告裁定有异议，已经申诉的，由上一级人民法院依据申诉程序继续审理；企业破产法施行后提起申诉的，人民法院不予受理"。人民法院的破产宣告裁定作出即发生法律效力，不能向上级人民法院提起上诉或申诉。

七、其他问题

1. 哪些破产案件可以适用简易审？

答：各级人民法院可以根据破产案件的难易程度，建立破产案件繁简分流和简易快速审理机制。破产原因清楚、债务人财产状况清晰、债权人数不多、债权性质争议不大的破产案件，可以适用简易审；无财产、无人员、无账册的"三无案件"或是债务人仅有少量财产不足以清偿破产费用的，可依法直接裁定宣告破产并终结破产程序；债务人涉及大量职工安置、债权构成复杂、资产处置困难、存在维稳隐患的案件，不适用简易审。人民法院可在申请受理审查和审理的各个阶段，向各利害关系人和管理人释明简易审的意义和相关程序安排，从以下方面简化程序：1. 缩短受理破产申请的通知期间、债权申报期间、宣告破产和终结破产程序的审查期间；2. 缩短管理人接管和调查资产债务人财产的期限、提高债权审查工作效率；3. 简化送达方式，对于受理破产申请公告、宣告债务人破产和终结破产程序等需要公告送达的文书，可通过全国企业破产重整案件信息网发布公告；4. 简化债权人会议流程，提高表决效率，原则上只召开一次债权人会议；5. 尝试实物分配、债权分配等方式灵活处置财产。适用简易审的案件原则上应在裁定受理之日起六个月内审结。

2. 执转破案件可否由基层人民法院管辖？

答：根据《最高人民法院关于执行案件移送破产审查若干问题的指导意见》第3条的规定，在级别管辖上，为适应破产审判专业化建设的要求，执转破案件实行以中级人民法院管辖为原则、基层人民法院管辖为例外的管辖制度。中级人民法院报经高级人民法院批准，也可以将案件交由具备审理条件的基层人民法院审理。根据我省法院实际情况，中级人民法院认为确有必要将执转破案件交由下级人民法院审理的，原则上应逐案报请高级人民法院批准下移管辖。同时，考虑到当前中级人民法院的案件压力以及一些基层人民法院已具备审理破产案件能力的客观实际，为减少报批环节、提高工作效率，中级人民法院可在与相关下级人民法院做好沟通协调工作的前提下，报请高级人民法院概括指定辖区内具备审理条件的基层人民法院集中管辖由本院移送的、按破产案件一般管辖原则属于本院受理的执转破案件。

3. 在执转破程序中，执行法院向破产受理法院移交查封、扣押、冻结财产处置权的操作流程是怎样的？

答：根据《全国法院破产审判工作会议纪要》第42条的规定，在执转破程序中，执行法院既可以通过解除针对债务人财产的查封、扣押、冻结措施的方式向破产受理法院移交控制的财产，也可以不解除查封、扣押、冻结措施，直接将执行财产处置权移交给破产受理法院。移交查封、扣押、冻结财产的处置权的通常流程为：首先由破产案件受理法院向执行法院发函要求将查封、扣押、冻结财产的处置权移送；执行法院收函后，不解除查封、扣押、冻结措施，出具移送执行函，将查封、扣押、冻结财产的处置权移交破产受理法院，破产受理法院凭上述移送执行函实现对债务人财产的处置。在执行法院与破产受理法院为同一法院时，为减少保全程序的重复适用，可优先采用直接保留查封、扣押、冻结措施，不予变更手续的做法。

云南省高级人民法院关于印发
《破产案件审判指引（试行）》的通知

（云高法发〔2019〕3号）

全省各中、基层人民法院，昆明铁路运输中、基层法院：

《破产案件审判指引（试行）》已于 2019 年 5 月 20 日经云南省高级人民法院审判委员会 2019 年第 2 次全体会议讨论通过，现印发给你们，请遵照执行。执行中如遇到问题，请及时层报我院。

云南省高级人民法院

2019 年 5 月 27 日

云南省高级人民法院破产案件审判指引（试行）

（2019 年 5 月 20 日云南省高级人民法院审判委员会 2019 年第 2 次全体会议通过）

为贯彻落实新发展理念，服务保障供给侧结构性改革，规范破产案件审判，提升破产审判质效，强化破产审判管理，根据《中华人民共和国企业破产法》《中华人民共和国民事诉讼法》等法律及相关司法解释，参照《全国法院破产审判工作会议纪要》等规定，结合全省破产案件审判实践，制定本指引。

第一章　立案审查及受理

第一条　坚持依法受理破产案件原则。对符合法定条件的破产申请，应当予以受理，不得以非法定理由拒不受理破产申请。

第二条　向人民法院提出破产申请的申请人，应对其具备申请人主体资格，以及被申请人能适用《中华人民共和国企业破产法》（以下简称《企业破产法》）清偿债务负有举证义务。

第三条　债务人不能清偿到期债务，且资产不足以清偿全部债务或明显缺乏清偿能力的，人民法院应认定其具备破产原因。

相关当事人以对债务负有连带清偿责任的人未丧失清偿能力，可以清偿到期债务为由，主张债务人不具备破产原因的，人民法院应不予支持。

第四条　债务人不能足额清偿依法成立且履行期限已届满债务的，人民法院应当认定该债务人不能清偿到期债务。

未经人民法院或者仲裁机构生效法律文书确认，但申请人提交的合同、债权确认函、支付凭证、对账单和还款协议等证据能够证明债务人所负债务真实存在的，不影响前款认定。

第五条　债务人的资产负债表、财务审计报告、资产评估报告等证据能够证明债务人的资产总额小于债务总额的，应当认定该债务人资产不足以清偿全部债务。

第六条 债务人虽账面资产大于负债，但无法清偿到期债务且存在下列情形之一的，应当认定其明显缺乏清偿能力。

（一）资金明显不足或者财产不能变现、对外应收账款无法清收的；

（二）法定代表人下落不明且无人管理财产的；

（三）经人民法院强制执行仍无法清偿债务的；

（四）长期亏损且扭亏困难的；

（五）存在导致债务人丧失清偿能力的其他情形的。

第七条 债权人申请债务人破产，应提交如下材料：

（一）破产申请书（载明申请人和被申请人的基本情况，申请目的，申请事实及理由）；

（二）申请人身份证明文件（申请人为自然人的，提交身份证复印件；申请人为法人或其他组织的，提交营业执照复印件、法定代表人或主要负责人身份证明书）；

（三）被申请人营业执照复印件或工商登记卡片；

（四）债权发生的事实与证据，债权性质、数额及债权有无担保的证据。申请承担连带保证责任的债务人破产清算的，还须提交人民法院或者仲裁机构的生效法律文书；

（五）债权履行期限届满及债务人不能清偿的证据。

第八条 债务人申请破产，应提交如下材料：

（一）破产申请书（载明债务人基本情况，申请目的，申请事实及理由）；

（二）主体资格证明（企业营业执照及工商登记卡片）；

（三）债务人董事会、股东（大）会根据法律和公司章程规定所作的同意债务人破产的决议；

申请人为国务院国有资产监督管理委员会和财政部联合颁布的《企业国有资产交易监督管理办法》（国务院国有资产监督管理委员会、财政部令第 32 号）第四条定义的"国有及国有控股企业、国有实际控制企业"的，一般应提交其上级主管部门同意其破产的相关文件；

（四）法定代表人、股东会、董事会、监事会及高级管理人员名单及联系方式；

（五）亏损情况的书面说明，资产负债表，财务审计报告或资产评估报告原件；

（六）资产状况明细表（包括有形资产、无形资产和企业投资情况、在金融机构开设账户的账号及资金情况）；

（七）债务情况表（债权人名称、住所、联系方式，债务数额和发生时间，履行期限及被催讨情况，债务有无担保）；

（八）债权情况表（债务人名称、住所、联系方式，债权数额、发生时间和催讨情况，债权有无担保）；

（九）债务人设有分支机构或全资子公司的，应提交分支机构或全资子公司的会计报表、资产情况、债权债务清册等；

（十）税款缴纳情况说明；

（十一）已发生的诉讼、仲裁及执行情况说明；

（十二）职工情况说明、职工工资支付和社会保险费用缴纳情况说明及职工安置预案。在破产申请前已经安置职工的，应提交安置情况说明；

（十三）人民法院认为需要提交的其他材料。

第九条 破产案件由债务人的主要办事机构所在地人民法院管辖。主要办事机构所在地一般是指主营业场所所在地。债务人存在多个主营业场所，则各主营业场所所在地人民法院均有管辖权。无主要办事机构，或主要办事机构无法确定的，由其注册地人民法院管辖。

多个法院对管辖权发生争议的，应当报请共同的上级人民法院指定管辖。

第十条 基层人民法院一般管辖县、县级市或者区工商行政管理部门核准登记企业的破产案件；中级人民法院一般管辖地级市以上（含本级）工商行政管理部门核准登记企业的破产案件。

第十一条 有管辖权的人民法院由于特殊原因，不能对破产案件行使管辖权的，应由上级人民法院指定管辖。

第十二条 上级人民法院有权审理下级人民法院管辖的破产案件；确有必要将本院管辖的破产案件交下级人民法院审理的，应当报请上级人民法院批准。

下级人民法院对自己所管辖的破产案件，认为需要由上级人民法院审理的，可以报请上级人民法院审理。

第十三条 人民法院收到申请人提交的破产申请材料后，发现本院没有管辖权的，应告知申请人向有管辖权的人民法院申请。当事人坚持申请的，应当编立"（××××）×破申×号"案号立案，并将案件相关信息登记在"全国企业破产重整案件信息网"（http://pccz.court.gov.cn）后，裁定不予受理。

第十四条 立案部门应当向申请人出具加盖部门公章的书面凭证，载明收到的申请、证据，并注明收到时间。如当事人提交的材料不全或有误，应当进行释明，并在收到破产申请之日起五日内以书面形式一次性告知申请人需要补充补正的材料，当事人补充、补正相关材料的期间不计入破产申请审查期限。

当事人拒绝补充补正，影响人民法院对债务人是否具备破产原因进行审查的，立案部门应以编制"破申"案号，交由审理破产案件的审判业务部门作出不予受理申请人破产申请的裁定。

第十五条 申请材料齐全的，立案部门应编制"破申"案号登记立案，并将案件相关信息登记在"全国企业破产重整案件信息网"。

立案部门分案后，应及时将申请人提交的全部材料移交负责审理破产案件的审判业务部门。

第十六条 破产审判业务部门应在立案后五日内将立案情况及合议庭组成情况通知申请人。

债权人提出破产申请的，还应一并告知债务人。若债务人有异议，应在收到通知之日起七日内以书面形式向人民法院提出。

通知无法送达债务人的，可在其工商登记载明的公司住所地张贴通知材料，一般无需再采取公告方式送达。

第十七条 债权人提出破产申请的，破产审判业务部门应当自债务人异议期届满之日起十日内裁定是否受理；除上述情形外，应当自破产申请材料齐备之日起十五日内裁定是否受理。

有特殊情形需要延长审查期限的，经上一级人民法院批准，可以延长十五日。

第十八条 破产审判业务部门审查申请破产案件，可以书面审查，也可以采取组织听证的方式进行审查。

案件存在下列情形之一的，一般应当组织听证审查：

（一）债权人申请债务人破产清算，债务人提出异议，且异议事实和理由需要组织听证审查的；

（二）申请债务人重整的；

（三）债务人申请和解的；

（四）债务人为国务院国有资产监督管理委员会和财政部联合颁布的《企业国有资产交易监督管理办法》（国务院国有资产监督管理委员会、财政部令第32号）第四条定义的"国有及国有控股企业、国有实际控制企业"的；

（五）债务人为商业银行、证券公司、保险公司等金融机构的；

（六）债务人为上市公司的；

（七）在全国、全省或本辖区有重大影响的；

（八）其他人民法院认为需要组织听证的。

人民法院组织听证审查一般以一次为限，听证筹备及组织实施的时间原则上不应超过十日。听证审查期间不计入破产申请受理审查的期限。

第十九条 采取听证方式审查的，应当于听证会召开三日前发布听证公告，并书面通知破产申请人及与破产案件处理有利害关系的当事人，如已知的主要债权人，债务人的法定代表人、股东、财务人员、职工代表等。

经书面通知，破产申请人无正当理由拒不参加听证的，按撤回破产申请处理。

其他与破产案件有利害关系的人员未按期参加听证的，不影响听证的进行。

第二十条 听证会应当重点调查以下事项：

（一）申请人资格；

（二）债务人的企业性质、工商登记情况、生产经营状况、资产及负债情况；

（三）债务人资产涉及的担保情况、已知债权人情况、职工安置情况；

（四）债权人申请债务人破产的，应当调查债权是否真实，是否到期，是否已经受偿；

（五）其他应当调查的事项。

听证会应制作笔录，由参会人员签名确认。必要时可进行录音录像。

第二十一条 债务人申请破产，其股东等利害关系人主张同意公司破产的股东（大）会决议不成立、可撤销或无效的，人民法院应暂停审查，并向利害当事人释明，告知其应于十日内就此争议向有管辖权的人民法院提起诉讼。利害关系人期限内起诉的，人民法院应裁定不予受理债务人的破产申请；期限内未起诉的，人民法院应恢复对破产申请的审查。

申请人提起破产申请时，利害关系人主张决议应予撤销已明显超过《中华人民共和国公司法》第二十二条第二款规定的"六十日"的，人民法院可对破产申请继续予以审查。

第二十二条　债权人申请债务人破产，债务人抗辩债权不存在、已清偿、履行期限未届满或债务已超过诉讼时效，进而主张债权人不具备申请人资格的，人民法院应对此进行审查。经审查难以判断的，对破产申请不予受理，并向申请人释明可就有关争议单独提起诉讼或者申请仲裁，待生效法律文书确定其对债务人享有到期债权后，债权人可另行向人民法院提出破产申请。

第二十三条　债务人不能清偿到期债务，债权人据此申请债务人破产，债务人未在法定期限内向人民法院提出异议，人民法院应根据整体审查情况，裁定是否受理债权人提出的破产申请。

债务人抗辩其资产大于负债，但未提交证据或提交的证据不足以证明，人民法院应认定债务人异议不成立，并裁定受理债权人提出的破产申请。

债务人抗辩其具备清偿能力，但在破产申请审查立案期间未能足额清偿债务的，人民法院应认定债务人异议不成立，并裁定受理债权人提出的破产申请。

第二十四条　债权人申请明显具备清偿能力的债务人破产清算的，人民法院可向债权人释明，告之其可以提起诉讼或仲裁，然后申请执行等方式实现债权。债权人未书面同意撤回破产申请的，人民法院应对其申请继续予以审查。债务人在法定异议期限内举证证明其不具备破产原因的，人民法院裁定不予受理债权人的申请。

第二十五条　债权人申请下落不明或者财务状况不清的债务人破产清算，经审查债权人拥有到期债权，且债务人未能清偿的，应视为符合《企业破产法》第二条的规定，人民法院应裁定受理债权人提出的破产申请。

债务人能否依据《企业破产法》第十一条第二款的规定提交财产状况说明、债权债务清册等相关材料，不影响破产申请的受理。

第二十六条　企业法人解散事由出现后，已自行成立清算组清算或已由人民法院组织强制清算，债权人又提起破产清算申请的，除债务人在法定异议期限内举证证明其不具备破产原因外，人民法院应裁定受理债权人提出的破产申请。

第二十七条　人民法院裁定受理破产申请前，申请人请求撤回申请的，人民法院应予准许。

人民法院裁定受理破产申请后，申请人请求撤回申请的，人民法院不予准许。

第二十八条　人民法院裁定受理破产申请前，债务人或债权人提出管辖权异议的，人民法院应予审查。异议成立的，裁定不予受理破产申请。管辖权异议不成立的，人民法院可在受理破产申请的裁定书中一并予以明确。

第二十九条　收到商业银行、证券公司、保险公司等金融机构以及上市公司作为被申请人的破产申请后，应在五日内逐级层报至省高级人民法院备案。

人民法院在裁定受理前款破产申请前，应将相关材料逐级层报至省高级人民法院，由省高级人民法院报送最高人民法院审查批准。

第三十条　破产审判部门审查完毕后，应当制作"（××××）×破申×号"裁定书，裁定受理破产申请或不予受理破产申请。

裁定书应当在作出之日起五日内送达申请人。债权人提出申请的，还应在五日内向债务人送达。

为解除对债务人财产的保全措施、中止对债务人财产的执行程序、中止已经受理但尚未审结的有关债务人的民事诉讼或仲裁，在裁定受理破产申请后，人民法院还应在管理人的协助下及时告知已知的人民法院和仲裁机构。

第三十一条　裁定受理破产申请的，由立案部门依据该裁定，编立"（××××）×破×号"案号，启动破产案件审理程序，并将案件相关信息登记在"全国企业破产重整案件信息网"。

第三十二条　申请人对不予受理破产申请的裁定不服的，可以自裁定送达之日起十日内向上一级人民法院提起上诉。

上一级人民法院二审编立"（××××）×破终×号"案号，应在三十日内作出二审终审裁定。原审裁定正确的，二审裁定维持；原审裁定错误的，二审撤销原裁定，同时指令由一审人民法院裁定受理破产申请。

第三十三条　收到上一级人民法院依据本指引第三十二条规定所作出的由下一级人民法院受理破产申请的裁定后，下一级人民法院应据此制作"（××××）×破×号"裁定书，裁定受理破产申请，将案件相关信息登记在"全国企业破产重整案件信息网"。

第三十四条　人民法院拒不接收申请人提出的破产申请，或者逾期未作出是否受理破产申请裁定的，申请人可以向上一级人民法院提出破产申请。上一级人民法院接到破产申请后，应当责令下级法院依法审查并及时作出裁定；下级法院仍不作出是否受理裁定的，上一级人民法院可以径行作出裁定。

上一级人民法院裁定受理破产申请的，可以自行审理，也可以指令下级人民法院审理该案件。破产案件受理日为上一级人民法院裁定落款日期。

第三十五条　债权人同时申请多个债务人实质性合并破产，或多个债务人一并申请实质性合并破产的，人民法院应当编立一个"（××××）×破申×号"案号进行审查，并将案件相关信息登记在"全国企业破产重整案件信息网"。

第三十六条　申请实质性合并破产，应向关联企业中的核心控制企业住所地人民法院提出。核心控制企业不明确的，由关联企业主要财产所在地人民法院管辖。多个法院之间对管辖权发生争议的，应当报请共同的上级人民法院指定管辖。

接受申请的人民法院对所有关联企业均不具有管辖权的，应告知申请人向有管辖权的人民法院申请。当事人坚持申请的，裁定不予受理。

第三十七条　人民法院审查实质性合并破产，应当尊重企业法人人格的独立性。以对关联企业成员的破产原因进行单独判断并适用单个破产程序为基本原则，当关联企业成员之间存在法人人格高度混同、区分各关联企业成员财产的成本过高、严重损害债权人公平清偿利益时，可例外适用关联企业实质合并破产方式进行审理。

关联企业不符合实质性合并破产条件的，人民法院对当事人提出的实质性合并破产申请应裁定不予受理。但不影响当事人另行向有管辖权的人民法院提出单个破产申请，也不影响当事人就部分符合实质性合并破产条件的关联企业另行向有管辖权的人民法院提出实质性合并破产申请。

第三十八条　破产申请受理后，管理人申请债务人关联企业一并进行实质性合并破产的，由受理破产案件的人民法院对申请进行审查。经审查，如不符合实质性合并破产条件，应裁定驳回债务人的申请，但不影响被驳回的关联企业另行向有管辖权的人民法院提出破产申请。

第三十九条　人民法院裁定受理关联企业实质性合并破产申请，相关利害关系人不服的，可在裁定送达之日起十五日内向上一级人民法院申请复议。

人民法院裁定不予受理关联企业实质性合并破产申请，申请人不服的，可在裁定送达之日起十日内向上一级人民法院提起上诉。

第四十条　受理破产申请后至破产宣告前，经审查发现债务人不符合《企业破产法》第二条规定情形的，可以裁定驳回申请。申请人对裁定不服的，可以自裁定送达之日起十日内向上一级人民法院提起上诉。

上一级人民法院二审编立"破终"案号，并在立案后三十日内作出终审裁定。原审裁定正确的，二审裁定维持；原审裁定错误的，二审撤销原裁定，同时指令原审人民法院继续审理。

第二章　管理人的指定、监管和报酬

第四十一条　裁定受理破产申请的，应当同时指定管理人。

第四十二条　人民法院应指导、支持、保障管理人依法履职。有权制止和纠正管理人侵害债权人或债务人权益的不当行为。

第四十三条　管理人应忠实、勤勉履行法定职责，不能将自己的职责全部或部分转让给他人。

第四十四条　对债务人财产数量不多、债权债务关系简单、社会影响不大的破产案件，人民法院的司法技术部门可采取轮候、抽签、摇号等方式，在本辖区管理人名册中随机公开指定管理人。

第四十五条　对上市公司破产案件，商业银行、证券公司、保险公司等金融机构破产案件，债权债务关系复杂，债务人财产分散的破产案件，涉及债权人、职工以及利害关系人人数较多的破产案件或者在本地有重大影响破产案件，一般应通过竞争方式指定管理人。

采取竞争方式选定管理人时，应在本院官方网站、微信公众号等载体发布公告，邀请编入本地管理人名册或者编入外省、市管理人名册的社会中介机构参与公开竞争。

采取竞争方式选定管理人时，人民法院应当组成专门的评审委员会，综合考量专业水准、工作经验、执业操守、初步报价等因素，择优选定。在指定管理人的同时，应当同时确定一至两家备选机构，作为需要更换管理人时的接替人选。

第四十六条　破产案件符合《最高人民法院关于审理企业破产案件指定管理人的规定》第十八条、第十九条规定情形的，受理破产案件的人民法院可以从《管理人名册》、政府有关部门、金融资产管理公司中指定清算组成员，并指定该清算组为管理人。人民银行及金融监督管理机构可以按照有关法律和行政法规的规定派人参加清算组。

第四十七条　管理人选定后，人民法院应于两个工作日内制作《指定管理人决定书》，并向被指定的管理人、破产申请人、债务人送达，与受理破产申请的民事裁定书一并公告。

人民法院发布公告，可在全国企业破产重整案件信息网发布，也可在人民法院报等媒体平台上发布。

第四十八条 人民法院在向管理人送达《指定管理人决定书》的同时，应一并出具《刻制管理人公章函》。管理人应于两个工作日内持该函件到公安机关指定的地点刻制管理人公章，并交人民法院封样备案后启用。

第四十九条 管理人公章启用后两日内，管理人可持公章、破产受理裁定书、指定管理人决定书等到银行申请开立管理人账户。债务人的资金一般应划入管理人账户集中统一管理。

第五十条 收到《指定管理人决定书》后，管理人应在七日内制定管理人工作规程、会议议事规程、财务收支管理制度、证照和印章管理制度、突发事件处理应急预案、档案管理制度、保密制度等内部管理制度，报人民法院备案。

第五十一条 收到《指定管理人决定书》后，管理人应在三个工作日内进驻债务人企业。债务人一般应在企业驻地为管理人提供固定办公场所，悬挂管理人办公室标志。

第五十二条 管理人进驻债务人企业后，一般应在二十日内完成清点接管工作。确因资产权属不清、分布区域广等客观原因无法完成交接的，报经人民法院同意后，可对交接期限予以延长。

债务人应予配合移交。拒绝配合的，经管理人申请，人民法院可依据《企业破产法》第一百二十七条对直接责任人员罚款；也可参照《中华人民共和国民事诉讼法》第一百一十四条规定，对主要负责人或者直接责任人员采取罚款、拘留等处罚措施。

人民法院有权参与并监督管理人接管资产过程。

第五十三条 第一次债权人会议召开前，管理人应配合人民法院做好以下准备工作：

（一）拟订债权人会议议程及工作预案；

（二）向债务人的法定代表人或者负责人发出通知，要求其到会；

（三）向债务人的上级主管部门、开办人或者股东代表发出通知，要求其派员列席会议；

（四）通知审计、评估等人员参加会议；

（五）通知职工代表、工会代表参加会议；

（六）编制债权表，确有必要时应提请法院确认临时表决权；

（七）制定需要审议或者表决的议案；

（八）需要提前准备的其他工作。

第五十四条 债权人人数较多，地处分散的，为保障债权人等主体参与破产程序的权利，可采取网络方式召开债权人会议。

决定采取网络方式召开债权人会议的，除第一次债权人会议由管理人协助人民法院组织实施外，之后的债权人会议均由管理人负责组织实施。

第五十五条 在第一次债权人会议召开之前，管理人决定继续或者停止债务人的营业，处理涉《企业破产法》第六十九条规定行为之一的，应当经人民法院许可。

管理人拟确认取回权、抵销权、别除权、优先权成立，或拟通过清偿债务或者提供担保取回质物、留置物，又或与质权人、留置权人协议以质物、留置物折价清偿债务等，应当按《企业破产法》第六十九条规定，向债权人委员会或人民法院报告。

第五十六条　机构管理人有下列情形之一的，人民法院可以根据债权人会议的申请或者依职权决定更换管理人：

（一）执业许可证或者营业执照被吊销或者注销的；

（二）出现解散、破产事由或者丧失承担执业责任风险能力的；

（三）与本案有利害关系的；

（四）履行职务时，因故意或者重大过失导致债权人利益受到损害的；

（五）有重大债务纠纷或者因涉嫌违法行为正被相关部门调查的；

管理人违反法律、司法解释规定私自收费，利用管理人的身份或地位为自己和他人谋取私利，明显缺乏担任管理人所应具备的专业能力等，可认定为本条第一款第（四）项规定的应当更换管理人的其他情形。

第五十七条　个人管理人有下列情形之一的，人民法院可以根据债权人会议的申请或者依职权决定更换管理人：

（一）执业资格被取消、吊销的；

（二）失踪、死亡或者丧失民事行为能力的；

（三）与本案有利害关系的；

（四）履行职务时，因故意或者重大过失导致债权人利益受到损害的；

（五）因健康原因无法履行职务的；

（六）执业责任保险失效的；

（七）有重大债务纠纷或者因涉嫌违法行为正被相关部门调查的；

管理人违反法律、司法解释规定私自收费，利用管理人的身份或地位为自己和他人谋取私利，明显缺乏担任管理人所应具备的专业能力等，可认定为本条第一款第（四）项规定的应当更换管理人的其他情形。

第五十八条　社会中介机构有下列情形之一，可能影响其忠实履行管理人职责的，可以认定为《企业破产法》第二十四条第三款第（三）项规定的"与本案有利害关系"：

（一）与债务人、债权人有未了结的债权债务关系；

（二）在受理破产申请前三年内，曾为债务人提供相对固定的中介服务；

（三）现在是或者在受理破产申请前三年内曾经是债务人、债权人的控股股东或者实际控制人；

（四）现在担任或者在受理破产申请前三年内曾经担任债务人、债权人的财务顾问、法律顾问；

（五）其他可能影响其忠实履行管理人职责的情形。

第五十九条　社会中介机构的派出人员、个人管理人有下列情形之一，可能影响其忠实履行管理人职责的，可以认定为《企业破产法》第二十四条第三款第（三）项规定的"与本案有利害关系"：

（一）与债务人、债权人有未了结的债权债务关系的；

（二）在受理破产申请前三年内，曾为债务人提供相对固定的中介服务的；

（三）在受理破产申请前三年内，曾是债务人、债权人的控股股东或者实际控制人的；

（四）在受理破产申请前三年内，曾担任债务人、债权人的财务顾问、法律顾问的；

（五）在受理破产申请前三年内，曾担任债务人、债权人的董事、监事、高级管理人员的；

（六）与债权人或者债务人的控股股东、董事、监事、高级管理人员存在夫妻、直系血亲、三代以内旁系血亲或者近姻亲关系的；

（七）存在其他可能影响其公正履行管理人职责情形的。

第六十条 债权人会议决定申请更换管理人的，人民法院应在收到申请后通知管理人在两日内作出书面说明。自收到管理人书面说明之日起十日内，人民法院应作出驳回申请或更换管理人的决定。

决定更换经评审委员会讨论选定的管理人时，应向原评审委员会报告，并从接替人选中选定新的管理人。

第六十一条 管理人没有正当理由不得辞去职务。管理人辞去职务应当经过人民法院许可。

管理人申请辞去职务未获许可，但仍坚持辞职并拒绝履行管理人职责的，或者人民法院决定更换管理人后，原管理人拒不向新任管理人移交相关事务的，受理破产案件的人民法院可根据《企业破产法》第一百三十条对管理人处以罚款，并可向编制管理人名册的人民法院书面报告，编制管理人名册的人民法院可以决定停止其担任管理人一年至三年，或者将其从管理人名册中除名。

人民法院对管理人作出上述处罚决定，应报本院院长批准后制作决定书。

管理人不服罚款决定的，可以在十日内向上一级人民法院申请复议。上一级人民法院应在五日内作出决定，向管理人送达，并将复议决定通知作出处罚决定的人民法院。

第六十二条 受理企业破产申请后，人民法院应依照相关规定初步确定管理人报酬方案。管理人报酬方案应当包括报酬比例和收取时间。

人民法院在初步确定管理人报酬比例时，应当对债务人可供清偿的财产价值和管理人的工作量作出预测，还应综合考虑以下因素：

（一）破产案件的复杂性；

（二）管理人承担的风险和责任；

（三）债务人住所地居民可支配收入及物价水平；

（四）其他影响管理人报酬的情况。

在确定报酬收取时间时，原则上应当根据破产案件审理进度和管理人履行职务情况，分期向管理人支付。案情简单、耗时较短的破产案件，可以在破产程序终结后一次性向管理人支付。

第六十三条 人民法院应当自确定管理人报酬方案之日起三日内，书面通知管理人。管理人应当在第一次债权人会议上报告管理人报酬方案内容。

第六十四条 管理人、债权人会议对管理人报酬方案有意见的，可以进行协商。双方就调整管理人报酬方案内容协商一致的，管理人应向人民法院书面提出具体请求和理由，并附相应的债权人会议决议。人民法院经审查认为上述请求和理由不违反法律和行政法规强制性规定，且不损害他人合法权益的，应当按照双方协商的结果调整管理人报酬方案。

第六十五条 人民法院确定管理人报酬方案后，可以根据破产案件和管理人履行职责的实际情况，依职权进行调整。

第六十六条 采取公开竞争方式指定管理人的，社会中介机构的自报价一般不得超过最高人民法院《关于审理企业破产案件确定管理人报酬的规定》第二条的限制范围。人民法院可以根据社会中介机构自报价确定管理人报酬方案。该报酬方案一般不予调整，但债权人会议异议成立的除外。

第六十七条 最终确定的管理人报酬及收取情况，应列入破产财产分配方案、和解协议草案或重整计划草案，提交债权人会议表决。

第六十八条 管理人收取报酬，应向人民法院提出书面申请。人民法院应当自收到上述申请书之日起十日内，依法予以确定。

第六十九条 管理人在履职过程中，主动按照《企业破产法》第三十一条或第三十二条，第十六条或第三十三条，第三十五条或第三十六条规定追回的财产，应计入管理人获取报酬的基数。

对前述被追回的资产，人民法院可区分计算，适当提高该部分资产的报酬比例，一般不得超出最高人民法院《关于审理企业破产案件确定管理人报酬的规定》第二条规定限制范围的 10%。

第七十条 管理人通过聘请本专业的其他社会中介机构或者人员协助其履行《企业破产法》第二十五条规定的管理人职责的，所需费用应从其自身报酬中支付。

第七十一条 管理人确有必要聘请其他社会中介机构或者人员代理参加重大诉讼、仲裁、执行，对债务人进行审计和评估，对具体财产实施调查、管理和处置等专业性较强的重大工作，所需费用不属于管理人报酬，从破产费用中列支，但应经债权人会议同意。

第七十二条 管理人为两个以上社会中介机构或者个人的，各方可以协商确定报酬分配原则和比例。不能协商一致的，人民法院应当根据案件情况和管理人履行职责情况等因素予以确定。

第七十三条 管理人发生更换的，人民法院应当根据其履行职责的情况分别确定更换前后的管理人报酬。但报酬总和不得超出最高人民法院《关于审理企业破产案件确定管理人报酬的规定》第二条规定的限制范围。

第七十四条 管理人对担保物的维护、变现、交付等付出合理劳动的，有权向担保权人收取适当的报酬。管理人与担保权人就上述报酬数额不能协商一致的，人民法院应当参照最高人民法院《关于审理企业破产案件确定管理人报酬的规定》第二条规定的方法确定，但报酬比例不得超出该条规定限制范围的 10%。

第七十五条 债权人会议对管理人报酬有异议的，应当向人民法院书面提出具体的请求和理由，并附有相应的债权人会议决议。人民法院应当自收到债权人会议异议书之日起三日内通知管理人。管理人应当自收到通知之日起三日内作出书面说明。确有必要的，人民法院可以举行听证会，听取当事人意见。

人民法院应当自收到债权人会议异议书之日起十日内，就是否调整管理人报酬问题形成决议并书面通知管理人、债权人委员会或者债权人会议主席。

第七十六条 清算组中有关政府部门派出的工作人员不收取报酬。其他机构或人员的报酬根据其履行职责的情况确定。

第三章 债权申报、审核及确认

第七十七条 受理案件后五日内，人民法院应及时办理下列事项：

（一）制作《受理破产案件公告》；

（二）制作《告知合议庭组成人员通知书》《债务人须知》，送达申请人、被申请人；

（三）在债务人企业发布公告，要求债务人保护好企业财产、账册、印章、资料，停止清偿债务，不得擅自隐匿、私分、出售企业财产；

（四）制作《中止诉讼（仲裁）通知书》《解除保全措施通知书》《中止执行通知书》，在管理人的协助下，及时送达相关人民法院和仲裁机构；

（五）其他需要办理的事项。

第七十八条 破产案件受理后，人民法院应当及时确定申报债权的期限、地点和注意事项，在管理人的协助下，自裁定受理破产申请之日起二十五日内通知已知债权人，并予公告。

第七十九条 债权申报期限自发布受理破产申请公告之日起计算，最短不得少于三十日，最长不得超过三个月。

在债权申报期内，管理人应当安排专人在人民法院公告明确的债权申报地点受理债权申报事宜。

第八十条 债权申报人应提交身份证明文件，书面说明申报债权的金额及性质，并将相应的证据提交管理人进行审查。

形式审查合格的，管理人应出具债权申报回执，并将申报的债权登记入《申报债权登记表》。登记表应包含但不限于如下内容：债权人姓名、地址、开户银行及联系方式，债权申报时间，债权数额和性质，债权有无担保及担保形式等。

同一债权人申报多笔债权的，应当分别登记。

第八十一条 为便于债权申报人收到人民法院、管理人寄送的文书，保证破产程序的顺利进行，在债权人申报债权时，管理人应让债权申报人填写送达地址确认书或电子送达地址确认书。

第八十二条 债务人在人民法院受理破产申请前所负的债务，债权人可以向管理人申报债权。

债权人有权就未到期的债权，附条件和附期限的债权，以及诉讼、仲裁未决的债权向管理人申报。

未到期债权，在破产申请受理时视为债权到期。

第八十三条 债务人的保证人或其他连带债务人尚未代债务人清偿债务的，可就其将来追偿权申报债权。债权人已向管理人申报全部债权的，保证人和其他连带债务人无需另行申报。

债权人申报债权后，在通过破产程序实际获得清偿前，保证人或者其他连带债务人代债务人清偿债务的，保证人或者其他连带债务人可在债权人申报债权的范围内依据破产程序受偿。保证人或其他连带债务人无权就其已清偿的债务人进入破产程序之后产生的利息部分向债务人追偿。

第八十四条　债权人申报债权后，将已申报债权的全部或部分转让的，应及时通知管理人，债权受让人无需再行申报债权。

第八十五条　职工债权无需申报，由管理人直接编制职工债权清单并在债权申报地点、债务人住所地或网络平台进行公示。

债务人应在破产受理之日起十五日内向管理人提供职工名册、工资发放记录、社会保险费用和住房公积金缴纳记录，说明是否欠付职工工资和医疗、伤残补助、抚恤费用，及法律、行政法规、地方性法规规定应当支付给职工的补偿金。债务人在破产受理前已经自行安置职工的，应当向管理人提供安置情况说明，并附相应证据材料。

根据职工债权调查的需要，管理人可以要求债务人提供劳动合同、考勤记录、劳动仲裁裁决书等资料。

债务人下落不明，或不提供上述材料的，管理人可以向债务人住所地劳动监察机构、住房公积金管理机构和社会保险管理机构调取证据。必要时，可以申请人民法院向上述机构调取证据。

第八十六条　他人代债务人垫付工资和医疗费用、伤残补助、抚恤费用、基本养老保险、基本医疗保险、住房公积金等费用的，应当在人民法院规定的债权申报期内进行债权申报，管理人可按职工债权予以确认并予以公告。

第八十七条　已经人民法院生效法律文书，或仲裁机构、劳动仲裁机构生效裁决书确定的债权，管理人应按生效法律文书确定的数额和计算方法予以认定。债权人、债务人对此持有异议的，应通过审判监督程序处理。

第八十八条　未经诉讼或仲裁的债权，管理人应结合债务人财务账册、审计报告等，对债权是否真实存在，债权数额是否正确，债权是否超过诉讼时效，债权有无担保等进行实质审查，明确债权性质，将债权区分为应予确认、暂缓确认及不予确认，并编制债权表。

第八十九条　管理人应将债权表提交第一次债权人会议核查。

第九十条　债权被确认的债权人，有权出席债权人会议，依据其被确认的债权性质和债权数额在债权人会议上享有相对应的表决权利，并在将来破产财产分配时，获得相应清偿。

第九十一条　下列债权，管理人可暂不予确认：

（一）管理人尚未得出审查结论或复核结论的债权；

（二）管理人作出审查结论或复核结论后，债权人提起诉讼的债权；

（三）附条件但条件未成就的债权；

（四）诉讼和仲裁未决的债权；

（五）债务人的保证人或其他连带保证债务人以将来求偿权申报的债权。

第九十二条　尚未确认债权的债权申报人或管理人申请人民法院临时确定债权额

的，应当提交基础证据。

人民法院经初步审查证据，再结合利害关系人意见及给予临时表决权对破产程序的影响等因素，能基本确定债权数额及债权性质的，可以作出临时确定债权额的决定书，向该债权申报人、债务人、管理人及异议人送达。

债权人按照人民法院临时确定的债权性质和债权数额，在债权人会议上行使表决权。

如果最终被确认不属于破产债权，则不得继续参加破产分配，已按临时债权额行使的表决权不再纠正。如果被确认属于破产债权，则按最终确定的债权性质和数额参加分配。

第九十三条 债务人或债权人对管理人书面通知的审查结果或债权表记载的债权有异议的，管理人应当对异议债权予以复核，并在五日内将复核结论书面告知异议人，异议人不服复核结论的，管理人应在债权登记表中对此予以注明，并提交债权人会议核查。异议人仍有异议的，应在债权人会议核查结论作出后十五日内向受理破产案件的人民法院提起诉讼，或依据当事人在破产程序前订立的有效仲裁协议向选定的仲裁机构申请仲裁。逾期不提起诉讼或申请仲裁的，管理人可按无异议处理。

第九十四条 债权人委员会有权要求管理人、债务人的有关人员对债权及审核进行说明或者提供有关文件，管理人、债务人的有关人员应予以配合。

第九十五条 债权表中债务人、各债权人均无异议的债权，人民法院应当及时制作确认债权的裁定书。

对裁定确认的债权，当事人无权再提起异议之诉。

第四章 重 整

第九十六条 债权人、债务人可以直接向人民法院提出重整申请。

债权人申请债务人破产清算的，在破产申请受理后，宣告债务人破产前，债务人或者出资额占债务人注册资本十分之一以上的出资人，可以向人民法院提出重整申请。

第九十七条 在企业进入重整程序之前，可以先由债权人与债务人、出资人等利害关系人通过庭外商业谈判，拟定重组方案。重整程序启动后，可以重组方案为依据拟定重整计划草案提交人民法院依法审查批准。

第九十八条 债务人申请重整，应提交如下材料：

（一）重整申请书；

（二）债务人主体资格证明及债务人最近三个年度内的工商登记材料；

（三）债务人法定代表人或主要负责人名单，以及债务人董事、监事、高级管理人员名单；

（四）财产状况说明，包括有形资产、无形资产、对外投资情况、资金账户情况等；

（五）债权清册，列明债务人名称、住所、债权数额、有无担保、形成时间和催收情况；

（六）债务清册，列明债权人名称、住所、债权数额、有无担保和债务形成时间；

（七）企业亏损情况的书面说明及有关财务会计报表；

（八）债务人涉诉讼、仲裁、执行情况；

（九）债务人重整可行性分析报告。内容包括：主要债权人对重整的意见；职工对重整的意见；债务人继续经营方案及可行性分析；资金筹集方案、债务清偿方案及可行性分析；债务人具有挽救价值的说明（债务人重整的社会价值、经济效益、重整成本等）；职工安置情况或预案（拟安置职工基本情况、解决方案、维稳风险评估及应对等）；

（十）董事、监事、高级管理人员和职工工资的支付，以及社会保险费用、住房公积金的缴纳情况；

（十一）债务人股东（大）会同意重整的决议文件；

（十二）申请人为国务院国有资产监督管理委员会和财政部联合颁布的《企业国有资产交易监督管理办法》（国务院国有资产监督管理委员会、财政部令第 32 号）第四条定义的"国有及国有控股企业、国有实际控制企业"的，应当提交其上级主管部门同意其重整的相关文件；

（十三）其他需要提交的材料。

第九十九条　债权人申请债务人重整，应提交如下材料：

（一）重整申请书；

（二）债权人及债务人主体资格证明；

（三）债权发生的事实与证据，债权性质、数额及债权有无担保的证据。申请承担连带保证责任的债务人重整的，还须提交人民法院或者仲裁机构的生效法律文书；

（四）债权履行期限届满及债务人不能清偿的证据；

（五）重整价值分析和重整可行性报告；

（六）其他需要提交的材料。

第一百条　出资人申请公司重整，除应参照本指引第九十八条提交材料外，还应提交能够证明申请人为债务人出资人及申请人单独或合计出资份额占十分之一以上的证明材料。

第一百零一条　人民法院实质审查重整申请时，一般组织听证。

组织听证的，应通知重整申请人和债务人参加。当地政府已经成立债务人清算组或者工作组的，还应通知清算组或工作组人员参加听证。必要时可邀请债务人股东、债务人实际控制人及已知的主要债权人等参加听证。

第一百零二条　通过审查债务人资产状况、技术工艺、生产销售、行业前景等因素，对符合国家产业结构调整政策，社会价值高，符合重整条件、具备重整价值及拯救可能性的企业，人民法院应裁定受理重整申请，并予公告。

第一百零三条　收到商业银行、证券公司、保险公司等金融机构以及上市公司作为被申请人的重整申请后，应在五日内逐级层报至省高级人民法院备案。

裁定受理前款重整申请前，应再次逐级层报，并由省高级人民法院报送最高人民法院审查批准。

第一百零四条　债务人不具备破产原因，或虽具备破产原因，但明显不具备重整价值或重整可能性的，人民法院应当裁定不予受理申请人的重整申请。

第一百零五条 人民法院应在裁定作出之日起五日内送达申请人。债权人或出资人提出重整申请的，还应当自裁定作出之日起五日内送达债务人。

申请人对不予受理破产重整申请的裁定不服的，可以自裁定送达之日起十日内向上一级人民法院提起上诉。

第一百零六条 在人民法院裁定受理债务人重整前，申请人可以请求撤回重整申请，人民法院应予准许。

第一百零七条 重整期间，非经受理重整案件的人民法院许可，债务人的董事、监事、高级管理人员不得向第三人转让其持有的债务人股权。

对出资人所持有的债务人股权，受理重整案件的人民法院可以依据管理人申请或依职权采取保全措施。

第一百零八条 重整期间，债务人可申请自行管理财产和营业事务。人民法院同意债务人申请的，应督促管理人认真履行监督职责。

第一百零九条 债务人自行管理财产和营业事务时进行的下列行为，应报经管理人同意，并向人民法院或债权人委员会报告：

（一）转让土地、房屋等不动产权益；

（二）转让探矿权、采矿权、知识产权等财产权益；

（三）转让其对其他公司持有的股权；

（四）转让债权和有价证券；

（五）对外借款；

（六）设定财产担保；

（七）放弃权利；

（八）取回担保物；

（九）变更公司业务或经营方案；

（十）订立或解除重要或长期性合同；

（十一）重要的人事任免；

（十二）履行或解除债务人和对方当事人均未履行完毕的合同；

（十三）应事先批准的其他行为。

第一百一十条 债务人在自行管理财产和营业事务过程中，存在欺诈等不当行为，导致重整程序迟缓等对债权人不利后果的，人民法院可以依利害关系人的申请或依职权撤销债务人自行管理的决定，由管理人负责管理债务人的财产和营业事务。

第一百一十一条 重整期间，管理人负责管理财产和营业事务的，可以聘请债务人的经营管理人员负责营业事务，但应事先向人民法院进行报备。

第一百一十二条 重整期间，对债务人的特定财产享有的担保权暂停行使。

担保权人依据《企业破产法》第七十五条第一款规定，请求恢复行使担保权的，由审理重整案件的合议庭进行审查，担保物存在损坏或者价值明显减少可能，足以危害担保权人权利的，应于收到申请后的十五日内书面决定准许担保权人恢复行使担保权。

第一百一十三条 重整期间，出现《企业破产法》第七十八条规定情形，管理人或利害关系人请求裁定终止重整程序并宣告债务人破产的，人民法院收到申请后，应在十五日内裁定终止重整程序，宣告债务人破产，并予公告。

第一百一十四条 债务人或管理人未能按《企业破产法》第七十九条第一款规定提交重整计划草案的，应在六个月期限届满的十日前申请延期并说明理由。理由成立的，人民法院应在六个月的期限届满前裁定同意延期三个月提交重整计划草案；理由不成立的，应当裁定终止重整程序，并宣告债务人破产。

第一百一十五条 收到重整计划草案后，人民法院应当在三日内确定召开债权人会议的时间、地点。并由管理人协助，在债权人会议召开十五日前通知债权人。

债权人会议应在收到重整计划草案之日起三十日内召开，对重整计划草案进行表决。

第一百一十六条 人民法院可以依据利害关系人申请或依职权决定在普通债权组中设小额债权组对重整计划草案进行表决。人民法院决定设小额债权组的，应在分组表决十日前作出决定并告知管理人。

第一百一十七条 重整计划草案涉及出资人权益调整事项的，应当设出资人组对该事项进行表决。人民法院决定设出资人组的，应在分组表决十日前作出决定并告知管理人。

第一百一十八条 重整计划经债权人会议表决通过后，债务人或管理人应于十日内申请人民法院批准重整计划草案。

重整计划不违反法律规定，企业重新获得盈利能力的经营方案具有可行性，表决程序合法且内容不损害各表决组中反对者清偿利益的，人民法院应在收到申请后三十日内裁定批准重整计划，终止重整程序，并予公告。

第一百一十九条 部分表决组未通过重整计划草案，且拒绝再次表决或者经再次表决仍未通过重整计划草案，债务人或管理人申请人民法院强制批准重整计划草案的，人民法院应审慎审查。

确需强制批准重整计划草案的，重整计划草案除应当符合《企业破产法》第八十七条第二款规定外，如债权人分多组的，还应当至少有一组已经通过重整计划草案，且各表决组中反对者能够获得的清偿利益不低于依照破产清算程序所能获得的利益。

强制批准重整计划草案，一般应由受理重整案件的人民法院审判委员会讨论决定。

第一百二十条 人民法院裁定批准重整计划、终止重整程序后，即可在"全国企业破产重整案件信息网"上办理结案。

第一百二十一条 人民法院裁定批准重整计划后，由债务人负责执行，管理人负责监督，人民法院应督促管理人认真履行监督职责。

第一百二十二条 重整计划执行期间，债务人或管理人申请延长重整计划执行监督期限的，人民法院应在重整计划监督期届满前作出是否同意延长的裁定，并予公告。

第一百二十三条 重整计划执行期间，债务人应当严格执行重整计划，因出现国家政策调整、法律修订变化等特殊情形，导致重整计划无法执行的，管理人或债务人可以申请变更重整计划一次。

管理人或债务人申请变更重整计划的，应先提交债权人会议表决。债权人会议决议同意变更重整计划的，应当自决议通过之日起十日内申请人民法院批准。人民法院经评议认为重整计划确有必要变更的，且债权人会议决议真实、合法的，应当重新编立破产案件案号，并自收到申请后三十日内裁定同意变更重整计划，同时明确债务人和管理人应于收到裁定之日起六个月内提交新的重整计划。

第一百二十四条 重整计划变更草案应提交因重整计划变更而遭受不利影响的债权人组和出资人组进行表决。表决及人民法院批准程序与之前表决及批准原重整计划程序相同。

第一百二十五条 重整计划执行期间，债务人不能执行或不执行重整计划，或变更重整计划的申请未经债权人会议同意或者人民法院不批准变更申请的，管理人或者利害关系人请求裁定终止重整计划的执行并宣告债务人破产的，人民法院应在收到申请后十五日内裁定终止重整计划的执行，宣告债务人破产，并予公告。

第一百二十六条 企业重整计划被批准后，人民法院应当将该重整企业的相关失信信息从失信被执行人名单库中删除，并解除对重整企业原法定代表人、负责人及相关责任人员已实施的信用惩戒措施。人民法院还应通过加强与政府的沟通协调，帮助重整企业修复信用记录，依法获取税收优惠，以利于重整企业恢复正常生产经营。

第五章 和 解

第一百二十七条 债务人申请和解，应提交和解协议草案，人民法院经审查认为和解申请符合法律规定的，应当于收到申请后十五日内裁定和解，并予公告。

第一百二十八条 人民法院裁定和解后，担保权人对债务人的特定财产主张行使担保权的，管理人应及时变价处置，不得以须经债权人会议决议等为由拒绝，但因单独处置担保财产会降低其他破产财产价值而应整体处置的除外。

第一百二十九条 人民法院应在裁定和解之日起三十日内召开债权人会议，表决和解协议草案。

第一百三十条 债权人会议表决通过和解协议后，人民法院应在十日内就协议内容进行评议，制作认可和解协议裁定书，终止和解程序，并予公告。

裁定终止和解程序后，即可在"全国企业破产重整案件信息网"上办理结案。

第一百三十一条 和解协议草案未获债权人会议表决通过，或虽获通过但人民法院不予认可的，人民法院应当于债权人会议后三十日内作出终止和解程序并宣告债务人破产的裁定，并予公告。

第一百三十二条 和解债权人以债务人不能执行或者不执行和解协议为由，申请人民法院裁定终止和解程序，并宣告债务人破产的，人民法院应当通知债务人和管理人于五日内作出书面说明，必要时可以组织听证。

人民法院认为和解债权人的申请理由不成立的，应当自收到债务人和管理人书面说明后三十日内作出不予准许的裁定。

人民法院认为和解债权人的申请理由成立的，应当自收到债务人和管理人书面说明后三十日内作出终止和解程序并宣告债务人破产的裁定，并予公告。

第一百三十三条 受理破产申请后，债务人与全体债权人在破产程序终结之前就债权债务的处理自行达成协议的，可以请求人民法院认可。人民法院经评议认可当事人协议的，应当制作认可协议内容并终结破产程序的裁定书。

第六章　破产清算

第一百三十四条　债务人财产不足以清偿破产费用，且无人代为清偿或予以垫付的，管理人应当提请人民法院宣告债务人破产并终结破产程序。

人民法院应当自收到请求之日起十五日内裁定宣告债务人破产，终结破产程序，并予以公告。

第一百三十五条　第一次债权人会议召开之后，无人提出重整或和解申请，债务人符合《企业破产法》规定的宣告破产条件的，管理人应当在债权审核确认和必要的审计、资产评估后，申请人民法院裁定宣告债务人破产。管理人不申请的，人民法院可依职权宣告破产。

第一百三十六条　破产和解或重整申请受理后，债务人出现应当宣告破产的法定原因时，人民法院可以依据相关主体的申请宣告债务人破产，也可以依职权宣告债务人破产。

第一百三十七条　相关主体向人民法院提出宣告破产申请的，人民法院应当及时作出裁定。裁定宣告债务人破产的，应自破产宣告的裁定作出之日起五日内送达债务人和管理人，十日内通知已知债权人，并予公告。

第一百三十八条　债务人被宣告破产后，不得再转入重整、和解程序。

第一百三十九条　在破产清算程序中，对债务人特定财产享有担保权的债权人可以随时向管理人主张就该特定财产变价处置行使优先受偿权，管理人应及时变价处置，不得以须经债权人会议决议等为由拒绝，但因单独处置担保财产会降低其他破产财产价值而应整体处置的除外。

第一百四十条　破产财产评估及处置由管理人负责。

管理人应及时拟定破产财产变价方案及破产财产分配方案提交债权人会议讨论。

第一百四十一条　破产财产可以通过网络公开拍卖方式进行，以实现价值最大化。

拍卖所得预计不足以支付评估拍卖费用，或者拍卖不成的，管理人应制作作价变卖方案或实物分配方案，详细说明理由，提交债权人会议讨论表决。

第一百四十二条　管理人拟定的有关破产财产的变卖或实物分配方案，经债权人会议表决但未获通过的，人民法院应指导管理人调整方案。管理人应将调整优化后的方案提交债权人会议再行表决一次。方案中的财产可作区分的，可仅就前次会议未通过部分进行调整并提交债权人会议再次表决。

第一百四十三条　变卖或实物分配的方案经债权人会议两次表决仍未通过的，管理人应在七日内形成书面报告，附相应的评估报告、拍卖痕迹证据等，提交人民法院裁定处理。

第一百四十四条　人民法院可依据《关于人民法院确定财产处置参考价若干问题的规定》，采用定向询价、网络询价等方式，判断拍卖所得是否足以支付评估拍卖费用。

第一百四十五条　对于拍卖不成的破产财产，人民法院应当分析原因，协调税收、规划、国土、房管、矿产资源等有关政府部门，争取政策，降低成本，提升破产财产市场竞争力，增加破产财产成交的可能性。

第一百四十六条　管理人应按照债权人会议决议或人民法院裁定的破产财产变价方案，及时变价出售破产财产。

第一百四十七条　根据管理人的申请，人民法院决定同意实物分配的，应及时制作准予实物分配的裁定。

第一百四十八条　债务人已无财产可供分配，管理人应按照法律规定提请终结破产程序，人民法院应当自收到管理人的请求之日起十五日内就是否终结破产程序作出裁定。裁定终结的，进行结案，并予公告。

第一百四十九条　债权人根据《企业破产法》第一百二十三条第（一）项、第（二）项的规定请求人民法院按照破产财产分配方案进行追加分配的，人民法院应当另立破产案件案号，及时制作追加分配裁定书。

有前款规定情形，但财产数量不足以支付分配费用的，不再进行追加分配，由人民法院将其上交国库。

第七章　跨境破产

第一百五十条　人民法院处理跨境破产案件时，应当遵循互惠、开放、审慎原则，积极、稳妥、有序地处理相关冲突。

第一百五十一条　外国破产程序代表申请承认和执行外国法院破产程序的，收到申请的人民法院应于三日内逐级层报省高级人民法院。

第一百五十二条　因债务人部分资产位于境外，管理人需要向外国司法机构请求司法救助的，人民法院可采用授权管理人作为债务人代表的方式处理。授权之前，应逐级层报省高级人民法院批准。

第一百五十三条　人民法院承认外国法院作出的破产案件判决、裁定后，债务人在中华人民共和国境内的财产在全额清偿境内的担保权人、职工债权和社会保险费用、所欠税款等优先权后，剩余财产可以按照该外国法院的规定进行分配。

第八章　执行案件移送破产审查

第一百五十四条　执行案件移送破产审查的案件，适用《云南省高级人民法院关于规范执行案件移送破产审查工作的意见》的相关规定。

《云南省高级人民法院关于规范执行案件移送破产审查工作的意见》未作规定的，适用本指引。

第九章　破产衍生诉讼

第一百五十五条　人民法院受理破产申请后，在破产程序终结之前，涉及该破产案件债务人的一审民事诉讼，由受理破产申请的人民法院管辖，但债务人作为未被要求承担责任的无独立请求权第三人参与诉讼的除外。

前款规定的破产申请受理日期，以人民法院出具受理破产（含重整、和解）裁定的落款日为准。破产程序终结日期，适用破产清算程序的，以人民法院出具终结破产程序裁定的落款日为准；适用重整（和解）程序的，以人民法院出具终止重整（和解）程序裁定的落款日为准。

第一百五十六条　受理破产申请的人民法院管辖的有关债务人的一审民事案件，可以依据《中华人民共和国民事诉讼法》第三十八条规定，由上级人民法院提审，或者报请上级人民法院批准后交下级人民法院审理。

受理破产申请的人民法院，如对有关债务人的海事纠纷、专利纠纷、证券市场因虚假陈述引发的民事赔偿纠纷等案件不能行使管辖权的，可以依据《中华人民共和国民事诉讼法》第三十七条的规定，由上级人民法院指定管辖。

第一百五十七条　人民法院受理破产申请后，债务人之前订立的仲裁协议和仲裁条款的效力不受影响。

第一百五十八条　在破产申请受理前，已经受理但未审结的民事诉讼和仲裁，在破产申请受理后，应当及时中止。

债务人的委托诉讼代理人应及时向管理人报告，没有委托诉讼代理人的，受理民事诉讼的人民法院应通过受理破产案件的人民法院转告管理人，管理人应在接管债务人财产后十日内，主动对接受理民事诉讼的人民法院和受理仲裁案件的仲裁机构，诉讼或仲裁程序恢复。管理人应明确是否继续委托之前参与诉讼的委托诉讼代理人参与诉讼或仲裁。

第一百五十九条　在破产衍生诉讼中，债务人企业作为当事人的，当事人名称继续沿用。

管理人的负责人依法取代债务人法定代表人作为"诉讼代表人"代表债务人参加诉讼。

第一百六十条　在破产衍生诉讼中，管理人作为当事人的，如破产撤销权诉讼、抵销权诉讼、请求撤销个别清偿行为诉讼、管理人责任纠纷等，应直接列管理人为当事人，并注明其为某债务人管理人。

诉讼利益归债务人所有的，应追加债务人作为第三人参与诉讼。

第一百六十一条　人民法院受理破产申请后，尚未审结的以债务人为被告所提起的给付之诉案件，人民法院应就《企业破产法》第十六条规定向原告释明，将诉讼请求变更为债权确认之诉。当事人拒绝变更的，依法驳回起诉。

第一百六十二条　人民法院受理破产申请后，债务人的债权人只能通过破产程序进行受偿，不得就该债权对债务人提起新的给付之诉。债权人起诉的，人民法院应不予受理；已经受理的，裁定驳回起诉，并告知债权人向债务人的管理人申报债权。

第一百六十三条　人民法院受理破产申请后，债权人未申报债权而直接起诉请求确认债权的，人民法院应当告知其向管理人申报债权，对其起诉不予受理；已经受理的，驳回起诉。

第一百六十四条　主债务人进入破产后，债权人有权申报债权，也可以向保证人主张权利。

债权人仅起诉未进入破产程序的连带责任保证人，未起诉主债务人的，不属破产衍生诉讼的范畴，不受破产集中管辖的限制。

连带责任保证人承担保证责任的范围，不受主债务人因破产而停止计息的影响。

第一百六十五条　破产程序终结后，债权人就破产程序中未受清偿部分要求保证人承担保证责任的，应在破产程序终结后六个月内提出。

保证人承担保证责任后，不得再向和解或重整后的债务人行使求偿权。

第十章 附 则

第一百六十六条 本指引与法律、司法解释存在冲突的，以法律、司法解释为准。

第一百六十七条 公司强制清算案件，可参照本指引相关规定审理。

第一百六十八条 本指引自印发之日施行。

云南省高级人民法院关于规范执行案件移送破产审查工作的意见

（发文日期 2018 年 6 月 29 日）

为规范执行案件移送破产审查工作，确保执行程序和破产程序的有序衔接，根据《中华人民共和国企业破产法》《中华人民共和国民事诉讼法》及相关司法解释，参照《全国法院破产审判工作会议纪要》《最高人民法院关于执行案件移送破产审查若干问题的指导意见》等规定，结合本省民事执行、破产审判工作实际，制定本意见。

第一条 执行案件移送破产审查应当遵循依法合规，积极有序，协调配合，高效便捷原则。

第二条 对于企业法人作为被执行人（以下简称被执行人）的执行案件，执行法院执行部门收到执行申请后，在依照《中华人民共和国民事诉讼法》（以下简称民诉法）第二百四十条规定发出执行通知时，应当同时告知申请执行人和被执行人有关执行程序移送破产审查的相关规定。

对于终结本次执行程序的案件，执行法院作出终结本次执行裁定前，应当释明执行程序移送破产审查的规定。在按照最高人民法院的要求每六个月重新查询被执行人的财产后，可再次释明。

执行法院应重点向被执行人，持有劳动债权或财产控制措施顺位在后的普通债权的申请执行人释明，征求其是否同意移送破产审查的意见。必要时可邀请商事审判庭的法官参与释明及征求意见。

释明及征求意见应制作笔录，详细记录当事人意见。笔录由被释明的当事人签字后入卷。

第三条 执行案件同时符合以下条件的，执行法院可以启动移送破产审查工作：

（一）被执行人为企业法人；

（二）被执行人或者涉被执行人的任一执行案件的任一申请执行人书面同意移送破产审查；

（三）经执行法院穷尽财产查控措施后，被执行人仍然无法清偿债务，并且资产不足以清偿全部债务或者明显缺乏清偿能力。

第四条 下列执行案件不宜启动移送破产审查程序：

（一）被执行人不是企业法人的；

（二）被执行人职工人数众多，破产后安置困难，存在重大不稳定因素，且有关职能部门也明确不支持实施破产清算的；

（三）被执行人是国有独资公司或国有控股公司，对其负有监管职责的国有资产监督管理部门明确不同意破产清算的；

（四）其他不宜移送破产审查的情形。

上述情形不影响当事人直接向有管辖权的人民法院提起破产申请，也不影响破产管辖法院依法受理破产申请。

第五条 对申请执行人或被执行人签署同意移送破产审查书面意见的执行案件，执行法院应在十日内作出是否移送的决定。

移送审查应严格遵守内部决定程序，由执行案件承办人提出意见，并组成合议庭进行合议。必要时，可邀请商事审判庭的法官参加合议庭。

执行案件符合移送破产审查条件的，合议庭应及时制作移送决定书，载明执行案件案号、案件来源、申请执行人和被执行人信息、案件执行经过、符合移送破产审查的具体理由、受移送法院等。移送决定书报本院主管执行的院领导审批。

基层法院拟将执行案件移送异地中级人民法院进行破产审查的，在作出移送决定前，应先报其所在地中级人民法院执行部门审批同意。

第六条 执行法院认为执行案件不符合移送破产审查条件的，应及时告知同意或申请移送破产审查的申请执行人或被执行人。当事人可向有管辖权的人民法院直接提出破产申请。

对当事人不同意移送破产审查，或执行法院审查认为不予移送破产审查的执行案件，应当严格适用民诉法解释第五百一十六条规定清偿债权。其他取得执行依据的债权人申请参与分配的，人民法院不予准许。

第七条 同一执行案件有多个被执行人为企业法人的，可以分别启动移送，分别进行审查。部分被执行人被移送破产审查，不影响同一执行案件中其他被执行人的执行程序。

第八条 被执行人住所地中级人民法院对移送破产审查案件具有管辖权。

中级人民法院裁定受理破产案件后，可以指令具备审理条件的辖区基层法院审理，但必须按照民诉法第三十八条规定报经省高级人民法院批准。

第九条 执行法院作出移送决定后，应在五个工作日内作出中止对被执行人执行的民事裁定书，并向申请执行人和被执行人送达。还应同时书面通知已知的其他执行法院，其他执行法院均应中止对该被执行人的执行程序。

符合《最高人民法院关于严格规范终结本次执行程序的规定》第一条规定条件的，执行法院可以裁定终结本次执行程序。

第十条 移送决定作出后，在受移送法院破产审查结论作出之前，执行法院应暂缓执行具备清偿条件的被执行人财产。对被执行人的季节性商品、鲜活、易腐烂变质、易损耗等不宜长期保存的物品，执行法院应当及时变价处置，但暂不分配处置价款。

收到移送决定时，执行法院已经发出了司法拍卖公告的，拍卖可以继续进行，拍卖价款不作分配。但处置财产，明显使债务人权益受损，或明显导致将来无重整可能的除外。

第十一条 执行法院收到通知后未按规定中止执行，依然采取执行措施的，该执行法院应在受移送法院裁定受理破产案件后的一个月内予以纠正，并将执行回转的款项移交受移送法院或破产管理人。

第十二条 执行法院决定移送后，在受移送法院裁定受理破产案件之前，对被执行人的查封、扣押、冻结措施不解除。

查封、扣押、冻结期限在破产审查期间期满的，经申请执行人申请，由执行法院负责办理续行查控措施。

第十三条　执行法院作出移送决定后，应当向受移送法院移送下列材料：

（一）移送破产审查决定书；

（二）申请执行人或被执行人同意移送的书面材料、释明笔录。被执行人同意移送的，应附有该公司股东会决议等材料；

（三）执行部门已穷尽财产调查措施的相关材料，包括但不限于：银行存款、房地产、车辆、股权登记查询资料，工商登记基本材料以及向网络执行查控系统和"点对点"查控系统调取的信息及反馈结果；

（四）案件执行依据及相关执行文书，执行法院采取的财产处置措施，如已查封、扣押、冻结财产清单，已拍卖、变卖、处置的财产，已向申请执行人分配的财产等情况报告；

（五）被执行人债务清单、关联执行案件清单、已通知的其他已知执行法院清单；

（六）被执行人财务账册、账簿、财务报表、审计报告、资产评估报告等材料；

（七）执行法院认为应当移交的其他材料。

第（一）至第（四）项材料属于移送审查的必备材料；第（五）至第（七）项材料不存在或不完整的，不影响执行案件移送破产审查立案。

第十四条　申请执行人或被执行人书面请求撤回申请的，申请执行人或被执行人对移送决定有异议的，均由受移送法院进行审查。

当事人在执行法院移送之前向执行法院递交撤回申请或异议材料的，执行法院应将当事人提交的书面异议材料一并移送。

第十五条　执行法院应在破产审查决定书作出后五个工作日内将本意见第十三条规定的材料移送至有管辖权法院立案庭，受移送法院应当接收。

受移送法院经审查认为材料有误或不齐的，可要求执行法院在十日内完善和补齐，执行法院应当予以配合。执行法院拒不配合的，受移送法院可将相应材料退回。

第十六条　受移送法院立案部门应在移送材料完备后三日内完成立案，编立"破申"案号，移送破产审判部门审查。

破产审判部门应在收到立案部门移送案件后五日内向申请执行人和被执行人告知合议庭组成情况，并在三十日内作出是否受理的裁定。受移送法院受理破产案件，无须报上级法院审批。

受移送法院审查发现本院对案件没有管辖权的，应按民诉法第三十六条规定处理。

第十七条　申请或同意移送破产审查的申请执行人或被执行人为破产案件申请人。申请执行人、被执行人均同意移送破产审查的，双方均列为申请人。

第十八条　破产审判部门审查移送破产审查案件，可以组织听证，也可进行书面审查。

组织听证审查的，受移送法院应当于听证会召开三日前通知申请执行人和被执行人。对申请执行人发起的移送案件，若无法通知被执行人，受移送法院可在被执行人住所地张贴通知材料，不应再采取公告方式送达通知。申请执行人或被执行人无正当理由不参加听证的，不影响听证程序的进行。被执行人的股东、实际控制人等利害关系人申请参加听证的，一般应予准许。

第十九条 案件符合破产受理条件的，受移送法院应在裁定受理后五日内将裁定送交执行法院及对被执行人财产已经采取执行措施的其他法院，并及时送达破产案件当事人。

案件不符合破产受理条件的，受移送法院应在作出不予受理破产申请的裁定后的五日内送交执行法院及该执行法院此前书面通知移送事宜的其他执行法院，并及时送达破产案件申请人。

第二十条 受移送法院拒不接收材料，或收到执行案件相关材料后在三十日内未作出是否受理破产申请裁定的，执行法院可发函请求纠正。受移送法院仍拒绝纠正的，执行法院可请求受移送法院的上一级法院进行监督。受移送法院的上一级法院应当责令受移送法院及时接收材料并在接收材料后十日内作出是否受理的裁定，受移送法院仍不接收材料或在十日内未作出是否受理裁定的，上一级法院可以径行审查并作出裁定。上一级法院裁定受理破产申请的，可以同时指令受移送法院审理案件。

第二十一条 收到受移送法院送交的受理破产案件的裁定后，执行法院必须在七日内解除针对破产案件债务人所采取的财产保全措施，将债务人财产移交破产法院或管理人，并及时告知相关债权人申报债权。

执行法院未在七日内依法解除财产保全措施，经受移送法院发函，执行法院仍拒绝解除的，受移送法院可请求执行法院的上一级人民法院予以协调解决。

执行法院移交财产的同时，应将执行程序中已发生的评估费、公告费、保管费、拍卖费等执行费用的开支证明、详细证据等一并送交受移送法院或管理人。在破产程序中，对执行费用可参照破产费用从债务人财产中随时清偿。

执行案件符合终结本次执行程序条件的，执行法院可按本意见第九条规定予以处理。

第二十二条 受移送法院裁定受理破产案件后，如不存在对债务人适用破产重整或和解程序可能，应根据企业破产法第一百零七条规定及时宣告债务人破产。对事实清楚、债权债务关系清晰简单、资产规模不大、争议不大、风险隐患小的案件，经征得当事人同意，可以简化部分审理程序。

执行中已经实施的鉴定、拍卖行为，破产程序中无须再次鉴定、拍卖。仍在有效期内的评估意见，适用于破产程序。

债务人符合最高人民法院《关于债权人对人员下落不明或者财产状况不清的债务人申请破产清算案件如何处理的批复》规定情形的，受移送法院应在依法宣告债务人破产的同时裁定终结破产程序。

债务人确无财产或财产不足以清偿破产费用的，管理人在提出宣告破产申请的同时，应提请终结破产程序。受移送法院应根据企业破产法第四十三条规定，自收到请求之日起十五日内裁定宣告债务人破产，并同时终结破产程序，予以公告。

第二十三条 受移送法院裁定宣告债务人破产或者裁定终止重整程序、和解程序的，应在五日内将裁定送交执行法院。执行法院收到裁定后，应根据民诉法解释第五百一十五条规定裁定终结对被执行人（破产程序中的债务人）的执行。

第二十四条 破产案件审理终结后，执行法院裁定终结执行程序的，应当将该被执行人的相关失信信息从失信被执行人名单库中删除。并解除对被执行人法定代表人、负责人及相关责任人员已实施的信用惩戒措施，但本意见第二十二条中"下落不明或者财产状况不清的债务人"的法定代表人、负责人及相关责任人员除外。

第二十五条　受移送法院裁定受理破产案件至宣告破产前，经审理认为债务人不符合

企业破产法第二条第一款和《破产法释法解释（一）》第二条第一款规定的相关情形的，应当根据企业破产法第十二条第二款规定作出驳回破产申请的裁定。

第二十六条　收到不受理破产申请裁定或驳回破产申请裁定后，破产案件申请人不服该裁定的，可在裁定送达之日起十日内向上一级法院提起上诉。

裁定生效后，受移送法院应在七日内将已接收的材料、被执行人的财产退回执行法院。

第二十七条　收到受移送法院作出的不予受理破产申请裁定后，执行法院应当在三日内恢复对被执行人的执行。

收到受移送法院作出的驳回破产申请裁定后，执行法院应当按照《破产法司法解释（二）》第八条规定在五日内恢复保全措施。在执行法院恢复保全措施或者明确表示不再恢复之前，受移送法院不得解除对债务人财产的保全措施。

第二十八条　对受移送法院裁定不予受理破产申请或驳回破产申请的案件，执行法院不得对同一被执行人再次启动移送破产审查程序。

申请执行人或被执行人有新证据证明该被执行人符合企业破产法第二条规定的，可直接向有管辖权的人民法院提起破产申请。

第二十九条　执行案件移送破产审查工作应当以全国企业破产重整案件信息网为依托，将移送、立案、审理等审判流程信息在破产重整案件信息网同步录入、公开，全程留痕。

第三十条　全省各级人民法院可以制定执行案件移送破产审查的操作细则，但不得以其操作细则另有规定为由拒收其他法院（包括下级法院）依法移送的执行案件材料。

第三十一条　法律、司法解释对执行案件移送破产审查有新的规定的，适用法律、司法解释的规定。

第三十二条　本意见由本院审判委员会负责解释。

第三十三条　本意见自下发之日实施。

陕西省高级人民法院关于执行案件移送破产审查工作的实施意见（试行）

为了促进和规范执行案件移送破产审查工作，构建执行程序与破产程序有序衔接机制，根据《中华人民共和国企业破产法》《中华人民共和国民事诉讼法》《最高人民法院关于适用〈中华人民共和国民事诉讼法〉的解释》《最高人民法院关于执行案件移送破产审查若干问题的指导意见》等相关法律法规、司法解释的规定，结合本省实际，制定以下意见。

第一条　执行法院发现作为被执行人的企业法人符合破产条件的，经申请执行人之一或者被执行人同意，应当裁定中止对该被执行人的执行，将执行案件相关材料移送被执行人住所地人民法院进行破产审查。

第二条　执行案件移送破产审查工作应当坚持依法有序、协调配合、高效便捷的原则。

第三条　执行案件移送破产审查，应当同时符合下列条件：

（1）被执行人是企业法人以及法律规定可以参照适用破产程序的其他组织；

（2）被执行人或者有关被执行人的任何一个执行案件的申请执行人书面同意将执行案件移送破产审查；

（3）被执行人不能清偿全部债务或者明显缺乏清偿能力。

第四条　执行法院决定启动移送破产审查程序时，应当对所涉案件适用破产程序的合法性和可行性进行评估，既要避免当移不移，又要防止将不符合破产条件的企业法人随意移送破产审查。对移送过程中发生的违法违纪事件，各地法院应严厉查处。

第五条　执行案件既符合终结本次执行程序条件，又符合移送破产审查条件的，执行法院应当在裁定终结本次执行程序的同时，启动移送破产审查程序。

第六条　执行案件有下列情形之一的，不宜启动移送破产审查程序：

（1）被执行的企业职工人数众多、破产后安置和再就业保障困难，有重大安全稳定风险的；

（2）被执行人是国有企业或国有控股公司，对其负有监管职责的国有资产监督管理部门不同意破产清算的；

（3）仅有被执行企业一方同意移送破产审查，但其财产去向不明且有破产逃债可能的；

（4）其他不宜移送破产审查的情形。

第七条　一个执行案件中多个被执行人符合移送破产审查条件的，应当分别移送破产审查。

第八条　执行案件移送破产审查，由被执行人住所地人民法院管辖。

执行案件移送破产审查实行以中级人民法院管辖为原则、基层人民法院管辖为例外的级别管辖制度。中级人民法院经省高级人民法院批准，也可以将移送破产审查的案件指定具备审理条件的基层人民法院审理。

第九条　执行法院在执行中发现被执行人符合移送破产审查条件的，应当及时征询申请执行人、被执行人是否同意将案件移送破产审查，并将该意见记录在卷，由相关当事人签章确认。

当事人既不表示同意也不表示反对，执行法院不能采取默示推定认定其同意。

第十条　执行法院不得在未征询申请执行人或被执行人是否同意移送破产审查意见时，依职权启动移送破产审查程序。

第十一条　对于符合移送审查的案件，如果申请执行人和被执行人已就债务清偿达成了和解协议，约定相应的履行义务宽限期或允许被执行人通过其他方式偿还债务，而不同意适用移送破产审查的，在不损害其他债权人合法权益的情况下，执行法院不得强迫当事人启动移送破产审查程序。

第十二条　为了确保移送审查程序衔接紧密顺畅，防止因执行程序与破产审理程序认定不一致，导致执行案件移送破产审查后被退回，影响案件移送效果，各级人民法院可设立移送破产审查案件专门合议庭，由立案、执行、审判部门法官组成，专职负责移送案件的预先审查工作。专门合议庭应在收到拟移送破产材料后七日内完成预审审查，并作出预审意见，不同意移送的，应当说明理由。

第十三条　申请执行人或被执行人申请将案件移送破产审查，执行法院经审查决定不予移送的，应当书面告知申请执行人或被执行人。当事人可以向有管辖权的法院提出破产申请。

第十四条　对于符合移送破产审查的案件，应由执行人员提出审查意见，经合议庭评议同意后，报请执行法院院长签发移送决定书。

第十五条　执行法院决定移送的，由受移送法院立案部门负责接收。立案部门进行形式审查认定移送材料完备的，应当编制案号登记立案，并移送破产审判部门办理。

第十六条　异地法院之间的移送工作，实行平行移送原则。即基层人民法院决定将执行案件移送异地中级人民法院时，应先将案件上报其所在地中级人民法院审核同意，再由审核同意的中级人民法院将案件平行移送给异地的中级人民法院。

第十七条　执行法院作出移送决定后，应当中止对该被执行人的执行。

对该被执行人的中止执行，不影响对同案其他不符合破产条件的被执行人的执行。

被执行人在多个法院被立案执行，其中一个执行法院作出移送破产审查决定的，其他执行法院都应当中止对该被执行人的执行程序。

第十八条　执行法院移送案件后，受移送法院裁定是否受理破产案件前，已实施的对被执行人财产的查封、扣押、冻结措施不予解除。查封、扣押、冻结期限在破产审查期间届满，申请执行人申请延长的，由执行法院负责办理。

第十九条　执行法院移送案件后，受移送法院裁定是否受理破产案件前，对被执行人的季节性商品、鲜活、易腐烂变质以及其他不宜长期保存的物品和宜先行处置的财产，执行法院应当及时变价处置，处置价款不得分配。

第二十条　执行法院移送案件后，受移送法院裁定是否受理破产案件前，申请执行人提供新的执行财产线索、请求执行法院采取执行措施，查明属实的，执行法院应采取相应的控制性执行措施。

第二十一条　执行法院作出移送决定后，应当向受移送法院移送下列材料：

（1）执行案件移送破产审查决定书；

（2）申请执行人或被执行人同意移送破产审查的书面材料；

（3）案件执行情况报告；

（4）执行依据及相关执行文书；

（5）执行法院查明的被执行人的财产状况，已查封、扣押、冻结财产清单、不能处置财产清单及相关材料；

（6）执行法院已分配财产清单及相关材料；

（7）符合破产条件的被执行人已知债务清单；

（8）被执行人不能清偿全部债务或明显缺乏清偿能力的相关材料；

（9）当事人营业场地、管理机构、管理人员等工商登记信息资料；

（10）其他应当移送的材料。

第二十二条 受移送法院对依法决定移送的案件不得拒绝接收，经审查发现本院不具有管辖权的，应当按照移送管辖处理。

第二十三条 受移送法院应当自收到移送材料之日起三十日内作出是否受理的裁定。

第二十四条 受移送法院在审查决定是否受理破产申请时，对于事实清楚、证据确实充分、当事人无异议的案件，可以采用书面方式审查。对于案情复杂、当事人争议较大等案件，也可以进行公开听证。

第二十五条 受移送法院作出不予受理或驳回申请裁定的，应当在裁定生效后七日内将接收的材料、被执行人财产退回执行法院。执行法院应当恢复对该被执行人的执行。

第二十六条 受移送法院作出不予受理或驳回申请裁定的，执行法院不得重复启动移送破产审查程序。

第二十七条 受移送法院裁定受理破产案件的，应当在五日内将受理裁定送达申请执行人和被执行人，并送交执行法院。执行法院收到该受理裁定后，应当在七日内将已扣划到账的银行存款、实际查封、扣押的不动产、动产、有价证券以及执行程序中不能处置的财产等被执行人财产移交给受理破产案件的法院或管理人。

第二十八条 受移送法院可以根据《最高人民法院关于适用〈中华人民共和国企业破产法〉若干问题的规定（二）》第六条规定，委托执行法院办理续行财产保全措施，执行法院应当予以协助；需要查阅执行案件卷宗，或者依法委托执行法院办理其他协助事项的，执行法院应予协助。

第二十九条 受移送法院拒不接收移送材料或在收到移送材料后无正当理由未在规定期限内作出是否受理裁定的，执行法院可向受移送法院的上一级法院申请监督。上一级法院应在收到监督申请后十日内作出审查意见，指令受移送法院在五日内接收材料或在规定期限内作出是否受理的裁定。

第三十条 受理破产案件法院对于无财产可供执行、无经营资金、无营业场所和管理机构、管理人员下落不明的案件以及小额破产案件，要简化破产程序，积极推行简易破产程序的适用，在案件受理、公告、管理人尽职调查、审计、终结等环节缩短时限，提高破产审判效率。

第三十一条 受理破产案件法院发现债务人符合《最高人民法院关于债权人对人员下落不明或者财产状况不清的债务人申请破产清算案件如何处理的批复》规定情形的，可以在受理后即宣告债务人破产并终结破产程序。受理破产案件的法院应当自宣告破产裁定作出之日起五日内将该裁定送交执行法院，执行法院裁定终结对被执行人的执行。

第三十二条 执行法院执行中作出的被执行人财产评估报告，在破产财产变价时仍在有效期内的，管理人可将该评估报告作为确定破产财产变价的依据，无需再行评估。

第三十三条 受理破产案件法院对确无破产财产的案件，原则上可依法依规减免破产案件的诉讼费用。对包括管理人报酬在内的其他破产费用，可以结合实际采取鼓励利害关系人垫付、建立管理人报酬保障资金等措施解决。

第三十四条 受理破产案件法院应当以最高人民法院设立的全国企业破产重整案件信息网为依托，将破产案件（包括破产重整、破产清算、破产和解案件）审判流程信息以及公告、法律文书、债务人信息等与破产程序有关的信息统一在破产重整案件信息网公布。

人民法院、破产管理人可以在破产重整案件信息网发布破产程序有关公告。

人民法院、破产管理人在其他媒体发布公告的，同时要在破产重整案件信息网予以发布。人民法院、破产管理人在破产重整案件信息网发布的公告具有法律效力。

第三十五条 管理人可提请在法院和债权人会议监督下，将部分破产财产进行变卖处理，用以清偿破产费用和共益债务。变卖附着担保物权和其他优先清偿权利的破产财产的，应经相关权利人同意。

第三十六条 受理破产案件法院宣告破产，执行法院裁定终结执行程序，被执行人在前被纳入失信被执行人名单的，执行法院应当将失信信息从失信被执行人名单库中删除，并解除对其法定代表人、负责人及相关责任人员已实施的信用惩戒措施。

第三十七条 各中级法院和经省高级人民法院批准审理移送破产审查案件的基层法院，要在地方党委的领导下，积极与地方政府相关部门建立破产工作统一协调机制，建立破产援助基金，统筹解决国有资产保护、金融安全维护、职工安置、再就业保障、非公经济平等保护等问题，妥善化解影响社会稳定的各类风险。

第三十八条 各级法院应成立执行案件移送破产审查工作协调小组，由立案部门、民事审判部门和执行局负责人组成。加强立审执协作配合，定期召开协调例会，沟通案件信息，及时发现和解决移送程序衔接中出现的问题。

第三十九条 本意见自下发之日起施行。

2017 年 5 月 12 日

青海省高级人民法院关于贯彻《中华人民共和国企业破产法》及相关司法解释的实施意见

（青高法〔2007〕88号 2007年5月11日）

全省各级人民法院：

为保证《中华人民共和国企业破产法》（以下简称企业破产法）的顺利实施，逐步培育管理人市场，建立规范的企业破产管理人制度；公开、公平、公正确定管理人报酬。根据企业破产法、法释〔2007〕8号《最高人民法院关于审理企业破产案件指定管理人的规定》（以下简称指定管理人司法解释）、法释〔2007〕9号《最高人民法院关于审理企业破产案件确定管理人报酬的规定》（以下简称确定管理人报酬司法解释）、法释〔2007〕10号《最高人民法院关于〈中华人民共和国企业破产法〉施行时尚未审结的企业破产案件适用法律若干问题的规定》，并结合我省审理企业破产案件的实际，经本院审判委员会讨论决定，特制定本实施意见。

一、企业破产案件的管辖

（一）基层人民法院受理企业在县（区）级工商行政管理部门登记注册的破产案件。

（二）中级人民法院受理企业在市（州、地区）级以上工商行政管理部门登记注册的破产案件。

（三）高级人民法院受理本辖区有重大影响的企业破产案件。

（四）对企业破产案件的受理实行上一级人民法院初审制度。基层人民法院对拟立案受理的企业破产案件报中级人民法院初审；中级人民法院对拟立案受理的企业破产案件报高级人民法院初审。上级人民法院经审查认为符合破产条件的，书面通知辖区人民法院立案受理，同时指定管理人。

（五）中级人民法院同意基层人民法院立案受理破产案件后，在书面通知基层人民法院的同时，应在五日内将案件的简要情况书面报高级人民法院备案。

（六）中、基层人民法院审结破产案件后，应于结案后十五日内将案件终结报告直接报高级人民法院备案。

（七）破产案件的初审及备案由高级人民法院、中级人民法院的民二庭负责。

上级人民法院要加强对下级人民法院审理破产案件的监督指导，使审理企业破产案件工作规范有序进行。

二、管理人名册编制程序和标准

（一）依据指定管理人司法解释第二条的规定，青海省企业破产案件管理人名册由青海省高级人民法院统一编制。

（二）由高级人民法院组成专门的评审委员会，负责企业破产案件管理人名册的评审和编制工作。

（三）管理人评定标准以其实际情况并结合执业业绩、能力、专业水准、社会中介机构的规模、办理企业破产案件的经验等因素综合考评。

（四）评审委员会根据评定标准，择优评定，管理人分一级管理人，二级管理人。一级管理人参加中级人民法院或高级人民法院受理的企业破产案件的管理人工作；二级管理人参加基层人民法院或中级人民法院受理的企业破产案件的管理人工作。

（五）确定编入管理人名册分批进行；本次结束后，每二年评定一次。

（六）高级人民法院可以根据全省企业破产案件审理情况、管理人履行职务以及管理人资格变化等因素，对管理人名册适时进行调整。

（七）高级人民法院对管理人有企业破产法第二十四条第三款规定情形的，将其从管理人名册中除名。

三、企业破产案件管理人的指定

各级人民法院受理企业破产案件指定管理人，应当根据高级人民法院确定的管理人名册分等级进行；一般应当指定社会中介机构担任管理人。

（一）基层人民法院受理的企业破产案件，由中级人民法院从管理人名册的二级管理人中指定。

（二）中级人民法院受理的企业破产案件，由高级人民法院从管理人名册的二级或一级管理人中指定。

（三）高级人民法院认为应当由其受理的企业破产案件，应当指定一级管理人担任。

（四）指定管理人一般应当按照管理人名册所列名单采取轮候、抽签、摇号等随机方式公开进行。

1. 因某些案件确需公开竞标方式产生管理人的，应按照指定管理人司法解释的有关规定，在管理人名册范围内，择优指定管理人。

2. 对于商业银行、证券公司、保险公司等金融机构以及在全国范围内有重大影响、法律关系复杂、债务人财产分散的企业破产案件管理人的指定，按照指定管理人司法解释的规定办理。

（五）对指定管理人提出异议的，应报高级人民法院审查确定。

四、管理人报酬

（一）根据确定管理人报酬司法解释，结合我省经济发展实际，对管理人报酬以债务人最终清偿的财产价值总额，在以下比例限制范围内分段确定管理人报酬：

1. 不超过一百万元的（含本数，下同），在 10.2% 以下确定；

2. 超过一百万元到五百万元的部分，在 8.5% 以下确定；

3. 超过五百万元至一千万元的部分，在 6.8% 以下确定；

4. 超过一千万元至五千万元的部分，在 5.1% 以下确定；

5. 超过五千万元至一亿元的部分，在 2.55% 以下确定；

6. 超过一亿元至五亿元的部分，在 0.85% 以下确定；

7. 超过五亿元的部分，在 0.425% 以下确定。

担保人优先受偿的担保物价值，不计入前款规定的财产价值总额。

（二）审理企业破产案件中有关确定管理人报酬的其它程序和事宜，按确定管理人报酬司法解释的相关规定办理。

五、企业破产法施行时尚未审结的企业破产案件涉及的事宜，应按法释〔2007〕10号《最高人民法院关于〈中华人民共和国企业破产法〉施行时尚未审结的企业破产案件适用法律若干问题的规定》执行。

第三章 | 破产程序法律文书样式

最高人民法院办公厅关于印发《人民法院破产程序法律文书样式（试行）》的通知

（法办发〔2011〕12号）

各省、自治区、直辖市高级人民法院，解放军军事法院，新疆维吾尔自治区高级人民法院生产建设兵团分院：

为了更好地指导各级人民法院正确适用《中华人民共和国企业破产法》及相关司法解释，规范人民法院破产程序法律文书，提高人民法院审理企业破产案件质量，最高人民法院制作了《人民法院破产程序法律文书样式（试行）》，现予以印发，并就适用该文书样式的有关问题通知如下：

一、关于本文书样式的体例

针对破产程序各阶段和相关程序的工作内容，按照简洁、实用、便利的原则，文书样式分为"通用类文书"、"破产清算程序用文书"、"重整程序用文书"、"和解程序用文书"以及适用于破产衍生诉讼一审程序的"破产衍生诉讼用文书"五类共105个文书样式。各文书样式均包括文书主文和制作说明两部分。文书主文是文书的核心部分，包括文书名称、文号、名头、主文、落款、附件等部分。制作说明是文书样式的辅助部分，主要列明制作文书样式的法律依据以及文书制作中需要注意的问题，以有利于人民法院正确制作、使用文书。

二、关于相关案件的案号和各文书样式的文号

1. 破产案件的案号

破产案件的案号为"（××××）×破字第×号"。人民法院审理一个债务人的破产案件，包括破产申请受理前后，以及破产清算与重整、和解之间相互转化程序前后，均应使用同一案号。

"（××××）×破字第×号"中的"（××××）"，应列明人民法院受理破产案件的年份；"（××××）×破字第×号"中的"×"，应列明审理破产案件法院的简称；"（××××）×破字第×号"中的"×"，应列明该破产案件的案号。

2. 破产案件中出具的各类文书的文号

鉴于破产案件进展中程序不同和出具的各文书性质不同，人民法院在审理一个破产案件中将出具众多的民事裁定书、决定书、通知、公告和复函等各类文书，为体现

相关文书出具的不同阶段以及各类文书的排序，人民法院在审理破产案件时，应当在上述案号的基础上，在所出具有关文书的文号上分别以"预"、"初"、"-×"等予以标识。具体如下：

"（××××）×破（预）字第×号"中的"（预）"，体现该文书出具在破产申请受理前，即人民法院裁定受理破产清算、重整、和解申请前制作的各类法律文书，以及作出的不予受理和受理上述申请的民事裁定书，均以"（××××）×破（预）字第×号"确定文号。人民法院裁定受理破产申请后，则应以"（××××）×破字第×号"确定文号。

"（××××）×破初字第×号"中的"初"，体现该文书系审理破产案件的人民法院作出的一审裁定。根据企业破产法的规定，申请人不服该裁定的可向上一级人民法院提起上诉。此类文号涉及人民法院作出的不予受理破产申请和驳回破产申请两类民事裁定书。

"（××××）×破字第×-×号"中的"-×"，体现不同文书的编排序号。如人民法院在审理一个破产案件中作出的所有民事裁定书，应当分别以"（××××）×破字第×-1号"民事裁定书、"（××××）×破字第×-2号"民事裁定书、"（××××）×破字第×-3号"民事裁定书……依次编号；作出的所有决定书，应当分别以"（××××）×破字第×-1号"决定书、"（××××）×破字第×-2号"决定书、"（××××）×破字第×-3号"决定书……依次编号，等等。编排序号不受破产申请受理前后的影响，如破产申请受理前最后编号为"（××××）×破（预）字第×-5号"民事裁定书的，破产申请受理后应直接以"（××××）×破字第×-6号"民事裁定书依次编号。

3. 上一级人民法院审理相关案件的案号

受理破产案件的人民法院作出的不予受理或者驳回破产申请的民事裁定书，以及拘留、罚款决定书，根据法律规定可以分别向上一级人民法院提起上诉或申请复议。上一级人民法院对于这类案件应当分别以"（××××）×破（预）终字第×号"、"（×××）×破终字第×号"，以及"（××××）×破复字第×号"确定案号。其中，"（××××）×破（预）终字第×号"中的"（××××）"，应列明二审法院受理破产案件的年份；"（××××）×破（预）终字第×号"中的"×"，应列明二审法院的简称；"（××××）×破（预）终字第×号"中的"×"，应列明该二审案件的案号。其他两类文书同理。

4. 破产衍生诉讼案件的案号

根据企业破产法的规定，破产申请受理后有关债务人的实体权利义务等发生争议的，均应另行向受理破产申请的人民法院提起诉讼，即为破产衍生诉讼。因破产衍生诉讼独立于破产案件，系普通民商事案件，因此，其一审均应以"（××××）×民初字第×号"确定案号，二审均应以"（××××）×民终字第×号"确定案号。

三、关于本文书样式的适用

人民法院适用企业破产法审理相关案件涉及的文书样式十分复杂，且在实践中会不断遇到新情况新问题，此次下发的仅是其中常用的、具有代表性的文书样式，且有的文书样式尚待相关司法解释颁布后再作补充与完善。因此，实践中如遇未列出的文书，可参考这些常用样式，根据案件具体情况变通适用。

请各高级人民法院注意收集辖区内人民法院在适用本文书样式中发现的问题并提

出改进建议，及时报告最高人民法院民事审判第二庭。

特此通知。

二〇一一年十月十三日

附：《人民法院破产程序法律文书样式（试行）》

一、通用类文书

◆ 文书样式1

××××人民法院

决定书

（指定管理人用）

（××××）×破字第×-×号

××××年××月××日，本院根据×××（申请人姓名或名称）的申请，裁定受理×××（债务人名称）破产清算（或重整、和解）一案。经……（写明指定程序），依照……（写明所依据的法律条款项）之规定，指定×××担任×××（债务人名称）管理人。

管理人应当勤勉尽责，忠实执行职务，履行《中华人民共和国企业破产法》规定的管理人的各项职责，向人民法院报告工作，并接受债权人会议和债权人委员会的监督。管理人职责如下：

（一）接管债务人的财产、印章和账簿、文书等资料；

（二）调查债务人财产状况，制作财产状况报告；

（三）决定债务人的内部管理事务；

（四）决定债务人的日常开支和其他必要开支；

（五）在第一次债权人会议召开之前，决定继续或者停止债务人的营业；

（六）管理和处分债务人的财产；

（七）代表债务人参加诉讼、仲裁或者其他法律程序；

（八）提议召开债权人会议；

（九）本院认为管理人应当履行的其他职责。

××××年××月××日

（院印）

说明：

一、本样式系根据《最高人民法院关于审理企业破产案件指定管理人的规定》第二十七条制定，供人民法院裁定受理破产清算、重整或者和解申请后指定管理人时使用。

二、指定清算组担任管理人的，还应写明：依照《最高人民法院关于审理企业破产案件指定管理人的规定》第十九条之规定，指定×××为清算组成员。

三、本决定书应送达管理人、破产申请人、债务人及债务人的企业登记机关。

◆ 文书样式 2

××××人民法院

通知书

（告知债务人有关人员的相关义务用）

（××××）×破字第×-×号

×××：

本院于××××年××月××日根据×××（申请人姓名或名称）的申请裁定受理×××（债务人名称）破产清算（或重整、和解）一案，并于××××年××月××日指定×××为×××（债务人名称）管理人。依照《中华人民共和国企业破产法》第十五条之规定，从即日起至破产清算（或重整、和解）程序终结（或终止）之日，你应当承担下列义务：

一、自收到受理破产申请的裁定之日起15日内向本院提交财产状况说明、债务清册、债权清册、有关财务会计报告以及职工工资的支付和社会保险费用的缴纳情况。

二、自案件受理之日起停止清偿债务。

三、自本院受理破产申请的裁定送达之日起至破产程序终结之日，法定代表人、财务管理人员及其他经营管理人员承担下列义务：（1）妥善保管其占有和管理的财产、印章和账簿、文书等资料；（2）根据本院、管理人的要求进行工作，并如实回答询问；（3）列席债权人会议并如实回答债权人的询问；（4）未经本院许可，不得离开住所地；（5）不得新任其他企业的董事、监事、高级管理人员。

四、管理人接管时，法定代表人应向管理人办理移交手续，并答复有关财产及业务的询问。

五、第一次债权人会议定于××××年××月××日于本院第×审判庭召开，法定代表人及财务管理人员必须准时参加。

特此通知

××××年××月××日

（院印）

说明：

一、本样式系根据《中华人民共和国企业破产法》第十五条制定，供人民法院受理破产清算、重整或者和解申请后告知债务人有关人员相关义务时使用。

二、本通知应当送达债务人的法定代表人。根据案件的实际情况，经人民法院决定（经合议庭研究并记入笔录即可），也可以送达债务人的财务管理人员或其他经营管理人员。

◆ 文书样式3

××××人民法院
决定书
（ 指定债权人会议主席用 ）

（××××）×破字第×-×号

××××年××月××日，本院根据×××（申请人姓名或名称）的申请裁定受理×××（债务人名称）破产清算（或重整、和解）一案。依照《中华人民共和国企业破产法》第六十条第一款之规定，特指定×××担任债权人会议主席。

××××年××月××日

（院印）

说明：

一、本样式系根据《中华人民共和国企业破产法》第六十条第一款制定，供人民法院裁定受理破产清算、重整或者和解申请后指定债权人会议主席时使用。

二、指定单位担任债权人会议主席的，该单位应指定一个常任代表。

三、本决定书应送达被指定的单位或个人。

◆ 文书样式4

××××人民法院
民事裁定书
（ 确认债权表记载的无争议债权用 ）

（××××）×破字第×-×号

××××年××月××日，本院根据×××（申请人姓名或名称）的申请裁定受理×××（债务人名称）破产清算（或重整、和解）一案。

本院查明：……（概括写明债权人申报债权、管理人审查债权及债权人会议核查债权的情况）。

本院认为：根据债权人会议核查的情况，债务人、债权人对于×××等×位债权人的债权均无异议。依照《中华人民共和国企业破产法》第五十八条第二款之规定，裁定如下：

确认×××等×位债权人的债权（详见无争议债权表）。

本裁定自即日起生效。

审判长 ×××
（代理）审判员 ×××
（代理）审判员 ×××
××××年××月××日
（院印）

本件与原本核对无异

书记员 ×××

附：无争议债权表

说明：

一、本样式系根据《中华人民共和国企业破产法》第五十八条第二款制定，供人民法院确认债权表记载的无争议债权时使用。

二、根据情况可以先在债权人会议上口头裁定。本裁定书应送达债务人、管理人及所附债权表上载明的债权人。

三、本样式同样适用于确认补充申报的债权。

◆ **文书样式5**

××××人民法院

决定书

（ 临时确定债权额用 ）

（××××）×破字第×—×号

　　××××年××月××日，×××（债权人姓名或名称）向×××（债务人名称）管理人申报债权，……（写明债权申报的具体情况）。×××（债务人名称）管理人经审查认为，……（写明管理人的审查意见）。经第×次债权人会议核查，×××（异议人姓名或名称）对×××（债权人姓名或名称）申报的债权提出异议，认为……（写明异议人的意见）。

　　本院经审查认为，……（写明法院初步审查的意见）。本院依照《中华人民共和国企业破产法》第五十九条第二款之规定，决定如下：

　　临时确定×××的债权数额为××元。

××××年××月××日

（院印）

说明：

一、本样式系根据《中华人民共和国企业破产法》第五十九条第二款制定，供人民法院为债权人行使表决权而临时确定债权额用。

二、本决定书应送达债权人、债务人、管理人及异议人。

◆ **文书样式6**

××××人民法院

民事裁定书

（ 撤销债权人会议决议用 ）

（××××）×破字第×—×号

　　申请人：……（写明债权人姓名或名称等基本情况）。

法定代表人（或代表人）：……（写明姓名和职务）。

委托代理人：……（写明姓名等基本情况）。

××××年××月××日，×××向本院提出申请称，债权人会议于××××年××月××日作出决议，……（写明决议的内容）。该决议第×项违反了……（写明法律依据），损害了其合法权益，请求本院撤销该决议，责令债权人会议依法重新作出决议。

本院认为：……（写明支持或不支持申请人的理由）。依照……（写明所依据的法律条款项）之规定，裁定如下：

一、撤销债权人会议××××年××月××日决议的第×项；

二、债权人会议重新作出决议。

或者：

驳回×××（债权人姓名或名称）的申请。

本裁定自即日起生效。

审判长　×××

（代理）审判员　×××

（代理）审判员　×××

××××年××月××日

（院印）

本件与原本核对无异

书记员　×××

说明：

一、本样式系根据《中华人民共和国企业破产法》第六十四条第二款制定，供人民法院根据债权人的申请决定是否撤销债权人会议决议时使用。

二、当事人是自然人的，应当写明其姓名、性别、出生日期、民族、国籍、职业（或工作单位和职务）及住所。当事人是法人的，写明其名称和住所地，并写明法定代表人及其姓名和职务。当事人是依法成立的不具备法人资格的其他组织的，写明其名称及住所地，并写明负责人及其姓名和职务。有委托代理人的，应写明其姓名、性别、职业（或工作单位和职务）及住所；若委托代理人系当事人的近亲属，还应在姓名后括注其与当事人的关系；若委托代理人系律师，只写明其姓名、单位和职务。

三、本决定书应送达申请人、管理人并通知其他债权人或债权人委员会成员。

◆ 文书样式 7

××××人民法院
决定书
（认可债权人委员会成员用）

（××××）×破字第×-×号

×××（债务人名称）第×次债权人会议决定设立债权人委员会，并为此选任……（写明选任的债权人的姓名或名称）为债权人代表，推选×××为职工代表（工会代表）。本院认为，债权人委员会成员的人数和构成符合《中华人民共和国企业破产法》第六十七条之规定，故决定如下：

认可……为债权人委员会成员。

××××年××月××日
（院印）

说明：

一、本样式系根据《中华人民共和国企业破产法》第六十七条制定，供人民法院决定认可债权人委员会成员时使用。

二、本决定书应送达债权人委员会成员和管理人。

◆ 文书样式 8

××××人民法院
决定书
（针对监督事项作出决定用）

（××××）×破字第×-×号

申请人：×××（债务人名称）债权人委员会。

被申请人：……（写明姓名或名称等基本情况）。

××××年××月××日，×××（债务人名称）债权人委员会向本院提出申请，称……（简要写明被申请人拒绝接受监督的有关情况），请求本院就此作出决定。

本院认为：……（写明意见及理由）。依照……（写明所依据的法律条款项）之规定，决定如下：

……（针对监督事项对管理人、债务人的有关人员提出具体要求）。

××××年××月××日
（院印）

说明：

一、本样式系根据《中华人民共和国企业破产法》第六十八条制定，供人民法院根据债权人委员会的申请就监督事项作出决定时使用。

二、被申请人可为管理人或者债务人的有关人员。被申请人是管理人的，其基本情况只需写明"×××（债务人名称）管理人"；被申请人是债务人的有关人员的，其基本情况的写法与样式6相同。

三、本决定书应送达申请人和被申请人。

◆ **文书样式9**

××××人民法院

复函

（许可管理人为某些行为用）

（××××）×破字第×-×号

×××（债务人名称）管理人：

本院于××××年××月××日收到《……》（写明来文的名称），……（引用请示的内容及事实和理由）。经研究，答复如下：

……（写明答复意见）。

此复

××××年××月××日

（院印）

说明：

一、本样式系根据《中华人民共和国企业破产法》第二十六条、第二十八条制定，供人民法院收到管理人的有关申请后作出答复时使用。

二、许可的行为范围限于《中华人民共和国企业破产法》第二十六条、第二十八条第一款所列行为。具体包括：在第一次债权人会议召开之前，决定继续或停止债务人的营业；聘用必要的工作人员；在第一次债权人会议召开之前，有《中华人民共和国企业破产法》第六十九条第一款所列行为。

◆ **文书样式10**

××××人民法院

决定书

（批准或驳回债权人会议更换管理人的申请用）

（××××）×破字第×-×号

××××年××月××日，×××（债务人名称）债权人会议向本院提出申请，称……（写明依据的事实及理由），请求本院更换管理人，并提交了债权人会议决议。

管理人称：……（概括写明管理人所做书面说明的内容）。

本院查明：……

本院认为：……（写明审查意见及理由）。……（写明重新指定管理人的有关情况）。依照……（写明所依据的法律条款项）之规定，决定如下：

一、解除×××（原管理人的姓名或名称）的×××（债务人名称）管理人职务；

二、指定×××（新管理人的姓名或名称）为×××（债务人名称）管理人。

或者：

驳回×××（债务人全称）债权人会议的申请。

×××年××月××日

（院印）

说明：

一、本样式系根据《中华人民共和国企业破产法》第二十二条及《最高人民法院关于审理企业破产案件指定管理人的规定》第三十一条、第三十二条制定，供人民法院根据债权人会议的申请决定更换管理人或驳回债权人会议的申请时使用。

二、更换管理人的，应将本决定书送达原管理人、新管理人、破产申请人、债务人及债务人的企业登记机关；驳回申请的，应将本决定书送达债权人及管理人。

◆ **文书样式11**

×××人民法院

决定书

（依职权更换管理人用）

（××××）×破字第×-×号

×××年××月××日，本院作出（××××）×破字第×-×号决定书，指定×××（原管理人的姓名或名称）为×××（债务人名称）管理人。……（写明管理人坚持辞职或出现不能履行职务的情形）。

本院认为：……（写明审查意见及理由）。……（写明重新指定管理人的有关情况）。依照……（写明所依据的法律条款项）之规定，决定如下：

一、解除×××（原管理人的姓名或名称）的×××（债务人名称）管理人职务；

二、指定×××（新管理人的姓名或名称）为×××（债务人名称）管理人。

×××年××月××日

（院印）

说明：

一、本样式系根据《最高人民法院关于审理企业破产案件指定管理人的规定》第三十三条、第三十四条、第三十六条制定，供人民法院依职权决定更换管理人时使用。

二、本决定书应送达原管理人、新管理人、破产申请人、债务人及债务人的企业登记机关。

◆ 文书样式 12

××××人民法院

公告

（更换管理人用）

（××××）×破字第×−×号

本院于××××年××月××日裁定受理×××（债务人名称）破产清算（或重整、和解）一案，并指定×××（原管理人的姓名或名称）为×××（债务人名称）管理人。因……（写明更换的理由），依照……（写明所依据的法律条款项）之规定，于××××年××月××日决定解除×××（原管理人的姓名或名称）的×××（债务人名称）管理人职务，指定×××（新管理人的姓名或名称）为×××（债务人名称）管理人（通信地址：_____；邮政编码：_____；联系电话：_____）。

特此公告

××××年××月××日

（院印）

说明：

本样式系根据《最高人民法院关于审理企业破产案件指定管理人的规定》第三十八条制定，供人民法院决定更换管理人后发布公告用。

◆ 文书样式 13

××××人民法院

决定书

（许可或驳回管理人辞职申请用）

（××××）×破字第×−×号

××××年××月××日，×××（担任管理人的社会中介机构的名称或自然人的姓名）向本院提交申请，称……（写明申请人的理由），请求本院准予其辞去×××（债务人名称）管理人职务。

本院认为：……（写明审查意见及理由）。依照……（写明所依据的法律条款项）之规定，决定如下：

准许×××（担任管理人的社会中介机构的名称或自然人的姓名）辞去×××（债务人名称）管理人职务。

或者：

驳回×××（担任管理人的社会中介机构的名称或自然人的姓名）的申请。

××××年××月××日

（院印）

说明：

一、本样式系根据《中华人民共和国企业破产法》第二十九条、《最高人民法院关于审理企业破产案件指定管理人的规定》第三十四条制定，供人民法院批准或驳回管理人辞职申请时使用。

二、批准辞职的，本决定书应送达管理人、破产申请人、债务人及债务人的企业登记机关；驳回申请的，本决定书应送达管理人。

◆ **文书样式 14**

××××人民法院

通知书

（确定管理人报酬方案用）

（××××）×破字第×-×号

×××（担任管理人的社会中介机构的名称或自然人的姓名）：

依照《最高人民法院关于审理企业破产案件确定管理人报酬的规定》第二条、第四条之规定，本院初步确定你（或者你所、公司）担任×××（债务人名称）管理人应获取的报酬，根据×××（债务人名称）最终清偿的财产价值总额，……（依次分段写明确定的比例），采取……（分期预收或最后一次性收取报酬）的方式收取。

特此通知

××××年××月××日

（院印）

说明：

一、本样式系根据《最高人民法院关于审理企业破产案件确定管理人报酬的规定》第二条、第四条、第五条制定，供人民法院决定管理人报酬方案时使用。

二、采用竞争方式指定管理人的，应引用《最高人民法院关于审理企业破产案件确定管理人报酬的规定》第二条和第五条。

三、本通知应自管理人报酬方案确定之日起三日内送达管理人。

◆ **文书样式 15**

××××人民法院

通知书

（调整管理人报酬方案用）

（××××）×破字第×-×号

×××（担任管理人的社会中介机构的名称或自然人的姓名）：

××××年××月××日，本院初步确定你（或者你所、公司）担任×××（债务人名称）

管理人应获取的报酬，根据×××（债务人名称）最终清偿的财产价值总额，……（依次分段写明确定的比例），采取……（分期预收或最后一次性收取报酬）的方式收取。因……（写明调整的理由），依照《最高人民法院关于审理企业破产案件确定管理人报酬的规定》第八条之规定，本院将报酬方案调整为：根据×××（债务人名称）最终清偿的财产价值总额，……（依次分段写明确定的比例），采取……（分期预收或最后一次性收取报酬）的方式收取。

特此通知

××××年××月××日

（院印）

说明：

一、本样式系根据《最高人民法院关于审理企业破产案件确定管理人报酬的规定》第八条制定，供人民法院调整管理人报酬方案用。

二、本通知应自管理人报酬方案调整之日起三日内送达管理人及债权人委员会成员或者债权人会议主席。

◆ **文书样式 16**

××××人民法院

通知书

（确定管理人应收取的报酬数额用）

（××××）×破字第×–×号

×××（担任管理人的社会中介机构的名称或自然人的姓名）：

根据你（或者你所、公司）的申请，本院依照《最高人民法院关于审理企业破产案件确定管理人报酬的规定》第十一条之规定，确定你（或者你单位）应收取（或者本期应收取）的报酬金额为××元。

特此通知

××××年××月××日

（院印）

说明：

一、本样式系根据《最高人民法院关于审理企业破产案件确定管理人报酬的规定》第十一条制定，供人民法院确定管理人应收取的报酬数额用。

二、本通知应送达管理人。

◆ **文书样式 17**

×××× 人民法院
决定书
（认可或驳回债权人会议关于管理人报酬异议用）

（××××）×破字第×-×号

××××年××月××日，本院收到×××（债务人名称）债权人会议的异议书，称……（写明依据的事实及理由），请求本院重新确定管理人报酬方案。

本院认为：……（写明审查意见及理由）。依照……（写明所依据的法律条款项）之规定，决定如下：

×××（担任管理人的社会中介机构的名称或自然人的姓名）的报酬根据×××（债务人名称）最终清偿的财产价值总额，……（依次分段写明确定的比例），采取……（分期预收或最后一次性收取报酬）的方式收取。

或者：

驳回×××（债务人名称）债权人会议的异议。

××××年××月××日
（院印）

说明：

一、本样式系根据《最高人民法院关于审理企业破产案件确定管理人报酬的规定》第十八条制定，供人民法院收到债权人会议关于管理人报酬的异议书后作决定时使用。

二、本决定书应送达管理人、债权人委员会成员或者债权人会议主席。

◆ **文书样式 18**

×××× 人民法院
拘留决定书

（××××）×破字第×-×号

被拘留人：……（写明姓名、性别、出生年月日、民族、籍贯、职业或者工作单位和职务、住址）。

本院在审理×××（债务人名称）破产清算（或重整、和解）一案中，查明……（写明被拘留人的行为）。本院认为，……（写明予以拘留的理由）。依照《中华人民共和国企业破产法》第一百二十九条之规定，决定如下：

对×××拘留×日。

如不服本决定，可在收到决定书的次日起三日内，口头或者书面向××××人民法院（应为上一级人民法院）申请复议一次。复议期间，不停止决定的执行。

××××年××月××日
（院印）

说明：

一、本样式系根据《中华人民共和国企业破产法》第一百二十九条并参照《中华人民共和国民事诉讼法》第一百零五条制定，供人民法院对债务人的有关人员作出拘留决定时使用。

二、本决定书应送达被拘留人。

◆ **文书样式 19**

××××人民法院
罚款决定书

（××××）×破字第×-×号

被罚款人：……（写明姓名或名称等基本情况）。

本院在审理×××（债务人名称）破产清算（或重整、和解）一案中，查明……（写明被罚款人的行为）。本院认为，……（写明予以罚款的理由）。依照……（写明所依据的法律条款项）之规定，决定如下：

对×××罚款×××元，限于××××年××月××日前向本院交纳。

如不服本决定，可在收到决定书的次日起三日内，口头或者书面向××××人民法院（应为上一级人民法院）申请复议一次。复议期间，不停止决定的执行。

××××年××月××日

（院印）

说明：

一、本样式系根据《中华人民共和国企业破产法》第一百二十六条、第一百二十七条、第一百二十九条、第一百三十条并参照《中华人民共和国民事诉讼法》第一百零五条制定，供人民法院对债务人的有关人员、直接责任人员、管理人作出罚款决定时使用。

二、被罚款人基本情况的写法与样式 6 相同。

三、本决定书应送达被罚款人。

◆ **文书样式 20**

××××人民法院
复议决定书
（ 维持或撤销下级法院拘留、 罚款决定书用 ）

（××××）×破复字第×号

申请复议人……（写明姓名或名称等基本情况）。

申请复议人不服××××人民法院××××年××月××日作出的（××××）×破字第×-×号罚款（或拘留）决定书，向本院提出复议申请。申请复议人提出……（简要写明申请的理由和复议请求）。

本院认为：……（写明作出复议决定的理由）。依照……（写明所依据的法律条款项）之规定，决定如下：

驳回申请，维持原决定。

或者：

一、撤销××××人民法院（××××）×破字第×-×号罚款（或拘留）决定书；

二、……（写明变更的决定内容。不需作出变更决定的，此项不写）。

××××年××月××日

（院印）

说明：

一、本样式系参照《中华人民共和国民事诉讼法》第一百零五条制定，供人民法院收到被拘留人或者被罚款人不服拘留、罚款决定提出复议申请后，驳回申请或撤销原决定时使用。

二、当事人基本情况的写法与样式6相同。

三、本决定书应送达申请复议人。

二、破产清算程序用文书

◆ 文书样式21

××××人民法院

通知书

（收到破产清算申请后通知债务人用）

（××××）×破（预）字第×-×号

×××（债务人名称）：

××××年××月××日，×××（债权人或对已解散企业法人负有清算责任的人的姓名或名称）以……为由向本院申请对你单位进行破产清算。依据《中华人民共和国企业破产法》第十条第一款之规定，你单位对申请如有异议，应在收到本通知之日起七日内向本院书面提出并附相关证据材料。

特此通知

××××年××月××日

（院印）

说明：

一、本样式系根据《中华人民共和国企业破产法》第十条第一款制定，供人民法院收到债权人或对已解散企业法人负有清算责任的人提出的破产清算申请后通知债务人时使用。

二、"你单位"可根据当事人的具体情况表述为："你公司或厂、企业、学校等"。

三、破产申请书及有关证据应一并送达债务人。

◆ 文书样式22

××××人民法院

民事裁定书

（受理债权人的破产清算申请用）

（××××）×破（预）字第×-×号

申请人：……（写明姓名或名称等基本情况）。

被申请人：……（写明名称等基本情况）。

××××年××月××日，×××（申请人姓名或名称）以……为由向本院申请对×××（被申请人名称）进行破产清算。本院于××××年××月××日通知了×××（被申请人名称）。×××（被申请人名称）在法定期限内就该申请向本院提出异议称，……（或者：×××在法定期限内未提出异议）。

本院查明：……（写明申请人对被申请人享有的债权情况、被申请人的住所地、工商登记注册情况及资产负债情况等）。

本院认为：……（从本院是否具有管辖权、申请人对被申请人是否享有债权、被申请人是否属于破产适格主体、是否具备破产原因等方面写明受理申请的理由。有异议的，写明异议不成立的理由）。依照《中华人民共和国企业破产法》第二条第一款、第三条、第七条第二款、第十条第一款之规定，裁定如下：

受理×××（申请人姓名或名称）对×××（被申请人名称）的破产清算申请。

本裁定自即日起生效。

审判长　×××

（代理）审判员　×××

（代理）审判员　×××

××××年××月××日

（院印）

本件与原本核对无异

书记员　×××

说明：

一、本样式系根据《中华人民共和国企业破产法》第十条第一款制定，供人民法院决定受理债权人的破产清算申请时使用。

二、当事人基本情况的写法与样式6相同。

三、本裁定书应自作出之日起五日内送达申请人和被申请人。

◆ **文书样式 23**

××××人民法院

通 知 书

（ 受理债权人的破产清算申请后通知债务人提交材料用 ）

（××××）×破字第×-×号

×××（债务人名称）：

××××年××月××日，本院根据×××（债权人姓名或名称）的申请裁定受理×××（债务人名称）破产清算一案。依据《中华人民共和国企业破产法》第十一条第二款之规定，你单位应在收到本通知之日起十五日内，向本院提交财产状况说明、债务清册、债权清册、有关财务会计报告以及职工工资的支付和社会保险费用的缴纳情况。如拒不提交或提交的材料不真实，本院将依据《中华人民共和国企业破产法》第一百二十七条第一款之规定，对直接责任人员处以罚款。

特此通知

××××年××月××日

（院印）

说明：

一、本样式系根据《中华人民共和国企业破产法》第十一条第二款制定，供人民法院受理债权人的破产清算申请后通知债务人提交材料时使用。

二、"你单位"可根据当事人的具体情况表述为："你公司或厂、企业、学校等"。

三、本通知应与受理破产申请的裁定书一并送达债务人。

四、如需对有关责任人员罚款，应另行制作决定书。

◆ **文书样式 24**

××××人民法院

民 事 裁 定 书

（ 受理债务人的破产清算申请用 ）

（××××）×破（预）字第×-×号

申请人：……（写明名称等基本情况）。

××××年××月××日，×××（申请人名称）以……为由向本院申请进行破产清算。

本院查明：……（写明申请人的住所地、工商登记注册情况及资产负债情况、职工情况等）。

本院认为：……（从本院是否具有管辖权、申请人是否属于破产适格主体、是否具备破产原因等方面写明受理申请的理由）。依照《中华人民共和国企业破产法》第二条、第三条、第七条第一款、第十条第二款之规定，裁定如下：

受理×××（申请人名称）的破产清算申请。

本裁定自即日起生效。

审判长　×××

（代理）审判员　×××

（代理）审判员　×××

××××年××月××日

（院印）

本件与原本核对无异

书记员　×××

说明：

一、本样式系根据《中华人民共和国企业破产法》第十条第二款制定，供人民法院决定受理债务人的破产清算申请时使用。

二、申请人基本情况的写法与样式6相同。

三、本裁定书应送达申请人。

◆ **文书样式25**

××××人民法院

民事裁定书

（受理对已解散企业法人负有清算责任的人的破产清算申请用）

（××××）×破（预）字第×-×号

申请人：……（写明姓名或名称等基本情况）。

被申请人：……（写明名称等基本情况）。

××××年××月××日，×××（申请人姓名或名称）以……为由向本院申请对×××（被申请人名称）进行破产清算。

本院查明：……（写明被申请人的住所地、工商登记注册情况、解散的情况及资产负债情况、职工情况以及申请人的基本情况、申请人与被申请人的关系等）。

本院认为：……（从本院是否具有管辖权、申请人的申请资格、被申请人是否属于破产适格主体、是否具备破产原因等方面写明受理申请的理由）。依照《中华人民共和国企业破产法》第二条、第三条、第七条第三款、第十条第二款之规定，裁定如下：

受理×××（申请人姓名或名称）对×××（被申请人名称）的破产清算申请。

本裁定自即日起生效。

审判长 ×××

审判员 ×××

审判员 ×××

××××年××月××日

（院印）

本件与原本核对无异

书记员 ×××

说明：

一、本样式系根据《中华人民共和国企业破产法》第七条第三款、第十条第二款制定，供人民法院裁定受理对已解散企业法人负有清算责任的人的破产清算申请时使用。

二、当事人基本情况的写法与样式 6 相同。

三、本裁定书应送达申请人和被申请人。

◆ 文书样式 26

××××人民法院

民事裁定书

（ 不予受理债权人的破产清算申请用 ）

（××××）×破（预）初字第×-×号

申请人：……（写明债权人姓名或名称等基本情况）。

被申请人：……（写明债务人名称等基本情况）。

××××年××月××日，×××（申请人姓名或名称）以……为由向本院申请对×××（被申请人名称）进行破产清算。本院于××××年××月××日通知了×××（被申请人名称）。×××（被申请人名称）于××××年××月××日向本院提出异议称，……。

本院查明：……

本院认为：……（写明不受理的理由）。依照……（写明所依据的法律条款项）之规定，裁定如下：

对×××（申请人姓名或名称）的申请，不予受理。

如不服本裁定，可在裁定书送达之日起十日内，向本院递交上诉状，并提交副本×份，上诉于××××人民法院。

审判长 ×××

（代理）审判员 ×××

（代理）审判员 ×××

××××年××月××日

（院印）

本件与原本核对无异

书记员 ×××

说明：

一、本样式系根据《中华人民共和国企业破产法》第十二条第一款制定，供人民法院裁定不予受理债权人的破产清算申请时使用。

二、当事人基本情况的写法与样式 6 相同。

三、本裁定书应送达申请人和被申请人。

◆ **文书样式 27**

××××人民法院

民事裁定书

（ 不予受理债务人的破产清算申请用 ）

（××××）×破（预）初字第×-×号

申请人：……（写明债务人名称等基本情况）。

××××年××月××日，×××（债务人名称）以……为由向本院申请进行破产清算。

本院查明：……

本院认为：……（写明不予受理的理由）。依照……（写明所依据的法律条款项）之规定，裁定如下：

对×××（申请人名称）的申请，不予受理。

如不服本裁定，可在裁定书送达之日起十日内，向本院递交上诉状，并提交副本×份，上诉于××××人民法院。

审判长　×××

（代理）审判员　×××

（代理）审判员　×××

××××年××月××日

（院印）

本件与原本核对无异

书记员　×××

说明：

一、本样式系根据《中华人民共和国企业破产法》第十二条第一款制定，供人民法院裁定不予受理债务人的破产清算申请时使用。

二、当事人基本情况的写法与样式 6 相同。

三、本裁定书应送达申请人。

◆ 文书样式 28

××××人民法院

民事裁定书

（ 不予受理对已解散企业法人负有
清算责任的人的破产清算申请用 ）

（××××）×破（预）初字第×–×号

申请人：……（写明姓名或名称等基本情况）。

被申请人：……（写明名称等基本情况）。

××××年××月××日，×××（申请人姓名或名称）以……为由向本院申请对×××（被申请人名称）进行破产清算。

本院查明：……

本院认为：……（写明不受理的理由）。依照……（写明所依据的法律条款项）之规定，裁定如下：

对×××（申请人名称）的申请，不予受理。

如不服本裁定，可在裁定书送达之日起十日内，向本院递交上诉状，并提交副本×份，上诉于××××人民法院。

审判长　×××

（代理）审判员　×××

（代理）审判员　×××

××××年××月××日

（院印）

本件与原本核对无异

书记员　×××

说明：

一、本样式系根据《中华人民共和国企业破产法》第十二条第一款制定，供人民法院裁定不予受理负有清算责任的人的破产清算申请时使用。

二、当事人基本情况的写法与样式 6 相同。

三、本裁定书应送达申请人和被申请人。

◆ 文书样式 29

××××人民法院

民事裁定书

（ 维持或撤销不予受理破产清算申请的裁定用 ）

（××××）×破（预）终字第×号

上诉人（原审申请人）：……（写明姓名或名称等基本情况）。

被上诉人（原审被申请人）：……（写明名称等基本情况）。

上诉人×××不服××××人民法院（××××）×破（预）初字第×–×号民事裁定，向本院提起上诉。本院受理后依法组成合议庭审理了本案，现已审理终结。

……（写明一审认定的事实、裁定结果及理由）。

×××（上诉人姓名或名称）不服，向本院上诉称：……（写明上诉请求与理由）。

本院查明：……

本院认为：……（写明维持或者撤销原裁定的理由）。依照……（写明所依据的法律条款项）之规定，裁定如下：

驳回上诉，维持原裁定。

或者：

一、撤销××××人民法院（××××）破（预）初字第×–×号民事裁定；

二、由××××人民法院裁定受理×××对×××的破产清算申请。

本裁定为终审裁定并自即日起生效。

审判长　×××

（代理）审判员　×××

（代理）审判员　×××

××××年××月××日

（院印）

本件与原本核对无异

书记员　×××

说明：

一、本样式系根据《最高人民法院关于适用〈中华人民共和国民事诉讼法〉若干问题的意见》第一百八十七条制定，供二审人民法院收到不服一审不予受理破产清算申请的裁定而提起上诉的案件之后，裁定驳回上诉或撤销原裁定时使用。

二、如系债务人申请破产，则不列被上诉人。

三、当事人基本情况的写法与样式 6 相同。

四、本裁定书应送达上诉人和被上诉人。

◆ 文书样式30

××××人民法院

民事裁定书

（ 驳回债权人的破产清算申请用 ）

（××××）×破初字第×-×号

申请人：……（写明姓名或名称等基本情况）。

被申请人：……（写明名称等基本情况）。

××××年××月××日，×××（申请人姓名或名称）以……为由向本院申请对×××（被申请人名称）进行破产清算。本院于××××年××月××日裁定受理。

本院查明：……

本院认为：……（写明驳回申请的理由）。依照《中华人民共和国企业破产法》第十二条第二款之规定，裁定如下：

驳回×××（申请人姓名或名称）的申请。

如不服本裁定，可在裁定书送达之日起十日内，向本院递交上诉状，并提交副本×份，上诉于××××人民法院。

审判长　×××

（代理）审判员　×××

（代理）审判员　×××

××××年××月××日

（院印）

本件与原本核对无异

书记员　×××

说明：

一、本样式系根据《中华人民共和国企业破产法》第十二条第二款制定，供人民法院裁定驳回债权人的破产清算申请时使用。

二、当事人基本情况的写法与样式6相同。

三、本裁定书应送达申请人、被申请人和管理人。

◆ 文书样式 31

××××人民法院

民事裁定书

（驳回债务人的破产清算申请用）

（××××）×破初字第×-×号

申请人：……（写明名称等基本情况）。

××××年××月××日，×××（申请人名称）以……为由向本院申请进行破产清算。本院于××××年××月××日裁定受理。

本院查明：……

本院认为：……（写明驳回申请的理由）。依照《中华人民共和国企业破产法》第十二条第二款之规定，裁定如下：

驳回×××（申请人名称）的申请。

如不服本裁定，可在裁定书送达之日起十日内，向本院递交上诉状，并提交副本×份，上诉于××××人民法院。

审判长　×××

（代理）审判员　×××

（代理）审判员　×××

××××年××月××日

（院印）

本件与原本核对无异

书记员　×××

说明：

一、本样式系根据《中华人民共和国企业破产法》第十二条第二款制定，供人民法院裁定驳回债务人的破产清算申请时使用。

二、当事人基本情况的写法与样式 6 相同。

三、本裁定书应送达申请人和管理人。

◆ 文书样式 32

××××人民法院

民事裁定书

（ 驳回对已解散企业法人负有
清算责任的人的破产清算申请用 ）

（××××）×破初字第×-×号

申请人：……（写明姓名或名称等基本情况）。

被申请人：……（写明名称等基本情况）。

××××年××月××日，×××（申请人姓名或名称）以……为由向本院申请对×××（被申请人名称）进行破产清算。本院于××××年××月××日裁定受理。

本院查明：……

本院认为：……（写明驳回申请的理由）。依照《中华人民共和国企业破产法》第十二条第二款之规定，裁定如下：

驳回×××（申请人姓名或名称）的申请。

如不服本裁定，可在裁定书送达之日起十日内，向本院递交上诉状，并提交副本×份，上诉于××××人民法院。

审判长　×××

（代理）审判员　×××

（代理）审判员　×××

××××年××月××日

（院印）

本件与原本核对无异

书记员　×××

说明：

一、本样式系根据《中华人民共和国企业破产法》第十二条第二款制定，供人民法院裁定驳回对已解散企业法人负有清算责任的人的破产清算申请时使用。

二、当事人基本情况的写法与样式6相同。

三、本裁定书应送达申请人、被申请人和管理人。

◆ 文书样式 33

××××人民法院

民事裁定书

（ 维持或撤销驳回破产清算申请的裁定用 ）

（××××）×破终字第×号

上诉人（原审申请人）：……（写明姓名或名称等基本情况）。

被上诉人（原审被申请人）：……（写明名称等基本情况）。

上诉人×××不服××××人民法院（××××）×破初字第×-×号民事裁定，向本院提起上诉。本院受理后依法组成合议庭审理了本案，现已审理终结。

……（写明一审认定的事实、裁定结果及理由）。

×××（上诉人姓名或名称）不服，向本院上诉称：……（写明上诉请求与理由）。

本院查明：……

本院认为：……（写明维持或者撤销原裁定的理由）。本院依照……（写明所依据的法律条款项）之规定，裁定如下：

驳回上诉，维持原裁定。

或者：

一、撤销××××人民法院（××××）×破初字第×-×号民事裁定；

二、×××（被上诉人名称）破产程序继续进行。本裁定为终审裁定并自即日起生效。

审判长　×××

（代理）审判员　×××

（代理）审判员　×××

××××年××月××日

（院印）

本件与原本核对无异

书记员　×××

说明：

一、本样式系根据《最高人民法院关于适用〈中华人民共和国民事诉讼法〉若干问题的意见》第一百八十七条制定，供二审人民法院收到不服一审驳回破产清算申请的裁定而提起上诉的案件之后，裁定驳回上诉或撤销原裁定时使用。

二、当事人基本情况的写法与样式 6 相同。

三、如系债务人申请破产，则不列被上诉人。

四、本裁定书应送达上诉人、被上诉人和管理人。

◆ 文书样式 34

××××人民法院
通知书
（ 受理破产清算申请后通知已知债权人用 ）

（××××）×破字第×-×号

×××（债权人名称）：

本院根据×××（申请人姓名或名称）的申请于××××年××月××日裁定受理×××（债务人名称）破产清算一案，并于××××年××月××日指定×××为×××（债务人名称）管理人。你单位应在××××年××月××日前，向×××（债务人名称）管理人（通信地址：_____；邮政编码：_____；联系电话：_____）申报债权，书面说明债权数额、有无财产担保及是否属于连带债权，并提供相关证据材料。如未能在上述期限内申报债权，可以在破产财产分配方案提交债权人会议讨论前补充申报，但此前已进行的分配，不再对你（或你单位）补充分配，为审查和确认补充申报债权所产生的费用，由你（或你单位）承担。未申报债权的，不得依照《中华人民共和国企业破产法》规定的程序行使权利。

本院定于××××年××月××日××时在_____（地点）召开第一次债权人会议。依法申报债权的债权人有权参加债权人会议。参加会议时应提交个人身份证明；委托代理人出席会议的，应提交授权委托书、委托代理人的身份证件或律师执业证，委托代理人是律师的还应提交律师事务所的指派函。（如系法人或其他组织的，则改为参加会议时应提交营业执照、法定代表人或负责人身份证明书；委托代理人出席会议的，应提交授权委托书、委托代理人的身份证件或律师执业证，委托代理人是律师的还应提交律师事务所的指派函。）

特此通知

××××年××月××日
（院印）

说明：

一、本样式系根据《中华人民共和国企业破产法》第十四条的规定制定，供人民法院受理破产清算申请后通知已知债权人时使用。

二、本通知应在裁定受理破产清算申请之日起二十五日内发出。

三、"你单位"可根据当事人的具体情况表述为："你公司或厂、企业、学校等"。

◆ **文书样式 35**

××××人民法院

公告

（受理破产清算申请用）

（××××）×破字第×-×号

本院根据×××（申请人姓名或名称）的申请于××××年××月××日裁定受理×××（债务人名称）破产清算一案，并于××××年××月××日指定×××为×××（债务人名称）管理人。×××（债务人名称）的债权人应自××××年××月××日前，向×××（债务人名称）管理人（通信地址：_____；邮政编码：_____；联系电话：_____）申报债权。未在上述期限内申报债权的，可以在破产财产分配方案提交债权人会议讨论前补充申报，但对此前已进行的分配无权要求补充分配，同时要承担为审查和确认补充申报债权所产生的费用。未申报债权的，不得依照《中华人民共和国企业破产法》规定的程序行使权利。×××（债务人名称）的债务人或者财产持有人应当向×××（债务人名称）管理人清偿债务或交付财产。

本院定于××××年××月××日××时在_____（地点）召开第一次债权人会议。依法申报债权的债权人有权参加债权人会议。参加会议的债权人系法人或其他组织的，应提交营业执照、法定代表人或负责人身份证明书，如委托代理人出席会议，应提交特别授权委托书、委托代理人的身份证件或律师执业证，委托代理人是律师的还应提交律师事务所的指派函。参加会议的债权人系自然人的，应提交个人身份证明。如委托代理人出席会议，应提交特别授权委托书、委托代理人的身份证件或律师执业证，委托代理人是律师的还应提交律师事务所的指派函。

特此公告

××××年××月××日

（院印）

说明：

本样式系根据《中华人民共和国企业破产法》第十四条制定，供人民法院裁定受理破产清算申请后发布公告时使用。

◆ **文书样式 36**

××××人民法院

民事裁定书

（宣告债务人破产用）

（××××）×破字第×-×号

××××年××月××日，×××（申请人姓名或名称）以……为由向本院申请对×××（债

· 713 ·

务人名称）进行破产清算，本院于××××年××月××日裁定受理。

本院查明：……（写明债权人会议召开情况）。

本院认为：……（写明宣告破产的理由）。依照……（写明所依据的法律条款项）之规定，裁定如下：

宣告×××（债务人名称）破产。

本裁定自即日起生效。

审判长　×××

（代理）审判员　×××

（代理）审判员　×××

××××年××月××日

（院印）

本件与原本核对无异

书记员　×××

说明：

一、本样式供人民法院依据《中华人民共和国企业破产法》第一百零七条之规定裁定宣告债务人破产时使用。

二、本裁定书应自作出之日起五日内送达债务人、管理人，十日内通知已知债权人。

◆ **文书样式37**

××××人民法院

民事裁定书

（不足清偿破产费用时宣告债务人

破产并终结破产程序用）

（××××）×破字第×-×号

申请人：×××（债务人名称）管理人。

××××年××月××日，×××（债务人名称）管理人向本院提出申请，称……（写明债务人财产不足以清偿破产费用的事实），请求本院终结×××（债务人名称）破产清算程序。

本院认为：……（写明宣告债务人破产并终结破产程序的理由）。依照《中华人民共和国企业破产法》第四十三条、第一百零七条之规定，裁定如下：

一、宣告×××（债务人名称）破产；

二、终结×××（债务人名称）破产程序。

本裁定自即日起生效。

审判长　×××

（代理）审判员　×××

（代理）审判员　×××

××××年××月××日

（院印）

本件与原本核对无异

书记员　×××

说明：

一、本样式供人民法院依据《中华人民共和国企业破产法》第四十三条、第一百零七条之规定裁定宣告债务人破产并终结破产程序时使用。

二、本裁定书应自作出之日起五日内送达债务人、管理人，十日内通知已知债权人。

◆ **文书样式38**

××××人民法院

公告

（宣告债务人破产用）

（××××）×破字第×-×号

××××年××月××日，本院根据×××（申请人姓名或名称）的申请裁定受理×××（债务人名称）破产清算一案。查明，……（写明债务人的资产负债情况）。本院认为，……（写明宣告破产的理由）。依照……（写明判决所依据的法律条款项）之规定，本院于××××年××月××日裁定宣告×××（债务人名称）破产。

特此公告

××××年××月××日

（院印）

说明：

本样式系根据《中华人民共和国企业破产法》第一百零七条制定，供人民法院裁定宣告债务人破产后发布公告使用。

◆ **文书样式39**

××××人民法院

公告

（不足清偿破产费用时宣告债务人

破产并终结破产程序用）

（××××）×破字第×-×号

××××年××月××日，本院根据×××（申请人姓名或名称）的申请裁定受理×××（债务人名称）破产清算一案。查明，……（写明债务人财产不足以清偿破产费用的事实）。本院认为，……（写明宣告债务人破产并终结破产程序的理由）。依照《中华人民共和国企业破产法》第四十三条、第一百零七条之规定，本院于××××年××月××日裁定宣告×××（债务人名称）破产并终结×××（债务人名称）破产清算程序。

特此公告

×××年××月××日

（院印）

说明：

本样式系根据《中华人民共和国企业破产法》第四十三条、第一百零七条制定，供人民法院裁定宣告债务人破产并终结破产程序后发布公告使用。

◆ 文书样式40

××××人民法院

民事裁定书

（通过债务人财产的管理方案用）

（××××）×破字第×-×号

申请人：×××（债务人名称）管理人。

×××年××月××日，×××（债务人名称）管理人向本院提出申请，称其拟订的《×××（债务人名称）财产的管理方案》经债权人会议表决未通过，请求本院依法裁定。

本院认为：……（写明对方案的审查意见及理由）。依照……（写明所依据的法律条款项）之规定，裁定如下：

对×××（债务人名称）管理人制作的《×××（债务人名称）财产的管理方案》，本院予以认可。

债权人如不服本裁定，可自本裁定宣布之日起十五日内向本院申请复议。复议期间不停止裁定的执行。

或者：

一、不予认可《×××（债务人名称）财产的管理方案》；

二、由×××（债务人名称）管理人重新制作。

审判长　×××

（代理）审判员　×××

（代理）审判员　×××

××××年××月××日

（院印）

本件与原本核对无异

书记员　×××

附：《×××（债务人名称）破产财产的变价方案》

说明：

一、本样式系根据《中华人民共和国企业破产法》第六十五条第一款制定，供债权人会议未通过债务人财产的管理方案时，人民法院裁定用。

二、本裁定主要采取口头裁定并当场宣布的方式告知债权人。

三、法院裁定不予认可时，债权人无申请复议权。

◆ **文书样式41**

××××人民法院

民事裁定书

（通过破产财产的变价方案用）

（××××）×破字第×-×号

申请人：×××（债务人名称）管理人。

××××年××月××日，×××（债务人名称）管理人向本院提出申请，称其拟订的《×××（债务人名称）破产财产的变价方案》经债权人会议表决未通过，请求本院依法裁定。

本院认为：……（写明对方案的审查意见及理由）。依照……（写明所依据的法律条款项）之规定，裁定如下：

对×××（债务人名称）管理人制作的《×××（债务人名称）破产财产的变价方案》，本院予以认可。

债权人如不服本裁定，可自本裁定宣布之日起十五日内向本院申请复议。复议期间不停止裁定的执行。

或者：

一、不予认可《×××（债务人名称）破产财产的变价方案》；

二、由×××（债务人名称）管理人重新制作。

审判长　×××

（代理）审判员　×××

（代理）审判员　×××

××××年××月××日

（院印）

本件与原本核对无异

书记员　×××

附：《×××（债务人名称）破产财产的变价方案》

说明：

一、本样式系根据《中华人民共和国企业破产法》第六十五条第一款制定，供债权人会议未通过破产财产的变价方案时，人民法院裁定用。

二、本裁定主要采取口头裁定并当场宣布的方式告知债权人。

三、法院裁定不予认可时，债权人无申请复议权。

◆ **文书样式42**

×××× 人民法院
民事裁定书
（通过破产财产的分配方案用）

（××××）×破字第×—×号

申请人：×××（债务人名称）管理人。

××××年××月××日，×××（债务人名称）管理人向本院提出申请，称其拟订的《×××（债务人名称）破产财产的分配方案》经债权人会议两次表决仍未通过，请求本院依法裁定。

本院认为：……（写明对方案的审查意见及理由）。依照……（写明所依据的法律条款项）之规定，裁定如下：

对×××（债务人名称）管理人制作的《×××（债务人名称）破产财产的分配方案》，本院予以认可。

债权额占无财产担保的债权总额二分之一以上的债权人如不服本裁定，可自本裁定宣布之日起十五日内向本院申请复议。复议期间不停止裁定的执行。

或者：

一、不予认可《×××（债务人名称）破产财产的分配方案》；

二、由×××（债务人名称）管理人重新制作。

审判长　×××
（代理）审判员　×××
（代理）审判员　×××
××××年××月××日
（院印）

本件与原本核对无异

书记员　×××

附：《×××（债务人名称）破产财产的变价方案》

说明：

一、本样式系根据《中华人民共和国企业破产法》第六十五条第二款制定，供债权人会议未通过破产财产的分配方案时，人民法院裁定通过用。

二、本裁定主要采取口头裁定并当场宣布的方式告知债权人。

三、法院裁定不予认可时，债权人无申请复议权。

◆ 文书样式 43

××××人民法院

复议决定书

（维持或撤销本院民事裁定书用）

（××××）×破字第×-×号

申请复议人：……（写明姓名或名称等基本情况）。

申请复议人不服本院××××年××月××日作出的（××××）×破字第×-×号民事裁定书，向本院提出复议申请，请求……（写明申请人的请求及理由）。

本院认为：……（写明审查意见及理由）。依照……（写明所依据的法律条款项）之规定，裁定如下：

驳回申请，维持原裁定。

或者：

一、撤销本院（××××）×破字第×-×号民事裁定书；

二、由×××（债务人名称）管理人重新制作。

审判长　×××

（代理）审判员　×××

（代理）审判员　×××

××××年××月××日

（院印）

本件与原本核对无异

书记员　×××

说明：

一、本样式系根据《中华人民共和国企业破产法》第六十六条制定，供人民法院收到债权人不服本院关于通过债务人财产的管理方案、破产财产的变价方案、破产财产的分配方案的民事裁定书而提出复议申请后，裁定维持或撤销原裁定时使用。

二、当事人基本情况的写法与样式6相同。

三、审查复议申请时，应另行组成合议庭。

◆ 文书样式44

××××人民法院

民事裁定书

（ 认可破产财产分配方案用 ）

（××××）×破字第×-×号

申请人：×××（债务人名称）管理人。

××××年××月××日，×××（债务人名称）管理人向本院提出申请，称其制作的《×××（债务人名称）破产财产的分配方案》已经第×次债权人会议通过，请求本院裁定认可。

本院认为：……（写明认可或不认可的理由）。依照……（写明所依据的法律条款项）之规定，裁定如下：

对第×次债权人会议通过的《×××（债务人名称）破产财产的分配方案》，本院予以认可。

本裁定自即日起生效。

或者：

一、对第×次债权人会议通过的《×××（债务人名称）破产财产的分配方案》本院不予认可；

二、由×××（债务人名称）管理人重新制作。

审判长　×××

（代理）审判员　×××

（代理）审判员　×××

××××年××月××日

（院印）

本件与原本核对无异

书记员　×××

附：《×××（债务人名称）破产财产的分配方案》

说明：

本样式系根据《中华人民共和国企业破产法》第一百一十五条制定，供人民法院根据管理人的申请裁定认可或不认可破产财产分配方案时使用。

◆ 文书样式45

××××人民法院
民事裁定书
（终结破产程序用）

（××××）×破字第×-×号

申请人：×××（债务人名称）管理人。

××××年××月××日，×××（债务人名称）管理人向本院提出申请，称……（写明依据的事实和理由），请求本院终结×××（债务人名称）破产程序。

本院认为：……（写明同意终结的理由）。依照……（写明所依据的法律条款项）之规定，裁定如下：

终结×××（债务人名称）破产程序。

本裁定自即日起生效。

审判长　×××
（代理）审判员　×××
（代理）审判员　×××
××××年××月××日
（院印）

本件与原本核对无异

书记员　×××

说明：

一、本样式系根据《中华人民共和国企业破产法》第一百零八条、第一百二十条制定，供人民法院根据管理人的申请裁定终结破产程序时使用。

二、本裁定书应送达债务人、管理人并通知债权人。

◆ 文书样式46

××××人民法院
公告
（终结破产程序用）

（××××）×破字第×-×号

因……（写明终结原因），依照……（写明所依据的法律条款项）之规定，本院于××××年××月××日裁定终结×××（债务人名称）破产程序。

特此公告

××××年××月××日
（院印）

说明：

本样式系根据《中华人民共和国企业破产法》第一百零五条、第一百零八条、第一百二十条制定，供人民法院裁定终结破产程序后发布公告时使用。

◆ 文书样式 47

××××人民法院

决定书

（管理人终止执行职务用）

（××××）×破字第×-×号

××××年××月××日，本院裁定终结×××（债务人名称）破产清算程序。××××年××月××日，×××（债务人名称）管理人向×××（债务人名称）的原登记机关办理了注销登记。经查，不存在诉讼或仲裁未决的情况。依照《中华人民共和国企业破产法》第一百二十二条之规定，本院决定如下：

×××（债务人名称）管理人自即日起终止执行职务。

××××年××月××日

（院印）

说明：

一、本样式系根据《中华人民共和国企业破产法》第一百二十二条制定，供人民法院决定管理人终止执行职务用。

二、本决定书应送达管理人及债务人的原登记机关。

◆ 文书样式 48

××××人民法院

民事裁定书

（追加分配破产财产用）

（××××）×破字第×-×号

申请人：……（写明姓名或名称等基本情况）。

××××年××月××日，×××（申请人姓名或名称）向本院提出申请称，……（写明有关事实及理由），请求本院按照《×××（债务人名称）破产财产的分配方案》进行追加分配。

本院查明：……

本院认为：……（写明同意或不同意的理由）。依照《中华人民共和国企业破产法》第一百二十三条之规定，裁定如下：

按第×次债权人会议通过的《×××（债务人名称）破产财产的分配方案》进行第×

次分配。

或者：

一、驳回×××（申请人姓名或名称）的申请；

二、有关财产上交国库。

本裁定自即日起生效。

审判长　×××

（代理）审判员　×××

（代理）审判员　×××

××××年××月××日

（院印）

本件与原本核对无异

书记员　×××

说明：

一、本样式系根据《中华人民共和国企业破产法》第一百二十三条制定，供人民法院根据债权人的申请决定追加或不追加分配破产财产时使用。

二、申请人基本情况的写法与样式6相同。

三、本裁定书应送达申请人。

三、重整程序用文书

◆ **文书样式49**

××××人民法院

通知书

（收到重整申请后通知债务人用）

（××××）×破（预）字第×-×号

×××（债务人名称）：

××××年××月××日，×××（债权人或出资人的姓名或名称）以……为由向本院申请对你单位进行重整。依据《中华人民共和国企业破产法》第十条之规定，你单位对申请如有异议，应在收到本通知之日起七日内向本院书面提出并附相关证据材料。

特此通知

××××年××月××日

（院印）

说明：

一、本样式系根据《中华人民共和国企业破产法》第十条制定，供人民法院收到债权人或出资额占债务人注册资本十分之一以上的出资人的重整申请后通知债务人时使用。

二、"你单位"可根据具体情况表述为："你公司或厂、企业、学校等"。

◆ **文书样式50**

××××人民法院

民事裁定书

（ 受理债权人直接提出的重整申请用 ）

（××××）×破（预）字第×–×号

申请人：……（写明姓名或名称等基本情况）。

被申请人：……（写明名称等基本情况）。

××××年××月××日，×××（申请人姓名或名称）以……为由向本院申请对×××（被申请人名称）进行重整。本院于××××年××月××日通知了×××（被申请人名称）。×××（被申请人名称）在法定期限内就该申请向本院提出异议称，……（或者：×××在法定期限内未提出异议）。

本院查明：……（写明申请人对被申请人享有的债权情况、被申请人的住所地、工商登记注册情况及资产负债情况等）。

本院认为：……（从本院是否具有管辖权、申请人对被申请人是否享有债权、被申请人是否属于重整适格主体、是否具备重整原因等方面写明受理申请的理由。有异议的，写明异议不成立的理由）。依照《中华人民共和国企业破产法》第二条第二款、第三条、第七条第二款、第七十条第一款、第七十一条之规定，裁定如下：

受理×××（申请人姓名或名称）对×××（被申请人名称）的重整申请。

本裁定自即日起生效。

审判长　×××

（代理）审判员　×××

（代理）审判员　×××

××××年××月××日

（院印）

本件与原本核对无异

书记员　×××

说明：

一、本样式系根据《中华人民共和国企业破产法》第七十条、第七十一条制定，供人民法院根据债权人的申请裁定债务人重整时使用。

二、当事人基本情况的写法与样式6相同。

三、本裁定书应送达申请人和被申请人。

◆ **文书样式51**

××××人民法院

通知书

（受理债权人提出的重整申请后

通知债务人提交材料用）

（××××）×破字第×-×号

×××（债务人名称）：

×××年××月××日，本院根据×××（债权人姓名或名称）的申请裁定受理×××（债务人名称）重整一案。依据《中华人民共和国企业破产法》第十一条第二款之规定，你单位应在收到本通知之日起十五日内，向本院提交财产状况说明、债务清册、债权清册、有关财务会计报告以及职工工资的支付和社会保险费用的缴纳情况。如拒不提交或提交的材料不真实，本院将依据《中华人民共和国企业破产法》第一百二十七条第一款之规定，对直接责任人员处以罚款。

特此通知

××××年××月××日

（院印）

说明：

一、本样式系根据《中华人民共和国企业破产法》第十一条第二款制定，供人民法院受理债权人的重整申请后通知债务人提交材料时使用。

二、"你单位"可根据当事人的具体情况表述为："你公司或厂、企业、学教等"。

三、本通知应与受理重整申请的裁定书一并送达债务人。

四、如需对有关责任人员罚款，应另行制作决定书。

◆ **文书样式52**

××××人民法院

民事裁定书

（受理债务人直接提出的重整申请用）

（××××）×破（预）字第×-×号

申请人：……（写明名称等基本情况）。

×××年××月××日，×××（申请人名称）以……为由向本院申请重整。

本院查明：……（写明申请人的住所地、工商登记注册情况及资产负债情况、职工情况等）。

本院认为：……（从本院是否具有管辖权、被申请人是否属于重整适格主体、是否具备重整原因等方面写明受理申请的理由）。依照《中华人民共和国企业破产法》第二条第二款、第三条、第七条第一款、第七十条第一款、第七十一条之规定，裁定如下：

受理×××（申请人名称）的重整申请。

本裁定自即日起生效。

审判长　×××

（代理）审判员　×××

（代理）审判员　×××

××××年××月××日

（院印）

本件与原本核对无异

书记员　×××

说明：

一、本样式系根据《中华人民共和国企业破产法》第七十条、第七十一条制定，供人民法院根据债务人的申请裁定重整时使用。

二、当事人基本情况的写法与样式6相同。

三、债务人直接向人民法院申请重整的，本裁定书应送达债务人。若债务人是在人民法院受理债权人的破产申请后宣告破产前申请重整的，本裁定书还应送达申请对债务人进行破产清算的债权人。

◆ **文书样式53**

××××人民法院

民事裁定书

（受理破产申请后宣告债务人

破产前裁定债务人重整用）

（××××）×破字第×-×号

申请人：……（写明姓名或名称等基本情况）。

被申请人：……（写明名称等基本情况）。

××××年××月××日，本院根据×××（债权人姓名或名称）的申请裁定受理×××（债务人名称）破产清算一案。××××年××月××日，×××（申请人姓名或名称）以……为由向本院申请对×××（债务人名称）进行重整。

本院查明：……

本院认为：……（从被申请人是否属于重整适格主体、是否具备重整原因等方面写明受理申请的理由）。依照《中华人民共和国企业破产法》第二条、第七十条第二款、第七十一条之规定，裁定如下：

自××××年××月××日起对×××（债务人名称）进行重整。

本裁定自即日起生效。

审判长　×××

（代理）审判员　×××

（代理）审判员　×××

××××年××月××日

（院印）

本件与原本核对无异

书记员　×××

说明：

一、本样式系根据《中华人民共和国企业破产法》第七十条第二款、第七十一条制定，供人民法院在受理债权人提出的破产清算申请后、宣告债务人破产前，根据债务人或出资额占债务人注册资本十分之一以上的出资人的申请，裁定债务人重整时使用。

二、当事人基本情况的写法与样式6相同。

三、本裁定书应送达申请人、被申请人及申请对债务人进行破产清算的债权人。

◆ **文书样式54**

××××人民法院

公告

（受理债权人或债务人直接提出的重整申请用）

（××××）×破字第×-×号

本院根据×××（申请人姓名或名称）的申请于××××年××月××日裁定受理×××（债务人名称）重整一案，并于××××年××月××日指定×××担任×××（债务人名称）管理人。×××（债务人名称）的债权人应自××××年××月××日前，向×××（债务人名称）管理人（通讯地址：_____；邮政编码：_____；联系电话：_____）申报债权，书面说明债权数额、有无财产担保及是否属于连带债权，并提供相关证据材料。未在上述期限内申报债权的，可以在重整计划草案提交债权人会议讨论前补充申报，但要承担为审查和确认补充申报债权所产生的费用。未依法申报债权的，在重整计划执行期间不得行使权利，在重整计划执行完毕后可以按照重整计划规定的同类债权的清偿条件行使权利。×××（债务人名称）的债务人或者财产持有人应当向×××（债务人名称）管理人清偿债务或交付财产。

第一次债权人会议将于××××年××月××日××时在××（地点）召开。依法申报债权的债权人为债权人会议的成员，有权参加债权人会议。参加会议的债权人系法人或其他组织的，应提交营业执照、法定代表人或负责人身份证明书，如委托代理人出席会议，应提交特别授权委托书、委托代理人的身份证件或律师执业证，委托代理人是律师的还应提交律师事务所的指派函。债权人系自然人的，应提交个人身份证明。如委托代理人出席会议，应提交特别授权委托书、委托代理人的身份证件或律师执业证，委托代理人是律师的还应提交律师事务所的指派函。

特此公告

×××× 年 ×× 月 ×× 日

（院印）

说明：

本样式系根据《中华人民共和国企业破产法》第七十一条制定，供人民法院根据债权人或债务人的申请直接裁定受理债务人重整案件后发布公告时使用。

◆ 文书样式 55

×××× 人民法院
公告
（受理破产清算申请后宣告债务人
破产前裁定债务人重整用）

（××××）×破字第×-×号

本院根据×××（债权人姓名或名称）的申请于××××年××月××日裁定受理×××（债务人名称）破产清算一案，并于××××年××月××日指定×××担任×××（债务人名称）管理人。××××年××月××日，本院根据×××（申请人姓名或名称）的申请裁定×××（债务人名称）重整。

特此公告

×××× 年 ×× 月 ×× 日

（院印）

说明：

本样式系根据《中华人民共和国企业破产法》第七十一条制定，供人民法院在受理债权人提出的破产清算申请后、宣告债务人破产前，根据债务人或出资额占债务人注册资本十分之一以上的出资人的申请，裁定债务人重整后发布公告时使用。

◆ **文书样式 56**

××××人民法院

民事裁定书

（不予受理债权人直接提出的重整申请用）

（××××）×破（预）初字第×-×号

申请人：……（写明姓名或名称等基本情况）。

被申请人：……（写明名称等基本情况）。

××××年××月××日，×××（申请人姓名或名称）以……为由向本院申请对×××（被申请人名称）进行重整。本院于××××年××月××日通知了×××（被申请人名称）。×××（被申请人名称）于××××年××月××日向本院提出异议称，……

本院查明：……

本院认为：……（写明不受理的理由）。依照……（写明所依据的法律条款项）之规定，裁定如下：

对×××（申请人姓名或名称）的重整申请，本院不予受理。

如不服本裁定，可在裁定书送达之日起十日内，向本院递交上诉状，并提交副本×份，上诉于××××人民法院。

审判长 ×××

（代理）审判员 ×××

（代理）审判员 ×××

××××年××月××日

（院印）

本件与原本核对无异

书记员 ×××

说明：

一、本样式系根据《中华人民共和国企业破产法》第十二条第一款制定，供人民法院裁定不予受理债权人的重整申请时使用。

二、当事人基本情况的写法与样式 6 相同。

三、本裁定书应送达申请人和被申请人。

◆ **文书样式 57**

××××人民法院

民事裁定书

（不予受理债务人直接提出的重整申请用）

（××××）×破（预）初字第×-×号

申请人：……（写明名称等基本情况）。

××××年××月××日，×××（申请人名称）向本院提出重整申请，称……（写明依据的事实和理由）。

本院查明：……

本院认为：……（写明不予受理的理由）。依照……（写明所依据的法律条款项）之规定，裁定如下：

对×××（申请人名称）的重整申请，本院不予受理。

如不服本裁定，可在裁定书送达之日起十日内，向本院递交上诉状，并提交副本×份，上诉于××××人民法院。

审判长　×××

（代理）审判员　×××

（代理）审判员　×××

××××年××月××日

（院印）

本件与原本核对无异

书记员　×××

说明：

一、本样式系根据《中华人民共和国企业破产法》第七十条第二款制定，供人民法院裁定不予受理债务人的重整申请时使用。

二、申请人基本情况的写法与样式6相同。

三、本裁定书应送达申请人。

◆ **文书样式 58**

××××人民法院

民事裁定书

（不予受理债务人或出资人在人民法院受理破产申请后
宣告债务人破产前提出的重整申请用）

（××××）×破初字第×-×号

申请人：……（写明姓名或名称等基本情况）。

被申请人：……（写明名称等基本情况）。

××××年××月××日，本院根据×××（债权人姓名或名称）的申请裁定受理×××（债务人名称）破产清算一案。××××年××月××日，×××（申请人姓名或名称）以……为由向本院申请对×××（债务人名称）进行重整。

本院查明：……

本院认为：……（写明不予受理的理由）。依照……（写明所依据的法律条款项）之规定，裁定如下：

对×××（申请人姓名或名称）的申请，本院不予受理。

如不服本裁定，可在裁定书送达之日起十日内，向本院递交上诉状，并提交副本×份，上诉于××××人民法院。

审判长　×××

（代理）审判员　×××

（代理）审判员　×××

××××年××月××日

（院印）

本件与原本核对无异

书记员　×××

说明：

一、本样式系根据《中华人民共和国企业破产法》第七十条第二款制定，供人民法院裁定不予受理债务人或出资人的重整申请时使用。

二、当事人基本情况的写法与样式 6 相同。

三、本裁定书应送达申请人和被申请人。

◆ 文书样式 59

××××人民法院

民事裁定书

（维持或撤销不予受理重整申请的裁定用）

（××××）×破（预）终字第×号

上诉人（原审申请人）：……（写明姓名或名称等基本情况）。

被上诉人（原审被申请人）：……（写明名称等基本情况）。

上诉人×××不服××××人民法院（××××）×破（预）初字第×-×号民事裁定，向本院提起上诉。本院受理后依法组成合议庭审理了本案，现已审理终结。

……（写明一审认定的事实、裁定结果及理由）。

×××（上诉人姓名或名称）不服，向本院上诉称：……（写明上诉请求与理由）。

本院查明：……

本院认为：……（写明维持或者撤销原裁定的理由）。依照……（写明所依据的法律条款项）之规定，裁定如下：

驳回上诉，维持原裁定。

或者：

一、撤销××××人民法院（××××）×破（预）初字第×-×号民事裁定；

二、由××××人民法院裁定受理×××对×××的重整申请。

本裁定为终审裁定并自即日起生效。

审判长　×××

（代理）审判员　×××

（代理）审判员　×××

××××年××月××日

（院印）

本件与原本核对无异

书记员　×××

说明：

一、本样式系根据《最高人民法院关于适用〈中华人民共和国民事诉讼法〉若干问题的意见》第一百八十七条制定，供二审人民法院收到不服一审不予受理重整申请的裁定而提起上诉的案件后，裁定驳回上诉或撤销原裁定时使用。

二、如系债务人申请重整，则不列被上诉人。

三、当事人基本情况的写法与样式6相同。

四、如果一审裁定是针对债务人或出资人在人民法院受理破产申请后宣告破产前提出的重整申请作出的，则案号应为（××××）×破终字第×号，相应首部应为上诉人×××不服××××人民法院（××××）×破初字第×-×号民事裁定，向本院提起上诉。判项主文应为：一、撤销××××人民法院（××××）×破初字第×-×号民事裁定；二、由××××人民法院裁定×××重整。

五、本裁定书应送达上诉人和被上诉人。

◆ **文书样式60**

××××人民法院

决定书

（许可债务人自行管理财产和营业事务用）

（××××）×破字第×-×号

申请人：……（债务人名称等基本情况）。

××××年××月××日，×××向本院提出申请，称……（写明理由），请求本院许可其在重整期间自行管理财产和营业事务。

本院查明：……

本院认为：……（写明意见及理由）。依照《中华人民共和国企业破产法》第七十三条之规定，决定如下：

准许×××（债务人名称）在×××（债务人名称）管理人的监督下自行管理财产和营业事务。

或者：

驳回×××（债务人名称）的申请。

×××ׂ年××月××日

（院印）

说明：

　　一、本样式系根据《中华人民共和国企业破产法》第七十三条制定，供人民法院许可债务人在重整期间自行管理财产和营业事务时使用。

　　二、申请人基本情况的写法与样式6相同。

　　三、本决定书应送达债务人和管理人。

　　四、债务人申请重整的同时提出要自行管理财产和营业事务的，可在受理裁定中一并表述。

◆ **文书样式61**

×××ׂ人民法院
通知书
（受理债权人或债务人直接提出的重整
申请后通知已知债权人用）

（××××）×破字第×-×号

×××（债权人姓名或名称）：

　　本院根据×××（申请人姓名或名称）的申请于××××年××月××日裁定受理×××（债务人名称）重整一案，并于××××年××月××日指定×××担任×××（债务人名称）管理人。请你（或你单位）在××××年××月××日前，向×××（债务人名称）管理人（通讯地址：_____；邮政编码：_____；联系电话：_____）申报债权，书面说明债权数额、有无财产担保及是否属于连带债权，并提供相关证据材料。如未能在上述期限内申报债权，可以在重整计划草案提交债权人会议讨论前补充申报，但要承担为审查和确认补充申报债权所产生的费用。未依法申报债权的，在重整计划执行期间不得行使权利，在重整计划执行完毕后可以按照重整计划规定的同类债权的清偿条件行使权利。×××（债务人名称）的债务人或者财产持有人应当向×××（债务人名称）管理人清偿债务或交付财产。

　　本院定于××××年××月××日××时在_____（地点）召开第一次债权人会议。依法申报债权后，你（或你单位）就成为债权人会议的成员，有权参加债权人会议。参加会议时应提交个人身份证明；委托代理人出席会议的，应提交授权委托书、委托代理人的身份证件或律师执业证，委托代理人是律师的还应提交律师事务所的指派函。（如系法人或其他组织的，则改为参加会议时应提交营业执照、法定代表人或负责人身份证明书；委托代理人出席会议的，应提交授权委托书、委托代理人的身份证件或律师执业证，委托代理人是律师的还应提交律师事务所的指派函。)

特此通知

××××年××月××日

（院印）

说明：

一、本样式系根据《中华人民共和国企业破产法》第十四条第二款的规定制定，供人民法院裁定债务人重整后通知已知债权人时使用。

二、"你单位"可根据当事人的具体情况表述为："你公司或厂、企业等"。

三、本通知应在裁定债务人重整之日起二十五日内发出。

◆ **文书样式 62**

×××× 人民法院

复函

（ 同意董事、 监事、 高级管理人员向第三人转让股权用 ）

（××××） ×破字第×–×号

××× （申请人姓名）：

××××年××月××日，你向本院提交申请，称……（写明请求及事实理由）。经研究，答复如下：

……（写明答复意见）。

××××年××月××日

（院印）

说明：

一、本样式系根据《中华人民共和国企业破产法》第七十七条制定，供人民法院收到董事、监事、高级管理人员关于向第三人转让股权的有关申请后作出答复时使用。

二、本文书应送达申请人，同时抄送管理人。

◆ **文书样式 63**

×××× 人民法院

复函

（ 许可担保权人恢复行使担保权用 ）

（××××） ×破字第×–×号

××× （申请人姓名）：

××××年××月××日，你（或你单位）向本院提交申请，称……（写明请求及事实理由）。经研究，答复如下：

……（写明答复意见）。

××××年××月××日

（院印）

说明：

一、本样式系根据《中华人民共和国企业破产法》第七十五条制定，供人民法院收到担保权人恢复行使担保权的有关申请后作出答复时使用。

二、"你单位"可根据当事人的具体情况表述为："你行或公司等"。

三、本文书应送达申请人，同时抄送管理人。

◆ **文书样式64**

××××人民法院

决定书

（ 设小额债权组用 ）

（××××）×破字第×-×号

××××年××月××日，本院裁定×××（债务人名称）重整。因……（写明普通债权中债权数额的大概分布情况），依照《中华人民共和国企业破产法》第八十二条第二款之规定，决定如下：

在普通债权组中设小额债权组对重整计划草案进行表决。债权额×万元以下的债权属于小额债权，列入小额债权组表决。

××××年××月××日

（院印）

说明：

本样式系根据《中华人民共和国企业破产法》第八十二条第二款制定，供人民法院决定设小额债权组用。

◆ **文书样式65**

××××人民法院

民事裁定书

（ 根据申请终止重整程序用 ）

（××××）×破字第×-×号

申请人：……（申请人姓名或名称等基本情况）。

××××年××月××日，×××（申请人姓名或名称）向本院提出申请，称……（写明依据的事实及理由），请求本院终止×××（债务人名称）重整程序。

本院查明：……（写明查明的事实）。

本院认为：……（写明同意申请的理由）。依照《中华人民共和国企业破产法》第七十八条第×项之规定，裁定如下：

一、终止×××（债务人名称）重整程序；

二、宣告×××（债务人名称）破产。

本裁定自即日起生效。

审判长　×××

（代理）审判员　×××

（代理）审判员　×××

××××年××月××日

（院印）

本件与原本核对无异

书记员　×××

说明：

一、本样式系根据《中华人民共和国企业破产法》第七十八条制定，供人民法院根据管理人或利害关系人的申请决定终止重整程序并宣告债务人破产时使用。

二、申请人基本情况的写法与样式6相同。

三、本裁定书应送达债务人、管理人及利害关系人并通知债权人。

◆ **文书样式66**

××××人民法院

民事裁定书

（法院直接裁定终止重整程序用）

（××××）×破字第×-×号

××××年××月××日，本院根据×××（申请人姓名或名称）的申请裁定×××（债务人名称）重整。因……（写明出现了某种法定情形），依照《中华人民共和国企业破产法》第七十九条第三款（或者第八十八条）之规定，裁定如下：

一、终止×××（债务人名称）重整程序；

二、宣告×××（债务人名称）破产。

本裁定自即日起生效。

审判长　×××

（代理）审判员　×××

（代理）审判员　×××

××××年××月××日

（院印）

本件与原本核对无异

书记员　×××

说明：

一、本样式系根据《中华人民共和国企业破产法》第七十九条第三款、第八十八条制定，供人民法院依职权裁定终止重整程序并宣告债务人破产时使用。

二、本裁定书应送达债务人、管理人及利害关系人并通知债权人。

◆ **文书样式67**

××××人民法院

公告

（根据申请终止重整程序并宣告债务人破产用）

（××××）×破字第×-×号

因……（写明终止原因），根据×××（申请人姓名或名称）的申请，本院于××××年××月××日依照《中华人民共和国企业破产法》第七十八条第×项之规定，裁定终止×××（债务人名称）重整程序并宣告×××（债务人名称）破产。

特此公告

××××年××月××日

（院印）

说明：

本样式系根据《中华人民共和国企业破产法》第七十八条制定，供人民法院根据管理人或者利害关系人的申请裁定终止重整程序并宣告债务人破产后发布公告使用。

◆ **文书样式68**

××××人民法院

公告

（法院直接裁定终止重整程序并宣告债务人破产用）

（××××）×破字第×-×号

因……（写明终止原因），本院于××××年××月××日依照《中华人民共和国企业破产法》第七十九条第三款（或者第八十八条）之规定，裁定终止×××（债务人名称）重整程序并宣告×××（债务人名称）破产。

特此公告

××××年××月××日

（院印）

说明：

本样式系根据《中华人民共和国企业破产法》第七十九条第三款、第八十八条制定，供人民法院依职权裁定终止重整程序并宣告债务人破产后发布公告使用。

◆ 文书样式 69

××××人民法院

民事裁定书

（ 延长重整计划草案提交期限用 ）

（××××）×破字第×-×号

申请人：……（写明名称等基本情况）。

××××年××月××日，×××（申请人名称）向本院提出申请，称……（写明依据的事实及理由），请求本院将重整计划草案提交期限延长三个月。

本院认为：……（写明同意或不同意申请的理由）。依照《中华人民共和国企业破产法》第七十九条第二款之规定，裁定如下：

重整计划草案提交期限延长至××××年××月××日。

或者：

驳回×××（申请人名称）的申请。

本裁定为终审裁定。

审判长　×××

（代理）审判员　×××

（代理）审判员　×××

××××年××月××日

（院印）

本件与原本核对无异

书记员　×××

说明：

一、本样式系根据《中华人民共和国企业破产法》第七十九条第二款制定，供人民法院根据债务人或管理人的申请裁定延长重整计划草案提交期限时使用。

二、申请人是管理人的，其基本情况只需写明"×××（债务人名称）管理人"；申请人是债务人的，其基本情况的写法与样式6相同。

三、本裁定书应送达债务人和管理人。

◆ 文书样式 70

×××× 人民法院

民事裁定书

（ 批准重整计划用 ）

（××××）×破字第×-×号

申请人：……（写明名称等基本情况）。

××××年××月××日，×××（申请人名称）向本院提出申请，称……（写明依据的事实及理由），请求本院批准重整计划（附后）。

本院认为：……（写明批准重整计划的具体理由）。依照《中华人民共和国企业破产法》第八十六条第二款之规定，裁定如下：

一、批准×××（债务人名称）重整计划；

二、终止×××（债务人名称）重整程序。

本裁定为终审裁定。

审判长　×××

（代理）审判员　×××

（代理）审判员　×××

××××年××月××日

（院印）

本件与原本核对无异

书记员　×××

附：重整计划

说明：

一、本样式系根据《中华人民共和国企业破产法》第八十六条第二款制定，供人民法院根据债务人或管理人的申请决定批准重整计划时使用。

二、申请人是管理人的，其基本情况只需写明"×××（债务人名称）管理人"；申请人是债务人的，其基本情况的写法与样式 6 相同。

三、本裁定书应送达管理人、债务人、债权人及利害关系人。

◆ 文书样式71

××××人民法院

民事裁定书

（批准重整计划草案用）

（××××）×破字第×-×号

申请人：……（写明名称等基本情况）。

××××年××月××日，×××（申请人名称）向本院提出申请，称……（写明依据的事实及理由），请求本院批准重整计划草案（附后）。

本院查明，……（说明重整计划草案表决通过情况）。

本院认为：……（写明批准重整计划草案的具体理由）。依照《中华人民共和国企业破产法》第八十七条第二款、第三款之规定，裁定如下：

一、批准×××（债务人名称）重整计划草案；

二、终止×××（债务人名称）重整程序。

本裁定为终审裁定。

审判长　×××

（代理）审判员　×××

（代理）审判员　×××

××××年××月××日

（院印）

本件与原本核对无异

书记员　×××

附：重整计划草案

说明：

一、本样式系根据《中华人民共和国企业破产法》第八十七条第三款制定，供人民法院根据债务人或管理人的申请决定批准重整计划草案时使用。

二、申请人是管理人的，其基本情况只需写明"×××（债务人名称）管理人"；申请人是债务人的，其基本情况的写法与样式6相同。

三、本裁定书应送达管理人、债务人、债权人及利害关系人。

◆ 文书样式 72

×××× 人民法院

民事裁定书

（ 不批准重整计划用 ）

（××××）×破字第 ×-× 号

申请人：……（写明名称等基本情况）。

××××年××月××日，×××（申请人名称）向本院提出申请，称……（写明依据的事实及理由），请求本院批准重整计划。

本院查明：……（写明重整计划通过的情况及重整计划的主要内容）。

本院认为：……（写明不批准重整计划的理由）。依照《中华人民共和国企业破产法》第八十八条之规定，裁定如下：

一、驳回×××（申请人名称）的申请；

二、终止×××（债务人名称）重整程序；

三、宣告×××（债务人名称）破产。

本裁定自即日起生效。

审判长　×××

（代理）审判员　×××

（代理）审判员　×××

××××年××月××日

（院印）

本件与原本核对无异

书记员　×××

附：重整计划

说明：

一、本样式系根据《中华人民共和国企业破产法》第八十八条制定，供人民法院裁定不批准重整计划时使用。

二、申请人可以是债务人或管理人。申请人是管理人的，其基本情况只需写明"×××（债务人名称）管理人"；申请人是债务人的，其基本情况的写法与样式 6 相同。

三、本裁定书应送达管理人、债务人、债权人及利害关系人。

◆ 文书样式 73

××××人民法院

民事裁定书

（不批准重整计划草案用）

（××××）×破字第×-×号

申请人：……（写明名称等基本情况）。

××××年××月××日，×××（申请人名称）向本院提出申请，称……（写明依据的事实及理由），请求本院批准重整计划草案。

本院查明：……（写明重整计划草案未获得通过的情况及重整计划草案的主要内容）。

本院认为：……（写明不批准重整计划草案的理由）。依照《中华人民共和国企业破产法》第八十八条之规定，裁定如下：

一、驳回×××（申请人名称）的申请；

二、终止×××（债务人名称）重整程序；

三、宣告×××（债务人名称）破产。

本裁定自即日起生效。

审判长　×××

（代理）审判员　×××

（代理）审判员　×××

××××年××月××日

（院印）

本件与原本核对无异

书记员　×××

附：重整计划草案

说明：

一、本样式系根据《中华人民共和国企业破产法》第八十八条制定，供人民法院裁定不批准重整计划草案时使用。

二、申请人可以是债务人或管理人。申请人是管理人的，其基本情况只需写明"×××（债务人名称）管理人"；申请人是债务人的，其基本情况的写法与样式 6 相同。

三、本裁定书应送达管理人、债务人、债权人及利害关系人。

◆ 文书样式 74

××××人民法院

公告

（ 批准重整计划或重整计划草案并终止重整程序用 ）

（××××）×破字第×-×号

　　××××年××月××日，本院根据×××（申请人姓名或名称）的申请，依据《中华人民共和国企业破产法》第八十六条第二款（或者第八十七条第二款、第三款）之规定，裁定批准重整计划（或重整计划草案）并终止×××（债务人名称）重整程序。

　　特此公告

××××年××月××日

（院印）

说明：

　　本样式系根据《中华人民共和国企业破产法》第八十六条第二款、第八十七条第三款制定，供人民法院裁定批准重整计划或重整计划草案并终止重整程序后发布公告使用。

◆ 文书样式 75

××××人民法院

公告

（ 不批准重整计划或重整计划草案并终止重整

程序宣告债务人破产用 ）

（××××）×破字第×-×号

　　××××年××月××日，本院依照《中华人民共和国企业破产法》第八十八条之规定，裁定驳回×××（申请人名称）关于批准重整计划（或重整计划草案）的申请并终止×××（债务人名称）重整程序，宣告×××（债务人名称）破产。

　　特此公告

××××年××月××日

（院印）

说明：

　　本样式系根据《中华人民共和国企业破产法》第八十八条制定，供人民法院裁定不批准重整计划或重整计划草案并终止重整程序宣告债务人破产后发布公告使用。

◆ 文书样式76

××××人民法院

民事裁定书

（ 延长重整计划执行的监督期限用 ）

（××××）×破字第×-×号

申请人：×××（债务人名称）管理人。

××××年××月××日，×××（债务人名称）管理人向本院提出申请，称……（写明依据的事实及理由），请求本院将×××（债务人名称）重整计划执行的监督期限延长×个月至××××年××月××日。

本院认为：……（写明同意或不同意的理由）。依照……（写明所依据的法律条款项）之规定，裁定如下：

将×××（债务人名称）重整计划执行的监督期限延长×个月至××××年××月××日。

或者：

驳回×××（债务人名称）管理人的申请。

本裁定自即日起生效。

审判长　×××

（代理）审判员　×××

（代理）审判员　×××

××××年××月××日

（院印）

本件与原本核对无异

书记员　×××

说明：

一、本样式系根据《中华人民共和国企业破产法》第九十一条第三款制定，供人民法院根据管理人的申请决定延长重整计划执行的监督期限时使用。

二、同意延长的，应将裁定书送达管理人、债务人及利害关系人；不同意延长的，应将裁定书送达管理人。

◆ 文书样式77

××××人民法院
民事裁定书
（终止重整计划的执行用）

（××××）×破字第×-×号

申请人：……（写明姓名或名称等基本情况）。

××××年××月××日，×××（申请人姓名或名称）向本院提出申请，称……（写明依据的事实及理由），请求本院终止×××（债务人名称）重整计划的执行。

本院查明：……

本院认为：……（写明同意的理由）。依照《中华人民共和国企业破产法》第九十三条第一款之规定，如下：

一、终止×××（债务人名称）重整计划的执行；

二、宣告×××（债务人名称）破产。

本裁定自即日起生效。

审判长　×××

（代理）审判员　×××

（代理）审判员　×××

××××年××月××日

（院印）

本件与原本核对无异

书记员　×××

说明：

一、本样式系根据《中华人民共和国企业破产法》第九十三条第一款制定，供人民法院根据管理人或利害关系人的申请裁定终止重整计划的执行时使用。

二、申请人是管理人的，其基本情况只需写明"×××（债务人名称）管理人"；申请人是利害关系人的，其基本情况的写法与样式6相同。

三、本裁定书应送达债务人、管理人、债权人及利害关系人。

◆ 文书样式78

××××人民法院

民事裁定书

（ 延长重整计划执行期限用 ）

（××××）×破字第×-×号

申请人：……（写明名称等基本情况）。

××××年××月××日，本院裁定批准×××（债务人名称）重整计划并终止重整程序。××××年××月××日，×××（债务人名称）向本院提出申请，称……（写明依据的事实及理由），请求本院批准延长重整计划的执行期限至××××年××月××日。

本院查明：……

本院认为：……（写明批准或不批准的理由）。依照……（写明所依据的法律条款项）之规定，裁定如下：

×××（债务人名称）重整计划的执行期限延长至××××年××月××日。

或者：

驳回×××（债务人名称）的申请。

本裁定自即日起生效。

审判长　×××

（代理）审判员　×××

（代理）审判员　×××

××××年××月××日

（院印）

本件与原本核对无异

书记员　×××

说明：

一、本样式供人民法院根据债务人的申请延长重整计划的执行期限时用。

二、本裁定书应送达管理人、债务人、债权人及利害关系人。

◆ 文书样式 79

××××人民法院

通知书

（协助执行重整计划用）

（××××）×破字第×-×号

×××：

本院已于××××年××月××日裁定批准×××（债务人名称）重整计划（或重整计划草案）。依照……（写明所依据的法律条款项）之规定，请你单位自收到本通知书之日起协助执行以下事项：

……

特此通知。

××××年××月××日

（院印）

说明：

本样式供重整计划执行中人民法院要求相关单位协助执行相关事项时用。

四、和解程序用文书

◆ 文书样式 80

××××人民法院

民事裁定书

（受理债务人直接提出的和解申请用）

（××××）×破（预）字第×-×号

申请人：……（写明名称等基本情况）。

××××年××月××日，申请人×××以……为由向本院申请和解并提交了和解协议草案。

本院查明：……

本院认为：……（从本院是否具有管辖权、申请人是否属于破产适格主体、是否具备破产原因等方面写明受理申请的理由）。依照《中华人民共和国企业破产法》第二条、第三条、第七条、第九十五条、第九十六条第一款之规定，裁定如下：

受理×××（债务人名称）的和解申请。

本裁定自即日起生效。

审判长　×××

（代理）审判员　×××

（代理）审判员　×××

××××年××月××日

（院印）

本件与原本核对无异

书记员　×××

说明：

　　一、本样式系根据《中华人民共和国企业破产法》第九十六条第一款制定，供人民法院裁定直接受理债务人的和解申请时使用。

　　二、申请人基本情况的写法与样式 6 相同。

　　三、本裁定书应送达债务人。

◆ **文书样式 81**

××××人民法院

民事裁定书

（ 受理破产清算申请后裁定债务人和解用 ）

（××××）×破字第×-×号

　　申请人：……（写明名称等基本情况）。

　　××××年××月××日，本院根据×××的申请裁定受理×××（债务人名称）破产清算一案。××××年××月××日，×××（债务人名称）以……为由向本院申请和解并提交了和解协议草案。

　　本院查明：……

　　本院认为：……（从申请人是否属于破产适格主体、是否具备破产原因等方面写明裁定和解的理由）。依照《中华人民共和国企业破产法》第二条、第七条、第九十五条、第九十六条第一款之规定，裁定如下：

　　×××（债务人名称）和解。

　　本裁定自即日起生效。

审判长　×××

（代理）审判员　×××

（代理）审判员　×××

××××年××月××日

（院印）

本件与原本核对无异

书记员　×××

说明：

一、本样式系根据《中华人民共和国企业破产法》第九十六条第一款制定，供人民法院受理破产清算申请后裁定债务人和解时使用。

二、申请人基本情况的写法与样式6相同。

三、本裁定书应送达债务人和破产申请人。

◆ **文书样式82**

××××人民法院

民事裁定书

（ 不予受理债务人直接提出的和解申请用 ）

（××××）×破（预）初字第×-×号

申请人：……（写明名称等基本情况）。

××××年××月××日，申请人×××以……为由向本院申请和解并提交了和解协议草案。

本院查明：……

本院认为：……（写明不受理的理由）。依照……（写明所依据的法律条款项）之规定，裁定如下：

不予受理×××（申请人名称）的和解申请。

如不服本裁定，可在裁定书送达之日起十日内，向本院递交上诉状，并提交副本×份，上诉于××××人民法院。

审判长　×××

（代理）审判员　×××

（代理）审判员　×××

××××年××月××日

（院印）

本件与原本核对无异

书记员　×××

说明：

一、本样式系根据《中华人民共和国企业破产法》第十二条第一款制定，供人民法院裁定不受理债务人直接提出的和解申请时使用。

二、申请人基本情况的写法与样式6相同。

三、本裁定书应送达债务人。

◆ 文书样式83

××××人民法院

民事裁定书

（ 受理破产申请后裁定不予受理债务人

提出的和解申请用 ）

（××××）×破初字第×-×号

申请人：……（写明名称等基本情况）。

××××年××月××日，本院根据×××的申请裁定受理×××（债务人名称）破产清算一案。××××年××月××日，×××（债务人名称）以……为由向本院申请和解并提交了和解协议草案。

本院查明：……

本院认为：……（写明不受理的理由）。依照……（写明所依据的法律条款项）之规定，裁定如下：

对×××（债务人名称）的和解申请，本院不予受理。

如不服本裁定，可在裁定书送达之日起十日内，向本院递交上诉状，并提交副本×份，上诉于××××人民法院。

审判长　×××

（代理）审判员　×××

（代理）审判员　×××

××××年××月××日

（院印）

本件与原本核对无异

书记员　×××

说明：

一、本样式系根据《中华人民共和国企业破产法》第十二条第一款制定，供人民法院受理破产申请后裁定不予受理债务人提出的和解申请时使用。

二、申请人基本情况的写法与样式6相同。

三、本裁定书应送达债务人。

◆ 文书样式84

××××人民法院

民事裁定书

（ 维持或撤销不予受理和解申请的裁定用 ）

（××××）×破（预）终字第×号

上诉人（原审申请人）：……（写明名称等基本情况）。

上诉人×××不服××××人民法院（××××）×破（预）初字第×-×号民事裁定，向本院提起上诉。本院受理后依法组成合议庭审理了本案，现已审理终结。

……（写明一审认定的事实、裁定结果及理由）。

×××（债务人名称）不服，向本院上诉称：……（写明上诉请求与理由）。

本院查明：……

本院认为：……（写明维持或者撤销原裁定的理由）。依照……（写明所依据的法律条款项）之规定，裁定如下：

驳回上诉，维持原裁定。

或者：

一、撤销××××人民法院（××××）×破（预）初字第×-×号民事裁定；

二、由××××人民法院裁定受理×××（债务人名称）的和解申请。

本裁定为终审裁定并自即日起生效。

审判长　×××

（代理）审判员　×××

（代理）审判员　×××

××××年××月××日

（院印）

本件与原本核对无异

书记员　×××

说明：

一、本样式系根据《最高人民法院关于适用〈中华人民共和国民事诉讼法〉若干问题的意见》第一百八十七条制定，供二审人民法院收到不服一审不予受理和解申请的裁定而提起上诉的案件之后，裁定驳回上诉或撤销原裁定时使用。

二、上诉人基本情况的写法与样式6相同。

三、如果一审裁定是针对债务人在人民法院受理破产申请后宣告破产前提出的和解申请作出的，则案号应为（××××）×破终字第×号，相应首部应为上诉人×××不服×××人民法院（××××）×破初字第×-×号民事裁定，向本院提起上诉。判项主文应为：

一、撤销××××人民法院（××××）×破初字第×-×号民事裁定；二、由××××人民法院裁定×××和解。

四、本裁定书应送达上诉人。

◆ 文书样式85

××××人民法院

公告

（裁定受理债务人直接提出的和解申请用）

（××××）×破字第×-×号

本院根据×××（申请人姓名或名称）的申请于××××年××月××日裁定受理×××（债务人名称）和解一案，并于××××年××月××日指定×××担任×××（债务人名称）管理人。×××（债务人名称）的债权人应自××××年××月××日前，向×××（债务人名称）管理人（通讯地址：_____；邮政编码：_____；联系电话：_____）申报债权，书面说明债权数额、有无财产担保及是否属于连带债权，并提供相关证据材料。未在上述期限内申报债权的，可以在和解协议草案提交债权人会议讨论前补充申报，但要承担为审查和确认补充申报债权所产生的费用。未依法申报债权的，在和解协议执行期间不得行使权利，在和解协议执行完毕后可以按照和解协议规定的清偿条件行使权利。×××（债务人名称）的债务人或者财产持有人应当向×××（债务人名称）管理人清偿债务或交付财产。

本院定于××××年××月××日××时在_____（地点）召开第一次债权人会议。依法申报债权的债权人为债权人会议的成员，有权参加债权人会议。参加会议的债权人系法人或其他组织的，应提交营业执照、法定代表人或负责人身份证明书，如委托代理人出席会议，应提交特别授权委托书、委托代理人的身份证件或律师执业证，委托代理人是律师的还应提交律师事务所的指派函。债权人系自然人的，应提交个人身份证明。如委托代理人出席会议，应提交特别授权委托书、委托代理人的身份证件或律师执业证，委托代理人是律师的还应提交律师事务所的指派函。

特此公告

××××年××月××日

（院印）

说明：

本样式系根据《中华人民共和国企业破产法》第十四条、第九十六条第一款、第一百条第三款制定，供人民法院裁定受理债务人直接提出的和解申请后发布公告使用。

◆ **文书样式 86**

××××人民法院

公告

（ 受理破产申请后宣告债务人破产前裁定债务人和解用 ）

（××××）×破字第×–×号

　　本院根据×××（申请人姓名或名称）的申请于××××年××月××日裁定受理×××（债务人名称）破产清算一案，并于××××年××月××日指定×××担任×××（债务人名称）管理人。××××年××月××日，本院根据×××（债务人名称）的申请裁定×××（债务人名称）和解。

　　特此公告

××××年××月××日

（院印）

说明：

　　本样式系根据《中华人民共和国企业破产法》第九十六条第一款制定，供人民法院在受理破产申请后、宣告债务人破产前，根据债务人的申请，裁定债务人和解后发布公告时使用。

◆ **文书样式 87**

××××人民法院

通知书

（ 裁定受理债务人直接提出的和解申请后

通知已知债权人用 ）

（××××）×破字第×–×号

×××（债权人姓名或名称）：

　　本院根据×××（申请人姓名或名称）的申请于××××年××月××日裁定受理×××（债务人名称）和解一案，并于××××年××月××日指定×××担任×××（债务人名称）管理人。请你（或你单位）在××××年××月××日前，向×××（债务人名称）管理人（通讯地址：_____；邮政编码：_____；联系电话：_____）申报债权，书面说明债权数额、有无财产担保及是否属于连带债权，并提供相关证据材料。如未能在上述期限内申报债权，可以在和解协议草案提交债权人会议讨论前补充申报，但要承担为审查和确认补充申报债权所产生的费用。未依法申报债权的，在和解协议执行期间不得行使权利，在和解协议执行完毕后可以按照和解协议规定的清偿条件行使权利。×××（债务人名称）的债务人或者财产持有人应当向×××（债务人名称）管理人清偿债务或交付财产。本院定于××××年××月××日××时在_____（地点）召开第一次债权

· 753 ·

人会议。依法申报债权后，你（或你单位）就成为债权人会议的成员，有权参加债权人会议。参加会议时应提交个人身份证明；委托代理人出席会议的，应提交授权委托书、委托代理人的身份证件或律师执业证，委托代理人是律师的还应提交律师事务所的指派函。（如系法人或其他组织的，则改为参加会议时应提交营业执照、法定代表人或负责人身份证明书；委托代理人出席会议的，应提交授权委托书、委托代理人的身份证件或律师执业证，委托代理人是律师的还应提交律师事务所的指派函。）

特此通知

×××ｘ年×ｘ月×ｘ日

（院印）

说明：

一、本样式系根据《中华人民共和国企业破产法》第十四条、第一百条第三款的规定制定，供人民法院裁定受理债务人直接提出的和解申请后通知已知债权人用。

二、"你单位"可根据当事人的具体情况表述为："你公司或厂、企业等"。

三、本通知应在裁定受理和解申请之日起二十五日内发出。

◆ 文书样式 88

××××人民法院
民事裁定书
（认可或不予认可和解协议用）

（××××）×破字第×-×号

申请人：……（写明债务人名称等基本情况）。

××××年×ｘ月×ｘ日，×××（债务人名称）向本院提出申请，称和解协议已经第×次债权人会议通过，请求本院裁定予以认可。

本院认为：……（写明认可或不认可的理由）。依照……（写明所依据的法律条款项）之规定，裁定如下：

一、认可×××（债务人名称）和解协议；

二、终止×××（债务人名称）和解程序。

或者：

一、驳回×××（债务人名称）的申请；

二、终止×××（债务人名称）和解程序；

三、宣告×××（债务人名称）破产。

本裁定自即日起生效。

审判长　×××

（代理）审判员　×××

（代理）审判员　×××

××××年×ｘ月×ｘ日

（院印）

本件与原本核对无异

书记员 ×××

附：和解协议

说明：

一、本样式系根据《中华人民共和国企业破产法》第九十八条、第九十九条制定，供人民法院裁定认可或不认可和解协议时使用。

二、本裁定书应送达债务人、管理人、债权人及利害关系人。

◆ **文书样式 89**

××××人民法院

民事裁定书

（ 和解协议草案未获通过时裁定终止和解程序用 ）

（××××）×破字第×-×号

××××年××月××日，本院根据×××（债务人名称）的申请，裁定受理×××（债务人名称）和解一案。……（写明和解协议草案经债权人会议表决未获通过的具体情况）。依照《中华人民共和国企业破产法》第九十九条之规定，裁定如下：

一、终止×××（债务人名称）和解程序；

二、宣告×××（债务人名称）破产。

本裁定自即日起生效。

审判长 ×××

（代理）审判员 ×××

（代理）审判员 ×××

××××年××月××日

（院印）

本件与原本核对无异

书记员 ×××

说明：

一、本样式系根据《中华人民共和国企业破产法》第九十九条制定，供人民法院在和解协议草案未获通过时裁定终止和解程序时使用。

二、本裁定书应送达债务人、管理人并通知债权人。

◆ 文书样式 90

××××人民法院

民事裁定书

（确认和解协议无效用）

（××××）×破字第×-×号

申请人：……（写明姓名或名称等基本情况）。

××××年××月××日，申请人×××以……为由，请求本院确认第×次债权人会议通过的和解协议无效。

本院查明：……

本院认为：……（写明对和解协议效力的审查意见及理由）。依照……（写明所依据的法律条款项）之规定，裁定如下：

一、撤销本院（××××）……破……号民事裁定书；

二、×××（债务人名称）和解协议无效；

三、宣告×××（债务人名称）破产。

或者：

驳回×××（申请人姓名或名称）的申请。

本裁定自即日起生效。

审判长　×××

（代理）审判员　×××

（代理）审判员　×××

××××年××月××日

（院印）

本件与原本核对无异

书记员　×××

说明：

一、本样式系根据《中华人民共和国企业破产法》第一百零三条制定，供人民法院确认和解协议无效时用。

二、申请人应为利害关系人。其基本情况的写法与样式 6 相同。

三、裁定确认和解协议无效的，应将本裁定书送达债务人、管理人并通知债权人。驳回申请的，应将本裁定书送达申请人。

◆ 文书样式 91

××××人民法院

民事裁定书

（ 终止和解协议的执行用 ）

（××××）×破字第×-×号

申请人：……（写明姓名或名称等基本情况）。

××××年××月××日，申请人×××以……为由，请求本院裁定终止×××（债务人名称）和解协议的执行。

本院查明：……

本院认为：……（写明审查意见及理由）。依照《中华人民共和国企业破产法》第一百零四条第一款之规定，裁定如下：

一、终止×××（债务人名称）和解协议的执行；

二、宣告×××（债务人名称）破产。

或者：

驳回×××（申请人姓名或名称）的申请。

本裁定自即日起生效。

审判长　×××

（代理）审判员　×××

（代理）审判员　×××

××××年××月××日

（院印）

本件与原本核对无异

书记员　×××

说明：

一、本样式系根据《中华人民共和国企业破产法》第一百零四条第一款制定，供人民法院根据和解债权人的申请裁定终止和解协议的执行并宣告债务人破产时使用。

二、申请人基本情况的写法与样式 6 相同。

三、本决定书应送达债务人、管理人并通知债权人。

◆ 文书样式 92

××××人民法院

民事裁定书

（ 认可债务人与全体债权人自行达成的协议用 ）

（××××）×破字第×-×号

申请人：……（写明名称等基本情况）。

××××年××月××日，申请人×××以……为由请求本院裁定认可×××协议。

本院查明：……

本院认为：……（写明认可或不认可的理由）。依照《中华人民共和国企业破产法》第一百零五条之规定，裁定如下：

一、认可×××协议；

二、终结×××（债务人名称）破产程序。

或者：

驳回×××（债务人名称）的申请。

本裁定自即日起生效。

审判长　×××

（代理）审判员　×××

（代理）审判员　×××

××××年××月××日

（院印）

本件与原本核对无异

书记员　×××

附：×××协议

说明：

一、本样式系根据《中华人民共和国企业破产法》第一百零五条制定，供人民法院认可债务人与全体债权人自行达成的协议并终结破产程序使用。

二、申请人应为债务人。其基本情况的写法与样式 6 相同。

三、若宣告破产后裁定认可协议的，应在裁定书的首部增加宣告破产的事实，并在裁定主文中一并撤销宣告破产的裁定，具体表述为：撤销本院（××××）×破字第×-×号民事裁定书。

四、裁定认可的，应将裁定书送达债务人、管理人并通知债权人。裁定驳回的，应将裁定书送达申请人。

◆ **文书样式 93**

×××× 人民法院

公告

（认可和解协议并终止和解程序用）

（××××）×破字第×-×号

××××年××月××日，本院根据×××（债务人名称）的申请，依照《中华人民共和国企业破产法》第九十八条之规定，以（××××）×破字第×-×号民事裁定书裁定认可×××（债务人名称）和解协议并终止×××（债务人名称）和解程序。

特此公告

××××年××月××日

（院印）

说明：

本样式系根据《中华人民共和国企业破产法》第九十八条制定，供人民法院裁定认可和解协议并终止和解程序后发布公告使用。

◆ **文书样式 94**

×××× 人民法院

公告

（终止和解程序并宣告债务人破产用）

（××××）×破字第×-×号

因……（写明终止原因），××××年××月××日，本院依照《中华人民共和国企业破产法》第九十九条之规定，以（××××）×破字第×-×号民事裁定书裁定终止×××（债务人名称）和解程序并宣告×××（债务人名称）破产清算。

特此公告

××××年××月××日

（院印）

说明：

本样式系根据《中华人民共和国企业破产法》第九十九条制定，供人民法院裁定终止和解程序并宣告债务人破产后发布公告使用。

五、破产衍生诉讼用文书

◆ **文书样式 95**

××××人民法院

民事判决书

（破产撤销权诉讼一审用）

（××××）×民初字第×号

原告：×××，（债务人名称）管理人。

被告：……（写明姓名或名称等基本情况）。

原告×××诉被告×××破产撤销权纠纷一案，本院受理后，依法组成合议庭公开开庭进行了审理。……（写明本案当事人及其诉讼代理人等）到庭参加了诉讼。本案现已审理终结。

原告×××诉称：……（概述原告提出的具体诉讼请求及所根据的事实与理由）。

被告×××辩称：……（概述被告答辩的主要意见）。

经审理查明：……（写明认定的事实及证据）。

本院认为：……（写明判决的理由）。依照……（写明判决所依据的法律条款项）之规定，判决如下：

……（写明判决结果）。

……（写明诉讼费用的负担）。

如不服本判决，可在判决书送达之日起十五日内，向本院提交上诉状，并按对方当事人的人数提交副本×份，上诉于××××人民法院。

审判长　×××

（代理）审判员　×××

（代理）审判员　×××

××××年××月××日

（院印）

本件与原本核对无异

书记员　×××

说明：

一、本样式系根据《中华人民共和国企业破产法》第三十一条、第三十二条制定，供人民法院受理管理人行使撤销权之诉后进行一审判决时使用。

二、应区分不同管理人类型分别确定原告：管理人为个人的，原告应列为担任管理人的律师或者注册会计师；管理人为中介机构的，原告应列为担任管理人的律师事务所、会计师事务所或者破产清算事务所；管理人为清算组的，原告应列为（债务人名称）清算组，身份标明为该企业管理人。律师事务所等中介机构或者清算组作为原告的，还应当将中介机构管理人负责人或者清算组组长列为诉讼代表人。

三、被告基本情况的写法与样式 6 相同。

四、此处的被告为受益人。

◆ **文书样式 96**

××××人民法院
民事判决书
（破产抵销权诉讼一审用）

（××××）×民初字第×号

原告：……（写明姓名或名称等基本情况）。

被告：×××（债务人名称），住所地……

诉讼代表人：×××，该企业管理人（或管理人负责人）。

原告×××诉被告×××破产抵销权纠纷一案，本院受理后，依法组成合议庭公开开庭进行了审理。……（写明本案当事人及其诉讼代理人等）到庭参加了诉讼。本案现已审理终结。

原告×××诉称：……（概述原告提出的具体诉讼请求及所根据的事实与理由）。

被告×××辩称：……（概述被告答辩的主要意见）。

经审理查明：……（写明认定的事实及证据）。

本院认为：……（写明判决的理由）。依照……（写明判决所依据的法律条款项）之规定，判决如下：

……（写明判决结果）。

……（写明诉讼费用的负担）。

若不服本判决，可在判决书送达之日起十五日内，向本院提交上诉状，并按对方当事人的人数提交副本×份，上诉于××××人民法院。

审判长　×××
（代理）审判员　×××
（代理）审判员　×××
××××年××月××日
（院印）

本件与原本核对无异

书记员　×××

说明：

一、本样式系根据《中华人民共和国企业破产法》第四十条制定，供人民法院受理债权人行使抵销权之诉后进行一审判决时使用。

二、原告应为要求行使抵销权的债权人。

三、原告基本情况的写法与样式 6 相同。

四、当债务人的管理人为个人管理人时，其诉讼代表人为担任管理人的律师或者注册会计师；当管理人为中介机构或者清算组时，其诉讼代表人为管理人的负责人或者清算组组长。

◆ 文书样式 97

××××人民法院
民事判决书
（ 破产债权确认诉讼一审用 ）

（××××）……民初……号

原告：……（写明姓名或名称等基本情况）。

被告：×××（债务人名称），住所地……

诉讼代表人：×××，该企业管理人（或管理人负责人）。

原告×××诉被告×××破产债权确认纠纷一案，本院受理后，依法组成合议庭公开开庭进行了审理。……（写明本案当事人及其诉讼代理人等）到庭参加了诉讼。本案现已审理终结。

原告×××诉称：……（概述原告提出的具体诉讼请求及所根据的事实与理由）。

被告×××辩称：……（概述被告答辩的主要意见）。

经审理查明：……（写明认定的事实及证据）。

本院认为：……（写明判决的理由）。依照……（写明判决所依据的法律条款项）之规定，判决如下：

……（写明判决结果）。

……（写明诉讼费用的负担）。

若不服本判决，可在判决书送达之日起十五日内，向本院提交上诉状，并按对方当事人的人数提交副本×份，上诉于××××人民法院。

审判长　×××
（代理）审判员　×××
（代理）审判员　×××
××××年××月××日
（院印）

本件与原本核对无异

书记员　×××

说明：

一、本样式系根据《中华人民共和国企业破产法》第五十八条制定，供人民法院受理破产债权确认之诉后进行一审判决时使用。

二、原告也可能是债务人。当债务人为原告时，当事人的具体写法为：

原告：×××（债务人名称），住所地……

诉讼代表人：×××，该企业管理人（或管理人负责人）。

被告：……（写明债权人的姓名或名称等基本情况）。

原告也可能是其他债权人，此时的被告为债务人和相关债权人。

三、当事人基本情况的写法与样式6、样式96相同。

四、本样式同样适用于职工权益清单更正纠纷。

◆ 文书样式98

××××人民法院

民事判决书

（取回权诉讼一审用）

（××××）×民初字第×号

原告：……（写明姓名或名称等基本情况）。

被告：×××（债务人名称），住所地……

诉讼代表人：×××，该企业管理人（或管理人负责人）。

原告×××诉被告×××取回权纠纷一案，本院受理后，依法组成合议庭公开开庭进行了审理。……（写明本案当事人及其诉讼代理人等）到庭参加了诉讼。本案现已审理终结。

原告×××诉称：……（概述原告提出的具体诉讼请求及所根据的事实与理由）。

被告×××辩称：……（概述被告答辩的主要意见）。

经审理查明：……（写明认定的事实及证据）。

本院认为：……（写明判决的理由）。依照……（写明判决所依据的法律条款项）之规定，判决如下：

……（写明判决结果）。

……（写明诉讼费用的负担）。

若不服本判决，可在判决书送达之日起十五日内，向本院提交上诉状，并按对方当事人的人数提交副本×份，上诉于××××人民法院。

审判长　×××

（代理）审判员　×××

（代理）审判员　×××

××××年××月××日

（院印）

本件与原本核对无异

书记员　×××

说明：

一、本样式系根据《中华人民共和国企业破产法》第三十八条、第三十九条制定，供人民法院受理财产的权利人提起取回权之诉后进行一审判决时使用。

二、原告基本情况的写法与样式6、样式96相同。

◆ **文书样式99**

××××人民法院
民事判决书
（ 别除权诉讼一审用 ）

（××××）×民初字第×号

原告：……（写明姓名或名称等基本情况）。

被告：×××（债务人名称），住所地……

诉讼代表人：×××，该企业管理人（或管理人负责人）。

原告×××诉被告×××别除权纠纷一案，本院受理后，依法组成合议庭公开开庭进行了审理。……（写明本案当事人及其诉讼代理人等）到庭参加了诉讼。本案现已审理终结。

原告×××诉称：……（概述原告提出的具体诉讼请求及所根据的事实与理由）。

被告×××辩称：……（概述被告答辩的主要意见）。

经审理查明：……（写明认定的事实及证据）。

本院认为：……（写明判决的理由）。依照……（写明判决所依据的法律条款项）之规定，判决如下：

……（写明判决结果）。

……（写明诉讼费用的负担）。

若不服本判决，可在判决书送达之日起十五日内，向本院提交上诉状，并按对方当事人的人数提交副本×份，上诉于××××人民法院。

审判长　×××
（代理）审判员　×××
（代理）审判员　×××
××××年××月××日
（院印）

本件与原本核对无异

书记员　×××

说明：

一、本样式系根据《中华人民共和国企业破产法》第一百零九条制定，供人民法院受理对债务人特定财产享有担保权的权利人提起别除权之诉后进行一审判决时使用。

二、原告应为要求行使别除权的权利人。

三、原告基本情况的写法与样式6、样式96相同。

◆ 文书样式100

××××人民法院

民事判决书

（确认债务人无效行为诉讼一审用）

（××××）×民初字第×号

原告：×××，（债务人名称）管理人。

被告：……（写明姓名或名称等基本情况）。

原告×××诉被告×××无效行为纠纷一案，本院受理后，依法组成合议庭公开开庭进行了审理。……（写明本案当事人及其诉讼代理人等）到庭参加了诉讼。本案现已审理终结。

原告×××诉称：……（概述原告提出的具体诉讼请求及所根据的事实与理由）。

被告×××辩称：……（概述被告答辩的主要意见）。

经审理查明：……（写明认定的事实及证据）。

本院认为：……（写明判决的理由）。依照……（写明判决所依据的法律条款项）之规定，判决如下：

……（写明判决结果）。

……（写明诉讼费用的负担）。

若不服本判决，可在判决书送达之日起十五日内，向本院提交上诉状，并按对方当事人的人数提交副本×份，上诉于××××人民法院。

审判长　×××

（代理）审判员　×××

（代理）审判员　×××

××××年××月××日

（院印）

本件与原本核对无异

书记员　×××

说明：

一、本样式系根据《中华人民共和国企业破产法》第三十三条制定，供人民法院受理管理人请求确认债务人行为无效之诉后进行一审判决时使用。

二、此处的被告为无效行为的相对人，被告基本情况的写法与样式6相同。

◆ 文书样式 101

×××× 人民法院

民事判决书

（ 对外追收债权或财产诉讼一审用 ）

（××××）×民初字第×号

原告：×××（债务人名称），住所地……

诉讼代表人：×××，该企业管理人（或管理人负责人）。

被告：……（写明姓名或名称等基本情况）。

原告×××诉被告×××……纠纷（包括清偿债务或者交付财产）一案，本院受理后，依法组成合议庭公开开庭进行了审理。……（写明本案当事人及其诉讼代理人等）到庭参加了诉讼。本案现已审理终结。

原告×××诉称：……（概述原告提出的具体诉讼请求及所根据的事实与理由）。

被告×××辩称：……（概述被告答辩的主要意见）。

经审理查明：……（写明认定的事实及证据）。

本院认为：……（写明判决的理由）。依照……（写明判决所依据的法律条款项）之规定，判决如下：

……（写明判决结果）。

……（写明诉讼费用的负担）。

若不服本判决，可在判决书送达之日起十五日内，向本院提交上诉状，并按对方当事人的人数提交副本×份，上诉于×××× 人民法院。

审判长　×××

（代理）审判员　×××

（代理）审判员　×××

××××年××月××日

（院印）

本件与原本核对无异

书记员　×××

说明：

一、本样式系根据《中华人民共和国企业破产法》第十七条制定，供人民法院受理管理人向债务人的债务人或财产持有人提起清偿债务或返还财产之诉后进行一审判决时使用。

二、被告基本情况的写法与样式 6、样式 96 相同。

◆ 文书样式 102

×××× 人民法院

民事判决书

（ 追收出资诉讼一审用 ）

（××××） ×民初字第×号

原告：×××（债务人名称），住所地……

诉讼代表人：×××，该企业管理人（或管理人负责人）。

被告：……（写明姓名或名称等基本情况）。

原告×××诉被告×××缴纳出资纠纷一案，本院受理后，依法组成合议庭公开开庭进行了审理。……（写明本案当事人及其诉讼代理人等）到庭参加了诉讼。本案现已审理终结。

原告×××诉称：……（概述原告提出的具体诉讼请求及所根据的事实与理由）。

被告×××辩称：……（概述被告答辩的主要意见）。

经审理查明：……（写明认定的事实及证据）。

本院认为：……（写明判决的理由）。依照……（写明判决所依据的法律条款项）之规定，判决如下：

……（写明判决结果）。

……（写明诉讼费用的负担）。

若不服本判决，可在判决书送达之日起十五日内，向本院提交上诉状，并按对方当事人的人数提交副本×份，上诉于×××× 人民法院。

审判长 ×××

（代理） 审判员 ×××

（代理） 审判员 ×××

××××年××月××日

（院印）

本件与原本核对无异

书记员 ×××

说明：

一、本样式系根据《中华人民共和国企业破产法》第三十五条制定，供人民法院受理管理人向债务人股东提起追收出资之诉后进行一审判决时使用。

二、本样式适用于股东返还抽逃出资等违反出资义务的诉讼一审用。

◆ **文书样式 103**

××××人民法院

民事判决书

（ 追收非正常收入诉讼一审用 ）

（××××）×民初字第×号

原告：×××（债务人名称），住所地……

诉讼代表人：×××，该企业管理人（或管理人负责人）。

被告：……（写明姓名或名称等基本情况）。

原告×××诉被告×××返还非正常收入纠纷一案，本院受理后，依法组成合议庭公开开庭进行了审理。……（写明本案当事人及其诉讼代理人等）到庭参加了诉讼。本案现已审理终结。

原告×××诉称：……（概述原告提出的具体诉讼请求及所根据的事实与理由）。

被告×××辩称：……（概述被告答辩的主要意见）。

经审理查明：……（写明认定的事实及证据）。

本院认为：……（写明判决的理由）。依照……（写明判决所依据的法律条款项）之规定，判决如下：

……（写明判决结果）。

……（写明诉讼费用的负担）。

如不服本判决，可在判决书送达之日起十五日内，向本院提交上诉状，并按对方当事人的人数提交副本×份，上诉于××××人民法院。

审判长　×××

（代理）审判员　×××

（代理）审判员　×××

××××年××月××日

（院印）

本件与原本核对无异

书记员　×××

说明：

一、本样式系根据《中华人民共和国企业破产法》第三十六条制定，供人民法院受理管理人向有关人员提出追收非正常收入之诉后进行一审判决时使用。

二、被告应为债务人的董事、监事和高级管理人员。

三、被告基本情况的写法与样式6、样式96相同。

◆ 文书样式 104

×××× 人民法院

民事判决书

（ 损害债务人利益赔偿诉讼一审用 ）

（××××）×民初字第×号

原告：×××（债务人名称），住所地……

诉讼代表人：×××，该企业管理人（或管理人负责人）。

被告：……（写明姓名或名称等基本情况）。

原告×××诉被告×××损害赔偿纠纷一案，本院受理后，依法组成合议庭公开开庭进行了审理。……（写明本案当事人及其诉讼代理人等）到庭参加了诉讼。本案现已审理终结。

原告×××诉称：……（概述原告提出的具体诉讼请求及所根据的事实与理由）。

被告×××辩称：……（概述被告答辩的主要意见）。

经审理查明：……（写明认定的事实及证据）。

本院认为：……（写明判决的理由）。依照……（写明判决所依据的法律条款项）之规定，判决如下：

……（写明判决结果）。

……（写明诉讼费用的负担）。

如不服本判决，可在判决书送达之日起十五日内，向本院提交上诉状，并按对方当事人的人数提交副本×份，上诉于×××× 人民法院。

审判长　×××

（代理）审判员　×××

（代理）审判员　×××

××××年××月××日

（院印）

本件与原本核对无异

书记员　×××

说明：

一、本样式系根据《中华人民共和国企业破产法》第一百二十五条、第一百二十八条制定，供人民法院受理管理人向有关人员提出损害赔偿之诉后进行一审判决时使用。

二、被告应为债务人的董事、监事、高级管理人员、法定代表人或直接责任人员。

三、被告基本情况的写法与样式 6、样式 96 相同。

◆ 文书样式 105

××××人民法院

民事判决书

（ 管理人承担赔偿责任诉讼一审用 ）

（××××） ×民初字第×号

原告：……（写明姓名或名称等基本情况）。

被告：×××，（债务人名称）管理人；或者×××，（债务人名称）清算组管理人成员。

原告×××诉被告×××损害赔偿纠纷一案，本院受理后，依法组成合议庭公开开庭进行了审理。……（写明本案当事人及其诉讼代理人等）到庭参加了诉讼。本案现已审理终结。

原告×××诉称：……（概述原告提出的具体诉讼请求及所根据的事实与理由）。

被告×××辩称：……（概述被告答辩的主要意见）。

经审理查明：……（写明认定的事实及证据）。

本院认为：……（写明判决的理由）。依照……（写明判决所依据的法律条款项）之规定，判决如下：

……（写明判决结果）。

……（写明诉讼费用的负担）。

如不服本判决，可在判决书送达之日起十五日内，向本院提交上诉状，并按对方当事人的人数提交副本，上诉于××××人民法院。

审判长　×××

（代理）审判员　×××

（代理）审判员　×××

××××年××月××日

（院印）

本件与原本核对无异

书记员　×××

说明：

一、本样式系根据《中华人民共和国企业破产法》第一百三十条制定，供人民法院受理有关主体向管理人提出损害赔偿之诉后进行一审判决时使用。

二、原告包括因管理人不当履行职责而遭受损害的债权人、债务人或者第三人。原告基本情况的写法与样式 6 相同。

三、应区分不同管理人类型分别确定被告：管理人为个人的，被告应列为担任管理人的律师或者注册会计师；管理人为中介机构的，被告应列为担任管理人的律师事务所、会计师事务所或者破产清算事务所；管理人为清算组的，被告应列为清算组各成员。

最高人民法院办公厅关于印发《管理人破产程序工作文书样式（试行）》的通知

（法办发〔2011〕13号）

省、自治区、直辖市高级人民法院，解放军军事法院，新疆维吾尔自治区高级人民法院生产建设兵团分院：

为了进一步明确破产程序中管理人的工作职责，统一管理人工作的文书格式，促进管理人正确履行职务，提高管理人的工作效率和质量，最高人民法院制订了《管理人破产程序工作文书样式（试行）》，现予以印发，并就该文书样式的有关问题通知如下：

一、关于文书样式的体例

针对破产程序各阶段管理人的工作内容，按照简洁、实用、便利的原则，文书样式分为"通用类文书"、"破产清算程序用文书"、"重整程序用文书"、"和解程序用文书"四大类共计59个文书样式。各文书样式均包括文书主文和制作说明两部分。文书主文是文书的核心部分，包括文书名称、文号、名头、主文、落款、附件等部分。制作说明是文书样式的辅助部分，主要列明制作文书样式的法律依据以及文书制作中需要注意的问题，以有利于管理人正确制作、使用文书样式。

二、关于本文书样式的文号

管理人破产程序工作文书文号统一为（××××）××破管字第×号。"（××××）××破管字第×号"中的"（××××）"，应列明人民法院指定管理人的年份；"（××××）××破管字第×号"中的"××"，应列明破产企业的简称，简称一般为2~4个字；"（××××）××破管字第×号"中的序号"×"，应列明按文书制作时间先后编排的序号。

三、关于文书样式的适用

管理人在执行职务过程中需要制作大量的工作文书，涉及的文书样式十分复杂，且在实践中会不断遇到新情况新问题，此次下发的仅是其中常用的、具有代表性的样式，且有的文书样式尚待相关司法解释颁布后再作补充完善。因此，实践中如遇未列出的文书，可参考这些常用样式，根据案件具体情况变通适用。

请各高级人民法院注意收集辖区内管理人在适用本文书样式中发现的问题并提出改进建议，及时报告最高人民法院民事审判第二庭。

特此通知。

二〇一一年十月十三日

附：《管理人破产程序工作文书样式（试行）》

一、通用类文书

◆ 文书样式1

通知书
（要求债务人的债务人清偿债务用）

（××××）××破管字第×号

×××（债务人的债务人名称/姓名）：

×××（债务人名称）因＿＿＿＿＿＿（写明破产原因），×××（申请人名称/姓名）于××××年××月××日向××××人民法院提出对×××（债务人名称）进行重整/和解/破产清算的申请［债务人自行申请破产的，写×××（债务人名称）因＿＿＿＿＿（写明破产原因），于××××年××月××日向××××人民法院提出重整/和解/破产清算申请］。

××××人民法院于××××年××月××日作出（××××）×破（预）字第×-×号民事裁定书，裁定受理×××（债务人名称）重整/和解/破产清算，并于××××年××月××日作出（××××）×破字第×-×号决定书，指定×××担任管理人。

根据管理人掌握的材料，你公司/你因＿＿＿＿＿事项（列明债务事由），尚欠×××（债务人名称）人民币××元（大写：＿＿＿＿＿＿＿元）。根据《中华人民共和国企业破产法》第十七条之规定，请你公司/你于接到本通知之日起×日内，向管理人清偿所欠债务。债务清偿款应汇入：××银行（列明开户单位和银行账号）。

若你公司/你对本通知书列明的债务持有异议，可在接到本通知书之日起×日内向管理人书面提出，并附相关证据，以便管理人核对查实。

若你公司/你在破产申请受理后仍向×××（债务人名称）清偿债务，使×××（债务人名称）的债权人受到损失的，不免除你公司/你继续清偿债务的义务。

特此通知。

（管理人印鉴）
××××年××月××日

附：1. 受理破产申请裁定书复印件一份；
    2. 指定管理人的决定书复印件一份；
    3. 管理人联系方式：＿＿＿＿＿＿。

说明：

一、本文书依据的法律是《中华人民共和国企业破产法》第十七条之规定："人民法院受理破产申请后，债务人的债务人或者财产持有人应当向管理人清偿债务或者交付财产。债务人的债务人或者财产持有人故意违反前款规定向债务人清偿债务或者交付财产，使债权人受到损失的，不免除其清偿债务或交付财产的义务。"通知书由管理人向债务人的债务人发送。

二、通知书应当载明债务人的债务人恶意清偿的法律后果。

◆ **文书样式2**

通知书

（ 要求债务人财产的持有人交付财产用 ）

（××××）××破管字第×号

×××（债务人财产的持有人名称/姓名）：

×××（债务人名称）因＿＿＿＿＿＿＿＿（写明破产原因），×××（申请人名称/姓名）于××××年××月××日向××××人民法院提出对×××（债务人名称）进行重整/和解/破产清算的申请［债务人自行申请破产的，写×××（债务人名称）因＿＿＿＿＿＿＿（写明破产原因），于××××年××月××日向××××人民法院提出重整/和解/破产清算申请］。

××××人民法院于××××年××月××日作出（××××）×破（预）字第×-×号民事裁定书，裁定受理×××（债务人名称）重整/和解/破产清算，并于××××年××月××日作出（××××）×破字第×-×号决定书，指定×××担任管理人。

根据管理人掌握的材料，你公司/你因＿＿＿＿＿＿＿＿（列明事由）占有×××（债务人名称）的下列财产（列明财产种类、数量等）：

1. ＿＿＿＿＿＿＿＿；
2. ＿＿＿＿＿＿＿＿；

……

根据《中华人民共和国企业破产法》第十七条之规定，请你公司/你于接到本通知书之日起七日内，向管理人交付上述财产。财产应交至：＿＿＿＿＿＿＿＿。

若你公司/你对本通知书项下要求交付财产的有无或者交付财产种类、数量等持有异议，可在收到本通知书之日起七日内向管理人书面提出，并附相关合法、有效的证据，以便管理人核对查实。

若你公司/你在破产申请受理后仍向×××（债务人名称）交付财产，使×××（债务人名称）的债权人受到损失的，不免除你公司/你继续交付财产的义务。

特此通知。

（管理人印鉴）

××××年××月××日

附：1. 受理破产申请裁定书复印件一份；

　　2. 指定管理人的决定书复印件一份；

　　3. 管理人联系方式：＿＿＿＿＿＿＿＿。

说明：

一、本文书依据的法律是《中华人民共和国企业破产法》第十七条之规定："人民法院受理破产申请后，债务人的债务人或者财产持有人应当向管理人清偿债务或者交付财产。债务人的债务人或者财产持有人故意违反前款规定向债务人清偿债务或者交付财产，使债权人受到损失的，不免除其清偿债务或交付财产的义务。"通知书由管理人向持有债务人财产的相对人发送。

二、通知书应当载明财产持有人恶意向债务人交付财产的法律后果。

◆ 文书样式3

通知书

（ 解除双方均未履行完毕的合同用 ）

（××××）××破管字第×号

×××（合同相对人名称/姓名）：

×××（债务人名称）因＿＿＿＿＿＿（写明破产原因），×××（申请人名称/姓名）于××××年××月××日向××××人民法院提出对×××（债务人名称）进行重整/和解/破产清算的申请［债务人自行申请破产的，写×××（债务人名称）因＿＿＿＿＿＿（写明破产原因），于××××年××月××日向××××人民法院提出重整/和解/破产清算申请］。

××××人民法院于××××年××月××日作出（××××）×破（预）字第×-×号民事裁定书，裁定受理×××（债务人名称）重整/和解/破产清算，并于××××年××月××日作出（××××）×破字第×-×号决定书，指定×××担任管理人。

根据管理人掌握的材料，在法院裁定受理破产申请前，×××（债务人名称）于××××年××月××日与你公司/你签订了《＿＿＿＿＿＿合同》。现双方均未履行完毕上述合同，＿＿＿＿＿＿（简述合同履行情况）。

根据《中华人民共和国企业破产法》第十八条之规定，管理人决定解除上述合同。你公司/你如因上述合同解除产生损失的，可以损害赔偿请求权向管理人申报债权。

特此通知。

（管理人印鉴）

××××年××月××日

附：1. 受理破产申请裁定书复印件一份；

2. 指定管理人的决定书复印件一份；

3. 合同复印件一份；

4. 管理人联系方式：＿＿＿＿＿＿。

说明：

一、本文书依据的法律是《中华人民共和国企业破产法》第十八条之规定："人民法院受理破产申请后，管理人对破产申请受理前成立而债务人和对方当事人均未履行完毕的合同有权决定解除或者继续履行，并通知对方当事人。"以及第五十三条之规定："管理人或者债务人依照本法规定解除合同的，对方当事人以因合同解除所产生的损害赔偿请求权申报债权。"

二、本通知书由管理人向双方均未履行完毕合同的相对方发送。通知书应当载明合同相对人有权就合同解除所产生的损害赔偿请求权申报债权。

◆ 文书样式4

通知书

（继续履行双方均未履行完毕的合同用）

（××××）××破管字第×号

×××（合同相对人名称/姓名）：

×××（债务人名称）因＿＿＿＿＿＿（写明破产原因），×××（申请人名称/姓名）于××××年××月××日向××××人民法院提出对×××（债务人名称）进行重整/和解/破产清算的申请［债务人自行申请破产的，写×××（债务人名称）因＿＿＿＿＿＿（写明破产原因），于××××年××月××日向××××人民法院提出重整/和解/破产清算申请］。

××××人民法院于××××年××月××日作出（××××）×破（预）字第×-×号民事裁定书，裁定受理×××（债务人名称）重整/和解/破产清算，并于××××年××月××日作出（××××）×破字第×-×号决定书，指定×××担任管理人。

根据管理人掌握的材料，在法院裁定受理破产申请前，×××（债务人名称）于××××年××月××日与你公司/你签订了《＿＿＿＿＿＿合同》。现双方均未履行完毕上述合同，＿＿＿＿＿＿（简述合同履行情况）。

根据《中华人民共和国企业破产法》第十八条之规定，管理人决定继续履行上述合同，＿＿＿＿＿＿（简述要求相对方继续履行的合同义务）。

特此通知。

（管理人印鉴）

××××年××月××日

附：1. 受理破产申请裁定书复印件一份；

    2. 指定管理人的决定书复印件一份；

    3. 合同复印件一份；

    4. 管理人联系方式：＿＿＿＿＿＿。

说明：

一、本文书依据的法律是《中华人民共和国企业破产法》第十八条之规定："人民法院受理破产申请后，管理人对破产申请受理前成立而债务人和对方当事人均未履行完毕的合同有权决定解除或者继续履行，并通知对方当事人。"

二、本通知书由管理人向双方均未履行完毕合同的相对方发送。通知书应当载明要求相对人继续履行的合同义务。

◆ 文书样式5

通知书
（继续履行合同提供担保用）

（××××）××破管字第×号

×××（合同相对人名称/姓名）：

××（债务人名称）因＿＿＿＿＿＿（写明破产原因），×××（申请人名称/姓名）于××××年××月××日向××××人民法院提出对×××（债务人名称）进行重整/和解/破产清算的申请［债务人自行申请破产的，写×××（债务人名称）因＿＿＿＿＿＿＿＿（写明破产原因），于××××年××月××日向××××人民法院提出重整/和解/破产清算申请］。

××××人民法院于××××年××月××日作出（××××）×破（预）字第×-×号民事裁定书，裁定受理×××（债务人名称）重整/和解/破产清算，并于××××年××月××日作出（××××）×破字第×-×号决定书，指定×××担任管理人。

本管理人于××××年××月××日向你公司/你发送（××××）××破管字第×号《通知书》，决定继续履行×××（债务人名称）于××××年××月××日与你公司/你签订的《＿＿＿＿＿＿合同》。你公司/你于××××年××月××日要求本管理人提供担保。

根据《中华人民共和国企业破产法》第十八条第二款之规定，本管理人现提供下列担保：

提供保证人的：

列明保证人的姓名或名称，保证方式，保证担保的范围，保证期间等。

提供物的担保的：

列明担保人的姓名或名称，担保方式，担保物的情况，担保范围等。

你公司/你对管理人提供的担保无异议的，请于××××年××月××日与本管理人签订担保合同。

特此通知。

（管理人印鉴）

××××年××月××日

附：1. 保证人基本情况或者担保物权利凭证复印件等相关资料；

　　2. 管理人联系方式：＿＿＿＿＿＿。

说明：

一、本文书依据的法律是《中华人民共和国企业破产法》第十八条第二款之规定："管理人决定继续履行合同的，对方当事人应当履行；但是，对方当事人有权要求管理人提供担保。管理人不提供担保的，视为解除合同。"

二、本通知书由管理人向合同相对方发送。

◆ **文书样式6**

通知书
（回复相对人催告继续履行合同用）

（××××）××破管字第×号

×××（合同相对人名称/姓名）：

你公司/你于××××年××月××日向本管理人发送的＿＿＿＿＿＿（合同相对人所发送关于继续履行合同的催告函件名称）已收到。经管理人核实，在法院裁定受理破产申请前，×××（债务人名称）确于××××年××月××日与你公司/你签订了《＿＿＿＿＿＿＿＿合同》，且目前双方均未履行完毕，……（简述合同履行情况）。

同意继续履行合同的：

本管理人认为，＿＿＿＿＿＿（简述同意继续履行的理由），根据《中华人民共和国企业破产法》第十八条之规定，管理人决定继续履行上述合同。

同意继续履行合同，但商请延期的：

本管理人认为，＿＿＿＿＿＿（简述同意继续履行合同，但需要延期的理由），根据《中华人民共和国企业破产法》第十八条之规定，管理人商请将上述合同延期至××××年××月××日履行。

不同意继续履行合同，决定解除的：

本管理人认为，＿＿＿＿＿＿（简述不同意继续履行的理由），根据《中华人民共和国企业破产法》第十八条之规定，管理人决定解除上述合同。你公司/你可就因上述合同解除所产生的损害赔偿请求权向管理人申报债权。

特此通知。

（管理人印鉴）

××××年××月××日

说明：

一、本文书依据的法律是《中华人民共和国企业破产法》第十八条之规定："人民法院受理破产申请后，管理人对破产申请受理前成立而债务人和对方当事人均未履行完毕的合同有权决定解除或者继续履行，并通知对方当事人。管理人自破产申请受理之日起二个月内未通知对方当事人，或者自收到对方当事人催告之日起三十日内未答复的，视为解除合同。"

二、本通知书是管理人接到相对人发出的要求继续履行双方均未履行完毕的合同的催告函，在核实有关情况后，决定同意继续履行合同，或者同意继续履行合同但商请延期，或者不同意继续履行决定解除合同的回复。本通知书应当在收到催告函之日起三十日内向合同相对人发出。

◆ 文书样式7

告知函
（解除财产保全措施用）

（××××）××破管字第×号

×××（作出财产保全措施的人民法院或者单位）：

×××（债务人名称）因＿＿＿＿＿＿（写明破产原因），×××（申请人名称/姓名）于××××年××月××日向××××人民法院提出对×××（债务人名称）进行重整/和解/破产清算的申请［债务人自行申请破产的，写×××（债务人名称）因＿＿＿＿＿＿（写明破产原因），于××××年××月××日向××××人民法院提出重整/和解/破产清算申请］。

××××人民法院于××××年××月××日作出（××××）×破（预）字第×-×号民事裁定书，裁定受理×××（债务人名称）重整/和解/破产清算，并于××××年××月××日作出（××××）×破字第×-×号决定书，指定×××担任管理人。

根据管理人掌握的材料，贵院/贵单位于××××年××月××日对×××（债务人名称）的下列财产采取了保全措施：

1. ＿＿＿＿＿＿＿；
2. ＿＿＿＿＿＿＿；
……

根据《中华人民共和国企业破产法》第十九条之规定，人民法院受理破产申请后，有关债务人财产的保全措施应当解除，但贵院/贵单位至今尚未解除对×××（债务人名称）财产所采取的保全措施，现特函请贵院/贵单位解除对×××（债务人名称）财产的保全措施。

特此告知。

（管理人印鉴）

××××年××月××日

附：1. 受理破产申请裁定书复印件一份；
　　2. 指定管理人的决定书复印件一份；
　　3. 财产保全措施相关资料复印件一套；
　　4. 破产案件受理法院联系方式：＿＿＿＿＿＿＿；
　　5. 管理人联系方式：＿＿＿＿＿＿＿。

说明：

一、本文书依据的法律是《中华人民共和国企业破产法》第十九条之规定："人民法院受理破产申请后，有关债务人财产的保全措施应当解除，执行程序应当中止。"由管理人告知相关法院或者单位解除有关债务人财产的保全措施时使用。

二、根据《中华人民共和国企业破产法》第十九条之规定精神，破产申请受理后，对债务人财产采取保全措施的相关法院或者单位无需等待破产案件受理法院或者管理人的通知，即应主动解除财产保全措施。但由于实践中可能存在相关法院或者单位不知道破产申请已经受理，或者虽然知道但不主动解除财产保全措施的情况，故本文书样式确定由管理人直接向相关法院或者单位发送告知函，以此提示相关法院或者单位有关债务人的破产申请已经受理，相关财产保全措施应予解除。如果相关法院或者单位接到告知函后仍不解除财产保全措施的，管理人可以请求破产案件受理法院协调解决。

◆ **文书样式8**

告知函
（中止执行程序用）

（××××）××破管字第×号

××××人民法院（执行案件受理人民法院）：

　　×××（债务人名称）因＿＿＿＿＿＿（写明破产原因），×××（申请人名称/姓名）于××××年××月××日向××××人民法院提出对×××（债务人名称）进行重整/和解/破产清算的申请［债务人自行申请破产的，写×××（债务人名称）因＿＿＿＿＿（写明破产原因），于××××年××月××日向××××人民法院提出重整/和解/破产清算申请］。

　　××××人民法院于××××年××月××日作出（××××）×破（预）字第×-×号民事裁定书，裁定受理×××（债务人名称）重整/和解/破产清算，并于××××年××月××日作出（××××）×破字第×-×号决定书，指定×××担任管理人。

　　根据管理人掌握的材料，贵院于××××年××月××日受理了×××（强制执行申请人名称/姓名）对×××（债务人名称）申请强制执行一案，案号为××××，执行内容为：＿＿＿＿＿＿。

　　根据《中华人民共和国企业破产法》第十九条之规定，人民法院受理破产申请后，有关债务人财产的执行程序应当中止，但贵院至今尚未中止对×××（债务人名称）的执行，＿＿＿＿＿＿（简述案件执行状态）。现特函请贵院裁定中止对×××（债务人名称）的执行程序。

　　特此告知。

（管理人印鉴）

××××年××月××日

附：1. 受理破产申请裁定书复印件一份；

　　2. 指定管理人的决定书复印件一份；

　　3. 强制执行案件相关资料复印件一套；

　　4. 破产案件受理法院联系方式：＿＿＿＿＿＿；

　　5. 管理人联系方式：＿＿＿＿＿＿。

说明：

一、本文书依据的法律是《中华人民共和国企业破产法》第十九条之规定："人民法院受理破产申请后，有关债务人财产的保全措施应当解除，执行程序应当中止。"由管理人告知相关法院中止对债务人执行程序时使用。

二、根据《中华人民共和国企业破产法》第十九条之规定精神，破产申请受理后，对债务人财产采取执行措施的相关法院，无需等待破产案件受理法院或者管理人的通知，即应主动中止执行程序。但由于实践中可能存在相关法院不知道破产申请已经受理，或者虽然知道但不主动中止执行程序的情况，故本文书样式确定由管理人直接向相关法院发送告知函，以此提示相关法院，有关债务人的破产申请已经受理，相关执行程序应当中止。如果相关法院接到告知函后仍不中止执行程序的，管理人可以请求破产案件受理法院协调解决。

◆ 文书样式9

告知函

（告知相关法院/仲裁机构中止法律程序用）

（××××）××破管字第×号

×××（受理有关债务人诉讼或仲裁的人民法院或仲裁机构名称）：

×××（债务人名称）因＿＿＿＿＿＿（写明破产原因），×××（申请人名称/姓名）于××××年××月××日向××××人民法院提出对×××（债务人名称）进行重整/和解/破产清算的申请［债务人自行申请破产的，写×××（债务人名称）因＿＿＿＿＿＿（写明破产原因），于××××年××月××日向××××人民法院提出重整/和解/破产清算申请］。

××××人民法院于××××年××月××日作出（××××）×破（预）字第×-×号民事裁定书，裁定受理×××（债务人名称）重整/和解/破产清算，并于××××年××月××日作出（××××）×破字第×-×号决定书，指定×××担任管理人。

根据管理人掌握的材料，贵院/贵仲裁委员会于××××年××月××日受理了有关×××（债务人名称）的民事诉讼/仲裁案件，案号为××××，目前尚未审理终结。根据《中华人民共和国企业破产法》第二十条之规定，该民事诉讼/仲裁应当在破产申请受理后中止，但贵院/贵仲裁委员会尚未中止对上述民事诉讼/仲裁案件的审理。根据《中华人民共和国企业破产法》第二十条之规定，现函告贵院/贵仲裁委员会裁定中止上述对×××（债务人名称）的民事诉讼/仲裁程序。

特此告知。

（管理人印鉴）

××××年××月××日

附：1. 受理破产申请裁定书复印件一份；

2. 指定管理人的决定书复印件一份；

3. 管理人联系方式：＿＿＿＿＿＿＿。

说明：

一、本文书依据的法律是《中华人民共和国企业破产法》第二十条之规定："人民法院受理破产申请后，已经开始而尚未终结的有关债务人的民事诉讼或者仲裁应当中止；……"

二、根据《中华人民共和国企业破产法》第二十条之规定精神，破产申请受理后，有关债务人的民事诉讼或者仲裁尚未终止的，相关法院或者仲裁机构无需等待破产案件受理法院或者管理人的通知，即应主动中止民事诉讼或者仲裁程序。但由于实践中可能存在相关法院或者仲裁机构不知道破产申请已经受理，或者虽然知道但不主动中止法律程序的情况，故本文书样式确定由管理人直接向相关法院发送告知函，以此提示相关法院或者仲裁机构，有关债务人的破产申请已经受理，相关法律程序应当中止。如果相关法院或者仲裁机构接到告知函后仍不中止法律程序的，管理人可以请求破产案件受理法院协调解决。

◆ 文书样式 10

告知函
（告知相关法院／仲裁机构可以恢复法律程序用）

（××××）××破管字第×号

×××（受理有关债务人诉讼或仲裁的人民法院或仲裁机构名称）：

×××（债务人名称）因＿＿＿＿＿＿（写明破产原因），×××（申请人名称／姓名）于××××年××月××日向××××人民法院提出对×××（债务人名称）进行重整／和解／破产清算的申请［债务人自行申请破产的，写×××（债务人名称）因＿＿＿＿＿＿（写明破产原因），于××××年××月××日向××××人民法院提出重整／和解／破产清算申请］。

××××人民法院于××××年××月××日作出（××××）×破（预）字第×-×号民事裁定书，裁定受理×××（债务人名称）重整／和解／破产清算，并于××××年××月××日作出（××××）×破字第×-×号决定书，指定×××担任管理人。

根据管理人掌握的材料，贵院／贵仲裁委员会已中止了关于×××（债务人名称）的案号为××××的民事诉讼／仲裁案件的审理。现管理人已接管债务人的财产，根据《中华人民共和国企业破产法》第二十条之规定，请贵院／贵仲裁委员会恢复对上述民事诉讼／仲裁案件的审理。

特此告知。

（管理人印鉴）

××××年××月××日

附：1. 受理破产申请裁定书复印件一份；

2. 指定管理人的决定书复印件一份；

3. 管理人联系方式：＿＿＿＿＿＿。

说明：

一、本文书依据的法律是《中华人民共和国企业破产法》第二十条之规定："人民法院受理破产申请后，已经开始而尚未终结的有关债务人的民事诉讼或者仲裁应当中止；在管理人接管债务人的财产后，该诉讼或者仲裁继续进行。"由管理人在接管债务人财产后，向相关法院或者仲裁机构发送。

二、管理人应当在接管债务人财产后及时发送本告知函，告知相关法院或者仲裁机构继续进行原来中止的法律程序。

◆ **文书样式 11**

关于提请人民法院许可聘用工作人员的报告

（××××）××破管字第×号

××××人民法院：

本管理人在破产管理工作中，根据《中华人民共和国企业破产法》第二十八条之规定，拟聘请以下人员作为×××（债务人名称）（重整/和解/破产清算）案件的工作人员：

1. 拟聘工作人员姓名＿＿＿＿＿＿；工作内容：＿＿＿＿＿＿；拟聘请期限为自××××年××月××日至××××年××月××日止；拟聘请费用为×××元；聘用理由：＿＿＿＿。

2. 拟聘工作人员姓名＿＿＿＿＿＿；工作内容：＿＿＿＿＿＿；拟聘请期限为自××××年××月××日至××××年××月××日止；拟聘请费用为×××元；聘用理由：＿＿＿＿。

特此报告。

（管理人印鉴）

××××年××月××日

附：1. 拟签订的《聘用合同》复印件；

2. 拟聘请工作人员简历复印件；

3. 拟聘请工作人员证件复印件；

4. 拟聘请工作人员联系方式：＿＿＿＿＿。

说明：

一、本文书依据的法律是《中华人民共和国企业破产法》第二十八条第一款之规定："管理人经人民法院许可，可以聘用必要的工作人员。"由管理人在拟聘用工作人员时向破产案件受理法院提出。

二、破产案件审理过程中，法院与管理人处于监督与被监督的关系。因此，聘用申请应当列明聘用理由、聘用岗位职责、聘用费用标准，供法院许可时参考。

三、拟聘用工作人员有多名的，逐一列明姓名、拟聘岗位、聘用期限及费用。

◆ 文书样式 12

关于提请人民法院许可继续/停止债务人营业的报告

（××××）××破管字第×号

××××人民法院/×××（债务人名称）债权人会议：

本管理人在接管债务人财产后，经调查认为，债务人继续营业将有利于/不利于广大债权人、职工和相关各方的利益，决定继续/停止债务人的营业，详细理由见附件《关于继续/停止债务人营业的分析报告》。

报请法院的：

现根据《中华人民共和国企业破产法》第二十六条之规定，请贵院予以许可。

报请债权人会议的：

现根据《中华人民共和国企业破产法》第六十一条第一款第五项之规定，提请债权人会议表决。

特此报告。

（管理人印鉴）

××××年××月××日

附：《关于继续/停止债务人营业的分析报告》

说明：

一、本文书依据的法律是《中华人民共和国企业破产法》第二十五条第一款第五项、第二十六条或者第六十一条第一款第五项之规定，由管理人决定是否继续债务人的营业，并报请人民法院许可，或者报请债权人会议表决。

二、第一次债权人会议召开之前，管理人决定继续或者停止债务人的营业的，应当根据《中华人民共和国企业破产法》第二十五条第一款第五项、第二十六条之规定，向受理破产案件的法院提出申请报告，由法院批准许可。第一次债权人会议召开后决定债务人的营业继续或者停止的，则应当根据《中华人民共和国企业破产法》第六十一条第一款第五项之规定，提交债权人会议表决。

三、鉴于继续或停止债务人营业的理由比较复杂，因此，本文书应附详细分析报告。

◆ 文书样式 13

关于拟实施处分债务人财产行为的报告

（××××）××破管字第×号

××××人民法院/×××（债务人名称）债权人会议：

本管理人在履行职责过程中，拟实施下列行为：

1. 拟实施行为的具体内容，包括涉及的金额、行为的相对方、实施的时间等；

2. 行为的实施方式和程序；

3. 实施该行为的原因；

4. 对债务人财产的影响；

5. 其他需要报告的事项。

第一次债权人会议召开之前：

因上述行为属于《中华人民共和国企业破产法》第六十九条第一款规定的行为之一，且第一次债权人会议尚未召开，现根据《中华人民共和国企业破产法》第二十六条之规定，请贵院予以许可。

第一次债权人会议召开之后，报告债权人委员会的：

因上述行为属于《中华人民共和国企业破产法》第六十九条第一款规定的行为之一，现根据该条规定，向债权人委员会报告。

第一次债权人会议召开之后，报告人民法院的：

因上述行为属于《中华人民共和国企业破产法》第六十九条第一款规定的行为之一，且债权人会议未设立债权人委员会，现根据《中华人民共和国企业破产法》第六十九条第二款之规定，向贵院报告。

（管理人印鉴）

××××年××月××日

说明：

一、本文书依据的法律是《中华人民共和国企业破产法》第二十六条及第六十九条之规定。

二、第一次债权人会议召开前，管理人在实施《中华人民共和国企业破产法》第六十九条所规定之行为时，应当向破产案件受理法院提交申请报告，需法院许可后方可实施相应行为。第一次债权人会议召开后，已成立债权人委员会的，向债权人委员会提交报告；未设立债权人委员会的，应向法院及时报告。

三、第一次债权人会议召开后，债权人委员会或者人民法院同意管理人所报告行为的，出具批准意见；不同意所报告行为的，可以向管理人提出意见。

◆ 文书样式 14

关于提请人民法院确定管理人报酬方案的报告

（××××）××破管字第×号

××××人民法院：

本管理人接受贵院指定后，对×××（债务人名称）可供清偿的财产价值和管理人工作量进行了预测，并初步确定了《管理人报酬方案》。方案主要内容如下：

一、债务人可供清偿的财产情况

根据管理人截至目前掌握的材料，×××（债务人名称）不包括担保物在内的最终可供清偿的财产价值约为人民币××元，担保物价值约为人民币××元。

二、管理人报酬比例

根据不包括担保权人优先受偿的担保物价值在内的债务人最终可供清偿的财产总额价值和管理人工作量所作的预测（详见附件《管理人工作量预测报告（或者竞争管理人报价书）》），依照 最高人民法院《关于审理企业破产案件确定管理人报酬的规定》第二条之规定，确定管理人在以下比例限制范围内分段确定管理人报酬：

1. 不超过＿＿＿＿＿＿元（含本数，下同）的，按＿＿＿＿＿＿%确定；
2. 超过＿＿＿＿＿＿元至＿＿＿＿＿＿元的部分，按＿＿＿＿＿＿%确定；
……

三、管理人报酬收取时间

最后一次性收取的：

本方案确定管理人最后一次性收取报酬，收取时间为破产财产最后分配之前。

分期收取的：

本方案确定管理人在破产程序期间分期收取报酬，收取时间分别为：

第一次：本方案经第一次债权人会议通过后×日内；

第二次：＿＿＿＿＿＿；

第三次：＿＿＿＿＿＿；

……

四、管理担保物的费用

破产程序期间，管理人对担保物的维护、变现、交付等管理工作付出了合理劳动，经与担保权人协商，确定管理人在担保物变现价值×%范围内收取适当报酬，报酬金额为人民币××元，收取时间为：＿＿＿＿＿＿。

五、其他需要说明的问题

……

现根据 最高人民法院《关于审理企业破产案件确定管理人报酬的规定》第四条之规定，请贵院予以确定。

（管理人印鉴）

××××年××月××日

附：1.《管理人报酬方案》；

　　2.《管理人工作量预测报告（或者竞争管理人报价书）》。

说明：

一、本文书依据的法律是《中华人民共和国企业破产法》第二十八条及最高人民法院《关于审理企业破产案件确定管理人报酬的规定》第二条、第四条之规定，管理人根据对债务人可供清偿的财产价值和管理人工作量的预测，制作报酬方案报人民法院初步确定。

二、管理人工作量预测报告应当列明管理人投入的工作团队人数、工作时间预测、工作重点和难点等。破产重整或者和解案件，管理人还应当列明管理人对重整、和解工作的贡献。

三、采取公开竞争方式指定管理人的，管理人报酬依据中介机构竞争担任管理人时的报价确定。

四、担保物变现收取的报酬比例不得超过 最高人民法院《关于审理企业破产案件确定管理人报酬的规定》第二条规定报酬比例限制范围的 10%。

◆ 文书样式 15

关于提请债权人会议审查管理人报酬方案的报告

（××××）××破管字第×号

×××（债务人名称）债权人会议：

本管理人根据对×××（债务人名称）可供清偿的财产价值和管理人工作量所作的预测，于××××年××月××日制作《管理人报酬方案》报请××××人民法院确定。××××人民法院于××××年××月××日通知本管理人，初步确定了《管理人报酬方案》。现根据《中华人民共和国企业破产法》第六十一条第一款第二项、最高人民法院《关于审理企业破产案件确定管理人报酬的规定》第六条第二款之规定，向第一次债权人会议报告，请债权人会议审查。

（管理人印鉴）

××××年××月××日

附：××××人民法院确定的《管理人报酬方案》

说明：

本文书依据的法律是《中华人民共和国企业破产法》第六十一条第一款第二项及最高人民法院《关于审理企业破产案件确定管理人报酬的规定》第六条第二款之规定。管理人报酬方案在人民法院确定后由管理人报告第一次债权人会议，由债权人会议审查。债权人会议有异议的，有权向人民法院提出。

◆ 文书样式 16

关于提请人民法院调整管理人报酬方案的报告

（××××）××破管字第×号

××××人民法院：

贵院于××××年××月××日确定了×××（债务人名称）破产一案的《管理人报酬方案》。本管理人于××××年××月××日向第一次债权人会议报告了《管理人报酬方案》内容，债权人会议对方案提出了调整意见。

现管理人与债权人会议就报酬方案的调整已协商一致，债权人会议决议对《管理人报酬方案》作以下调整：

一、_____；

二、_____；

......

调整理由如下：

一、_____；

二、_____；

......

根据最高人民法院《关于审理企业破产案件确定管理人报酬的规定》第七条第一款之规定，请求贵院核准以上调整内容。

特此报告。

（管理人印鉴）

××××年××月××日

附：债权人会议关于调整管理人报酬方案的决议

说明：

一、本文书依据的法律是《最高人民法院关于审理企业破产案件确定管理人报酬的规定》第七条第一款之规定，由管理人与债权人会议就报酬方案调整协商一致后，提请人民法院核准。

二、本文书应当列明调整管理人报酬方案的理由，并附债权人会议关于调整管理人报酬方案的决议。

◆ **文书样式17**

关于提请债权人会议调整管理人报酬方案的报告

（××××）××破管字第×号

×××（债务人名称）债权人委员会/债权人会议主席：

本管理人于××××年××月××日收到××××人民法院关于调整管理人报酬方案的通知，对管理人报酬方案作以下调整：

一、_____；

二、_____；

......

根据《最高人民法院关于审理企业破产案件确定管理人报酬的规定》第八条第二款之规定，现向债权人委员会/债权人会议主席报告。

（管理人印鉴）

××××年××月××日

附：××××人民法院关于管理人报酬方案调整的通知

说明：

本文书的法律依据是《最高人民法院关于审理企业破产案件确定管理人报酬的规定》第八条第二款之规定，由管理人自收到人民法院关于调整管理人报酬方案的通知起三日内报告债权人委员会。未成立债权人委员会的，报告债权人会议主席。

◆ 文书样式18

关于提请人民法院准予管理人收取报酬的报告

（××××）××破管字第×号

××××人民法院：

×××（债务人名称）破产一案《管理人报酬方案》已由贵院确定，并报告第一次债权人会议审查通过。（报酬方案经过调整的，还应当注明：贵院并于××××年××月××日确定对该报酬方案进行调整。）

截至××××年××月××日，×××（债务人名称）可供清偿的财产情况为＿＿＿＿＿＿，管理人已完成＿＿＿＿＿＿（履行职责情况）。根据《管理人报酬方案》，可收取第×期（或者全部）报酬计人民币××元。

本管理人现根据《最高人民法院关于审理企业破产案件确定管理人报酬的规定》第十一条之规定，申请收取报酬人民币××元，请贵院予以核准。

特此报告。

（管理人印鉴）

××××年××月××日

附：《管理人报酬方案》（报酬方案经过调整的，再附《管理人报酬调整方案》）

说明：

一、本文书依据的法律是《最高人民法院关于审理企业破产案件确定管理人报酬的规定》第十一条之规定："管理人收取报酬，应当向破产案件受理法院提出书面申请。申请书内容应当包括：（1）可供支付报酬的债务人财产情况；（2）申请收取报酬的时间和数额；（3）管理人履行职责的情况。"

二、管理人履行职责的情况，分期收取的，简要写明收取报酬时管理人完成的工作；最后一次性收取的，简要写明管理人职务执行完成的情况。

◆ 文书样式 19

通知书
（要求追回债务人财产用）

（××××）××破管字第×号

×××（占有债务人财产的相对人名称/姓名）：

　　×××（债务人名称）因＿＿＿＿＿＿＿（写明破产原因），×××（申请人名称/姓名）于××××年××月××日向××××人民法院提出对×××（债务人名称）进行重整/和解/破产清算的申请［债务人自行申请破产的，写×××（债务人名称）因＿＿＿＿＿＿＿（写明破产原因），于××××年××月××日向××××人民法院提出重整/和解/破产清算申请］。

　　××××人民法院于××××年××月××日作出（××××）×破（预）字第×-×号民事裁定书，裁定受理×××（债务人名称）重整/和解/破产清算，并于××××年××月××日作出（××××）×破字第×-×号决定书，指定×××担任管理人。

　　根据管理人调查，×××（债务人名称）存在下列行为（列明行为时间、内容等）：

　　1.＿＿＿＿＿＿＿；

　　2.＿＿＿＿＿＿＿；

　　……

　　根据《中华人民共和国企业破产法》第三十一条、第三十二条或者第三十三条的规定，本管理人认为上述行为应当予以撤销（或者被确认无效）。你公司/你基于上述行为取得的×××（债务人名称）财产（列明财产名称和数量）应当予以返还。现本管理人要求你公司/你于接到本通知书之日起×日内，向本管理人返还上述财产（列明返还财产的方式和地点；返还财产有困难的，可以要求相对人支付或者补足与财产等值的价款）。

　　如你公司/你对本通知内容有异议，可在接到本通知书之日起×日内向本管理人提出，并附相关证据，配合管理人核实。

　　特此通知。

（管理人印鉴）

××××年××月××日

附：1. 受理破产申请裁定书复印件一份；

　　2. 指定管理人的决定书复印件一份；

　　3. 相对人占有债务人财产的证据；

　　4. 管理人联系方式：＿＿＿＿＿＿＿。

说明：

　　一、本文书依据的法律是《中华人民共和国企业破产法》第三十四条之规定："因本法第三十一条、第三十二条或者第三十三条规定的行为而取得的债务人财产，管理人有权追回。"由管理人向占有债务人财产的相对人发送。

二、相对人无权占有债务人财产的情形，主要是指《中华人民共和国企业破产法》第三十一条、第三十二条或者第三十三条规定的"无偿受让财产"、"以明显不合理的价格进行交易受让财产"、"以债务人财产代物清偿的方式接受提前清偿或者个别清偿"、"为逃避债务而占有被隐匿、转移的财产"等行为，管理人应当依法撤销或者确认行为无效，并通知相对人返还基于上述行为取得的债务人财产。财产返还确有困难的，可以要求相对人支付或者补足与财产等值的价款。

三、相对人拒不返还取得的债务人财产，管理人可以向人民法院提起撤销之诉或者确认无效之诉。

◆ 文书样式20

通知书

（要求相对人撤销担保用）

（××××）××破管字第×号

×××（相对人名称/姓名）：

　　×××（债务人名称）因＿＿＿＿＿＿（写明破产原因），×××（申请人名称/姓名）于××××年××月××日向××××人民法院提出对×××（债务人名称）进行重整/和解/破产清算的申请［债务人自行申请破产的，写×××（债务人名称）因＿＿＿＿＿（写明破产原因），于××××年××月××日向××××人民法院提出重整/和解/破产清算申请］。

　　××××人民法院于××××年××月××日作出（××××）×破（预）字第×-×号民事裁定书，裁定受理×××（债务人名称）重整/和解/破产清算，并于××××年××月××日作出（××××）×破字第×-×号决定书，指定×××担任管理人。

　　根据管理人调查，×××（债务人名称）对你公司/你原负有无财产担保债务＿＿＿＿＿（列明债务性质和债务金额），但×××（债务人名称）于××××年××月××日以其自有财产（列明财产名称）为该债务提供了财产担保。根据《中华人民共和国企业破产法》第三十一条之规定，本管理人现要求你公司/你撤销对该债务提供的财产担保。

　　如你公司/你对本通知内容有异议，可在接到本通知书之日起×日内向本管理人提出，并附相关证据，配合管理人核实。

　　特此通知。

（管理人印鉴）

××××年××月××日

附：1. 受理破产申请裁定书复印件一份；
　　2. 指定管理人的决定书复印件一份；
　　3. 债务设定财产担保的证据材料；
　　4. 管理人联系方式：＿＿＿＿＿＿。

说明：

一、本文书依据的法律是《中华人民共和国企业破产法》第三十一条第三项之规定，对没有财产担保的债务提供财产担保的，管理人有权请求人民法院予以撤销。由管理人向对债务设定财产担保的相对人发送。

二、对没有财产担保的债务提供财产担保的行为，管理人可先要求相对人撤销，如涂销物权担保登记、返还质押物等。相对人无正当理由拒不撤销的，管理人有权向人民法院提起撤销之诉。

◆ **文书样式 21**

通知书
（要求债务人的出资人补缴出资用）

（××××）××破管字第×号

×××（债务人的出资人名称/姓名）：

×××（债务人名称）因＿＿＿＿＿＿（写明破产原因），×××（申请人名称/姓名）于××××年××月××日向××××人民法院提出对×××（债务人名称）进行重整/和解/破产清算的申请［债务人自行申请破产的，写×××（债务人名称）因＿＿＿＿＿＿（写明破产原因），于××××年××月××日向××××人民法院提出重整/和解/破产清算申请］。

××××人民法院于××××年××月××日作出（××××）×破（预）字第×-×号民事裁定书，裁定受理×××（债务人名称）重整/和解/破产清算，并于××××年××月××日作出（××××）×破字第×-×号决定书，指定×××担任管理人。

根据管理人调查，你公司/你作为×××（债务人名称）的出资人，认缴出资额为：＿＿＿＿＿＿（货币种类）××元（大写：＿＿＿＿＿＿），认缴方式为：＿＿＿＿＿＿，你公司/你应当于××××年××月××日前按期足额缴纳上述出资。

截至本通知书发出之日，你公司/你上述出资义务尚未履行完毕，（以货币出资的）尚有＿＿＿＿＿＿（货币种类）××元（大写：＿＿＿＿＿＿）未缴纳/（以非货币财产出资的）＿＿＿＿＿＿尚未办理财产权转移手续。

根据《中华人民共和国企业破产法》第三十五条之规定，你公司/你应当缴纳全部所认缴的出资，而不受出资期限的限制。现通知你公司/你于接到本通知书之日起×日内，向本管理人缴纳上述未缴出资（列明管理人的开户银行、账户和账号）/办理财产权转移手续。

如对本通知书中所列出资缴纳义务的有无、数额、形式等有异议，你公司/你可于接到本通知书之日起×日内向本管理人提出，并附相关证据，配合管理人核实。

特此通知。

（管理人印鉴）

××××年××月××日

附：1. 受理破产申请裁定书复印件一份；

　　2. 指定管理人的决定书复印件一份；

　　3. 出资人未足额交纳出资的证据材料；

4. 管理人联系方式：＿＿＿＿＿＿＿。

说明：

本文书依据的法律是《中华人民共和国企业破产法》第三十五条之规定："人民法院受理破产申请后，债务人的出资人尚未完全履行出资义务的，管理人应当要求该出资人缴纳所认缴的出资，而不受出资期限的限制。"由管理人向出资义务未履行完毕的出资人发送。

◆ **文书样式22**

通知书

（要求债务人的高管返还财产用）

（××××）××破管字第×号

×××（高管姓名）：

×××（债务人名称）因＿＿＿＿＿＿（写明破产原因），×××（申请人名称/姓名）于××××年××月××日向××××人民法院提出对×××（债务人名称）进行重整/和解/破产清算的申请［债务人自行申请破产的，写×××（债务人名称）因＿＿＿＿＿＿（写明破产原因），于××××年××月××日向××××人民法院提出重整/和解/破产清算申请］。

××××人民法院于××××年××月××日作出（××××）×破（预）字第×–×号民事裁定书，裁定受理×××（债务人名称）重整/和解/破产清算，并于××××年××月××日作出（××××）×破字第×–×号决定书，指定×××担任管理人。

根据管理人调查，在你担任×××（债务人名称）×××（职位）期间，获取非正常收入人民币××元（或者侵占了企业的财产），具体为：

1. ＿＿＿＿＿＿（列明各笔非正常收入金额、时间及认定理由）；

2. ＿＿＿＿＿＿＿＿＿（列明被侵占的企业财产及认定理由）；

……

根据《中华人民共和国企业破产法》第三十六条之规定，现要求你于接到本通知书之日起×日内，向本管理人返还你收取的上述非正常收入（或者侵占的企业财产）（列明返还收入或者财产的方式和地点）。

如对上述通知内容有异议，可在接到本通知书之日起×日内向本管理人提出，并附相关证据，配合管理人核实。

特此通知。

（管理人印鉴）

××××年××月××日

附：1. 受理破产申请裁定书复印件一份；

2. 指定管理人的决定书复印件一份；

3. 高管非正常收入清单或者被侵占的财产清单；

4. 管理人联系方式：＿＿＿＿＿＿＿。

说明：

本文书依据的法律是《中华人民共和国企业破产法》第三十六条之规定："债务人的董事、监事和高级管理人员利用职权从企业获取的非正常收入和侵占的企业财产，管理人应当追回。"由管理人要求债务人的董事、监事和高级管理人员返还利用职权获取的非正常收入或者侵占的企业财产时使用。

◆ **文书样式 23**

通知书
（要求取回担保物用）

（××××）××破管字第×号

×××（质权人或留置权人名称/姓名）：

　　×××（债务人名称）因＿＿＿＿＿＿＿（写明破产原因），×××（申请人名称/姓名）于××××年××月××日向××××人民法院提出对×××（债务人名称）进行重整/和解/破产清算的申请［债务人自行申请破产的，写×××（债务人名称）因＿＿＿＿＿＿＿（写明破产原因），于××××年××月××日向××××人民法院提出重整/和解/破产清算申请］。

　　××××人民法院于××××年××月××日作出（××××）×破（预）字第×-×号民事裁定书，裁定受理×××（债务人名称）重整/和解/破产清算，并于××××年××月××日作出（××××）×破字第×-×号决定书，指定×××担任管理人。

　　根据管理人掌握的材料，×××（债务人名称）所有的×××（担保物名称）因＿＿＿＿＿＿＿（简述设定质押或者被留置的原因），尚在你处质押（或留置）。

　　根据《中华人民共和国企业破产法》第三十七条第一款之规定，管理人拟通过以下方式，取回上述担保物：

　　1. 清偿债务，＿＿＿＿＿＿＿（简述清偿内容）；

　　2. 提供替代担保，＿＿＿＿＿＿＿（替代担保方式，简述替代担保物的名称、价值、现状等情况）。

　　清偿债务方式下适用：

　　你公司/你应当在收到本通知书之日起×日内，告知本管理人债务履行方式，并在本管理人清偿债务后×日内，解除对上述担保物的质押（或留置），返还本管理人（列明财产交付地点和方式，质押办理登记的，应当要求质权人协助办理质押登记涂销手续）。

　　提供替代担保方式下适用：

　　你公司/你应当在接到本通知书之日起×日内，与本管理人共同办理替代担保的设定手续，并在替代担保设定后立即解除对原担保物的质押（或留置），返还本管理人（列明财产交付地点和方式，质押办理登记的，应当要求质权人协助办理质押登记涂销手续）。

　　你公司/你如对本通知涉及的主债务、担保物等情况有异议，可于接到本通知书之日起×日内向本管理人提出，并附相关合法、有效的证据，配合管理人核实。

特此通知。

（管理人印鉴）

××××年××月××日

附：1. 受理破产申请裁定书复印件一份；

2. 指定管理人的决定书复印件一份；

3. 主债务合同复印件；

4. 担保物的权属证明复印件；

5. 管理人联系方式：＿＿＿＿＿＿＿＿。

说明：

本文书依据的法律是《中华人民共和国企业破产法》第三十七条第一款之规定："人民法院受理破产申请后，管理人可以通过清偿债务或者提供为债权人接受的担保，取回质物、留置物。"由管理人要求取回债权人占有的质物或者留置物时使用。

◆ **文书样式 24**

通知书
（决定是否同意权利人取回财产用）

（××××）××破管字第×号

×××（申请取回人名称/姓名）：

同意取回时适用：

你公司/你关于要求取回＿＿＿＿＿＿＿＿（要求取回的标的物名称、数量）的申请收悉。经审核，你公司/你为上述财产的权利人。根据《中华人民共和国企业破产法》第三十八条之规定，同意你公司/你取回上述财产。你公司/你可于接到本通知书之日起×日内与本管理人接洽办理取回手续。

不同意取回时适用：

你公司/你关于要求取回＿＿＿＿＿＿＿＿（要求取回的标的物名称、数量）的申请收悉。经查明，＿＿＿＿＿＿＿＿（简述查明事实）。本管理人认为，你公司/你不是上述财产的权利人（简述理由）。因此，本管理人不同意你公司/你取回上述财产的要求。

特此通知。

（管理人印鉴）

××××年××月××日

附：1. 指定管理人的决定书复印件一份；

2. 财产权属证明（不同意取回时附）；

3. 管理人联系方式：＿＿＿＿＿＿＿＿。

说明：

一、本文书依据的法律是《中华人民共和国企业破产法》第三十八条之规定："人民法院受理破产申请时，债务人占有的不属于债务人的财产，该财产的权利人可以通过管理人取回。但是本法另有规定的除外。"由管理人同意或者不同意相关权利人要求取回债务人占有的财产时使用。

二、管理人拒绝权利人取回财产的，应当列明管理人查明权利人无权取回的事实和理由。例如，财产属于债务人所有，或者财产不属于权利人等。管理人拒绝取回的，权利人可以通过确权诉讼解决对于取回标的物的权属争议。

◆ **文书样式 25**

通知书

（要求出卖人交付在途标的物用）

（××××）××破管字第×号

×××（出卖人名称/姓名）：

×××（债务人名称）因＿＿＿＿＿＿（写明破产原因），×××（申请人名称/姓名）于××××年××月××日向××××人民法院提出对×××（债务人名称）进行重整/和解/破产清算的申请［债务人自行申请破产的，写×××（债务人名称）因＿＿＿＿＿＿（写明破产原因），于××××年××月××日向××××人民法院提出重整/和解/破产清算申请］。

××××人民法院于××××年××月××日作出（××××）×破（预）字第×-×号民事裁定书，裁定受理×××（债务人名称）重整/和解/破产清算，并于××××年××月××日作出（××××）×破字第×-×号决定书，指定×××担任管理人。

根据管理人掌握的材料，在人民法院受理破产申请前，×××（债务人名称）于××××年××月××日与你公司/你签订了《＿＿＿＿＿＿》（买卖合同名称），约定由×××（债务人名称）向你公司/你购买＿＿＿＿＿＿（简述买卖标的物名称和数量）。现你公司/你已于××××年××月××日发运上述买卖标的物，货物尚在运途中，货款尚未结清。

根据《中华人民共和国企业破产法》第三十九条之规定，本管理人决定依照《＿＿＿＿＿＿》（买卖合同名称）的约定，向你公司/你支付全部合同价款共计人民币××元，请你公司/你在收到货款后继续交付上述买卖合同标的物，于××××年××月××日前将货物发至＿＿＿＿＿＿（交货地点）。

你公司/你如对本通知中的合同、合同标的物、合同价款等情况有异议，可在接到本通知书之日起×日内向管理人书面提出，并附相关合法、有效的证据，配合管理人核实。

特此通知。

（管理人印鉴）

××××年××月××日

附：1. 受理破产申请裁定书复印件一份；

·795·

2. 指定管理人的决定书复印件一份；

3. 《＿＿＿＿＿＿》（买卖合同名称）复印件一份及发送货物的相关凭证；

4. 管理人联系方式：＿＿＿＿＿＿。

说明：

本文书依据的法律是《中华人民共和国企业破产法》第三十九条之规定："人民法院受理破产申请时，出卖人已将买卖标的物向作为买受人的债务人发运，债务人尚未收到且未付清全部价款的，出卖人可以取回在运途中的标的物。但是，管理人可以支付全部价款，请求出卖人交付标的物。"由管理人决定支付全部价款，请求出卖人交付在途买卖标的物时使用。

◆ **文书样式26**

通知书
（是否同意抵销用）

（××××）××破管字第×号

×××（申请抵销人名称/姓名）：

你公司/你关于要求抵销＿＿＿＿＿＿（主张抵销的债务内容）的申请收悉。经本管理人核实：＿＿＿＿＿＿（简述核实的内容）。

同意抵销时适用：

根据《中华人民共和国企业破产法》第四十条之规定，决定同意你公司/你的抵销申请。经抵销，你公司/你尚欠债务人债务××元，请于收到本通知书×日内向本管理人清偿，债务清偿款应汇入：××银行（列明开户单位和银行账号）。（抵销后债务人欠申请抵销人债务的，写明债务人尚欠你公司/你债务××元。）

不同意抵销时适用：

本管理人认为，＿＿＿＿＿＿（简述不同意抵销的理由），根据《中华人民共和国企业破产法》第四十条之规定，不同意你公司/你的抵销申请。

如你公司/你对管理人不同意抵销的决定有异议，可于接到本通知书之日起×日内向本管理人提出，并附相关证据，配合管理人核实。

特此通知。

（管理人印鉴）

××××年××月××日

附：1. 指定管理人的决定书复印件一份；

2. 申请人对债务人负有的债务不得抵销的证据（不同意抵销时用）；

3. 管理人联系方式：＿＿＿＿＿＿。

说明：

本文书依据的法律是《中华人民共和国企业破产法》第四十条，由管理人决定是否同意抵销申请时向申请人发送。

◆ **文书样式 27**

<h2 style="text-align:center">关于破产费用、共益债务清偿情况的报告</h2>

（××××）××破管字第×号

×××（债务人名称）债权人会议：

本管理人接受指定后，接管了×××（债务人名称）的财产，依法履行了相应职责。经管理人查实，自××××人民法院受理×××（债务人名称）破产申请之日起至××××年××月××日止（以下简称"报告期间"），共发生破产费用、共益债务合计人民币××元，其中：

一、破产费用共计人民币××元，已清偿××元。（不足以全部清偿的，写明未清偿金额）

分别列明：（1）破产案件诉讼费用；（2）管理、变价、分配破产财产的费用；（3）聘用工作人员的费用；（4）管理人执行职务的费用，以及其他各项费用的发生金额、明细与清偿情况。

二、共益债务共计人民币××元，已清偿××元。（不足以全部清偿的，写明未清偿金额）

分别列明：（1）继续履行合同所产生的债务；（2）债务人财产受无因管理所产生的债务；（3）因债务人不当得利所产生的费用；（4）为债务人继续营业而应支付的劳动报酬和社会保险费用以及由此产生的其他债务；（5）管理人或工作人员执行职务致人损害所产生的债务；（6）债务人财产致人损害所产生的债务；以及其他各项费用的发生金额、明细与清偿情况。

以上破产费用和共益债务清偿情况，请债权人会议审查。

特此报告。

（管理人印鉴）
××××年××月××日

附：破产费用及共益债务发生与清偿情况明细表各一份

说明：

一、本文书依据的法律是《中华人民共和国企业破产法》第四十三条、第六十一条第一款第二项之规定，由管理人制作后提请债权人会议审查。

二、债务人财产不足以清偿破产费用的，管理人应当另行申请终结破产程序。

◆ **文书样式 28**

<h2 style="text-align:center">关于债务人财产不足以清偿破产费用提请人民法院终结破产程序的报告</h2>

（××××）××破管字第×号

××××人民法院：

×××（债务人名称）因＿＿＿＿＿＿＿＿＿＿＿（写明破产原因），×××（申请人名称/姓

·797·

名）于××××年××月××日向贵院提出对×××（债务人名称）进行重整/和解/破产清算的申请［债务人自行申请破产的，写×××（债务人名称）因＿＿＿＿＿＿＿（写明破产原因），于××××年××月××日向贵院提出重整/和解/破产清算申请］。

贵院于××××年××月××日作出（××××）×破（预）字第×-×号民事裁定书，裁定受理×××（债务人名称）重整/和解/破产清算。

截至××××年××月××日，本案发生的破产费用共计人民币××元，实际清偿××元，尚余××元未支付，另预期发生破产费用人民币××元。现债务人可供清偿的财产共计人民币××元，债务人财产已经不足以清偿破产费用。

现根据《中华人民共和国企业破产法》第四十三条第四款之规定，提请贵院裁定宣告×××（债务人名称）破产，并终结破产程序。

特此报告。

（管理人印鉴）

××××年××月××日

附：1. 破产费用及共益债务清偿情况报告一份；

2. 债务人财产状况报告一份。

说明：

本文书依据的法律是《中华人民共和国企业破产法》第四十三条第四款之规定："债务人财产不足以清偿破产费用的，管理人应当提请人民法院终结破产程序。……"由管理人向人民法院提交。

◆ **文书样式 29**

关于×××（债务人名称） 职工债权的公示

（××××）××破管字第×号

×××（债务人名称）因＿＿＿＿＿＿＿（写明破产原因），××××人民法院于××××年××月××日作出（××××）×破（预）字第×-×号民事裁定书，裁定受理××××（债务人名称）重整/和解/破产清算。××××人民法院于××××年××月××日作出（××××）×破字第×-×号决定书，指定×××担任管理人。

经管理人调查，确认×××（债务人名称）共有在册职工×名，截至××××年××月××日，尚欠职工的工资和医疗、伤残补助、抚恤费用，应当划入职工个人账户的基本养老保险、基本医疗保险费用，以及法律、行政法规规定应当支付给职工的补偿金（以上统称职工债权）的总额为人民币××元（详见职工债权清单）。现根据《中华人民共和国企业破产法》第四十八条的规定，予以公示。公示日期至××××年××月××日止。

职工从公示之日起×日内对本公示所附清单记载的债权数额有异议的，可以要求管理人更正。

特此公示。

（管理人印鉴）

××××年××月××日

附：1.×××（债务人名称）职工债权清单；

　　2.管理人联系方式：＿＿＿＿＿＿＿＿。

说明：

一、本文书依据的法律是《中华人民共和国企业破产法》第四十八条之规定："债务人所欠职工的工资和医疗、伤残补助、抚恤费用，所欠的应当划入职工个人账户的基本养老保险、基本医疗保险费用，以及法律、行政法规规定应当支付给职工的补偿金，不必申报，由管理人调查后列出清单并予以公示。职工对清单记载有异议的，可以要求管理人更正；管理人不予更正的，职工可以向人民法院提起诉讼。"由管理人调查确认职工债权后，列出清单予以公示。

二、《中华人民共和国企业破产法》对职工债权清单的公示期未作规定，管理人可以根据案情需要、职工人数具体掌握。但公示期届满之后，职工对清单记载有异议的，仍可以要求管理人更正。规定公示期的意义，在于提示职工及时行使自己的异议权，提高破产案件的审理效率。

三、职工债权清单应当以表格形式逐一列明每位职工债权人的姓名、年龄、工作岗位、工作年限、企业欠费金额、性质及时期等具体情况。

◆ 文书样式30

通知书

（回复职工对债权清单的异议用）

（××××）××破管字第×号

×××（职工姓名）：

你对（××××）×破管×字第×号公示所附的职工债权清单中有关×××（职工姓名）的××（欠款项目）所提异议材料收悉。

不予变更的情形下适用：

经管理人核实，认为＿＿＿＿＿＿＿＿（列明不予变更的理由），故决定维持公示记载的债权金额，不予更正。如你对不予更正决定仍有异议的，可向受理本破产案件的人民法院提起诉讼。

准予变更的情形下适用：

经管理人核实，认为＿＿＿＿＿＿＿＿（列明同意变更或部分变更的理由），故决定变更公示记载的×××（职工姓名）债权，变更后金额为人民币××元。如你对变更决定仍有异议的，可向受理本破产案件的人民法院提起诉讼。

特此通知。

（管理人印鉴）

××××年××月××日

说明：

一、本文书依据的法律是《中华人民共和国企业破产法》第四十八条之规定，

"职工对经公示的职工债权清单有异议的，可以要求管理人更正"。本文书系管理人对职工异议不予更正的书面答复，文书应直接送达提出异议的债务人职工。职工仍持异议的，可以向人民法院提起诉讼。由管理人向提出异议的职工发送。

二、职工提出的异议，可以针对本人的债权金额，也可以针对清单记载的其他职工的债权金额。

三、管理人对职工提出的异议，可以不予更正、部分更正或者准予更正。职工对管理人的决定仍然有异议的，可以向人民法院提起诉讼。

四、管理人对变更后的职工债权，应当予以重新公示。

◆ 文书样式31

关于提请债权人会议核查债权的报告

（××××）××破管字第×号

×××（债务人名称）债权人会议：

××××人民法院于××××年××月××日作出（××××）×破字第×-×号决定书，指定×××担任×××（债务人名称）一案的管理人。

本案的债权申报期限经××××人民法院确定，自××××年××月××日起至××××年××月××日止。债权申报期限内，共有×户债权人申报×笔债权，申报的债权总额为人民币××元。其中，对债务人的特定财产享有担保权的债权共×户，总额为人民币××元；税收债权共×户，总额为人民币××元；普通债权共×户，总额为人民币××元。

管理人收到债权申报材料后，对申报的债权登记造册，并逐一进行了审查，审查后编制了债权表。

对编入债权表内的债权，管理人认为成立的共×户，总额为人民币××元。其中，对债务人的特定财产享有担保权的债权共×户，总额为人民币××元；税收债权共×户，总额为人民币××元；普通债权共×户，总额为人民币××元。

对编入债权表内的债权，管理人认为不成立的共×户，总额为人民币××元。其中，主张对债务人的特定财产享有担保权的债权共×户，总额为人民币××元；税收债权共×户，总额为人民币××元；普通债权共×户，总额为人民币××元。

另经管理人调查，职工债权共×笔，总额为人民币××元。

现根据《中华人民共和国企业破产法》第五十八条第一款之规定，将债权表提交第一次债权人会议核查。

特此报告。

（管理人印鉴）

××××年××月××日

附：1. 指定管理人的决定书复印件一份；
2. 债权申报登记册及债权表一份。

说明：

一、本文书依据的法律是《中华人民共和国企业破产法》第五十八条第一款之规定，"依照本法第五十七条规定编制的债权表，应当提交第一次债权人会议核查"。由管理人将编制的债权表提交第一次债权人会议核查。

二、申报的债权无论是否属于破产债权，均应当登记入册。管理人对申报的债权进行审查后编制债权表。

三、对管理人审查认为成立和不成立的债权，均应编入债权表，但应当予以分别记载。债权表应当列明债权的性质、金额、有无担保等具体情况。

◆ 文书样式32

关于提请人民法院确认无异议债权的报告

（××××）××破管字第×号

××××人民法院：

根据《中华人民共和国企业破产法》第五十八条第一款之规定，本管理人于××××年××月××日将编制的债权表提交第一次债权人会议核查。同时，本管理人于××××年××月××日将编制的债权表送交债务人核对。经核查、核对，债权人、债务人对债权表中记载的共×笔债权无异议（详见无异议债权清单）。根据《中华人民共和国企业破产法》第五十八条第二款之规定，申请贵院裁定确认债权表记载的无异议债权。

特此报告。

（管理人印鉴）

××××年××月××日

附：1. 债权申报登记册及债权表各一份；

2. 第一次债权人会议对债权表的核查结果；

3. 债务人核对意见；

4. 债权表中的无异议债权清单。

说明：

一、本文书依据的法律是《中华人民共和国企业破产法》第五十八条第二款之规定："债务人、债权人对债权表记载的债权无异议的，由人民法院裁定确认。"由管理人将债权表提请人民法院裁定确认。

二、管理人提请人民法院裁定确认的债权表，应当由第一次债权人会议核查表决通过。同时，应当事先送交债务人的原法定代表人或其他高级管理人员核对，听取债务人的意见。

三、债权人、债务人对债权表记载的债权均无异议的，管理人应当提请人民法院裁定确认无异议债权。

◆ 文书样式 33

管理人执行职务的工作报告

（××××）××破管字第×号

×××（债务人名称）债权人会议：

×××（债务人名称）因＿＿＿＿＿＿（写明破产原因），×××（申请人名称/姓名）于××××年××月××日向××××人民法院提出对×××（债务人名称）进行重整/和解/破产清算的申请［债务人自行申请破产的，写×××（债务人名称）因＿＿＿＿＿＿（写明破产原因），于××××年××月××日向××××人民法院提出重整/和解/破产清算申请］。

××××人民法院于××××年××月××日作出（××××）×破（预）字第×-×号民事裁定书，裁定受理×××（债务人名称）重整/和解/破产清算，并于××××年××月××日作出（××××）×破字第×-×号决定书，指定×××担任管理人。

本管理人接受指定后，依据《中华人民共和国企业破产法》之规定，勤勉忠实地履行了管理人职责，现将有关执行职务的情况报告如下：

一、债务人/破产人（企业）的基本情况

1. 企业的设立日期、性质、住所地、法定代表人姓名；

2. 企业注册资本、出资人及出资比例；

3. 企业生产经营范围；

4. 企业员工状况；

5. 企业资产财务状况；

6. 企业目前状态。

二、执行职务的具体情况

（一）执行职务的准备工作

1. 管理人团队的组成情况；

2. 管理人内部规章制度的建立情况；

3. 聘请工作人员情况。

（二）接管债务人财产的基本情况

1. 接管时间；

2. 财产接管状况；

3. 均未履行完毕的合同履行或者解除情况；

4. 需保留劳动关系的职工情况；

5. 需解除劳动合同的人员状况及安置方案、工资和补偿金数额。

（三）债权申报登记工作情况

1. 债权申报的期间；

2. 登记的各类债权户数和总额；

3. 认为成立的各类债权户数和总额；

4. 认为不成立的各类债权户数和总额；

5. 职工债权笔数和总额；

6. 异议债权的基本情况。

（四）债务人对外债权、投资的清收情况

1. 要求债务人的债务人或财产持有人清偿债务或者交付财产的情况；

2. 对外债权的清收情况及清收总额；

3. 对外投资、股权总额以及处置方式、权益收回的基本情况。

（五）有关债务人的民事诉讼和仲裁情况

1. 民事诉讼与仲裁的案件数量、争议标的金额、程序进展等；

2. 有关债务人财产的保全措施解除情况；

3. 有关债务人财产的执行程序中止情况。

（六）有关债务人财产的追收情况

1. 依据《企业破产法》第三十四条追回财产的情况；

2. 请求出资人补缴出资款的情况；

3. 追回高管非正常收入和侵占财产的情况；

4. 取回担保物的情况；

5. 取回在途买卖标的物的情况；

6. 权利人行使取回权、抵销权的情况。

（七）管理人处分债务人财产的基本情况

1. 债务人财产评估情况；

2. 债务人财产的处置（包括拍卖、变卖情况）。

（八）资产审计、评估工作情况

1. 聘请审计或评估机构专项审计或评估情况；

2. 对审计后资产、负债情况的确认。

三、接受债权人会议和债权人委员会监督的基本情况

……

特此报告。

（管理人印鉴）

××××年××月××日

附：相关报告材料

说明：

一、本文书依据的法律是《中华人民共和国企业破产法》第二十三条之规定：

"管理人应当列席债权人会议，向债权人会议报告职务执行情况，并回答询问。"由管理人递交债权人会议。

二、本文书应当详细列明管理人接受指定后，在工作准备、财产接管、债权债务清理、债权申报登记、财产处分等方面的职务执行情况。相关职务执行情况有具体报告的，应当作为本文书的附件一并递交债权人会议。

三、管理人处分债务人财产的行为系指《中华人民共和国企业破产法》第六十九条规定的行为。

◆ 文书样式34

关于×××（债务人名称） 财产状况的报告

（××××）××破管字第×号

×××（债务人名称）债权人会议：

×××（债务人名称）因＿＿＿＿＿＿（写明破产原因），×××（申请人名称/姓名）于××××年××月××日向××××人民法院提出对×××（债务人名称）进行重整/和解/破产清算的申请［债务人自行申请破产的，写×××（债务人名称）因＿＿＿＿＿＿（写明破产原因），于××××年××月××日向××××人民法院提出重整/和解/破产清算申请］。

××××人民法院于××××年××月××日作出（××××）×破（预）字第×-×号民事裁定书，裁定受理×××（债务人名称）重整/和解/破产清算，并于××××年××月××日作出（××××）×破字第×-×号决定书，指定×××担任管理人。

本管理人接受指定后，按照《中华人民共和国企业破产法》之规定，对×××（债务人名称）的财产状况进行了调查，现报告如下：

一、×××（债务人名称）基本情况

1. 企业的设立日期、性质、住所地、法定代表人姓名；

2. 企业注册资本、出资人及出资比例；

3. 企业生产经营范围；

4. 企业目前状态。

二、×××（债务人名称）的资产、负债及相关情况

列明×××（债务人名称）截至××××年××月××日的财产总额，并附财产清单。（委托审计机构审计的，列明审计情况）

三、关联方关系及其往来余额

列明关联企业名称及与×××（债务人名称）的关系，并列明往来款科目、余额和性质。

四、其他事项

（一）双方当事人均未履行完毕的合同

列明合同名称、订立日期、合同金额、合同履行状态等情况。

（二）影响债务人财产变现能力的情况

列明财产的状况、保管费用、变现障碍等情况。

（三）其他债务人财产可能出现增减的情况

列明管理人行使撤销权、确认无效、追缴注册资本、行使抵销权等情况。

特此报告。

（管理人印鉴）

××××年××月××日

附：财产清单

说明：

一、本文书依据的法律是《中华人民共和国企业破产法》第二十五条之规定："管理人履行下列职责：……（二）调查债务人财产状况，制作财产状况报告。"由管理人调查债务人财产状况后所制作，并递交债权人会议。

二、本文书应当附财产明细清单。

◆ **文书样式 35**

关于×××（债务人名称）　财产管理方案的报告

（××××）××破管字第×号

×××（债务人名称）债权人会议：

×××（债务人名称）因＿＿＿＿＿＿＿＿（写明破产原因），×××（申请人名称/姓名）于××××年××月××日向××××人民法院提出对×××（债务人名称）进行重整/和解/破产清算的申请［债务人自行申请破产的，写×××（债务人名称）因＿＿＿＿＿＿＿＿（写明破产原因），于××××年××月××日向××××人民法院提出重整/和解/破产清算申请］。

××××人民法院于××××年××月××日作出（××××）×破字第×-×号决定书，指定×××担任管理人。

本管理人接受指定后，于××××年××月××日接管了债务人财产，现提交《债务人财产管理方案》供债权人会议审议。

一、债务人财产的接管

（一）接管的具体步骤

列明接管的时间、措施；制定的接收方案；包括交付财产通知、接管通知、《接管清单》等在内的各类接管文件。

（二）接管的债务人财产及资料汇总

1. 固定资产和实物资产；
2. 无形资产；
3. 有价证券；
4. 尚未履行完毕的合同；
5. 债务人的诉讼、仲裁案件的材料；
6. 财产权属证书；
7. 印章、证照；
8. 财务账册、银行存款凭证等财务资料；
9. 债务人银行账户资料；
10. 人事档案；
11. 文书档案；
12. 其他接管的财产。

（三）未接管债务人财产及资料总汇

列明财产清单及未接管原因。

二、债务人财产的管理

（一）对接管财产的管理措施

1. 列明各项有关债务人财产管理的规章制度，例如：《债务人财产保管和使用办法》、《债务人印章和资料的保管和使用办法》、《债务人财务收支管理办法和标准》等；
2. 列明债务人财产、账簿、文书、资料的保管措施；
3. 列明债务人财产的安全保卫措施。

（二）未接管财产的追回措施

列明未接管财产的追回方案。

特此报告。

（管理人印鉴）

××××年××月××日

附：1.《财产接管清单》、《财产状况报告》等材料；

2. 各类财产管理的规章制度。

说明：

一、本文书依据的法律是《中华人民共和国企业破产法》第六十一条第一款第八项之规定，由管理人向债权人会议提交。

二、本文书应当列明财产接管的具体情况，财产接管后的保管、处分等管理制度和措施，以及对未接管财产如何进一步接管，或者如何追回被他人占有的债务人财产的具体方案。

◆ 文书样式36

通知书
（通知召开债权人会议用）

（××××）××破管字第×号

×××（债权人名称/姓名）：

×××（债务人名称）因＿＿＿＿＿＿（写明破产原因），×××（申请人名称/姓名）于××××年××月××日向××××人民法院提出对×××（债务人名称）进行重整/和解/破产清算的申请［债务人自行申请破产的，写×××（债务人名称）因＿＿＿＿＿＿（写明破产原因），于××××年××月××日向××××人民法院提出重整/和解/破产清算申请］。

××××人民法院于××××年××月××日作出（××××）×破字第×-×号决定书，指定×××担任管理人。

现经××××人民法院决定（或经债权人会议主席决定），定于××××年××月××日××时在××（会议召开地点）召开×××（债务人名称）破产一案第×次债权人会议，就＿＿＿＿＿＿事项（概述会议议题，详见附件）进行表决，请你公司/你准时参加。

参会人员须提交下列证件：

1. 债权人系自然人的，提交身份证原件和复印件；

2. 债权人是机构（单位）的，提交营业执照副本原件和复印件，以及法定代表人的身份证原件和复印件；

3. 委托他人出席的，提交授权委托书及委托代理人身份证原件和复印件。

特此通知。

（管理人印鉴）

××××年××月××日

附：1. 债权人会议议程；

　　2. 债权人会议议题清单。

说明：

一、本文书依据的法律是《中华人民共和国企业破产法》第六十三条之规定："召开债权人会议，管理人应当提前十五日通知已知的债权人。"由管理人通知债权人参加债权人会议时用。

二、根据《中华人民共和国企业破产法》第六十二条之规定，第一次债权人会议由人民法院召集，以后的债权人会议由人民法院认为必要时决定召开，或者由债权人会议主席收到提议后决定召开。

三、会议通知内容应当注明参加债权人会议应当携带的身份证明材料，并介绍会议主要议题。

◆ **文书样式 37**

关于提议召开债权人会议的报告

（××××）××破管字第×号

×××（债务人名称）债权人会议主席：

现因＿＿＿＿＿＿＿（列明具体原因），本管理人根据《中华人民共和国企业破产法》第六十二条第二款之规定，提议于××××年××月××日召开第×次债权人会议，就以下事项进行表决：

＿＿＿＿＿＿＿（列明提请债权人会议表决的议题名称）；

……

特此报告。

（管理人印鉴）

××××年××月××日

说明：

一、本文书依据的法律是《中华人民共和国企业破产法》第六十二条第二款之规定："（第一次债权人会议）以后的债权人会议，在人民法院认为必要时，或者管理人、债权人委员会、占债权总额四分之一以上的债权人向债权人会议主席提议时召开。"由管理人向债权人会议主席提交。

二、报告应当列明提请债权人会议表决的议题。

◆ **文书样式 38**

关于提请人民法院裁定××方案的报告
（提请人民法院裁定债权人会议表决未通过方案用）

（××××）××破管字第×号

××××人民法院：

经一次表决的：

根据《中华人民共和国企业破产法》第六十一条第一款之规定，本管理人于××××年××月××日将《债务人财产管理方案》/《破产财产变价方案》提交第×次债权人会议表决，因＿＿＿＿＿＿＿（列明未获通过的理由），方案未获通过。现根据《中华人民共和国企业破产法》第六十五条第一款之规定，提请贵院裁定认可《债务人财产管理方案》/《破产财产变价方案》。

经二次表决的：

根据《中华人民共和国企业破产法》第六十一条第一款之规定，本管理人于××××年××月××日将《破产财产分配方案》提交第×次债权人会议表决，因＿＿＿＿＿＿（列明未获通过的理由），方案未获通过。根据《中华人民共和国企业破产法》第六十五条第二款之规定，本管理人又于××××年××月××日将《破产财产分配方案》提交第×次债权人会议二次表决，仍未获通过。现根据《中华人民共和国企业破产法》第六十五条第二款之规定，提请贵院裁定认可《债务人财产管理方案》/《破产财产变价方案》。

特此报告。

（管理人印鉴）

××××年××月××日

附：1. 提交表决的《债务人财产管理方案》、《破产财产变价方案》或《破产财产分配方案》；

2. 债权人会议表决记录及结果。

说明：

一、本文书依据的法律是《中华人民共和国企业破产法》第六十五条第一款和第二款之规定："本法第六十一条第一款第八项、第九项所列事项，经债权人会议表决未通过的，由人民法院裁定。""本法第六十一条第一款第十项所列事项，经债权人会议二次表决仍未通过的，由人民法院裁定。"由管理人将有关债权人会议表决未通过的方案提请人民法院裁定。

二、《中华人民共和国企业破产法》第六十一条第一款第八项所列事项为"通过债务人财产的方案"，第九项所列事项为"通过破产财产的变价方案"，第十项所列事项为"通过破产财产的分配方案"。

二、破产清算程序用文书

◆ **文书样式39**

关于提请债权人会议审议破产财产变价方案的报告

（××××）××破管字第×号

×××（破产人名称）债权人会议：

×××（破产人名称）因＿＿＿＿＿＿（写明破产原因），××××人民法院于××××年××月××日作出（××××）×破字第×-×号民事裁定书，宣告×××（破产人名称）破产。

现根据《中华人民共和国企业破产法》第一百一十一条之规定，拟订《×××（破产人名称）破产财产变价方案》，提交债权人会议审议表决。

特此报告。

（管理人印鉴）

××××年××月××日

附：《×××（破产人名称）破产财产变价方案》

说明：

本文书依据的法律是《中华人民共和国企业破产法》第一百一十一条之规定，由管理人提交债权人会议审议。

◆ 文书样式40

××× （破产人名称） 破产财产变价方案

（××××）××破管字第×号

一、变价原则

阐述本方案确定的财产变价原则。

二、破产财产状况

分别列明经审计、评估的破产人货币（有价证券）资金、应收账款和预付账款、对外债权、对外投资、存货、固定资产、无形资产等各类破产财产的状况。

三、破产财产变价方案

分别列明各类破产财产的处置措施：

（一）对外债权、对外投资的处置

1. 经调查后发现确无追回可能或追收成本大于债权本身的，报请债权人委员会审议，予以核销处理。

2. 破产人的债务人已破产的，依法申报债权。

3. 其他对外债权、投资的处置方案。

（二）存货、固定资产、无形资产的处置

一般采取拍卖方式进行变价。需要采取拍卖方式之外的变价措施的，列明相应的变价措施。

（三）其他破产财产的处置

四、变价预备措施

对拟公开拍卖财产遭遇流拍时的预备处置措施。

五、设定担保权的特定财产的变价处置方案

说明：

一、本文书依据的法律是《中华人民共和国企业破产法》第一百一十一条之规定，由管理人拟订后提交债权人会议审议。

二、本文书须重点反映各类破产财产的价值、可变价状况，以及相应的变价原则和变价措施。

三、破产人为国有企业的，破产财产变价措施应当符合国有资产管理的相关规定。

四、货币和有价证券类之外的资产，变价措施一般应当采取拍卖方式。

五、依照《中华人民共和国企业破产法》第十章之规定，设定担保权的破产人特定财产不纳入破产财产范围，但为全面反映破产人财产的变价情况，可以在《破产财产变价方案》中附带列明特定财产的变价处置情况。

◆ 文书样式 41

关于提请债权人会议审议破产财产分配方案的报告

（××××）××破管字第×号

×××（破产人名称）债权人会议：

根据××××年××月××日第×次债权人会议表决通过的《×××（破产人名称）破产财产变价方案》，在法院的监督、指导下，本管理人已完成对破产财产的变价工作。现根据《中华人民共和国企业破产法》第一百一十五条之规定，拟订《×××（破产人名称）破产财产分配方案》，提交债权人会议审议表决。

特此报告。

（管理人印鉴）

××××年××月××日

附：《×××（破产人名称）破产财产分配方案》

说明：

本文书依据的法律是《中华人民共和国企业破产法》第一百一十五条之规定，由管理人提交债权人会议审议。

◆ 文书样式 42

×××（破产人名称） 破产财产分配方案

（××××）××破管字第×号

一、参加破产财产分配的债权情况

简述参加破产财产分配的债权人人数、各类债权总额等基本情况。另行制作《参与分配债权人表》，详细列明参与分配的债权人名称或者姓名、住所、债权性质与债权额等情况。

二、可供分配的破产财产总额

分别列明货币财产和非货币财产的变价额。直接分配非货币财产的，列明非货币财产的估价额。

三、破产财产分配的顺序、比例和数额

（一）破产费用和共益债务的清偿情况

列明各项破产费用和共益债务的数额，包括已发生的费用和未发生但需预留的费用。人民法院最终确定的管理人报酬及收取情况须特别列明。

（二）破产债权的分配

列明剩余的可供分配破产债权的破产财产数额，依《中华人民共和国企业破产法》第一百一十三条规定的顺序清偿。分别列明每一顺序债权的应清偿额、分配额、清偿比例等。

四、破产财产分配实施办法

（一）分配方式

一般以货币方式进行分配，由管理人根据各债权人提供的银行账号，实施转账支付，或者由债权人领取。

（二）分配步骤

列明分配次数和时间，拟实施数次分配的，应当说明实施数次分配的理由。

（三）分配提存

列明破产财产分配额提存的情况，以及提存分配额的处置方案。

五、特定财产清偿方案

（一）对特定财产享有担保权的债权情况

（二）可供清偿的特定财产总额

列明特定财产的变价总额。

（三）特定财产清偿方案

特定财产的清偿方案。特定财产不足分配所有担保债权的，还应列明未受偿的担保债权数额。

附：《破产债权清偿分配明细表》

说明：

一、本文书依据的法律是《中华人民共和国企业破产法》第一百一十五条之规定，由管理人拟订后提交债权人会议审议。

二、本文书应当列明不同破产财产的变价情况，以及不同清偿顺位债权人的分配额。破产财产的分配原则上应当以货币分配方式进行，但对于无法变价或者不宜变价的非货币财产，经债权人会议决议同意，可以进行实物分配。

三、未发生但需预留的破产费用包括分配公告费用、破产程序终结后的档案保管

费用等。

四、根据《最高人民法院关于审理企业破产案件确定管理人报酬的规定》第十条之规定，最终确定的管理人报酬及收取情况，应当列入破产财产分配方案。

五、依照《中华人民共和国企业破产法》第十章之规定，设定担保权的破产人特定财产不纳入破产财产范围，但为全面反映破产人财产的分配情况，可以在《破产财产分配方案》中附带列明特定财产的清偿处置情况。

◆ 文书样式43

关于提请人民法院裁定认可破产财产分配方案的报告

（××××）××破管字第×号

××××人民法院：

本管理人拟订的《×××（破产人名称）破产财产分配方案》已由××××年××月××日第×次债权人会议表决通过。现根据《中华人民共和国企业破产法》第一百一十五条第三款之规定，提请贵院裁定认可。

特此报告。

（管理人印鉴）

××××年××月××日

附：1.《×××（破产人名称）破产财产分配方案》；

　　2.债权人会议表决结果。

说明：

本文书依据的法律是《中华人民共和国企业破产法》第一百一十五条第三款之规定："债权人会议通过破产财产分配方案后，由管理人将该方案提请人民法院裁定认可。"由管理人提请人民法院裁定认可。

◆ 文书样式44

公告
（破产财产中间分配用）

（××××）××破管字第×号

×××（破产人名称）债权人：

《×××（破产人名称）破产财产分配方案》已于××××年××月××日经第×次债权人会议表决通过，并于××××年××月××日经××××人民法院（××××）×破字第×-×号民事裁定书裁定认可，现根据《中华人民共和国企业破产法》第一百一十六条之规定，由本管理人执行。

×××（破产人名称）破产财产共实施×次分配，本次分配为第×次分配，确定于××

××年××月××日实施（列明分配实施方法），本次分配总额为人民币××元，其中，……（列明不同清偿顺序债权的分配总额）。

另有分配额人民币××元，因＿＿＿＿＿＿＿＿（列明提存原因），暂予以提存。

特此公告。

（管理人印鉴）

××××年××月××日

说明：

一、本文书依据的法律是《中华人民共和国企业破产法》第一百一十六条之规定，由管理人在对实施多次分配方案的中间分配时发布。

二、公告应当列明实施分配的方法。实施分配款项集中发放的，应当列明分配地点、分配时间、款项领取手续等；实施分配款项转账发放的，应当列明转账时间、款项受领条件等。

三、公告应当列明不同清偿顺序债权的分配总额。例如欠付职工工资、医疗、伤残补助、抚恤费用及应当划入职工个人账户的基本养老保险、基本医疗保险费用与应当支付的补偿金的分配总额为人民币××元；欠缴的其他社会保险费用和税收的分配总额为人民币××元；普通债权的分配总额为人民币××元。

四、分配额暂予以提存的，公告应当载明提存情况。

五、公告应当发布于当地有影响的媒体。

◆ 文书样式 45

公告

（破产财产最后分配用）

（××××）××破管字第×号

×××（破产人名称）债权人：

《×××（破产人名称）破产财产分配方案》已于××××年××月××日经第×次债权人会议表决通过，并于××××年××月××日经××××人民法院（××××）×破字第×-×号民事裁定书裁定认可，现根据《中华人民共和国企业破产法》第一百一十六条之规定，由本管理人执行。

根据《×××（破产人名称）破产财产分配方案》确定的分配步骤，×××（破产人名称）破产财产实施×次分配，本次分配为最后分配（或者：×××（破产人名称）破产财产实施一次分配，本次分配即为最后分配），确定于××××年××月××日实施（列明分配实施方法）。

最后分配的分配总额为人民币××元，其中，……（列明不同清偿顺序债权的分配总额）。

对附生效条件或者解除条件的债权提存分配额的处置：

在本次分配前，管理人对附生效条件/解除条件的共计人民币××元的债权分配额进行了提存。在本次分配公告日，分配额共计人民币××元的债权的生效条件仍未成就（或者解除条件已经成就），根据《中华人民共和国企业破产法》第一百一十七条第二款之规定，提存的分配额应当分配给其他债权人；分配额共计人民币××元的债权的生效条件已经成就（或者解除条件仍未成就），根据《中华人民共和国企业破产法》第一百一十七条第二款之规定，提存的分配额应当交付给相应债权人。

对未受领的分配额的提存：

对本次分配前债权人未受领的破产财产分配额，以及本次分配债权人未受领的破产财产分配额，管理人将予以提存。债权人自本次公告之日起满二个月仍不领取的，视为放弃受领分配的权利，提存的分配额将根据《中华人民共和国企业破产法》第一百一十九条之规定，分配给其他债权人。

对诉讼或者仲裁未决的债权分配额的提存：

分配额共计人民币××元的债权，因在本次分配公告日涉及债权确认的相关诉讼/仲裁尚未终结，根据《中华人民共和国企业破产法》第一百一十九条之规定，管理人将分配额提存。自破产程序终结之日起满二年仍不能受领分配的，将由××××人民法院分配给其他债权人。

特此公告。

（管理人印鉴）

××××年××月××日

说明：

一、本文书依据的法律是《中华人民共和国企业破产法》第一百一十六条、第一百一十七条之规定，由管理人在对破产财产实施最后分配时发布。

二、公告应当列明实施分配的方法，实施分配款项集中发放的，应当列明分配地点、分配时间、款项领取手续等；实施分配款项转账发放的，应当列明转账时间、款项受领条件等。

三、公告应当载明不同清偿顺序债权的分配总额。例如欠付职工工资、医疗、伤残补助、抚恤费用及应当划入职工个人账户的基本养老保险、基本医疗保险费用与应当支付的补偿金的分配总额为人民币××元；欠缴的其他社会保险费用和税款的分配总额为人民币××元；普通债权的分配总额为人民币××元。

四、公告还应当载明提存分配额的最后分配情况。

五、公告应当发布于当地有影响的媒体。

◆ **文书样式 46**

<h3 style="text-align:center">关于破产财产分配执行情况的报告</h3>

（××××）××破管字第×号

××××人民法院：

根据你院（××××）×破字第×-×号民事裁定书裁定认可的《×××（破产人名称）

破产财产分配方案》，本管理人已于××××年××月××日将破产财产全部分配完结，现将分配情况报告如下：

一、可供分配的破产财产总额

列明最终可供分配的破产财产总额。

二、已经分配的破产财产

分别列明对破产人特定财产享有优先受偿权的债权；破产费用和共益债务；《中华人民共和国企业破产法》第一百一十三条规定的债权等不同清偿对象的分配总额和支付情况。

具体的债权清偿金额详见附表《×××（破产人名称）破产财产分配表》。

三、提存的分配额及拟处置意见

列明未受领的破产财产分配额与因诉讼或者仲裁未决的债权分配额的提存情况。

具体的提存分配额详见附表《×××破产财产提存分配额情况表》。

四、特定财产清偿处置情况

特此报告。

（管理人印鉴）

××××年××月××日

附：1.《×××（破产人名称）破产财产分配表》；

2.《×××（破产人名称）破产财产提存分配额情况表》。

说明：

一、本文书依据的法律是《中华人民共和国企业破产法》第一百二十条之规定："管理人在最后分配完结后，应当及时向人民法院提交破产财产分配报告。"由管理人制作后提交人民法院。

二、破产财产分配报告应当根据破产财产清偿对象的不同，分别列明分配总额及支付情况。设定担保权的特定财产分配情况应当单独列明；《中华人民共和国企业破产法》第一百一十三条规定的三类债权应当分别列明。债权分配总额为零的，亦应当予以注明。例如破产费用分配总额为××元，实际支付××元；普通债权分配总额为××元，实际支付××元。

三、分配报告还应当列明分配额提存的情况。

◆ **文书样式 47**

<h2 style="text-align:center">关于提请人民法院裁定终结破产程序的报告
（ 无财产可供分配用 ）</h2>

（××××）××破管字第×号

××××人民法院：

贵院于××××年××月××日作出（××××）×破字第×-×号民事裁定书，裁定宣告×××（破产人名称）破产。现经管理人调查，×××（破产人名称）在偿付破产费用和共益债务后，无可供分配的破产财产，根据《中华人民共和国企业破产法》第一百二十条第一款之规定，管理人请求法院裁定终结×××（破产人名称）的破产程序。

特此报告。

（管理人印鉴）
××××年××月××日

附：1. 破产费用和共益债务清偿报告；
　　2. 破产人财产状况报告。

说明：

一、本文书依据的法律是《中华人民共和国企业破产法》第一百二十条第一款之规定："破产人无财产可供分配的，管理人应当请求人民法院裁定终结破产程序。"由管理人发现破产人无财产可供分配时，向人民法院提交。

二、管理人在请求人民法院裁定终结破产程序时，应当附破产人的财产状况报告，证明破产人确无可供分配的财产。

三、破产人无财产可供分配，是指破产人以特定财产清偿担保债权，破产财产清偿破产费用和共益债务之后，无其他财产可供分配。破产财产不足清偿破产费用的，则应当依照《中华人民共和国企业破产法》第四十三条第四款之规定，提请法院终结破产程序。

◆ **文书样式 48**

<h2 style="text-align:center">关于提请人民法院裁定终结破产程序的报告
（ 最后分配完结用 ）</h2>

（××××）××破管字第×号

××××人民法院：

贵院于××××年××月××日作出（××××）×破字第×-×号民事裁定书，裁定宣告×××（破产人名称）破产，并于××××年××月××日裁定认可《×××（破产人名称）破产财产分配方案》。

现破产财产分配方案已执行完毕，最后分配已完结。根据《中华人民共和国企业

· 817 ·

破产法》第一百二十条第二款之规定，管理人提请贵院裁定终结×××（破产人名称）的破产程序。

特此报告。

（管理人印鉴）

××××年××月××日

附：破产财产分配执行情况的报告

说明：

一、本文书依据的法律是《中华人民共和国企业破产法》第一百二十条第二款之规定："管理人在最后分配完结后，提请人民法院裁定终结破产程序。"由管理人在最后分配完结后，向人民法院提出。

二、提请裁定终结破产程序时，应当附破产财产分配执行情况报告。

◆ **文书样式49**

关于管理人终止执行职务的报告

（××××）××破管字第×号

××××人民法院：

××××年××月××日，贵院作出（××××）×破字第×-×号民事裁定书，裁定终结×××（破产人名称）的破产程序，管理人职务已全部执行完毕，现将有关情况报告如下：

一、破产财产的分配情况

简述破产财产的分配情况。无财产可供分配的，附破产人财产状况报告；最后分配完结的，附破产财产分配报告。

二、破产程序终结后的职务执行情况

说明破产程序终结后，管理人办理破产人工商、税务等注销登记手续的情况。

三、无未决诉讼或者仲裁的情况

说明破产人无未决诉讼或者仲裁程序。

四、档案移交保管情况

综上，根据《中华人民共和国企业破产法》第一百二十二条之规定，管理人依法终止执行管理人职务。

特此报告。

（管理人印鉴）

××××年××月××日

说明：

一、本文书依据的法律是《中华人民共和国企业破产法》第一百二十二条之规定："管理人办理注销登记完毕后申请终止执行职务。"由管理人终止执行职务时向人民法院报告。

二、报告主要列明破产程序终结情况，以及程序终结后管理人执行职务的情况，并说明无存在诉讼或者仲裁未决的情况。

三、重整程序用文书

◆ 文书样式 50

通知书

（重整期间决定是否同意取回财产用）

（××××）××破管字第×号

×××（要求取回财产的申请人名称/姓名）：

同意取回时适用：

你公司/你关于要求取回＿＿＿＿＿＿（取回标的物的名称、数量）的申请收悉。经本管理人审核，债务人占有上述财产时约定，＿＿＿＿＿＿（列明关于取回条件的约定）。因此，你公司/你的申请符合事先约定的条件，根据《中华人民共和国企业破产法》第七十六条的规定，同意你公司/你取回上述财产。

你公司/你可于接到本通知书之日起×日内，向本管理人接洽办理上述财产的取回手续。

不同意取回时适用：

你公司/你关于要求取回＿＿＿＿＿＿（取回标的物的名称、数量）的申请收悉。经本管理人审核，债务人占有上述财产已约定，＿＿＿＿＿＿（列明关于取回条件的约定）。现因＿＿＿＿＿＿（列明相应情形），故你公司/你的申请不符合事先约定的条件，根据《中华人民共和国企业破产法》第七十六条的规定，管理人不同意你公司/你取回上述财产。

如对管理人的上述决定有异议，你公司/你可于接到本通知书之日起×日内向本管理人提出，并附相关证据，配合管理人核实。

特此通知。

（管理人印鉴）

××××年××月××日

附：债务人占有财产时关于取回条件约定的证据材料

说明：

一、本文书依据的法律是《中华人民共和国企业破产法》第七十六条之规定："债务人合法占有他人财产的，该财产的权利人在重整期间要求取回的，应当符合事先约定的条件。"由管理人向提出取回申请的财产权利人发送。

二、财产权利人请求取回财产的，应当符合事先约定的条件。因此，本文书应当列明双方事先关于取回财产的约定条件。

◆ **文书样式51**

关于提请人民法院终止重整程序的报告

（××××）××破管字第×号

××××人民法院：

贵院于××××年××月××日作出（××××）×破（预）字第×-×号民事裁定书，裁定债务人×××（债务人名称）重整。重整期间，管理人发现×××（债务人名称）存在下列情形，导致重整程序无法继续进行：

1.＿＿＿＿＿＿＿；

2.＿＿＿＿＿＿＿；

……

根据《中华人民共和国企业破产法》第七十八条之规定，管理人申请贵院依法裁定终止×××（债务人名称）的重整程序，并宣告×××（债务人名称）破产。

特此报告。

（管理人印鉴）

××××年××月××日

附：重整程序无法继续进行的证据材料

说明：

一、本文书依据的法律是《中华人民共和国企业破产法》第七十八条之规定，由管理人发现重整债务人发生第七十八条规定的三种情形之一的，请求法院裁定终止重整程序，并宣告债务人破产。

二、本文书应当列明导致重整程序无法继续进行的具体情形。例如，重整债务人经营状况和财产状况继续发生恶化的，应当列明恶化的具体程度，并附相关的证据材料。

◆ **文书样式52**

关于提请审议重整计划草案的报告

（××××）××破管字第×号

提交人民法院的：

××××人民法院：

贵院于××××年××月××日以（××××）×破（预）字第×-×号民事裁定书，裁定×××

（债务人名称）重整，并于××××年××月××日作出（××××）×破字第×-×号决定书，指定××担任管理人。

本管理人接受指定后，负责管理×××（债务人名称）财产和营业事务。根据《中华人民共和国企业破产法》第八十条第二款之规定，管理人起草了《×××（债务人名称）重整计划草案》，现提交贵院，请贵院召开债权人会议，对重整计划草案进行表决。

提交债权人会议的：

×××（债务人名称）债权人会议：

××××人民法院于××××年××月××日以（××××）×破（预）字第×-×号民事裁定书，裁定×××（债务人名称）重整，并于××××年××月××日作出（××××）×破字第×-×号决定书，指定××担任管理人。

本管理人接受指定后，负责管理×××（债务人名称）财产和营业事务。根据《中华人民共和国企业破产法》第八十条第二款之规定，管理人起草了《×××（债务人名称）重整计划草案》，现提交债权人会议审议表决。

特此报告。

（管理人印鉴）

××××年××月××日

附：重整计划草案及说明各一份

×××（债务人名称）重整计划草案

一、债务人基本情况

二、重整计划草案起草的过程和可行性分析

简述重整计划草案起草的前期过程，重点分析重整计划草案实施的可行性。

三、重整计划草案的框架和主要内容

（一）债务人的经营方案

简述经营团队组成、经营计划、经营计划的可行性分析、经营目标等。

（二）债权分类和调整方案

简述经法院裁定确认的债权核查情况，并按债权类别介绍各类债权的金额和调整方案，说明债权调整的理由和实施途径。

（三）出资人权益调整方案

简述出资人情况及出资比例，介绍出资人权益调整方案，说明调整的理由和实施途径。

（四）债权受偿方案

简述各类债权的受偿途径和比例，并须特别说明如果不重整而直接进行破产清算的债权的可能受偿比例。

（五）重整计划的执行期限

说明确定重整计划执行期限的理由。

（六）重整计划执行的监督期限

说明重整计划执行监督措施及确定重整计划执行监督期限的理由。

（七）有利于债务人重整的其他方案

四、重整计划草案的重点与难点

突出说明重整计划实施中的重点与难点，介绍解决的方案和途径，以及重整计划实施过程中需要进一步工作的内容。

说明：

一、本文书依据的法律是《中华人民共和国企业破产法》第七十九条、第八十条第一款之规定，由管理人制作后同时向受理破产案件的人民法院和债权人会议提交。

二、根据《中华人民共和国企业破产法》第八十条第一款之规定，管理人负责管理财产和营业事务的，由管理人制作重整计划草案；债务人自行管理财产和营业事务的，由债务人制作重整计划草案。

三、根据《中华人民共和国企业破产法》第八十四条之规定，人民法院应当自收到重整计划草案之日起三十日内召开债权人会议，对重整计划草案进行表决。

四、本文书应当附重整计划草案及说明，就一些重要问题，例如债权调整、出资人利益调整、重整后的经营方案等作出说明。

◆ 文书样式 53

关于申请延期提交重整计划草案的报告

（××××）××破管字第×号

××××人民法院：

贵院于××××年××月××日以（××××）×破（预）字第×-×号民事裁定书，裁定×××（债务人名称）重整，并于××××年××月××日作出（××××）×破字第×-×号决定书，指定××担任管理人。

本管理人接受指定后，负责管理×××（债务人名称）财产和营业事务，并就重整计划草案的制作进行了充分研究。现管理人无法在贵院裁定重整之日起六个月内（即××××年××月××日前）按期提交重整计划草案，理由如下：

1. ＿＿＿＿＿＿＿＿；

2. ＿＿＿＿＿＿＿＿；

……

现根据《中华人民共和国企业破产法》第七十九条第二款之规定，请求贵院裁定延期×个月，至××××年××月××日前提交重整计划草案。

特此报告。

（管理人印鉴）

××××年××月××日

说明：

一、本文书依据的法律是《中华人民共和国企业破产法》第七十九条第二款之规定："前款规定的（重整计划草案提交）期限届满，经债务人或者管理人请求，有正当理由的，人民法院可以裁定延期三个月。"由管理人向人民法院提交。

二、管理人应当向法院说明申请延期提交重整计划草案的正当理由，申请延长的期限最长不得超过三个月。

◆ 文书样式54

关于提请人民法院裁定批准重整计划的报告
（ 请求批准经债权人会议表决通过的重整计划用 ）

（××××）　××破管字第×号

××××人民法院：

贵院受理的×××（债务人名称）重整一案，于××××年××月××日召开了第×次债权人会议。债权人会议依照债权分类对重整计划草案进行了分组表决（重整计划草案涉及出资权益调整的：并设出资人组进行了表决），各表决组均表决通过了重整计划草案。

根据《中华人民共和国企业破产法》第八十六条之规定，管理人现提请贵院裁定批准该重整计划。

特此报告。

（管理人印鉴）

××××年××月××日

附：1. 重整计划草案；

　　2. 债权人会议及出资人会议各表决组表决结果。

说明：

一、本文书依据的法律是《中华人民共和国企业破产法》第八十六条之规定："各表决组均通过重整计划草案时，重整计划即为通过。自重整计划通过之日起十日内，债务人或者管理人应当向人民法院提出批准重整计划的申请。"由管理人在各表决组通过重整计划草案后向人民法院提交。

二、重整计划草案涉及出资人权益调整事项的，重整计划草案还应当经过出资人表决组通过。

三、本文书应当附重整计划草案和表决结果。表决结果应当经债权人会议主席或者债权人代表签字确认。

◆ 文书样式 55

关于提请人民法院裁定批准重整计划草案的报告

（ 请求批准经债权人会议表决未通过的重整计划草案用 ）

（××××） ××破管字第×号

××××人民法院：

贵院受理的×××（债务人名称）重整一案，于××××年××月××日召开了第×次债权人会议。债权人会议依照债权分类对重整计划草案进行了分组表决（重整计划草案涉及出资权益调整的：并设出资人组进行了表决）。经表决，×××表决组通过了重整计划草案，×××表决组未通过重整计划草案。经债务人（或管理人）与表决未通过的×××表决组协商，×××表决组拒绝再次表决（或于××××年××月××日再次表决后，仍未通过重整计划草案）。

管理人认为，重整计划草案符合法院批准的条件，理由如下：

1. _____ ；

2. _____ ；

……

综上，根据《中华人民共和国企业破产法》第八十七条第二款之规定，提请贵院裁定批准该重整计划草案。

特此报告。

（管理人印鉴）

××××年××月××日

附：1. 重整计划草案；

　　2. 各表决组第一次表决结果；

　　3.×××表决组拒绝再次表决文件或再次表决结果；

　　4. 重整计划草案符合法院强制批准的相关证据材料。

说明：

一、本文书依据的法律是《中华人民共和国企业破产法》第八十七条第二款之规定，由管理人在重整计划草案经两次表决未通过，提请法院批准时提交。

二、报告应当详细阐述重整计划草案符合法院强制批准条件的理由。

三、报告应当附各表决组表决结果。

◆ 文书样式 56

关于重整计划执行情况的监督报告

（××××） ××破管字第×号

××××人民法院：

贵院于××××年××月××日以（××××）×破（预）字第×-×号民事裁定书，裁定×××

（债务人名称）重整，并于××××年××月××日作出（××××）×破字第×-×号民事裁定书，裁定批准×××（债务人名称）的重整计划（或者重整计划草案）。

依据《中华人民共和国企业破产法》第九十条之规定，管理人对债务人重整计划的执行情况进行了监督，＿＿＿＿＿＿＿＿＿＿（简述监督期内，管理人采取的监督措施及债务人接受监督的情况）。根据重整计划的规定，监督期已于××××年××月××日届满。现管理人将债务人执行重整计划的相关情况报告如下：

一、重整计划的基本情况

简述重整案件的受理日期、重整计划的批准情况、批准日期、执行期限、监督期限等。

二、重整计划执行情况

（一）重整计划的主要内容

（二）重整计划各部分内容的具体执行情况

列明经营方案、债权调整及受偿、出资人权益调整，以及其他重整方案的执行情况。未能执行或者未执行完毕的，应当说明理由及解决方案。

三、债务人的经营状况

简述债务人在重整期间的经营状况，包括：债务人的资产负债、销售（营业）额、成本、税后净利润、现金流量值等经营指标。反映债务人在重整前后的经营状况变化。

四、监督期满后债务人执行重整计划的建议

如果监督期限届满重整计划未执行完毕的，管理人可对监督期满后债务人继续执行重整计划提出建议。

特此报告。

（管理人印鉴）

××××年××月××日

附：1. 重整计划；

　　2. 债务人重整计划执行情况报告；

　　3. 债务人经营状况报告。

说明：

一、本文书依据的法律是《中华人民共和国企业破产法》第九十条第一款、第九十一条第一款之规定，由管理人在重整计划执行监督期满后，报告人民法院。

二、本文书应当列明债务人执行重整计划的情况，以及重整计划执行的效果。

三、监督期限届满，重整计划未执行完毕的，管理人可以对债务人继续执行重整计划提出建议。

◆ 文书样式 57

关于申请延长重整计划执行监督期限的报告

（××××）××破管字第×号

××××人民法院：

贵院于××××年××月××日以（××××）×破（预）字第×-×号民事裁定书，裁定×××（债务人名称）重整，并于××××年××月××日作出（××××）×破字第×-×号民事裁定书，裁定批准重整计划（或者重整计划草案），重整计划执行期限自××××年××月××日起至××××年××月××日止；重整计划执行监督期限自××××年××月××日起至××××年××月××日止。

重整计划执行监督期内，管理人依据《中华人民共和国企业破产法》第九十条之规定，对债务人执行重整计划的情况进行了监督。在重整计划执行过程中，管理人发现存在下列情形，认为需要延长重整计划执行监督期限：

1. _____；
2. _____；
……

为保障重整计划的顺利执行完毕，管理人根据《中华人民共和国企业破产法》第九十一条第三款之规定，申请法院裁定延长重整计划执行的监督期限×个月，即延长至××××年××月××日止。

特此报告。

（管理人印鉴）

××××年××月××日

说明：

本文书依据的法律是《中华人民共和国企业破产法》第九十一条第三款之规定，由管理人在重整计划执行监督期限届满前，认为需要延长监督期限时向法院提交。

◆ 文书样式 58

关于提请人民法院裁定终止重整计划执行的报告

（××××）××破管字第×号

××××人民法院：

贵院于××××年××月××日以（××××）×破（预）字第×-×号民事裁定书，裁定×××（债务人名称）重整，并于××××年××月××日作出（××××）×破字第×-×号民事裁定书，裁定批准重整计划（或者重整计划草案），重整计划执行期限自××××年××月××日起至××××年××月××日止。

现经管理人调查，×××（债务人名称）出现下列不能执行（或不执行）重整计划的情况：

1. ＿＿＿＿＿＿；
2. ＿＿＿＿＿＿；

……

因×××（债务人名称）不能执行（或不执行）重整计划，管理人根据《中华人民共和国企业破产法》第九十三条第一款之规定，请求贵院裁定终止重整计划的执行，并宣告×××（债务人名称）破产。

特此报告。

（管理人印鉴）

××××年××月××日

附：重整计划不能执行或者债务人不执行重整计划的相关材料

说明：

一、本文书依据的法律是《中华人民共和国企业破产法》第九十三条第一款之规定，由管理人在债务人不执行或者不能执行重整计划时向法院提交。

二、本文书应当具体说明债务人不能执行或不执行重整计划的具体情况。

四、和解程序用文书

◆ 文书样式59

管理人执行职务的工作报告
（和解程序用）

（××××）××破管字第×号

××××人民法院：

贵院于××××年××月××日作出（××××）×破（预）字第×-×号民事裁定书，裁定×××（债务人名称）和解，并于××××年××月××日作出（××××）×破字第×-×号决定书，指定×××担任管理人。

××××年××月××日，×××（债务人名称）第×次债权人会议表决通过了债务人提出的和解协议。贵院于××××年××月××日作出（××××）×破字第×-×号民事裁定书，裁定认可和解协议。

根据《中华人民共和国企业破产法》第九十八条之规定，本管理人已向债务人移交了财产和营业事务，现将管理人执行职务的情况报告如下：

一、债务人的基本情况

列明债务人的设立日期、性质、住所地、经营范围、注册资金、出资人及出资比例、财产状况等基本情况。

二、和解协议通过和人民法院裁定认可的基本情况

1. 和解协议的基本内容；
2. 债权人会议表决通过和解协议的基本情况；
3. 人民法院裁定认可和解协议的基本情况。

三、财产和营业事务移交的基本情况

四、其他需要报告的职务执行情况

特此报告。

（管理人印鉴）

××××年××月××日

附：1. 和解协议；
    2. 债权人会议对和解协议的表决结果；
    3. 其他相关报告材料。

说明：

一、本文书依据的法律是《中华人民共和国企业破产法》第九十八条之规定："债权人会议通过和解协议的，由人民法院裁定认可，终止和解程序，并予以公告。管理人应当向债务人移交财产和营业事务，并向人民法院提交执行职务的报告。"由管理人向人民法院提交。

二、本文书应当列明管理人接受指定后，在工作准备、财产接管、债权债务清理、债权申报登记等方面的职务执行情况。重点报告和解协议通过情况及财产、营业事务移交情况。相关职务执行情况有具体报告的，应当作为本文书的附件一并提交。